梁山县人大志

梁山县人民代表大会常务委员会 编

方志出版社
Publishing House of Local Records

图书在版编目（CIP）数据

梁山县人大志 / 梁山县人民代表大会常务委员会编.
-- 北京 ：方志出版社，2020.10
ISBN 978-7-5144-4568-8

Ⅰ. ①梁… Ⅱ. ①梁… Ⅲ. ①地方各级人民代表大会－工作概况－梁山县 Ⅳ. ①D624.524

中国版本图书馆CIP数据核字（2020）第202115号

梁山县人大志

编　　者： 梁山县人民代表大会常务委员会
责任编辑： 程　倩

出 版 者： 方志出版社
地址　北京市朝阳区潘家园东里9号（国家方志馆4层）
邮编　100021
网址　http：//www.zgfzcb.cn
发　　行： 方志出版社图书经销中心
电话（010）67110500
经　　销： 各地新华书店
印　　刷： 山东黄氏印务有限公司

开　　本： 889×1194　1/16
印　　张： 58.25
字　　数： 1376千字
版　　次： 2020年10月第1版　2020年10月第1次印刷
印　　数： 0001～1000册

ISBN 978-7-5144-4568-8　**定　价：** 360.00元

梁山县人大志编纂委员会

主　任　秦延信

副主任　王才利　郭继田　崔根博　王文成　高兴武
　　　　　曹景全　司开阳

委　员　林　莹　李梦良　林　强　耿仁营　王安前
　　　　　王金玲　高成建　闫淑香　刘超群　王桂祥
　　　　　王　宁　闫晓娟　孙德保

梁山县人大志编审人员

主　审　秦延信

副主审　崔根博

主　编　袁绍信

副主编　林　莹

编　辑　刘秀华　张芳芳　李兴瑞　李　萱　刘敬民　邵凤霞

序

盛世修志，为中华民族优良传统；修志之举，旨在资政当今与惠及后人。为记录梁山县人民代表大会的诞生、发展、完善的历史轨迹，展现梁山人民当家做主和人民代表参与行使国家权力、推动全县经济发展和社会进步的风采，梁山县人大常委会确定组织编纂《梁山县人大志》。

梁山县人民代表大会制度，经历了新中国成立、梁山建县之初各界人民代表会议代行职权时的过渡期，1954 年正式建立人民代表大会制度后的发展期，1981 年县人大常委会设立后的完善期。梁山县人大工作从 1949 年 11 月梁山县召开第一届各界人民代表会议以来，走过 70 多年的风雨历程。70 多年来，尤其是 1981 年 1 月设立县人大常委会后的 40 年间，梁山县人民代表大会及其常委会在中共梁山县委的正确领导下，紧紧围绕党的中心工作，认真履行宪法和法律赋予的职权，在决定重大事项、强化法律监督、依法人事任免、加强代表联络等方面积累了宝贵经验，探索了不同历史时期、不同形势下人民代表大会制度发展和民主政治建设的新路子，充分发挥了地方国家权力机关的职能作用，显示了人民代表大会制度的巨大优越性和强大生命力，有力地推动了依法治县进程，促进了全县经济建设和社会发展。

《梁山县人大志》是梁山县人民代表大会历史上第一部人大志，该志坚持以习近平新时代中国特色社会主义思想为指导，客观真实地叙述了梁山县人民代表大会产生、发展和不断完善的渐进过程，全面系统地记载了梁山县人民代表大会及其常委会的履职轨迹，准确地再现了梁山人民以人民代表大会这一政权组织形式，充分行使当家做主的政治权利，讨论决定全县重大事项、选举任免国家机关工作人员、监督管理地方国家事务、推动梁山县经济建设、政治建设、文化建设、社会建设以及生态文明建设全面发展的历史画卷。

以史为鉴，鉴古知今。《梁山县人大志》历经二年的紧张编纂工作，即将付梓成书。这是梁山县人民代表大会发展史上的一件大事，也是全县人民政治和文化生活中的一项丰硕成果，对于促进梁山社会主义民主政治发展、政治文明建设具有重大意义。该志集述、记、志、表、图、录于一书，融资料性、思想性、科学性为一体，为我县留下一部地方政权建设方面的珍贵史料，对于宣传人民代表大会制度，帮助人们了解梁山县人民代表大会及其常委会和民主政治建设发展史，激励 80 余万人民加快建设经济强县、美丽梁山，必将起到积极的作用。这也正是编纂本志、发挥其“存史、资政、教化、启迪”作用的初衷。

通览志稿，感受颇深；掩卷沉思，激励初心。我们深深感谢那些亲历人民代表大会制度建立、发展与完善的历届人大代表，深深感谢那些为推动人大制度建设而不懈努力的人大老领导、老同志和工作者。昨天已然过去，未来更需努力，前人的探索和实践将鞭策后来者，牢记权力人民赋予、权力用于人民和全心全意为人民服务的宗旨，牢固树立党的政治意识、大局意识、核心意识、看齐意识，怀忧民之心，思为民之策，集利民之言，兴富民之举，紧紧依靠人大代表和人民群众，不断开创梁山县人大工作发展新局面，为建设“经济强县、美丽梁山”做出新的更大贡献。

梁山县人大常委会主任 秦延信

2021 年 2 月

◎ 2006 年 8 月 8 日，山东省省长韩寓群（前右二）来梁山调研工业经济发展和新农村建设情况，中共济宁市委书记、市人大常委会主任孙守刚，中共梁山县委书记、县人大常委会主任商建设等陪同，梁山镇党委书记秦延信（前右三）向韩省长汇报工作

◎ 2006 年 11 月 9 日，山东省副省长才利民（右一）到梁山考察，济宁市市长吕在模（右四）梁山县委书记商建设（左二）、梁山镇党委书记秦延信（左一）等陪同

◎ 2009年8月26日，山东省副省长贾万志到梁山考察，济宁市市长张振川、副市长韩军、梁山县委书记、县人大常委会主任商建设、县长陈国华等陪同

◎ 2009年10月30日，中共山东省委常委、副省长王军民到梁山调研，济宁市委书记、市人大常委会主任孙守刚，县委副书记、县长陈国华等陪同

◎ 2015 年 2 月 17 日，中共山东省委副书记、省长郭树清到梁山检查安全生产工作，济宁市委书记、市人大常委会主任马平昌，县委书记、县人大常委会主任田卫东，县委常委、常务副县长秦延信等陪同

◎ 2015 年 4 月 23 日，山东省副省长于晓明到梁山调研专用车产业发展情况，中共济宁市委副书记、市长梅永红，市委常委、副市长周洪，县委书记、县人大常委会主任田卫东，县委副书记、县长贾治阜等陪同

◎ 2016 年 10 月 21 日，山东省副省长王随莲到梁山调研，济宁市副市长张胜明等陪同

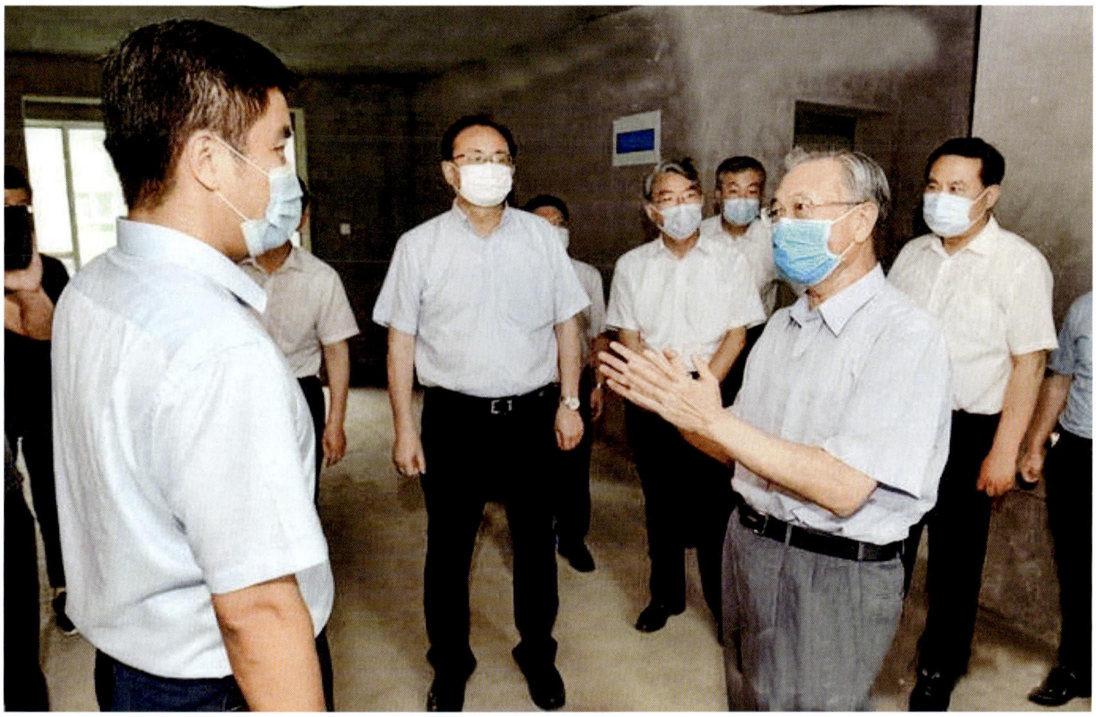

◎ 2020 年 6 月 12 日，中共山东省委书记、省人大常委会主任刘家义（右二）到梁山考察黄河滩区群众搬迁安置工作，中共济宁市委书记、市人大常委会主任傅明先（左二），梁山县委书记贾治阜（右三）等陪同

◎ 山东省人大常委会副主任王渭田和县委书记王廉秀、县人大常委会主任高太平合影

◎ 2020年4月8日，山东省人大常委会秘书长孙建功到梁山考察进企业、进项目、进社区、进乡村“四进”攻坚行动开展情况，县委书记贾治阜、县人大常委会主任秦延信陪同

◎ 2007 年 9 月 15 日，济宁市人大常委会党组书记、第一副主任连广生到梁山县考察水浒文化，县委副书记、县纪委书记冯冲，县政协主席马传申等陪同。

◎ 2011 年 9 月 17 日，市人大常委会第一副主任梁之安、市委常委、副市长周洪为“山东省鲁南工程技术研究院梁山专用汽车研发分院”揭牌

◎ 2012 年 4 月，中共济宁市委书记、市人大常委会主任马平昌到梁山考察菱花集团厂区，县委书记、县人大常委会主任田卫东、县长贾治阜等陪同

◎ 2015 年 12 月 15 日，济宁市人大常委会第一副主任陈民、副主任丁颖、原第一副主任梁之安、副市长张继民带领驻济宁省人大代表，到梁山金榜苑文化传媒集团调研

◎ 2017 年 3 月 17 日，中共济宁市委书记王艺华、副市长周凤文到梁山调研铁水联运项目，梁山县委书记贾治阜陪同

◎ 2019 年 3 月 14 日，中共济宁市委书记、市人大常委会主任傅明先到水利部向蒋旭光副部长汇报梁山铁水联运项目梁济运河北延复航工程有关问题，市委副秘书长、研究室主任樊庆显、济宁能源集团总经理张广宇、县人大常委会副主任崔根博陪同

◎ 2019 年 10 月 12 日，济宁市人大常委会原第一副主任连广生、祝金焕等离退休老干部到梁山调研，市人大常委会副主任陈颖、张玉华，县人大常委会主任秦延信等陪同

◎ 2019 年 4 月 10 日，济宁市人大常委会副主任王宝海到梁山调研代表小组建设情况，县人大常委会主任秦延信陪同

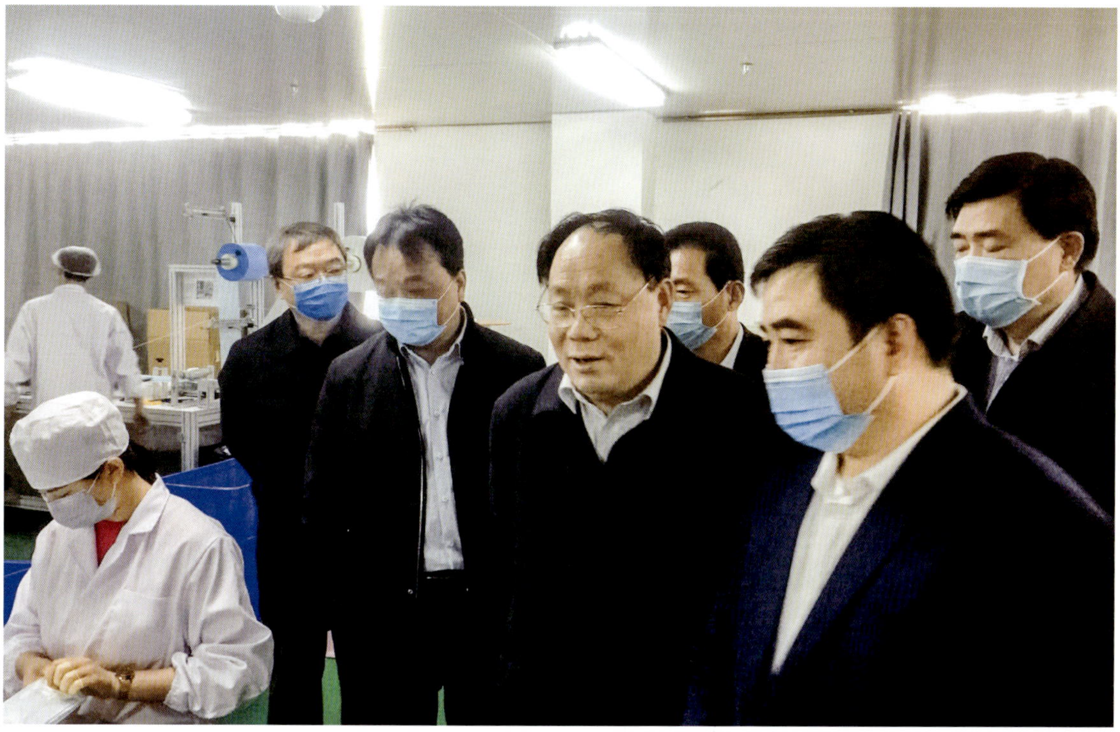

◎ 2020 年 4 月 23 日，济宁市人大常委会副主任陈国华到韩垓镇汉唐福督导企业复工复产工作，县人大常委会主任秦延信、副主任崔根博等陪同

◎ 2019 年 7 月 30 日，济宁市人大常委会副主任杜昌华到梁山县考察放管服工作，县人大常委会主任秦延信陪同

◎ 1981年1月，县委书记郭守章在梁山县第九届人民代表大会第一次会议上主持会议

◎ 1981年1月，县委副书记王笃信在梁山县第九届人民代表大会第一次会议上致开幕词，并在会上当选梁山县首届人大常委会主任

◎ 1984 年 5 月，县委书记樊思宝在梁山县第十届人民代表大会第一次会议上讲话

◎ 1985 年 5 月，县人大常委会主任崔绪照在梁山县第十届人民代表大会第二次会议上作县人大常委会工作报告

◎ 1986 年 5 月 9 日，县委书记魏昌启在梁山县第十届人民代表大会第三次会议上讲话

◎ 1990 年 3 月 10 日，县委书记李广生在梁山县第十二届人民代表大会第一次会议上讲话

◎ 1995 年 2 月 11 日，县委书记连广生在梁山县第十三届人民代表大会第三次会议上讲话

◎ 1995 年 2 月，县人大常委会主任穆衍峰在梁山县第十三届人民代表大会第三次会议上作县人大常委会工作报告

◎ 1996 年 2 月，县委书记王廉秀在梁山县第十三届人民代表大会第四次会议上讲话

◎ 1998 年 1 月 17 日，县委书记韩军在梁山县第十四届人民代表大会第一次会议上讲话

◎ 2003年1月，县人大常委会主任高太平在梁山县第十五届人民代表大会第一次会议上作县人大常委会工作报告

◎ 2006年1月，县委书记、县人大常委会主任商建设在梁山县第十五届人民代表大会第四次会议闭幕式上讲话

◎ 2010年4月，县委书记、县人大常委会主任陈国华在梁山县第十六届人民代表大会第三次会议上

◎ 2012年1月，县委书记、县人大常委会主任田卫东在梁山县第十七届人民代表大会第一次会议上讲话

◎ 2011 年 1 月，县人大常委会第一副主任刘振诺在梁山县第十六届人民代表大会第四次会议上作县人大常委会工作报告

◎ 2012 年 1 月，县人大常委会第一副主任蒋衍涛在梁山县第十七届人民代表大会第一次会议上作县人大常委会工作报告

◎ 2016年1月，县委书记贾治阜在梁山县第十七届人民代表大会第五次会议上讲话

◎ 2021年2月，县人大常委会主任秦延信在在梁山县第十八届人民代表大会第五次会议上作县人大常委会工作报告

◎ 2017 年 1 月，在梁山县十八届人大一次会议上新当选的县人大常委会主任秦延信（右一），副主任王才利（右二）、郭继田（左二）、崔根博（左三）、王文成（左一）宣誓就职

◎ 2021 年 2 月 6 日，在梁山县第十八届人民代表大会第五次会议期间，县人大常委会主任秦延信带领县人大常委会领导班子成员同代表见面

◎ 1952年12月，梁山县代行人代大会职权的各界人民代表会议全体代表合影（档案馆提供）

◎ 1988 年 1 月，梁山县第十一届人民代表大会第二次会议代表合影

◎ 2012 年 1 月，梁山县第十七届人民代表大会全体代表合影

◎ 2017 年 1 月，梁山县第十八届人民代表大会第一次会议代表合影

◎ 1951 年 6 月，梁山县四届二次各界人代会全体常委合影

◎ 梁山县十三届人大常委会主任穆衍峰（前排左三），副主任王占甲（前排右三）、杨念成（前排左二）、鞠燕芬（前排左一）、张先道（前排右二）部分委员及机关科室负责人合影

◎ 1997年12月，梁山县十三届人大常委会主任高太平（前排右二）、副主任王占甲（后排右一）、刘殿印（后排左二）、杨念成（前排右一）、鞠燕芬（前排左一）、王钦孝（后排左一）、张先道（后排右二）合影

◎ 李文朝将军在梁山和县人大常委会原副主任王钦孝、李文汉等老同志合影

◎ 2020年9月，梁山县十八届人大常委会主任秦延信（前排中），副主任王才利（前排右三）、崔根博（前排左三）、王文成（前排右二）、高兴武（前排左二）与全体委员合影

◎ 梁山县人大常委会原址（人民中路 1 号）

◎ 梁山县人大常委会现址（忠义路 1 号）

◎ 梁山县城东部新区（关义华摄）

◎ 梁山县城环城河

◎ 梁山泊广场

◎ 凤凰阁（周长军摄）

◎ 凤凰公园（师清杨摄）

◎ 龟山胜景

◎ 春园（关义华摄）

◎ 森林公园（周长军摄）

◎ 麒麟公园夜景（王化理摄）

◎ 解放桥与公明坊

◎ 水浒街牌坊

◎ 梁山会展中心

◎ 梁山文化中心（关义华摄）

◎ 梁山县政务中心

凡例

一、本志以马克思列宁主义、毛泽东思想、邓小平理论、“三个代表”重要思想、科学发展观、习近平新时代中国特色社会主义思想为指导，坚持辩证唯物主义和历史唯物主义的立场、观点和方法，按照实事求是的原则，客观真实地记述梁山县人民代表大会制度建立、发展及逐步完善的历史和现状。全志力求思想性、科学性、资料性、连续性和完整性的统一。

二、本志上限自1949年11月梁山县第一届各界人民代表会议起，下限至2021年2月梁山县第十八届人民代表大会第五次会议。为保持事物的完整性和连贯性，某些内容适当上溯或下延。

三、本志采用述、志、传、记、表、录、图等志书综合体裁，以志为主，图表随文插入，横排纵述，详近略远，努力反映梁山县人民代表大会全貌。

四、本志主体部分设各界人民代表会议、人大代表选举、人民代表大会、人大常设机构、主要会议、决定决议、人事任免、监督工作、视察调研、议案建议、代表工作、乡镇人大，计12章、66节，前置概述、大事记，后设人物、附录。

五、本志采用章、节、目结构形式编纂，记述采用现代语体文、记述体，坚持述而不论，寓观点于史实之中。

六、本志记述时间采用公元纪年。

七、本志采用数据多以县统计局发布的资料为准。

八、本志人物分别以人物简介和人物名录收入。人物简介包括历届人大常委会主任、副主任，全国及部分省人大代表；人物名录主要收入省级、市级、县级人大代表。人物简介排列顺序按届次及任职时间排序，代表按届次及姓氏笔画排序。

九、本志资料主要源于县档案局所存档案和县人大常委会档案室档案，部分资料由县委组织部及县人大常委会有关委室提供，亦有部分资料由个人提供，文中不再注明。

目录
CONTENTS

梁山县人大志

LIANGSHANXIAN RENDAZHI

概述

概　述

梁山县位于山东省西南部，地处山东、河南两省和济宁、泰安、菏泽、濮阳四市交界处，东邻汶上，西毗郓城，南连嘉祥，北接东平，西北与河南省台前县隔黄河相望。县境南北最长 41 公里，东西最长 45 公里，总面积 965 平方公里，约为中国版图的万分之一。

梁山 1949 年置县，行政区划历经多次调整，先属平原省菏泽专区，1952 年随菏泽专区划归山东省，1958 年改属济宁专区，1959 年复属菏泽专区，1990 年又划归济宁市。县内行政区域亦经数次区划变动，全县现辖拳铺、马营、杨营、黑虎庙、小路口、寿张集、小安山、馆驿、韩岗、韩垓 10 个镇，大路口、赵堌堆 2 个乡，梁山、水泊 2 个街道和 1 个经济开发区，408 个行政村、7 个居委会、8 个社区。总人口 84.6 万人，其中城镇人口 30.4 万人。

梁山境域位于黄河下游，地处暖温带半湿润地区，四季分明，气候适宜。县境内大多为黄河冲积平原，地势相对平坦，土质肥沃，盛产小麦、玉米、大豆、谷子、棉花、花生、瓜菜等，是鲁西南主要粮仓、棉仓和蔬菜基地。同时，自然生物资源丰富，种类繁多，植物类有数百种，动物类有饲养动物 30 多种，水生鱼类 70 多种。

梁山县城位于县境中部，东毗京杭运河，西邻宋金河，南起流畅河，北至金码河，四河环绕县城，蜿蜒长流；梁山、青龙山、凤凰山、灵龟山四山交错城中，巍然耸立；山水城景浑然一体，刚柔相济，是一座极具特色而又充满灵性的风景旅游城市。

梁山地理位置优越，古来即为交通要道，现铁路、公路交通四通八达。京九铁路纵贯县境南北，设有梁山站；瓦日铁路横贯县境东西，设有梁山北站；京港台高速铁路将过境梁山，并设梁山站；济菏高速、董梁高速、国道东深线、日凤线及省道聊商路、肥梁路、枣梁路等交叉贯穿境内。梁山通用机场开工建设。京杭运河梁山段恢复通航，梁山港投入运营。

一

梁山置县虽晚，但历史悠久，文化灿烂。夏商时期，先人就在这里耕种稼穑渔猎，繁衍生息，创造了灿烂的古代文化，留下青堌堆、贾堌堆等远古文明的标志。西汉时期，梁山为皇家猎场，汉文帝之子梁孝王封地，并因梁孝王病故葬于山麓而得名梁山。隋唐以后，梁山成为全国佛教胜地之一。五代到北宋，黄河多次溃决，大水汇于梁山脚下，形成八百里水泊。北宋末年，宋江结天下绿林英豪，聚集梁山，凭借水泊天险，除暴安良，替天行道，演出一幕幕可歌可泣的活剧。明嘉靖年间，东鲁西竺禅师率领僧兵三千，赴东部沿海抗击倭寇，后在梁山法兴寺任主持，使法兴寺声名远播。梁山县古建文物、墓葬遗址、风景名胜，展示了其古老文明和灿烂文化。青堌堆遗址被列为国家级重点文物保护单位，京杭大运河梁山段列为世界文化遗产……所有这些，都充分说明，梁山这块古老的土地是中华民族文化发祥地之一。梁山作为水浒文化的发源地，一部古典文学名著《水浒传》，使梁山名扬四海，久负盛誉；梁山还是中华武术四大发祥地之一，梁山武术已于 2013 年申报为国家级非物质文化遗产。特别是水浒文化经过八百年积淀和洗练，内涵不断丰富，外延日益拓展，已成为中华传统文化殿堂中的一颗璀璨明珠。

梁山虽地处平原，但山河毓秀，人杰地灵。梁山境内有山有水，河渠纵横，资源丰富。梁山、青龙山、凤凰山、灵龟山、小安山 5 座山脉盘踞县境中部，黄河、大运河、宋金河、金码河、流畅河5条河流纵横贯穿全境，东平湖与县境东部相连，山水相映，景观独特。其中，水泊梁山是山东省人民政府公布的首批省级风景名胜区和国家旅游局命名的AAAA级风景名胜区。梁山人民富于革命传统，境内农民曾多次揭竿而起，反对封建压迫和外来侵略，勾勒出一幅幅壮烈的斗争画卷。特别在现代长期的革命斗争中，老一辈革命家在这块土地上，用鲜血和生命写下新的光辉历史篇章，为新中国的建立，梁山人民前赴后继，历经艰苦卓绝的斗争，为人民的解放事业建立了不朽功绩。

随着新中国成立，梁山设县制，梁山人民开始当家做主人。梁山人民在县委、县政府的正确领导下，在社会主义革命、社会主义建设和现代化建设事业中艰苦奋斗，在梁山这块热土上辛勤耕耘，向着富裕的道路迈进。特别是近年来，梁山从“科学发展、跨越发展”总基调，到“工业强县、文化名城、生态和谐家园”发展定位，再到建设“经济强县、美丽梁山”宏伟目标，历届县委、县政府从梁山实际出发，全力推进工业经济、农业经济、城镇建设、生态建设发展，努力建设经济强县、美丽梁山，取得前所未有的光辉成就。2020年，全县完成地区生产总值240.55亿元，一般公共预算收入20.02亿元，城镇居民人均可支配收入3.27万元，农村居民人均纯收入1.75万元；全县城乡居民储蓄存款达到471亿元。与此同时，新增财力的80%用于改善民生，占公共财政预算支出的70%以上，科技、教育、文化、卫生等各项社会事业得到长足发展，城市建成区面积25平方公里，城镇人口30.4万人，城市绿化覆盖率达35%，城乡人民生活水平明显提高。

纵观梁山县70多年社会主义革命和社会主义建设的发展历程，梁山大地发生了历史性巨变，呈现出社会安定、经济繁荣、人民安居乐业、社会事业日新月异的崭新局面，成为梁山经济和社会事业发展最旺盛、经济实力增长最快、人民得到实惠最多的时期，一个山川秀美、生态宜居的新梁山正展现在世人面前。

二

人民代表大会制度，是新中国人民民主专政组织形式，是国家根本政治制度。

新中国成立初期，梁山县根据《中国人民政治协商会议共同纲领》和中央人民政府颁布的《各界人民代表会议组织通则》规定，先后多次召开全县各界人民代表会议。从1949年11月25日召开首届各界人民代表会议，至1954年6月30日梁山县第一届人民代表大会召开，共召开5届9次各界人民代表会议。1950年前后，梁山县历届各界人民代表会议作为联系人民群众、协助政府推行工作的协议机关，其职权是听取、审议、通过县政府工作报告，向县人民政府反映人民的意见和要求，提出有关建议；向人民传达县各界人民代表会议的决议、决定，协助人民政府开展工作。1951年11月，梁山县第五届各界人民代表会议第一次会议听取县政府工作报告，通过有关决议，选举第五届各界人民代表会议常务委员会组成人员（非常设机构）。1952年10月，召开梁山县第五届各界人民代表会议第二次会议，此次各界人民代表会议为代行县人民代表大会职权的会议，按照人民代表大会模式设立大会主席团及代表资格审查委员会、代表提案审查委员会，各代表团推选正、副首席代表；会议听取县委书记形势与任务报告、县长政府工作报告；会议选举县政府委员会和县长、副县长、县政府委员，还选举各界人民代表会议常务委员会主席、副主席、委员，并由常务委员会在主席、副主席、委员中推选驻会委员，主持会务工作。自此，梁山县各界人民代表会议开始代行县人民代表大会职权，发挥地方国家权力机关的作用。在当时特定历史条件下，各界人民代表会议的建立及工作，在团结和动员全县人民完成土地改革、镇压反革命、抗美援朝、贯彻实行《中华人民共和国婚姻法》建立巩固新社会秩序、恢复和发展工农业生产及完成各项重大任务等工作中发挥了重要作用。同时，为人民代表大会制度的建立准备了条件，积累了宝贵经验。

1953年12月至1954年4月，梁山县根据中央人民政府委员会《关于召开全国人民代表大会和地方各级人民代表大会的决定》《中华人民共和国全国人民代表大会和地方各级人民代表大会选举法》，在全县范围内开展中华人民共和国成立后第一次普选工作，由选民直接选举产生第一届乡人民代表大会代表；之后，各乡在召开的乡第一届人民代表大会上选举产生县第一届人民代表大会代表。1954年6月30日，梁山县第一届人民代表大会召开，人民代表大会制度在梁山县正式确立，从政治制度上保证了人民管理国家的权利，揭开了梁山县政权建设史上新的一页。1954—1966年，是梁山县人民代表大会制度建立和初步发展时期，此时人民代表大会制度还不够健全。其间，梁山县人民代表大会共召开6届17次会议，其中第一届人民代表大会召开6次会议，第二届、第五届人民代表大会各召开3次会议，第三届、第四届人民代表大会各召开2次会议，第六届召开1次会议。各届县人民代表大会代表均由乡镇、公社人民代表大会选举产生，人民代表大会会议由县人民政府（人民委员会）召开，大会闭会期间由县人民政府（人民委员会）代行县人民代表大会职权。

1966年3月，县六届人大一次会议后，开展“文化大革命”运动，县人民代表大会工作停止。其间，成立梁山县革命委员会，取代县委、县人民委员会职权。根据1977年全国组织、统战会议及山东省委组织部会议把“革命委员会”作为一届选举的指示精神，梁山县将这一特定历史阶段，依县人民代表大会序列，定为县第七届人民代表大会。

1978年5月，根据第五届全国人大一次会议通过的宪法修正案及新的宪法，按照山东省及菏泽地区有关要求，梁山县第八届人民代表大会第一次会议召开，大会选举产生新一届梁山县革命委员会，社会主义民主制度开始逐步恢复。1979年6月，第五届全国人大二次会议表决通过《关于修正中华人民共和国宪法若干规定的决议》《中华人民共和国地方各级人民代表大会和地方各级人民政府组织法》，规定县级以上地方各级人大设立人民代表大会常务委员会（简称人大常委会），作为县人民代表大会的常设机关，在大会闭会期间，代行人民代表大会职权；是年9月，第五届全国人大常委会十一次会议通过将革命委员会改为人民政府的决议。据此，1981年1月9—13日，梁山县第九届人民代表大会第一次会议召开，会议选举产生首届（按代表大会届次称第九届）梁山县人大常委会，选举梁山县人大常委会主任、副主任、委员，选举梁山县人民政府县长、副县长，选举县人民法院院长和县人民检察院检察长。自此，随着县人大常委会的产生及其办事机构的设立，县级人民代表大会制度、政权体制、政权建设进一步健全完善，从而使人民代表大会制度进入新的发展时期。

从1981年1月梁山县第九届人民代表大会第一次会议，到2021年2月梁山县第十八届人民代表大会第五次会议，其间共举行10届41次会议。其中，第九至十二届人民代表大会每届任期3年，各召开3次会议；第十三届后，每届任期改为5年，第十三届至第十五届各召开5次会议；第十六届因要求与市级换届选举时间保持一致，召开4次会议；第十七届、第十八届各召开5次会议。第九届人民代表大会以后的历届人民代表大会代表都是在充分发扬民主的基础上，由选民直接实行差额选举产生；县人民代表大会会议由县人大常委会负责召集，会议议程、日程和有关活动均严格依法有序进行。每届每次县人民代表大会均设立大会主席团及秘书长，同时推选大会常务主席，划分代表团并推选代表团团长、副团长；会议听取审议县政府工作报告及国民经济和社会发展计划、财政预算情况报告，听取审议县人大常委会工作报告及法院、检察院工作报告等，并作出相关决议；每届第一次会议选举产生县人大常委会主任、副主任、委员，选举产生县人民政府县长、副县长，选举产生县监察委主任，选举产生县人民法院院长、县人民检察院检察长；若选举产生的县人大常委会和“一府一委两院”人员因工作变动及其他原因届中出现空缺，在本届其他次会议上进行补选。会议期间和闭会以后，县人大及其常委会的各项职能得以充分发挥，思想、组织、制度及各方面建设逐步得到加强，基层人大工作及代表活动也一步步向高层次发展，出现了与时俱进、全面提高、丰富多彩的工作局面。

三

根据《中华人民共和国宪法》和《中华人民共和国地方各级人民代表大会和地方各级人民政府组织法》规定，县人民代表大会是地方国家权力机关，由人民选举产生，对人民负责并受人民监督；人民通过人民代表大会，行使管理国家的权力。县人大常委会作为权力机关和工作机关，在县人民代表大会闭会期间，依法行使重大事项决定权、人事任免权、监督权。梁山县人大常委会自1981年建立起，始终坚持党的领导，把党的领导贯穿于依法履职的全过程，在中共梁山县委的领导和上级人大的指导下，贯彻党的路线、方针、政策，执行全国、省、市人大及其常委会的决议决定，积极履行宪法、法律赋予的职权，围绕党在各个时期的中心工作任务，讨论、决定梁山县政治、经济、文化工作重大事项，决定县政府县长代理人选，任免县政府组成人员、县监察委监察人员、县法院审判人员、县检察院检察人员；按期召开人民代表大会会议，并在各级人民代表大会任期届满时，主持人民代表大会代表选举，领导县乡两级选举委员会；补选上一级人民代表大会出缺的代表和撤换个别代表；保持同本级人大代表的联系，发挥代表应有的作用；监督促进政府和司法机关改进工作；在保证宪法和法律在本行政区域贯彻实施、发展社会主义民主、健全社会主义法制、依法管理国家事务、维护安定团结的政治局面、促进经济发展和社会进步等方面，发挥了极其重要的作用，取得了突出成绩。

依法决定重大事项。县人民代表大会会议是集中全县人民意志行使管理国家事务、决定重大事项权利的基本形式，大会通过的各项决议、决定等具有普遍的约束力，成为全县人民共同意志和奋斗目标。县人大常委会会议是县人民代表大会闭会期间行使职权的基本形式，县人大常委会会议就一些事关全局、长远性问题及人民群众普遍关心的热点、难点问题作出决议和决定，从而行使重大事项的决定权。同时，通过听取审议本级政府及所属部门和监察委员会、人民法院、人民检察院专项工作情况的汇报，对“一府一委两院”及部门工作提出审议意见及建议，并实施工作监督和法律监督。梁山县人大常委会自建立后，紧紧围绕县委中心任务，贯彻县委决策部署，服务全县发展大局，谋划推进人大工作，先后就重要法律的贯彻实施、经济建设、社会发展、社会治安等作出决议；先后批准县政府城市总体规划、景区发展规划、生态县建设规划及调整国民经济计划和财政预算、变更预算项目方案等，有效地推进了全县经济和社会健康发展。

依法选举任免干部。依法选举和任免本级人大常委会组成人员及机关委室负责人、县人民政府组成人员、县监察委监察人员、县人民法院审判人员、县人民检察院检察人员等，是县级人民代表大会及其常委会的法定职权之一。梁山县人大常委会在人事任免工作中，严格遵循党管干部的原则，把党委推荐和人大常委会依法行使任免权统一起来，多次修改完善人事任免制度及相关意见，每次选举和任免工作都严格遵照法定的选举程序，充分发扬民主，严格依法办事，保证选举、任免工作顺利。为增强任命干部的任职能力和公仆意识，县人大常委会通过供职报告、法律考试、述职报告、民主评议等多种方式，加强对任命干部的监督，使之成为合格的为人民服务、为经济和社会发展作贡献的优秀干部。

依法行使监督职权。人大常委会的监督权，是宪法和法律赋予国家权力机关的重要职权之一。梁山县历届人大常委会都把监督工作放在重要位置，并在工作实践中，不断探索创新监督形式，务求监督工作取得较大实效。通过人大常委会会议听取“一府一委两院”及有关部门的工作汇报，对其工作提出审议意见，并督促其认真整改落实，是县人大常委会行使监督权的主要形式之一。同时，对政府部门及政府组成人员进行工作评议，并对有关专项工作进行专题询问；对贯彻法律法规情况开展执法检查，并有计划地开展视察调研活动；收集督办代表所提议案及建议、批评和意见，认真处理人民群众来信来访等。通过多种形式的依法监督工作，有效保证宪法和法律在全县的实施，保证国家政策和人大及其常委会所作决议、决定的贯彻执行，保障经济和社会各项事业的健康运行。特别是近年来，梁山县人大常委会紧扣发展第一要务，不断创新监督方式、拓宽监督领域、聚焦重点项目、聚焦民生热点，综合运用视察调研、专题询问、审议评议等监督方式，坚持监督与支持并重，寓支持于监督之中，有效助推了全县经济和社会发展。

认真做好代表工作。梁山县人大常委会始终坚持突出代表主体地位，不断加强和改进代表工作，大力支持代表依法履职。为加强代表联系工作，充分发挥人民代表作用，梁山县人大常委会本着就近、便于组织、利于活动的原则，建立和健全各级人大代表小组，形成上下贯通的代表联络网络。同时，县人大常委会制订并不断完善代表联系制度和办法，除定期召开代表座谈会、走访人大代表、征询代表意见、接待代表来信来访、安排代表视察、邀请代表列席人大常委会外，还紧紧围绕县委中心工作和全县工作大局，组织人大代表开展双建（人大代表建言献策、建功立业）、双联（县人大常委会联系代表、代表联系群众）、双评（代表评议部门、代表述职评议）活动，开展评选优秀县人大代表和先进县人大代表活动小组等。通过活动的开展，调动人大代表依法履行代表职责的积极性，提高人大代表依法履职素质和能力，有效发挥了人大代表在全县经济社会发展中的重要作用。同时，县人大常委会不断加强代表培训工作，通过集中培训学习、外出考察学习、参加高端培训等多种形式，提升代表的素质和履职能力。认真打造代表履职平台，建立健全代表活动中心及网络平台，为代表学习活动奠定了坚实的基础。

依法组织换届选举。1954 年，梁山县举行首次普选，召开第一届人民代表大会；此后，换届选举工作在梁山县人民政府（人民委员会）的组织领导下，按照当时《中华人民共和国全国人民代表大会和地方各级人民代表大会选举法》《中华人民共和国地方各级人民代表大会和地方各级人民政府组织法》的规定和上级要求，县、乡两级均成立选举委员会，选举县、乡人民代表大会代表，召开县、乡人民代表大会。第七届为上级部门认定，未进行换届选举；第八届是根据上级安排换届选举。第九届人大代表选举，在县革命委员会组织领导下进行，代表产生开始由选民直接选举；县十届至十八届人大换届选举，由县人大常委会组织实施，代表均由选民直接选举产生。按照新的《中华人民共和国全国人民代表大会和地方各级人民代表大会选举法》《中华人民共和国地方各级人民代表大会和地方各级人民政府组织法》规定和上级要求，每次换届选举均成立县、乡选举委员会，制定换届选举实施方案，建立健全办事机构，严密组织，精心指导，紧紧抓住换届选举工作中的关键环节，充分发扬民主，严格依法办事，完成历届选举任务。同时，从县第一届至第十一届人民代表大会起，梁山县选举出席山东省人民代表大会代表；从县第十二届人民代表大会起，选举出席济宁市人民代表大会代表。同时，在中共梁山县委领导和县人大常委会组织下，指导乡镇换届选举工作，从实施人民代表大会制度起，历届乡镇选举工作进展顺利，保证全体选民充分行使当家做主的民主权利和人民公社社员代表大会、乡镇人民代表大会的按期举行，选出人民公社管委会、乡镇人民政府领导班子。

指导乡镇人大工作。为加强乡镇人大工作，梁山县人大常委会把乡镇人大建设放到重要位置，精心指导，常抓不懈。监督、指导乡镇人大全面贯彻执行国家政策、法律和上级人大及其常委会的决议、决定，完成上级交办的各项工作任务；指导乡镇人大换届选举和开好乡镇人民代表大会会议，每年召开全县基层人大工作会议，总结交流工作经验，部署工作任务；安排乡镇人大工作人员列席县人代会和县人大常委会会议，培训乡镇人大主席、副主席和人大专职干部，提高其政治业务素质；指导乡镇人大健全组织、完善各项制度、建立活动场所，加强基础设施建设。通过上述多方面工作的开展，有效指导和促进了乡镇人大工作诸如视察调研、工作评议、代表述职等活动的深入开展。

加强机关自身建设。加强县人大常委会及其机关的自身建设，使其工作逐步走向制度化、规范化，是健全和完善人民代表大会制度的重要方面，也是人大常委会依法行使各项职权的基本条件。梁山县历届人大常委会牢记宪法法律赋予的使命担当，从完善人民代表大会制度和履行职责的需要出发，始终把自身建设摆在重要位置，狠抓人大常委会及其机关的思想建设、组织建设和制度建设，以推进民主与法制建设和依法治县方略的贯彻落实。历届县人大常委会都注重制定和完善学习制度，认真组织学习马克思列宁主义、毛泽东思想、习近平新时代中国特色社会主义思想，深刻理解和把握党的路线方针政策，不断强化党的领导核心意识和执政为民意识，提高了思想政治水平和工作能力。与人大常委会职权的行使相适应，机关办事机构不断充实、健全和加强，县人大常委会议事规则、主任会议制度及机关学习、会议、文件、财务、接待等各项工作制度和管理制度不断修订完善，县人大常委会及其机关工作逐步走向制度化、规范化轨道。近年来，县人大常委会牢记初心使命，强化责任担当，积极适应新时期人大工作新要求，不断加强机关纪律作风建设、工作效能建设，多次组织人大常委会委员赴外地开展专题培训，有效促进了人大工作创新发展、依法执行、规范实施、高效运行。

在中共梁山县委的领导和上级人大的指导下，梁山县人民代表大会已走过67年的历程。67年来，曾经主持和参与过人大工作的诸位领导，特别是县第九届人大以后的历届人大常委会主任、副主任、委员，他们忠实执行宪法和法律赋予人大的各项权力，坚定不移地贯彻执行党和国家的路线、方针、政策，代表全县人民的根本利益，在人大工作的领导岗位上殚精竭虑，开拓进取，为坚持、健全和完善人民代表大会制度做出了极大贡献。历届县人大常委会机关工作人员在县人大常委会的直接领导下，勤勤恳恳、兢兢业业，为加强人大常委会机关建设，为弘扬人民代表大会制度优势，作出了积极贡献。历届县人大代表，是本级人民代表大会的组成人员，是人大工作的主体，他们为人民代表大会制度的实施和完善、为全县经济和社会发展作出了重要贡献。历史的脚步在前进，随着社会主义现代化建设的深入发展，梁山县人民代表大会及其常委会肩负着时代和全县人民的重托，将进一步履行宪法、法律赋予的职责，更好地发挥地方国家权力机关的职能作用。

鉴古知今，光照来人。人杰地灵的水浒故里，英雄辈出，铸就了世代不息的历史荣耀；物华天宝的忠义梁山，万物生辉，激荡着再创伟业的时代豪情。梁山人民素有不甘落后、不畏艰险、自力更生、艰苦奋斗的光荣传统。在新的历史起点上，梁山县人民代表大会及其常务委员会将在中共梁山县委的坚强领导下，更加紧密地团结在以习近平为核心的党中央周围，高举习近平新时代中国特色社会主义思想伟大旗帜，坚持和完善人民代表大会制度，坚持党的领导、人民当家做主、依法治国有机统一，充分发挥地方国家权力机关的职能作用，牢记初心使命，依法履职尽责，同勤劳、智慧、英雄的梁山人民一道，怀着对梁山这方热土的无限情感，肩负起时代赋予的光荣使命，同心同德，和衷共济，励精图治，自强不息，为建设“经济强县、美丽梁山”作出新的更大贡献！

梁山县人大志

LIANGSHANXIAN RENDAZHI

大事记

大事记

（1949—2021）

1949 年

8 月 昆山县改建梁山县，隶属平原省菏泽专区。

8 月 原郓北县一区（西杨营）之大部、二区（小路口）全部、八区（黄集）东半部划归梁山县。

9 月 16 日 黄河决口大陆庄民埝，平原省副主席韩哲一到大安山一带察看灾情。

9 月 县委、县政府机关分别迁至闫庄村、西小吴村（今属黑虎庙镇）。

10 月 1 日 全县人民热烈庆祝中华人民共和国成立。

11 月 县委、县政府机关分别迁至郑垓、后集等村。

11 月 25—30 日 梁山县第一届各界人民代表会议在县政府召开，出席会议代表 200 人，会议听取县长韩革非所作政府工作报告。

1950 年

7 月 4—7 日 梁山县第二届各界人民代表会议在县政府召开，出席代表 338 人，机关列席代表 25 人。会议重点讨论和制订生产救灾工作方针。

8 月 18 日 黄河水利委员会主任王化云在安山镇主持召开省、地、县负责人会议，讨论东平湖地区蓄洪问题。

10 月 全县开展以参军、捐献为中心内容的“抗美援朝，保家卫国”活动。

11 月 9—11 日 梁山县第三届各界人民代表会议第一次会议在县政府召开，出席代表 288 人（缺席 76 人），会议听取县政府工作报告，中心议题是解决秋收政策问题。

11 月 28—30 日 梁山县第三届各界人民代表会议第二次会议在县政府召开，出席代表 186 人（缺席 102 人），会议中心议题是贯彻平原省人民政府关于发扬民主、搞好团结的指示精神，会议选举出席省各界人民代表会议代表 3 人、候补代表 2 人。

是年 农村开始出现农业生产互助组，至次年 1 月，全县发展到 1211 个，形式分常年、临时、季节三种。

1951 年

1—5 月 梁山县开展丈量土地，全县共有耕地 75603 公顷，共丈量 68441 公顷，颁发土地所有证 38900 份。

2 月 贯彻中央人民政府颁发的惩治反革命条例，全县开展大规模的镇压反革命运动。

2 月 22—24 日 梁山县第四届各界人民代

表会议第一次会议在县政府召开，出席代表264人（缺席36人），会议听取县长韩革非所作政府工作报告，传达平原省各界人民代表会议决议，中心议题是贯彻抗美援朝方针、开展爱国主义生产竞赛运动。

6月18—20日 梁山县第四届各界人民代表会议第二次会议在县政府召开，出席代表233人（缺席31人），会议听取县长韩革非所作梁山县1951年上半年工作总结及财政预算执行情况的报告，中心议题是抗美援朝、捐粮捐物、生产竞赛。

11月5—8日 梁山县第五届各界人民代表会议第一次会议在县政府召开，出席代表258人（缺席34人），会议听取县政府工作报告及四届二次会议决议执行情况、财政收支情况。

11月 梁山县《中华人民共和国婚姻法》执行委员会成立，开始实行婚姻登记。

1952年

1月25日 全县在中国共产党内部和机关、企事业单位开展“三反”（反贪污、反浪费、反官僚主义）、“五反”（反行贿、反偷税漏税、反盗窃国家资财、反偷工减料、反盗窃国家经济情报）运动。

2月 中国人民志愿军报告团到梁山县报告抗美援朝战绩，并慰问志愿军家属。

10月15—22日 梁山县第五届各界人民代表会议第二次会议在梁山剧院召开，出席代表334人（缺席26人）。该次各界人民代表会议为代行县人民代表大会职权的会议，按照人民代表大会模式设立大会主席团及代表资格审查委员会、代表提案审查委员会，各代表团推选正、副首席代表。会议听取县委书记申云璞所作关于目前形势与任务及今后工作意见的报告，听取县长王凤林所作政府工作三年总结报告。会议选举王凤林为县长，雷朝卿、毕天泉为副县长，政府委员24人。会议选举各界人民代表会议常务委员会主席、副主席、委员，并由常务委员会在主席、副主席、委员中推选驻会委员，主持会务工作。

12月30日 平原省撤销，梁山县随菏泽专区由平原省归属山东省。

是年 农村开始成立初级农业生产合作社，至1955年初，发展到692个，入社农户占总农户13.6%。

1953年

3月15—18日 梁山县第五届各界人民代表会议第三次会议在梁山剧院召开，出席代表289人（缺席71人），会议听取并审议县长王凤林所作县政府工作报告和抗美援朝与国防建设的报告，县常务委员会副主席冯雁亭作各界人民代表会议常务委员会会务工作报告。

6月30日24时 第一次人口普查，全县总人口504726人。

7月1日 梁山县第一届人民代表大会代表首次实行普选，至1954年1月31日结束，全县98个乡进行民主建政。

8月中旬 南旺县撤销，拳铺、黄庄、孙庄、开河四个区划归梁山县。

1954 年

春 水利部部长傅作义到梁山县视察蓄洪准备工作。

6 月 30 日至 7 月 5 日 梁山县第一届人民代表大会第一次会议在梁山剧院召开，出席代表 381 人，缺席 21 人。大会学习第一部《中华人民共和国宪法》，听取并审议县长张海阔所作政府工作报告和县委关于下半年工作建议。大会选举张海阔为县长，毕天泉、徐化远为副县长。选举出席省人民代表大会代表 4 人。

7 月 14—17 日 梁山县第一届人民代表大会第二次会议在梁山剧院召开，出席代表 337 人，缺席 83 人。会议传达学习山东省第一届人民代表大会精神，听取县长张海阔所作关于做好秋收秋征工作方针政策与任务的报告。

1955 年

2 月 3—7 日 梁山县第一届人民代表大会第三次会议在梁山剧院召开，出席代表 310 人，缺席 92 人，会议听取县人民代表大会常委会会务工作报告，听取县政府 1954 年工作总结和今后工作意见的报告，会议补选舒同为梁山县出席山东省人民代表大会代表。

3 月 1 日 银行发放新人民币，并进行旧币收兑工作，全县设收兑点 500 余处。

春 向黑龙江、吉林等省移民 28879 人，支援边疆建设。

8 月 全县开展肃清反革命分子的运动。次年 2 月，运动形成高潮。

12 月 16—21 日 梁山县第一届人民代表大会第六次会议召开。大会开幕首先向毛主席像鞠躬致敬，向革命烈士静默三分钟；县长杨峰作政府工作报告，高文德代表县委作今冬明年农业合作化生产报告，通过大会决议，选举县政府县长、副县长、委员及法院院长。

冬 初级农业生产合作社开始向高级农业生产合作社过渡，次年形成高潮。至 1957 年 6 月，全县组织起农业生产合作社 580 处，入社农户占总农户的 98.5%。其中，高级社 529 处，入社农户占总农户的 96.6%，基本完成对农业的社会主义改造。

1956 年

春 全县行政区划进行调整，15 个区并为 12 个区，166 个乡并为 74 个乡。

6 月 根据《中华人民共和国地方各级人民代表大会和地方各级人民委员会组织法》规定，梁山县人民政府改称梁山县人民委员会。

7 月 全县开展以除“四害”（老鼠、苍蝇、蚊子、麻雀）为中心内容的爱国卫生运动。

7 月 馆里乡贾庄村民在原大沛河道挖出一只木船，楠木制作，长 17 米，宽 3.3 米，舱深 2 米，13 个舱位，出土兵器上刻有“洪武五年造”等字样。木船现存于山东博物馆。

12 月 26—30 日 梁山县第二届人民代表大会第一次会议在梁山剧院召开，出席代表 302 人，缺席 49 人。会议听取审议县委书记张海阔所作关于1956年农业合作社和生产工作的报告、县人民委员会工作报告、1956年财政预算执行情况的报告、县人民法院工作报告及兵役工作报告。会议选举杨峰为县长，郭文斌、刘华春、范本笃、宋祥琨、冯雁亭为副县长，委员13人。通过会议决议。

1957年

3月27—31日 梁山县第二届人民代表大会第二次会议在梁山剧院召开，出席代表236人，缺席115人。会议听取县委副书记高文德所作的政治报告，听取审议副县长郭文彬所作的梁山县1957年农业生产计划和开展增产节约运动的报告。会议补选狄生为梁山县出席山东省人民代表大会代表。通过大会决议。

10月 全县开展整风运动，发动群众向党提出批评建议，随后转入“反右”斗争。

12月22—26日 梁山县第二届人民代表大会第三次会议在县委礼堂召开，出席代表275人，缺席74人。会议听取审议县长杨峰所作梁山县人民委员会1957年工作报告、县人民法院院长陈心愿所作法院工作报告、县人民检察院副检察长韩明才所作检察院工作报告。通过大会决议。

1958年

2月 撤区并乡，全县12个区、74个乡改设1个镇、25个乡。

春 县委、县人委组织大规模的以绿化梁山为主的植树造林活动月。

5月26—29日 梁山县第三届人民代表大会第一次会议在县委礼堂召开，本届大会代表358人，出席代表281人，缺席77人。会议听取中共梁山县委第一书记张海阔所作政治报告，听取审议县长杨峰所作政府工作报告，副县长范本笃所作梁山县1957年财政决算和1958年财政预算的报告，县法院副院长王武奇所作法院工作报告。会议选举杨峰为县长，刘华春、刘永德、范本笃、宋祥坤为副县长，委员14人；选举王武奇为县人民法院院长。选举出席山东省人民代表大会代表4人。通过大会决议，会议号召全县人民认真贯彻党中央提出的“鼓足干劲，力争上游，多快好省地建设社会主义”的总路线。

8月 经国务院批准，山东省委决定提前修建东平湖水库，自此至1960年7月，先后调集4个地区21个县，3个师的部队共计31万人，分别进驻梁山等县，抢修东平湖水库，完成土石方3115万立方米。

9月上旬 全县建起7处人民公社。

10月30日 中共山东省委发布《关于调整有关专区、市、县区划问题的通知》，将济宁专区与菏泽专区合并为济宁专区，梁山县随之隶属济宁专区。

10月 全县掀起大办民兵师、大办集体食堂、大炼钢铁的高潮。

11月2日 县委决定将全县建为1处人民公社，定名为“梁山县人民公社”，原公社改为管理区，管理区改称营，生产队改称连，并在县城广场举行万人庆祝会。

11月 梁山县广播站建成播音。

11月26日至12月4日 县委召开万人大

会，宣传“人有多大胆，地有多高产”。

1959年

1月20日 县委决定恢复原人民公社、管理区的名称，梁山县人民公社改为梁山县联合人民公社。

6月 梁山县复属菏泽专区。

7月 中国人民解放军指战员4000余名到梁山县修建东平湖库区小安山隔堤。

秋 为落实治理黄河“两项决定”，国务院组织山东省和黑龙江省人民政府共同研究，将山东省梁山县境内建水库区的41482户、198847人，一次性移居黑龙江，由黑龙江省人民政府负责安置。梁山移民以国家大局为先，整理变卖家当，打好最简行装，怀揣政府发放的60元搬迁费，上至白发老人，下至吃奶娃娃，男女老少眼含热泪乘上开往济南或济宁方向的汽车，然后乘上闷罐“专列”，经过4—5天昼夜长途旅行，到达东北目的地。梁山此次移民是一次规模宏大、时间集中、人员多、路途远的移民，是一次新版的“闯关东”。

10月 经国务院批准，由济宁专区、菏泽专区出工12.4万人开挖梁济运河，北至黄河，南接南四湖。

12月29日至1960年1月3日 梁山县第三届人民代表大会第二次会议在县委礼堂召开，出席会议代表210人，缺席68人。会议听取中共梁山县委第一书记高文德所作政治报告，听取县长杨峰所作《梁山县人民委员会关于一年来工作情况和1960年社会主义建设任务的报告》及县人民法院工作报告，会议补选张洪奇、王慧生、王曰斌、荣恩和为县人民委员会副县长。通过大会决议。

1960年

3月 汶上县东平、沙河站人民公社和须城、寅寺人民公社的部分村庄及平阴县黄花园、东阿人民公社部分村庄划归梁山县，梁山县的开河人民公社和孙庄人民公社的部分村庄划归汶上县。次年4月，又各隶原属。

7月26日 东平湖新库区试库蓄水，梁山县开挖湖西排渗沟。

1961年

4月 全县贯彻中共中央《关于农村人民公社当前政策问题的紧急指示信》和《农村人民公社工作条例（草案）》（简称60条），进行整风整社，确立以生产队为基本核算单位。

5月3—6日 梁山县第四届人民代表大会第一次会议在县委礼堂召开，本届大会代表351人，出席代表299人，缺席52人。会议听取并审议副县长宋祥坤代表县人民委员会所作《梁山县人民委员会工作报告》，审查并通过1960年财政收支决算和1961年财政预算安排意见的报告，并通过大会决议及代表资格审查报告、提案审查报告。会议选举杨峰为县长，宋祥琨、吴恒培、张洪奇、王慧生、王月斌为副县长，委员17人。通过大会决议。

1962年

4月上旬 黑龙江、吉林、辽宁三省组成慰问团到梁山慰问，感谢梁山县的劳务支援。

7月23—26日 梁山县第四届人民代表大会第二次会议在县委礼堂召开，出席代表351人。会议传达学习周恩来总理在全国人民代表大会第二届第三次会议上所作《政府工作报告》，听取审议县长杨峰代表县人民委员会所作当前几项工作报告，通过大会决议。

1963年

3月 全县深入开展“向雷锋同志学习”活动，工农商学兵掀起争做好人好事、助人为乐高潮。

5月28—31日 梁山县第五届人民代表大会第一次会议在县委礼堂召开，本届大会代表349人。会议听取审议通过县长杨峰所作县人民委员会工作报告及梁山县1962年财政决算和1963年财政预算的报告。会议选举杨峰为县长，张增勋、宋祥坤、吴恒培为副县长，县人民委员会及组成人员19人，选举刘保金为县法院院长，通过大会决议。

1964年

4月 县委号召全县人民开展“工业学大庆、农业学大寨、全国人民学习解放军”活动。

6月30日24时 第二次人口普查，全县总人口454824人。

7月30日至8月2日 梁山县第五届人民代表大会第二次会议在县委礼堂召开，出席代表345人。会议听取并审议通过县长杨峰所作梁山县人民委员会工作报告，县人民委员会关于1963年财政决算和1964年财政预算及执行情况的报告，县人民法院院长刘保金所作梁山县人民法院工作报告。

1965年

春 东平湖区移民返回定居人口逐渐增多，增设商老庄、大安山、馆驿、戴庙、小安山5处人民公社。

8月2—5日 梁山县第五届人民代表大会第三次会议在县委礼堂召开，出席代表278人。会议听取审议县长杨峰所作形势报告，副县长张增勋代表县人民委员会所作政府工作报告，补选艾复华、王彬为县第五届人民委员会副县长。会议通过关于县人民委员会工作报告的决议、关于梁山县1964年财政决算和1965年财政预算的决议、关于梁山县人民法院工作报告的决议。

9月 根据中央及山东省委统一部署，全县开展“四清”（清政治、清经济、清组织、清思想）运动，并被列入“四清”重点县，县设四清工作团，公社设四清大队，大队下设分队；省、地抽调鄄城、巨野、成武等县干部组成工作团，赴梁山开展“四清”运动。

1966年

2月 全县党政机关开展向焦裕禄同志学习的活动。

3月19—21日 梁山县第六届人民代表大会第一次会议在县委礼堂召开，本届大会代表349人，出席代表311人。会议听取审议副县长艾复华代表县人民委员会所作政府工作报告、县人民法院副院长于希鑑所作法院工作报告。选举仝宣常为第六届县人民委员会县长，张增勋、艾复华、王彬、宋祥坤为副县长，委员18人。

6月 梁山县火力发电厂建成发电。

8月 县委成立“文化大革命”领导小组，并向文化、教育系统等陆续派出工作组。

10月 梁山县被定为省内工业小三线建设基地，济南国棉一厂、青岛油漆厂、烟台石棉厂和轴承厂相继在梁山县建设分厂，同时，菏泽地区在梁山动工兴建水泥厂。

11月 梁山县中学生代表10多人，赴北京参加毛泽东主席第七次接见红卫兵的活动。

12月 梁山县教育系统组织学生代表500多人，赴北京参加毛泽东主席第八次接见红卫兵的活动。

下半年 梁山县人民代表大会工作停止。

1967年

1月30日 成立“梁山县无产阶级革命造反派接管委员会”。

3月6日 “梁山县无产阶级革命造反派接管委员会”改名为“山东省梁山县革命委员会”。

3月 解放军二五六部队奉命进驻梁山“三支两军”（支左、支农、支工、军管、军训）。

1968年

2月23日 经山东省革命委员会批准，正式成立梁山县革命委员会，于建进任主任，张瑞芝（军代表）、孙广平（工人代表）、程广文（学生代表）任副主任，并选举产生县革命委员会常委会，县革委设办公室、政治部、生产指挥部等。此后各人民公社和县直企事业单位也相继成立革命委员会。

10月 菏泽地区交通局在国那里黄河堤上

兴建入黄船闸，后废弃。

是年 县举办第一期“赤脚医生”训练班，共培训赤脚医生 765 人。

1969 年

1 月 16—27 日 梁山县首次活学活用毛泽东思想积极分子代表大会召开，出席会议的代表有工人、贫下中农、革命干部和知识分子等代表共 830 人。

春 县设立“知识青年上山下乡动员安置办公室”。至 1978 年，共安置城镇知识青年 1056 人到农村接受教育。

1970 年

7 月 贯彻中国共产党第九次代表大会精神，县革委举办毛泽东思想学习班。

1971 年

2 月 10 日 根据中共菏泽地革委核心领导小组意见，全县决定改种水稻 167 万公顷，并设立“稻改办公室”。

2 月中旬 济南军区机关 1519 人在副司令员熊作芳、陈美藻的带领下拉练到梁山，分别住张坊、后集、凤山等村。

1972 年

11 月 动工兴建东（明）银（山）窄轨铁路。1976 年，梁山县段通车。

是年 全县农村社队开始实行合作医疗制度，至 1978 年停止。

1973 年

春 开挖金码河。

7 月 大中专招生实行推荐选拔与文化考试相结合。

1975 年

9 月 根据中共菏泽地委指示，应届大中专毕业生全部到基层参加“农业学大寨”工作队。

1976 年

8 月 全县城乡开展防震工作，县成立防震办公室。

9 月 9 日 全县人民沉痛悼念中国人民的伟大领袖和导师毛泽东主席逝世，全县各机关、企事业单位、工厂、学校，各公社机关、村庄等，普遍设立悼念毛泽东主席灵堂，举行悼念活动。

9 月 11 日 梁山县委、县革委、县武装部代表全县人民，向中共中央、人大常委会、国务院、中央军委拍发唁电。

9 月 18 日 梁山县委、县革委、县武装部驻梁单位、县直各机关、企事业单位等党、政、军、民万余人身着素装、臂戴黑纱胸佩白花，在梁山县广场泣悼毛泽东主席。县委书记王庆煌代表全县党、政、军致悼词。

1977 年

12 月 根据全国组织统战会议及省委组织部会议精神，把“文化大革命”中的梁山县革命委员会作为一届选举，将其定为梁山县第七届人民代表大会。

1978 年

5 月 25—28 日 梁山县第八届人民代表大会第一次会议在东方红剧院召开，出席代表 686 人。会议审议并批准《梁山县革命委员会工作报告》和《梁山县 1978 年至 1985 年国民经济发展规划（草案）的报告》，选举产生梁山县革命委员会及组成人员，杨成训任主任，赵民、韩同成、张增勋、果润华、孟昭树、高作松、孟凡才任副主任，委员 69 人。同时选举张繁仁为县人民法院院长，林同球为县人民检察院检察长。

1979 年

5 月 16 日 经上级批准，郭守章任中共梁山县委书记，赵民任梁山县革命委员会主任，杨成训不再担任梁山县委书记、革命委员会主任职务。

6月15日 根据中央和省委、地委指示精神，梁山县恢复设立中共梁山县纪律检查委员会。

1980年

8月10日 联合国亚洲太平洋地区经济社会台风委员会防洪考察组一行12人，到梁山县考察黄河下游防洪工程。

8月 根据中央和省、地统一部署，县委行文在全县推行农村联产承包责任制。

11月1日 按照国家颁布的《中华人民共和国全国人民代表大会和地方各级人民代表大会选举法》，县人民代表大会进行第一次直接选举。

是年 梁山县被省政府定为小尾寒羊保种基地县。

1981年

1月 梁山县革命委员会改称梁山县人民政府。

1月8—14日 中国人民政治协商会议梁山县第一届委员会第一次会议在县委会议室举行，出席委员95人，代表16个界别。

1月9—13日 梁山县第九届人民代表大会第一次会议在县委礼堂召开，出席代表360人。会议听取并审议崔绪照所作《梁山县革命委员会工作报告》、韩同成所作《关于梁山县1980年国民经济计划执行情况和1981年国民经济计划安排意见报告》、郭文斌所作《关于梁山县1979年财政决算、1980年财政预算和执行情况、1981年财政概算报告》以及张繁仁所作《梁山县人民法院工作报告》、林同球所作《梁山县人民检察院工作报告》，并分别通过各个报告的决议。会议首次选举产生梁山县人大常委会（简称县人大常委会），选举王笃信为县人大常委会主任，樊兆玙、李绪明、孟凡才、石增馨（女）为副主任，委员14人；选举崔绪照为县人民政府县长，韩同成、王占甲、郭文斌、张作田为副县长；选举张繁仁为县人民法院院长，林同球为县人民检察院检察长。

2月15日 山东省人大常委会颁发“梁山县人大常委会”印章，自即日起启用。

3月25日 梁山县第九届人大常委会第二次会议，通过县人大常委会《关于工作制度的暂行规定》和《关于加强与人民代表联系的暂行办法》。

1982年

2月21—25日 梁山县第九届人民代表大会第二次会议在县委礼堂召开，出席会议代表338人。会议听取审议县长崔绪照所作《梁山县人民政府工作报告》，审议县政府《梁山县1981年经济和社会发展计划执行情况及1982年经济和社会发展计划安排意见》，听取并审议县财税局局长刘继增所作《关于 1980、1981 年财政决算和 1982 年财政概算的报告》；大会听取并审议县人大常委会主任王笃信所作《梁山县人大常委会工作报告》、县人民法院院长张繁仁所作《梁山县人民法院工作报告》、县人民检察院检察长林同球所作《梁山县人民检察院工作报告》，并分别通过各个报告的决议。

7 月 1 日零时 第三次全国人口普查，全县人口为 609595 人。

8 月 2 日 黄河花园口水文站出现 15300 立方米每秒的洪峰，黄水漫滩。梁山县抽调干部 1100 人、民工 2 万人上堤抢险，帮助滩区群众搬迁。6 日 22 时，根据上级指示，东平湖水库林辛、十里堡进湖闸启闸分洪。

1983 年

2 月 23—25 日 梁山县第九届人民代表大会第三次会议在梁山剧院召开，出席会议代表 315 人。会议听取并审议县长崔绪照所作《梁山县人民政府工作报告》、审议《梁山县 1983 年国民经济和社会发展计划的报告》、听取并审议县财政局局长刘继增所作《梁山县 1982 年财政决算和 1983 年财政预算的报告》；大会听取并审议县人大常委会主任王笃信所作《梁山县人大常委会工作报告》、县人民法院院长张繁仁所作《梁山县人民法院工作报告》、县人民检察院检察长林同球所作《梁山县人民检察院工作报告》，并分别通过各个报告的决议。会议选举梁山县出席山东省第六届人民代表大会代表 7 人。

4 月 经上级批准，段振方任中共梁山县委书记。

11 月 根据上级统一部署，全县开展历史遗留问题落实工作，甄别错划右派 343 人，并摘帽右派、恢复名誉，同时纠正因右问题错处理 172 人。

是年 梁山农机厂生产的收割机刀片创省和农机部优质产品，获国家银质奖。

1984 年

2 月 根据中央及省地统一部署，全县撤社改乡，并进行机构改革，全县 19 处公社 1 个镇，改设 6 区、5 个镇和 27 个乡。

同月 经上级批准，樊思宝任中共梁山县委书记。

4 月初 县党政机关进行机构改革，按照“革命化、年轻化、知识化、专业化”要求，调整县乡领导班子。

5 月 14—18 日 梁山县第十届人民代表大会第一次会议在梁山剧院召开，出席会议代表 384 人。会议听取并审议代理县长魏昌启所作《政府工作报告》以及县财政局局长朱效明所作《梁山县 1983 年财政决算和 1984 年财政预算的报告》，审议县政府提交的《梁山县 1984 年国民经济和社会发展计划的报告》，听取并审议县人大常委会副主任樊兆玙所作《梁山县人大常委会工作报告》以及县人民法院代理院长宋声武所作《梁山县人民法院工作报告》、县人民检察院代理检察长姜守新所作《梁山县人民检察院工作报告》，并分别通过各个报告的决议。大会选举崔绪照为县人大常委会主任，樊兆玙、孟凡才、李厚昌、陆长为、田均福为副主任，委员13人；选举魏昌启为县人民政府县长，李胜华、王占甲、张性钧、连广生、鞠燕芬（女）为副县长；选举宋声武为县人民法院院长，姜守新为县人民检察院检察长。

6月30日 梁山县第十届人大常委会第二次会议，通过《县人大常委会几项制度的暂行规定》。

1985年

5月13—15日 梁山县第十届人民代表大会第二次会议在梁山剧院召开，出席会议代表383人。会议听取审议县长魏昌启所作《政府工作报告》以及县财政局局长刘继庆所作《梁山县1984年财政决算和1985年财政预算的报告》，审议县政府提交的《梁山县1985年国民经济和社会发展计划的报告》，听取并审议县人大常委会主任崔绪照所作《梁山县人大常委会工作报告》以及县人民法院院长宋声武所作《梁山县人民法院工作报告》、县人民检察院代理检察长姜广仁所作《梁山县人民检察院工作报告》，并通过各项报告的决议。会议补选姜广仁为县人民检察院检察长。

9月24日 山东省人民政府公布水泊梁山为第一批省级风景名胜区。

12月19日 梁山县第十届人大常委会第十二次会议，听取并同意县长魏昌启代表县政府所作关于调整东平湖行政区划情况的报告。

12月 山东省人民政府同意将梁山县的斑鸠店、豆山、司里、银山、昆山、大安山、戴庙（32个村庄）、商老庄（23个村庄）8个乡镇划属东平县管理。

1986年

3月10日 山东省政府省长李昌安来梁山视察工作，对梁山风景名胜区的保护和修复做出重要指示。

4月10日 梁山县第十届人大常委会第十四次会议决定：同意魏昌启辞去县人民政府县长职务。

4月25日 山东省委书记梁步庭在菏泽地委书记张守福陪同下到梁山视察工作。

5月5—9日 梁山县第十届人民代表大会第三次会议在梁山剧院召开，出席会议代表315人。听取并审议代理县长霍正气所作《政府工作报告》以及县计划委员会主任胡国金所作《梁山县1986年国民经济和社会发展计划的报告》、县财政局局长刘继庆所作《梁山县1985年财政决算和1986年财政预算的报告》，听取审议县人大常委会主任崔绪照所作《梁山县人大常委会工作报告》以及县人民法院院长宋声武所作《梁山县人民法院工作报告》、县人民检察院检察长姜广仁所作《梁山县人民检察院工作报告》，会议还听取县政府副县长吕玉山所作梁山县人民政府《关于实行农民负担大包干若干规定的说明，并审议县人民政府关于实行农民负担大包干若干规定》。会议增选杨旭、王占甲为县人大常委会副主任，补选霍正气为县人民政府县长。

10月23日 中共梁山县委、梁山县人民政府作出在全县迅速掀起农村中小学校改高潮，实现中小学“六配套”的决定。

10月28日　国务院副总理谷牧、国家建设环保部戴念慈、国家旅游局郭治在山东省副省长谭庆琏、菏泽地委书记张守福陪同下到梁山视察。

11月15日　梁山县第十届人大常委会第十九次会议，根据山东省人大常委会有关规定，决定将梁山县第十届人民代表大会代表资格审查委员会改为县人大常委会直接领导下的常设机构，负责下届代表大会代表资格审查工作。

1987年

3月18—21日　梁山县第十一届人民代表大会第一次会议在梁山剧院召开，出席会议代表270人。会议听取并审议县长霍正气所作《政府工作报告》、副县长连广生所作《梁山县国民经济和社会发展第七个五年计划的报告》、县财政局局长刘继庆所作《梁山县1986年财政决算和1987年财政概算的报告》，听取并审议县人大常委会主任崔绪照代表第十届人大常委会所作《梁山县人大常委会工作报告》、县人民法院院长宋声武所作《梁山县人民法院工作报告》、县人民检察院检察长姜广仁所作《梁山县人民检察院工作报告》，并分别通过各个报告的决议。会议选举产生县第十一届人大常委会，选举崔绪照为县人大常委会主任，孟凡才、李厚昌、杨旭、王占甲、杨念成、张先知为副主任，委员10人；选举霍正气为县长，连广生、张性钧、鞠燕芬（女）、李来云、臧凤柱为副县长；选举宋声武为县人民法院院长，姜广仁为县人民检察院检察长。

4月25日　梁山风景区主体建筑忠义堂破土动工，翌年4月竣工落成，建筑面积640平方米，总投资150万元。

9月23日　梁山县十一届人大常委会第四次会议，根据有关法律规定和中共菏泽地委有关通知精神，决定调整完善县人大常委会办事机构：代表联络科改为代表组织科，政法组织科改为法制科；设立财经科、文教科，撤销调查研究科。

11月　中国人民解放军总参谋长迟浩田上将到梁山视察工作。

12月22日　梁山县第十一届人大常委会第六次会议，原则通过《梁山县国家行政机关工作人员奖惩试行办法》，待修改后由县政府发布实施。

1988年

1月4—7日　梁山县第十一届人民代表大会第二次会议在梁山剧院召开，出席会议代表265人。会议听取县委书记魏昌启传达中共十三大会议精神，听取并审议县长霍正气所作《政府工作报告》及县计委主任胡国金所作《梁山县1988年国民经济和社会发展计划（草案）的报告》、县财政局局长刘继庆所作《梁山县1987年财政预算执行情况和1988年财政概算的报告》，听取并审议县人大常委会主任崔绪照所作《梁山县人大常委会工作报告》及县人民法院院长宋声武所作《梁山县人民法院工作报告》、县人民检察院检察长姜广仁所作《梁山县人民检察院工作报告》，并分别通过各个报告的决议。大会选举梁山县出席山东省第七届人民代表大会的代表5人。

2月 全县进行首次职称改革，次年12月完成，全县共评聘专业技术人员9695人，其中高级134人，中级1812人，初级7149人。

3月初 根据国务院通知精神，全县开始颁发居民身份证，至年底完成，共发证47万。

8月17日 山东省省长姜春云、副省长谭庆琏在菏泽地区行署专员刘洪仁、副专员于法杰的陪同下到梁山视察，并对梁山风景区建设做出重要指示。

12月19日 根据《地方组织法》的规定和工作需要，梁山县第十一届人大常委会第十二次会议，决定设立梁山县人大常委会农业科。

1989年

1月27日 县委决定将各乡镇人大代表联络处改为乡镇人民代表大会工作处。

2月25日 梁山县第十一届人大常委会第十三次会议，通过《关于国家机关及其工作人员为政清廉的决定》。

3月28—31日 梁山县第十一届人民代表大会第三次会议在县政府第一会议室召开，出席会议代表272人。会议听取审议县长霍正气所作《政府工作报告》以及县计委主任胡国金所作《梁山县1989年国民经济和社会发展计划的报告》、县财政局副局长叶蔚所作《关于梁山县1988年财政决算和1989年财政预算的报告》，听取并审议县人大常委会主任崔绪照所作《梁山县人大常委会工作报告》以及县人民法院院长宋声武所作《梁山县人民法院工作报告》、县人民检察院检察长姜广仁所作《梁山县人民检察院工作报告》，并分别通过各个报告的决议。会议增选杨朝福为县人大常委会副主任。

4月19—20日 全国第五届《水浒》学术讨论会与会者150人到梁山考察。

6月24日 梁山县第十一届人大常委会第十六次会议通过梁山县人大常委会《关于搞好国办学校校改工作的决议》。

8月14日 梁山县第十一届人大常委会第十八次会议，批准霍正气辞去县长职务，决定任命朱保忠为县人民政府副县长、代理县长。

9月20日 山东省委、省政府确定将梁山县划归济宁市管理，1990年1月1日，梁山县正式归属济宁市。

11月8日 梁山电视台建成并正式开播。

12月6—8日 山东省政府省长赵志浩、副省长李春亭分别到梁山视察。

12月21日 梁山县第十一届人大常委会第二十次会议，批准朱保忠辞去副县长、代理县长职务，决定任命吕玉山为县人民政府副县长、代理县长。

1990年

3月6—10日 梁山县第十二届人民代表大会第一次会议在梁山剧院召开，出席会议代表319人。会议听取审议代理县长吕玉山所作《政府工作报告》以及县计委主任胡国金所作《关于梁山县1990年国民经济和社会发展计划的报告》、县财政局局长刘继庆所作《关于梁山县1989年财政决算和1990年财政预算草案的报告》，听取并审议县人大常委会主任崔绪照所作《梁山县人大常委会工作报告》以及县法院院长宋声武所作《梁山县人民法院工作报告》、县检察院检察长姜广仁所作《梁山县人民检察院工作报告》，并分别通过各个报告的决议。会议选举产生县第十二届人大常委会，选举穆衍峰为县人大常委会主任，王占甲、杨念成、傅全林、张先知、王钦孝、张先道为副主任，委员11人；选举吕玉山为县人民政府县长，高太平、鞠燕芬（女）、李来云、康绍军、李大友为副县长；选举宋声武为县人民法院院长，姜广仁为县人民检察院检察长。会议选举梁山县出席第十一届济宁市人民代表大会代表42人。

7月1日零时 第四次全国人口普查，全县总人口654517人。

9月15日 梁山县第十二届人大常委会第四次会议，根据有关法律规定和济宁市人大常委会要求，经中共梁山县委同意，决定设立梁山县人大常委会信访接待室（正科级单位）。

12月20日 梁山县十二届人大常委会第六次会议，通过《梁山风景名胜资源保护暂行规定》。

1991年

3月23—26日 梁山县第十二届人民代表大会第二次会议在梁山剧院召开，出席会议代表312人。会议听取审议县政府县长吕玉山所作《政府工作报告》、副县长高太平所作《关于梁山县国民经济和社会发展十年规划和“八五”计划纲要的报告》、县计委主任胡国金所作《关于梁山县1991年国民经济和社会发展计划的报告》、县财政局局长刘继庆所作《关于梁山县1990年财政决算和1991年财政预算的报告》，听取审议县人大常委会主任穆衍峰所作《梁山县人大常委会工作报告》以及县法院院长宋声武所作《梁山县人民法院工作报告》、县检察院检察长长姜广仁所作《梁山县人民检察院工作报告》，并分别通过各个报告的决议。

4月 济梁公路梁山段拓宽改造工程破土动工。

7月18日 梁山县第十二届人大常委会第十次会议，批准吕玉山辞去梁山县人民政府县长职务，决定任命连广生为县人民政府副县长、代理县长。

7月20日 梁山县邮电局市话通讯由人工磁石交换机改制200纵横自动交换。

9月5日 京九铁路重点工程黄河特大桥在梁山县与河南省台前县的黄河两岸同时开工，并举行隆重的开工典礼，国家8个部委、沿京九线9个省市的领导到现场祝贺，国务院副总理邹家华为大桥开工剪彩。

1992年

1月21日 梁山县第十二届人大常委会第十三次会议，根据有关法律规定和工作需要，决定将梁山县人大常委会信访接待室更名为梁山县人大常委会信访工作室。

3月 京九铁路梁山段全面开工，跨越梁山县境15公里。

3月24—27日 梁山县第十二届人民代表大会第三次会议在县政府第一会议室召开，出席会议代表308人。会议听取并审议代理县长连广生所作《政府工作报告》、副县长高太平所作《关于梁山县农村奔小康总体实施方案》的报告》、县计委主任胡国金所作《关于梁山县国民经济和社会发展1991年计划执行情况和1992年计划的报告》、县财政局局长刘继庆所作《关于梁山县1991年财政决算和1992年财政预算草案的报告》，听取并审议县人大常委会主任穆衍峰所作《梁山县人大常委会工作报告》、县人民法院院长宋声武所作《梁山县人民法院工作报告》、县人民检察院检察长姜广仁所作《梁山县人民检察院工作报告》，并分别通过各个报告的决议。会议补选连广生为县人民政府县长，增选张先知为县人民政府副县长。

6月 梁山县被国家体委命名为全国体育先进县。

12月25日 梁山县第十二届人大常委会第二十一次会议，批准连广生辞去县人民政府县长职务，同时批准李来云辞去县人民政府副县长职务；任命赵步荣为梁山县人民政府副县长、代理县长。

1993年

2月8日 中共济宁市委决定：连广生任中共梁山县委书记。

2月9—12日 梁山县第十三届人民代表大会第一次会议在梁山剧院召开，出席大会代表280人，列席127人。会议听取并审议代理县长赵步荣所作《政府工作报告》及县计划委员会主任毛允海所作《梁山县1992年国民经济和社会发展计划执行情况与1993年国民经济和社会发展计划（草案）的报告》、县财政局局长刘继庆所作《梁山县1992年财政决算和1993年财政预算（草案）的报告》；听取并审议县人大常委会主任穆衍峰所作《梁山县人大常委会工作报告》及县人民法院院长宋声武所作《梁山县人民法院工作报告》、县人民检察院代检察长李文汉所作《梁山县人民检察院工作报告》，并通过相关决议。大会选举穆衍峰为县人大常委会主任，王占甲、杨念成、鞠燕芬（女）、傅全林、王钦孝、张先道为副主任，委员14人；选举赵步荣为县人民政府县长，高太平、康绍军、张先知、王佑明、王钦之、王瑞兰（女）为副县长；选举宋声武为县人民法院院长，李文汉为县人民检察院检察长。会议选举出席济宁市第十二届人民代表大会代表46人。

4月12日 铁道部部长韩杼斌、副部长尚志功等一行50余人，在省市领导陪同下，到梁山县视察国家重点建设工程京九铁路黄河特大桥的施工现场，听取有关大桥建设情况的汇报，高度赞扬建桥职工的拼搏精神和梁山人民对大桥建设的大力支持。

5月10日 首届国际水浒文化节开幕式在县体育场举行，县委副书记、县长赵步荣主持开幕式，县委书记连广生讲话，开幕式上演出《笑迎佳宾聚梁山》大型文艺节目。水浒文化节期间先后开展登山、武术比赛、民间艺术表演、水浒研究、水浒书画展览、经贸洽谈会等活动，吸引了大批国内外客商到梁山投资、经商、办企业，引进了一批人才、技术、资金，带动了全县经济及旅游等第三产业发展。

5月27日 梁山县第十三届人大常委会第三次会议，听取审议县人民政府县长赵步荣关于梁山县设市撤县议案的报告，并作出关于梁山县设市撤县的决议。

8 月 13 日 中共中央政治局委员、山东省委书记姜春云等省领导到梁山视察灾情，市委书记王修智、县委书记连广生、县长赵步荣陪同，并汇报受灾及抗灾情况。

9 月 20 日 国家卫生部长孙隆椿到梁山县视察卫生工作，省市县领导陪同。

9 月 25 日 济梁路梁山段建成通车，省交通厅和市县领导为通车典礼剪彩。

9 月 水泊中路拓宽改造工程启动。

10 月 县委发出通知，安排开展多种活动纪念毛泽东诞辰 100 周年。

11 月 15 日 省长赵志浩带领省水利厅、财政厅等领导到梁山视察并作重要指示，市委书记王修智、市长王仁元等陪同，县委书记连广生作工作汇报。

12 月 4 日 县级党政机构改革方案出台，全县设置党政机构 30 个（原来 87 个），其中，县委部门 5 个，县政府部门 25 个；另外，按照《党章》、《宪法》等有关规定设置机构 5 个。

12 月 28 日 梁山汽车站新站房举行落成典礼，建筑面积 2971 平方米。

1994 年

1 月 27—29 日 梁山县第十三届人民代表大会第二次会议召开，出席会议代表 279 人，列席人员 85 人。会议听取并审议县长赵步荣所作《政府工作报告》、县计划委员会主任毛允海所作《梁山县 1993 年国民经济和社会发展计划执行情况和 1994 年计划（草案）的报告》、县财政局局长刘东升所作《梁山县 1993 年财政决算和 1994 年财政预算（草案）的报告》，听取并审议县人大常委会主任穆衍峰所作《梁山县人大常委会工作报告》、县人民法院院长宋声武所作《梁山县人民法院工作报告》和县人民检察院检察长李文汉所作《梁山县人民检察院工作报告》，会议通过各项报告，并作出相应决议。

1 月下旬 省委、省政府召开全省经济欠发达地区改革开放试点工作会议，梁山县被确定为全省第二批 16 个改革开放试点县之一。

4 月 15 日 中国（梁山）第二届国际水浒文化节在县体育场开幕，县长赵步荣宣布中国（梁山）第二届国际水浒文化节开幕，县委书记连广生致开幕词。开幕式上演出大型水浒文化节开幕剧《爱我梁山》，节日期间，文化搭台，经贸唱戏，共与中外客商签订协议书 260 份，与外商签订合资意向 17 项。

11 月 30 日 梁山县第十三届人大常委会第十三次会议，通过县人大常委会关于筹集济梁公路延伸段（公明大道）工程建设资金议案的决议。

12 月 10 日 梁山县在北京京西宾馆举行“梁山在京人员联谊会”，梁山籍在京人员北京军区副司令员、中将姜洪泉等出席，中共济宁市委副书记韩笔祥、中共梁山县委书记连广生分别致辞。

1995 年

1 月 1 日 县委、县政府在济南交通宾馆举行发展梁山经济座谈会，省委常委、宣传部长董凤基，副省长王玉玺，济宁市委书记王修智应邀出席并讲话，县委书记连广生致辞。

1月 济梁公路延伸段（即县城至火车站）开工建设，并举行开工典礼。是年11月2日竣工通车，并举行通车仪式。该路段全长20.5公里，工程总投资1958万元。

2月9—11日 梁山县第十三届人民代表大会第三次会议在县政府第一会议室召开。出席会议代表279人，列席人员113人。会议听取并审议县长赵步荣所作《政府工作报告》及县计划委员会主任毛允海所作《梁山县1994年国民经济和社会发展计划执行情况和1995年计划（草案）的报告》、县财政局局长刘东升所作《梁山县1994年财政决算和1995年财政预算（草案）的报告》，听取并审议县人大常委会主任穆衍峰所作《梁山县人大常委会工作报告》以及县人民法院院长宋声武所作《梁山县人民法院工作报告》、县人民检察院检察长李文汉所作《梁山县人民检察院工作报告》，会议通过各项报告，并作出相应决议。

3月12日 中共济宁市委决定：王廉秀任中共梁山县委书记。

4月5日 位于梁山境内的京九铁路黄河特大桥竣工，大桥全长6685米，为当时黄河最长的双线铁路桥。

4月12日 中共山东省委书记赵志浩在济宁市委书记王修智、市长王仁元陪同下到梁山考察工作，县委书记王廉秀汇报工作。

5月4日 位于原越山南路西端的“水泊梁山”石牌坊落成。

5月20日 中共中央政治局委员、国务院副总理吴邦国到梁山，出席京九铁路黄河特大桥通车典礼，并为梁山火车站题写“梁山站”；铁道部部长韩杼斌、中共山东省委书记赵志浩等陪同。

9月 京九铁路梁山火车站竣工。

1996年

2月8—10日 梁山县第十三届人民代表大会第四次会议在县政府第一会议室召开。出席会议代表278人，列席人员174人。会议听取并审议县长赵步荣所作《政府工作报告》以及县计划委员会主任毛允海所作《梁山县1995年国民经济和社会发展计划执行情况和1996年计划（草案）的报告》、县财政局局长刘东升所作《梁山县1995年财政决算和1996年财政预算（草案）的报告》，听取并审议县人大常委会主任穆衍峰所作《梁山县人大常委会工作报告》及县人民法院院长宋声武所作《梁山县人民法院工作报告》、县人民检察院检察长李文汉所作《梁山县人民检察院工作报告》，会议通过各项报告，并作出相应的决议。

2月26—27日 全县实施农民“211”致富工程动员大会召开，县委书记王廉秀作动员报告，提出：奋斗三年，实现农民人均每年种植收入2000元、养殖收入1000元、乡镇企业收入1000元。

3月13日 全县工业经济工作会议召开，会议号召奋力实施工业企业“213”规模工程，到20世纪末，力争培植20家利税超千万元、10家利税超500万元、30家利税超百万元的重大企业。

5月17日 水利部、黄委会、灌区协会、淮工委、省水利厅以及黄河下游各灌溉区等单位领导、专家近百人应邀到梁山参加陈垓引黄灌区35周年庆祝活动。

7月31日 全县创建文明卫生城动员大会在梁山剧院召开，县六大班子负责人出席会议，同时成立创建文明卫生城指挥部。

8月4日 由于黄河中游连降暴雨，黄河花园口水文站出现14年来未有过的特大洪峰，流量7660立方米/秒，水位高达49.73米，超过1958年最高洪水位。县委、县政府抽调330名县直机关干部，组织2万名民工上阵，调集数百辆汽车、拖拉机，帮助滩区人民群众搬迁。省长李春亭、副省长王玉玺等率省直有关部门负责人，在济宁市委书记王修智、市长王仁元及县委、县政府主要负责人陪同下，先后两次赴黄河滩区察看灾情，慰问群众。

9月1日 京九铁路全线贯通，梁山火车站正式投入运营。

9月17日 中共中央总书记、国家主席、军委主席江泽民视察京九铁路梁山站，询问梁山经济发展状况，听取县委书记王廉秀有关县情汇报。

10月17日 晋冀鲁豫边界相邻地区县级人大工作研讨会第十八次会议在梁山召开，山西省襄垣县、沁源县，河北省武安市、馆陶县、邯郸县，河南省林州市、安阳县，山东省冠县、郓城县、梁山县等人大常委会负责人参加。山东省人大常委会人事代表工作室副主任杜忠臣、济宁市人大常委会副主任唐伦伟、梁山县委书记王廉秀等出席会议，会议由梁山县人大常委会副主任王占甲、杨念成、傅全林分别主持。

11月14日 中共山东省委副书记、省长李春亭在市委书记王修智、市长王仁元、县委书记王廉秀、县长赵步荣陪同下，考察梁山火车站，指导滩区村庄搬迁工作。

1997年

1月30日 庆祝省级卫生县城命名暨创建工作总结表彰大会召开，市卫生局、市爱卫办及县六大班子负责人出席会议，大会宣布省爱卫会正式命名梁山县城为省级卫生县城的决定，县委、县政府表彰56个“创建省级卫生城工作先进单位”，为34人记三等功，对46人予以嘉奖。

2月18日 梁山县第十三届人大常委会第二十七次会议，决定批准赵步荣辞去县人民政府县长职务，同时批准高太平辞去副县长职务；决定任命曹耀华为县人民政府副县长、代理县长，任命周洪为县人民政府副县长。

2月26日至3月1日 梁山县第十三届人民代表大会第五次会议在县政府第一会议室召开。出席会议代表275人，列席会议人员152人。会议听取审议代理县长曹耀华所作《政府工作报告》、县计划委员会主任毛允海所作《梁山县1996年国民经济和社会发展计划执行情况和1997年计划（草案）的报告》、县财政局局长刘东升所作《梁山县1996年财政决算和1997年财政预算（草案）的报告》，听取审议县人大常委会副主任王占甲所作《梁山县人大常委会工作报告》、县人民法院院长宋声武所作《梁山县人民法院工作报告》和县人民检察院检察长李文汉所作《梁山县人民检察院工作报告》，会议通过各项报告，并作出相应的决议。会议补选高太平为县人大常委会主任，刘殿印为副主任；补选曹耀华为县人民政府县长。

6月19日 中共山东省委副书记、省长李春亭，副省长邵桂芳率领省黄河河务局、水利厅、财政厅等部门和泰安、济宁两市有关部门负责人到梁山检查指导黄河东平湖防汛工作。

7月23日 鲁豫两省勘界协商会议在梁山县举行，国务院勘界办、河南省勘界办、山东省勘界办负责人和鲁豫边界沿线6个市地、20个县市负责人及有关人员出席会议。会议确定边界线走向，设定埋桩位置。

11月11日 中共中央政治局委员、山东省委书记吴官正到梁山考察工作，省委常委、省委秘书长张宗亮及济宁市委、市政府、梁山县委、县政府主要负责人陪同考察。

11月21日 梁山县第十三届人大常委会第三十三次会议决定：1997年12月31日为选举县级人民代表大会代表选举日；梁山县十四届人民代表大会代表名额为259人。

11月26日 全县人大、政协换届选举工作会议召开，县委书记王廉秀、县人大常委会主任高太平讲话。

12月14日 中共济宁市委决定：韩军任中共梁山县委书记。

12月19日 梁山县第十三届人大常委会第三十四次会议，同意曹耀华辞去县长职务，宋声武辞去县法院院长职务；决定任命温杭东为副县长、代理县长，任命张仁端为县法院副院长、代理院长。

12月22日 由山东省邮电管理局、济宁市人民政府主办的中国古典名著《水浒》特种邮票（第五组）首发式在梁山县举行。原邮电部副部长刘平源、省人大常委会原副主任卢洪、邮票设计者周峰和市、县负责人等出席首发式。

12月31日 县人大代表换届选举圆满结束，选出县人大代表257名。

1998年

1月12—17日 梁山县第十四届人民代表大会第一次会议在梁山剧院召开，出席会议代表257人，列席人员184人。会议听取并审议代理县长温杭东所作《政府工作报告》、副县长商建设所作《梁山县1997年国民经济和社会发展计划执行情况及1998年国民经济和社会发展计划（草案）的报告》、县财政局局长刘东升所作《梁山县1997年财政预算执行情况和1998年财政预算（草案）的报告》；听取并审议县人大常委会主任高太平所作《梁山县人大常委会工作报告》、县人民法院代院长张仁端所作《梁山县人民法院工作报告》、县人民检察院检察长李文汉所作《梁山县人民检察院工作报告》，并分别通过各个报告的决议。会议选举高太平为县人大常委会主任，刘殿印、鞠燕芬（女）、王佑明、林英科、王志宪、信在高为副主任；选举刘慎刚为县人民政府县长，刘振诺、李文运、王成爱、王崇志、高启顺为副县长；选举张仁端为县人民法院院长，李文汉为县人民检察院检察长（1月17日，济宁市人民政府撤销刘慎刚县长职务；是年6月，相继撤销王成爱、王崇志、高启顺副县长职务）。会议选举出席济宁市第十三届人民代表大会代表41人。

1月18日 梁山县第十四届人大常委会第一次会议，任命张忠建为县人民政府副县长，主持县政府工作。

3月14日 梁山县第十四届人大常委会第二次会议，任命张忠建为县人民政府代理县长。

3月31日 梁山县第十四届人大常委会第三次会议，讨论通过县人大常委会议事规则。

5月 经省政府批准，设立济宁梁山对外加工贸易区。

6月10日 济宁市人大常委会主任于文义到梁山检查指导工作，县委、县人大常委会、县政府负责人陪同。

8月9日 中共中央政治局委员、省委书记吴官正在省委常委、秘书长张宗亮及市、县主要负责人陪同下，察看陈垓引黄闸大堤、艾那里险工险段，及部分乡镇受灾和排涝情况，听取梁山工作汇报。

9月16日 农业部、国家科委在梁山召开全国重点项目“863”转基因抗虫棉现场会，与会人员对梁山抗虫棉试种成功给予高度评价。

9月27日 山东省人大常委会副主任李文全到梁山考察，中共济宁市委副书记、市长贾万志、市人大常委会主任于文义、梁山县委、县人大常委会、县政府负责人陪同。

1999年

1月22—25日 梁山县第十四届人民代表大会第二次会议在县政府第一会议室召开，出席代表256人，列席人员194人。会议听取审议代理县长张忠建所作《政府工作报告》、县计划委员会主任高建国所作《梁山县1998年国民经济和社会发展计划执行情况及1999年国民经济和社会发展计划（草案）的报告》、副县长陆书杰所作《梁山县1998年财政预算执行情况和1999年财政预算（草案）的报告》，听取审议县人大常委会主任高太平所作《梁山县人大常委会工作报告》、县人民法院代院长袁存力所作《梁山县人民法院工作报告》、县人民检察院代检察长王宜海所作《梁山县人民检察院工作报告》，并分别通过各个报告的决议。会议增选李文汉为县人大常委会副主任；补选张忠建为县人民政府县长；补选袁存力为县人民法院院长，王宜海为县人民检察院检察长。

1月27日 国家水利部部长汪恕诚、副部长张基尧、国家黄委会主任鄂竟平一行，在副省长陈抗甫及有关部门负责人陪同下，到梁山检查黄河防汛、湖区移民迁安等工作。

1月28日 全县乡镇人大换届选举工作会议召开。县委副书记、县长张忠建，县委副书记商建设出席会议并讲话，县人大常委会主任高太平出席会议并传达中共梁山县委批转县人大常委会党组《关于1999年乡镇人大换届选举工作几个问题的报告》。

3月22日 全县乡镇人大政府换届选举工作结束，提名的143名候选人全部当选。

6月18日 全县第六届村委会换届工作完成。

8月18日 梁山县第十四届人大常委会第十五次会议，决定任命：商建设、李启胜为梁山县人民政府副县长，免去李文运梁山县人民政府副县长职务。

9月27日 梁山县庆祝中华人民共和国成立50周年大会在县剧院召开，县六大班子领导人出席会议。庆祝大会结束后举行《祖国万岁》大型文艺晚会。

10月21—24日 全国中老年人太极拳比赛在梁山县体育中心举行，全国各地63个代表队参加，梁山县代表队获得集体拳第一名。

2000年

1月12日 梁山县第十四届人大常委会第十八次会议任命商建设为县人民政府代理县

长，同意张忠建辞去县人民政府县长职务。

1月19—22日 梁山县第十四届人民代表大会第三次会议在县政府第一会议室召开，出席代表253人，列席人员214人。会议听取并审议代理县长商建设所作《政府工作报告》、县计划委员会主任高建国所作《梁山县1999年国民经济和社会发展计划执行情况及2000年国民经济和社会发展计划（草案）的报告》、县财政局局长刘东升所作《梁山县1999年财政预算执行情况和2000年财政预算（草案）的报告》，听取审议县人大常委会主任高太平所作《梁山县人大常委会工作报告》、县人民法院院长袁存力所作《梁山县人民法院工作报告》、县人民检察院检察长王宜海所作《梁山县人民检察院工作报告》，并分别通过各个报告的决议。会议补选商建设为县人民政府县长。

2月20日 “三讲”教育动员大会在县剧院举行，县委书记韩军在会上作动员报告，县委副书记、县长商建设主持会议，省巡视组组长马东向、市委副书记褚庆观先后讲话。

3月21日 梁山县第十四届人大三次会议代表建议和县六届政协三次会议委员提案办理工作会议在政府二会议室召开。县委副书记、常务副县长姜居祯出席会议并讲话，县人大常委会副主任王志宪、县政协副主席薛凡义参加会议。

3月25日 梁山县被市委、市政府授予农业科技示范园建设先进县，梁山镇被命名为小康乡镇和经济强乡镇，拳铺乡为农业结构调整先进乡镇，鲁润京九石化公司、山东大鹏集团被表彰为明星乡镇企业，良福制药公司名列全市25个先进私营企业之首。

4月11日 县委、县政府召开全县发展个体私营经济动员大会，其后相继于4月26日、6月21日、7月14日召开全县全民招商引资动员大会、全县解放思想放开搞活创办特区动员大会、全县全民经商动员大会，时称四次万人大会。每次大会都由县委书记做动员报告，动员实施全面放开、全民招商、全民经商、全力保护、全面推向个体私营经济的“五全”战略，提出把梁山建成“内陆的特区，江北的温州”。还相继发布《关于全县个体私营经济工作的实施意见》《关于优化经济发展环境的十条规定》《梁山县招商引资奖励（暂行办法）》《关于鼓励机关人员离岗从事经济工作的十条规定（试行）》等一系列文件。

4月20日 中共山东省委原书记梁步庭到梁山考察工作。

4月29—30日 中共济宁市委常委（扩大）会议在梁山召开，市委书记贾万志讲话，会议确定把梁山县定为济宁市改革开放试验区。

5月21日 县级领导班子、领导干部“三讲”教育总结大会召开，省巡视组与六大班子负责人出席会议。会议由县委副书记、县长商建设主持，县委书记韩军作总结报告，省巡视组组长马东向对梁山县“三讲”教育给予充分肯定，并对今后巩固“三讲”教育成果提出希望和建议。

5月 济宁市政府确定将梁山棉纺织厂、梁山轴承厂、梁山油漆厂、梁山石棉厂、梁山水泥厂市属五厂划归梁山县管理。

8月16日 梁山县十四届人大常委会第二十四次会议审议通过《梁山县城市管理暂行办法》。

11月1日 中共济宁市委常委、邹城市委书记梁之安，邹城市委副书记、市长李来云等六大班子负责人到梁山走访慰问，县六大班子负责人在政府招待所举行欢迎仪式。

11月2日 山东省人大财经委副主任曹允江、省审计局行政事业处处长王修歧，济宁市人大常委会副主任赵士纯，市人大常委、财经委主任杨启勇，全国人大代表刘庆玲，省人大代表周达仁、市审计局副局长路金据等，到梁山调查了解领导干部离职审计工作，县人大常委会主任高太平、副主任鞠燕芬、副县长陆书杰及县组织、人事、审计等部门负责人陪同。

12月4日 县委、县政府公布乡镇规模调整实施意见，将原19个乡镇合并为9个镇：梁山镇、前集乡、后孙庄乡合并为梁山镇，小安山乡、李官屯乡合并为小安山镇，馆驿乡、王府集乡合并为馆驿镇，韩岗镇、袁口乡合并为韩岗镇，韩垓乡、开河乡合并为韩垓镇，徐集镇、信楼乡合并为徐集镇，拳铺镇、方庙乡合并为拳铺镇，杨营镇、馆里乡合并为杨营镇，小路口镇、郓陈乡合并为小路口镇。马营乡、寿张集乡、大路口乡、黑虎庙乡、赵堌堆乡5个乡原行政区划保持不变。

2001年

1月13—16日 梁山县第十四届人民代表大会第四次会议在县政府第一会议室召开，出席代表255人，列席人员219人。会议听取县长商建设所作《政府工作报告》，听取审议副县长姜居祯代表县政府所作《梁山县国民经济和社会发展第十个五年计划及2010年远景目标纲要（草案）》的说明；县计划委员会主任高建国所作《关于梁山县2000年国民经济和社会发展计划执行情况及2001年国民经济和社会发展计划（草案）的报告》；县财政局局长刘东升所作《关于梁山县2000年财政预算执行情况和2001年财政预算（草案）的报告》；县人大常委会主任高太平所作《梁山县人大常委会工作报告》；听取审议县人民法院院长袁存力所作《梁山县人民法院工作报告》、县人民检察院检察长王宜海所作《梁山县人民检察院工作报告》，并分别通过各个报告的决议。会议补选张先知为县人大常委会副主任。

2月2日 全县发展民营经济动员大会召开，县委书记韩军讲话，县委副书记、县长商建设主持。其后分别于4月11日、4月29日、8月24日召开全民招商引资大会、全县民营经济工作会议、全县发展民营经济等八次动员大会。

5月18日 中共山东省委副书记、省长李春亭到梁山县考察工作。

6月22日 全市民营经济工作现场会在梁山召开，市委书记贾万志、副书记褚庆观出席并分别讲话，副市长李广生主持会议，梁山县、兖州市分别作典型发言。

9月中旬 县委书记韩军带领梁山县党政代表团一行40余人赴黑龙江省伊春市、黑河市看望慰问梁山县1959年东平湖库区移民。

11月21日 驻济宁市全国和省人大代表到梁山考察工作，县委书记韩军，县委副书记、县长商建设，县人大常委会主任高太平等陪同。

2002年

1月22日 梁山县第十四届人大常委会第三十八次会议，同意王佑明、陆书杰、高天宝辞去县人民政府副县长职务。会议决定授予19名代表“梁山县富民模范”称号（享受县级劳动模范待遇）。

1月27—29日 梁山县第十四届人民代表大会第五次会议在县政府第一会议室召开，出席代表254人，列席人员225人。会议听取审议县长商建设所作《政府工作报告》，县计划委员会主任高建国代表县政府所作《关于梁山县2001年国民经济和社会发展计划执行情况及2002年国民经济和社会发展计划（草案）的报告》；县财政局局长刘东升代表县政府所作《关于梁山县2001年财政预算执行情况和2002年财政预算（草案）的报告》；听取审议县人大常委会主任高太平所作《梁山县人大常委会工作报告》；县人民法院院长袁存力所作《梁山县人民法院工作报告》、县人民检察院检察长王宜海所作《梁山县人民检察院工作报告》，并分别通过各个报告的决议。会议补选王佑明、陆书杰为县人大常委会副主任。

2月21日 全县发展民营经济第九次动员大会召开，县委书记韩军讲话，县委副书记、县长商建设主持，县委、县政府发布《关于在全县开展远学温州、近学拳铺，加快民营经济发展的决定》。

4月20日 《水泊梁山记》摩崖石刻落成典礼仪式举行，山东省副省长邵桂芳、济宁市委书记贾万志、市长周齐等出席，范曾及夫人楠莉、央视主持人赵忠祥、表演艺术家王刚、演员张金玲等出席仪式。县长商建设主持，县委书记韩军致辞，省、市领导发表讲话。

4月24日 晋冀鲁豫边界相邻10个县市人大工作研讨会在梁山县召开，县长商建设作县情介绍。

5月22日 全县党政机关机构改革动员大会召开，安排部署梁山县党政机关机构改革工作。

11月12日 梁山县十四届人大常委会第四十三次会议，作出关于梁山县第十五届人民代表大会换届选举的决定。

2003年

1月18—22日 梁山县第十五届人民代表大会第一次会议在县政府第一会议室召开，出席会议代表258人，列席人员179人。会议听取并审议县长商建设所作《政府工作报告》及县发展计划局局长高建国所作《梁山县2002年国民经济和社会发展计划执行情况的报告和2003年国民经济和社会发展计划（草案）的报告》、副县长刘振诺所作《关于梁山县2002年财政预算执行情况和2003年财政预算（草案）的报告》，听取并审议县人大常委会主任高太平所作《梁山县人大常委会工作报告》及县人民法院院长袁存力所作《梁山县人民法院工作报告》、县人民检察院检察长王宜海所作《梁山县人民检察院工作报告》，并分别通过各个报告的决议。会议选举高太平为县人大常委会主任，王佑明、陆书杰、王信义、林英科、孙伯泉、赵玉民（女）、乔允华为副主任；选举商建设为县人民政府县长，刘振诺、刘振西、贾治阜、任艳云（女）、蒋衍涛、宁瑞峰为副县长；选举袁存力为县人民法院院长；选举王宜海为县人民检察院检察长。选举出席济宁市第十四届人民代表大会代表39人。

3月 梁山县全面启动抗击“非典”工作，县政府成立抗击“非典”指挥部，由县长任指挥长，卫生、公安、工商等20余个单位为成员单位，指挥部下设办公室、综合协调、技术指导等8个专业组，实行全民动员，群防群控。

12月26日 梁山县第十五届人大常委会第七次会议，决定授予18名代表“梁山县富民模范”称号。

12月 全国抗击“非典”工作宣告结束，梁山县无一例“非典”病例发生，取得抗击“非典”全面胜利，受到省、市政府表彰。

2004年

1月3—6日 梁山县第十五届人民代表大会第二次会议在县政府第一会议室召开，出席会议代表257人，列席人员177人。会议听取并审议县长商建设所作《政府工作报告》及县发展计划局局长高建国所作《梁山县2003年国民经济和社会发展计划执行情况和2004年国民经济和社会发展计划（草案）的报告》、县财政局局长杨奉月所作《关于梁山县2003年财政预算执行情况和2004年财政预算（草案）的报告》，听取并审议县人大常委会主任高太平所作《梁山县人大常委会工作报告》及县人民法院院长袁存力所作《梁山县人民法院工作报告》、县人民检察院检察长王宜海所作《梁山县人民检察院工作报告》，并分别通过各个报告的决议。

6月24日 经济宁市委研究并报山东省委批准，商建设任中共梁山县委书记。

8月11日 梁山县第十五届人大常委会第十二次会议，同意商建设辞去县人民政府县长职务，决定任命宋科为县人民政府副县长、代理县长。

2005年

1月10日 梁山县第十五届人大常委会第十七次会议，同意县人民法院院长袁存力、县人民检察院检察长王宜海分别辞去县人民法院院长、县人民检察院检察长职务，决定任命李培宪为县人民法院副院长、代理院长，张义民为县人民检察院副检察长、代理检察长。

1月12—15日 梁山县第十五届人民代表大会第三次会议在县政府第一会议室召开，出席会议代表255人，列席人员177人。会议听取并审议代理县长宋科所作《政府工作报告》及县发展计划局局长高建国所作《梁山县2004年国民经济和社会发展计划执行情况和2005年国民经济和社会发展计划（草案）的报告》、县财政局局长杨奉月所作《关于梁山县2004年财政预算执行情况和2005年财政预算（草案）的报告》，听取并审议县人大常委会主任高太平所作《梁山县人大常委会工作报告》及县人民法院代院长李培宪所作《梁山县人民法院工作报告》、县人民检察院代检察长张义民所作《梁山县人民检察院工作报告》，并分别通过各个报告的决议。会议补选宋科为县人民政府县长，李培宪为县人民法院院长，张义民为县人民检察院检察长。

9月23日 梁山举办首届“中国梁山专用汽车展销会”，由中国汽车工业协会主办、梁山县人民政府承办。此次展销会还举行“中国挂车（专用车）生产基地”挂牌仪式。

9月25日 梁山风景名胜区举行新建忠义堂落成典礼。

12月28日 中共山东省委书记张高丽在省委副秘书长、办公厅主任刘忠泉和市委书记、市人大常委会主任贾万志等陪同下，到梁山县看望慰问困难企业、困难职工。

2006年

1月1日 根据《中华人民共和国公务员法》，对依法履行公职、纳入国家行政编制、由国家财政负担工资福利的工作人员，包括党政机关、法院、检察院等符合上述条件机关工作人员再次向公务员过渡。

1月5日 梁山县十五届人大常委会第二十六次会议，决定授予24名代表“梁山县富民模范”荣誉称号。

1月9—13日 梁山县第十五届人民代表大会第四次会议在县政府第一会议室召开，出席会议代表253人，列席人员175人。会议听取并审议县长宋科所作《政府工作报告》，审议县政府提交的《梁山县2005年国民经济和社会发展计划执行情况和2006年国民经济和社会发展计划（草案）的报告》《关于梁山县2005年财政预算执行情况和2006年财政预算（草案）的报告》，听取并审议县人大常委会主任高太平所作《梁山县人大常委会工作报告》及县人民法院院长李培宪所作《梁山县人民法院工作报告》县人民检察院检察长张义民所作《梁山县人民检察院工作报告》，并分别通过各个报告的决议。会议补选商建设为县人大常委会主任，刘振诺为副主任。

3月10日 县人大常委会主任会议首次在县政府部门召开，听取县卫生局工作汇报，县委书记、县人大常委会主任商建设出席会议。

6月28日 梁山县第十五届人大常委会第三十次会议，作出关于批准县政府《梁山县城市总体规划》的决议。

7月13日 中共济宁市委书记、市人大常委会主任孙守刚等到梁山考察指导工作，县委书记、县人大常委会主任商建设等陪同。

8月8日 中共山东省委副书记、省长韩寓群在市委书记、市人大常委会主任孙守刚和县委书记、县人大常委会主任商建设等陪同下，考察和调研梁山县工业经济发展和新农村建设。

9月 第二届“中国梁山专用汽车展销会”成功举办。

10月23日 济梁公路梁山段改造工程举行竣工通车仪式。

10月30日 中共济宁市委书记、市人大常委会主任孙守刚带领市直有关部门负责人，到梁山县进行构建和谐社会专题调研，并举行座谈会，县委、县人大、县政府、县政协四大班子领导及有关部门负责人参加座谈，县委书记商建设汇报工作，县劳动保障局、县卫生局主要负责人发言。市委书记孙守刚对梁山构建和谐社会所做工作、特别对卫生系统工作给予高度评价及赞赏。

12月8日 济宁市人大常委会第一副主任连广生等到梁山考察公路建设，县委书记、县人大常委会主任商建设，县委副书记、县长宋科等陪同。

12月19—20日 县人大常委会组织省市人大代表视察全县卫生工作。

2007年

1月6日 梁山县第十五届人大常委会第三十四次会议，同意宋科辞去县人民政府县长职务，决定任命陈国华为县人民政府副县长、代理县长。

1月17—20日 梁山县第十五届人民代表大会第五次会议在县政府第一会议室召开，出席会议代表251人，列席人员191人。会议听取并审议代理县长陈国华所作《政府工作报告》，审议县政府提交的《梁山县2006年国民经济和社会发展计划执行情况和2007年国民经济和社会发展计划（草案）的报告（书面）》、《关于梁山县2006年财政预算执行情况和2007年财政预算（草案）的报告（书面）》，听取并审议县人大常委会第一副主任刘振诺所作《梁山县人大常委会工作报告》及县人民法院院长李培宪所作《梁山县人民法院工作报告》、县人民检察院检察长张义民所作《梁山县人民检察院工作报告》，并分别通过各个报告的决议。会议补选刘本相、张恒福为县人大常委会副主任，补选陈国华为县人民政府县长。

3月1日 县委、县政府颁发《关于梁山经济开发区管理范围等问题的决定》，设立梁山经济开发区行政管辖区，实行单独的财政管理体制，实现区镇分离和经济开发区的实质性运转。

8月7日 济宁市人大常委会副主任许谦迎带领市人大常委会调研组一行5人，到梁山调研被征地农民基本生活保障工作情况。县人大常委会第一副主任刘振诺、副主任刘本相，县委常委、县政府常务副县长贾存琰陪同调研。

9月17—26日 2007年中国（梁山）水浒文化节暨第三届中国（梁山）专用汽车博览会在梁山举行。该届文化节以“弘扬水浒文化，打造旅游名城，建设和谐梁山”为宗旨，以“水浒故地，魅力梁山”为主题，先后举行新闻发布会、开幕式、文艺晚会、水浒文化高层论坛、景区游览及经贸招商等一系列活动，由山东省旅游局、济宁市人民政府主办，济宁市旅游局、梁山县人民政府承办；第三届中国（梁山）专用汽车博览会以“合作共赢　创新发展”为主题，先后举行开幕式、专用汽车展销等活动，由中国汽车工业协会、山东省汽车行业协会、济宁市人民政府主办，梁山县人民政府、济宁市专用汽车制造行业协会承办。

12月12—15日 梁山县第十六届人民代表大会第一次会议在县政府第一会议室召开，出席代表256人，列席人员164人。会议听取并审议县长陈国华所作《政府工作报告》、县发展和改革局局长贾朝凤所作《关于2007年国民经济和社会发展计划执行情况及2008年国民经济和社会发展计划（草案）的报告》、县财政局局长杨奉月所作《关于梁山县2007年财政预算执行情况和2008年财政预算（草案）的报告》，听取并审议县人大常委会第一副主任刘振诺所作《梁山县人大常委会工作报告》、县人民法院院长李培宪所作《梁山县人民法院工作报告》、县人民检察院检察长张义民作《梁山县人民检察院工作报告》，并分别通过各个报告的决议。会议选举商建设为县人大常委会主任，刘振诺、赵玉民（女）、刘本相、张恒福、林宪良为副主任；选举陈国华为县人民政府县长，贾存琰、贾治阜、任艳云（女）、蒋衍涛、宁瑞峰、楚宪海为副县长；选举李培宪为县人民法院院长，张义民为县人民检察院检察长。大会选举出席济宁市第十五届人民代表大会代表38人。

2008年

1月 中共山东省委书记、省人大常委会主任张高丽到梁山视察工作，县委书记、县人大常委会主任商建设陪同。

4月3日 济宁市人大常委会副主任许谦迎

带领市人大常委会视察组一行15人，到梁山视察“平安建设”工作。县委书记、县人大常委会主任商建设，县人大常委会第一副主任刘振诺等有关部门负责人陪同。县委常委、县政法委书记玄志祥代表县委、县政府汇报梁山社会治安综合治理、平安梁山建设工作情况，县委书记、县人大常委会主任商建设代表县委、县人大、县政府作表态发言。

7月9日 中共济宁市委书记、市人大常委会主任孙守刚，市委副书记、市长张振川带领全市科学发展现场观摩会与会人员到梁山县参观，县委书记、县人大常委会主任商建设，县委副书记、县长陈国华等陪同。

9月17日 第四届中国（梁山）专用汽车博览会开幕，并在梁山电影院举行第四届中国梁山专用汽车博览会专场文艺演出《一路辉煌》。

12月8日 梁山风景区通过国家AAAA级景区验收。

2009年

1月8—10日 梁山县第十六届人民代表大会第二次会议在县政府第一会议室召开，出席代表253人，列席人员151人。会议听取并审议县长陈国华所作《政府工作报告》，审议县政府提交的《关于2008年国民经济和社会发展计划执行情况及2009年计划（草案）的报告》《关于梁山县2008年财政预算执行情况和2009年财政预算（草案）的报告》，听取并审议县人大常委会第一副主任刘振诺所作《梁山县人大常委会工作报告》及县人民法院院长李培宪所作《梁山县人民法院工作报告》、县人民检察院检察长张义民所作《梁山县人民检察院工作报告》，并分别通过各个报告的决议。

6月 梁山县被山东省经济和信息化委员会、省中小企业办公室命名为“山东省专用汽车产业集群”。

9月17日 第五届中国（梁山）专用汽车博览会开幕式在梁山工业园举行，国家、省、市有关领导出席。

9月17—20日 第五届中国（梁山）专用汽车博览会开幕。本届专用汽车博览会历时4天，主要举办新闻发布会、中国专用汽车产业发展研讨会、开幕式、专用汽车展览展示、专用汽车产业发展历程展览、产品推介活动、经贸招商签约仪式等活动。由中国汽车工业协会、山东省汽车行业协会、济宁市人民政府主办，梁山县人民政府、济宁市专用汽车制造行业协会承办

10月27日 全国部分风景名胜区县（市、区）人大工作研讨会第八次会议在梁山举行，省、市人大常委会负责人出席会议，县委书记、县人大常委会主任商建设出席并致欢迎词。

2010年

4月7日 经济宁市委研究并报山东省委批准，陈国华任中共梁山县委书记。

4月17日 梁山县十六届人大常委会第十九次会议，同意陈国华辞去县人民政府县长职务，任命田卫东为县人民政府副县长、代理县长。

4月21—23日 梁山县第十六届人民代表大会第三次会议在县政府第一会议室召开，出席代表253人，列席人员188人。会议听取并审议代理县长田卫东所作《政府工作报告》，审议县政府提交的《关于2009年国民经济和社会发展计划执行情况及2010年计划（草案）的报告》《关于梁山县2009年财政预算执行情况和2010年财政预算（草案）的报告》，听取并审议县人大常委会第一副主任刘振诺所作《梁山县人大常委会工作报告》及县人民法院院长李培宪所作《梁山县人民法院工作报告》、县人民检察院检察长张义民所作《梁山县人民检察院工作报告》，并分别通过各个报告的决议。会议补选陈国华为县人大常委会主任，郭建华（女）、王才利为县人大常委会副主任；补选田卫东为县人民政府县长。

7月23日 全市人大工作座谈会在梁山县召开，各县市区人大常委会主任交流工作情况，市人大常委会第一副主任梁之安主持座谈会。

7月27日 梁山县被授予“创建山东省优质专用汽车生产基地”称号，梁山通亚专用汽车制造公司、梁山华宇集团汽车制造公司被授予“山东省龙头骨干企业”称号。

9月16—19日 2010年中国（梁山）水浒文化节暨第六届专用汽车博览会开幕式和大型文艺演出在凤山公园举行。该届水浒文化节以“品读水浒文化，寻游好汉故里”为主题，以“弘扬水浒文化，发展旅游经济，倡树忠义精神，构建和谐社会”为宗旨，先后举办“毛泽东与水浒”专题研讨会及“天下水浒讲坛”及一系列文化活动。第六届中国（梁山）专用汽车博览会以“开放、合作、转型”，并开展专用汽车发展研讨、专用汽车及零部件展览、二手专用汽车推介活动、经贸招商签约仪式等多项活动。省、市、县有关领导、国家及省汽车行业负责人参会。

9月17—19日 第六届中国（梁山）专用汽车博览会在梁山举行。

9月 瓦日铁路梁山段开工建设。

12月18日 中共中央政治局常委、全国政协主席贾庆林，在省委书记姜异康、省长姜大明陪同下，到梁山县调研水浒文化旅游产业发展情况，济宁市委、市政府、市政协，梁山县委、县人大、县政府、县政协负责人等陪同调研。

12月27日 梁山县第十六届人大常委会第二十五次会议，决定批准《梁山县城市总体规划（2010—2030）》《梁山县旅游产业发展总体规划（2010—2020）》。

2011年

1月12—14日 梁山县第十六届人民代表大会第四次会议在县政府第一会议室召开，出席代表257人，列席人员161人。会议听取审议县长田卫东所作《政府工作报告》，审议县政府提交的《关于梁山县2010年国民经济和社会发展计划执行情况及2011年计划的报告》《关于梁山县2010年财政预算执行情况和2011年财政预算的报告》，听取审议县人大常委会第一副主任刘振诺所作《梁山县人大常委会工作报告》及县人民法院院长李培宪所作《梁山县人民法院工作报告》、县人民检察院检察长张义民所作《梁山县人民检察院工作报告》，并分别通过各个报告的决议。会议审议县人民政府《关于梁山县国民经济和社会发展第十二个五年规划纲要（草案）》，并批准《梁山县国民经济和社会发展第十二个五年规划纲要（草案）》。会议审议县人民政府关于县十六届人大三次会议以来人大代表建议办理情况的报告。

会议补选蒋衍涛为县人大常委会第一副主任。

5月8日 全国政协委员毛新宇到梁山考察，县政府聘请毛新宇为梁山发展顾问。

7月28日 济宁市政府批复《梁山县城市总体规划（2010—2030）》。

8月12日 全国人大代表、中国佛教协会副会长、河南佛教协会会长、少林寺方丈释永信，山西五台山瑞应寺文殊金刚活佛白铁龙一行游览梁山风景区，并实地查看法兴寺遗址。

9月16日 2011年中国（梁山）水浒文化节暨第七届中国（梁山）专用汽车博览会开幕式在水浒文化广场举行，国家有关部门和省、市、县及部门行业负责人出席开幕式，新华社、中新社、中央电视台、《人民日报》、山东电视台、《大众日报》等30多家媒体记者应邀参加开幕式。该届水浒文化节由山东省旅游局、济宁市人民政府主办，梁山县人民政府、济宁市旅游局承办，以“创5A景区，建旅游强县”为主题，共举办10余项活动。该届博览会主要举行中国专用汽车产业发展研讨会、专用汽车及零部件展览、经贸招商项目签约仪式等活动。

10月20日 梁山县第十六届人大常委会第三十三次会议，作出关于梁山县第十七届人民代表大会换届选举的决定。

11月16日 梁山县政府与香港易高公司签订协议，合作建设梁山铁水联运项目，由县发改局借资注册成立梁山易高贸易有限公司，开展铁路专用线、港口码头、17.1公里复航航道、物流储配中心工程等铁水联运项目前期可研工作。

11月21日 经济宁市委研究并报省委批准，田卫东任中共梁山县委书记。

11月30日 梁山县第十六届人大常委会第三十四次会议，同意田卫东辞去梁山县人民政府县长职务，李培宪辞去梁山县人民法院院长职务，决定任命副县长贾治阜为代理县长。

2012年

1月7—10日 梁山县第十七届人民代表大会第一次会议在县政府第一会议室召开，出席代表273人，列席人员173人。会议听取并审议代理县长贾治阜所作《政府工作报告》、县发展和改革局局长崔根博所作《梁山县2011年国民经济和社会发展计划执行情况和2012年计划（草案）的报告》、县财政局局长梁开平所作《梁山县2011年财政决算和2012年财政预算（草案）的报告》，听取并审议县人大常委会第一副主任蒋衍涛所作《梁山县人大常委会工作报告》、县人民法院代理院长王爱新所作《梁山县人民法院工作报告》、县人民检察院代理检察长臧卫华所作《梁山县人民检察院工作报告》，并作出相应决议。会议选举田卫东为县人大常委会主任，蒋衍涛为第一副主任，林宪良、郭建华（女）、王才利、郭继田为副主任；选举贾治阜为县人民政府县长，秦延信、张玕、王宇帆、崔加清、李瑞林、孙颖（女）为副县长；选举王爱新为县人民法院院长，选举臧卫华为县人民检察院检察长。选举梁山县出席济宁市第十六届人民代表大会代表。

5月3日 水浒街牌坊举行落成典礼。

7月5日 梁山县获“2009—2011年全省县域经济跨越发展先进单位”，名列全省跨越发展县（市、区）第九位，为济宁市唯一受到省委、省政府表彰奖励的县（市、区）。

7月15日 梁山县在全省森林抚育试点工作检查验收中获第一名。

7月28日 瓦日铁路黄河特大桥主桥合龙，县委书记田卫东等参加合龙仪式。

8月11日 2012年“好客山东——文化济宁休闲汇”启动仪式暨“水浒故地、大义梁山”山寨休闲晚会举行，济宁市人大常委会副主任殷允岭，市政府副市长吴霁雯，市政协副主席陈颖，县委书记、县人大常委会主任田卫东，县委副书记、县长贾治阜等出席启动仪式。

9月15日 中国汽车工业协会授予梁山县“中国专用汽车产业基地”称号，山东省汽车行业协会授予梁山县“专用汽车培训中心”称号。

9月16日 2012年中国（梁山）水浒文化节暨第八届专用汽车博览会开幕式及大型文艺演出在水浒文化广场举行。国家有关部委领导，省政协原副主席李殿魁、重庆警备区原司令员杨冀平、解放军电视宣传中心原主任李文朝等出席开幕式，济宁市政府市长梅永红、中共梁山县委书记田卫东分别在开幕式上致辞，梅永红宣布2012中国（梁山）水浒文化节暨第八届中国（梁山）专用汽车博览会开幕，中共梁山县委副书记、县长贾治阜主持开幕式，国家有关部委和省、市、县各级领导人参加开幕式。该届水浒文化节以“大义梁山”为主题，由中国旅游协会、山东省旅游局和济宁市人民政府主办，济宁市旅游局和梁山县人民政府承办。该届汽车博览会由中国汽车工业协会、山东省汽车行业协会、济宁市人民政府主办，梁山县人民政府、济宁市专用汽车制造行业协会承办，主会场设在梁山工业园，主要举行中国专用汽车产业发展研讨会、专用汽车及零部件展览展示、新产品推介、经贸招商项目签约仪式等活动。

9月18日 梁山县“鲁西黄牛”和“青山羊”通过国家地理标志登记保护评审，给予实行国家农产品地理标志登记保护。

12月4日 梁山泊平原水库工程举行开工典礼，山东省水利厅副厅长曹金萍，济宁市政府特邀咨询张生贤，县委书记、县人大常委会主任田卫东，县委副书记、县长贾治阜，县政协主席马传申等出席

12月13日 济宁市人大常委会副主任商建设等到梁山考察南水北调工程建设情况，县委书记、县人大常委会主任田卫东，县人大常委会第一副主任蒋衍涛等陪同。

12月27日 梁山县获全省粮食生产十连增优胜单位。

2013年

1月14—16日 梁山县第十七届人民代表大会第二次会议在县政府第一会议室召开，出席代表273人，列席人员134人。会议听取审议县长贾治阜所做《政府工作报告》，审议县政府提交的《关于梁山县2012年国民经济和社会发展计划执行情况与2013年计划草案的报告》《关于梁山县2012年财政预算执行情况和2013年财政预算草案的报告》，听取审议县人大常委会第一副主任蒋衍涛所作《梁山县人大常委会工作报告》及县人民法院院长王爱新所作《梁山县人民法院工作报告》、县人民检察院检察长臧卫华所作《梁山县人民检察院工作报告》，并分别通过各个报告的决议。

3月5日 青堌堆遗址被国务院公布为全国重点文物保护单位。

3月25日 梁山县十七届人大常委会第十次会议，决定授予梁山中集东岳总经理岳增才“梁山人民奖章”。次日在全县振兴工业动员大会上，由县委书记、县人大常委会主任田卫东向岳增才颁发“梁山人民奖章”。

5月18日 梁山县志愿者协会成立，县人大常委会原副主任赵玉民当选志愿者协会会长。

8月28日 梁山县十七届人大常委会第十三次会议，表决通过《梁山县人大常委会关于授予地方荣誉称号的试行办法》。

9月 中国（梁山）水浒文化节暨第九届专用汽车博览会在梁山县举行。

10月10日 山东省人民政府将贾堌堆遗址、张坊张氏家祠、大元新开会通河记事碑公布为省级文物保护单位。

10月 梁山县被中国书刊发行业协会命名为“中国出版物发行产业基地”。

11月5日 滨河大道（济宁至梁山段）开工仪式在梁山县举行，县委书记田卫东致辞，市委书记马平昌出席，市长梅永红讲话并下达开工令，市交通运输局局长李大友介绍工程概况，省交通运输厅公路局副局长薛宝仓出席开工仪式。

12月28日 济宁市人大常委会原第一副主任连广生、济宁市副市长田志锋、县党政负责人田卫东、贾治阜、马传申等出席山东远大菱花食品公司脱水蔬菜项目在食品工业园区举行开工奠基仪式，并为项目开工建设破土奠基。

2014年

1月4—6日 梁山县第十七届人民代表大会第三次会议在县政府第一会议室召开，出席代表275人，列席人员135人。会议听取审议县长贾治阜所作《政府工作报告》，审议县政府提交的《关于梁山县2013年国民经济和社会发展计划执行情况与2014年计划草案的报告》《关于梁山县2013年财政预算执行情况和2014年财政预算草案的报告》，听取审议县人大常委会第一副主任蒋衍涛所作《梁山县人大常委会工作报告》及县人民法院院长王爱新所作《梁山县人民法院工作报告》、县人民检察院检察长臧卫华所作《梁山县人民检察院工作报告》，并分别通过各个报告的决议。

3月27日 济宁市人大常委会副主任商建设到梁山县督导检查春季林业生产开展情况，县委副书记、县长贾治阜，县人大常委会第一副主任蒋衍涛，副县长孙颖陪同。

4月8日 济宁市人大常委会副主任商建设到梁山县检查贯彻落实《中华人民共和国刑事诉讼法》情况，县委书记、县人大常委会主任田卫东，县人大常委会第一副主任蒋衍涛，副主任王才利陪同。

5月15日 济宁市人大常委会副主任丁颖、商建设带领市人大常委会视察组到梁山县视察造林绿化工作。县领导贾治阜、蒋衍涛陪同。

6月8日 中共济宁市委书记、市人大常委会主任马平昌到梁山县检查指导“三夏”生产，县委书记、县人大常委会主任田卫东，县委副书记、县长贾治阜陪同。

6月20日 济宁矿业集团与梁山县政府签订合作协议，济矿集团收购梁山易高贸易有限公司增资扩股后80%的股份，共同建设梁山铁水联运项目。

9月9日 济宁市人大常委会党组书记、第一副主任陈民，副主任罗心光带领市人大常委会部分离退休老领导到梁山县参观考察经济社会发展情况，田卫东、贾治阜、蒋衍涛、郭继田等县领导陪同。

9月17日 第十届中国（梁山）专用汽车展览会在梁山工业园开幕，省政协原副主席李殿魁、国家工商总局办公厅副主任朱为亮、中共济宁市委常委、副市长周洪、省汽协会长王勤明、市政协副主席李良品，中国汽车工业协会展览部部长申跃生、省汽协常务副会长兼秘书长魏学勤、县领导田卫东、贾治阜、马传申、蒋衍涛等，及中央、省、市新闻媒体记者参加开幕式。该届车展会以“新技术、新产品、新形象”为主题，10余家国内高等院校和科研院所展示近百种新技术科技成果，车展会由中国汽车工业协会、山东省汽车行业协会主办，济宁市专用汽车制造行业协会、梁山县专用汽车行业协会承办。

9月29日 济宁市人大常委会副主任商建设带领调研组到梁山县调研农村新型经营服务体系建设情况，县领导田卫东、贾治阜、蒋衍涛等陪同。

11月6日 山东省人大常委会委员、农业和农村委员会副主任委员战树毅到梁山县开展《山东省南水北调条例（草案）》立法调研。济宁市人大常委会副主任、农业和农村委员会主任委员商建设，县委书记、县人大常委会主任田卫东，县人大常委会第一副主任蒋衍涛陪同调研。

11月29日 “名城杯”第四届全国老年书画展在梁山县综合体育馆开幕，全国人大常委会原副委员长、中国关心下一代工作委员会主任、中国老年大学协会名誉会长顾秀莲出席并宣布第四届全国老年书画展开幕；全国政协委员、《求是》杂志社原总编辑、中国老年大学协会会长张晓林，全国老龄办原副主任、中国老年大学协会常务副会长袁新立，中国老龄事业发展基金会副理事长傅双喜，山东省关工委主任高新亭，省老年大学协会副会长、山东老年大学常务副校长赵明华，山东电视台原副总编辑、央视国际画院院长、本届书画展评委会主任赵立凡，济宁市委书记、市人大常委会主任马平昌，市人大常委会原第一副主任、市关工委主任祝金焕，梁山县委书记、县人大常委会主任田卫东，县政协主席马传申，县人大常委会第一副主任蒋衍涛出席开幕式，“名城杯”第四届全国老年书画展由中国老年大学协会与义乌市山东商会共同举办，共收到来自全国29个省、自治区、直辖市，新疆生产建设兵团和澳门特别行政区的近万幅作品，评选出3600幅作品入围，500幅代表作品入展，其中获奖作品130幅。

12月30日 瓦日铁路建成通车。

2015年

1月5日 中共济宁市委书记马平昌、市长梅永红、市政协主席赵树国、市人大常委会第一副主任陈民等带领全市科学发展现场观摩团到梁山县观摩，县委书记田卫东、县长贾治阜、县人大常委会第一副主任蒋衍涛等陪同。观摩团分别观摩运河小区、万源高档印务项目和山东神力瑞飞高铁制动项目生产现场。

1月15—17日 梁山县第十七届人民代表大会第四次会议在县政府第一会议室召开，出席代表274人，列席人员133人。会议听取并审议县长贾治阜所作《政府工作报告》，审议县政府提交的《梁山县2014年国民经济和社会发展计划执行情况及2015年计划（草案）的报告》《梁山县2014年财政预算执行情况及2015年财政预算（草案）的报告》；听取并审议县人大常委会第一副主任蒋衍涛所作《梁山县人大常委会工作报告》及县人民法院院长王爱新所作《梁山县人民法院工作报告》、县人民检察院检察长臧卫华所作《梁山县人民检察院工作报告》，并分别通过各项报告的决议。

2月12日 济宁市人大常委会副主任商建设先后到驻村联系点拳铺镇东吴大庙村困难群众家中进行走访慰问，并送上慰问金。县委书记、县人大常委会主任田卫东，县人大常委会第一副主任蒋衍涛、副主任郭继田陪同。

2月16日 中共山东省委副书记、省长郭树清到梁山检查安全生产工作，中共济宁市委书记、市人大常委会主任马平昌，市委副书记、市长梅永红，县委书记、县人大常委会主任田卫东，县委副书记、县长贾治阜等陪同。

3月25日 2015年全市第一批重大项目集中开工仪式举行，梁山县举行济宁梁山专用车综合服务中心等14个项目奠基仪式，济宁市政协副主席陈颖出席奠基仪式并致辞，县领导田卫东、贾治阜、马传申、蒋衍涛、李士兵、崔根博等出席奠基仪式，并为项目开工奠基。

6月24日 济宁市人大常委会副主任罗心光带领农村电网改造升级工作调研组，到梁山县调研农村电网改造升级工作，县领导贾治阜、蒋衍涛、郭建华、孙颖陪同。

7月21日 经中共济宁市委研究报省委批准，贾治阜任中共梁山县委书记。

8月11日 梁山县十七届人大常委会第二十九次会议，同意贾治阜辞去县人民政府县长职务，任命侯典峰为梁山县人民政府副县长、代理县长。

8月18日 济宁市人大常委会副主任、城环委主任委员罗心光率调研组一行，到梁山县调研大气污染防治工作，县领导贾治阜、蒋衍涛、郭建华、李士兵等陪同。

9月3日 中国人民抗日战争暨世界反法西斯战争胜利70周年大阅兵在北京天安门广场举行，梁山战斗英雄连在英雄部队方队前列接受检阅。

9月14日—19日 先后举行2015中国（梁山）水浒文化节开幕式暨《大义梁山》专场文艺演出、“天道水浒 大义梁山”旅游产品发布会、“穿越千年，梦圆梁山”英雄豪情体验、水浒文化演艺荟萃等主题活动。本届水浒文化节采取“政府牵头、部门配合、市场化运作”模式举行，以土生土长的水浒文化、武文化、民俗文化等梁山本地特色文化资源为基础，演出水浒情景剧、豫剧、山东枣梆、梁山武术、现代舞、腰鼓、秧歌等多种文艺节目，体现了“特色鲜明、全民参与”的特点。

9月15日 中共济宁市委书记、市人大常委会主任马平昌到梁山县调研，县领导贾治阜、马传申、蒋衍涛、秦延信、李保江陪同。

9月17日 第十一届中国（梁山）专用汽车展览会在梁山工业园举行开幕式，国家工商总局企业监督管理局副局长徐晓东，山东省经信委副主任廉凯，济宁市委常委、副市长石中和，中国汽车工业协会展览部部长申跃生，山东省汽车行业协会会长王明勤，县领导贾治阜、侯典峰、马传申、蒋衍涛等有关方面负责人及中央、省、市新闻媒体记者参加开幕式。该届车展会以“新机遇、新起点、新跨越”为主题，由中国汽车工业协会、山东省汽车行业协会主办，济宁市专用汽车制造行业协会、梁山县专用汽车行业协会承办，中国一汽、中国重汽协办。

9月29日 济宁市人大常委会副主任商建设带领调研组到梁山县调研生猪定点屠宰监管工作。县领导贾治阜、蒋衍涛、郭建华、赵广陪同。

10月29日 县委、县政府成立梁山县京九高铁规划建设领导小组，县委书记贾治阜、代县长侯典峰任组长，县委常委、常务副县长秦延信、县政协副主席崔根博任副组长。

11月30日 梁山县十七届人大常委会第三十二次会议同意臧卫华辞去县人民检察院检察长职务，任命张忠新为县人民检察院副检察长，代理检察长。

12月7日 县委书记贾治阜、县委常委、常务副县长秦延信、县政协副主席崔根博等有关人员到天津与铁三院党委书记刘为群、副院长方天滨、主管总工程师康学东、霸商高铁总体设计师李永庆座谈，表达霸商高铁过境梁山并设站的强烈愿望和诉求。

12 月 9 日 滨河大道通车仪式在梁山县举行，中共济宁市委书记、市人大常委会主任马平昌，市委副书记、代市长傅明先，县委书记贾治阜，县委副书记、代县长侯典峰等出席。

12 月 15 日 山东省人大常委会民侨外委副主任委员梁之安、济宁市人大常委会党组书记、第一副主任陈民带领部分驻济全国和省人大代表到梁山视察经济社会发展情况，市、县领导丁颖、张继民、侯典峰、蒋衍涛、郭继田、刚宪约等陪同。

12 月 17 日 梁山县十七届人大常委会第三十三次会议举行首次专题询问，对县政府龟山河西环城河污染综合治理工作开展专题询问。专题询问由县人大常委会党组书记、第一副主任蒋衍涛主持，县十七届人大常委会组成人员出席专题询问会议，县政府分管副县长李士兵，县法院院长，县检察院代检察长及县政府有关部门和水泊街道、梁山街道主要负责人参加应询。

2016 年

1 月 14 日 梁山县第十七届人大常委会第三十四次会议同意田卫东辞去梁山县人大常委会主任职务。

1 月 16—18 日 梁山县第十七届人民代表大会第五次会议在县政府第一会议室召开，出席代表 273 人，列席人员 139 人。会议听取审议代理县长侯典峰所作《政府工作报告》，审议县政府提交的《梁山县国民经济和社会发展第十三个五年规划纲要（草案）》《梁山县 2015 年国民经济和社会发展计划执行情况及 2016 年计划（草案）的报告》《梁山县 2015 年财政预算执行情况及 2016 年财政预算（草案）的报告》；听取审议县人大常委会第一副主任蒋衍涛所作《梁山县人大常委会工作报告》及县人民法院院长王爱新所作《梁山县人民法院工作报告》、县人民检察院代检察长张忠新所作《梁山县人民检察院工作报告》，并分别通过各项报告的决议。会议补选蒋衍涛为县人大常委会主任，王文成为副主任；补选侯典峰为县人民政府县长；补选张忠新为县人民检察院检察长。会议决定设立梁山县人民代表大会法制、财政经济、教科文卫、城建环保、农业农村等 5 个专门委员会，并表决通过各专门委员会人选。

3 月 24 日 济宁市 2016 年度第一批重大项目集中开工仪式举行，梁山县在梁山街道举行项目开工仪式，济宁市委常委、宣传部部长李昌文，县领导贾治阜、侯典峰、马传申、王才利、李士兵出席仪式并为项目奠基。

5 月 25 日 济宁市人大常委会副主任商建设带领视察组到梁山县视察精准扶贫工作，县领导钟秀芳、郭继田、赵广陪同。

6 月 15 日 济宁市市长傅明先、省发改委副主任赵东、县委书记贾治阜、县委常委、常务副县长秦延信、县政协副主席崔根博等有关人员到中国铁路总公司与分管副总经理黄民、发展改革部主任黄殿辉等座谈，积极争取霸商高铁过境济宁梁山并设站。

6 月 24 日 济宁市人大常委会副主任商建设到学习教育联系点拳铺镇东吴大庙村指导“两学一做”学习教育，并为当地党员上了一堂生动的党课，县人大常委会副主任郭继田陪同。

6月28日 梁山县第十七届人大常委会第四十次会议，同意王爱新辞去梁山县人民法院院长职务。任命时益同为梁山县人民法院副院长、代理院长。

是日 济宁市人大常委会副主任罗心光到梁山县调研铁水联运项目建设进展情况，县人大常委会副主任王文成陪同。

9月9日 中国铁路总公司在聊城阿尔卡迪亚酒店召开霸州至商丘高速铁路预可研审查会议，济宁市副市长周凤文、县委书记贾治阜、县委常委、常务副县长秦延信、县政协副主席崔根博等参加会议，会上，铁三院提出的4个比选方案线路均经过梁山并设济宁梁山站。

9月16日—19日 2016中国（梁山）水浒文化节开幕式暨“水浒故里 忠义梁山”大型文艺晚会在水浒文化广场举行，先后举办“未来景区的建设”主题讲座暨旅游推介会、《武行风云》国际拳王争霸赛、“水浒书会”民俗曲艺汇演、“穿越宋朝 回味水浒”民俗美食汇、梁山忠义文化书画、好汉菊花会等主题活动。本届水浒文化节由梁山风景名胜区管理委员会主办，梁山县旅游总公司承办。

9月17日 第十二届中国（梁山）专用汽车展览会在梁山专用汽车工业园开幕，中国汽车工业协会副秘书长姚杰、山东省汽车行业协会常务副会长兼秘书长魏学勤、济宁市委常委、宣传部长李昌文、副市长张胜明，县领导贾治阜、侯典峰、马传申、蒋衍涛等有关方面负责人，以及中央、省、市新闻媒体记者参加开幕式。该届车展会以“创新、创造、创品牌”为主题，围绕“开放、开拓、开新篇”，开展新闻发布会、高峰论坛、招商信息发布会、展览会开幕式、专用汽车及零部件展示、新技术展示推广对接活动、新产品推介活动、经商招商项目签约仪式、专用汽车展品评比等系列活动。车展会期间，还举行“创建国家专用汽车产业质量提升示范区”“全国专用汽车产业集群区域品牌建设试点地区”等揭牌仪式。该届中国（梁山）专用汽车展览会由中国汽车工业协会、山东省汽车行业协会主办，由济宁市专用汽车制造行业协会、梁山县专用汽车行业协会承办。

10月17日 济宁市人大常委会副主任商建设到梁山县驻村联系点困难群众家中进行走访慰问，并带去面粉、食用油等慰问品，有关方面负责人陪同。

11月1日 梁山县十七届人大常委会第四十二次会议，表决通过县人大常委会《关于梁山县十八届人民代表大会换届选举的决定》。

11月10日 瓦日铁路建成通车暨梁山北站广场建成启用仪式举行，县委书记贾治阜，县长侯典峰、县政协主席马传申、县人大常委会主任蒋衍涛、县委常委办公室主任李保江、县政协副主席崔根博等出席。

2017年

1月14日 县委书记贾治阜、县长侯典峰等出席铁水联运项目铁路专用线及物流中心联调联试启动仪式。

1月23—25日 梁山县第十八届人民代表大会第一次会议在梁山会堂召开。出席代表272人，列席人员180人。会议听取并审议县长侯典峰所作《政府工作报告》以及县发展和改革局局长赵伟所作《梁山县2016年国民经济和社会发展计划执行情况和2017年计划（草案）的报告》、县财政局局长杨其勇所作《梁山县2016年预算执行情况和2017年预算（草案）的报告》，听取并审议县人大常委会副主任林宪良所作《梁山县人大常委会工作报告》以及县人民法院代理院长时益同所作《梁山县人民法院工作报告》和县人民检察院检察长张忠新所作《梁山县人民检察院工作报告》，并分别通过各项报告的决议。会议选举秦延信为县人大常委会主任，王才利、郭继田、崔根博、王文成为副主任；选举侯典峰为县人民政府县长，李保江、孙颖（女）、王庆明、闫长虹、马涛为副县长；选举时益同为县人民法院院长，张忠新为县人民检察院检察长。会议决定，设立县十八届人民代表大会法制委员会、财政经济委员会、教育科学文化卫生委员会、城乡建设与环境资源保护委员会、农业与农村委员会5个专门委员会，并通过各专门委员会组成人员。

2月3日 梁山县文化中心开工仪式举行，县领导贾治阜、侯典峰、秦延信、楚宪海、钟秀芳等县领导出席。县文化中心东至安民山路，西至金线岭路，南至水浒大道，北至忠义路，占地面积约353亩；建筑布局为四组单体建筑环绕中间水面建设，周围以绿化为主。

2月12日 县委、县政府实施全县重点工作分线（划分18条工作线）作战抓落实机制，明确京九高铁过境设站争取工作由县人大常委会主任秦延信、副主任崔根博牵头负责，直至建成通车。

3月24日 梁山县十八届人大常委会第一次会议，任命县人大常委会办公室主任1人，县政府组成人员25人，县法院审判人员10人；通过县人大常委会代表资格审查委员会组成人员的决定，作出关于批准建设梁山县森林公园景观绿化工程PPP项目、梁山县老城区市政基础设施提升改造工程PPP项目的决议。

3月31日 县委书记贾治阜、县人大常委会主任秦延信等县领导出席2017年全县第一批重点项目集中开工暨山东三鼎生物科技公司生态生物酶项目、赵堌堆天益木业、天源木业高档板材项目、小路口镇杰森木业高档板材项目奠基仪式。

4月13日 梁山铁水联运项目9.198公里铁路专用线正式通车，90万吨储配煤基地投产运营，一列从山西出发承载54节车厢、3654吨煤炭的火车驶入济矿物流园区，并经煤流系统成功翻车卸煤。

4月13—16日 中国铁路总公司在天津维多利亚酒店召开新建霸州至商丘高速铁路可行性研究评审会议，济宁市副市长周凤文、县委书记贾治阜、县人大常委会主任秦延信、副主任崔根博等参加会议，评审意见提出高铁线路途径梁山县并设济宁梁山站。

4月25日 中共山东省委常委、常务副省长李群到中国铁路总公司与副总经理黄民等座谈，沟通协调霸州至商丘高速铁路过境济宁并设济宁梁山站等事宜，济宁市市长傅明先、县委书记贾治阜、县人大常委会主任秦延信、副主任崔根博等陪同。

5月16日 全国人大常委会委员、教科文卫委员会副主任、致公党中央副主席严以新带领调研组到梁山县调研京杭大运河黄河以北段复航及沿线水资源利用工作，山东省政协原副主席李殿魁、济宁市政协主席张继民、梁山县委书记贾治阜、县人大常委会主任秦延信等陪同。

5月19日 梁山县十八届人大常委会第二次会议在水泊宾馆多功能厅召开，县人大常委会主任秦延信主持会议并讲话；会上，县委副书记、县长侯典峰宣读县政府关于建设棚户区改造项目的议案，县财政局、县住建规划局负责人分别就有关问题作说明；会议表决通过县人大常委会《关于批准建设梁山县棚户区改造（惠馨苑小区）项目的决议》。

7月26日 济宁市人大常委会副主任张玉华到梁山县调研指导代表工作，县人大常委会主任秦延信陪同调研并汇报梁山县人大常委会代表工作开展情况，县人大常委会副主任王才利、郭继田陪同相关活动。

8月5—6日 中国铁路总公司在北京鸿坤国际大酒店召开新建雄安至商丘高速铁路可行性研究鉴后修改审查会议，济宁市副市长周凤文、县委书记贾治阜、县长侯典峰、县人大常委会主任秦延信、副主任崔根博等20余人参加会议。可研修改稿及会议审查意见提出高铁线路过境梁山而不设站。

9月16日 梁山国际会展中心落成典礼举行，县领导贾治阜、侯典峰、秦延信、楚宪海、李士兵、闫长虹、马涛出席，并为梁山国际会展中心揭幕。

9月16日 2017中国（梁山）水浒文化旅游节开幕式暨“忠义传奇大美梁山”大型文艺演出在梁山体育馆举行。县领导贾治阜、侯典峰、钟秀芳、秦延信、楚宪海、李勇、孙颖等，以及市文化广电新闻出版局局长张弢、市旅游发展委员会主任杨凤东出席开幕式，并观看演出。

9月17—19日 第十三届中国（梁山）专用汽车展览会在梁山国际会展中心举行，山东省政协原副主席李殿魁，济宁市委书记王艺华，国家质检总局产品质量监督司司长郑卫华，国家工商总局企业注册局副局长陈叔弘，中国汽车工业协会副秘书长姚杰，济宁市副市长张胜明，山东省汽车行业协会秘书长郭金娜，梁山县委书记贾治阜，县委副书记、县长侯典峰、县委副书记钟秀芳，县人大常委会主任秦延信，县政协主席楚宪海等，中央、省、市新闻媒体记者参加开幕式，有关方面负责人先后为“中国质量认证中心鲁西南办事处”“省级出口专用车及零部件产品质量安全示范区”“国家火炬梁山专用汽车特色产业基地”揭牌。

9月21日 县人大常委会在县政府招待所多功能厅进行改善城区环境卫生专题询问，县人大常委会主任秦延信、副主任王才利、郭继田、崔根博、王文成及其他人大常委会组成人员出席专题询问会议，副主任王才利主持专题询问；县政府副县长马涛及县住建规划局、县城管局、县环卫局、县卫计局等接受询问；部分省市人大代表、县人大机关委室负责人以及县政府有关部门、梁山街道、水泊街道办事处主要负责人等列席会议，并特邀市民旁听询问会议。

11月7日 县人大常委会召开十八届人大常委会第八次会议，对县政府食品安全工作进行专题询问，县人大常委会副主任王才利、郭继田、崔根博、王文成及其他人大常委会组成人员出席会议，副主任崔根博主持会议并对问答进行现场点评，副县长孙颖及食药监局等单位负责人到会接受询问。县人大机关各委室负责人，县法院、县检察院和食安委成员单位主要负责人，各乡镇、街道政府主要负责人列席会议。

2018年

1月9—11日 梁山县第十八届人民代表大会第二次会议在梁山会堂召开。出席代表272人，列席人员184人。会议听取并审议县长侯典峰所作《政府工作报告》，审议县政府提交的《梁山县2017年国民经济和社会发展计划执行情况和2018年计划的报告（草案）》《梁山县2017年财政预算执行情况和2018年财政预算的报告》，听取并审议县人大常委会主任秦延信所作《梁山县人大常委会工作报告》以及县人民法院院长时益同所作《梁山县人民法院工作报告》、县人民检察院检察长张忠新所作《梁山县人民检察院工作报告》，并作出相应决议。会议选举赵广为县监察委员会主任。会议还听取县人大常委会副主任郭继田所作代表议案处理意见的报告。

3 月 8 日 习近平总书记参加十三届全国人大一次会议山东代表团讨论时，非常关切地询问梁山县的有关发展情况。总书记对梁山经济社会发展的关心之情溢于言表。

3 月 12 日 在十三届全国人大一次会议上，全国人大代表、梁山县人大常委会委员、华宇集团董事长胡桂花领衔并联名 141 名代表，提出“关于设立京九高铁济宁梁山站的建议”；中国铁路总公司2018年10月7日予以答复，“拟考虑在济宁梁山设站”。

3 月 14 日 山东省省长龚正、常务副省长李群在十三届全国人大一次会议山东代表团下榻的酒店召开由省发改委、济南铁路局主要负责人和济宁、聊城、菏泽三市市长参加的会议，专题研究雄商高铁山东段线路走向及设站问题，省政府建议铁总批准设立济宁梁山站。

3 月 26 日 济宁市市长傅明先到北京中国铁路总公司与副总经理黄民等座谈，沟通协调雄商高铁过境济宁梁山并设站事宜；当天又赶往天津中国铁路设计集团公司，与党委书记、董事长刘为群、总经理曾鸣凯等交流座谈，进一步沟通协调雄商高铁过境济宁梁山并设站有关具体情况。县委书记贾治阜、县人大常委会副主任崔根博等陪同。

5 月 10 日 中国铁路总公司副总经理黄民带队到梁山调研雄商高铁规划设计问题，正在参加省委召开会议的济宁市委书记傅明先专程从青岛赶回梁山陪同。

7 月 3—4 日 中国铁路总公司在北京鸿坤国际大酒店召开新建京港台高速铁路雄安至商丘段修改可行性研究报告评审会议，县人大常委会副主任崔根博等参加会议，评审意见确定增设梁山站。

8 月 23 日 县人大常委会召开评议动员会，启动 12 个政府组成部门和 3 个垂直管理单位评议工作。

8 月 31 日 县人大常委会进行城乡公交一体化专题询问。县人大常委会主任秦延信、副主任王才利、郭继田、崔根博、王文成及其他人大常委会组成人员出席专题询问会议，副主任崔根博主持专题询问；县政府分管副县长马涛及县交运局等单位主要负责人接受询问；县监察委员会、县法院、县检察院、县人大机关委室负责人以及县直有关部门主要负责人，各乡镇、街道、开发区人大负责人，部分省市人大代表，梁山公交公司、水浒公交公司等企业负责人列席会议，并特邀市民旁听询问会议。

9 月 16 日 第十届中国（梁山）水浒文化旅游节大型主题晚会在水浒文化广场举行，水浒文化旅游节以“忠义仁孝、诚信友爱”为主题。县委书记贾治阜，县委副书记、县长侯典峰，县委副书记钟秀芳，县人大常委会主任秦延信，县政协主席楚宪海，县委常委、常务副县长李保江，县委常委、宣传部长、经济开发区党工委书记李勇等，以及中国温泉旅游协会秘书长张越、省旅游行业协会秘书长尚玉轩、市旅游发展委员会调研员杨绪东等观看演出。

9 月 17 日 第十四届中国（梁山）专用汽车展览会开幕式在梁山国际会展中心举行。山东省政协原副主席李殿魁、中国科学院院士佟振合、中国汽车工业协会副秘书长姚杰、国家市场监督管理总局标准技术管理司副司长国焕新、国家通报咨询中心副主任王力舟、山东省经信委巡视员李世瑛、山东省工商局副局长郭之祥、山东省质监局副局长郭大雷、山东省汽车工程学会理事长、山东省汽车行业协会常务副会长魏学勤、济宁市人民政府副市长张胜明、山东省汽车行业协会秘书长郭金娜；县领导贾治阜、侯典峰等有关方面负责人，以及中央、省、市新闻媒体记者参加开幕式。李殿魁宣布第十四届中国（梁山）专用汽车展览会开幕。本届展览会以“创新、创造、创品牌”为主题，包括中国专用汽车产业发展高峰论坛、经贸招商等18项重大活动，共设置1000余个展位，展览面积达到12.6万平方米，由中国汽车工业协会、山东省汽车行业协会主办，梁山县专用汽车行业协会、天津大觉文化传播有限公司承办，汉阳专用汽车研究所、山东省物流与交通运输协会、中国第一汽车集团有限公司、中国重汽集团协办。本次是由中国汽车工业协会主办的全国专用汽车行业唯一的国家级博览会。

9月 曲阜师范大学附属梁山中学建成开学。

10月27日 梁山森林公园建成开园。

11月6日 梁山县十八届人大常委会第十七次会议，作出关于将梁山县委县政府办公场所迁址置换的决议。

11月 县人大常委会机关办公场所由人民中路1号搬迁至新城区忠义路1号。

12月19日 县人大常委会第十九次会议举行2018年度工作评议，县人大常委会主任秦延信主持会议并讲话。

2019年

1月4日 梁山大剧院建成使用，梁山县首场新年音乐会在梁山大剧院举行。

1月17—19日 受国家发改委、国家铁路局委托，铁四院在北京景都桂龙大酒店召开新建北京至雄安新区至商丘高速铁路可行性研究评估、行业评审会议，济宁市副市长柳景武、县委书记贾治阜、县人大常委会主任秦延信、副主任崔根博等参加会议，评估意见确定高铁线路途径梁山县并设梁山站。

3月14日 中共济宁市委书记、市人大常委会主任傅明先到水利部向蒋旭光副部长汇报梁山铁水联运项目梁济运河北延复航工程有关问题，市委副秘书长、研究室主任樊庆显、济宁能源集团总经理张广宇、县人大常委会副主任崔根博陪同。

3月29日 梁山县十八届人大常委会第二十二次会议，同意侯典峰辞去梁山县人民政府县长职务。

3月 梁山二中新校区建成投入使用。

8月24日—9月17日 第十一届中国（梁山）水浒文化旅游节在水泊梁山举办。该届以“庆祝建国70周年，弘扬水浒文化，打造忠义文化示范区”为宗旨，以“忠义豪情　与国同梦”为主题，以爱祖国、说忠义、倡仁孝、讲诚信、树友爱为主线，先后举办贾堌堆农家寨美食节、好汉菊花会、梁山（天津）旅游推介会、《忠义梁山泊》大型舞台剧演艺、文化旅游节大型综艺晚会、大型戏曲（豫剧）专场演出等水浒文化旅游节系列活动，全方位多角度对外宣传推介梁山旅游，促进梁山旅游事业快速发展。该届水浒文化旅游节由山东省旅游行业协会、济宁市旅游行业协会主办，梁山县水浒寨旅游发展有限公司、山东省广播电台、山东电视台综艺频道承办。

9月17日 第十五届中国（梁山）专用汽车展览会在梁山国际会展中心举行。

10月4日 梁山县十八届人大常委会第二十五次会议，决定任命杨力新为县人民政府副县长、代理县长

10月16—18日 梁山县第十八届人民代表大会第三次会议在梁山会堂召开。出席代表266人，列席人员182人。会议听取并审议代

理县长杨力新所作《政府工作报告》，审议县政府提交的《梁山县2018年国民经济和社会发展计划执行情况与2019年计划（草案）的报告》《梁山县2018年预算执行情况和2019年预算（草案）的报告》，听取并审议县人大常委会主任秦延信所作《梁山县人大常委会工作报告》以及县人民法院院长时益同所作《梁山县人民法院工作报告》、县人民检察院检察长张忠新所作《梁山县人民检察院工作报告》，并作出相应决议。会议补选杨力新为县人民政府县长。

12月20日 梁山县十八届人大常委会第二十八次会议举行2019年度工作评议，县人大常委会主任秦延信出席会议并作总结讲话，

2020年

1月7日 梁山县十八届人大常委会第三十次会议，同意时益同辞去县人民法院院长职务，张忠新辞去县人民检察院检察长职务。任命李士强为县人民法院副院长、代理院长，周文军为县人民检察院副检察长、代理检察长。

1月15—17日 梁山县第十八届人民代表大会第四次会议在梁山会堂召开。出席代表269人，列席人员185人。会议听取并审议县长杨力新所作《政府工作报告》，审议县政府提交的《梁山县2019年国民经济和社会发展计划执行情况与2020年计划草案的报告》、《梁山县2019年预算执行情况和2020年预算草案的报告》，听取并审议县人大常委会主任秦延信所作《梁山县人大常委会工作报告》以及县人民法院代院长李士强所作《梁山县人民法院工作报告》、县人民检察院代检察长周文军所作《梁山县人民检察院工作报告》，并作出相应决议。会议补选高兴武为县人大常委会副主任，李士强为县人民法院院长，周文军为县人民检察院检察长。

3月25日 济宁市人大常委会副主任陈颖，到梁山县黄河滩区调研督导滩区脱贫迁建工作，市人大常委会副秘书长、研究室主任李辉，县委书记贾治阜等陪同调研。

5月23日 梁山一中迁入新校区。

6月15日 济宁市人大常委会副主任张玉华、市人大常委会委员刘文峰、李丽等一行8人到梁山县开展“双联”暨人大代表公开接待日活动，县人大常委会主任秦延信、县人大常委会党组成员郭继田陪同。

7月10日 龟山春园一期工程建成并向市民开放。

8月13日 县十八届人大常委会在水浒大酒店召开第三十五次会议，对城乡物业管理工作进行专题询问；县人大常委会主任秦延信出席会议并讲话，副主任王才利、王文成、高兴武及委员出席会议，副主任高兴武主持会议，并对问答进行现场点评。县政府副县长马涛及住建局等部门主要负责人到场接受询问。县监察委员会、县法院、县检察院、县政府办公室和县直部门单位负责人，特邀基层人大代表，县人大机关各委室负责人，梁山街道、水泊街道办事处主要负责人，各乡镇街道人大负责人及部分物业服务企业主要负责人参加此次询问。

9月3日 受山东省人大常委会委托，济宁市人大常委会副主任杜昌华带领市人大农委，到梁山县对黄河流域生态保护和高质量发展工作进行调研，实地查看国那里黄河险工段、济矿物流铁水联运、黄河滩区“三区同建”、贾堌堆乡村旅游、春园等项目和古运河遗址，听取梁山县政府及相关部门的意见建议，县委书

记贾治阜，县委常委、组织部长王建，县人大常委会副主任高兴武陪同调研。

9月16日—10月15日 第十二届中国（梁山）水浒文化旅游节在水泊梁山举办。该届水浒文化旅游节以“庆祝新中国成立71周年，弘扬水浒文化，打造忠义文化示范区”为宗旨，以“爱祖国、说忠义、倡仁孝、讲诚信、树友爱”为主线，先后举办文化旅游节开幕式暨非遗展演活动、贾堌堆农家寨第二届美食节、好汉菊花会系列活动、水泊墨韵书法作品展、大型舞台剧《忠义梁山泊》演艺活动、首届义酒文化节、贾堌堆景区民俗文化展演活动等主题系列活动，济宁市人大副主任张玉华、市政协副主席倪丽君、市委原副秘书长崔悦亮，梁山县委书记贾治阜，县委副书记、县长杨力新，县委常委、宣传部部长张猛、县人大常委会副主任高兴武、副县长马涛、赵文静，县政协副主席刘征，原山东省航运局局长王栋、杭州市西湖区副区长缪凌蓉等嘉宾出席上述活动。

9月17日 第十六届中国（梁山）专用汽车展览会在梁山国际会展中心举行。本届展会整体展出面积12万平方米，其中专用汽车展示面积7万平方米，零部件展示面积5万平方米。参展及洽谈的国内外企业2万余家，14个项目成功进行“云签约”和现场签约，项目总投资41.9亿元。

10月9日 经梁山县5年不懈努力，水利部批准拆除邓楼节制闸，恢复梁济运河北延通航。

10月31日 董梁高速新泰至梁山段全线建成通车。

11月18日 国家发改委正式行文批复北京至雄安新区至商丘高速铁路雄安新区至商丘段途经济宁梁山并设梁山站，与既有京九铁路梁山站并站设置。

11月 黄河新苑、翠屏家园两处黄河滩区迁建社区竣工交房，滩区2万群众喜迁新居，实现“拔出穷根、远离水患”的安居梦。

2021年

1月8日 梁山县被山东省委省政府授予“省级文明县”。

2月4—6日 梁山第十八届人民代表大会第五次会议在梁山会堂召开。出席代表274人，列席人员182人。会议听取并审议县长杨力新所作《政府工作报告》，审议县政府提交的《梁山县国民经济和社会发展第十四个五年规划和2035年远景目标纲要（草案）》《梁山县2020年国民经济和社会发展计划执行情况的报告与2021年计划草案》《梁山县2020年预算执行情况的报告和2021年预算草案》及《2020年民生实事项目完成情况的报告》等；听取并审议县人大常委会主任秦延信所作《梁山县人民代表大会常务委员会工作报告》以及县人民法院院长李士强所作《梁山县人民法院工作报告》、县人民检察院检察长周文军所作《梁山县人民检察院工作报告》，并作出相应决议。会议补选曹景全、司开阳为县人大常委会副主任，李文凯为县监察委员会主任，同时选举县人大常委会委员4人，表决通过梁山县第十八届人民代表大会财政经济委员会主任委员。

第一章　各界人民代表会议

新中国成立初期，各界人民代表会议作为人民代表大会的雏形和民主建政的主要形式，是人民权力行使、政权管理的实现方式。梁山县建县初，实行各界人民代表会议制度，各界人民代表会议部分行使人民代表大会的职权。

第一节 代表产生

梁山县各界人民代表会议代表由全县各社会团体及社会各界以协商方式推选产生为主，农民及妇女代表实行逐级推选，个别知名人士、社会贤达由县政府聘请，推选出来的代表包括工人、农民、青年、妇女、学生、士绅、机关干部、少数民族、商贸界、教育界、文化艺术界、医药卫生界等各界、各层面有代表性的人物，体现了代表的代表性及广泛性。第一届各界人民代表会议推选代表200人，其中农民代表69人，工人代表17人，商界代表18人，文化界代表18人，学生代表4人，士绅代表17人，医务界代表9人，机关干部代表46人，回民代表2人。第二届各界人民代表会议推选代表338人。第三届各界人民代表会议第一次会议推选代表364人，其中党政机关代表22人；第二次会议推选代表288人。第四届各界人民代表会议第一次会议推选代表300人，其中推选出1名17岁的学生代表，按列席代表出席会议；第二次会议推选代表264人。第五届各界人民代表会议第一次会议推选代表300人，通过审查，正式代表为292人；第二、第三次会议推选代表各360人。

第二节 历届会议

1949—1953年，梁山县共召开5届各界人民代表会议。各界人民代表会议主要内容一般都以当时中心工作及生产上的重要问题为议题，每次会议均处理代表提出的提案及意见，解决广大群众普遍关心、迫切要求解决的问题。各界人民代表会议认真发扬民主，在大会和小组会议上展开讨论，主要讨论政府工作报告，并对政府工作和干部作风进行批评和自我批评。通过会议，加强了人民民主专政，增强了政府与人民群众的联系，人民的积极性和创造性得到发挥。

第一届各界人民代表会议 本届代表会议召开1次。会议于1949年11月25—30日在县政府召开，出席会议代表200人，党、政、武、青、妇等负责人参加。会议听取县长韩革非所作的政府工作报告，同时针对黄河堤决口、运河堤漫溢、县境内一片汪洋且大部地区洪水未退实际，就如何开展生产救灾、节约度荒等事宜进行讨论和部署。会议提出，靠山吃山（开山打石），靠水吃水（捕鱼捞虾），会干啥就干啥（副业、贩运一起上）。会议收到各类提案32件，其中生产自救方面的16件，其他多为关于改进干部领导作风的问题。会议对代表提案进行了认真的受理和答复。

第二届各界人民代表会议 本届代表会议召开1次。会议于1950年7月4—7日在县政府召开，出席代表338人，机关列席代表25人。会议以生产自救为中心，听取县委书记杨兆祥代表县委所作的自我批评，重点讨论和制订生产救灾工作方针。会议还对夏征、防汛、移民、整顿人民武装、肃清匪特、取缔会道门等问题进行认真的讨论，并作出相应的决议。会议收到代表提出的有关生产救灾、批评建议等方面的提案338件，均予以处理和答复。

第三届各界人民代表会议 本届代表会议召开2次。

第一次会议于1950年11月9—11日在县政府召开，出席代表288人，缺席76人。会议中心议题是解决秋收政策问题，听取县政府工作报告，总结秋收、秋种、护秋、护菱、船运等项工作，讨论并解决粮食评产中存在的地方主义观念等问题。

第二次会议于 1950 年 11 月 28—30 日在县政府召开，出席代表 186 人，缺席 102 人（因道路泥泞无法到会）。会议中心议题是贯彻平原省人民政府关于发扬民主、搞好团结的指示精神。会议选举出席省各界人民代表会议代表 3 人、候补代表 2 人。

第四届各界人民代表会议 本届代表会议召开 2 次。

第一次会议于 1951 年 2 月 22—24 日在县政府召开，出席代表 264 人，缺席 36 人。会议中心议题是贯彻抗美援朝方针、开展爱国主义生产竞赛运动，听取县长韩革非所作的政府工作报告，传达平原省各界人民代表会议决议，总结 1950 年工作情况，讨论 1951 年春季工作意见（草案），包括有计划地搞好春耕代耕、包耕包亩，有重点地颁发土地证，积极开展合同制和互助合作运动，继续整顿人民武装，坚决镇压反革命，发展民办小学，提高群众文化和科学知识水平，提倡自由借贷，发展信贷等。同时，会议认为，抗美援朝是当前最大的政治任务，必须加强爱国主义和国际主义教育；会议号召，全县人民积极开展抗美援朝、保家卫国的爱国主义活动，开展革命的生产竞赛运动，搞好生产救灾工作，确保抗美援朝及生产建设的顺利进行。会议收到提案 215 件，其中生产自救方面 52 件，社会救济方面 4 件，司法治安方面 7 件，财政经济方面 77 件，交通建设方面 10 件，文化教育方面 11 件，卫生医疗方面 2 件，干部作风方面 20 件，其他 31 件。

第二次会议于 1951 年 6 月 18—20 日在县政府召开，出席代表 233 人，缺席 31 人。会议以抗美援朝、捐粮捐物、生产竞赛为中心，听取县长韩革非所作梁山县 1951 年上半年工作总结及财政预算执行情况的报告，提出夏季工作意见（草案）；会议传达公布省政府关于粮食征购的方案。代表们围绕抗美援朝捐献活动及夏征夏种等问题进行讨论，并进行大会发言及自由演讲。会议通过抗美援朝、爱国主义竞赛运动及夏收、夏征等有关决议，制订爱国公约。

第五届各界人民代表会议 本届代表会议召开 3 次。

第一次会议于 1951 年 11 月 5—8 日在县政府召开，出席代表 258 人，缺席 34 人。会议听取县政府工作报告及四届二次会议决议执行情况、财政收支情况，修订 1951 年冬季工作的意见（草案）。会议提出，开展生产自救是压倒一切的中心任务，并作出开展抗美援朝保家卫国运动、生产自救、农业生产、粮食征收、文教卫生事业发展、人民武装整顿、贯彻《中华人民共和国婚姻法》代表选举等 8 项决议。会议选举第五届各界人民代表会议常务委员会组成人员，并推选出驻会委员。会议收到提案 238 件，有关修路修桥、打堤、建设方面的意见增多。

第二次会议于 1952 年 10 月 15—22 日在梁山剧院召开，出席代表 334 人，缺席 26 人。该次各界人民代表会议为代行县人民代表大会职权的会议，按照人民代表大会模式设立大会主席团及代表资格审查委员会、代表提案审查委员会，各代表团推选正、副首席代表。会议听取县委书记申云璞所作关于目前形势与任务及今后工作意见的报告，听取县长王凤林所作政府工作三年总结报告。会议选举县政府委员会和县长、副县长、政府委员，会议选举王凤林为县长，雷朝卿、毕天泉为副县长，政府委员 24 人。会议还选举各界人民代表会议常务委员会主席、副主席、委员，并由常务委员会在主席、副主席、委员中推选驻会委员，主持会务工作。会议主要总结新中国建立 3 年来全县各条战线取得巨大成就，深入进行爱国主义教育，讨论制定 1953 年全县生产计划，通过大会决议，申云璞致闭幕词。会议还处理、解答了代表提案。预备会上，各界人民代表会议常务委员会副主席冯雁亭作常务委员会会务工作报告。

第三次会议于1953年3月15—18日在梁山剧院召开，出席代表289人，缺席71人。会议听取并审议县长王凤林所作县政府工作报告和抗美援朝与国防建设的报告，县常务委员会副主席冯雁亭作各界人民代表会议常务委员会会务工作报告，县委统战部作关于贯彻婚姻法的报告，学习贯彻《中华人民共和国婚姻法》，同时进行抗美援朝、保家卫国的国际主义和爱国主义教育。会议收到并处理代表提案226件。

第二章　人大代表选举

依据《中华人民共和国全国人民代表大会和地方各级人民代表大会选举法》规定及地方人民代表大会选举实施细则，梁山县对每届人大代表选举，都坚持充分发扬民主，严格依法办事，精心组织，周密部署，保障公民民主权利得到正确、充分行使。同时，根据选举法的修订，及时调整相关选举办法、程序及要求。

第一节 选举机构

梁山县人民代表大会代表选举前，均依据《中华人民共和国全国人民代表大会和地方各级人民代表大会选举法》规定及地方人民代表大会选举实施细则，按照省、市人大常委会关于换届选举的安排意见，设立梁山县选举委员会。县选举委员会在县人大常委会的领导下，具体负责制订选举工作计划、培训选举工作人员、抓好宣传教育、划分选区、分配代表名额、进行选民登记、审查选民资格、公布选民名单、确定选举日期、安排选举日程、确定和公布正式代表候选人名单、印发选票、主持投票选举、确定选举结果、公布当选代表名单等选举事宜。为加强对换届选举工作的领导，县直和各乡镇均建立换届选举工作指导组，各选区建立选举工作小组，选区下设选民小组。

第四届人大代表选举机构 1961年2月，县选举委员会由11人组成，设主席1人，副主席2人，委员8人，刘韶亭为主席，杨峰、高会胜为副主席，贾继良、丁连生、吴翠月、樊森、孟凡才、马克稳、刘保金、李玉滨等为委员；下设选举办公室，张宗和为办公室主任，王清臣为副主任。公社基层选举委员会，设主席1人，委员6～8人。选举委员会的组成人员包括党政领导、人民团体及群众中的代表人物参加。

第五届人大代表选举机构 梁山县第四届人民委员会第八次会议决定，成立梁山县选举委员会并通过选举委员会主席、副主席、委员及办公室主任、副主任。刘韶亭为主席，宋祥坤为副主席，丁连生、于庆峰、马克稳、王月斌、田广亭、刘韶亭、孙立明、孙基英、宋祥坤、吴翠月、孟凡才、张宗和、贺继良、贾省齐、樊森为委员；王月斌为办公室主任，于庆峰、张宗和为副主任。

第九届人大代表选举机构 为加强选举工作的领导，开好梁山县第九届人民代表大会，1980年11月13日，梁山县革命委员会决定：成立县选举委员会，崔绪照任主任，樊兆玙、高作松、郭文彬、李绪明、杨旭、彭须业任副主任，于娥、张洪振、张广饶、杨建台、李义举、王丰轩、韩静、林同球、张繁仁、李进民、贺继良、石增馨为成员。选举委员会下设办公室，张广饶兼主任，杨建台、王丰轩、付汝铎，周传勤、王长同任副主任。

各公社选举委员会由公社党委书记、革委会主任、党委组织委员、党委宣传委员、民政、公安、司法等负责人组成。

第十届人大代表选举机构 1984年2月16日，县九届人大常委会第二十次会议决定：任命县选举委员会组成人员，穆衍峰任主任，崔绪照、樊兆玙、李胜华任副主任，王丰轩、尹道金、冯锡山、刘运焕、李进民、李进普、张广饶、张繁仁、林同球、房瑞荣、曾昭环为委员。选举委员会下设办公室，尹道金兼办公室主任，王长同、林宪鹤任副主任。

第十一届人大代表选举机构 1986年11月15日，县十届人大常委会第十九次会议决定：建立梁山县选举委员会，负责主持县、乡两级的换届选举工作。县选举委员会由15人组成：县人大常委会主任崔绪照为主任，县人大常委会副主任陆长为、杨旭为副主任，邓广扬（县人大常委会委员、办公室主任）、李庆水（县人大常委会委员、县总工会主席）、高新魁（县人大常委会联络科科长）、李兆申（县委组织部副部长）、王德岭（县委宣传部副部长）、赵保伦（县政府办公室副主任）、冯允（县法院副院长）、陈志良（县检察院副检察长）、王海运（县公安局副局长）、马传申（团县委书记）、刘月英（县妇联主任）、林宪鹤（县民政局副局长）为委员。

同时决定，建立乡镇选举委员会。

第十二届人大代表选举机构 1989年11月15日，县十一届人大常委会第二十次会议决定，对梁山县选举委员会组成人员进行调整，调整后的县选举委员会由18人组成：县人大常委会主任、党组书记崔绪照为主任，县人大常委会党组副书记穆衍峰、县人大常委会副主任杨旭、杨念成为副主任，闫昭钦（县人大常委会办公室主任）、高新魁（县人大常委会代表组织科科长）、李兆申（县委组织部副部长）、王德岭（县委宣传部副部长）、林宪鹤（县委统战部副部长）、董传珍（县总工会主席）、许传运（团县委书记）、刘月英（县妇联主任）、丁景泉（县政府办公室副主任）、马兴展（县民政局局长）、王立瑞（县人事局副局长）、王海运（县公安局副局长 ）、李文汉（县法院副院长）、陈志良（县检察院副检察长）为委员。选举委员会设立办公室，高新魁为主任，阎昭钦、韩玉忠、马兴展、丁景泉任副主任。

第十三届人大代表选举机构 1992年9月29日，县十二届人大常委会第十八次会议，确定梁山县选举委员会组成人员，县人大常委会主任穆衍峰为主任，张景池、王占甲、杨念成、张先道为副主任，马兴展、王德岭、火秀云、刘本相、刘继庆、许传运、李文汉、陈志良、林宪鹤、高新魁、阎旺亭、阎昭钦、董传珍、蔡怀谦、翟兰阁为委员。

乡镇选举委员会由乡镇分管党群的副书记担任主任

第十四届人大代表选举机构 1997年10月28日，县十三届人大常委会第三十二次会议，决定任命梁山县选举委员会组成人员：县人大常委会主任高太平为主任，王占甲、刘殿印、张先道、张仁端为副主任，马传儒、王宜福、王洪月、王洪泉、孔德雨、刘甲仁、刘东升、刘本相、许桂英、孙长雨、郑一坤、南清亮、黄邦岱为委员。

第十五届人大代表选举机构 2002年11月12日，县十四届人大常委会第四十三次会议，决定任命梁山县选举委员会组成人员：县人大常委会主任高太平为主任，鞠燕芬、陆书杰为副主任，马传儒、王玉斌、乔允华、仲崇斌、仲维功、刘仁安、刘本相、刘东升、刘甲仁、李华、李学社、张地法、赵玉民、徐长富、高贤运、蔡绍昂为委员。鞠燕芬兼任县选举委员会办公室主任，陆书杰、徐长富任副主任。

第十六届人大代表选举机构 2007年9月30日，县十五届人大常委会第四十三次会议，决定任命梁山县选举委员会组成人员：县人大常委会副主任刘振诺为主任，乔允华、王文成为副主任，马明进、马德水、王广民、石奇俊、杨先进、杨奉月、李学社、张地法、张传胜、张希来、张林勇、陈冬梅、郭继田、高太华、崔根博为委员。乔允华兼任县选举委员会办公室主任，王文成、王广民、李学社、崔根博、张地法、窦广洋、杨智任副主任。

第十七届人大代表选举机构 2011年10月20日，县十六届人大常委会第三十三次会议，为做好人大换届选举工作，决定任命梁山县选举委员会组成人员。县委书记、县人大常委会主任陈国华为主任，县人大常委会副主任蒋衍涛为常务副主任，张恒福、楚宪海、郭继田为副主任，马涛、王文成、王方辉、牛淑慧、李士兵、李梦良、连桂军、吴秀兰、吴春福、张忠志、张振隆、张德春、陈丕田、贾存健、高太华、梁开平为委员。

2011年12月9日，县十六届人大常委会第三十五次会议，根据县选举委员会的提请和选举工作需要，决定增补丁运国、李志文、林莹、耿仁营、徐长勇为县选举委员会委员。

第十八届人大代表选举机构 2016年11月1日，梁山县十七届人大常委会第四十二次会议，任命梁山县选举委员会组成人员，县人大常委会主任蒋衍涛为主任，钟秀芳、王宇帆、郭继田为副主任，王友民、王道岭、孔庆金、刘延庆、安圣陶、孙德玉、杨其勇、李迎绪、李梦良、吴秀兰、吴春福、佟振堂、张忠志、陈丕田、陈海滨、贾存健、高太华为委员。

是年11月9日，根据省市县人大常委会有关文件精神，县选举委员会第一次会议确定成立梁山县选举委员会办公室，为县选举委员会具体办事机构（办公地点设在县人大常委会机关）。郭继田兼任办公室主任，王道岭、张忠志、陈丕田、孔庆金兼任办公室副主任。县选举委员会办公室分设秘书、组织、宣传、选民登记等四个工作组，工作人员从县人大机关和县直有关部门抽调，实行阶段性集中办公。

是年11月18日，县选举委员会第二次会议研究决定，任命县直及驻梁单位选区选举工作小组组长、副组长，任命街道选举工作指导组组成人员。同时确定，各乡镇选举工作指导组由本乡镇选举委员会兼任，作为县选举委员会的派出机构，指导所辖选区的选举工作。

是年11月24日，梁山县十七届人大常委会第四十三次会议决定任命各乡、镇选举委员会组成人员。

是年12月21日，梁山县十七届人大常委会第四十四次会议，根据选举法有关规定，被确定为县十八届人大代表正式候选人的蒋衍涛、钟秀芳、郭继田、王道岭、孔庆金、杨其勇、李迎绪、李梦良、张忠志、陈丕田等10人辞去县选举委员会相关职务。同时，被确定为县乡人大代表正式候选人的乡镇选举委员会组成人员也辞去乡镇选举委员会相关职务。

第二节 选举办法

按照1953年3月1日由中央人民政府委员会第二十二次会议通过、中央人民政府主席毛泽东发布命令公布施行的《中华人民共和国全国人民代表大会和地方各级人民代表大会选举法》规定，地方各级人民代表大会由人民用普选方法产生，全国人民代表大会代表和省、县人民代表大会代表，由其下一级人民代表大会选举；凡年满十八周岁的中华人民共和国公民，不分民族和种族、性别、职业、社会出身、宗教信仰、教育程度、财产状况和居住期限，均有选举权和被选举权。1979年7月1日，全国五届人大二次会议通过新的《中华人民共和国全国人民代表大会和地方各级人民代表大会选举法》，直接选举范围扩大到县一级，即县、人民公社、镇的人民代表大会代表，由选民直接选举产生，全国人大、省级人大代表仍实行间接选举。同时规定，全国和地方各级人大代表选举均实行差额选举。其后选举法的历次修改均是完善选举程序和进一步推进选举民主，包括：规范代表名额和分配，逐步实行城乡按相同人口比例选举人大代表；对代表候选人扩大提名权，各政党、各人民团体，选民或者代表十人以上联名可以推荐代表候选人；简化选民登记手续，确定选区划分标准，完善投票选举程序等。梁山县第一届至第六届和第八届人民代表大会代表实行间接选举，即由区、乡、公社召开人民代表会议，选举出席县人民代表大会的代表。第七届人民代表大会（依上级规定排序）因“文化大革命”尚未举行，亦未选举人大代表。第九届至第十八届人民代表大会代表均实行直接选举，由选民直接选举产生县人大代表。

县人民代表大会代表选举，按照有关法律规定，由上一届县人大常委会领导、县选举委员会主持，制定公布选举实施方案，制定公布具体选举办法，并按照民主集中制的原则和确定的代表名额，经过充分发扬民主，几上几下，反复协商，提名推荐确定代表候选人；将县和乡两级行政区域划分为若干选区，由各选区统一在选举日组织选民投票，并采取差额选举和无记名投票的方法，由各选区选民直接选举产生。每次换届选举前，县人大常委会均作出关于县乡两级人民代表大会换届选举的决定，公布县乡两级人民代表大会选举日，明确下届人民代表大会大体召开时间和代表名额分配。

选区划分 选区划分按照便于选民参加选举活动、了解和监督代表的原则进行，选区的大小，按照每选区选1～3名代表划分。选举县人大代表，农村以管区为单位设立选区，县直单位按系统设立选区；选举乡（镇）人大代表以行政村为单位划分选区。

选民登记 选民登记工作开始前，县选举委员会印发《梁山县人大换届选举宣传实施方案》，采取多种形式和手段加强对《中华人民共和国宪法》《中华人民共和国选举法》等法律法规的宣传，集中时间宣传学习选民登记的有关法律规定，使选民人人皆知，个个明白。同时，培训选民登记队伍，使其明确换届选举的意义、任务和目标，熟练掌握换届选举的法律程序。组织选民登记时，先由登记员按户口簿进行预登，然后再进行正式登记。登记结束后，由登记员对所登记选民按法定年龄和资格逐个进行审核，确定准确无误后再送交选举委员会复核，对选民资格进行确认，并按法律规定时间及时张榜公布选民名单，颁发选民证。

代表名额分配 梁山县每次换届选举，县选举委员会均根据国家选举法要求及省实施细则，按照全县人口数量，拟定代表名额及分配方案，并将代表名额报经省人大常委会批准。代表名额经批准后，将县人大代表名额分配到各乡镇（街道）和县直及驻梁各单位相关选区。县武装部应选县人民代表大会代表名额由县人大常委会决定，相关选举事宜由县武装部同县选举委员会协商确定。

代表提名推荐 按照法定提名推荐方式，代表候选人提名推荐由各政党各人民团体联合推荐、各政党各人民团体单独推荐、选民10人以上联名推荐三种提名推荐方法，然后酝酿协商和确定正式代表候选人。将初步代表候选人名单交各选民小组讨论，经两轮酝酿讨论，根据较多数选民的意见，确定正式代表候选人名单。对正式代表候选人不能形成较为一致意见的，进行预选，根据预选时得票多少顺序，确定正式代表候选人名单，并在选举日5—7日前张榜公布。

实行差额选举 代表候选人确定后，各选区设立投票站、流动票箱或召开选举大会进行投票选举；投票选举由选举委员会或委派专人主持，选举采用无记名投票的方式，选票上的正式代表候选人名单按姓名笔画顺序排列。代表候选人名额一般多于应选代表名额1/3至1倍。选区全体选民的过半数参加投票，选举有效；代表候选人获得参加投票的选民过半数的选票时，始得当选。获得参加投票选民过半数选票的代表候选人，人数超过应选代表名额时，以得票多的当选；如遇票数相等不能确定当选人时，应当就票数相等的候选人再次投票，以得票多的当选；获得过半数选票的当选代表的人数少于应选代表名额时，不足的名额另行选举；另行选举时，根据第一次投票时得票多少的顺序，依照法定差额比例确定正式代表候选人名单。经过2次选举仍然未能选足应选名额时，可以不再进行选举，保留缺额。若选举结果有效，即向选民公布。然后向当选代表颁发代表当选通知和当选证书。

第三节 历届代表选举

第一届人民代表大会代表选举

梁山县第一届人民代表大会代表首次实行普选。梁山县将此次普选作为伟大历史任务，严格按照中央要求和选举法及省、专区安排进行。基层普选从 1953 年 7 月 1 日始，至 1954 年 1 月 31 日结束。在先行试点基础上，全县 164 个乡、2 个镇普选分三批进行。经普选登记后，全县共有选民 294811 人，参加选举者 225252 人，占总选民的 76.4%，其中女选民 146924 人，参加选举者 110193 人，占女总选民的 74%。选出基层人民代表 4970 人，其中女代表 982 人；选出县人民代表 402 人。通过基层普选，产生了基层人民政府，健全了基层“八大委”（生产委员会、民政委员会、财经委员会、调解委员会、武装委员会、文教卫生委员会、治水委员会、治安委员会）。

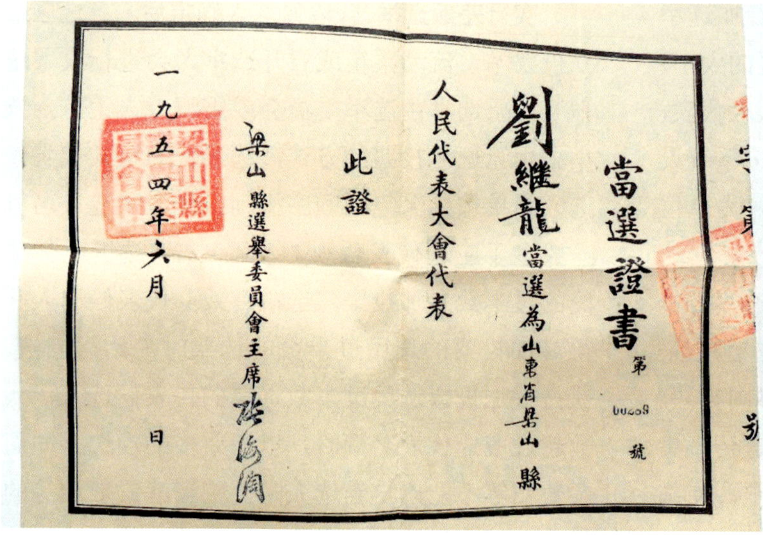
當選證書
第　號
劉繼龍當選為山東省梁山縣
人民代表大會代表
此證
梁山縣選舉委員會主席
一九五四年六月　日

1954 年，刘继龙当选梁山县人民代表大会代表证书

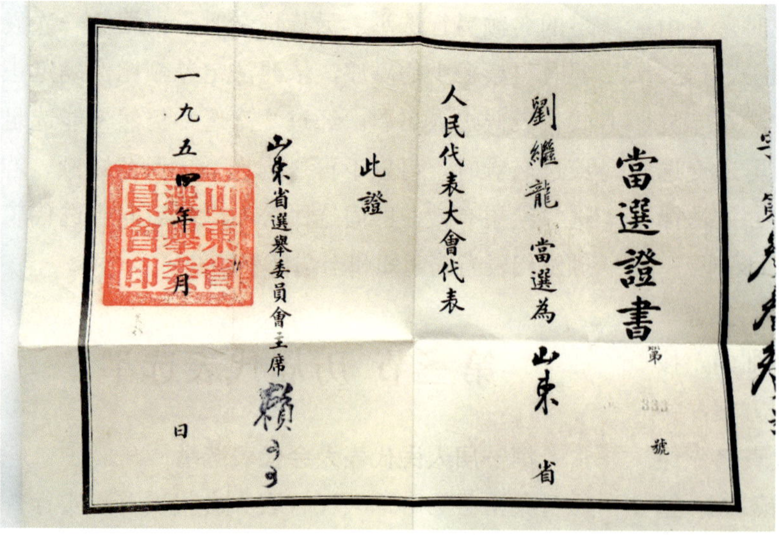
當選證書
第　號
劉繼龍當選為山東省
人民代表大會代表
此證
山東省選舉委員會主席
一九五四年　月　日

1954 年，刘继龙当选山东省人民代表大会代表证书

第二届人民代表大会代表选举

梁山县第二届人民代表大会代表选举从 1956 年 11 月 29 日始，至 12 月 22 日结束。全县人口 503908 人，被剥夺选举权的 686 人，其他停止使用选举权的 286 人，有选举权的 289734 人，参加选举的 234791 人。选出乡代表 2910 人。其中，女代表 613 人，占代表总数的 21%；党员 1477 人，占代表总数的 50.7%。选出县代表 351 人，其中女代表 81 人，占 23.08%，党员 120 人，占 34.18%，农民代表 209 人，工人代表 3 人，手工业代表 6 人，商业代表 21 人，国合经济代表 12 人，县区机关代表 45 人，文教卫生代表 40 人，进步人士代表 12 人，少数民族代表 3 人。

第三届人民代表大会代表选举

梁山县第三届人民代表大会代表选举选出县人民代表大会代表 358 人。梁山县第三届人民代表大会第二次会议补选代表 6 人，辞职代表 5 人，迁出代表 34 人，撤销代表资格 43 人，去世代表 2 人，其他不明情况 2 人。

第四届人民代表大会代表选举

第四届县乡各级人民代表大会应该于 1960 年进行选举。据省人委、专署指示，鉴于梁山县生产救灾工作繁重，经中央、省委批准 1960 年选举工作推迟到 1961 年第一季度进行，于 3 月底前完成。此届选举要求，必须贯彻党的阶级路线，加强党的领导，树立贫农下中农的绝对优势，同时也要注意代表的广泛性，适当安排各方面的代表人物，中共党员一般占 50% 左右，最多不超过 60%，党外人士一般占 50%，最少不低于 40%，民主人士一般占 15%，最少不低于 10%。在县人民委员会中，中共党员一般可略多于50%，党外人士略少于50%，其中劳动人民10-15%，民主人士可占30～35%。社（乡）人民代表大会与人民委员会可不安排民主人士。同时要求，3月10日前选出出席公社第一届第一次人民代表大会的代表，3月15日左右选出出席县第四届第一次代表大会的代表。

梁山县第四届人民代表大会代表选举共选出人民代表大会代表373人，其中，中共党员211人，占代表总数的56%；民主人士42人，占代表总数的11.2%；农民144人，占代表总数的38.6%；工商界12人，占代表总数的3.2%；文教卫生35人，占代表总数的9.4%；党政群团140人，占代表总数的37.5%。

第五届人民代表大会代表选举

梁山县第五届人民代表大会代表选举共选出人民代表大会代表349人，其中男275人，女74人，占21.4%，中共党员184人，占代表总数的52.7%；民主人士39人，占11.1%；工人16人，农民231人，军人1人，机关人员41人，文教卫生41人，科技2人，工商企业26人，少数民族2人，共青团员26人，群众100人，其他18人。

第六届人民代表大会代表选举

梁山县第六届人民代表大会代表选举共选出人民代表大会代表349人。设17个公社代表团，其中城关公社26人，戴庙公社18人，馆驿公社12人，商老庄公社8人，小安山公社7人，大安山公社7人，黑虎庙公社25人，大路口公社15人，寿张集公社23人，开河公社23人，芦里公社23人，班店公社23人，银山公社22人，小路口公社30人，孙庄公社30人，徐集公社29人，拳铺公社28人。

第七届人民代表大会代表选举　“文化大革命”期间，未进行人民代表大会代表选举，此届人民代表大会未曾召开，届次按照上级要求依序排列。

第八届人民代表大会代表选举

梁山县第八届人民代表大会代表选举共选出人民代表大会代表686人，是梁山县历届人民代表大会规模最大、代表最多的一次大会。在当选的686名代表中，包括工农兵学商政党各个方面及各条战线的代表，其中工人占7.4%，农民占51%，解放军占0.8%，其他劳动人民占8.5%，革命干部占19.6%，知识分子占9.9%，爱国人士占2.5%，妇女占22.7%，中青年占71.2%，归国华侨占0.3%。本届代表大会设16个代表团，其中党政军团36人，韩岗公社40人，徐集公社36人，拳铺公社34人，芦里公社10人，黑虎庙公社34人，小路口公社42人，大路口公社24人，寿张集公社29人，城关公社41人，小安山公社22人，馆驿公社27人，大安山公社16人，商老庄公社20人，戴庙公社30人，银山公社35人，班店公社33人。

第九届人民代表大会代表选举

梁山县第九届人民代表大会代表选举，从1980年11月1日起，至1981年1月13日止。全县共划选区158个，其中农村选区120个，县直选区38个；全县总人口676375人，共有选民392153人，参加投票选举的375520人（其中，到投票站直接投票的316252人，委托投票的59268人），参加投票选举的选民占选民人数的95.8%。产生代表正式候选人651人，选出第九届人民代表大会代表360人。其中，工人代表28人，占7.8%；农民代表218人，占60.5%；人民解放军代表1人，占0.3%；干部代表78人，占21.7%；科技、文教、卫生界代表28人，占7.8%；财贸战线代表7人，占1.9%。代表中，中共党员250人，占69.4%；非党群众110人，占30.6%。全县共选出妇女代表74人，占20.6%；青年代表68人，占18.9%；少数民族代表3人，占 0.8%。第一次会议因病、因事未能出席的代表 12 人，实际到会代表 348 人。梁山县第九届人民代表大会第二次会议补选代表 3 人，第三次会议补选代表 3 人；其间，调出代表 5 人，去世代表 1 人，罢免代表 1 人。

第十届人民代表大会代表选举

第十届人民代表大会代表选举，从 1984 年 2 月 20 日起，全县划分 185 个选区，共有选民 421715 人，参加投票选举 402415 人，占全体选民的 95.4%。选出梁山县第十届人民代表大会代表 385 人；代表选出后调出 1 人，实有代表 384 人，其中工人财贸职工代表 33 人，占 8.6%；农民代表 218 人，占 56.8%；人民解放军代表 2 人，占 0.5%；干部代表 76 人，占 19.8%；科技、文教、卫生界知识分子代表 55 人，占 14.3%。代表中，中共党员 211 人，占代表总数的 54.9%；非党群众 173 人，占 45.1%；全县共选出妇女代表 86 人，占 22.4%；团员代表 24 人，占 6.2%；少数民族代表 3 人，占 0.8%；年龄最大的 73 岁，最小的 18 岁。梁山县第十届人民代表大会第二次会议补选代表 4 人，调出代表 4 人，罢免代表 1 人；第三次会议补选 6 人，调出代表 7 人，行政区划划出代表 67 人。

第十一届人民代表大会代表选举

第十一届人民代表大会代表选举，从 1986 年 11 月 24 日始，至 1987 年 3 月 6 日止。全县共划选区 132 个，其中，农村选区 103 个，城镇选区 29 个；全县总人口 574196 人，共登记选民 367817 人，占总人口的 64.1%；参加投票选举的 337464 人，占选民总数的 91.7%。产生代表正式候选人 406 人，选出第十一届人民代表大会代表 270 人，其中工人代表 11 人，占 4.1%；农民代表 147 人，占 54.4%；干部代表 84 人，占 31%；教育、科技、文化、卫生等方面的代表 28 人，占 10.3%。代表中，党员 148 人，占 54.8%；团员代表 22 人，占 8.1%；群众代表 100 人，占 37%；妇女代表 72 人，占 26%；少数民族代表 2 人，占 0.74%,。同时，乡级代表正式候选人 2306 人，选出乡人大代表 1454 人。梁山县第十一届人民代表大会第三次会议补选代表 4 人，调出代表 1 人，去世代表 1 人。

第十二届人民代表大会代表选举

第十二届人民代表大会代表选举，1989 年 11 月 15 日至 1990 年 3 月 1 日，全县共划分选区 149 个，其中农村选区 115 个，城镇选区 34 个；全县总人口 607802 人，共登记选民 402378 人，占总人口的 66.2%；参加投票选举的 377495 人，占选民总数的 93.6%。产生代表正式候选人 486 人，选出梁山县第十二届人民代表大会代表 320 人；代表选出后调出 1 人，实有代表 319 人，其中工人、农民代表 181 人，占 56.7%；知识分子代表 56 人，占 17.6%；干部代表 82 人，占 25.7%；中共党员 193 人，占 60.5%；非党群众 126 人，占 39.5%；妇女 83 人，占 26%；少数民族 2 人。同时，乡镇代表正式候选人 2418 人，选出乡人大代表 1521 人。梁山县第十二届人民代表大会第二次会议划出代表 2 人，去世代表 1 人；第三次会议调出代表 4 人，迁出代表 1 人，罢免代表 1 人。

第十三届人民代表大会代表选举

第十三届人民代表大会代表选举，1992 年 10 月 12 日至 1993 年 1 月 5 日进行。全县共划分选区 135 个，总人口 67.7 万人，共登记选民 431974 人，占总人口的 64.1%；参加投票选举的 415332 人，占选民总数的 96.15%。选出梁山县第十三届人民代表大会代表 280 人。其中，工人、农民代表 176 人，占 62.8%；知识分子代表 43 人，占 15.4%；干部代表 61 人，占 21.8%；中共党员代表 186 人，占 66.4%；非中共党员代表 94 人，占 33.6%；男性代表 218 人，占 77.9%；妇女代表 62 人，占 22.1%；少数民族代表 1 人。同时，选出乡镇人大代表1445人。

第十四届人民代表大会代表选举

梁山县第十四届人民代表大会代表选举，从1997年11月14日至1997年12月31日进行，全县共划分128个选区，其中乡镇选区100个，县直及驻梁单位选区28个；各选区统一在选举日组织选民投票，选举产生梁山县第十四届人民代表大会代表257人（代表名额259人），其中农业代表126人，工业代表24人，商贸流通金融代表16人，科教文卫代表21人，国家机关代表62人，军队代表1人，其他代表7人；男200人，女57人；工人代表27人，农民代表121人，干部代表67人，知识分子代表41人，军人代表1人；中共党员代表190人，无党派代表1人，群众代表66人；领导干部代表29人，少数民族代表1人。梁山县第十四届人民代表大会第二次会议补选代表11人，调出代表5人，辞职代表7人；第三次会议补选代表4人，调出代表4人，辞职代表3人；第四次会议补选代表5人，调出代表1人，辞去代表1人，去世代表1人；第五次会议补选代表5人，调出代表1人，辞职代表2人，去世代表1人，暂不列代表2人。

第十五届人民代表大会代表选举

2002年11月8日至2003年1月上旬，依照法律的规定，选举产生梁山县第十五届人民代表大会代表258人（代表名额259人，梁山镇第六选区暂留1人）。其中，农业代表21人，工业代表24人，商贸金融代表6人，服务业代表102人，文教卫生代表14人，国家机关代表82人，军队代表1人，其他代表8人；工人代表24人，农民代表21人，商业服务业人员代表105人，干部代表82人，知识分子代表17人，军人代表1人，其他代表8人；领导干部代表15人，个体私营人员代表32人。梁山县第十五届人民代表大会第三次会议补选代表2人，调出代表3人，去世代表2人；第四次会议补选代表2人，调出代表1人，去世代表1人；第五次会议补选代表5人，调出代表4人，去世代表3人。

第十六届人民代表大会代表

第十六届人民代表大会代表的选举，从2007年9月20日始，至2007年11月26日，全县共划分124个选区，其中乡镇选区100个，县直选区24个；选举产生第十六届人民代表大会代表256人（代表名额259人），其中公务员90人，公检法社会团体人员6人，企业负责人27人，工人9人，农民105人，金融人员2人，教育卫生人员13人，军人1人，其他6人；领导干部14人，非公经济人士22人。梁山县第十六届人民代表大会第二次会议补选代表3人；第三次会议补选代表9人，调出代表3人，辞职代表5人，去世代表1人；第四次会议补选代表10人，调出代表2人，辞职代表5人，去世代表1人。

第十七届人民代表大会代表

根据县第十六届人大常委会第三十三次会议通过的《关于梁山县人民代表大会换届选举的决定》，第十七届人民代表大会代表选举工作，从2011年10月28日始，至2011年12月16日止，全县共划分选区112个，其中乡镇选区99个，县直选区13个；各选区在选举委员会规定的选举日依法进行投票，共选举产生县第十七届人民代表大会代表273人（代表名额277人）。其中，男209人，女64人；公务员91人，事业负责人11人，企业负责人53人，工人2人，农民103人，村委会党组织人员96人，专业技术人员9人，军人1人，其他3人；领导干部19人，非公经济人士45人。梁山县第十七届人民代表大会第二次会议补选代表6人，调出代表2人，辞职代表3人，去世代表1人；第三次会议补选代表6人，调出代表2人，辞职代表2人；第四次会议补选代表 5 人，调出代表 3 人，辞职代表 1 人，去世代表 2 人；第五次会议选举代表 6 人，调出代表 4 人，辞职代表 1 人，去世代表 2 人。

第十八届人民代表大会代表选举

第十八届人民代表大会代表选举，共选举产生县第十八届人民代表大会代表 272 人。依照法律的规定，省人大常委会确定梁山县第十八届人民代表大会代表名额为 277 人，实际分配到各选区的名额为 272 人。全县共划分选区 110 个，其中乡镇选区 97 个，县直选区 13 个。共选出县第十八届人民代表大会代表 272 人，其中，男 190 人，女 82 人；中共党员 193 人，民主党派 2 人，群众 77 人；公务员 85 人，事业单位负责人 6 人，企业负责人 34 人，工人 10 人，农民 99 人，村委会党组织人员 83 人，专业技术人员 33 人，军人 1 人，其他 4 人；领导干部 18 人，非公经济人士 34 人，少数民族 1 人。梁山县第十八届人民代表大会第二次会议补选代表 1 人，去世代表 1 人；第三次会议补选代表 13 人，调出代表 4 人，辞职代表 11 人，去世代表 4 人；第四次会议补选代表 8 人，辞职代表 5 人。第五次会议补选代表 13 人，辞职代表 7 人。

第四节 代表资格审查

根据法律规定，由选民直接选举产生的人大代表资格，均由县人大常委会代表资格审查委员会审查确认。主要审查当选代表的合法性，包括是否具备当选条件、每个选区选出的代表是否符合应选代表名额、代表候选人的提名推荐是否符合法定程序、代表候选人名额是否符合法定的差额比例、参加投票选举的选民是否符合法定人数、选举所投票数是否等于或少于投票人数、选举代表是否采取无记名投票的方式、当选的代表是否获得法定票数、代表选举的过程是否实行差额选举、是否存在贿选情况等问题。

县人大常委会代表资格审查委员会审查后，由县人大常委会确认代表资格是否有效，并提出代表资格审查报告，由县人大常委会副主任、代表资格审查委员会主任委员向人民代表大会预备会议报告代表资格审查情况，经人民代表大会预备会议通过，确认代表资格有效。

第八届人民代表大会代表资格审查 1978 年 5 月 25 日，李绪明代表大会代表资格审查委员会作梁山县第八届人民代表大会代表资格审查的报告，报告说明，梁山县第八届人民代表大会共选出代表 686 人，是梁山县历届人民代表大会代表最多的一次大会。当选代表包括工农兵学商政党各个方面和各条战线的代表，有工人、农民、其他劳动人民、人民解放军、革命干部、知识分子、归国华侨和爱国人士等。经审查，上述当选代表资格全部有效。

第九届人民代表大会代表资格审查 1981 年 1 月 9 日，李绪明代表第九届人民代表大会第一次会议代表资格审查委员会作《关于代表情况和代表资格的审查报告》，报告说明，第九届县人民代表大会共选举代表 360 人，经审查，确认第九届人民代表大会第一次会议 360 名代表的代表资格有效。

九届人民代表大会第一次会议到第二次会议期间，调出梁山县 1 人，罢免 1 人，病故 1 人。根据有关规定，补选代表 3 人；1982 年 2 月 21 日，经九届人民代表大会代表资格审查委员会审查，确认 3 人代表资格终止，新补选代表 3 人代表资格有效；梁山县第九届人民代表大会第二次会议代表仍为 360 人。

九届人民代表大会第二次会议到第三次会议期间，调出梁山县的代表 4 人，补选代表 3 人；1983 年 2 月 22 日，经九届人民代表大会代表资格审查委员会审查，确认 4 人代表资格终止，新补选代表 3 人代表资格有效；梁山县第九届人民代表大会第三次会议共有代表 359 人。

第十届人民代表大会代表资格审查 1984年5月14日，第十届人民代表大会第一次会议预备会议，听取并通过县人大常委会代表资格审查委员会主任委员李厚昌代表第九届人大常委会代表资格审查委员会所作《关于代表情况和代表资格的审查报告》，报告说明，第十届人民代表大会共选出人大代表385人，选出后调出1人，实有代表384人。经审查，确认384名代表资格有效。

十届人民代表大会一次会议到二次会议期间，因工作调整调出代表4人，因违法乱纪罢免代表1人，补选代表4人。1985年，经县十届人民代表大会代表资格审查委员会审查，确认5人代表资格终止，新补选代表4人代表资格有效。梁山县第十届人民代表大会第二次会议共有代表383人。

十届人民代表大会二次会议到三次会议期间，因工作调整调出代表7人，因东平湖行政区划调整划归东平县代表67人，补选代表6人。1986年5月5日，经梁山县第十届人民代表大会代表资格审查委员会审查，确认74人代表资格终止，新补选代表6人代表资格有效。梁山县第十届人民代表大会第三次会议共有代表315人。

第十一届人民代表大会代表资格审查 1987年3月18日，第十一届人民代表大会第一次会议预备会议，听取并通过县人大常委会代表资格审查委员会主任委员李厚昌代表第十届人大常委会代表资格审查委员会所作《关于代表情况和代表资格的审查报告》，报告说明，第十一届人民代表大会共选出人大代表270人。经审查，确认选出270名代表资格有效。

十一届人民代表大会一次会议到二次会议期间，调出代表2人。梁山县第十一届人民代表大会第二次会议共有代表268人。

十一届人民代表大会二次会议到三次会议期间，由县人大常委会根据有关规定，于1989年2月25日，在县十一届人大常委会第十三次会议上决定增加第十一届人民代表大会代表2人，增加后该届代表名额为272人。是年3月17日，县十一届人大常委会第十四次会议，确认补选的4名代表资格有效。县第十一届人民代表大会实有代表272人。

第十二届人民代表大会代表资格审查 1990年3月6日，第十二届人民代表大会第一次会议预备会议，听取并通过县人大常委会代表资格审查委员会主任委员李厚昌代表第十一届人大常委会代表资格审查委员会所作《关于代表情况和代表资格的审查报告》，报告说明，梁山县第十二届人民代表大会共选出代表320人，代表选出后，调出1人，其代表资格消失，梁山县第十二届人民代表大会实有代表319人。经县第十一届人民代表大会常务委员会代表资格审查委员会审查，并经梁山县第十二届人民代表大会第一次会议预备会议通过，选出的319名县人民代表大会代表资格全部有效。

十二届人民代表大会一次会议到二次会议期间，因区划调整划给郓城县代表2人，梁山县第十二届人民代表大会第二次会议共有代表317人。

十二届人民代表大会二次会议到三次会议期间，因工作调整调出代表4人，因结婚迁出代表1人，因违反计划生育规定由原选区罢免代表1人。梁山县第十二届人民代表大会第三次会议共有代表311人。

第十三届人民代表大会代表资格审查 1993年2月8日，第十三届人民代表大会第一次会议预备会议，听取并通过县人大常委会代表资格审查委员会主任委员杨念成代表十二届人大常委会代表资格审查委员会所作《关于代表情况和代表资格的审查报告》，报告说明，梁山县第十三届人民代表大会共选出代表280人。经县第十二届人民代表大会常务委员会代表资格审查委员会审查，确认梁山县第十三届人民代表大会代表选举工作，符合选举法规定，新选出280名县人民代表大会代表资格全部有效。

十三届人民代表大会一次会议到二次会议期间，去世代表1人。梁山县第十三届人民代表大会第二次会议共有代表279人。

十三届人民代表大会第二次会议到第三次会议期间，因工作调整，调出代表1人，补选代表1人。1995年2月9日，经县十三届人大常委会资格审查委员会审查，确认新补选代表资格有效。梁山县第十三届人民代表大会第三次会议共有代表279人。

第十四届人民代表大会代表资格审查 梁山县第十四届人民代表大会第一次会议听取县十三届人大常委会代表资格审查委员会《关于第十四届人民代表大会代表资格的审查报告》，报告说明，依照法律的规定，省人大常委会确定，梁山县第十四届人民代表大会代表名额259人；选举产生梁山县第十四届人民代表大会代表258人（赵堌堆乡选区预留代表名额1人）。经县十三届人大常委会代表资格审查委员会审查，并经梁山县第十四届人民代表大会第一次会议预备会议通过，确认梁山县第十四届人民代表大会代表选举工作，符合选举法规定，新选出257人代表资格有效，水泥厂选区选出1名代表待调查后认定。梁山县第十四届人民代表大会第一次会议实有代表257人。

十四届人民代表大会一次会议到二次会议期间，调出代表5人，辞去代表职务7人，补选代表11人。1999年，经梁山县第十四届人民代表大会代表资格审查委员会审查，确认新补选代表资格有效。梁山县第十四届人民代表大会第二次会议实有代表256人。

十四届人民代表大会二次会议到三次会议期间，调出代表4人，辞去代表职务3人，补选的代表4人。2000年，经梁山县第十四届人民代表大会代表资格审查委员会审查，确认新补选代表资格有效。梁山县第十四届人民代表大会第三次会议实有代表253人。

十四届人民代表大会三次会议到四次会议期间，调出代表1人，辞去代表职务1人，因病去世代表1人，补选代表5人。2001年，经梁山县第十四届人民代表大会代表资格审查委员会审查，确认新补选代表资格有效。梁山县第十四届人民代表大会第四次会议实有代表255人。

十四届人民代表大会四次会议到五次会议期间，调出代表1人，辞去代表职务2人，因病去世代表1人，暂不列代表名单2人，补选代表5人。2002年月日，经梁山县第十四届人民代表大会代表资格审查委员会审查，确认新补选代表资格有效。梁山县第十四届人民代表大会第五次会议实有代表255人。

第十五届人民代表大会代表资格审查 梁山县第十五届人民代表大会第一次会议听取县十四届人大常委会代表资格审查委员会《关于第十五届人民代表大会代表资格的审查报告》，报告说明，依照法律的规定，省人大常委会确定梁山县第十五届人民代表大会代表名额259人；选举产生梁山县第十五届人民代表大会代表258人（梁山镇第六选区暂留一名）。2003年1月10日，经县十四届人大常委会代表资格审查委员会审查，并经梁山县第十五届人民代表大会第一次会议预备会议通过，确认梁山县第十五届人民代表大会代表选举工作，符合选举法规定，新选出258人代表资格全部有效。

十五届人民代表大会一次会议至二次会议期间，去世代表1人，县十五届人大二次会议实有代表257人（代表缺额2人）。

十五届人民代表大会第二次会议至第三次会议期间，调出代表3人，去世代表1人，补选代表2人。经县十五届人大常委会代表资格审查委员会审查，并经县第十五届人民代表大会第三次会议预备会议通过，新选出代表资格有效。县十五届人大三次会议实有代表255人（代表缺额4人）。

十五届人民代表大会三次会议至四次会议期间，调出代表1人，去世代表1人，补选代表2人。经县十五届人大常委会代表资格审查委员会审查，并经县第十五届人民代表大会第四次会议预备会议通过，新选出代表资格有效。县十五届人大四次会议实有代表 255 人（代表缺额 4 人）。

十五届人民代表大会四次会议至五次会议期间，调出代表 4 人，去世代表 3 人；补选代表 5 人。经县十五届人大常委会代表资格审查委员会审查，并经县第十五届人民代表大会第五次会议预备会议通过，新选出代表资格有效。县十五届人大五次会议实有代表 253 人（代表缺额 6 人）。

第十六届人民代表大会代表资格审查 梁山县第十六届人民代表大会第一次会议预备会议，听取并通过县人大常委会代表资格审查委员会主任委员乔允华代表十五届人大常委会代表资格审查委员会所作《关于梁山县第十六届人民代表大会代表资格的审查报告》，报告说明，山东省人大常委会确定梁山县第十六届人民代表大会代表名额为 259 人。依照法律的规定，选举产生梁山县第十六届人民代表大会代表 256 人。2007 年 12 月 9 日，经县第十五届人民代表大会常务委员会代表资格审查委员会审查，全县 124 个选区中，123 个选区的选举工作符合法律规定，选举有效，选出代表资格有效；梁山镇茶庄选区组织再次选举，因参加选举的选民不超过选区选民的半数，该选区选举结果无效。

十六届人民代表大会二次会议预备会议，听取并通过县人大常委会代表资格审查委员会主任委员资格审查。县第十六届人民代表大会第二次会议实有代表 253 人，缺额 6 人。

十六届人民代表大会三次会议预备会议，听取并通过县人大常委会代表资格审查委员会主任委员赵玉民所作关于《代表变动情况和补选县第十六届人民代表大会代表资格的审查报告》。报告说明，梁山县第十六届人民代表大会代表名额为 259 人，县第十六届人民代表大会第二次会议时实有代表 253 人。会后，调出代表 3 人，辞去代表职务 5 人，去世代表 1 人，以上 9 名代表资格终止。根据需要，按照相关法律规定，依法补选代表 9 人。2010 年 4 月 17 日，经代表资格审查委员会审查，补选代表 9 个选区选举工作符合法律规定，选举有效；选出代表资格有效。县第十六届人民代表大会三次会议实有代表 253 人，缺额 6 人。

十六届人民代表大会四次会议预备会议，听取并通过县人大常委会代表资格审查委员会主任委员张恒福所作关于代表变动情况和补选县第十六届人民代表大会代表资格的审查报告。报告说明，梁山县第十六届人民代表大会代表名额为 259 人，县第十六届人民代表大会第三次会议时实有代表 253 人。会后，辞去代表职务 5 人，去世代表 1 人，以上 6 名代表资格终止。根据需要，按照选举法规定，依法补选代表 10 人。2011 年 1 月 7 日，经代表资格审查委员会审查，补选代表的 10 个选区选举工作符合法律规定，选举有效；选出代表资格有效。县第十六届人民代表大会四次会议实有代表 257 人，缺额 2 人。

第十七届人民代表大会代表资格审查 梁山县第十七届人民代表大会第一次会议预备会议，听取并通过县人大常委会代表资格审查委员会主任委员张恒福所作代表资格的审查报告，报告说明，依照法律的规定，省人大常委会确定梁山县第十七届人民代表大会代表名额为 277 人，实际分配到各选区的名额为 273 人，预留名额 4 人，共选出县第十七届人民代表大会代表 273 人。经审查，112 个选区的选举工作符合法律规定，选举有效；选出 273 名代表资格有效，预留的 4 名代表名额，在届期内再由有关选区依法选举。

十七届人民代表大会第二次会议预备会议，听取并通过县人大常委会代表资格审查委员会主任委员郭继田所作《关于代表变动情况和补选县第十七届人民代表大会代表资格的审查报告》。报告说明，梁山县第十七届人民代表大会代表名额为 277 人，县第十七届人民代表大会第一次会议时实有代表 273 人。会后，调出代表 2 人，辞去代表职务 3 人，去世代表 1 人，以上 5 名代表资格终止。根据需要，按照选举法规定，依法补选代表 6 人。经代表资格审查委员会审查，补选代表 6 个选区选举工作符合法律规定，选举有效；选出代表资格有效。县第十七届人民代表大会二次会议实有代表 273 人，缺额 4 人。

十七届人民代表大会第三次会议预备会议，听取并通过县人大常委会代表资格审查委员会主任委员郭继田所作《关于代表变动情况和补选县第十七届人民代表大会代表资格的审查报告》。报告说明，梁山县第十七届人民代表大会代表名额为 277 人，县第十七届人民代表大会第二次会议时实有代表 273 人。会后，调出代表 2 人，辞去代表职务 2 人，以上 4 名代表资格终止。根据需要，依法补选代表 6 人。2013 年 12 月 28 日，经代表资格审查委员会审查，补选代表 6 个选区选举工作符合法律规定，选举有效；选出代表资格有效。县第十七届人民代表大会三次会议实有代表 275 人，缺额 2 人。

十七届人民代表大会第四次会议预备会议，听取并通过县人大常委会代表资格审查委员会主任委员郭继田所作《关于代表变动情况和补选县第十七届人民代表大会代表资格的审查报告》。报告说明，梁山县第十七届人民代表大会代表名额为 277 人，县第十七届人民代表大会第三次会议时实有代表 275 人。会后，调出代表 3 人，辞去代表职务 1 人，去世代表 2 人，以上 6 名代表资格终止。根据需要，依法补选代表 5 人。经代表资格审查委员会审查，补选代表 5 个选区选举工作符合法律规定，选举有效；选出代表资格有效。县第十七届人民代表大会四次会议实有代表 274 人，缺额 3 人。

2016 年 1 月 14 日，十七届人民代表大会第五次会议预备会议，听取并通过县人大常委会代表资格审查委员会主任委员郭继田所作《关于代表变动情况和补选县第十七届人民代表大会代表资格的审查报告》。报告说明，梁山县第十七届人民代表大会代表名额为 277 人，县第十七届人民代表大会第四次会议时实有代表 274 人。会后，调出代表 4 人，辞去代表职务 1 人，去世代表 2 人，以上 7 名代表资格终止。根据需要，按照选举法规定，依法补选代表 6 人。经代表资格审查委员会审查，补选代表 6 个选区选举工作符合法律规定，选举有效；选出代表资格有效。县第十七届人民代表大会五次会议实有代表 273 人，缺额 4 人。

第十八届人民代表大会代表资格审查 梁山县第十八届人民代表大会第一次会议预备会议，听取并通过县人大常委会代表资格审查委员会主任委员。所作《关于代表资格的审查报告》。会议确认十八届代表大会代表选举工作符合选举法规定，选出代表资格全部有效。

2017 年 12 月 27 日，梁山县十八届人大常委会第九次会议，同意县人大常委会代表资格审查委员会《关于补选代表的代表资格审查报告》，确认：补选 1 名代表资格有效，去世代表 1 名的代表资格自然终止。

2019 年 6 月 21 日，梁山县十八届人大常委会第二十三次会议，确认补选的 10 名代表资格有效，调出的 4 名代表、辞职的 5 名代表代表资格终止，去世 4 名代表的代表资格自然终止。

2019 年 8 月 14 日，梁山县十八届人大常委会第二十四次会议，确认辞职的 1 名代表的代表资格终止。

2019 年 10 月 14 日，梁山县十八届人大常委会第二十六次会议，确认补选的 3 名代表的代表资格有效，确认 6 名辞职代表的代表资格终止。

2020 年 1 月 7 日，梁山县十八届人大常委会第三十次会议，确认补选的 8 名代表资格有效，确认 5 名代表的代表资格终止。

2021 年 2 月 1 日，梁山县十八届人大常委会第四十次会议，同意代表资格审查委员会《关于部分代表的代表资格审查报告》，确认补选的 13 名人大代表的代表资格有效，确认 7 名代表的代表资格终止。

梁山县人大志

LIANGSHANXIAN RENDAZHI

第三章　人民代表大会

梁山县人民代表大会是梁山县地方国家权力机关。梁山县人民代表大会制度始建于1954年，是年6月，召开第一届人民代表大会第一次会议，至2021年2月，梁山县共召开18届人民代表大会、59次会议。

第一节 第一届人民代表大会

1954年6月至1956年12月，梁山县第一届人民代表大会共召开6次会议。因缺乏资料，第四次、第五次会议情况不详。

第一次会议 梁山县第一届人民代表大会第一次会议于1954年6月30日至7月5日在梁山剧院召开，出席代表381人，缺席21人。

大会概况 会议学习第一部《中华人民共和国宪法》，听取并审议县长张海阔所作政府工作报告和县委关于下半年工作建议。会议提出，以推进生产互助、抗涝救灾为中心，全面做好夏征、夏种等工作。会上，代表畅所欲言，敢于实话直说，勇于批评干部不良工作作风，会议共受理代表提案537件。

大会机构 梁山县第一届人民代表大会第一次会议设立大会主席团，并在党员代表中建立临时党支部。

大会选举 梁山县第一届人民代表大会第一次会议选举张海阔为县长，毕天泉、徐化远为副县长。选举出席省人民代表大会代表4人。

大会决议 梁山县第一届人民代表大会第一次会议批准政府工作报告，一致同意中共梁山县委所提出的夏季工作的方针与任务。根据上级指示及梁山县具体情况与全县50余万人民要求，特决定夏季工作以农业生产互助合作（灾区以生产救灾）为中心、以夏征夏购为重点并密切结合其他各项工作、以总路线宣传教育为动力的方针，推动各项工作的全面开展。

农业生产。以互助合作为基础，开展一个热火朝天的爱国主义的互助增产竞赛运动，因地制宜，抓住增产关键，掌握良机，做好夏锄，确保夏季苗全苗旺，防旱防涝治虫，健康生长。要大力发动群众，结合环境卫生，从多方面开发肥源，不但保持着秋季的施肥量增加，并为秋季播种小麦增肥创造条件。

救灾工作。根据全县具体情况，大力发动广大群众开展生产自救运动，并帮助灾区群众找生产生活的门路，保证不再发生流离失所，求得救济粮款合理发放。同时，要注意个别户只依靠救济、不积极生产的不好现象。

粮食工作。主要是全面体现政策，疏通与群众关系，正确解决去年粮食工作悬案。夏征要本着实事求是的精神，发动群众报实小麦面积与产量，做到按政策合理的完成夏征任务，特别是灾情减免与社会减免应做好民主评议。统购工作要在广大群众觉悟提高的基础上，将中央人民政府政务院公布的计划收购命令变为广大群众的自觉行动，并保证粮食晒干扬净，确保粮食顺利入仓。供应工作必须实事求是的根据劳动农民的食需解决问题，国营粮食市场抓紧建立，便利群众，减轻供应压力。

防汛防涝工作。对黄河堤要坚决防守，紧险可接受蓄洪任务。群众各种困难，一切有政府负责，领导受灾群众开展自救运动，渡过灾荒。防涝要根据历年来的地形高洼趋势，掌握蓄泄兼使，如雨量过大积水成灾，在区乡结合部之间主动合理妥善解决问题，如不能马上解决者，可急报县人民政府解决处理，防止群众之间的矛盾。黄河堵沟可经黄河段批准后修缮，但不能妨碍黄水之下流，有关各地民埝原则上不守不修，如在不妨碍黄河水位抬高的情况下，可呈请上级政府批准后，再决定动修。

经济工作。为平稳物价，稳定群情必须做好

货币回笼；合作社做好生产、生活资料的供应；收回旧货，鼓励储蓄；收地证费；过去以粗换细的尾欠户能过者可归还，无偿还能力者可适当减免；代耕粮变款征收；合作社要发动社员复股；教育全县所有商人积极缴纳国税，并发动群众交清公债。

优抚工作。为加强国防建设，巩固前方革命军队士气，鼓励家属生产情绪，必须做好家属代耕及转业军人安置，并帮助他们解决一切困难，团结生产，协助转业军人建立家园。

文教卫生工作。文教工作贯彻中央文委“整顿巩固、重点发展、提高质量、稳步前进”的方针，以劳动教育为中心、以总路线为动力；中小学必须贯彻积极学习，完成继续升学和参加生产的双重任务。要以乡村干部、党团员为主，带领广大青壮年参加政治文化学习，以生产组织变成学习组织。卫生工作要团结中西医，掌握疫情，发动广大群众提高警惕，妇幼卫生应注意培养新接生员，推广新接生法，减少小儿的死亡率，这是保证身体健康，发动广大群众生产积极性的主要因素之一。

治安保卫工作。为保证农民胜利果实，必须严厉镇压反革命活动，有力打击捣乱社会秩序破坏生产的坏分子，坚决取缔投机粮商粮贩的黑市交易，除政法、武装部门加强业务活动外，必须发动广大群众，注意对不良现象的揭发与检举，使一切危害人民利益的各种活动无踏足之地。

第二次会议　梁山县第一届人民代表大会第二次会议于1954年7月14—17日在梁山剧院召开，出席代表337人，缺席83人。会议传达学习山东省第一届人民代表大会精神，县委宣传部作国际国内形势的报告，听取县长张海阔所作关于做好秋收秋征工作方针政策与任务的报告。会议设立大会秘书处，由县政府秘书任大会秘书长。

第三次会议　梁山县第一届人民代表大会第三次会议于1955年2月3—7日在梁山剧院召开，出席代表310人，缺席92人，会议听取县人民代表大会常委会会务工作报告，听取县政府1954年工作总结和今后工作意见的报告，传达上级部门关于征兵工作的指示精神。会议处理和答复各类提案632件。

会议补选舒同为梁山县出席山东省人民代表大会代表。

第六次会议　梁山县第一届人民代表大会第六次会议，于1955年12月16—21日召开。

大会概况　梁山县第一届人民代表大会第六次会议开幕，首先向毛主席像鞠躬致敬，向革命烈士静默三分钟，接着由大会主席致开幕词；会议传达省第一届人民代表大会第三次会议决议，县长杨峰作政府工作报告，高文德代表县委作今冬明年农业合作化生产报告，并听取县政府工作报告、法院工作报告、提案审查工作报告，通过大会决议，选举人民委员会县长、副县长、委员及法院院长，最后由县长致辞。

大会选举　梁山县第一届人民代表大会第六次会议，选举杨峰为县长，毕天泉、于建进、郭文斌为副县长，李成香、李辛、李宋岩、吕庆华、宗金铸、林英高、周脈平、马克稳、陆占武、张海阔、张惠民、张淑品、冯雁亭、贾省斋、蒋世爽为县人民委员会委员；陈心愿为县人民法院院长。

大会决议　1955年12月21日，梁山县第一届人民代表大会第六次会议审查通过大会决议3项。

关于《梁山县政府工作报告》的决议。梁山县第一届人民代表大会第六次会议听取和审议杨峰县长代表县人民政府所作的县人民政府工作报告，认为报告对于一年来政府工作的估价是正确的，所提出的对今冬工作的安排意见，是适应当前农村社会主义群众运动的高潮这一新形势的，是符合全县实际情况的，大会批准这一报告。大会认为：

各级人民委员会（政府）必须加强与全县人民的团结，继续深入地进行社会主义的宣传教育。还必须认识到随着农业合作化高潮的到来，在农业生产上很快地要形成一个大规模地蓬蓬勃勃地增产运动的高潮。在这一新形势下，各级人民委员会必须加强领导，加倍努力，做好冬季工作，为在 1956 年实现农业基本合作化和争取五年农业增产计划，四年超额完成创造条件。同时，各经济企业、文化教育、卫生事业、政法等部门，必须为促进农业合作化，为保证农业增产计划的实现而制订与此相适应的部门工作规划。大会特别指出：在工农群众中开展识字扫盲的工作，各级领导必须给予高度的重视，要全面规划，加强领导。这一工作的重大意义，正如人民日报社论中所指出的“在工农群众中开展大规模的扫除文盲运动，仍是一项极为重大的具有战略意义的任务”。过去政府对这一工作的重视是不够的。今后，特别是在农业合作化运动的高潮已经到来的今天应把这一工作排列到政府工作日程上来，同时，这也是全县人民的一项光荣艰巨的政治任务，必须动员全县工农群众积极参加文化学习，响应国家提出的“在七年内基本上扫除全国青壮年文盲”的号召！

必须加强农业生产合作社的整顿、巩固发展工作，要在现有入社农户占总农户 43% 的基础上，发展到占总农户的 60%，与此同时要大力领导群众搞好冬季生产，突击冬耕，养猪积肥，做好麦田管理，禁止牲畜啃青。全面规划兴修农田水利，保养耕畜（严禁非法宰杀耕畜）等工作，为明年的大生产运动做好一切准备工作。在冬季生产中，必须注意发挥妇女的积极作用、发动放足、并劝阻个别家长勿再强制少女缠足。

必须认真贯彻中共中央建立起正规的征兵制度的要求，广泛深入地向群众宣传兵役法及实行义务兵役制对国家社会主义建设和对全国人民的好处，认真做好兵役登记和审查工作，保证按质按量按时完成征集新兵任务，并注意做好新兵的迎送、拥军、优属，在新兵集中后要抓紧时间整顿农村青年、民兵等组织和进行二类预备役登记与整编工作，做到“走者愉快，留者安心”。此外，必须做好置业建设军人的安置工作。对他们在生产、生活中的困难要予以具体的解决，保证每一人回到家乡有房住、有饭吃、能生产。为做好这一工作，准备足够的物资条件是极其重要的。因此各乡、村现有的土地、房屋、树木等公共财产要进行一次彻底的清查登记，并要逐级上报统一管理。在进行这一工作时，要防止隐匿不报不登记现象的发生。

为了巩固人民民主专政，保卫农业合作化及农业增产任务的完成，必须在已取得重大成绩的基础上，进一步深入地开展镇压反革命运动，广泛地宣传政府关于“坦白者从宽，抗拒者从严，立功者可以将功折罪，立大功者受奖”的镇压反革命的具体政策；政法部门要在党和政府的领导下，依靠广大劳动群众，坚决、彻底、干净全部地肃清一切反革命分子。

粮食征、购、销和三定到户工作，应按照党和国家政策迅速地处理遗留问题，任何不注意发动群众而采取急躁或简单从事、潦草结束的作法，都是错误的，要做到善始善终。冬季粮食供应要做好，保证真正缺粮人民的食需，不浪费国家粮食。

县、区、乡领导机关和干部要切实转变工作作风，改进领导方法，克服官僚主义，有效地防止强迫命令和违法乱纪行为，密切政府与群众的联系，以保证完成冬季工作任务。

大会号召，全县人民紧密团结起来，为实现上述各项任务而奋斗！

关于在明年全县完成农业基本合作化和争取四年超额完成五年农业增产计划的决议。梁山县第一届人民代表大会第六次会议，听取高文德代表中共梁山县委所作《在明年全县完成农业基本合作化和争取四年超额完成五年农业增产计划》

的报告。全体代表一致表示，报告中所提出的各项指标及措施是切合全县实际情况，大会同意这一报告，并作出如下决议。

农业合作化运动。自贯彻毛主席《关于农业合作化问题》的指示后，在全县已很快形成了合作化运动的高潮，现已建社2097处，入社农户占总农户的43%。根据现有办社条件和群众要求，今冬计划发展到入社农户占总农户数的60%；在巩固与提高现有社的基础上，明年完成85%以上的农户组织到农业社里来，实现全县半社会主义性质的农业基本合作化。为适应农民入社后更加趋向完全社会主义高级社的要求，全县应于今冬试办2～4处高级社，并为普遍地大量地建立高级社做好准备。各区、乡均应重新修订今冬和明年的发展规划，并应以农业合作化为各级领导的重心，全面地贯彻阶级政策，训练办社骨干，建立以中心社为基点的“互助合作交流网”，及时总结交流经验。

农业增产运动。随着农业合作化运动高潮的到来，将要很快出现一个群众性的农业增产运动的高潮。梁山县是全省粮食生产的主要县份之一，超额增产粮食，对支援国家工业建设具有特别重大的意义。因此，随着合作组织的发展，粮食“三定”政策的贯彻实行，大大提高了社、组员和一般农民的生产积极性。只要克服右倾保守思想，加强生产的具体领导，依靠合作互助的基础，开展一个大规模地农业增产运动，完成增产任务，是完全可能的。全县明年的任务是：

粮食：1956年单位面积产量为209.5斤，总产量为40542万斤，比1955年增产14896万斤，每人平均占有粮食810斤。

棉花：1956年单位面积产量为50.3斤（皮棉），年产221万斤。

花生：1956年单位面积产量为287斤，年产296万斤。

渔业：1956年年产283万斤，总值42450元。

菱角：1956年植菱14万亩，每亩产300斤，年产420万斤，折粮249万斤。其他水产（苇子、蒲草、藕）：1956年发展到7800亩，总值26万元。

林业：必须大力发动群众开展植树造林运动，逐步完成沙滩、荒山变为森林，道路、河堤绿柳成荫的绿化任务。

为完成以上任务，必须紧紧抓住以下几个增产关键：（1）增种高产作物，扩大复播面积，提高土地利用率。（2）大力开展小型农田水利，提倡洼洼搞沟渠、社社搞畦田、打井挖河、整修堤坝、试办河水灌溉等，保证旱涝得收。（3）大力提倡养猪积肥并发动群众增积各种自然肥料（如尿肥、干灰、挖坑土等）。（4）提高耕作技术，推广新式农具、改良土壤，做到深耕细作，合理密植，同时加强病虫害的防治工作。完成以上任务并不是没有困难的，如各种自然灾害的侵袭等。只要全县人民动员起来，共同艰苦努力，认真贯彻“全面规划，加强领导”的方针，困难是可以克服的。大会号召，各级人民委员会（政府）及全县人民动员起来，为明年大生产运动做好准备，为迎接明年农业增产运动新高潮而积极工作。

关于拥护省第一届人民代表大会第三次会议《关于拥护国家第一个五年计划和争取提前超额完成山东省第一个五年计划的决议》。梁山县第一届人民代表大会第六次会议在听取山东省第一届人民代表大会代表邓福龙《关于山东省人民代表大会第三次会议的决议的传达报告》后，经过认真研究，全体代表一致表示衷心拥护并认真向全县人民进行宣传贯彻，决心和全省人民一道，为其贯彻实现而奋斗！

第二节 第二届人民代表大会

1956年12月至1958年5月，梁山县第二届人民代表大会共召开3次会议。

第一次会议 梁山县第二届人民代表大会第一次会议于1956年12月26—30日在梁山剧院

召开，出席代表302人，缺席49人；县人民委员会机关不是代表的科局长及有关人员列席会议。

大会概况 梁山县第二届人民代表大会第一次会议听取审议并批准县委书记张海阔所作关于1956年农业合作社和生产工作的报告、县人民委员会工作报告、1956年财政预算执行情况的报告、县人民法院工作报告及兵役工作报告；传达山东省人民代表大会决议。会议提出，1956年冬季工作重点以生产整社为中心工作，多方面发展副业生产，圆满完成征兵任务，积极认真地开展教育工作，继续镇压反革命，深入广泛地开展增产节约运动，转变干部领导作风，改进领导方法。会议选举县人民委员会组成人员。会议通过关于拥护《山东省第一届人民代表大会第五次会议决议》的决议，通过梁山县第二届人民代表大会第一次会议的决议。

大会机构 梁山县第二届人民代表大会第一次会议设大会主席团和代表资格审查委员会、提案审查委员会。

大会主席团（33人）：

李成春 吕庆华 周脉平 马克稳 陆占武
张淑品 贾省斋 孔令琦 郑玉兰 肖玉凤
孙兆桂 王　芸 于献运 孙道生 史朝海
房守仁 蒋先荣 张申华 张海阔 李宋岩
李　辛 杨　峰 毕天泉 蒋世壊 孙基英
郭文斌 史浚岩 郭明亭 徐复科 韩仰荣
刘清地 刘克璋 张惠民

代表资格审查委员会（3人）：

主任：毕天泉

委员：李兴林 李　辛

提案审查委员会（4人）：

主任：郭文斌

委员：于昭生 唐现亭 陈志轩

大会选举 梁山县第二届人民代表大会第一次会议，于1956年12月30日选举杨峰为县长，郭文斌、刘华春、范本笃、宋祥琨、冯雁亭为副县长，田广庭、孙宝符、李辛（女）、李宗新、周脉平、林成珍、马克稳、张海阔、张惠民、张淑品、张一堂、陆占武、贾省斋为委员（委员按姓氏笔画为序）。

大会决议 1956年12月30日，梁山县第二届人民代表大会第一次会议，审查通过县人民委员会1956年工作报告的决议。认为报告对一年来政府工作的估价是正确的，所提出的对今冬工作意见是适应当前社会主义革命高潮这一新形势的。大会批准这一报告。大会认为：

各级人民委员会必须继续大力贯彻以生产整社为中心的工作方针，抓着冬季有利时机，在迅速开展农业生产的同时，抓紧时间对农业社进行整顿，贯彻勤俭办社、民主办社的方针。在升社并社工作中，要注意吸收单干农民入社，争取在今冬明春基本上实现完全社会主义性质的农业合作社。在冬季生产中，各社要根据具体情况，制定农副业生产规划（1957年生产规划），做好明春的复堤准备工作。要发动广大社员积极寻找“增产多，用钱少”的生产措施，因社制宜地开展养猪、积肥、翻地、整修农具、修水井、整畦田、加强麦田管理、与各种自然灾害作斗争，并要加强牲畜饲养管理，保护牲畜安全过冬，为明年丰收创造条件。同时，各经济企业、文化教育卫生事业、政法等部门，必须围绕当前中心工作，为保证农业增产计划的实现，制订与此相适应的部门工作计划。通过生产整社，做好粮食定销工作。坚决取缔粮商粮贩的投机活动，加强粮食市场的管理。坚决制止浪费粮食的现象发生。

副业生产在农村经济中占很大比重，对农民的生活改善起着重大作用。因此，必须从多方面发展副业生产，以增加社和社员的收入。各农业合作社必有全面规划，妥善地安排社与社员家庭的副业生产，从多方面增加收入，在春节前作一次副业收益分配。各业务部门和各有关经济企业部门应加强领导，全面安排，并加强调查研究，解决副业产品价格、税收、运销以及原料供应等问题，使之更好地发展。在灾区必须大力发动群众开展生产自救运动。应以积极领导灾区群众搞好生产、增加收入为中心，认真发动群众要节约，要算细账、打长谱、克服浪费现象，从而增加收入，使灾民吃上饭、穿上衣、种上地、有房住、能生产，战胜灾荒。

必须在广大群众中，认真贯彻建设社会主义和保卫社会主义的宣传教育，增强国防观念，使广大群众认识到依照法律服兵役是每一个公民应尽的神圣职责和光荣的义务，保证按质、按量、按时完成新兵的征集任务。重点帮助解决应征公民及其亲属对应征服兵役的具体问题，并提高其觉悟，消除顾虑，自觉自愿地报名应征。同时要注意做好新兵的迎送、拥军、优抚、复员安置和1957年应征公民登记及预备役的训练准备工作。

在工农群众中要积极认真地开展扫盲工作。各级领导必须高度重视，加强领导，积极组织发动群众参加文化学习，响应省提出的“五至七年内基本上扫除全省青壮年文盲”的号召，以提高人民的文化科学水平。同时要领导群众开展文娱、体育活动。

为巩固人民民主专政，保卫社会主义改造和社会主义建设事业的顺利进行，必须继续进行镇压反革命破坏活动。广泛宣传“坦白从宽，抗拒从严，立功折罪，立大功受奖”的政策。政法部门，要在党和政府的领导下，依靠广大群众，坚决肃清一切反革命分子的破坏活动。

增产节约是建设社会主义的基本方法。要把这一精神经常贯彻到各种工作中。为此，号召全县所有国家机关工作人员和广大群众，热烈响应中央的号召，积极行动起来，根据勤俭建国、勤俭办企业、勤俭办合作社、勤俭办一切事业的方针，在各个工作岗位上，努力增加生产，发扬艰苦朴素的作风，从各方面加强监督和检查，使增产节约运动深入广泛地开展起来，经常持久地坚持下去。

各级干部必须继续转变工作作风，改进领导方法，不断组织干部深入群众进行访问，经常关心人民疾苦，克服官僚主义、主观主义，有效防止强迫命令和违法乱纪行为，密切政府与群众的联系，以保证完成冬季工作任务。

第二次会议 梁山县第二届人民代表大会第二次会议于1957年3月27—31日在梁山剧院召开，出席代表236人，缺席115人。

大会概况 梁山县第二届人民代表大会第二次会议听取中共梁山县委副书记高文德所作的政治报告，听取审议副县长郭文彬所作的梁山县1957年农业生产计划和开展增产节约运动的报告，审查通过提案审查委员会关于提案审查情况的报告，会议共收到代表提案230件。会议补选省人民代表大会代表，通过大会决议。

大会选举 会议补选狄生为梁山县出席山东省人民代表大会代表。

大会决议 1957年3月31日，梁山县第二届人民代表大会第二次会议，会议审查通过高文德代表中共梁山县委员会所作的政治报告，同意副县长郭文斌代表县人民委员会所作的梁山县人民委员会关于完成1957年农业生产计划的意见和开展增产节约运动的报告。为提高全县干部和人民群众的社会主义思想，全面完成或超值完成1957年农业生产计划和开展增产节约运动，经过大会讨论，认为：

加强政治思想教育工作。目前全国已进入一个新的历史阶段（社会主义建设阶段），在这样新的历史情况下，许多问题产生了根本性质的变化。各机关、企业、团体、学校和广大人民群众的思想意识，虽有了不同程度的转变，但却远远落后于政治与经济的现实，与新的社会主义制度还不能完全适应。因此，在各方面加强思想工作，克服非社会主义的思想，提高社会主义的思想水平是有特殊重要意义的。应当特别指出的是，全县合作化经过一年多的时间，基本上巩固下来。不仅贫农彻底翻身，而且大部分新老上中农也表示满意，鳏寡孤独和五保户生活有了保证，80%的社增加了生产，70%的社员增加了收入，人民的生活有所改善与提高。总之，农业合作化第一年就显示了极大的优越性。广大农民群众已经体验到依靠合作化是逐步摆脱贫困，走向共同富裕的唯一正确的幸福道路。但是，必须认识到，加入农业合作社，并不等于新的意识代替了旧的意识，还不能完全适应新的社会主义制度。农民群众从旧社会带来的利己主义和小生产者的散漫性还没有克服。因此，必须大张旗鼓地广泛深入地向广大农民群众进行社会主义的思想教育，以及集体与个人，民主与集中，当前利益与长远利益相结合的教育。同时，亦必须认识到，生活的改善是随着生产的发展而提高。总之，建设社会主义，就需要有社会主义的思想，必须使政治思想教育工作经常持久地开展下去。

千方百计，争取更大丰收，为完成和超额完成1957年农业生产计划而奋斗。今年全县农业生产的总任务，是要在去年丰收的基础上，把农业生产再提高一步，把合作社办得更好，增加生产，增加收入。具体要求是，完成粮食3亿斤以上，皮棉1713500斤，花生3640500斤。在保证增产粮、棉、油料作物的前提下，积极发展多种经济，保证社员生活一年比一年高。会议认为，完成以上任务是有完全可能的。其有利条件是：合作社基础比去年好，质量比去年高；社干部有了些经验，社员集体生产比过去有了习惯；对劳动定额，包工包产，财务包干等先进的管理方法有了些改进；物质准备比上年较好（如种子、肥料、水利设施等）；领导力量下放，力量加强；今年雨雪好，对农作物的适时播种很有利。总之，目前农业生产中的潜力还很大，增产条件也很好。可以预见：在继续做好生产整社的基础上，新的生产高潮就要到来。当然，不能忽视目前工作中存在的问题和困难。如合作社的时间短，基础还不够稳定，情况还比较复杂。农社家底薄，今年农贷又减少；干部领导集体生产的经验不够，经营管理水平不高，社员集体观念不强，在个别地区贫农优势没巩固树立起来，地主富农和反革命分子还乘机破坏等。必须正确的估计这些问题与困难，认清这是前进中暂时性的问题与困难，只要全县人民动员起来，共同努力，依靠组织起来的集体力量，充分发展有利条件，克服不利因素，这是完全可以解决与克服的。

为保证1957年农业生产计划的实现，大会认为：必须继续贯彻以生产整社为中心的方针。各级领导和干部用积极领导生产的实际行动，引导群众向前看，使群众对今后的增产有指望、有信心，以进一步提高群众的生产积极性，有利于当前社内问题的顺利解决与社的进一步巩固和生产的发展。为此，会议提出：

想尽一切方法，提高单位面积产量。首先必须大力兴修农田水利。虹吸灌溉、治理柳长河、沟渠畦田等工程要按期完成，达到规格标准，做好养护工作。修理旧井，改造浅井，加深加固，有条件的社可增打新井，增购水车或其他提水工具，并进行适时浇麦。其次，要大力养猪积肥，培养地力，想尽一切办法完成全年养猪4万头的计划，如按一头猪全年积肥1万斤计算，全年全县能增加猪肥4亿斤，粮食产量就能显著的增加，同时每头猪还能卖三、四十元钱。这样既能增产又增收，既利国又利民，而且地越种越壮，这是一件大好事情。因此，要贯彻社繁户养，与私养公助的方针，并帮助社员解决饲料，把养猪积肥运动开展起来。同时要开展群众性的防疫工作，减少和消灭猪瘟的危害。此外，要多方面的开发肥源，把人、畜粪尿、草木灰等统统收集起来，农社要合理作价，以刺激社员积肥的积极性。其三，要因地制宜增种高产作物，推广间作套作，增加复种面积，改进耕作制度，而同时必须改进耕作技术，加强对作物的栽培管理，精耕细作，精打细收，推广合理密植，选择优良品种和防治病虫害等。

要因地因社制宜地发展多种经济。首先要

增殖牲畜和做好爱畜保畜工作，迅速采取有效措施，多方设法解决饲草饲料的困难，加强牲畜的饲养管理，推广包工、包使、包养的经验，有计划地发展种畜，母畜要按时配种。坚决停止排斥小牛及滥宰耕牛的现象发生，并切实做好牲畜的防疫工作，减少牲畜瘦弱。此外，要有计划地养羊、积极发展养鸡、养鸭、养兔子、养蜂、养蚕等。沿湖沿堤线的低洼地区要发展水产作物，如稻子、苇、藕、蒲江、蒲草、菱角等，有条件的地方可以养鱼。其次，要继续发展副业生产，社内要根据需要与可能，按照国家规定的开放的物资，本着节约粮食及产、供、销平稳的原则，恢复各种作坊，并要根据季节特点开辟新的副业门路，发展多种经营，支持农业生产投资。同时社内要帮助社员安排家庭副业生产，使社员能够自己解决日用零花钱。在灾区要继续贯彻生产自救的方针，加强规划，加强生产救灾工作的领导，使灾民能吃上饭、穿上衣、有房住、能生产。各经济部门要通过业务完成农副业产品的收购和生产生活资料的供应工作，以支持农业生产。再次，要开展植树造林运动。合作社要大量种植经济林和用材林，并实行封山造林和沙荒造林以及做好四旁植树等，以增加社员收入。同时要大力做好护林工作。

要继续整顿巩固与提高农业合作社，把合作社办得更好。(1) 首先要改进经营管理，这是巩固合作社的中心环节。合作社的计划管理，要把增产计划和成本核算、收入支出、分配报酬的计划一致起来，使国家、社和社员三者的利益密切结合起来，使农、副业生产有机结合起来，做好劳动定额、包工包产，正确贯彻按劳取酬，多劳多得的原则，保证农活质量，提高劳动效率，建立生产责任制，建立劳动纪律，实行超产奖励，以鼓舞社员的积极性。在财务管理方面，要做到收入可靠，开支有计划、量入为出，建立制度，严格手续，防止贪污浪费。(2) 要坚持勤俭办社的方针，教育干部和社员树立勤俭办社，勤俭理家的观念，精打细算，艰苦奋斗，克服困难，把最主要的人力、物力、财力集中到发展生产方面来，尽可能节约开支，少花钱多办事，更应教育社员爱护公共财产，反对贪污浪费和损害公共财产的行为。(3) 要贯彻民主办社的方针，坚持社委集体领导的原则，贯彻群众路线的工作作风，凡社内重大问题必须经过社员大会或社员代表大会讨论决定，并要召开老农座谈会和经常到社员家庭进行访问，切实做到大家的社大家办，反对少数人包办或不与社员群众商量的不民主现象。

深入发动与组织广大社员群众，在全县范围内继续开展社会主义农业高额丰产竞赛运动，组织社与社、队与队开展比增加生产、比增加收入、比技术改革、比勤俭办社、比民主办社的“五比”运动，并不断地进行总结评比，保证运动深入持久地坚持下去。

要争取今年更大的丰收，首要的关键在于做好春季生产工作。全县所有农业生产合作社，要紧急动员起来、迅速投入春季大生产运动。要抓紧时机整地保墒，适时播种质量，选换优良品种，增施基肥，推广合理密植，适当间作，防治病虫害，及时查苗、补苗、间苗、定苗、锄草，保证苗全苗旺，同时要加强麦田管理，要适时浇麦和适时锄草施肥，促使小麦多分蘖多结粒，保证小麦丰收，为全年增产打下坚实可靠的基础。

开展增产节约运动。增产节约是发展社会主义经济、扩大社会主义积累的基本方法。在目前全国大规模经济建设的情况下，开展增产节约运动，不仅有重要的经济意义，同时也有重要的政治意义。大会认为，在全县范围内广泛深入开展群众性增产节约运动，是当前的重要任务，必须经常持久开展下去。由于中国是一个经济上比较落后的国家，要想从贫困落后的基础上建成一个社会主义的工业国，是一项艰巨的任务。因此，必须执行勤俭建国、勤俭办企业、勤俭办社、勤俭理家和勤俭办一切事业的方针。

大会号召，全县各机关、企业、学校和事

业单位，要合理使用人力，严格节约行政费用的开支，坚决克服浪费现象。特别是企业部门，要扩大经营额，降低商品流转的费用，减少商品损耗。全县干部要发扬艰苦朴素与群众同甘共苦的作风；号召全县农业生产合作社和农民，要认真执行勤俭办社、勤俭理家的方针，既要增加收入，又要节约开支，更要集中群众的智慧，在全县范围内开展一个轰轰烈烈的农业增产运动。要在全县范围内开展增产节约的宣传运动，宣传增产节约在社会主义建设中的必要性和重要性，使之家喻户晓，将增产节约运动成为一个广泛的群众自觉的运动。

第三次会议 梁山县第二届人民代表大会第三次会议于1957年12月22—26日在县委礼堂召开，出席代表275人，缺席74人。

大会概况 梁山县第二届人民代表大会第三次会议听取审议县长杨峰所作的梁山县人民委员会1957年工作报告，听取审议县人民法院院长陈心愿所作法院工作报告、县人民检察院副检察长韩明才所作检察院工作报告。会议通过政府工作报告及县法院、县检察院工作报告的决议，并通过提案审查委员会关于提案的审查报告。会议共收到代表提案421件。

大会机构 梁山县第二届人民代表大会第三次会议，于1957年12月22日通过大会主席团和代表资格审查委员会、提案审查委员会人员名单。

大会主席团（33人）：

于昭生 王维新 王显伦 王彦成 王嘉森
王安冉 石长瑞 田广廷 史俊岩 刘华春
刘继龙 刘月荣 陈心愿 宋祥坤 李　辛
孟振华 周广福 马克稳 范学富 范本笃
高文德 徐万朴 徐复科 秦传兰 郭文斌
郭明亭 陆占武 张培俊 张一堂 冯雁亭
杨　峰 贾省斋 樊　森

秘书长：于昭生

代表资格审查委员会（5人）：

李兴林 林成珍 马克稳 冯雁亭 贾省斋

主任委员：冯雁亭

提案审查委员会（7人）：

王安冉 范本笃 周脉平 唐宪亭 张培俊
张祥隆 郭忠铭

主任委员：张培俊

副主任委员：范本笃

大会决议 1957年12月26日，梁山县第二届人民代表大会第三次会议，审查通过县人民委员会1957年工作报告、县法院工作报告、县检察院工作报告的决议。为团结全县人民，战胜灾荒，使生产高潮开展的更加深入普遍和持久，实现1958年农业生产大跃进，完成和超额完成全县1958年粮食总产量45100万斤（全县每人平均占有粮800斤）、棉花总产量230万斤的任务，大会决议：

必须继续大力贯彻“以生产救灾为中心、以社会主义教育为思想基础和动力的方针，抓住今冬明春有利时机，以愚公移山的劲头，在全县范围内开展一个比1955年冬和1956年春季规模更大、劲头更足、内容更广、质量更高的生产高潮。实现1958年农业生产大跃进，争取五年内或者更短一点的时间，赶上和超过富裕中农的生产水平和收入水平。各乡、社在制订生产规划时，必须突出的因地制宜的抓住水、肥、土三大增产关键，从根本上改变梁山县生产基本条件，使其成为今冬明春生产的主要内容。要大力兴修水利根除水害。根据以蓄为主、蓄泄兼施、旱涝并防的方针，进行修筑沟渠畦田，引黄引运灌溉，打井下泉等农田水利基本建设工程。做到天上下的水蓄起来，把河里的水用起来，把地下的水挖出来。要大力发动户户养猪，人人积肥，完成养猪6～7万头的任务，争取超额完成。从多方面开发肥源，形成群众性的积肥运动，争取每亩施肥量达到三车。要抓住深耕深翻、平整土地、改造沙碱三大重点，因地制宜，通盘规划，抓紧有利时机，分批完成。

随着农业生产的发展，相应地发展林业、交通运输、渔业和水产植物等多种经济，从多方面增加收入。同时要加强牲畜饲养管理和繁殖工作，使牲畜安全过冬。

全县人民必须紧密动员起来，在党和政府的领导下，继续大力开展生产自救与增产节约运动。在“以生产自救为主，辅之以国家救济”的方针下，继续大力发动群众开展自救运动。各乡、社均要制订或修订生产救灾计划，统一安排。教育群众要节约、算细账、打长谱、克服浪费现象，并积极开展副业生产，从多方面增加社和社员的收入，战胜灾荒。粮食定销工作，要抓紧进行，本着既保证缺粮人口的食需，而又不浪费国家粮食的原则，迅速发证到户，以便使群众妥善安排自己的生活。救济款和救济物资要及时合理的发放，防止积压挪用，杜绝贪污，如有发现应及时处理。与此同时，要做好灾区防疫和灾民疾病治疗工作。要切实做到使灾民不逃荒、有房住，能安全过冬，能生产。大会号召，全县所有国家机关工作人员和群众，要根据中央所提出的勤俭建国、勤俭办企业、勤俭办合作社、勤俭办一切事业的方针，努力增加生产，节约开支，发扬艰苦朴素的作风，使增产节约运动深入广泛的开展起来，经常持久地坚持下去。

继续在全县人民群众中深入广泛地进行社会主义教育，通过群众性的“鸣”、“放”、辩论，划清社会主义与资本主义两条道路的政治思想界限，使干部和群众提高思想觉悟，认清大是大非，明确方向，树立正气，压倒邪气，以巩固合作化制度，加强中、贫农团结，巩固工农联盟，迅速掀起生产自救运动与生产高潮。在做法上，应注意民主辩论，采取以理服人的态度，严防扣帽子、打人、骂人或其他变相体罚及打击报复等行为的发生。

在开展生产自救运动和生产高潮的同时，必须相应的发展文化教育卫生等项事业，特别是扫盲工作，要加强领导，大力组织男女青壮年文盲入学，争取超额完成1958年扫盲任务。

必须做好人民来信来访的接待、处理工作。按期召开乡（镇）人民代表大会，加强与代表的联系。代表要不定期的访问自己的选民，广泛的搜集人民群众的意见，以密切政府与人民群众的关系，及时监督政府工作。

政法部门要继续克服右倾情绪，根据“有反必肃”“有错必纠”的方针及时打击反动地主、富农、反革命分子和刑事犯罪分子的破坏活动，以保卫生产、保卫社会主义建设。

经济部门，要大力做好物资供应工作，以支持生产支持救灾。只要全县人民团结起来，有党和政府的正确领导，任何困难我们都能克服，战胜灾荒。

第三节 第三届人民代表大会

1958年5月至1961年5月，梁山县第三届人民代表大会共召开2次会议。

第一次会议 梁山县第三届人民代表大会第一次会议于1958年5月26—29日在县委礼堂召开，本届大会代表358人，出席代表281人，缺席77人。

大会概况 梁山县第三届人民代表大会第一次会议听取中共梁山县委第一书记张海阔所作政治报告，听取并审议县长杨峰所作《全县人民团结起来，团结在共产党的旗帜下，为实现工农业生产大跃进，保证完成1958年生产计划而奋斗》的政府工作报告，副县长范本笃所作《梁山县1957年财政决算和1958年财政预算的报告》，县法院副院长王武奇所作《县人民法院工作报告》，审查并通过《关于梁山县第二个五年计划和1958年工农业生产规划的报告》。会议选举产生梁山县人民委员会及其组成人员19人，其中县长1人，副县长4人，委员14人；中共党员9人，占 47.36%；民主人士 6 人，占 31.08%；妇女 3 人，占 15.79%；其他非党群众 4 人。会议选举县人民法院院长，选举出席山东省人民代表大会代表。

大会机构 梁山县第三届人民代表大会第一次会议，于 1958 年 5 月 26 日通过大会主席团和代表资格审查委员会、提案审查委员会人员名单。

大会主席团（31 人）：

于昭生 刘华春 刘继龙 刘月荣 田继亮
孙宝符 孙兆贵 艾教孟 华振武 宋祥坤
杜永魁 陈志轩 李宗亮 周脉平 孟振华
国　光 范本笃 范学富 姜冠林 陆占五
郭明庭 郭行读 徐万朴 杨　峰 杨献环
张海阔 张圣福 高文德 贾省斋 董玉元
樊　森

大会选举 梁山县第三届人民代表大会第一次会议，于 1958 年 5 月 29 日选举县人民委员会组成人员，选举杨峰为县长，刘华春、刘永德、范本笃、宋祥坤为副县长，王安冉、马克稳、刘月荣、孙宝符、艾秀真、李宗新、周脉平、孟振华、赵和卿、郭复先、陆占五、张海阔、张惠民、贾省斋为委员；选举王武奇为县人民法院院长。

会议选举出席山东省人民代表大会代表 4 人：章鸿基（山东省工业厅工程师）、籍献西（中共菏泽地委副书记兼菏泽专员公署专员）、郭真（中共梁山县委书记处书记）、刘东兰（小路口乡蔡楼村农业社副社长、团支书）

大会决议 1958 年 5 月 29 日，梁山县第三届人民代表大会第一次会议，通过中共梁山县委政治报告和政府工作报告的决议。会议一致拥护中共梁山县委第一书记张海阔所作政治报告，一致通过县长杨峰所作政府工作报告，大会决议：

各级人民委员会及全县人民必须遵照中央提出的“鼓足干劲，力争上游，多、快、好、省的建设社会主义的总路线”。贯彻到社会主义建设各项事业中去，使农业生产、工业生产、财政经济工作、文教卫生事业、政法工作等，均一个浪潮接一个浪潮的向前跃进、再跃进的发展。

所有机关、企业干部、人民团体，及全县人民群众，必须依照中共梁山县委提出的以整风为统帅、生产为中心、各部门为生产服务的方针，及时解决思想问题，在思想上来个大跃进，为各项工作跃进打下政治基础。

中共梁山县委所提出的 1958 年增产跃进规划指标及千方百计苦干一年，争取千斤粮的要求，全县干部和人民必须继续鼓足干劲，大力开展水利化和养猪积肥运动，实现亩施万斤肥、粮产亩万斤。

全县干部和人民群众必须遵照以为农业服务、为大工业服务、为生产服务、为生活服务，以手工业为主，以小型为主，自筹资金的方针，实行节约减少开支，积极的搞好农业生产，增加收入，投资于工业建设，要求乡乡办工业，社社办工厂，使工业星罗棋布，全面开花，实现县委提出的五年工业规划。

在文教卫生方面，全体代表坚决按党委的要求和政府提出的具体措施，向全县人民进行贯彻，保证带领全县人民群众实现这一任务。

会议听取副县长范本笃代表第二届人民委员会《关于 1957 年财政决算和 1958 年预算的报告》，全体代表审查后一致同意，并认为取之于民，用之于民，取的合理，用的得当，今后措施意见亦是适时有效的。

大会听取县人民法院副院长王武奇的《政法工作报告》，代表一致认为对地、富、反、坏分子的镇压，保卫社会主义革命事业大跃进，是积极的、主动的，只有如此，社会主义建设事业才能无阻的顺利跃进。为此，全体代表向广大群众进行宣传，并带领全县人民遵守国家法令，坚决向破坏革命事业的地、富、反、坏分子作无情的坚决斗争，同时全体代表也要认识到，夏收夏种及防汛已临近，必须提高警惕，做到小麦安全入仓，秋季作物及时种植，防汛工作及早做好准备，给秋季丰收打下基础。

第二次会议 梁山县第三届人民代表大会第二次会议于1959年12月29日至1960年1月3日在县委礼堂召开，本次会议代表278人，出席代表210人，缺席68人。

大会概况 梁山县第三届人民代表大会第二次会议，听取中共梁山县委第一书记高文德所作政治报告，听取县长杨峰所作《梁山县人民委员会关于一年来工作情况和1960年社会主义建设任务的报告》及县人民法院工作报告，审查通过代表资格审查报告和提案审查报告。会议通过免去刘华春、范本笃（因工作调动）、刘永德（离职休养）副县长职务及免去刘月荣、郭复先、周脉平（移民东北）、张海阔、李宗新、孟振华委员职务的提议，并补选县人民委员会副县长。会议共受理代表提案138件。

大会机构 梁山县第三届人民代表大会第二次会议，于1959年12月27日，通过大会主席团和代表资格审查委员会、提案审查委员会人员名单。

大会主席团（23人）：

马克稳 马玉振 王月斌 史俊岩 刘月明
艾秀真 孙宝符 华振武 李希森 范学福
徐万璞 陆占五 陈志敏 张惠民 郭行读
高文德 郭瑞亭 杨　峰 贾省斋 穆宪环
董兴标 赵和卿 魏正亭

秘书长：王月斌

代表资格审查委员会（5人）：

王月斌 田继亮 李宗尧 韩明才 魏正亭

主任委员：魏正亭

提案审查委员会（5人）：

王月斌 史俊岩 华镇五 孙兆贵 唐宪亭

主任委员：华镇五

大会选举 梁山县第三届人民代表大会第二次会议，补选张洪奇、王慧生、王曰斌、荣恩和为梁山县人民委员会副县长。

大会决议 1960年1月3日，梁山县第三届人民代表大会第二次会议，通过中共梁山县委政治报告、县人民委员会一年工作情况和1960年社会主义建设任务报告的决议。大会认为，全县人民在党的总路线的光辉照耀下，在党和上级政府的正确领导和大力支持下，1959年在工农业生产、文教卫生、财粮贸和政法等各个战线上取得继续跃进的辉煌成就。成就归功于党和毛主席的英明领导，归功于党的总路线、大跃进和人民公社制度，归功于全县人民的智慧和勤劳。大会全体代表对于1959年各项社会主义建设事业所取得的成就表示满意。同时，对在报告中所提出的1960年各项社会主义建设任务完全拥护。据此，大会决议：

关于农业生产问题，大会认为梁山县同全国、全省各地一样，1959年形势很好，1960年的形势更好，前途无限光明。各级人民委员会和全县人民，应在党和上级政府的领导下，继续坚持贯彻执行“鼓足干劲、力争上游、多快好省的建设社会主义”的总路线。要大力开展两条道路的斗争和社会主义教育运动，推进1960年的社会主义建设事业继续前进。大会同意报告中提出的全县1960年发展粮、棉、油料等生产的计划指标，即粮食（包括薯类）保证平均亩产600斤，争取1000斤（其中：小麦保证亩产400斤，争取500斤）。总产量保证8.8亿斤，争取10亿斤；棉花保证平均亩产100斤，争取111斤（皮棉）总产量450万斤，争取500万斤；油料（主要是花生、芝麻、蓖麻子）保证平均亩产270斤，争取320斤，总产量保证880万斤，争取1043万斤。会议认为，全面贯彻执行农业生产“八字”宪法，实现上述规划指标是完全有条件的。在农业生产的掌握上，应突出抓住大搞麦田管理，保证苗全苗齐，旺盛茁壮。大抓地瓜，保证超额完成35万亩的种植计划。大抓农田水利基本建设，坚决保证冬季完成陈垓引黄、袁口引运、银山引湖等灌区的渠系土方和建筑物工程任务。同时，大力兴修蓄水排涝工程，实现农田水利化，旱涝保丰收。大抓养猪积肥、造肥运动，扩大肥源，满足农业生产上肥料需要，保证小麦每亩追肥三五千斤、秋田施肥万斤的要求。为此，必须首先大力开展以养猪为纲“大畜兴旺”的畜牧生产运动，坚决贯彻“公养和私养结合，公养为主，私养为辅，两条腿走路”的方针，力争在今明两年内达到一亩一头猪。此外，林业、渔业、副业和蔬菜生产等多种经营发展加强领导，大搞群众运动，组织全面跃进，支援国家建设的需要，增加社、队和社员的收入，进一步改善与提高人民的生活水平。

关于工业基本建设与生产问题，大会同意报告中提出的1960年工业基本建设和生产的计划指标，即新建与扩建42个项目，投资500万元，年度工业生产总产值8000万元。为实现这个指标，就要继续贯彻执行党和国家关于发展县、社地方工业，四为（为农业服务、为大工业服务、为出口服务、为群众生活服务）三就（就地建设、就地生产、就地推销）二主（小型为主、社办为主）一自（自筹资金）的方针，并以土法为主、土洋结合、因陋就简、以厂养厂等方法，积极发展县社工业，以县办工业为骨干，带动工业生产大发展，支援国家经济建设和1960年农、林、水、牧、渔等生产的继续跃进。

关于财粮贸、文教卫生问题，大会认为在财粮贸方面，应根据“为社会主义工农业生产建设服务、为人民群众生产生活服务”的精神，积极增加业务扩大经营，支援工农业生产的发展，保证人民生活必需品的充足，大力开展信用储蓄为国家建设积集资金，抓紧时机搞好粮食分配。同时，发动群众大搞淀粉，节约用粮，安排好生活，在安排好群众生活的同时，积极提倡发展群众集体食堂、敬老院、托儿所、幼儿园等群众福利事业。在文教卫生方面：随着社会主义工农业生产的继续跃进，必须在坚持贯彻“教育为无产阶级政治服务，教育与劳动生产相结合”的方针和卫生工作“以预防为主，面向工农兵，团结中西医相结合”的方针，积极发展文化教育和卫生事业，以满足工农业生产建设飞跃发展的需要。

关于政法工作问题，大会认为，在过去的一年中所获得的成绩是很大的，开展了民事调解工作，增强了人民内部的团结，有力的打击了地、富、反、坏、右分子的破坏活动，保卫了社会主义建设事业的顺利发展和人民生命财产的安全。在新的一年，为更有效的保卫社会主义建设事业的发展，在政法战线上也必须大反右倾、大鼓干劲，以跃进保卫跃进。目前，应进一步为通过特赦开展政治宣传，分化瓦解敌人，严厉打击现行破坏活动，对投机商贩坚决予以严厉的打击，继续开展防新五害（防毒、爆炸、交通事故、火灾、工伤事故）运动，保卫党的总路线、大跃进、人民公社和人民生命财产安全。

大会号召全县人民进一步紧密的团结在中国共产党和毛泽东的旗帜下，在党和上级政府的领导下，鼓足干劲，力争上游，高举总路线、大跃进、人民公社的红旗，为实现1960年各项社会主义建设任务，为力争三年内基本上改变梁山的自然面貌，奋勇前进。

第四节 第四届人民代表大会

1961年5月至1963年5月，梁山县第四届人民代表大会共召开2次会议。

第一次会议 梁山县第四届人民代表大会第一次会议于1961年5月3—6日在县委礼堂召开，该届大会代表351人，出席代表299人，缺席52人。

大会概况 梁山县第四届人民代表大会第一次会议，听取并审议副县长宋祥坤代表县人民委员会所作《梁山县人民委员会工作报告》，审查并通过《1960年财政收支决算和1961年财政预算安排意见的报告》，并通过大会决议及代表资格审查报告、提案审查报告。会议选举产生梁山县人民委员会及其组成人员23人，其中县长1人，副县长5人，委员17人；中共党员12人，占

52.16%;民主人士6人,占26.08%;非党群众3人。

大会机构 梁山县第四届人民代表大会第一次会议,于1961年5月3日通过大会主席团和代表资格审查委员会、提案审查委员会人员名单。

大会主席团(25人):

王月斌 王跃会 石长丰 史俊岩 艾秀真

刘华春 孙宝符 李义举 李进川 宋祥坤

吴翠月 吴恒培 孟凡才 国润华 范学福

赵和卿 马克稳 马玉振 张惠民 张大训

张宗和 陈志祥 贺继良 贾省斋 杨宗阁

秘书长:张宗和

代表资格审查委员会(5人):

丁连生 孙长余 马克稳 贺继良 张宗和

主任委员:贺继良

提案审查委员会(5人):

田广庭 张培俊 张宗和 黄国华 焦少廷

主任委员:张培俊

大会选举 梁山县第四届人民代表大会第一次会议,于1961年5月6日选举县人民委员会组成人员,选举杨峰为县长,宋祥琨、吴恒培、张洪奇、王慧生、王月斌为副县长,王瑞芝、刘韶亭、刘华春、田广亭、孙宝符、艾秀真、孟凡才、吴翠月、赵和卿、陆占五、马克稳、马云杰、张惠民、贾省斋、樊森、李成春、张昌云为委员。

大会决议 1961年5月6日,梁山县第四届人民代表大会第一次会议通过大会决议。大会一致拥护县人民委员会工作报告和1961年社会主义建设任务的报告,并积极将报告的精神在全县群众中进行宣传贯彻执行。大会认为,全县人民在党和上级政府正确领导和大力支持下,同自然灾害斗争,取得很大成绩。同时,对报告中所提出的1961年各项任务表示完全拥护。据此,大会决议:

关于认真贯彻党的方针政策问题。大会一致认为,认真学习党的方针、政策,提高思想觉悟,是做好各项工作的关键。因此,必须大力向广大群众宣传党的各项政策,特别是中央12条政策,人民公社60条政策和农村各项经济政策,并将各项政策在群众中保证贯彻执行。

关于农业生产问题。大会一致认为发展农业生产是广大群众的根本利益,是改变农村面貌和提高人民生活的物质基础,也是活跃整个国民经济的物质基础。各级人民委员会和全县人民必须在党和各级政府的领导下,坚决贯彻以农业为基础的方针,集中力量加强农业第一线,全党全民大办农业,大办粮食,各行各业尽最大努力支援农业。在农村整风整社中,进一步落实各项政策,并要迅速做好清资退赔工作,充分调动广大群众的生产积极性,安排好群众生活,奠定战胜各种困难的信心和决心,力争1961年农业达到应有的丰收,特别是粮食的丰收。大会同意在报告中提出的全县1961年发展粮食、棉花、油料等生产的计划指标,即粮食作物 61.56万亩,总产1.15亿斤;瓜菜8.1万亩,总产1469亿斤;棉花2.66万亩,总产75万斤;花生4100亩,总产75万斤;蔴3000亩,总产30万斤;地瓜11万亩,总产3320万斤;高粱11.3万亩,总产1548万斤。沿湖碱化区,尽力种些甜菜和耐碱作物,并在沿湖区大搞水稻和水上生产,特别是大抓捕捞和繁殖工作,全年计划捕鱼320万斤,要力争完成或超额完成。各有关部门要相应的做好渔船、渔具修理和物资供应工作。要认真总结三年来农业生产经验教训,作物要切实做到因地制宜,不误农时,坚持“农业八字宪法”,把科学知识与老农经验结合起来,切实纠正在农业上的瞎指挥风。当前,应以抗旱春播、保麦、准备战胜夏荒为中心任务,继续做好抗旱准备。在种足、种好粮食的同时,亦要种好经济作物,特别要种好瓜、豆、菜。要大抓畜牧业生产,大力繁殖耕畜和开展养猪积肥、造肥运动。对于养猪要贯彻“公养私养并举,以私养为主”的方针,迅速发展牲畜,扩大肥源,满足农业生产必需的肥料。必须加强多种经营领导,增加社、队和社员的收入,进一步改善、提高人民的生活水平和支援国家建设。

关于生产救灾工作。大会认为夏季生产救灾工作是极为繁重的，1961年的小麦作物生长不好，夏收减产已成定局，必须做好战胜夏荒的准备，要大抓瓜、豆、菜和各种代食品的储备。全县平均每人保证种上30棵南瓜，豆类1分，利用零星闲地再种1分菜，并种早熟粮食作物收获20～30斤。要教育群众节约用粮，应从各方面积蓄力量，进一步搞好春季生产，做好渡过夏荒的准备，为秋季丰收创造条件。

关于工业交通问题。大会认为全县工业应在“调整、巩固、充实、提高”的基础上，必须抓紧生产制造农业生产主要环节的农机具、农具和备件，切实做好供应修配工作，并积极扩大化肥、农药和粮食加工、短途运输的运输工具的生产。同时也要大力发展手工业生产，以适应农业生产和社员的需要。大会同意报告中提出的1961年工业生产的计划指标。即生铁450吨，化肥500吨，农药1500吨，各种水车500部。为实现上述任务，必须继续开展技术革新和技术革命运动，使生产水平不断提高。并要加强企业管理，建立健全各种制度和正常的生产秩序，并要合理调整机构，精简人员，充实生产第一线，切实贯彻勤俭建国、勤俭办企业的方针，依靠群众，管好企业，有力支援农业生产，支援国家经济建设。

关于财贸、文教、卫生问题。大会认为在财贸工作方面，应根据为社会主义工农业建设服务，为人民群众生产、生活服务的精神，积极开展业务，扩大经营，支援工农业生产的发展。加强市场管理，保证人民生活必需的供应。大力开展信用储蓄，为国家建设积集更多的资金。抓紧粮食调动工作，保证按计划供应。在文教卫生方面，随着社会主义工农业生产建设的发展，必须坚持贯彻“教育为无产阶级服务，教育与劳动生产相结合”的方针，积极培养建设人才。卫生工作“以预防为主，面向工农兵，团结中西医相结合”的方针，大力组织医务人员和药物，迅速消灭现有疾病，特别是传染病，以增强人民体质和健康程度，有力支援工农业生产。

大会认为必须做好妇女的组织教育工作，使广大妇女积极参加工农业生产和各项社会活动。坚决贯彻执行省委、省人委关于“农村妇女劳动保护的八项具体规定”，并要大力组织托儿组织，解放妇女劳动力，使全县妇女在各项社会主义建设事业中发挥出更大的作用。

大会认为必须做好民兵和兵役工作，加强民兵的组织整顿，巩固和纯洁民兵队伍，切实保证民兵质量，真正成为巩固人民民主专政的工具，要不断对民兵进行思想教育，使其在各个战线上更好的发挥民兵组织作用。对兵役工作，要向全民进行国防教育，提高国防观念，树立广大青年应征服役的光荣感。

关于政法工作问题。大会认为，必须认真做好治安保卫工作，及时有力地打击五类分子的现行破坏活动。大力开展民事调解工作，以增强人民内部的团结。对投机商贩坚决予以严厉的打击和取缔。并要继续加强同各种灾害事故的斗争，以保证群众生命、财产安全和国家建设事业的顺利进行。

大会号召，全县人民进一步紧密团结在中国共产党和毛泽东的旗帜下，团结一致，同舟共济，发奋图强，为争取1961年农业达到全面丰收而奋斗！

第二次会议 梁山县第四届人民代表大会第二次会议于1962年7月23—26日在县委礼堂召开，出席代表351人。

大会概况 梁山县第四届人民代表大会第二次会议，传达学习周恩来总理在全国人民代表大会第二届第三次会议的《政府工作报告》，听取并审议县长杨峰代表县人民委员会所作当前几项工作报告，并且进行充分讨论。

大会机构 梁山县第四届人民代表大会第二次会议，于1962年7月23日通过大会主席团和代表资格审查委员会、提案审查委员会人员名单。

大会主席团（25人）：

丁连生 邓福龙 石常丰 艾秀真 艾思法
刘韶亭 刘公冉 李成春 李义举 李进川
宋祥坤 吴恒培 陈志祥 陈大铎 孟凡才
范学福 赵和卿 马克稳 张大训 贺继良
贾省斋 杨 峰 杨宗阁 樊 森 魏英华

秘书长：吴恒培

代表资格审查委员会（5人）：

主任委员：贺继良

委员：丁连生 王跃会 马克稳 贺继良
张宗和

提案审查委员会（5人）：

主任委员：张宗和

委员：田广庭 唐宪亭 张宗和 黄国华
蔡绍清

大会决议 1962年7月26日，梁山县第四届人民代表大会第二次会议通过大会决议。大会一致拥护周恩来总理在全国人民代表大会第二届第三次会议的《政府工作报告》，并积极将报告精神在全县群众中进行宣传贯彻执行；大会决定批准县长杨峰所作的县人民委员会关于当前几项工作的报告，并在全县人民群众中组织贯彻执行。

会议认为，从县四届人大一次会议以来，全县人民在党和上级政府的正确领导和大力支持下，政府在团结全县人民整顿农村人民公社和恢复发展农业生产方面，在总结经验和克服工作中的缺点、错误方面，做了大量的工作，收到了显著的成效。目前，全县的经济情况已经开始好转。会议完全同意当前几项工作报告中提出的坚决贯彻执行以农业为基础的方针，加强对农业的支援，动员全县人民，千方百计力争秋季农业有个好收成，是全县人民当前的首要任务。当前在农业生产方面，要继续认真贯彻执行党对农村工作的各项政策，更好的调动广大社员群众的生产积极性，突出的抓住加强田间管理，搞好防治病虫害，防汛排涝以及秋收秋种准备等重大措施，力争秋季有个好收成，为明年小麦丰收创造良好条件，为今后全县国民经济的发展，特别是农业生产的发展，逐步完成国民经济的调整任务，克服当前暂时的经济困难，争取社会主义新胜利有着极其重大的意义。

会议认为，当前几项工作报告中提出的大力组织开展一个群众性的以农副业生产为中心内容的战胜夏荒、预防冬荒运动，大抓吃的烧的，力争增加生产，增加收入，增强抗灾能力，为安排好群众生活，更好地调动群众的积极性，促进生产，创造条件。

会议号召全县工人、农民、知识分子及其他劳动人民更加紧密团结起来，在中国共产党和毛泽东主席的领导下，更高举起总路线、大跃进、人民公社三面红旗，发奋图强，鼓足干劲，战胜当前的困难，为千方百计夺取秋季农业有个好收成，为争取国家社会主义建设新胜利而奋斗！

第五节 第五届人民代表大会

1963年5月至1966年3月，梁山县第五届人民代表大会共召开3次会议。

第一次会议 梁山县第五届人民代表大会第一次会议于1963年5月28—31日在县委礼堂召开，本届大会代表349人。

大会概况 会议听取并审议通过县长杨峰所作《梁山县人民委员会工作报告》及《梁山县1962年财政决算和1963年财政预算的报告》。会议通过大会决议及代表资格审查报告、提案审查报告，财政预决算审查报告。大会提出今后的主要任务是贯彻以农业为基础、以工业为主导的发展国民经济的总方针，进一步整顿、巩固人民公社集体经济，发展农业生产，积极组织各行各业支援农业、支援集体经济，加速农业技术改革，为夺取当年农业丰收、争取国民经济好转而奋斗。会议提出1963年的工作任务，号召全县人民更加紧密地团结起来，高举起总路线、大跃进、人民公社三面红旗，同心同德，勤勤恳恳，鼓足干劲，力争上游，努力增产节约，力争今年农业全面丰收，争取社会主义各项建设事业的新胜利。大会选举产生县人民委员会及组成人员19人，选举县法院院长。

大会选举 梁山县第五届人民代表大会第一次会议选举杨峰为县长，张增勋、宋祥坤、吴恒培为副县长，选举县人民委员会及组成人员19人，选举刘保金为县人民法院院长。

会议选举王庆和、刘东兰、戚福江、张增勋、柴诚为出席山东省第三届人民代表大会代表。

大会决议 1963年5月31日，梁山县第五届人民代表大会第一次会议通过决议，同意和批准梁山县人民委员会工作报告。

大会认为，必须坚决响应党的八届十中全会的号召，认真贯彻执行以农业为基础、以工业为主导的发展国民经济的总方针，进一步巩固人民公社集体经济，发展农业生产。同时大力向广大群众宣传党的各项方针、政策，特别是中央12条政策、农村人民公社工作条例修正草案60条政策、以生产队为基本核算单位的政策和农村各项经济政策，在群众中树立起热爱劳动、热爱集体、热爱社会主义制度的良好风尚，争取农业丰收。

大会同意报告中提出的梁山县1963年发展农业生产的各项指标，即粮食播种面积107.7万亩，总产量1.18亿斤（其中小麦3360万斤）；棉花播种面积3万亩，总产量69万斤（皮棉）；花生播种面积4000亩，总产量56万斤；芝麻播种面积3000亩，总产量24万斤；蔴类播种面积3000亩，总产量24万斤；药材和其他作物播种面积7.2万亩。另外林业、渔业、畜牧业、副业等都有不同程度的增长。农业生产，要认真总结历年生产经验，大力推行农业“八字宪法”，特别要大抓水、肥、土、种、管几个方面的工作，力争1963年农业丰收。

继续加强生产救灾工作的指导，坚持以生产和生产救灾为中心，认真贯彻生产自救节约度荒，群众互助并辅以政府必要救济的方针，切实安排好麦前和麦收当中群众的生活，最大努力战胜春荒，防备夏荒。

积极组织工业、交通、商业等部门，大力支援农业生产。工业部门要继续贯彻执行调整、巩固、充实、提高的方针，通过整顿工作，积极增产适合农业生产和人民生活最需要的产品，特别要做好农具的生产和修理工作，提高产品质量，保证品种对路适用。并要主动组织技术人员老工人下乡帮助生产队做好农机、农具的使用、维修和管理工作，帮助农民逐步进行农业技术改革。交通运输部门要积极养护好道路桥梁工程，做好运输车辆的管理，加强装卸、搬运能力，改善运输条件，优先安排农业生产资料和农民生活资料的运输。财贸部门应根据为社会主义农业建设服务，为人民群众生产、生活服务的精神，积极开展业务，扩大经营，支援工农业生产的发展。加强市场管理，保证人民生活必需品的供应。大力开展信用储蓄，为国家建设积集更多的资金。抓紧粮食调动工作，保证按计划供应。文教部门必须坚持政治挂帅，继续贯彻“教育为无产阶级政治服务，教育与劳动生产相结合”的方针，衷心为工、农、兵服务。卫生部门应继续贯彻“以防为主，面向工农兵，团结中西医相结合”的方针，大力组织医务人员和药物，迅速消灭现有疾病，特别是传染病，以增强人民体质和健康，支援工农业生产。科学研究部门，要围绕恢复和发展国民经济的方针，热心干各方面的科学研究工作，特别是农业技术方面的研究工作，以促进农业生产的迅速发展。

进一步做好政法工作，经常不断向干部和群众进行阶级教育，法制教育，增强法制观念，提高革命警惕性，及时有力的打击四类分子的现行破坏活动。大力开展民事调解工作，以增强人民内部的团结。对投机商贩坚决予以严厉的打击和取缔，并要继续加强同各种灾害事故的斗争，以保证群众生命、财产的安全和国家建设事业的顺利进行。进一步加强人民武装建设，建立健全基干民兵组织，抓紧生产的各个间隙进行民兵训练，加强民兵的政治教育，时刻保持着高度的革命警惕性，准备随时粉碎任何敌人的破坏活动，以维持社会治安，巩固国防。对烈、军属和残疾、复员、退伍、转业军人，本着加强思想政治教育和做好物资优待相结合的原则，切实把拥军优属工作做好。

大会要求，全县人民要紧密团结在党中央和毛主席的周围，高举总路线、大跃进、人民公社三面红旗，自力更生，艰苦奋斗，推进社会主义建设事业取得更大的胜利。

第二次会议 梁山县第五届人民代表大会第二次会议于1964年7月30日至8月2日在县委礼堂召开，出席代表345人。会议听取并审议通过县长杨峰所作《梁山县人民委员会工作报告》，县人民委员会《关于1963年财政决算和1964年财政预算及执行情况的报告，县人民法院院长刘保金所作《梁山县人民法院工作报告》。会议检查总结全县自五届一次会议以后的各项工作情况，讨论确定1964年冬和1965年春的工作任务，听取并审查梁山县1963年财政决算和1964年上半年财政预算执行情况的报告，听取并审议梁山县法院的工作。大会号召全县人民更加紧密团结起来，继续高举毛泽东思想的伟大红旗，发扬艰苦奋斗、勤俭建国、自力更生、奋发图强的革命精神，鼓足干劲，再接再厉，为夺取明年农业生产全面大丰收而努力奋斗。

第三次会议 梁山县第五届人民代表大会第三次会议于1965年8月2—5日在县委礼堂召开，出席代表278人，占应出席代表84.2%。会议听取并审议县长杨峰所作形势报告，副县长张增勋代表县人民委员会所作《政府工作报告》，县人民委员会财政科长张希孟所作《1964年财政决算和1965年财政预算执行情况的报告》，县人民法院副院长于希镒所作《梁山县人民法院工作报告》。会议提出梁山县1965年下半年的工作任务，通过县人民委员会报告的决议、1964年财政决算和1965年财政预算执行情况的报告的决议、县人民法院工作报告的决议及代表资格审查委员会、提案审查委员会、财政预决算委员会的报告，补选县第五届人民委员会副县长。会议共收到代表提案335件，会议期间处理291件。

大会机构 梁山县第五届人民代表大会第三次会议，于1965年8月2日通过大会主席团和代表资格审查委员会、提案审查委员会人员名单。

大会主席团（43人）：

孔祥侦 王慧生 王明斋 王衍诚 史俊岩
仝宣常 田延勤 任　铭 乔锡仁 刘运明
宋祥坤 宋琴轩 吕金德 李云章 李福运
李成春 李天河 李进川 李金生 苏信符
陆传修 赵和卿 高文德 唐宪亭 马清明
马克稳 范学富 郝忠建 郭文彬 张增勋
张惠民 张洪奇 张祥隆 张爱芝 张玉印
戚福江 梁久端 杨　峰 贾桂存 廉存合
邹怀达 樊　森 韩传友

秘书长：张祥隆

财政预决算审查委员会（5人）：

李修恩 李成春 吕金德 范学富 郭文斌

主任委员：郭文斌

副主任委员：吕金德

代表资格审查委员会（7人）：

王慧生 王明斋 乔锡仁 宋琴轩 李义举
贾省斋 贾桂存

主任委员：李义举

副主任委员：王明斋

提案审查委员会（9人）：

王衍诚 任　铭 刘保金 李云章 宋祥坤
苏信符 马清明 唐宪亭 黄国华

主任委员：宋祥坤

副主任委员：黄国华

大会选举 梁山县第五届人民代表大会第三次会议，于1965年8月5日补选艾复华、王彬为县人民委员副县长。

大会决议 1965年8月5日，梁山县第五届人民代表大会第三次会议通过决议3项。

关于县人民委员会工作报告的决议。梁山县第五届人民代表大会第三次会议，听取副县长张增勋代表县人民委员会所作的工作报告，经过充分讨论，认为这个报告完全符合全县的实际情况，会议一致同意并批准这个报告，应在全县人民群众中广泛深入地进行宣传和坚决贯彻执行。

会议认为，今年上半年虽然天气干旱，各种虫害相继发生，但由于全县人民在党的领导下，树立勤俭创业、艰苦奋斗的革命思想，以大寨的革命干劲，向各种自然灾害进行顽强的斗争，取得夏季丰收。同时对秋季作物认真加强了田间管理，目前苗子生长良好，大有丰收之望。但是，目前正处在汛期，随时都有洪涝灾害发生的可能。因此，在确保黄河安全和在不运用新库区蓄洪的情况下，要全力防守二级湖堤，保证安全凌汛。对内河亦应严加防守，保证不决口、不倒漾，确保流水畅通及时排出内涝，以达小雨保丰收、大雨少成灾的目的。在防汛的同时，对秋季作物应加强田间管理，要适时锄草灭荒追肥、防治病虫害，保证禾苗正常生长。并要抓紧夏季大好时机，开展积肥造肥运动，为秋种备足肥料。适时种足种好小麦，不仅为1966年农业丰收奠定可靠的基础，而且对巩固人民公社的集体经济、发展农业生产、改善人民生活、支援国家建设和援越抗美等都具有重大的经济意义和政治意义。为此，会议要求全县人民积极做好秋收秋耕秋种的各项准备，以保证适时种足种好小麦。各级领导都要建立种子田、试验田、样板田，取得实际经验，以指导生产。

会议认为，以林为纲发展多种经济，是增加集体和社员收入，巩固和发展集体经济的主要措施之一，不仅可以解决社员的花钱问题，而且可为农业生产提供大量的资金。因此，应充分利用全县的丰富资源积极发展多种经济。要抓紧雨季植树造林。同时，大力发展畜牧业生产和水产生产，以及有计划有领导开展长期和季节性的集体副业生产活动，促进人民公社集体经济的全面发展。

移民安置工作，仍应继续加强具体领导，特别是建房工作，应采取自力更生与国家补助相结合的办法，本着少花钱、多办事、办好事的原则，按照计划积极建房，使移民安居乐业，积极生产。

工业、交通、财贸、文教卫生政法等各部门，都要继续牢固地树立以农业为基础的思想，在围绕和服务于中心工作的前提下，积极开展业务工作，以便有力地支援农业生产和社会主义的各项建设。

广泛深入地开展社会主义教育运动，全面进行机关和农村“四清”，进一步提高社会主义觉悟和阶级斗争觉悟。

会议号召，全县人民要团结一致，继续高举毛泽东思想伟大红旗，高举总路线、大跃进、人民公社三面红旗，大学毛主席著作，以毛泽东思想武装自己的头脑，迅速掀起社会主义革命和社会主义建设的新高潮。为完成和超额完成全年粮食总产一亿六百万斤，棉花一万二千担的任务，促进整个国民经济全面发展而奋斗！

关于梁山县1964年财政决算和1965年财政预算的决议。梁山县第五届人民代表大会第三次会议，批准梁山县人民委员会财政科长张希孟代表梁山县人民委员会所作的关于梁山县1964年财政决算和1965年财政预算（草案）的报告。

大会号召，全县人民在党和政府的领导下，更加紧密地团结起来，高举毛泽东思想红旗，进一步开展社会主义教育运动，开展增产节约运动，千方百计挖掘潜力，努力发展生产、降低成本、扩大收购，活跃市场、开阔财源、增加收入；同时，要厉行节约，严格控制预算支出，合理使用资金，以革命的精神，克服前进中的困难，完成和超额完成 1965 年的财政预算。

关于梁山县人民法院工作报告的决议。梁山县第五届人民代表大会第三次会议批准梁山县人民法院副院长于希锰《关于梁山县人民法院工作报告》。会议要求，法院必须进一步依靠广大人民做好司法工作，更好地发挥人民民主专政工具的作用，为阶级斗争、生产斗争、科学实验三大革命运动服务。

第六节 第六届人民代表大会

1966 年 3 月至“文化大革命”开始，梁山县第六届人民代表大会共召开 1 次会议。

梁山县第六届人民代表大会第一次会议于 1966 年 3 月 19—21 日在县委礼堂召开，本届大会代表 349 人（选出后去世 1 人），出席代表 311 人，占应出席代表的 89%；缺席 37 人。

大会概况 梁山县第六届人民代表大会第一次会议，听取并审议副县长艾复华代表县人民委员会所作《政府工作报告》、县人民法院副院长于希锰所作《梁山县人民法院工作报告》，讨论并提出梁山县 1966 年的工作任务，选举产生梁山县第六届人民委员会及组成人员 23 人。会议通过县人民委员会工作报告的决议、县人民法院工作报告的决议。

大会机构 梁山县第六届人民代表大会第一次会议，于 1966 年 3 月 19 日通过大会主席团和代表资格审查委员会、提案审查委员会人员名单。

大会主席团（45 人）：

王庆臣 王　彬 王子诚 王衍诚 王玉玺
田广廷 仝宣常 石维信 石增馨 史俊岩
艾复华 任　铭 乔西仁 李云章 李成春
宋祥坤 宋琴轩 吴文昌 吕金德 邹怀达
范　杰 赵　兴 赵和卿 高文德 孙廷印
马克稳 唐宪亭 陈志祥 崔云吉 张玉印
张增勋 张祥隆 张佃宽 张惠民 张爱芝
郭瑞恒 郭文彬 贾桂存 杨　峰 杨景隆
彭彩英 廉存合 樊　森 滕昭义 魏传典

秘书长：张祥隆

代表资格审查委员会（9 人）：

田广廷 乔西仁 宋琴轩 李义举 李云章
杨景隆 赵　兴 张惠民 贾桂存

主任委员：杨景隆

副主任委员：李义举

提案审查委员会（9 人）：

王衍诚 王玉玺 任　铭 宋祥坤 唐宪亭
黄国华 许宝珍 郭文彬 魏传典

主任委员：宋祥坤

副主任委员：黄国华

大会选举 梁山县第六届人民代表大会第一次会议，选举仝宣常为第六届县人民委员会县长，张增勋、艾复华、王彬、宋祥坤为副县长，石增馨、田广廷、李承春、陆占武、张佃宽、张洪奇、张惠民、张爱芝、高文德、高洪顺、郝善德 马克稳、郭复先、贾省斋、杨峰、邹怀达、赵和卿、樊森为委员。

大会决议 1966 年 3 月 21 日，梁山县第六届人民代表大会第一次会议，通过县人民委员会工作报告的决议。

会议认为，在过去的一年，经过“四清”运动，全县广大干部、群众阶级觉悟大大提高，政治热情和集体生产积极性空前提高，农业生产取得自 1958 年以来未有的好收成。工业、财贸、文教卫生等方面的工作，也取得很大的成绩。

会议指出，1966 年是一个不平凡的年头，是中国国民经济第三个五年建设计划的第一年，保证和超额完成 1966 年粮食生产 3 亿斤及其他各项计划，至关重要。为此，必须突出政治，大学毛主席著作，开展比学赶帮超运动，以大寨人那种不怕苦、不怕难、自力更生的革命精神，切实做好全县的各项工作。

会议号召，全县人民要继续高举毛泽东思想

的伟大旗帜，高举总路线、大跃进、人民公社三面旗帜，坚决贯彻执行毛主席关于“备战、备荒、为人民”的指示和党的各项方针、政策，迅速掀起社会主义革命和社会主义建设的高潮。为夺取1966年农业生产全面丰收、加速国民经济的全面发展而奋斗。

第七节 第七届人民代表大会

1966年下半年，无产阶级文化大革命全面展开，梁山县人民代表大会工作停止。1967年1月30日，成立梁山县无产阶级革命造反派接管委员会。是年3月6日，改名为山东省梁山县革命委员会。1968年2月，梁山县革命委员会经山东省革命委员会批准认可。根据1977年全国组织统战会议及1977年12月9日山东省委组织部会议把“革命委员会”作为一届选举的指示精神，梁山县将这一特定历史阶段，依县人民代表大会序列，定为梁山县第七届人民代表大会。

第八节 第八届人民代表大会

1978年5月至1981年1月，梁山县第八届人民代表大会共召开1次会议。

梁山县第八届人民代表大会第一次会议于1978年5月25—28日在东方红剧院召开，出席代表686人。

大会概况 大会听取并审议梁山县革命委员会工作报告和梁山县1978—1985年国民经济发展规划（草案）的报告，选举产生梁山县革命委员会及组成人员，选举主任、副主任、委员共69人，其中主任1人，副主任7人。同时选出梁山县人民法院院长和县人民检察院检察长。

大会机构 梁山县第八届人民代表大会第一次会议设大会主席团和秘书长。

主席团（59人）：

马三振 马心备 马淑德 王福岱 王笃信
王　明 王兰芝（女） 王占甲 王志延
穆延峰 毛连湘 邓广扬 田继亮 田浮萍
石增馨（女） 冯建国 冯兴符 刘宪周
刘继亮 刘执忠 刘凤田 刘兴冉 孙长余
李厚昌 李绪明 李云章 宋兰峰
宋桂芬（女） 陈玉霞（女） 陈志惠 邱传勤
吕玉同 杨成训 杨景隆 杨世安 杨振德
杨朝福 果润华 张增勋 张洪振 张忠平
张繁仁 孟昭树 孟凡才 孟宪君 林同球
林成河 房瑞荣 赵　民 赵树礼 贺继良
高作松 郭复先 崔晨光 崔秀桂 韩同成
韩承福 韩圣侠 董茂伦

秘书长：赵　民

大会选举 梁山县第八届人民代表大会第一次会议选举梁山县革命委员会，杨成训为县革命委员会主任，赵民、韩同成、张增勋、果润华、孟昭树、高作松、孟凡才为副主任，马玉振、马心备、马凤兰（女）、马淑德、门玉英（女）、王明、王丰轩、王占甲、王广思、王兰芝（女）、王月香（女）、王先魁、王成香（女）、石增馨（女）、冯建国、刘宪周、刘继曾、刘一山、刘旭光、刘瑞玲（女）、刘太金、刘继亮、孙景全、李云章、祁本成、宋兰峰、沈浩、杨成训、杨世安、杨宗化、杨振德、张增勋、张洪振、张广饶、张忠平、张从春、张衍荣、张作亮、张发俊、果润华、孟昭树、孟凡才、邱传勤、林成亮、庞素云（女）、周振华、赵民、贺继良、胡化乾、胡云春、郑桂本、姜洪生、郝文霞（女）、郝东学、高作松、秦振杰、徐立和、唐苏生、崔晨光、崔秀桂、戚念民、商广臣、梁于祥、韩同成、韩承福、曾昭环、董茂伦、廉存合、察朝月为委员。选举张繁仁为县人民法院院长，林同球为县人民检察院检察长。

大会决议 1978年5月28日，梁山县第八届人民代表大会第一次会议通过决议2项。

关于县革命委员会工作报告的决议。梁山县第八届人民代表大会第一次会议，一致通过杨成训代表县革命委员会所作的工作报告。会议认为，工作报告以辩证唯物主义的观点，分析全县形势，全面总结11年来的工作，明确提出全县当前和今后一个时期的奋斗目标和战斗任务，符合梁山实际情况，反映了60万人民的愿望。会议号召，全县人民高举毛泽东思想的伟大旗帜，坚决贯彻执行党的十一大路线，深入开展三大革命运动，恢复和发扬党的优良传统和作风，扎扎实实，埋头苦干，为实现新时期总任务和全县奋斗目标而努力奋斗！

关于梁山县1978—1985年发展国民经济规划（草案）的决议。梁山县第八届人民代表大会第一次会议，完全同意王笃信代表县革命委员会所作关于梁山县1978—1985年发展国民经济规划（草案）的报告。大会认为，规划（草案）是鼓舞人心的、积极可靠的，经过努力，一定能够完成和超额完成。大会号召全县人民在县委领导下，坚持党的基本路线，深入开展工业学大庆、农业学大寨的群众运动，为实现1985年的发展规划，实现新时期的总任务做出较大贡献 。

第九节 第九届人民代表大会

1981年1月至1984年5月，梁山县第九届人民代表大会共召开3次会议。

第一次会议 1981年1月9—13日，梁山县第九届人民代表大会第一次会议在县委礼堂召开，出席代表348人，缺席12人。

大会概况 县第九届人民代表大会第一次会议听取并审议崔绪照所作《梁山县革命委员会工作报告》、韩同成所作《关于梁山县1980年国民经济计划执行情况和1981年国民经济计划安排意见的报告》、郭文斌所作《关于梁山县1979年财政决算、1980年财政预算和执行情况、1981年财政概算的报告》以及张繁仁所作《梁山县人民法院工作报告》、林同球所作《梁山县人民检察院工作报告》，并分别通过各个报告的决议。会议选举产生梁山县人民代表大会常务委员会主任、副主任、委员，选举梁山县人民政府县长、副县长，选举县法院院长和县检察院检察长。

大会机构 梁山县第九届人民代表大会第一次会议设大会主席团及秘书长、主席团常务主席、代表资格审查委员会、提案审查委员会等机构。

主席团（59人）：

于　娥 马心备 马玉振 毛连湘 王　明
王凤英（女） 王占甲 王笃信 王福岱
包云政 田均福 兰福宽 石增馨（女）
刘立新 齐承欢 李广山 李汝福 李进民
李传厚 李建常 李绪明 张繁仁 张广琪
张广饶 张先道 张作田 张青山 张思信
张增勋 陈丕俭 陈志惠 杨　旭 杨　峰
杨念成 吴方才 宋兰峰 孟凡才 孟昭树
房瑞荣 林同球 者如为 周传鼎 段延举
贺继良 侯昭凤 郭文斌 郭守章 高作松

梁山县第九届人民代表大会第一次会议

徐之正 曹英举 崔曰法 崔兆寿 崔绪照
彭须业 董衍黄 韩同成 蔡怀义 樊兆玙
臧宪明
秘书长：樊兆玙
主席团常务主席（18 人）：
王占甲 王笃信 王福岱 石增馨 李广山
李绪明 张作田 张增勋 吴方才
孟凡才 孟昭树 郭文斌 郭守章 高作松
崔绪照 彭须业 韩同成 樊兆玙
预算委员会（7 人）：
主任委员：孟凡才
副主任委员：孟昭树 张思信
委员：
马心备 艾教孟 李传厚 者汝为
代表资格审查委员会（9 人）：
主任委员：李绪明
副主任委员：杨 旭 高作松
委员（6 人）：王丰轩
石增馨 李进民 杨建台 房瑞荣 贺继良
提案审查委员会（9 人）：
主任委员：王占甲
副主任委员：郭文斌 张增勋 孟昭树
委员（5 人）：
马玉振 王 明 兰福宽 李广山 张忠平

大会选举 梁山县第九届人民代表大会第一次会议通过选举办法，县第九届人民代表大会常务委员会主任、副主任、委员，县人民政府县长、副县长，县人民法院院长，县人民检察院检察长，均实行差额选举；县人大常委会组成人员，只限在代表中选举产生，全县年满 18 周岁以上的所有公民都有当选县长、副县长的权利。大会设总监票人 1 人（从监票人中提名），监票人 9 人（从代表中提名），由大会主席团提名，经大会代表举手通过。

梁山县第九届人民代表大会第一次会议，选举产生县第九届人民代表大会常务委员会，王笃信为主任，樊兆玙、李绪明、孟凡才、石增馨（女）为副主任，马心备、王继彬、尹道金、田均福、刘绪光、宋兰峰、李进民、李传厚、张思信、张青山、者汝为、杨念成、贺继良、高作松为委员（按姓氏笔画为序）；经菏泽地委批准，由中共梁山县委于 1981 年 2 月 17 日发文公布。

选举产生县人民政府，崔绪照为县长，韩同成、王占甲、郭文斌、张作田为副县长；经菏泽地委批准，由中共梁山县委于 1981 年 2 月 17 日发文公布。

选举张繁仁为县人民法院院长，林同球为县人民检察院检察长；经菏泽地委批准，由中共梁山县委于 1981 年 2 月 17 日以梁发〔1981〕23 号发文公布。

大会决议 1981 年 1 月 13 日，梁山县第九届人民代表大会第一次会议通过大会决议 3 项。

会议审议通过关于县革命委员会工作报告的决议。决议对梁山县第八届人民代表大会以来县革命委员会的工作表示满意。会议认为，县革命委员会的工作报告，对全县两年多来形势发展的估价，是符合实际情况的。报告提出的关于进一步搞好国民经济的调整、改革、整顿、提高，推进四个现代化的建设，加强社会主义民主和社会主义法制，巩固发展安定团结的政治局面，加强政权建设，转变作风，充分发挥政府各部门的职能作用等各项任务、要求和措施，是切实可行的。这个报告体现了党的路线、方针、政策，表达了全县人民的共同意愿，会议一致同意。会议号召，全县广大工人、农民、知识分子、各级干部和一切爱国人士，更加紧密地团结在党中央周围，从梁山县实际出发，按客观经济规律和自然规律办事，同心同德，团结一致，扎扎实实地做好各方面的工作，努力完成这次会议提出的各项任务。

会议审议通过关于 1980 年国民经济计划执行情况和 1981 年国民经济计划安排意见的报告及 1979 年财政决算、1980 年财政预算和执行情况、1981 年财政概算的报告的决议。会议对 1980 年全县国民经济计划执行情况表示满意；

同意梁山县1981年国民经济安排意见和1979年财政决算、1980年财政预算和1981年财政概算。会议认为，1979、1980年国民经济计划和财政决算、预算执行情况是好的，1981年国民经济计划的安排意见和财政概算，体现了调整国民经济八字方针的要求，符合梁山县实际，采取的措施也是积极和切实可行的。会议号召，全县广大工人、农民、知识分子和各级干部，要深入贯彻执行党的三中全会以后的方针、路线和政策，维护安定团结的政治局面，振奋勤俭建国、艰苦奋斗的革命精神，以国家主人翁的姿态，肩负起自己的工作责任，同心同德、团结一致，为全面实现1981年国民经济计划和财政概算努力工作。

会议审议通过关于县人民法院工作报告和县人民检察院工作报告的决议。会议认为，人民法院和人民检察院提出的今后任务和措施是可行的，会议同意这两个报告。随着国民经济调整工作的进展，社会主义法制的逐步加强和完善，县人民法院和县人民检察院，应紧密围绕和服务于四个现代化建设，继续深入进行社会主义民主和法制教育，充分发挥审判机关和检察机关的职能作用，正确运用法律武器，准确地打击敌人，惩治犯罪，有效地保护人民，维护社会安定，保卫四化建设的顺利进行。

第二次会议 1982年2月21—25日，梁山县第九届人民代表大会第二次会议在县委礼堂召开，应出席代表360人（实际到会代表338人）。县政府各部门负责人（32人）和出席县第一届二次政协会议的全体委员（89人）列席会议。

大会概况 县第九届人民代表大会第二次会议听取并审议县长崔绪照所作《梁山县人民政府工作报告》，审议县政府《梁山县1981年经济和社会发展计划执行情况及1982年经济和社会发展计划安排意见》，听取并审议县财税局局长刘继增所作《关于1980、1981年财政决算和1982年财政概算的报告》；大会听取并审议县人大常委会主任王笃信所作《梁山县人民代表大会常务委员会工作报告》、县人民法院院长张繁仁所作《梁山县人民法院工作报告》、县人民检察院检察长林同球所作《梁山县人民检察院工作报告》，并分别通过各个报告的决议，通过代表资格审查、财政审查、提案审查的报告。

大会机构 梁山县第九届人民代表大会第二次会议设大会主席团及秘书长、主席团常务主席、预算委员会、代表资格审查委员会、提案审查委员会等机构。

主席团（53人）：

于　娥（女）马心备 王凤英（女）王志廷

王笃信 王继彬 王福岱 尹道金 包云正

田均福 石增馨（女）刘立新 刘邦兰（女）

刘绪光 齐承欢 吴方才 杨　旭 杨　峰

杨念成 张思信 张增勋 张广琪 张先道

张青山 宋兰峰 李方华 李汝福 李传厚

李进民 李建常 李宗化 李绪明 陈丕俭

陈志惠 孟凡才 孟昭树 孟宪君 房瑞荣

者汝为 周传鼎 周法曾 贺继良 赵明昶

郭守章 高作松 徐之正 曹英举 崔曰法

彭须业 蔡怀义 臧宪明 樊兆玙 穆衍峰

秘书长：樊兆玙

主席团常务主席（8人）：

王笃信 郭守章 樊兆玙 王福岱 李绪明

吴方才 孟凡才 石增馨

预算委员会（7人）：

主任委员：孟凡才

副主任委员：孟昭树 张思信

委员：马心备 艾教孟

李传厚 者汝为

代表资格审查委员会（7人）：

主任委员：李绪明

副主任委员：杨　旭 高作松

委员：王继彬 刘邦兰

刘绪光 贺继良

提案审查委员会（9 人）：

主任委员：石增馨

副主任委员：房瑞荣 张增勋 李进民

委员：毛云须 田均福

宋兰峰 张青山 蔡怀义

大会决议 1982 年 2 月 25 日，梁山县第九届人民代表大会第二次会议通过大会决议 5 项。

会议审议通过关于梁山县人民政府工作报告的决议，决定批准县长崔绪照代表梁山县人民政府所作的工作报告。决议认为，政府工作报告正确地分析全县的政治经济形势，充分肯定各条战线一年来取得的成绩，如实地指出了当前的困难，符合全县实际情况。对于农业在特大干旱的情况下获得好收成，工业在调整中保持了 0.7% 的增长速度，各项事业都有一定发展，大会表示满意，认为县人民政府一年来的工作是有成效的。会议认为，政府工作报告提出的全县 1982 年经济建设任务，符合全国、全省五届人大四次会议精神，实现任务的措施切实可行。各级必须坚决贯彻执行。鉴于当前生产建设上还存在一定困难，特别是财力不足，不同程度地影响和制约着梁山县国民经济的发展。大会责成县人民政府采取得力措施，努力增收节支，争取财政收支基本平衡，保证全县经济建设的顺利发展。大会号召全县人民在党中央、国务院和各级党委的领导下，坚持四项基本原则，巩固和发展安定团结的政治局面，振奋精神，鼓足干劲，同心协力，克服困难，为胜利完成 1982 年的各项任务而努力奋斗。

会议批准梁山县 1981 年经济和社会发展计划执行情况及 1982 年经济和社会发展计划安排意见，认为这个计划主要指标的安排，既考虑到经过三年调整打下了较好基础的有利因素，又注意到当前面临的困难，是一个积极可靠的计划。大会批准这个计划安排意见，授权县人民政府根据计划安排意见的要求，编制分公社、分行业的具体年度计划，下达执行。

会议根据预算委员会的审查报告，通过关于 1980、1981 年财政决算和 1982 年财政概算的决议。会议认为，1980、1981 年，全县财政对促进国民经济调整，支持工农业生产和科学文教卫生事业的发展，改善人民物质文化生活，都起到了积极的作用。大会对 1980、1981 年财政工作情况表示满意。会议认为，在资金不足、各项支出压缩较多的情况下，县财政维持了各项事业的最低需要。1982 年财政概算对各项收支的安排是适当的，授权县人大常委会，在 1982 年财政预算正式编成后，予以审查批准。大会号召全县广大干部群众，在党和政府的领导下，积极发展生产，千方百计增收节支，不断提高经济效益，为胜利完成 1982 年的财政收支任务，争取财政状况的尽快好转而努力。

会议审议通过关于梁山县人民代表大会常务委员会工作报告的决议。决议对县人大常委会在梁山县第九届人民代表大会第一次会议闭幕以来的工作表示满意。决议认为，县人大常委会应当进一步加强调查研究，根据全县的具体情况和实际需要，依照国家宪法、法律、政策、法令和政令，讨论和决定梁山县政治、经济、文化、教育、卫生、民政、民族工作等方面的重大事项；继续加强对人民政府和县人民法院、县人民检察院工作的监督，更好地履行法律赋予的各项职权，进一步做好县人大常委会的工作。

会议批准县人民法院院长张繁仁所作《梁山县人民法院工作报告》，批准县人民检察院检察长林同球所作《梁山县人民检察院工作报告》。会议对县人民法院、县人民检察院在梁山县第九届人民代表大会第一次会议闭幕以来的工作表示满意。会议认为，县人民法院和县人民检察院是人民民主专政的重要机关，应当加强法制宣传和对青少年的教育，加强综合治理，依靠广大人民群众，协同公安机关和其他有关部门，大力整顿社会治安，继续从重从快、准确、及时地打击反革命和其他刑事犯罪分子，争取社会治安的进一步好转；依法妥善地处理各种经济案件，特别要加强对经济领域内各种违法犯罪活动的斗争，及时、有效地打击各种经济罪犯；进一步整顿和充实司法、检察队伍，提高政治素质和业务水平，为维护安定团结，保障经济调整和四化建设作出新的贡献。

第三次会议 1983 年 2 月 23—25 日，梁山县第九届人民代表大会第三次会议在梁山剧院召开，应出席代表 359 人（实际到会代表 315 人）。县政府各部门负责人和出席县第一届三次政协会议的全体委员列席会议。

大会概况 梁山县第九届人民代表大会第三次会议预备会议组织代表学习《中华人民共和国宪法》，大会听取并审议县长崔绪照所作《梁山县人民政府工作报告》、审议《梁山县 1983 年国民经济和社会发展计划的报告》、听取并审议县财政局局长刘继增所作《梁山县 1982 年财政决算和 1983 年财政预算的报告》；大会听取并审议县人大常委会主任王笃信所作《梁山县人民代表大会常务委员会工作报告》、县人民法院院长张繁仁所作《梁山县人民法院工作报告》、县人民检察院检察长林同球所作《梁山县人民检察院工作报告》，并分别通过各个报告的决议，通过代表资格审查、财政审查、提案审查的报告。

梁山县第九届人民代表大会第三次会议

大会机构 梁山县第九届人民代表大会第三次会议设大会主席团及秘书长、主席团常务主席、预算委员会、代表资格审查委员会、提案审查委员会等机构。

主席团（53 人）：

于 娥（女）马心备 王凤英（女）王志廷
王洪伦 王笃信 王继彬 王福岱 尹道金
田均福 石增馨（女）刘立新 刘邦兰（女）
刘绪光 齐承欢 吴方才 杨 旭 杨 峰
杨念成 张思信 张增勋 张广琪 张先道
张青山 宋兰峰 李方华 李传厚 李进民
李宗化 李绪明 李新灵 陈丕俭 陈志惠
孟凡才 孟昭树 孟宪君 房瑞荣 者汝为
周传鼎 周法曾 贺继良 赵明昶 郭守章
高作松 徐之正 曹英举 崔曰法 崔兆寿
彭须业 蔡怀义 臧宪明 樊兆玙 穆衍峰

秘书长：樊兆玙

主席团常务主席（8 人）：

王笃信 郭守章 樊兆玙 王福岱 李绪明
吴方才 孟凡才 石增馨（女）

预算委员会（7 人）：

主任委员：孟凡才

副主任委员：孟昭树 张思信

委员：马心备 艾教孟 李传厚 者汝为

代表资格审查委员会（7 人）：

主任委员：李绪明

副主任委员：杨 旭 高作松

委员：王继彬 刘邦兰 刘绪光 贺继良

提案审查委员会（9 人）：

主任委员：石增馨

副主任委员：房瑞荣 张增勋 李进民

委员：毛云须 田均福 宋兰峰 张青山
蔡怀义

大会选举 1983年2月25日，梁山县第九届人民代表大会第三次会议，由大会主席团和代表酝酿协商，提出9人为省六届人大代表候选人；通过差额投票选举，选举王保民、刘登仁、马心备、田均福、穆衍峰、刘桂荣、刘继亮7人为梁山县出席山东省第六届人民代表大会代表。

大会决议 1983年2月25日，梁山县第九届人民代表大会第三次会议通过大会决议5项。

会议审议通过关于梁山县人民政府工作报告的决议。会议批准县长崔绪照所作政府工作报告。会议认为，县九届人民代表大会第二次会议以来，县人民政府贯彻党的路线、方针、政策，执行国务院、省政府的指示、决定和全国、省、县人民代表大会的各项决议，是积极的，认真的，工作是有成效的。1982年，全县国民经济持续发展。农业战线在遭受多年未遇的自然灾害情况下，获得全面丰收。工业、交通、基本建设在深入整顿中取得新的成绩。城乡市场繁荣，物价基本稳定，财政收入又有增长。教育、科学、文化、卫生、体育等事业都有发展。人民物质和文化生活水平进一步提高。从解决“脏、乱、差”入手，开展了社会主义精神文明建设，城乡自然环境、社会秩序和人的精神面貌发生一定变化，整个经济政治形势越来越好。会议认为，政府工作报告提出的梁山县1983年开创社会主义现代化建设新局面的各项任务和措施，符合中共十二大和五届全国人大五次会议精神，符合梁山县实际情况，经过全县人民的努力是能够实现的。各公社管委、镇政府，要结合自己的实际情况，认真组织落实，保证各项任务的完成。会议号召，全县广大工人、农民、知识分子和各级干部，要坚决贯彻中共十二大确定的正确纲领和方针、政策，认真执行全国五届人大五次会议和省五届人大五次会议的各项决议，深入学习和全面实施新宪法，振奋精神，勇于改革，大胆实践，扎扎实实做好本职工作，使各条战线出现新面貌，各项事业取得新成就，为全面开创社会主义现代化建设新局面而努力奋斗。

会议批准梁山县1983年国民经济和社会发展计划。对于计划实施中的具体问题，授权县人民政府，根据实际情况予以调整和解决。会议认为，1982年国民经济和社会发展计划执行情况是好的，1983年各项计划指标的安排是积极的、可靠的。各公社管委、镇人民政府和县直各单位，要按照计划的要求，积极搞好工作，保证各项计划指标的全面完成和超额完成。要按照计划安排农作物种植，大力普及科学种田，力争1983年粮食总产量有新的突破，多种经营有更大的发展；要抓好工业的调整和改革，加强能源交通重点建设，积极扩大商品流通渠道，进一步把生产、建设、流通领域的全部工作，真正转到以提高经济效益为中心的轨道上来；要加快教育、科技、文化、卫生事业的发展，提高全县人民的文化科学技术水平。会议号召全县广大干部群众，认真贯彻中共十二大和五届全国人大五次会议精神，发挥聪明才智，埋头苦干，为社会主义现代化建设多作贡献。

会议根据预算委员会的审查报告，审议通过关于1982年财政决算和1983年财政预算的决议。会议认为，1982年，县财政对促进国民经济调整，支持工农业生产和科学文教卫生事业的发展，改善人民物资文化生活，都起到了积极的作用。大会对1982年财政工作情况表示满意。会议认为，全县财政尽管出现赤字，在资金不足、各项支出压缩较多的情况下，县财政维持了各项事业的最低需要。会议认为，1983年财政预算对各项收支的安排是适当的，授权县人大常委会在1983年财政预算正式编成后，予以审查批准。大会号召，全县各条战线的广大干部群众，必须正确地对待当前的财政困难，在党和政府的领导下，认真贯彻中共十二大精神，积极发展生产，千方百计增收节支，加强财经纪律，杜绝损失浪费，努力提高经济效益，为胜利完成1983年的财政收支任务，争取财政状况的尽快好转而努力。

会议审议通过关于梁山县人民代表大会常务委员会工作报告的决议，批准王笃信主任所作《梁山县人民代表大会常务委员会工作报告》。会议对常务委员会的工作表示满意，认为人大常委会应当按照宪法和法律赋予的职权，充分发挥地方国家权力机关的作用，为保证宪法的实施，为开创全县社会主义现代化建设新局面而继续努力。

会议批准县人民法院院长张繁仁所作《梁山县人民法院工作报告》，批准县人民检察院检察长林同球所作《梁山县人民检察院工作报告》，对县人民法院和县人民检察院自县九届人大二次会议以来的工作表示满意。会议认为，县人民法院和县人民检察院应当坚决贯彻执行《中华人民共和国宪法》依据宪法和法律，做到有法必依，执法必严，违法必究，充分发挥审判机关和法律监督机关的职能，及时、准确地打击经济领域和其他领域内破坏社会主义的犯罪活动，维护社会秩序，保护国家和人民的权益，保障社会主义现代化建设的顺利进行。

第十节 第十届人民代表大会

1984 年 5 月至 1987 年 3 月梁山县第十届人民代表大会共召开 3 次会议。

第一次会议 1984 年 5 月 14—18 日，梁山县第十届人民代表大会第一次会议在梁山剧院召开，出席会议代表 384 人。县委县政府各委办局主要负责人和出席县第二届一次政协会议的全体委员列席会议。

大会概况 梁山县第十届人民代表大会第一次会议于 5 月 14 日正式开幕，大会主席团常务主席、县委书记樊思宝致开幕词，会议听取并审议代理县长魏昌启代表县人民政府所作《政府工作报告》以及县财政局局长朱效明所作《梁山县 1983 年财政决算和 1984 年财政预算的报告》，审议县政府提交的《梁山县 1984 年国民经济和社会发展计划的报告（书面）》，听取并审议县人大常委会副主任樊兆玙所作《梁山县人大常委会工作报告》以及县人民法院代理院长宋声武所作《县人民法院工作报告》、县人民检察院代理检察长姜守新所作《县人民检察院工作报告》。会议审议并批准梁山县人民政府工作报告及 1983 年国民经济计划执行情况和 1984 年国民经济计划安排意见、1983 年财政决算和 1984 年财政预算的报告，批准梁山县人大常委会及县法院、县检察院的工作报告。大会选举梁山县第十届人民代表大会常务委员会主任、副主任、委员，选举梁山县人民政府县长、副县长，选举梁山县人民法院院长、梁山县人民检察院检察长。县人大常委会主任崔绪照致闭幕词。

梁山县第十届人民代表大会第一次会议

大会机构 梁山县第十届人民代表大会第一次会议设大会主席团及秘书长、主席团常务主席、财政预算委员会、代表资格审查委员会、议案审查委员会等机构。

主席团（53 人）：

邓广扬 王占甲 王修忠 王崃生 王继彬

王瑞堂 叶锦东（女）田均福 田继亮

任兰生 朱绪娥（女）孙益全 孙树听
刘 骧 刘运焕 李庆水 李进民 李进普
李若灿 李厚昌 李胜华 李绪明 张广琪
张文祥 张兴运 张兴昌 张青山 张宜科
张性钧 张桂芝（女） 张清廉 宋声武
杨 峰 杨念成 连广生 陆长为 孟凡才
者汝为 房瑞荣 姜守新 赵发展 耿进学
郭文斌 崔绪照 蒋典营 韩玉忠 靳汉林
樊思宝 樊兆玙 鞠燕芬（女） 穆衍峰
魏红霞（女） 魏昌启
秘书长：樊兆玙（兼）
主席团常务主席（9 人）：
樊思宝 魏昌启 穆衍峰 崔绪照 樊兆玙
孟凡才 李厚昌 陆长为 田均福
财政预算委员会（7 人）：
主任委员：孟凡才
副主任委员：郭文斌 李若灿
委员：王修忠 张文祥
靳汉林 魏红霞
代表资格审查委员会（5 人）：
主任委员：李厚昌
副主任委员：李进民
委 员：李庆水 张桂芝 蒋典营
议案审查委员会（5 人）：
主任委员：陆长为
副主任委员：田均福
委 员：朱绪娥 者汝为 赵发展

大会选举 梁山县第十届人民代表大会第一次会议通过选举办法，选举县十届人大会常委会主任 1 人、副主任 5 人、委员 13 人，县人民政府县长 1 人、副县长 5 人，县人民法院院长 1 人，县人民检察院检察长 1 人。选举实行预选，由大会主席团提出预选候选人，根据预选结果确定正式候选人，提交大会正式选举，以无记名投票方式进行。大会设总监票人 1 人、监票人 8 人。

1984 年 5 月 17 日，梁山县第十届人民代表大会第一次会议，选举崔绪照为县第十届人民代表大会常务委员会主任，樊兆玙、孟凡才、李厚昌、陆长为、田均福为副主任，邓广扬、王修忠、叶锦东（女）、朱绪娥（女）、李庆水、李若灿、张文祥、张桂芝（女）、者汝为、赵发展、蒋典营、靳汉林、魏红霞（女）为委员。由梁山县第十届人民代表大会予以公告（第 1 号）。

选举魏昌启为县人民政府县长，李胜华、王占甲、张性钧、连广生、鞠燕芬（女）为副县长。由梁山县第十届人民代表大会予以公告（第 2 号）。

选举宋声武为县人民法院院长、姜守新为县人民检察院检察长。由梁山县第十届人民代表大会予以公告（第 3 号）。

大会决议 1984 年 5 月 17 日，梁山县第十届人民代表大会第一次会议通过大会决议 5 项。

会议审议通过梁山县人民政府工作报告的决议，会议对县第九届人民代表大会期间的政府工作表示满意，决定批准这个报告。会议认为，县第九届人民代表大会第一次会议以来，县人民政府坚决地贯彻党的路线、方针、政策，认真执行国务院、省政府的指示、决定和全国、省、县各级人民代表大会的各项决议，工作是有成效的。三年来，全县经济建设和社会各项事业持续发展，农业战线战胜一次次自然灾害，连续三年夺取丰收；工业、交通、基本建设战线认真落实“八字”方针，取得可喜成就；科技、文教、卫生、体育等项事业都有较快发展；城乡市场繁荣，人民生活水平进一步提高，社会风气和社会秩序明显好转，社会主义物质文明和精神文明建设都出现新的局面。会议认为，魏昌启在政府工作报告中提出的 1984 年各项任务和主要措施，符合中共十二大和党中央 1983 年、1984 年两个一号文件精神，符合梁山县实际情况，是切实可行的。经过全县人民的艰苦努力是可以实现的。县政府和区公所、乡、镇政府，要坚持“两个文明”建设一起抓，继续深入贯彻调整国民经济的方针，加快各方面改革的步伐，大力发展农村商品生产，全面提高经济效益，改进政府工作，胜利完成1984年的各项任务。会议号召，全县工人、农民、知识分子和各级干部，要坚定不移地执行党的路线、方针、政策，振奋精神，同心同德，砺志图新，开拓前进，全面开创全县现代化建设的新局面，为振兴梁山做出贡献。

会议审议梁山县人民政府提出的《梁山县1984年国民经济和社会发展计划》，决定批准梁山县1984年国民经济和社会发展计划，对于计划实施中的具体问题，授权县人民政府，根据实际情况予以调整和解决。会议认为，1983年全县国民经济和社会发展计划的执行情况是好的。1984年的计划贯彻了实事求是的原则，各项指标的安排是积极可靠、留有余地的。县政府和各区公所、乡镇政府要按照计划的要求，积极做好工作，保证各项计划指标的全面完成或超额完成。要认真贯彻落实1983年、1984年两个一号文件精神，继续稳定和完善生产责任制，努力提高生产力水平，在搞好粮食、棉花生产的同时，大力发展多种经营，扩大商品生产，加快农业两个转化的步伐。要继续抓好工业的调整、改革，努力提高经济效益，保证工业生产的稳步增长。要进一步搞好流通领域的改革，围绕发展商品生产，切实做好各方面的工作。要加快教育、科技、文化、卫生、体育、广播事业的发展，提高全县人民的文化科学水平。

会议根据预算委员会的审查报告，经过审议，决定批准县财政局局长朱效明受县人民政府委托所作《关于1983年财政决算和1984年财政预算的报告》。会议认为，1983年全县财政预算的执行情况是好的，实现了当年收支平衡，略有节余，这标志着县人民政府和财、税部门在争取财政经济状况的好转方面做了大量工作。大会对此表示满意。1984年梁山县财政预算的安排，符合国民经济进一步调整、改革的要求，体现了发展生产，提高效益，节约开支，量入为出的原则。预算中各项支出的安排是积极的，适当的。会议认为，1983年全县财政状况虽有好转，但仍存在不少困难。要实现1984年财政状况的进一步好转，还要努力增收节支，提高经济效益，严格财政纪律，堵塞各种漏洞，完成1984年财政预算。

会议审议通过梁山县九届人大常委会工作报告的决议。会议对九届常务委员会三年来的工作表示满意。决议认为，县九届人大常委会自1981年1月县九届人大一次会议选举产生以后，发挥地方国家权力机关的作用，讨论、决定梁山县若干重大事项，对本级人民政府、人民法院、人民检察院的工作进行监督和支持，保证《中华人民共和国宪法》、法律和行政法规的实施。

会议审议通过梁山县人民法院工作报告和梁山县人民检察院工作报告的决议，会议批准宋声武代表梁山县人民法院所作的工作报告，批准姜守新代表梁山县人民检察院所作的工作报告。会议对县人民法院、县人民检察院三年来的工作表示满意。会议要求，县人民法院和县人民检察院要依照《中华人民共和国宪法》和法律赋予的职权，充分发挥审判机关和法律监督机关的职能作用，严格依法办事，切实保障公民的民主权利和合法权益；坚决打击反革命分子，依法惩处刑事犯罪分子和严重经济犯罪分子；大力开展法制宣传，积极参加综合治理，正确处理人民内部矛盾，做好民事案件和经济案件的调解和审判工作，预防和减少犯罪。努力实现社会治安的根本好转，切实保障社会主义现代化建设的顺利进行。

第二次会议 1985年5月13—15日，梁山县第十届人民代表大会第二次会议在梁山剧院召开，出席会议代表383人。县委县政府各委办局主要负责人和出席县第二届二次政协会议的全体委员列席会议。

大会概况 梁山县第十届人民代表大会第二

次会议，听取并审议县长魏昌启代表县人民政府所作《政府工作报告》以及县财政局局长刘继庆所作《梁山县1984年财政决算和1985年财政预算的报告》，审议县政府提交的《梁山县1985年国民经济和社会发展计划的报告》，听取并审议县人大常委会主任崔绪照所作《梁山县人大常委会工作报告》以及县人民法院院长宋声武所作《县人民法院工作报告》、县人民检察院代理检察长姜广仁所作《梁山县人民检察院工作报告》。会议审议并批准梁山县人民政府及1985年国民经济计划执行情况和1985年国民经济计划安排意见、1984年财政决算和1985年财政预算的报告，批准梁山县人大常委会及县法院、县检察院的工作报告。大会选举梁山县人民检察院检察长。

大会机构 梁山县第十届人民代表大会第二次会议设大会主席团及秘书长、主席团常务主席、财政预算委员会、代表资格审查委员会、议案审查委员会等机构。

主席团（45人）：

邓广扬 王修忠 王崃生 王继彬

叶锦东（女）田均福 田继亮 任兰生

朱绪娥（女）孙益全 孙树听 刘 骧

梁山县第十届人民代表大会第二次会议

刘运焕 李心海 李庆水 李进民 李进普

李若灿 李厚昌 李绪明 张文祥 张兴运

张兴昌 张青山 张宜科 张桂芝（女）

张清廉 杨 峰 杨念成 陆长为 孟凡才

者汝为 房瑞荣 赵发展 耿进学 郭文斌

崔绪照 蒋典营 韩玉忠 靳汉林 樊兆玙

樊思宝 霍正气 穆衍峰 魏红霞（女）

秘书长：樊兆玙（兼）

主席团常务主席（9人）：

樊思宝 穆衍峰 霍正气 崔绪照 樊兆玙

孟凡才 李厚昌 陆长为 田均福

财政预算审查委员会（7人）：

主任委员：孟凡才

副主任委员：郭文斌 李若灿

委员 ：王修忠 张文祥 靳汉林 魏红霞（女）

代表资格审查委员会（5人）：

主任委员：李厚昌

副主任委员：李进民

委员：李庆水 张桂芝（女）蒋典营

议案审查委员会（5人）：

主任委员：陆长为

副主任委员：田均福

委员：朱绪娥（女）者汝为 赵发展

大会选举 梁山县第十届人民代表大会第二次会议通过选举办法，补选县人民检察院检察长，实行等额选举，采取无记名投票；设总监票人1人、监票人4人。1985年5月15日，县第十届人民代表大会第二次会议选举姜广仁为梁山县人民检察院检察长。

大会决议 1985年5月15日，梁山县第十届人民代表大会第二次会议通过大会决议5项。

会议审议通过关于梁山县人民政府工作报告的决议。会议认为，报告中提出的1985年各项任务和主要措施，是符合党中央关于经济体制改革的要求和梁山县实际情况的，是切实可行的。为实现报告中提出的奋斗目标，全县人民必须积极响应党中央的号召，认真执行十二届三中全会决议，按照中央提出的“坚定不移，慎重，务求必胜”的方针，深入进行经济体制改革和农村第二步改革，进一步搞活流通，办好各项事业，繁荣和发展梁山县经济，力争1985年在国民经济各条战线上取得更大的成就。会议号召，全县工人、农民、知识分子和各级干部，要继续坚持四项基本原则，同心同德，励精图治，富民创业，振兴梁山，争取社会主义现代化建设的新胜利。

会议审议通过关于《梁山县1985年国民经济和社会发展计划》的决议。会议认为，1984年全县国民经济和社会发展计划的执行情况是好的；1985的计划，贯彻改革的精神和实事求是的原则，各项计划指标，是积极可靠留有余地的。大会决定批准这个计划。对于计划实施中的具体问题，授权县人民政府根据实际情况予以调整和解决，并希望县政府和区公所、乡、镇政府要按照计划的要求，积极做好工作，力争各项计划指标的全面完成和超额完成。

会议审议批准关于1984年财政决算和1985年财政预算报告的决议。会议要求，为了实现县财政状况的根本好转，县人民政府要采取措施，带领全县人民和各行各业，大力发展生产，积极搞活流通，推行经济体制改革，提高经济效益，增加财政收入，加强财政监督，严格控制开支，为完成1985年财政预算，促进全县经济发展而努力。

会议审议通过关于梁山县人民代表大会常务委员会工作报告的决议，对第十届人民代表大会第一次会议以来的常务委员会的工作表示满意。会议要求县人大常委会要更好地履行《中华人民共和国宪法》和《中华人民共和国各级人民代表大会和地方各级人民政府组织法》所赋予的职权，加强对宪法、法律实施的监督和对行政、审判、检察机关工作的监督，并进一步加强常务委员会的自身建设，充分发挥地方国家权力机关的作用，为发展社会主义民主，健全社会主义法制，为加快经济体制改革步伐，促进社会主义现代化建设而努力。

会议审议通过关于梁山县人民法院工作报告和梁山县人民检察院工作报告的决议。会议对县人民法院、县人民检察院一年来的工作表示满意。会议要求，县人民法院和县人民检察院要充分发挥审判机关和检察机关的职能作用，继续深入开展严厉打击刑事犯罪和严重经济犯罪的斗争，同时做好安全预防等其他措施的综合治理，并要大力开展法制宣传教育，普及法律知识，预防和减少犯罪，为实现梁山县社会治安的根本好转而努力。

第三次会议 1986年5月5—9日，梁山县第十届人民代表大会第三次会议在梁山剧院召开，出席会议代表315人。县委县政府各委办局主要负责人和出席县二届三次政协会议的全体委员列席会议。

大会概况 梁山县第十届人民代表大会第二次会议，听取并审议代理县长霍正气所作《政府工作报告》以及县计划委员会主任胡国金所作《梁山县1986年国民经济和社会发展计划的报告》、县财政局局长刘继庆所作《梁山县1985年财政决算和1986年财政预算的报告》，听取并审议县人大常委会主任崔绪照所作《梁山县人大常委会工作报告》以及县人民法院院长宋声武所作《县人民法院工作报告》、县人民检察院检察长姜广仁所作《县人民检察院工作报告》，会议还听取县政府副县长吕玉山所作《梁山县人民政府关于实行农民负担大包干若干规定的说明》，并审议县人民政府《关于实行农民负担大包干若干规定》。会议审议并批准梁山县人民政府工作报告及1985年国民经济计划执行情况和1986年国民经济计划安排意见、1985年财政决算和1986年财政预算的报告，通过关于梁山县人民政府关于实行农民负担大包干若干规定的决议，批准梁山县人大常委会及县人民法院、县人民检察院的工作报告。大会补选梁山县第十届人大常委会副主任和梁山县人民政府县长。县委书记魏昌启、县人大常委主任崔绪照、县长霍正气分别在会议结束时讲话。

大会机构 梁山县第十届人民代表大会第三次会议设大会主席团及秘书长、主席团常务主席、财政预算委员会、代表资格审查委员会、议案审查委员会等机构。

梁山县第十届人民代表大会第三次会议

主席团（43 人）：

丁自朴 邓广扬 王占甲 王修忠 王峡生

叶锦东（女）田均福 田继亮 任兰生

朱绪娥（女）刘骧 刘运焕 李心海

李庆水 李庆仁 李进民 李进普 李若灿

李厚昌 李绪明 张文祥 张兴运 张青山

张清廉 杨旭 杨峰 杨念成 杨朝福 陆长为

孟凡才 者汝为 房瑞荣 郝贵田 耿进学

郭文斌 崔绪照 蒋典营 韩玉忠 靳汉林

樊兆玙 薛凡瑞 魏昌启 魏红霞（女）

秘书长：樊兆玙（兼）

主席团常务主席（10 人）：

魏吕启 杨朝福 崔绪照 樊兆玙 孟凡才

李厚昌 陆长为 杨 旭 王占甲 田均福

财政预算审查委员会（7 人）：

主任委员：孟凡才

副主任委员：郭文斌 李若灿

委员：王修忠 张文祥 靳汉林 魏红霞（女）

代表资格审查委员会（5 人）：

主任委员：李厚昌

副主任委员：李进民

委员：叶锦东（女）李庆水 蒋典营

议案审查委员会（5 人）：

主任委员：陆长为

副主任委员：田均福

委员：张青山 朱绪娥（女）者汝为

大会选举 梁山县第十届人民代表大会第三次会议通过选举办法，补选县十届人大常委会副主任和县人民政府县长，实行等额选举，采用无记名投票方式，设总监票人 1 人、监票人 4 人。1986 年 5 月 8 日，县第十届人民代表大会第三次会议选举杨旭、王占甲为县人大常委会副主任，选举霍正气为县人民政府县长。

大会决议 1986 年 5 月 8 日，梁山县第十届人民代表大会第三次会议通过大会决议 6 项。

会议审议通过关于梁山县人民政府工作报告的决议。会议对县第十届人民代表大会第二次会议以来的政府工作表示满意，决定批准这个报告。会议认为，报告对全县“六五”期间的发展情况和 1985 年的工作进行全面、认真的总结，对全县政治、经济形势做出符合实际的估价。报告中提出的落实“七五”规划和完成 1986 年各项任务的指导思想是正确的，基本措施是适当的、切实可行的，必须认真贯彻执行。会议号召，全县工人、农民、知识分子和各级干部，要更加紧密地团结起来，发扬艰苦创业的愚公移山精神，全面完成和超额完成具有重大意义的 1986 年的各项任务，夺取梁山县社会主义现代化建设的更大胜利。

会议审议通过关于梁山县 1986 年国民经济和社会发展计划报告的决议，认为这个报告坚持了改革精神，符合梁山县实际情况，决定批准这个报告。对于计划的实施，要求县人民政府，采取有效措施，组织各条战线，齐心协力，积极工作，为圆满完成 1986 年国民经济和社会发展计划而努力。

会议审议通过关于梁山县 1985 年财政决算和 1986 年财政预算报告的决议。会议要求县人民政府采取有力措施，带领全县人民认真贯彻“对外开放，对内搞活经济”的方针，发展经济，搞活流通，提高经济效益，增加财政收入。同时，坚持量力而行，尽力而为的原则，加强财政监督，严格控制开支，为完成 1986 年财政预算而奋斗。

会议审议通过关于梁山县人大常委会工作报告的决议，对常委会一年来的工作表示满意。会议希望，县人大常委会要切实加强自身建设，进一步总结经验，研究新情况和新问题，不断改进工作，更好地履行宪法赋予的职权，在全县人民政治生活中发挥越来越重要的作用。

会议审议通过关于梁山县人民法院工作报告和梁山县人民检察院工作报告的决议，对县人民法院和县人民检察院一年来的工作表示满意。会议要求，县人民法院和县人民检察院要进一步加强思想建设和各项业务建设；要突出打击重点，提高办案水平；振奋精神，加倍努力，克服前进道路上的障碍和困难，为发展社会主义民主，加强社会主义法制，为保障经济体制改革和社会主义现代化建设作出更大的贡献。

会议审议通过《梁山县人民政府关于实行农民负担大包干的若干规定（草案）》的决议，由县人民政府颁布施行。关于实行农民负担大包干的若干规定，是县政府根据上级政府指示精神，结合梁山县具体实际制定的。会议要求县、乡（镇）人民政府、各部门、村民委员会和全县人民都要认真贯彻执行。

第十一节 第十一届人民代表大会

1987 年 3 月至 1990 年 3 月，梁山县第十一届人民代表大会共召开 3 次会议。

第一次会议 1987 年 3 月 18—21 日，梁山县第十一届人民代表大会第一次会议在梁山剧院召开，出席会议代表 270 人。县委县政府各委办局主要负责人和出席县三届一次政协会议的全体委员列席会议。

大会概况 梁山县第十一届人民代表大会第一次会议于 3 月 18 日正式开幕，大会主席团常务主席、十届县人大常委会副主任孟凡才致开幕词，会议听取并审议县长霍正气所作《梁山县人民政府工作报告》、副县长连广生所作《梁山县国民经济和社会发展第七个五年计划的报告》、县财政局局长刘继庆所作《梁山县 1986 年财政决算和 1987 年财政概算的报告》，听取并审议县人大常委会主任崔绪照代表梁山县十届人大常委会所作《梁山县人大常委会工作报告》、县人民法院院长宋声武所作《梁山县人民法院工作报告》、县人民检察院检察长姜广仁所作《梁山县人民检察院工作报告》，并分别通过各个报告的决议。会议选举产生梁山县第十一届人民代表大会常务委员会主任、副主任、委员；选举梁山县人民政府县长、副县长；选举梁山县人民法院院长、梁山县人民检察院检察长。县人大常委会副主任杨旭致闭幕词。

大会机构 梁山县第十一届人民代表大会第一次会议设大会主席团及秘书长、主席团常务主席等机构。

主席团（52 人）：

丁自朴 马丙立 马兆菊 马桂兰 王占甲
王继斌 王福才 邓广扬 田均福 田继亮
连广生 吕玉山 刘凤田 刘玉珍 刘殿印
朱绪娥 许传运 齐尚田 齐承芝 陆长为

庞广常 李来云 李进普 李厚昌 邵好学
杨 旭 杨 峰 杨志森 杨讴青 杨念成
张 瑜 张先知 张先道 张性钧 宋声武
陈福安 孟凡才 房瑞荣 姜广仁 耿进学
郭文斌 阎同祥 崔绪照 韩 靖 韩相顺
程立銮 臧凤柱 樊兆玙 薛凡瑞 霍正气
鞠燕芬 魏昌启
秘书长：孟凡才（兼）
主席团常务主席（12人）：
魏昌启 霍正气 邵好学 吕玉山 崔绪照
孟凡才 李厚昌 杨 旭 王占甲 杨念成
张先知 丁自朴

大会选举 梁山县第十一届人民代表大会第一次会议通过选举办法，选举梁山县第十一届人民代表大会常务委员会主任1人、副主任6人（其中兼职1人）、委员10人（其中兼职7人），选举梁山县人民政府县长1人、副县长5人，选举梁山县人民法院院长1人，选举梁山县人民检察院检察长1人，均采取无记名投票。大会设总监票人1人、监票人8人。

1987年3月21日，梁山县第十一届人民代表大会第一次会议，选举产生县第十一届人民代表大会常务委员会，选举崔绪照为主任，孟凡才、李厚昌、杨旭、王占甲、杨念成、张先知为副主任，委员10人：马桂兰（女）、王继斌、邓广扬、朱绪娥（女）、刘凤田、许传运、张瑜（女）、庞广常、阎同祥、韩靖。

选举产生梁山县人民政府，选举霍正气为县长，连广生、张性钧、鞠燕芬（女）、李来云、臧凤柱为副县长；选举宋声武为梁山县人民法院院长，姜广仁为梁山县人民检察院检察长。

大会决议 1987年3月21日，梁山县第十一届人民代表大会第一次会议通过大会决议5项。

会议审议通过关于《梁山县人民政府工作报告》的决议。会议认为，梁山县第十届人民代表大会第一次会议以来，县人民政府坚决地贯彻了党中央、国务院的路线、方针和政策，认真执行县十届人民代表大会的各项决议，工作是有成效的。三年来，在改革、开放、搞活方针的指引下，全县经济建设和社会各项事业持续、稳定、协调发展，工农业生产连年上升，科技文教各项事业有新的发展，城乡市场日趋繁荣活跃，人民生活不断改善，社会风气和社会秩序明显好转，社会主义物质文明和精神文明建设都出现了新的局面。会议对梁山县第十届人民代表大会期间的政府工作表示满意。会议认为，《政府工作报告》中提出的“七五”期间和1987年的各项任务和主要措施，符合上级文件精神和梁山县实际情况，是切实可行的，经过全县人民的艰苦努力是能够实现的。县人民政府要继续贯彻执行中共十一届三中全会以来的路线和各项政策，坚持四项基本原则，坚定不移地执行改革、开放、搞活的方针，加快精神文明建设的步伐，大力发展农村商品生产，全面提高企业经济效益，积极推进科学技术进步，胜利实现1987年的各项任务指标，为全面完成或超额完成“七五”计划打下坚实基础。会议号召，全县工人、农民、知识分子和各级干部，贯彻执行党的路线、方针、政策，同心同德，砺志图新，艰苦创业，为富民兴梁，夺取全县社会主义现代化建设的更大胜利而努力奋斗。

会议审议通过关于《梁山县国民经济和社会发展第七个五年计划（草案）》的决议。会议认为，“六五”计划执行情况是好的，各项任务指标的完成为“七五”期间经济和社会发展奠定了坚实基础，副县长连广生所作的报告和“七五”计划提出的国民经济和社会发展的任务是积极可行的，提出的主要措施是符合实际的可操作的。会议决定，批准副县长连广生所作《关于梁山县国民经济和社会发展第七个五年计划的报告》，批准《梁山县国民经济和社会发展第七个五年计划（草案）》。

会议审议通过《关于梁山县1986年财政决算和1987年财政概算的报告》的决议。会议认为，三年来，随着商品经济的蓬勃发展，全县财政状况逐年好转，保证了社会再生产的顺利进行和国民经济的良性循环。1986年财政预算的执行情况是好的，财政收入有了较大幅度增长。在经济建设资金和社会发展资金的支出都大量增加的情况下，做到了收支基本平衡。县政府及其财税部门，按照发展生产、提高效益、量入为出、自求平衡的原则，做了大量工作，大会对此表示满意。关于1987年财政概算的安排，会议认为目标切实可行，措施积极有力，符合改革、开放、搞活及国民经济发展的要求。会议同意，在菏泽地区财政计划下达之后，县人大常委会根据县政府建议对1987年财政概算进行部分变更。会议要求，县人民政府要继续加强措施，带领全县人民积极发展生产，努力增产节约，增收节支，提高经济效益，增加财政收入，堵塞漏洞，控制开支，圆满完成1987年财政收支计划，力争全县财政状况进一步好转。

会议审议通过关于《梁山县第十届人民代表大会常务委员会工作报告》的决议。县十届人大常委会，自1984年5月县十届人大一次会议选举产生以来，发挥了地方国家权力机关的作用，讨论、决定了梁山县重大事项，对本级人民政府、人民法院、人民检察院的工作进行了监督和支持。会议对上届常务委员会三年来的工作表示满意。会议要求，梁山县第十一届人民代表大会常务委员会，在上届常务委员会工作的基础上，依照法律所赋予的职权，卓有成效地发挥地方国家权力机关的作用，认真坚持四项基本原则，进一步加强社会主义民主和法制建设，保证《中华人民共和国宪法》和法律的贯彻实施，维护安定、团结的政治局面，推动“两个文明”建设，为振兴梁山作出积极的贡献。

会议审议通过关于《梁山县人民法院工作报告》和《梁山县人民检察院工作报告》的决议。会议认为，县人民法院和县人民检察院应当坚决贯彻执行《中华人民共和国宪法》和法律，做到有法必依，执法必严，违法必究，充分发挥审判机关和法律监督机关的职能，及时、准确地打击刑事犯罪、经济犯罪及破坏社会主义的犯罪活动，维护社会秩序，保护国家和集体财产，保护人民合法权益，保障社会主义现代化建设的顺利进行。

第二次会议 1988年1月4—7日，梁山县第十一届人民代表大会第二次会议在梁山剧院召开，出席会议代表265人。县委县政府各委办局主要负责人和出席县三届二次政协会议的全体委员列席会议。

大会概况 梁山县第十一届人民代表大会第二次会议听取县委书记魏昌启传达中共十三大会议精神，听取并审议县长霍正气所作《梁山县人民政府工作报告》及县计委主任胡国金所作《梁山县1988年国民经济和社会发展计划（草案）的报告》、县财政局局长刘继庆所作《梁山县1987年财政预算执行情况和1988年财政概算的报告》，听取并审议县人大常委会主任崔绪照所作《梁山县人大常委会工作报告》及县人民法院院长宋声武所作《梁山县人民法院工作报告》、县人民检察院检察长姜广仁所作《梁山县人民检察院工作报告》，并分别通过各个报告的决议。大会选举梁山县出席山东省第七届人民代表大会的代表。

大会机构 梁山县第十一届人民代表大会第二次会议设大会主席团及秘书长、主席团常务主席等机构。

主席团（45人）：

丁自朴 马心备 马桂兰 王占甲 王继斌
王福才 邓广扬 田均福 田继亮 吕玉山
刘凤田 刘玉珍 刘殿印 朱绪娥 许传运
齐尚田 齐承芝 陆长为 庞广常 李进普
李厚昌 李景旺 邵好学 杨　旭 杨　峰
杨志森 杨讴青 杨念成 张　瑜 张先知
陈福安 孟凡才 房瑞荣 耿进学 郭文斌
阎同祥 徐学娟 崔绪照 傅少思 韩　靖
韩相顺 程立銮 樊兆玙 薛凡瑞 魏昌启

秘书长：孟凡才（兼）

主席团常务主席（10 人）：

魏昌启 邵好学 吕玉山 崔绪照 孟凡才

李厚昌 杨 旭 王占甲 杨念成 张先知

大会选举 梁山县第十一届人民代表大会第二次会议通过选举办法，选举产生梁山县出席山东省第七届人民代表大会代表 5 人，实行差额选举，采取无记名投票；设总监票人 1 人、监票人 8 人。1988 年 1 月 7 日，梁山县第十一届人民代表大会第二次会议，选举产生梁山县出席山东省第七届人民代表大会代表：马心备、王传琦、史素梅、樊思宝、霍正气。

大会决议 1988 年 1 月 7 日，梁山县第十一届人民代表大会第二次会议通过大会决议 5 项。

会议审议通过关于《梁山县人民政府工作报告》的决议。会议认为，1987 年全县安定团结的政治局面更加巩固，国民经济持续稳定协调发展，改革和开放继续深入，“双增双节”运动卓有成效，民主与法制建设得到加强，人民生活进一步改善，社会主义物质文明和精神文明建设都取得新的成绩。这是在各级党委领导下，全县人民共同努力的结果。会议对县人民政府一年来的工作表示满意，同时要求认真对待前进中的困难和问题，努力巩固和发展当前的大好形势。会议认为，1988 年政府工作的指导思想是正确的，国民经济和各项社会事业的发展目标是积极可行的，实现发展目标的各项措施是切实有力的。会议要求，1988 年，必须以中共十三大精神为指针，以经济建设为中心，正确全面地贯彻执行党在社会主义初级阶段的基本路线和一系列方针、政策，加快和深化改革，稳定繁荣经济，进一步搞好“双增双节”运动，努力开创梁山县社会主义物质文明和精神文明建设的新局面。全县人民都要紧紧围绕这个中心任务，把各方面工作做得更好。会议号召，全县工人、农民、知识分子和各级干部，要更加紧密地团结起来，发扬自力更生、艰苦奋斗的精神，不甘落后、敢为人先的精神，知难而进、顽强拼搏的精神，再接再厉，奋发向上，夺取新的更大的胜利！

会议审议通过《关于梁山县 1988 年国民经济和社会发展计划（草案）的报告》的决议。会议认为，梁山县 1987 年计划执行情况是好的，1988 年国民经济和社会发展计划是比较符合实际，积极可靠的，经过努力是可以实现的。会议决定批准这个报告，会后如有变动，授权县人大常委会审议决定。

会议审议通过《关于梁山县 1987 年财政预算执行情况和 1988 年财政概算的报告》的决议。会议认为，一年来，县政府及其财税部门，按照“发展生产，提高效益，量入为出，自求平衡的原则”，做了大量工作，使全县财政状况明显好转，在经济建设资金和社会发展资金支出都大量增加的情况下，做到了收支平衡，较好地保证了全县生产建设和文化、教育、科技、卫生等项事业的发展，促进了经济体制改革的顺利进行。大会对此表示满意。关于 1988 年财政概算的安排，会议认为目标切实可行，措施比较有力，符合改革开放方针及国

梁山县第十一届人民代表大会第二次会议

民经济发展的要求。会议决定批准这个报告，并授权县人大常委会对1987年决算和1988年预算审议决定。会议要求，县政府要采取更加得力措施，带领全县人民积极发展生产，努力增产节约，提高经济效益，增加财政收入；各级、各部门都要严格遵守财政纪律，堵塞漏洞，控制开支，努力圆满完成1988年财政收支计划，争取县财政状况进一步好转。

会议审议通过关于《梁山县人大常委会工作报告》的决议。会议要求，梁山县第十一届人民代表大会常务委员会，要认真贯彻中共十三大会议精神，依照法律所赋予的职权，卓有成效地发挥地方国家权力机关的作用。要坚持四项基本原则，进一步加强民主和法制建设，保证宪法、法律、行政法规和上级人民代表大会及其常务委员会决议以及本次会议的各项决议的贯彻实施，维护安定团结的政治局面，为加快、深化改革和振兴梁山作出积极的贡献。

会议审议通过关于《梁山县人民法院工作报告》和《梁山县人民检察院工作报告的决议》。会议要求，县人民法院、县人民检察院，要认真贯彻中共十三大会议情神，坚决执行宪法和法律，做到有法必依、执法必严、违法必究，充分发挥审判机关和检察监督机关的职能，及时地、准确地打击刑事犯罪、经济犯罪及一切破坏社会主义的犯罪活动，维护社会秩序，保护政治经济体制改革，保护国家和集体财产及人民的合法权益，保障社会主义建设的顺利进行。

第三次会议 1989年3月28—31日，梁山县第十一届人民代表大会第三次会议在县政府第一会议室召开，出席会议代表272人。县委县政府各委办局主要负责人和出席县三届三次政协会议的全体委员列席会议。

大会概况 梁山县第十一届人民代表大会第三次会议听取并审议县长霍正气所作《梁山县人民政府工作报告》以及县计委主任胡国金所作《梁山县1989年国民经济和社会发展计划（草案）的报告》、县财政局副局长叶蔚所作《关于梁山县1988年财政决算和1989年财政预算（草案）的报告》，听取并审议县人大常委会主任崔绪照所作《梁山县人大常委会工作报告》以及县人民法院院长宋声武所作《梁山县人民法院工作报告》、县人民检察院检察长姜广仁所作《梁山县人民检察院工作报告》，并分别通过各个报告的决议。会议增选县人大常委会副主任。

大会机构 梁山县第十一届人民代表大会第三次会议设大会主席团及秘书长、主席团常务主席等机构。

主席团（46人）：

丁自朴　马心备　马桂兰（女）王占甲
王继斌　王福才　邓广扬　田均福
田继亮　连广生　刘凤田　刘玉珍

梁山县第十一届人民代表大会第三次会议

刘运焕　刘殿印　朱绪娥（女）许传运
齐尚田　齐承芝　陆长为　庞广常
李进普　李厚昌　李景旺　邵好学
杨　旭　杨　峰　杨志森　杨讴青（女）
杨念成　杨朝福　张　瑜（女）张先知
张景池　孟凡才　林英高　房瑞荣
耿进学　郭文斌　阎同祥　崔绪照
韩　靖　韩相顺　程立銮　樊兆玙
薛凡瑞　魏昌启
秘书长：孟凡才（兼）
主席团常务主席（11 人）：
魏昌启　邵好学　连广生　崔绪照　孟凡才
李厚昌　杨　旭　王占甲　杨念成　杨朝福
张先知

大会选举　梁山县第十一届人民代表大会第三次会议通过选举办法，增选县人大常委会副主任 1 人，实行等额选举，采取无记名投票；设总监票人 1 人、监票人 4 人。1989 年 3 月 31 日，梁山县第十一届人民代表大会第三次会议增选杨朝福为县十一届人大常委会副主任。

大会决议　1989 年 3 月 31 日，梁山县第十一届人民代表大会第三次会议通过大会决议 5 项。

会议审议通过关于《梁山县政府工作报告》的决议。会议认为，1988 年，县政府按照上级指示精神，紧紧围绕发展生产力这个根本任务，认真落实县十一届人大二次会议的各项决议，积极推进改革和建设，努力加强民主和法制建设，促进了国民经济和各项社会事业的持续发展，维护了安定团结的政治局面，全县的政治经济形势是好的。会议对县政府一年来的工作表示满意。会议认为，1989 年是深入贯彻中共十三届三中全会精神的关键一年。做好 1989 年的工作，对全县经济的长期稳定发展，对于社会的长治久安，对于实现富民兴梁的宏伟目标，都具有十分重要的意义。会议要求，1989 年要把工作的重点突出地放在治理经济环境、整顿经济秩序和全面深化改革上，抓好各项任务、政策和措施的落实，推动全县国民经济和各项社会事业持续稳定协调发展。通过治理、整顿，管好市场物价，增加有效供给，强化农业基础，夺取农业丰收，搞好工业改革，提高经济效益，加快科技进步和智力开发，强化计划生育措施，严格控制人口增长，以廉洁勤政为重点，加强政府机关建设。会议号召，全县人民在中共十三届三中全会精神的指引下，更加紧密地团结起来，同心同德，艰苦奋斗，为开发梁山，建设梁山，振兴梁山，夺取治理、整顿、改革和建设的新胜利而努力奋斗。

会议审议通过关于《梁山县 1989 年国民经济和社会发展计划（草案）的报告》的决议。会议认为，梁山县 1988 年国民经济和社会发展计划的执行情况和经济形势是好的。1989 年国民经济和社会发展计划的安排，符合国家宏观经济要求和梁山的实际，是积极可行的。会议要求各级政府和全县人民，坚决贯彻中共十三届三中全会精神，认真治理经济环境，整顿经济秩序，全面深化改革，发扬艰苦奋斗、开拓创新精神，扎扎实实地做好各项工作，努力增加生产，厉行节约，提高经济效益，增加有效供给，确保 1989 年国民经济和社会发展计划的胜利实现。

会议审议通过《关于梁山县 1988 年财政决算和 1989 年财政预算（草案）的报告》的决议。会议认为，1988 年全县财政预算执行情况是好的，保证了各项事业的发展，实现了当年收支平衡、略有结余，完成县十一届人大二次会议授权人大常委会第七次会议通过的 1988 年预算任务。1989 年财政预算（草案），符合中央关于治理、整顿和紧缩财政的要求，符合梁山县实际情况，安排适当。会议要求各级政府要发扬艰苦奋斗的精神，努力实现财政收支平衡，圆满完成 1989 年财政预算任务。

会议审议通过关于《梁山县第十一届人民代表大会常务委员会工作报告》的决议。会议认为，一年来，县人大常委会坚决贯彻中共十三大和十三届三中全会精神，积极落实县十一届人大二次会议的决议、决定，认真履行宪法和法律赋予的职权，在进行法律监督和工作监督，审议决定重大事项，任免国家机关工作人员以及联系代表．加强自身建设等方面，做了大量工作，推动了全县社会主义民主和法制建设，促进了改革、开放和社会主义建设的顺利进行。会议对县人大常委会的工作表示满意。会议要求，县人大常委会要继续深入贯彻中共十三大和十三届三中全会以及省第五次党代表大会精神，依据宪法和法律赋予的职权，积极做好各方面的工作，加强对法律实施的监督和对行政审判、检察工作的监督，认真审议决定好重大事项，充分发挥地方国家权力机关的作用。

会议审议通过关于《梁山县人民法院工作报告》和《梁山县人民检察院工作报告》的决议。会议认为，梁山县人民法院在县委的领导和人大及其常委会的监督下，做了大量的工作，较好发挥了审判机关的职能作用。会议要求，县人民法院要严格按照宪法和法律的规定，努力加强与有关部门的配合，严肃执法，秉公办案，继续依法从重从快打击危害社会治安的犯罪分子和从严打击严重经济犯罪分子，大力加强民事、经济、行政等各项审判工作，加强法院队伍建设，提高干警的政治、业务素质，维护安定团结的政治局面，为保障治理经济环境，整顿经济秩序，全面深化改革的顺利进行作出更大的贡献。县人民检察院在县委的领导和人大及其常委会的监督下，做了大量的工作，较好发挥了检察机关的职能作用。会议要求，县人民检察院要按照宪法和法律的规定，继续依法从重从快打击严重刑事犯罪和从严打击严重经济犯罪活动，把反贪污、反受贿的斗争作为检察工作的重点，积极参加社会治安的综合治理，集中力量查处大案要案，健全举报工作制度，秉公办案，为治理经济环境，整顿经济秩序，维护社会安定，保护国家利益和人民权利，促进改革和廉政建设，保障社会主义现代化建设的顺利进行作出新的贡献。

第十二节 第十二届人民代表大会

1990 年 3 月至 1993 年 2 月，梁山县第十二届人民代表大会共召开 3 次会议。

第一次会议 1990 年 3 月 6—10 日，梁山县第十二届人民代表大会第一次会议在梁山剧院召开，出席会议代表 319 人。县委县政府各委办局主要负责人和出席县四届一次政协会议的全体委员列席会议。

大会概况 梁山县第十二届人民代表大会第一次会议于 3 月 6 日正式开幕，大会主席团常务主席、县人大常委会党组书记穆衍峰致开幕词，会议听取并审议代理县长吕玉山所作《梁山县人民政府工作报告》以及县计委主任胡国金所作《关于梁山县 1990 年国民经济和社会发展计划（草案）的报告》、县财政局局长刘继庆所作《关于梁山县 1989 年财政决算和 1990 年财政预算草案的报告》，听取并审议县人大常委会主任崔绪照代表十一届人大常委会所作《梁山县人大常委会工作报告》以及县人民法院院长宋声武所作《梁山县人民法院工作报告》、县人民检察院检察长姜广仁所作《梁山县人民检察院工作报告》，并分别通过各个报告的决议。会议选举产生梁山县第十二届人民代表大会常务委员会主任、副主任、委员；选举梁山县人民政府县长、副县长；选举梁山县人民法院院长、梁山县人民检察院检察长；选举出席济宁市第十一届人民代表大会代表。

大会机构 梁山县第十二届人民代表大会第一次会议设大会主席团及秘书长、主席团常务主席等机构。

主席团（54 名）：

马桂兰（女）马孝爱（女）王占甲 王钦孝

王继斌 王福才 邓广扬 司马钧 傅全林

吕玉山 任兰庆 刘兴冉 刘运焕 齐承芝

梁山县第十二届人民代表大会第一次会议

齐尚田 李大友 李广生 李广轩 李文汉
李兆申 李来云 李厚昌 杨　旭 杨丁香（女）
杨念成 杨绍建 杨朝福 连广生 宋声武
张先知 张先道 张性钧 何秀芝（女）
武立芳 周庆光 房瑞荣 孟凡才 赵玉民（女）
姜广仁 耿进学 高太平 高天宝 高新魁
崔绪照 康绍军 阎昭钦 梁承美 韩　靖
傅少思 臧凤柱 薛凡义 薛凡瑞 穆衍峰
鞠燕芬（女）
秘书长：王占甲（兼）
主席团常务主席（13人）：
李广生 吕玉山 连广生 耿进学 穆衍峰
崔绪照 孟凡才 李厚昌 杨　旭 王占甲
杨念成　傅全林 张先知

大会选举　梁山县第十二届人民代表大会第一次会议通过选举办法，选举县十二届县人大会常委会主任1人、副主任6人、委员11人，选举县人民政府县长1人、副县长5人，选举县人民法院院长1人，选举县人民检察院检察长1人；县人大常委会主任、县人民政府县长、县人民法院院长、县人民检察院检察长实行等额选举；县人大常委会副主任、委员，县人民政府副县长均实行差额选举（副主任、副县长各差额1人，委员差额2人）；选举出席济宁市第十一届人民代表大会代表42人，实行差额选举（差额9人）；选举均采取无记名投票方式，设总监票人1人、监票人8人。

1990年3月10日，梁山县第十二届人民代表大会第一次会议，选举穆衍峰为县人大常委会主任，王占甲、杨念成、傅全林、张先知、王钦孝、张先道为副主任，马孝爱（女）、马桂兰（女）、王继斌、邓广扬、司马钧、刘运焕、赵玉民（女）、高天宝、高新魁、阎昭钦、韩靖为委员（按姓名笔画为序）；选举吕玉山为县人民政府县长，高太平、鞠燕芬（女）、李来云、康绍军、李大友为副县长；选举宋声武为县人民法院院长，姜广仁为县人民检察院检察长。

会议选举梁山县出席第十一届济宁市人民代表大会代表（42人）：

于明全 万吉秀 马传申 马体荣 王玉香（女）
王先学 王好平 王佑明 王志宪 田月菊
吕玉山 朱绪娥（女）　刘玉勤 刘建良
刘继庆 刘润章 刘殿印 刘德厚 孙久新
师瑞兰（女）　李文汉 李明宽 李树山
杨以云 杨兆业 杨讴青（女）　杨志魁
张建文 张宪花（女）　陆继生 陈存德
林淑清（女）　胡克进 胡国金 段胜华
祝仰臣 曹　红（女）　董传福 韩兴再
管学伟 穆衍峰 魏红霞（女）

大会决议　1990年3月10日，梁山县第十二届人民代表大会第一次会议通过大会决议5项。

会议审议通过关于《梁山县政府工作报告》的决议。会议认为，过去的三年，县政府深入贯彻执行党中央的一系列方针、政策，认真落实县第十一届人民代表大会作出的各项决议，积极进行治理整顿和推进各项改革，以经济建设为中心，精心组织工农业生产，大力加强社会主义精神文明建设，使全县的国民经济和各项社会事业得以持续、健康、协调发展。会议对县政府三年来的工作表示满意。会议认为，当前全县政治、经济形势是好的，但必须看到存在的困难和问题。今后三年是深入贯彻治理整顿和深化改革的重要时期，要把稳定放在压倒一切的位置，各项工作都要服从服务于稳定。要进一步加强社会主义精神文明建设，深入进行坚持四项基本原则、反对资产阶级自由化的教育。要进一步加强社会主义民主与法制建设，强化社会治安的综合治理，严厉打击各类经济犯罪和刑事犯罪，深入开展除“六害”斗争，最大限度地消除不安定因素，巩固发展安定团结的政治局面。会议强调，经济的稳定发展是政治稳定、社会稳定的基础。要坚定不移地进行治理整顿，继续深化改革，积极调整经济结构，推进科技进步，提高劳动者素质，深入开展“双增双节”运动，在提高效益的前提下，强农、重工、兴商，保持全县国民经济的适度增长，均衡发展。会议强调，必须切实加强廉政建设，积极开展反腐败斗争，不断提高政府工作人员、特别是各级领导干部的马克思主义理论素养和工作水平，坚持实事求是的思想路线，进一步转变作风，深入基层，深入实际，调查研究，多办实事，全心全意为人民服务。会议号召，全县人民在县委的领导下，贯彻落实党中央的路线、方针和政策，把中共十三届四中全会和五中全会精神同梁山实际紧密结合，把革命精神同科学态度紧密结合，团结奋斗，知难而进，顽强拼搏，埋头苦干，为夺取全县经济建设和各项事业的新胜利而努力奋斗。

会议审议通过《关于梁山县1990年国民经济和社会发展计划（草案）的报告》的决议。有关社会发展指标，待上级下达后，授权县人大常委会审议决定。会议认为，梁山县1989年国民经济和社会发展计划执行情况基本上是好的；1990年国民经济和社会发展计划的安排，符合国家政策和梁山县实际，是积极可行的。会议要求各级政府积极调整经济结构，大力推行技术进步，深入开展“双增双节”运动，努力提高经济效益，促进国民经济持续、稳定、协调发展，确保1990年国民经济和社会发展计划圆满实现。

会议审议通过《关于梁山县1989年财政决算和1990年财政预算草案的报告》的决议。会议认为，1989年全县财政预算执行情况是好的，在全县预算内企业经济效益滑坡，财政增支因素增多的情况下，实现当年财政收支平衡，财政工作成绩是显著的。1990年财政预算（草案），体现了“双紧”政策，符合治理整顿深化改革的方针，符合梁山县实际情况。会议要求县直各单位、各乡镇人民政府和全县人民，深入贯彻中共十三届四中、五中全会精神，发扬自力更生、艰苦奋斗的光荣传统，真正过几年紧日子，广泛开展“双增双节”运动，努力提高经济效益，严格执行财经纪律，勤俭办一切事业，为圆满完成1990年财政预算而奋斗。

会议审议通过关于《梁山县第十一届人民代表大会常务委员会工作报告》的决议。会议认为，三年来，县十一届人大常委会坚决贯彻中共十三大提出的路线、方针、政策，坚决贯彻中共十三届四中、五中全会精神，全面落实县十一届人大一次、二次、三次会议的决议、决定，认真履行宪法和法律赋予的职权，在制止动乱、反对反革命暴乱，实施法律监督和工作监督，审议决定重大事项以及密切与代表的联系等方面，做了大量工作，为稳定局势，发展经济，推动社会主义民主和法制建设，做出了积极贡献。会议对县十一届人大常委会的工作表示满意。会议要求，县十二届人大常委会要继续深入贯彻中共十三届四中、五中全会精神，坚持“一个中心，两个基本点”，围绕稳定局势，发展经济，大力加强社会主义民主和法制建设，依法行使各项职权，支持、监督“一府两院”扎扎实实做好工作，努力实现本次会议作出的各项决议、决定，为坚持和完善人民代表大会制度，巩固和发展安定团结的政治局面，促进治理整顿、深化改革和国民经济持续、稳定、协调发展作出新的贡献。

会议审议通过关于《梁山县人民法院工作报告》和《梁山县人民检察院工作报告》的决议。会议认为，梁山县人民法院在县委、县人大的领导、监督下，依法严厉打击严重危害社会治安的犯罪分子和严重经济犯罪分子，努力开展各项工作，发挥了审判机关职能作用。会议要求，县人民法院要深入贯彻中共十三届四中全会和五中全会精神，努力落实全国十五次法院工作会议提出的各项任务，严格按照宪法和法律的规定，继续严厉打击严重刑事犯罪和经济犯罪活动，大力加强民事、经济、行政等各项审判工作。加强干警队伍的思想政治工作和基层建设、廉政建设，不断提高审判工作水平，为稳定局势，保障治理整顿和深化改革的顺利进行，作出新的贡献。梁山县人民检察院在县委、县人大的领导、监督下，依法深入开展反贪污、贿赂斗争，严厉打击严重刑事犯罪活动，努力开展各项工作，发挥了检察机关职能作用。会议要求，县人民检察院要深入贯彻中共十三届四中、五中全会精神，紧紧围绕稳定局势，发展经济，进一步强化专政职能作用，坚决继续依法惩治贪污、贿赂犯罪，严厉打击严重刑事犯罪，切实加强法纪检察工作。加强思想政治工作，搞好队伍建设，不断提高执法水平和依法办案质量，为维护社会局势的稳定和国家安全、保障国民经济持续稳定协调发展作出更大贡献。

第二次会议 1991年3月23—26日，梁山县第十二届人民代表大会第二次会议在梁山剧院召开，出席会议代表312人。县政府各委、办、局主要负责人和各乡镇党委书记及出席县第四届二次政协会议的全体委员列席会议。

大会概况 梁山县第十二届人民代表大会第二次会议，听取审议县人民政府县长吕玉山所作《梁山县人民政府工作报告》、副县长高太平所作《关于梁山县国民经济和社会发展十年规划和“八五”计划纲要（草案）的报告》、县计委主任胡国金所作《关于梁山县1991年国民经济和社会发展计划的报告》、县财政局局长刘继庆所作《关于梁山县1990年财政决算和1991年财政预算的报告》，听取审议县人大常委会主任穆衍峰所作《梁山县人大常委会工作报告》以及县人民法院院长宋声武所作《梁山县人民法院工作报告》、县人民检察院检察长姜广仁所作《梁山县人民检察院工作报告》，并分别通过各个报告的决议。会议期间收到议案和建议共179件。

大会机构 梁山县第十二届人民代表大会第二次会议设大会主席团及秘书长、主席团常务主席等机构。

主席团（41人）：

马孝爱　马桂兰　王占甲　王佑允　王钦孝
王继斌　邓广扬　邓兆俊　司马钧　傅全林
刘九旭　刘运焕　刘振诺　李广生　李庆仁
李兆申　李传生　李传森　李厚昌　杨　旭
杨念成　杨朝福　连广生　张先知　张先道
张希连　张清廉　陆书杰　房瑞荣　孟凡才
赵玉民　耿进学　高天宝　高新魁　柴福祥
阎昭钦　韩　靖　傅少思　臧凤柱　薛凡义
穆衍峰

秘书长：王占甲（兼）

主席团常务主席（10人）：

李广生　连广生　耿进学　穆衍峰　王占甲
杨念成　傅全林　张先知　王钦孝　张先道

大会决议 1991年3月26日，梁山县第十二届人民代表大会第二次会议通过大会决议6项。

关于政府工作报告的决议。梁山县十二届人民代表大会第二次会议，听取审议县长吕玉山所作《政府工作报告》。会议认为报告对“七五”期间特别是1990年政府工作的总结实事求是，所提出的1991年奋斗目标、工作措施明确具体、切实可行。会议决定批准这个报告。会议认为，1990年县政府认真贯彻落实中共十三届六中全会、七中全会和全国七届人大三次会议精神，按照县十二届人大一次会议确定的工作目标，围绕政治稳定、经济稳定两大任务，集中精力抓好经济工作，积极进行治理整顿，大力推进改革开放，深入进行社会主义精神文明建设和民主法制建设。国民经济在十分困难的情况下，保持了适度增长，安定团结的政治局面得到了巩固和发展，各项社会事业也有了新的提高和进步。会议对县政府一年来的工作表示满意。会议指出，1991年是实施第八个五年计划的第一年，做好今年的工作对于顺利实施十年规划和“八五”计划具有十分重要的意义。会议要求，各级政府应以主要精力抓好经济工作。要继续大力加强农业，稳定家庭联产承包责任制，积极发展社会化服务体系，多渠道增加农业收入，完善双层经营，搞好科技兴农，发展壮大集体经济。要进一步改善农业生产条件，提高综合生产能力，立足抗灾夺丰收。要坚持抓好工业生产，搞好产品结构调整，帮助企业加强内部管理，进一步提高企业素质，搞好生产经营，积极拓宽市场，广泛深入地开展“质量、品种、效益年”活动，把企业的经济效益提高到新水平。要进一步搞好治理整顿，坚持改革开放，坚决制止“三乱”，切实减轻企业和农民的负担。要广辟对外合作渠道，积极地利用外资，引进先进技术，逐步增强整体经济的活力，要积极发展各项社会事业，以适应国民经济的需要。各级政府要牢记控制人口、节约土地、保护环境三项基本国策，坚持不懈地抓好计划生育，严格控制人口增长；切实依法加强对土地的管理，合理使用和节约土地；扎扎实实地做好环境保护工作，优化和净化工作、生活环境。各级政府要积极推进社会主义精神文明建设和民主法制建设，大力开展依法治县和依法行政工作，切实抓好第二个五年普法工作，进一步转变机关作风，肃贪倡廉，密切联系人民群众，搞好社会治安综合治理，巩固和发展安定团结的政治局面。

关于梁山县国民经济和社会发展十年规划及第八个五年计划纲要的决议。梁山县第十二届人民代表大会第二次会议，听取副县长高太平所作关于梁山县国民经济和社会发展十年规划及第八个五年计划纲要（草案）的说明，经审查，原则批准梁山县人民政府制订的《梁山县国民经济和社会发展十年规划及第八个五年计划纲要（草案）》。会议指出，梁山县国民经济和社会发展十年规划及“八五”计划，目标宏伟，任务艰巨，各级政府和全县人民要在中共梁山县委的领导下，坚持党的“一个中心，两个基本点”的基本路线，发扬自力更生，艰苦奋斗，勤俭建国的优良传统，齐心协力，奋发进取，为胜利实现十年规划和“八五”计划的宏伟目标而努力奋斗。

梁山县第十二届人民代表大会第二次会议

关于梁山县国民经济和

社会发展1990年计划执行情况和1991年计划的决议。梁山县第十二届人民代表大会第二次会议，听取并审议县计划委员会主任胡国金受县政府委托所作《关于梁山县国民经济和社会发展1990年计划执行情况和1991年计划的报告（草案）》。会议认为，1990年国民经济和社会发展计划执行情况是好的；1991年国民经济和社会发展计划的安排符合梁山县实际，切实可行。会议决定批准这个报告。会议要求，各级政府要继续进行治理整顿，坚持搞好改革开放，积极发展国民经济和各项社会事业，保证完成1991年国民经济和社会发展计划，为实现全县十年规划和“八五”计划确定的宏伟目标打好基础。

关于梁山县1990年财政决算和1991年财政预算的决议。梁山县第十二届人民代表大会第二次会议，听取并审议县财政局局长刘继庆受县政府委托所作关于《梁山县1990年财政决算和1991年财政预算（草案）的报告》。一致认为，1990年全县财政决算各收支项目合理，符合财政法规，较好地完成县十二届人大一次会议通过的1990年预算任务。1991年财政预算草案，体现了继续治理整顿、深化改革的方针和紧缩财政的要求，符合全县实际情况。会议决定批准这个报告。会议要求，各级政府深入开展“双增双节”运动和“质量、品种、效益年”活动，大力提高经济效益，为胜利完成1991年财政预算任务而努力奋斗。

关于梁山县人大常委会工作报告的决议。梁山县第十二届人民代表大会第二次会议，听取并审议主任穆衍峰所作《梁山县人大常委会工作报告》。会议认为，一年来，县人大常委会根据县十二届人大一次会议决议中提出的要求，努力履行宪法和法律赋予的职责，在维护社会安定、推进治理整顿、深化改革、促进国民经济持续稳定协调发展、密切与人民代表的联系、加强对乡镇人大工作的指导等方面，积极开展工作，取得新的进展。会议对县人大常委会一年来的工作表示满意，决定批准这个报告。会议要求，县人大常委会要以中共十三届六中、七中全会精神为指针，深入贯彻党的“一个中心、两个基本点”的基本路线，把保障和促进经济发展放在首要位置，把加强社会主义民主和法制建设作为中心任务，认真行使法律规定的重大事项的决定权，切实加强法律监督和工作监督，督促“一府两院”搞好依法治县，加强廉洁勤政建设，进一步密切同人民代表和人民群众的联系，继续搞好人大常委会自身建设，为实现全县政治、经济和社会的持续稳定发展，为坚持和完善人民代表大会制度作出新的贡献。

关于梁山县人民法院工作报告的决议。梁山县第十二届人民代表大会第二次会议，批准宋声武院长所作《梁山县人民法院工作报告》。会议认为，县人民法院坚决贯彻“稳定压倒一切”的方针，依照宪法和法律规定，全面开展各项审判工作，为维护社会安定，促进全县经济建设和各项事业的发展，做出了积极的贡献。会议对县人民法院的工作表示满意。会议要求，县人民法院要认真贯彻落实中共十三届七中全会精神，进一步搞好各项审判工作，严厉打击严重危害社会治安秩序的刑事犯罪和经济犯罪，积极参与社会治安综合治理，为维护社会稳定、保障全县改革开放和国民经济的持续稳定发展作出新的贡献。

关于梁山县人民检察院工作报告的决议。梁山县第十二届人民代表大会第二次会议，批准检察长姜广仁所作《梁山县人民检察院工作报告》。会议认为，一年来，县人民检察院坚决贯彻“稳定压倒一切”的方针，积极开展反贪污、贿赂斗争，严厉打击严重危害社会秩序的刑事犯罪活动，全面开展各项检察业务，为稳定全县社会治安秩序，促进全县经济建设和各项事业的发展，做出了积极的贡献。会议对县人民检察院一年来的工作表示满意。会议要求，县人民检察院要认真贯彻中共十三届七中全会精神，进一步开展反贪污、反贿赂的斗争，坚持依法从重从快打击严重刑事犯罪，加强法纪检察，强化法律监督职能，积极参与社会治安综合治理，为维护社会治安局势的稳定、保障全县改革开放和国民经济的持续稳定发展作出新的贡献。

第三次会议 1992 年 3 月 24—27 日，梁山县第十二届人民代表大会第三次会议在县政府第一会议室召开，出席会议代表 308 人。县政府各委、办、局主要负责人和各乡镇人大主席团常务主席及出席县第四届三次政协会议的全体委员等列席会议。

大会概况 梁山县第十二届人民代表大会第三次会议听取并审议代理县长连广生所作《梁山县人民政府工作报告》、副县长高太平所作关于《梁山县农村奔小康总体实施方案》的报告、县计委主任胡国金所作《关于梁山县国民经济和社会发展 1991 年计划执行情况和 1992 年计划的报告》、县财政局局长刘继庆所作《关于梁山县 1991 年财政决算和 1992 年财政预算草案的报告》，听取并审议县人大常委会主任穆衍峰所作《梁山县人大常委会工作报告》、县人民法院院长宋声武所作《梁山县人民法院工作报告》、县人民检察院检察长姜广仁所作《梁山县人民检察院工作报告》，并分别通过各个报告的决议。会议补选县政府县长，增选副县长。会议期间共收到议案和建议 178 件。

大会机构 梁山县第十二届人民代表大会第三次会议设大会主席团及秘书长、主席团常务主席等机构。

主席团（30 人）：

马孝爱 马桂兰 王占甲 王钦孝 王继斌
邓广扬 司马钧 傅全林 付新福 刘运焕
李广生 李兆申 李厚昌 杨　旭 杨念成
杨朝福 张先知 张先道 房瑞荣 孟凡才
赵玉民 耿进学 高天宝 高新魁 阎昭钦
韩　靖 傅少思 臧凤柱 薛凡瑞 穆衍峰

秘书长：王占甲（兼）

主席团常务主席（9 人）：

李广生 耿进学 穆衍峰 王占甲 杨念成
傅全林 张先知 王钦孝 张先道

大会选举 梁山县第十二届人民代表大会第三次会议通过选举办法，补选县人民政府县长 1 人、增选副县长 1 人，实行等额选举，采取无记名投票；设总监票 1 人，监票 4 人。1992 年 3 月 27 日，梁山县第十二届人民代表大会第三次会议，补选连广生为县人民政府县长，增选张先知为县人民政府副县长。

大会决议 1992 年 3 月 27 日，梁山县第十二届人民代表大会第三次会议通过大会决议 5 项。

会议审议通过关于《梁山县人民政府工作报告》的决议。会议认为，报告实事求是地总结 1991 年的政府工作，客观地分析前进中的困难和问题，所提 1992 年政府工作的指导思想、主要任务和工作措施，符合实际情况，是积极可靠、切实可行的。会议决定批准这个报告。会议认为，1991 年县政府认真贯彻落实中共十三届七中全会和中央工作会议精神，坚持“一个中心，两个基本点”的基本路线，团结带领全县人民，较好地完成县十二届人大二次会议确定的各项任务。会议对县政府一年来的工作表示满意。会议指出，1992 年是“八五”计划的第二年，是实施奔小康总体方案的起步年，也是全县经济由治理整顿阶段转入调整结构、提高效益阶段的关键年。全县人民要坚定不移地贯彻执行党的基本路线，进一步解放思想，加快改革开放步伐，集中精力发展经济，保持政治稳定和社会安定，夺取现代化建设的更大成绩。会议强调，在新的形势下，必须进一步更新观念，增强改革开放的紧迫感，加大改革力度，加快开放步伐。要继续稳定以家庭联产承包为主的责任制，不断完善统分结合的双层经营机制，建立健全社会化服务体系，逐步发展壮大集体经济。切实减轻农民负担，要深化企业改革，加快经营机制转换，切实落实好企业自主权。推进和深化流通体制改革，促进全县经济的发展。会议强调，科学技术是第一生产力。要切实把经济建设转移到依靠科技进步和提高劳动者素质的轨道上来，建立健全“经科教”相结合的机制，全面提高教育质量，在全社会造成尊重知识、尊重科学、尊重人才的良好风气。会议强调，要充分发挥政治优势，加强社会主义精神文明建设，健全和完善社会主义民主和法制，努力搞好依法治县。强化社会治安的综合治理，严厉打击各种经济犯罪和刑事犯罪，最大限度地消除不安定因素，巩固发展安定团结的政治局面。政府机关要进一步转变职能，搞好服务，提高效率，坚持不懈地抓好廉洁勤政建设，防止和克服官僚主义，力戒形式主义，“改革创新、廉洁勤奋、团结实干、高效服务”，以卓有成效的工作，为民造福，为党争光。会议号召，全县人民要振奋精神，坚定信心，奋力进取，励精图治，加快改革开放和经济建设的步伐，以更加优异的成绩迎接中共十四大胜利召开。

会议审议通过关于《梁山县农村奔小康总体实施方案》的报告的决议。会议认为，《梁山县农村奔小康总体实施方案》符合中共十二届八中全会精神，符合梁山县农村实际情况，是积极可行的。会议决定批准这个实施方案。为落实全县农村奔小康实施方案，开创农业和农村工作的新局面，会议特作以下决议：组织干部群众深入学习《中共中央关于进一步加强农业和农村工作的决定》，广泛宣传农业在实现国民经济和社会发展第二步战略目标中的重要地位和作用，宣传农村奔小康的重大意义、奋斗目标和政策措施，把广大干部群众的思想认识统一到八中全会精神上来，统一到实现农村小康的奋斗目标上来。各乡镇和所有村庄都要根据全县奔小康的总体方案，制订具体的实施规划和措施，并逐步加以落实。把发展农业的着眼点由增量为主转到增量与增效并重上来，大力发展优质低耗高产高效农业，发展精细农业，实行集约化经营，提高土地产出率。要努力改善生产条件，增加对农业的投入，大力搞好农田水利基本建设。要认真实施“科教兴农”的战略方针，加强对农民科学种田的指导，把农业发展转移到依靠科技进步提高劳动者素质的轨道上来。发展乡镇企业，是繁荣农村经济，实现农村奔小康目标的必由之路，必须下决心抓好。要按照合理布局、相对集中的原则，提高乡镇企业的规模效益。要抓好乡镇企业的技术进步、人才培训、经营管理和外向型发展，提高企业总体素质和产品质量档次，增强市场竞争能力。各级政府对乡镇企业的技术改造项目以及重点产业和产品，要从政策上给予扶持，从技术上加强指导，保证其健康发展。继续深化农村改革，为农业和农村经济不断注入新的活力。要继续稳定以家庭联产承包为主的责任制，不断完善统分结合的双层经营体制，积极搞好社会化服务体系建设，逐步壮大集体经济实力。要认真贯彻落实国家的有关法规和政策，切实减轻农民负担。要进一步改革流通体制，积极建设、培育农产品市场，实行农工商、产供销一体化，使农产品通过加工、销售增值增利，提高农业的实际效益。坚持两手抓的方针，切实加强农村社会主义精神文明和民主法制建设。要深入进行普法教育，普遍推行“依法建制、以制治村、民主管理”制度，严厉打击各种违法犯罪活动，搞好社会治安综合治理，为农业和农村工作的发展创造良好的社会环境。要积极发展农村教育、文化、卫生、体育事业，坚持搞好计划生育，破除封建迷信，提倡移风易俗，树立社会主义新风尚，用社会主义思想占领农村思想文化阵地。加强对农村工作的领导，保证党的路线、方针、政策的贯彻落实。各级领导干部要切实把农业和农村工作摆在重要位置，定期研究，及时作出正确决策。各部门、各行业都要大力支援农业，形成全社会关心农业，积极为发展农业排忧解难、献策出力的浓厚气氛。

会议审议批准县政府提出的《关于梁山县国民经济和社会发展1991年计划执行情况和1992年计划草案的报告》。会议认为，梁山县1991年国民经济和社会发展计划的执行情况是好的，国民经济和社会事业的发展取得比较明显的成绩；1992年国民经济和社会发展计划符合中共中央工作会议、十三届八中全会和最近召开的中央政治局会议精神，符合梁山县的实际情况。会议要求，各级政府要继续认真贯彻落实中共中央工作会议、十三届八中全会和最近召开的中央政治局会议精神，牢固树立以经济建设为中心的思想，加大改革力度，加快改革步伐，积极发展国民经济和各项社会事业，为圆满完成全县1992年国民经济和社会发展计划而努力奋斗。

会议审议批准县人民政府提出的《关于梁山县1991年财政决算和1992年财政预算草案的报告》。会议认为，1991年全县财政预算执行情况是好的，实现当年收支平衡，完成县十二届人大二次会议通过的1991年预算任务。1992年财政预算，体现了以经济建设为中心，和紧缩财政支出的要求，符合梁山县实际情况。会议要求，各级政府和全县人民认真贯彻党的中央工作会议、十三届八中全会和最近召开的中央政治局会议精神，进一步解放思想，深化改革，扩大对外开放，加快经济发展，大力提高经济效益，强化税收征管，严格控制支出，严肃财经纪律，发扬艰苦奋斗，勤俭建国的优良传统，同心同德，扎实苦干，确保完成1992年财政预算任务。

会议审议批准《梁山县人大常委会工作报告》。会议认为，一年来，县人大常委会坚定不移地贯彻执行党的“一个中心，两个基本点”的基本路线，全面贯彻落实中共十三届七中全会、八中全会、中央工作会议精神和市十一届人大四次会议、县十二届人大二次会议的各项决议、决定，认真履行宪法和法律赋予的各项职权，在服从服务于经济建设这个中心，推进社会主义民主和法制建设，加强人民代表大会制度的宣传教育，密切和群众的联系，加强对乡镇人大工作的指导等方面，做了大量工作，对促进全县政治稳定、社会安定和经济的持续发展发挥了重要作用。会议对县人大常委会一年来的工作表示满意，决定批准这个报告。会议指出，1992年是实施梁山县“八五”计划的重要一年，是实现奔小康目标的起步年，也是该届人大常委会任期的最后一年，做好1992年的工作，具有特别重要的意义。会议要求，县人大常委会要继续全面贯彻执行党的基本路线，认真落实中央工作会议、十三届八中全会和最近召开的中央政治局会议精神，围绕加快改革开放步伐，促进经济振兴、保持政治稳定、社会安定，进一步履行好法律规定的对地方重大事项的决定权，加强对“一府两院”的监督，尤其要加强法律、法规的实施检查，督促“一府两院”搞好依法治县、坚持依法行政，以推动全县经济建设更快更好地发展，促进政治和社会的进一步稳定。要根据坚持和完善人民代表大会制度的需要，认真抓好“二五”普法教育，大力加强社会主义民主法制建设，积极推进基层民主政治建设。要进一步密切代表与群众的联系，充分发挥人大作为联系群众的主渠道作用。要继续加强人大常委会的自身建设，提高参政议政水平，振奋精神，努力工作，通过依法行使职权，更好地动员和团结全县人民同心同德，奋发进取，艰苦奋斗，为深化改革，扩大开放，全面实现1992年的国民经济和社会发展计划，开创各项工作的新局面而奋斗！

会议批准《梁山县人民法院工作报告》。会议认为，县人民法院坚持“一个中心，两个基本点”的基本路线，围绕经济建设，全面开展各项审判工作，为保障社会的稳定，促进全县改革开放和国民经济的发展，发挥了积极的作用。会议对县人民法院一年来的工作表示满意。会议要求，县人民法院要认真贯彻落实党的中央工作会议、十三届八中全会和最近召开的中央政治局会议精神，自觉服从和服务于经济建设，坚持严肃执法，充分发挥审判职能，积极参与社会治安综合治理，为促进改革开放和经济建设的持续稳定发展作出新的贡献。

会议批准《梁山县人民检察院工作报告》。会议认为，县人民检察院坚持“一个中心，两个基本点”的基本路线，围绕经济建设，全面开展各项检察工作，为维护全县的社会稳定，促进廉政建设和经济发展，发挥了积极的作用。会议对县人民检察院一年来的工作表示满意。会议要求，县人民检察院要认真贯彻落实党的中央工作会议、十三届八中全会和最近召开的中央政治局会议精神，牢固树立以经济建设为中心的指导思想，强化法律监督职能，依法从重从快打击各种刑事犯罪活动，继续深入开展反贪污贿赂斗争，积极参与社会治安综合治理，为促进全县改革开放、经济发展和社会稳定作出新的贡献。

第十三节 第十三届人民代表大会

1993 年 2 月至 1998 年 1 月，梁山县第十三届人民代表大会共召开 5 次会议。

第一次会议 梁山县第十三届人民代表大会第一次会议，于 1993 年 2 月 9—12 日在梁山剧院召开，出席大会代表 280 人，列席人员 127 人，出席政协梁山县第五届委员会第一次会议的全体委员列席会议。

大会概况 梁山县第十三届人民代表大会第一次会议 2 月 9 日上午正式开幕，县人大常委会副主任傅全林致开幕词，会议听取并审议代理县长赵步荣所作《政府工作报告》及县计划委员会主任毛允海所作《梁山县 1992 年国民经济和社会发展计划执行情况与 1993 年国民经济和社会发展计划（草案）的报告》、县财政局局长刘继庆所作《梁山县 1992 年财政决算和 1993 年财政预算（草案）的报告》；听取并审议县人大常委会主任穆衍峰所作《梁山县人大常委会工作报告》及县人民法院院长宋声武所作《县人民法院工作报告》、县人民检察院代检察长李文汉所作《县人民检察院工作报告》，并通过相关决议。大会选举梁山县第十三届人大常务委员会主任、副主任、委员；选举县人民政府县长、副县长；选举县人民法院院长、县人民检察院检察长；选举出席济宁市第十二届人民代表大会代表。会议还听取县人大常委会副主任张先道所作《关于代表议案及建议、批评和意见处理情况的报告》。会议通过《梁山县人民代表大会议事规则》。县人大常委会副主任杨念成致闭幕词。

大会机构 梁山县第十三届人民代表大会第一次会议设大会主席团及秘书长、主席团常务主席等机构。

主席团（27 人）：

万吉扬 马孝爱（女） 王占甲 王钦孝
傅全林 付新福 杨念成 杨朝福 李文汉
李来云 连广生 宋声武 宋恩功 张先道
张希运 张清廉 赵步荣 徐树旺 徐德珠
高太平 高承坤 黄广廷 曹耀华 康绍军
薛凡瑞 穆衍峰 鞠燕芬（女）

秘书长：王占甲（兼）

主席团常务主席（14 人）：

连广生 穆衍峰 赵步荣 高太平 曹耀华
李来云 康绍军 王占甲 杨念成 鞠燕芬（女）
傅全林 王钦孝 张先道 马孝爱（女）

大会选举 梁山县第十三届人民代表大会第一次会议通过选举办法，选举梁山县第十三届人民代表大会常务委员会主任 1 人、副主任 6 人、委员 14 人，选举梁山县人民政府县长 1 人、副县长 6 人，选举梁山县人民法院院长 1 人，选举梁山县人民检察院检察长 1 人，县人大常委会主任、县人民政府县长、县人民法院院长、县人民检察院检察长实行等额选举；县人大常委会副主任、委员，县人民政府副县长均实行差额选举（副主任、副县长各差额 1—3 人，委员差额 1/10—1/5 人）；选举出席济宁市第十二届人民代表大会代表 46 人，实行差额选举（差额 1/5—1/2 人）；

选举均采取无记名投票方式，设总监票人1人、监票人8人。

1993年2月12日，梁山县第十三届人民代表大会第一次会议，选举穆衍峰为县人大常委会主任，王占甲、杨念成、鞠燕芬（女）、傅全林、王钦孝、张先道为副主任，马孝爱（女）、火秀云（女）、杨明勤、李文汉、张玉莲（女）、张宜科、武立芳、胡景陶、高新魁、阎旺亭、阎昭钦、韩玉忠、董传珍、蔡怀谦为委员；选举赵步荣为县人民政府县长，高太平、康绍军、张先知、王佑明、王钦之、王瑞兰（女）为副县长；选举宋声武为县人民法院院长，李文汉为县人民检察院检察长。由梁山县第十三届人民代表大会第一次会议主席团分别予以公告。

会议选举出席济宁市第十二届人民代表大会代表（46人）：

于凤芝（女）于明全 万吉秀 马习峰
王玉香（女）王先珠 王传琦 王志宪
王笃庆 王胜堂 王修智 师瑞兰（女）
朱山栋 任庆华 刘 辉 刘继庆 刘殿印
齐道正 孙久新 孙登玉 杨奉贞 杨颜灵（女）
李文汉 李相社 李厚道 李翠菊（女）
吴兆海 吴桂英（女）宋怀川 宋声武
张兆兰 张忠恕 张宪花（女）张德仲
邵长立 单昭卿 侯素珍（女）高太平
高建山 曹 红（女）阎秀萍（女）
韩秀林 彭开坤 董传福 蓝寿华 穆衍峰

大会决议 1993年2月12日，梁山县第十三届人民代表大会第一次会议通过大会决议6项。

关于政府工作报告的决议。梁山县第十三届人民代表大会第一次会议，听取并审议代县长赵步荣所作《政府工作报告》。会议认为，报告对前三年政府工作的总结是实事求是的，对下届政府所建议的指导思想、奋斗目标、工作措施是切实可行的。会议决定批准这个报告。会议认为，前三年县政府认真贯彻落实中共十四大精神，按照县十二届人大一次会议确定的工作目标，集中精力抓好经济工作，大力推进改革开放，深入进行社会主义精神文明建设和民主法制建设，全县安定团结的政治局面得到巩固和发展，国民经济保持了适度的增长，各项社会事业有了新的进步。会议对政府三年来的工作表示满意。会议指出，今后三年是实现“八五”计划、实施奔小康总体方案和全县经济翻三番的关键时期，特别是做好1993年的工作，对于贯彻好中共十四大精神、由计划经济转向社会主义市场经济具有十分重要的意义。全县人民要进一步解放思想、更新观念，加快改革开放步伐，努力把经济工作搞上去，切实加强精神文明建设，夺取全县现代化建设的更大成绩。会议要求，全县人民要深入学习中共十四大精神，进一步解放思想换脑筋，破除旧的传统观念，克服小农生产意识，树立起与社会主义市场经济要求相适应的新思想、新观念。各级政府应以主要精力抓好经济工作，认真实施“五大战略”，尽快形成全县经济“五大格局”。要坚持以提高效益为中心，突出抓好工业企业，大力发展乡镇企业。要继续强化农业，切实搞好农业十大开发，积极发展社会化服务体系，逐步壮大集体经济，进一步改善农业生产条件。要进一步启动商业企业活力，建立健全市场体系，全方位发展第三产业。加快基础设施建设，发挥好水泊梁山旅游优势。要引进先进技术和人才，逐步增强县域经济活力。各级政府要继续抓好科技、教育、文化、卫生、广播电视等项社会事业，坚持不懈地搞好计划生育工作，严格土地管理，强化社会治安综合治理，积极推进社会主义民主与法制建设。要进一步转换政府职能，改进机关工作作风，为改革开放和经济建设提供良好的服务。

关于梁山县1992年国民经济和社会发展计划执行情况与1993年计划（草案）的决议。梁山县第十三届人民代表大会第一次会议经过审议，决定原则批准县计划委员会主任毛允海受县政府委托所作《关于梁山县1992年国民经济和社会发展计划执行情况与1993年计划（草案）的报告》。会议认为，1992年国民经济和社会发展计划执行情况基本上是好的，1993年国民经济和社会发展计划的安排，符合国家政策和全县实际，是积极可行的。会议要求各级政府和全县人民，以中共十四大精神为指导，按照建立社会主义市场经济体制的要求，加大改革力度，扩大对外开放，解放思想，实事求是，抓住机遇，加快发展，真抓实干，狠抓落实。工作重点放在调整经济结构上，稳定提高第一产业，优化加强第二产业，积极发展第三产业，集中力量强化乡镇企业，全面提高国民经济的整体素质，促进国民经济更好地发展，确保1993年国民经济和社会发展计划圆满完成。

关于梁山县1992年财政决算和1993年财政预算的决议。梁山县第十三届人民代表大会第一次会议，经过认真审议，决定批准县财政局局长刘继庆受县政府委托所作《关于梁山县1992年财政决算和1993年财政预算的报告（草案)》。会议认为，1992年全县财政预算执行情况是好的，实现了当年收支平衡，完成县十二届人大三次会议通过的1992年预算任务。1993年财政预算，体现了以经济建设为中心和紧缩财政支出的要求，符合全县实际情况。会议要求，全县人民要进一步贯彻中共十四大精神，解放思想，深化改革，加快经济发展，提高经济效益，强化税收征管，严格控制和节减支出，严肃财经法纪，发扬艰苦奋斗，勤俭建国的优良传统。同心同德，扎实苦干，确保完成1993年财政预算任务。

关于县人大常委会工作报告的决议。梁山县第十三届人民代表大会第一次会议，听取并审议人大常委会主任穆衍峰所作梁山县十二届人大常委会工作报告。会议认为，三年来，县十二届人大常委会在中共梁山县委领导下，积极贯彻执行县十二届人民代表大会的各项决议、决定，紧紧围绕发展经济和社会主义民主法制建设，认真履行宪法和法律赋予的各项职权，进一步密切与代表和群众的联系，加强对乡镇人大工作的指导，为全县政治、经济和社会各项事业的稳定与发展，作出积极的贡献。会议对县十二届人大常委会三年来的工作表示满意，决定批准这个报告。会议指出，1993年是建立社会主义市场经济体制，进一步加快改革开放的一年，是进行行政管理体制和机构改革的一年，也是全县人民奋战三年，实现第三个翻番的第一年。做好1993年的工作，具有特别重要的意义。会议要求，县人大常委会要坚持党的基本路线，认真贯彻落实中共十四大精神，紧紧围绕加快改革开放步伐，促进经济振兴，切实履行好法律规定的对地方重大事项的决定权。要加强对“一府两院”的法律监督，尤其要加强对法律、法规贯彻实施情况的监督检查，督促“一府两院”搞好依法治县，真正做到有法必依、执法必严、违法必究。要积极推动“二五”普法教育规划的实施，大力加强社会主义民主法制建设，要进一步加强地方人大及其常委会的自身建设，密切人大常委会与代表和群众的联系，不断提高议政水平。解放思想，更新观念，振奋精神，努力工作，动员和团结全县人民同心同德，真抓实干，为全面实现今年的国民经济和社会发展计划，为开创全县各项工作的新局面而奋斗。

关于县人民法院工作报告的决议。梁山县第十三届人民代表大会第一次会议，决定批准县人民法院院长宋声武所作《梁山县人民法院工作报告》。会议认为，县人民法院坚持党的“一个中心，两个基本点”的基本路线，围绕经济建设，全面开展各项审判工作，为保障社会的稳定，促进国民经济的发展，发挥了积极作用。会议对县人民法院三年来的工作表示满意。会议要求，县人民法院要认真贯彻落实中共十四大精神，自觉服从和服务于经济建设，进一步加强自身建设，坚持严肃执法，充分发挥审判职能，积极参与社会治安综合治理，为促进全县改革开放和经济建设的持续稳定发展作出新的贡献。

关于县人民检察院工作报告的决议。梁山县

第十三届人民代表大会第一次会议，决定批准县人民检察院代检察长李文汉所作《梁山县人民检察院工作报告》。会议认为，县人民检察院坚持党的“一个中心，两个基本点”的基本路线，围绕经济建设，全面开展各项检察工作，为维护全县社会稳定，促进廉政建设和经济发展，发挥了积极作用。会议对县人民检察院三年来的工作表示满意。会议要求，县人民检察院要认真贯彻落实中共十四大精神，牢固树立以经济建设为中心的指导思想，进一步加强自身建设，强化法律监督职能，坚持依法从重从快打击各种刑事犯罪活动，继续深入开展反贪污、贿赂斗争，积极参与社会治安综合治理，为促进全县改革开放、经济发展和社会稳定作出新的贡献。

第二次会议 梁山县第十三届人民代表大会第二次会议，于1994年1月27—29日召开，出席会议代表279人，列席人员85人。

大会概况 梁山县第十三届人民代表大会第二次会议听取并审议县长赵步荣所作《政府工作报告》、县计划委员会主任毛允海所作《梁山县1993年国民经济和社会发展计划执行情况和1994年计划的报告》、县财政局局长刘东升所作《梁山县1993年财政决算和1994年财政预算的报告》，听取并审议县人大常委会主任穆衍峰所作《梁山县人大常委会工作报告》、县人民法院院长宋声武所作《梁山县人民法院工作报告》和县人民检察院检察长李文汉所作《梁山县人民检察院工作报告》，会议通过各项报告，并作出相应决议。会议还听取县人大常委会副主任张先道所作关于代表议案及建议、批评和意见处理情况的报告。

大会机构 梁山县第十三届人民代表大会第二次会议设大会主席团及秘书长、主席团常务主席等机构。

主席团（21人）：

王占甲 王钦孝 王效钦 傅全林 师朝义
刘合福 齐成岁 李广游 李来云 李学社
杨念成 杨朝福 连广生 吴瑞和 张先道
张希运 张清廉 陆书杰 曹耀华 穆衍峰
鞠燕芬（女）

秘书长：王占甲（兼）

主席团常务主席（10人）：

连广生 穆衍峰 曹耀华 李来云 王占甲
杨念成 鞠燕芬（女） 傅全林 王钦孝
张先道

大会决议 1994年1月29日，梁山县第十三届人民代表大会第二次会议通过大会决议6项。

关于《政府工作报告》的决议。梁山县第十三届人民代表大会第二次会议，认真听取并审议县长赵步荣代表县政府所作《政府工作报告》。会议认为，报告对过去一年政府工作的总结是符合实际的，提出的今后工作的指导思想和基本任务是切实可行的。会议决定批准这个报告。会议认为，过去的一年，县政府认真贯彻落实中共十四大精神，按照县十三届人大一次会议确定的工作目标，突出经济建设这个中心，抓住有利时机，深化改革开放，加强社会主义精神文明和民主法制建设，全县安定团结的政治局面得到进一步巩固和发展，国民经济保持了适度的增长，各项社会事业有了新的进步。会议对政府一年来的工作表示满意。会议指出，1994年是全县实现“奋战三年，实现国民生产总值“三个翻番”和“八五”计划的关键一年。改革、发展、稳定将成为整个工作的主旋律。继续贯彻落实中共十四届三中全会精神，进一步解放思想，深化改革，扩大开放，加强第一产业，提高第二产业，大力发展第三产业，继续加大措施实施“五大战略”，突出抓好一个稳定，坚持两个加快，增加两个收入，运用经济和法律手段，逐步建立起充满生机和活力的社会主义市场经济体制，调动一切积极因素，集中精力尽快把全县国民经济搞上去。会议要求，全县人民要继续深入学习中共十四届三中全会精神，进一步解放思想，从根本上彻底改变束缚生产力发展的旧观念，克服“左、旧、小”思想的影响，树立起与社会主义市场经济要求相适应的新思想、新观念。增强机遇意识、外向意识、市场意识和全面意识，积极推进各项改革，正确处理改革中出现的各种关系，保证企业、农村、流通、财税、金融等一系列重大改革措施的顺利实施。各级政府要以经济建设为中心，抓住机遇，加大措施，保持全县国民经济和各项社会事业的持续、快速、健康发展。按照该次会议批准的《政府工作报告》提出的任务，狠抓各项工作的落实。进一步强化农业的基础地位，以增加农民收入为重点，积极调整产业结构，优化经济布局，全面发展农村经济；以提高经济效益为目的，深化企业产权制度改革，坚定不移地实施“外向带动”战略，引进技术和人力，努力提高工业企业整体素质和综合效益；以“三通一旅”为主要内容，继续实施好“水浒战略”。大力发展第三产业；以适应社会主义市场经济为目的，积极推进科技、教育、文化、卫生等项社会事业。继续认真贯彻执行计划生育、合理利用土地和环境保护的基本国策，促进全县国民经济的发展。要大力推进社会主义精神文明和民主法制建设，搞好社会治安综合治理，巩固和发展安定团结的政治局面，确保社会稳定。进一步转变政府职能，改进工作作风，加强廉政建设，坚持依法行政，力戒形式主义、官僚主义，真抓实干，提高工作效率。

关于梁山县1993年国民经济和社会发展计划执行情况及1994年计划（草案）的决议。梁山县第十三届人民代表大会第二次会议经过审议，决定批准县计划委员会主任毛允海受县政府委托所作《关于梁山县1993年国民经济和社会发展计划执行情况及1994年计划（草案）的报告》。会议认为，1993年在农业遭受特大自然灾害的情况下，经过全县上下奋力抗灾自救，农村经济仍保持稳定发展，整个国民经济和社会事业基本完成或超额完成1993年计划，总体情况基本上是好的；1994年国民经济和社会发展计划的安排，符合国家政策和梁山县实际。会议要求各级政府和全县人民，以建设社会主义市场经济体制为目标，加大改革开放力度，加速科技进步，发挥优势，加快技改，强化管理，优化结构，突出效益，大力发展工业、农业、第三产业、乡镇企业和个体私营经济，改善经济增长的质量，促进全县经济持续、快速、健康地发展，确保1994年国民经济和社会计划圆满完成。

关于梁山县1993年财政决算和1994年财政概算的决议。梁山县第十三届人民代表大会第二次会议，经过认真审议，决定批准县财政局局长刘东升受县政府委托所作《关于梁山县1993年财政决算和1994年财政概算（草案）的报告》。1994年财政预算方案制定之后，大会授权县人大常委会审议批准。会议认为，1993年县财政预算执行情况是好的，实现当年收支平衡，完成县十三届人大一次会议通过的1993年预算任务。1994年财政概算，体现了以经济建设为中心，紧缩财政支出的要求，符合梁山县实际情况。会议要求，全县人民要进一步贯彻中共十四大和十四届三中全会精神，解放思想，深化财税改革，加快经济发展，提高经济效益，强化税收征管，严格控制和节减支出，严肃财经法纪，发扬艰苦奋斗、勤俭建国的优良传统，同心同德、扎实苦干，确保完成1994年财政预算任务。

关于县人大常委会工作报告的决议。梁山县第十三届人民代表大会第二次会议，听取并审议县人大常委会主任穆衍峰所作梁山县人大常委会工作报告。会议认为，换届以来，县人大常委会在中共梁山县委的领导下，以党的基本路线为指导，积极贯彻执行中共十四大和十四届三中全会精神，以及县十三届人大一次会议的各项决议，紧紧围绕改革开放和社会主义民主与法制建设，认真履行宪法和法律赋予的各项职权，进一步密切与代表和群众的联系，加强对乡镇人大工作的指导，为全县政治、经济和社会各项事业的稳定与发展，作出积极的贡献。会议对县人大常委会一年来的工作表示满意，决定批准这个报告。会议指出，1994 年是深化改革任务比较集中的一年，是全面贯彻落实中共十四届三中全会《关于建立社会主义市场经济体制若干问题的决定》的一年，也是全县人民奋战三年，实现第三个翻番的关键的一年。做好 1994 年的工作，具有特别重要的意义。会议要求，县人大常委会要以党的基本路线为指导，全面贯彻落实中共十四大和十四届三中全会精神，认真履行宪法和法律赋予的各项职责，大力加强社会主义民主与法制建设，强化对“一府两院”的法律监督和工作监督，尤其要加强对有关社会主义市场经济方面法律实施情况的检查监督。要把围绕改革开放和社会主义现代化建设的重大问题，以及人民群众反映强烈的问题，作为监督检查的重点，努力提高检查监督的效果，对发现的问题，督促有关部门严肃的处理，以取信于民。要进一步加强人大常委会的自身建设，密切人大常委会与代表和群众的联系，提高议政水平，解放思想，更新观念，振奋精神，努力工作，为推进社会主义市场经济体制的建立和完善，为保障社会主义现代化建设事业的持续快速健康发展作出应有的贡献。

关于县人民法院工作报告的决议。梁山县第十三届人民代表大会第二次会议，决定批准县人民法院院长宋声武所作《梁山县人民法院工作报告》。会议认为，一年来，县人民法院坚持党的基本路线，紧紧围绕经济建设，全面开展了各项审判工作，为保障社会的稳定，促进全县改革开放和国民经济的发展，发挥了积极的作用。会议对县人民法院的工作表示满意。会议要求，县人民法院要认真贯彻落实中共十四大和十四届三中全会精神，自觉服从和服务于经济建设，进一步加强自身建设，坚持严肃执法，充分发挥审判职能，积极参与社会治安综合治理，为推进社会主义市场经济体制的建立和完善，为保障社会主义现代化建设事业的持续快速健康发展，作出新的贡献。

关于县人民检察院工作报告的决议。梁山县第十三届人民代表大会第二次会议，决定批准县人民检察院检察长李文汉所作《梁山县人民检察院工作报告》。会议认为，一年来，县人民检察院坚持党的基本路线，紧紧围绕经济建设，全面开展了各项检察工作，为维护全县的社会稳定，促进廉政建设和经济发展，发挥了积极的作用。会议对县人民检察院的工作表示满意。会议要求，县人民检察院要认真贯彻落实中共十四大和十四届三中全会精神，自觉服从和服务于经济建设，进一步加强自身建设，强化法律监督职能，坚持依法从重从快打击各种刑事犯罪活动，继续深入开展反贪污贿赂斗争，积极参与社会治安综合治理，为推进社会主义市场经济体制的建立和完善，为保障社会主义现代化建设事业的持续快速健康发展作出新的贡献。

第三次会议 梁山县第十三届人民代表大会第三次会议，于 1995 年 2 月 9—11 日在县政府第一会议室召开。出席会议代表 279 人，列席人员 113 人。

大会概况 梁山县第十三届人民代表大会第三次会议 2 月 9 日开幕，县人大常委会主任穆衍峰主持。会议听取并审议县长赵步荣所作《政府工作报告》及县计划委员会主任毛允海所作《梁山县 1994 年国民经济和社会发展计划执行情况和 1995 年计划（草案）的报告》、县财政局局长刘东升所作《梁山县 1994 年财政决算和 1995 年财政预算（草案）的报告》，听取并审议县人大常委会主任穆衍峰所作《梁山县人大常委会工作报告》以及县人民法院院长宋声武所作《梁山县人民法院工作报告》、县人民检察院检察长李文汉所作《梁山县人民检察院工作报告》，会议通过各项报告，并作出相应决议。会议还听取县人大常委会副主任张先道所作关于代表议案及建议、批评和意见处理情况的报告。

大会机构 梁山县第十三届人民代表大会第三次会议设大会主席团及秘书长、主席团常务主席等机构。

主席团（22 人）：

王占甲 王志明 王钦孝 王爱民 傅全林
玄志祥 刘恩玉 李来云 李继军 杨念成
杨奉贞 杨朝福 连广生 张先道 张述先
贾祥福 徐树旺 高文浩 高贤运 曹耀华
穆衍峰 鞠燕芬（女）

秘书长：王占甲（兼）

主席团常务主席（10 人）：

连广生 穆衍峰 曹耀华 李来云 王占甲
杨念成 鞠燕芬（女） 傅全林 王钦孝
张先道

大会决议 1995 年 2 月 11 日，梁山县第十三届人民代表大会第三次会议通过大会决议 6 项。

关于《政府工作报告》的决议。梁山县第十三届人民代表大会第三次会议，认真审议县长赵步荣代表县人民政府所作《政府工作报告》。一致认为，报告实事求是地总结 1994 年政府工作，明确地提出 1995 年工作的指导思想、任务和措施，符合党的十四届三中、四中全会精神，符合上级党委、政府的要求，符合梁山县实际情况。会议决定批准这个报告。会议认为，1994 年是全县经济建设和各项事业蓬勃发展的一年。全县人民在县委的领导下，认真贯彻中共十四届三中、四中全会精神，积极落实县十三届人大二次会议的各项决议，解放思想，真抓实干，使经济建设保持快速增长的良好势头，各项社会事业全面进步，社会主义精神文明建设和民主法制建设得到加强。全县出现了经济发展、政治稳定、人民团结、社会进步的可喜局面。会议对县政府一年来的工作表示满意。会议指出，1995 年是“八五”计划的最后一年，也是全县经济实现第三个翻番的决战年。全县上下要按照“抓住机遇，深化改革，扩大开放，促进发展，保持稳定”的总方针，进一步解放思想，全面推进改革，扩大开放，加速经济发展，搞好社会主义精神文明建设和民主法制建设，努力开创政府工作的新局面。会议强调，加强建立社会主义市场经济体制的发展步伐，是 1995 年的重要任务。要抓住时机，努力使企业改革、农村改革、住房制度改革和社会保障体系建设实现新的突破。进一步扩大对外开放，扩大招商引资规模，促进外向型经济更快、更好地发展。要继续强化农业的基础地位，进一步调整优化农村产业结构，在稳定粮食总产的基础上，积极扩大经济作物面积，大力发展林牧副渔业和农村二、三产业，特别要注意发展以个体私营为主的乡镇企业。工业生产要加快结构调整和技术改造步伐，加强企业管理，下大力气抓好企业扭亏增盈，进一步提高企业整体素质和经济效益，加快发展第三产业，搞活商品流通，切实做好财税金融工作。要继续把科技教育作为战略重点来抓，全面发展各项社会事业。要强化基础设施建设，加快城乡一体化进程。要认真落实依法治县规划，坚持依法行政，逐步把经济和社会事务管理纳入法制化、规范化的轨道。要强化社会治安综合治理，坚决打击各种刑事犯罪和经济犯罪。切实抓好反腐败斗争，加强政府自身建设，进一步转变职能，改进工作作风，密切同基层和人民群众的联系。

关于梁山县 1994 年国民经济和社会发展计划执行情况及 1995 年计划（草案）的决议。梁山县第十三届人民代表大会第三次会议经过审议，决定批准县计划委员会主任毛允海受县政府委托所作《关于梁山县 1994 年国民经济和社会发展计划执行情况及 1995 年计划（草案）的报告》。会议认为，梁山县 1994 年国民经济和社会发展计划执行情况基本上是好的，国民经济和社会事业的发展取得明显的成绩；1995 年国民经济和社会发展计划的安排，符合国家政策和全县实际。会议要求，各级政府和全县人民要以中共十四大精神为指针，正确处理改革、发展和稳定的关系，以提高经济效益为中心，强化农业基础，深化企业改革，加快结构调整，推进技术进步，大力开拓市场，增加有效供给，抑制物价过快上涨，努力提高经济运行的质量，促进国民经济持续、快速、健康发展和社会全面进步，确保1995年国民经济和社会发展计划圆满完成。

关于梁山县1994年财政决算和1995年财政预算的决议。梁山县第十三届人民代表大会第三次会议，经过认真审议，决定批准县财政局局长刘东升受县政府委托所作《关于梁山县1994年财政决算和1995年财政预算（草案）的报告》。会议认为，在新的财税体制实施的第一年，全县财政预算执行情况是好的，完成财政预算，达到了各级政府关于“一个实现，三个保证”的要求，做到了当年收支平衡。1995年财政预算，体现了以经济建设为中心，严格预算约束，紧缩财政支出的要求，符合全县实际情况。会议要求，全县人民要进一步贯彻中共十四大精神，继续完善和深化财税改革，加快经济发展，保证社会稳定。强化税收征管，严格控制和节减支出，严肃财经纪律，积极落实本次大会决议，团结一致，同心协力，锐意进取，真抓实干，确保完成1995年财政预算任务。

关于县人大常委会工作报告的决议。梁山县第十三届人民代表大会第三次会议，听取审议县人大常委会主任穆衍峰所作《梁山县人大常委会工作报告》。会议认为，一年来，县人大常委会坚持以建设有中国特色社会主义的理论和中共十四大、十四届三中、四中全会精神为指导，在中共梁山县委的领导下，全面贯彻党的基本路线，紧紧围绕经济建设这个中心，认真履行宪法和法律赋予的各项职权和法制建设，为促进全县深化改革、加快发展、保持稳定和各项事业的进步，作出积极的贡献。会议对县人大常委会一年来的工作表示满意，决定批准这个报告。会议要求，县人大常委会在新的一年里，在建设有中国特色社会主义的理论、党的基本路线和中共十四大、十四届三中、四中全会精神指引下，在中共梁山县委的领导下，认真落实县十三届人大三次会议的各项决议，紧紧围绕经济建设这个中心，适应建立社会主义市场经济体制新形势的要求，从“抓住机遇、深化改革、扩大开放、促进发展、保持稳定”的大局出发，进一步履行好宪法和法律赋予的各项职权。要及时讨论决定全县改革开放和经济建设中的重大事项，督促县政府及有关方面认真解决人民群众普遍关心的社会问题；要强化监督职能，切实抓好对法律法规贯彻执行情况的监督检查，坚决纠正有法不依、执法不严、违法不究的现象；要进一步加强对被任命干部任职情况的监督，促进国家机关工作人员廉洁勤政；要指导代表开展好视察调查、评议、联系选民等活动，积极为代表执行职务提供服务；要大力加强对人民代表大会制度的宣传，提高广大干部群众对新形势下人大工作重要地位的认识；要继续抓好常委会及其机关的思想、业务和作风建设，努力提高议事效率和工作水平。要通过充分发挥地方国家权力机关的作用，为动员和组织全县人民胜利完成今年的改革开放和经济建设各项任务作出更大的贡献。

关于县人民法院工作报告的决议。梁山县第十三届人民代表大会第三次会议，经过审议，决定批准县人民法院院长宋声武所作《梁山县人民法院工作报告》。会议认为，一年来，县人民法院在中共梁山县委的领导下，在县人大及其常委会的监督指导下，紧紧围绕经济建设这个中心，认真履行宪法和法律赋予的职权，积极开展各项审判工作，打击了犯罪，保护了公民、法人和其他组织的合法权益，为保障改革开放和经济建设的顺利进行，作出积极的贡献。会议对县人民法院的工作表示满意。会议要求，县人民法院要全面贯彻执行中共十四大、十四届三中、四中全会精神，坚持党的基本路线，牢固树立为经济建设服务的观念，充分发挥法律赋予的职能作用，全面开展各项审判工作，进一步加强自身建设，严格执法，秉公办案，不断提高办案质量和水平，积极参与社会治安综合治理，为维护社会主义经济秩序和社会稳定、保障市场经济的健康发展、推进社会主义民主政治建设作出新的贡献！

关于县人民检察院工作报告的决议。梁山县第十三届人民代表大会第三次会议，经过审议，决定批准县人民检察院检察长李文汉所作《梁山县人民检察院工作报告》。会议认为，一年来，县人民检察院在中共梁山县委的领导下，在县人大及其常委会的监督指导下，坚持党的基本路线为指针，服从服务于经济建设这个中心，认真履行宪法和法律赋予的检察职能，积极开展各项检察工作，为促进廉政建设，维护社会稳定，保障改革开放和经济建设的顺利进行，作出积极贡献。会议对县人民检察院的工作表示满意。会议要求，县人民检察院要全面贯彻执行中共十四大及十四届三中、四中全会精神，牢固树立为改革开放和经济建设服务的思想，认真履行检察职能，全面开展各项检察工作，切实加强反贪污、贿赂斗争的力度，严厉打击各种严重经济犯罪和严重刑事犯罪，积极参与社会治安综合治理，努力维护社会稳定，不断加强自身建设，严格依法办案，提高办案质量和水平，为推进社会主义民主政治建设，为改革开放和经济发展作出新的贡献。

第四次会议 梁山县第十三届人民代表大会第四次会议，于1996年2月8—10日在县政府第一会议室召开。出席会议代表278人，列席人员174人。

大会概况 梁山县第十三届人民代表大会第四次会议2月8日开幕，县人大常委会主任穆衍峰主持。会议听取并审议县长赵步荣所作《政府工作报告》以及县计划委员会主任毛允海所作《梁山县1995年国民经济和社会发展计划执行情况和1996年计划（草案）的报告》、县财政局局长刘东升所作《梁山县1995年财政决算和1996年财政预算（草案）的报告》，听取并审议县人大常委会主任穆衍峰所作《梁山县人大常委会工作报告》及县人民法院院长宋声武所作《梁山县人民法院工作报告》、县人民检察院检察长李文汉所作《梁山县人民检察院工作报告》，会议通过各项报告，并作出相应的决议。会议听取县人大常委会副主任张先道所作关于代表议案及建议、批评和意见处理情况的报告。会议批准县政府提交的《梁山县国民经济和社会发展第九个五年计划及2010年远景目标纲要（草案）》，并作出关于梁山县国民经济和社会发展第九个五年计划及2010年远景目标纲要的决议。

大会机构 梁山县第十三届人民代表大会第四次会议设大会主席团及秘书长、主席团常务主席等机构。

主席团（22人）：

王占甲 王志宪 王孟省 王钦孝 王爱民
王廉秀 傅全林 付新福 师朝义 杨念成
杨奉贞 杨朝福 李　华 李继军 张以林
张先道 张忠建 周生智 曹耀华 董传珍
穆衍峰 鞠燕芬（女）

秘书长：王占甲（兼）

主席团常务主席（10人）：

王廉秀 穆衍峰 曹耀华 张忠建 王占甲
杨念成 鞠燕芬（女） 傅全林 王钦孝
张先道

大会决议 1996年2月10日，梁山县第十三届人民代表大会第四次会议通过大会决议7项。

关于《政府工作报告》的决议。梁山县第十三届人民代表大会第四次会议，审议县长赵步荣代表县人民政府所作《政府工作报告》。一致认为，报告实事求是地总结1995年的政府工作，明确地提出1996年工作的指导思想、任务和措施，符合中共十四届五中全会精神，符合上级党委、政府的要求，符合全县的实际情况。会议决定批准这个报告。会议认为，1995年是实施“八五”计划的最后一年，也是全县改革开放实现新突破，经济建设和各项社会事业蓬勃发展的一年。全县人民在县委的领导下，认真贯彻中共十四届五中全会精神，积极落实县十三届人大三次会议的各项决议，解放思想，真抓实干，使经济建设保持了快速增长的良好势头，各项事业全面进步，社会主义精神文明建设和民主法制建设得到加强。全县出现了经济发展、政治稳定，人民团结、社会进步的可喜局面。会议对县政府一年来的工作表示满意。会议指出，1996 年是“九五”计划的第一年，能否做好今年的工作，对整个“九五”计划的全面完成和建设经济强县目标的如期实现，将产生重要影响。全县上下要按照“抓住机遇、深化改革、扩大开放、促进发展、保持稳定”的总方针，以京九铁路通车和改革开放试点县为契机，发扬“奋进开拓创大业，团结苦干夺第一”的梁山精神，坚持统筹兼顾、突出重点的原则，努力推进经济体制和经济增长方式的转变，保持国民经济持续、快速、健康发展，促进各项社会事业全面进步，为实现“九五”计划创造良好的开端。会议强调，加大改革开放力度，大力推进“两个转变”，将是 1996 年工作的重点。要按照建立社会主义市场经济的要求，不断推进经济体制改革和其他方面的改革，进一步理顺各方面的关系，健全新的经济运行机制和经济秩序。在继续加大投入的同时，注重提高经济效益。要抓住时机大力推进农村改革、企业改革和社会保障制度改革。要继续强化全民开放意识，搞好改革开放试点县工作，积极引进资金、技术、人才和管理经验，扩大产品出口，促使全县外向型经济更快更好地发展。要以实施农民“211”致富工程为重点，狠抓结构调整，全面振兴农村经济。工业生产要进一步加大投入，搞好技术改造，强化企业管理，提高经济效益。要以建立现代企业制度为目标，搞活国有集体经济，提高工业运行质量。要把发展个体私营经济当作重要的经济增长源来抓，采取有力措施，不断壮大个体私营队伍。要搞活商品流通，加快市场建设，严格控制物价，强化税收征管，做好财税金融工作，要加快基础设施建设，增强经济发展支撑能力。继续实施“科教兴梁”战略，加大科技、教育投入，促进社会各项事业的全面发展。要继续强化社会治安综合治理工作，严厉打击各种刑事犯罪和经济犯罪。要进一步加强和改进政府工作，推动“两个转变”，抓好廉政建设，坚持依法行政，密切同人民群众的联系。会议号召，全县人民要在县委的正确领导下，发扬梁山精神，解放思想，团结奋进，为全面完成 1996 年的各项任务，夺取改革开放和现代化建设的更大胜利而努力奋斗。

关于梁山县国民经济和社会发展第九个五年计划及 2010 年远景目标纲要的决议。梁山县第十三届人民代表大会第四次会议，经过认真审议，决定批准《梁山县国民经济和社会发展第九个五年计划及 2010 年远景目标纲要（草案）》。会议指出，梁山县国民经济和社会发展第九个五年计划及 2010 年远景目标，既鼓舞人心，催人奋进，具有很大的号召力，又措施得力，切实可行，具有较强的指导性，任务光荣而艰巨。会议要求，各级政府和全县人民一定要进一步增强责任感、使命感、紧迫感，在中共梁山县委的领导下，发扬“奋进开拓创大业，团结苦干夺第一”的梁山精神，同心同德，锐意进取，埋头苦干，开拓创新，为全面实现“九五”计划和 2010 年远景目标而努力奋斗。

关于梁山县 1995 年国民经济和社会发展计划执行情况及 1996 年计划（草案）的报告的决议。梁山县第十三届人民代表大会第四次会议，经过认真审议，决定批准县计划委员会主任毛允海受县政府委托所作《关于梁山县 1995 年国民经济和社会发展执行情况及 1996 年计划（草案）的报告》。会议认为，1995 年国民经济和社会发展执行情况是好的，1996 年计划符合实际，且积极可行。

关于梁山县 1995 年财政决算和 1996 年财政预算的决议。梁山县第十三届人民代表大会第四次会议，经过认真审议，决定批准县财政局局长刘东升受县政府委托所作《关于梁山县 1995 年财政决算和1996年财政预算（草案）的报告》。会议认为，1995年，县财政预算执行情况是好的，财政收入完成预算任务，财政支出基本保证了各项事业发展的需要。1996年财政预算体现了进一步深化改革、加速经济发展和紧缩财政支出的要求，符合全县实际情况，是积极可行的。

关于县人大常委会工作报告的决议。梁山县第十三届人民代表大会第四次会议，听取审议县人大常委会主任穆衍峰所作《梁山县人大常委会工作报告》。会议认为，一年来，县人大常委会坚持以党的基本路线为指导，认真贯彻中共十四大和十四届四中、五中全会精神，积极落实县十三届人大三次会议的各项决议，紧紧把握“抓住机遇、深化改革、扩大开放、促进发展、保持稳定”的工作大局，依法履行各项职权，为坚持和完善人民代表大会制度，推进社会主义民主和法制建设，保障全县改革开放和现代化建设的顺利进行，发挥了重要作用。会议对县人大常委会一年来的工作表示满意，决定批准这个报告。会议要求，在新的一年里，县人大常委会要在党的基本路线指引下，全面贯彻中共十四大和十四届四中、五中全会精神，正确处理改革、发展、稳定的关系，认真贯彻落实本次大会作出的各项决议。要坚持民主集中制原则，逐步完善民主科学决策的各项制度，决定好全县的重大事项。要围绕改革、发展和稳定，进一步改革和加强监督工作，突出抓好法律监督，保证宪法和法律在全县的贯彻实施。要努力做好人大代表工作，切实发挥人大代表在两个文明建设中的作用。要继续抓好人大常委会的自身建设，认真组织代表学习建设有中国特色社会主义理论，努力提高履行法定职权的水平。

关于县人民法院工作报告的决议。梁山县第十三届人民代表大会第四次会议，经过审议，决定批准县人民法院院长宋声武所作《梁山县人民法院工作报告》。会议认为，一年来，县人民法院在中共梁山县委的领导下，在县人大及其常委会的监督指导下，紧紧围绕经济建设这个中心，认真履行宪法和法律赋予的职权，积极开展各项审判工作，打击了犯罪，保护了公民、法人和其他组织的合法权益，为保障改革开放和经济建设的顺利进行做出了积极的贡献。会议对县人民法院的工作表示满意。会议要求，县人民法院要全面贯彻执行中共十四大及十四届四中、五中全会精神，坚持党的基本路线，牢固树立为经济建设服务的观念，充分发挥法律赋予的职能作用，全面开展各项审判工作，进一步加强自身建设，严格执法，秉公办案，不断提高办案质量和水平，积极参与社会治安综合治理，为维护社会主义经济秩序和社会稳定、保障市场经济的健康发展、推进社会主义民主政治建设作出新的贡献。

关于县人民检察院工作报告的决议。梁山县第十三届人民代表大会第四次会议，经过审议，决定批准县人民检察院检察长李文汉所作《梁山县人民检察院工作报告》。会议认为，一年来，县人民检察院在中共梁山县委的领导下，在县人大及其常委会的监督指导下，坚持以党的基本路线为指针，服从服务于经济建设这个中心，认真履行宪法和法律赋予的检察职能，积极开展各项检察工作，为促进廉政建设，维护社会稳定，保障改革开放和经济建设的顺利进行，作出积极贡献。会议对县人民检察院的工作表示满意。会议要求，县人民检察院要全面贯彻执行中共十四大、十四届四中、五中全会精神，牢固树立为改革开放和经济建设服务的思想，认真履行检察职能，全面开展各项检察工作，切实加强反贪污、贿赂斗争的力度，严厉打击各种严重经济犯罪和严重刑事犯罪，积极参与社会治安综合治理，努力维护社会稳定，不断加强自身建设，严格依法办案，提高办案质量和水平，为推进社会主义民主政治建设，为改革开放和经济发展作出新的贡献。

第五次会议 梁山县第十三届人民代表大会第五次会议，于1997年2月26日至3月1日在县政府第一会议室召开。出席会议代表 275 人，列席会议人员 152 人。

大会概况 梁山县第十三届人民代表大会第五次会议 2 月 26 日开幕，县人大常委会党组书记高太平主持。会议听取审议代理县长曹耀华所作《政府工作报告》、县计划委员会主任毛允海所作《梁山县 1996 年国民经济和社会发展计划执行情况和 1997 年计划（草案）的报告》、县财政局局长刘东升所作《梁山县 1996 年财政决算和 1997 年财政预算（草案）的报告》，听取审议县人大常委会副主任王占甲所作《梁山县人大常委会工作报告》、县人民法院院长宋声武所作《梁山县人民法院工作报告》和县人民检察院检察长李文汉所作《梁山县人民检察院工作报告》，会议通过各项报告，并作出相应的决议。会议补选梁山县第十三届人大常委会主任、副主任，补选县人民政府县长。会议还听取县人大常委会副主任张先道关于代表议案和建议审查处理意见的报告。

大会机构 梁山县第十三届人民代表大会第五次会议设大会主席团及秘书长、主席团常务主席等机构。

主席团（22 人）：

王占甲 王凤勤 王志宪 王钦孝 王廉秀
傅全林 付新福 刘殿印 齐成岁 杨念成
杨朝福 李庆仁 李继军 李道奎 张先道
张希来 张忠建 袁东成 高太平 高文浩
董传珍 鞠燕芬（女）

秘书长：杨念成（兼）

主席团常务主席（11 人）：

王廉秀 高太平 张忠建 李继军 王占甲
刘殿印 杨念成 鞠燕芬 傅全林 王钦孝
张先道

大会选举 梁山县第十三届人民代表大会第五次会议通过选举办法，补选梁山县人大常委会主任 1 人、副主任 1 人，补选梁山县人民政府县长 1 人，均实行等额选举。1997 年 3 月 1 日，梁山县第十三届人民代表大会第五次会议，补选高太平为县人大常委会主任，刘殿印为副主任；补选曹耀华为县人民政府县长。

大会决议 1997 年 3 月 1 日，梁山县第十三届人民代表大会第五次会议通过大会决议 6 项。

关于政府工作报告的决议。梁山县第十三届人民代表大会第五次会议，认真审议代理县长曹耀华代表县人民政府所作《政府工作报告》。一致认为，报告实事求是地总结 1996 年的政府工作，科学合理地提出 1997 年政府工作的指导思想、任务和措施，符合中共十四届五中、六中全会精神，符合上级党委、政府的要求，符合全县实际情况。会议决定批准这个报告。会议认为，1996 年是实施“九五”计划和 2010 年远景目标规划的第一年，也是梁山发展史上不平凡的一年。一年来，全县人民在上级党委、政府和县委的领导下，以党的基本路线为指导，以经济建设为中心，正确处理改革、发展、稳定的关系，较好地完成县十三届人大四次会议批准的各项计划，国民经济和社会各项事业都取得新成绩，全县出现经济发展、政治稳定，人民团结、社会进步的可喜局面。会议对县政府一年来的工作表示满意。会议指出，1997 年是实施“九五”计划的第二年，做好 1997 年的工作至关重要。全县上下要认真贯彻中共十四届五中、六中全会精神，把握大局，再接再厉，同心同德，开拓前进，以提高经济效益为中心，努力推进两个转变，加快实施农民“211”致富工程和企业“213”规模工程步伐，加速实施科教旅游兴县战略，努力提高经济效益和整体素质。会议强调，进一步加大改革力度，全面振兴梁山经济，将是今年工作的重点。农村经济要以实施农民“211”致富工程为总抓手，以农业全面丰收、培植税源农业、增加农民收入为出发点和立足点，突出抓好农村改革、农业结构调整、农业投入、科教兴农和乡镇企业等重点工作。工业经济要紧紧围绕两个转变，突出改革和管理两大主题，大力推进技术进步，加快结构调整步伐，认真实施“213”规模工程，全面提高工业经济运行质量。流通财税工作，要广拓城乡市场，强化营销措施，搞好市场整顿，加强税收征管。外向型经济要坚持“以贸促经、经贸结合、三外并举、注重实效”的原则，搞好外贸组织结构和出口产品结构的调整，努力改进招商方式，全方位扩大对外开放。基础设施建设要紧紧抓住京九铁路通车机遇，大力加强城乡基础设施建设，不断完善城市综合服务功能，努力提高全县交通、通信能力，为加快经济发展提供有力的支撑条件。社会事业要坚持“两手抓，两手都要硬”的方针，切实把精神文明建设放到更加突出位置，推进两个文明同步建设，经济和社会事业协调发展。继续认真落实人口、环境、土地三大基本国策，强化社会治安综合治理，严厉打击各种刑事犯罪和经济犯罪，努力做好社会稳定工作。要进一步加强和改进政府工作，坚持依法行政，搞好廉政建设，密切同人民群众的联系。

关于梁山县1996年国民经济和社会发展计划执行情况及1997年计划（草案）的决议。梁山县第十三届人民代表大会第五次会议经过审议，决定批准县计划委员会主任毛允海受县政府委托所作《关于梁山县1996年国民经济和社会发展计划执行情况及1997年计划（草案）的报告》。会议认为，全县1996年国民经济和社会发展计划执行情况基本上是好的，国民经济和社会事业的发展取得较明显的成绩；1997年国民经济和社会发展计划的安排，符合国家政策和全县实际。会议要求，各级政府和全县人民要全面贯彻党的基本路线和方针政策，紧紧围绕两个根本性转变，进一步加强农业基础地位，加快企业改革步伐，加大结构调整力度，大力开拓市场，培植新的经济增长点，努力提高经济效益，促进国民经济持续、快速、健康发展和社会全面进步，确保1997年国民经济和社会发展计划圆满完成。

关于梁山县1996年财政决算和1997年财政预算的决议。梁山县第十三届人民代表大会第五次会议，经过认真审议，决定批准县财政局局长刘东升受县政府委托所作《关于梁山县1996年财政决算和1997年财政预算的报告》。会议认为，1996年梁山县财政预算执行情况是好的，财政收入完成预算任务，财政支出基本保证了各项事业发展的需要。1997年财政预算体现了进一步深化改革、加速经济发展和紧缩财政支出的要求，符合全县实际情况，是积极可行的。会议要求，县政府和全县人民要以中共十四届五中、六中全会精神为指针，进一步解放思想，深化改革，加速发展，提高经济效益，艰苦奋斗，真抓实干，严肃财经纪律，强化税收征管，加强对县、乡（镇）财政税务工作的审计，为胜利完成1997年财政预算任务而努力奋斗。

关于县人大常委会工作报告的决议。梁山县第十三届人民代表大会第五次会议，听取审议副主任王占甲代表县人大常委会所作工作报告。会议认为，一年来，县人大常委会坚持以建设有中国特色社会主义理论和中共十四届五中、六中全会精神为指导，在中共梁山县委领导下，全面贯彻党的基本路线，紧紧围绕经济建设这个中心，认真履行宪法和法律赋予的各项职权，积极推进社会主义民主和法制建设，为促进全县深化改革、加快发展、保持稳定和各项事业的进步，作出积极贡献。会议对县人大常委会一年来的工作表示满意、决定批准该报告。会议要求，县人大常委会在新的一年里，在建设有中国特色社会主义理论、党的基本路线和中共十四届五中、六中全会精神指引下，在中共梁山县委的领导下，认真落实县十三届人大五次会议的各项决议，紧紧围绕全党和全国工作的大局，进一步履行好宪法和法律赋予的各项职权。要及时讨论决定全县改革开放和经济建设中的重大事项，督促县政府及有关方面认真解决人民群众普遍关心的社会问题；要强化监督职能，切实抓好对法律法规贯彻执行情况的监督检查，坚决纠正有法不依、执法不严、违法不究的现象，要进一步加强对被任命干部任职情况的监督，促进国家机关工作廉洁勤政；要指导代表开展好视察调研、评议、联系选民等活动，积极为代表执行职务提供服务；要大力加强对人民代表大会制度的宣传，提高广大干部群众对新形势下人大工作重要地位和作用的认识；要继续抓好人大常委会及其机关的思想、业务、作风建设，努力提高议事效率和工作水平。要通过充分发挥地方国家权力机关的作用，为动员和组织全县人民推进改革开放、胜利完成1997年的经济建设等各项任务作出更大的贡献。

关于县人民法院工作报告的决议。梁山县第十三届人民代表大会第五次会议，听取县人民法院院长宋声武所作《梁山县人民法院工作报告》。经过审议，会议对县人民法院一年来的工作表示满意，决定批准该工作报告。会议要求，县人民法院应当以建设有中国特色社会主义理论和中共十四届五中、六中全会精神为指导，坚持党的基本路线，牢固树立为经济建设服务的观念，充分发挥法律赋予的职能作用，全面开展各项审判工作，进一步加强自身建设，严肃执法，秉公办案，切实解决有法不依、执法不严、违法不纠的现象，不断提高办案质量和水平，积极参与社会治安综合治理，为维护社会主义经济秩序和社会稳定、保障市场经济的健康发展、推进社会主义民主政治建设作出积极的贡献。

关于县人民检察院工作报告的决议。梁山县第十三届人民代表大会第五次会议，听取县人民检察院检察长李文汉所作《梁山县人民检察院工作报告》。经过审议，会议对一年来县人民检察院的工作表示满意，决定批准该工作报告。会议要求，县人民检察院在新的一年里，要以建设有中国特色社会主义理论和中共十四届五中、六中全会精神为指导，全面贯彻执行党的基本路线，牢固树立为改革开放和经济建设服务的思想，认真履行检察职能，全面开展各项检察工作，切实加强反贪污贿赂斗争的力度，严厉打击经济犯罪和刑事犯罪，积极参与社会治安综合治理，努力维护社会稳定，不断加强自身建设，严格依法办案，提高办案质量和水平，切实解决有法不依、执法不严、违法不纠的现象，为推进社会主义民主政治建设，为改革开放和经济建设作出新的贡献。

第十四节 第十四届人民代表大会

1998年1月—2003年1月，梁山县第十四届人民代表大会共召开5次会议。

第一次会议 1998年1月12—17日，梁山县第十四届人民代表大会第一次会议在梁山剧院召开，出席会议代表259人，列席人员184人。

大会概况 梁山县第十四届人民代表大会第一次会议1月12日开幕，县人大常委会主任高太平主持，县人大常委会副主任王占甲致开幕词。会议听取并审议代理县长温杭东所作《政府工作报告》、副县长商建设所作《梁山县1997年国民经济和社会发展计划执行情况及1998年国民经济和社会发展计划（草案）的报告》、县财政局局长刘东升所作《梁山县1997年财政预算执行情况和1998年财政预算（草案）的报告》；听取并审议县人大常委会主任高太平代表梁山县第十三届人大常委会所作《梁山县人大常委会工作报告》、县人民法院代院长张仁端所作《梁山县人民法院工作报告》、县人民检察院检察长李文汉所作《梁山县人民检察院工作报告》，并分别通过各个报告的决议。县委书记韩军主持大会选举，选举县十四届人大常委会主任、副主任、委员，县人民政府县长、副县长，县人民法院院长，县人民检察院检察长；选举出席济宁市第十三届人民代表大会代表。会议还听取县人大常委会副主任林英科关于代表议案审查意见的报告。县人大常委会张先知致闭幕词。

大会机构 梁山县第十四届人民代表大会第一次会议设大会主席团及秘书长、主席团常务主席等机构。

主席团（38人）：

王占甲 王成爱 王志宪 王佑明 王钦孝
王爱民 王崇志 傅全林 玄志祥 刘本相
刘殿印 李　华 李文汉 李文运 李兆申
李继军 李道奎 杨念成 杨朝福 张仁端
张先知 张先道 张忠建 林英科 周生智
赵　晖 夏乾旺 高太平 高天宝 高启顺
郭广建 崔瑞民 商建设 董茂华 韩　军
温杭东 臧凤柱 鞠燕芬（女）

秘书长：刘殿印（兼）

主席团常务主席（13人）：

韩　军 高太平 温杭东 张忠建 李继军
臧凤柱 商建设 刘殿印 鞠燕芬（女）
张先知 王佑明 林英科 王志宪

大会选举 梁山县第十四届人民代表大会第一次会议通过选举办法，选举县人大常委会主任1人、副主任6人、委员13人，选举县人民政府县长1人、副县长5人，选举县人民法院院长1人，选举县人民检察院检察长1人，县人大常委会主任、县人民政府县长、县人民法院院长、县人民检察院检察长实行等额选举；县人大常委会副主任、委员，县人民政府副县长均实行差额选举（副主任、副县长各差额1人，委员差额2人）；选举出席济宁市第十三届人民代表大会代表41人，实行差额选举（差额12人）；选举均采取无记名投票方式，设总监票人1人、监票人4人。

1998年1月17日，梁山县第十四届人民代表大会第一次会议选举高太平为县人大常委会主任，刘殿印、鞠燕芬（女）、王佑明、林英科、王志宪、信在高为副主任，马兆海、马怀灵、刘甲仁、刘忠泉、张玉莲（女）、张先知、张兆兰、张宜科、张继海、张韶华、赵玉民（女）、姜序录、韩玉忠为委员（按姓氏笔画排列）；选举刘慎刚为县人民政府县长，刘振诺、李文运、王成爱、王崇志、高启顺为副县长；选举张仁端为县人民法院院长，李文汉为县人民检察院检察长（同日，经中共济宁市委同意，济宁市人民政府撤销刘慎刚县长职务；是年6月，相继撤销王成爱、王崇志、高启顺副县长职务）。

会议选举出席济宁市第十三届人民代表大会代表（41人）：

马四清 马传儒 王广耀 王成录 王好平
王先珠 王佑灿 王洪伦 王恩信 王福华
艾玉山 史遵衡 毕德建 师瑞兰 吕玉来
刘东升 刘振达 关敬琇 孙长兰 孙爱云
孙登玉 李文汉 李兰蕴 李相社 李厚道
吴兆海 宋恒臣 张新荣 周延林 胡长江
侯　平 侯春云 姜化铸 贾祥福 高太平
高建山 戚聿军 韩　军 温杭东 谭新合
潘世殿

梁山县第十四届人民代表大会第一次会议

大会决议 1998年1月17日，梁山县第十四届人民代表大会第一次会议通过大会决议6项。

会议审议通过关于政府工作报告的决议。会议认为，报告实事求是、客观公正地总结五年来的政府工作，科学合理地提出今后五年和1998年政府工作的指导思想、任务目标和施政措施，符合中共十五大精神，符合上级党委、政府要求，符合县内实际情况。会议决定批准这个报告。会议认为，五年来，全县人民在上级党委、政府和县委的领导下，以党的基本路线为指导，坚持以经济建设为中心，积极推进两个根本性转变，奋进开拓，团结苦干，基本完成县十三届人大一次会议以来批准的各项计划，国民经济和各项社会事业得到较快发展，全县出现了经济发展、政治稳定、人民团结、社会进步的良好局面。会议对县政府五年的工作表示满意。会议指出：今后五年，正处于新旧世纪之交，既面临着严峻挑战，又面临着大好机遇。全县人民要进一步贯彻落实中共十五大精神，同心同德，励精图治，抓住新机遇，增创新优势，争取新发展，积极推进经济体制和经济增长方式的根本转变，进一步强化农业基础地位，加大经济结构调整力度，推动国民经济持续快速健康发展，促进社会事业全面进步，确保“九五”计划的全面完成和今后五年宏伟目标的如期实现，努力把梁山县建成经济强县和旅游名城。会议强调，1998 年是新一届政府施政的第一年，也是全面完成“九五”计划的关键年，做好今年的工作，意义重大。要坚持以经济建设为中心，两个文明一齐抓。农村经济要以提高农业综合效益、实现小康为目标，进一步稳定农村政策，深化农村改革，狠抓农业结构调整，大力发展乡镇企业，积极推进农业产业化进程，确保农业增产、农民增收。工业经济要以提高经济效益为中心，以市场为导向，抓重点，解难点，培植新的增长点，努力做好企业改制、扭亏解困、技术创新和企业管理工作，全面提高工业经济整体素质。流通工作，要建好管好城乡市场，搞活商品流通，繁荣城乡市场。财税工作，要抓好开源节流，努力增强财力。外经工作要加大招商引资力度，扩大利用外资范围，提高利用外资质量。个体私营经济以“三个有利于”为标准，拓宽发展领域，扩大经营规模，增强整体素质，加快个体私营经济发展步伐。基础设施建设要坚持适度超前的原则，强化工作措施，多渠道筹措资金，加大对基础设施的投入，加快城建、交通、电力、通信、旅游等基础设施建设，努力提高城市综合服务功能。认真实施“科教兴梁”战略，树立科技是第一生产力的思想，把教育放在优先发展的位置，坚持可持续发展战略，全面做好科技、教育、文化、体育、卫生、广播电视、计划生育、环境保护、土地管理等项工作，促进社会事业全面进步。强化社会治安综合治理，严厉打击各种刑事犯罪、经济犯罪，努力做好社会稳定工作。要切实加强政府自身建设，坚持依法行政，搞好廉政建设，密切同人民群众的联系。

会议审议通过并批准《关于梁山县 1997 年国民经济和社会发展计划执行情况及 1998 年计划（草案）的报告》。会议认为，1997 年全县国民经济和社会发展计划执行情况基本上是好的，国民经济和社会事业取得比较明显的成绩；1998 年国民经济和社会发展计划的安排，符合国家政策和县域实际，是积极可行的。会议要求，各级政府和全县人民要以中共十五大精神为指针，继续加强农业基础地位，加大企业改革和结构调整力度，大力发展个体私营经济，培植新的经济增长点，提高经济整体素质和运行质量，坚持两个文明一起抓，促进国民经济持续、快速、健康发展和社会全面进步，确保 1998 年国民经济和社会发展计划圆满完成。

会议审议批准《关于梁山县 1997 年财政预算执行情况和 1998 年财政预算（草案）的报告》。会议认为，1997 年，全县财政预算执行情况是好的，财政收入完成预算任务，财政支出基本保证了各项事业发展的需要。1998 年财政预算体现了加速经济发展和紧缩财政支出的要求，符合县内实际情况，是积极可行的。会议要求，县政府要以中共十五大精神为指针，进一步解放思想，深化改革，加速发展，要充分认识当前财政经济工作所面临的实际困难，加强预算管理，加大措施，强化税收征管，严肃财经纪律，努力增收节支，坚持艰苦奋斗，勤俭办一切事业，齐心协力做好工作，完成1998年财政预算任务。

会议审议《梁山县人大常委会工作报告》。会议认为，五年来，县十三届人大常委会在中共梁山县委领导下，全面贯彻十三届人大各项决议、决定，紧紧围绕改革、发展、稳定的大局，认真履行宪法和法律赋予的各项职权，进一步密切与人大代表和人民群众的联系，加强对乡镇人大工作的指导，为促进全县政治稳定、经济发展和各项社会事业的进步、推进民主与法制建设作出积极贡献。会议对县十三届人大常委会五年来的工作表示满意，决定批准这个报告。会议指出，1998年是全面贯彻落实中共十五大提出的任务的第一年，是非常重要而关键的一年，各方面的工作任务十分繁重。做好今年的工作，对于顺利实现"九五"计划的各项目标，具有特别重要的意义。会议要求，县人大常委会要继续全面贯彻落实中共十五大精神，切实履行好宪法和法律赋予的各项职权。要进一步强化对法律、法规贯彻实施情况的监督检查，督促"一府两院"依法行政，依法办案，真正做到有法必依，执法必严，违法必究。要大力加强社会主义民主和法制建设，进一步加强人大常委会的自身建设，密切人大常委会与代表和群众的联系，不断提高议政水平。要继续解放思想，更新观念，振奋精神，努力工作，动员和团结全县人民，同心同德，艰苦奋斗，为实现跨世纪宏伟目标迈出新的坚实步伐。

会议审议《梁山县人民法院工作报告》。经过审议，决定批准这个报告。会议认为，一年来，县人民法院坚持党的基本路线，围绕党和国家的工作大局，全面开展各项审判工作，积极推行法院改革，大力加强队伍建设，为保障全县社会稳定，促进改革开放和经济建设，发挥了积极的作用。会议对县人民法院五年来的工作表示满意。会议要求，县人民法院要认真贯彻中共十五大精神，自觉服从和服务于党的中心工作，坚持严肃执法和文明执法，深化法院改革，狠抓队伍建设，充分发挥审判职能，积极参与社会治安综合治理，为促进全县政治稳定和经济建设的健康发展，实现社会全面进步，作出新的贡献。

会议审议《梁山县人民检察院工作报告》。经过审议，决定批准这个报告。会议认为，县人民检察院坚持党的基本路线，围绕改革开放和经济建设，全面开展各项检察工作，为维护全县的社会稳定，促进廉政建设和经济发展，发挥了积极的作用。会议对县人民检察院五年来的工作表示满意。会议要求，县人民检察院要认真贯彻落实中共十五大精神，按照"严格执法，狠抓办案"的总要求，进一步加强自身建设，强化法律监督职能，坚持依法从重从快打击各种刑事犯罪活动，继续深入开展反贪污、贿赂斗争，积极参与社会治安综合治理，为促进全县社会稳定、促进改革开放和经济建设作出新的贡献。

第二次会议 1999年1月22—25日，梁山县第十四届人民代表大会第二次会议在县政府第一会议室召开，出席代表256人，列席人员194人。

大会概况 梁山县第十四届人民代表大会第二次会议1月22日开幕，县人大常委会主任高太平主持。会议听取审议代理县长张忠建所作《政府工作报告》、县计划委员会主任高建国所作《梁山县1998年国民经济和社会发展计划执行情况及1999年国民经济和社会发展计划（草案）的报告》、副县长陆书杰所作《梁山县1998年财政预算执行情况和1999年财政预算（草案）的报告》，听取审议县人大常委会主任高太平所作《梁山县人大常委会工作报告》、县人民法院代院长袁存力所作《梁山县人民法院工作报告》、县人民检察院代检察长王宜海所作《梁山县人民检察院工作报告》，并分别通过各个报告的决议。会议补选县第十四届人大常委会副主任、委员、县人民政府县长、县人民法院院长和县人民检察院检察长。会议还听取县人大常委会副主任王志宪关于代表议案审查意见的报告。

大会机构 梁山县第十四届人民代表大会第

二次会议设大会主席团及秘书长、主席团常务主席等机构。

主席团（40 人）：

丁廷福 王水利 王凤勤 王志宪 王昌珍
王爱民 玄志祥 师朝义 刘万功 刘本相
刘殿印 李　华 李士兵 李文汉 李传武
李道奎 杨先进 杨朝福 张希来 张效东
张恒福 林英科 周生智 房继宽 赵　晖
胡元存 信在高 侯圣军 侯昭良 贾存琰
高太平 郭广建 戚聿君 商建设 蒋衍涛
韩　军 韩相顺 臧凤柱 薛兆福 鞠燕芬（女）

秘书长 ：刘殿印（兼）

主席团常务主席（11 人）：

韩　军 高太平 臧凤柱 商建设 李传武
刘殿印 鞠燕芬（女） 林英科 王志宪
信在高 李文汉

大会选举 梁山县第十四届人民代表大会第二次会议通过选举办法，补选县人大常委会副主任 1 人、委员 2 人，补选县人民政府县长 1 人、县人民法院院长 1 人、县人民检察院检察长 1 人，均实行等额选举，采取无记名投票，设总监票人 1 人，监票人 6 人。1999 年 1 月 25 日，梁山县第十四届人民代表大会第二次会议，补选李文汉为县人大常委会副主任，王洪伦、徐长富为委员；补选张忠建为县人民政府县长；补选袁存力为县人民法院院长；补选王宜海为县人民检察院检察长。

大会决议 1999 年 1 月 25 日，梁山县第十四届人民代表大会第二次会议通过大会决议 6 项。

关于政府工作报告的决议。会议审议代县长张忠建代表县人民政府所作《政府工作报告》。会议一致认为，报告实事求是地总结 1998 年的政府工作，客观正确地分析政府工作面临的形势和任务，科学合理地提出 1999 年政府工作的指导思想和工作措施。报告符合中共十五大和梁山县第十次党代会精神，符合上级党委、政府要求和梁山县实际。会议决定批准这个报告。会议认为，1998 年是梁山县经济建设和社会事业稳中求进的一年，全县人民在各种困难和矛盾较多的情况下，以中共十五大精神为指针，牢牢把握团结、稳定、发展的主调，紧紧依靠上级党委、政府和县委的正确领导，振奋精神，知难而进，扎实苦干，基本完成县十四届人大一次会议批准的各项计划，国民经济和社会各项事业都取得新的成绩，全县出现了经济发展、政治稳定、人民团结、社会进步的良好局面。会议对县政府一年来的工作表示满意。会议指出，1999 年是 20 世纪的最后一年，也是县政府圆满实现任期目标的关键一年，做好 1999 年的工作至关重要。全县上下要认真贯彻执行党的方针、政策和国家法律、法规，按照深化改革、着力调整、稳中求进的原则，继续巩固农业、强化工业，搞活流通，大力发展个体私营经济，加快实施科教兴梁和旅游兴县步伐，不断提高人民群众的物质和文化生活水平，促进国民经济持续快速健康发展和社会事业全面进步。会议强调，贯彻落实县第十次党代会精神，努力加快经济发展，将是 1999 年政府工作的重点。农村经济要全面贯彻落实中共十五届三中全会《决定》和中央农村工作会议精神，紧紧围绕农业发展、农村稳定和农民增收，进一步稳定农村政策，努力提高农业生产力水平，多渠道增加农业投入，依靠科技进步，调整优化农业结构，不断提高农业的综合效益。城市经济要进一步调整优化经济结构，提高经济运行质量，下大气力盘活存量资产，尽快培植立县企业，努力搞活商品流通，积极启动消费需求，大力发展个体私营经济，确保城市经济的快速健康发展。坚持适度超前的原则，切实加强城建、交通、电力、电信等基础设施建设，使之与经济发展相适应。加大税收征管力度，严格控制预算资金支出，确保财政收支平衡。社会事业发展要坚持“两手抓，两手都要硬”的方针，切实加快科教兴梁和旅游兴县步伐，努力推进社会各项事业的全面进步，最大限度地满足人民群众日益增长的物质文化需求。正确处理人民内部矛盾，强化社会治安综合治理，切实维护社会稳定。认真实施可持续发展战略，落实人口、环境、土地三大基本国策。进一步改进政府工作，切实加强思想、作风、廉政和法制建设，不断提高决策水平、领导水平和服务水平。

关于梁山县1998年国民经济和社会发展计划执行情况及1999年国民经济和社会发展计划（草案）的决议。会议审议批准县计划委员会主任高建国受县政府委托所作《关于梁山县1998年国民经济和社会发展计划执行情况及1999年国民经济和社会发展计划的报告（草案）》。会议认为，全县1998年国民经济和社会发展计划执行情况基本是好的，国民经济和社会事业的发展取得比较明显的成绩；1999年国民经济和社会发展计划的安排，符合国家政策和梁山县实际，是积极可行的。会议要求，各级政府和全县人民要深入贯彻中共十五大和十五届三中全会精神，紧紧围绕改革、调整两条主线，进一步稳定和加强农业，加大企业改革、结构调整、扩大投资、开拓市场和科技进步的力度，实现农业产业化、个体私营经济、外向型经济、市场建设和社会全面进步，确保1999年国民经济和社会发展计划圆满完成。

关于梁山县1998年财政预算执行情况和1999年财政预算（草案）的决议。会议审议批准县政府副县长陆书杰受县政府委托所作《关于梁山县1998年财政预算执行情况和1999年财政预算（草案）的报告。会议认为，在过去的一年里，全县的财政工作克服重重困难，完成财政预算，实现了当年收支平衡，预算执行情况是好的。1999年财政预算的安排，立足于梁山县实际情况，以深化改革、加快经济发展为中心，优化支出结构，规范财政供给范围，是积极可行的。会议要求，全县人民要进一步贯彻落实中共十五大及十五届三中全会精神，增强责任感和使命感，全面推进和深化财税改革，从大局出发，树立正确的财政观念，大力组织收入，严格控制支出，维护社会稳定。积极落实本次大会决议，团结一致，群策群力，解放思想，开拓进取，确保完成1999年财政预算任务，为实现跨世纪的宏伟目标而奋斗。

关于县人大常委会工作报告的决议。会议审议批准县人大常委会主任高太平所作《梁山县人大常委会工作报告》。会议认为，县人大常委会在中共梁山县委领导下，坚持以党的基本理论、基本路线和基本方针为指导，认真贯彻中共十五大精神，坚持以经济建设为中心，把加强社会主义民主与法制建设为根本任务，认真履行宪法和法律赋予的各项职权，全面落实县十四届人大一次会议决议，做了大量富有成效的工作，为坚持和完善人民代表大会制度，保障和促进全县政治、经济、文化和社会各项事业的健康发展，发挥了重要作用。会议要求，在新的一年里，县人大常委会要继续坚持以党的基本路线为指导，深入贯彻中共十五大精神，按照县十次党代会确定的目标和任务，大力加强社会主义法制建设，更好地发挥地方国家权力机关的作用。要进一步加强对法律、法规实施情况的监督检查，加强对行政、审判、检察机关的工作监督，加强对国家工作人员的监督，督促和支持县政府及其部门依法行政，督促和支持县人民法院、县人民检察院公正司法。要切实加强对普法工作的领导和监督，推动依法治县工作的深入开展。要进一步密切同代表和人民群众的联系，依靠代表开展工作，代表人民的利益行使职权。要加强常委会的思想作风和组织制度建设，不断适应形势发展和人大工作的要求。

关于县人民法院工作报告的决议。会议审议批准县人民法院代院长袁存力所作《梁山县人民法院工作报告》。会议认为，县十四届人大一次会议以来，县人民法院依法履行审判职责，紧紧围绕经济建设这个中心，全面开展各项审判工作，严厉打击严重刑事犯罪，努力维护社会稳定，尽心尽力服务于经济建设，切实维护公民、法人和其他组织的合法权益，为促进全县改革开放和经济建设顺利进行发挥了重要作用。会议要求，县人民法院要继续坚持以党的基本路线为指导，认真贯彻中共十五大精神，自觉地服从和服务于党和国家的工作大局，主动接受人大监督，进一步做好审判工作，继续深化审判方式改革，大力加强队伍建设，坚持严肃执法，确保司法公正，为保障全县的政治稳定、促进经济健康发展、实现社会全面进步作出积极贡献。

关于县人民检察院工作报告的决议。会议审议批准县人民检察院代检察长王宜海所作《梁山县人民检察院工作报告》。会议认为，县十四届人大一次会议以来，县人民检察院依法认真履行法律监督职责，坚持“严格执法，狠抓办案”的工作方针，深入开展反腐败斗争，积极查办贪污、贿赂、渎职等犯罪案件，严厉打击严重刑事犯罪活动，全面开展各项检察业务，为维护全县社会稳定，保障经济建设顺利进行发挥了重要作用。会议要求，县人民检察院要全面贯彻落实中共十五大精神，主动接受人大监督，切实履行好法律监督职责，严格依法办案，严厉打击严重刑事犯罪，严肃查处经济犯罪和职务犯罪，深入开展反腐败斗争，进一步加强队伍建设，努力提高执法水平，为促进全县改革、发展、稳定作出新的贡献。

第三次会议 2000 年 1 月 19—22 日，梁山县第十四届人民代表大会第三次会议在县政府第一会议室召开，出席代表 253 人，列席人员 214 人。

大会概况 梁山县第十四届人民代表大会第三次会议 1 月 19 日开幕，县人大常委会主任高太平主持。会议听取并审议代理县长商建设所作《政府工作报告》、县计划委员会主任高建国所作《梁山县 1999 年国民经济和社会发展计划执行情况及 2000 年国民经济和社会发展计划（草案）的报告》、县财政局局长刘东升所作《梁山县 1999 年财政预算执行情况和 2000 年财政预算（草案）的报告》，听取审议县人大常委会主任高太平所作《梁山县人大常委会工作报告》、县人民法院院长袁存力所作《梁山县人民法院工作报告》、县人民检察院检察长王宜海所作《梁山县人民检察院工作报告》，并分别通过各个报告的决议。大会补选县人民政府县长。会议还听取县人大常委会副主任王志宪关于代表议案审查意见的报告。县人大常委会主任高太平在会议结束时讲话。

大会机构 梁山县第十四届人民代表大会第三次会议设大会主席团及秘书长、主席团常务主席等机构。

主席团：（41 人）：

丁廷福 王才利 王水利 王凤勤 王志宪
王昌珍 玄志祥 师朝义 刘万功 刘本相
刘殿印 李士兵 李文汉 李传武 李兆申
李若宽 李道奎 杨先进 杨朝福 张希来
张恒福 张效东 陈大林 林英科 房继宽
赵　晖 胡元存 信在高 侯圣军 侯昭良
贺　民 贾存琰 高太平 郭广建 戚聿君
蒋衍涛 韩　军 韩相顺 臧凤柱 薛兆福
鞠燕芬（女）

秘书长：刘殿印（兼）

主席团常务主席（10 人）：

韩　军 高太平 臧凤柱 李传武 刘殿印
鞠燕芬（女） 林英科 王志宪 信在高
李文汉

大会选举 梁山县第十四届人民代表大会第三次会议通过选举办法，补选县人民政府县长 1 人，实行等额选举，采取无记名投票，设总监票人 1 人，监票人 6 人。2000 年 1 月 22 日，梁山县第十四届人民代表大会第三次会议，补选商建设为县人民政府县长。

大会决议 2000 年 1 月 22 日，梁山县第十四届人民代表大会第三次会议通过大会决议 6 项。

关于政府工作报告的决议。会议审议代县长商建设所作《政府工作报告》。会议认为，报告全面客观、实事求是地总结1999年的政府工作，明确具体、科学合理地提出2000年政府工作的指导思想、目标任务和工作措施。报告符合中共十五大和十五届三中、四中全会精神，符合中央和省、市经济工作会议精神，符合县委十届四次全委会议精神，符合上级党委、政府的要求和梁山县实际。会议决定批准这个报告。会议认为，1999年是全县战胜困难、稳步前进的一年，全县人民在各种困难和矛盾较多的情况下，以中共十五届三中、四中全会精神为指针，牢牢把握团结、稳定、发展的主调，紧紧依靠上级党委、政府和县委的正确领导，按照“鼓劲实干，创业兴县”的总体要求，振奋精神，开拓进取，艰苦奋斗，较好地完成县十四届人大二次会议批准的各项计划，保持了全县国民经济和社会各项事业健康发展的良好势头，出现了经济发展、政治稳定、人民团结、社会进步的良好局面。会议对县政府一年来的工作表示满意。会议指出，2000年是“九五”计划的最后一年，也是昂首阔步迈入新世纪的起步年，更是充满机遇和挑战的一年。做好2000年的工作，对于承上启下，开创未来，具有重大而深远的意义。全县上下一定要深入贯彻落实党的基本路线和基本方针，解放思想，实事求是，发挥优势，抢抓机遇，全力抓改革，重点抓调整，稳定农业，强化工业，突出发展乡镇企业和个体私营经济，努力开拓城乡市场，继续扩大对外开放，推进国民经济持续快速健康发展，加强社会主义精神文明建设和民主法制建设，推动社会事业全面进步。会议强调，贯彻落实县委提出的全县总体工作思路和县委十届四次全委会议精神，进一步解放思想，抢抓机遇，深化各项改革，确保社会稳定，努力加快经济发展，将是2000年政府工作的重点。为此，要按照县委提出的“突出经济，确保稳定，鼓劲实干，创业兴县”的总体工作要求和“全党抓经济，重点抓调整，集中抓支柱，突出抓个体”的经济工作要求，做好各方面的工作。农村经济以调整优化农业结构为重点，加大农业科技含量，加快改善农业生产条件，推进农业产业化、科技化、现代化进程，促进农业增资、农民增收、农村稳定。工业经济要以市场为导向，以培植优势骨干企业和名牌产品为抓手，以改革改制和技术创新为动力，以强化管理为中心，大力推进结构优化和产业升级，不断提高全县工业经济的整体素质。乡镇企业和个体私营经济要放在重要突出位置，加大力度，加快发展，通过资产重组和机制转换，壮大规模，培植一批对经济增长具有牵动作用的主导产业和名牌产品；通过政策倾斜和优化环境，促进个体私营经济上规模、上档次，不断提高个体私营经济在国民经济中的比重和个体工商税收在全县税收中的比重。商贸流通企业要不断强化市场意识和消费意识，树立消费促生产的思想，坚持面向大市场，搞活大商贸，发展大流通，构筑新型的工商关系。财政税收工作要加强财源建设，坚持依法治税，切实加强预算外资金管理，增收节支，不断壮大地方财力。要

梁山县第十四届人民代表大会第三次会议

全面实施科教兴梁战略，发展科技、教育、文化等项事业，为迎接新世纪的挑战提供科技和智力支持。要认真实施可持续发展战略，继续做好人口、土地、环境等资源保护工作，推进全县经济和社会可持续发展。要加速实施旅游带动战略，利用水浒文化这笔无形资产，认真做好“借水浒兴旅游，以旅游兴梁山”这篇大文章。同时，加快基础设施建设步伐，以城市建设为中心，全面搞好交通、电力、电信等基础设施建设，为经济建设创造良好发展环境。认真做好社会稳定工作，牢固树立“稳定压倒一切”的意识，把稳定放在十分重要的位置，切实做好社会治安、社会保障、人民来信来访等项工作，确保全县社会稳定，为人民安居乐业、经济快速发展创造良好的社会环境。会议要求，政府机关一定要积极响应县委号召，进一步加强学习，提高干部素质，改进工作作风，提高工作效率，严肃政务纪律，确保政令畅通，严格依法行政，规范政府行为，坚持廉洁勤政，树立良好形象，努力提高决策水平、领导水平和服务水平，不断增强驾驭全局的能力。

关于梁山县1999年国民经济和社会发展计划执行情况及2000年国民经济和社会发展计划（草案）的决议。会议审议批准县计划委员会主任高建国受县政府委托所作《关于梁山县1999年国民经济和社会发展计划执行情况及2000年国民经济和社会发展计划（草案）的报告》。会议认为，梁山县1999年国民经济和社会发展计划执行情况基本上是好的，国民经济和社会事业的发展取得比较明显的成绩；2000年国民经济和社会发展计划的安排，符合梁山县实际，是积极可行的。会议要求，各级政府和全县人民要深入贯彻中共十五大和十五届三中、四中全会精神，紧紧围绕改革、调整两条主线，进一步稳定和加强农业，加大企业改革、结构调整、扩大投资、开拓市场和科技进步的力度，实现农业产业化、个体私营经济、外向型经济、市场建设和旅游业发展的新突破，促进国民经济持续快速健康发展和社会全面进步，确保2000年国民经济和社会发展计划圆满完成。

关于梁山县1999年财政预算执行情况和2000年财政预算（草案）的决议。会议审议批准县财政局局长刘东升受县政府委托所作《关于梁山县1999年财政预算执行情况和2000年财政预算（草案）的报告》。会议认为，1999年，全县财政工作克服收支矛盾大的压力，认真贯彻落实上级积极的财政政策，努力增加收入，优化支出结构，完成财政预算任务，确保了当年收支平衡，较好地发挥了财政保改革、保发展、保稳定的职能作用，预算执行情况是好的。关于2000年财政预算的安排，体现了深化改革、加快发展的要求，立足全县实际，量入为出，统筹兼顾，保证重点，是积极可行的。会议要求，全县人民要进一步贯彻落实中共十五大及十五届三中、四中全会精神，按照县委十届四次全委会议决议要求，从大局出发，适应形势发展，转变理财观念，发挥财政职能，强化税收征管，提高支出管理水平，深化改革，促进经济和各项社会事业的发展，突出重点，维护社会安定，团结一致，坚定信心，齐心协力，积极落实本次大会决议，全面完成2000年财政预算任务。

关于县人大常委会工作报告的决议。会议审议县人大常委会主任高太平所作《梁山县人大常委会工作报告》。会议认为，在过去的一年里，县人大常委会在县委领导下，全面贯彻落实中共十五大和十五届三中、四中全会精神，紧紧围绕党和国家的工作大局，积极履行宪法和法律赋予的各项职权，认真实施依法治国方略，在加强监督工作和联系代表等方面做了大量工作，为坚持和完善人民代表大会制度，推进社会主义民主与法制建设，保障和促进全县经济发展和社会全面进步，充分发挥了地方国家权力机关的作用。会议对县人大常委会一年来的工作表示满意，决定批准这个报告。会议要求，在新的一年里，县人大常委会要以中共十五大精神统揽全局，坚持党的基本路线和基本纲领，认真贯彻落实县委十届四次全委会会议决议，紧紧围绕经济建设这个中心，依法履行好各项职权，积极推进社会主义民主与法制建设，努力保障改革开放和社会主义现代化建设的顺利进行。要进一步加大监督力度，完善监督程序，增强监督实效，继续加强对宪法和法律实施的检查监督，加强对县政府和县法院、县检察院工作的监督，督促和支持依法行政和公正司法，保障和促进关于改革、发展、稳定重大决策的贯彻落实。要继续大力推动民主法制宣传教育和普法规划的实施，提高全民的法制观念和法律意识。要进一步加强同人大代表和人民群众的联系，发挥人大代表的作用，自觉接受人民群众的监督。要继续加强人大常委会自身建设，努力开创人大工作的新局面，为把建设有中国特色社会主义的伟大事业全面推向新世纪而努力奋斗。

关于县人民法院工作报告的决议。会议审议县人民法院院长袁存力所作《梁山县人民法院工作报告》。会议认为，县人民法院全面贯彻落实县十四届人大二次会议决议，认真履行宪法和法律赋予的职责，大力加强审判工作，积极开展“执行年”活动，为保障改革、促进发展、维护稳定，做了大量工作，法院工作取得新的进展。县法院开展“争创人民满意法院、争做人民满意法官”和“执法形象年”“审判质量年”等活动，思想重视，措施有力，并自觉接受人大代表和人民群众的监督，取得比较明显的成效。会议决定批准这个报告。会议要求，县人民法院要认真贯彻中共十五大和十五届三中、四中全会精神，全面落实县委十届四次全委会会议决议，围绕改革、发展、稳定的大局，努力做好各项审判工作。要继续狠抓队伍建设，树立人民法院、人民法官的良好形象。要严格执行法律，进一步提高审判工作质量和效率，确保司法公正。要继续努力推进司法改革，完善审判工作的各项制度，发挥人民法院在依法治国、建设社会主义法治国家中的作用。

关于县人民检察院工作报告的决议。会议审议县人民检察院检察长王宜海所作《梁山县人民检察院工作报告》。会议认为，县人民检察院全面贯彻落实县十四届人大二次会议决议，认真履行宪法和法律赋予的职责，积极开展检察业务，为保障改革、促进发展、维护稳定，做了大量工作，检察工作取得新的进展。县检察院开展“争创人民满意检察院，争做人民满意检察官”和“争创五好基层院“活动，思想重视，措施有力，并自觉接受人大代表和人民群众的监督，取得比较明显的成效。会议决定批准这个报告。会议要求，县人民检察院要认真贯彻中共十五大和十五届三中、四中全会精神，全面落实县委十届四次全委会会议决议，围绕改革、发展、稳定的大局，努力做好各项检察工作。要继续狠抓队伍建设，树立人民检察院、人民检察官的良好形象。要严格执行法律，认真履行法律监督职责，惩治贪污贿赂、渎职等犯罪，确保司法公正和法律的统一正确实施。要继续努力推进司法改革，完善检察工作的各项制度，发挥人民检察院在依法治国、建设社会主义法治国家中的作用。要通过充分发挥检察职能，为把全县现代化建设事业不断推向前进，做出新的更大贡献。

第四次会议 2001年1月13—16日，梁山县第十四届人民代表大会第四次会议在县政府第一会议室召开，出席代表255人，列席人员219人。

大会概况 梁山县第十四届人民代表大会第四次会议1月13日开幕，县人大常委会主任高太平主持。会议听取县长商建设所作《政府工作报告》，听取审议副县长姜居祯代表县政府所作《梁山县国民经济和社会发展第十个五年计划及2010年远景目标纲要（草案）》的说明，县计划委员会主任高建国代表县政府所作《关于梁山县2000年国民经济和社会发展计划执行情况及2001年国民经济和社会发展计划（草案）的报告》，县财政局局长刘东升代表县政府所作《关于梁山县2000年财政预算执行情况和2001年财政预算（草案）的报告》；听取审议县人大常委会主任高太平所作《梁山县人大常委会工作报告》；以及县人民法院院长袁存力所作《梁山县人民法院工作报告》、县人民检察院检察长王宜海所作《梁山县人民检察院工作报告》，并分别通过各个报告的决议。会议补选梁山县人大常委会副主任。会议还听取县人大常委会副主任王志宪关于代表议案审查意见的报告。县人大常委会主任高太平在会议结束时讲话。

大会机构 梁山县第十四届人民代表大会第四次会议设大会主席团及秘书长、主席团常务主席等机构。

主席团（33人）：

马传申 王才利 王水利 王凤勤 王志宪
王佑兵 玄志祥 刘本相 刘殿印 李士兵
李文汉 李传武 李兆申 杨先进 杨朝福
张先知 张希来 林英科 房继宽 赵 晖
胡元存 信在高 侯圣军 贺 民 贾存琰
高太平 郭广建 戚聿君 蒋衍涛 韩 军
臧凤柱 薛兆福 鞠燕芬（女）

秘书长：刘殿印（兼）

主席团常务主席（9人）：

韩 军 高太平 李传武 刘殿印 鞠燕芬（女）
林英科 王志宪 信在高 李文汉

大会选举 梁山县第十四届人民代表大会第四次会议通过选举办法，补选梁山县人大常委会副主任1人，实行等额选举，采取无记名投票，设总监票1人、监票6人。2001年1月16日，梁山县第十四届人民代表大会第四次会议，补选张先知为县人大常委会副主任。

大会决议 2001年1月16日，梁山县第十四届人民代表大会第四次会议通过大会决议7项。

关于政府工作报告的决议。会议审议县长商建设所作《政府工作报告》。一致认为，报告实事求是、客观公正地总结2000年的政府工作，精辟深刻地分析政府工作面临的形势和任务，科学合理地提出2001年政府工作的指导思想和施政措施。报告符合中共十五大和党的十五届五中全会精神，符合上级党委、政府的要求，符合全县实际情况。会议决定批准这个报告。会议认为，过去的一年是梁山县经济建设和社会事业快速健康发展的一年，全县人民在各种困难和矛盾较多的情况下，以中共十五大精神为指针，牢牢把握团结、稳定、发展的主调，紧紧依靠上级党委、政府和县委的正确领导，振奋精神，知难而进，扎实苦干，基本完成县十四届人大三次会议批准的各项计划，国民经济和社会各项事业均取得新的成绩，全县出现经济发展、政治稳定、人民团结、社会进步的良好局面。会议对县政府一年来的工作表示满意。会议指出，2001年是进入新世纪、实施“十五”计划的第一年，也是保持经济快速增长、乘势前进的关键年，做好2001年的工作至关重要。全县人民要深入贯彻落实中共十五大和十五届五中全会精神，坚持以发展为主题，以结构调整为主线，以改革开放和科技进步为动力，以提高人民生活水平为根本出发点和落脚点，以“突出经济，确保稳定，鼓劲实干，创业兴县”为总动员令，抢抓机遇，加快发展，推进体制改革和科技创新，加快农业产业化进程，加大企业改制力度，加快发展民营经济，正确处理改革发展稳定的关系，努力改善城乡居民生活条件，全面推进国民经济持续快速健康发展和社会事业全面进步。会议强调，以发展为主题，是国家“十五”计划的一个极其重要的指导思想。贯彻落实县委十届五次全委（扩大）会议精神，强化中心意识，突出发展主题，进一步深化各项改革，努力加快经济发展，将是2001年政府工作重点。农村经济要以农民增收为目标，继续加强农业基础地位，加快农业经济结构调整步伐，大力推进农业产业化，健全和完善农村服务体系，促进和实现农业科技向生产力的转化，提高农业的整体素质和效益，实现农业增产、农民增收目标。工业经济要以强化企业改革为重点，以深化改革和技术创新为动力，调整优化企业结构，重点改造一批骨干企业，努力提高工业整体素质。民营经济要以“三个有利于”为标准，以增规模、上档次为主攻方向，放宽政策，优化环境，增加投入，培植大户，切实抓好量的扩张，着力实现质的提高，全面推进民营经济的快速发展。商贸流通工作要按照“面向大市场，搞活大流通，发展大商贸”的思路，努力培育和建设各类商品流通市场，形成大中小相配套、综合专业相结合、城乡一体化的现代化流通网络工程。外经外贸工作要以扩大对外开放为动力，认真实施外向带动战略，大力抓好对外加工贸易区建设，努力实现外经外贸工作新突破。财税工作要以壮大地方财力为目标，努力实现财政收支平衡。在强化社会文明建设方面，大力加强城乡基础设施建设，进一步提高全县交通、通信、供电、供热能力，不断完善城市综合服务功能;大力实施“科教兴梁”战略和可持续发展战略，全面做好科技、教育、文化、卫生、旅游、体育、广播电视等项工作，促进社会事业全面进步；突出发展旅游事业，认真落实三项基本国策，努力做好社会稳定工作，为人民群众创造良好的工作和生活环境。在加强政府自身建设方面，坚持廉洁从政，务实勤政，依法行政，严肃政令，努力提高决策水平、领导水平和驾驭全局的能力，进一步开创政府工作新局面。

关于梁山县国民经济和社会发展第十个五年计划及2010年远景目标纲要（草案）的决议。会议审议批准《梁山县国民经济和社会发展第十个五年计划及2010年远景目标纲要（草案）》。会议指出，梁山县国民经济和社会发展第十个五年计划及2010年远景目标，既鼓舞人心，催人奋进，又措施得力，切实可行，对今后五年乃至十年全县国民经济和各项社会事业的发展具有较强的指导性。会议要求，各级政府和全县人民要进一步增强责任感、使命感，在中共梁山县委的领导下，认真贯彻县委十届五次全委（扩大）会议精神，围绕实施“五全”战略，以“突出经济，确保稳定，鼓劲实干，创业兴县”为总动员令，扎实苦干，开拓进取，为全面实现“十五”计划和2010年远景目标而努力奋斗。

关于梁山县2000年国民经济和社会发展计划执行情况及2001年国民经济和社会发展计划（草案）的决议。会议审议批准县计划委员会主任高建国受县政府委托所作《关于梁山县2000年国民经济和社会发展计划执行情况及2001年国民经济和社会发展计划（草案）的报告》。会议认为，梁山县2000年国民经济和社会发展计划执行情况基本上是好的，国民经济和社会事业的发展取得明显成就；2001年国民经济和社会发展计划的安排，符合国家政策和梁山县实际情况，是积极可行的。会议要求，各级政府和全县人民要以党的十五届五中全会精神为指针，全面落实县委十届五次全委(扩大)会议决议，围绕实施“五全”战略，以“突出经济，确保稳定，鼓劲实干，创业兴县”为总动员令，进一步强化农业，提高工业，大力发展民营经济，努力提高全县经济整体素质和运行质量，坚持两个文明一起抓，促进国民经济持续、快速、健康发展和社会全面进步，确保2001年国民经济和社会发展计划圆满完成。

关于梁山县2000年财政预算执行情况和2001年财政预算（草案）的决议。会议审议批准县财政局局长刘东升受县政府委托所作《关于梁山县2000年财政预算执行情况和2001年财政预算（草案）的报告》。会议认为，2000年，全县财政工作以经济发展为中心，强化收入征管，提前和超额完成预算任务，支出方面坚持“一要吃饭，二要建设”的原则，突出保证了行政事业单位工资的发放，保持了社会稳定，促进了经济和社会事业的发展，预算执行情况是好的。2001年的预算安排立足县内实际，着眼长远发展，突出加强管理，切实保障重点，是积极可行的。会议要求，财政部门要进一步发挥财政调控的职能作用，正确处理财政改革与经济和社会发展全局的关系，锐意改革，开拓创新，团结奋斗，知难而进，确保完成2001年的财政预算任务，为建立稳固、平衡和强大的财政而奋斗。

关于县人大常委会工作报告的决议。会议审议县人大常委会主任高太平所作《梁山县人大常委会工作报告》。会议决定批准这个报告。会议认为，一年来，县人大常委会在中共梁山县委的领导下，认真贯彻中共十五大和十五届三中、四中全会精神，紧紧围绕经济建设这个中心，把加强社会主义民主法制建设作为根本任务，认真履行宪法和法律赋予的职权，在决定重大事项、依法监督、人事任免以及代表工作等方面都取得新的成绩，为推进依法治县，保障全县经济发展和社会进步，发挥了积极作用。会议认为，2001年是“十五”计划的开局之年，做好今年的人大工作意义重大。会议要求，县人大常委会要深入贯彻中共十五大和十五届五中全会精神，全面落实县委十届五次全委（扩大）会议决议，围绕实施“五全”战略，以“突出经济，确保稳定，鼓劲实干，创业兴县”为总动员令，按照“四再”要求，依法履行职责，把社会主义民主法制建设与改革开放和现代化建设事业不断推向前进。要进一步加强对行政、审判和检察机关的工作监督，督促和支持“一府两院”依法行政、公正司法，圆满完成各项任务。法律监督要加大力度，突出重点，改进方式，增强实效，切实保证法律法规的贯彻实施。要深入开展法制宣传教育，增强人民群众特别是各级领导干部的法律意识和法制观念。要进一步密切同人大代表和人民群众的联系，充分反映和代表人民的利益，全心全意为人民服务。要巩固和发展“三讲”教育成果，进一步加强常委会及机关自身建设，不断提高审议质量和工作水平，为实施依法治国方略，促进社会主义民主法制建设，实现梁山县跨世纪发展的宏伟目标而努力奋斗。

关于县人民法院工作报告的决议。会议审议县人民法院院长袁存力所作《梁山县人民法院工作报告》。会议认为，一年来，县法院以中共十五大精神为指导，认真贯彻落实县十四届人大三次会议决议，紧紧围绕全县工作大局，认真履行宪法和法律赋予的职责，全面开展审判工作，不断深化法院改革，加大执行工作力度，积极认真清理积案，狠抓领导班子和队伍建设，为保障改革、促进发展、维护稳定提供了有力的司法保障和良好的法律服务。会议决定批准这个报告。会议要求，县法院要认真贯彻中共十五大和十五届五中全会精神，全面落实县委十届五次全委（扩大）会议决议，围绕实施“五全”战略，以“突出经济，确保稳定，鼓劲实干，创业兴县”为总动员令，按照“四再”要求，努力做好法院工作。要按照县十四届人大四次会议决议的要求，以维护社会稳定和促进经济发展为重点，以司法公正为主线，以队伍建设为根本，以党的领导、人大监督为保障，全面履行宪法和法律赋予的神圣职责，充分发挥审判职能作用，依法打击各种犯罪活动，保障公民、法人和其他组织的合法权益，积极推进司法改革，切实加强法院建设，全面提高队伍素质，确保司法公正，为推进依法治县进程，维护社会稳定，保障和促进全县改革开放和社会主义现代化建设事业作出新的贡献。

关于县人民检察院工作报告的决议。会议审议县人民检察院检察长王宜海所作《梁山县人民检察院工作报告》。会议认为，一年来，县检察院以中共十五大精神为指导，认真贯彻落实县十四届人大三次会议决议，紧紧围绕全县工作大局，认真履行宪法和法律赋予的职责，全面开展检察工作，不断深化检察制度改革，积极查办职务犯罪案件，依法打击各种犯罪活动，大力加强干警队伍建设，为保障改革、促进发展、维护稳定作出积极贡献。会议决定批准这个报告。会议要求，县检察院要认真贯彻中共十五大和十五届五中全会精神，全面落实县委十届五次全委（扩大）会议决议，围绕实施“五全”战略，以“突出经济，确保稳定，鼓劲实干，创业兴县”为总动员令，按照“四再”要求，努力做好检察工作。

要积极履行法律监督职责，进一步加大查办职务犯罪案件的工作力度，促进反腐败斗争的深入开展；依法严厉打击各种刑事和经济犯罪活动，维护良好的社会秩序和市场经济秩序；加强执法监督，确保司法公正；深化检察改革，加强队伍建设，充分发挥检察机关在依法治县、维护社会稳定、促进改革开放和现代化建设中的重要作用。

第五次会议 2002年1月27—29日，梁山县第十四届人民代表大会第五次会议在县政府第一会议室召开，出席代表254人，列席人员225人。

大会概况 梁山县第十四届人民代表大会第五次会议1月27日开幕，县人大常委会主任高太平主持。会议听取县长商建设所作《政府工作报告》，听取审议县计划委员会主任高建国代表县政府所作《关于梁山县2001年国民经济和社会发展计划执行情况及2002年国民经济和社会发展计划（草案）的报告》；县财政局局长刘东升代表县政府所作《关于梁山县2001年财政预算执行情况和2002年财政预算（草案）的报告》；县人大常委会主任高太平所作《梁山县人大常委会工作报告》；听取审议县人民法院院长袁存力所作《梁山县人民法院工作报告》、人民检察院检察长王宜海所作《梁山县人民检察院工作报告》，并分别通过各个报告的决议。会议补选梁山县人大常委会副主任。会议还听取县人大常委会副主任鞠燕芬关于代表议案审查意见的报告。县人大常委会主任高太平在会议结束时讲话。

大会机构 梁山县第十四届人民代表大会第五次会议设大会主席团及秘书长、主席团常务主席等机构。

主席团（37人）：

于立武 马传申 王才利 王水利 王凤勤
王志宪 王佑兵 王佑明 玄志祥 刘本相
刘殿印 李　超 李士兵 李文汉 李传武
李兆申 杨先进 杨朝福 宋　科 张广斌
张先知 张希来 陆书杰 林英科 房继宽
赵　晖 信在高 侯圣军 贾存琰 高太平
郭广建 戚聿君 蒋衍涛 韩　军 臧凤柱
薛兆福 鞠燕芬（女）

秘书长：鞠燕芬（兼）

主席团常务主席（11人）：

韩　军 高太平 李传武 马传申 宋　科
鞠燕芬（女） 张先知 林英科 王志宪
信在高 李文汉

大会选举 梁山县第十四届人民代表大会第五次会议通过选举办法，补选县人大常委会副主任2人，实行等额选举，采取无记名投票，设总监票1人，监票6人。2002年1月29日，梁山县第十四届人民代表大会第五次会议，补选王佑明、陆书杰为县人大常委会副主任。

大会决议 2002年1月29日，梁山县第十四届人民代表大会第五次会议通过大会决议6项。

关于政府工作报告的决议。会议审议县长商建设所作《政府工作报告》。一致认为，报告实事求是、客观公正地总结2001年的政府工作，从全局的、战略的高度提出2002年政府工作的指导思想和任务目标，科学合理地提出施政措施，符合中共十五大和中共十五届五中、六中全会精神，符合县委十届八次全委（扩大）会议精神，符合全县实际情况。会议决定批准这个报告。会议认为，2001年，全县人民在上级党委、政府和县委、县政府的领导下，按照“鼓劲实干，创业兴县”的总体要求，坚持以经济建设为中心，振奋精神，团结奋进，较好地完成县十四届人大四次会议批准的各项计划，国民经济和社会各项事业得到了较快发展，全县呈现了政治安定，社会稳定、经济发展、事业进步、政通人和的良好局面。会议对县政府一年来的工作表示满意。会议指出，2002年是中国加入世贸组织的第一年，既面临着严峻挑战，也面临着良好的发展机遇。全县人民要进一步深入贯彻落实党的十五届五中、六中全会精神，同心同德、励精图治，迎接新挑战，抢抓新机遇，再创新业绩，确保2002年和

“十五”计划目标的如期实现。会议强调，2002年是全县实施“十五”计划、乘势前进的关键年，做好2002年的工作至关重要。县政府及其有关部门要按照“突出经济，确保稳定，鼓励实干，创业兴县”的总体要求和县委全委会提出的“产业化、工业化、民营化、城镇化”的发展方向，坚持以经济建设为中心，加快调整农业结构，全面壮大工业实力，突出发展民营经济，加大旅游开发力度，努力提升城市水平，乘势而上，大干大上，开拓创新，加快发展，不断增强经济实力，进一步提高城乡居民生活水平，推进国民经济持续快速健康发展和社会各项事业的全面进步。农业和农村工作要以调整结构为重点，大力推进产业化进程，不断改善农业生产条件，推进农村经济稳步发展，努力实现农民增收目标。工业经济要坚持“工业立县”方针，突出抓好投入、调整、改革、管理等项工作，努力提高工业经济运行质量，实现全县工业经济的快速发展。民营经济要以增量强质为目标，以园区建设、项目引进为重点，继续扩充总量，提升档次，努力将全县民营经济推向新阶段。商贸流通要进一步加大市场建设和营销力度，继续巩固规范五大商贸区，全面加强农村集贸市场和商业网点建设，不断扩大经营范围，努力满足人民群众不断增长的消费需求。外经贸工作要抓住入世机遇，积极实施外向带动战略，加大招商力度，促进全县外向型经济的快速发展。城市建设要以基础设施建设和城市综合开发为重点，努力强化城市功能，提升城市水平。旅游开发工作要以景区景点建设和旅游推介宣传为重点，努力实施旅游带动，打造旅游品牌，提高旅游档次。财税工作要进一步加强财源建设，强化税收征管，增加财政收入，努力壮大地方财力。同时要大力发展科技、教育、文化、卫生、体育等项社会事业，认真落实三项基本国策，进一步完善社会保障机制，搞好社会养老保险工作，落实城乡低保制度，加强社会治安综合治理，推进各项事业的全面进步。

关于梁山县2001年国民经济和社会发展计划执行情况及2002年国民经济和社会发展计划（草案）的决议。会议审议批准县计划委员会主任高建国受县政府委托所作《关于梁山县2001年国民经济和社会发展计划执行情况及2002年国民经济和社会发展计划（草案）的报告》。会议认为，梁山县2001年国民经济和社会发展计划执行情况基本上是好的，国民经济和社会各项事业的发展取得明显成就；2002年国民经济和社会发展计划的安排符合国家政策和梁山县实际情况，是积极可行的。会议要求，各级政府和全县人民要全面落实县委十届八次全委（扩大）会议决议，以“乘势而上，大干大上”为基调，着力抓好“发展民营，壮大工业、调整农业、开发旅游、提高城建”五大任务，努力提高全县经济整体素质和运行质量，坚持两个文明一起抓，促进国民经济持续、快速、健康发展和社会全面进步，确保2002年国民经济和社会发展计划圆满完成。

关于梁山县2001年财政预算执行情况和2002年财政预算（草案）的决议。会议审议批准县财政局局长刘东升受县政府委托所作《关于梁山县2001年财政预算执行情况和2002年财政预算（草案）的报告》。会议认为，2001年，全县财政工作以经济建设为中心，不断强化收入征管，促进了财政收入的持续、快速增长，完成全年预算任务；始终坚持“一要吃饭，二要建设”的原则，努力深化支出管理改革，集中保证了工资、社会保障及国家政权建设等重点支出的资金需要，为维护社会稳定、促进经济和社会各项事业的发展作出积极的贡献。2002年的预算突出推进财政改革，切实保障重点支出，收支目标符合全县实际。会议要求，财政部门要深化财政制度改革，加快公共财政建设，加强监督检查，转变工作作风，开拓创新，锐意进取，确保完成2002年财政预算任务，为促进全县经济持续健康发展和社会全面进步作出新的贡献。

关于县人大常委会工作报告的决议。会议听

取并审议县人大常委会主任高太平所作《梁山县人大常委会工作报告》。会议认为，县十四届人大四次会议以来，县人大常委会在中共梁山县委领导下，围绕全县工作大局，认真履行宪法和法律赋予的职权，在加大监督力度，增强监督实效，发挥代表作用，加强自身建设等方面，都取得新的成绩。会议同意报告对过去一年工作的总结和2002年的工作安排，决定批准这个报告。会议要求，县人大常委会要深入贯彻中共十五大和十五届六中全会精神，全面落实县委十届八次全委（扩大）会议决议，发扬与时俱进、奋发有为的精神，以“乘势而上，大干大上”为基调，解放思想，把握重点，依法履行各项职权，积极推进社会主义民主法制建设。要进一步加强对法律法规实施情况的监督和对“一府两院”的工作监督，不断改进监督方法，提高监督实效，督促行政机关依法行政，司法机关公正司法。要进一步密切与人大代表和人民群众的联系，注意倾听人民群众的愿望和要求，代表和维护人民群众的根本利益。要进一步加强常委会自身建设，认真学习政治、理论和业务知识，深入开展调查研究，努力提高依法履行职责的水平，为实现本次大会确定的全县改革开放和现代化建设的目标任务，作出更大的贡献。

关于县人民法院工作报告的决议。会议听取并审议县人民法院院长袁存力所作《梁山县人民法院工作报告》。会议认为，一年来，县法院认真落实县十四届人大四次会议决议，围绕全县工作大局，坚持以审判工作为中心，以司法公正为主线，以队伍建设为根本，以深化改革为动力，以党的领导和人大监督为保障，各项工作取得新的进展，在维护社会稳定、保障经济发展中发挥了重要作用。会议决定批准这个报告。会议要求，县法院要认真贯彻县委十届八次全委（扩大）会议精神，以人民满意为最高标准，紧紧依靠党的领导，自觉接受人大及其常委会的监督，围绕公正与效率这一法院工作主题，认真履行法定职责。全面加强各项审判工作和执行工作，依法惩处各种犯罪活动，加大审理民事、经济和行政诉讼案件的力度，努力化解社会矛盾。积极推进司法改革，强化内部监督制约机制，提高办案质量和效率，确保司法公正。抓好班子和队伍建设，全面提高法官队伍的整体素质和执法水平，努力开创法院工作的新局面，为全县改革开放和现代化建设的顺利进行创造良好的法治环境。

关于县人民检察院工作报告的决议。会议听取并审议县人民检察院检察长王宜海所作《梁山县人民检察院工作报告》。会议认为，一年来，县检察院认真落实县十四届人大四次会议决议，围绕全县工作大局，积极履行检察职责，严格依法办事，查办一批职务犯罪案件，严厉打击各类严重刑事犯罪活动，诉讼监督等工作取得新进展，在维护社会稳定、保障经济发展中发挥了重要作用。会议决定批准这个报告。会议要求，县检察院要继续认真贯彻县委十届八次全委（扩大）会议精神，以人民满意为最高标准，紧紧依靠党的领导，自觉接受人大及其常委会的监督，认真履行法定职责。进一步强化措施，突出重点，加大查办职务犯罪力度，积极开展犯罪预防工作，促进反腐败斗争的深入开展，依法严厉打击各种严重刑事犯罪活动，努力维护社会稳定。加强诉讼监督，确保司法公正。深化检察改革，强化队伍整体素质，进一步提高办案质量和效率，不断开创检察工作新局面，为全县改革开放和现代化建设的顺利进行创造良好的法治环境。

第十五节 第十五届人民代表大会

2003年1月至2007年12月，梁山县第十五届人民代表大会共召开5次会议。

第一次会议 2003年1月18—22日，梁山县第十五届人民代表大会第一次会议在县政府第一会议室召开，出席会议代表258人，列席人员

179 人。县委、县政府各委办局主要负责人和出席县第七届一次政协会议的全体委员列席会议。

大会概况 梁山县第十五届人民代表大会第一次会议 1 月 18 日开幕，县人大常委会主任高太平主持。会议听取并审议县长商建设所作《政府工作报告》及县发展计划局局长高建国所作《梁山县 2002 年国民经济和社会发展计划执行情况的报告和 2003 年国民经济和社会发展计划（草案）的报告》、副县长刘振诺所作《关于梁山县 2002 年财政预算执行情况和 2003 年财政预算（草案）的报告》，听取并审议县人大常委会主任高太平所作《梁山县人大常委会工作报告》及县人民法院院长袁存力所作《梁山县人民法院工作报告》、县人民检察院检察长王宜海所作《梁山县人民检察院工作报告》，并分别通过各个报告的决议。会议选举产生梁山县第十五届人民代表大会常务委员会主任、副主任、委员；选举梁山县人民政府县长、副县长；选举梁山县人民法院院长、梁山县人民检察院检察长；选举出席济宁市第十四届人民代表大会代表。会议还听取县人大常委会副主任陆书杰关于代表议案审查意见的报告。

大会机构 县第十五届人民代表大会第一次会议设大会主席团 44 人、秘书长 1 人，推选常务主席 13 人。

大会主席团（44 人）：

于立武 马传申 王才利 王水利 王志宪
王佑兵 王佑明 王宜海 王保清 王信义
玄志祥 乔允华 刘本相 刘振诺 刘殿印
孙伯泉 李　超 李士兵 李文汉 李兆申
杨先进 杨朝福 宋　科 张广斌 张先知
张传胜 张希来 陆书杰 陈启明 林英科
房继宽 赵　晖 赵玉民（女） 信在高
袁存力 贾存琰 高太平 商建设 梁开平
韩　军 楚宪海 臧凤柱 蔡建民 鞠燕芬（女）

秘书长：王佑明（兼）

大会主席团常务主席：(13 人)：

韩　军 高太平 商建设 马传申 宋　科
王保清 王佑明 陆书杰 王信义 林英科
孙伯泉 赵玉民（女）乔允华

大会选举 梁山县第十五届人民代表大会第一次会议通过选举办法，选举县第十五届人民代表大会常务委员会主任 1 人、副主任 7 人、委员 14 人，选举县人民政府县长 1 人、副县长 5 人，选举县人民法院院长 1 人，选举县人民检察院检察长 1 人；县人大常委会主任、县人民政府县长、县人民法院院长、县人民检察院检察长均实行等额选举，县人大常委会副主任、委员，县人民政府副县长均实行差额选举（副主任、副县长各差额 1 人，委员差额 2 人），选举出席济宁市第十四届人民代表大会代表 39 人，实行差额选举（差额 10 人）；选举均采取无记名投票方式，设总监票人 1 人、监票人 18 人。

2003 年 1 月 22 日，梁山县第十五届人民代表大会第一次会议，选举高太平为县人大常委会主任，王佑明、陆书杰、王信义、林英科、孙伯泉、赵玉民（女）、乔允华为副主任，马兆海、孔德雨、仲崇斌、刘甲仁、李学社、李厚道、杨智、张弟法、陈保德、季昌生、侯庆堂、徐长富、窦广洋、穆兆凤为委员；选举商建设为县人民政府县长，刘振诺、刘振西、贾治皋、任艳云（女）、蒋衍涛、宁瑞峰为副县长；选举袁存力为县人民法院院长；选举王宜海为县人民检察院检察长。

会议选举出席济宁市第十四届人民代表大会代表 39 人，其中，济宁市参选代表（6 人）：

张兆启 韩笔祥 关升英 李怀君 仲跻高
颜廷芳

梁山县选出代表（33 人）：

王凤珍（女） 王玉湖 王先珠 王佑灿
吕玉来 刘本相 刘兴才 孙长兰（女）
孙爱云（女） 李守忠 李相社 吴兆海
宋恒臣 张传胜 张启超 张恒福 陈丕英
陈启明 岳增才 贾祥福 徐恩润 高太平
高建山 黄广良 曹红（女）戚聿君

商建设 董衍巽 韩军 韩玉华（女）

蔡建民 谭新合 潘世殿

大会决议 2003 年 1 月 22 日，梁山县第十五届人民代表大会第一次会议通过大会决议 6 项。

关于《政府工作报告》的决议。会议听取审议并决定批准县长商建设所作《政府工作报告》。会议认为，报告实事求是、客观公正地总结五年来、特别是 2002 年以来的政府工作，符合中共十六大精神，符合上级党委、政府要求，符合全县实际情况。过去的五年，是经受住各种困难考验步入良性发展的五年；是更新观念，理清发展思路，坚持不断创新的五年；是经济快速发展，社会全面进步，人民得到实惠较多的五年。五年来，全县人民以中共十五大和十六大精神为指针，牢牢把握团结、稳定、发展的主调，紧紧依靠上级党委、政府和县委的正确领导，振奋精神，知难而进，扎实苦干，完成县十四届人代会确定的各项目标，国民经济和社会各项事业均取得突出成绩，全县出现经济发展、政治稳定、人民团结、社会进步的良好局面。会议对政府五年来的工作表示满意。会议指出，今后五年是全面建设小康社会的重要时期，也是全县大调整、大开放、大发展的关键时期，决定着梁山未来发展的全局。全县人民要进一步深入贯彻落实中共十六大精神，同心同德，励精图治，与时俱进，再创辉煌，确保今年和今后五年计划目标的如期实现。会议强调，今年既是贯彻中共十六大精神的第一年，也是保持经济快速增长、乘势前进的关键年，做好 2003 年的工作至关重要。县政府及其各部门要以中共十六大精神为动力，以全面建设小康社会为目标，按照“突出经济、确保稳定、鼓劲实干、创业兴县”的总体要求，坚持解放思想，与时俱进，乘势而上，大干大上，突出发展民营，全力抓好工贸，大力调整农业，加快旅游开发，提升城市水平，推进全县经济持续快速健康发展和社会事业全面进步。民营经济要继续实施“五全”战略，落实“四再”要求，毫不动摇地鼓励、支持、引导，放手放胆发展，积极推进园区建设，着力培植骨干企业，努力增加经济总量，大幅度提高民营经济在国民经济中的比重。工业经济要大力实施“工业立县”战略，以高新技术产业为先导，以基础产业和制造业为支撑，切实抓好重点项目建设，着力培植重点产业，全面提高企业整体素质，走出一条新型工业化路子。农村经济要以调整结构为重点，大力实施畜牧兴县战略，积极推进产业化进程，努力增加农民收入。商贸流通要进一步深化流通企业改革，大力发展新型流通业态，进一步繁荣城区五大商贸区，积极发展各类专业市场和农村集贸市场，大力整顿流通秩序，努力建设“诚信梁山”。外向型经济要抓住入世效应，积极实施外向带动战略，加大招商引资力度，抓好出口基地建设，加强城市管理，加快经营城市步伐，努力强化城市功能，提升城市水平。旅游开发要继续实施旅游带动战略，深度开发旅游资源，增建旅游设施，搞好旅游推介，打造旅游品牌，壮大旅游产业，努力把梁山建成现代化旅游名城。社会保障工作要建立起与全县经济水平相适应的社会保障体系。同时，大力发展文化、卫生、体育等项社会事业，切实加强精神文明建设，努力做好社会稳定工作，推进各项事业的全面进步。

关于梁山县 2002 年国民经济和社会发展计划执行情况及 2003 年计划的决议。会议经过认真审议，决定批准梁山县发展计划局局长高建国受县政府委托所作《关于梁山县 2002 年国民经济和社会发展计划执行情况及 2003 年计划（草案）的报告》。会议认为，2002 国民经济和社会发展计划执行情况基本上是好的，国民经济和各项社会事业的发展取得明显成就；2003 年国民经济和社会发展计划的安排符合梁山县实际。会议要求，各级政府和全县人民要以中共十六大精神为指针，按照县委十届九次会议要求，着力抓好“发展民营、壮大工贸、调整农业、开发旅游、提高城建”五大任务，努力提高全县经济整体素质和运行质量，坚持两个文明一起抓，积极推进以“诚信梁山”建设为主要内容的思想道德建设，促进国民经济持续、快速、健康发展和社会全面进步，确保2003年国民经济和社会发展计划圆满完成。

关于梁山县2002年财政预算执行情况及2003年财政预算的决议。会议经过审议，决定批准副县长刘振诺受县政府委托所作《关于梁山县2002年财政预算执行情况及2003年财政预算（草案）的报告》。会议认为，2002年县财政工作在县委、县政府的正确领导下，认真贯彻落实县十四届人大五次会议决议，开拓进取，不断创新，积极稳妥地进行了农村税费改革和所得税、营业税收入分享改革，进一步强化收入征管措施，财政收入保持稳定增长，收入结构进一步优化，确保了全年预算任务的圆满完成；坚持“一要吃饭，二要建设”的原则，强化财政支出管理，对工资、社会保障以及农业、教育等重点支出的保障水平进一步提高，充分发挥了财政调节收入分配、维护社会稳定、促进经济发展的职能作用。2003年的财政预算安排立足全县经济，坚持推进财政改革，大力增收节支，牢固树立过紧日子的思想，集中资金保证重点，是积极的和切实可行的。会议要求，财政部门要深入贯彻落实中共十六大精神，积极执行县十五届人大一次会议决议，按照县委、县政府对财政建设的要求，继续深化财政管理改革，构筑财政收入稳定增长机制，进一步调整和优化财政支出结构，厉行节约，确保重点支出需要，确保2003年财政预算任务圆满完成，推进全县经济和各项社会事业持续快速健康发展。

关于县人大常委会工作报告的决议。会议听取审议县人大常委会主任高太平代表梁山县第十四届人大常委会所作《县人大常委会工作报告》。会议认为，在任期的五年中，县十四届人大常委会在中共梁山县委领导下，按照十四届人大历次会议决议的要求，认真履行宪法和法律赋予的职责，在监督法律法规实施、决定重大事项、代表工作和自身建设等方面都取得新的进展，为加强社会主义民主法制建设，推进依法治国基本方略的实施，保障全县经济和社会各项事业的健康发展作出积极贡献。会议同意报告对过去五年工作的总结，决定批准这个报告。会议要求，县十五届人大常委会要深入贯彻中共十六大精神，坚持以经济建设为中心，紧紧围绕全县改革发展稳定的大局和依法治县的各项任务，大力推进社会主义民主法制建设，保障和促进全县经济持续快速健康发展和社会全面进步。要继续加强对“一府两院”的法律监督和工作监督，突出监督重点，增强监督实效，督促和支持其依法行政、公正司法。要认真讨论决定重大事项，促进重大决策的民主化、科学化。要广泛深入地开展以宪法为核心内容的法制宣传教育，积极营造诚实守信、文明法治的社会氛围，推进依法治县的进程。要继续拓宽联系人大代表和人民群众的渠道，坚持走群众路线，把代表和体现人民群众的根本利益作为人大工作的出发点和归宿。要进一步加强常委会自身建设，认真学习政治理论和业务知识，深入实际开展调查研究，努力转变工作作风，团结一致，扎实工作，与时俱进，开拓创新，为全面实现大会确定的各项工作目标，全面建设小康社会而努力奋斗。

关于梁山县人民法院工作报告的决议。会议听取审议县人民法院院长袁存力所作《梁山县人民法院工作报告》。会议认为，过去的五年，县法院坚持以党的基本路线为指导，认真贯彻落实县十四届人大历次会议决议，严格履行宪法和法律赋予的审判职责，自觉接受县人大及其常委会的监督，围绕全县工作大局，紧扣“公正与效率”主题，全面开展审判工作，努力提高队伍素质，积极推进法院改革，各项工作取得新的成绩，在维护全县社会稳定、促进经济发展和社会进步中发挥了重要作用。报告客观全面地总结五年来的工作，并对今后的工作提出切实可行的目标任务，会议决定批准这个报告。会议要求，县法院要深入贯彻中共十六大精神，按照依法治国、建设社会主义法治国家基本方略和县十五届人大一次会议的要求，进一步强化为党和国家工作大局服务的意识，依法履行审判机关职能，深入开展严打斗争和参与整顿规范市场经济秩序活动，严厉打击各类刑事犯罪，依法调处各类民事和行政法律关系，及时有效地执行案件，为市场经济的正常运行创造良好的法治环境；进一步深化机制改革和制度创新，强化审判管理，确保司法的公正与高效；大力加强法院建设，改进司法作风，提高队伍的整体素质；加大基层建设力度，强化基层基础工作；坚持党的领导，自觉接受人大及其常委会的监督，积极争取社会各界的支持，推动法院工作再上新台阶，为全面建设小康社会和维护全县社会稳定、政治安定提供更加有力司法保障和优质的法律服务。

关于梁山县人民检察院工作报告的决议。会议听取审议县人民检察院检察长王宜海所作《梁山县人民检察院工作报告》。会议认为，过去的五年，县检察院坚持“公正执法，加强监督，依法办案，从严治检，服务大局”的工作方针，全面履行法律监督职责，大力加强检察队伍建设，在查办和预防犯罪、强化执法监督、促进司法公正、维护社会稳定等方面取得新的成绩。在严打斗争和反腐败斗争中，认真贯彻中央和上级指示，态度坚决，措施有力，依法严厉打击各类严重刑事犯罪活动，查办一批大案要案；紧紧依靠党的领导，自觉接受人大监督，牢固树立为党和国家工作大局服务的指导思想，深入开展严打斗争，依法严厉打击各类严重刑事犯罪和经济犯罪，努力为改革和发展创造良好的法治环境；进一步强化措施，突出重点，加大查办和预防职务犯罪的力度，推动反腐败斗争深入开展；切实加强诉讼监督，坚决纠正有法不依、执法不严等问题，维护法律尊严，促进司法公正；深化检察改革，大力加强检风建设、业务建设、规范化建设和基层基础建设，不断提高队伍的整体素质和执法水平，推动检察事业与时俱进、创新发展，为全面建设小康社会和维护全县社会稳定、政治安定提供更加有力的司法保障和优质的法律服务。

第二次会议 2004 年 1 月 3—6 日，梁山县第十五届人民代表大会第二次会议在县政府第一会议室召开，出席会议代表 257 人，列席人员 177 人。县委、县政府各委办局主要负责人和出席县七届二次政协会议的全体委员列席会议。

大会概况 梁山县第十五届人民代表大会第二次会议 1 月 3 日开幕，县人大常委会主任高太平主持。会议听取并审议县长商建设所作《政府工作报告》及县发展计划局局长高建国所作《梁山县 2003 年国民经济和社会发展计划执行情况的报告和 2004 年国民经济和社会发展计划（草案）的报告》、县财政局局长杨奉月所作《关于梁山县 2003 年财政预算执行情况和 2004 年财政预算（草案）的报告》，听取并审议县人大常委会高太平所作《梁山县人大常委会工作报告》及县人民法院院长袁存力所作《梁山县人民法院工作报告》、县人民检察院检察长王宜海所作《梁山县人民检察院工作报告》，并分别通过各个报告的决议。会议补选县人大常委会委员。会议还听取县人大常委会副主任乔允华所作关于代表议案审查意见的报告。县人大常委会主任高太平在会议结束时讲话。

大会机构 县第十五届人民代表大会第二次会议设大会主席团 37 人、秘书长 1 人，推选常务主席 13 人。

大会主席团（37 人）：

于立武 马传申 王才利 王水利 王佑兵
王佑明 王保清 王信义 王慎恩 玄志祥
田福岭 乔允华 刘本相 孙伯泉 李　超
李士兵 李兆申 杨先进 宋　科 张广斌
张传胜 张希来 陆书杰 陈启明 林英科
房继宽 赵　晖 赵玉民（女） 贾存琰

高太平 商建设 梁开平 韩 军 谢云良
楚宪海 蔡建民 臧凤柱
秘书长：王佑明（兼）
大会主席团常务主席（13人）：
韩 军 高太平 商建设 马传申 宋 科
王保清 王佑明 陆书杰 王信义 林英科
孙伯泉 赵玉民（女）乔允华

大会选举 梁山县第十五届人民代表大会第二次会议通过选举办法，补选梁山县人大常委会委员1人，实行等额选举，采取无记名投票方式，设总监票人1人、监票人6人。2004年1月6日，会议补选陈冬梅为县人大常委会委员。

大会决议 2004年1月6日，梁山县第十五届人民代表大会第二次会议通过大会决议6项。

关于《政府工作报告》的决议。会议听取审议并决定批准县长商建设代表县人民政府所作《政府工作报告》。会议认为，报告实事求是、客观公正地总结2003年的政府工作，精辟深刻地分析当前面临的形势和任务，科学合理地提出2004年的奋斗目标和工作措施。报告符合中共十六大和十六届三中全会精神，符合上级党委、政府的要求，符合梁山县实际情况。2003年是新一届政府任期的第一年。一年来，县政府紧紧依靠上级党委、政府和县委的正确领导，自觉接受县人大及其常委会的监督，牢牢把握发展第一要务、富民第一目标，重点围绕“突出民营、壮大工贸、调整农业、开发旅游、提升城建”五大任务，解放思想，与时俱进，求真务实，扎实苦干，战胜了非典和洪涝等自然灾害，经济和社会事业取得新的成绩，较好地完成县十五届人大一次会议确定的各项任务目标。会议对政府一年来的工作表示满意。会议指出，全县经过近年来的改革与调整，综合实力不断增强，经济结构逐步优化，一批新上项目陆续发挥效益，全县人民齐心协力、加快发展的深厚氛围已经形成，特别是梁山县被确定为全省欠发达县，将享受省市一系列优惠扶持政策。为此，全县人民一定要认清形势，把握机遇，坚定信心，抢时争速，乘势而上，努力推进全县经济和社会发展再上新台阶。会议强调，全面做好今年的各项工作，必须深入贯彻中共十六大和十六届三中全会及省市经济工作会议精神，坚持发展第一要务、富民第一目标，牢牢把握“解放思想、干事创业、比学赶超、实现超常规跨越式发展”的基调，毫不动摇地坚持大力发展民营经济，积极实施工业兴县战略，加快农业结构调整步伐，努力扩大对外开放，全力搞好招商引资，加大旅游开发力度，不断加快城市化进程，逐步改善群众生活水平，切实加强精神文明和民主法制建设，促进全县经济的快速发展与社会事业的全面进步，力争2004年，全县国民经济和社会发展速度明显加快，经济结构明显优化，财政状况明显好转，农民收入明显增加，城市化水平明显提高，社会保障能力明显增强。民营经济要继续作为加快县域经济发展的主攻方向，按照一手抓“铺天盖地”增总量，一手抓“顶天立地”上档次，努力实现民营经济发展新跨越。工业经济要以高新技术产业为先导，以科技创新为动力，创新企业机制，推进产业升级，增强发展后劲，力争工业占国民经济的比重和对财政的贡献率有明显提高。农业和农村经济要以发展市场农业为导向，以增加农民收入为目标，加快农业结构调整步伐，大力发展高产高效农业。外向型经济要把扩大对外开放、搞好招商引资作为加快县域经济发展的突破口，按照创新招商方式、改进招商办法、强化招商责任的思路，放活政策，放宽领域，加强与国际大公司、大商社及国外中小企业的联系，着力引进更多的资金、技术、人才和项目。商贸流通要充分发挥区位优势，培育大市场，发展大流通，完善市场体系，加强市场监管，加快流通企业改革，努力把全县建成集聚力强、辐射面广的商品集散地。城市建设要坚持高起点规划、高标准建设、高效能管理的原则，以提高城市品位为重点，搞好城市规划，加大开发力度，增强城市功能，努力创造舒适优美的生产生活环境。旅游开发要抓住与连五洲集团合作的机遇，加快景点建设，搞好宣传推介，加强旅游行业管理，深度开发旅游资源，尽快把资源优势转化为产业优势，促进旅游业健康发展。社会保障工作要继续落实“两个确保”、“三条保障线”制度，不断增强社会保障能力。认真实施再就业工程，为维护稳定、保障改革、促进发展做出了积极贡献。同时，积极实施“科教兴梁”战略，大力发展文化、卫生、体育等项社会事业，认真落实三项基本国策，加强社会治安综合治理，努力做好社会稳定工作，加强精神文明建设，推进各项社会事业全面进步。要继续把优化环境作为长期坚持的大政方针，努力营造良好的政策环境、服务环境、社会环境、诚信环境和舆论环境，创造有利于加快发展的良好氛围。

关于梁山县2003年国民经济和社会发展执行情况及2004年国民经济和社会发展计划的决议。会议经过认真审议，决定批准县发展计划局局长高建国受县政府委托所作《关于梁山县2003年国民经济和社会发展执行情况及2004年国民经济和社会发展计划(草案)的报告》。会议认为，2003年全县国民经济和社会发展计划执行情况基本上是好的，国民经济和社会各项事业的发展取得明显成就；2004年国民经济和社会发展计划的安排符合梁山县实际，是积极可行的。会议要求，全县各级政府和全县人民，要深入贯彻中共十六大和十六届三中全会精神，牢牢把握“解放思想、干事创业、比学赶超、实现超常规跨越式发展”的基调，紧紧围绕“突出民营、壮大工贸、调整农业、开发旅游、提升城建”五大任务，进一步解放思想，转变观念，狠抓落实、努力提高全县经济整体素质和运行质量，坚持物质文明、政治文明、精神文明一起抓，促进国民经济持续快速协调健康发展。

关于梁山县2003年财政预算执行情况和2004年财政预算的决议。会议经过认真审议，决定批准县财政局局长杨奉月受县政府委托所作《关于梁山县2003年财政预算执行情况和2004年财政预算（草案）的报告》。会议认为，在过去的一年里，财政工作克服各种不利因素的影响，始终坚持以中共十六大精神为指导，在县委、县政府的正确领导下，认真贯彻落实县十五届人大一次会议决议，不断强化增收节支措施，积极推进财税改革，财政收入保持了稳定增长，圆满完成年初预算任务，支出管理体制改革取得新进展，财政监督管理水平不断提高，各项重点支出得到较好保障，对经济发展的支持力度也进一步增强。2004年的财政预算安排立足实际，统筹兼顾，坚持深化财税体制改革，加强财政收支管理，集中资金保重点、保稳定、促发展，是积极的和切实可行的。会议要求，新的一年，财政部门要坚持以中共十六大、十六届三中全会精神为指导，以“解放思想、干事创业、比学赶超、实现超常规跨越式发展”为目标，按照县委、县政府对财政经济发展，拓宽理财渠道；强化收入征管，努力增加财政收入，提高收入质量，不断壮大财政经济实力；坚持过紧日子的思想，优化支出结构，切实保障重点支出；深入推进财税制度改革，加强对财政资金的监督管理，进一步提高依法理财工作水平，确保2004年财政预算任务圆满完成，促进全县经济和社会事业持续健康发展。

关于县人大常委会工作报告的决议。会议听取并审议县人大常委会主任高太平所作《县人大常委会工作报告》。会议认为，在过去的一年中，县人大常委会在中共梁山县委的领导下，认真贯彻中共十六大和十六届三中全会精神，围绕经济建设这个中心，切实履行宪法和法律赋予的职权，在实施监督、决定重大事项、人事任免、代表工作和自身建设等方面都取得显著成绩，为加强社会主义民主法制建设，保障和促进全县经济与社会的协调发展作出积极贡献。会议对县人大常委会一年来的工作表示满意，决定批准这个报告。会议要求，在新的一年里，县人大常委会要继续深入贯彻中共十六大和十六届三中全会精神，把握立党为公、执政为民的本质要求，把坚持党的领导、人民当家做主和依法治国有机统一起来，把发展社会主义民主、健全社会主义法制作为根本任务，围绕加快发展和富民强县这一主题，以新的思路和新的举措进一步做好各项工作。要不断加强和改进监督工作，积极探索新形势下监督工作的新途径加大监督力度，监督和支持“一府两院”依法行政、公正司法。要积极有效地行使重大事项决定权，促进重大决策的民主化、科学化。要密切联系人大代表和人民群众，支持代表依法执行职务，充分发挥代表作用，倾听和反映人民群众的意见和要求，自觉维护人民群众的根本利益。要进一步搞好常委会的自身建设，提高理论素质和工作水平，认真履行法定职责，努力转变工作作风，自觉接受人民群众的监督。要在中共梁山县委领导下，解放思想，实事求是，与时俱进，开拓创新，为实现经济持续快速协调健康发展和社会全面进步，全面建设小康社会而努力奋斗。

关于县人民法院工作报告的决议，会议听取审议县人民法院院长袁存力所作《梁山县人民法院工作报告》。会议认为，一年来，县人民法院全面贯彻县十五届人大一次会议决议，紧紧围绕全县工作大局，认真履行宪法和法律赋予的职责，大力加强各项审判和执行工作，积极推进法院改革，进一步加强队伍建设，为维护社会稳定、保障改革开放和现代化建设作出积极贡献。会议决定批准这个报告。会议要求，县人民法院要继续认真贯彻落实中共十六大和十六届三中全会精神，按照县十五届人大二次会议的要求，坚持依法治国基本方略，牢固树立司法为民思想，围绕公正与审判工作和执行工作，全力保障社会政治稳定，规范和促进市场经济建设有序发展，维护社会的公平与正义；大力加强法官队伍建设，进一步提高法官的政治、业务和道德素质；继续推进和深化法院改革，保证公正司法，提高司法效率，为促进社会协调发展、全面建设小康社会创造良好的法治环境。

关于县人民检察院工作报告的决议。会议听取审议县人民检察院检察长王宜海所作《梁山县人民检察院工作报告》。会议认为，县人民检察院紧紧围绕全县工作大局，认真履行宪法和法律赋予的职责，积极开展各项检察工作，深入推进检察改革，进一步加强队伍建设，为维护社会稳定、保障改革开放和现代化建设作出积极贡献。会议决定批准这个报告。会议要求，县人民检察院要继续认真贯彻中共十六大和十六届三中全会精神，按照县十五届人大二次会议的要求，坚持依法治国基本方略，牢固树立司法为民思想，以强化监督、公正执法为主题，严格履行检察机关职能，全面加强各项检察工作，全力维护社会政治稳定和社会主义市场经济秩序；加大查办职务犯罪的力度，推动反腐败斗争的深入开展；不断强化法律监督工作，努力维护司法公正；大力加强检察队伍建设，深化检察改革，提高维护司法公正；大力加强检察队伍建设，深化检察改革，提高司法效率，为促进经济和社会协调发展、全面建设小康社会创造良好的法治环境。

第三次会议 2005年1月12—15日，梁山县第十五届人民代表大会第三次会议在县政府第一会议室召开，出席会议代表255人，列席人员177人。县委、县政府各委办局主要负责人和出席县七届三次政协会议的全体委员列席会议。

大会概况 梁山县第十五届人民代表大会第三次会议1月12日开幕，县人大常委会主任高太平主持。会议听取并审议代理县长宋科所作《政府工作报告》及县发展计划局局长高建国所作《梁山县2004年国民经济和社会发展计划执行情况和2005年国民经济和社会发展计划（草案）的报告》、县财政局局长杨奉月所作关于《梁山县2004年财政预算执行情况和2005年财政预算（草案）的报告》，听取和审议县人大常委会高太平所作《梁山县人大常委会工作报告》及县人民法院代院长李培宪所作《梁山县人民法院工作报告》、县人民检察院代检察长张义民所作《梁山县人民检察院工作报告》，并分别通过各个报告的决议。会议补选梁山县人民政府县长、县人民法院院长、县人民检察院检察长。会议还听取县人大常委会副主任乔允华所作关于代表议案审查意见的报告。县人大常委会主任高太平在会议结束时讲话。

大会机构 县第十五届人民代表大会第三次会议设大会主席团37人、秘书长1人，推选常务主席13人。

大会主席团（37人）：

于立武 马传申 王才利 王水利 王佑兵
王佑明 王保清 王信义 王慎恩 田福岭
玄志祥 冯　冲 乔允华 刘本相 孙伯泉
李　超 李文斗 李士兵 李兆申 杨先进
宋　科 张广斌 张传胜 张希来 陆书杰
陈启明 林英科 房继宽 赵玉民（女）
秦延信 贾存琰 高太平 商建设 梁开平
楚宪海 蔡建民 臧凤柱

秘书长：王佑明（兼）

大会主席团常务主席（13人）：

商建设 高太平 宋　科 马传申 王保清
冯　冲 王佑明 陆书杰 王信义 林英科
孙伯泉 赵玉民（女）乔允华

大会选举 梁山县第十五届人民代表大会第三次会议通过选举办法，补选梁山县人民政府县长1人、县人民法院院长1人、县人民检察院检察长1人，均实行等额选举。2005年1月15日，梁山县第十五届人民代表大会第三次会议，补选宋科为县人民政府县长，李培宪为县人民法院院长，张义民为县人民检察院检察长。

大会决议 2005年1月15日，梁山县第十五届人民代表大会第三次会议通过大会决议6项。

关于《政府工作报告》的决议。会议听取审议代县长宋科代表县人民政府所作《政府工作报告》。会议认为，报告实事求是、客观公正地总结2004年的政府工作，精辟深刻地分析当前面临的形势和任务，科学合理地提出2005年的奋斗目标和工作措施。报告符合中共十六大和十六届四中全会精神，符合上级党委、政府的要求，符合全县实际情况。会议决定批准这个报告。一年来，县政府紧紧依靠上级党委、政府和县委的正确领导，自觉接受县人大及其常委会监督，坚持以科学发展观总揽全局，牢牢把握发展第一要务、富民第一目标，突出“发展民营、壮大工贸、调整农业、开发旅游、提升城建”五大工作重点，解放思想，干事创业，扎实苦干，较好地完成县十五届人大二次会议确定的各项任务目标。全县国民经济和各项社会事业均取得新成绩。会议对政府一年来的工作表示满意。会议指出，2005年是“十五”计划的最后一年，也是全面贯彻中共十六大和十六届四中全会精神、实现跨越式发展的关键一年。做好今年的工作，意义重大而深远。做好今年政府工作，完成全年各项任务目标，面临良好的机遇和条件。中共十六届三中、四中全会为全县深化改革、创新发展增添了强大动力；经过近年来的改革与调整，综合实力不断增强，经济结构逐步优化，一批新上项目部分发挥效益，一批重点项目将在年内全面铺开。为此，全县人民一定要认清形势，把握机遇，坚定信心，乘势而上，全面完成今年经济社会发展的各项工作任务。会议强调，全面做好2005年的各项工作，必须全面贯彻落实中共十六大和十六届三中全会精神，紧紧围绕发展第一要务、富民第一目标，牢牢把握解放思想、干事创业、比学赶超、加快发展总基调，全力抓好“发展民营、壮大工贸、调整农业、开发旅游、提升城建”五大工作重点，着力突出招商引资、优化环境、狠抓落实三个关键，提升对外开放水平，实施项目带动战略，壮大县域经济实力，努力构建和谐社会，切实做到农民增收、财政增长、就业增加、社保增强，促进全县经济社会全面协调可持续发展。要以增量提质为重点，坚持“放手、放胆、放活、放宽”原则，毫不动摇地鼓励、支持和引导民营经济发展，尽快形成经济民有为主、投资民间为主、企业民营为主的经济格局。要以扩大开放为重点，实现招商引资工作的新突破。坚持内资外资一起引、大小项目一起上、各个领域一起招的原则，突出招商重点，创新招商方式，狠抓外资引进。同时积极开展对外贸易，努力扩大劳务输出，确保招商引资和外经贸工作再上新水平。要以培植主导产业为重点，不断壮大工业经济实力。搞好产品配套，拉长产业链条，确保把传统产业做优、优势产业做大；坚定不移地实施大项目带动战略、“名牌带动”战略和人才强县战略，不断深化企业改革，下大气力走好工业强县的路子。要以增加农民收入为重点，积极推进农业产业化进程。把解决好“三农”问题作为农村工作的重中之重，进一步加大对农业和农村经济的支持力度，促进粮食增产、农民增收、农村稳定。要以发展现代服务业为重点，大力发展第三产业。坚持改造与发展并重，整合流通资源，拓展经营领域，创新营销方式，发展新兴业态，激发服务业特别是旅游业的发展活力。要坚持增收节支，狠抓财源建设，强化税收征管，大力组织收入，确保财税收入持续稳定增长。要坚持高起点规划、高标准建设、高效能管理、高水平经营的原则，搞好城市规划，加大开发力度，完善基础设施，提高服务功能，积极推进城市化进程，努力增强支撑经济发展的承载能力。认真实施再就业工程，进一步缓解再就业压力。同时，积极实施“科教兴梁”战略，大力发展文化、卫生、体育、广播电视等项社会事业，认真落实三项基本国策，加强社会治安综合治理和平安梁山建设，努力做好社会稳定工作，加强精神文明建设，推进各项社会事业全面进步。要继续把优化环境作为长期坚持的大政方针，努力营造良好的政策环境、服务环境、社会环境，创造有利于加快发展的良好氛围。

关于梁山县2004年国民经济和社会发展计划执行情况及2005年国民经济和社会发展计划的决议。会议经过认真审议，决定批准县发展计划局局长高建国受县政府委托所作《关于梁山县2004年国民经济和社会发展执行情况及2005年国民经济和社会发展计划的报告（草案）》。会议认为，2004年全县国民经济和社会发展计划执行情况基本上是好的，国民经济和社会各项事业的发展取得明显成就；2005年国民经济和社会发展计划的安排符合全县实际，是积极可行的。会议要求，全县各级政府和全县人民，要坚持以科学发展观总揽全局，坚持“全党抓经济，重点抓工业，关键抓投入，突出抓招商”四项原则，进一步解放思想，转变观念；狠抓落实，努力提高全县经济整体素质和运行质量，坚持物质文明、政治文明、精神文明一起抓，促进国民经济持续协调健康发展和社会全面进步，确保2005年国民经济和社会发展计划圆满完成。

关于梁山县2004年财政预算执行情况和2005年财政预算的决议。会议经过认真审议，决定批准县财政局局长杨奉月受县政府委托所作《关于梁山县2004年财政预算执行情况和2005年财政预算（草案）的报告》（书面）。会议认为，2004年，财政工作在县委、县政府的正确领导下，坚持中共十六大、十六届三中、四中全会精神为指导，树立和落实科学发展观，认真执行县十五届人大二次会议决议，克服政策性减收因素多等困难，坚持实事求是，稳步推进财税体制改革，不断强化增收节支措施，财政收入保持了稳定增长，重点支出得到较好保障，理财水平进一步提高，圆满完成年初预算任务。2005年的财政预算安排立足实际，统筹兼顾，积极稳妥，科学合理，突出了优化结构，提高质量，确保重点，是积极的和切实可行的。会议要求，在新的一年里，财政部门要继续深入贯彻中共十六大、十六届三中、四中全会精神，以科学发展观统领全局，认真落实县十五届人大三次会议决议，按照县委、县政府对财政经济工作的总体部署和要求，以提高“两个比重”为核心，充分运用财政税收杠杆，大力培植财源，强化收入征管，提高收入质量，促进经济发展，不断壮大财政经济实力；牢固树立长期过紧日子的思想，严把支出关口，反对铺张浪费，优化支出结构，切实保障重点支出；深化财税体制改革，加强财政监督管理，进一步整顿规范财经秩序，不断提高聚财、理财、用财水平，确保2005年财政预算任务圆满完成，促进全县经济和社会事业持续健康发展。

关于县人大常委会工作报告的决议。会议听取并审议县人大常委会主任高太平所作《县人大常委会工作报告》。会议认为，一年来，县人大常委会在中共梁山县委的领导下，认真贯彻中共十六大和十六届三中、四中全会精神，按照县十五届人大二次会议决议的要求，自觉围绕中心、服务大局，牢牢把握发展这个党执政兴国的第一要务，认真履行宪法和法律赋予的各项职责，大力推进社会主义民主法制建设，各项工作都取得新的进展，为推进全县经济发展和社会全面进步，发挥了重要作用。会议对县人大常委会一年来的工作给予充分肯定，决定批准这个报告。会议要求，在新的一年里，县人大常委会要继续深入贯彻中共十六大和十六届三中、四中全会精神，全面落实科学发展观，把发展社会主义民主、健全社会主义法制作为根本任务，紧紧围绕全县工作大局，认真行使宪法和法律赋予的职权。要突出监督重点，加大监督力度，充分运用各种有效的监督形式，进一步加强法律监督和工作监督，督促、支持和促进依法行政、公正司法。要围绕经济社会发展的重大问题和人民群众普遍关注的热点、难点问题，深入调查研究，依法行使好重大事项决定权。要认真行使人事任免权，并通过述职评议等形式加强对国家机关工作人员的任后监督，提高其依法执政能力。要进一步加强和改进代表工作，密切常委会与代表、代表与选民和选举单位的联系，倾听和反映人民群众的意见和要求，自觉接受人民监督。要继续加强常委会自身建设，努力提高整体素质和决策水平，促进人大工作的不断创新发展。要在中共梁山县委领导下，解放思想，开拓进取，团结奋斗，扎实工作，为实现经济社会全面协调可持续发展 作出更大的贡献。

关于县人民法院工作报告的决议。会议听取并审议县人民法院代院长李培宪所作《梁山县人民法院工作报告》。会议认为，在过去的一年里，县人民法院按照中共十六大精神和县十五届人大二次会议决议，依法履行审判职能，加大执行力度，认真落实司法为民措施，积极推进法院改革，努力抓好队伍建设，各项工作取得新的进展。会议决定批准这个报告。会议要求，在新的一年里，县人民法院要认真贯彻依法治国基本方略，牢固树立司法为民思想，切实履行宪法和法律赋予的职能，积极开展审判工作，努力缓解“执行难”问题，确保司法公正，维护社会公平和正义。要按照司法体制改革的目标和部署，深化法院改革，完善审判和执行工作机制。要大力加强队伍建设，努力提高法官的政治素质、业务素质和职业道德素质。要通过卓有成效的工作，努力营造和谐稳定的社会环境和公正高效的法治环境，为落实科学发展观，实现经济社会全面协调可持续发展提供有力的司法保障。

关于县人民检察院工作报告的决议。会议听取并审议县人民检察院代检察长张义民所作《梁山县人民检察院工作报告》。会议认为，在过去的一年里，县人民检察院按照中共十六大精神和县十五届人大二次会议决议，依法履行检察职能，加大法律监督力度，强化对执法活动的监督制约，积极推进检察改革，努力抓好队伍建设，各项工作取得新的进展。会议决定批准这个报告。会议要求，在新的一年里，县人民检察院要认真贯彻依法治国基本方略，牢固树立司法为民思想，切实履行宪法和法律赋予的职能，进一步加强法律监督，规范执法活动，坚决查办贪污、贿赂、渎职等职务犯罪，维护社会公平和正义。要按照司法体制改革的目标和部署，深化检察改革，完善检察工作机制。要大力加强队伍建设，努力提高检察官的政治素质、业务素质和职业道德素质。要通过卓有成效的工作，努力营造和谐稳定的社会环境和公正高效的法治环境，为落实科学发展观，实现经济社会全面协调可持续发展提供有力的司法保障。

第四次会议 2006年1月9—13日，梁山县第十五届人民代表大会第四次会议在县政府第一会议室召开，出席会议代表253人，列席人员175人。县委、县政府各委办局主要负责人和出席县七届四次政协会议的全体委员列席会议。

大会概况 梁山县第十五届人民代表大会第四次会议1月9日开幕，县人大常委会主任高太平主持。会议听取并审议县长宋科所作《政府工作报告》，审议县政府提交的《梁山县2005年国民经济和社会发展计划执行情况的报告和2006年国民经济和社会发展计划（草案）的报告》《关于梁山县2005年财政预算执行情况和2006年财政预算（草案）的报告》，听取并审议县人大常委会主任高太平所作《梁山县人大常委会工作报告》及县人民法院院长李培宪所作《县人民法院工作报告》、县人民检察院检察长张义民所作《县人民检察院工作报告》，并分别通过各个报告的决议。会议补选县人大常委会主任、副主任。会议还听取县人大常委会副主任乔允华关于代表议案审查意见的报告。县委书记、县人大常委会主任商建设主持会议闭幕式。

大会机构 县第十五届人民代表大会第四次会议设大会主席团37人、秘书长1人，推选常务主席13人。

大会主席团（37人）：

于立武 马传申 王才利 王水利 王佑兵
王佑明 王保清 王信义 王慎恩 田福岭
玄志祥 冯　冲 乔允华 刘本相 刘振诺
刘超波 孙伯泉 李文斗 李士兵 李兆申
李兆岚 杨先进 张广斌 张传胜 陆书杰
陈启明 林英科 房继宽 赵玉民（女）
秦延信 贾存琰 高太平 商建设 梁开平
楚宪海 蔡建民 臧凤柱

秘书长：王佑明（兼）

大会主席团常务主席（13人）：

商建设 高太平 马传申 王保清 冯　冲
刘振诺 王佑明 陆书杰 王信义 林英科
孙伯泉 赵玉民（女）乔允华

大会选举 梁山县第十五届人民代表大会第四次会议通过选举办法，补选县人大常委会主任1人、副主任1人，均实行等额选举，设总监票1人，监票6人。2006年1月13日，梁山县第十五届人民代表大会第四次会议，补选商建设为县人大常委会主任，刘振诺为副主任。会上，高太平因年龄辞去县人大常委会主任职务，刘振诺根据工作需要辞去县人民政府副县长职务。

梁山县第十五届人民代表大会第四次会议

大会决议 2006年1月13日，梁山县第十五届人民代表大会第四次会议通过大会决议 7 项。

关于政府工作报告的决议。会议听取审议县长宋科所作《政府工作报告》。会议对县人民政府过去一年的工作表示满意，同意对今年及“十一五”期间经济社会发展任务和政府各项工作的总体部署。会议决定批准这个报告。会议号召，全县人民要紧密团结在以胡锦涛同志为总书记的党中央周围，在中共梁山县委领导下，认真贯彻中共十六大和十六届五中全会精神，全面落实科学发展观，同心同德，再接再厉，为推动全县物质文明、政治文明、精神文明建设与和谐社会建设，不断夺取改革开放和现代化建设事业的新胜利而努力奋斗。

关于梁山县国民经济和社会发展第十一个五年总体规划纲要的决议。会议审查县人民政府提出的《梁山县国民经济和社会发展第十一个五年总体规划纲要（草案）》，决定批准梁山县国民经济和社会发展第十一个五年总体规划纲要。

关于梁山县 2005 年国民经济和社会发展计划执行情况及 2006 年国民经济和社会发展计划的决议。会议经过认真审议，决定批准县人民政府提出的《关于梁山县 2005 年国民经济和社会发展计划执行情况及 2006 年国民经济和社会发展计划（草案）的报告》。

关于梁山县 2005 年财政预算执行情况和 2006 年财政预算的决议。会议经过审议，决定批准县人民政府提出的《关于梁山县 2005 年财政预算执行情况和 2006 年财政预算草案的报告》。

关于县人大常委会工作报告的决议。会议听取并审议县人大常委会主任高太平所作《梁山县人大常委会工作报告》。会议肯定一年来县人大常委会的工作，同意报告提出的今后的主要任务。会议决定批准这个报告。会议要求，县人大常委会要全面落实科学发展观，把坚持党的领导、人民当家做主和依法治国有机统一起来，认真履行宪法和法律赋予的职责，坚持和完善人民代表大会制度，发展社会主义民主，健全社会主义法制，推动全县物质文明、政治文明、精神文明建设与和谐社会建设全面发展。

关于县人民法院工作报告的决议。会议听取并审议县人民法院院长李培宪所作《梁山县人民法院工作报告》。决定批准这个报告。会议要求县人民法院切实履行宪法和法律赋予的职责，进一步做好审判工作，维护司法公正，为促进全县经济与社会全面发展和构建和谐社会作出新的贡献。

关于县人民检察院工作报告的决议。会议听取并审议县人民检察院检察长张义民所作《梁山县人民检察院工作报告》。决定批准这个报告。会议要求县人民检察院切实履行宪法和法律赋予的职责，进一步做好检察工作，维护司法公正，为促进全县经济与社会全面发展和构建和谐社会作出新的贡献。

第五次会议 2007 年 1 月 17—20 日，梁山县第十五届人民代表大会第五次会议在县政府第一会议室召开，出席会议代表 251 人，列席人员 191 人。县委县政府各委办局主要负责人和出席县七届四次政协会议的全体委员列席会议。

大会概况 梁山县第十五届人民代表大会第五次会议 1 月 17 日开幕，县委书记、县人大常委会主任商建设主持。会议听取并审议代理县长陈国华所作《政府工作报告》，审议县政府提交的《梁山县 2006 年国民经济和社会发展计划执行情况的报告和 2007 年国民经济和社会发展计划（草案）的报告》《关于梁山县 2006 年财政预算执行情况》和 2007 年财政预算（草案）的报告》；听取并审议县人大常委会副主任刘振诺所作《梁山县人大常委会工作报告》及县人民法院院长李培宪所作《县人民法院工作报告》、县人民检察院检察长张义民所作《县人民检察院工作报告》，并分别通过各个报告的决议。会议补选县人大常委会副主任、县人民政府县长。会议还听取县人大常委会副主任乔允华所作关于代表议案审查意见的报告。县委书记、县人大常委会主任商建设主持会议闭幕式。

大会机构 县第十五届人民代表大会第五次会议设大会主席团38人、秘书长1人，推选常务主席12人。

大会主席团（38人）：

马传申 王才利 王水利 王佑明 王宏伟（女）
王信义 王爱民 田福岭 玄志祥 冯　冲
乔允华 刘本相 刘振诺 刘超波 孙长雨
孙伯泉 李　朋 李文斗 李士兵 李兆申
李兆岚 杨先进 张广斌 张恒福 陆书杰
陈丕秋 陈启明 林英科 赵玉民（女）
秦延信 袁东成 高太平 郭建华（女）
商建设 梁开平 楚宪海 蔡建民 臧凤柱
魏明凯

秘书长：刘振诺（兼）

大会主席团常务主席（12人）：

商建设 冯　冲 刘振诺 王佑明 陆书杰
王信义 林英科 孙伯泉 赵玉民（女）
乔允华 刘本相 张恒福

大会选举 梁山县第十五届人民代表大会第五次会议通过选举办法，补选梁山县人大常委会副主任2人，补选县人民政府县长1人，均实行等额选举，设总监票人1人，监票人6人。2007年1月20日，梁山县第十五届人民代表大会第五次会议，补选刘本相、张恒福为县人大常委会副主任，补选陈国华为县人民政府县长。会上，王佑明、陆书杰、林英科、王信义因年龄辞去县人大常委会副主任职务，宋科因工作需要辞去县人民政府县长职务。

大会决议 2007年1月20日，梁山县第十五届人民代表大会第五次会议通过大会决议6项。

关于政府工作报告的决议。会议听取审议代县长陈国华所作《政府工作报告》。会议充分肯定县人民政府过去一年的工作，同意报告提出的2007年主要任务和工作部署。决定批准这个报告。会议号召，全县人民要紧密团结在以胡锦涛同志为总书记的党中央周围，在中共梁山县委领导下，认真贯彻中共十六大和十六大三中、四中、五中、六中全会精神，以科学发展观统领全局，团结一致，扎实工作，开拓前进，为推进全县经济建设、政治建设、文化建设和社会建设，实现国民经济又好又快发展，加快构建社会主义和谐社会而努力奋斗！

关于梁山县2006年国民经济和社会发展计划执行情况及2007年国民经济和社会发展计划的决议。会议审议县人民政府提出的《关于梁山县2006年国民经济和社会发展计划执行情况及2007年计划（草案）的报告》，决定批准这个报告。

梁山县第十五届人民代表大会第五次会议

关于梁山县2006年财政预算执行情况和2007年财政预算的决议。会议审查县人民政府提出的《关于梁山县2006年财政预算执行情况和2007年财政预算草案的报告》，决定批准这个报告。

关于县人大常委会工作报告的决议。会议听取并审议县人大常委会第一副主任刘振诺《梁山县人大常委会工作报告》。会议充分肯定县人大常委会过去一年的工作，同意报告提出的今后一年的主要任务。决定批准这个报告。会议要求，县人大常委会要全面落实科学发展观，沿着中国特色社会主义发展道路，把坚持党的领导、人民当家做主和依法治国有机统一起来，紧紧围绕全县工作大局，认真履行宪法和法律赋予的职责，努力开创人大工作新局面，为发展社会主义民主，健全社会主义法制，推进国民经济又好又快发展，加快构建社会主义和谐社会，作出更大的贡献。

关于县人民法院工作报告的决议。会议听取并审议县人民法院院长李培宪所作《梁山县人民法院工作报告》。会议决定批准这个报告。会议要求，县人民法院要全面落实科学发展观，切实履行宪法和法律赋予的职责，进一步发挥审判机关职能作用，规范司法行为，提高司法水平，加强队伍建设，推进司法改革，维护社会稳定，为保障国民经济又好又快发展、实现社会公平正义、加快构建社会主义和谐社会作出新的贡献。

关于县人民检察院工作报告的决议。会议听取和审议县人民检察院检察长张义民所作《梁山县人民检察院工作报告》。会议决定批准这个报告。会议要求，县人民检察院要全面落实科学发展观，切实履行宪法和法律赋予的职责，进一步发挥检察机关职能作用，规范司法行为，提高司法水平，加强队伍建设，推进司法改革，维护社会稳定，为保障国民经济又好又快发展、实现社会公平正义、加快构建社会主义和谐社会作出新的贡献。

第十六节 第十六届人民代表大会

2007年12月至2012年1月，梁山县第十六届人民代表大会共召开4次会议。

第一次会议 2007年12月12—15日，梁山县第十六届人民代表大会第一次会议在县政府第一会议室召开，出席代表256人，列席人员164人，县政协委员列席会议。

大会概况 梁山县第十六届人民代表大会第一次会议12月12日开幕，县人大常委会第一副主任刘振诺主持。会议听取并审议县长陈国华所作《政府工作报告》、县发展和改革局局长贾朝凤所作《关于2007年国民经济和社会发展计划执行情况及2008年国民经济和社会发展计划（草案）的报告》、县财政局局长杨奉月所作《关于梁山县2007年财政预算执行情况和2008年财政预算（草案）的报告》，听取并审议县人大常委会第一副主任刘振诺所作《梁山县人大常委会工作报告》、县人民法院院长李培宪所作《梁山县人民法院工作报告》、县人民检察院检察长张义民所作《梁山县人民检察院工作报告》，并分别通过各个报告的决议。选举梁山县第十六届人民代表大会常务委员会主任、副主任，梁山县人民政府县长、副县长，县人民法院院长，县人民检察院检察长；选举县十六届人大常委会委员和出席济宁市第十五届人民代表大会代表。会议还听取县人大常委会副主任赵玉民所作关于代表议案审查意见的报告。

大会机构 梁山县第十六届人民代表大会第一次会议设大会主席团及秘书长、主席团常务主席等机构。

主席团（35人）：

马传申 王才利 王水利 王宏伟（女）
田福岭 冯　冲 乔允华 仲崇斌 刘本相
刘志刚 刘振诺 刘超波 孙长雨 孙伯泉
杨其勇 李文斗 李兆岚 李　朋 李保江
李培宪 张义民 张广斌 张作宜 张恒福
陈国华 林宪良 赵玉民（女） 袁东成
贾存琰 郭建华（女）崔根博 商建设
梁开平 蔡建民 魏明凯

秘书长：刘振诺（兼）

主席团常务主席（10人）：

商建设 陈国华 冯 冲 刘振诺 孙伯泉
赵玉民（女） 乔允华 刘本相 张恒福
林宪良

大会选举 梁山县第十六届人民代表大会第一次会议通过选举办法，选举县人大常委会主任1人、副主任5人、委员19人，选举县人民政府县长1人、副县长6人，选举县人民法院院长1人，选举县人民检察院检察长1人；县人大常委会主任、县人民政府县长、县人民法院院长、县人民检察院检察长均实行等额选举，县人大常委会副主任、委员，县人民政府副县长均实行差额选举（副主任、副县长各差额1人，委员差额2人）；选举出席济宁市第十五届人民代表大会代表38人，实行差额选举（差额16人）；选举均采取无记名投票，设总监票人1人、监票人18人。

2007年12月15日，梁山县第十六届人民代表大会第一次会议，选举商建设为县人大常委会主任，刘振诺、赵玉民（女）、刘本相、张恒福、林宪良为副主任，马绪印、王广民、王光远、王佑灿、孔令柱、杨先进、杨智、李学社、张地法、张林勇、陈冬梅（女）、陈保德、郑一坤、胡桂花（女）、侯庆堂、袁沛金、郭继田、戚聿君、窦广洋为委员；选举陈国华为县人民政府县长，贾存琰、贾治阜、任艳云（女）、蒋衍涛、宁瑞峰、楚宪海为副县长；选举李培宪为县人民法院院长，选举张义民为县人民检察院检察长。

大会选举出席济宁市第十五届人民代表大会代表（38人）：

马友利 马兆海 马秀君（女）王凤珍（女）
王宇帆 韦美珍（女）关升英 刘成文
刘兴才 刘忠泉 刘宪福 刘振诺 孙爱云（女）
李心善 李进普 李传茂 李守忠 李 朋
李培宪 吴兆海 宋恒臣 张立梅（女）
张传胜 张志平 陈开新 陈丕英 陈国华
赵卫国 贾朝凤 徐恩润 高建山 黄广良
商建设 梁传友 谢国林 蔡建民 颜廷芳
潘世殿

其中，刘成文、关升英、李心善、颜廷芳、李进普、赵卫国、陈开新为济宁市参选代表。

大会决议 2007年12月15日，梁山县第十六届人民代表大会第一次会议通过大会决议6项。

会议审议通过县长陈国华代表县人民政府所作《政府工作报告》。会议认为，报告总结五年来的政府工作，分析当前面临的形势和任务，提出今后五年总体目标和2008年政府工作的指导思想和施政措施。符合中共十七大精神，符合上级党委、政府的要求，符合全县实际情况。会议决定批准这个报告。会议认为，过去五年，是改革发展任务十分繁重的五年，是解放思想、科学发展、和谐发展、人民群众得到较多实惠的五年。五年中，全县人民以中共十六大、十七大精神为指导，紧紧依靠上级党委、政府和县委的正确领导，振奋精神，奋力拼搏，扎实苦干，完成县十五届人大一次会议以来确定的各项任务目标，全县改革开放和经济社会建设取得显著成就。会议对政府五年来的工作表示满意。会议指出，今后五年是国家全面建设小康社会的重要时期，全县人民要进一步贯彻落实中共十七大和中央经济工作会议精神，同心同德，励精图治，与时俱进，再创辉煌，确保明年和今后五年计划目标的如期实现。会议强调，2008年是贯彻落实中共十七大精神的第一年，也是新一届政府的开局之年，做好明年的政府工作至关重要。县政府及其各部门要坚持科学发展观，深入贯彻落实中共十七大和中央经济工作会议精神，按照县十二次党代会提出的总体工作要求，紧紧围绕“发展民营、壮大工贸、调整农业、开发旅游、提升城建”五大任务，突出发展主题，进一步扩大对外开放，全面深化改革，优化经济结构，统筹城乡发展，重视改善民生，构建和谐梁山，促进全县经济社会又好又快发展，努力实现发展速度高于全省、全市平均水平，县域综合实力在全省、全市位次前移的“两个高于、两个前移”目标。工业经济要突出项目带动，大力发展产业集群经济，着力培植骨干企业，努力实现工业经济发展速度与提高效益的同步增长。农村经济要坚持规模发展，以发展农业产业化带动农业结构调整、促进农民增收。民营经济要大力推进全民创业，进一步扩充总量，规范管理，全面提高民营经济发展档次和水平。城乡基础设施建设要认真实施新一轮城市总体规划，加快重点区域、主要地段详细规划的实施进程。旅游产业要突出水浒文化带动战略，争创AAAA级旅游风景区，努力提高以旅游产业为主的现代服务业在国民经济中的比重。同时，要进一步完善社会保障体系，发展科技、文化、卫生、体育、广播电视等各项社会事业，加强精神文明和民主法制建设，推进各项社会事业的全面进步。要加快和谐梁山建设步伐，从解决广大群众最关心、最直接、最现实的利益问题入手，重点抓好"十大民心工程"。会议号召，全县人民要在县委、县政府的正确领导下，以新的作风、新的姿态、新的举措，努力创造梁山经济社会发展的新业绩，为圆满完成今后五年经济社会发展任务目标，建设实力梁山、文明梁山、和谐梁山、活力梁山而努力奋斗。

会议审议批准县发展和改革局局长贾朝凤受县政府委托所作《关于2007年国民经济和社会发展计划执行情况及2008年国民经济和社会发展计划（草案）的报告》，批准梁山县2008年国民经济和社会发展计划。会议认为，2007年梁山县国民经济和社会发展计划执行情况基本上是好的，各项指标预期目标圆满完成，国民经济和社会各项事业的发展取得明显成就。对2008年国民经济和社会发展安排符合全县实际，是积极可行的。会议要求，各级政府和全县人民，要坚持以中共十七大精神和科学发展观为指导，突出自主创新、优化结构、招商引资、关注民生、创优环境，促进经济发展方式转变，增强县域可持续协调发展能力，努力实现发展速度高于全省、全市平均水平，县域经济实力在全省、全市位次前移的目标，实现经济社会又好又快发展，确保国民经济和社会发展计划圆满完成。

会议审议批准县财政局局长杨奉月受县政府委托所作《关于梁山县2007年财政预算执行情况和2008年财政预算（草案）的报告》，批准2008年梁山县县级财政预算。会议认为，2007年，财政工作坚持树立和落实科学发展观，认真执行县十五届人大五次会议决议，不断强化增收节支措施，财政收入保持了稳定增长，财政管理水平明显提高，重点支出得到较好保障，财政预算执行取得新的成绩。2008年预算安排立足实际，统筹兼顾，突出确保民生等重点，是积极的和切实可行的。会议要求，在新的一年里，财政部门要深入贯彻科学发展观，积极落实县十六届人大一次会议决议，以实现县十二次党代会提出的"两个高于、两个前移"为奋斗目标，以进一步优化收入结构、提高"两个比重"为核心，大力培植财源，促进经济发展；强化收入征管，提高收入质量，壮大财政实力；坚持勤俭节约，优化支出结构，切实保障重点支出；深化财政改革，加强财政监督，不断提高财政管理的精细化、科学化水平，确保2008年财政预算任务圆满完成，促进全县经济社会事业又好又快发展，开创财政工作的新局面。

会议审议通过县人大常委会第一副主任刘振诺代表梁山县第十五届人大常委会所作《梁山县人大常委会工作报告》。会议认为，县十五届人大常委会在中共梁山县委的领导下，按照县十五届人大历次会议决议要求，紧紧围绕落实科学发展观与构建和谐社会两大主题，认真履行宪法和法律赋予的职责，在工作监督、法律监督、人事任免、代表工作和自身建设等方面都取得新的进展，为坚持和完善人民代表大会制度，加强社会主义民主法制建设，推动全县经济和社会事业又好又快发展作出积极贡献。会议充分肯定县人大常委会过去五年的工作，同意报告提出的今后的主要任务，决定批准这个报告。会议要求，县人大常委会要全面落实科学发展观，把坚持党的领导、人民当家做主和依法治国有机统一起来，紧紧围绕全县工作大局，认真履行宪法和法律赋予的职责，努力开创人大工作新局面，为发展社会主义民主，健全社会主义法制，推进国民经济又好又快发展，加快构建社会主义和谐社会，做出新的更大的贡献。

会议听取审议县人民法院院长李培宪所作《梁山县人民法院工作报告》。会议认为，在过去的五年里，梁山县人民法院以中共十六大、十七大精神为指导，积极贯彻执行县十五届人大以来的历次会议决议，依法履行宪法和法律赋予的职能，加强对刑事、民事、商事、行政、审判监督、执行等各项工作的管理和规范，认真实施司法为民各项措施，切实推进法院改革，努力抓好队伍建设，取得新的进展。报告对县法院五年工作的总结实事求是，对今后工作提出的意见是可行的，会议决定批准这个报告。会议要求，县法院要继续以“公正司法，一心为民”为指导方针，以“公正与效率”为工作主题，充分发挥职能作用，化解矛盾纠纷，服务和改善民生，深化法院司法改革，规范司法行为，进一步提高法官的政治业务素质和职业道德素质，采取切实有效措施，保证公正司法，提高司法效率，为全面建设和谐梁山、文明梁山，提供更加有力的司法保障和司法服务。

会议听取审议县人民检察院检察长张义民所作《梁山县人民检察院工作报告》。会议对县人民检察院过去五年工作取得的进展表示满意，同意报告提出的今后工作安排，决定批准这个报告。会议认为，五年来，县检察院认真履行“强化法律监督，维护公平正义”的职责，不断加强队伍思想建设，推动各项检察工作协调互动，全面发展，为促进全县经济社会又好又快发展做出了贡献。会议要求，县检察院要切实履行宪法和法律赋予的职责，进一步发挥检察机关职能作用，规范执法行为，提高执法水平，加强队伍建设，推进司法改革，维护社会稳定，为保障国民经济又好又快发展、实现社会公平正义、加快构建社会主义和谐社会作出新的贡献。

第二次会议 2009 年 1 月 8—10 日，梁山县第十六届人民代表大会第二次会议在县政府第一会议室召开，出席代表 253 人，列席人员 151 人，县政协委员列席会议。

大会概况 梁山县第十六届人民代表大会第二次会议 1 月 8 日开幕，县委书记、县人大常委会主任商建设主持。会议听取并审议县长陈国华所作《政府工作报告》，审议县政府提交的《关于 2008 年国民经济和社会发展计划执行情况及 2009 年计划（草案）的报告》《关于梁山县 2008 年财政预算执行情况和 2009 年财政预算（草案）的报告》，听取并审议县人大常委会第一副主任刘振诺所作《梁山县人大常委会工作报告》及县人民法院院长李培宪所作《梁山县人民法院工作报告》、县人民检察院检察长张义民所作《梁山县人民检察院工作报告》，并分别通过各个报告的决议。会议还听取县人大常委会副主任赵玉民所作关于代表议案审查意见的报告。

大会机构 梁山县第十六届人民代表大会第二次会议设大会主席团及秘书长、主席团常务主席等机构。

主席团（29 人）：

马传申 王才利 王水利 王宏伟（女）
田福岭 申万民 仲崇斌 刘本相 刘志刚
刘振诺 刘超波 孙长雨 杨其勇 李兆岚
李　朋 李保江 张广斌 张作宜 张恒福
林宪良 胡明祥 赵玉民（女） 袁东成
高太平 郭建华（女） 崔根博 商建设
蔡建民 魏明凯

秘书长：刘振诺（兼）

主席团常务主席（7 人）：

商建设 申万民 刘振诺 赵玉民（女）
刘本相 张恒福 林宪良

大会决议 2009 年 1 月 10 日，梁山县第十六届人民代表大会第二次会议通过大会决议 6 项。

关于政府工作报告的决议。会议同意并决定批准县长陈国华代表县人民政府所作的政府工作报告。会议号召，全县人民要更加紧密地团结在以胡锦涛同志为总书记的党中央周围，深入贯彻落实科学发展观，认真落实中共十七大、十七届三中全会精神，在中共梁山县委的坚强领导下，全力推进经济社会平稳较快发展，为建设经济繁荣、政治安定、社会和谐、民生殷实、文明进步的新梁山而努力奋斗！

会议审议批准县政府提出的《关于 2008 年国民经济和社会发展计划执行情况及 2009 年计划（草案）的报告》，批准梁山县 2009 年国民经济和社会发展计划。

会议审议批准县政府提出的《关于梁山县 2008 年财政预算执行情况和 2009 年财政预算（草案）的报告》，批准 2009 年梁山县县级财政预算。

会议审议并决定批准县人大常委会第一副主任刘振诺所作《梁山县人大常委会工作报告》。会议要求，县人大常委会要全面贯彻中共十七大、十七届三中全会精神，深入落实科学发展观，在中共梁山县委的坚强领导下，依靠各位代表和全县人民的共同力量，万众一心，振奋精神，锐意进取，扎实工作，为促进全县经济社会平稳较快发展，做出新的更大的贡献。

会议审议并决定批准县人民法院院长李培宪代表县人民法院所作的工作报告。

会议审议并决定批准县人民检察院检察长张义民代表县人民检察院所作的工作报告。

第三次会议 2010 年 4 月 21—23 日，梁山县第十六届人民代表大会第三次会议在县政府第一会议室召开，出席代表 253 人，列席人员 188 人，县政协委员列席会议。

大会概况 梁山县第十六届人民代表大会第三次会议 4 月 21 日开幕，县委书记陈国华主持。会议听取审议代理县长田卫东所作《政府工作报告》，审议县政府提交的《关于 2009 年国民经济和社会发展计划执行情况及 2010 年计划（草案）的报告》《关于梁山县 2009 年财政预算执行情况和 2010 年财政预算（草案）的报告》，听取审议县人大常委会第一副主任刘振诺所作《梁山县人大常委会工作报告》及县人民法院院长李培宪所作《梁山县人民法院工作报告》、县人民检察院检察长张义民所作《梁山县人民检察院工作报告》，并分别通过各个报告的决议。会议补选县人大常委会主任、副主任，补选县人民政府县长。会议还听取县人大常委会副主任张恒福关于代表议案审查意见的报告。会议对 2009 年度优秀县人大代表和先进县人大代表小组予以表彰。

大会机构 梁山县第十六届人民代表大会第三次会议设大会主席团及秘书长、主席团常务主席等机构。

主席团（29 人）：

马传申 王才利 王水利 王宇帆 孔祥华
申万民 仲崇斌 刘本相 刘志刚 刘振诺
孙长雨 杨其勇 李兆岚 李　朋 李保江
张作宜 张　炜 张恒福 陈国华 林宪良
赵玉民（女）钟秀芳（女）耿树民 郭建华（女）
高太平 高兴武 崔根博 蔡建民 魏明凯

秘书长：刘振诺（兼）

主席团常务主席（9 人）：

陈国华 申万民 刘振诺 赵玉民（女）
刘本相 张恒福 林宪良 郭建华（女）王才利

大会选举 梁山县第十六届人民代表大会第三次会议通过选举办法，补选梁山县人大常委会主任 1 人、副主任 2 人，补选县人民政府县长 1 人，均实行等额选举，设总监票人 1 人，监票人 6 人。2010 年 4 月 23 日，梁山县第十六届人民代表大会第三次会议补选陈国华为县人大常委会主任，郭建华（女）、王才利为县人大常委会副主任；补选田卫东为县人民政府县长。

大会决议 2010年4月23日，梁山县第十六届人民代表大会第三次会议通过大会决议6项。

关于政府工作报告的决议。会议同意并决定批准代理县长田卫东代表县人民政府所作的政府工作报告。会议号召，全县人民要更加紧密地团结在以胡锦涛同志为总书记的党中央周围，深入贯彻落实科学发展观，在中共梁山县委的坚强领导下，万众一心，开拓进取，克难攻坚，扎实苦干，为推进科学发展跨越发展，创造梁山更加美好的明天而努力奋斗！

会议审议批准县人民政府提出的《关于2009年国民经济和社会发展计划执行情况及2010年计划（草案）的报告》，批准2010年梁山县国民经济和社会发展计划。

会议审议批准县人民政府提出的《关于梁山县2009年财政预算执行情况和2010年财政预算（草案）的报告》，批准2010年梁山县县级财政预算。

会议审议并决定批准县人大常委会副主任刘振诺代表人大常委会所作的工作报告。会议要求，县人大常委会要在中共梁山县委的坚强领导下，依靠各位代表和全县人民的共同力量，万众一心，振奋精神，锐意进取，扎实工作，为促进全县经济社会平稳较快发展，做出新的更大的贡献。

会议审议并决定批准县人民法院院长李培宪代表县人民法院所作工作报告。

会议审议并决定批准县人民检察院检察长张义民代表县人民检察院所作工作报告。

第四次会议 2011年1月12—14日，梁山县第十六届人民代表大会第四次会议在县政府第一会议室召开，出席代表257人，列席人员161人，县政协委员列席会议。

大会概况 梁山县第十六届人民代表大会第四次会议1月12日开幕，县委书记、县人大常委会主任陈国华等主持。会议听取审议县长田卫东所作《政府工作报告》，审议县政府提交的《关于梁山县2010年国民经济和社会发展计划执行情况及2011年计划（草案）的报告》《关于梁山县2010年财政预算执行情况和2011年财政预算（草案）的报告》，听取审议县人大常委会副主任刘振诺所作《梁山县人大常委会工作报告》及县人民法院院长李培宪所作《梁山县人民法院工作报告》、县人民检察院检察长张义民所作《梁山县人民检察院工作报告》，并分别通过各个报告的决议。会议审议县人民政府《关于梁山县国民经济和社会发展第十二个五年规划纲要（草案）》，并批准《梁山县国民经济和社会发展第十二个五年规划纲要（草案）》。会议审议县人民政府关于县十六届人大三次会议以来人大代表建议办理情况的报告。会议补选县人大常委会第一副主任和委员。会议还听取县人大常委会副主任张恒福关于代表议案审查意见的报告。会议对2010年度优秀县人大代表和先进县人大代表小组予以表彰。

梁山县第十六届人民代表大会第四次会议

大会机构 梁山县第十六届人民代表大会第四次会议设大会主席团及秘书长、主席团常务主席等机构。

主席团（31 人）：

马传申 王才利 王　平 王宇帆 孔祥华
申万民 仲崇斌 刘振诺 孙长雨 杨其勇
李兆岚 李　朋 李保江 佟振堂 张作宜
张　炜 张恒福 陈传刚 陈国华 林宪良
钟秀芳（女）侯昭良 耿树民 郭建华（女）
高太平 高兴武 高宗杰 崔根博 蒋衍涛
蔡建民 魏明凯

秘书长：刘振诺（兼）

主席团常务主席（8 人）：

陈国华 申万民 刘振诺 蒋衍涛 张恒福
林宪良 郭建华（女）王才利

大会选举 梁山县第十六届人民代表大会第四次会议通过选举办法，补选梁山县人大常委会第一副主任 1 人、委员 5 人，均实行等额选举，设总监票人 1 人，监票人 6 人。2011 年 1 月 14 日，梁山县第十六届人民代表大会第四次会议，补选蒋衍涛为县人大常委会第一副主任；陈丕田、赵卫国、赵晖、高峰、蔡建民（按姓名笔画为序排列）为委员。

大会决议 2011 年 1 月 14 日，梁山县第十六届人民代表大会第四次会议通过大会决议 6 项。

会议审议并决定批准县人民政府县长田卫东所作《政府工作报告》。会议号召，全县人民要更加紧密地团结在以胡锦涛同志为总书记的党中央周围，以科学发展、跨越发展为主题，以转方式调结构为主线，全面贯彻中共十七大和十七届五中全会精神，在中共梁山县委的坚强领导下，解放思想，与时俱进，开拓创新，扎实苦干，为建设经济繁荣、社会和谐、民生殷实、生态宜居的新梁山而努力奋斗！

会议审议批准县人民政府提出的《关于梁山县 2010 年国民经济和社会发展计划执行情况及 2011 年计划（草案）的报告》，批准梁山县 2011 年国民经济和社会发展计划。

会议审议批准县人民政府提出的《关于梁山县 2010 年财政预算执行情况和 2011 年财政预算（草案）的报告》，批准 2011 年梁山县县级财政预算。

会议审议并决定批准县人大常委会副主任刘振诺代表县人大常委会所作的工作报告。会议要求，县人大常委会要在中共梁山县委的坚强领导下，紧紧围绕全县工作大局，切实履行宪法和法律赋予的职责，充分发挥人大、人大代表在促进经济社会中的作用，与县几大班子一起，团结带领全县人民，扎实苦干，努力拼搏，为圆满完成十二五规划所确立的宏伟目标做出新的更大的贡献。

会议审议并决定批准县人民法院院长李培宪代表县人民法院所作的工作报告。

会议审议并决定批准县人民检察院检察长张义民代表县人民检察院所作的工作报告。

第十七节 第十七届人民代表大会

2012 年 1 月至 2017 年 1 月，梁山县第十七届人民代表大会共召开 5 次会议。

第一次会议 梁山县第十七届人民代表大会第一次会议，于 2012 年 1 月 7—10 日在县政府第一会议室召开，出席代表 273 人，列席人员 173 人。出席九届一次政协会议的全体委员列席会议。

大会概况 梁山县第十七届人民代表大会第一次会议 1 月 7 日开幕，县人大常委会第一副主任蒋衍涛主持。会议听取并审议代理县长贾治阜所作《政府工作报告》、县发展和改革局局长崔根博所作《梁山县 2011 年国民经济和社会发展计划执行情况和 2012 年计划（草案）的报告》、县财政局局长梁开平所作《梁山县 2011 年财政决算和 2012 年财政预算（草案）的报告》，听取并审议县人大常委会第一副主任蒋衍涛所作《梁山县人大常委会工作报告》、县人民法院代理院长王爱新所作《梁山县人民法院工作报告》、县人民检察院代理检察长臧卫华所作《梁山县人民检察院工作报告》，并作出相应决议。会议选举梁山县第十七届人民代表大会常务委员会主任、副主任、委员，选举县人民政府县长、副县长，选举县人民法院院长、县人民检察院检察长；选举梁山县出席济宁市第十六届人民代表大会代表。会议还听取县人大常委会副主任林宪良关于代表议案审查意见的报告。

大会机构 梁山县第十七届人民代表大会第一次会议设大会主席团及秘书长、主席团常务主席等机构。

主席团（38 人）：

马　平 马传申 马　涛 王才利 王　平
王爱新 孔祥华 田卫东 仲崇斌 任仲建
刘本相 刘　沛 刘振诺 孙长栋 孙明庆
李金礼 李　朋 宋培秋 张作宜 张恒福
陈丕田 陈传刚 陈　伟 林宪良 房继宽
赵玉民（女）赵　伟 钟秀芳（女）秦延信
耿树民 贾治阜 郭建华（女） 郭继田
高兴武 高宗杰 曹景全 蒋衍涛 臧卫华

梁山县第十七届人民代表大会第一次会议

秘书长：蒋衍涛（兼）

主席团常务主席（9 人）：

田卫东 贾治阜 李金礼 蒋衍涛 张恒福
林宪良 郭建华（女）王才利 郭继田

大会选举 梁山县第十七届人民代表大会第一次会议通过选举办法，选举县人大常委会主任 1 人、副主任 5 人、委员 18 人，选举县人民政府县长 1 人、副县长 6 人，选举县人民法院院长 1 人，选举县人民检察院检察长 1 人；县人大常委会主任、县人民政府县长、县人民法院院长、县人民检察院检察长实行等额选举，县人大常委会副主任、委员，县人民政府副县长均实行差额选举（副主任、副县长各差额 1 人，委员差额 2 人），选举出席济宁市第十六届人民代表大会代表 45 人，实行差额选举（差额 16 人），选举均采取无记名投票方式，设总监票人 1 人、监票人 18 人。

2012 年 1 月 10 日，梁山县第十七届人民代表大会第一次会议，选举田卫东为县人大常委会主任，蒋衍涛为第一副主任，林宪良、郭建华（女）、王才利、郭继田为副主任，丁明勇、王文成、王佑灿、王显东、王朝银、李梦良、连桂军（女）、张明进、张忠志、张洪晗、陈丕田、陈冬梅（女）、林强、胡桂花（女）、赵卫国、赵晖、高峰、梁传寅为委员（委员按姓氏笔画为序）；选举贾治阜为县人民政府县长，秦延信、张玕、王宇帆、崔加清、李瑞林、孙颖（女）为副县长；选举王爱新为县人民法院院长，选举臧卫华为县人民检察院检察长。

大会选出梁山县出席济宁市第十六届人民代表大会代表 45 人，其中，济宁市参选代表 6 人：

王次忠 段修龙 王金城
颜景友 王保清 孟昭振

梁山县选出代表 39 人：

马友利 王建设 王爱新 王朝君 田卫东
仝兆水 吕玉军 吕成见 仲崇斌 刘兴才
刘志刚 闫崇高 孙爱云（女） 李士兵
李守忠 李　朋 吴兆海 张立梅（女）
张延文 张继玉 岳增才 赵锦民 钟秀芳（女）
侯庆堂 侯昭良 贾治阜 柴玉成 徐恩润
郭广全 郭恩省 高培飞 黄广良 黄尊科
曹东明 梁传友 董圣雪 蒋衍涛 臧卫华
潘世殿

大会决议 2012 年 1 月 10 日，梁山县第十七届人民代表大会第一次会议通过大会决议 6 项。

会议审议通过代理县长贾治阜代表县人民政府所做《政府工作报告》。会议认为，报告实事求是、客观公正地总结四年来的政府工作，精辟深刻地分析当前面临的形势和任务，科学合理地提出今后五年的总体目标和 2012 年政府工作的指导思想和施政措施。报告符合上级党委、政府的要求，符合全县实际情况。会议决定批准这个报告。会议认为，过去的四年是直面金融危机、应对严峻挑战的四年，是改革开放深入推进、创新发展重点突破的四年，是经济发展增质提速、竞争实力明显增强的四年，是城乡面貌不断变化、人民群众获益较多的四年。四年来，县政府以科学发展统领全局，团结带领全县人民解放思想，改革开放，攻难克坚，砥砺奋进，完成县十六届人大一次会议确定的各项任务目标，全县经济社会步入科学发展、跨越发展的新时期。会议对四年来的工作表示满意。会议指出，今后五年，是梁山县建设工业强县、打造文化名城、共建生态和谐家园的攻坚时期，是争先进位、跨越崛起的关键时期。全县人民要进一步贯彻落实中共十七届六中全会和中央经济工作会议精神，坚持稳中求进，继续抓住和用好国家发展的重要战略机遇期，在转变经济发展方式上取得新进展，在深化改革开放上取得新突破，在改善民生上取得新成效，保持经济平稳较快发展，保持物价总水平基本稳定，保持社会大局稳定。切实把握国家投资进一步向“三农”、结构调整、自主创新、文化产业、民生、水利等重大基础设施领域倾斜的有利时机，抢抓机遇、鼓足干劲、乘势而上，着力培植新的增长点，激活发展潜力，确保明年和今后五年任务目标的如期实现。会议要求，县政府及其各部门要坚持科学发展观，深入贯彻落实中共十七届六中全会和中央经济工作会议精神，按照县十三次党代会提出的总体工作要求和县十七届人大一次会议确定的任务目标，紧紧围绕建设“工业强县、文化名城、生态和谐家园”的发展定位，突出实施项目带动，工业扩量提质，增加农民收入，发展水浒旅游，加快建设新城，大力发展新型工业、现代农业、现代服务业和各项社会事业，加快工业化、城市化、文化旅游产业化进程，努力开创富民强县、跨越崛起的新局面。

会议审议通过县发展和改革局局长崔根博受县政府委托所作《关于梁山县 2011 年国民经济和社会发展计划执行情况与 2012 年计划草案的报告》，批准梁山县 2012 年国民经济和社会发展计划。

会议审议通过县财政局局长梁开平受县政府委托所作《关于梁山县 2011 年财政预算执行情况和 2012 年财政预算草案的报告》，批准 2012 年梁山县县级财政预算。

会议审议通过县人大常委会第一副主任蒋衍涛代表梁山县第十六届人大常委会所作的工作报告。会议充分肯定县十六届人大常委会的工作，同意报告提出的今后工作的建议，决定批准这个报告。会议要求，县人大常委会要在中共梁山县委的坚强领导下，紧紧围绕全县工作大局，切实履行宪法和法律赋予的职责，充分发挥人大、人大代表在促进经济社会中的作用，与县几大班子一起，团结带领全县人民，扎实苦干，努力拼搏，为圆满完成十二五规划所确立的宏伟目标，建设富裕文明和谐新梁山而努力奋斗！

会议审议并决定批准县人民法院代院长王爱新代表梁山县人民法院所作的工作报告。

会议审议并决定批准县人民检察院代检察长臧卫华代表梁山县人民检察院所作的工作报告。

第二次会议 县第十七届人民代表大会第二次会议，于2013年1月14—16日在县政府第一会议室召开，出席代表273人，列席人员134人。出席县政协九届二次会议的全体委员列席会议。

大会概况 梁山县第十七届人民代表大会第二次会议1月14日开幕，县委书记、县人大常委会主任田卫东主持。会议听取审议县长贾治阜所做《政府工作报告》，审议县政府提交的《关于梁山县2012年国民经济和社会发展计划执行情况与2013年计划草案的报告》《关于梁山县2012年财政预算执行情况和2013年财政预算草案的报告》，听取审议县人大常委会第一副主任蒋衍涛所作《梁山县人大常委会工作报告》及县人民法院院长王爱新所作《梁山县人民法院工作报告》、县人民检察院检察长臧卫华所作《梁山县人民检察院工作报告》，并分别通过各个报告的决议。会议补选县十七届人大常委会委员。会议还听取县人大常委会副主任郭继田关于代表议案审查意见的报告。县人大常委会第一副主任蒋衍涛主持闭幕式，县委书记、县人大常委会主任田卫东在闭幕式上讲话。

梁山县第十七届人民代表大会第二次会议

大会机构 梁山县第十七届人民代表大会第二次会议设大会主席团及秘书长、主席团常务主席等机构。

主席团（36人）：

马　平 马传申 马　涛 王才利 王　平
王爱新 孔祥华 田卫东 仲崇斌 任仲建
刘本相 刘振诺 孙长栋 孙明庆 李金礼
李　朋 宋培秋 张广斌 张作宜 张恒福
陈丕田 陈传刚 陈　伟 林宪良 房继宽
赵玉民（女） 赵　伟 钟秀芳（女）
耿树民 郭建华（女） 郭继田 高兴武
高宗杰 曹景全 蒋衍涛 智红光

秘书长：蒋衍涛（兼）

主席团常务主席（7人）：

田卫东 李金礼 蒋衍涛 林宪良 郭建华（女）
王才利 郭继田

大会选举 梁山县第十七届人民代表大会第二次会议通过选举办法，补选县人大常委会委员2人，实行等额选举，采取无记名投票。2013年1月16日，会议补选孙长春、徐长勇（按姓名笔画为序排列）为县人大常委会委员。

大会决议 2013年1月16日，梁山县第十七届人民代表大会第二次会议通过大会决议6项。

会议审议通过县长贾治阜所作《政府工作报告》。会议认为，报告实事求是、客观公正地总结一年来的政府工作，深刻地分析当前面临的形势和任务，科学提出2013年的指导思想、预期目标和施政措施。报告符合党的十八大会议精神，符合上级党委、政府的要求，符合全县实际情况。会议决定批准这个报告。会议认为，过去的一年是直面国内外复杂形势，凝聚力量、团结奋进的一年，是改革开放深入推进、创新发展重点突破的一年，是综合实力提升、跨越发展的一年，是城乡面貌显著变化、人民群众获益较多的一年。一年来，县政府以科学发展统领全局，团结带领全县人民解放思想，改革开放，攻难克坚，砥砺奋进，圆满完成县十七届人大一次会议确定的各项任务目标，会议对政府一年来的工作表示满意。会议指出，2013 年是深入贯彻落实十八大精神的开局之年，是实施“十二五”规划承前启后的关键一年，也是全县新一轮重大战略部署的落实年、突破年。新的一年，在宏观经济下行的情况下，要更加注重特色发展，进一步推进产业转型升级；更加注重创新发展，进一步增强经济发展内生动力；更加注重统筹发展，进一步加快城乡一体化进程；更加注重绿色发展，进一步提高生态文明建设水平；更加注重和谐发展，进一步提升群众幸福指数。全县要以学习贯彻中共十八大精神为契机，抢抓机遇、鼓劲实干，集中精力抓落实、求突破，确保 2013 年各项任务圆满完成。会议强调，面对依然严峻复杂的经济形势，县政府及其各部门要深入贯彻落实党的十八大和中央经济工作会议精神，按照县委十三届二次全会提出的总体工作要求和县十七届人大二次会议确定的任务目标，紧紧围绕建设“工业强县、文化名城、生态和谐家园”的发展定位，牢牢把握“科学发展跨越发展”工作基调，大力开展“工业振兴突破年”、“城市建设管理攻坚年”等活动，集中突破工业经济和城镇建设，着力发展现代农业、现代服务业，着力建设生态文明、保障民生，全力推进经济社会科学发展跨越发展。

会议审议通过县政府《关于梁山县 2012 年国民经济和社会发展计划执行情况与 2013 年计划草案的报告》，批准梁山县 2013 年国民经济和社会发展计划。

会议审议通过县政府《关于梁山县 2012 年财政预算执行情况和 2013 年财政预算草案的报告》，批准 2013 年梁山县县级财政预算。

会议审议通过县人大常委会第一副主任蒋衍涛代表县人大常委会所作的工作报告。会议充分肯定县十七届人大常委会一年来的工作，同意报告提出的今后工作的建议，决定批准这个报告。会议要求，县十七届人大常委会要全面贯彻落实中共十八大精神，全面把握科学发展观新要求、人民群众新期盼，坚持党的领导、人民当家做主、依法治国有机统一，在中共梁山县委的坚强领导下，紧紧围绕全县工作大局，依法履职，积极作为，为推动全县民主法治建设，促进全县科学发展、跨越发展而努力奋斗！

会议审议通过县人民法院院长王爱新代表梁山县人民法院所作的工作报告，决定批准这个报告。

会议审议通过县人民检察院检察长臧卫华代表梁山县人民检察院所作的工作报告，决定批准这个报告。

第三次会议 2014 年 1 月 4—6 日，梁山县第十七届人民代表大会第三次会议在县政府第一会议室召开，出席代表 275 人，列席人员 135 人。出席县政协九届三次会议的全体委员列席会议。

大会概况 梁山县第十七届人民代表大会第三次会议 1 月 4 日开幕，县委书记、县人大常委会主任田卫东主持。会议听取审议县长贾治阜所作《梁山县人民政府工作报告》，审议县政府提交的《关于梁山县 2013 年国民经济和社会发展计划执行情况与 2014 年计划草案的报告》《关于梁山县 2013 年财政预算执行情况和 2014 年财政预算草案的报告》，听取审议县人大常委会第一副主任蒋衍涛所作《梁山县人大常委会工作报告》及县人民法院院长王爱新所作《梁山县人民法院工作报告》、县人民检察院检察长臧卫华所作《梁山县人民检察院工作报告》，并分别通过各个报告的决议。会议补选第十七届人大常委会委员。会议还听取县人大常委会副主任郭继田关于代表议案审查意见的报告。县委书记、县人大常委会主任田卫东在会议结束时讲话。

大会机构 梁山县第十七届人民代表大会第三次会议设大会主席团及秘书长、主席团常务主席等机构。

主席团（37人）：

马 平 马传申 马 涛 王才利 王文成
王 平 孔祥华 田卫东 仲崇斌 任仲建
刘本相 刘振诺 孙长栋 孙明庆 李金礼
李 朋 宋培秋 张广斌 张保贵 张恒福
陈丕田 陈传刚 林宪良 周菊兰（女）
房继宽 胡桂花（女）赵玉民（女）赵 伟
钟秀芳（女）耿树民 贾祥峰 郭建华（女）
郭继田 黄 涛 曹景全 蒋衍涛 智红光

秘书长：蒋衍涛（兼）

主席团常务主席（7人）：

田卫东 李金礼 蒋衍涛 林宪良 郭建华（女）
王才利 郭继田

大会选举 梁山县第十七届人民代表大会第三次会议通过选举办法，补选梁山县人大常委会委员2人，实行等额选举，采取无记名投票。2014年1月6日，会议补选房继宽、高兴武为县人大常委会委员。

大会决议 2014年1月6日，梁山县第十七届人民代表大会第三次会议通过大会决议6项。

会议听取审议县长贾治阜所作《政府工作报告》。会议认为，报告实事求是、客观公正地总结一年来的政府工作，深刻地分析当前面临的形势和任务，科学提出2014年的指导思想、预期目标和施政措施。报告符合党的十八大、十八届三中全会精神，符合上级党委、政府的要求，符合梁山实际。会议决定批准这个报告。会议指出，过去的一年，面对严峻复杂的经济形势，在中共梁山县委的坚强领导下，县政府紧紧围绕“工业强县、文化名城、生态和谐家园”的发展定位，解放思想，改革开放，攻难克坚，砥砺奋进，完成县十七届人大二次会议确定的各项任务目标，会议对县政府一年来的工作表示满意。会议要求，县政府要深入贯彻落实中共十八届三中全会和中央经济工作会议精神，按照县委十三届四次全会提出的总体工作要求和县十七届人大三次会议确定的任务目标，紧紧围绕“打造区域桥头堡、冲刺鲁西二十强”的目标定位，以“提升年、显效年”为总要求，以改革为动力，着力突破工业经济、城镇建设、文化旅游、镇域经济、生态建设，保障改善民生，维护社会和谐稳定，努力开创梁山科学发展、跨越发展的新局面。

梁山县第十七届人民代表大会第三次会议

会议审议通过县人民政府《关于梁山县2013年国民经济和社会发展计划执行情况与2014年计划草案的报告》，批准梁山县2014年国民经济和社会发展计划。

会议审议通过县人民政

府《关于梁山县2013年财政预算执行情况和2014年财政预算草案的报告》，批准2014年梁山县县级财政预算。

会议听取和审议梁山县人大常委会第一副主任蒋衍涛代表梁山县第十七届人民代表大会常务委员会所作的工作报告。会议充分肯定县十七届人大常委会一年来的工作，同意报告提出的今后工作的建议，决定批准这个报告。会议要求，县十七届人大常委会要在中共梁山县委的坚强领导下，围绕中心，服务大局，依法履职，锐意进取，充分发挥地方国家权力机关的职能作用，为推动全县民主法治建设，促进全县科学发展跨越赶超作出更大的贡献！

会议审议并决定批准县人民法院院长王爱新代表梁山县人民法院所作的工作报告。

会议审议并决定批准县人民检察院检察长臧卫华代表梁山县人民检察院所作的工作报告。

第四次会议 2015年1月15—17日，梁山县第十七届人民代表大会第四次会议在县政府第一会议室召开，出席代表274人，列席人员133人。出席九届四次政协会议的全体委员列席会议。

大会概况 梁山县第十七届人民代表大会第四次会议1月15日开幕，县委书记、县人大常委会主任田卫东主持。会议听取并审议县长贾治阜所作《政府工作报告》，审议《梁山县2014年国民经济和社会发展计划执行情况及2015年计划（草案）的报告》《梁山县2014年财政预算执行情况及2015年财政预算（草案）的报告》，批准2015年县级预算；听取并审议县人大常委会第一副主任蒋衍涛所作《梁山县人大常委会工作报告》及县人民法院院长王爱新所作《梁山县人民法院工作报告》、县人民检察院检察长臧卫华所作《梁山县人民检察院工作报告》，并分别通过各项报告的决议。补选县第十七届人大常委会委员。会议还听取县人大常委会副主任林宪良关于代表议案审查意见的报告。县委书记、县人大常委会主任田卫东在会议结束时讲话。

大会机构 梁山县第十七届人民代表大会第四次会议设大会主席团及秘书长、主席团常务主席等机构。

主席团（38人）：

马传申 马　涛 王才利 王文成 王　平
孔祥华 田卫东 仲崇斌 任仲建 刘本相
孙长栋 孙明庆 李　朋 宋培秋 张广斌
张希来 张佩岗 张保贵 张恒福 陈丕田
陈传刚 林宪良 周菊兰（女）房继宽
胡桂花（女）赵卫国 赵玉民（女）赵　伟
赵　晖 钟秀芳（女）耿树民 贾祥峰
郭建华（女）郭继田 黄　涛 曹景全
蒋衍涛 智红光

秘书长：蒋衍涛（兼）

主席团常务主席（6人）：

梁山县第十七届人民代表大会第四次会议

田卫东 蒋衍涛 林宪良 郭建华（女）
王才利 郭继田

大会选举 梁山县第十七届人民代表大会第四次会议通过选举办法，补选梁山县人大常委会委员2人，实行等额选举，采取无记名投票。2015年1月17日，会议补选张希来、张思贞为县人大常委会委员。

大会决议 2015年1月17日，梁山县第十七届人民代表大会第四次会议通过大会决议6项。

关于政府工作报告的决议。会议听取和审议县人民政府县长贾治阜所作《政府工作报告》，充分肯定县人民政府一年的工作，同意报告提出的2015年工作部署，决定批准这个报告。会议强调，今年是全面深化改革的关键之年，是全面推进法治梁山建设的开局之年，也是全面完成"十二五"规划的收官之年。县人民政府要认真落实中央和省市县委重大决策部署，坚持"稳中求进、好中求快"工作总基调，以提高经济发展质量和效益为中心，主动适应经济发展新常态，把转方式调结构放到更加重要位置，狠抓改革攻坚，突出创新驱动，改善生态环境，加强民生保障，推进法治梁山建设，促进经济平稳健康发展、社会和谐稳定。会议号召，全县人民要紧密地团结在以习近平同志为总书记的党中央周围，在中共梁山县委的坚强领导下，全面完成"十二五"规划目标任务，为建设富裕文明美丽新梁山而努力奋斗！

会议审议通过县人民政府《关于梁山县2014年国民经济和社会发展计划执行情况与2015年计划草案的报告》，批准梁山县2015年国民经济和社会发展计划。

会议审议通过县人民政府《关于梁山县2014年财政预算执行情况和2015年财政预算草案的报告》，批准2015年梁山县县级财政预算。

关于人大常委会工作报告的决议。会议听取和审议县人大常委会第一副主任蒋衍涛所作《梁山县人大常委会工作报告》。会议充分肯定县十七届人大常委会一年来的工作，同意报告提出的今后工作的建议，决定批准这个报告。会议要求，县十七届人大常委会要在中共梁山县委的坚强领导下，紧紧围绕全县工作大局依法行使职权、积极开展工作，主动适应经济发展新常态，全力助推改革发展，加快推进依法治县，切实维护公平正义，努力增进百姓福祉，为加快建成"工业强县、文化名城、生态和谐家园"而努力奋斗！

会议审议并决定批准县人民法院院长王爱新代表梁山县人民法院所作的工作报告。

会议审议并决定批准县人民检察院检察长臧卫华代表梁山县人民检察院所作的工作报告。

第五次会议 2016年1月16—18日，梁山县第十七届人民代表大会第五次会议在县政府第一会议室召开，出席代表273人，列席人员139人。出席县政协九届五次会议的全体委员到席会议。

大会概况 梁山县第十七届人民代表大会第

梁山县第十七届人民代表大会第五次会议

五次会议1月16日开幕，县委书记、大会常务主席贾治阜主持。会议听取审议代理县长侯典峰所作《政府工作报告》，审议县政府提交的《梁山县国民经济和社会发展第十三个五年规划纲要（草案）》《梁山县2015年国民经济和社会发展计划执行情况及2016年计划（草案）的报告》《梁山县2015年财政预算执行情况及2016年财政预算（草案）的报告》；听取审议县人大常委会第一副主任蒋衍涛所作《梁山县人大常委会工作报告》及县人民法院院长王爱新所作《梁山县人民法院工作报告》、县人民检察院代检察长张忠新所作《梁山县人民检察院工作报告》，并分别通过各项报告的决议。会议补选县人大常委会主任、副主任和委员，补选县人民政府县长，补选县人民检察院检察长。会议决定设立梁山县人民代表大会法制、财政经济、教科文卫、城建环保、农业农村等5个专门委员会，并表决通过各专门委员会人选。会议还听取县人大常委会副主任林宪良关于代表议案审查意见的报告。县委书记贾治阜在会议结束时讲话。

大会机构 梁山县第十七届人民代表大会第五次会议设大会主席团及秘书长、主席团常务主席等机构。

主席团（39人）：

马传申 马　涛 王才利 王文成 王　平
王　建 孔祥华 仲崇斌 任仲建 刘本相
孙长栋 孙明庆 李　朋 宋培秋 张广斌
张希来 张佩岗 张保贵 张恒福 陈丕田
陈传刚 林宪良 周菊兰（女） 房继宽
胡桂花（女） 赵卫国 赵玉民（女）
赵　伟 赵　晖 钟秀芳（女） 耿树民
贾治阜 郭建华（女） 郭继田 黄　涛
曹景全 蒋衍涛 智红光 窦令胜

秘书长：蒋衍涛（兼）

主席团常务主席（9人）：

贾治阜 蒋衍涛 钟秀芳（女）王建 林宪良
郭建华（女）王才利 郭继田 王文成

大会选举 梁山县第十七届人民代表大会第五次会议通过选举办法，补选县人大常委会主任1人、副主任1人、委员2人，补选县人民政府县长1人、县人民检察院检察长1人，均实行等额选举、无记名投票。2016年1月18日，梁山县第十七届人民代表大会第五次会议，补选蒋衍涛为县人大常委会主任，王文成为副主任，张效东、赵延奎为委员；补选侯典峰为县人民政府县长；补选张忠新为县人民检察院检察长。

大会决议 2016年1月18日，梁山县第十七届人民代表大会第五次会议通过大会决议6项。

关于政府工作报告的决议。会议听取和审议代理县长侯典峰代表县人民政府所作《政府工作报告》，充分肯定县人民政府“十二五”时期和过去一年的工作，同意报告提出的“十三五”和2016年经济社会发展目标任务，决定批准这个报告。会议强调，2016年是实施“十三五”规划的开局之年，也是全面深化改革的关键之年，县政府要以党的十八大和十八届三中、四中、五中全会精神为指导，在中共梁山县委的正确领导下，牢固树立创新、协调、绿色、开放、共享发展理念，把结构性改革作为统领新常态的“一条主线”，更加突出工业化、城镇化“双轮驱动”，全力攻坚项目建设、基础设施建设、城市建设“三项重点”，着力补齐精准扶贫、生态建设、城乡环境、基础教育“四个短板”，全面推进法治政府、为民政府、效能政府、清廉政府建设，为顺利实施“十三五”规划开好局、起好步。

会议审查批准《梁山县国民经济和社会发展第十三个五年规划纲要》。会议认为，《纲要》回顾总结“十二五”时期所取得的成就，分析“十三五”时期面临的机遇，提出的发展思路、指导思想、发展目标、发展重点和保障措施符合实际，绘就了今后五年梁山经济社会发展的宏伟蓝图。实施好《纲要》，对促进全县科学发展、社会全面进步，具有十分重大的意义。会议要求，全县上下要牢固树立创新、协调、绿色、开放、共享发展理念，紧紧围绕经济综合实力进入全市第二方阵前列，建成区域次中心城市、以专用车制造等为重要特色的先进制造业基地、忠义文化示范区、鲁西南区域综合交通枢纽、绿色安全食品生产基地的发展定位，继续深化改革，加快结构调整，着力改善民生，为实现梁山“十三五”时期经济社会发展目标，建设“工业强县、文化名城、生态和谐家园”而努力。

会议审议通过县人民政府《关于梁山县2015年国民经济和社会发展计划执行情况与2016年计划草案的报告》，批准梁山县2016年国民经济和社会发展计划。

会议审议通过县人民政府委托所作《关于梁山县2015年财政预算执行情况和2016年财政预算草案的报告》，批准2016年梁山县县级财政预算。

关于县人大常委会工作报告的决议。会议听取和审议县人大常委会第一副主任蒋衍涛代表梁山县第十七届人民代表大会常务委员会所作的工作报告，充分肯定县十七届人大常委会一年来的工作，同意报告提出的2016年主要任务，决定批准这个报告。会议要求，县人大常委会要在中共梁山县委的坚强领导下，大力弘扬敢于担当精神，不断强化开拓创新意识，始终保持为民履职情怀，认真履行各项法定职权，为实现“十三五”发展良好开局，建设“工业强县、文化名城、生态和谐家园”作出更大的贡献！

会议审议并决定批准县人民法院院长王爱新所作县人民法院工作报告。

会议审议并决定批准县人民检察院代检察长张忠新所作县人民检察院工作报告。

第十八节 第十八届人民代表大会

2017年1月至2021年2月，第十八届人民代表大会召开5次会议。

第一次会议 梁山县第十八届人民代表大会第一次会议，于2017年1月23—25日在梁山会堂召开。出席代表272人，列席人员180人，县政协委员等列席会议。

大会概况 梁山县第十八届人民代表大会第一次会议开幕式由大会主席团常务主席、县委书记贾治阜主持。会议听取并审议县长侯典峰所作《政府工作报告》以及县发展和改革局局长赵伟所作《梁山县2016年国民经济和社会发展计划执行情况和2017年计划（草案）的报告》、县财政局局长杨其勇所作《梁山县2016年财政预算执行情况和2017年财政预算（草案）的报告》，听取并审议县人大常委会副主任林宪良所作《梁山县人大常委会工作报告》以及县人民法院代理院长时益同所作《梁山县人民法院工作报告》和县人民检察院检察长张忠新所作《梁山县人民检察院工作报告》，并作出相应决议。会议选举县十八届人大常委会主任、副主任，委员；选举县人民政府县长、副县长，县人民法院院长，县人民检察院检察长。新当选的县十八届人大常委会、县政府、法院、检察院人员向宪法宣誓。会议决定，设立县第十八届人民代表大会法制委员会、财政经济委员会、教育科学文化卫生委员会、城乡建设与环境资源保护委员会、农业与农村委员会5个专门委员会，并通过各专门委员会组成人员。会议还听取县人大常委会副主任王文成所作《代表议案处理意见的报告》。县委书记贾治阜主持闭幕式并在闭幕式上讲话。

大会机构 梁山县第十八届人民代表大会第一次会议主席团（40人）：

于明河 马传申 马　涛 王才利 王文成
王明贤 王　建 邓兆国 孔庆金 孔祥华
任仲建 闫长虹 孙长栋 李保江 时益同
沈本海 宋培秋 张广斌 张忠新 张保贵
张　莹 陈丕田 林宪良 胡桂花（女）
赵　广 赵卫国 赵　晖 钟秀芳（女）
侯典峰 秦延信 贾治阜 钱华军 郭建华（女）

梁山县第十八届人民代表大会第一次会议

郭继田 曹景全 崔根博 蒋衍涛 智红光
楚宪海 窦令胜
秘书长：王才利（兼）。
大会主席团常务主席（12 人）：
贾治阜 侯典峰 蒋衍涛 钟秀芳（女）
秦延信 王 建 林宪良 郭建华（女）
王才利 郭继田 崔根博 王文成

大会选举 梁山县第十八届人民代表大会第一次会议通过选举办法，选举县人大常委会主任 1 人、副主任 4 人、委员 30 人，选举县人民政府县长 1 人、副县长 5 人，选举县人民法院院长 1 人，选举县人民检察院检察长 1 人；县人大常委会主任、县人民政府县长、县人民法院院长、县人民检察院检察长实行等额选举；县人大常委会副主任、委员，县人民政府副县长均实行差额选举（副主任、副县长各差额 1 人，委员差额 3 人），选举出席济宁市第十七届人民代表大会代表 49 人，实行差额选举（差额为代表名额的 1/5），选举均采取无记名投票，设总监票人 1 人、监票人 12 人。

2017 年 1 月 25 日，梁山县第十八届人民代表大会第一次会议，选举秦延信为县人大常委会主任，王才利、郭继田、崔根博、王文成为副主任，马德水、王广祥、王军仁、王洋、王道岭、吕玉民、闫崇高、孙长春、苏振明、李华、李迎绪、李梦良、谷峰、张忠志、张效东、张博、陈丕田、陈冬梅（女）、林莹（女）、林强、岳增才、周广占、孟召法、胡桂花（女）、赵卫国、赵晖、耿仁营、徐长勇、郭广全、董茂强（按姓氏笔画为序）为委员；选举侯典峰为县人民政府县长，李保江、孙颖（女）、王庆明、闫长虹、马涛为副县长；选举时益同为县人民法院院长，张忠新为县人民检察院检察长。

会议选举出席济宁市第十七届人民代表大会代表 49 人。其中，济宁市参选代表（8 人）：
张 辉 张玉华 段修龙 崔悦亮 李华景
管建友 赵胜 李逢记
梁山县选出代表：
万春峰（女） 王成东 王芹真（女）
王 建 王清森 王朝周 刘 帅 刘成活
刘现允 刘金香（女） 庄保忠 庄保振
江继峰 寻广魁 杨秋云（女） 李明峰
时益同 吴桂民 佟振堂 张凤霞（女）
张立梅（女） 张述臣 张忠新 张祖峰
张鹏鹏（女） 林 农（女） 侯典峰
侯桂平（女） 逄 蕾（女） 秦延信
贾治阜 顾 涛 徐长坤 徐 伟
郭桂芬（女） 曹东明 梁传友 董玉芬（女）
董郁梅（女） 蔡月冬（女） 管士彬

大会决议 2017 年 1 月 25 日，梁山县第十八届人民代表大会第一次会议通过大会决议 6 项。

关于政府工作报告的决议。会议听取并审议县长侯典峰所作《政府工作报告》。会议认为报告充分肯定县人民政府过去五年的工作，提出未来五年和 2017 年经济社会发展目标任务，符合上级政策和梁山实际，决定批准县长侯典峰所作《政府工作报告》。决议强调，未来五年，全县上下要自觉践行“创新、协调、绿色、开发、共享”发展理念，统筹推进“五位一体”总体布局，协调推进“四个全面”战略布局，坚持稳中求进的工作总基调，坚持以提高发展质量和效益为中心，以转型升级为主线，以实现“经济综合实力进入全市第二方阵前列”为目标，以建设“区域次中心城市、专业汽车等先进制造业基地、忠义文化示范区、鲁西南区域综合交通枢纽、绿色安全食品生产基地”为定位，坚定不移走“工业立县、产业富县、科技兴县、质量强县”之路，统筹推进政治、经济、文化、社会、生态文明建设和政府自身建设，在建设经济强县、美丽梁山的新征程中迈上新台阶、创造新辉煌。决议要求，2017年，县政府要围绕各项工作目标，突出创新驱动，促进工业经济新突破；突出优质高效，打造现代农业新高地；突出文化旅游，力促现代服务业新跨越；突出功能品质，构建城乡建设新格局；突出开放活力，拓展改革开放新空间；突出绿色发展，建设生态文明新家园；突出民思民盼，提升民生保障新水平。圆满完成各项目标任务，为未来五年工作开好局、起好步。会议号召，全县人民要更加紧密地团结在以习近平为核心的党中央周围，在中共梁山县委的坚强领导下，团结一致，凝心聚力，攻坚克难，扎实苦干，为全面建成小康社会，加快建设经济强县、美丽梁山而努力奋斗。

关于梁山县2016年国民经济和社会发展计划执行情况与2017年发展计划的决议。会议审议通过《梁山县2016年国民经济和社会发展计划执行情况和2017年计划（草案）的报告》，批准2017年国民经济和社会发展计划。

关于梁山县2016年预算执行情况与2017年预算的决议。会议审议通过《梁山县2016年预算执行情况和2017年预算（草案）的报告》，批准梁山县2017年县级预算。

关于县人大常委会工作报告的决议。会议充分肯定县十七届人大常委会过去五年的工作，同意报告提出的今后人大工作的建议，决定批准该报告。会议要求，县十八届人大常委会要在中共梁山县委的坚强领导下，充分发挥地方国家权力机关的职能作用，围绕中心，服务大局，依法履职，积极作为，为加快依法治县进程、全面建成小康社会、建设经济强县、美丽梁山做出更大贡献。

关于人民法院工作报告的决议。会议同意人民法院工作报告，决定批准该报告。

关于人民检察院工作报告的决议。会议同意人民检察院工作报告，决定批准该报告。

第二次会议 梁山县第十八届人民代表大会第二次会议，于2018年1月9—11日在梁山会堂召开。出席代表272人，列席人员184人，县政协委员列席会议。

大会概况 梁山县第十八届人民代表大会第

梁山县第十八届人民代表大会第二次会议

二次会议开幕式由大会主席团常务主席、县委书记贾治阜主持。会议听取并审议县长侯典峰所作《政府工作报告》，审议县政府提交的《梁山县2017年国民经济和社会发展计划执行情况和2018年计划（草案）的报告》《梁山县2017年财政预算执行情况和2018年财政预算（草案）的报告》，听取并审议县人大常委会主任秦延信所作《梁山县人大常委会工作报告》以及县人民法院院长时益同所作《梁山县人民法院工作报告》、县人民检察院检察长张忠新所作《梁山县人民检察院工作报告》，并作出相应决议。会议选举县监察委员会主任，并宪法宣誓。会议还听取县人大常委会副主任郭继田所作《代表议案处理意见的报告》。县委书记贾治阜主持闭幕式并在闭幕式上讲话。

大会机构 第十八届人民代表大会第二次会议主席团（35人）：

于明河 马传申 马　涛 王才利 王文成
王明贤 王　建 邓兆国 孔庆金 孔祥华
吕玉民 任仲建 刘志刚 孙长栋 沈本海
宋培秋 张广斌 张保贵 张　莹 林宪良
胡桂花（女） 赵　广 赵卫国 赵　晖
钟秀芳（女） 秦延信 贾治阜 钱华军
郭建华（女） 郭继田 曹景全 崔根博
智红光 楚宪海 窦令胜

秘书长：秦延信（兼）。

大会主席团常务主席（8人）：

贾治阜 钟秀芳（女）秦延信 王　建
王才利 郭继田 崔根博 王文成

大会选举 梁山县第十八届人民代表大会第二次会议通过选举办法，选举梁山县监察委员会主任，实行等额选举、无记名投票。2018年1月11日，梁山县第十八届人民代表大会第二次会议，选举赵广为县监察委员会主任。

大会决议 2018年1月11日，梁山县第十八届人民代表大会第二次会议通过大会决议6项。

关于政府工作报告的决议。决议同意批准县人民政府县长侯典峰所作的政府工作报告。决议认为，2017年，全县上下在县委的坚强领导下，认真贯彻落实中共十九大精神，较好完成县十八届人大一次会议确定的目标任务，转型发展实现新突破，城乡面貌展现新形象，改革开放增添新动能，生态建设迈上新台阶，民生保障取得新进步，行政效能得到新提升，解决了一些长期想解决而没有解决的问题，办成了一批过去想办而没有办成的大事。决议强调，2018年，县政府要全面贯彻中共十九大精神，以习近平新时代中国特色社会主义思想为指导，坚持稳中求进的工作总基调，按照高质量发展的要求，以供给侧结构性改革为主线，咬定“经济综合实力进入全市第二方阵前列，建设区域次中心城市、专业汽车等先进制造业基地、忠义文化示范区、鲁西南区域综合交通枢纽、绿色安全食品生产基地”六大目标定位，坚定不移走“工业立县、产业富县、科技兴县、质量强县”之路，在经济强县、美丽梁山建设上实现重大突破。决议指出，2018年，县政府要围绕各项工作目标，推动高质量发展，全力攻坚经济转型；突出提标准增效益，全力攻坚重大项目；提高专业性精准度，全力攻坚招商引资；强化基础设施配套，全力攻坚园区建设；提升宜居宜业水平，全力攻坚城市建设；创建国家AAAAA级景区，全力攻坚文化旅游；推进农业农村现代化，全力攻坚乡村振兴；激发活力拓展空间，全力攻坚改革开放；坚持人与自然和谐共生，全力攻坚生态文明；践行以人民为中心的发展思想，全力攻坚民生改善。会议号召，全县人民要更加紧密地团结在以习近平为核心的党中央周围，在中共梁山县委的坚强领导下，按照县第十四次党代会描绘的美好蓝图，不驰于空想，不骛于虚声，始终保持奋勇争先的闯劲、奋力攻坚的韧劲、奋发有为的干劲，聚力创新，聚焦富民，为建设美丽幸福新梁山而努力奋斗。

关于国民经济发展计划的决议。决议同意批准县政府提交的《梁山县2017年国民经济和社会发展计划执行情况与 2018 年发展计划》。

关于财政预算的决议。决议同意并批准县政府提交的《梁山县 2017 年财政预算执行情况与 2018 年财政预算》。

关于县人大常委会工作报告的决议。决议同意批准县人大常委会主任秦延信所作《梁山县人大常委会工作报告》。会议认为，2017 年，县人大常委会在县委的坚强领导下，坚持党的领导、人民当家做主、依法治国有机统一，紧紧围绕全县发展大局，全力落实县委决策部署，积极创新监督方式，切实增强监督实效，依法进行人事任免，着力改建代表工作，全面加强自身建设，圆满完成县十八届人大一次会议确定的目标任务，为建设美丽幸福新梁山作出积极贡献。会议同意人大常委会提出的 2018 年工作任务，认为思路清晰，目标明确，重点突出，措施得力，符合中央和省市县委决策部署，符合新时代人大工作的新特点、新要求，符合人民的意愿。会议要求，县人大常委会要在中共梁山县委的坚强领导下，充分发挥地方国家权力机关的职能作用，围绕中心，服务大局，依法履职，积极作为，为加快推进依法治县进程，建设经济强县、美丽梁山做出新的更大贡献。

关于县人民法院工作报告的决议。会议批准县人民法院工作报告。会议认为，2017 年县人民法院认真贯彻中共十九大精神，在县委的坚强领导和人大的监督支持下，紧紧围绕"努力让人民群众在每一个司法案件中感受到公平正义"的目标，坚持围绕中心，全力服务发展大局；坚持司法为民，满足群众司法需求；坚持正确方向，稳步推进司法改革；坚持党的领导，全面加强自身建设，为全县经济发展和社会稳定做出了重要贡献。会议要求，县人民法院要充分发挥司法职能作用，着力提升公正司法水平，为加快建设美丽幸福新梁山提供强有力的司法保障。

关于县人民检察院工作报告的决议。会议批准县人民检察院工作报告。会议认为，2017 年，县人民检察院以服务全县经济发展为第一要务，以维护社会和谐稳定为第一责任，充分发挥检察机关职能作用，着力维护公平正义，切实关注保障民生，自觉强化队伍建设，为建设美丽幸福新梁山作出积极贡献。会议要求，县人民检察院要深入推进检察体制改革，不断强化监督力度，增强检察工作质效，着力维护公平正义，为服务梁山经济发展、维护社会和谐稳定、保障人民安居乐业做出新的更大贡献。

第三次会议 梁山县第十八届人民代表大会第三次会议，于 2019 年 10 月 16—18 日在梁山会堂召开。出席代表 266 人，列席人员 182 人，县政协委员列席会议。

大会概况 梁山县第十八届人民代表大会第三次会议开幕式由大会主席团常务主席、县委书记贾治阜主持。会议听取并审议代理县长杨力新所作《政府工作报告》，审议县政府提交的《梁山县 2018 年国民经济和社会发展计划执行情况与 2019 年计划（草案）的报告》《梁山县 2018 年预算执行情况和 2019 年预算（草案）的报告》，听取并审议县人大常委会主任秦延信所作《梁山县人大常委会工作报告》以及县人民法院院长时益同所作《梁山县人民法院工作报告》、县人民检察院检察长张忠新所作《梁山县人民检察院工作报告》，并作出相应决议。会议补选县人民政府县长，补选县人大常委会委员，表决通过增设梁山县人民代表大会社会建设委员会、县人民代表大会法制委员会更名为县人民代表大会监察和司法委员会的决定，会议表决县人民代表大会社会建设委员会组成人员。县委书记贾治阜在会议闭幕式上讲话，县人大常委会主任秦延信主持闭幕式并在会议结束时讲话。

大会机构 梁山县第十八届人民代表大会第三次会议主席团（32 人）：

于明河 马传申 王才利 王文成 王明贤

王　建 邓兆国 孔祥华 任仲建 孙长栋

梁山县第十八届人民代表大会第三次会议

杨其勇 李　勇 沈本海 张广斌 张林勇
张保贵 张　莹 林宪良 胡桂花（女）
赵　晖 钟秀芳（女） 秦延信 贾治阜
钱华军 郭建华（女） 郭继田 高兴武
曹景全 崔根博 智红光 楚宪海 窦令胜
秘书长：秦延信（兼）
大会主席团常务主席（8 人）：
贾治阜 钟秀芳（女） 秦延信 王　建
王才利 郭继田 崔根博 王文成

大会选举 梁山县第十八届人民代表大会第三次会议通过选举办法，补选县人民政府县长 1 人，补选县人大常委会委员 9 人，均实行等额选举。2019 年 10 月 18 日，梁山县第十八届人民代表大会第三次会议选举杨力新为县人民政府县长；选举于观清、王金华、孔峰峰、申正国、刘斌、寻传军、孙庆军、陈丕秋、高太华为县人大常委会委员。

大会决议 2019 年 10 月 18 日，第十八届人民代表大会第三次会议通过 6 项大会决议。

关于政府工作报告的决议。决议充分肯定 2018 年全县国民经济和社会发展所取得的成就，同意报告提出的 2019 年全县经济社会发展目标任务和工作部署，决定批准县人民政府代县长杨力新所作的《政府工作报告》。决议认为，2018 年来，在县委的坚强领导下，县政府坚持高质量发展，围绕“六大目标定位”，实施“十大攻坚行动”，打赢一场场硬仗，取得一个个突破，新旧动能转换迈出新步伐，城市建设展现新面貌，乡村振兴实现新开局，生态建设取得新成效，发展活力实现新提升，民生保障迈上新台阶，政府建设得到新加强，全县经济社会发展呈现新局面、站上新起点。决议强调，政府工作要围绕各项工作目标，聚焦新旧动能转换，更大力度攻坚创新发展；聚焦引高引强，更大力度攻坚双招双引；聚焦服务质量，更大力度攻坚项目建设；聚焦优化平台，更大力度攻坚园区建设；聚焦功能定位，更大力度攻坚城市建设；聚焦青山绿水，更大力度攻坚生态建设；聚焦示范带动，更大力度攻坚乡村振兴；聚焦品牌创建，更大力度攻坚文旅产业；聚焦优化营商环境，更大力度攻坚改革开放；聚焦民心工程，更大力度攻坚民生事业。

关于经济和社会发展计划的决议。会议审议了县人民政府提交的《2018 年国民经济和社会发展计划执行情况与 2019 年发展计划的报告》，同意县人民代表大会财政经济委员会审查报告，决定批准《梁山县 2018 年国民经济和社会发展计划执行情况与 2019 年计划（草案）的报告》，批准梁山县 2019 年国民经济和社会发展计划。

关于预算的决议。会议审议了县人民政府提交的《2018 年预算执行情况与 2019 年预算草案的报告》，同意县人民代表大会财政经济委员会审查报告，决定批准《梁山县 2018 年预算执行情况和 2019 年预算（草案）的报告》，批准 2019

年县级预算。

关于县人大常委会工作报告的决议。会议同意并决定批准县人大常委会主任秦延信所作《梁山县人大常委会工作报告》。会议认为，2018年来，县人大常委会在县委的坚强领导下，坚持党的领导、人民当家做主、依法治国有机统一，紧紧围绕全县发展大局，牢牢把握正确政治方向，积极创新监督方式，不断增强监督实效，依法进行人事任免，科学决定重大事项，优化提升代表工作，全面加强自身建设，圆满完成各项工作任务，全县经济社会发展和民主法治建设作出积极贡献。会议要求，县人大常委会要在中共梁山县委的坚强领导下，紧紧围绕县第十四次党代会确定的目标任务，不忘初心，牢记使命，依法履职，创新作为，为建设经济强县、美丽梁山做出新的更大贡献。

关于县人民法院工作报告的决议。会议同意并决定批准《县人民法院工作报告》。会议认为，2018年来，县人民法院在县委的坚强领导和人大及其常委会的监督支持下，紧紧围绕“努力让人民群众在每一个司法案件中感受到公平正义”的目标，聚焦主责主业，狠抓执法办案，全面推进司法改革，从严管理队伍，为促进全县经济社会发展做出了积极贡献。会议要求，县人民法院要积极围绕县委决策部署，着力增强司法服务效能，提升公正司法水平，加快司法改革步伐，充分发挥司法职能作用，为建设美丽幸福新梁山提供强有力的司法保障和司法服务。

关于县人民检察院工作报告的决议。会议同意并决定批准《县人民检察院工作报告》。会议认为，2018年来，县人民检察院以服务全县经济发展为第一要务，以维护社会和谐稳定为第一责任，充分发挥检察机关职能作用，为建设美丽幸福新梁山做出了积极贡献。会议要求，县人民检察院要紧紧围绕全县工作大局，不断强化监督力度，增强检察工作质效，着力维护公平正义，为服务梁山经济发展、维护社会和谐稳定、保障人民安居乐业做出新的更大贡献。

第四次会议 梁山县第十八届人民代表大会第四次会议，于2020年1月15—17日在梁山会堂召开。出席代表269人，列席人员185人，县政协委员列席会议。

大会概况 第十八届人民代表大会第四次会议开幕式由大会主席团常务主席、县委书记贾治阜主持。会议听取并审议县长杨力新所作《政府工作报告》，审议县政府提交的《梁山县2019年国民经济和社会发展计划执行情况与2020年计划草案的报告（书面）》、《梁山县2019年预算执行情况和2020年预算草案的报告（书面）》，听取并审议县人大常委会主任秦延信所作《梁山县人民代表大会常委会工作报告》以及县人民法院代院长李士强所作《梁山县人民法院工作报告》、县人民检察院代检察长周文军所作《梁山县人民检察院工作报告》，并作出相应决议。补选县人

梁山县第十八届人民代表大会第四次会议

大常委会副主任、委员，补选县人民法院院长、县人民检察院检察长，表决通过县第十八届人民代表大会有关专门委员会主任委员。县委书记贾治阜在闭幕式上发表讲话，县人大常委会主任秦延信主持闭幕式并在会议结束时讲话。

大会机构 梁山县第十八届人民代表大会第四次会议主席团（33人）：

于明河 马传申 王才利 王文成 王明贤
王　建 邓兆国 任仲建 孙长栋 杨其勇
沈本海 张士友 张广斌 张良喜 张林勇
张保贵 张　莹 林宪良 周长立 胡桂花（女）
钟秀芳（女） 娄志伟 秦延信 贾治阜
钱华军 郭建华（女） 郭继田 高兴武
高　峰 曹景全 崔根博 楚宪海 窦令胜

秘书长：秦延信（兼）

大会主席团常务主席（9人）：

贾治阜 钟秀芳（女） 秦延信 王　建
王才利 郭继田 崔根博 王文成 高兴武

大会选举 梁山县第十八届人民代表大会第四次会议通过选举办法，补选县人大常委会副主任1人、委员2人，补选县人民法院院长1人、县人民检察院检察长1人，均实行等额选举。2020年1月17日，梁山县第十八届人民代表大会第四次会议，补选高兴武为县人大常委会副主任，李波、秦春霞（女）为委员；补选李士强为县人民法院院长，补选周文军为县人民检察院检察长。

大会决议 2020年1月17日，第十八届人民代表大会第四次会议通过关于《政府工作报告》的决议及《2019年国民经济和社会发展计划执行情况与2020年计划草案的报告》、《梁山县2019年预算执行情况和2020年预算草案的报告》的决议，通过《县人大常委会工作报告》的决议及《县人民法院工作报告》、《县人民检察院工作报告》的决议。

关于政府工作报告的决议。梁山县第十八届人民代表大会第四次会议听取并审议县人民政府县长杨力新所作的政府工作报告，决定批准这个报告。会议认为，2019年，全县上下在县委的坚强领导下，按照“实干年、攻坚年、突破年”总要求，紧盯“六大目标定位”，实施“十大攻坚行动”，担当作为，拼搏实干，经济实力不断增强，社会事业全面进步，较好完成县十八届人大三次会议确定的任务目标。会议强调，2020年，县政府要以习近平新时代中国特色社会主义思想为指导，全面贯彻中共十九大和十九届二中、三中、四中全会精神，坚持新发展理念，坚持稳中求进、高质量发展，坚决落实县第十四次党代会和县委十四届八次全会决策部署，继续发扬愚公精神，持续对标学习武进，党建统领、创新驱动，两化并进、民生为先，跑出梁山加速度，力争五年任务四年完成，确保“经济强县、美丽梁山”建设大见成效。会议指出，2020年，县政府要紧紧围绕各项任务目标，聚力强产业促转型，确保新旧动能转换取得新成效；聚力项目建设，筑牢高质量发展新根基；聚力“双招双引”，激活高质量发展新引擎；聚力园区建设，做强高质量发展新平台；聚力乡村振兴，推动农业农村展现新面貌；聚力城市建设和管理，打造宜居宜业的现代化新梁山；聚力文化旅游融合发展，全面树立水浒旅游新形象；聚力生态环境保护，努力形成人与自然和谐发展的新格局；聚力深化改革扩大开放，充分释放发展新活力；聚力改善民生，为群众创造美好幸福新生活。会议号召，全县人民要更加紧密地团结在以习近平同志为核心的党中央周围，高举习近平新时代中国特色社会主义思想伟大旗帜，在中共梁山县委的坚强领导下，以坚如磐石的信心、坚韧不拔的毅力，不忘初心、牢记使命，只争朝夕、不负韶华，加快推动梁山高质量发展，为全面建成小康社会、实现第一个百年奋斗目标而努力奋斗！

关于2019年国民经济和社会发展计划执

行情况与2020年计划的决议。梁山县第十八届人民代表大会第四次会议审查了县人民政府提出的《关于梁山县2019年国民经济和社会发展计划执行情况与2020年计划草案的报告》及梁山县2020年国民经济和社会发展计划草案。会议同意县人民代表大会财政经济委员会的审查结果报告，决定批准《关于梁山县2019年国民经济和社会发展计划执行情况与2020年计划草案的报告》，批准梁山县2020年国民经济和社会发展计划。

关于2019年预算执行情况和2020年预算的决议。梁山县第十八届人民代表大会第四次会议审查了县人民政府提出的《关于梁山县2019年预算执行情况和2020年预算草案的报告》及梁山县2020年全县和县级预算草案。会议同意县人民代表大会财政经济委员会的审查结果报告，决定批准《关于梁山县2019年预算执行情况和2020年预算草案的报告》，批准2020年梁山县县级预算。

关于县人大常委会工作报告的决议。梁山县第十八届人民代表大会第四次会议听取和审议县人大常委会主任秦延信所作的《梁山县人民代表大会常务委员会工作报告》。会议同意这个报告，决定批准这个报告。会议认为，2019年，县人大常委会坚持以习近平新时代中国特色社会主义思想为指导，深入学习贯彻中共十九大和十九届二中、三中、四中全会精神，准确把握新时代人大工作新定位，在中共梁山县委的正确领导下，主动服务发展大局，不断提升监督实效，积极回应百姓关切，充分发挥代表作用，全面加强自身建设，完成年初预定的目标任务，为全县经济社会高质量发展和民主法治建设作出积极贡献。会议指出，县人大常委会提出的2020年的工作任务，思路清晰，目标明确，重点突出，措施有力，符合中央和省市县委的决策部署，符合新时代人大工作的要求，符合全县人民的共同意愿。会议要求，县人大常委会要充分发挥地方国家权力机关的职能作用，牢记初心使命，依法履职尽责，为建设“经济强县、美丽梁山”作出新的更大贡献！

关于县人民法院工作报告的决议。梁山县第十八届人民代表大会第四次会议听取并审议县人民法院代院长李士强所作的《梁山县人民法院工作报告》。会议同意这个报告，决定批准这个报告。会议认为，2019年县法院在县委的坚强领导和县人大及其常委会的有力监督下，深入贯彻落实中共十九大及十九届二中、三中、四中全会精神，自觉坚持和接受党的绝对领导，严格依法履职，积极服务改革发展大局，有效维护社会公平正义，持续推进改革创新，回应群众司法需求，从严治党治院，为促进全县经济社会发展作出积极贡献。会议要求，县法院要精准服务大局，着力保障民生，有力推动现代化诉讼服务体系建设，聚力营造法治化营商环境，深入推进扫黑除恶专项斗争向纵深发展，进一步强化司法责任担当，切实发挥审判职能作用，不忘初心，牢记使命，真抓实干，奋力拼搏，为全县高质量发展提供更加有力的司法服务和保障。

关于县人民检察院工作报告的决议。梁山县第十八届人民代表大会第四次会议听取和审议县人民检察院代检察长周文军所作的《梁山县人民检察院工作报告》。会议同意这个报告，决定批准这个报告。会议认为，2019年县检察院以习近平新时代中国特色社会主义思想为指导，自觉服从县委领导，主动接受人大监督，立足新时代人民群众对民主、法治、公平、正义、安全、环境的更高要求，紧紧围绕平安梁山、法治梁山建设，发扬斗争精神，锐意改革，真抓实干，加快推进“四大检察”全面协调充分发展，加快推进检察队伍“四化”建设，各项检察改革稳步发展。会议要求，县检察院要紧紧围绕全县工作大局，忠实履行宪法法律赋予的职责，不断加大监督力度，增强检察工作质效，着力维护公平正义，为服务梁山经济发展、推进全县社会治理体系和治理能力现代化建设、保障人民安居乐业作出新的更大贡献！

第五次会议 梁山第十八届人民代表大会第五次会议，于2021年2月4—6日在梁山会堂召开。出席代表274人，列席人员182人，县政协委员列席会议。

大会概况 梁山县第十八届人民代表大会第五次会议，听取并审议县长杨力新所作《政府工作报告》，审议县政府提交的《梁山县国民经济和社会发展第十四个五年规划和2035年远景目标纲要（草案）》《梁山县2020年国民经济和社会发展计划执行情况与2021年计划草案的报告》《梁山县2020年预算执行情况和2021年预算草案的报告》及《2020年民生实事项目完成情况的报告》《2021年民生实事候选项目情况的说明》《十八届人大四次会议上代表提出的议案、建议、批评和意见办理情况的报告》等书面报告；听取并审议县人大常委会主任秦延信所作《梁山县人民代表大会常务委员会工作报告》以及县人民法院院长李士强所作《梁山县人民法院工作报告》、县人民检察院检察长周文军所作《梁山县人民检察院工作报告》，并作出相应决议。会议补选县人大常委会副主任、县监察委员会主任、县人大常委会委员，表决通过梁山县第十八届人民代表大会财政经济委员会主任委员。济宁市政协副主席、中共梁山县委书记贾治阜在会议闭幕式上讲话。

大会机构 梁山第十八届人民代表大会第五次会议主席团（35人）：

马传申 王才利 王文成 王明贤 王　建
邓兆国 付胜杰 司开阳 任仲建 刘　勇
孙长栋 杨其勇 李志刚 吴爱红（女）
张士友 张广斌 张呈祥 张良喜 张林勇
张保贵 张　莹　林宪良 胡桂花（女）
娄志伟 秦延信 贾治阜 钱华军
郭建华（女）郭继田 高兴武 高　峰
曹景全 崔根博 楚宪海 窦令胜

秘书长：秦延信

大会主席团常务主席（11人）

贾治阜 秦延信 刘　勇 王　建 王才利
郭继田 崔根博 王文成 高兴武 曹景全
司开阳

梁山县第十八届人民代表大会第五次会议

大会选举 梁山县第十八届人民代表大会第五次会议通过选举办法，补选县人大常委会副主任2人、县监察委员会主任1人、县人大常委会委员4人，均实行等额选举，设总监票人1人，监票人12人。2021年2月6日，梁山县第十八届人民代表大会第五次会议补选曹景全、司开阳为县人大常委会副主任，补选李文凯为县监察委员会主任，补选张振涛、赵伟、耿树民、梁学玉为县人大常委会委员。

大会决议 2021年2月6日，梁山县第十八届人民代表大会第五次会议通过大会决议7项。

关于政府工作报告的决议。梁山县第十八届人民代表大会第五次会议听取并审议县长杨力新所作《政府工作报告》。会议充分肯定2020年及“十三五”时期全县经济和社会发展取得的成就，同意报告提出的“十四五”时期全县经济社会发展指导思想、战略定位及2021年全县经济社会发展目标任务、工作部署，决定批准这个报告。会议认为，2020年，面对复杂的国际国内形势，特别是新冠肺炎疫情的严重冲击，全县上下坚持以习近平新时代中国特色社会主义思想为引领，在中共济宁市委、济宁市政府和中共梁山县委的坚强领导下，统筹推进疫情防控和经济社会发展，扎实做好“六稳”“六保”工作，全力实施“十大攻坚行动”，攻克了一批多年想办而没有办成的难事，干成了一批打基础利长远的大事，办好了一批群众普遍受益的民生实事，圆满完成了县十八届人大四次会议确定的任务目标，也为波澜壮阔的“十三五”画上了圆满的句号。会议指出，2021年，县政府要紧紧围绕各项任务目标，重点抓好以下九项工作：坚持创新驱动发展，全力打造县域创新高地；坚持提升产业能级，全力构建现代产业体系；坚持重大项目带动，全力增强发展后劲；坚持农业农村优先发展，全力推动乡村全面振兴；坚持传承弘扬水浒文化，全力加快文旅融合发展；坚持建设精致城市，全力彰显梁山品质魅力；坚持绿色发展导向，全力推进生态环境综合治理；坚持深化改革扩大开放，全力优化县域发展环境；坚持保障改善民生，全力提高居民幸福指数。会议号召，全县人民要更加紧密地团结在以习近平为核心的党中央周围，高举习近平新时代中国特色社会主义思想伟大旗帜，在中共梁山县委坚强领导下，守正创新、开拓进取，只争朝夕、不负韶华，全面开启新一轮“经济强县、美丽梁山”建设新征程，以优异成绩迎接中国共产党成立100周年！

关于梁山县国民经济和社会发展第十四个五年规划和2035年远景目标纲要的决议。梁山县第十八届人民代表大会第五次会议审查县人民政府提出的《梁山县国民经济和社会发展第十四个五年规划和2035年远景目标纲要(草案)》。会议同意县人民代表大会财政经济委员会的审查结果报告，决定批准《梁山县国民经济和社会发展第十四个五年规划和2035年远景目标纲要》。

关于梁山县2020年国民经济和社会发展计划执行情况与2021年计划的决议。梁山县第十八届人民代表大会第五次会议审查县人民政府提交的《关于梁山县2020年国民经济和社会发展计划执行情况与2021年计划草案的报告》及梁山县2021年国民经济和社会发展计划草案。会议同意县人民代表大会财政经济委员会的审查结果报告，决定批准《关于梁山县2020年国民经济和社会发展计划执行情况与2021年计划草案的报告》，批准梁山县2021年国民经济和社会发展计划。

关于梁山县2020年预算执行情况和2021年预算的决议。梁山县第十八届人民代表大会第五次会议审查县人民政府提出的《关于梁山县2020年预算执行情况和2021年预算草案的报告》及梁山县2021年全县和县级预算草案。会议同意县人民代表大会财政经济委员会的审查结果报告，决定批准《关于梁山县2020年预算执行情况和2021年预算草案的报告》，批准2021年梁山县县级预算。

关于梁山县人民代表大会常务委员会工作报告的决议。梁山县第十八届人民代表大会第五次会议听取并审议县人大常委会主任秦延信所作《梁山县人民代表大会常务委员会工作报告》。会议同意这个报告，决定批准这个报告。会议认为，2020年，县人大常委会坚持以习近平新时代中国特色社会主义思想为指导，深入学习贯彻党的十九大和十九届二中、三中、四中、五中全会精神，正确把握人大工作方向，在中共梁山县委的正确领导下，服务中心大局，提升监督实效，增进百姓福祉，发挥代表作用，加强自身建设，充分发挥了地方国家权力机关作用，为全县经济社会高质量发展和民主法治建设作出了积极贡献。会议指出，县人大常委会提出的2021年的工作任务，思路清晰，目标明确，重点突出，措施有力，符合中央和省市县委的决策部署，符合新时代人大工作的要求，符合全县人民的共同意愿。会议要求，县人大常委会要坚持以习近平新时代中国特色社会主义思想为指导，深入贯彻落实习近平总书记关于坚持和完善人民代表大会制度重要思想，坚持党的领导、人民当家作主和依法治国有机统一，认真履行宪法和法律赋予的各项职责，进一步发挥人民代表大会制度在推进治理体系和治理能力现代化中的根本政治制度作用，为建设“经济强县，美丽梁山”作出新的更大贡献！

关于梁山县人民法院工作报告的决议。梁山县第十八届人民代表大会第五次会议听取并审议梁山县人民法院院长李士强所作《梁山县人民法院工作报告》。会议同意这个报告，决定批准这个报告。会议认为，2020年，县人民法院以习近平新时代中国特色社会主义思想为指导，深入贯彻县委决策部署，深化司法改革，服务发展大局，忠诚履职尽责，较好地完成了县十八届人大四次会议批准的各项工作，为全县经济社会发展提供了优质高效、坚强有力的司法保障。会议要求，县人民法院要高举习近平新时代中国特色社会主义思想伟大旗帜，深入贯彻县委十四届十次全会精神，践行新发展理念，落实新发展要求。深入推进司法改革，发挥服务大局能力，加强审判执行工作，深化专业队伍建设，开拓进取，奋发有为，勇于担当，真抓实干，高标准完成大会批准的各项工作，为开创梁山跨越发展新局面提供更加有力的司法服务和保障。

关于梁山县人民检察院工作报告的决议。梁山县第十八届人民代表大会第五次会议听取并审议县人民检察院检察长周文军所作《梁山县人民检察院工作报告》。会议同意这个报告，决定批准这个报告。会议认为，2020年，县人民检察院自觉服从县委领导，主动接受人大监督，立足于新时代人民群众对民主法治、公平正义的更高要求，依法履职，开拓创新，为维护司法公正、社会公平，保障全县经济社会高质量发展做出了积极贡献。会议要求，县人民检察院要高举习近平新时代中国特色社会主义思想伟大旗帜，以党的十九大和十九届二中、三中、四中、五中全会精神为统领，深入贯彻县委十四届十次全会精神，聚焦法律监督、深耕主责主业，在服务发展大局、维护公平正义、回应人民期待、推进司法改革、公正廉洁执法上，体现新担当、展现新作为，实现新突破、取得新成效，为建设“经济强县、美丽梁山”提供有力法治保障！

梁山县历届人民代表大会一览表

表 1

届次	会议时间	出席代表	大会选举							备注
			县人大常委会		县政府（县人委、县革委）		县监察委	县法院	县检察院	
			主任	副主任	县长	副县长	主任	院长	检察长	
一届一次	1954 年 6 月 30 日 -7 月 5 日	381 人			张海阔	毕天泉 徐化远				
一届二次	1954 年 7 月 14-17 日	337 人								
一届三次	1955 年 2 月 3-7 日	310 人								
一届四次										
一届五次										
一届六次	1955 年 12 月 16-21 日				杨　峰	毕天泉 于建进 郭文斌		陈心愿		
二届一次	1956 年 12 月 26-30 日	302 人			杨　峰	郭文斌 刘华春 范本笃 宋祥琨 冯雁亭				
二届二次	1957 年 3 月 27-31 日	236 人								
二届三次	1957 年 12 月 22-26 日	275 人								
三届一次	1958 年 5 月 26-29 日	281 人			杨　峰	刘华春 刘永德 范本笃 宋祥琨		王武奇		
三届二次	1959 年 12 月 29 日 -1960 年 1 月 3 日	210 人				张洪奇 王慧生 王曰斌 荣恩和				
四届一次	1961 年 5 月 3-6 日	299 人			杨　峰	宋祥琨 吴恒培 张洪奇 王慧生				
四届二次	1962 年 7 月 23-26 日	351 人								
五届一次	1963 年 5 月 28-31 日	349 人			杨　峰	张增勋 宋祥琨 吴恒培		刘保金		
五届二次	1964 年 7 月 30 日 -8 月 2 日	345 人								
五届三次	1965 年 8 月 2-5 日	278 人				艾复华 王　彬				

续表 1

届次	会议时间	出席代表	大会选举							备注
			县人大常委会		县政府（县人委、县革委）		县监察委	县法院	县检察院	
			主任	副主任	县长	副县长	主任	院长	检察长	
六届一次	1966 年 3 月 19-21 日	311 人			仝宣常	张增勋 艾复华 王　彬 宋祥琨				
七届会议	1966 年 3 月 -1978 年 5 月									文化大革命时期
八届一次	1978 年 5 月 25-28 日	686 人			杨成训	赵　民 韩同成 张增勋 果润华 孟昭树 高作松 孟凡才		张凡仁	林同球	
九届一次	1981 年 1 月 9-13 日	348 人	王笃信	樊兆玙 李绪明 孟凡才 石增馨	崔绪照	韩同成 王占甲 郭文斌 张作田		张凡仁	林同球	
九届二次	1982 年 2 月 21-25 日	338 人								
九届三次	1983 年 2 月 23-25 日	315 人								
十届一次	1984 年 5 月 14-18 日	384 人	崔绪照	樊兆玙 孟凡才 李厚昌 陆长为 田均福	魏昌启	李胜华 王占甲 张性钧 连广生 鞠燕芬		宋声武	姜守新	
十届二次	1985 年 5 月 13-15 日	383 人							姜广仁	
十届三次	1986 年 5 月 5-9 日	315 人		杨　旭 王占甲	霍正气					
十一届一次	1987 年 3 月 18-21 日	270 人	崔绪照	孟凡才 李厚昌 杨　旭 王占甲 杨念成 张先知	霍正气	连广生 张性钧 鞠燕芬 李来云 臧凤柱		宋声武	姜广仁	
十一届二次	1988 年 1 月 4-7 日	265 人								
十一届三次	1989 年 3 月 28-31 日	272 人		杨朝福						
十二届一次	1990 年 3 月 6-10 日	319 人	穆衍峰	王占甲 杨念成 傅全林 张先知 王钦孝 张先道	吕玉山	高太平 鞠燕芬 李来云 康绍军 李大友		宋声武	姜广仁	
十二届二次	1991 年 3 月 23-26 日	312 人								
十二届三次	1992 年 3 月 24-27 日	308 人			连广生	张先知				

续表 1

届次	会议时间	出席代表	大会选举							备注
			县人大常委会		县政府（县人委、县革委）		县监察委	县法院	县检察院	
			主任	副主任	县长	副县长	主任	院长	检察长	
十三届一次	1993 年 2 月 9-12 日	280 人	穆衍峰	王占甲 杨念成 鞠燕芬 傅全林 王钦孝 张先道	赵步荣	高太平 康绍军 张先知 王佑明 王钦之 王瑞兰		宋声武	李文汉	
十三届二次	1994 年 1 月 27-29 日	279 人								
十三届三次	1995 年 2 月 9-11 日	279 人								
十三届四次	1996 年 2 月 8-10 日	278 人								
十三届五次	1997 年 2 月 26 日 -3 月 1 日	275 人	高太平	刘殿印	曹耀华					
十四届一次	1998 年 1 月 12-17 日	259 人	高太平	刘殿印 鞠燕芬 王佑明 林英科 王志宪 信在高	刘慎刚	刘振诺 李文运 王成爱 王崇志 高启顺		张仁端	李文汉	17 日，撤销刘慎刚县长职务，6 月，撤销王成爱、王崇志、高启顺副县长职务
十四届二次	1999 年 1 月 22-25 日	256 人		李文汉	张忠建			袁存力	王宜海	
十四届三次	2000 年 1 月 19-22 日	253 人			商建设					
十四届四次	2001 年 1 月 13-16 日	255 人		张先知						
十四届五次	2002 年 1 月 27-29 日	254 人		王佑明 陆书杰						
十五届一次	2003 年 1 月 18-22 日	258 人	高太平	王佑明 陆书杰 王信义 林英科 孙伯泉 赵玉民 乔允华	商建设	刘振诺 刘振西 贾治阜 任艳云 蒋衍涛 宁瑞峰		袁存力	王宜海	
十五届二次	2004 年 1 月 3-6 日	257 人								
十五届三次	2005 年 1 月 12-15 日	255 人			宋　科			李培宪	张义民	
十五届四次	2006 年 1 月 9-13 日	253 人	商建设	刘振诺						

续表 1

届次	会议时间	出席代表	大会选举							备注
			县人大常委会		县政府（县人委、县革委）		县监察委	县法院	县检察院	
			主任	副主任	县长	副县长	主任	院长	检察长	
十五届五次	2007 年 1 月 17-20 日	251 人		刘本相 张恒福	陈国华					
十六届一次	2007 年 12 月 12-15 日	256 人	商建设	刘振诺 赵玉民 刘本相 张恒福 林宪良	陈国华	贾存琰 贾治阜 任艳云 蒋衍涛 宁瑞峰 楚宪海		李培宪	张义民	
十六届二次	2009 年 1 月 8-10 日	253 人								
十六届三次	2010 年 4 月 21-23 日	253 人	陈国华	郭建华 王才利	田卫东					
十六届四次	2011 年 1 月 12-14 日	257 人		蒋衍涛						
十七届一次	2012 年 1 月 7-10 日	273 人	田卫东	蒋衍涛 林宪良 郭建华 王才利 郭继田	贾治阜	秦延信 张 玗 王宇帆 崔加清 李瑞林 孙 颖		王爱新	臧卫华	
十七届二次	2013 年 1 月 14-16 日	273 人								
十七届三次	2014 年 1 月 4-6 日	275 人								
十七届四次	2015 年 1 月 15-17 日	274 人								
十七届五次	2016 年 1 月 16-18 日	273 人	蒋衍涛	王文成	侯典峰				张忠新	
十八届一次	2017 年 1 月 23-25 日	272 人	秦延信	王才利 郭继田 崔根博 王文成	侯典峰	李保江 孙 颖 王庆明 闫长虹 马 涛		时益同	张忠新	
十八届二次	2018 年 1 月 9-11 日	272 人					赵广			
十八届三次	2019 年 10 月 16-18 日	266 人			杨力新					
十八届四次	20120 年 1 月 15-17 日	269 人		高兴武				李士强	周文军	
十八届五次	2021 年 2 月 4-6 日	274 人		曹景全 司开阳			李文凯			

梁山县人大志

LIANGSHANXIAN RENDAZHI

第四章　人大常设机构

按照《中华人民共和国宪法》和《中华人民共和国地方各级人民代表大会和地方各级人民政府组织法》规定，县人民代表大会设立常务委员会；县人大常委会是县人大的常设机关；县级人大根据需要，可以设专门委员会；各专门委员会受县人大领导，大会闭会期间，受县人大常委会领导；县人大常委会根据工作需要，设立办事机构和其他工作机构。

第一节 县人大常委会

人民代表大会常务委员会是人民代表大会闭会期间的常设国家权力机关和工作机关，对人民代表大会负责并报告工作。梁山县人民代表大会常务委员会（简称县人大常委会）始建于1981年1月，由梁山县第九届人民代表大会选举产生；县人大常委会组成人员，只限在代表中选举产生；至2021年2月，县人大常委会经历10届，王笃信、崔绪照、穆衍峰、高太平、商建设、陈国华、田卫东、蒋衍涛、秦延信先后担任县人大常委会主任。第九届县人大常委会主任由县委副书记兼任；2006年1月至2016年1月，县人大常委会主任由县委书记兼任，并设立第一副主任（正县级），主持县人大常委会的日常工作。

县人大常委会作为地方国家权力机关，其主要任务和职责为：保证宪法、法律、行政法规和各级人民代表大会及其常委会决议在全县的遵守和执行；主持县人民代表大会代表选举，召集县人民代表大会会议；讨论、决定全县政治、经济、教育、科学、文化、卫生、环境资源保护、民生保障等工作重大事项；监督县人民政府、县监察委员会、县人民法院、县人民检察院的工作，联系县人大代表，受理人民群众对上述机关和国家工作人员的申诉和意见；撤销县人民政府不适当的决定和命令，撤销乡（镇）人民代表大会及其主席团的不适当的决议；在县人民代表大会闭会期间，决定副县长的任免；在县长和监察委员会主任、法院院长、检察院检察长因故不能担任职务时，从其副职领导人员中决定代理人选；根据县长提名，决定县人民政府组成部门局长、主任任免；按照人民法院组织法和人民检察院组织法规定，任免县人民法院副院长、庭长、副庭长、审判委员会委员、审判员，任免县人民检察院副检察长、检察委员会委员、检察员；对任命的县人民政府组成人员、县人民法院审判人员、县人民检察院检察人员中犯有严重错误的，依法决定撤销由其任命的职务；在县人民代表大会闭会期间，补选县人民代表大会代表或罢免个别代表。

九届人大常委会（1981年1月至1984年5月） 1981年1月，梁山县第九届人民代表大会第一次会议，选举产生第九届县人大常委会，王笃信为主任（兼），樊兆玙、李绪明、孟凡才、石增馨（女）为副主任，马心备、王继彬、尹道金、田均福、刘绪光、宋兰峰、李进民、李传厚、张思信、张青山、者汝为、杨念成、贺继良、高作松为委员。经菏泽地委批准，由中共梁山县委于1981年2月17日以梁发〔1981〕21号文公布。

十届人大常委会（1984年5月至1987年3月） 1984年5月，梁山县第十届人民代表大会第一次会议选举产生第十届县人大常委会，崔绪照为主任，樊兆玙、孟凡才、李厚昌、陆长为、田均福为副主任，邓广扬、王修忠、叶锦东（女）、朱绪娥（女）、李庆水、李若灿、张文祥、张桂芝（女）、者汝为、赵发展、蒋典营、靳汉林、魏红霞（女）为委员。

十一届人大常委会（1987年3月至1990年3月） 1987年3月，梁山县第十一届人民代表大会第一次会议，选举产生十一届县人大常委会，崔绪照为主任，孟凡才、李厚昌、杨旭、王占甲、杨念成、张先知为副主任，马桂兰（女）、邓广扬、王继斌，朱绪娥（女）、刘凤田、许传运、张瑜（女）、庞广常、阎同祥、韩靖为委员。1989 年 3 月 31 日，第十一届人民代表大会第三次会议增选杨朝福为县十一届人大常委会副主任。

十二届人大常委会（1990 年 3 月至 1993 年 2 月） 1990 年 3 月，梁山县第十二届人民代表大会第一次会议，选举产生十二届县人大常委会，穆衍峰为主任，王占甲、杨念成、傅全林、张先知、王钦孝、张先道为副主任，马孝爱、马桂兰、王继斌、邓广扬 司马钧、刘运焕、赵玉民、高天宝、高新魁、阎昭钦、韩靖为委员。1992 年 3 月，张先知辞去县人大常委会副主任职务。

十三届人大常委会（1993 年 2 月至 1998 年 1 月） 1993 年 2 月，梁山县第十三届人民代表大会第一次会议，选举产生十三届县人大常委会，穆衍峰为主任，王占甲、杨念成、鞠燕芬（女）、傅全林、王钦孝、张先道为副主任，马孝爱（女）、火秀云（女）、杨明勤、李文汉、张玉莲（女）、张宜科、武立芳、胡景陶、高新魁、阎旺亭、阎昭钦、韩玉忠、董传珍、蔡怀谦为委员。1993 年 12 月，董传珍辞去人大常委会委员职务。1996 年 6 月，穆衍峰因病去世离职。1997 年 2 月，第十三届人民代表大会第五次会议补选高太平为县人大常委会主任，刘殿印为副主任。

十四届人大常委会（1998 年 1 月至 2003 年 1 月） 1998 年 1 月，梁山县第十四届人民代表大会第一次会议，选举产生十四届县人大常委会，高太平为主任，刘殿印、鞠燕芬（女）、王佑明、林英科、王志宪、信在高为副主任，马兆海、马怀灵、刘甲仁、刘忠泉、张玉莲（女）、张先知、张兆兰、张宜科、张继海、张韶华、赵玉民（女）、姜序录、韩玉忠为委员。会上，王占甲、杨念成、傅全林、王钦孝、张先道因年龄原因辞去县人大常委会副主任职务。1998 年 3 月，王佑明因另有任用辞去县人大常委会副主任职务。1999 年 1 月，第十四届人民代表大会第二次会议补选李文汉为县人大常委会副主任，王洪伦、徐长富为委员，张先知辞去委员职务。2001 年 1 月，第十四届人民代表大会第四次会议补选张先知为县人大常委会副主任。2002 年 1 月，第十四届人民代表大会第五次会议补选王佑明、陆书杰为县人大常委会副主任，刘殿印因年龄原因辞去县人大常委会副主任职务。

十五届人大常委会（2003 年 1 月至 2007 年 12 月） 2003 年 1 月，梁山县第十五届人民代表大会第一次会议，选举产生十五届县人大常委会，高太平为主任，王佑明、陆书杰、王信义、林英科、孙伯泉、赵玉民（女）、乔允华为副主任，马兆海、孔德雨、仲崇斌、刘甲仁、李学社、李厚道、杨智、张弟法、陈保德、季昌生、侯庆堂、徐长富、窦广洋、穆兆凤为委员。会上，鞠燕芬（女）、李文汉、王志宪、信在高因年龄原因辞去县人大常委会副主任职务。2004 年 1 月，第十五届人民代表大会第二次会议补选陈冬梅（女）为委员。2005 年 4 月，仲崇斌因工作调整辞去县人大常委会委员职务。2006 年 1 月，第十五届人民代表大会第四次会议补选商建设为县人大常委会主任（兼），刘振诺为县十五届人大常委会副主任；高太平、林英科因年龄原因分别辞去县人大常委会主任、副主任职务。2007 年 1 月，第十五届人民代表大会第五次会议补选刘本相、张恒福为县人大常委会副主任，王佑明、陆书杰、王信义因年龄原因辞去县人大常委会副主任职务。

十六届人大常委会（2007 年 12 月至 2012 年 1 月） 2007 年 12 月，梁山县第十六届人民代表大会第一次会议，选举产生十六届县人大常委会，商建设为主任（兼），刘振诺、赵玉民（女）、刘本相、张恒福、林宪良为副主任，马绪印、王广民、王光远、王佑灿、孔令柱、杨先进、杨智、李学社、张弟法、张林勇、陈冬梅（女）、陈保德、郑一坤、胡桂花（女）、侯庆堂、袁沛金、郭继田、戚聿君、窦广洋为委员。会上，孙伯泉、乔允华因年龄原因辞去县人大常委会副主任职务。2010年4月，第十六届人民代表大会第三次会议补选陈国华为县人大常委会主任（兼），郭建华（女）、王才利为县人大常委会副主任，商建设因工作调整、另有任用辞去县人大常委会主任职务，赵玉民（女）、刘本相因年龄原因辞去县人大常委会副主任职务。2011年1月，第十六届人民代表大会第四次会议补选蒋衍涛为副主任，陈丕田、赵卫国、赵晖、高峰、蔡建民为委员；刘振诺因年龄原因辞去县人大常委会副主任职务。2011年2月，袁沛金调出，其县人大常务委员会委员职务终止；2011年4月，孔令柱调出，其县人大常务委员会委员职务终止。

十七届人大常委会（2012年1月至2017年1月） 2012年1月，梁山县第十七届人民代表大会第一次会议，选举产生十七届县人大常委会，田卫东为主任（兼），蒋衍涛、林宪良、郭建华（女）、王才利、郭继田为副主任，丁明勇、王文成、王佑灿、王显东、王朝银、李梦良、连桂军（女）、张明进、张忠志、张洪晗、陈丕田、陈冬梅（女）、林强、胡桂花（女）、赵卫国、赵晖、高峰、梁传寅为委员。会上，陈国华因工作调整、另有任用辞去县人大常委会主任职务，张恒福因年龄原因辞去县人大常委会副主任职务。2012年10月，连桂军辞去县人大常委会委员职务。2013年1月，第十七届人民代表大会第二次会议补选孙长春、徐长勇为县人大常委会委员。2013年12月，高峰、梁传寅因工作调整先后辞去县人大常委会委员职务。2014年1月，第十七届人民代表大会第三次会议补选高兴武、房继宽为县人大常委会委员。2015年4月，张明进因工作调整辞去县人大常委会委员职务。2016年1月，第十七届人民代表大会第五次会议补选蒋衍涛为县人大常委会主任，王文成为副主任，张效东、赵延奎为委员；田卫东因工作调整、另有任用辞去县人大常委会主任职务。

十八届人大常委会（2017年1月—） 梁山县第十八届人民代表大会第一次会议，2017年1月选举产生十八届县人大常委会，秦延信为主任，王才利、郭继田、崔根博、王文成为副主任，马德水、王广祥、王军仁、王洋、王道岭、吕玉民、闫崇高、孙长春、苏振明、李华、李迎绪、李梦良、谷峰、张忠志、张效东、张博、陈丕田、陈冬梅（女）、林莹（女）、林强、岳增才、周广占、孟召法、胡桂花（女）、赵卫国、赵晖、耿仁营、徐长勇、郭广全、董茂强为委员。2018年1月，张博辞去县人大常委会委员职务。2018年10月，苏振明辞去县人大常委会委员职务。2019年6月，陈丕田、赵卫国、孙长春、张效东、张忠志、徐长勇、王洋辞去县人大常委会委员职务；周广占因病去世，其县人大常委会委员职务终止。2019年10月，第十八届人民代表大会第三次会议补选于观清、王金华、孔峰峰、申正国、刘斌、寻传军、孙庆军、陈丕秋、高太华为县人大常委会委员。2019年12月，赵晖、陈冬梅（女）、李华、马德水辞去县人大常委会委员职务。2020年1月，第十八届人民代表大会第四次会议补选高兴武为县人大常委会副主任，郭继田因职务变动辞去县人大常委会副主任职务。2020年5月13日，孔峰峰根据组织安排、工作需要辞去县人大常委会委员职务。2021年2月1日，王才利、崔根博因年龄原因辞去县人大常委会副主任职务。2021年2月，梁山县第十八届人民代表大会第五次会议补选曹景全、司开阳为县人大常委会副主任。

1981—2021 年梁山县人大常委会历任主任、副主任一览表

表 2

姓名	性别	职务	任职时间	离职时间	籍贯	备注
王笃信	男	主任	1981.1	1983.5	梁山	第九届
崔绪照	男	主任	1984.5	1990.3	郓城	第十、十一届
穆衍峰	男	主任	1990.3	1996.6	梁山	第十二、十三届
高太平	男	主任	1997.2	2006.1	曲阜	第十三、十四、十五届
商建设	男	主任	2006.1	2010.4	嘉祥	第十五、十六届
陈国华	男	主任	2010.4	2012.1	曲阜	第十六届
田卫东	男	主任	2012.1	2016.1	巨野	第十六、十七届
蒋衍涛	男	主任	2016.1	2017.1	梁山	第十七届
秦延信	男	主任	2017.1	—	梁山	第十八届
樊兆玙	男	副主任	1981.1	1987.3	定陶	第九、十届
李绪明	男	副主任	1981.1	1984.5	梁山	第九届
孟凡才	男	副主任	1981.1	1990.3	郓城	第九、十、十一届
石增馨	女	副主任	1981.1	1984.5	海阳	第九届
李厚昌	男	副主任	1984.5	1990.3	东平	第十、十一届
陆长为	男	副主任	1984.5	1987.3	东平	第十届
田均福	男	副主任	1984.5	1987.3	梁山	第十届
杨　旭	男	副主任	1987.3	1990.3	梁山	第十一届
王占甲	男	副主任	1987.3	1998.1	鄄城	第十一、十二、十三届
杨念成	男	副主任	1987.3	1998.1	梁山	第十一、十二、十三届
张先知	男	副主任	1987.3	1993.2	梁山	第十一、十二届
杨朝福	男	副主任	1988.8	1990.3	梁山	第十一届
傅全林	男	副主任	1990.3	1998.1	梁山	第十一、十二、十三届
王钦孝	男	副主任	1990.3	1998.1	梁山	第十二、十三届
张先道	男	副主任	1990.3	1998.1	梁山	第十二、十三届
鞠燕芬	女	副主任	1993.2	2003.1	龙口	第十三、十四届
刘殿印	男	副主任	1997.2	2002.1	东平	第十四届
王佑明	男	副主任	1998.1	1998.3	梁山	第十四届
林英科	男	副主任	1998.1	2006.1	梁山	第十四、十五届
王志宪	男	副主任	1998.1	2003.1	梁山	第十四届
信在高	男	副主任	1998.1	2003.1	梁山	第十四届

续表

姓名	性别	职务	任职时间	离职时间	籍贯	备注
李文汉	男	副主任	1999.1	2003.1	梁山	第十四届
张先知	男	副主任	2001.1	2003.1	梁山	第十四届
王佑明	男	副主任	2002.1	2007.1	梁山	第十四、十五届
陆书杰	男	副主任	2002.1	2007.1	东平	第十四、十五届
王信义	男	副主任	2003.1	2007.1	梁山	第十五届
孙伯泉	男	副主任	2003.1	2007.12	嘉祥	第十五届
赵玉民	女	副主任	2003.1	2010.4	曹县	第十五、十六届
乔允华	男	副主任	2003.1	2007.12	梁山	第十五届
刘振诺	男	第一副主任	2006.1	2011.1	梁山	第十五、十六届
刘本相	男	副主任	2007.1	2010.4	梁山	第十五届
张恒福	男	副主任	2007.1	2011.11	梁山	第十五、十六届
林宪良	男	副主任	2007.12	2017.1	梁山	第十六、十七届
郭建华	女	副主任	2010.4	2017.1	梁山	第十六、十七届
王才利	男	副主任	2010.4	2021.2	梁山	第十六、十七、十八届
蒋衍涛	男	第一副主任	2011.1	2016.1	梁山	第十六、十七届
郭继田	男	副主任	2012.1	2020.1	梁山	第十七、十八届
崔根博	男	副主任	2017.1	2021.2	河北高阳	第十八届
王文成	男	副主任	2016.1	—	梁山	第十七、十八届
高兴武	男	副主任	2020.1	—	梁山	第十八届
曹景全	男	副主任	2021.2	—	梁山	第十八届
司开阳	男	副主任	2021.2	—	东平	第十八届

第二节 县人大常委会党组

按照《中国共产党章程》规定，梁山县人大常委会设立党组，党组书记、副书记、成员由县委决定任命。党组书记一般由人大常委会主任担任，并在人大常委会副主任中明确 1 ～ 2 名党组副书记，其他党员副主任及县人大常委会办公室主任为党组成员。随着县人大常委会的换届及人员变动，党组成员亦进行相应调整。

1981 年 2 月，王笃信任县人大常委会党组书记，樊兆玙任党组副书记，李绪明、孟凡才、石增磬、尹道金任党组成员。

1984 年 5 月，崔绪照任县人大常委会党组书记，樊兆玙任党组副书记，孟凡才、李厚昌、陆长为、邓广扬任党组成员。

1987 年 3 月，崔绪照任县人大常委会党组书记，孟凡才任党组副书记，李厚昌、杨旭、王占甲、杨念成、闫昭钦任党组成员。1988 年 12 月，杨朝福任县人大常委会党组成员。1989 年 8 月，穆衍峰任县人大常委会党组副书记。1989 年 12 月，傅全林任县人大常委会党组成员。

1990 年 3 月，穆衍峰任县人大常委会党组书记，王占甲任党组副书记，杨念成、傅全林、王钦孝、张先道、闫昭钦任党组成员。崔绪照不再任党组书记，孟凡才不再任党组副书记，李厚昌、杨旭不再任党组成员。

1993 年 2 月，穆衍峰任县人大常委会党组书记，王占甲任党组副书记，杨念成、鞠燕芬、傅全林、王钦孝、张先道、闫昭钦任党组成员。1996 年 1 月，刘甲仁任县人大常委会党组成员，闫昭钦不再任党组成员。1996 年 4 月，刘殿印任县人大常委会党组副书记。1997 年 2 月，县委决定，高太平任县人大常委会党组书记。

1998 年 2 月，高太平任县人大常委会党组书记，刘殿印任党组副书记，鞠燕芬、王佑明、林英科、王志宪、信在高、刘甲仁任县人大常委会党组成员；原党组成员职务一律免除。2001 年 11 月，鞠燕芬任县人大常委会党组副书记。2002 年 1 月，王佑明、陆书杰任县人大常委会党组成员。

2003 年 2 月，高大平任县人大常委会党组书记，王佑明任县人大常委会党组副书记，陆书杰、王信义、赵玉民、乔允华、刘甲仁任县人大常委会党组成员。鞠艳芬不再任党组副书记，王志宪、信再高、李文汉不再任党组成员。2006 年 1 月，商建设兼任县人大常委会党组书记，刘振诺任党组副书记（列党组副书记第一位），高太平不再任党组书记；李学社任党组成员，刘甲仁不再任党组成员。2007 年 1 月，赵玉民任县人大常委会党组副书记，刘本相、张恒福任党组成员；王佑明不再任党组副书记，陆书杰、王信义、林英科不再任党组成员。

2007 年 12 月，商建设兼任县人大常委会党组书记，刘振诺、赵玉民任党组副书记，刘本相、张恒福、李学社任党组成员。2010 年 4 月，陈国华兼任县人大常委会党组书记，张恒福任党组副书记，郭建华、王才利任党组成员。商建设不再兼任党组书记，赵玉民不再任党组副书记，刘本相不再任党组成员；陈丕田任党组成员，李学社不再任党组成员。2011 年 1 月，蒋衍涛任县人大常委会党组副书记，刘振诺不再任党组副书记。2011 年 11 月，田卫东兼任县人大常委会党组书记，郭继田任党组成员；陈国华不再兼任党组书记，张恒福不再任党组副书记。

2012 年 1 月，田卫东兼任县人大常委会党组书记，蒋衍涛任党组副书记，郭建华、王才利、郭继田、陈丕田任党组成员。2012 年 11 月，蒋衍涛任县人大常委会党组书记，田卫东不再兼任党组书记。2016 年 1 月，王文成任县人大常委会党组成员。

2017 年 1 月，秦延信任县人大常委会党组书记，王才利任党组副书记，郭继田、崔根博、王文成、吕玉民任党组成员；蒋衍涛不再任党组书记，陈丕田不再任党组成员。2019 年 1 月，吴春雷任县人大常委会党组成员，吕玉民不再任党组成员。2019 年 12 月，高兴武任县人大常委会党组成员。2020 年 4 月，吴春雷不再任县人大常委会党组成员。2020 年 8 月，李梦良任县人大常委会党组成员。2020 年 12 月，王才利不再任党组副书记。2021 年 1 月，曹景全任县人大常委会党组成员，郭建华不再任党组成员。

至 2021 年 2 月，梁山县人大常委会党组由秦延信、郭继田、崔根博、王文成、高兴武、曹景全、李梦良 7 人组成，秦延信为党组书记，郭继田、崔根博、王文成、高兴武、曹景全、李梦良为党组成员。

1981—2021 年梁山县人大常委会历任党组成员一览表

表 3

姓名	性别	职务	任职时间	离职时间	籍贯	备注
王笃信	男	党组书记（兼）	1981. 2	1984. 5	梁山	第九届
崔绪照	男	党组书记	1984. 5	1990. 3	郓城	第十、十一届
穆衍峰	男	党组书记	1990. 3	1996. 6	梁山	第十二、十三届
高太平	男	党组书记	1997. 2	2006. 1	曲阜	第十三、十四、十五届
商建设	男	党组书记（兼）	2006. 1	2010. 4	嘉祥	第十五、十六届
陈国华	男	党组书记（兼）	2010. 4	2011. 11	曲阜	第十六届
田卫东	男	党组书记（兼）	2011. 11	2012. 11	巨野	第十六、十七届
蒋衍涛	男	党组书记	2012. 11	2017. 1	梁山	第十七届
秦延信	男	党组书记	2017. 1	——	梁山	第十八届
樊兆玙	男	党组副书记	1981. 2	1987. 3	定陶	第九、十届
孟凡才	男	党组副书记	1987. 3	1990. 3	郓城	第十一届
穆衍峰	男	党组副书记	1989. 8	1990. 3	梁山	第十一届
王占甲	男	党组副书记	1990. 3	1998. 2	鄄城	第十二、十三届
刘殿印	男	党组副书记	1996. 4	2003. 2	东平	第十三、十四届
鞠燕芬	女	党组副书记	2001. 11	2003. 2	龙口	第十四届
王佑明	男	党组副书记	2003. 2	2007. 1	梁山	第十五届
刘振诺	男	党组副书记	2006. 1	2011. 1	梁山	第十五、十六届
赵玉民	女	党组副书记	2007. 1	2010. 4	曹县	第十五、十六届
张恒福	男	党组副书记	2010. 4	2011. 11	梁山	第十六届
蒋衍涛	男	党组副书记	2011. 1	2012. 11	梁山	第十六、十七届
王才利	男	党组副书记	2017. 1	2020. 12	梁山	第十八届
李绪明	男	党组成员	1981. 2	1984. 5	梁山	第九届
孟凡才	男	党组成员	1981. 2	1987. 3	郓城	第九、十届
石增磬	女	党组成员	1981. 2	1984. 5	海阳	第九届
尹道金	男	党组成员	1981. 2	1984. 5		第九届
李厚昌	男	党组成员	1984. 5	1990. 3	东平	第十、十一届
陆长为	男	党组成员	1984. 5	1987. 3	东平	第十届
邓广扬	男	党组成员	1984. 5	1987. 3		第十届
杨　旭	男	党组成员	1987. 3	1990. 3	梁山	第十一届
王占甲	男	党组成员	1987. 3	1990. 3	鄄城	第十一届

续表 3

姓名	性别	职务	任职时间	离职时间	籍贯	备注
杨念成	男	党组成员	1987.3	1998.2	梁山	第十一、十二、十三届
闫昭钦	男	党组成员	1987.3	1998.2	梁山	第十一、十二届
杨朝福	男	党组成员	1988.12	1990.3	梁山	第十一届
傅全林	男	党组成员	1989.12	1998.2	梁山	第十一、十二、十三届
王钦孝	男	党组成员	1990.3	1998.2	梁山	第十二、十三届
张先道	男	党组成员	1990.3	1996.1	梁山	第十二、十三届
鞠燕芬	女	党组成员	1993.2	2001.11	龙口	第十三、十四届
刘甲仁	男	党组成员	1996.1	2006.1	梁山	第十三、十四、十五届
王佑明	男	党组成员	1998.2	1998.3	梁山	第十四届
林英科	男	党组成员	1998.2	2007.1	梁山	第十四、十五届
王志宪	男	党组成员	1998.2	2003.2	梁山	第十四届
信在高	男	党组成员	1998.2	2003.2	梁山	第十四届
李文汉	男	党组成员	1999.1	2003.2	梁山	第十四届
王佑明	男	党组成员	2002.1	2003.2	梁山	第十四届
陆书杰	男	党组成员	2002.1	2007.1	东平	第十四、十五届
王信义	男	党组成员	2003.2	2007.1	梁山	第十五届
赵玉民	女	党组成员	2003.2	2007.1	曹县	第十五届
乔允华	男	党组成员	2003.2	2007.12	梁山	第十五届
李学社	男	党组成员	2006.1	2010.4	梁山	第十五、十六届
刘本相	男	党组成员	2007.1	2010.4	梁山	第十五、十六届
张恒福	男	党组成员	2007.1	2010.4	梁山	第十五、十六届
郭建华	女	党组成员	2010.4	2021.1	梁山	第十六、十七、十八届
王才利	男	党组成员	2010.4	2017.1	梁山	第十六、十七届
陈丕田	男	党组成员	2010.4	2017.1	梁山	第十六、十七届
郭继田	男	党组成员	2011.11	——	梁山	第十六、十七、十八届
王文成	男	党组成员	2016.1	——	梁山	第十七、十八届
崔根博	男	党组成员	2017.1	——	河北高阳	第十八届
吕玉民	男	党组成员	2017.1	2019.1	梁山	第十八届
吴春雷	男	党组成员	2019.1	2020.5	梁山	第十八届
高兴武	男	党组成员	2019.12	——	梁山	第十八届
李梦良	男	党组成员	2020.8	——	梁山	第十八届
曹景全	男	党组成员	2021.1	——	梁山	第十八届

说明：本表按任职时间先后排列

第三节 县人大专门委员会

2016年1月，梁山县第十七届人民代表大会第五次会议决定，设立县人民代表大会法制委员会、财政经济委员会、教育科学文化卫生委员会、城乡建设与环境资源保护委员会、农业与农村委员会。同时确定，王文成为法制委员会主任委员，孙长春为副主任委员；王才利为财政经济委员会主任委员，张希来为副主任委员；林宪良为教育科学文化卫生委员会主任委员，房继宽、张效东为副主任委员；郭建华为城乡建设与环境资源保护委员会主任委员，赵卫国为副主任委员；郭继田为农业与农村委员会主任委员，赵延奎为副主任委员。

2017年1月，梁山县第十八届人民代表大会第一次会议决定，设立县十八届人民代表大会法制委员会、财政经济委员会、教育科学文化卫生委员会、城乡建设与环境资源保护委员会、农业与农村委员会五个专门委员会，并表决通过各专门委员会组成人员。王文成为法制委员会主任委员，孙长春为副主任委员，王洋、陈冬梅（女）、周广占、徐长勇为委员；王才利为财政经济委员会主任委员，赵卫国、李华为副主任委员，苏振明、岳增才、徐海荣（女）、雷其清为委员；王才利为教育科学文化卫生委员会主任委员，张效东、张忠志为副主任委员，王军仁、孟召法、耿亚静（女）郭广全为委员；崔根博为城乡建设与环境资源保护委员会主任委员，马德水、季茂伦为副主任委员，关金政、董茂强为委员；郭继田为农业与农村委员会主任委员，赵晖、张庆铎为副主任委员，师清霞（女）、闫崇高、谷峰为委员。

2018年10月，苏振明辞去财政经济委员会委员职务。2019年6月，赵卫国辞去财政经济委员会副主任委员职务，孙长春辞去法制委员会副主任委员职务，张效东、张忠志辞去教育科学文化卫生委员会副主任委员职务；徐长勇、王洋辞去法制委员会委员职务，徐海荣辞去财政经济委员会委员职务，张庆铎辞去农业与农村委员会副主任委员职务。周广占、雷其清因病去世，其分别担任的法制委员会委员职务、财政经济委员会委员职务终止。

2019年10月，梁山县第十八届人民代表大会第三次会议决定，增设县人民代表大会社会建设委员会，并表决通过县人民代表大会社会建设委员会组成人员，崔根博为主任委员，李梦良、陈丕秋为副主任委员，王成允、王朝银、刘太星为委员。

同时决定，县人民代表大会法制委员会更名为县人民代表大会监察和司法委员会。

2019年11月，十八届县人大常委会第二十七次会议，根据县人大常委会主任会议提请，任命孙庆军为县第十八届人民代表大会财政经济委员会副主任委员，孙常刚、李健、胡桂花为财政经济委员会委员；林强、于观清为县第十八届人民代表大会教育科学文化卫生委员会副主任委员，周少华为教育科学文化卫生委员会委员；耿仁营、王金华为县第十八届人民代表大会农业与农村委员会副主任委员，刘兴旺、周长立为农业与农村委员会委员；孔峰峰为县第十八届人民代表大会城乡建设与环境资源保护委员会副主任委员，孙远福、高成建、樊仁国为城乡建设与环境资源保护委员会委员；林莹、李迎绪、高太华为县第十八届人民代表大会监察和司法委员会副主任委员，王广祥、邓贵国、范圣奎、尚岗为监察和司法委员会委员；马洪锋、李勇、张圣运为县第十八届人民代表大会社会建设委员会委员。

2019年12月，赵晖辞去农业与农村委员会副主任委员职务，李华辞去财政经济委员会副主任委员职务，马德水辞去城乡建设与环境资源保护委员会副主任委员职务。

2020年1月，梁山县第十八届人民代表大会第四次会议，通过县第十八届人民代表大会有关专门委员会主任委员的任免，高兴武为县人民代表大会教育科学文化卫生委员会主任委员、县人民代表大会城乡建设与环境资源保护委员会主任委员。王才利辞去教育科学文化卫生委员会主任委员职务，崔根博辞去城乡建设与环境资源保护委员会主任委员职务。

2020 年 3 月 31 日，梁山县十八届人大常委会第三十一次会议，根据县人大常委会主任会议提请，任命李波为梁山县第十八届人民代表大会财政经济委员会副主任委员。

2020 年 5 月 13 日，孔峰峰根据组织安排、工作需要辞去县第十八届人民代表大会城乡建设与环境保护委员会副主任委员职务。

2021 年 2 月 6 日，梁山县第十八届人民代表大会第五次会议，通过司开阳为县第十八届人民代表大会财政经济委员会主任委员，王才利辞去县第十八届人民代表大会财政经济委员会主任委员职务。

至 2021 年 2 月，县人民代表大会专门委员会设有监察和司法委员会、财政经济委员会、教育科学文化卫生委员会、社会建设委员会、城乡建设与环境资源保护委员会、农业与农村委员会，分别由县人大常委会副主任或党组成员兼任县人民代表大会专门委员会主任委员。

2021 年 2 月梁山县人民代表大会专门委员会成员一览表

表 4

专门委员会	主任委员	副主任委员	委员
农业与农村委员会	郭继田	耿仁营、王金华	刘兴旺、师清霞（女）、闫崇高、谷　峰、周长立
社会建设委员会	崔根博	李梦良、陈丕秋	王成允、王朝银、刘太星、李勇、张圣运
监察和司法委员会	王文成	林　莹（女）、李迎绪、高太华	王广祥、邓贵国、陈冬梅（女）、范圣奎、尚　岗
教育科学文化卫生委员会	高兴武	林　强、于观清	王军仁、周少华、孟召法、耿亚静（女）、郭广全
城乡建设与环境资源保护委员会	高兴武	季茂伦	关金政、孙远福、高成建、董茂强、樊仁国
财政经济委员会	司开阳	孙庆军	孙常刚、李　健、李　波、岳增才、胡桂花（女）

第四节 县人大常委会工作机构

工作机构沿革 县人大常委会内设室、科、委等工作机构，均为正科级单位。根据《中华人民共和国地方各级人民代表大会和地方各级人民政府组织法》及省、市（地区）人大常委会有关规定和工作需要，并经中共梁山县委同意，对县人大常委会工作机构进行不定期调整。

1981 年 1 月，九届县人大常委会设办公室、代表联络科、政策法律科。1984 年 5 月，十届县人大常委会，除设办公室、代表联络科、政策法律科外，增设调查研究科。1987 年 9 月 23 日，十一届县人大常委会第四次会议决定，将代表联络科改为代表组织科、政策法律科改为法制科，设立财经科、文教科，撤销调查研究科。1988 年 12 月 19 日，十一届县人大常委会第十二次会议决定，设立县人大常委会农业科。1990 年 5 月 15 日，十二届县人大常委会第二次会议决定，调整县人大常委会办事机构，保留办公室，将原代表组织科更名为人事代表工作室，原法制科、财经科、农业科、文教科分别更名为法制工作委员会、财政经济工作委员会、教育科学文化卫生工作委员会、农业工作委员会。1990 年 9 月 15 日，十二届县人大常委会第四次会议决定，设立县人大常委会信访接待室。

1992 年 1 月，信访接待室改称信访工作室。1993 年 2 月至 2003 年 1 月，十三届至十四届县人大常委会“三室四委”（办公室、人事代表工作室、信访工作室、法制工作委员会、财经工作委员会、文教卫生工作委员会、农业工作委员会）工作机构保持未变。2006 年 5 月，十五届县人大常委会设立老干部科；2007 年 6 月，县人大常委会设立研究室、城乡建设与环境资源保护工作委员会。

2015 年 6 月，设立预算审查工作委员会。2016 年 4 月，县机构编制委员会对县人大常委会工作机构设立予以规范，原县人大常委会法制工作委员会、财政经济工作委员会、科教文卫工作委员会、城乡建设与环境资源保护委员会、农业工作委员会，分别更名为县人大常委会法制工作室、财政经济工作室、教育科学文化卫生工作室、城乡建设与环境资源保护工作室、农业与农村工作室；县人大常委会人事代表工作室更名为县人大常委会人事代表工作委员会。同时明确，县人大常委会工作机构亦为县人民代表大会专门委员会的办事机构。2019 年 3 月，老干部科更名为老干部服务中心。同年 8 月，设立社会建设工作室，法制工作室更名为监察和司法工作室。2021 年 1 月，老干部服务中心更名为机关综合保障中心。至 2021 年 2 月，县人大常委会内设工作机构有：办公室、研究室、人事代表工作委员会、预算审查工作委员会、法制工作室、财政经济工作室、教育科学文化卫生工作室、城乡建设与环境资源保护工作室、农业与农村工作室、社会建设工作室、信访工作室、机关综合保障中心。

工作机构历任负责人

办公室（1981 年 1 月设立）

主　任　尹道金（1981.3—1984.4）
　　　　邓广扬（1984.4—1987.2）
　　　　阎昭钦（1987.2—1996.1）
　　　　刘甲仁（1996.1—2006.1）
　　　　李学社（2006.2—2010.5）
　　　　陈丕田（2010.5—2017.3）
　　　　吕玉民（2017.3—2019.1）
　　　　吴春雷（2019.1—2020.5）
副主任　刘凤田（1982.7—1982.12）
　　　　王长同（1982.7—1984.4）
　　　　王立瑞（1982.7—1984.4）
　　　　张凡清（1984.4—1986.9）
　　　　李大武（1987.2—1991.11）
　　　　盛存金（1990.11—1996.1）
　　　　张振隆（1993.3—1997.6）
　　　　王友民（1998.6—2002.7）
　　　　王德俭（1998.9—2009.1）
　　　　林　强（2003.5—2014.9）
　　　　林　莹（2010.6—2016.4）
　　　　孔峰峰（2014.9—2020.5）
　　　　王　宁（2017.11—）
　　　　闫晓娟（2020.9—）
巡视员　阎昭钦（1996.1—1998.6）
主任科员　刘甲仁（2006.12—2012.9）
　　　　　周生智（2007.5—2017.2）
副主任科员　王金玲（2011.—2016.4）

代表组织科（1981 年 1 月设立，始称代表联络科；1987 年 9 月改为代表组织科，1990 年 4 月撤销）

科　长　高新魁（1986.9—1990.4）
副科长　高新魁（1984.6—1986.9）
　　　　张凡清（1986.9—1990.4）
主任科员　王洪泉（1989.5—1990.4）

法制科（1981 年 1 月设立，始称政策法律科，1987 年 9 月改为法制科，1990 年 4 月撤销）

科　长　孙玉田（1986.9—1987.2）
　　　　韩玉忠（1987.2—1990.4）

副科长　于　荣（1984.12—1987.2）
　　　　王洪泉（1987.12—1989.5）
　　　　吕进信（1989.5—1990.4）
巡视员　于　荣（1987.2—1990.4）

财经科（1987年9月设立，1990年4月撤销）
科　长　杨明勤（1986.9—1990.4）
副科长　张凡清（1986.9—1988.4）
　　　　商允宪（1988.4—1989.5）
　　　　李长岭（1989.5—1990.4）

文教科（1987年9月设立，1990年4月撤销）
科　长　王世林（1987.9—1990.4）
副科长　张金才（1989.5—1990.4）

农业科（1988年12月设立，1990年4月撤销）
科　长　张玉莲（女，1989.5—1990.4）
副科长　商允宪（1989.5—1990.4）

调查研究科（1984年5月设立，1987年9月撤销）
科　长 杨明勤（1986.9—1987.9）
副科长 王世林（1984.6—1987.9）

人事代表工作委员会（1990年4月设立，时称人事代表工作室；2016年4月更名为人事代表工作委员会）
主　任　高新魁（1990.5—1993.3）
　　　　王洪泉（1993.3—1998.6）
　　　　孙长健（1998.6—1999.7）
　　　　张地法（2001.9—2009.3）
　　　　李梦良（2009.5—）
副主任　王洪泉（1990.5—1993.3）
　　　　孙长健（1996.1—1998.6）
　　　　张地法（1999.7—2001.9）
　　　　李梦良（2003.5—2009.5）
　　　　孙德宝（2020.9—）
主任科员 王洪泉（1990.4—1993.3）
　　　　冯化鹏（2020.4—）

监察和司法工作室（1990年4月设立，时称法制工作委员会；2016年4月更名法制工作室；2019年8月更名为监察和司法工作室）
主　任　韩玉忠（1990.5—1996.1）
　　　　张宜科（兼，1996.1—1998.6）
　　　　张振隆（兼，1998.6—1999.7）
　　　　王孟田（兼，1999.7—2001.9）
　　　　杨　智（2001.9—2012.2）
　　　　刘传秀（2012.9-2013.12）
　　　　徐龙照（2014.8-2016.4）
　　　　林　莹（女，2016.4—）
副主任　吕进信（1990.5—1994.11）
　　　　王志奎（1997.6—2003.5）
巡视员　于　荣（1990.4—1993.12）
　　　　韩玉忠（1996.1—1997.6）

财政经济工作室（1990年4月设立，时称财政经济工作委员会；2016年4月更名为财政经济工作室）
主　任　杨明勤（1990.5—1993.3）
　　　　刘继庆（1993.3—1993.12）
　　　　窦广洋（1997.6—2009.3）
　　　　王显东（2009.5—2016.4）
　　　　王金玲（女，2019.1—）
副主任　商允宪（1990.5—1993.3）
　　　　窦广洋（1993.3—1997.6）
　　　　张地法（1998.9—1999.7）
　　　　马克军（2001.5—2007.6）
　　　　王显东（2007.6—2008.3）
　　　　王金玲（女，2016.4—2019.1）

教育科学文化卫生工作室（1990年4月设立，时称教育科学文化卫生工作委员会；2016年4

月更名为教育科学文化卫生工作室）

主　任 王世林（1990.5—1997.6）
张振隆（1997.6—1998.6）
王运连（1998.6—2002.7）
王友民（2002.7—2007.6）
赵德民（2007.6—2009.3）
高启立（2009.3—2012.3）
林　强（2012.3—）

副主任 张金才（1990.5—1994.3）
赵德民（2002.7—2007.6）
梁传寅（2007.6—2008.3）
耿仁营（2010.6—2011.12）

主任科员 王世林（1997.6—1999.7）

农业与农村工作室（1990年4月设立，时称农业工作委员会；2016年4月更名为农业与农村工作室）

主　任 张玉莲（女）（1990.5—2001.9）
徐龙安（2006.2—2009.5）
路　勇（2009.5—2011.1）
耿仁营（2011.11—）

副主任 李长岭（1990.5—1993.3）
王运连（1996.1—1998.6）
徐龙安（1999.7—2006.2）

城乡建设与环境资源保护工作室（2007年6月设立，始称城乡建设与环境资源保护工作委员会，2016年4月更名为城乡建设与环境资源保护工作室）

主任 林　华（女，2008.3—2011.1）
刘汉江（2012.9—2019.1）
周长立（2020.9—）

预算审查工作委员会（2015年6月设立）

主　任 空缺

副主任 刘超群（2016.4—）

社会建设工作室（2019年8月设立）

主　任 高成建（2020.9—）

信访工作室（1990年8月设立，时称信访接待室；1992年1月改称信访工作室）

主　任 张宜科（1991.3—1998.6）
张振隆（1998.6—1999.7）
王孟田（1999.7—2001.9）
杨　智（2001.9—2006.9）
师先全（2006.9—2011.1）
徐龙照（2013.8-2014.8）
王安前（2015.1—）

副主任 金晓舟（1990.11—1993.12）
张金才（1994.3—1995.9）
师先全（1997.6—2006.9）

副科级秘书 徐家全（1990.11—1993.5）
张清玉（女，1990.11—1993.2）
吴修民（1993.5—1993.12）

巡视员 徐家全（1993.5—1993.12）

主任科员 张宜科（1998.6—？）

研究室（2007年6月设立）

主　任 王显东（2008.3—2009.5）
梁传寅（2010.10—2013.8）
孔峰峰（2016.4—2020.5）

副主任 梁传寅（2008.3—2010.10）
孔峰峰（2013.8—2016.4）

老干部科（2006年5月设立，2019年3月更名为老干部服务中心，2021年1月更名为机关综合保障中心）

科　长 王德俭（2006.8—2008.6）
林　强（2009.5—2011.11）
林　莹（女，2011.11-2016.4）

副科长 路　勇（2008.2—2009.5）
王桂祥（2016.4—）

人大机关党组 2019年1月，县人大常委会机关设立党组，县人大常委会办公室主任吴春雷为机关党组书记，县人大常委会人事代表工作委员会主任李梦良、县人大常委会法制工作室主任林莹为机关党组成员。2020 年 4 月，吴春雷不再担任机关党组书记职务；同年 8 月，县人大常委会人事代表工作委员会主任李梦良为机关党组书记。

直属工作机构 代表资格审查委员会、预算审查工作委员会为县人大常委会直属工作机构，根据人员变动情况，历届人大常委会均进行调整。

代表资格审查委员会 第一届人民代表大会至第十届人民代表大会，设立县人民代表大会代表资格审查委员会；1986 年 11 月 15 日起，根据山东省人大常委会规定，县人民代表大会代表资格审查委员会改为县人大常委会代表资格审查委员会，为县人大常委会直接领导下的常设机构，负责下届代表大会代表资格审查工作。

1986 年 11 月 15 日，梁山县第十届人大常委会第十九次会议决定，县人大常委会代表资格审查委员会由 5 人组成，李厚昌为主任委员，李进民为副主任委员，李庆水、叶锦东（女）、蒋典营为委员。

1987 年 5 月 22 日，梁山县第十一届人大常委会第二次会议，决定任命县十一届人大常委会代表资格审查委员会组成人员，李厚昌为主任委员，王继斌、刘凤田、许传运、张瑜（女）为委员。

1990 年 3 月 29 日，梁山县第十二届人大常委会第一次会议，根据有关法律规定，决定任命县十二届人大常委会代表资格审查委员会组成人员，杨念成为主任委员，王继斌、司马钧、赵玉民（女）、高新魁为委员。

1993 年 2 月 25 日，梁山县第十三届人大常委会第一次会议，根据有关法律规定和县人大常委会主任会议提名，决定任命县十三届人大常委会代表资格审查委员会组成人员，张先道为主任委员，高新魁为副主任委员，韩玉忠、蔡怀谦、火秀云（女）、董传珍为委员。

1998 年 3 月 31 日，梁山县第十四届人大常委会第三次会议，通过县十四届人大常委会代表资格审查委员会组成人员，王志宪为主任委员，韩玉忠、张宜科、张兆兰为委员。

2003 年 2 月 18 日，梁山县第十五届人大常委会第一次会议，根据县人大常委会主任会议提请，梁山县第十五届人大常委会代表资格审查委员会组成人员为：乔允华为主任委员，李厚道、杨智、张地法、窦广洋为委员。

2008 年 3 月 12 日，梁山县第十六届人大常委会第二次会议，根据县人大常委会主任会议提请，梁山县第十六届人大常委会代表资格审查委员会组成人员为：赵玉民（女）为主任委员，李学社、郭继田为副主任委员，杨智、张地法、郑一坤、窦广洋为委员。

2010 年 5 月 19 日，梁山县第十六届人大常委会第二十次会议，根据县人大常委会主任会议提请，决定张恒福为县人大常委会代表资格审查委员会主任委员，赵玉民（女）不再担任县人大常委会代表资格审查委员会主任委员职务。

2012 年 3 月 6 日，梁山县第十七届人大常委会第一次会议，根据县人大常委会主任会议提请，决定郭继田为县第十七届人大常委会代表资格审查委员会主任委员，陈丕田、王文成为副主任委员，王显东、连桂军（女）、李梦良、陈冬梅（女）、林强、梁传寅为委员。

2017 年 3 月 24 日，梁山县第十八届人大常委会第一次会议，根据县人大常委会主任会议提请，决定郭继田为梁山县第十八届人大常委会代表资格审查委员会主任委员，吕玉民、张博、王道岭为副主任委员，李梦良、陈冬梅（女）、林莹（女）、林强、耿仁营为委员。2020 年 3 月 31 日，梁山县第十八届人大常委会第三十一次会议，根据县人大常委会主任会议提请，决定崔根博为梁山县第十八届人大常委会代表资格审查委员会主任委员，李梦良为副主任委员；郭继田不再担任主任委员职务，吕玉民、张博不再担任副主任委员职务，陈冬梅（女）不再担任委员职务。该委员会至2020年9月，县十八届人大常委会代表资格审查委员会成员为：崔根博为主任委员，李梦良、王道岭为副主任委员，林莹、林强、耿仁营为委员。

预算审查工作委员会 从第一届人民代表大会起，至第十届人民代表大会，设立县人民代表大会预算审查委员会；其后代表大会不再设立，由县人大常委会承担相关职责。2015年6月，第十七届县人大常委会设立预算审查工作委员会，为县人大常委会工作机构。

派出工作机构 梁山街道、水泊街道、梁山经济开发区人大工作机构为县人大常委会派出机构，均为正科级单位。2010年7月，撤销梁山镇及梁山风景区行政管辖区，设立梁山街道和水泊街道，原梁山镇人大主席团分别改为梁山街道人大工作室、水泊街道人大工作室。2016年4月，梁山街道、水泊街道人大工作室均更名为街道人大工作委员会，同时设立梁山经济开发区人大工作委员会。

梁山县人大志

LIANGSHANXIAN RENDAZHI

第五章　主要会议

县人大常委会主要会议包括常委会会议和主任会议。县人大常委会会议，每2个月至少举行1次（特殊情况提前、延后举行）；会议由主任或者委托副主任主持，全体委员出席会议，必要时由县政府组成人员县监察委员会主任、县法院院长、县检察院检察长、县人大常委会各委室负责人及各乡镇人大、街道人大工委负责人、县级以上人大代表列席会议。县人大常委会会议主要是听取县人民政府、县监察委员会、人民法院、人民检察院的专项工作报告，讨论、决定全县政治、经济、教育、科学、文化、卫生、民政、公安、司法工作的重大事项，讨论、决定全县国民经济和社会发展计划、财政预算的部分变更，讨论、决定人事任免以及需要由常委会决定的其他事项。县人大常委会主任会议不定期召开，会议由主任主持，副主任参加，必要时机关工委负责人列席，主要研究县人大常委会的日常工作，讨论决定召开人大常委会的有关议题及时间，听取有关方面的工作汇报。

第一节 人大常委会会议

九届人大常委会会议 1981年1月—1984年5月，梁山县第九届人民代表大会共举行会议23次，听取审议“一府两院”报告并讨论重要议题48项，通过决议、决定16项，依法任命县政府、县法院、县检察院干部280人。

第一次会议 梁山县第九届人大常委会第一次会议于1981年1月14日召开。县人大常委会主任王笃信主持会议并讲话。九届人大常委会副主任樊兆玙、李绪明、孟凡才、石增馨，委员马心备、王继彬、尹道金、田均福、刘绪光、宋兰峰、李进民、李传厚、张思信、张青山、者汝为、杨念成、贺继良、高作松出席会议；一府两院负责人列席会议。会议学习《中华人民共和国宪法》《地方组织法》等法律法规，研究人大常委会工作。

第二次会议 梁山县第九届人大常委会第二次会议于1981年3月23—25日举行，县人大常委会主任王笃信主持会议并讲话，副主任樊兆玙、李绪明、孟凡才、石增馨，委员马心备、尹道金、王继彬、田均福、刘绪光、李进民、李传厚、张青山、张思信、宋兰峰、者如为、贺继良、高作松出席会议；县长崔绪照，副县长韩同成列席会议。会议传达中共中央文件，审议通过县人大常委会《关于工作制度的暂行规定》和《关于加强与人民代表联系的暂行办法》，审议通过县人民政府、人民法院、人民检察院提请审议的人事任命事项。会议还听取县政府办公室副主任韩玉忠关于人民代表大会代表提案处理情况的汇报，听取县公安局局长冯锡山关于当前社会治安工作情况的汇报。

第三次会议 梁山县第九届人大常委会第三次会议于1981年5月26—28日举行。县人大常委会主任王笃信主持会议并讲话，副主任樊兆玙、李绪明、石增馨，委员马心备、尹道金、王继彬、田均福、刘绪光、李进民、张青山、宋兰峰、者汝为、贺继良、高作松出席会议；副县长韩同成，县政协副主席于娥、王永在，县法院院长张繁仁，县检察院检察长林同球列席会议。会议传达中共中央文件、全国人大常委会副委员长彭冲在全国各省自治区直辖市人大常委会负责人座谈会上的讲话、省人大常委会主任赵林在部分市县人大常委会负责人座谈会上的讲话。会议听取审议副县长韩同成《关于梁山县1981年国民经济计划和财政预算部分变更情况的报告》，听取县法院院长张繁仁《关于县人民法院工作情况的报告》、县检察院检察长林同球《关于县人民检察院工作的报告》。会议通过《关于批准1981年国民经济计划和财政预算部分变更的决议》，并通过县人民政府、人民检察院提请审议的人事任命事项。

第四次会议 梁山县九届人大常委会第四次

会议于 1981 年 7 月 25—26 日举行。县人大常委会主任王笃信主持会议并讲话，副主任樊兆玙、李绪明、孟凡才、石增馨及常务委员共 15 人出席会议；县政协副主席彭须业列席会议。会议传达菏泽地区召开的各县人大常委会主任会议精神，学习中共中央文件、中共中央批转中央政法委员会召开的《京、津、沪、穗、汉五大城市治安座谈会纪要》、彭真和彭冲在座谈会上的讲话、全国人大常委会第十九次会议通过的几个法律性文件和说明、白如冰和赵林在山东省人大常委会第七次会议上的讲话。会议听取县人大常委会工作情况汇报。会议要求：县人大常委会要加强对六中全会文件的学习，进一步加强与代表的联系，密切同选民的关系，发挥对县人民政府、法院和检察院的监督作用，督导“一府两院”搞好工作。

第五次会议　梁山县第九届人大常委会第五次会议于 1981 年 10 月 7—9 日举行。县人大常委会主任王笃信出席会议并讲话，副主任樊兆玙、李绪明、孟凡才、石增馨及委员共 13 人出席会议；县人民政府县长崔绪照，县政协副主席王永在，县人民法院院长张繁仁，县人民检察院检察长林同球及县公安局局长冯锡山、县爱卫会副主任张令法、县政府办公室主任张广饶、物价局局长张学魁、民政局副局长宋从华、司法局副局长于勇等列席会议。会议由人大常委会主任、副主任轮流主持。会议传达中共中央〔1981〕35 号文件和山东省选举工作会议精神、山东省第五届人大常委会第八次会议精神；会议决定，在完成县级选举的基础上，继续善始善终地完成社级选举工作。会议听取县公安局局长冯锡山关于全县社会治安情况汇报、县人民法院院长张繁仁关于执行全国人大常委会第十九次会议通过的 3 个法律性文件情况汇报、县人民检察院检察长林同球关于继续整顿社会秩序及依法从重从快打击刑事犯罪活动的情况汇报，会议听取县物价局局长张学魁关于市场整顿的情况汇报、县爱国卫生运动委员会副主任张令法关于开展爱国卫生运动的情况汇报。会议通过县政府关于在城镇职工中征收卫生费的决定，决定从 1982 年 1 月起，在县城正式职工中征收卫生费，每人每年收费 1 元。会议还要求县直机关要恢复周末机关干部打扫卫生制度，逐步把梁山县城建设成为一个文明卫生的城镇。会议还听取县政府关于增拨教育经费的说明，决定增拨教育经费 46.6 万元。会议通过县人民法院提请审议的人事任免事项。

第六次会议　梁山县第九届人大常委会第六次会议于 1981 年 12 月 29—31 日举行。县人大常委会主任王笃信主持会议，副主任樊兆玙、李绪明、孟凡才、石增馨及委员共 15 人出席会议；县长崔绪照、县人民法院院长张繁仁、县人民检察院检察长林同球、县政府办公室主任张广饶、县民政局局长王丰轩、县财政局副局长吴元欣、县计委副主任张学岐、县政协办公室主任周恒友列席会议。会议首先学习中共中央文件，学习全国五届人大四次会议政府工作报告；听取副主任樊兆玙关于县人大常委会一年来工作情况汇报；听取县选举办公室副主任、民政局局长王丰轩全县社级选举工作情况汇报和城关公社改建为城关镇事项的专题报告。会议决定：1982 年 2 月 10 日前后召开梁山县第九届人民代表大会第二次会议。会议通过人事任免事项。

第十次会议　梁山县第九届人人大常委会第十次会议于 1982 年 7 月 28—29 日举行。县人大常委会主任王笃信主持会议并讲话，副主任樊兆玙、李绪明、孟凡才、石增馨及委员共计 14 人出席会议。县政协副主席彭须业，县人民法院院长张繁仁，县人民检察院检察长林同球，县人民政府办公室主任张广饶列席会议，韩垓、马营、城关、寿张集、小安山等 5 处公社代表联络组的负责人列席会议。会议总结前一阶段全民学习讨论宪法修改草案的活动情况。自宪法修改草案由全国人大常委会公布并交付全民讨论以来，各级党委切实加强组织领导，不论是党政机关、企事业单位，还是农村社队，都普遍进行学习和宣传，组织讨论，并提出一些修改意见。会议要求一定要继续认真贯彻全国及省人大常委会的《决议》，进一步加深对宪法修改草案基本精神的理解，以国家主人翁的责任感，切实把讨论宪法修改草案的工作善始善终地做好。会议通过有关人事任免事项。会上，县人大常委会副主任樊兆玙还对人大常委会今后的工作，如提案办理、代表联系、人民来信来访、社会治安等提出要求。

第十三次会议 梁山县第九届人大常委会第十三次会议于1982年12月24—25日举行，县人大常委会主任王笃信，副主任樊兆玙、李绪明、孟凡才、石增馨以及委员共10人出席会议。县人民政府副县长王占甲，县人民法院院长张繁仁，县人民检察院检察长林同球，县政府办公室主任张广饶列席会议。会议由李绪明副主任主持，主任王笃信和副主任樊兆玙分别在会议开始和结束时讲话。会议学习《中华人民共和国宪法》和全国人大常委会委员长彭真《关于中华人民共和国宪法修改草案的报告》，讨论召开县九届人大三次会议的有关事项，根据《中华人民共和国各级人民代表大会和地方各级人民政府组织法》有关规定和省人大常委会的要求，会议决定，于1983年2月召开梁山县第九届人民代表大会第三次会议。会议通过了人事任免事项。

第十五次会议 梁山县第九届人大常委会第十五次会议，听取县建委主任李广山关于城镇排污、农村建房占用土地的情况和今后意见的汇报，听取并审议县环境保护办公室副主任宋进杰关于全县环境保护工作的情况及下步改进措施的汇报，听取并审议县卫生局副局长庞业俊关于全县卫生工作情况及今后意见的汇报。会议通过人事任免事项。

第十六次会议 梁山县第九届人大常委会第十六次会议于1983年5月30日举行。县人大常委会副主任樊兆玙、李绪明、孟凡才、石增馨以及委员共13人出席会议。县人民政府副县长郭文斌，县政协常委兼办公室副主任周恒友，县法院副院长吕玉魁，县检察院检察长林同球以及县政府有关委、办、局的负责人列席会议。会议听取县财政局局长刘继增代表县人民政府所作《关于1983年县财政收支预算安排情况的报告》。经过审议，会议同意刘继增局长的报告，批准梁山县1983年财政预算，并通过关于批准1983年财政预算的决议。

第十七次会议 梁山县第九届人大常委会第十七次会议于1983年8月8日举行。县人大常委会副主任李绪明、孟凡才、石增馨以及委员共14人出席会议。副县长韩同成，县法院院长张繁仁，县检察院检察长林同球，县政府办公室主任张广饶，县政协办公室副主任周恒友，公安局副局长阎旺亭，司法局副局长李志亭列席会议。副主任李绪明主持会议。会议听取和审议县司法局、公安局、法院、检察院关于1983年上半年工作情况的汇报，通过《梁山县人大常委会关于依法从重从快打击现行犯罪活动，争取社会治安进一步好转的决议》。

第十八次会议 梁山县第九届人大常委会第十八次会议于1983年10月10—11日召开。县人大常委会副主任李绪明主持会议，副主任樊兆玙、孟凡才、石增馨和委员共15人出席会议。县政协副主席彭须业，县政府办公室主任张广饶列席会议。会议传达山东省六届人大常委会三次会议精神和有关文件，汇报梁山县九届人大三次会议代表提案的处理情况。会议结束时，副主任樊兆玙讲话。

第十九次会议 梁山县第九届人大常委会第十九次会议于1983年12月14—16日举行。县人大常委会副主任樊兆玙、李绪明、孟凡才、石增馨及委员共16人出席会议。县人民政府县长崔绪照，县政协副主席彭须业，县人民法院副院长井清林，县人民检察院检察长林同球以及县政府办公室、农委、建委、公安局、司法局、广播局、文化局等部门的负责人列席会议，各公社管委、镇政府的负责人列席会议。会议听取县长崔绪照关于《梁山县人民政府关于土地、宅基地管理的规定》的说明，审议《梁山县人民政府关于土地、宅基地管理的规定》，通过县人大常委会相关决议。会议还听取审议县公安局教导员韩静关于全县严厉打击刑事犯罪活动情况的汇报；听取和审议县文化局局长孙立明关于文化系统防止和清除精神污染情况的汇报。县人大常委会副主任樊兆玙主持会议并讲话。

第二十次会议 梁山县第九届人大常委会第二十次会议于1984年2月16日召开。县人大常委会副主任樊兆玙、李绪明、孟凡才、石增馨、委员11人出席会议，一府两院及县政府有关部门负责人列席会议。会议由县人大常委会副主任樊兆玙主持。会议学习《山东省县级以下人民代表大会选举问题实施细则》；审议1984年换届选举工作方案，拟在1984年3-4月份召开乡镇人民代表大会。会议决定成立县、乡（镇）选举委员会，任命梁山县选举委员会组成人员15人。

第二十一次会议 梁山县第九届人大常委会第二十一次会议于1984年3月15日召开。县人大常委会副主任樊兆玙、李绪明、孟凡才、石增馨、委员15人出席会议，县委副书记穆衍峰、县政协、县法院、县检察院、县财政局等负责人列席会议。会议由县人大常委会副主任樊兆玙主持。会议听取县民政局局长王丰轩关于队改村情况的汇报，听取县选举委员会办公室关于县、乡两级选举工作情况的汇报，听取县财政局局长刘继增关于1983年财政决算和1984年财政预算的报告；传达省选举工作会议精神。会议根据县委提议，决定崔绪照因工作变动不再担任县长职务；表决通过县人大常委会关于任命魏昌启为代理县长的决定。

第二十二次会议 梁山县第九届人大常委会第二十二次会议于1984年4月1日召开。县人大常委会副主任樊兆玙、李绪明、孟凡才、石增馨、委员9人出席会议，会议由县人大副主任樊兆玙主持。会议主要听取选举情况的汇报，通过县政府提出的人事任免事项，任免县人大常委会办公室主任、副主任。

第二十三次会议 梁山县第九届人大常委会第二十三次会议于1984年5月7日召开。县人大常委会副主任樊兆玙、李绪明、孟凡才、石增馨、委员11人出席会议，县政府副县长张性钧及政府办公室负责人列席会议，会议由县人大常委会副主任樊兆玙主持。会议听取县人大常委会副主任樊兆玙关于《梁山县第十届人大代表资格审查情况的报告》，确认当选代表资格全部有效。会议讨论修改《梁山县第九届人大常委会工作报告》。会议决定任命宋声武为梁山县人民法院代理院长。会议还审议梁山县第十届人大常委会候选人名单，第十届人民代表大会主席团名单（53人）、各代表团组成及代表团长名单，预算委员会、代表资格审查委员会、议案审查委员会名单。审议第十届人民代表大会的筹备工作，定于1984年5月14日召开第十届人民代表大会第一次会议。

十届人大常委会会议 1984年5月—1987年3月，梁山县第十届人大常委会共举行会议20次，听取审议县政府、县法院、县检察院等有关部门工作报告并作出相应决议、决定10项，依法任命县政府、县法院、县检察院干部134人。

第一次会议 梁山县第十届人大常委会第一次会议于1984年5月19日召开。县人大常委会主任崔绪照主持会议并讲话。县人大常委会副主任樊兆玙、孟凡才、李厚昌、陆长为、田均福，委员邓广扬、王修忠、叶锦东、朱绪娥（女）、李庆水、李若灿、张文祥、张桂芝（女）、者汝为、赵发展、蒋典营、靳汉林、魏红霞（女）出席会议；一府两院负责人列席会议。县委书记樊思宝参加会议并讲话。会议研究人大常委会工作。

第二次会议 梁山县第十届人大常委会第二次会议于1984年6月28—30日召开，县人大常委会主任崔绪照主持会议，副主任樊兆玙、孟凡才、李厚昌、陆长为、田均福及委员共17人出席会议。县人民政府副县长连广生、县政协主席田继亮、县人民法院院长宋声武、县人民检察院检察长姜守新、县政府办公室主任张先道及政府有关部门的负责人等列席会议。会议学习中共中央文件和《中华人民共和国宪法》《中华人民共和国地方各级人民代表大会和地方各级人民政府组织法》以及第六届全国人民代表大会第二次会议精神，讨论通过《县人大常委会几项制度的暂行规定》和《县人大常委会1984年下半年工作要点》，依法决定任免县人大常委会、县政府、县人民法院、县人民检察院部分工作人员，听取县公安局、县工商局、县卫生局、县城建环保委员会工作汇报，并对县城的环境卫生和食品卫生进行会前视察。会议结束时，县人大常委会主任崔绪照作总结讲话。

第三次会议 梁山县第十届人大常委会第三次会议于1984年8月29—31日召开，县人大常委会主任崔绪照主持会议并讲话。县人大常委会副主住樊兆玙、孟凡才、李厚昌、田均福以及委员共15人出席会议。县长魏昌启，副县长张性钧、连广生、鞠燕芬，县政协主席田继亮，县人民法院院长宋声武，县人民检察院检察长姜守新，县政府办公室主任张先道及县人大常委会科室的负责人，县人大代表韩岗区区长张兴运、李官屯乡乡长郭庆安等列席会议。会议听取和审议县经委副主任王继彬关于企业改革情况的汇报，县乡镇企业局副局长孟宪君关于多种经营乡镇企业改革情况的汇报，县粮食局局长李继常、县联社主任郭庆伦关于解决农民“卖粮难”“卖棉难”情况的汇报，县政府办公室主任张先道关于县十届人大一次会议代表议案和批评、建议意见办理情况的汇报。最后，审议决定人事任免事项。会上，副主任樊兆玙讲话。

第四次会议 梁山县第十届人大常委会第四次会议于1984年10月30—31日召开，县人大常委会主任崔绪照主持会议并讲话，副主任樊兆玙、孟凡才、李厚昌、田均福，以及委员共15人出席会议。县委书记樊思宝应邀出席会议并讲话，县人民政府副县长连广生列席会议并讲话，县政协主席田继亮、县人民法院院长宋声武、县人民检察院检察长姜守新，省人大代表及各区、乡（镇）长和县政府各委、办、局及有关单位负责人列席会议。会议传达贯彻全省市、县（区）人大常委会工作经验交流会精神，学习《中共中央关于经济体制改革的决定》，学习省委书记梁步庭和省人大常委会主任秦和珍在全省市县人大常委会工作经验交流会上的讲话。会议认为，党的十二届三中全会通过的《中共中央关于经济体制改革的决定》，阐明加快以城市为重点的整个经济改革的必要性、紧迫性，规定改革的方向、性质、任务和各项基本方针政策，是指导全国经济体制改革的纲领性文件。会议要求，一定认真学习、坚决贯彻执行中央决定，努力加快全县经济改革步伐，为振兴梁山经济而奋斗。

第五次会议 梁山县第十届人大常委会第五次会议于1984年12月5—6日召开，县人大常委会主任崔绪照出席会议，并在会议结束时讲话；副主任樊兆玙主持会议，副主任孟凡才、李厚昌、陆长为、田均福以及委员共16人出席会议。县人民政府县长魏昌启、副县长鞠燕芬，县人民法院院长宋声武，县人民检察院副检察长陈志良，以及县政府有关部门的负责人列席会议。会议听取、审议县财政局局长朱效明关于1984年1—10月财政预算执行情况汇报，县税务局局长王钦孝关于1984年1—10月税务工作情况汇报，县审计局局长时圣训关于审计工作情况汇报，县妇联主任张桂芝关于维护妇女儿童合法权益的情况报告。经审议，会议批准关于梁山县1984年财政预算的部分变更，通过《梁山县人民代表大会常务委员会关于维护妇女儿童合法权益的决议》，会议任免县人大常委会、县人民政府、县人民法院，县人民检察院14名工作人员。

第六次会议 梁山县第十届人大常委会第六

次会议于1985年2月5—6日召开，县人大常委会主任崔绪照主持会议，并在会议结束时讲话；副主任樊兆玙、孟凡才、李厚昌、田均福以及委员共13人出席会议。县人民政府县长魏昌启、副县长鞠燕芬、县政协副主席刘运焕、县人民法院院长宋声武、县人民检察院副检察长陈志良，县人大常委会各科室和县政府有关部门的负责人列席会议。会议听取和审议县人民法院、人民检察院、公安局、司法局、民政局的工作报告，县人大常委会代表联络科关于召开县人大代表座谈会情况的汇报。会议通过关于召开梁山县第十届人民代表大会第二次会议的决定和人事任免事项。会议还讨论通过县人大常委会1985年工作要点。

第七次会议 梁山县第十届人大常委会第七次会议于1985年3月16—20日召开，县人大常委会主任崔绪照主持会议，副主任樊兆玙、孟凡才、李厚昌、陆长为、田均福和委员共15人出席会议。县人民政府县长魏昌启、副县长连广生、县政协副主席刘运焕、省人大代表以及县政府有关部门负责人列席会议。会议听取县长魏昌启关于经济体制改革的汇报、县计委主任胡国金关于1984年全县国民经济和社会发展计划执行情况的汇报、县财政局副局长叶蔚关于1984年财政决算情况的汇报、县教育局局长胡景陶关于教育工作的汇报，并组织在县直的部分县人大代表视察县直8所中小学。会议审议和决定人事任免事项。

第九次会议 梁山县第十届人大常委会第九次会议于1985年7月25—26日召开，县人大常委会主任崔绪照、副主任樊兆玙、孟凡才、李厚昌、陆长为，田均福和委员共16人出席会议。县人民政府副县长杨朝福、连广生、鞠燕芬，县政协副主席房瑞荣、县人民法院院长宋声武、县人民检察院检察长姜广仁以及县政府有关部门负责人列席会议。会议分别听取和审议县卫生局局长吴瑞林、县工商局局长张继尧、县城乡建设委员会主任王志廷所作《关于县城环境卫生和食品卫生情况的工作报告》以及县人大常委会调研科副科长王世林关于县环境卫生和食品卫生调查情况的汇报，讨论和通过《关于进一步搞好县城环境卫生和食品卫生的决议》。

第十次会议 梁山县第十届人大常委会第十次会议于1985年9月24日召开，听取和审议县司法局关于普及法制宣传教育五年规划的汇报，并讨论、通过相应的决议；听取和审议县民政局关于扶贫工作情况的汇报；听取和审议县水产局关于水产生产和帮助渔民发展生产的情况的汇报；会议讨论、决定人事任免事项。

第十一次会议 梁山县第十届人大常委会第十一次会议于1985年11月20—21日召开，县人大常委会主任崔绪照主持会议，副主任樊兆玙、孟凡才、李厚昌、陆长为、田均福及委员共12人出席会议。县政府副县长吕玉山、县政协主席田继亮、县法院院长宋声武、县检察院检察长姜广仁、以及县人大常委会有关科室、县政府有关部门负责人列席会议。会议学习中共全国代表会议和十二届四中、五中全会文件，会议听取并审议副县长吕玉山代表县政府所作《关于办理县十届人民代表大会第二次会议代表议案和批评、意见、建议情况的报告》，听取县人大常委会代表联络科副科长高新魁关于县十届人代会二次会议代表议案处理情况的汇报；会议听取并审议县公安局局长阎旺亭受县政府委托所作《关于自行车管理工作情况的报告》，听取县人大常委会调查研究科副科长王世林关于自行车路查工作调查情况的汇报。

第十二次会议 梁山县第十届人大常委会第十二次会议于1985年12月19日召开，县人大常委会主任崔绪照主持会议，副主任樊兆玙、孟凡才、李厚昌、陆长为、田均福以及常务委员共13人出席会议。县长魏昌启，县政协主席田继亮、县法院院长宋声武、县检察院检察长姜广仁以及县人大常委会、县政府有关部门的负责人列席会议。会议听取县长魏昌启代表县政府所作《关于调整东平湖行政区划情况的报告》，县人大常委会代表联络科副科长高新魁所作的关于梁山县第十届人民代表大会部分代表变动情况的汇报。经过审议，会议同意县政府关于调整东平湖行政区划情况的报告。会上，还学习了菏泽地委副书记张守福在县（市）委书记、县（市）长会议上的讲话。

第十七次会议 梁山县第十届人大常委会第十七次会议于1986年7月30—31日召开，县人大常委会主任崔绪照，副主任樊兆玙、孟凡才、李厚昌、杨旭、王占甲、田均福及委员共14人出席会议。县长霍正气，县政协主席田继亮，县法院院长宋声武，县检察院检察长姜广仁以及县政府办公室、卫生局、交通局、建委、工商局、公安局、建行、梁山镇和县人大常委会各科室的负责人列席会议。崔绪照主任、樊兆玙副主任分别主持会议。会议听取县建委主任王志廷关于全县当前建筑市场状况和今后整顿意见的汇报、县交通局副局长邱传勤关于当前全县运输装卸市场管理混乱情况和今后整顿意见的汇报、县人大常委会调查研究科副科长王世林关于县城建筑、运输，装卸市场管理调查情况的汇报。会议还听取审议县卫生局局长吴瑞林受县政府委托所作关于县城环境卫生和食品卫生工作情况的汇报。听取县人大常委会代表联络科副科长高新魁关于全县老干部工作调查情况的汇报，并建议县委采取措施，进一步做好老干部工作。会上还审议决定了人事任免事项。会议结束时，崔绪照主任讲话，霍正气县长代表县政府就如何贯彻好会议精神讲话。

第十八次会议 梁山县第十届人大常委会第十八次会议于1986年9月26—27日召开，县人大常委会主任崔绪照，副主任孟凡才、李厚昌、陆长为、杨旭、王占甲、田均福及委员共15人出席会议。副县长连广生、臧凤柱，县政协副主席刘运焕，县法院副院长董玉华，县检察院副检察长陈志良以及县政府办公室、财政局、水利局、农牧局、公安局和县人大常委会各科室的负责人列席会议。副主任孟凡才、李厚昌分别主持会议。会议听取县政府副县长连广生和县人大常委会代表联络科副科长高新魁关于县十届人民代表大会第三次会议代表议案和意见，批评、建议办理情况的汇报。听取并审议县财政局局长刘继庆关于1986年1—8月财政预算执行情况的汇报、县水利局局长侯昭强关于全县水利建设情况和今冬明春水利建设意见的汇报、县农牧局局长武立芳关于全县农业生产形势和农业结构调整意见的汇报、县公安局副局长倪崇奎关于整顿建筑、装卸、运输市场情况的汇报。会上审议决定人事任免事项。会议结束时，主任崔绪照讲话，副县长臧凤柱就如何贯彻落实会议精神作表态发言。

第十九次会议 梁山县第十届人大常委会第十九次会议于1986年11月14—15日召开，县人大常委会主任崔绪照、副主任樊兆玙、孟凡才、李厚昌、陆长为、杨旭、王占甲、田均福出席会议。县政府副县长连广生，县政协副主席房瑞荣、县法院院长宋声武、县检察院检察长姜广仁以及县政府办公室、县民政局、县公安局，县委组织部、县委宣传部和县人大常委会科室负责人列席会议。副主任陆长为、王占甲分别主持会议。会上，县人大常委会主任崔绪照传达山东省人大常委会第二十二次会议精神，副主任杨旭传达全省关于县、乡两级人民代表大会换届选举工作会议精神，学习山东省选举委员会主任张竹生的讲话。会议讨论通过梁山县县、乡两级人民代表大会换届选举工作的具体意见（另发）。会议根据山东省人大常委会关于县级以上人民代表大会代表资格审查员会改为本级人大常委会直接领导下的常设机构的规定，会议决定：将梁山县十届人民代表大会代表资格审查委员会改为县人大常委会直接领导下的常设机构，负责下届代表大会代表资格审查工作。会议还审议决定了人事任免事项。会议结束时，崔绪照主任讲话。

第二十次会议 梁山县第十届人大常委会第二十次会议于1987年2月10日召开，县人大常委会主任崔绪照，副主任樊兆玙、孟凡才、陆长为、杨旭、王占甲、田均福以及委员共16人出席会议。县人大党组成员杨念成，县长霍正气，副县长鞠燕芬，县政协副主席房瑞荣，县法院院长宋声武，县检察院检察长姜广仁，县政府办公室主任张先道以及县人大常委会科室负责人列席会议。会议由副主任樊兆玙主持。会议学习中共中央文件，总结前段县、乡人民代表大会换届选举工作情况，并对下段选举工作提出建议。要求有关方面严格按照法律规定和程序办事，依法做好县、乡两级人民代表大会换届选举工作，并对各乡镇选举委员会进行充实调整。会议任免县人大常委会和县政府、县法院部分工作人员。

十一届人大常委会会议 1987年3月至1990年3月，梁山县十一届人大常委会召开会议23次，听取县政府、县法院、县检察院及有关部门专题工作报告48项，作出决定、决议12项。

第一次会议 梁山县第十一届人大常委会第一次会议于1987年3月22日召开。县人大常委会主任崔绪照主持会议并讲话，副主任孟凡才、李厚昌、杨旭、王占甲、杨念成、张先知，委员邓广扬、刘凤田、王继彬、朱绪娥、许传远、张瑜、韩靖、马桂兰、庞广常、闫国辉出席会议；原人大常委会副主任樊兆玙、陆长为应邀列席会议，县政府、县法院、县检察院和县人大常委会科室负责人列席会议。会议学习新修订的《中华人民共和国地方各级人民代表大会和地方各级人民政府组织法》和全国人大常委会《关于加强法制教育维护安定团结的决定》。

第二次会议 梁山县第十一届人大常委会第二次会议于1987年5月20—22日召开。县人大常委会主任崔绪照，副主任孟凡才、李厚昌、杨旭、王占甲、杨念成、张先知及委员共16人出席会议。全国人大代表徐学娟、省人大代表田均福、县长霍正气、副县长连广生、鞠燕芬、县政协主席田继亮、县法院院长宋声武、县检察院检察长姜广仁以及县政府办公室、人事局、财政局、县人大各科室负责人和6处乡镇人大工作联络员列席会议。会上，全国人大代表徐学娟和省人大代表田均福传达全国六届人大五次会议和山东省六届人大五次会议盛况和主要精神，学习关于两个会议精神的汇报提纲和有关文件，学习全国人大常委会《关于加强法制教育维护安定团结的决定》。会议讨论通过梁山县人大常委会几项工作制度，关于联系代表、办理议案和建议、视察和调查研究等项工作的意见和1987年工作要点，通过梁山县人大常委会关于学习贯彻全国人大常委会《关于加强法制教育维护安定团结的决定》的决议，审议通过县人民政府提出的梁山县1987年财政概算部分变更，审议通过人事任免事项。会议结束时，县人大常委会主任崔绪照作总结讲话。

第三次会议 梁山县第十一届人大常委会第三次会议于1987年7月20—21日召开。县人大常委会主任崔绪照，副主任孟凡才、李厚昌、杨旭、王占甲、杨念成、张先知及人大常委会委员共14人出席会议。副县长连广生、臧凤柱，县政协主席田继亮，县法院院长宋声武，县检察院检察长姜广仁及政府办公室、土地管理办公室、公安局，部分乡镇人大工作联络员、人大各科室负责人列席会议。会议由崔绪照主任、孟凡才副主任主持。会议学习中共中央〔1987〕17号文件、《中华人民共和国土地管理法》和《山东省实施〈中华人民共和国土地管理法〉办法》；听取县政府关于实施《中华人民共和国土地管理法》情况和关于解决“四难”情况的两项汇报。会议还传达学习山东省第六届人大常委会第二十六次会议精神，崔绪照主任在会议结束时讲话。

第四次会议 梁山县第十一届人大常委会第四次会议于1987年9月21—23日召开。县人大常委会主任崔绪照、副主任孟凡才、李厚昌、杨旭、王占甲、杨念成、张先知及委员共16人出席会议，副县长连广生、臧凤柱，县法院院长宋声武，县检察院检察长姜广仁，县政府办公室、公安局、司法局、人事局、县人大常委会各科室负责人以及部分乡镇的人大工作联络员列席会议。会议听取县法院院长宋声武关于贯彻实施《中华人民共和国民法通则》情况的汇报、县检察院检察长姜广仁关于打击经济犯罪和刑事犯罪情况的汇报、县公安局局长阎旺亭关于执行《治安管理处罚条例》情况的汇报、县司法局局长郭运智关于普法工作和律师公证制度建立及执行情况的汇报，县政府副县长连广生关于县十一届人大一次会议代表议案和建议批评、意见办理情况的汇报。会议对公、检、法、司等部门在贯彻执行有关法律、法规、“两打”和普法教育等方面所做的工作，对县政府和有关部门办理县十一届人大一次会议代表议案和建议、批评、意见的情况表示满意，并对进一步开展好几项工作提出了很好的意见。会议审议通过《梁山县人大常委会关于调整办事机构的决定》和人事任免事项。会议结束时，县人大常委会主任崔绪照作总结讲话。

第五次会议 梁山县第十一届人大常委会第五次会议于1987年11月19—21日召开。县人大常委会主任崔绪照，副主任孟凡才、李厚昌、杨旭、王占甲、杨念成、张先知及委员共14人出席会议。县政府副县长鞠燕芬，县政协主席田继亮，县法院副院长李文汉、县检察院检察长姜广仁及县政府办公室、县物价局、县工商局、县计量所、县审计局、县财政局、县档案局负责人，县人大常委会各科室负责人以及部分乡镇人大工作联络员列席会议。县人大常委会主任、副主任分别主持会议。会议学习中国共产党第十三次全国代表大会《沿着有中国特色的社会主义道路前进》的报告，传达山东省第六届人大常委会第二十八次会议精神。会议听取县物价局局长齐承欢关于贯彻执行《价格管理条例》和物价管理情况的汇报、县工商管理局局长张继尧关于贯彻执行《中华人民共和国经济合同法》和《投机倒把行政处罚暂行条例》情况的汇报、县标准计量所长郝吉发关于贯彻实施《中华人民共和国计量法》情况的汇报、县审计局局长张学魁关于贯彻执行国务院《关于审计工作的暂行规定》的汇报、县财政局局长刘继庆关于实施《违反财政法规处罚的暂行规定》和“双增双节”运动开展情况的汇报、县档案局副局长宋凤华关于做好《中华人民共和国档案法》实施前准备工作的情况汇报，会议通过县人大常委会对上述六项工作汇报的审议意见。会议还讨论通过了梁山县人大常委会关于召开梁山县第十一届人民代表大会第二次会议的决定。

第六次会议 梁山县第十一届人大常委会第六次会议于1987年12月21—22日在人大会议室举行。县人大常委会主任崔绪照，副主任孟凡才、李厚昌、杨旭、王占甲、张先知及委员共16人出席会议。县长霍正气、副县长连广生、县政协主席田继亮、县法院副院长李文汉、县检察院检察长姜广仁以及县政府办公室、县人事局、县财政局和人大各科室的负责人列席会议。崔绪照主任主持会议。会议听取县财政局局长刘继庆《关于“五厂”上划引起财政体制变更问题的报告》、县人事局局长张先道关于梁山县人民政府制定《梁山县国家行政机关工作人员奖惩试行办法》的说明。会议原则通过《梁山县国家行政机关工作人员奖惩试行办法》，待进一步修改后，由县政府发布实施。会议还讨论了县人大常委会工作报告（草稿），同意将修改后的工作报告提请县十一届人民代表大会第二次会议审议通过。会议讨论通过县十一届人民代表大会第二次会议的有关事项。

第七次会议 梁山县第十一届人大常委会第七次会议于1988年3月4—6日在县政府第二会议室举行。县人大常委会主任崔绪照，副主任李厚昌、杨旭、王占甲、杨念成、张先知及委员共14人出席会议，省七届人大代表、县长霍正气，县法院副院长董玉华，县检察院检察长姜广仁，县政府办公室、劳动局、民政局、外事侨务办公室、财政局、计划委员会、人事局、县人大常委会科室负责人以及部分乡镇人大工作联络员列席会议。会议听取省七届人大代表、县长霍正气所作《关于省七届人大一次会议精神及有关情况的传达报告》，学习省七届人大一次会议通过的关于省政府工作报告和其他各项报告的决议。会议要求县人民政府认真传达宣传好省七届人大一次会议精神，带领全县人民群众贯彻执行大会的各项决议，为实现全省经济建设的战略目标、完成大会提出的各项任务而努力奋斗。会议听取县劳动局局长侯昭科《关于劳动制度改革情况的汇报》、县民政局局长马兴展《关于村民委员会换届选举工作情况的汇报》、县人民政府外事侨务办公室主任张洪先《关于外事侨务工作情况的汇报》，会议通过对上述三项工作汇报的审议意见。根据县十一届人大二次会议的授权，会议听取县财政局局长刘继庆《关于县1987年财政决算和1988年财政预算的报告》，县计划委员会主任胡国金《关于调整县1988年国民经济和社会发展计划的报告》。会议通过关于批准县1987年财政决算、1988财政预算及1988年国民经济和社会发展计划部分变更的决议。会议还讨论通过梁山县人大常委会1988年工作要点，审议决定任命县政府工作人员。会议结束时，县长霍正气和县人大常委会主任崔绪照分别讲话。

第八次会议　梁山县第十一届人大常委会第八次会议于1988年4月28—29日在水泊商场宾馆会议室召开。县人大常委会主任崔绪照，副主任孟凡才，李厚昌、杨旭、王占甲、杨念成、张先知以及委员共16人出席会议。县政府县长霍正气、副县长鞠燕芬、县法院院长宋声武、县检察院检察长姜广仁及县政府办公室、县人事局、县粮食局、县联社、县农机服务公司的负责人以及部分乡镇人大工作联络员和人大各科室的负责人列席会议。县人大常委会主任、副主任分别主持会议。会议学习李鹏代总理在全国七届人大一次会议上所作的《政府工作报告》及全国七届人大一次会议各项公告。会议听取县粮食局局长丁志保代表县政府所作《关于粮油定购“三挂钩”政策落实情况的汇报》、县联社理事会主任陆书杰受县政府委托所作《关于棉花定购政策兑现落实情况的汇报》、县农机服务公司经理于政训受县政府委托所作《关于1987年“三挂钩”柴油兑现及农用柴油供应使用情况的汇报》，会议通过县人大常委会关于上述三项工作汇报的审议意见。会议经过无记名投票方式决定人事任免。会议结束时，崔绪照主任和鞠燕芬副县长讲话。

第九次会议　梁山县第十一届人大常委会第九次会议于1988年6月29日在县政府第二会议室举行。县人大常委会主任崔绪照，副主任孟凡才、杨旭、王占甲、杨念成、张先知以及委员共15人出席会议；县政府县长霍正气，副县长连广生、李来云，县人民法院院长宋声武、县人民检察院检察长姜广仁以及县政府办公室、县人事局、县教育局、县卫生局、县农牧局、县工商局、县防疫站，县人大常委会各科室的负责人和部分乡镇的人大工作联络员列席会议。县人大常委会主任崔绪照主持会议。会议听取县政府副县长连广生所作《梁山县第十一届人民代表大会第二次会议代表议案和建议、批评、意见办理情况的报告》、县教育局局长胡景陶代表县政府所作关于贯彻实施《中华人民共和国义务教育法》的情况汇报、县卫生局局长李天信所作关于《中华人民共和国食品卫生法》贯彻落实情况的汇报。会议通过贯彻实施《中华人民共和国义务教育法》《中华人民共和国食品卫生法》两项工作汇报的审议意见。会议还审议通过人事任免事项。

第十次会议　梁山县第十一届人大常委会第十次会议于1988年8月30—31日在县政府第二会议室举行。县人大常委会主任崔绪照，副主任孟凡才、杨旭、王占甲、杨念成、张先知，以及常务委员共15人出席会议；县人大常委会党组成员杨朝福，县政府副县长张性均、鞠燕芬，县人民法院副院长仲维功、县人民检察院检察长姜广仁，县政府办公室、县经委、县人事局、县乡镇企业局、县商业局，县人大常委会各科室的负责人及部分乡镇人大工作联络员列席会议。会上，学习《中华人民共和国全民所有制工业企业法》和《全民所有制工业企业承包经营责任制暂行条例》；会议听取县经委主任李文汉所作关于企业承包、《中华人民共和国企业法》实施准备工作和技改进展情况的汇报，县乡镇企业局局长王化文所作关于乡镇企业承包和发展情况的汇报，县商业局局长刘恒胜所作关于《全民所有制工业企业承包经营责任制暂行条例》实施工作情况的汇报。会议对上述三项工作汇报进行审议，并通过相应审议意见。

第十一次会议 梁山县第十一届人大常委会第十一次会议于1988年10月30日至11月3日在县政府第二会议室举行，县人大常委会主任崔绪照，副主任孟凡才、杨旭、王占甲、杨念成、张先知以及常务委员共14人出席会议，省人大代表马心备、史素梅，县人大常委会党组成员杨朝福，县政府副县长连广生、张性均、鞠燕芬，县人民法院院长宋声武、县人民检察院检察长姜广仁，县政府办公室、县物价局、县司法局、县人大常委会各科室的负责人列席会议。会前，视察了拳铺、寿张集2个乡的农田水利配套工程，拳铺、前集、寿张集、馆里4个乡的乡、村企业和县农机厂、县第二棉纺厂。会上，学习中共十三届三中全会报告和姜春云在省市地党员领导干部会议上的讲话。会议听取县人大常委会副主任孟凡才关于省七届人大常委第五次会议情况和主要会议精神的介绍，听取并审议县物价局局长齐承欢代表县政府所作《关于全县物价大检查情况的汇报》，要求县政府及物价管理部门，严格按照国务院关于做好当前物价工作和稳定市场的若干重要规定，努力做好物价管理工作。会议通过县人大常委会关于在全县进行执法大检查的决议。会议期间，县人大常委会还邀请部分驻城县人大代表和“一府两院”负责人，就有关经济体制改革、人民群众生产生活、城建、教育等方面问题进行协商对话。

第十二次会议 梁山县第十一届人大常委会第十二次会议于1988年12月17—19日在县政府第二会议室举行。县人大常委会主任崔绪照，副主任孟凡才、李厚昌、杨旭、王占甲、杨念成、张先知，以及常委会委员共15人出席会议；县人民政府县长霍正气、副县长鞠燕芬，县人民法院院长宋声武、县人民检察院检察长姜广仁，县政府办公室、县财政局、县计委、县税务局、县工商局、县审计局、县监察局、县人事局、县公安局、县人大常委会各科室负责人列席会议。会上，县人大常委会主任崔绪照传达菏泽地委12月上旬召开的全区人大工作会议精神；会议听取并审议县财政局局长刘继庆所作《关于梁山县1988年财政预算执行情况及财政预算变更情况的报告》，县计委主任胡国金所作《关于1988年国民经济和社会发展计划执行情况及清理在建项目、压缩基本建设规模情况的汇报》，县税务局副局长于庆常所作《关于1988年税收和税务大检查情况的汇报》，县工商局局长张继尧所作《关于全县市场管理和清理整顿公司情况的汇报》，县公安局局长阎旺亭所作《关于当前社会治安情况和下步公安工作意见的汇报》，县审计局局长张学魁所作《关于1988年审计工作开展情况的汇报》，县监察局局长赵保伦所作县监察局成立以来工作情况汇报。会议通过关于梁山县1988年财政执行情况和财政预算变更情况的决议，提出关于梁山县1988年国民经济和社会发展计划执行情况及清理在建项目、压缩基本建设汇报的审议意见和工商、审计、税务三项工作汇报的审议意见以及监察局成立以来开展工作情况规模的审议意见、县公安局关于社会治安情况汇报的审议意见。会议听取县人民检察院检察长所作《关于民事检察试点试行办法（草案）的说明》，并通过关于民事检察试点试行办法的决定。会议还通过关于设立梁山县人大常委会农业科的决定。会议补选于法杰、张守福为省七届人民代表大会代表，并决定人事任免事项。

第十三次会议 梁山县第十一届人大常委会第十三次会议于1989年2月24—25日在县政府第二会议室举行。县人大常委会主任崔绪照、副主任孟凡才、李厚昌、杨旭、王占甲、杨念成、张先知以及委员共14人出席会议；县人大常委会党组成员杨朝福，县政府副县长陈福安，县政协副主席房瑞荣，县法院院长宋声武，县检察院检察长姜广仁以及县政府办公室、监察局，审计局、县人大常委会各科室的负责人列席会议。会上，县人大常委会主任崔绪照传达全省人大工作经验交流会精神，学习兄弟县、市人大工作经验。会议审议并通过县人大常委会1989年工作要点和县人大常委会关于为政清廉的决定（草案），通过关于召开县十一届人大三次会议的决定（草案）。会议还听取了县人大常委会代表组织科科长高新魁所作的关于县十一届人大二次会议以来代表变动情况及补选问题的汇报。

第十四次会议 梁山县第十一届人大常委会第十四次会议于1989年3月16—17日在县政府第二会议室举行。县人大常委会主任崔绪照，副主任孟凡才、李厚昌、杨旭、王占甲、杨念成、张先知及县人大常委会委员共13人出席会议；省人大代表、县长霍正气，县人大常委会党组成员杨朝福，县法院院长宋声武，县检察院检察长姜广仁以及县政府办公室、计划委员会、财政局、县人大常委会各科室的负责人列席会议。会议听取省人大代表，县长霍正气关于省七届人大二次会议盛况及主要会议精神的传达汇报，并学习省七届人大二次会议通过的各项决议。会议要求，全县各级政府要全面深入地贯彻落实省七届人大二次会议精神，坚持一手抓发展社会主义商品经济，一手抓思想政治领域的工作，把工作重点突出地放在治理经济环境，整顿经济秩序和全面深化改革上，紧紧抓住经济结构调整关键，强化农业基础，强化科技教育，稳定市场物价，大力开展“双增双节”运动，显著提高经济效益，巩固和发展安定团结的政治局面，胜利完成1989年的各项任务。会议对县人大常委会工作报告讨论稿进行讨论，原则上同意县人大常委会工作报告，建议进一步修改后提交县十一届人大三次会议审议。会议听取审议并同意县人大常委会代表资格审查委员会主任委员李厚昌关于补选代表的代表资格审查报告，确认补选的梁山县第十一届人民代表大会4名代表代表资格有效。会议还讨论审定了县十一届人大三次会议的有关事项。

第十五次会议 梁山县第十一届人大常委会第十五次会议于1989年5月22—25日在县政府二会议室举行。县人大常委会主任崔绪照，副主任孟凡才、李厚昌、杨旭、王占甲、杨念成、杨朝福、张先知和委员共15人出席会议。县人民政府县长霍正气，副县长陈福安、张性钧、李来云，县政府党组成员李志华，县政协主席田继亮，县人民法院院长宋声武，县人民检察院检察长姜广仁，县政府办公室、教育局、经委、环保办公室、财政局、县人大常委会各科室的主要负责人及部分乡镇人大工作的负责人列席会议。县人大常委会主任、副主任轮流主持会议。会议听取崔绪照主任《关于赴邯郸县参加晋冀鲁豫边区县级人大工作研讨会情况的汇报》、李来云副县长代表县政府所作的《关于赴东营、潍坊参观校改情况和进行全县国办中小学校改工作初步打算的汇报》、县环境保护办公室主任艾玉山《关于1985年以来环境保护工作情况的汇报》和县人大常委会法制科科长韩玉忠《关于全县开展执法大检查情况的汇报》。会议对上述各项汇报进行审议，并就贯彻实施环保法提出审议意见。关于国办中小学校改问题，会议要求县政府在广泛征求意见的基础上，制订出关于国办中小学校校改的具体实施方案，交县十一届人大常委会第十六次会议审议。会议讨论、修改并通过《梁山县人大常委会关于乡镇人民代表大会工作暂行办法》《县人大常委会关于对一府两院实施工作和法律监督的意见》和《县人大常委会关于审议、决定重大事项的意见》。会议还审议通过了人事任免事项。会议期间，与会人员视察了县化肥厂、造纸厂的环境污染治理情况和梁山一中、师范附小的校改情况。会议结束时，县人大常委会主任崔绪照作总结讲话。

第十六次会议 梁山县第十一届人大常委会第十六次会议于 1989 年 6 月 23—24 日在县政府第二会议室举行。县人大常委会主任崔绪照，副主任孟凡才、李厚昌、杨旭、王占甲、杨念成、杨朝福、张先知和委员共 15 人出席会议。全国人大代表付少思、省人大代表霍正气、王传琦、马心备、史素梅应邀列席会议。县政府副县长李来云，县法院院长宋声武，县检察院检察长姜广仁，县政府办公室、教育局、财政局、县人大各科室负责人列席会议。会议由县人大常委会主任、副主任轮流主持。会议学习《中共中央、国务院告全体共产党员和全国人民书》，通过梁山县人大常委会相关决议。会议听取副县长李来云代表县人民政府所作《关于搞好国办学校校舍改造工作意见的报告》。经过审议，会议同意县人民政府的报告，并通过梁山县人大常委会《关于搞好国办学校校改工作的决议》。会议结束时，崔绪照主任讲话。

第十七次会议 梁山县第十一届人大常委会第十七次会议于 1989 年 7 月 28—29 日在县人大会议室举行。县人大常委会主任崔绪照、副主任孟凡才、李厚昌、杨旭、王占甲、杨念成、杨朝福、张先知及常务委员共 14 人出席会议。县政府副县长陈福安、臧凤柱，县法院院长宋声武，县检察院检察长姜广仁，县政府办公室、公安局、水利局、农牧局、农委、人事局、县人大常委会各科室及部分乡镇人大工作处的负责人列席会议。会议由县人大常委会主任、副主任轮流主持。会议学习中共十三届四中全会有关文件，听取并审议副县长陈福安《关于县十一届人大三次会议代表议案、批评意见和建议办理情况的报告》，县水利局局长王佑明《关于全县水利建设和防汛情况的汇报》，县农牧局局长武立芳《关于上半年农业生产及开展秋季增产运动情况的汇报》，县公安局局长阎旺亭《关于打击各种犯罪活动维护社会治安情况的汇报》，并对上述各项工作汇报分别提出审议意见。会议学习讨论《中华人民共和国集会游行示威法草案》，并提出修改意见。会议根据县长霍正气和县法院院长宋声武的提请，任免县政府和县法院工作人员。会议结束时，县人大常委会主任崔绪照讲话。

第十八次会议 梁山县第十一届人大常委会第十八次会议于 1989 年 8 月 14 日在县人大会议室举行。县人大常委会主任崔绪照，副主任孟凡才，李厚昌、杨旭、王占甲、杨念成、杨朝福、张先知以及委员共十六人出席了会议。县委书记文廷良，县委副书记邵好学，县人大党组副书记穆衍峰，县法院院长宋声武，县检察院检察长姜广仁以及县政府办公室、县人事局、县人大各科室的负责人列席会议。会议由县人大常委会主任崔绪照主持。会议学习《中共中央、国务院关于近期做好几件群众关心的事的决定》和《中共山东省委、山东省人民政府关于清正廉洁的几项规定》。会议还学习省委副书记马忠臣在全省清理整顿报刊、音像制品、文化市场电话会议上的讲话。根据县长霍正气请求和县委提议，会议通过关于批准霍正气辞去县长职务和任命朱保忠为梁山县人民政府副县长、代理县长职务的决定。会议结束时，县委书记文廷良讲话。

第十九次会议 梁山县第十一届人大常委会第十九次会议于 1989 年 9 月 28—29 日在县人大会议室举行。县人大常委会副主任孟凡才、李厚昌、杨旭、王占甲、杨朝福、张先知及委员共 11 人出席会议。县人大常委会党组副书记穆衍峰，代理县长朱保忠，副县长鞠燕芬、李来云，县法院院长宋声武，县检察院副检察长陈志良以及县政府办公室、计委、财政局、文化局、县联社以及县人大常委会各科室，部分乡镇人大工作处的负责人列席会议。会议由县人大常委会副主任轮流主持。会议听取副主任杨旭关于《赴山西省沁源县参加晋冀鲁豫边区县级人大工作研讨会的情况及会议精神的汇报》、副主任李厚昌《关于地区人大工委召开的各县市人大主任会议精神的汇报》，县文化局局长李朝华《关于清理整顿文化市场工作情况的汇报》，县联社主任陆书杰关于《农资专营工作和今年棉花收购准备情况的汇报》，县计委主任胡国金关于1989年1—8月国民经济计划执行情况的汇报；县财政局局长刘继庆《关于1989年1—8月财政预算执行情况及全年财政形势的汇报》，并就有关工作提出审议意见。会上，代理县长朱保忠讲话。会议讲束时，县人大常委会副主任孟凡才讲话。

第二十次会议 梁山县第十一届人大常委会第二十次会议于1989年11月15—16日在县人大会议室举行，县人大常委会主任崔绪照，副主任孟凡才、李厚昌、杨旭、王占甲、杨念成、张先知和常务委员共15人出席会议。县人大常委会党组副书记穆衍峰，副县长陈福安、李来云，县政协主席田继亮，县法院院长宋声武，县检察院检察长姜广仁，县政府办公室、监察局、人事局以及县人大常委会各科室的负责人列席会议。会议由人大常委会主任、副主任轮流主持。会议学习了中共十三届五中全会公报和《中共中央关于进一步治理整顿和深化改革的决定》等项决定。会上，县人大常委会党组副书记穆衍峰传达全省县乡两级人大换届选举会议精神，会议审议通过县人大常委会《关于调整梁山县选举委员会组成人员的决定》《关于调整梁山县各乡镇选举委员会组成人员的决定》，会议批准《梁山县选举委员会关于1990年县乡两级人大换届选举工作安排意见》，批准县选举委员会关于“1990年2月25日为全县选举日”的规定及具体安排意见。会议要求，必须切实加强对县乡两级人大换届选举工作的领导，保证换届选举按照法律规定程序顺利进行。会议还听取县法院院长宋声武、县检察院检察长姜广仁、监察局局长赵保伦所作1989工作情况的汇报，会议要求县人民法院、县人民检察院、县监察局要按照宪法和法律的规定，继续贯彻执行中央“两院一部”通告，加强相互间的配合，严肃执法秉公办案，继续依法从重从快打击危害社会治安的犯罪分子和严重经济犯罪分子，为保障党的十三届五中全会提出的搞好治理整顿、深化改革方针的顺利贯彻执行作出新的贡献。

第二十一次会议 梁山县第十一届人大常委会第二十一次会议，于1989年12月11日在县人大会议室举行。县人大常委会主任崔绪照，副主任孟凡才、李厚昌、杨旭，王占甲、王念成、杨朝福、张先知和常务委员共14人出席会议，县委副书记邵好学、组织部部长杨志森，县人大常委会党组副书记穆衍峰、党组成员傅全林，县政府副县长陈福安、鞠燕芬，县法院院长宋声武，县检察院检察长姜广仁，县政府办公室，人事局，财政局以及县人大常委会各科室的负责人列席会议。会议由县人大常委会主任崔绪照主持。会议听取县财政局局长刘继庆代表县政府所作《关于1989年财政预算变更情况的报告》，听取县选举委员会主任杨念成所作《关于县、乡两级人大换届选举工作进展情况的报告》，会议通过关于批准县政府《关于1989年财政预算变更情况的报告》的决议。会议要求各级选举委员会要进一步加强领导，集中力量，集中时间，集中精力，做好工作，确保县、乡两级人大换届选举工作依法顺利进行。根据县委关于吕玉山等任免职务的提议，会议作出关于任免县政府工作人员的决定。

第二十二次会议 梁山县第十一届人大常委会第二十二次会议于1990年2月14—15日在人大会议室召开。县人大常委会主任崔绪照，副主任孟凡才、李厚昌、杨旭，王占甲、王念成、杨朝福、张先知和委员出席会议，县人大常委会党组副书记穆衍峰、党组成员傅全林，县政府副县长，县政协副主席，县法院院长，县检察院检察长及县政府办公室主任、县计委主任、县财政局局长、县人大各科室负责人列席会议。县人大常委会主任、副主任主持会议。会议学习中共中央〔1990〕1号、2号文件，传达济宁市选举工作会议精神，讨论修改县十一届人大常委会工作报告，审议通过关于召开县十二届人大一次会议的决定，讨论提出县十二届人大一次会议建议议程，讨论其他有关事项。

第二十三次会议 梁山县第十一届人大常委会第二十三次会议于1990年3月2日在县人大会议室召开。县人大常委会主任崔绪照，副主任孟凡才、李厚昌、杨旭、王占甲、杨念成、杨朝福、张先知和委员出席会议；人大常委会党组成员傅全林、县法院院长宋声武、县检察院检察长姜广仁、县政府办公室主任许安民、人大科室的负责人列席会议。会议听取十一届人民代表大会代表资格审查委员会主任委员李厚昌关于代表资格审查情况的报告，除当选代表中一人调出外，确认319名当选代表资格有效。会议提出县十二届人民代表大会第一次会议建议日程及划分代表团的建议，提出大会主席团候选人名单、各代表团长名单等事宜。

十二届人大常委会会议 1990年3月—1993年2月，梁山县十二届人大常委会共召开会议22次，听取审议县政府、县法院、县检察院工作汇报并作出重要事项审议意见48项，作出决议和决定27项；依法任免国家工作人员100人。

第一次会议 梁山县十二届人大常委会第一次会议于1990年3月28—29日在县人大会议室举行。县十二届人大常委会主任穆衍峰，副主任王占甲、杨念成、傅全林、张先知、王钦孝、张先道及委员共18人出席会议。县十一届人大常委会主任崔绪照，副主任孟凡才、李厚昌、杨旭，县政府副县长高太平，县法院院长宋声武，县检察院副检察长陈志良，县政府办公室以及县人大常委会各科、室的负责人列席会议。会议学习《中共中央关于加强党同人民群众联系的决定》《中华人民共和国宪法》部分章节、《地方组织法》以及《山东省人大常委会监督工作条例》；县人大常委会主任穆衍峰传达济宁市十一届人大三次会议精神；会议对县人大常委会1990年工作要点、几项工作制度和意见，进行审议和修改，并原则上予以通过。会议通过县人大常委会关于任命县十二届人大常委会代表资格审查委员会成员的决定。会上，刚刚离任的十一届人大常委会主任、副主任就人大工作分别讲话，他们表示，新一届人大常委会对退下来的老同志非常关心，提出待遇“三不变”，生活上“三优先”，很受感动，并就人大工作提出意见。会议结束时，县人大常委会主任穆衍峰讲话。

第二次会议 梁山县十二届人大常委会第二次会议于1990年5月14—15日在人大会议室举行。县人大常委会主任穆衍峰，副主任王占甲、杨念成、傅全林、王钦孝、张先道，张先知以及委员共18人出席会议。县人大常委会原主任崔绪照，原副主任李厚昌、杨旭，县长吕玉山，副县长李来云、康绍军、李大友，县法院院长宋声武，县检察院检察长姜广仁以及县政府办公室、人事局、土管局、教育局、经委、计委、县人大常委会各委室的负责人，部分乡镇人大主席团专职常务主席列席会议。会议由县人大常委会主任穆衍峰主持。会议听取县土管局局长阎桂月所作关于贯彻执行《中华人民共和国土地管理法》和《山东省实施〈中华人民共和国土地管理法〉办法》情况汇报，县经委主任李文汉所作关于当前工业企业生产经营情况的汇报，县教育局副局长李凌岩所作关于县人民政府在全县各乡镇实施义务教育的意见。经过审议，会议做出《关于加强全县土地管理的决议》《关于在全县各乡镇实施义务教育的决议》，会议还就全县工业企业生产经营问题提出审议意见。会议还审议了县人民政府提交的《关于农村宅基地有偿使用的若干规定》，建议县政府对农村宅基地有偿使用的若干规定做进一步修改，并制订其他配套规定措施，尽快出台实施；在此之前，先搞好农村宅基地有偿使用试点，待取得经验后再全面推行。会议通过《关于调整县人大常委会办事机构的决定》。根据县人大常委会主任穆衍峰、县人民政府县长吕玉山、县人民检察院检察长姜广仁的提名，分别任命县人大常委会、县人民政府、县人民检察院的工作人员。会议结束时，县人大常委会主任穆衍峰讲话。

第三次会议 梁山县十二届人大常委会第三次会议于1990年7月16—17日举行。县人大常委会主任穆衍峰，副主任王占甲、杨念成、傅全林、王钦孝、张先道、张先知以及委员共17人出席会议。原县人大常委会主任崔绪照，原县人大常委会副主任李厚昌、杨旭，副县长康绍军、李大友，县法院院长宋声武，县检察院副检察长陈志良以及县政府办公室、人事局、计委、财政局、卫生局、土管局、农委、县人大常委会各委室的负责人、部分乡镇人大主席团专职常务主席列席会议。会议由县人大常委会主任、副主任轮流主持。会议听取副县长康绍军关于十二届人大一次会议代表议案、批评意见和建议办理情况的汇报，县计委主任胡国金关于1990年上半年国民经济和社会发展计划执行情况的汇报，县财政局局长刘继庆关于上半年财政预算执行情况的报告，县卫生局局长李天信关于贯彻执行《中华人民共和国食品卫生法》情况的汇报，县土地管理局局长阎桂月关于进一步加强土地管理工作意见的报告。经过审议，会议做出《梁山县人大常委会关于批准梁山县人民政府〈关于进一步加强土地管理工作意见的报告〉的决议》。会议还就全面完成今年国民经济社会发展计划以及财政预算、进一步贯彻实施《中华人民共和国食品卫生法》等事项提出审议意见。会议根据县人民政府县长吕玉山、县人民法院院长宋声武、县人民检察院检察长姜广仁提名，分别任免县人民政府、县法院、县检察院的工作人员。会议结束时，县人大常委会主任穆衍峰讲话。

第四次会议 梁山县十二届人大常委会第四次会议，于1990年9月13—15日在县政府第二会议室举行。县人大常委会主任穆衍峰，副主任王占甲、杨念成、付全林、王钦孝、张先知及委员共16人出席会议；原人大主任崔绪照，县政府副县长高太平，县法院院长宋声武，县检察院副检察长陈志良，县政府办公室、县体改委，县经委、县社、县司法局、县公安局、县粮食局、县商业局、县法制局、县人大常委会各委室的负责人，部分乡、镇人大主席团专职常务主席以及部分县人大代表列席会议。县人大常委会主任、副主任轮流主持会议。会议听取《梁山县依法治县总体规划》及县政府关于《梁山县依法治县总体规划（草案）》的说明，县法院关于依法治县实施意见的汇报，县检察院关于依法治县实施意见的汇报，县政府关于五年普及法律常识教育工作情况的汇报，县公安局关于全县治安情况及公安干警执法情况的汇报，县政府关于贯彻执行《全民所有制工业企业承包经营责任制暂行条例》及继续推行和完善企业承包经营责任制意见的汇报。通过分组审议和全体会议集中审议发言的形式，对《梁山县依法治县总体规划》及上述汇报进行认真审议。会议通过梁山县人大常委会关于依法治县的决议和设立梁山县人大常委会信访接待室的决定；会议对县公安局关于全县治安情况及公安干警执法情况汇报、梁山县继续推行和完善企业承包经营责任制的意见提出审议意见。最后，县人大常委会主任穆衍峰就依法治县、社会治安、企业承包等方面的问题作总结讲话。

第五次会议 梁山县十二届人大常委会第五次会议于1990年11月14—15日在县人大会议室举行。县人大常委会主任穆衍峰，副主任王占甲、杨念成、傅全林、王钦孝、张先道、张先知，以及委员共18人出席会议。县政府副县长高太平、鞠燕芬，县政协主席杨朝福，县法院院长宋声武，县检察院副检察长陈志良及县政府办公室、人事局、法制局、农委、农牧局、林业局、水产局、建委、公安局、财政局、监察局、县供销社、县人大常委会各委室负责人，馆里、马营、开河、后孙庄、韩岗、信楼乡镇人大主席团专职常务主席、部分人大代表列席会议。会议由县人大常委会主任、副主任轮流主持，会议听取县政府副县长高太平所作《关于廉政建设情况的汇报》、县政府办公室主任许安民所作《关于今年农业工作的汇报》、县检察院副检察长陈志良所作《关于打击经济领域严重犯罪情况的汇报》、县法制局局长张继成所作《关于提请对几份规范性文件清理情况进行审议的报告》、县风景名胜区办公室主任孙景全受县政府委托所作《梁山风景名胜区资源保护暂行规定（草案）》及该草案的说明。会议通过《梁山县人大常委会关于清理规范性文件的决定》。会议建议县政府对《梁山县风景名胜区资源保护暂行规定（草案）》，进行补充修改后提交下一次常委会审议通过。会议任免县政府、县人大常委会、县法院工作人员。会议结束时，县人大常委会主任穆衍峰、县政协主席杨朝福、副县长鞠燕芬分别讲话。

第六次会议 梁山县十二届人大常委会第六次会议于1990年12月20日在县人大会议室举行。县人大常委会主任穆衍峰，副主任王占甲、杨念成、傅全林、王钦孝、张先道、张先知，以及委员共17人出席会议。县政府副县长高太平、李来云，县法院院长宋声武，县检察院副检察长陈志良，县政府办公室、人事局、公安局的负责人，县人大常委会各委室负责人以及梁山镇镇长、前集乡乡长列席会议。会议由县人大常委会主任穆衍峰主持。会议听取审议县政府办公室主任许安民受县政府委托提出《梁山风景名胜资源保护暂行规定（草案）》以及该草案的说明，并对《暂行规定（草案）》的个别条款提出了修改意见。会议通过《梁山风景名胜资源保护暂行规定》，会议还作出关于任免县政府、县人民法院工作人员的决定。

第七次会议 梁山县十二届人大常委会第七次会议于1991年1月24—26日举行。县人大常委会主任穆衍峰，副主任王占甲、杨念成、傅全林、王钦孝、张先道、张先知，以及委员共18人出席会议。副县长鞠燕芬、李来云、康绍军，县法院院长宋声武，县检察院检察长姜广仁，县政府办公室，计生委、乡镇企业局、教育局、法制局等单位的负责人，县人大各委室的主任、副主任，梁山镇、前集乡、杨营乡、小路口镇、李官屯乡的人大主席团专职常务主席列席会议。会议由县人大常委会主任、副主任轮流主持。会上，县人大常委会主任穆衍峰传达全省人大工作经验交流会议精神，学习省委书记姜春云、省人大常委会主任李振在全省人大工作经验交流会上的讲话。会议听取县政府办公室主任许安民所作关于1990年计划生育工作情况的汇报、县乡镇企业局长王化文所作关于1990年乡镇企业工作情况的汇报，审议县政府提出的《梁山县实施初等义务教育暂行规定（草案）》，听取县教育局局长谭尊勇所作《梁山县实施初等义务教育暂行规定（草案）》的说明，审议《梁山县人大常委会1991年工作要点》，对计划生育工作和乡镇企业工作提出审议意见。会议原则通过《梁山县实施初等义务教育行规定》和《梁山县人大常委会1991年工作要点》。对于《梁山县实施初等义务教育暂行规定》，会议建议由县人民政府在文字上作进一步修改后颁布施行。会议通过了关于召开县十二届人民代表大会第二次会议的决定，会议决定：1991年3月下旬在县城召开梁山县十二届人民代表大会第二次会议

第八次会议 梁山县十二届人大常委会第八次会议于1991年3月4日在县人大会议室召开。县人大常委会主任穆衍峰主持会议，副主任王占甲、杨念成、傅全林、王钦孝、张先道、张先知以及委员共18人出席会议。原人大常委会主任崔绪照，县法院院长宋声武，县检察院检察长姜

广仁，县政府办公室、县计委、县财政局以及县人大常委会各委室负责人列席会议。会议讨论修改县人大常委会工作报告，提出县十二届人民代表大会第二次会议主席团、常务主席、秘书长、副秘书长、各代表团团长、副团长以及列席人员名单，听取关于县十二届人大代表变动情况的报告，通过有关人事任免事项。

第九次会议 梁山县十二届人大常委会第九次会议于1991年5月8—9日在县人大会议室召开。县人大常委会主任穆衍峰，副主任王占甲、杨念成、傅全林、王钦孝、张先道、张先知以及委员共17人出席会议。县政府副县长李来云、康绍军，县法院副院长董玉华，县检察院检察长姜广仁，县政府办公室，司法局、工商局、建委的负责人，县人大常委会各委室主任、副主任以及梁山镇、前集乡、小路口镇、韩岗镇、小安山乡人大主席团专职常委主席列席会议。会议由县人大常委会主任、副主任轮流主持。会议听取省人大代表、县人大常委会主任穆衍峰传达省七届人大四次会议精神，听取县司法局副局长刘兴文受县普法工作领导小组委托所作《关于在公民中开展法制宣传教育的第二个五年规划》《梁山县1991年法制宣传教育工作实施方案》汇报、县工商局副局长刘金雨关于贯彻执行商标法情况的汇报、县建委主任王孟田关于全县建筑市场管理情况汇报。会议通过《梁山县人大常委会关于深入开展第二个五年法制宣传教育的决议》，并对关于贯彻执行商标法情况和全县建筑市场管理情况的汇报提出审议意见。会议结束时，县人大常委会主任穆衍峰讲话。

第十次会议 梁山县十二届人大常委会第十次会议于1991年7月16—18日在县人大会议室举行。县人大常委会主任穆衍峰，副主任王占甲、杨念成、傅全林、王钦孝、张先道、张先知以及委员共18人出席会议。县政府副县长高太平、李来云，县政协主席杨朝福，县法院院长宋声武，县检察院检察长姜广仁，县政府办公室、水利局、财政局、公安局、建委、工商局、卫生局、计生委、环保局以及县人大常委会各委室负责人，拳铺乡、方庙乡、寿张集乡、马营乡、徐集镇人大主席团专职常委主席列席会议。会议由县人大常委会主任、副主任轮流主持。会议首先视察了县城容貌环境卫生状况，并听取县政府办公室副主任李树合受县政府委托所作《关于县城容貌卫生管理工作情况的汇报》，听取县水利局局长王佑明受县政府委托所作《关于县十二届人大二次会议代表议案办理情况的汇报》、县政府副县长高太平所作《关于县十二届人大二次会议代表议案和建议、批评、意见办理情况的汇报》、县财政局局长刘继庆受县政府委托所作《关于1991年上半年财政预算执行情况的汇报》、县计生委主任江振华受县政府委托所作《关于计划生育工作情况的汇报》。会议通过关于进一步加强计划生育工作的决议、关于加强县城环境卫生治理工作的决议，提出对县政府《关于1991年上半年财政预算执行情况和全年财政形势汇报》的审议意见。根据吕玉山请求和县委提议，会议通过关于批准吕玉山辞去县长职务和任命连广生为梁山县人民政府副县长、代理县长的决定。会议结束时，县人大常委会主任穆衍峰讲话。

第十一次会议 梁山县十二届人大常委会第十一次会议，1991年6月26日在县人大会议室召开。县人大常委会主任穆衍峰主持会议并讲话，副主任王占甲、杨念成、傅全林、张先知、王钦孝、张先道和委员出席会议；县政府副县长高太平、县法院院长宋声武、县政府有关部门负责人、人大常委会各委室负责人列席会议。会议听取县社主任陆书杰关于棉花收购准备工作的情况汇报、公安局局长闫旺亭关于打拐和社会治安工作情况的汇报、科委主任周秀全关于科技工作情况的汇报、计生委关于计划生育超生费管理使用情况的汇报。

第十二次会议 梁山县十二届人大常委会第十二次会议于1991年11月22—23日在县人大

会议室举行。县人大常委会主任穆衍峰，副主任王占甲、杨念成、傅全林、王钦孝、张先道、张先知以及委员共 17 人出席会议。县政府代县长连广生、副县长鞠燕芬，县法院院长宋声武，县检察院检察长姜广仁以及县政府办公室、教育局、法制局、人大常委会各委室负责人和部分乡镇人大主席团专职常务主席列席会议。会议由县人大常委会主任、副主任轮流主持。会议听取县法院院长宋声武《关于梁山县人民法院行政诉讼法实施情况和基层法庭建设情况的汇报》、县检察院检察长姜广仁《关于经济检察和法纪检察情况的汇报》、县教育局局长谭尊勇《关于实施初等义务教育的情况汇报》，并提出审议意见。根据县人大常委会主任会议，县政府代县长、县法院院长，县检察院检察长提请，通过免去有关工作人员职务的决定。会议结束时，县人大常委会主任穆衍峰讲话。

第十三次会议 梁山县十二届人大常委会第十三次会议于 1992 年 1 月 21 日在县人大会议室举行。县人大常委会主任穆衍峰，副主任王占甲、杨念成，傅全林、王钦孝、张先道、张先知，以及委员共 14 人出席会议。县政府副县长李文运，县政协主席杨朝福，县法院副院长李文汉，县检察院检察长姜广仁，县政府办公室、县农牧局、县农委、县工商局、县信访办的负责人和县人大常委会各委室的主任、副主任列席会议。会议由县人大常委会主任、副主任轮流主持。会议听取并审议县农牧局局长武立芳受县政府委托所作关于《山东省农作物种子管理条例》实施情况的汇报。会议审议通过《梁山县人大常委会信访工作暂行办法》，审议通过梁山县人大常委会 1992 年工作要点。会议听取县人大常委会人事代表工作室主任高新魁所作关于县人大代表评议“双管”单位工作情况的汇报。会议通过梁山县人大常委会关于召开梁山县第十二届人民代表大会第三次会议的决定、关于梁山县人民代表大会常务委员会信访接待室更改名称的决定。会议结束时，县人大常委会主任穆衍峰讲话。

第十四次会议 梁山县十二届人大常委会第十四次会议，1992 年 3 月 3 日在县人大会议室召开。县人大常委会主任穆衍峰主持会议并讲话，副主任王占甲、杨念成、傅全林、张先知、王钦孝、张先道和委员出席会议；县政府副县长高太平、县法院院长宋声武、县检察院检察长姜广仁，县政府有关部门负责人、人大常委会各委室负责人列席会议。会议审议《梁山县乡镇人大代表议事会工作暂行办法》《梁山县村民代表议事会暂行办法》；会议讨论修改人大常委会工作报告，听取县政府在十二届三次代表会议上的几个报告及法院、检察院工作报告；听取代表变动情况的报告，通过召开十二届三次会议的决定及有关事项。

第十五次会议 梁山县十二届人大常委会第十五次会议，1992 年 5 月 7—8 日在县人大会议室举行。县人大常委会主任穆衍峰，副主任王占甲、杨念成、傅全林、王钦孝、张先道及委员共 17 人出席会议，省人大代表马心备，市人大代表李明宽，县政府副县长高太平、康绍军，县法院院长宋声武，县检察院检察长姜广仁，县政府办公室、县经委、农委、农牧局、财政局、统计局、人事局、物价局、工业公司、二轻公司、纺织公司的负责人，县人大常委会各委室的负责人，郓陈乡，大路口乡、信楼乡、拳铺乡人大主席团常务主席列席会议。会议由县人大常委会主任、副主任轮流主持。会议听取审议县政府关于贯彻实施《中华人民共和国企业法》情况的汇报，并学习《中华人民共和国代表法》；听取关于贯彻实施国务院《农民承担费用和劳务管理条例》和《山东省农民负担管理条例》情况的汇报。会议作出关于宣传学习《中华人民共和国代表法》的决定，通过关于贯彻实施《中华人民共和国企业法》的决议、关于贯彻实施两个《条例》切实减轻农民负担的决议，会议还通过县政府、县法院提请的人事任免事项。

第十六次会议 梁山县十二届人大常委会第

十六次会议于1992年5月27日在县人大会议室举行。县人大常委会主任穆衍峰，副主任王占甲、杨念成、王钦孝、张先道及委员，共16人出席会议；县政府县长连广生、县法院院长宋声武，县检察院检察长姜广仁，县政府办公室、县人事局、林业局的负责人，县人大常委会委室的负责人列席会议。会议由县人大常委会主任穆衍峰主持。会议通过县政府提请的人事任免事项，审议通过《梁山县1991年至2000年林业发展总体规划》。

第十七次会议 梁山县十二届人大常委会第十七次会议于1992年7月28—29日在县人大会议室举行。县人大常委会主任穆衍峰，副主任王占甲、杨念成、傅全林、王钦孝、张先道及委员共16人出席会议；县政协主席杨朝福、县政府副县长康绍军、县法院院长宋声武、县检察院检察长姜广仁，县政府办公室、县计委、财政局、广播电视局、农委、财委、税务局、乡镇企业局、经委、统计局主要负责人，县人大常委会各委室的负责人及部分乡镇人大主席团专职常务主席列席会议。会议由县人大常委会主任、副主任轮流主持。会议听取审议县计委主任毛允海所作《关于梁山县1992年上半年国民经济和社会发展计划执行情况的报告》，县财政局局长刘继庆所作《关于梁山县1992年上半年财政预算执行情况的报告》，县政府办公室主任刘本相所作《关于梁山县十二届人大三次会议代表议案和建议、批评、意见办理情况的报告》，县广播电视局局长韩相顺所作《关于广播电视工作情况的汇报》。会议通过县人民检察院提请的人事任免事项。

第十八次会议 梁山县十二届人大常委会第十八次会议于1992年9月28—29日在县人大会议室召开。县人大常委会主任穆衍峰，副主任王占甲、杨念成、傅全林、王钦孝、张先道及委员共15人出席会议；县政府副县长高太平、鞠燕芬，县政协主席杨朝福，县法院院长，县检察院检察长，县政府办公室、县财委、粮食局、监察局、县社、商业局、体改委的主要负责人，县人大常委会各委室主任、副主任及部分乡镇人大主席团常务主席列席会议。会议由县人大常委会主任、副主任轮流主持。会上传达省、市人大换届选举工作的意见和市人大研讨、宣传会议精神，听取审议县政府关于全县商业企业“四放开”工作情况、关于《行政监察条例》贯彻执行情况的汇报。会议通过对县政府关于《全县商业企业“四放开”工作情况汇报》的审议意见、关于学习贯彻《行政监察条例》情况汇报的审议意见。会议还任命县选举委员会组成人员。

第十九次会议 梁山县十二届人大常委会第十九次会议于1992年10月17日在县人大会议室召开。县人大常委会主任穆衍峰，副主任王占甲、王钦孝、张先道及委员共14人出席会议。县选举委员会全体组成人员，县政府副县长李来云，县法院院长宋声武，县检察院检察长姜广仁，县人大常委会各委室主任、副主任列席会议。会议由县人大常委会主任穆衍峰主持。会议讨论通过县人大常委会关于县乡两级人民代表大会换届选举的决定及换届选举工作安排意见；讨论通过县选举委员会关于县乡两级人民代表大会换届选举工作具体实施方案，审查通过各乡镇选举委员会组成人员名单。

第二十次会议 梁山县十二届人大常委会第二十次会议于1992年12月11—12日在县人大会议室举行。县人大常委会主任穆衍峰，副主任王占甲、杨念成、傅全林、王钦孝、张先道及委员共16人出席会议；县政府副县长鞠燕芬，县法院院长宋声武，县检察院检察长姜广仁，县政府办公室、财政局、林业局、民政局和县人大常委会各委室的主要负责人列席会议。会议由县人大常委会主任穆衍峰主持。会议听取审议县财政局局长刘继庆所作关于1992年财政预算调整意见的报告、县林业局副局长常树青关于贯彻执行《中华人民共和国森林法》情况的汇报、县民政局局长马兴展关于《中华人民共和国村民委员会组织法（试行）》贯彻执行情况的汇报，会议还听取县人大常委会副主任、县选举委员会副主任张先道关于县乡人大换届选举工作进展情况的汇报。会议通过《梁山县人大常委会关于批准1992年全县财政预算调整意见的决定》，通过对县政府关于《中华人民共和国森林法》《中华人民共和国村民委员会组织法（试行）》贯彻执行情况的审议意见。

第二十一次会议 梁山县十二届人大常委会第二十一次会议于1992年12月25日在县人大会议室召开。县人大常委会主任穆衍峰主持会议并讲话，副主任王占甲、杨念成、傅全林、王钦孝、张先道和委员出席会议；县委书记连广生参加会议，县委组织部、县政府有关部门负责人、县人大常委会各委室负责人列席会议。会议表决通过连广生辞去县长职务、李来云等辞去副县长职务的报告。根据县委书记连广生提名，选举赵步荣、王钦之、牛纲为县政府副县长，任命赵步荣为代理县长。会议任命李文汉为县人民检察院检察委员会委员、副检察长、代理检察长。

第二十二次会议 梁山县十二届人大常委会第二十二次会议，1993年1月15—16日在县人大会议室召开。县人大常委会主任穆衍峰主持会议，副主任王占甲、杨念成、付全林、王钦孝、张先道及委员共17人出席会议。县委副书记、县政府副县长高太平，县政协主席杨朝福，县法院院长宋声武，县检察院副检察长李文汉，县政府办公室、县人事局负责人，县人大常委会各委室主任、副主任列席会议。会议讨论修改县人大常委会工作报告（草案）和县人民代表大会议事规则（草案），听取审议代表资格审查委员会关于县十三届人大代表资格审查报告，审议通过关于召开县十三届人大一次会议的决定及关于县十三届人大一次会议建议议程、建议日程、大会主席团秘书长建议名单、大会列席人员建议名单。会议还通过人事任免事项。

十三届人大常委会会议 1993年2月—1998年1月，梁山县十三届人大常委会共召开会议36次，主要听取审议县政府、县法院、县检察院工作报告并作出决议和决定及审议意见，依法任免国家机关工作人员。

第一次会议 梁山县十三届人大常委会第一次会议于1993年2月23—25日在县人大会议室召开。县人大常委会主任穆衍峰，副主任王占甲、杨念成、鞠燕芬、傅全林、王钦孝、张先道及委员共19人出席会议；县政府副县长王佑明、王瑞兰，县法院副院长仲维功，县检察院副检察长陈志良，县政府办公室、县人大常委会各委室负责人列席会议。会议由县人大常委会主任、副主任轮流主持。会上，县人大常委会主任穆衍峰就进一步解放思想换脑筋，充分认识人大及其常委会的性质、地位和作用，县人大常委会如何加强自身建设，依法行使职权等问题作重要讲话。会议组织学习宪法、地方组织法；审议通过梁山县人大常委会议事规则、梁山县人大常委会1993年工作要点、梁山县十三届人大常委会代表资格审查委员会组成人员名单，会议还通过了人事任免事项。

第二次会议 梁山县十三届人大常委会第二次会议于1993年3月26—27日在县人大会议室举行。县人大常委会主任穆衍峰，副主任王占甲、杨念成、鞠燕芬、傅全林、王钦孝、张先道及委员共20人出席会议；县政府县长赵步荣，县委常委、组织部长李继军，县政府副县长张先知，县法院院长宋声武、县检察院检察长李文汉，县政府办公室、县人事局、农委、农牧局、水利局、林业局、农机局、卫生局、工商局、药材公司、县人大常委会各委室的负责人，大路口、黑虎庙、小安山、徐集、马营、拳铺六乡镇人大主席团常务主席列席会议。县人大常委会主任、副主任轮流主持会议。会上，县人大常委会主任穆衍峰传达济宁市十二届人民代表大会第一次会议精神；会议听取县政府《关于发展高产优质高效农业情况》和《中华人民共和国药品管理法》实施情况的汇报，并通过县人大常委会对县政府关于发展高产优质高效农业情况汇报的审议意见、关于《中华人民共和国药品管理法》实施情况汇报的审议意见。会议还通过人事任免事项。

第三次会议　梁山县十三届人大常委会第三次会议于1993年5月15—17日在县人大会议室举行。县人大常委会主任穆衍峰，副主任王占甲、杨念成、鞠燕芬、傅全林、王钦孝、张先道及委员共20人出席会议；县委书记连广生，县政府副县长高太平、王钦之，县法院院长宋声武，县检察院检察长李文汉，县政府办公室、县人事局、农委、农牧局、财委、经委、粮食局、商业局、财政局、税务局、县社、工业公司、纺织公司、二轻公司、县人行、工行、农行、建行、中行的负责人，县人大常委会各委室主任、副主任，赵堌堆、杨营、馆驿、韩岗、寿张集、梁山镇六乡镇人大主席团常务主席列席会议。县人大常委会主任、副主任轮流主持会议。会议听取审议并通过县政府关于贯彻执行《中华人民共和国全民所有制工业企业转换经营机制条例》情况汇报的审议意见、关于依法减轻农民负担情况汇报的审议意见。会议作出关于设市撤县的决议。会议通过人事任免事项。

第四次会议　梁山县十三届人大常委会第四次会议于1993年7月27—29日在县人大会议室举行。县人大常委会主任穆衍峰，副主任王占甲、杨念成、鞠燕芬、傅全林、王钦孝、张先道及委员共19人出席会议，县政府副县长高太平、康绍军，县法院院长宋声武，县检察院检察长李文汉，县政府办公室、县计委、财委、财政局、卫生局、税务局的负责人，县人大常委会各委室的主任、副主任，小路口、郓陈、袁口、开河、方庙五处乡镇人大主席团常务主席列席会议。会议由县人大常委会主任、副主任轮流主持。会议听取县政府关于梁山县1993年上半年国民经济和社会发展计划执行情况、关于1993年上半年财政预算执行情况、关于贯彻实施《中华人民共和国食品卫生法》《中华人民共和国税收征收管理法》情况等汇报。会议通过对县政府关于1993上半年国民经济和社会发展计划及财政预算执行情况报告、关于贯彻实施《中华人民共和国食品卫生法》《中华人民共和国税收征收管理法》情况报告的审议意见。会议结束时，县人大常委会主任穆衍峰讲话。

第五次会议　梁山县十三届人大常委会第五次会议于1993年9月27—28日在县人大会议室举行。县人大常委会主任穆衍峰，副主任王占甲、杨念成、鞠燕芬、傅全林、王钦孝、张先道及委员共18人出席会议；县政府县长赵步荣、副县长王佑明，县法院院长宋声武、县检察院检察长李文汉及县政府有关部门、县人大常委会各委室的负责人列席会议。会议由县人大常委会主任、副主任轮流主持。会议听取审议县法院关于《中华人民共和国行政诉讼法》实施情况、县检察院关于依法惩处贪污贿赂等经济犯罪为改革开放和经济建设服务情况、县政府关于《中华人民共和国经济合同法》贯彻实施和“打假”情况及抗灾自救工作的汇报。会议通过关于依靠广大人民群众认真做好抗灾自救工作的决议和有关情况的审议意见；会议还通过了有关人事任免事项。

第六次会议　梁山县十三届人大常委会第六次会议于1993年11月29—30日在县人大会议室举行。县人大常委会主任穆衍峰，副主任杨念成、鞠燕芬、傅全林、王钦孝、张先道及委员共17人出席会议。县政府县长赵步荣，副县长李文运，王佑明、王瑞兰，县法院院长宋声武、县检察院检察长李文汉，县政府办公室、人事局、环保局、公安局、普法办公室的主要负责人，县人大常委会各委室负责人列席会议，会议由县人大常委会主任、副主任轮流主持。会议听取县政府关于《中华人民共和国环境保护法》实施情况、全县社会治安工作情况的汇报、县普法办公室关于全县“二五”普法教育工作情况的汇报，县人大常委会关于全县执法大检查情况的汇报。会议通过县人大常委会关于深入开展普法教育和依法治理工作的决议，通过县政府《关于〈中华人民共和国环境保护法〉实施情况汇报》的审议意见和《关于全县社会治安工作情况汇报》的审议意见。会议还通过了有关人事任免事项。

第七次会议 梁山县十三届人大常委会第七次会议于1993年12月8日在县委第一会议室举行。县人大常委会主任穆衍峰，副主任王占甲、杨念成、鞠燕芬、傅全林、王钦孝、张先道及委员共20人出席会议。县政府县长赵步荣，县政协主席杨朝福，县法院院长宋声武，县检察院检察长李文汉，县政府有关部门、县人大常委会各委室的负责人列席会议。县人大常委会主任穆衍峰主持会议并讲话。会议主要通过人事任免事项，以举手表决方式通过县人大常委会、县政府、县法院、县检察院负责人提请的免职案，以无记名投票方式通过有关任命案。在通过县政府提请的任命之前，被提请任命的县政府有关部门的负责人，向会议作供职报告。会上对被任命的县政府工作人员颁发任命书。

第八次会议 梁山县十三届人大常委会第八次会议于1994年1月19日在县人大会议室举行。县人大常委会主任穆衍峰，副主任王占甲、杨念成、鞠燕芬、傅全林、王钦孝、张先道及委员共19人出席会议；县人大常委会主任穆衍峰主持会议。会议讨论修改县人大常委会工作报告，讨论通过县人大常委会1994年工作要点，听取审议县政府关于1993年财政预算部分变更情况的汇报，酝酿通过梁山县十三届人大二次会议主席团、秘书长等建议名单，补选济宁市第十二届人大代表，作出关于批准梁山县1993年财政收支预算部分变更的决定。

第九次会议 梁山县十三届人大常委会第九次会议于1994年3月29—30日在人大会议室举行。县人大常委会主任穆衍峰，副主任王占甲、杨念成、鞠燕芬、傅全林、王钦孝、张先道及委员共17人出席会议。县人民政府县长赵步荣，副县长康绍军、张先知、王钦之，县人民法院副院长董玉华、县人民检察院检察长李文汉及县政府办公室、人事局、公安局、监察局、财政局、风景名胜区管理委员会、司法局、税务局、土地矿产局、县人大常委会各委室主要负责人列席会议。会议由县人大常委会主任、副主任轮流主持。会议听取县公安局局长高思贞关于全县开展专项打击情况的汇报、县监察局局长赵保伦关于全县开展反腐败斗争情况的汇报、县风景名胜区管理委员会主任赵德全关于水泊梁山风景名胜区旅游资源开发和旅游事业发展情况的汇报、县财政局副局长贾维共关于梁山县1994年财政预算（草案）的报告。会议通过《关于批准梁山县1994年财政预算的决定》，提出关于开展专项打击、反腐败斗争、旅游资源开发和发展旅游事业的审议意见。根据县人大常委会主任穆衍峰、县长赵步荣、县法院院长宋声武的提请，会议任免县人大常委会机关、县人民政府和县人民法院工作人员。

第十次会议 梁山县第十三届人大常委会第十次会议于1994年5月30—31日在县人大会议室举行。县人大常委会主任穆衍峰，副主任王占甲、杨念成、鞠燕芬、傅全林、王钦孝、张先道及委员共19人出席会议。县政府县长赵步荣、副县长康绍军、县法院副院长董玉华、县检察院检察长李文汉及县政府办公室、县农委、科委、经贸委、人事局、农业服务中心、林业服务中心、农机服务中心、水产服务中心、棉花服务中心、县人大常委会各委室负责人列席会议。会议由县人大常委会主任、副主任轮流主持。会议听取审议县政府关于农业"两法"贯彻执行情况、关于工业企业产权改革和生产情况、关于县十三届人大二次会议代表建议批评意见办理情况的汇报。会议通过县人大常委会关于认真贯彻执行农业"两法"的决议、关于在全县国家机关中实行执法责任制的决定，会议还通过了对县政府《关于工业企业产权改革和生产情况的汇报》的审议意见和人事任免事项。

第十一次会议 梁山县十三届人大常委会第十一次会议于1994年7月27—29日在县人大会议室举行。县人大常委会主任穆衍峰，副主任王占甲、杨念成、王钦孝、张先道及委员共15人出席会议；县政府县长赵步荣、副县长高太平，县法院院长宋声武、县检察院检察长李文汉及县政府办公室、县农委、经贸委、计委、财政局等有关部门及县人大常委会各委室负责人和开河乡、韩垓乡、袁口乡、韩岗镇、徐集镇、信楼乡人大主席团专职常务主席列席会议。会议由县人大常委会主任、副主任轮流主持。会议听取县政府关于《中华人民共和国产品质量法》贯彻执行情况、减轻农民负担情况、1994年上半年国民经济和社会发展计划及财政预算执行情况的汇报，并通过县人大常委会对县政府三项汇报的审议意见；会议还通过人事任免事项。

第十二次会议 梁山县十三届人大常委会第十二次会议于1994年9月27—29日在县人大会议室举行。县人大副主任王占甲、杨念成、鞠燕芬、傅全林、王钦孝、张先道及委员共13人出席会议；县政府副县长高太平、张先知，县法院副院长董玉华、县检察院检察长李文汉及县政府办公室、县农委、教委、畜牧服务中心的负责人，县人大常委会各委室负责人，部分乡镇人大主席团专职常务主席列席会议。会议由各位副主任轮流主持。会议听取审议县政府关于《中华人民共和国教师法》《中华人民共和国义务教育法》贯彻执行情况、畜牧工作情况和县法院经济审判工作情况的汇报。会议通过县人大常委会对县政府关于《中华人民共和国教师法》《中华人民共和国义务教育法》贯彻执行情况、畜牧工作情况、县法院经济审判工作情况的审议意见，会议还通过《梁山县人大常委会关于监督检查执法机关和部门实行执法责任制的实施意见》及有关人事任免事项。会议结束时县人大常委会副主任王占甲讲话。

第十三次会议 梁山县十三届人大常委会第十三次会议于1994年11月20日、30日在县人大会议室举行。县人大常委会主任穆衍峰，副主任王占甲、杨念成、鞠燕芬、傅全林、王钦孝、张先道及委员共17人出席会议。县人大常委会主任、副主任轮流主持会议。会议听取审议县政府关于《中华人民共和国反不正当竞争法》贯彻实施情况、县检察院关于打击经济犯罪工作情况的汇报，审议县政府提出的关于筹集济梁公路延伸段（公明大道）工程建设资金的议案。会议通过县人大常委会关于筹集济梁公路延伸段（公明大道）工程建设资金议案的决议，通过县政府关于《反不正当竞争法》贯彻实施情况、县检察院关于打击经济犯罪情况的审议意见，会议还通过有关人事任免事项。

第十四次会议 梁山县十三届人大常委会第十四次会议于1995年1月4日在县人大会议室举行。县人大常委会主任穆衍峰，副主任王占甲、杨念成、鞠燕芬、张先道及委员共15人出席会议。县政府副县长王佑明，县法院副院长董玉华，县检察院副检察长王宜福及县政府办公室、县财政局、计委及县人大常委会委室的负责人列席会议。会议由县人大常委会主任穆衍峰主持。会议审议通过《县人大常委会关于召开县十三届人大三次会议的决定》，通过县政府关于提请免去康绍军、李映边副县长职务的议案。

第十五次会议 梁山县十三届人大常委会第十五次会议于1995年1月18日在县人大会议室举行。县人大常委会主任穆衍峰，副主任王占甲、杨念成、鞠燕芬、傅全林、王钦孝、张先道及委员共17人出席会议。县政府副县长高太平，县法院院长宋声武，县检察院检察长李文汉，县政府办公室、县计委、财政局、国税局、地税局、人事局的负责人，县人大常委会机关全体干部列席会议。会议由县人大常委会主任穆衍峰主持。会议听取审议县财政局副局长贾维共所作关于梁山县1994年财政决算和1995年财政预算情况的汇报，讨论修改县人大常委会工作报告，审议通过县人大常委会1995年工作要点，酝酿并提出县十三届人大三次会议建议议程、日程及县十三届人大三次会议主席团、秘书长等项建议名单，审议通过县十三届人大常委会代表资格审查委员会主任张先道所作关于补选的代表资格的审查报告。

第十六次会议 梁山县十三届人大常委会第十六次会议于1995年3月28—29日在县人大会议室举行。县人大常委会主任穆衍峰，副主任王占甲、杨念成、鞠燕芬、傅全林、王钦孝、张先道及委员共19人出席会议。县政府县长赵步荣、副县长李文运，县法院副院长董玉华，县检察院副检察长王宜福，县政府办、县经贸委、统计局、乡镇企业局、监察局、财政局、国税局、地税局、审计局、农委、农业服务中心、人民银行、建设银行、工商银行、中国银行的负责人，县人大常委会各委室负责人，小安山乡、王府集乡、李官屯乡、郓陈乡、馆驿乡、韩岗镇人大主席团专职常务主席列席会议。县人大常委会主任、副主任轮流主持会议。会议听取并审议县统计局局长刘如平受县政府委托所作《关于〈中华人民共和国统计法〉贯彻实施情况的汇报》，县经贸委主任王洪伦受县政府委托所作《关于县工业企业生产经营管理及效益情况的汇报》。会议通过县人大常委会对县政府关于《中华人民共和国统计法》贯彻实施情况、县工业企业生产经营管理及效益情况的审议意见。会议结束时，县人大常委会主任穆衍峰讲话。

第十七次会议 梁山县十三届人大常委会第十七次会议于1995年5月30—31日在县人大会议室举行。县人大常委会主任穆衍峰，副主任王占甲、杨念成、鞠燕芬、傅全林、王钦孝、张先道及委员共18人出席会议。县政府副县长高太平、李文运，县法院院长宋声武，县检察院检察长李文汉，县政府办公室、县农委、农业服务中心、监察局、审计局、公安局、司法局、人民银行、农业银行、信用联社的负责人，县人大常委会各委室负责人，开河乡、徐集镇、方庙乡、拳铺乡、后孙庄乡人大主席团专职常务主席列席会议。县人大常委会主任、副主任轮流主持了会议。会议听取县公检法司机关关于人大代表评议后整改情况，县农业服务中心关于村财务管理情况，县政府关于县十三届人大三次会议代表议案及建议、批评意见办理情况的汇报，并对几项汇报进行审议，提出了意见和建议。会议通过了《梁山县人大常委会关于加强农村财务管理的决议》，会议还通过人事任免事项。

第十八次会议 梁山县十三届人大常委会第十八次会议于1995年7月27—28日在县人大会议室举行。县人大常委会主任穆衍峰，副主任王占甲、杨念成、鞠燕芬、傅全林、王钦孝、张先道及委员19人出席会议。县政府县长赵步荣，副县长李文运、王钦之，县法院院长宋声武，县检察院检察长李文汉，县政府办公室、县计委、交通局、人事局、财政局、工商物价局、公路局、技术监督局的主要负责人，县人大常委会各委室负责人，前集乡、梁山镇、马营乡、杨营乡、馆里乡人大专职常务主席列席会议。会议由县人大常委会主任、副主任轮流主持。会议听取县政府关于贯彻实施《中华人民共和国消费者权益保护法》及“打假”情况、交通管理及公路建设情况、贯彻实施《中华人民共和国预算法》及1995年上半年国民经济和社会发展计划、财政预算执行情况的汇报。会议通过县人大常委会对县政府关于贯彻实施《中华人民共和国消费者权益保护法》及“打假”情况、交通管理及公路建设情况、贯彻实施《中华人民共和国预算法》及1995年上半年国民经济和社会发展计划、财政预算执行情况汇报的审议意见。会议还通过了人事任免事项。

第十九次会议 梁山县十三届人大常委会第十九次会议于1995年9月28—29日在县人大会议室举行。县人大常委会主任穆衍峰，副主任王占甲、杨念成、鞠燕芬、王钦孝、张先道及委员共16人出席会议。县政府副县长高太平、李文运、王钦之，县法院院长宋声武，县检察院检察长李文汉，县政府办公室、县计委、经贸委、劳动局、公安局的主要负责人，县人大常委会各委室负责人，黑虎庙乡、郓陈乡、大路口乡、赵堌堆乡、寿张集乡、小路口镇人大专职常务主席列席会议。会议由县人大常委会主任副主任轮流主持。会议听取县政府关于《中华人民共和国劳动法》贯彻实施情况、关于社会治安工作情况、“九五”期间新上重点项目和企业技改设想以及县法院关于民事审判工作情况的汇报。会议通过县人大常委会对县政府关于贯彻实施《中华人民共和国劳动法》、社会治安工作、、县法院关于民事审判工作的审议意见。会议还通过人事任免事项。

第二十次会议 梁山县十三届人大常委会第二十次会议于1996年1月28—29日在县人大会议室举行。县人大常委会主任穆衍峰，副主任王占甲、杨念成、鞠燕芬、张先道及委员共18人出席会议。县政府副县长高太平、县政协副主席刘邦兰、县法院副院长董玉华、县检察院检察长李文汉，县政府办公室、县审计局、财政局、司法局、公安局、人事局、监察局、民政局、国税局、地税局、经贸委等部门的负责人，县人大常委会各委室负责人列席会议。会议由县人大常委会主任、副主任轮流主持。会议听取县政府关于《中华人民共和国审计法》贯彻实施情况、“二五”普法情况、1995年财政预算变更情况的汇报，会议还听取县人大常委会副主任张先道关于全县乡镇换届选举工作的汇报。会议通过县人大常委会对县政府关于贯彻实施《中华人民共和国审计法》情况的审议意见，通过县人大常委会关于批准梁山县1995年财政预算部分变更的决定。会议还通过人事任免事项。

第二十二次会议 梁山县十三届人大常委会第二十二次会议于1996年3月28—29日在县人大会议室举行。县人大常委会副主任王占甲、杨念成、傅全林、王钦孝、张先道及委员共16人出席会议，县政府副县长张先知、王钦之，县政协主席杨朝福，县法院院长宋声武，县检察院检察长李文汉，县政府办公室、建委、农委、科委、林业局、农业局、旅游局等部门的负责人，县人大常委会各委室负责人，梁山镇、寿张集、大路口、小路口、赵堌堆5乡镇人大专职常务主席列席会议。会议由县人大常委会副主任轮流主持。会议通过梁山县人大常委会1996年工作要点，听取县政府关于《中华人民共和国科技进步法》《中华人民共和国科学技术进步条例》《中华人民共和国森林法》贯彻实施情况的汇报，会议通过县人大常委会对县政府关于贯彻实施《中华人民共和国科学进步法》《中华人民共和国科技进步条例》情况汇报的审议意见，通过县人大常委会对县政府关于贯彻实施《中华人民共和国森林法》情况汇报的决议。

第二十三次会议 梁山县十三届人大常委会第二十三次会议于1996年5月29—30日在县人大会议室举行。县人大常委会副主任王占甲、杨念成、鞠燕芬、傅全林、王钦孝、张先道及委员共17人出席会议。县人大常委会党组副书记刘殿印，县政府副县长高太平，县政协主席杨朝福，县法院院长宋声武，县检察院检察长李文汉，县政府办公室、农委、水利局、水产服务中心、移民办、财政局、审计局、地税局的负责人、县人大常委会各委室负责人，馆里乡、杨营乡、黑虎庙乡、郓陈乡、拳铺乡、马营乡、前集乡人大主席列席会议。会议由县人大常委会副主任轮流主持。会议听取关于梁山县第十三届人大四次会议代表建议、批评、意见办理情况的报告，听取关于湖区涝洼沼泽地综合开发改造情况的汇报、梁山县1995年本级财政预算执行情况审计工作报告，会议通过三项审议意见。会议根据县法院院长宋声武提请的议案，依法任免县人民法院的工作人员。

第二十四次会议 梁山县十三届人大常委会第二十四次会议于1996年7月29—30日在县政

府第三会议室举行，县人大常委会副主任王占甲、杨念成、鞠燕芬、傅全林、王钦孝、张先道及委员共17人出席会议。人大常委会党组副书记刘殿印、县政协主席杨朝福、县政府副县长张先知、县法院院长宋声武、县检察院检察长李文汉、县政府办公室、计委、教委、科委、财委、财政局的负责人、县人大常委会各委室主任、副主任，方庙乡、徐集镇、王府集乡、韩垓乡、开河乡、袁口乡的人大主席列席会议。会议由县人大常委会各位副主任轮流主持。会议听取审议县计委主任毛允海、县财政局局长刘东升受县政府委托所作关于1996年上半年国民经济和社会发展计划执行情况的汇报、1996年上半年财政预算执行情况的汇报，听取审议县教委主任谭尊勇受县政府委托所作教育法贯彻实施情况的汇报。会议根据县长赵步荣提请的议案，听取审议县政府关于科技兴梁战略纲要和“九五”——2010年科技事业发展规划及增列科技三项费用支出情况的汇报。会议通过两项审议意见，作出两项决定，根据县长赵步荣提请的议案和检察院检察长李文汉提请的议案，会议依法任免县政府副县长和检察院工作人员。

第二十五次会议 梁山县十三届人大常委会第二十五次会议于1996年9月25—26日召开，会议听取审议县经委副主任李树合关于县属以上工业企业1—8月经济运行情况的汇报、县公安局局长高思贞关于全县社会治安工作情况和贯彻实施《中华人民共和国治安管理处罚条例》情况的汇报，并就两项工作提出相关意见和建议。

第二十六次会议 梁山县十三届人大常委会第二十六次会议于1996年11月26—27日召开。会议听取审议县法院院长宋声武关于法院执行工作情况的汇报、县技术监督局局长马宏立关于打击制售假冒伪劣商品违法行为工作情况的汇报、县司法局局长邓兆俊关于在全县公民中开展法制宣传教育的第三个五年规划和依法治县第二个五年规划的汇报，并就有关方面的工作提出相关意见和建议。

第二十七次会议 梁山县十三届人大常委会第二十七次会议于1997年2月18日在县人大会议室举行。县人大常委会副主任王占甲、杨念成、鞠燕芬、傅全林、王钦孝、张先道及委员共18人出席会议。县人大党组副书记刘殿印，县委副书记、组织部长李继军、县法院院长宋声武、县检察院检察长李文汉、副县长李文运，县政府办公室、人事局、财政局及县人大常委会委室负责人列席会议。会议由县人大常委会副主任王占甲主持。会议审议通过《梁山县人大常委会关于召开县十三届人大五次会议的决定》。通过县政府关于提请任命曹耀华为副县长、代理县长和周洪为副县长职务的议案，县政府关于提请免去赵步荣县长职务、高太平副县长职务的议案。

第二十九次会议 梁山县第十三届人大常委会第二十九次会议于1997年4月23—24日在县人大会议室举行，县人大常委会主任高太平，副主任王占甲、刘殿印、杨念成、鞠燕芬、傅全林、王钦孝、张先道及委员共17人出席会议，县政府县长曹耀华，副县长周洪，县法院院长宋声武，县检察院副检察长王宜福，县政府办公室、县监察局、县财政局、县地税局、县财委、县审计局、县人行的主要负责人，县人大常委会各委室负责人，大路口乡、郓陈乡、小路口镇、赵堌堆乡、黑虎庙乡、杨营乡的人大主席列席会议。会议由县人大常委会的主任、副主任轮流主持。会议听取县检察院关于法纪检察工作情况的汇报、关于梁山县1996年本级财政预算执行情况的汇报，并通过相应审议意见。

第三十次会议 梁山县十三届人大常委会第三十次会议于1997年6月29日在县人大会议室举行。县人大常委会主任高太平，副主任王占甲、刘殿印、杨念成、鞠燕芬、傅全林、王钦孝、张先道及委员共20人出席会议。县政府县长曹耀华，副县长周洪、李文运，县政协主席杨朝福，县法院院长宋声武、县检察院检察长李文汉及县政府办公室、县人事局、县经委、县财委、县农委、县工商局、县地税局、县物价局、县农业局的主要负责人，县人大常委会各委室负责人，拳铺乡、方庙乡、信楼乡、韩垓乡、开河乡、徐集镇人大主席列席会议。会议由人大常委会主任、副主任轮流主持。会议审议关于十三届人大第五次会议建议、批评意见的办理情况，审议通过关于减轻农民负担情况的汇报及县政府关于提请任免工作人员的议案。

第三十一次会议 梁山县十三届人大常委会第三十一次会议于1997年8月26—27日在县人大会议室举行，县人大常委会主任高太平，副主任王占甲、刘殿印、杨念成、鞠燕芬、傅全林、王钦孝、张先道及委员共18人出席会议；县政府副县长周洪，县政协主席杨朝福，县法院院长宋声武，县检察院检察长李文汉，县政府办公室、计委、财委、农委、经委、政法委、财政局、企业局、地税局、国税局、统计局的主要负责人，县人大常委会各委室负责人，袁口乡、韩岗镇、王府集乡、馆驿乡、李官屯乡的人大主席列席会议。会议由县人大常委会主任、副主任轮流主持。会议听取审议县政府关于上半年国民经济和社会发展计划执行情况的汇报、关于上半年财政预算执行情况的汇报，县法院关于经济审判工作情况的汇报。会议对三项工作进行审议，并通过两项审议意见，会议还通过人事任免事项。

第三十二次会议 梁山县十三届人大常委会第三十二次会议于1997年10月28日在县人大会议室召开。县人大常委会副主任刘殿印、杨念成、鞠燕芬、傅全林、王钦孝、张先道及各位委员出席会议，县委副书记、常务副县长周洪，县政协、县法院、县检察院等有关部门主要负责人及乡镇人大主席列席会议。会议听取并审议县计委副主任高建国所作《关于“企业211规模工程”进展情况的汇报》和县农委主任张振来所作《关于〈中华人民共和国农业法〉和《中华人民共和国农业技术推广法》贯彻执行情况的汇报，会议通过县十四届人大选举委员会成员名单。

第三十三次会议 梁山县十三届人大常委会第三十三次会议于1997年11月21日在人大会议室召开，会议由县人大常委会主任高太平主持。会议讨论并通过关于县级人民代表大会换届选举的决定、关于1998年全县人大换届选举工作安排意见；听取梁山县选举委员会关于县级人民代表大会换届选举工作的实施方案的汇报。会议决定：1997年12月31日为选举县级人民代表大会代表选举日；县十四届人民代表大会第一次会议应于1998年1月20日前召开；梁山县十四届人民代表大会代表的名额为259名。

第三十四次会议 梁山县十三届人大常委会第三十四次会议于1997年12月19日在县人大会议室召开。县人大常委会主任高太平，副主任王占甲、刘殿印、杨念成、鞠燕芬、傅全林、王钦孝、张先道以及各位委员出席了会议。会议决定任命温杭东、商建设、陈波（挂职）为副县长，温杭东任代理县长，并任命张仁端为县法院副院长、代理院长；会议同意曹耀华辞去县长职务，周洪、王钦之辞去副县长职务，宋声武辞去县法院院长职务。

第三十六次会议 梁山县十三届人大常委会第三十六次会议于1998年1月7日召开。会议由县人大常委会主任高太平主持，会议讨论修改提交梁山县第十四届人民代表大会第一次会议审议的县人大常委会工作报告，听取县选举委员会关于换届选举工作报告，审议批准代表资格审查报告、筹备工作报告。会议决定：梁山县第十四届人民代表大会第一次会议于1998年1月11-17日在县城召开，会议审议通过第十四届人民代表大会第一次会议大会议程和大会主席团、常务主席、秘书长建议名单，决定列席人员名单。

十四届人大常委会会议 1998年1月至2003年1月，梁山县第十四届人大常委会共召开会议46次，主要听取审议县政府、县法院、县检察院工作报告并作出决议和决定及审议意见，依法任免国家机关工作人员。

第一次会议 梁山县十四届人大常委会第一次会议于1998年1月18日召开。县人大常委会主任高太平主持会议并讲话。十四届人大常委会副主任刘殿印、鞠燕芬（女）、王佑明、林英科、王志宪、信在高，委员13人出席会议。会议根据县委提议，决定任命张忠建为梁山县人民政府副县长。

第二次会议 梁山县十四届人大常委会第二次会议于1998年3月14日在县人大会议室召开。会议任命张忠建为梁山县人民政府代理县长，任命王佑明、陆书杰为县人民政府副县长。会议决定接受王佑明辞去县人大常委会副主任职务的请求。

第三次会议 梁山县十四届人大常委会第三次会议于1998年3月31日在县人大会议室召开。县人大常委会主任高太平，副主任刘殿印、鞠燕芬、林英科、王志宪、信在高及委员共19人出席会议；县政府代理县长张忠建、县法院院长张仁端、县检察院检察长李文汉、县人大常委会各委室主任列席会议，会议由县人大常委会主任高太平、副主任刘殿印主持。会议讨论通过县人大常委会议事规则、县人大常委会1998年工作要点；表决通过代表资格审查委员会组成人员；根据代理县长张忠建提请，决定任命县政府部分组成人员。高太平主任就县人大常委会工作讲话，并安排工作。

第四次会议 梁山县十四届人大常委会第四次会议于1998年5月29日召开。会议听取审议县政府副县长王佑明代表县政府所作关于县十四届人大一次会议议案、建议、批评、意见办理情况的汇报，并就解决下岗职工再就业和市容市貌管理工作中存在的问题及黄河滩区村庄迁建工作提出意见和建议。会议听取审议县水利局局长李厚道受县政府委托所作关于《中华人民共和国水法》贯彻执行情况的汇报，并就《中华人民共和国水法》学习宣传、水利建设、水资源和水利工程设施的保护管理、水政执法队伍建设以及水利设施产权改革提出意见和建议。会议还就强化市场经营秩序整顿、为下岗职工再就业创造良好的外部环境，认真搞好县城环境卫生、切实加强市容市貌管理，落实打井专项补助资金、保护群众兴修水利的积极性三方面建议落实情况，提出一个月后向人大常委会主任会议汇报，督促县政府及有关部门贯彻落实。

第五次会议 梁山县十四届人大常委会第五次会议于1998年6月27日在县人大常委会议室举行。县人大常委会主任高太平主持会议，副主任刘殿印、鞠燕芬、林英科、王志宪、信在高出席会议。会议通过县人民政府组成人员、县人大常委会机关工作人员、县人民法院审判人员和县人民检察院检察人员任免事项。

第六次会议 梁山县十四届人大常委会第六次会议于1998年7月28—29日在县人大会议室召开，县人大常委会主任高太平和副主任刘殿印、鞠燕芬分别主持会议，副主任林英科、信在高出席会议。县政协主席杨朝福、副主席李兆申以及部分乡镇人大主席，县人大常委会和县政府有关部门负责人列席会议。会议听取审议县计划委员会主任高建国、县财政局副局长刘东升受县政府委托所作梁山县1998年上半年国民经济和社会发展计划执行情况及财政预算执行情况的汇报，县审计局局长高承坤受县政府委托所作关于1997年本级财政预算执行情况的审计工作报告，县财政局副局长刘东升所作关于1997年县级财政决算的报告，县农业局局长杨绍建受县政府委托所作关于全县上半年减轻农民负担工作进展情况的汇报。会议批准关于1997年县级财政决算的报告。会议通过县人大常委会关于加强自身建设的意见、人事任免办法和任命县政府组成人员、县法院审判人员、县检察院检察人员职务议案。

第七次会议 梁山县十四届人大常委会第七次会议于1998年9月30日在县人大会议室召开。

县人大常委会主任高太平，副主任刘殿印、鞠燕芬、林英科、王志宪及委员共 18 人出席会议，县政府副县长李文运，县政协副主席李兆申，县法院副院长仲维功，县检察院检察长李文汉，县政府办公室主任刘本相，县公安局局长王学全，县司法局局长邓兆俊，县教委主任姜广生，县人大常委会各委室主任、副主任，韩垓乡、徐集镇、方庙乡、开河乡、信楼乡、拳铺乡的人大主席列席会议。会议由县人大常委会主任高太平，副主任刘殿印主持。会议听取审议“一府两院”关于贯彻实施《中华人民共和国刑事诉讼法》情况的汇报，听取审议县政府贯彻实施《中华人民共和国教育法》情况汇报。会议通过两项工作汇报的审议意见。

第八次会议 梁山县十四届人大常委会第八次会议于 1998 年 11 月 26—27 日在县人大会议室召开。县人大常委会主任高太平，副主任刘殿印、鞠燕芬、林英科、王志宪、信在高及委员共 17 人出席会议，县政府副县长李文运、县政协副主席李兆申、县法院院长张仁端、县检察院检察长李文汉，县政府办公室、县农委、县土矿局、县建委、县财委、县公安局、县审计局、县财政局的主要负责人、县人大常委会各委室负责人，袁口乡、王府集乡、馆驿乡、小安山乡的人大主席列席会议，会议由县人大常委会主任高太平、副主任刘殿印和鞠燕芬主持。会议听取审议县政府关于《中华人民共和国土地管理法》贯彻执行情况的汇报、关于社会治安工作情况的汇报。会议通过两项汇报审议意见。会议还通过关于加强预算管理监督的试行办法。

第九次会议 梁山县十四届人大常委会第九次会议于 1998 年 12 月 31 日在县人大会议室召开。县人大常委会主任高太平，副主任刘殿印、鞠燕芬、林英科、王志宪、信在高及委员共 18 人出席会议。县政府副县长李文运、县政协主席杨朝福、县法院院长张仁端、县检察院检察长李文汉、县人大常委会各委室负责人以及县政府办公室、公安局、司法局主要负责人列席会议，会议由县人大常委会主任高太平主持。会议听取县财政局副局长刘东升受县政府委托所作的关于 1998 年财政收支预算变更意见的报告，作出批准预算变更的决定；讨论通过县人大常委会关于建立司法报告制度的若干规定；表决通过部分县级人大代表的辞呈；作出关于召开县十四届人大二次会议的决定。会议结束时，高太平主任讲话，就有关事宜作安排。

第十次会议 梁山县十四届人大常委会第十次会议于 1999 年 1 月 19 日在县人大会议室召开。县人大常委会主任高太平，副主任刘殿印、鞠燕芬、林英科、信在高及委员共 17 人出席会议。县政府副县长陆书杰、县政协副主席刘邦兰、县法院副院长仲维功、县检察院检察长李文汉及县人大常委会各委室负责人和县政府办公室、县财政局负责人列席会议。会议由县人大常委会主任高太平主持。会议审议批准县人大常委会代表资格审查委员会关于补选代表资格审查的报告；讨论通过拟提交县十四届人大二次会议审议的县人大常委会工作报告；通过县十四届人大二次会议主席团、常务主席秘书长建议名单；通过县十四届人大二次会议列席人员名单；听取和初步审查县政府关于梁山县 1998 年财政预算执行情况和 1999 年财政预算（草案）的报告；表决通过有关人事任免事项。

第十一次会议 梁山县十四届人大常委会第十一次会议于 1999 年 2 月 5 日在县人大会议室召开。县人大常委会主任高太平，副主任刘殿印、林英科、王志宪、信在高、李文汉及委员共 17 人出席会议。县政府副县长刘振西，县政协副主席张先知，县法院副院长仲维功，县检察院检察长王宜海及县人大常委会各委室负责人列席会议。会议由县人大常委会主任高太平主持。会议表决任命各乡镇选举委员会组成人员，讨论通过县人大常委会 1999 年工作要点，并就常委会有关工作作了安排。

第十二次会议 梁山县十四届人大常委会第十二次会议于1999年3月30日在县人大会议室召开。县人大常委会主任高太平，副主任刘殿印、鞠燕芬、林英科、王志宪、信在高及委员共17人出席会议。县政府副县长高天宝，县政协副主席薛凡义，县法院院长袁存力，县检察院副检察长谭守玉，县政府办、县风景委、县林业局、县民政局、县建委、县农委负责人以及县人大各委室负责人，大路口乡、小路口镇、郓陈乡、赵堌堆乡、黑虎庙乡的人大主席列席会议。会议由县人大常委会主任高太平主持。会议听取县林业局局长袁怀臣受县政府委托所作关于《中华人民共和国森林法》贯彻执行情况的汇报、县风景委主任赵德全受县政府委托所作关于《山东省旅游管理条例》贯彻执行情况的汇报、县民政局局长马传儒受县政府委托所作关于第六届村民委员会换届选举试点工作情况的汇报，并通过审议意见。

第十三次会议 梁山县十四届人大常委会第十三次会议于1999年5月27—28日在县人大会议室召开。县人大常委会主任高太平，副主任刘殿印、鞠燕芬、林英科、王志宪、信在高、李文汉及委员共19人出席会议。县政府副县长李文运、刘振诺，县政协副主席刘邦兰，县法院副院长仲维功，县检察院检察长王宜海以及县政府办公室副主任袁绍信、县财政局副局长刘东升、县审计局局长高承坤、县交通局局长王水利、县建委主任艾玉山、县人大代表韩相顺和张希来、县国税局局长邱涛、县地税局局长曹景前，县人大常委会各委室负责人，梁山镇、前集乡、后孙庄乡、马营乡的人大主席列席会议。会议由县人大常委会主任高太平、副主任刘殿印主持。会议听取县政府副县长刘振诺所作关于县十四届二次会议代表议案、建议办理情况的汇报、刘东升受县政府委托所作1998年财政决算情况的汇报、高承坤受县政府委托所作本级财政审计工作情况的汇报。会议通过关于县财政1998年财政决算的决议，表决通过有关人事任免事项。

第十四次会议 梁山县十四届人大常委会第十四次会议于1999年7月27—28日在县人大会议室召开。县人大常委会主任高太平，副主任刘殿印、鞠燕芬、林英科、王志宪、信在高、李文汉及委员共21人出席会议。县政府副县长陆书杰，县法院副院长仲维功，县检察院副检察长王宜福，县人大常委会各委室负责人以及县政府办公室、经委、计委、农委、农业局、财政局、国税局、地税局、统计局的主要负责人，拳铺乡、方庙乡、开河乡、韩垓乡、信楼乡、徐集镇的人大主席列席会议。会议由县人大常委会主任高太平、副主任刘殿印主持。会议听取县计划委员会主任高建国、县财政局副局长刘东升受县政府委托所作的关于1999年上半年国民经济和社会发展计划及财政预算执行情况的汇报，听取县农业局局长杨绍建受县政府委托所作的关于农村财务管理工作情况的汇报。会议表决通过有关人事任免事项。

第十五次会议 梁山县十四届人大常委会第十五次会议于1999年8月18日在县人大会议室举行。会议由县人大常委会主任高太平主持，副主任刘殿印、鞠燕芬、林英科、王志宪、信在高、李文汉出席会议。县法院、检察院负责人及人大机关有关委室主要负责人列席会议。会议听取县长张忠建关于提请任免县政府工作人员职务的议案，会议决定任命：商建设、李启胜为梁山县人民政府副县长；免去李文运梁山县人民政府副县长职务。

第十六次会议 梁山县十四届人大常委会第十六次会议于1999年9月29日在县人大会议室举行。会议由县人大常委会主任高太平主持，副主任刘殿印、鞠燕芬、林英科，王志宪、信在高、李文汉出席会议。县长张忠建、副县长高天宝、县法院院长袁存力、县检察院检察长王宜海和县政府有关部门负责人列席会议。会议听取并审议县农业局局长杨绍建受县政府委托所作《关于土地延包工作情况的汇报》、县检察院检察长王宜海所作《关于执法监督工作情况的汇报》。会议还审议并表决通过有关人事任免事项。

第十八次会议 梁山县十四届人大常委会第十八次会议于2000年1月12日在县人大会议室召开。县人大常委会主任高太平，副主任刘殿印、鞠燕芬、林英科、王志宪、信在高、李文汉及委员共20人出席会议。县委副书记、县政府副县长商建设，县委副书记臧凤柱，县委常委、县委组织部部长贺民，县法院院长袁存力，县检察院检察长王宜海，县人大常委会各委室负责人列席会议。会议由县人大常委会主任高太平主持。会议审议批准代表资格审查委员会关于补选代表资格的审查报告；讨论修改人大常委会工作报告；作出关于召开县十四届人民代表大会第三次会议的决定；提出大会主席团、秘书长名单；决定列席人员名单；听取和审议县政府关于1999年县级财政预算执行情况和2000年财政预算（草案）的报告；会议任命商建设为县人民政府代理县长，同意张忠建辞去县人民政府县长职务。

第十九次会议 梁山县十四届人大常委会第十九次会议于2000年2月23日在县人大会议室召开。县人大常委会主任高太平，副主任刘殿印、鞠燕芬、林英科、王志宪、信在高、李文汉及委员共17人出席会议；县政府副县长刘振诺，县政协副主席张先知，县法院院长袁存力，县检察院检察长王宜海以及县政府办公室主任刘本相、县人大常委会各委室负责人列席会议，会议由县人大常委会主任高太平主持。会议讨论通过县人大常委会2000年工作要点，补选商建设为济宁市十三届人大代表。

第二十次会议 梁山县十四届人大常委会第二十次会议于2000年3月16日在县人大会议室召开。县人大常委会主任高太平，副主任刘殿印、鞠燕芬、林英科、王志宪、信在高、李文汉及委员共19人出席会议。县委副书记、县长商建设，县委副书记臧凤柱，县委常委、组织部长贺民，县法院副院长仲维功，县检察院检察长王宜海，县人大常委会各委室负责人，县政府有关部门负责人列席会议。会议由县人大常委会主任高太平主持。会议任命县政府部分组成人员，并组织常委会组成人员进行理论学习，安排常委会机关的“三讲”事宜。

第二十一次会议 梁山县十四届人大常委会第二十一次会议于2000年4月25日在县人大会议室举行。会议由县人大常委会主任高太平主持，副主任刘殿印、鞠燕芬、林英科、王志宪、李文汉及常委会委员出席会议。会议听取审议并通过《关于梁山县1999年县级财政预算执行情况的审计工作报告》《关于1999年县级财政决算情况的报告》《关于县十四届人大三次会议议案办理情况的报告》和《关于县十四届人大三次会议建议批评和意见办理情况的报告》。

第二十二次会议 梁山县十四届人大常委会第二十二次会议于2000年6月30日在县人大会议室举行。会议由县人大常委会主任高太平主持，副主任刘殿印、鞠燕芬、林英科、王志宪、信在高及常委会委员出席会议。县政府副县长李启胜、县法院副院长仲维功、县检察院检察长王宜海和县政府办公室、财委、建委、农业局、工商局、技术监督局的负责人、部分乡镇人大主席人大机关各委室负责人列席会议。会议听取审议县农业局局长杨绍建受县政府委托所作关于《山东省农作物种子管理条例》贯彻执行情况的汇报，县工商局副局长刘大河所作关于全县市场管理工作情况的汇报。会议审议并通过梁山县人大常委会《关于对部分国家机关工作人员进行述职评议的决定》。

第二十三次会议 梁山县十四届人大常委会第二十三次会议于2000年7月3日在县人大会议室举行。会议由县人大常委会主任高太平主持，副主任刘殿印、鞠燕芬、林英科、王志宪、信在高、李文汉及常委会委员出席会议。会议听取县委副书记、县政府常务副县长姜居祯受县长商建设委托所作《关于提请任命县政府组成人员的议案》，会议决定任命杨国峰为梁山县人民政府副县长（挂职）；会议表决通过《关于罢免刘振达济宁市第十三届人大代表职务的决议》，会议许可县检察院对县人大代表张兴建采取逮捕措施。

第二十四次会议 梁山县十四届人大常委会第二十四次会议于2000年8月16日在县人大会议室举行。会议由县人大常委会主任高太平主持，副主任刘殿印、鞠燕芬、林英科、王志宪、李文汉及常委会委员出席会议。副县长刘振诺、县政协副主席张先知、县法院院长袁存力、县检察院检察长王宜海以及县人大常委会机关委室和县政府有关部门负责人列席会议。会议听取县计划委员会副主任王成民、财政局副局长杨奉月、县公安局局长王学全所作2000年上半年国民经济和社会发展计划执行情况、2000年上半年财政预算执行情况和当前全县社会治安工作情况的汇报。会议还听取副县长刘振诺关于制定《梁山县城市管理办法》（草案）的议案和县法院院长袁存力关于提请任免审判人员职务的议案，会议通过《梁山县城市管理暂行办法》和人事任免事项。

第二十五次会议 梁山县十四届人大常委会第二十五次会议于2000年9月7—8日召开。此次会议为述职评议工作会议，县人大常委会主任高太平、县委书记韩军、县长商建设先后在会上讲话。会议对县工商局、县技术监督局、县交通局、县土地矿产局等行政执法部门主要负责人进行述职评议，按照述职评议确定的优秀、称职、基本称职、不称职4个档次划分标准，经评议，4个部门主要负责人评议结果均为称职。

第二十六次会议 梁山县十四届人大常委会第二十六次会议，2000年10月19日在人大会议室召开。县人大常委会主任高太平主持会议并讲话，副主任刘殿印、鞠燕芬及委员出席会议，县政府副县长姜居祯，县法院、县检察院负责人及县政府办公室等政府部门负责人，人大常委会各委室负责人列席会议。会议听取审议县计生委主任陈丕英关于《山东省计划生育条例》贯彻执行情况的汇报、县经委主任蔡建民关于工业企业生产经营情况的汇报，并作出相关审议意见。

第二十七次会议 梁山县十四届人大常委会第二十七次会议于2000年11月23日在县人大会议室召开，县人大常委会主任高太平主持会议，副主任刘殿印、鞠燕芬、林英科、王志宪、信在高、李文汉出席会议。县政府副县长刘振诺、县政协副主席张先知、县法院副院长仲维功、县检察院检察长王宜海、县政府有关部门及人大机关各委室负责人列席会议。会议听取审议县法院副院长仲维功所作《关于行政审判工作情况的汇报》。会议根据县长商建设关于提请任免县政府工作人员职务的议案，会议决定免去王学全县公安局局长职务，任命陈启明为县公安局局长。

第二十八次会议 梁山县十四届人大常委会第二十八次会议，于2000年12月29日在县人大会议室召开。会议听取审议县人民检察院《关于实施〈山东省司法工作人员违法办案责任追究条例〉情况的汇报》、县土矿局《关于〈中华人民共和国土地管理法〉贯彻执行情况的汇报》。会议结束时，县人大常委会主任高太平讲话。

第二十九次会议 梁山县十四届人大常委会第二十九次会议，于2001年1月5日在县人大会议室召开，县人大常委会主任高太平主持会议。会议听取梁山县第十四届人民代表大会第四次会议筹备情况的汇报，决定于2001年1月13日在县城召开第十四届人民代表大会第四次会议，并通过会议主要议程。会议听取并批准县财政局局长刘东升受县政府委托所作关于2000年县级财政收支预算变更意见的报告。

第三十次会议 梁山县十四届人大常委会第三十次会议，于2001年3月9日在县人大会议室召开，会议讨论通过县人大常委会2001年工作要点，作出关于在人大代表中开展“争做发展民营经济带头人”活动的决定。会议作出关于接受刘殿印辞去县第十四届人民代表大会常务委员副主任职务请求的决定。会议结束时县人大常委会主任高太平讲话。

第三十一次会议 梁山县十四届人大常委会第三十一次会议，于2001年4月13日在县人大会议室召开，县人大常委会主任高太平主持会议。会议听取审议县政府关于2000年本级财政预算执行情况的审计工作报告，批准县政府《关于2000年县级财政决算的报告》；会议听取县政府关于县十四届人大四次会议议案、建议办理情况的汇报。

第三十二次会议 梁山县十四届人大常委会第三十二次会议，于2001年5月18日在县人大会议室召开，县人大常委会主任高太平主持会议。会议听取审议县农委主任张振来受县政府委托所作关于农业结构调整工作情况的报告、县民营经济发展局局长丁景泉受县政府委托所作关于《中华人民共和国教育法》贯彻执行情况的汇报、县教委主任姜广生受县政府委托所作的关于贯彻实施《中华人民共和国教育法》情况的汇报，并通过相关审议意见。会议通过人大常委会机关委室工作人员任免事项。

第三十三次会议 梁山县十四届人大常委会第三十三次会议，于2001年7月31日在县人大会议室召开，县人大常委会主任高太平主持会议。会议听取审议县计划委员会主任高建国、县财政局局长刘东升受县政府委托所作关于2001年上半年国民经济和社会发展计划及财政预算执行情况的汇报、关于2001年上半年财政预算执行情况的汇报，听取审议县政府关于在全县实施“四五”普法教育和依法治县第三个五年规划的汇报，并作出相关决议和审议意见。

第三十四次会议 梁山县十四届人大常委会第三十四次会议，于2001年9月12日在县人大会议室召开，县人大常委会主任高太平主持会议。会议通过人大常委会机关委室工作人员、法院、检察院人事任免事项。

第三十五次会议 梁山县十四届人大常委会第三十五次会议，于2001年9月29日在县人大会议室召开，县人大常委会主任高太平主持会议。会议听取并审议县经委主任蔡建民受县政府委托所作关于城市经济工作情况的汇报、县人民法院院长袁长力所作关于民事审判工作情况的汇报，并作出相关审议意见。

第三十六次会议 梁山县十四届人大常委会第三十六次会议，于2001年11月29日在县人大会议室召开，县人大常委会主任高太平主持会议。会议听取并审议县畜牧局关于畜牧工作情况的汇报、县人民检察院关于查办渎职侵权案件工作情况的汇报。会议作出关于梁山县乡级人民代表大会代表换届选举的决定。

第三十七次会议 梁山县十四届人大常委会第三十七次会议，于2001年12月28日在县人大会议室召开，县人大常委会主任高太平主持会议。会议听取审议县政府关于“扫黑除恶”专项斗争情况的汇报，关于2001年县级财政收支预算变更意见的报告，并作出相关决议。

第三十八次会议 梁山县十四届人大常委会第三十八次会议，于2002年1月22日在县人大会议室召开，县人大常委会主任高太平主持会议。县人大常委会副主任鞠燕芬、张先知、林英高、王志宪、信在高、李文汉出席会议，县政府副县长姜居祯、县法院院长袁存力、县检察院副检察长高贤运及县政府有关部门负责人、人大常委会机关委室负责人列席会议。会议作出关于召开县十四届人大五次会议的决定，审议批准补选代表资格审查报告，通过十四届人民五次会议主席团、秘书长建议名单，决定列席人员名单。会议通过县政府组成人员人事任免事项，作出授予部分人大代表“争做发展民营经济带头人”的决定，初审人大常委会工作报告草稿等；会议通过其他有关事项。

第三十九次会议 梁山县十四届人大常委会第三十九次会议，于2002年3月15日在县人大会议室召开，县人大常委会主任高太平主持会议，县人大常委会副主任鞠燕芬、张先知、王佑明、陆书杰、林英科、王志宪、信在高、李文汉出席会议，副县长刘振诺、县法院副院长石奇俊、县检察院副检察长谭守玉、县政府办公室主任刘本相及县政府有关科局负责人、人大常委会机关委室负责人列席会议。会议听取审议县政府关于中华人民共和国森林法贯彻执行情况的汇报，审议通过县人大常委会2002年工作要点，通过县政府组成人员人事任免事项。

第四十次会议 梁山县十四届人大常委会第四十次会议，于2002年5月30日在县人大会议室召开，县人大常委会主任高太平主持会议，县人大常委会副主任鞠燕芬、张先知、王佑明、陆书杰、林英科、王志宪、信在高、李文汉出席会议，县委副书记、副县长姜居祯，县委常委、组织部部长于立武，副县长李启胜，县法院副院长仲维功、县检察院检察长王宜海及有关科局负责人、人大常委会机关委室负责人列席会议。会议听取审议县政府关于2001年本级财政预算执行情况的审计报告，审议批准县政府2001年县级财政预算决算和决算情况的报告；会议听取县政府关于县十四届人大五次会议期间建议、批评和意见办理情况的汇报，关于加入WTO后县级行政审批事项改革工作情况的汇报。会议还通过县人民政府组成人员、县人民检察院人事任免事项。

第四十一次会议 梁山县十四届人大常委会第四十一次会议，于2002年7月24日在县人大会议室召开，县人大常委会主任高太平主持会议，县人大常委会副主任鞠燕芬、张先知、王佑明、陆书杰、林英科、王志宪、信在高、李文汉出席会议，副县长刘振西、县政协副主席刘邦兰、县法院副院长戴景春、检察院副检察长高贤运及有关科局负责人、人大常委会机关委室负责人列席会议。会议听取审议县政府关于2002年上半年国民经济和社会发展计划及财政预算执行情况的汇报、县政府关于《中华人民共和国药品管理法》贯彻执行情况的汇报，听取审议县法院关于破产案件审理情况的汇报；通过县人民常委会审议意见督办试行办法的决定，通过县人大常委会工作人员人事任免事项。

第四十二次会议 梁山县十四届人大常委会第四十二次会议，于2002年9月25日在县人大会议室召开，县人大常委会主任高太平主持会议，人大常委会副主任鞠燕芬、张先知、王佑明、陆书杰、林英科、王志宪、信在高、李文汉出席会议，副县长刘振西、县政协副主席刘邦兰、法院副院长仲维功、检察院检察长王宜海、政府办公室主任刘本相及有关科局负责人、人大常委会机关委室负责人列席会议。会议听取审议县政府关于《山东省计划生育条例》贯彻执行情况及《中华人民共和国人口与计划生育法》学习宣传情况的汇报、关于《中华人民共和国城市规划法》贯彻执行情况的汇报，听取审议县检察院关于反贪工作情况的汇报，并作出相关审议意见。

第四十三次会议 梁山县十四届人大常委会第四十三次会议，于2002年11月12日在县人大会议室召开，县人大常委会主任高太平主持会议，人大常委会副主任鞠燕芬、张先知、王佑明、陆书杰、林英科、信在高、李文汉出席会议；人大常委会党组副书记刘殿印，县委副书记、副县长姜居祯、县政协副主席刘邦兰、县法院副院长仲维功、县检察院副检察长谭守玉、县政府办公室主任刘本相及人大常委会机关各委室负责人列席会议。会议听取关于上级人大关县级人大换届选举工作指示精神及县前期准备工作情况的汇报，讨论通过关于县十五届人民代表大会换届选举的决定，表决通过县选举委员会组成人员建议名单，讨论通过县十五届人民代表大会代表选举工作意见。

第四十四次会议 梁山县十四届人大常委会第四十四次会议，于2002年11月27日在县人大会议室召开，县人大常委会主任高太平主持会议，人大常委会副主任张先知、王佑明、陆书杰、林英科、信在高、李文汉出席会议，人大常委会党组副书记刘殿印、县政府副县长刘振诺、贾治阜、县政协副主席刘邦兰、县法院副院长仲维功、县检察院副检察长高贤运、县政府有关部门负责人、部分乡镇人大主席、人大常委会机关各委室负责人列席会议。会议听取审议县政府关于社会治安工作情况的汇报、关于民营经济提升规模与档次情况的汇报。会议对第四十二次常委会审议意见落实情况进行审议；会议通过其他有关事项。

第四十五次会议 梁山县十四届人大常委会第四十五次会议，于2002年12月24日在县人大会议室召开，县人大常委会主任高太平主持会议，副主任张先知、陆书杰、林英科、王志宪、信在高、李文汉出席会议，县委副书记李传武、人大常委会党组副书记刘殿印、县政府副县长刘振西、县政府办公室主任刘本相、人大常委会机关委室负责人列席会议。会议审议通过县人大常委会关于变更选举日的决定，由原来的2002年12月31日前变更为2003年1月10日前。会议通过其他有关事项。

第四十六次会议 梁山县十四届人大常委会第四十六次会议，于2003年1月11日在县人大会议室召开，县人大常委会主任高太平主持会议，县人大常委会副主任鞠燕芬、张先知、陆书杰、林英科、王志宪、信在高、李文汉及各位委员出席会议，人大常委会党组副书记刘殿印、县政府副县长刘振诺、县法院副院长仲维功、县检察院副检察长高贤运、县政府办公室主任刘本相、县人大常委会机关委室负责人列席会议。会议听取审议县选举委员会关于换届选举工作的报告，审议批准代表资格审查委员会关于县十五届人大代表资格的审查报告，作出关于召开县十五届人大一次会议的决定，通过县十五届人大一次会议主席团、秘书长建议名单，决定县十五届人大一次会议列席人员名单，作出关于变更2002年县级财政收支预算的决定，讨论拟提交县十五届人大一次会议审议通过的人大常委会工作报告，初审县政府提交县十五届人大一次会议审查批准的2002年财政预算执行情况和2003年财政预算(草案）的报告，通过人事任免事项及其他有关事项。

十五届人大常委会会议 2003年1月至2007年12月，梁山县第十五届人大常委会共召开会议43次，主要听取审议县政府、县法院、县检察院工作报告并作出相应决议和决定；依法任免国家机关工作人员。

第一次会议 梁山县十五届人大常委会第一次会议，2003年2月18日在人大会议室召开，县人大常委会主任高太平主持会议并讲话，副主任王佑明、陆书杰、王信义、林英科、孙伯泉、赵玉民、委员14人出席会议；县政府副县长刘振诺、县法院院长袁存力、县检察院检察长王宜海、人大常委会机关委室负责人、政府办公室负责人列席会议。会议表决通过县十五届人大常委会代表资格审查委员会组成人员建议名单，决定县政府提请的人事任免事项，补选济宁市十四届人大代表，审议通过县人大常委会2003年工作要点，作出关于在人大代表中继续开展“争做发展民营经济带头人”活动的通知

第二次会议 梁山县十五届人大常委会第二次会议，2003年5月8—9日在县政府第二会议室召开，县人大常委会主任高太平、副主任王佑明分别主持会议，副主任陆书杰、王信义、林英科、孙伯泉、赵玉民、乔允华和委员出席会议；县人大常委会助理调研员鞠燕芬、王志宪、信在高，县政府副县长刘振诺、刘振西，县法院院长袁存力，县检察院负责人及县政府有关部门负责人、县人大常委会机关委室负责人、大路口、小安山、小路口乡镇人大负责人等列席会议。会议听取审议县政府副县长刘振西关于县十五届人大一次会议议案、建议、批评和意见办理情况的汇报、县财政局局长杨奉月关于2002年县级财政决算情况的报告、县审计局局长李若宽关于梁山县2002年度本级财政预算执行和其他财政收支情况的审计工作报告；表决通过关于财政决算的决议、关于议案和建议办理工作的审议意见；会

议通过人大常委会机关委室工作人员、县政府组成人员人事任免事项。

第三次会议 梁山县十五届人大常委会第三次会议，2003年6月12日在人大会议室召开，县人大常委会主任高太平主持会议并讲话，副主任王佑明、陆书杰、王信义、林英科、孙伯泉、赵玉民、乔允华和委员出席会议；县政府副县长刘振诺、宁瑞峰，县政协副主席韩相顺，县法院、县检察院负责人，县政府有关部门负责人，县人大常委会机关委室负责人和梁山镇、马营乡、徐集镇、拳铺镇、杨营镇人大主席列席会议。会议听取审议县政府关于民营经济和招商引资工作情况的汇报、县法院关于刑事审判工作情况的汇报，并作出相应审议意见。

第四次会议 梁山县十五届人大常委会第四次会议，2003年7月16日在人大会议室召开，县人大常委会主任高太平主持会议并讲话，副主任王佑明、陆书杰、王信义、林英科、孙伯泉、赵玉民、乔允华和委员出席会议；县人大常委会助理调研员信在高、王志宪，县政府副县长刘振诺，县法院、县检察院负责人，县政府有关部门负责人，县人大常委会机关委室负责人等列席会议。会议听取审议县政府关于2003年上半年国民经济和社会发展计划及财政预算执行情况的汇报、关于农业结构调整及增加农民收入工作情况的汇报，并通过审议意见。

第五次会议 梁山县十五届人大常委会第五次会议，2003年9月12日在人大会议室召开，县人大常委会主任高太平主持会议并讲话，副主任王佑明、陆书杰、王信义、林英科、孙伯泉、赵玉民、乔允华和委员出席会议；县人大常委会助理调研员信在高，县政府副县长贾治阜、县法院院长袁存力、县检察院检察长王宜海，县政府有关部门负责人，人大常委会机关委室负责人等列席会议。会议听取审议县建设局局长张恒福关于城市建设与管理工作情况的汇报、县旅游局局长赵伟关于旅游工作情况的汇报，并分别通过审议意见。会议通过县法院提请任免审判人员事项。

第六次会议 梁山县十五届人大常委会第六次会议，2003年11月13日在人大会议室召开，县人大常委会主任高太平主持会议并讲话，副主任王佑明、王信义、林英科、孙伯泉、赵玉民、乔允华和委员出席会议；县人大常委会助理调研员信在高、李文汉，县政府副县长刘振西，县法院、县检察院负责人，县政府有关部门负责人，人大常委会机关委室负责人和梁山镇、韩岗镇、小安山镇人大主席等列席会议。会议听取审议县政府关于国有企业改制工作情况的汇报、县检察院关于民行检察工作情况的汇报，并分别通过审议意见。

第七次会议 梁山县十五届人大常委会第七次会议，2003年12月26日在人大会议室召开，县人大常委会主任高太平主持会议并讲话，副主任王佑明、陆书杰、王信义、孙伯泉和委员出席会议；县人大常委会助理调研员鞠燕芬、李文汉，县政府副县长宁瑞峰，县法院、县检察院负责人，县政府有关部门负责人，县人大常委会机关委室负责人等列席会议。会议听取县人大常委会副主任王佑明关于县十五届人大二次会议筹备工作情况的汇报，会议表决通过关于召开梁山县第十五届人民代表大会第二次会议的决定及会议主席团、秘书长建议名单，决定大会列席人员名单；讨论常委会工作报告稿，初审拟提交大会审议的财政报告，听取有关代表变动情况的说明，并通过有关事项。会议还作出关于授予徐恩润等18名同志“梁山县富民模范”荣誉称号的决定。

第八次会议 梁山县十五届人大常委会第八次会议，2004年2月13日在人大会议室召开，县人大常委会主任高太平主持会议并讲话，副主任王佑明、陆书杰、王信义、林英科、孙伯泉、赵玉民、乔允华和委员出席会议；县人大常委会助理调研员鞠燕芬、王志宪、李文汉，县法院、县检察院负责人，县人大常委会机关委室负责人等列席会议。会议审议通过县人大常委会2004

年工作要点，研究县人大常委会组成人员联系县人大代表工作安排意见。

第九次会议 梁山县十五届人大常委会第九次会议，2004年3月4日在人大会议室召开，县人大常委会主任高太平主持会议并讲话，副主任王佑明、陆书杰、王信义、林英科、孙伯泉、赵玉民和委员出席会议；县人大常委会助理调研员鞠燕芬、李文汉，县政府副县长刘振西、县法院院长袁存力、县检察院检察长王宜海，县政府有关部门负责人，县人大常委会机关委室负责人等列席会议。会议审议通过《关于梁山县人民代表大会代表议案和建议办理工作的办法》《梁山县人大常委会联系县人大代表和组织代表活动办法》。会议表决通过县政府、县法院提请的人事任免事项。

第十次会议 梁山县十五届人大常委会第十次会议，2004年4月15日在人大会议室召开，县人大常委会主任高太平主持会议并讲话，副主任王佑明、陆书杰、王信义、林英科、孙伯泉、赵玉民和委员出席会议；县人大常委会助理调研员鞠燕芬、信在高，县政府副县长刘振诺、县法院、县检察院负责人，县政府有关部门负责人，县人大常委会机关委室负责人等列席会议。会议听取审议县审计局局长李若宽关于2003年本级财政预算执行情况的审计工作报告、县财政局局长杨奉月关于2003年县级财政决算的报告、县政府副县长刘振诺关于县十五届人大二次会议建议、批评和意见办理情况的汇报，会议表决通过关于2003年县级财政决算的决议，通过审计工作报告与建议、批评和意见办理工作的审议意见。

第十一次会议 梁山县十五届人大常委会第十一次会议，2004年6月16日在人大会议室召开，县人大常委会主任高太平主持会议并讲话，副主任王佑明、陆书杰、林英科、孙伯泉、赵玉民、乔允华和委员出席会议；县人大常委会助理调研员王志宪、信在高、李文汉，县政府副县长刘振诺、刘振西，县法院、县检察院负责人，县政府有关部门负责人，人大常委会机关委室负责人和拳铺镇、杨营镇人大主席等列席会议。会议听取审议县政府关于民营经济、招商引资和重点项目建设情况的汇报、关于实施《行政许可法》准备工作情况的汇报，并分别通过审议意见。会议表决通过县人大常委会关于述职评议工作的办法。会议通过人事任免事项。

第十二次会议 梁山县十五届人大常委会第十二次会议，2004年8月11日在人大会议室召开，县人大常委会主任高太平主持会议并讲话，副主任王佑明、陆书杰、王信义、林英科、孙伯泉、赵玉民、乔允华和委员出席会议；县人大常委会助理调研员信在高、李文汉，县政府副县长刘振诺，县法院、县检察院负责人，县政府有关部门负责人，县人大常委会机关委室负责人和韩岗镇、小路口镇人大主席等列席会议。会议听取审议县计划局局长高建国关于梁山县2004年上半年国民经济和社会发展计划执行情况的汇报、县财政局局长杨奉月关于2004年上半年财政预算执行情况的汇报、县法院副院长石奇俊关于行政审判工作情况的汇报，并分别通过审议意见。会议表决接受县长商建设辞去县长职务的请求；任命宋科为县人民政府副县长、代理县长，任艳云为县人民政府副县长、免去其科技副县长职务。会议还就评议工作进行安排部署。

第十三次会议 梁山县十五届人大常委会第十三次会议暨评议工作会议，2004年9月10—11日分别在县委一会议室、县政府第二会议室召开，县人大常委会主任高太平，副主任王佑明、陆书杰、王信义、林英科、孙伯泉、赵玉民和委员出席会议；评议工作考核组全体成员列席会议。县委书记商建设，县委副书记、代理县长宋科，县委副书记臧凤柱、王保清，县委副书记、纪委书记冯冲等参加10日上午的大会，县政府组成人员及工作部门负责人，被评议对象，乡镇人大主席及联系人大工作的副书记列席会议。县人大常委会副主任王佑明主持会议，县人大常委会主任高太平讲话，会议听取被评议对象的工作述职报告及各考察组考察情况汇报；其后进行分组审议，并填写评议票。

第十四次会议 梁山县十五届人大常委会第十四次会议，2004年8月17日在人大会议室召开，县人大常委会主任高太平主持会议并讲话，副主任王佑明、陆书杰、王信义、林英科、孙伯泉、赵玉民和委员出席会议；县人大常委会助理调研员李文汉，县政府副县长贾治阜，县法院、县检察院负责人，县政府有关部门负责人，人大常委会机关委室负责人等列席会议。会议听取审议县农业局局长杨绍建关于《中华人民共和国农村土地承包法》贯彻执行情况的汇报、县检察院副检察长高贤运关于查办职务犯罪工作情况的汇报，并通过审议意见。

第十五次会议 梁山县十五届人大常委会第十五次会议，2004年11月19日在人大会议室召开，县人大常委会主任高太平主持会议并讲话，副主任王佑明、陆书杰、林英科、孙伯泉、赵玉民、乔允华和委员出席会议；县人大常委会助理调研员王志宪、信在高、李文汉，县政府副县长贾治阜、宁瑞峰，县法院、县检察院负责人，县政府有关部门负责人，县人大常委会机关委室负责人和梁山镇、拳铺镇人大副主席等列席会议。会议首先举办法制讲座，由县公安局法制科长史淑敏讲解《中华人民共和国治安管理处罚条例》。会议听取审议县建设局局长张恒福关于推进城市化进程情况的汇报、县公安局副局长马琨生关于社会治安工作情况的汇报，并通过审议意见。会议还通过人事任免事项。

第十六次会议 梁山县十五届人大常委会第十六次会议，2005年1月6日在县人大会议室召开。县人大常委会主任高太平主持会议，副主任王佑明、陆书杰、王信义、林英科、孙伯泉、赵玉民、乔允华和委员出席会议；人大常委会助理调研员信在高、李文汉，副县长宁瑞峰，县法院院长袁存力，县检察院副检察长马明进及县政府有关部门主要负责人、县人大常委会机关委室主要负责人列席会议。会议听取审议县财政局局长杨奉月关于2004年县级财政收支预算变更意见的报告、2004年财政预算执行情况和2005年预算草案说明，表决通过批准变更预算的决定（草案）。会议听取县人大常委会副主任王佑明关于县十五届人大三次会议筹备工作情况的报告，审议批准县人大常委会代表资格审查报告，确认补选代表资格的决定，会议作出关于召开县十五届人大三次会议的决定，通过县十五届人大三次会议主席团、秘书长建议名单，决定县十五届人大三次会议列席人员名单，并讨论县人大常委会工作报告稿。会议补选宋科为济宁市十四届人大代表，表决通过暂停岳希兰梁山县代表职务的决定。

第十七次会议 梁山县十五届人大常委会第十七次会议，2005年1月10日在县人大会议室召开。县人大常委会主任高太平主持会议，副主任王佑明、陆书杰、王信义、林英科、孙伯泉、赵玉民、乔允华和委员出席会议；人大常委会助理调研员鞠燕芬、王志宪、信在高、李文汉，县委常委、组织部长于立武，副县长刘振诺，县法院院长袁存力，县检察院副检察长马明进及县政府有关部门主要负责人、县人大常委会机关委室主要负责人列席会议。会议表决通过接受袁存力辞去县法院院长、审判委员会委员、审判员职务，接受王宜海辞去县检察院检察长、检察委员会委员、检察员职务。会议任命李培宪为县法院审判员、审判委员会委员、副院长，张义民为县检察院检察员、检察委员会委员、副检察长；决定李培宪代理县法院院长，张义民代理县检察院检察长。免去戴景春法院副院长、高贤运检察院副检察长职务。

第十八次会议 梁山县十五届人大常委会第十八次会议，2005年2月24日在县人大会议室召开。县人大常委会主任高太平主持会议，副主任王佑明、陆书杰、王信义、林英科、孙伯泉、赵玉民、乔允华和委员出席会议；人大常委会助理调研员王志宪、信在高、李文汉，副县长宁瑞峰，县法院、县检察院，县政府办、县人大常委会机关委室负责人列席会议。会议审议通过县人大常委会 2005 年工作要点（草案）及其他事项。

第十九次会议 梁山县十五届人大常委会第十九次会议，2005 年 4 月 29 日在县人大会议室召开。县人大常委会主任高太平主持会议，副主任王佑明、陆书杰、王信义、林英科、孙伯泉、赵玉民、乔允华和委员出席会议；县政府副县长刘振诺，县法院院长李培宪，县检察院检察长张义民，县政府有关部门主要负责人，县人大常委会机关委室负责人，梁山镇、小安山镇人大负责人列席会议。会议听取审议县审计局局长李若宽关于 2004 年本级财政预算执行情况的审计工作报告，县财政局局长杨奉月关于 2004 年县级财政决算的报告，副县长刘振诺关于县十五届人大三次会议代表建议、批评和意见办理情况的报告及关于凤山公园建设议案办理情况的报告并通过相应审议意见。会议通过县人大常委会、县政府、县法院、县检察院提议的任免事项。

第二十次会议 梁山县十五届人大常委会第二十次会议，2005 年 6 月 2 日在县人大会议室召开。县人大常委会主任高太平主持会议，副主任王佑明、陆书杰、王信义、林英科、孙伯泉、赵玉民、乔允华和委员出席会议；县政府副县长刘振诺，县法院院长李培宪，县检察院检察长张义民，及县政府有关部门、县人大常委会机关委室负责人列席会议。会议听取审议县政府关于民营经济、招商引资和重点项目建设情况的汇报，听取审议县法院关于司法为民措施落实情况的汇报，并通过人事任免等事项。

第二十一次会议 梁山县十五届人大常委会第二十一次会议，2005 年 7 月 11—12 日在县人大会议室召开。县人大常委会主任高太平主持会议，副主任王佑明、陆书杰、王信义、林英科、孙伯泉、赵玉民、乔允华和委员出席会议；副县长刘振诺、任艳云，法院院长李培宪，检察院检察长张义民，县政府有关部门、县人大常委会机关委室负责人，韩岗镇、大路口乡人大主席列席会议。会议听取审议县政府关于 2005 年上半年国民经济和社会发展计划及财政预算执行情况的汇报，关于全县卫生工作情况的汇报，并通过相应审议意见；会议通过县政府提请的人事任免及其他事项。

第二十二次会议 梁山县十五届人大常委会第二十二次会议，2005 年 9 月 9 日在县人大会议室召开。县人大常委会主任高太平主持会议，副主任王佑明、陆书杰、王信义、林英科、孙伯泉、赵玉民、乔允华和委员出席会议；副县长贾治阜，县法院、县检察院、县政府有关部门、县人大常委会机关委室负责人，梁山镇、拳铺镇人大副主席列席会议。会议听取审议县政府关于《中华人民共和国城市规划法》贯彻执行情况的汇报、县检察院关于法律监督工作情况的汇报，并通过相应审议意见；会议期间还参观考察县重点项目建设情况。

第二十三次会议 梁山县十五届人大常委会第二十三次会议，2005 年 10 月 19 日在县人大会议室召开。县人大常委会主任高太平主持会议，副主任王佑明、陆书杰、王信义、林英科、孙伯泉、赵玉民、乔允华和委员出席会议；县人大常委会机关委室负责人列席会议。会议传达济宁市人大工作会议精神，学习中共山东省委、市委关于加强人大工作的文件，表决通过关于对部分国家机关和工作人员进行评议的决定。

第二十四次会议 梁山县十五届人大常委会第二十四次会议，2005 年 11 月 3 日在县人大会议室召开。县人大常委会主任高太平，副主任王佑明、陆书杰、王信义、林英科、孙伯泉、赵玉民、乔允华和委员出席会议；县人大常委会助理调研员刘殿印、鞠燕芬、王志宪、信在高、李文汉，县政府副县长刘振诺，县法院、县检察院负责人，县人大常委会机关委室负责人，被评议对象列席会议。会议由县人大常委会副主任王佑明主持，县人大常委会主任高太平在会议开始和结束时讲话。会议听取被评议人员民政局局长张希来、农业局局长杨绍建、科技局局长李文敬、统计局局长贺林、审计局局长李若宽的述职报告，听取被评议单位工商局、教育局、畜牧局、质监局、广电局的工作汇报。县人大常委会组成人员实事求是、客观公正的对被评议对象进行评议，指出存在的问题和不足，同时提出意见和建议，并进行投票，会后综合各方面测评情况进行汇总，列出评议等次。

第二十五次会议 梁山县十五届人大常委会第二十五次会议，2005年11月30日在县人大会议室召开。县人大常委会主任高太平主持会议，副主任王佑明、陆书杰、王信义、林英科、孙伯泉、赵玉民、乔允华和委员出席会议；县政府副县长贾治阜，县法院院长、县检察院检察长，县政府有关部门负责人，县人大常委会机关委室负责人，拳铺镇、徐集镇人大主席列席会议。会议听取审议县公安局局长陈启明关于“平安梁山”建设情况的汇报，县计生局局长张志平关于《中华人民共和国人口与计划生育法》贯彻执行情况的汇报，并通过相应审议意见。会议审议通过组织省市县三级代表会前集中视察的实施方案（草案）、授予代表“梁山县富民模范”称号的实施方案（草案）。

第二十六次会议 梁山县十五届人大常委会第二十六次会议，于2006年1月5日在人大会议室召开。会议听取县十五届人民代表大会第四次会议筹备情况，通过建议会议主要议程，并定于2006年1月10日至13日在县城举行；会议同意代表资格审查委员会《关于补选梁山县十五届人民代表大会代表的代表资格审查报告》；会议决定授予部分代表为“梁山县富民模范”荣誉称号；会议听取审议县政府关于凤山公园建设议案办理情况的报告；会议听取审议县政府关于2005年县级财政收支预算变更意见的报告；会议通过县人大常委会机关人员、县人民政府组成人员、县人民法院人事任免事项。

第二十七次会议 梁山县十五届人大常委会第二十七次会议，于2006年2月16日在人大会议室召开。会议审议通过县人大常委会2006年工作要点；会议通过县人大机关工作人员、人事任免事项

第二十八次会议 梁山县十五届人大常委会第二十八次会议，于2006年3月29日在人大会议室召开。会议通过县人民政府领导人员、县人民政府组成人员、县人民检察院人事任免事项。

第二十九次会议 梁山县十五届人大常委会第二十九次会议，于2006年4月29日在人大会议室召开。会议听取审议县政府关于2005年本级财政预算执行情况的审计工作报告；会议听取审议县政府关于2005年县级财政决算情况的报告；会议听取审议县政府关于县十五届人大四次会议建议、批评和意见办理情况的汇报；会议通过县人民法院人事任免事项。

第三十次会议 梁山县十五届人大常委会第三十次会议，于2006年6月28日在人大会议室召开。会议听取审议县政府关于新一轮城市规划编制情况的汇报；会议听取审议县政府关于《中华人民共和国教育法》贯彻执行情况的汇报；会议通过县人民政府人事任免事项。

第三十一次会议 梁山县十五届人大常委会第三十一次会议，于2006年7月28日在人大会议室召开。会议听取审议县政府关于2006年上半年国民经济和社会发展计划及财政预算执行情况的汇报；会议听取审议县法院关于法院工作情况的汇报；会议通过县人大常委会关于梁山县2006—2010年依法治县规划及在全县公民中开展第五个五年法制宣传教育的决议。

第三十二次会议 梁山县十五届人大常委会第三十二次会议，于2006年9月7日在人大会议室召开。会议听取审议县政府关于民营经济、招商引资和重点工程建设情况的汇报；会议听取审议县政府关于旅游工作情况的汇报；会议通过

县人大常委会机关工作人员人事任免事项。

第三十三次会议 梁山县十五届人大常委会第三十三次会议，于2006年11月27日在人大会议室召开。会议听取审议县政府关于农业产业化建设情况的汇报；会议听取审议县检察院关于民行检察工作情况的汇报。

第三十四次会议 梁山县十五届人大常委会第三十四次会议，于2007年1月6日在人大会议室召开。会议接受宋科辞去县人民政府县长职务、刘振西辞去县人民政府副县长职务的决定；会议通过县政府领导组成人员人事任免事项。

第三十五次会议 梁山县十五届人大常委会第三十五次会议，于2007年1月12日在人大会议室召开。会议通过县人大常委会关于确认补选代表代表资格的决定；会议听取县第十五届人民代表大会第五次会议的筹备情况，通过建议会议主要议程，并确定会议于2007年1月17日至20日在梁山召开。

第三十六次会议 梁山县十五届人大常委会第三十六次会议，于2007年2月9日在人大会议室召开。会议通过县人大常委会2007年工作要点；会议通过其他事项。

第三十七次会议 梁山县十五届人大常委会第三十七次会议，于2007年2月28日在人大会议室召开。会议通过县人政府组成人员人事任免事项。

第三十八次会议 梁山县十五届人大常委会第三十八次会议，于2007年4月30日在人大会议室召开。会议听取审议县政府关于2006年本级财政预算执行情况的审计工作报告；会议听取审议县政府关于2006年县级财政决算情况的报告；会议听取审议县政府关于县十五届人大五次会议代表建议、批评和意见办理情况的汇报。会议通过对部分机关或有关单位进行工作评议的决定。

第三十九次会议 梁山县十五届人大常委会第三十九次会议，于2007年6月1日在人大会议室召开。会议通过县政府关于县人民政府部分单位工作情况进行评议；会议通过县人大常委会机关工作人员、县政府组成人员、县人民检察院人事任免事项。

第四十次会议 梁山县十五届人大常委会第四十次会议，于2007年6月22日在人大会议室召开。会议听取县政府关于城市基础设施建设情况的汇报；会议听取审议县政府关于新型农村合作医疗工作开展情况的汇报；会议听取审议县检察院关于预防职务犯罪工作情况的汇报。

第四十一次会议 梁山县十五届人大常委会第四十一次会议，于2007年7月10日在人大会议室召开。会议通过县人民政府组成人员、县人民法院人事任免事项；

第四十二次会议 梁山县十五届人大常委会第四十二次会议，于2007年8月21日在人大会议室召开。会议听取审议县政府关于2007年上半年国民经济和社会发展计划及财政预算执行情况的汇报；会议听取审议县政府关于土地转让工作情况的汇报；会议听取审议县法院关于执行工作情况的汇报。

第四十三次会议 梁山县十五届人大常委会第四十三次会议，于2007年9月27日在人大会议室召开。会议听取审议县政府关于重点工程和重点项目建设情况的汇报；会议听取审议县政府关于财税工作情况的汇报。会议审议通过县人大常委会关于梁山县第十六届人民代表大会代表选举工作的意见；会议通过县选举委员会关于县十六届人民代表大会代表换届选举日、县选举委员会办公室组成人员、公布乡镇选举工作指导组组成人员及乡县直及驻梁单位选区工作小组组成人员的决定。

十六届人大常委会会议 2007年12月至2012年1月，梁山县第十六届人民代表大会常务委员会共召开会议36次，听取审议县政府、县法院、县检察院工作报告并作出相应决议和决定及审议意见；依法任免国家机关工作人员。

第一次会议 梁山县十六届人大常委会第一次会议，2007 年 12 月在人大会议室召开。县委书记、县人大常委会主任商建主持会议并讲话。十六届人大常委会副主任刘振诺、赵玉民、刘本相、张恒福、林宪良，委员 19 人出席会议；一府两院负责人列席会议。会议研究人大常委会工作。

第二次会议 梁山县十六届人大常委会第二次会议，2008 年 3 月 12 日在县人大会议室召开。县人大常委会主任商建设，副主任刘振诺、赵玉民、刘本相、张恒福、林宪良和各位委员出席会议，“一府两院”负责人，人大常委会各委室负责人，梁山镇、拳铺镇人大主席列席会议。会议通过县人大常委会 2008 年工作要点，通过代表资格审查委员会组成人员，表决通过人事任免事项。

第三次会议 梁山县十六届人大常委会第三次会议，2008 年 4 月 30 日在县人大会议室召开。县人大常委会第一副主任刘振诺主持会议，副主任赵玉民、刘本相、张恒福、林宪良和委员出席会议，“一府两院”负责人，县人大常委会各委室负责人列席会议。会议听取审议副县长贾治阜关于县十六届人大一次会议代表议案、批评和建议办理情况的报告，县审计局局长李若宽关于 2006 年度县级预算执行和其他财政收支审计查出问题工作情况的报告，县法院院长李培宪关于法院工作情况的汇报，并通过相关审议意见。会议听取审议县政府《关于梁山县村村通自来水项目建设有关问题的方案》，并通过决议。会议还通过县检察院提请任命人民监督员的议案。

第四次会议 梁山县十六届人大常委会第四次会议，2008 年 6 月 12 日在县人大会议室召开。县人大常委会第一副主任刘振诺主持会议，副主任赵玉民、刘本相、张恒福和委员出席会议，县政府有关部门负责人、人大常委会各委室负责人列席会议。会议听取审议县财政局局长梁开平关于 2007 年县级财政决算和县级预算执行及其他财政收支情况审计工作的报告，通过县人大常委会《关于 2007 年县财政局决议（草案）》。会议听取审议县政府办公室主任崔根博关于十大民心工程实施情况的汇报，并通过县人大常委会审议意见。

第五次会议 梁山县十六届人大常委会第五次会议，2008 年 7 月 25 日在县人大会议室召开。县人大常委会第一副主任刘振诺主持会议，副主任赵玉民、刘本相、林宪良和委员出席会议，副县长宁瑞峰，县政府有关部门负责人、人大常委会各委室负责人列席会议。会议听取审议县民营局局长李华关于民营经济情况汇报，县发改局局长贾朝凤关于招商引资和重点项目建设情况汇报，县农办副主任张玉红关于全县农业产业化工作情况汇报，并通过相应审议意见。会议表决通过县政府、县法院、县检察院提请任免的议案。会议审议通过关于新一届人民代表大会选举时间和代表名额的决定（草案）》。审议通过《梁山县人大常委会组成人员守则（草案）》，《专项工作评议办法》、《关于加强人大代表工作充分发挥代表作用的意见（草案）》《关于评选优秀人大代表和先进人大代表小组的意见（草案）》。

第六次会议 梁山县十六届人大常委会第六次会议，2008 年 9 月 24 日在县人大会议室召开。县人大常委会第一副主任刘振诺主持会议，副主任赵玉民、刘本相、张恒福、林宪良和委员出席会议，县委常委，常务副县长贾存琰，县法院、县检察院负责人，县政府有关部门负责人、人大常委会各委室负责人列席会议。会议听取审议县政府关于 2008 年上半年国民经济和社会发展执行情况报告和县财政预算执行情况的报告，并通过审议意见。会议表决通过县政府提请任免县政府组成人员的议案、县法院关于任命人民陪审员的议案。

第七次会议 梁山县十六届人大常委会第七次会议，2008 年 10 月 31 日在县人大会议室召开。县人大常委会第一副主任刘振诺主持会议，副主任赵玉民、刘本相、张恒福、林宪良和委员出席会议，县政府、县法院、县检察院负责人，县政府有关部门负责人、人大常委会各委室负责人列席会议。会议听取审议县公安局政委马琨生受县政府委托所作《关于社会治安情况的报告》。会议决定任命田福岭、颜世勤为梁山县人民政府副县长，免去贾存琰、任艳云县人民政府副县长职务。

第八次会议 梁山县十六届人大常委会第八次会议，2008 年 11 月 27 日在县人大会议室召开。县人大常委会第一副主任刘振诺主持会议，副主任赵玉民、刘本相、张恒福和委员出席会议，县政府副县长楚宪海、县法院院长李培宪，县政府有关部门负责人、人大常委会各委室负责人列席会议。会议听取审议县劳动保障局局长李士兵关于全县《劳动合同法》贯彻实施情况和民营企业职工养老保险扩面征缴工作情况的汇报，并通过审议意见。

第九次会议 梁山县十六届人大常委会第九次会议，2009 年 1 月 4 日在县人大会议室召开。县人大常委会第一副主任刘振诺主持会议，副主任赵玉民、张恒福、刘本相和委员出席会议，县政府副县长田福岭、县法院院长李培宪，县政府有关部门负责人、人大常委会各委室负责人列席会议。会议听取县人大常委会办公室关于县十六届人大二次会议筹备工作情况的汇报，县人大常委会人民代表室关于县十六届人大二次会议会前视察有关情况的汇报，审议批准《关于确认补选代表和代表资格的决定（草案）》。审议通过县十六届人大二次会议主席团、秘书长名单及列席人员名单。审议通过关于变更 2008 年县级财政收支预算的决定（草案），初审县政府拟提请县十六届人大二次会议审查的关于 2008 年财政预算执行情况和 2009 年财政预算（草案）的报告，讨论拟提交县十六届人大二次会议审议通过的县人大常委会工作报告稿、县人大常委会《关于表彰优秀县人大代表和先进县人大代表小组的报告（草案）》。会议还听取审议县政府办公室主任崔根博关于提请审议新城区风景区基础设施建设项目贷款的议案。通过县人大常委会机关工作人员、县法院工作人员等人事任免事项。

第十次会议 梁山县十六届人大常委会第十次会议，2009 年 1 月 22 日在县人大会议室召开。县人大常委会第一副主任刘振诺主持会议，副主任赵玉民、刘本相、张恒福、林宪良和委员 11 人出席会议，县政府副县长宁瑞峰，县纪委负责人，县法院、县检察院负责人，人大常委会各委室负责人列席会议。会议听取审议并表决通过撤销县政府组成部门有关人员职务的议案。

第十一次会议 梁山县十六届人大常委会第十一次会议，2009 年 3 月 13 日在县人大会议室召开。县人大常委会第一副主任刘振诺主持会议，副主任赵玉民、刘本相、林宪良和委员 16 人出席会议，县政府常务副县长贾治阜，县法院院长李培宪、县人大常委会各委室负责人列席会议。会议听取审议并表决通过撤销县政府组成部门有关人员职务的议案。会议讨论通过县人大常委会 2009 年工作要点，表决通过任免人大常委会机关工作人员、县政府组成人员议案的决定。

第十二次会议 梁山县十六届人大常委会第十二次会议，2009 年 4 月 23 日在县人大会议室召开。县人大常委会第一副主任刘振诺主持会议，副主任赵玉民、刘本相、张恒福和委员 12 人出席会议，县政府副县长贾治阜，县政府办公室主任崔根博等县政府有关部门负责人，县人大常委会各委室负责人列席会议。会议听取审议县审计局局长李若宽关于 2007 年度县级预算执行情况和其他财政收支审计查出问题整改工作情况的报告，听取审议县政府办公室主任崔根博关于县十六届人大二次会议代表议案及建议、批评和意见办理情况的报告、关于新城基础设施建设项目筹资有关问题的议案，听取审议县发改局副局长孔庆金关于招商引资及“三重”工作情况的报告。会议表决通过县政府《关于新城基础设施建设项目筹资有关问题的议案》，并通过其他报告的审议意见。

第十三次会议 梁山县十六届人大常委会第十三次会议，2009年5月27日在县人大会议室召开。县人大常委会第一副主任刘振诺主持会议，副主任赵玉民、张恒福、林宪良和委员13人出席会议，县政府常务副县长贾治阜，县法院、县检察院负责人，县政府有关部门负责人，县人大常委会各委室负责人列席会议。会议听取审议县财政局局长梁开平关于县人民政府调整2009年县级财政收支预算方案的议案，表决通过县人大常委会关于批准调整2009年县级财政收支预算方案的决定。会议通过任免人大常委会机关工作人员、县法院审判人员、县检察院检察人员等人事任免事项。

第十四次会议 梁山县十六届人大常委会第十四次会议，2009年7月3日在县人大会议室召开。县人大常委会第一副主任刘振诺主持会议，副主任赵玉民、刘本相、张恒福、林宪良和委员14人出席会议，县政府常务副县长贾治阜，县法院院长李培宪、县检察院检察长张义民，县政府有关部门负责人，县人大常委会各委室负责人列席会议。会议听取审议县财政局局长梁开平关于2008年县级财政决算的报告，县审计局局长李若宽关于梁山县2008年本级财政预算执行和其他财政收支情况的审计工作报告，县长助理、县政府办公室主任崔根博关于县政府2009年为民办实事工作情况的报告和县政府提请审议建立梁山县城郊农村住房建设基金的议案的报告；会议表决通过人大常委会《关于批准梁山县2008年县级财政决算的决议》《关于批准建立梁山县城郊农村住房建设基金的决议》。会议还讨论通过县人大常委会领导班子学习实践科学发展观分析检查报告。

第十五次会议 梁山县十六届人大常委会第十五次会议，2009年7月30日在人大会议室召开，县人大常委会第一副主任刘振诺主持会议，副主任赵玉民、刘本相、林宪良和委员出席会议；县政府副县长宁瑞峰，县法院、县检察院负责人，县政府有关部门负责人，人大常委会机关委室负责人等列席会议。会议听取审议县政府关于就业再就业情况的报告、梁山县医院病房大楼项目建设的议案的报告、关于农村土地承包和流转情况的报告。

第十六次会议 梁山县十六届人大常委会第十六次会议，2009年9月29日在人大会议室召开，县人大常委会第一副主任刘振诺主持会议，副主任赵玉民、刘本相、张恒福和委员19人出席会议；县政府常务副县长贾治阜，县法院、县检察院负责人，县政府有关部门负责人，县人大常委会机关委室负责人等列席会议。会议听取审议县政府关于2009年上半年国民经济和社会发展计划执行情况和财政预算执行情况的报告，通过县人大常委会《对县政府治安防控网络建设工作的审议意见》。

第十七次会议 梁山县十六届人大常委会第十七次会议，2009年12月14日在人大会议室召开，县人大常委会第一副主任刘振诺主持会议，副主任刘本相、张恒福、林宪良和委员15人出席会议；县政府副县长田福岭，县法院院长李培宪、县检察院检察长张义民，县政府有关部门负责人，县人大常委会机关委室负责人等列席会议。会议听取审议县政府关于《中华人民共和国科学技术进步法》贯彻执行情况的报告、县人民法院服务经济平稳快速发展工作情况的报告、县人民检察院诉讼工作情况的报告。通过人事任免事项。

第十八次会议 梁山县十六届人大常委会第十八次会议，2010年3月9日在人大会议室召开，县人大常委会第一副主任刘振诺主持会议，副主任赵玉民、刘本相、张恒福、林宪良和委员18人出席会议；县政府副县长宁瑞峰，县法院、县检察院负责人，县政府有关部门负责人，人大常委会机关委室负责人等列席会议。会议听取关于县十六届人大三次会议会前视察有关情况的汇报，表决通过关于变更2009年县级财政收支预算的决定（草案），讨论拟提交县十六届人大三次会议审议通过的县人大常委会工作报告，讨论通过县人大常委会 2010 年工作要点。表决通过提请任命县政府领导成员职务的议案。

第十九次会议 梁山县十六届人大常委会第十九次会议，2010 年 4 月 17 日在人大会议室召开，县人大常委会第一副主任刘振诺主持会议，副主任赵玉民、刘本相、张恒福和委员 15 人出席会议；县政府副县长蒋衍涛，县法院院长李培宪、县检察院检察长张义民，县政府有关部门负责人，人大常委会机关委室负责人等列席会议。会议表决通过田卫东为梁山县人民政府副县长、代理县长；陈国华辞去梁山县人民政府县长职务。听取关于县十六届人大三次会议筹备工作情况的汇报，审议批准代表资格审查委员会关于补选梁山县十六届人民代表大会代表资格审查报告，审议批准县人大常委会《关于召开梁山县第十六届人民代表大会第三次会议的决定》，通过县十六届人大三次会议主席团、秘书长建议名单，决定县十六届人大三次会议列席人员名单，通过关于表彰优秀县人大代表和先进县人大代表小组的决定。初审县政府拟提交县十六届人大三次会议审查批准的《关于 2009 年度财政预算执行情况和 2010 年度财政预算（草案）的报告》。通过有关人事任免事项，表决通过撤销县政府组成部门有关人员职务的议案。

第二十次会议 梁山县十六届人大常委会第二十次会议，2010 年 5 月 19 日在人大会议室召开，县人大常委会第一副主任刘振诺主持会议，副主任张恒福、林宪良、郭建华、王才利和委员 18 人出席会议；县政府常务副县长贾治阜，县法院院长李培宪、县检察院检察长张义民，县政府有关部门负责人，人大常委会机关委室负责人等列席会议。会议通过关于调整县十六届人大常委会代表资格审查委员会组成人员的决定，同意赵玉民辞去县人大常委会副主任职务，不再担任梁山县人大常委会代表资格审查委员会主任职务，拟由人大常委会副主任张恒福担任。通过任免县人大常委会机关工作人员、县政府组成人员职务等人事任免事项。

第二十一次会议 梁山县十六届人大常委会第二十一次会议，2010 年 6 月 29 日在人大会议室召开，县人大常委会第一副主任刘振诺主持会议，副主任张恒福、林宪良、郭建华和委员 16 人出席会议；县政府常务副县长贾治阜，县法院院长李培宪、县检察院检察长张义民，县政府有关部门负责人，人大常委会机关委室负责人等列席会议。会议听取审议县政府关于 2008 年县级预算执行和其他财政收支审计查出问题整改工作情况的报告、关于 2009 年度县级财政决算和县级预算执行及其他财政收入情况审计工作的报告，批准梁山县 2009 年县级财政决算。通过任免县人大常委会机关工作人员职务等人事任免事项。

第二十二次会议 梁山县十六届人大常委会第二十二次会议，2010 年 7 月 30 日在人大会议室召开，县人大常委会第一副主任刘振诺主持会议，副主任张恒福、林宪良、郭建华、王才利和委员 17 人出席会议；县政府副县长王仁娜，县法院院长李培宪，县政府有关部门负责人，人大常委会机关委室负责人等列席会议。会议听取审议县财政局局长梁开平关于融资平台建设及融资担保情况的汇报、县政府办公室主任崔根博关于十六届人大三次会议代表议案及建议、批评和意见办理情况的报告，县林业局局长赵延奎关于集体林权制等工作汇报的报告，并通过相关审议意见。

第二十三次会议 梁山县十六届人大常委会第二十三次会议，2010 年 9 月 30 日在人大会议室召开，县人大常委会第一副主任刘振诺主持会议，副主任张恒福、林宪良、郭建华、王才利和委员 14 人出席会议；县政府常务副县长贾治阜，县法院院长李培宪、县检察院检察长张义民，县政府有关部门负责人，县人大常委会机关委室负责人等列席会议。会议听取审议县财政局局长梁开平关于上半年财政预算执行情况的汇报、县发改局局长贾朝凤关于2010年上半年国民经济和社会发展计划执行情况汇报、县政府办公室主任崔根博关于2010年为民办好十件实事进展情况的报告，并通过审议意见。

第二十四次会议 梁山县十六届人大常委会第二十四次会议，2010年11月30日在人大会议室召开，县人大常委会第一副主任刘振诺主持会议，副主任林宪良、王才利和委员16人出席会议；县政府副县长田福岭，县法院院长李培宪、县检察院检察长张义民，县政府有关部门负责人，人大常委会机关委室负责人等列席会议。会议听取审议县卫生局局长袁东成关于《中华人民共和国食品安全法》贯彻实施工作情况的汇报、县财政局局长梁开平关于调查2010年县财政性支出预算方案的汇报、县法院院长李培宪关于三项重点工作落实情况的汇报、县检察院检察长张义民关于反渎职侵权工作情况的汇报；会议通过县人大常委会《关于变更2010年县级财政性支出预算的决定》及相关审议意见。会议通过县人大常委会及梁山街道人大工作室机关工作人员的任免事项。

第二十五次会议 梁山县十六届人大常委会第二十五次会议，2010年12月27日在县政府二会议室召开，县人大常委会第一副主任刘振诺主持会议，副主任张恒福、林宪良、郭建华、王才利和委员14人出席会议；县政府副县长蒋衍涛，县法院院长李培宪、县检察院检察长张义民，县政府有关部门负责人，县人大常委会机关委室负责人等列席会议。会议听取审议梁山县城市总体规划（2010—2030）、梁山县旅游事业发展总体规划（2010—2020），表决通过县人大常委会《关于批准梁山城市总体规划的决定》。

第二十六次会议 梁山县十六届人大常委会第二十六次会议，2011年1月7日在县人大会议室召开。县人大常委会第一副主任刘振诺主持会议，副主任张恒福、林宪良、郭建华、王才利和委员出席会议，县政府常务副县长贾治阜，县法院院长李培宪、县检察院检察长张义民，县政府有关部门负责人、县人大常委会各委室负责人列席会议。会议听取审议十六届人大四次会议筹备工作情况的汇报，通过召开梁山县第十六届人民代表大会第四次会议的决定、代表资格审查报告，会议主席团、秘书长建议名单，决定列席人员名单，表彰先进代表等决定。会议听取县政府关于“十二五”规划说明及拟交大会审议的报告，讨论县人大常委会工作要点，通过人事任免事项。

第二十七次会议 梁山县十六届人大常委会第二十七次会议，2011年1月30日在县人大会议室召开。县人大常委会第一副主任蒋衍涛主持会议，副主任张恒福、林宪良、郭建华、王才利和委员出席会议，县政府常务副县长贾治阜，县法院院长李培宪、县检察院检察长张义民，县政府有关部门负责人、县人大常委会各委室负责人列席会议。会议表决通过人事任免事项等。

第二十八次会议 梁山县十六届人大常委会第二十八次会议，2011年2月28日在县政府第二会议室召开。县人大常委会第一副主任蒋衍涛主持会议，副主任张恒福、林宪良、郭建华、王才利和委员出席会议，县政府副县长宁瑞峰，县法院院长李培宪、县检察院检察长张义民，县政府有关部门负责人、县人大常委会各委室负责人列席会议。会议听取审议县政府关于抗旱及农田水利建设工作汇报，讨论通过2011年县人大常委会工作要点，审查通过县人大常委会代表资格审查委员会关于个别代表的代表资格的报告，通过人事任免事项。

第二十九次会议 梁山县十六届人大常委会第二十九次会议，2011年4月29日在县政府第二会议室召开。县人大常委会第一副主任蒋衍涛主持会议，副主任林宪良、郭建华、王才利和委员出席会议，县政府副县长楚宪海，县法院院长李培宪、县检察院检察长张义民，县政府有关部门负责人、县人大常委会各委室负责人列席会议。

会议听取审议县政府关于全县社会治安及城市交通秩序整治情况报告，代表议案及建议、批评和意见办理情况的报告；听取审议个别代表资格审查的报告。

第三十次会议 梁山县十六届人大常委会第三十次会议，2011 年 5 月 26 日在县政府第二会议室召开。县人大常委会副主任蒋衍涛主持会议，副主任张恒福、林宪良、郭建华、王才利和委员出席会议，县政府常务副县长贾治阜、副县长马涛，县法院院长李培宪、县检察院检察长张义民，县政府有关部门负责人、县人大常委会各委室负责人列席会议。会议通过人事任免事项等。

第三十一次会议 梁山县十六届人大常委会第三十一次会议，2011 年 6 月 30 日在县政府第二会议室召开。县人大常委会第一副主任蒋衍涛主持会议，副主任张恒福、林宪良、郭建华、王才利和委员出席会议，县政府副县长宁瑞峰，县法院、县检察院负责人，县政府有关部门负责人、县人大常委会各委室负责人列席会议。会议听取审议县政府关于审计工作报告、城市总体规划实施情况的工作报告，并通过审议意见。

第三十二次会议 梁山县十六届人大常委会第三十二次会议，2011 年 8 月 22 日在县政府第二会议室召开。县人大常委会第一副主任蒋衍涛主持会议，副主任张恒福、林宪良、郭建华、王才利和委员出席会议，县政府常务副县长贾治阜，县法院院长李培宪，县政府有关部门负责人、县人大常委会各委室负责人列席会议。会议听取审议县政府关于梁山县“十二五”规划实施、2011 年上半年国民经济和社会发展计划执行情况的报告以及上半年财政预算执行情况的报告、梁山县 2010 年县级财政决算的报告，听取审议县法院关于刑事审判工作情况的报告。通过人事任免事项等。

第三十三次会议 梁山县十六届人大常委会第三十三次会议，2011 年 10 月 20 日在县政府第二会议室召开。县人大常委会第一副主任蒋衍涛主持会议，副主任张恒福、林宪良、郭建华、王才利和委员出席会议，县政府常务副县长贾治阜，县法院院长李培宪，县检察院检察长张义民、县政府有关部门负责人、县人大常委会各委室负责人列席会议。会议听取审议县政府关于为民“十件实事”进展情况的报告、关于招商引资及“三重”工作情况的汇报，听取审议县检察院关于民行检察工作情况的报告；会议表决通过《关于调整 2011 年县级财政收支预算方案的议案的决定》；会议听取审议县人大常委会《关于县乡两级人大换届选举工作安排意见》的报告、《关于梁山县第十七届人民代表大会代表选举工作的方案》的报告，审议通过《梁山县第十七届人民代表大会换届选举的决定》《关于任命梁山县选举委员组成人员的决定》《关于各级人民代表大会的时间和新一届人民代表大会代表名额的决定》，还通过其他事项。

第三十四次会议 梁山县十六届人大常委会第三十四次会议，2011 年 11 月 30 日在县政府第二会议室召开。县人大常委会第一副主任蒋衍涛主持会议，副主任张恒福、林宪良、郭建华、王才利和委员出席会议，县政府常务副县长贾治阜，县法院、县检察院主要负责人、县人大常委会各委室负责人列席会议。会议决定贾治阜为梁山县人民政府代理县长，任命张玕、崔加清、李瑞林、孙颖为县人民政府副县长，免去宁瑞峰、楚宪海、田福岭、王仁娜的县人民政府副县长职务；任命王爱新为梁山县人民法院审判员、审判委员会委员、副院长、代理院长，免去李培宪县人民法院审判员、审判委员会委员、院长职务；任命臧卫华为梁山县人民检察院检察员、检察委员会委员、副检察长、代理检察长，免去张义民县人民检察院检察员、检察委员会委员、检察长职务。会议还审议通过《关于任命乡镇选举委员会组成人员的决定》。

第三十五次会议 梁山县十六届人大常委会第三十五次会议，2011 年 12 月 9 日在县政府第二会议室召开。县人大常委会第一副主任蒋衍涛主持会议，副主任张恒福、林宪良、郭建华、王才利和委员出席会议，会议听取审议县政府关于全县“五五”普法、依法治县情况和“六五”普法规划及关于《梁山县2011-2015年依法治县规划》情况的报告；审议通过《关于接受蒋衍涛等辞去梁山县选举委员会相关职务的决定》和《关于增补梁山县选举委员会组成人员的决定》；会议通过人事任免事项。

第三十六次会议 梁山县十六届人大常委会第三十六次会议，2011年12月31日在县政府第二会议室召开。县人大常委会第一副主任蒋衍涛主持会议，副主任张恒福、林宪良、郭建华、王才利和委员出席会议，县政府、县法院、县检察院、县人大常委会各委室负责人列席会议。会议审议通过关于召开梁山县第十七届人民代表大会第一次会议的决定。

县十六届人大常委会期间，还审议通过年度工作要点，作出关于梁山县第十七届人民代表大会换届选举的决定、关于在全县公民中深入开展第六个五年法制宣传教育的决议。听取审议县政府关于市场体系建设情况、十大民心工程办理工作情况、民营经济招商引资和重点项目情况、农业产业化工作情况、社会治安情况、就业再就业工作情况、农村土地承包和流转工作情况、集体林权制度工作情况、旅游产业发展总体规划启动实施情况、全县“五五”普法、依法治县情况和“六五”普法规划及2011年至2015年依法治县规划情况的报告，审议县人民法院关于刑事审判工作情况的报告，听取审议县检察院关于反贪污贿赂工作情况、渎职侵权工作情况的报告等。还听取审议《中华人民共和国劳动合同法》《中华人民共和国食品安全法》《中华人民共和国科学技术进步法》等法律法规贯彻实施情况的报告。2011年8月22日，第32次人大常委会会议听取并审议通过县政府《关于“十二”五规划实施、2011年上半年国民经济和社会发展计划执行情况的报告》《关于2011年上半年财政预算执行情况的报告》。

十七届人大常委会会议 2012年1月至2017年1月，梁山县第十七届人民代表大会常务委员会共召开会议45次，主要听取审议县政府、县法院、县检察院工作报告并作出决议和决定；依法任免国家机关工作人员。

第一次会议 梁山县十七届人大常委会第一次会议，2012年3月6日在县政府二会议室召开，县人大常委会副主任、委员计23人出席会议，第一副主任蒋衍涛主持。县人民政府县长贾治阜，县人民法院院长王爱新，县人民检察院检察长臧卫华，县人大常委会机关委室负责人列席会议。会议审议通过县长贾治阜《关于提请决定任命县政府组成人员的议案》、县人大常委会《关于提请任免县人大常委会机关工作人员职务的议案》，并由拟任命人员向人大常委会作供职报告，会议决定相关人事任免事项；审议通过《关于通过梁山县第十七届人大常委会代表资格审查委员会组成人员的决定》，讨论通过县人大常委会2012年工作要点。

第二次会议 梁山县十七届人大常委会第二次会议，2012年3月19日在县政府二会议室召开，县人大常委会第一副主任蒋衍涛主持会议，副主任林宪良、郭建华、郭继田和委员17人出席会议。县政府副县长王宇帆，县人民法院院长王爱新，县人民检察院检察长臧卫华，县政府有关部门负责人，县人大常委会机关委室负责人列席会议。会议作出同意县政府向山东省信托公司借款的决议；许可对县人大代表张效美采取强制措施。

第三次会议 梁山县十七届人大常委会第三次会议，2012年4月27日在县政府二会议室召开，县人大常委会第一副主任蒋衍涛主持会议，副主任林宪良、郭建华、郭继田和委员计15人出席会议。县政府副县长秦延信，县人民法院院长王爱新，县人民检察院检察长臧卫华，县政府有关部门负责人，县人大常委会机关委室负责人列席会议。会议研究通过城乡安防畅通、代表建议办理、城市基础设施、人民陪审员任免等事项。

第四次会议 梁山县十七届人大常委会第四次会议，2012 年 6 月 27 日在县政府二会议室召开，县人大常委会第一副主任蒋衍涛主持会议，副主任林宪良、郭建华、王才利、郭继田和委员计 12 人出席会议。县政府副县长王宇帆，县人民检察院及县政府有关部门负责人，县人大常委会机关委室负责人列席会议。会议听取审议有关部门审计、财政报告，审议通过《梁山县人大常委会议事规则》《梁山县人大常委会组成人员守则》及人民陪审员等事项。

第五次会议 梁山县十七届人大常委会第五次会议，2012 年 7 月 9 日在县人大会议室召开，县人大常委会第一副主任蒋衍涛主持会议，副主任林宪良、郭建华、王才利、郭继田和委员 15 人出席会议。县人民检察院检察长臧卫华，县政府有关部门负责人，人大常委会机关委室负责人列席会议。会议许可对县人大代表刘沛采取强制措施。

第六次会议 梁山县十七届人大常委会第六次会议，2012 年 8 月 27 日在县政府二会议室召开，县人大常委会第一副主任蒋衍涛主持会议，副主任林宪良、郭建华、王才利、郭继田和委员 16 人出席会议。县人民法院院长王爱新，县人民检察院检察长臧卫华，县政府有关部门负责人，县人大常委会机关委室负责人列席会议。会议听取审议县政府关于 2012 年上半年国民经济和社会发展计划执行情况及财政预算执行情况的报告，听取审议县法院关于执行工作情况的报告。

第七次会议 梁山县十七届人大常委会第七次会议，2012 年 10 月 15 日在县政府二会议室召开，县人大常委会第一副主任蒋衍涛主持会议，副主任林宪良、王才利、郭继田和委员 14 人出席会议。县政府常务副县长秦延信，县人民法院院长王爱新，县人民检察院检察长臧卫华，县政府办公室主任孔庆金及有关部门负责人，县人大常委会机关委室负责人列席会议。会议听取县政府关于十件实事办理情况的报告、“三重”及招商引资报告，县检察院关于监所检察报告；会议通过人事任免事项。

第八次会议 梁山县十七届人大常委会第八次会议，2012 年 12 月 30 日在县政府二会议室召开，第一副主任蒋衍涛主持会议，县人大常委会副主任蒋衍涛、林宪良、郭建华、王才利、郭继田和委员 17 人出席会议。县政府副县长王宇帆，县人民法院院长王爱新，县人民检察院及县政府有关部门负责人，人大常委会机关委室负责人列席会议。会议研究人代会前各项筹备工作。

第十次会议 梁山县十七届人大常委会第十次会议，2013 年 3 月 25 日在县政府二会议室召开，会议作出授予岳增才梁山人民奖章的决定，通过县政府提请的任免事项。

第十三次会议 梁山县十七届人大常委会第十三次会议，2013 年 8 月 28 日在县政府二会议室召开，县十七届人大常委会组成人员 25 人出席会议，“一府两院”，县人大常委会委室、县直有关部门主要负责人以及部分乡镇人大主席、副主席、街道人大工作室主任、副主任列席会议。会议听取审议县发展和改革局局长杨其勇、县财政局局长李士兵受县政府委托所作 2013 年上半年国民经济和社会发展计划执行情况及财政预算执行情况的报告，县人力和社会保障局局长佟振堂受县政府委托所作关于社会保险基金征缴工作的报告，县人民法院院长王爱新关于行政审判工作情况的报告，并通过县人大常委会关于县政府《关于 2013 年上半年国民经济和社会发展计划及财政预算执行情况报告》《关于社会保险基金征缴工作情况报告》、县法院《关于行政审判工作情况报告》的审议意见。会议表决通过《梁山县人大常委会关于对专项工作进行满意度测评的试行办法》、《梁山县人民代表大会常务委员会关于授予地方荣誉称号的试行办法》。会议还通过人事任免事项。

第十四次会议 梁山县十七届人大常委会第十四次会议，2013 年 10 月 29 日在县政府二会议室召开，县十七届人大常委会组成人员 25 人出席会议；县政府副县长、县法院院长、县检察院检察长，县直有关部门主要负责人，县人大常委会各委室负责人，以及部分乡镇人大主席、副主席列席会议。该次常委会是《关于对专项工作进行满意度测评的试行办法》实施后的第一次常委会，将对“一府两院”专项工作进行满意度测评投票表决。会议听取审议县政府副县长崔加清受县政府委托所作关于招商引资和“三重”工作情况的报告、县安监局局长梁学玉受县政府委托所作关于安全生产工作情况的报告、县检察院检察长臧卫华关于派驻检察室工作情况的报告，并通过县人大常委会对县政府关于招商引资及“三重”工作情况报告、关于安全生产工作情况报告、县人民检察院关于派驻检察室工作情况报告的审议意见。会议审议表决县财政局局长李士兵所作县政府关于调整 2013 年财政收支预算方案的议案、县公安局局长张作宜所作人大代表采取强制措施的报告，会议表决通过关于调整 2013 年财政收支预算方案的决议、关于许可对县人大代表于船采取强制措施的决定，会议还通过县法院提请免去部分人民陪审员的议案。

第十五次会议 梁山县十七届人大常委会第十五次会议，2013 年 11 月 26 日在县政府二会议室召开。县十七届人大常委会组成人员 25 人出席会议，县政府副县长，县法院院长，县检察院检察长，县人大常委会各委室主要负责人列席会议。会议通过人事任免事项。

第十六次会议 梁山县十七届人大常委会第十六次会议，2013 年 12 月 10 日在县政府二会议室召开。县十七届人大常委会组成人员 25 人出席会议，县政府副县长，县法院院长，县检察院检察长，县人大常委会各委室主要负责人列席会议。会议补选济宁市十六届人大代表 2 人。会议还通过人事任免事项。会议表决通过代表辞去代表职务的决定。

第十七次会议 梁山县十七届人大常委会第十七次会议，2013 年 12 月 28 日在县政府二会议室召开，县十七届人大常委会现有组成人员 24 人出席会议，县政府副县长、县法院院长、县检察院检察长，县人大常委会委室和县直有关部门主要负责人列席会议。会议审议表决关于召开梁山县第十七届人民代表大会第三次会议的决定，听取县十七届人大第三次会议筹备工作的情况汇报，讨论拟提交县十七届人大第三次会议审议的县人大常委会工作报告，听取和审议梁山县十七届人大常委会代表资格审查委员会关于补选代表的代表资格审查报告，审议通过梁山县第十七届人民代表大会第三次会议主席团和秘书长建议名单，审议表决梁山县第十七届人民代表大会第三次会议列席人员名单（草案），表决通过关于表彰 2013 年度优秀县人大代表和先进县人大代表小组的决定（草案）；听取和审议县政府关于县十七届人大二次会议以来代表议案、建议、批评和意见办理情况的报告、县政府关于景区建设资金有关问题的议案，并通过县人大常委会《关于批准县政府景区建设资金有关问题议案的决议》；通过人事任免事项，通过县人大常委会委员辞职决定。

第十八次会议 梁山县十七届人大常委会第十八次会议，2014 年 2 月 26 日在县政府二会议室召开，县十七届人大常委会组成人员 25 人出席会议，县政府副县长、“两院”负责人、县直有关部门主要负责人，县人大常委会各委室负责人以及县直及两个街道部分基层人大代表列席会议。会议学习修改后的《山东省实施〈中华人民共和国全国人民代表大会和地方各级人民代表大会代表法〉办法》（摘要）。会议审议通过县人大常委会 2014 年工作要点，听取审议县政府副县长孔德修关于城区居民供水供暖工作情况的报告，并通过审议意见；听取县政府关于将开发区污水处理厂污水处理服务费纳入县财政预算的议案，并通过相应决议。

第十九次会议 梁山县十七届人大常委会第十九次会议，2014年3月31在县政府二会议室召开，县十七届人大常委会组成人员25人出席会议，县政府副县长，县法院院长，县检察院检察长，县人大常委会各委室主要负责人列席会议。会议通过人事任免事项及县法院关于确定人民陪审员名额的议案。

第二十次会议 梁山县十七届人大常委会第二十次会议，2014年4月30日在县政府二会议室召开，县十七届人大常委会组成人员25人出席会议，县政府副县长、县法院院长、县检察院检察长，县直有关部门主要负责人，县人大常委会各委室负责人以及小路口镇、赵堌堆乡人大主席、副主席和部分基层人大代表列席会议。会议听取审议县政府副县长李士兵受县政府委托所作关于专用车整治和提升工作情况的报告、县教体局局长张广斌受县政府委托所作关于省运会场馆设施建设工作情况的报告、县文化市场综合执法局局长李雪受县政府委托所作关于文化市场执法工作情况的报告，并通过相应审议意见；表决任命县法院人民陪审员。

第二十一次会议 梁山县十七届人大常委会第二十一次会议，2014年6月26日在县政府二会议室召开，县十七届人大常委会组成人员25人出席会议，县政府副县长、县法院院长、县检察院检察长，县直有关部门主要负责人，县人大常委会各委室负责人以及部分乡镇人大主席、副主席和基层人大代表列席会议。会议听取审议县审计局局长艾桂秋受县政府委托所作关于2012年度县级预算执行和其他财政收支审计查出问题整改情况及2013年县级预算执行和其他财政收支情况的审计工作报告、县政府副县长、财政局局长李士兵受县政府委托所作关于2013年度县级财政决算的报告、关于城区交通秩序整治工作情况的报告。会议通过批准梁山县2013年县级财政决算的决议，通过审计工作报告、城区交通秩序整治报告的审议意见。

第二十二次会议 梁山县十七届人大常委会第二十二次会议，2014年8月22日在县政府二会议室召开，县十七届人大常委会组成人员25人出席会议，县政府副县长、县法院院长、县检察院检察长，县直有关部门主要负责人，县人大常委会各委室负责人以及部分乡镇人大主席、副主席和基层人大代表列席会议。会议听取审议县发展和改革局局长杨其勇受县政府委托所作关于2014年上半年国民经济和社会发展计划执行情况的报告、县政府副县长兼财政局局长李士兵受县政府委托所作关于2014年上半年财政预算执行情况的报告和关于2014年县级财政收支预算调整方案的报告、县粮食和物价局局长李明峰受县政府委托所作关于粮食市场管理工作的报告、县人民法院院长王爱新关于基层法庭规范化建设工作的报告；会议通过关于2014年上半年国民经济和社会发展计划及财政预算执行情况、粮食市场管理工作、基层法庭规范化建设工作报告的审议意见，作出关于批准调整2014年财政预算议案的决议。

第二十三次会议 梁山县十七届人大常委会第二十三次会议，2014年9月19日在县政府二会议室召开，县十七届人大常委会组成人员25人出席会议，县政府副县长，县法院院长，县检察院检察长，县人大常委会各委室主要负责人列席会议。会议通过人事任免事项，表决通过许可对个别代表采取强制措施的决定。

第二十四次会议 梁山县十七届人大常委会第二十四次会议，2014年10月30日在县政府二会议室召开，县十七届人大常委会组成人员25人出席会议，县政府副县长、县法院院长、县检察院检察长，县直有关部门主要负责人，县人大常委会有关委室负责人列席会议。会议听取审议县政府关于新型农村社区建设情况的报告、关于新城区建设工作情况的报告、县检察院关于控告申诉检察工作情况的报告，并通过相应审议意见。会议还对县政府新型农村社区建设、新城区建设和县检察院控告申诉检察工作等专项工作进行满意度测评投票表决。

第二十五次会议 梁山县十七届人大常委会第二十五次会议，2014 年 12 月 31 日在县政府二会议室召开，县十七届人大常委会组成人员 25 人出席会议，县政府副县长、县法院院长、县检察院检察长，县直有关部门负责人，县人大常委会委室负责人列席会议。审议表决通过《县人大常委会关于对重点事项实行督察督办的实施办法》、《组织视察调研和执法检查活动实施办法》和《对决议决定审议意见落实跟踪督办的实施办法》三项规范性文件。听取审议并通过县政府办公室主任孔庆金关于县十七届人大三次会议代表议案、建议、批评和意见办理情况的报告（草案），并确定以书面形式提交十七届人大四次会议审议。会议听取县十七届人大四次会议筹备工作情况汇报，表决通过关于召开梁山县第十七届人民代表大会第四次会议的决定；听取审议县人大常委会副主任、代表资格审查委员会主任委员郭继田关于补选代表代表资格审查报告，通过县人大常委会《关于确认补选代表的代表资格的决定》，并表决接受个别人大代表辞职请求的决定（草案）；会议审议通过梁山县第十七届人民代表大会第四次会议主席团和秘书长建议名单，审议表决梁山县第十七届人民代表大会第四次会议列席人员名单；会议还讨论拟提交县十七届人大第四次会议审议的县人大常委会工作报告（讨论稿）。

第二十六次会议 梁山县十七届人大常委会第二十六次会议于 2015 年 2 月 28 日在县政府二会议室召开，县十七届人大常委会组成人员 27 人出席会议，县政府副县长、“两院”负责人，县人大常委会各委室负责人列席会议。会议学习中央和省市县委有关作风建设的文件，审议通过县人大常委会 2015 年工作要点，会议审议通过人事任免事项。

第二十七次会议 梁山县十七届人大常委会第二十七次会议，2015 年 4 月 29 日在县人大会议室召开，县十七届人大常委会组成人员 21 人出席会议，县政府副县长，县法院院长，县检察院检察长，县人大常委会各委室负责人列席会议。听取审议县教育和体育局局长张广斌关于农村教育工作情况的报告、县卫生局局长袁东成关于基层公共卫生服务工作情况的报告，并通过两项报告的审议意见。会议对县政府农村教育工作、基层公共卫生服务工作进行满意度测评投票表决。会议还通过人事任免事项。

第二十八次会议 梁山县十七届人大常委会第二十八次会议，2015 年 6 月 30 日在县政府二会议室召开，县十七届人大常委会组成人员 27 人出席会议，县政府副县长、县法院院长、县检察院检察长，县直有关部门主要负责人，县人大常委会机关委室负责人列席会议。听取审议县审计局局长艾桂秋受县政府委托所作关于 2014 年度本级预算执行和其他财政收支审计工作报告、县财政局局长杨其勇受县政府委托所作关于 2014 年度县级财政决算的报告、县农业局局长赵延奎受县政府委托所作关于农村土地承包经营权确权登记颁证工作情况的报告。会议通过关于 2014 年度本级预算执行和其他财政收支审计工作报告、关于农村土地承包经营权确权登记颁证工作情况的审议意见、关于批准梁山县 2014 年县级财政决算的决议，会议表决通过县法院人民陪审员的任命。

第二十九次会议 梁山县十七届人大常委会第二十九次会议，2015 年 8 月 11 日在县政府二会议室召开，县人大常委会党组书记、第一副主任蒋衍涛，副主任林宪良、郭建华、王才利、郭继田和县十七届人大常委会组成人员出席会议。县委副书记侯典峰、县政府常务副县长秦延信，县法院院长王爱新、县检察院检察长臧卫华、县人大常委会各委室主要负责人等列席会议。会议同意贾治阜辞去县人民政府县长职务，任命侯典峰为梁山县人民政府副县长、代理县长。

第三十次会议 梁山县十七届人大常委会第三十次会议，2015年8月27日在县政府二会议室召开，县十七届人大常委会组成人员26人，县政府代理县长、县法院院长、县检察院检察长，县人大常委会各委室主任，县直有关部门主要负责人列席会议。听取审议县发展和改革局局长赵伟受县政府委托所作关于2015年上半年国民经济和社会发展计划执行情况的报告、县财政局局长杨其勇受县政府委托所作关于2015年上半年财政预算执行情况的报告、县环保局局长马德水受县政府委托作关于环境保护工作情况的报告、县人民法院院长王爱新所作关于人民陪审员运作工作情况的报告，并通过县人大常委会对以上四项报告的审议意见。会议对县政府环境保护工作、县法院人民陪审员运作工作情况进行满意度测评。

第三十一次会议 梁山县十七届人大常委会第三十一次会议，2015年10月28日在县政府二会议室召开，县十七届人大常委会组成人员25人出席会议，县政府副县长、县法院院长、县检察院检察长，部分市人大代表，县人大常委会各委室主任，县直有关部门主要负责人列席会议。会议审议通过《梁山县人大常委会开展专题询问和质询工作试行办法》。会议听取审议县政府城市管理工作情况的报告、县检察院反渎职侵权工作情况的报告，并通过相应审议意见，会议还对县政府城市管理工作、县检察院反贪污侵权工作进行满意度测评。会议对9名市人大代表进行述职评议；表决通过个别人大代表辞职请求的决定；通过人事任免事项。

第三十二次会议 梁山县十七届人大常委会第三十二次会议，2015年11月30日在县政府二会议室召开，县十七届人大常委会组成人员25人出席会议，县政府副县长，县法院院长，县检察院副检察长，县人大常委会各委室主要负责人列席会议。会议通过人事任免事项。

第三十三次会议 梁山县十七届人大常委会第三十三次会议，2015年12月17日召开。县十七届人大常委会组成人员25人出席会议，县政府分管副县长，县法院院长，县检察院代检察长；县发改局、环保局、规划局、住建局、水利局、财政局、国土局、经信局、工商局、畜牧局、林业局、环卫局、执法局等13个部门及水泊街道、梁山街道主要负责人；县人大常委会各委室负责人列席会议，县人大常委会党组书记、第一副主任蒋衍涛主持会议。此次会议对县政府龟山河西环城河污染综合治理工作开展专题询问，是县人大常委会首次启动专题询问这一法定监督方式，以加强对县委高度重视、政府着力推进、人民群众广泛关注的龟山河西环城河治理重要工程进行重点监督。会议听取县政府副县长李士兵关于龟山河西环城河污染综合治理的工作报告，县人大常委会对龟山河西环城河污染综合治理工作进行询问。询问采取现场问答的方式，由常委会组成人员发言询问，县政府副县长及有关部门主要负责人回答，并由主持人现场点评；其后对龟山河西环城河综合治理专题询问进行满意度测评。会议表决通过县人大常委会对县政府《关于龟山河西环城河污染综合治理工作报告的审议意见》，并由副县长李士兵代表县政府作表态发言。县人大常委会党组书记、第一副主任蒋衍涛在专题询问结束时讲话。

第三十四次会议 梁山县十七届人大常委会第三十四次会议，2016年1月14日在县政府二会议室召开，县十七届人大常委会组成人员25人出席会议，县政府副县长、县法院院长、县检察院代检察长，县直有关部门负责人，各乡镇街道人大专职副主席、副主任，县人大常委会机关委室负责人列席会议。会议听取和审议县政府办公室主任孔庆金关于县十七届人大四次会议代表议案、建议、批评和意见办理情况的报告（草案），原则上通过该报告，并以书面形式提交大会审议；会议审议县政府关于调整2015年县级财政预算的议案，表决通过县人大常委会《关于批准

2015年县级财政预算调整方案的决议》；会议听取县人大常委会党组成员、办公室主任陈丕田关于县十七届人大第五次会议筹备工作情况汇报，表决通过《关于召开梁山县第十七届人民代表大会第五次会议的决定》；会议听取审议并通过县人大常委会副主任、代表资格审查委员会主任委员郭继田关于补选代表代表资格审查报告；审议表决梁山县第十七届人民代表大会第五次会议主席团和秘书长建议名单、梁山县第十七届人民代表大会第五次会议列席人员名单；审议表决县人大常委会《关于提请设立梁山县人民代表大会专门委员会议案》、关于接受田卫东辞去梁山县人大常委会主任职务的请求。会议还讨论拟提交县十七届人大五次会议审议的县人大常委会工作报告（讨论稿）。

第三十五次会议 梁山县十七届人大常委会第三十五次会议，2016年2月2日在县政府二会议室召开。县人大常委会主任蒋衍涛主持会议并讲话，副主任林宪良、郭建华、王才利、郭继田、王文成和县十七届人大常委会组成人员27人出席会议。县委常委、副县长孔德修，县法院院长王爱新，县检察院检察长张忠新，县人大常委会各委室主要负责人列席会议。会议补选济宁市十六届人大代表，会议听取县人大常委会组成人员对2016年度人大重点工作的建议，表决许可对个别代表采取强制措施的决定。

第三十六次会议 梁山县十七届人大常委会第三十六次会议，2016年2月26日在县政府二会议室召开，县十七届人大常委会组成人员27人出席会议，县政府副县长、县法院院长、县检察院检察长，县人大常委会各委室负责人列席会议。会议传达学习济宁市十六届人大五次会议精神，审议通过县人大常委会2016年工作要点，审议修订县人大常委会有关工作制度。

第三十七次会议 梁山县十七届人大常委会第三十七次会议，2016年4月5日在县政府二会议室举行。县人大常委会主任蒋衍涛，副主任林宪良、郭建华、王才利、郭继田、王文成和人大常委会组成人员27人出席会议，县政府副县长李士兵、县法院院长王爱新、县检察院检察长张忠新，县人大常委会各委室负责人列席会议。会议由县人大常委会副主任林宪良主持。会议听取副县长李士兵所作《关于提请批准张坊片区回迁安置意见的议案》，通过《关于批准县政府张坊片区回迁安置意见议案的决定》；会议通过人事任免事项。

第三十八次会议 梁山县十七届人大常委会第三十八次会议，2016年4月8日在县人大会议室召开，县人大常委会副主任、人大常委会组成人员共27人出席会议。县检察院检察长张忠新等列席会议。会议表决许可对个别代表采取强制措施的决定。

第三十九次会议 梁山县十七届人大常委会第三十九次会议，2016年4月23日在县政府二会议室召开，县人大常委会主任蒋衍涛主持会议，县人大常委会副主任林宪良、郭建华、王才利、郭继田、王文成和人大常委会组成人员27人出席会议，县政府副县长赵广、县检察院检察长张忠新、县法院副院长王友民、县人大常委会各委室及县直有关部门负责人列席会议。会议听取审议副县长赵广所作《关于城乡绿化工作情况的报告》《关于提请审议将县生活垃圾处理费列入县财政预算的议案》，并通过县人大常委会关于城乡绿化工作报告的审议意见、关于批准县政府将县生活垃圾处理费列入县财政预算议案的决议。会议还表决通过人事任免事项。

第四十次会议 梁山县十七届人大常委会第四十次会议，2016年6月28日在县政府二会议室召开，县人大常委会主任蒋衍涛主持会议，副主任林宪良、郭建华、王才利、郭继田、王文成和人大常委会组成人员共27人出席会议，县政府副县长孙颖、县法院副院长王友民、县检察院检察长张忠新及县直有关部门主要负责人、县人大常委会机关委室负责人列席会议。会议听取审议县审计局局长艾桂秋受县政府委托所作《关于2015年度县级预算执行和其他财政收支审计工作报告》、县财政局局长杨其勇受县政府委托所作《关于2015年度县级财政决算的报告》。会议通过县人大常委会关于2015年度本级预算执行和其他财政收支审计工作报告的审议意见，关于批准梁山县2015年县级财政决算的决议。会议表决通过有关人事任免事项。

第四十一次会议 梁山县十七届人大常委会第四十一次会议，2016年8月31日在县政府二会议室召开，县十七届人大常委会组成人员27人出席会议，县政府副县长，县法院代院长，县检察院检察长，县直有关部门主要负责人，县人大常委会机关委室负责人列席会议。会议听取审议县发展和改革局局长赵伟受县政府委托所作《2016年上半年国民经济和社会发展计划执行情况的报告》、县财政局局长杨其勇所作《2016年上半年财政预算执行情况的报告》、县法院代院长时益同关于所作《民商事和行政审判工作情况的报告》，并通过三个报告的审议意见；会议听取县财政局局长杨其勇《关于提请批准2016年县级财政预算调整方案的议案》，并通过县人大常委会关于批准2016年财政预算调整方案的决议。

第四十二次会议 梁山县十七届人大常委会第四十二次会议，2016年11月1日在县政府二会议室召开，县人大常委会主任蒋衍涛主持会议，副主任林宪良、王才利、郭继田、王文成和人大常委会组成人员27人出席会议，县政府副县长孙颖、县法院代理院长时益同、县检察院检察长张忠新列席会议。会议听取县经济和信息化局局长王先华受县政府委托所作《关于经济转型升级工作情况报告》、县教育和体育局局长张广斌受县政府委托所作《关于义务教育均衡化发展工作情况的报告》、县检察院检察长张忠新所作《关于反贪污贿赂工作情况的报告》，并通过相应审议意见；审议县政府提交的《梁山县2016—2020年依法治县规划》和《关于在全县公民中实施第七个五年法治宣传教育的规划》，听取县司法局局长连桂军受县政府委托所作关于两个规划的说明，并通过相应决议；表决通过县人大常委会《关于梁山县第十八届人民代表大会换届选举的决定》《关于任命梁山县选举委员会组成人员的决定》、《关于乡镇人民代表大会换届时间和新一届人民代表大会代表名额的决定》及《关于县乡人大换届选举工作的安排意见》。

第四十三次会议 梁山县十七届人大常委会第四十三次会议，2016年11月24日在县人大会议室召开，县人大常委会副主任、人大常委会组成人员共27人出席会议。县政府副县长，县直有关部门主要负责人，县人大常委会机关委室负责人列席会议。会议审议表决县政府副县长孙颖关于将解决城镇大班额PPP项目和文化中心建设PPP项目资金列入财政预算的议案、关于将职业中专建设项目贷款还本付息资金列入财政预算的议案，并通过相应决议。会议表决通过关于任命乡镇选举委员会组成人员的决定。

第四十四次会议 梁山县十七届人大常委会第四十四次会议，2016年12月21日在县政府二会议室召开，县人大常委会主任蒋衍涛主持会议并讲话，副主任林宪良、郭建华、王才利、郭继田、王文成和县十七届人大常委会组成人员共27人出席会议，县政府县长侯典峰、县法院代理院长时益同、县检察院有关负责人列席会议。会议通过县政府县长侯典峰提请任免县政府组成人员职务的议案、县人大常委会副主任郭继田提请任命街道人大工委工作人员职务的议案，会议以无记名投票的形式，通过人事任免事项。会议表决通过县选举委员会组成人员的辞职请求。

第四十五次会议 梁山县十七届人大常委会第四十五次会议，2017年1月20日在县政府二会议室召开，县人大常委会副主任林宪良、郭建华、王才利、郭继田、王文成和县十七届人大常委会组成人员共27人出席会议，县政府副县长王庆明、县法院代院长时益同、县检察院检察长张忠新，县人大常委会机关有关委室负责人及各乡镇街道人大专职主席、主任列席会议。会议听取审议县政府办公室主任孔庆金《关于县十七届人大五次会议代表议案、建议、批评和意见办理情况的报告》，确定以书面形式提交县十八届人大一次会议审议；听取县选举委员会《关于换届选举工作的报告》，审议批准县人大常委会副主任、代表资格审查委员会主任郭继田《关于县十八届人大代表的代表资格审查报告》；审议通过县十八届人大一次会议有关事项，听取县十八届人大第一次会议筹备工作情况的报告，表决通过关于召开梁山县第十八届人民代表大会第一次会议的决定，通过提请设立梁山县人民代表大会专门委员会的议案、并确定提请县十八届人大一次会议主席团会议审议，审议通过梁山县第十八届人民代表大会第一次会议主席团、秘书长和专门委员会组成人员建议名单，审议表决梁山县第十八届人民代表大会第一次会议列席人员名单；讨论拟提交县十八届人大第一次会议审议的县人大常委会工作报告；通过人事任免事项。

十八届人大常委会会议 2017 年 1 月至 2021 年 3 月，梁山县十八届人大常委会共召开会议 41 次，主要听取审议县政府、县法院、县检察院工作报告并作出决议和决定及审议意见；依法任免国家机关工作人员。

第一次会议 梁山县十八届人大常委会第一次会议，2017 年 3 月 24 日在县政府招待所召开。县人大常委会主任秦延信主持会议并讲话，副主任王才利、郭继田、崔根博、王文成和委员 27 人出席会议；县委常委、副县长李保江，县人民法院院长时益同，县人民检察院检察长张忠新，县人大常委会机关委室负责人，部分乡镇人大负责人列席会议。会议分两个阶段进行。

第一阶段会议首先传达学习十二届全国人大五次会议精神。会议根据地方组织法“新的一届人民政府领导人员依法选举产生后，应当在两个月内提请本级人民代表大会常务委员会任命人民政府秘书长、厅长、局长、委员会主任、科长”的规定，在听取县人大常委会提请任免县人大常委会机关工作人员职务议案、县人民政府提请任命县人民政府组成人员职务议案、县人民法院提请任命县人民法院审判人员职务议案的基础上，会议决定，任免县人大常委会办公室主任各 1 人，任命县人民政府组成人员 25 人、县人民法院审判员 10 人，并向被任命人员颁发任命书（被任命的县法院审判员任命书会后由县法院院长代发）、向宪法宣誓。会议表决通过县第十八届人大常委会代表资格审查委员会组成人员的决定。

第二阶段会议听取审议县人大常委会 2017 年工作要点（草案）和县政府提请的 7 项议案，并由议案项目实施单位主要负责人分别做说明。会议表决通过县人大常委会《关于批准县人民政府将梁山县高端轴承产业园孵化基地项目资金列入财政预算的决议》《关于批准县人民政府将森林公园景观绿化工程 PPP 项目资金列入财政预算的决议》《关于批准县人民政府将老城区市政基础设施提升改造工程 PPP 项目资金列入财政预算的决议》《关于批准县人民政府专用车“双创”中心建设项目融资方案的决议》《关于批准梁山县库区移民避险解困建设项目实施方案的决议》《关于批准城乡供水一体化农村集中供水工程项目融资方案的决议》《关于批准梁山县人民政府 2017 年棚户区改造项目融资方案的决议》。

第二次会议 梁山县十八届人大常委会第二次会议，2017 年 5 月 19 日在县政府招待所召开。县人大常委会主任秦延信主持会议并讲话，副主任王才利、郭继田、崔根博、王文成和委员 27 人出席会议；县人民政府县长侯典峰、副县长马涛，县人民法院院长时益同，县人民检察院检察长张忠新，各乡镇人大主席、街道人大工作委员会主任、县人大常委会机关各委室负责人以及县政府有关部门主要负责人列席会议。会议听取审议县政府关于建设棚户区改造项目的议案及县财政局局长杨其勇、县住建规划局局长赵锦民就相关问题的说明，并通过相关决议。

第三次会议 梁山县十八届人大常委会第三次会议，2017年6月3日在县政府招待所召开。县人大常委会主任秦延信主持会议并讲话，副主任王才利、郭继田、崔根博、王文成和委员29人出席会议。县政府副县长、县公安局局长闫长虹、县法院院长时益同、县检察院检察长张忠新，县人大有关专门委员会委员，特邀人大代表，县政府有关部门负责人、部分乡镇人大主席，县人大常委会机关委室负责人列席会议。会议听取审议县法院院长时益同所作《关于执行工作情况的报告》、县卫生和计划生育局副局长张津梁受县政府和局长袁东成委托所作《关于全县医疗卫生服务工作情况的报告》、县城市管理行政执法局局长崔师峰受县政府委托所作《关于全县城市综合管理执法工作情况的报告》，并分别对三方面的工作进行无记名投票测评。根据县人大常委会专项工作满意度测评试行办法规定，本次常委会会议对县法院执行工作定为满意等次、对县政府医疗卫生服务工作定为基本满意等次、对县政府城市综合管理执法工作定为满意等次。会议表决县人大常委会《人事任免办法》《预算审查监督办法》等规章制度。

第四次会议 梁山县十八届人大常委会第四次会议，2017年6月28日在县政府招待所召开。县人大常委会主任秦延信主持会议并讲话，副主任王才利、郭继田、崔根博、王文成和委员27人出席会议；县人民政府副县长王庆明，县人大财政经济专门委员会委员，特邀人大代表，县法院、检察院、县政府办公室和县直有关部门负责人，各乡镇、街道人大主席、主任和县人大常委会机关各委室负责人列席会议。会议听取县审计局局长艾桂秋受县政府委托所作《关于2016年度县级预算执行和其他财政收支情况的审计工作报告》、财政局局长杨其勇受县政府委托所作《关于2016年度县级财政决算的报告》、县人大常委会委员、财政经济委员会副主任委员赵卫国所作《关于2016年县本级决算草案审查结果的报告》。会议表决通过县人大常委会《关于2016年度县级财政预算执行和其他财政收支情况审计工作报告的审议意见》《关于批准2016年县级决算的决议》。

第五次会议 梁山县十八届人大常委会第五次会议，2017年8月28日在县政府招待所召开。县人大常委会县人大常委会主任秦延信主持会议并讲话，副主任王才利、郭继田、崔根博、王文成和委员31人出席会议。县政府副县长孙颖、县法院院长时益同、县检察院检察长张忠新、县人大部分专门委员会委员、特邀人大代表，部分乡镇街区人大负责人，县直有关部门负责人，县人大常委会机关委室负责人列席会议。会议听取审议县政府《关于2017年上半年国民经济和社会发展计划执行情况的报告》《关于2017年上半年财政预算执行情况的报告》《社会保险工作情况的报告》，听取审议县检察院检察长张忠新所作《关于侦查监督工作情况的报告》，并对侦查监督工作进行无记名投票测评。根据县人大常委会专项工作满意度测评试行办法规定，本次常委会会议对县检察院侦查监督工作定为满意等次。会议表决通过2017年县级财政预算调整方案和关于发展计划执行情况、财政预算执行情况、侦查监督工作情况三个报告的审议意见，通过县法院审判人员、人民陪审员任免事项。

第六次会议 梁山县十八届人大常委会第六次会议，2017年9月21日在县政府招待所召开。县人大常委会主任秦延信主持会议并讲话，副主任王才利、郭继田、崔根博、王文成和委员29人出席会议。县政府副县长孙颖、县法院院长时益同、县检察院检察长张光新、县人大部分专门委员会委员、特邀人大代表，部分乡镇街区人大负责人，县直有关部门负责人，县人大常委会机关委室负责人列席会议。会议对县政府改善城区环境卫生工作进行专题询问。询问结束后，县人大常委会组成人员对县政府及相关部门答复情况进行无记名投票测评。根据县人大常委会专项工作满意度测评试行办法规定，本次常委会会议对县政府及县住建规划局、县疾控中心答复情况定为满意等次，对县城管局、县环卫局、县房管办答复情况定为基本满意等次。

第七次会议 梁山县十八届人大常委会第七次会议，2017 年 11 月 3 日在县政府招待所召开。县人大常委会主任秦延信主持会议并讲话，副主任王才利、郭继田、崔根博、王文成和委员 29 人出席会议。县政府副县长孙颖、县法院院长时益同、县检察院检察长张忠新、县人大部分专门委员会委员、特邀人大代表，部分乡镇街区人大负责人，县直有关部门负责人，县人大常委会机关委室负责人列席会议。会议听取县政府及有关部门“十件实事”办理情况的报告、县经信局产业发展和园区建设工作情况的报告，并对县政府及有关部门十件实事办理工作进行无记名投票测评。根据县人大常委会专项工作满意度测评试行办法规定，本次常委会会议对县政府及县教体局、县水利局、县交通局、县发改局、县文广新局“十件实事”办理工作定为满意等次，对县经信局产业发展和园区建设工作定为基本满意等次。会议表决人事任免事项。

第八次会议 梁山县十八届人大常委会第八次会议，2017 年 11 月 7 日在县委一会议室召开。会议主要是县人大常委会对县政府食品安全工作进行专题询问。县人大常委会副主任王才利、郭继田、崔根博、王文成及其他常委会组成人员出席会议，专题询问由县人大常委会副主任崔根博主持，并对询问回答进行随即点评。县政府副县长孙颖及县食药监局、公安局、住建局、畜牧局、教体局、环卫局、检验检测中心负责人到会接受询问，县法院院长时益同、县检察院检察长张忠新，县人大机关各委室主任，县食安委成员单位及各乡镇、街道负责人列席会议。询问采用一问一答的方式进行，由人大常委会组成人员询问，询问的 9 个问题内容涉及农村食品监管、畜禽产品质量、食品生产源头管理、食品检验检测、学校食品安全管理、餐厨废弃物管理、城区供水水质、食品安全犯罪打击等群众高度关注的热点问题。副县长孙颖及有关单位负责人进行回答。询问结束后，孙颖代表县政府作表态发言，县人大常委会副主任王才利作总结讲话。

第九次会议 梁山县十八届人大常委会第九次会议，2017 年 12 月 27 日在县政府二会议室举行。县人大常委会主任秦延信主持会议并讲话，副主任王才利、郭继田、崔根博、王文成出席会议。县委常委、县政府副县长李保江、县法院院长时益同、县检察院检察长张忠新及县政府有关部门负责人列席会议。会议以投票表决的形式通过有关人事任免事项，表决通过关于召开梁山县第十八届人民代表大会第二次会议的决议（草案）、县政府关于县十八届人大一次会议以来代表议案、建议办理情况的报告、县十八届人大二次会议筹备工作情况的报告、县人大常委会关于确认补选与终止代表资格的决定（草案）、关于县第十八届人民代表大会第二次会议主席团和秘书长建议名单、县第十八届人民代表大会第二次会议列席人员名单（草案）、拟提交县第十八届人民代表大会第二次会议审议的人大常委会工作报告、县人大常委会关于批准建设龟山河综合治理（三期）PPP 项目的决议（草案）。

第十次会议 梁山县十八届人大常委会第十次会议，2018 年 1 月 11 日在县政府招待所召开。县人大常委会主任秦延信主持会议并讲话，县人大常委会副主任王才利、郭继田、崔根博、王文成和委员出席会议；县委常委、副县长李保江，县委常委、县纪委书记、县监察委员会主任赵广，县法院院长时益同、县检察院检察长张忠新以及县政府办公室和县人大常委会有关委室负责人列席会议。会议表决通过《关于接受张博辞去梁山县第十八届人民代表大会常务委员会委员职务的决定》，会议表决通过县人民政府、县监察委员会提请的人事任免事项。

第十一次会议 梁山县十八届人大常委会第十一次会议，2018年4月28日在县政府招待所召开。县人大常委会主任秦延信主持会议并讲话，王才利、郭继田、崔根博、王文成和委员27人出席会议。县政府副县长孙颖、县法院院长时益同、县检察院检察长张忠新、县人大部分专门委员会委员、特邀人大代表，部分乡镇街区人大负责人，县直有关部门负责人，县人大常委会机关委室负责人列席会议。会议传达学习十三届全国人大一次会议精神，听取审议县政府副县长孙颖所作《关于全县教育工作情况的报告》，并进行满意度无记名投票测评，根据县人大常委会专项工作满意度测评试行办法规定，本次常委会会议对县政府教育工作定为满意等次。会议审查通过县人大常委会《预算审查监督专家咨询委员会管理暂行办法》《规范性文件备案审查办法》等。通过人大常委会2018年工作要点和人事任免事项。

第十二次会议 梁山县十八届人大常委会第十二次会议，2018年6月29日在县政府招待所召开。县人大常委会主任秦延信主持会议并讲话，王才利、郭继田、崔根博、王文成和委员出席会议；县委常委、副县长李保江，特邀人大代表，县人大机关各委室负责人，县监察委、县法院、县政府办公室、县直有关部门负责人和各乡镇街区人大的负责人列席会议。会议听取审议县财政局局长杨其勇受县政府委托所作关于2017年度县级财政决算的报告、县审计局局长艾桂秋受县政府委托所作关于2017年度县级预算执行和其他财政收支情况的审计工作报告、县人大常委会委员、财政经济委员会副主任委员李华作所作关于2017年县本级决算草案审查结果的报告。会议表决通过《关于批准2017年县级决算的决议》。县人大常委会主任秦延信在会议结束时讲话。

第十三次会议 梁山县十八届人大常委会第十三次会议，2018年7月19日在县政府招待所召开。县人大常委会副主任郭继田主持会议，县人大常委会副主任王才利、郭继田、崔根博、王文成和其他人大常委会组成人员出席会议。县委常委、纪委书记、监察委主任赵广，副县长、公安局局长闫长虹，县法院院长时益同、县检察院检察长张忠新，特邀人大代表，县人大机关各委室负责人，县政府办公室、县直有关部门负责人和各乡镇街区人大的负责人列席会议。会议听取审议县政府办公室主任孔庆金受县政府委托所作《关于2018年度为民办实事项目办理情况的报告》《关于县十八届人大二次会议代表议案和重点建议办理情况的报告》和县政府《关于提请批准2018年县级预算调整方案议案的报告》，会议表决通过县人大常委会《关于批准2018年县级预算调整方案的决议》，并对县政府及有关部门办理代表议案和重点建议工作情况进行满意度测评。县人大常委会副主任王才利在会议结束时讲话。

第十四次会议 梁山县十八届人大常委会第十四次会议，2018年8月31日在县政府招待所召开。会议主要是县人大常委会对县政府城乡公交一体化工作进行专题询问。县人大常委会主任秦延信，副主任王才利、郭继田、崔根博、王文成及其他常委会组成人员出席会议，专题询问由县人大常委会副主任崔根博主持，并对询问回答进行随即点评。县政府副县长马涛及交运、物价、公安、财政、住建等单位主要负责人到会接受询问，县人大城环委组成人员，县监察委员会、县法院、县检察院、县政府办公室和县直部门单位负责人，特邀基层人大代表，县人大机关各委室负责人，各乡镇街区人大负责人列席会议。询问采用一问一答方式进行，由人大常委会组成人员现场询问，副县长马涛及有关单位负责人进行回答。询问结束后，会议对县政府及有关部门城乡公交一体化专题询问答复情况进行满意度测评。其后，县政府副县长马涛作表态发言。县人大常委会主任秦延信在会议结束时作总结讲话。

第十五次会议 梁山县十八届人大常委会第十五次会议，2018年9月31日在县政府招待所召开。县人大常委会主任秦延信主持会议并讲话，副主任王才利、郭继田、崔根博、王文成和其他常委会组成人员出席会议。县政府副县长孙颖，县检察院检察长张忠新，部分市县人大代表，县人大常委会机关各委室负责人，县监察委、县法院、县政府办公室和县直有关部门负责人，各乡镇街区人大负责人列席会议。会议听取审议县发展和改革局局长赵伟受县政府委托所作《关于2018年上半年国民经济和社会发展计划执行情况的报告》、县财政局局长杨其勇受县政府委托所作《关于2018年上半年财政预算执行情况的报告》和县人大财经委《关于2018年上半年国民经济和社会发展计划及预算执行情况的调查报告》。

第十六次会议 梁山县十八届人大常委会第十六次会议，2018年10月31日在县政府招待所召开。县人大常委会主任秦延信主持会议并讲话，县人大常委会副主任王才利、郭继田、崔根博、王文成和委员出席会议。县委常委、副县长李保江，县法院院长时益同，县检察院检察长张忠新，部分市县人大代表，县人大常委会机关各委室负责人，县监察委、县政府办公室和县直有关部门负责人，各乡镇街区人大负责人列席会议。会议听取审议县政府新旧动能转换工作情况的报告，并进行满意度测评，根据县人大常委会专项工作满意度测评试行办法规定，该次常委会会议对县政府新旧动能转换工作定为基本满意等次。会议表决通过人大常委会《关于接受苏振明辞去梁山县第十八届人民代表大会常务委员会委员和县人大有关专门委员会委员职务的决定》，县法院、县检察院提请任免的人事任免事项。

第十七次会议 梁山县十八届人大常委会第十七次会议，2018年11月6日在县政府二会议室召开。县人大常委会主任秦延信主持会议并讲话，县人大常委会副主任王才利、郭继田、崔根博、王文成和委员出席会议，县政府副县长王庆明列席会议。会议听取审议并表决通过县政府《关于将县委县政府办公场所迁址置换的议案》。

第十八次会议 梁山县十八届人大常委会第十八次会议，2018年11月30日在县政府招待所召开。县人大常委会主任秦延信主持会议并讲话，县人大常委会副主任王才利、郭继田、崔根博、王文成和委员出席会议。县政府副县长马涛、县法院院长时益同、县检察院检察长张忠新以及县监察委员会、县直有关部门负责人和县人大常委会有关委室的负责人列席会议。会议表决县政府提请任免的人事任免事项。

第十九次会议 梁山县十八届人大常委会第十九次会议，2018年12月19日在水浒大酒店召开。会议为2018年度工作评议会议，主要由人大常委会组成人员和部分省市县人大代表对12个县政府部门和3个驻梁垂直管理单位进行集中评议。县人大常委会主任秦延信主持会议并讲话，县人大常委会副主任王才利、郭继田、崔根博、王文成和委员、各乡镇、街区党（工）委书记或人大主席、主任、部分省市县人大代表出席会议；县政府副县长、县监察委员会，县人大常委会机关委室负责人，被评议单位主要负责人，县政府相关部门和驻梁单位负责人列席会议。评议采取会议集中评议、无记名投票的方式进行，先由发展和改革局、科学技术局、司法局、国土资源局、住房和城乡规划建设局、水利局、农业局、食品药品监督管理局、质量技术监督局、物价局、旅游局、城乡环境管理局、税务局、公路局、农业银行主要负责人作工作报告，然后由人大常委会组成人员和部分省市县人大代表对被评议单位按“满意”“基本满意”“不满意”三个等次进行评议，当场公布评议结果，并向县委报告、向县政府及其相关部门和驻梁垂直管理单位的上级主管部门通报、向被评议单位反馈，还将在县十八届人大三次会议上向代表通报，同时通过新闻媒体向社会公布。满意度测评结束后，县委常委、副县长李保江作表态发言。

第二十次会议 梁山县十八届人大常委会第

二十次会议，2018 年 12 月 30 日在县政府招待所召开。县人大常委会主任秦延信主持会议并讲话，副主任王才利、郭继田、崔根博、王文成及其他常委会组成人员出席会议；县委常委、副县长李保江，县法院院长时益同，县检察院检察长张忠新以及县政府有关部门负责人，县监察委员会负责人，各乡镇人大主席、街区人大工委主任列席会议。会议先后听取审议县审计局局长艾桂秋受县政府委托所作《审计工作和审计查出问题整改情况的报告》、县政府副县长李保江《关于县政府提请批准 2018 年县级预算调整方案议案的报告》、县法院院长时益同《关于提请确认人民陪审员名额数议案的报告》。会议审议表决县人大常委会《关于预算审查前听取人大代表和社会各界建议的若干规定（草案）》《关于梁山县人民政府向梁山县人大常委会报告国有资产管理情况暂行办法（草案）》《关于改进审计工作情况及审计查出问题整改情况向人大常委会报告机制的规定（草案）》。会议还表决通过县人大常委会《关于批准 2018 年县级预算调整方案的决议》《关于确认人民陪审员名额数的决定》，并表决通过县政府关于县十八届人大二次会议以来代表议案、建议办理情况的报告。

第二十一次会议 梁山县十八届人大常委会第二十一次会议，2019 年 1 月 14 日在县政府招待所召开。县人大常委会主任秦延信主持会议并讲话，县人大常委会副主任王才利、郭继田、崔根博、王文成和委员出席会议。会议补选济宁市第十七届人民代表大会代表 2 人，并报市人大常委会确认。会议书面印发县人大常委会向县十八届人大三次会议提交的工作报告（讨论稿）。

第二十二次会议 梁山县十八届人大常委会第二十二次会议，2019 年 3 月 29 日在县政务中心召开。县人大常委会主任秦延信出席会议并讲话，副主任王才利、郭继田、崔根博、王文成及其他人大常委会组成人员出席会议。县委常委、副县长李保江、县法院院长时益同、县检察院检察长张忠新以及县人大常委会机关各委室、县监察委员会、县政府办公室负责人和各乡镇人大主席、街区人大工委主任列席会议。会议学习十三届全国人大二次会议精神，听取审议县人大常委会 2019 年工作要点草案和有关人事任免议案。会议表决通过县人大常委会 2019 年工作要点、关于接受侯典峰辞去梁山县人民政府县长职务请求的决定及任免县人大常委会机关工作人员任免事项。

第二十三次会议 梁山县十八届人大常委会第二十三次会议，2019 年 6 月 21 日在县政府招待所召开。县人大常委会主任秦延信出席会议并讲话，县人大常委会副主任王才利、郭继田、崔根博、王文成和委员出席会议。县政府副县长孙颖、县检察院检察长张忠新以及部分市县人大代表、县人大常委会机关各委室、县监察委员会、县法院、县政府办公室及有关部门、科局负责人，各乡镇人大主席、街区人大工委主任列席会议。会议听取审议县政府副县长孙颖《关于全县教育工作情况的报告》、《关于环境状况和环境目标完成情况及贯彻实施大气污染防治“一法两条例”的报告》，听取县人大常委会教科文卫工作室主任林强关于对全县教育工作的视察报告、县人大城环委员会副主任委员马德水《关于对大气污染防治“一法两条例”的执法检查报告》，会议听取县人大常委会副主任郭继田关于代表资格变动情况的报告和县人大常委会《关于确认部分代表的代表资格的决定》，听取县人大常委会委员、人代工委主任李梦良有关县人大常委会《2019 年度工作评议实施方案》的说明。会议表决通过《关于接受陈丕田等辞去县人大常委会委员和县人大有关专门委员会组成人员职务请求的决定》《关于接受王洋等辞去梁山县第十八届人大代表职务请求的决定》《关于确认部分代表的代表资格的决定》及《2019 年度工作评议实施方案》，并对县政府教育和大气污染防治工作进行满意度测评，县政府教育工作定为满意等次，大气污染防治工作定为基本满意等次。

第二十四次会议　梁山县十八届人大常委会第二十四次会议，2019年8月14日在县政府招待所召开。县人大常委会主任秦延信出席会议并讲话，县人大常委会副主任王才利、郭继田、崔根博、王文成和委员出席会议。县政府副县长王庆明、县法院院长时益同、县检察院检察长张忠新以及省市县人大代表、县人大常委会机关各委室、县监察委员会、县政府办公室及有关部门负责人，各乡镇人大主席、街区人大工委主任列席会议。会议听取县政府副县长王庆明《关于“七五”普法工作情况的报告》《关于安全生产“一法一条例”贯彻实施情况的报告》《关于全县税务工作情况的报告及关于提请批准稀土合金项目投资合同的议案》，听取县人大常委会委员、法制工作室主任林莹关于对“七五”普法工作的视察报告、县人大财政经济委员会副主任委员李华关于对安全生产“一法一条例”的执法检查报告、关于对全县税务工作的视察报告。会议对县政府“七五”普法、安全生产和税务工作进行满意度测评，表决通过《关于批准稀土合金项目投资合同的决定》；表决通过水泊街道人大工委主任免职的议案和接受其辞去县第十八届人大代表职务的请求。

第二十五次会议　梁山县十八届人大常委会第二十五次会议，2019年10月4日在县政府招待所召开。县人大常委会主任秦延信出席会议并讲话，副主任王才利、郭继田、崔根博、王文成及县人大常委会委员出席会议。县委副书记杨力新、县检察院检察长张忠新以及县政府办公室负责人及各乡镇人大主席、街区人大工委主任列席会议。会议按照《地方组织法》第四十四条，“在县人民代表大会闭会期间，县人大常委会决定副县长的个别任免；在县长因故不能担任职务的时候，从本级人民政府副职领导人员中决定代理人选”的规定，根据市委提名和县委《关于杨力新同志任职的通知》，县人大常委会主任会议提出《关于提请任命县人民政府领导人员职务的议案》。会议任命：杨力新为梁山县人民政府副县长、代理县长，并颁发任命书，举行宪法宣誓仪式。

第二十六次会议　梁山县十八届人大常委会第二十六次会议，2019年10月14日在县人大常委会机关一楼会议室召开。县人大常委会主任秦延信出席会议并讲话，县人大常委会副主任王才利、郭继田、崔根博、王文成和委员出席会议。会议听取审议部分代表辞呈，通过表决接受其辞去县第十八届人大代表职务的请求；听取审议县人大常委会副主任、代表资格审查委员会主任委员郭继田关于代表资格的审查报告，表决通过县人大常委会《关于确认部分代表的代表资格的决定》；会议听取县人大常委会办公室主任吴春雷关于县十八届人大三次会议筹备工作情况的报告，表决通过关于召开梁山县第十八届人民代表大会第三次会议的决定；会议还审议通过县第十八届人民代表大会第三次会议主席团和秘书长名单、县第十八届人民代表大会第三次会议列席人员建议名单，并提交县十八届人大三次会议预备会议表决。

第二十七次会议　梁山县十八届人大常委会第二十七次会议，2019年11月26日在水浒大酒店召开，县人大常委会主任秦延信出席会议并讲话，县人大常委会副主任王才利、郭继田、崔根博、王文成和委员出席会议。县委常委、副县长李保江，副县长王庆明，县法院院长时益同、县人大常委会机关各委室、县政府有关部门、县监察委员会、县法院、县检察院负责人以及各乡镇街区人大负责人、部分市县人大代表列席会议。会议分两个阶段进行：第一次阶段会议进行人事任免事项，表决通过《关于接受孙颖辞去梁山县人民政府副县长职务请求的决定》、县政府和县监察委提请免职的议案；会议根据县政府组织部门调整情况，任命县政府副县长3人、县政府组成人员20人，同时任命县人大各专门委员会组成人员25人，并颁发任命书，举行宪法宣誓仪式。

第二阶段会议学习《中共中央关于坚持和完善中国特色社会主义制度推进国家治理体系和治理能力现代化若干重大问题的决定》及中共十九届四中全会和济宁市委人大工作会议精神。会议听取审议县发展和改革局局长赵伟受县政府委托所作《关于2019年1—10月国民经济和社会发展计划执行情况的报告》、县财政局局长徐海荣受县政府委托所作《关于2018年度财政决算和2019年1—10月财政预算执行情况的报告》、县审计局局长宋培忠受县政府委托所作《关于2018年度县级预算执行和其他财政收支情况的审计工作报告》、县政府副县长王庆明所作《关于行政事业性国有资产管理情况的报告》、《关于基层医疗卫生服务工作情况的报告》。会议表决通过《县人大常委会关于批准2018年度县级决算的决议》、《县人大常委会关于国家机关工作人员任前法律知识考试试行办法》；会议对县政府行政事业性国有资产管理、基层医疗卫生服务工作进行满意度测评。县人大常委会主任秦延信在会议结束时讲话。

第二十八次会议 梁山县十八届人大常委会第二十八次会议，2019年12月20日在县政务中心召开。县人大常委会主任秦延信出席会议，县人大常委会副主任王才利主持会议，副主任郭继田、崔根博、王文成及委员出席会议。县委常委、副县长李保江，县法院院长时益同，县检察院检察长张忠新以及县监察委员会负责人，各乡镇、街区人大主席、主任，部分省市县人大代表，县人大常委会机关委室负责人，被评议单位主要负责人，县政府相关部门和驻梁垂直管理单位负责人列席会议。本次会议为2019年度工作评议会议。被评议单位包括县政府、县法院、县检察院有关部门及部分驻梁单位共15个。会议先由被评议单位报告工作，然后进行现场询问，其后对被评议单位工作进行满意度评议，并当场公布评议结果。会议听取县委常委、副县长李保江表态发言。县人大常委会主任秦延信在会议结束时讲话。

第二十九次会议 梁山县十八届人大常委会第二十九次会议，2019年12月30日在县政务中心2号楼1楼会议室召开。县人大常委会主任秦延信主持会议并讲话，副主任王才利、郭继田、崔根博 、王文成及委员出席会议。县委常委、副县长李保江，县法院院长时益同，县检察院检察长张忠新以及县人大常委会机关各委室、县监察委员会、县政府办公室、县财政局负责人，各乡镇人大主席、街区人大工委主任列席会议。会议表决通过部分县人大常委会委员及县人大有关专门委员会组成人员职务的请求、县检察院关于提请免去部分检察人员职务的议案、个别市人大代表辞呈。会议听取县政府关于提请批准2019年预算调整方案的议案，并表决通过县人大常委会《关于批准2019年县级预算调整方案的决议》。会议补选刘文峰、杨力新为济宁市第十七届人民代表大会代表，并报市人大常委会确认。

第三十次会议 梁山县十八届人大常委会第三十次会议，2020年1月7日在县政府招待所召开。县人大常委会主任秦延信出席会议并讲话，副主任王才利、郭继田、崔根博、王文成及委员出席会议。县政府副县长王庆明、县法院党组书记李士强、县检察院党组书记周文军以及县监察委员会、县政府办公室和人大常委会机关各委室负责人，各乡镇人大主席、街区人大工委主任列席会议。会议听取审议部分人大专门委员会组成人员辞呈，表决通过王才利辞去县人大教育科学文化卫生委员会主任委员、崔根博辞去县人大城乡建设与环境资源保护委员会主任委员职务的请求；通过接受时益同辞去梁山县人民法院审判人员职务、张忠新辞去梁山县人民检察院检察人员职务请求的决定；孔祥华辞去县第十八届人民代表大会代表职务请求。会议听取审议县人大常委会副主任、代表资格审查委员会主任委员郭继田关于代表资格的审查报告，表决通过县人大常委会《关于确认部分代表的代表资格的决定》；

会议听取县人大常委会办公室主任吴春雷关于县十八届人大四次会议筹备工作情况的报告，表决通过关于召开梁山县第十八届人民代表大会第四次会议的决定；审议通过县第十八届人民代表大会第四次会议主席团和秘书长名单、县第十八届人民代表大会第四次会议列席人员建议名单，并提交县十八届人大四次会议预备会议表决。会议听取县政府副县长王庆明关于县十八届人大三次会议上代表提出的议案、建议办理情况的报告和县政府拟提交县十八届人大四次会议关于民生实事项目情况的说明；会议通过拟提交县第十八届人民代表大会第四次会议审议县人大常委会工作报告。会议根据中共济宁市委提名和有关法律规定，任命李士强为县法院副院长、代理院长，周文军为县检察院副检察长、代理检察长。会议表决通过郭继田辞去梁山县人大常委会副主任职务。

第三十一次会议 梁山县十八届人大常委会第三十一次会议，2020 年 3 月 31 日在县政务中心召开。县人大常委会主任秦延信出席会议并讲话，副主任王才利、郭继田、崔根博、王文成及委员出席会议。县政府副县长赵文静、县法院院长李士强、县检察院检察长周文军以及县人大常委会机关各委室负责人、各乡镇街区人大主席（工委主任）列席会议。会议学习习近平总书记在统筹推进新冠肺炎疫情防控和经济社会发展工作部署会议上的讲话。会议表决通过县人大常委会代表资格审查委员会组成人员、县人大有关专门委员会组成人员和人民陪审员的决定及个别代表辞去十八届人大代表职务的决定，通过县人大常委会 2020 年工作要点及责任分工。

第三十二次会议 梁山县十八届人大常委会第三十二次会议，2020 年 5 月 13 日在县政府招待所召开。县人大常委会主任秦延信主持会议并讲话，副主任崔根博 、王文成、高兴武出席会议。县委常委、县纪委书记李文凯，县人大常委会党组成员郭继田，县政府副县长、公安局局长闫长虹，县法院院长李士强，县检察院检察长记周文军，县监察委负责人以及部分市县人大代表，县人大常委会机关各委室负责人，县政府办公室和县直有关部门负责人，各乡镇、街道人大负责人列席会议。会议听取审议县审计局局长宋培忠受县政府委托所作《关于 2018 年度县级预算执行和其他财政收支审计查出问题整改情况的报告》、县人大常委会党组成员李梦良所作《2020 年度对县政府部门和驻梁垂直管理单位进行工作评议的实施方案》（草案）作说明、县法院院长李士强所作《现代化诉讼服务体系建设工作情况的报告》；会议表决通过关于县政府 2018 年度县本级预算执行和其他财政收支审计查出问题整改情况报告的决议、县人大常委会 2020 年度对县政府部门和驻梁垂直管理单位进行工作评议的实施方案，并对县法院现代化诉讼服务体系建设工作进行满意度测评。会议根据中共济宁市委提名和有关法律规定，任命李文凯为县监察委员会副主任、代理主任。会议表决通过赵广辞去县监察委员会主任职务、李文凯辞去县政府副县长职务、孔峰峰辞去县人大常委会委员及人大专门委员会副主任委员职务。会议通过其他人事任免事项。

第三十三次会议 梁山第县十八届人大常委会第三十三次会议，2020 年 6 月 30 日在县政府招待所召开。县人大常委会主任秦延信，副主任王才利、崔根博、王文成、高兴武出席会议。县委常委、县政府常务副县长李保江，县委常委、县监察委代主任李文凯，县人大常委会党组成员郭继田，县法院院长李士强，县检察院检察长记周文军及部分市县人大代表、县人大常委会机关各委室负责人、县政府办公室和县直有关部门负责人、各乡镇街道人大负责人列席会议。副主任王才利主持会议，县人大常委会主任秦延信在会议结束时作总结讲话。会议听取审议县财政局副局长齐贵民受县政府委托所作《关于 2019 年度县级财政决算的报告》、县审计局宋培忠受县政府委托所作《关于 2019 年度县级预算执行和其他财政收支情况的审计工作报告》，并表决通过县人大常委会《关于批准梁山县 2019 年度县级财政决算的决议（草案）》。会议听取县政府常务副县长李保江代表县政府所作关于贯彻实施《中华人民共和国传染病防治法》《中华人民共和国食品安全法》工作情况的报告，结合县人大常委会关于对《中华人民共和国传染病防治法》《中华人民共和国食品安全法》的执法检查报告，对全县传染病防治、食品安全工作进行满意度测评。会议审议并表决通过县人大常委会《关于开展员额法官、员额检察官履职评议工作的实施方案（草案）》。

第三十四次会议 梁山县十八届人大常委会第三十四次会议，2020 年 7 月 21 日在县政务中心召开。县人大常委会主任秦延信主持会议，县人大常委会副主任、王才利、崔根博、王文成、高兴武和委员出席会议。会议听取审议并通过个别济宁市人大代表辞去济宁市第十七届人民代表大会代表职务的决定，并向济宁市人大常委会报告、备案。

第三十五次会议 梁山县十八届人大常委会第三十五次会议，2020 年 8 月 13 日在水浒大酒店召开，此次会议为城乡物业管理工作专题询问会议。县人大常委会主任秦延信出席会议并讲话，副主任王才利、王文成、高兴武及委员出席会议，会议由县人大常委会副主任高兴武主持，并对询问回答进行随即点评。县政府副县长马涛及住建、发改、公安、应急、行政执法、市场监管等单位的主要负责人到会接受询问。县人大城环委组成人员，县监察委员会、县法院、县检察院、县政府办公室和县直部门单位负责人，特邀基层人大代表，县人大常委会机关各委室负责人，梁山街道、水泊街道办事处主要负责人，各乡镇街道人大负责人及部分物业服务企业主要负责人列席会议。询问采取现场问答的方式，由常委会组成人员及人大代表发言询问，县政府副县长及有关部门主要负责人回答。询问分两个阶段，第一阶段由人大常委会组成人员根据前期调研确定的 10 个题目进行询问；第二阶段由常委会组成人员及列席会议的各级人大代表自由询问。询问结束后，对县政府及有关部门城乡物业管理工作专题询问的答复情况进行满意度测评。然后由县政府副县长马涛作表态发言。最后由县人大常委会主任秦延信作总结讲话。

第三十六次会议 梁山县十八届人大常委会第三十六次会议，2020 年 9 月 27 日在县政府招待所召开。县人大常委会主任秦延信主持会议并讲话，副主任王才利、崔根博、王文成、高兴武出席会议；县委常委、县政府常务副县长李保江、县法院院长李士强、县检察院检察长周文军列席会议。会议听取审议县政府《关于 2020 年上半年国民经济和社会发展计划执行情况的报告》、《2020 年上半年财政预算执行情况的报告》、《2020 年县级预算调整方案的议案》及县人大财经委对上述有关报告、议案的审查情况；听取审议县政府《关于 2019 年度环境状况和环境目标完成情况及贯彻实施水污染防治“一法一条例”工作情况的报告》、《关于城乡供水一体化和“水韵梁山”工作情况的报告》及县人大城环委相关问题的执法检查报告，并分别对其进行满意度测评。经测评，会议对县政府水污染防治工作定为基本满意等次，对城乡供水一体化和“水韵梁山”工作定为满意等次。会议表决通过县人大常委会《关于 2020 年县级预算调整方案的决议》，通过有关人事任免事项。

第三十七次会议 梁山县十八届人大常委会第三十七次会议，2020 年 12 月 4 日在县政府招待所召开。县人大常委会主任秦延信主持会议并讲话，副主任王才利、崔根博、王文成、高兴武出席会议；县委常委、县政府副县长李保江，县人大党组成员郭继田，县检察院检察长周文军，县纪委常务副书记、县监察委员会副主任张博，县法院副院长王友民等列席会议。会议听取县政府《关于平安梁山建设工作情况的报告》、《关于全县“四好农村路”建设情况的报告》，书面印发县人大常委会《关于平安梁山建设工作情况的调研报告》、《关于全县“四好农村路”建设情况的调研报告》；听取县检察院《关于刑事执行检察工作情况的报告》，书面印发县人大常委会《关于县检察院刑事执行检察工作情况的调研报告》；听取并通过县政府县长、县人民检察院检察长关于分别提请县政府组成人员、县检察院检察人员任免职务的议案。会议对平安梁山建设、“四好农村路”建设和刑事执行检察工作情况进行满意度测评。

第三十八次会议 梁山县十八届人大常委会第三十八次会议，于2021年1月12日在水泊宾馆召开。县人大常委会主任秦延信主持会议并讲话，副主任王才利、崔根博、王文成、高兴武及委员25人出席会议；县委常委、县政府常务副县长李保江，县人大常委会党组成员、三级调研员郭继田及乡镇人大主席列席会议。会议听取审议个别代表辞去梁山县第十八届人大代表职务请求的决定草案；审议通过县人大常委会关于表彰优秀县人大代表、先进县人大代表小组、优秀代表建议和先进承办单位的决定草案；听取县人大常委会工作报告（讨论稿）的起草说明，审议拟提交县十八届人民代表大会第五次会议审议的县人大常委会工作报告（讨论稿），审议县政府关于2020年民生实事项目完成情况的报告、关于县十八届人民代表大会第四次会议上代表提出议案办理情况的报告，并进行满意度测评。

第三十九次会议 梁山县十八届人大常委会第三十九次会议，于2021年1月19日在水泊宾馆召开。县人大常委会主任秦延信主持会议，县人大常委会副主任王才利、崔根博、高兴武及委员29人出席会议。县人大常委会党组成员郭继田及人大机关委室负责人列席会议。会议听取并表决通过县人大常委会《关于接受李逢记、赵广辞去济宁市第十七届人民代表大会代表职务请求的决定》（草案）；听取县人大常委会主任会议《关于补选济宁市第十七届人民代表大会代表的议案》；投票补选付洪亮、李文凯为济宁市第十七届人民代表大会代表，并报请市人大常委会代表资格审查委员会审查。

第四十次会议 梁山县十八届人大常委会第四十次会议，于2021年2月1日在梁山水泊宾馆召开。县人大常委会主任秦延信主持会议，县人大常委会副主任王才利、崔根博、王文成、高兴武及委员24人出席会议。县委常委、副县长李保江、县人大常委会党组成员郭继田、县法院院长李士强、县检察院检察长周文军等列席会议。会议听取县人大常委会代表资格审查委员会关于代表资格的审查报告，县十八届人大五次会议筹备工作情况的报告，县十八届人大五次会议主席团、秘书长名单（草案）和列席人员建议名单（草案），县政府2021年民生实事项目的情况说明，县政府对十四五规划纲要（草案）的情况说明以及相关人事任免议案。会议表决通过《关于接受王才利、崔根博辞去县人大及其常委会相关职务请求的决定（草案）》《关于接受王庆明辞去梁山县人民政府副县长职务请求的决定（草案）》《关于接受孙明庆辞去梁山县第十八届人民代表大会代表职务请求的决定（草案）》《关于确认部分代表的代表资格的决定（草案）》《关于召开梁山县十八届人民代表大会第五次会议的决定（草案）》；审议通过拟提交县十八届人大五次会议预备会议表决的主席团、秘书长名单（草案）和列席人员建议名单（草案），县政府拟提交县十八届人大五次会议审议的县国民经济和社会发展第十四个五年规划和2035年远景目标纲要（草案）；会议通过投票表决，依法任命郭庆国为梁山县人民政府副县长，向其颁发任命书，并举行宪法宣誓仪式。会议指出，人民代表大会制度是中国的根本政治制度，行政机关、监察机关、审判机关、检察机关都由人民代表大会产生，必须对人民代表大会负责，向人民代表大会报告工作并接受人民代表大会的监督。“一府一委两院”要牢固树立法治观念，强化法律意识，坚持依法行政，依法监察，忠实履行宪法和法律赋予的职责，自觉接受人大及其常委会的监督，着力解决人大代表和人民群众关心关注的热点难点问题，让代表满意、让群众满意。同时提出要紧紧围绕全县“六大目标定位”，以科技创新为引领，坚定不移走“工业立县、产业富县、科技兴县、质量强县”之路，突出“‘六稳’‘六保’、工业创新、乡村振兴”三大重点，保持定力，抢抓机遇，担当务实、积极作为，全力为“十四五”开好局起好步。会议要求，县人大及其常委会要进一步振奋精神、再接再厉、精益求精，全力以赴做好县十八届人大五次会议各项筹备工作，确保大会圆满成功。

四十一次会议 梁山县十八届人大常委会第四十一次会议，于2021年3月18日在政府招待所多功能报告厅召开。县人大常委会主任秦延信主持会议并讲话，副主任高兴武、曹景全及委员27人出席会议。县人大常委会党组成员郭继田、崔根博，县政府副县长赵文静，县法院院长李士强，县检察院检察长周文军等列席会议。会议听取县人大常委会关于2021年工作要点的说明，并表决通过县人大常委会2021年工作要点；听取县公安局关于个别代表涉嫌犯罪情况的报告，并表决通过关于许可对个别代表采取强制措施的决定；听取审议县人大常委会主任会议关于提请变更县人大常委会工作机构名称的议案，决定梁山县人大常委会法制工作室更名为梁山县人大常委会监察和司法工作室。会议还表决通过人事任免事项。

第二节 常委会主任会议

县人大常委会主任会议由县人大常委会主任、副主任组成，必要时由县人大常委会有关科室负责人、“一府两院”主要负责人列席会议。主任会议不定期召开，由县人大常委会主任主持（县委书记兼任县人大常委会主任时期，一般由主持日常工作的第一副主任召集并主持），处理县人大常委会的重要日常工作，决定举行常委会会议的时间，拟定常委会会议议题，同时，主任会议还不定期听取“一府一委两院”的工作汇报，并提出改进工作的建议，并以“主任会议建议转达”等形式，发至县政府及有关部门、县监察委员会、县法院、县检察院。主任会议实行集体负责制，在研究解决问题、决定重大事项过程中，充分发扬民主，严格依法办事，作出的决定须取得会议组成人员的过半数同意。

县十届人大常委会主任会议

1984年5月22日，县人大常委会召开主任会议，人大常委会主任崔绪照主持，副主任樊兆玙、孟凡才、李厚昌出席。会议主要传达县委5月15日召开的机构改革会议精神、学习中央两个文件及领导讲话精神，研究人大常委会当前工作。根据机构改革精神，会议研究议定，人大机构编制21人，设三科一室，即：办公室，配主任1人、副主任1人，其他人员6人；政法科配科长1人，副科长1人，科员3人；联络科配科长1人，副科长1人，科员3人；调研科配科长1人，科员2人。

1984年5月25日，县人大常委会召开主任会议，人大常委会主任崔绪照主持，副主任樊兆玙、孟凡才、李厚昌出席。会议主要研究县人大常委会工作及制度。会议就代表联系问题，议定印发一个代表联系办法，建立代表联系小组；就制订几项制度问题，议定建立人大常委会会议制度、主任会议制度、代表联系制度、视察制度、任免制度、学习制度、调查研究制度。同时议定，人大常委会每两个月召开一次，主任会议一月一次，也可根据情况不定期召开。会议还研究了主任、副主任工作分工问题。

1984年6月，县人大常委会连续召开主任会议，人大常委会主任崔绪照主持，副主任樊兆玙、孟凡才、李厚昌、陆长为、田均福出席。会议主要讨论研究《县人大各项制度的暂行规定》《1984 年下半年工作要点》和关于十届人大常委会二次会议的内容、议程和时间。

1984 年 7 月 28 日、8 月 1 日，县人大常委会相继召开主任会议，人大常委会主任崔绪照主持，副主任樊兆玙、孟凡才、李厚昌、田均福参加。会议主要研究十届人大常委会三次会议内容、各科室工作计划及调查题目。会议议定十届人大常委会三次会议主要议程为：人事任免，听取县计委、乡镇企业局汇报，政府办代表议案办理情况。

1984 年 9 月 1 日，县人大常委会召开主任会议，人大常委会主任崔绪照主持并讲话，副主任樊兆玙、孟凡才、李厚昌参加。主要研究人大常委会各科室工作安排，会议要求，各科室要积极地开展工作，并不定期向人大常委会汇报工作。

1984 年 10 月 20 日，县人大常委会召开主任会议，人大常委会主任崔绪照主持，副主任樊兆玙、孟凡才、李厚昌、田均福参加。会议传达山东省人大常委会 10 月 12—18 日在济南召开的全省人大工作经验交流会议精神和中共山东省委书记梁步庭在会议上的讲话，要求各级党委要向干部讲解人大常委会主要意义和地位，树立懂法执法的楷模；各级人民政府、法院、检察院要自觉接受人大常委会监督；人大和政府的关系，一个是权力机关，一个是执行机关，一个是监督一个是被监督。各级党委要支持人大常委会的工作，加强对人大常委会的领导。省人大常委会秦和珍也在会上讲话。

1984 年 10 月 7 日至 12 月 1 日，县人大常委会多次召开主任会议，主要研究召开人大常委会四次的内容及时间和议程。人大常委会主任崔绪照主持，副主任樊兆玙、孟凡才、李厚昌会议。会议议定县十届人大常委会第四次会议议程为：听取财政局、税务局、审计局的工作汇报，听取县妇联关于做好妇女儿童工作的汇报，人事任免问题；会议议定会刊主要内容为：县十届人大常委会第四次会议纪要、县委书记樊思宝的讲话、县人民政府副县长连广生受县长魏昌启的委托在会上的讲话、人大常委会主任崔绪照在会上的讲话。

1985 年 1 月 11 日，县人大常委会召开主任会议，人大常委会主任崔绪照主持，副主任樊兆玙、孟凡才、李厚昌、陆长为参加。会议主要研究十届人大常委会第六次会议内容。

1985 年 1 月 16 日，县人大常委会召开主任会议，人大常委会主任崔绪照主持，副主任樊兆玙、孟凡才、陆长为参加。会议主要研究乡镇干部变动后的任免问题，议定召开一次换届会议，安排乡镇政府人员补选问题。

1985 年 2 月 27 日，县人大常委会召开主任会议，人大常委会主任崔绪照主持，副主任樊兆玙、孟凡才、李厚昌、陆长为参加。会议讨论县十届人大代表、王府集村大队书记房延荣抄纵群众殴打乡纪委书记臧宪明问题，县人民检察院以犯妨害公务罪于 2 月 17 日批准逮捕。会议认为，房延荣是十届人大代表，不经县人大常委会同意就批准逮捕，是违反法律规定的，是县公安局、县检察院工作中的失误，应当补办手续报县人大常委会；经主任会议研究决定，根据房延荣犯罪事实，同意县检察院批准逮捕房延荣的意见。

1985 年 3 月 4 日，县人大常委会召开主任会议，人大常委会主任崔绪照主持，副主任樊兆玙、孟凡才、李厚昌、陆长为参加。会议主要讨论机关工作制度和视察活动安排，主要安排视察教育、重点教学质量、范围县城和乡村的中心学校。

1985 年 3 月 27 日，县人大常委会召开主任会议，人大常委会主任崔绪照主持，副主任樊兆玙、孟凡才、李厚昌、陆长为参加。会议研究通过县人大常委会关于组织省市人大代表视察县直八处中心学校情况的报告。

1985 年 4 月 2 日，县人大常委会召开主任会议，人大常委会主任崔绪照主持，副主任樊兆玙、孟凡才、李厚昌、陆长为参加。会议主要研究县十届人大二次会议的准备工作，主要是材料准备，包括政府工作报告、人大常委会的工作报告、法院工作报告、检察院工作报告、财政决算的报告、经济发展规划。

1985年4月19日，县人大常委会召开主任会议，人大常委会主任崔绪照主持，副主任樊兆玙、孟凡才、李厚昌、陆长为及县人大常委会科室负责人参会，主要内容是研究人大代表问题，十届代表384人，调出县5人，罢免1人，拟补选副县长杨朝福、代检察长姜广仁、大路口乡乡长韩相顺、王府集乡乡长高文灏、拳铺乡乡长刘恩福、小安山乡长刘兴斌为人大代表。

1985年4月29日，县人大常委会召开主任办公会议，人大常委会主任崔绪照主持，副主任樊兆玙、孟凡才、李厚昌、陆长为、田均福及县人大常委会科室负责人参会，会议主要研究十届人大二次会议的筹备工作，会议议定，县十届人民代表大会二次会议定于5月13日召开，会期三天，会议议程包括听取政府工作报告、财政预决算、国民经济发展计划的报告、人民法院和检察院的工作报告，听取县人大常委会的工作报告，选举县人民检察院检察长。会议初步拟定大会主席团由45人组成，其中县委常委7人、县人大常委会委员19人、政协主席6人、代表团长11人、其他3人；主席团常务主任9人，其中县委书记、副书记3人、人大常委会主任、副主任6人。会议还研究确定了第八次人大常委会的时间和议程。

1985年7月12日、16日、24日，县人大常委会连续召开主任办公会议，人大常委会主任崔绪照主持，副主任樊兆玙、孟凡才、李厚昌、陆长为及县人大常委会科室负责人参会。会议主要研究召开县人大常委会十届九次会议的问题，议定会议主要议题为县城食品卫生、环境卫生、市场管理、城内公厕扩建，并定于7月25—26日召开，25日听取4个单位汇报，26日讨论审议4个报告，讨论会议纪要。

1985年9月7日、22日，县人大常委会召开主任办公会议，人大常委会主任崔绪照主持，副主任樊兆玙、孟凡才、李厚昌、陆长为、田均福及县人大常委会科室负责人参会。会议研究决定县人大常委会十届十次会议的内容及时间。十次会议的议程为：听取司法局关于法制宣传五年规划的汇报、县民政局关于扶贫工作情况的汇报、县水利局关于水产开发情况的汇报，并作出相关决议及意见；审议决定人事任免。确定9月23日召开，会期两天。

1985年10月30日，县人大常委会召开主任办公会议，人大常委会主任崔绪照主持，副主任樊兆玙、孟凡才、李厚昌、陆长为及县人大常委会科室负责人参会。会议研究县人大常委会十届十一次会议的时间与内容，主要是学习党代会文件，学习继承法，听取公安局汇报的刑事管理问题，听取代表议案处理情况。会议时间定于11月20日开始，会期三天。

1986年9月16日，县人大常委会召开主任办公会议，人大常委会主任崔绪照主持，副主任樊兆玙、孟凡才、杨旭、李厚昌、王占甲、田均福参会。会议研究确定十届十八次常委会的内容时间，主要听取财政、农业等部门的汇报和县政府关于代表议案处理情况的汇报，通过有关人事任免事项。十八次常委会的召开时间定于9月26日，会期两天。会议还初步研究了第十九次常委会会议内容。

1986年10月4日，县人大常委会召开主任办公会议，人大常委会主任崔绪照主持，副主任孟凡才、李厚昌、陆长为、杨旭、王占甲参会。会议主要研究普法教育问题，听取县妇联主任刘月英保护妇女儿童合法权益的若干规定的汇报。会议还就科室人员安排问题进行研究。

1986年10月18日，县人大常委会召开主任办公会议，人大常委会主任崔绪照主持，副主任孟凡才、李厚昌、陆长为、杨旭、王占甲参会。主要研究建宿舍地点，一致意见比较理想的是附小西边，第二个方案确定在十九中南边。

1986年10月31日，召开县人大常委会主任办公会议，人大常委会主任崔绪照主持，县人大常委会副主任樊兆玙、孟凡才、李厚昌、陆长为、王占甲参会。会议主要内容传达省人大二十二次常委会会议精神，研究县人大十九次常委会会议的内容和换届选举事项。

1986年11月5日，县人大常委会召开主任办公会议，县人大常委会主任崔绪照主持，副主任樊兆玙、孟凡才、李厚昌、陆长为、杨旭、田均福、王占甲及县人大常委会科室负责人参会。主要传达学习全省选举会议精神，研究全县选举工作意见。议定加强换届选举工作的领导，县选举委员会由15人组成，崔绪照为主任，陆长为、杨旭为副主任，委员12人；李厚昌为代表资格审查委员会主任委员，李进民为副主任委员，委员3人；第十一届人民代表大会代表名额定为270人，比上届少15%。

1986年11月15日，县人大常委会召开主任办公会议，人大常委会主任崔绪照主持，副主任樊兆玙、孟凡才、李厚昌、陆长为、王占甲、杨旭及县人大常委会科室负责人参会。主要研究选举工作会议召开时间、内容，议定县、乡选举工作会议召开时间为11月24日，时间三天。

1986年12月18日，县人大常委会召开主任办公会议，人大常委会主任崔绪照主持，副主任樊兆玙、孟凡才、李厚昌、陆长为、王占甲及县人大常委会科室负责人参会。主要学习省人大常委会关于县乡两级人民代表大会换届选举工作意见中有关规定，拟定最近召开各乡镇选举委员会主任会议和县直各选区负责人会议。

1987年2月3日，县人大常委会召开主任办公会议，人大常委会主任崔绪照主持，副主任孟凡才、樊兆玙、李厚昌、陆长为、杨旭、王占甲、田均福及县人大常委会科室负责人参会。会议主要研究选举工作事项，并定于古历正月初十、十一日召开县人大常委会第二十次会议，主要议程包括研究选举工作事项，调整充实乡镇选举委员会，学习中央36、39号文件，87年6号文件。

1987年3月6日，县人大常委会召开主任办公会议，人大常委会主任崔绪照主持，副主任樊兆玙、孟凡才、杨旭、王占甲、杨念成及县人大常委会科室负责人参会，主要研究十一届人代会筹备事宜。会议主要研究大会议程、大会日程、选举办法，讨论大会开幕词、闭幕词、关于人大常委会工作报告的决议、关于法院和检察院工作报告的决议，通过预备会议程序、开幕式程序，提出人大常委会候选人名单、大会主席团人数及名单，确定十届二十一次人大常委会会议主要议程为：汇报代表选举情况，决定开会的时间，通过大会的议程、主席团名单，讨论人大工作报告，提出代表团团长、副团长、大会秘书长名单、副秘书长名单。另外确定，鉴于本届最后一次常委会，人大常委会合影留念。

县十一届人大常委会主任会议

1987年3月25日，县人大常委会召开主任办公会议，人大常委会主任崔绪照主持，副主任孟凡才、李厚昌、杨旭、王占甲、杨念成及县人大常委会科室负责人参会。会议主要研究十一届人大常委会工作要点和主任分工问题。

1987年4月3日，县人大常委会召开主任办公会议，人大常委会主任崔绪照主持，副主任孟凡才、李厚昌、杨旭、王占甲、杨念成、张先知及县人大常委会科室负责人参会。主要学习成武县的经验，结合实际情况，修改工作要点和制度。

1987年4月9日，县人大常委会召开主任办公会议，人大常委会主任崔绪照主持，副主任孟凡才、杨旭、王占甲、杨念成、张先知及县人大常委会科室负责人参会。会议主要审议修改十一届人大常委会二次会议上需要通过的几份材料，包括人大常委会工作制度、1987年人大常委会工作要点、人大常委会人事任免工作意见、视察和调研研究的意见、加强与代表联系的意见和代表议案、批评、建议和意见办理的意见，并确定提交十一届人大常委会二次会议研究通过。会议确定了关于人大工作联络员会议时间等。

1987年5月8日，县人大常委会召开主任会议，人大常委会主任崔绪照主持，副主任孟凡才、杨旭、王占甲、杨念成、张先知参加。会议主要研究确定十一届人大常委会二次会议有关事项，一定县十一届人大常委会第二次会议1987年5月20日召开，会议内容为：学习传达赵紫阳总理政府工作报告全文、全国人大会议提纲、省政府工作报告全文，省人大会议提纲，审议几项工作制度，作出财政预算部分变更的决定和学习全国人大《决定》的决议。

1987年6月16日，县人大常委会召开主任会议，人大常委会主任崔绪照主持，副主任孟凡才、李厚昌、杨旭、王占甲、杨念成参加。会议主要研究人大常委会任免干部任期目标实施、土地划拨及建房问题。

1987年6月22日，县人大常委会召开主任会议，人大常委会主任崔绪照主持，副主任孟凡才、李厚昌参加，副县长连广生、县法院院长宋声武、县检察院检察长姜广仁列席会议。会议主要研究省人大代表持证视察有关事项和第三次常委会的内容。会上还听取法院、检察院的工作汇报。

1987年7月6日，县人大常委会召开主任会议，人大常委会主任崔绪照主持，副主任孟凡才、李厚昌、杨旭、王占甲参加。会议主要研究安排省人民代表视察事宜，确定第三次常委会于7月20—21日召开，会期2天，主要听取《土地法》执行情况汇报并学习中央及省有关政策法规。

1987年7月24日，县人大常委会召开主任会议，人大常委会主任崔绪照主持，副主任孟凡才、李厚昌、杨旭、王占甲参加。会议主要研究联系人大代表，确定关于农村县人大代表的走访，定于8月底至9月初召开一次代表联络点工作经验交流会。

1987年7月31日，县人大常委会召开党组和主任联席会议，人大常委会党组书记、主任崔绪照主持，党组副书记、副主任孟凡才，党组成员、副主任李厚昌、杨旭、王占甲参加。会议学习贯彻地委29号文件，研究人大常委会科室设置事宜，由一室三科改为一室四科，并撤销调研科。为切实保证人大常委会依法任免干部，建议县委由县人大常委会列席县委常委会议，并建议县财政每年给每名县级人大代表拨活动经费10元。

1987年8月26日，县人大常委会召开主任会议，人大常委会主任崔绪照主持，副主任孟凡才、李厚昌、杨旭、王占甲、杨念成参加。会议听取县人大常委会赴泰安区、肥城县、东平县、济宁市、曲阜市、邹县参观学习情况的汇报。会议确定人大常委会第四会会议议题，包括听取县政府关于县十一届人代会一次会议代表提案办理情况的汇报，听取公、检、法、司关于治安处罚条例，法律监督和民法通则贯彻实施情况及普及法律教育情况的汇报。

1988年4月29日，县人大常委会召开主任会议，人大常委会主任崔绪照主持，副主任孟凡才、李厚昌、杨旭、王占甲、杨念成、杨朝福、张先知参加。会议主要研究关于县十一届人大常委会第十五次会议有关事项，初定于5月22日左右召开，主要听取县政府组织的赴东营、潍坊参观教育的情况、赴邯郸参加晋冀鲁豫边远县级人大工作研讨会情况、全县环保工作的汇报，讨论县人大常委会关于加强法律监督和工作监督、关于审议决定权限重大事项的办法、关于乡镇人民代表大会工作暂行办法及人事任免事项。

1989年1月11日，县人大常委会召开主任会议，县人大常委会主任崔绪照主持会议，副主任孟凡才、杨旭、王占甲、杨念成出席会议。会议研究关于执法大检查的有关事项，确定执法大检查抽查从农历十二月十三日开始，二十日以前抽查完；检查内容主要是县政府机关及领导人，研究关于压缩基层建设的规定和关于从严控制社会集团购买力的决定，法院、检察院、公安局执法情况。

1989年1月21日，县人大常委会召开主任扩大会议，人大常委会主任崔绪照主持，副主任孟凡才、杨旭、王占甲、杨念成、杨朝福及科室负责人参加。会议传达1月14—18日召开的全省人大工作会议精神，学习省委书记姜春云作讲话。

1989年2月12日，县人大常委会召开主任会议，县人大常委会主任崔绪照主持会议，副主任孟凡才、李厚昌、杨旭、王占甲、杨念成、张先知出席会议。会议主要通报县委常委会议精神，研究十一届人大常委会十三次会议议程，包括审议1989年人大常委会工作要点，表决通过行政机关为政清廉的决议和3月28日在县政府新会议室召开梁山县第十一届人民代表大会第三次会议的决定。

1989年4月29日，县人大常委会召开主任会议，县人大常委会主任崔绪照主持会议，副主任孟凡才、杨旭、李厚昌、王占甲、杨念成、杨朝福、张先知出席会议。会议研究县十一届人大常委会第十五次会议有关事项，内容包括听取县政府赴东营、潍坊参观教育情况汇报，县人大常委会赴邯郸县参加晋冀鲁豫边区县级人大工作研讨会情况汇报，会议还讨论县人大常委会关于加强法律监督和工作监督办法、关于审议决定重大事项的办法，关于人民代表大会工作暂行办法。

1989年6月20日，县人大常委会召开主任会议，县人大常委会主任崔绪照主持会议，副主任孟凡才、李厚昌、杨旭、王占甲、杨念成、张先知出席会议。会议确定召开十一届人大常委会第十六次会议，组织人大常委会成员学习中共中央国务院《告全体共产党员和全国人民书》，听取县人民政府关于搞好国办中小学校改的报告，并由人大常委会作出决议。

1989年6月30日，县人大常委会召开主任会议，县人大常委会主任崔绪照主持会议，副主任孟凡才、杨旭、王占甲、杨念成、杨朝福出席会议。会议研究确定召开第十七次常委会议，主要听取水利局关于抗旱防汛情况的汇报、农业局关于加强农业和农业生产运动的汇报、公安局关于当前社会治安情况的汇报、县政府办公室关于代表议案处理情况的汇报、会议对防汛情况进行一次视察。

1989年8月4日，县人大常委会召开主任会议，人大常委会主任崔绪照主持，副主任孟凡才、李厚昌、王占甲、杨旭、杨朝福及科室负责人参加。会议主要研究县人大常委会第十八次会议内容，包括学习中共中央七条决定、省委八条决定，干部任免事项等，并安排会议录像（首次）。会议还安排穆衍峰10日左右到任后的办公场所。

1989年10月26日，县人大常委会召开主任会议，县人大常委会党组副书记穆衍峰主持会议，副主任李厚昌、王占甲、杨念成、杨朝福、张先知出席会议。会议研究关于换届选举准备情况，确定选举工作机构，调整县乡选举委员会，县选举委员会由15人组成，县人大常委会主任任选举委员会主任。乡镇选举委员会由9人组成，由一名副书记任组长，人大工作处副主任任副组长。

1989年11月12日，县人大常委会召开主任会议，县人大常委会主任崔绪照主持会议，县人大常委会党组副书记穆衍峰，副主任孟凡才、李厚昌、杨旭、王占甲、杨念成出席会议。会议听取县委关于换届选举的意见，主要是：代表选举日定于1990年2月25日，代表名额320人，参选人员包括人大常委会全体组成人员及退下去的原正副主任、县委正副书记和常委、县政府正副县长、县政协正副主席各1人、工青妇武法检纪及财局负责人各1人；人大常委会组成人员19人，其中主任1人、副主任6人、委员12人（其中专职5人），工、青、妇、武各1人，党外人士3人。会议还研究了人大常委会二十二次会议议程。

1990年3月1日，县人大常委会召开主任会议，县人大常委会主任崔绪照主持会议，副主任孟凡才、李厚昌、杨旭、王占甲、杨念成、张先知出席会议。会议研究3月2日召开的人大常委会会议有关事项，拟定十二届代表大会一次会议主席团名单（54人）、代表资格审查情况、大会日程、代表团划分等。

县十二届人大常委会主任会议

1990年3月10日，县人大常委会召开主任会议，县人大常委会主任穆衍峰主持会议，副主任王占甲、杨念成、傅全林、张先知、张先道、王钦孝出席会议，人大常委会原主任崔绪照、原副主任孟凡才、李厚昌、人大机关科室负责人列席会议。会议研究县人大常委会主任、副主任分工，调整代表资格审查委员会，并提请县十二届人大常委会第一次会议批准任命。会议研究县十二届人大常委会第一次会议内容及程序。会议还就退下来的4位主任、副主任待遇问题进行明确，本着关心照顾老同志的原则，对其实行三个优先三个不变，即坐车优先、照顾优先、交办的事情优先，办公室不变，办公桌文件橱不变，报纸刊物文件不变。

1990年3月23日，县人大常委会召开主任会议，县人大常委会主任穆衍峰主持会议，副主任王占甲、杨念成、傅全林、张先道、王钦孝出席会议。会议传达县委常委会会议精神，主要是要求在4月10日召开县乡人民代表大会，在梁山镇搞试点；人代会、党代会正职等额选举，副职和委员差额选举；各乡镇人大工作处由党委副书记兼人大工作处主任的设常务主席。会议汇报济宁市第十一届人代会第三次会议情况，学习中共十三届六中全会公报和《中华人民共和国宪法》省人大常委会关于监督暂行条例。会议还就县十二届人大常委会第一次会议内容进行研究。

1990年4月23日，县人大常委会召开主任会议，县人大常委会主任穆衍峰主持会议，副主任王占甲、杨念成、傅全林、王钦孝、张先道出席会议。会议听取县人大常委会赴曲阜、兖州参观学习乡镇人大工作经验的汇报，讨论乡镇人大工作暂行办法。

1990年5月12日，县人大常委会召开主任会议，县人大常委会主任穆衍峰主持会议，副主任王占甲、杨念成、张先道出席会议。会议研究5月18日举行任命干部颁发任命书仪式大会议程及相关问题。

1990年6月4日，县人大常委会召开主任会议，县人大常委会主任穆衍峰出席并主持会议，副主任王占甲、杨念成、张先知、傅全林、王钦孝、张先道出席会议，人大常委会原主任崔绪照，人大常委会原副主任孟凡才、杨旭，县政府副县长高太平、李大友，县法院院长宋声武，县农委主任张兆兰，县司法局副局长刘兴文以及县人大常委会各委、室的负责人列席会议。会议主要听取县政府关于减轻农民负担的汇报，县政府、县法院关于行政诉讼法实施准备工作的汇报；县人大常委会副主任傅全林通报济宁市人大常委第十五次会议情况。会上认真学习国务院关于减轻农民负担的通知，对县政府、县法院的汇报进行认真讨论。会议要求，县政府及有关部门要进一步学习领会国务院关于减轻农民负担的通知精神，立即向全县发出关于减轻农民负担的紧急通知，认认真真地、不折不扣地贯彻执行国务院、市政府“通知”精神，尽快制定关于减轻农民负担的具体方案。会议建议县政府及县司法部门进一步加强对行政诉讼法的宣传学习，使行政诉讼法于1990年10月1日顺利实施。

1990年6月19日，县人大常委会召开主任会议，县人大常委会主任穆衍峰主持会议，副主任王占甲、傅全林、王钦孝、张先道、张先知出席会议。会议研究人大常委会第三次会议议题，主要包括听取审议人代会代表议案办理情况、1990年财政计划及财政预算及半年执行情况、食品卫生情况、县城防汛情况的汇报，通过加强土地管理的决议。

1990年7月4日，县人大常委会召开主任会议，县人大常委会主任穆衍峰主持会议，副主任王占甲、杨念成、傅全林、王钦孝、张先道、张先知出席会议。会议听取县政府有关部门关于夏粮征购的汇报、生产资料供应的情况汇报、土地管理情况的汇报，讨论关于进一步加强土地管理的暂行规定。会议听取县人大人事代表工作室高新魁关于贯彻省人大代表座谈工作会议精神的汇报；研究十二届人大常委会第四次会议议程，主要听取依法治县总体规划及社会治安和执法情况的汇报。

1990年8月17日，县人大常委会召开主任会议，人大常委会主任穆衍峰主持，副主任王占甲、张先知、张先道、付全林、杨念成及各位委室主任参加。会议听取人事代表工作室关于贯彻省人大代表座谈工作会议精神的汇报，提出县人大常委会主任接待代表及邀请人大代表列席县人大常委会议的意见，确定农历每月初五、十五为接待日。会议还研究了十二届人大常委会第四次会议议程。

1990年12月6日，县人大常委会召开主任会议，听取县土地管理局副局长邢耀亭所作《关于进一步贯彻落实土地管埋法和县政府3个文件工作情况的汇报》。会议建议，县政府及其主管部门，采取得力措施，在全县范围内造成宣传《土地管理法》和县政府3个文件的强大声势，大张旗鼓地表彰一批先进单位和个人，处理一批违法占地坏典型，以推动土地管理工作的进一步开展。

1990年12月26日，县人大常委会召开主任会议，听取张洪先所作《关于梁山县宗教工作情况的汇报》。会议建议，有关部门要正确认识全县宗教工作面临的严峻形势，正确理解和执行党在社会主义时期处理宗教问题的基本政策，全面地贯彻执行党的宗教信仰自由政策，任何社会团体和个人都不得强迫他人信教或不信，不得强迫他人参加宗教活动或不参加宗教活动。建议县委、县政府组织协调统战、政协、公安、宗教事务、司法、青年团、妇联、科协、卫生等部门各尽其责，依法律和政策加强对宗教的管理，共同做好宗教事务工作。

1991年3月5日，县人大常委会召开主任会议，就馆里乡王庄村女青年王某某被歹徒轮奸一案久悬难结、超期羁押，致使受害人亲属1990年10月投书省人大常委会等情况，分别听取县公安局副局长倪崇奎、县检察院检察长姜广仁、县法院副院长仲维功等汇报和意见，县政法委副书记张传伦应邀到会介绍该案的有关情况。王某某被轮奸案，其性质极为恶劣，为社会所关注，强烈要求从重从快严惩犯罪分子和认真追查个别执法人员违法乱纪的责任。为进一步做好这一信访案件的办理工作，会议建议，县公、检、法机关一定要高度重视，各司其职，相互配合，切实做好侦查、起诉、汇报、移送和补救方面的工作，以尽快结案，从重从快严厉打击刑事犯罪分子，努力保障受害人的合法权利。鉴于此案系济宁市人大常委会要结果的要案，会议确定由县人大常委会分管主任牵头，县人大常委会法工委、县公安局、检察院、县法院负责人参加，于近期向济宁市人大常委会作一次全面汇报，并责成有关方面尽快办结此案。对于受害人亲属在上访信件中所反映个别执法人员违法乱纪方面的问题，县公安局要认真对待，严肃查处，并将查处结果报告县人大常委会。

1991年4月3日，县人大常委会召开主任会议，听取县公安局教导员张建文和县公安局副局长倪崇奎关于监所管理工作的汇报，并视察县公安局监狱、看守所、拘留所，对在“一二•一”重大事故中，追捕越狱死刑犯苏某某归案正法而付出艰苦努力的广大公安干警表示慰问。会议建议，公安部门要认真记取“一二•一”重大事故的沉痛教训，要彻底查清事故的原因、责任，进行严肃认真的处理，并切实改进工作，确保监所管理工作万无一失。公安局领导要重视监所管理工作，努力提高干警的政治、业务素质；重视加强设施建设，尽快改善监所条件。

1991年4月10日，县人大常委会召开主任会议，会议由县人大常委会主任穆衍峰主持，副主任王占甲、杨念成、傅全林，王钦孝、张先道及县人大办公室、农工委的负责人等参加会议。会议专门就今年小麦的中后期管理问题，听取农委主任张兆兰、农牧局局长武立芳、县社监事会主任郝吉德等人汇报。会议建议，迅速采取有效措施，在确保不影响梁济运河施工的前提下，确保小麦扬花水，灌浆水的浇灌，把及时浇水、适量补肥作为今年小麦增产和后期棉花苗齐苗壮的重要措施。农业部门要继续准确及时地搞好病虫监测和预报，生资部门要确保"粉锈宁""乐果""氧化乐果"等药物、药具的供应，使今年小麦的病虫危害减少到最低限度。县政府及有关部门要抓好农技、植保、种子、气象、水利、生资等单位的信息情况交流和关系协调，形成团结一致、上下一心共抓小麦中后期管理的合力，为夺取1991年小麦的丰产丰收做出积极的贡献。

1991年5月31日，县人大常委会召开主任会议，听取县风景名胜办公室副主任王庆功所作《关于梁山风景名胜资源保护暂行规定》执行情况的汇报。会议建议，有关部门要采取得力措施，大张旗鼓地宣传《梁山风景名胜资源保护暂行规定》，严格制止保护区内的乱采石、乱烧窑、乱开机现象，有关乡镇和单位要积极配合，共同把梁山风景名胜资源保护好、建设好，使其成为名副其实的旅游观光胜地。

1991年5月31日，县人大常委会召开主任会议，听取县土管局局长阎贵月《关于土地管理及农村宅基地有偿使用工作情况的汇报》。会议建议，进一步加强宣传教育工作，在全县范围内大力宣传《中华人民共和国土地管理法》及有关法律法规，增强广大群众法制观念和土地国有、集体所有意识；要严格审批手续，任何单位和个人都不得越权批地或变相批地；在推行农村宅基地有偿使用工作中，要严格执行政策，对于按规定收缴的资金要严格管理、专款专用。

1991年6月11日，县人大常委会召开主任会议，会议由县人大常委会主任穆衍峰主持，副主任王占甲、杨念成、傅全林、张先知、王钦孝、张先道出席会议。县政协主席杨朝福应邀参加会议，县人大常委会办公室、人事代表室、农工委、信访接待室和县政府办公室等有关单位的负责人列席会议。会议学习中共山东省委、省政府《关于切实减轻农民负担的通知》，听取县农牧局副局长解培岱受县政府委托所作《关于今年夏季农民负担情况》的汇报，对县政府提出的农民负担初步方案，进行认真讨论。会议建议，进一步提高对减轻农民负担重要意义的认识，牢固树立一切从群众利益出发的观念，量力而行，量入为出，不能超越农民的承受能力，农民负担增长幅度不能高于人均收入增长幅度。农民负担项目，应本着"自愿、有偿、谁受益、谁负担"的原则；农民义务工和积累工，应在有关规定的额度内。农民负担方案一经批准，各乡、镇、村不得突破，擅自追加，更不准采取上报和下达"两本账"的做法。管好、用好各项集资提留款，除乡镇人民政府每年应向本级人民代表大会报告以上资金的使用情况外，县政府及有关部门也应加强监督管理，对资金的使用建立审计监督制度。

1992年4月29日，县人大常委会召开主任会议，听取县公安局局长阎旺亭关于拘留所、看守所管理工作情况的汇报。会议建议，进一步加强拘留所、看守所队伍建设，提高干警素质，对于玩忽职守、刑讯逼供、徇私舞弊、索贿受贿等违法乱纪的人员，必须认真查处。认真坚持管教结合的方针，进一步建立健全严格管理的各项规章制度，严厉打击"牢头""狱霸"的违法犯罪活动。县政府及各有关部门，要十分关注监所设施建设，积极创造条件，争取早日解决两所的搬迁重建工作。

1992年4月29日，县人大常委会召开主任会议，听取县水利局局长王佑明《关于1992年水利建设计划及当前农田水利工作情况的汇报》。会议建议，紧紧围绕发展优质低耗高产高效农业，坚持排灌并举、综合治理的原则，进一步搞好农田水利基本建设；立足于实际，量力而行，规划农田水利建设，并在财力许可的情况下，适当增加向农田水利方面的投资；县、乡政府和村民委员会在农田水利基本建设用工方面，要严格遵守和执行国务院《农民承担费用和劳务管理条例》和《山东省农民负担管理条例》，坚持和完善义务工和劳动积累工制度，教育农民必须完成所规定的义务工和劳动积累工。

1992年6月23日，县人大常委会召开主任会议，听取县建委副主任冯成科受县政府委托所作《城区防汛排涝、村镇规划建设情况的汇报》。会前，在主任、副主任带领下，组织县政府办公室、建委、交通、财政等部门负责人，实地察看了城区排涝的三条主要干沟。会议建议，高度重视城区防汛排涝工作，确保1992年城区安全度汛；采取有力措施，抓紧组织力量清障，疏通各级排水沟，尤其对城区三条主要排水干沟，要进行一次全面、彻底的清障，需拓宽的要拓宽，增大排水容量。同时，尽快出台“梁山县城市管理暂行办法”“城区防汛排涝规划”。

1992年6月23日，县人大常委会召开主任会议，听取并审议县交通局局长信在高受县政府委托所作《交通管理和公路建设情况的汇报》。会议建议，加快县乡公路建设步伐，尽快实现乡镇之间互通柏油路的目标；严把新建公路的质量关，特别是水泊南路的建设，交通、公路部门主要负责人靠上抓，确保建设质量，把县城南大门建成高标准高质量路段。在国家对交通检查未发布新的政策规定前，可以加大措施，本着“取之于车，用之于路”的原则，认真搞好拖拉机、三轮车养路费的征收工作，全面完成各项交通规费的征收任务。同时加强对专业运输企业和个体客货运输的服务监督与管理。

1992年6月23日，县人大常委会召开主任会议，听取审议县爱卫会办公室主任高玉真受县政府委托所作《关于县城环境卫生及食品卫生情况的汇报》，并组织人大常委会部分委员和县政府有关部门的负责人，视察县城环境卫生及食品卫生情况。会议建议，县政府应制定环境卫生和食品卫生事业发展规划，由主管部门实行统一管理，并组织工商、城建、环保、交通、公安等部门认真实施，逐步理顺县城环境卫生和食品卫生管理体制，建立起稳定的环境卫生和食品卫生管理网络。县政府主管部门要迅速拿出脏乱差治理方案，大力开展卫生突击活动，迅速改变梁山县城脏乱差面貌。要采取多种形式，广泛宣传搞好环境卫生和食品卫生的重大意义和管理法规，增强全民环境卫生和食品卫生意识，动员全社会都来关心、支持、参加环境卫生和食品卫生治理工作，努力使县城环境卫生和食品卫生工作走上法制管理的轨道。

1992年8月28日，县人大常委会召开主任会议，听取县体委主任孟凡林《关于体育工作汇报》。会议建议，县政府要继续提高发展体育的认识，把体育工作列入重要议事日程，当作大事来抓，主管部门要发挥领导、协调、督促作用。要坚持“群众体育群众办”的原则，各行各业都应把体育工作抓好；努力发现人才，培养人才，输送人才，争取多拿奖牌，为祖国争光。进一步加强场地、设施建设，以适应群众体育活动需要；要努力创造条件，逐渐将县体育场办成既是体育中心，又是花园式的娱乐中心。努力办好具有梁山特色的武术学校和业余体校，推动全县体育事业蓬勃向前发展。

1992年10月28日，县人大常委会召开主任会议，听取审议县普法办公室关于“二五”普法工作情况的汇报。会议建议，进一步重视“二五”普法教育，有针对性地抓好领导干部、执法部门、执法人员和青少年的学法用法，抓好典型，点面结合，不断把“二五”普法工作引向深入。要不断加强领导，经常关心过问“二五”普法工作，并帮助解决好经费等有关问题，保证“二五”普法顺利健康地发展。

1992年10月28日，县人大常委会召开主任会议，听取审议县职工教育办公室主任王志廷受县政府委托所作《关于职工教育情况汇报》。会议建议，要充分认识发展职业技术教育的重大意义，进一步加强对职业技术教育工作的领导，建立健全职业技术教育管理机构，理顺管理体制，明确管理权限，落实发展职业技术教育的各项政策措施，挖掘现有职业技术教育学校的办学潜力，有计划地扩大招生规模；坚持多渠道统筹解决教育经费，多层次、多形式办学，并不断加强师资队伍建设，提高教育水平。

1992年10月28日，县人大常委会召开主任会议，会议由县人大常委会主任穆衍峰主持，副主任杨念成、王钦孝、张先道和人大常委会委室的负责人参加会议。会议就人大代表评议后的整改问题，分别听取县公安局局长闫旺亭和县土地管理局局长闫桂月的整改工作汇报。会议认为，县公安局、县土地管理局在人大代表评议中和评议后，都能正确对待人大代表的批评意见，本着有则改之、无则加勉的原则，认真总结工作中的经验教训，建立健全规章制度，制订整改措施，认真改进工作，使本单位工作有了新的起色。会议希望，公安和土管两局要切实搞好队伍建设，提高执法人员的素质；广大干警和干部职工，要进一步密切同人民群众的联系，为人民群众大办好事、多办好事，为振兴梁山经济、搞好梁山的两个文明建议做出应有的贡献。

县十三届人大常委会主任会议

1994年6月27日，县人大常委会召开主任会议，听取县水利局关于防汛工作准备情况的汇报，并进行审议。

1995年4月28日，县人大常委会召开主任会议，听取并审议县建环委《关于县城市政管理工作情况的汇报》。会议建议，加强《中华人民共和国城市规划法》的宣传教育，进一步完善县城规划。继续加强城市基础设施建设，进一步提高各项设施的配套功能，要抓紧文化路东段的放线定点、凤园路中段路基工程施工，特别是要抓紧对张任、张王排水沟的清淤治理，确保城区安全度汛的需要。加强城市综合管理，各有关部门要加强协作，密切配合、认真负责，积极主动地做好各项工作，保证城市正常的生产、生活秩序，为梁山经济的发展和人民群众的工作、生活创造一个优良的环境。

1995年6月26日，县人大常委会召开主任会议，听取并审议县农委关于减轻农民负担工作情况的汇报。会议建议，要按县政府审批的统筹提留标准，不准擅自出台增加农民负担的文件和项目，对突破政策规定乱搭车加码的，乡镇和人民群众有权拒绝，超出负担卡的集资摊派农民有权抵制。加强监督管理和执法检查，对有令不行、有禁不止，继续强行或变相超标收提、平调、挪用村提留乡统筹，增加农民负担的单位和个人，要追究当事人和直接领导人的责任，并责令限期退回。

1995年8月28日，县人大常委会召开主任会议，听取县水利局局长林英科代表县政府所做关于《全县农田水利基本建设情况的汇报》。会议建议，发展“高产、优质、高效”农业必须走“引黄补源，以井保丰”的路子，水利建设应以田间配套工程和井泉建设为主，修复旧井，增打新井，苦干三年，完成万眼机井的任务。依法治水，运用法律手段来规范水事行为，管理水利工程，对破坏水利设施，毁坏建筑物的要严加惩处。

1995年10月31日，县人大常委会召开主任会议，听取县社监事会主任季昌胜代表县政府所作关于《棉花收购有关情况的汇报》。会议建议，各级政府要进一步提高认识，树立完成棉花收购任务的信心；进一步加大宣传力度，激发棉农交售棉花的积极性；县政府及各有关部门要加大工作力度，密切配合，齐抓共管，大力促进棉花收购工作，确保棉花收购任务的完成。

1995年12月28日，县人大常委会召开主任会议，听取并审议县建环委关于《中华人民共和国城市房地产管理法》贯彻实施情况的汇报。会议建议，加强《中华人民共和国城市房地产管理法》的学习宣传工作，增强全社会的法律意识；尽快解决管理体制问题，依法设立相应管理机构；严格执行政策规定，使房改工作的政策规定落到实处；切实保障房地产权利人的合法权益，严肃查处侵害权利人合法权益的行为。

1996年4月26日，县人大常委会召开主任会议，听取并审议县农业局副局长高文浩关于情况的汇报。会议建议，进一步增强广大干部群众的法律意识，使“科技兴农，良种先行”成为全民的共识；进一步加强种子市场管理，对非法经营农作物种子特别是销售假冒伪劣种子给农民造成较大损失的单位和个人要依法从严处理；进一步完善良种繁育体系，加快种子繁育基地建设；县政府与乡、镇政府签订农作物统一供种责任书，争取在较短的时间内基本实现全县主要农作物统一供种。

1996年6月20日，县人大常委会召开主任会议，听取并审议县政府副县长王佑明代表县政府所作《关于1996年度农民负担情况的汇报》。会议建议，进一步提高认识，增强群众观念；要教育群众自觉遵守法律，正确区分依法交纳与加重负担的关系，增强法制观念；加快村级集体经济发展，壮大集体经济，从根本上减轻农民负担；县政府要充分发挥各职能部门的作用，处理好依法交纳与现实需求和群众承受能力的关系，做到既办事又不损害党群干群关系。

1996年8月27日，县人大常委会召开主任会议，听取县农机服务公司主任李树山代表县政府所作关于《山东省农业机械管理条例》贯彻执行情况的汇报。会议建议，县、乡政府领导一定要充分认识农机工作的重要性，把农机工作列入政府的重要议事日程，依法加强农机管理，建立完善农机服务体系，加强农机队伍建设，提高农机人员的素质。加大扶持政策，增加农机投入，促进全县农业机械化发展。

1996年10月29日，县人大常委会召开主任会议，听取并审议县广播电视局关于广播电视法律、法规贯彻落实情况的汇报。会议建议，进一步加强广播电视法律、法规的学习宣传工作，特别要把宣传人民代表大会制度，报道人大工作切实摆到重要位置。县政府及有关部门要适度加大资金投入，促进广播电视事业的发展，保障有线电视覆盖网络的正常运行。

1997年9月10日，县人大常委会召开主任会议，听取县委书记王廉秀围绕坚持人民代表大会制度和党的基本路线、开展好各项工作的讲话，会议就如何做好人大工作进行交流探讨。

县十四届人大常委会主任会议

1998年4月30日，县人大常委会召开主任会议，听取县法院院长张仁端关于县法院民事审判工作情况的汇报。会议建议，进一步提高对民事审判工作重要性的认识，增强做好民事审判工作的积极性和责任感。依法审理民事案件，加大执行工作力度，认真清理旧存积案，切实解决案件超审限审理、久拖不决以及执行难、执行不力等问题，以维护法律尊严。大力加强队伍建设，努力提高司法水平，县法院要调整充实法庭的审判力量，完善法庭工作指导管理体制，搞好法庭的规范化管理，推动民事审判工作再上新台阶。

1998年6月23日，县人大常委会召开主任会议，听取县检察院检察长李文汉所作《关于查办贪污、贿赂等经济犯罪工作情况的汇报》。会议建议，检察机关要充分认识此项工作的重要性，增强责任心和使命感，坚持常抓不懈，抓出成效，并自觉接受党委领导和人大监督，重大案件和重要事项及时向党委、人大请示、汇报。要本着抓重点、查热点、攻难点的原则，合理调整工作布局，着重查办司法机关和行政执法机关工作人员贪赃枉法的犯罪案件、金融领域和建筑工程领域及国有企业中的贪污、贿赂案件。要坚持“以事实为根据、以法律为准绳”的法律原则和“一要坚决、二要慎重、务必搞准”的工作方针，确保查办的案件成为经得起法律和历史检验的“铁案”。要坚持专门机关与群众路线相结合的工作方法，充分调动人民群众同腐败现象作斗争的积极性。要以政法队伍教育整顿工作为契机，狠抓干警的世界观、人生观、价值观和宗旨观教育，以对党、对人民高度负责的精神做好检察工作。

1998年8月28日，县人大常委会召开主任会议，听取县乡镇企业局局长丁景泉受县政府委托所作关于贯彻执行《中华人民共和国乡镇企业法》情况的汇报。会议建议，支持乡镇企业进行资产组织形式和经营方式的改革，增强乡镇企业发展活力。优化产业和产品结构，积极培植新的经济增长点。加大乡镇企业技术改造力度，依靠科技提高资源利用率和可持续发展。各级政府要把发展乡镇企业作为繁荣农村经济和整个国民经济的一个战略重点，组织和协调各有关部门及社会各方面的力量，共同关心和支持乡镇企业的发展和改革，为乡镇企业的发展创造宽松的环境和条件。

1998年10月30日，县人大常委会召开主任会议，听取县企业改制办公室主任贾维共受县政府委托所作《关于县属企业改制工作情况的汇报》。会议建议，县政府及有关部门要采取多种形式宣传企业产权制度改革的政策、意义，引导广大干部群众理解改革、支持改革、参与改革，进一步营造加快企业改制的社会舆论氛围。要继续按照“抓住一头、退出一块、放开一片、整体推进”的改革思路，走集团化、公司化的路子，扶持重点企业集团，增强县属企业的市场竞争力。要建立国有资产出资人制度，落实国有资产保值增值的责任。要进一步深化企业劳动用工和分配制度改革，形成按劳分配与按生产要素分配相结合的分配机制和职工能进能出的就业机制。要统筹兼顾，同步推进各项配套改革，搞好社会保障体系建设，进一步扩大社会养老、失业、医疗保险的覆盖面，健全完善最低生活保障制度，妥善安置下岗职工再就业，维护职工的合法权益，使企业改制在一个宽松、和谐、有序的环境中顺利进行。

1998年12月29日，县人大常委会召开主任会议，听取县建委主任艾玉山受县政府委托所作关于《中华人民共和国建筑法》贯彻执行情况的汇报。会议建议，进一步加强对《中华人民共和国建筑法》的学习和宣传，使从事建筑活动的单位和个人能够知法、懂法、守法；严肃查处建筑市场的违法行为，重点打击建筑霸、运输霸及强装强卸行为，坚持依法规范和管理建筑市场；切实发挥建筑监理和质检部门的作用，确保建筑工程施工质量；积极开展创建“安全、文明、卫生工地”活动，进一步强化施工队伍的整体素质和管理水平；健全建筑安全监督机构，加强对建筑行业的安全生产管理工作，确保安全文明施工。

1999年4月27日，县人大常委会召开主任会议，听取县工商局局长董茂华受县政府委托所作关于《中华人民共和国公司法》贯彻落实情况的汇报。会议建议，进一步加大对《中华人民共和国公司法》的学习宣传力度，充分认识《中华人民共和国公司法》的重要意义；坚持严格依法办事，严肃查处假验资、假投资等违法行为；加强对《中华人民共和国公司法》学习宣传及贯彻执行的领导，支持执法机关及有关部门依法行使职权，努力为公司的发展创造良好的外部环境。

1999年4月27日，县人大常委会召开主任会议，听取县体改委主任贾朝凤受县政府委托所作《关于县属工业改革情况的汇报》，会议建议，加大对县属工业企业改革工作的宣传力度，动员全社会积极参与和支持改革。因地、因企制宜，加强分类指导、管理和规范，推动企业转换机制。各部门、各单位要服从服务于企业改革大局，形成全县上下关心改革、支持改革、投身改革的良好氛围。切实加强对改制后企业的监管力度，把机制转换和制度创新作为企业发展的出发点和落脚点，推动现代企业制度的建立，促进全县工业经济的振兴。

1999 年 6 月 30 日，县人大常委会召开主任会议，听取县政府副县长刘振诺代表县政府所作《关于梁山县十四届人大二次会议代表议案办理情况的汇报》。会议建议，县政府要进一步提高对议案办理工作重要性的认识，采取有效措施，加大办理力度，并注意解决好议案办理过程中的有关问题，努力把议案落到实处，让代表满意，让人民群众满意。

1999 年 6 月 30 日，县人大常委会召开主任会议，听取县交通局局长王水利受县政府委托所作关于贯彻执行《中华人民共和国公路法》。会议建议，县政府及公路主管部门要进一步加大对《中华人民共和国公路法》的学习宣传力度，为《中华人民共和国公路法》的深入贯彻实施创造良好的外部环境。抓好公路建设资金的筹集，以保证全县公路建设的顺利进行；坚持建养并重原则，认真落实好公路养护措施和资金，进一步做好公路养护工作；严格依法治路，对损坏公路、侵占路产路权的行为要进行严厉查处；全面提高执法人员的政治、业务素质，增强其法律政策水平和执法能力。

1999 年 6 月 30 日，县人大常委会召开主任会议，听取县教委主任姜广生受县政府委托所作关于《中华人民共和国职业教育法》贯彻实施情况的汇报。会议建议，加大宣传力度，提高思想认识，强化组织领导，全面贯彻执行《中华人民共和国职教法》；调整职业教育结构，建立职业学校教育和职业培训并举、与其他教育协调发展的职业教育体系；深化职业教育改革，建立以市场为导向的职业教育体制；强化措施，建立职业教育发展的保障机制。

1999 年 6 月 30 日，县人大常委会召开主任会议，听取县法院院长袁存力所作《关于开展“执行年”活动情况的汇报》。会议建议，提高对执行工作重要性的认识，加强对执行工作的领导与协调，继续开展执行会战，彻底清理“法律白条”。加强执行队伍建设，自觉抵制不正之风，坚持严格执法，努力维护法律尊严。自觉接受党委领导和人大监督，积极争取社会各方面支持，努力营造良好的执法环境。

1999 年 8 月 31 日，县人大常委会召开主任会议，听取县农业局局长杨绍建受县政府委托所作《关于梁山县上半年减轻农民负担工作进展情况的汇报》。会议建议，要广泛深入宣传党和国家关于减负的条例和通知精神，进一步提高各级领导干部做好减负工作的自觉性；要不折不扣地认真执行减负工作各项规章制度，严格控制“三提五统”的比例和数额；要对农民负担情况进行经常性的监督检查，坚决制止各种乱收费、乱集资、乱摊派、乱罚款以及搭车收费现象。要继续实行党政一把手亲自抓、负总责，一级管一级，继续实行“一票否决制”。

1999 年 8 月 31 日，县人大常委会召开主任会议，听取县建委主任艾玉山受县政府委托所作的《关于＜城市市容和环境卫生管理条例＞贯彻执行情况的汇报》。会议建议，要切实把城市市容和环境卫生工作列入政府重要工作日程，加强工作协调，认真落实部门分包责任制。进一步提高干部群众的城市环境意识，为加强城市市容和环境卫生管理工作奠定良好的群众基础。认真搞好城市市容环境卫生综合整治活动，使群众反映强烈的脏、乱、差问题得到切实解决。加大资金筹措力度，加快城市基础设施建设进度，确保工程建设计划的如期实现。

1999 年 10 月 28 日，县人大常委会召开主任会议，听取县农委主任张振来受县政府委托所作关于《中华人民共和国农业技术推广法》贯彻实施情况的汇报。会议建议，把农业技术推广工作纳入法制化管理的轨道，加强对农业技术推广工作的领导，把各项农改推广指标落实到单位和个人。进一步加强农技推广网络和队伍建设，健全完善县、乡、村三级农业科技推广体系。多渠道筹措资金，逐步加大对农业技术推广工作的资金投入，确促农业科技工作的顺利开展。

1999 年 10 月 28 日，县人大常委会召开主任会议，听取县技术监督局局长、县打假办主任崔瑞民受县政府委托所作《关于打击制售假冒伪劣商品违法行为工作情况的汇报》。会议建议，进一步加强对打假法规、打假意义及识假辨假知识的宣传，提高全社会的识假辨假和依法自我保护能力；进一步加大打假执法力度，促进打假工作的深入开展；进一步加强执法队伍建设，提高执法水平；进一步加强对打假工作的组织领导，推动打假工作卓有成效地开展。

1999 年 12 月 24 日，县人大常委会召开主任会议，听取县法院副院长戴景春所作《关于企业破产案件审理情况的汇报》。会议建议，县法院要大力宣传《企业破产法（试行）》和有关法律规定，进一步提高全社会对实施企业破产的正确认识；要坚持依法立案、依法审理，严格执行法律规定的程序。县政府及有关职能部门要把企业破产作为一件大事来抓，积极主动地配合法院做好破产案件的审理以及善后工作，做到各负其责，相互支持，密切配合，共同促进经济发展维护社会稳定。

1999 年 12 月 24 日，县人大常委会召开主任会议，听取县人民银行行长王广耀所作贯彻落实《中华人民共和国中国人民银行法》情况的汇报。会议建议，加大宣传力度，使金融法制意识普遍深入人心；加强金融监管，防范和化解金融风险；加强服务协调，为金融运营创造良好社会环境，为经济发展做出积极贡献。

2000 年 3 月 28 日，县人大常委会召开主任会议。听取县广播电视局局长郭广建受县政府委托所作《关于〈广播电视管理条例〉贯彻执行情况的汇报》。会议建议，广泛学习宣传《条例》，提高广大干部群众的广播电视法制意识；坚持正确的舆论导向，提高节目宣传质量；加强队伍建设，提高政治业务素质；加大执法力度，严查违法行为；加大资金投入，促进事业建设。

2000 年 5 月 26 日，县人大常委会召开主任会议，听取县农业局局长杨绍建受县政府委托所作《关于全县减轻农民负担工作进展情况的汇报》。会议建议，坚持党政一把手亲自抓，完善各职能部门分工配合的监督管理体系，扎扎实实做好减负工作；进一步加大减负政策宣传力度，使农民依法维护自身的合法权益，积极履行应尽的义务。县政府及其职能部门要采取有力措施，坚决杜绝审批方案以外的各种名目的收费，切实控制农民负担总量；实行村账乡管、单项立账、分项核算、专款专用、严格管理、定期审计的管理制度，管好用好“三提五统”资金。

2000 年 7 月 27 日，县人大常委会召开主任会议，听取县环保局局长周生智受县政府委托所作《中华人民共和国大气污染防治法实施情况的汇报》。会议建议，增强依法防治大气污染的自觉性，对污染源的治理要实行经常性的督促检查，切实加强城区大气污染的重点治理和综合整治；进一步加强城区周边道路、地面的硬化、环境绿化及污水的治理工作，减少对大气的污染，提高空气质量，为人民生活创造一个舒适的环境。

2000 年 7 月 27 日，县人大常委会召开主任会议，听取县劳动局局长许安民受县政府委托所作《关于企业养老保险工作情况的汇报》。会议建议，统一思想认识，加强领导与协调，加大工作力度，坚持依法收缴；强化收缴责任，拓宽筹资渠道；健全完善各项规定，认真抓好有关政策的落实；共同把全县企业养老保险工作做好，确保养老保险金发放有基本的资金保证。

2000 年 9 月 29 日，县人大常委会召开主任会议，听取县统计局副局长孙庆军受县政府委托所作《关于〈中华人民共和国统计法〉贯彻执行情况的汇报》。会议建议，加强对统计法律法规的学习宣传，严肃查处统计违法行为，维护统计法律法规的严肃性和权威性。提高统计队伍素质，提高执法水平，不断改进统计工作。要切实加强对统计工作的领导，不断加强对统计工作的监督和指导，确保统计数据的真实性、科学性和有效性，努力提高统计工作水平。

2000 年 11 月 30 日，县人大常委会召开主任会议，听取县工商行政管理局局长董茂华、县技术监督局局长崔瑞民、县交通局局长王水利、县土地矿产管理局局长王爱民分别所作《述职评议工作整改情况汇报》。会议建议：

县工商行政管理局要进一步落实述职评议意见，对整个工商行政管理工作进行一次全面认真的检查，深入查找存在的薄弱环节和较为突出的问题，加大措施，深入整改；继续加大市场监管力度，严厉打击和惩处销售假冒伪劣商品的不法行为；进一步加强工商行政管理队伍建设，规范执法行为，努力提高执法水平。

县技术监督局要进一步提高整体执法水平，加大对技术监督法律、法规的宣传力度；进一步加强行风和队伍建设，全面提高执法水平，树立技术监督队伍良好的社会形象；继续加大打假力度，组织重点治理和专项打击，努力维护正常的市场经济秩序。

县交通局要进一步提高依法行政的自觉性，注意带好队伍，提高队伍政治和业务素质，提高执法工作的整体水平，认真解决群众反映强烈的热点，难点问题，彻底治理公路“三乱”，进一步树立交通行政执法队伍的良好形象。

县土地矿产管理局要进一步提高工作水平，解决部分人法律观念淡薄，随意乱占滥用耕地现象和土地利用率低、浪费现象严重问题以及农村宅基地疏于管理、农民建房缺乏规划等；要严格土地管理，科学制定用地规划，尽快出台有关农民宅基地使用管理的办法；进一步加强队伍建设，加大对土地矿产违法行为的查处力度，维护正常的土矿管理秩序。

2001 年 4 月 27 日，县人大常委会召开主任会议，听取县科学技术委员会主任李文敬受县政府委托所作《关于贯彻执行〈中华人民共和国科学技术进步法〉情况的汇报》。会议建议，强化科技首位意识，牢固树立科学技术是第一生产力的思想，真正把科技工作摆上突出位置。调整科技体系结构，强化科技管理机构职能，使之更好地服务和促进科技发展。加快科技成果转化，推进科技与经济有机结会，以提高企业的整体科技素质。坚持以人为本，修订完善引进技术、引进人才的优惠政策，切实加强科技队伍建设。加大科技投入力度，建立健全多元化的科技投入机制，以增强科技实力，加速科技进步，促进全县经济的健康发展。

2001 年 6 月 26 日，县人大常委会召开主任会议，听取县建委主任张恒福受县政府委托所作《关于城市市容和环境卫生管理工作的情况汇报》。会议建议，强化宣传教育，进一步提高干部群众的城市环境意识；强化工作措施，突出解决好城区脏、乱问题；突出工作重点，切实加强城市基础设施建设；严格执行城市规划，依法搞好城市管理；加强领导和协调，形成齐抓共管良好局面。

2001 年 8 月 30 日，县人大常委会召开主任会议，听了县农业局局长杨绍建受县政府委托所作《关于全县减轻农民负担工作进展情况的汇报》。会议建议，进一步提高思想认识，强化工作措施，加大工作力度，加强监督检查，坚决查处加重农民负担的行为。继续实行党政一把手亲自抓，继续实行“一票否决制”，进一步完善和加强农民负担监督管理工作机构。县乡政府要把发展农村经济放在“三农”工作的首位，下大力气搞好农村产业结构调整，改善农业生产条件，优化农村生产环境，搞好技术、信息、市场、农资等各项服务，引导农民尽快走上致富之路。

2001年10月30日，县人大常委会召开主任会议，听取县质量技术监督局局长、县打假办主任崔瑞民受县政府委托所作《关于打击制售假冒伪劣商品违法行为工作情况的汇报》。会议建议，进一步加大宣传力度，为打假工作的有效开展创造良好的舆论氛围；进一步加大打击力度，严厉打击制售假冒伪劣商品的各种违法行为；进一步加大执法力度，从根本上防止制假售假的不法行为；进一步加强执法队伍建设，提高政治素质和业务素质和执法水平。

2002年4月29日，县人大常委会召开主任会议，听取县建委主任张恒福受县政府委托所作《关于《中华人民共和国城市房地产管理法》贯彻执行情况的汇报，听取县残疾人联合会理事长耿进文受县政府委托所作关于《中华人民共和国残疾人保障法》贯彻落实情况的汇报。会议建议，进一步加大对房地产法律法规的学习宣传力度，在全社会尽快形成一个知法、懂法、依法办事的良好氛围；尽快制定出台全县房地产配套管理办法，为房地产业的健康发展提供保障；切实加强房地产执法监督检查，加大对违法案件的查处力度，规范房地产开发和交易市场秩序。进一步增强做好残疾人保障工作的主动性，认真执行《梁山县残疾人权益保障办法》，抓好对残疾人各项优惠政策措施的落实，以维护残疾人的合法权益。进一步加大对残疾人的帮扶力度，发展残疾人康复、教育事业，努力缩小残疾人与正常人的差距，不断提高残疾人的生活质量。

2002年6月25日，县人大常委会召开主任会议，听取县财政局局长刘东升受县政府委托所作《关于全县农村税费改革情况的汇报》，听取县民族宗教事务办公室主任张前进受县政府委托所作的关于《山东省宗教事务管理条例》贯彻执行情况的汇报。会议建议，农村税费改革要强化宣传，提高对税费改革重大意义的认识；加大工作力度，确保税改各项工作及时到位；认真搞好调查研究，不断完善有关政策；坚持常抓不懈，切实减轻农民负担；健全配套机构，加强队伍建设。贯彻实施《山东省宗教事务管理条例》要进一步提高认识，加强对宗教工作的领导；坚持依法管理，支持和维护合法宗教活动；严格查处非法宗教活动，抵制境外敌对宗教势力渗透，严厉打击各种邪教组织的破坏活动。

2002年8月29日，县人大常委会召开主任会议，听取县畜牧服务中心副主任苑全礼受县政府委托所作《关于畜牧工作情况的汇报》。会议建议，进一步提高思想认识，明确畜牧业的战略位置；进一步加大工作力度，把畜牧产业做大做强；坚持搞好服务，切实解决畜牧生产中的实际问题；坚持依法治畜、依法兴畜，严厉打击和惩处畜牧违法行为，保证全县畜牧生产沿着法制化规范化的轨道快速健康发展。

2002年10月30日，县人大常委会召开主任会议，听取县质量技术监督局局长、县打假办公室主任崔瑞民受县政府委托所作的《关于打击制售假冒伪劣商品违法行为工作情况的汇报》，听取县水产服务中心主任李殿福受县政府委托所作关于《中华人民共和国渔业法》贯彻执行情况的汇报。会议建议，县政府要充分认识打假工作的重要性和必要性，加强对打假工作的领导；要进一步加强打假工作宣传，加大惩处制假售假的违法犯罪行为和不法分子打击力度；突出打假工作重点，切实遏制危害人体健康和坑农害农违法行为的发生。县政府及职能部门要认真学习贯彻《中华人民共和国渔业法》，加大宣传力度，增强对发展渔业生产重要意义的认识；坚持依法治渔，维护渔业生产的合法权益；坚持科技兴渔，搞好示范带动，提高渔业科技贡献率；制定优惠政策，扶持渔业生产上档次、上水平；搞好渔业基础设施建设，增强渔业抗御自然灾害的能力，确保旱、涝保收。

县十五届人大常委会主任会议

2003年3月21日，县人大常委会召开主任会议，听取县文化局局长徐新生受县政府委托所作《关于〈山东省文化市场管理条例〉贯彻执行情况的汇报》。会议建议，进一步深化对条例的学习宣传，增强全社会的文化法制观念；加大工作力度，切实加强对文化市场的管理；积极培育完善文化市场，活跃丰富群众文化生活；强化组织领导，不断提高文化市场管理水平。

2003年5月30日，县人大常委会召开主任会议，听取县畜牧局局长贾祥福受县政府委托所作《关于畜牧兴县战略实施情况的汇报》。会议建议，要充分利用有利条件，把畜牧业尽快做大做强；进一步治理整顿畜牧市场秩序，保证畜牧生产沿着法制化、规范化的轨道健康快速发展；进一步加大对畜牧业的扶持力度，搞好畜牧技术服务工作；扩大龙头企业数量和规模，逐步实现畜牧产业化。

2003年8月29日，县人大常委会召开主任会议，听取县质量技术监督局局长崔瑞民受县政府委托所作关于贯彻执行《中华人民共和国产品质量法》工作情况的汇报。会议建议，进一步加强对《中华人民共和国产品质量法》的学习、宣传和教育，为产品质量法深入贯彻实施创造良好氛围；进一步加大对假冒伪劣产品的打击力度，有效遏止假冒伪劣产品的生产和流通；进一步加大企业质量管理力度，增强产品的市场竞争力；进一步加强队伍建设，不断提高队伍素质；进一步加强领导，要加强对各有关部门的协调，使质量技术监督工作提高到一个新的水平。

2003年10月29日，县人大常委会召开主任会议，听取县国土资源局局长赵卫国受县政府委托所作《关于〈梁山县农村宅基地管理暂行规定〉贯彻执行情况的汇报》。会议建议，县乡政府要进一步增强国土观念和国策意识，进一步提高广大干部群众的土地法制观念；坚持依法治理，强化执法监察手段；加强协作配合，实行齐抓共管；加强队伍建设，努力搞好服务。

2003年12月4日，县人大常委会召开主任会议，听取县公安局局长陈启明受县政府委托所作的《关于公安基层基础建设情况的汇报》。会议建议，要始终保持严打斗争的高压态势，加强治安防控体系建设，加大公安基层基础硬件建设，继续抓好公安干警队伍建设，努力建设一支政治坚定、业务精通、作风优良、执法公正的公安队伍。

2004年3月11日，县人大常委会召开主任会议，听取县卫生局局长赵法鲁受县政府委托所作关于《中华人民共和国传染病防治法》贯彻执行情况的汇报。会议建议，切实加强对传染病防治工作的领导，切实加强疾控体系和救治体系建设，进一步加强防疫队伍建设，进一步加强服务工作。

2004年3月30日，县人大常委会召开主任会议，听取县检察院副检察长高贤运受检察长王宜海委托所作《关于直接受理侦查案件实行人民监督员制度的报告》。会议建议，县检察院要把实行人民监督员制度作为一项重要任务，切实加强领导、精心组织、有序实施；要认真组织检察干警学习贯彻上级检察院关于人民监督员制度的规定及会议精神，牢固树立立检为公、司法为民的思想，依法正确行使检查职权。

2004年5月13日，县人大常委会召开主任会议，听取县交通局局长王水利、县公路局局长姜业成受县政府委托分别所作《关于实施农村“双通工程”的情况汇报》《关于公路建设情况的汇报》，听取县政府办公室副主任贾朝凤受县政府委托所作的《关于县十五届人大常委会第十次会议对代表建议、批评和意见办理工作的审议意见贯彻落实情况的报告》。会议建议，进一步搞好宣传发动，提高对公路建设和实施农村“双通工程”工作的认识；进一步加强领导，集中精力、集中时间、集中人力认真抓好各项具体工作的落实；克服困难，尽快落实承诺的各项资金，确保公路建设和“双通工程”的顺利进行；科学规划，统筹解决好有关问题，极争取济梁公路早日开工建设，积极争取220过道梁山段的改建工程、沿黄公路及沿湖公路建设工程尽快立项建设。对重点建议要重点办理，明确目标，细化措施，狠抓落实，一抓到底，抓出成效，特别要加快凤山公园的建设步伐，确保年内全部完成；进一步拓宽筹资渠道，积极筹集体育广场建设资金；尽快兑付蒙馆路占压土地赔偿款，切实保护农民利益。

2004 年 7 月 28 日，县人大常委会召开主任会议，听取县教育局局长王爱民受县政府委托所作《关于全县教育工作情况的汇报》。会议建议，要进一步加深对教育基础地位的认识，坚持依法治教，不断强化各项工作措施，切实解决教育工作中存在的实际问题。

2004 年 8 月 27 日，县人大常委会召开主任会议，听取县卫生局局长赵法鲁受县政府委托所作关于《中华人民共和国食品卫生法》贯彻执行情况的汇报、县质量技术监督局局长崔瑞民受县政府委托所作关于贯彻执行《中华人民共和国产品质量法》工作情况的汇报。会议建议，各级政府及主管部门要切实提高思想认识，动员全社会都来关心食品卫生，建立健全县、乡两级食品卫生监督网络；执法人员做到严格执法、廉洁执法、公正执法，树立执法部门的良好形象。要进一步抓好集中整治，依法规范市场经济秩序；要加大投入，不断完善监测手段；要加强执法队伍建设，强化执法人员的学习培训，不断提高队伍素质，努力提高执法水平；要努力为执法营造一个好的环境，推进质量技术监督工作再上新水平。

2004 年 10 月 15 日，县人大常委会召开主任会议，听取县供电公司经理戚聿君受县政府委托所作《关于全县电网建设改造工作情况的汇报》。会议建议，要进一步加强对电网建设改造工作的领导，广泛深入地宣传安全用电的重要性，加快城区电网改造步伐，确保城区电网改造工作早日完成。

2004 年 12 月 16 日，县人大常委会召开主任会议，听取县科技局局长李文敬受县政府委托所作《关于贯彻执行 < 中华人民共和国科学技术进步法 > 情况的汇报》。会议建议，进一步加大宣传力度，全面提高全社会的科技意识和科技素质；强化创新体系，大力培植和发展高新技术产业；坚持人才兴县战略，进一步加强科技人才队伍建设；拓宽融资渠道，依法加大对科技投入的力度。

2005 年 3 月 17 日，县人大常委会召开主任会议，听取县文化局局长徐新生受县政府委托所作《关于网吧市场治理工作情况的汇报》。会议建议，进一步加大宣传力度，引起全社会的高度重视和齐抓共管；进一步加大监管打击力度，按规定从严从重处罚；进一步加强领导，使网吧市场管理工作走上规范化轨道。

2005 年 4 月 1 日，县人大常委会召开主任会议，听取副县长蒋衍涛代表县政府所作《关于全县林业生产情况的汇报》。会议建议，加大改革力度，进一步激发林业生产活力；多方筹措资金，不断加大对林业的投入；健全技术推广网络，进一步充实技术人员队伍；延展产业化链条，努力提高林业综合效益；加强组织协调，为人民群众生产、生活创造良好的生态环境。

2005 年 4 月 23 日，县人大常委会召开主任会议，听取副县长蒋衍涛代表县政府所作的《关于梁山风景区有关情况的汇报》。会议建议，要认真做好同连五洲集团合作开发梁山景区的善后工作，处理好当前景区建设项目上的半拉子工程问题；加强景区规划和管理，合理开发利用风景名胜资源；坚持招商引资与依法行政的有机结合，加快景区建设步伐；认真研究制定旅游发展措施，尽快恢复风景区管理委员会的机构和职能，推动全县旅游业的健康发展。

2005 年 5 月 12 日，县人大常委会召开主任会议，听取县水利局局长陈丕英受县政府委托所作《关于全县水利工作情况的汇报》。会议建议，进一步增强水利是命脉的意识，高度重视水利建设；坚持严格依法行政，把水利建设和工程管护纳入法治轨道；不断深化水利事业改革，进一步理顺水资源管理体制；努力加大对水利建设的投入，依法强化水费和水资源费的征收，集中用于水利建设。

2005年8月25日，县人大常委会召开主任会议，听取县政府办公室副主任、法制办公室主任赵善品受县政府委托所作关于《中华人民共和国工会法》贯彻情况的汇报、县畜牧局副局长苑全礼受县政府委托所作关于《中华人民共和国动物防疫法》贯彻执行情况的汇报。会议建议，进一步提高对工会工作重要性的认识，依法建立健全工会组织，切实维护广大职工合法权益；充分发挥工会职能作用，支持工会依法开展工作，充分调动广大职工投身经济建设的积极性和主动性；依法拨付工会经费，加强对工会经费使用的监督管理，进一步健全工会经费审查监督机制；认真开展调查研究，不断创新工会工作，推动工会工作的全面发展。动员全社会各级各方面都重视、关心和支持动物防检疫工作；建立健全畜牧兽医工作机构，不断完善工作机制。稳定和充实基层畜牧队伍，努力强化其业务技术技能；完善《梁山县重大动物疫病防治应急预案》，落实好动物疫病防治的领导、组织、物资、资金及有关药品和器械。

2005年10月24日，县人大常委会召开主任会议，听取县司法局局长郑一坤受县政府委托所作《关于全县“四五”普法和依法治理工作情况的汇报》。会议建议，充分认识普法和依法治县工作的长期性、艰巨性，切实加强对普法和依法治理工作的领导；健全和完善执法监督机制，不断提高依法行政水平；抓好重点普法对象的法制宣传教育，推进依法治国方略的实施，创造良好法治环境。

2005年12月21日，县人大常委会召开主任会议，听取县工商行政管理局局长董茂华、质量技术监督局局长李咸和、食品药品监督管理局局长李占强受县政府委托，分别就流通、生产领域及食品药品市场监管情况的汇报。会议建议，坚持严格依法管理，加强对重点行业、重点商品和重点部位的监管；加强队伍建设和基础设施建设，努力提高市场监管能力和水平；加强市场监管工作的协调与配合，推动市场监管工作更有成效地开展。

2006年3月10日，县人大常委会在县卫生局召开主任会议，听取县卫生局局长袁绍信受县政府委托所作关于《全县卫生工作情况的汇报》。会议认为，今年以来，全县卫生工作思路清晰，措施得力，全县卫生工作呈现出新的局面。为进一步促进全县卫生事业的发展，会议建议，加大监管和执法力度，尽快解决医疗单位和医疗市场较为混乱的局面；抓好中心卫生院建设，积极推进乡村卫生服务管理一体化；积极做好新型农村合作医疗试点工作，确保圆满做好市级试点工作，争取进入省级试点。拟定关于新型农村合作医疗试点的具体措施和办法，必要时由县人大常委会依法作出决议，以推动此项工作的顺利开展。

2006年5月18日，县人大常委会召开主任会议，听取县移民办主任李道奎受县政府委托所作《关于湖区移民遗留问题处理项目实施情况的汇报》。会议建议，认真贯彻移民政策，努力落实工作措施；加强调查研究，搞好项目规划；注重工作方法，加强对实施项目的监督管理。

2006年8月24日，县人大常委会召开主任会议，听取县发改局副局长蒋先文、县经贸局副局长王化理、县供销社理事会主任丁廷福受县政府委托分别所作的关于县属国有和集体企业改制工作情况的汇报。会议建议，高度重视，进一步加快改革改制步伐；认真研究，进一步规范运作程序；加强领导，加大协调力度，确保企业改革改制卓有成效。会议强调，县政府及有关部门要积极工作，加强配合，下步要重点抓好梁山热电厂和石棉厂的改制工作，特别是要加快电厂的改制进度，确保冬季供暖的需要。

2006年10月12日，县人大常委会召开主任会议，听取县财政局局长杨奉月、国税局局长何树峰、地税局局长陈兆德受县政府委托分别所作关于财税工作情况的汇报。会议建议，进一步加大工作力度，努力完成和超额完成全年预算任务；强化收入征管，确保经济发展的成果反映到财政增收上来；强化工作措施，善始善终地做好全年的财税工作；进一步加强对财税工作的领导，研究落实兑现各项增收奖励政策，努力增加地方财政收入。

2006 年 10 月 13 日，县人大常委会召开主任会议，听取县公安局局长陈启明受县政府委托所作《关于〈中华人民共和国道路交通安全法〉贯彻执行情况的汇报》。会议建议，进一步加大宣传力度，健全完善道路交通安全标识；进一步加大执法力度，维护道路交通安全有序畅通；进一步加大投入力度，加强基层基础建设，抓好执法队伍建设，提高公安交通管理的现代化程度和执法水平。

2006 年 12 月 26 日，县人大常委会召开主任会议，听取县人事局局长郭继田受县政府委托所作关于《中华人民共和国公务员法》贯彻执行情况的报告。会议建议，要加强对《公务员法》的学习宣传，进一步增强贯彻执行的自觉性，着力提高公务员队伍的整体素质和能力；严格进行公务员登记，完善公务员管理的各项制度，切实保障公务员的合法权益。

县十六届人大常委会主任会议

2008 年 3 月 24 日，县人大常委会召开主任会议，听取县林业局局长赵延奎受县政府委托所作《关于全县林业工作情况的汇报》，并实地察看景区绿化、高速公路绿色长廊、韩岗镇农田林网建设等林业生产现场。会议认为，县政府及林业主管部门认真贯彻落实科学发展观，按照上级关于造林绿化的指示精神，以兴林富民为目标，组织实施林业六大重点工程建设，使全县林业生产取得显著成绩，促进了人与自然和谐及农村经济发展。为促进全县林业生产进一步发展，更好地发挥林业综合效益，会议建议，进一步提高思想认识，把林业生产放到应有位置，做到认识到位，工作到位，措施到位，抓住机遇和有利时节，再掀林业生产新高潮；进一步强化工作措施，坚持以点带面，坚持科技兴林，引进新技术和新成果，发展优质高效的特色产品；要多渠道筹措资金，不断加大对林业的投入，同时要搞好林业招商引资，形成多元化的林业投入机制；要积极推进林业产业化，提高林业综合效益；坚持依法管理，加强林木护管，确保林业生产安全。

2008 年 3 月 24 日，县人大常委会召开主任会议，听取县水产局局长马正栋受县政府委托所作《关于全县水产工作情况的汇报》，并实地察看县淡水养殖试验场等渔业生产现场。会议认为，县政府及水产主管部门认真贯彻落实科学发展观，利用渔业资源优势，扎实开展工作，促进了全县渔业生产健康发展。为进一步促进全县渔业生产发展，会议建议，县和乡镇政府要充分认识发展渔业生产的重要意义，努力发展渔业产业化，培育扶持渔业龙头企业，促使企业建基地、联渔户；大力发展名特优渔业和无公害渔产品的标准化生产，在发展高效渔业上搞突破；利用国家的惠农扶农政策，增加渔业基础设施建设项目，尽快建成二级湖区团头鲂鱼无公害标准化养殖示范基地；要认真实施好渔业法和农产品质量安全法，切实维护生产者和消费者合法权益，确保生产和水产品安全。

2008 年 3 月 27 日，县人大常委会召开主任会议，听取县发改局局长贾朝凤受县政府委托所作《关于梁山县服务业发展情况的汇报》及《关于煤矿建设情况的汇报》，并在会前视察了水泊建材市场、水泊商场小安山直营店、水泊商场物流配送中心等服务业发展情况及煤矿建设情况。会议认为，县政府及其有关职能部门把发展繁荣服务业作为调整产业结构、转变经济增长方式的战略任务，不断创新业态、优化结构、提升档次，推动了服务业的发展。为进一步加快全县服务业发展，会议建议，全县上下要树立强烈的机遇意识和创新意识，把服务业特别是现代服务业发展摆到应有的位置，加大资金投入，提升服务业层次，促进全县服务业的健康快速发展；制定政策和规划，优先发展生产性服务业，大力发展消费性服务业，突出发展旅游业，加快发展农村服务业，努力构建现代服务业新格局；进一步加强对现代服务业发展的组织领导，尽快出台促进全县服务业发展的政策性文件，为加快服务业发展提供政策性保障和支持，确保全县现代服务业又好又快发展。关于煤矿建设，会议建议，县政府及有关乡镇要把煤矿建设摆在振兴梁山、加快发展的战略高度，奋发努力，扎实工作，争取把振兴发展的希望早日变为现实。在煤矿建设具体操作中要始终确保梁山应得的利益和权利，要提供周到细致的服务，要处理好与企业的关系，确保煤矿建设的顺利进行。

2008 年 3 月 28 日，县人大常委会召开主任会议，听取县畜牧局局长陈大林受县政府委托所作《关于全县畜牧工作情况的汇报》，并实地察看六和九利食品有限公司建设工地、灏淼养殖场、新富肉牛养殖场、汉国种羊场、自然养猪法示范园等畜牧生产现场。会议认为，县政府及畜牧主管部门认真贯彻落实科学发展观，努力实施“畜牧兴县富民”战略，全县畜牧生产得到长足发展，畜牧工作处于全市前列，处于全省先进行列。为进一步实施好“畜牧兴县富民”战略，会议建议，进一步提高思想认识，发挥畜牧业具有独特优势，认真落实好畜牧养殖扶持政策，增加县财政对畜牧的资金投入，不断引进推广新技术、新成果，进一步搞好畜牧产业化建设，在上规模、上档次和产业化发展方面有新的突破，把畜牧业尽快做大做强。

2010 年 7 月 8 日，县人大常委会召开主任会议，县人大常委会第一副主任刘振诺主持会议，副主任张恒福、林宪良、郭建华、王才利出席会议。会议研究济宁市人大工作会议 7 月 20 日左右在梁山召开筹备事宜，并听取副主任王才利关于 6 月 29 日济宁市人大会议精神汇报。

2010 年 7 月 26 日，县人大常委会召开主任会议，县人大常委会第一副主任刘振诺主持会议，副主任张恒福、林宪良、郭建华、王才利出席会议。会议听取有关方面工作汇报，研究人大常委会会议议题，包括林权制度改革，专项资金贷款，代表建设、批评和意见，旅游规划，财税视察，新型社区与住房建设，规范性文件等。

2010 年 9 月 25 日，县人大常委会召开主任会议，县人大常委会第一副主任刘振诺主持会议，副主任张恒福、郭建华、王才利出席会议。会议听取安全、老干部旅游、干部查体等项工作汇报。

2010 年 12 月 9 日，县人大常委会召开主任会议，县人大常委会第一副主任刘振诺主持会议，副主任张恒福、林宪良、郭建华、王才利出席会议。会议研究人代会准备工作及会前视察，听取人事代表室主任李梦良关于推荐济宁市先进代表、先进小组情况以及县代表变动情况的汇报。

2011 年 1 月 4 日，县人大常委会召开主任会议，县人大常委会第一副主任刘振诺主持会议，副主任张恒福、林宪良、郭建华、王才利出席会议。会议听取人事代表室主任李梦良关于县优秀代表、先进县代表小组评选情况，济宁市人大代表（县长田卫东）推荐及县代表变动情况（补选县代表 10 人）。会议还就县委考核组到人大年度考核进行安排。

2011 年 2 月 10 日，县人大常委会召开主任会议，县人大常委会第一副主任蒋衍涛主持会议，副主任张恒福、林宪良、郭建华、王才利出席会议。会议传达 2 月 8 日县委常委会精神，主要是安排当前抗旱工作，实行县级领导包乡镇；2011 年“三重”工作，包括重点工程 12 项、重点项目 34 项、重要事项 11 项。

2011 年 2 月 10 日，县人大常委会召开主任会议，县人大常委会第一副主任蒋衍涛主持会议，副主任张恒福、林宪良、郭建华、王才利出席会议。会议通报有关情况：县里成立指挥部，确定重点实施12项重点工程、40个重点项目、10项重要事项；组织部门对县直科级5年、副科8年、乡镇8年、中层5年干部实行交流轮岗，3年内完成全部轮岗。

2011年5月9日，县人大常委会召开主任会议，县人大常委会第一副主任蒋衍涛主持会议，副主任张恒福、林宪良、郭建华、王才利出席会议。会议传达县几大班子联席会、几大班子领导碰头会主要精神，包括省巡视组反馈意见、人大参加研讨会附带招商引资、老干部考察旅游景点等。

2011年5月9日，县人大常委会召开主任会议，县人大常委会第一副主任蒋衍涛主持会议，副主任张恒福、郭建华、王才利出席会议。会议传达济宁市科学发展观会议精神，通报大学生招聘、村两委换届，研究视察议题、驻村工作等。

2011年10月14日，县人大常委会召开主任会议，县人大常委会第一副主任蒋衍涛主持会议，副主任张恒福、郭建华、王才利出席会议。会议传达10月12日县委常委会会议精神，主要是安排筹备党代会、人代会，研究代表选举有关事宜。

2011年11月30日，县人大常委会召开主任会议，县人大常委会第一副主任蒋衍涛主持会议，副主任张恒福、林宪良、郭建华、王才利出席会议。会议明确即将召开的人大常委会议程，包括传达县委常委会会议精神、“一府两院”人员任命、乡镇选委会任命、人大常委会科室人员调整等。

县十七届人大常委会主任会议

2012年1月18日，县人大常委会召开主任会议，县人大常委会第一副主任蒋衍涛主持会议，副主任林宪良、郭建华、王才利、郭继田出席会议。会议根据县委主要领导的意见，确定主任分工：县委书记、县人大常委会主任田卫东主持县人大常委会全面工作，第一副主任蒋衍涛负责县人大常委会日常工作并分管机关财务管理工作，副主任林宪良分管科教文卫方面的工作，副主任郭建华分管农工委、城环委，副主任王才利分管法工委、财工委、信访室，副主任郭继田分管办公室、研究室、人事代表室、老干部科。

2012年2月29日，县人大常委会召开主任会议，县人大常委会第一副主任蒋衍涛主持会议，副主任林宪良、郭建华、王才利、郭继田出席会议。会议传达县委常委会精神，通过县人大常委会2012年工作要点，研究新一届人大常委会第一次会议事宜。

2012年3月6日，县人大常委会召开主任会议，县人大常委会第一副主任蒋衍涛主持会议，副主任林宪良、郭建华、王才利、郭继田出席会议。会议听取县委组织部常务副部长王文成介绍县委提名的县政府组成部门25名局长、县人大机关委室有关人员和法检工作人员情况。

2012年4月24日，县人大常委会召开主任会议，县人大常委会第一副主任蒋衍涛主持会议，副主任林宪良、郭建华、王才利、郭继田出席会议。会议听取李梦良关于全市人事工作座谈会会议情况汇报，安排人大常委会会议召开事宜和振兴工业经济人民奖章的颁发等事项。

2012年6月26日，县人大常委会召开主任会议，县人大常委会第一副主任蒋衍涛主持会议，副主任林宪良、郭建华、王才利、郭继田出席会议。会议研究确定6月27日人大常委会议题，包括听取审计和财政工作汇报、任命县法院人民陪审员、通过人大常委会议事规则及机关工作人员守则。

2012年9月19日，县人大常委会召开主任会议，县人大常委会第一副主任蒋衍涛主持会议，副主任林宪良、郭建华、王才利、郭继田出席会议。会议通报县委常委会会议精神，安排全市人大系统干部职工秋季运动会、中秋节慰问老干部等事宜。

2012年11月19日，县人大常委会召开主任会议，县人大常委会第一副主任蒋衍涛主持会议，副主任郭建华、王才利、郭继田出席会议。会议传达上周五县委常委会会议精神，县委书记田卫东不再兼任党组书记，由蒋衍涛任党组书记。县委常委会还确定启动公务员小区建设（户型面积分别为100、120、150、180平方米），并陆续启动教育小区、卫生小区等居民小区建设。

2012年12月28日，县人大常委会召开主任会议，县人大常委会第一副主任蒋衍涛主持会议，副主任郭建华、王才利、郭继田出席会议。会议传达县委常委会关于人代会安排、干部调整、机关工作人员工资调整等主要精神，研究县人大代表补选事宜。

2013年2月25日，县人大常委会召开主任会议，县人大常委会第一副主任蒋衍涛主持会议，副主任林宪良、郭建华、王才利、郭继田出席会议。会议研究2013年人大常委会工作要点和开展“双联”工作的实施意见，通报人大机关2012年财务支出情况，安排2月26日召开十七届人大常委会第九次会议。

2013年3月19日，县人大常委会召开主任会议，县人大常委会第一副主任蒋衍涛主持会议，副主任王才利、郭继田出席会议。会议通报最近县委常委会精神，包括新城区建设、政务中心启动及政务中心与公务员小区一起建，老城区凤凰山周围拆迁（2000多户、10000多人），先拆广场安置区。

2013年11月18日，县人大常委会召开主任会议，县人大常委会第一副主任蒋衍涛主持会议，副主任林宪良、郭建华、王才利、郭继田出席会议。会议安排下月会前视察活动，通报2014年省市县人代会召开时间（省人代会1月15—20日、市人代会1月10—12日、县1月4—5日）及县级干部变动情况。

2014年2月13日，县人大常委会召开主任会议，县人大常委会第一副主任蒋衍涛主持会议，副主任林宪良、郭建华、王才利、郭继田出席会议。会议研究制定本年度常委会工作要点。

2014年3月5日，县人大常委会召开主任会议，县人大常委会第一副主任蒋衍涛主持会议，副主任林宪良、郭建华、王才利、郭继田出席会议。会议传达县委清理领导干部在企业兼职的问题，对瞒报、漏报的一律严肃处理；济宁市委书记马平昌到梁山就有关问题提出要求，迟到早退、公车私用的一经发现，一律严肃处理。

2014年3月19日，县人大常委会召开主任、党组会议，县人大常委会第一副主任蒋衍涛主持会议，副主任郭建华、王才利、郭继田出席会议。会议研究人大机关群众路线教育实践活动，并成立由蒋衍涛任组长的领导小组，召开动员会。

2014年3月24日，县人大常委会召开主任会议，县人大常委会第一副主任蒋衍涛主持会议，副主任林宪良、郭建华、王才利、郭继田出席会议。会议传达县委驻村工作会议精神，由人大常委会机关林强为驻韩垓镇工作队队长、并挂职韩垓镇党委副书记；会议安排群众路线教育参观独山战役纪念馆、本月3次专题视察工作，包括社会抚养费使用情况、水法贯彻执行情况、绿色梁山建设情况，同时安排31日召开人大常委会，进行人事任免。

2014年6月4日，县人大常委会召开主任、党组联席会议，县人大常委会第一副主任蒋衍涛主持会议，副主任郭建华、王才利、郭继田出席会议。会议传达群众路线教育实践活动的有关精神，研究本月人大常委会议题，主要是财政预决算、城区交通秩序整治等。

2014年7月25日，县人大常委会召开主任会议，县人大常委会第一副主任蒋衍涛主持会议，副主任林宪良、郭建华、王才利、郭继田出席会议。会议通报活动办开展教育实践活动有关情况，安排下周视察学习活动事宜。

2014年9月4日，县人大常委会召开主任会议，县人大常委会第一副主任蒋衍涛主持会议，副主任林宪良、郭建华、王才利、郭继田出席会议。会议根据上级有关要求，确定从即日起公务接待实行登记制，公车出行实行派发单制。

2014年11月3日，县人大常委会召开主任会议，县人大常委会第一副主任蒋衍涛主持会议，副主任林宪良、郭建华、王才利、郭继田出席会议。会议通报县委常委会会议精神，安排视察美丽乡村建设的有关事宜等。

2014年12月2日，县人大常委会召开主任会议，县人大常委会第一副主任蒋衍涛主持会议，副主任林宪良、郭建华、王才利、郭继田出席会议。会议研究制度建设问题，包括提交县人大常委会重点事项审议意见督办、视察调研、执法检查活动实施办法等。

2014年12月26日，县人大常委会召开主任会议，县人大常委会第一副主任蒋衍涛主持会议，副主任林宪良、郭建华、王才利、郭继田出席会议。会议听取研究代表变动情况，拟定人代会代表团组建和大会副秘书长，安排12月31日召开人大常委会会议。

2014年12月31日，县人大常委会召开主任会议，县人大常委会第一副主任蒋衍涛主持会议，副主任林宪良、郭建华、王才利、郭继田出席会议。会议传达县委常委会会议精神，包括人事任免、人大工作和筹备人代会有关情况。

县十八届人大常委会主任会议

2017年2月13日，县十八届人大常委会召开主任会议，县人大常委会主任秦延信主持会议并讲话，副主任王才利、郭继田、崔根博、王文成出席会议，机关各委室负责人列席会议。传达学习全县三级干部大会、县纪委十四届二次全会会议精神，通报县委常委会干部任免情况，明确县人大常委会主任、副主任分工，讨论县人大常委会2017年工作要点，听取县十八届人大常委会第一次会议筹备情况汇报。

2017年3月23日，县十八届人大常委会召开主任会议，县人大常委会主任秦延信主持会议并讲话，副主任王才利、郭继田、崔根博、王文成出席会议，研究确定召开县十八届人大常委会第一次会议，并听取县委组织部副部长王道岭关于拟提请县十八届人大常委会第一次会议任命的国家机关工作人员情况的汇报；研究确定拟提请县十八届人大常委会第一次会议审议表决的《关于提请任免县人大常委会机关工作人员职务的议案》《关于通过县第十八届人大常委会代表资格审查委员会组成人员的决定》；会议还听取县政府党组成员、办公室主任孔庆金所作3项PPP项目和4项融资方案的报告，并确定提请县十八届人大常委会第一次会议审议表决；会议讨论拟提请县十八届人大常委会第一次会议审议表决的《梁山县人大常委会2017年工作要点》。

2017年5月6日，县十八届人大常委会召开主任会议，县人大常委会主任秦延信主持会议并讲话，副主任王才利、崔根博、王文成出席会议，听取人大系统人员外出学习筹备组织情况的汇报；听取县人大常委会各位副主任通报近期分管工作情况。

2017年5月19日，县十八届人大常委会召开主任会议，县人大常委会主任秦延信主持会议并讲话，副主任王才利、郭继田、崔根博、王文成出席会议，研究确定召开县十八届人大常委会第二次会议，并确定会议议程；会议还听取县政府关于建设梁山县棚户区改造（惠馨苑小区）项目议案的汇报，并确定提请县十八届人大常委会第二次会议审议表决。

2017年6月2日，县十八届人大常委会召开主任会议，县人大常委会主任秦延信主持会议并讲话，副主任王才利、郭继田、崔根博、王文成出席会议，研究确定召开县十八届人大常委会第三次会议，并确定会议议程；讨论拟提交县十八届人大常委会第三次会议审议表决的《梁山县人民代表大会常务委员会人事任免办法（修订稿）》、《梁山县人民代表大会常务委员会预算审查监督办法》；会议还听取县人大常委会有关委室《关于加强“双联”工作充分发挥代表作用的意见》情况的汇报、相关委室外出学习筹备方案、制订《关于推进机关“两学一做”学习教育常态化制度化实施方案》工作情况汇报、《中华人民共和国道路交通安全法》执法检查和《关于加快突破小城镇发展的议案》《关于农村移风易俗的议案》专题视察筹备情况汇报。

2017 年 7 月 10 日，县十八届人大常委会召开主任会议，县人大常委会主任秦延信主持会议并讲话，副主任王才利、郭继田、崔根博出席会议，会议听取县人大常委会有关委室关于金融支持地方经济发展专题视察筹备情况的汇报、全县农田水利工程建设情况专题视察筹备情况的汇报、解决教育“大班额”工作专题视察筹备情况的汇报、改善城区环境工作专题询问筹备情况的汇报。

2017 年 8 月 14 日，县十八届人大常委会召开主任会议，县人大常委会主任秦延信主持会议并讲话，副主任王才利、郭继田、崔根博、王文成出席会议，会议听取县人大常委会有关委室关于 2017 年上半年国民经济和社会发展计划执行和财政预算执行情况会前视察筹备情况的汇报、县检察院侦查监督工作会前视察筹备情况的汇报、改善城区环境卫生专题询问筹备情况的汇报。

2017 年 8 月 27 日，县十八届人大常委会召开主任会议，县人大常委会主任秦延信主持会议并讲话，副主任王才利、郭继田、崔根博、王文成出席会议，研究确定召开县十八届人大常委会第五次会议，并确定会议议程；听取有关方面关于拟提请县十八届人大常委会第五次会议任免的审判人员、人民陪审员的情况汇报，改善城区环境卫生专题询问筹备情况的汇报。

2017 年 9 月 20 日，县十八届人大常委会召开主任会议，县人大常委会主任秦延信主持会议并讲话，副主任王才利、郭继田、崔根博、王文成出席会议，研究确定召开县十八届人大常委会第六次会议暨改善城区环境卫生工作专题询问会议，并确定会议议程。会议听取全市人大预算审查监督座谈会会议精神的汇报。

2017 年 10 月 27 日，县十八届人大常委会召开主任会议，县人大常委会副主任王才利主持会议并讲话，副主任郭继田、崔根博、王文成出席会议，研究确定召开县十八届人大常委会第七次会议，并确定会议议程；会议听取县人大常委会有关委室关于县人大常委会会前视察筹备情况和 11 月份活动安排情况的汇报、省级食品安全县创建专题询问筹备情况的汇报。

2017 年 11 月 1 日，县十八届人大常委会召开主任会议，县人大常委会主任秦延信主持会议并讲话，副主任王才利、郭继田、崔根博、王文成出席会议，听取县委组织部副部长王道岭关于拟提请县十八届人大常委会第七次会议任免国家机关工作人员情况的汇报，并听取县政府关于拟任命人员有关情况的汇报。

2017 年 11 月 27 日，县十八届人大常委会召开主任会议，县人大常委会主任秦延信主持会议并讲话，副主任王才利、郭继田、崔根博、王文成出席会议，听取县人大常委会有关委室关于议案办理工作分组视察的情况汇报、县十八届人大二次会议筹备分工情况汇报、机关财务情况汇报，会议还传达县委第 26 次书记办公会意见。

2017 年 12 月 26 日，县十八届人大常委会召开主任会议，县人大常委会主任秦延信主持会议并讲话，副主任王才利、郭继田、崔根博、王文成出席会议，研究确定召开县十八届人大常委会第九次会议，并确定会议议程；会议听取县检察院关于拟免职人员情况的汇报、县政府办公室关于县十八届人大一次会议以来代表议案、建议办理情况的汇报，会议听取县人大常委会有关委室关于召开梁山县第十八届人民代表大会第二次会议决定的汇报、关于县十八届人大二次会议筹备工作情况的汇报、关于代表资格审查情况的汇报、县十八届人大二次会议主席团和秘书长建议名单的汇报、县十八届人大二次会议列席人员名单的汇报，有关部门龟山河综合治理（三期）PPP项目有关情况的汇报。

2018年1月11日，县十八届人大常委会召开主任会议，县人大常委会主任秦延信主持会议并讲话，副主任王才利、郭继田、崔根博、王文成出席会议，研究确定召开县十八届人大常委会第十次会议，并确定会议议程；会议听取县委组织部副部长王道岭关于拟提请县十八届人大常委会第十次会议任免的国家机关工作人员情况的汇报。

2018年4月28日，县十八届人大常委会召开主任会议，县人大常委会主任秦延信主持会议并讲话，副主任王才利、郭继田、崔根博、王文成出席会议，研究确定召开县十八届人大常委会第十一次会议，并确定会议议程。会议听取县人大常委会有关委室关于《预算审查监督专家咨询委员会管理暂行办法》的汇报、《规范性文件备案审查办法》的汇报、《关于进一步加强对乡镇街区人大工作指导意见》的汇报、全县教育工作调研情况汇报、县法院和县检察院拟免职人员情况汇报，会议书面印发县人大常委会2018年度工作要点。

2018年5月23日，县十八届人大常委会召开主任会议，县人大常委会主任秦延信主持会议并讲话，副主任王才利、郭继田、崔根博、王文成出席会议，听取县人大常委会有关委室关于《中华人民共和国城乡规划法》执法检查筹备情况的汇报、打击防范电信网络诈骗新型犯罪专题视察筹备情况的汇报、县人大预算联网监督中心建设准备情况的汇报、对标学习武进工作情况的汇报，会议还传达市人大预算联网监督培训讲座和财经预算工作座谈会会议精神。

2018年6月19日，县十八届人大常委会召开主任会议，县人大常委会主任秦延信主持会议并讲话，副主任王才利、郭继田、崔根博、王文成出席会议，听取县人大常委会有关委室关于2017年财政决算审查和预算执行及其他财政收支审计情况调研方案的汇报、《中华人民共和国城乡规划法》分组调研方案的汇报、2018年度工作评议实施方案的汇报。其后，召开县人大常委会党组扩大会议，听取离退休干部党支部换届工作情况汇报。会上，县人大常委会党组书记、主任秦延信强调机关作风建设等工作。

2018年8月1日，县十八届人大常委会召开主任会议，县人大常委会主任秦延信主持会议并讲话，副主任郭继田、崔根博、王文成出席会议，听取县人大常委会有关委室关于2018年度工作评议实施方案的汇报、城乡公交一体化开展专题询问筹备情况汇报、2018年上半年国民经济和社会发展计划执行情况和财政预算执行情况会前调研筹备情况的汇报。

2018年9月13日，县十八届人大常委会召开主任会议，县人大常委会主任秦延信主持会议并讲话，副主任王才利、郭继田、崔根博、王文成出席会议，听取县人大常委会有关委室关于济宁市人大代表梁传友有关情况的汇报。

2018年9月28日，县十八届人大常委会召开主任会议，县人大常委会主任秦延信主持会议并讲话，副主任郭继田、崔根博、王文成出席会议，听取县人大常委会有关委室关于工作评议进展情况的汇报、《中华人民共和国产品质量法》执法检查活动筹备情况汇报、文化工作专题视察筹备情况汇报、预算联网监督中心设施设备采购情况的汇报。

2018年10月10日，县十八届人大常委会召开主任会议，县人大常委会主任秦延信主持会议并讲话，副主任王才利、郭继田、崔根博、王文成出席会议，听取县人大常委会有关委室工作评议、乡镇街区人大座谈会和“双联”工作情况汇报、新城区办公场所筹备情况汇报，并安排搬迁事宜。

2018 年 10 月 25 日，县十八届人大常委会召开主任会议，县人大常委会主任秦延信主持会议并讲话，副主任王才利、郭继田、崔根博、王文成出席会议，听取县人大常委会有关委室关于新旧动能转换调研方案汇报、人事任免事项汇报、办公室当前几项工作汇报。

2018 年 11 月 19 日，县十八届人大常委会召开主任会议，县人大常委会副主任郭继田主持会议并讲话，副主任崔根博、王文成出席会议，听取县人大常委会有关委室关于各评议工作组工作开展和意见建议征求情况的汇报、国土资源管理专题视察筹备情况的汇报、县法院家事审判方式和运行机制与县检察院民事行政公益诉讼专题视察筹备情况的汇报、县政府为民办实事和代表议案建议办理情况专题视察筹备情况的汇报。

2018 年 11 月 30 日，县十八届人大常委会召开主任会议，县人大常委会主任秦延信主持会议并讲话，副主任王才利、郭继田、王文成出席会议，听取县委组织部人事任免事项有关情况的汇报。

2018 年 12 月 4 日，县十八届人大常委会召开主任会议，县人大常委会主任秦延信主持会议并讲话，副主任王才利、郭继田、王文成出席会议，听取县人大常委会各委室年前应落实工作的汇报、工作评议征求部门存在问题和意见建议情况的汇报。

2018 年 12 月 30 日，县十八届人大常委会召开主任会议，县人大常委会主任秦延信主持会议并讲话，副主任王才利、郭继田、崔根博、王文成出席会议，听取县人大常委会有关委室县十八届人大常委会第二十次会议筹备情况的汇报，会议讨论县人大常委会工作报告。

2019 年 1 月 13 日，县十八届人大常委会召开主任会议，县人大常委会主任秦延信主持会议并讲话，副主任王才利、郭继田、崔根博、王文成出席会议，研究确定召开县十八届人大常委会第二十一次会议，并确定会议议程；会议听取补选市人大代表有关情况的汇报

2019 年 3 月 27 日，县十八届人大常委会召开主任会议，县人大常委会主任秦延信主持会议，副主任王才利、郭继田、崔根博、王文成出席会议。研究确定召开县十八届人大常委会第二十二次会议，并确定会议议程；会议听取县人大常委会有关委室关于拟提请县十八届人大常委会第二十二次会议任免人员情况的汇报、拟提请县十八届人大常委会第二十二次会议通过的县人大常委会 2019 年工作要点草案、关于《中华人民共和国大气污染防治法》《山东省大气污染防治条例》《济宁市大气污染防治条例》执法检查筹备情况的汇报。

2019 年 8 月 13 日，县十八届人大常委会召开主任会议，县人大常委会主任秦延信主持会议并讲话，副主任王才利、郭继田、崔根博、王文成出席会议，研究确定召开县十八届人大常委会第二十四次会议，并确定会议议程；会议听取县人大常委会有关委室关于拟提请县十八届人大常委会第二十四次会议表决的免职议案和接受褚若民辞去代表职务请求的决定草案、县政府关于提请县人大常委会批准稀土合金项目投资合同的议案。

2019 年 10 月 3 日，县十八届人大常委会召开主任会议，县人大常委会主任秦延信主持会议并讲话，副主任王才利、郭继田、崔根博、王文成出席会议，研究确定召开县十八届人大常委会第二十五次会议，并确定会议议程；会议听取县人大常委会有关委室关于拟提请县十八届人大常委会第二十五会议表决的任职议案。

2019 年 10 月 14 日，县十八届人大常委会召开主任会议，县人大常委会主任秦延信主持会议并讲话，副主任王才利、郭继田、崔根

博、王文成出席会议，研究确定召开县十八届人大常委会第二十六次会议，并确定会议议程；听取县人大常委会有关委室关于拟提请县十八届人大常委会第二十六次会议表决的《关于县十八届人大三次会议筹备工作情况的报告》、拟提请县十八届人大常委会第二十六次会议表决的《关于召开梁山县第十八届人民代表大会第三次会议的决定》草案、拟提请县十八届人大常委会第二十六次会议审议的县十八届人大三次会议主席团和秘书长名单草案、拟提请县十八届人大常委会第二十六次会议表决的县十八届人大三次会议列席人员建议名单、关于部分代表辞去代表职务、补选代表情况和县人大常委会代表资格审查委员会《关于部分代表的代表资格的审查报告》。

2019 年 11 月 25 日，县十八届人大常委会召开党组、主任联席会议，县人大常委会主任秦延信主持会议并讲话，副主任王才利、郭继田、崔根博、王文成出席会议，研究确定召开县十八届人大常委会第二十七次会议，并确定会议议程；听取有关方面拟提请县人大常委会任免的县人大有关专门委员会组成人员、县政府组成人员、县监察委员会委员等国家机关工作人员的情况汇报。

2020 年 1 月 6 日，县十八届人大常委会召开党组、主任联席会议，县人大常委会主任秦延信主持会议并讲话，副主任王才利、郭继田、崔根博、王文成出席会议，听取拟提请县十八届人大常委会第三十次会议任免国家机关工作人员的情况汇报及会议表决接受辞去县人大有关专门委员会主任委员、县法院院长和县检察院检察长职务和拟提请任命县法院副院长、代理院长和县检察院副检察长、代理检察长等情况汇报，会议确定召开县十八届人大常委会第三十次会议，并提出会议建议议程。会议还听取县政府拟提请县十八届人大常委会第三十次会议审议的关于县十八届人大三次会议上代表提出的议案、建议办理情况的报告、关于民生实事项目情况的说明，还听取代表资格变动情况和县十八届人大四次会议各项建议名单的汇报。

2020 年 3 月 30 日，县十八届人大常委会召开党组、主任联席会议，县人大常委会主任秦延信主持会议，副主任崔根博、王文成、高兴武出席会议。会议学习习近平总书记关于新冠肺炎疫情防控与经济社会发展系列重要讲话和在决战决胜脱贫攻坚座谈会上的讲话，研究县人大常委会领导人员工作分工，听取拟召开县十八届人大常委会第三十一次会议各项议程准备情况的汇报、听取县人大常委会近期拟开展各项专题包括全县教育服务产业发展、全县畜牧产业发展、全县应急工作等视察筹备情况汇报，听取拟提交人大常委会通过的县人大常委会 2020 年工作要点（草案）、县政府关于 2018 年度审计查出问题整改情况、人事任免事项等方面汇报。

2020 年 5 月 11 日，县十八届人大常委会召开党组、主任联席会议，县人大常委会主任秦延信主持会议，副主任崔根博、王文成、高兴武出席会议。会议听取拟提交县人大常委会审议的县人大常委会关于县政府 2018 年度县本级预算执行和其他财政收支审计查出问题整改情况报告的审查意见（草案）、县人大常委会 2020 年度对县政府部门及驻梁垂直管理单位进行工作评议的实施方案（草案）和县人大常委会关于开展员额法官和员额检察官履职评议工作的实施方案（草案）、县法院现代化诉讼服务体系建设工作情况的报告和进行满意度测评的准备情况、人事任免事项等，会议确定召开县十八届人大常委会第三十二次会议，并提出会议议程和日程(草案)。会议还听取关于深化“双联”工作的意见。

2020 年 6 月 4 日，县十八届人大常委会召开党组、主任联席会议，县人大常委会主任秦延信主持会议，副主任王才利、崔根博、王文成、高兴武出席会议。会议学习习近平总书记在决战决胜脱贫攻坚座谈会上的讲和关于国家安全观重要论述，研究县人大常委会机关机构和干部队伍建设问题。

2020年6月18日，县十八届人大常委会召开党组、主任联席会议，县人大常委会主任秦延信主持会议，副主任王才利、崔根博、王文成、高兴武出席会议。会议学习全国两会精神，听取县十八届人民代表大会第四次会议大额支出情况的汇报，县人大志编撰进展情况的汇报，研究县人大常委会办公室工作人员分工及《关于无固定收入的县人大代表在履行代表职务时误工补贴的有关规定》等。

2020年7月31日，县十八届人大常委会召开党组、主任联席会议，县人大常委会主任秦延信主持会议，副主任王才利、崔根博、王文成、高兴武出席会议。会议听取关于县十八届人大常委会第三十四次会议筹备情况汇报，确定召开县十八届人大常委会第三十四次会议。会议还听取崔悦亮、梁传友申请辞去市人大代表职务的汇报。

2020年8月11日，县十八届人大常委会召开党组、主任联席会议，县人大常委会主任秦延信主持会议，副主任崔根博、王文成、高兴武出席会议。会议学习习近平在中央政治局第二十一次集体学习时的讲话，学习中共梁山县委十四届九次全会精神，听取县人大常委会机关2019年度综合考核奖金分配方案（草案）的汇报，会议确定召开县十八届人大常委会第三十五次会议，并提出会议建议议程，会议还听取对城乡物业管理工作进行专题询问筹备情况的汇报。

2020年9月24日，县十八届人大常委会召开党组、主任联席会议，县人大常委会主任秦延信主持会议，副主任王才利、崔根博、王文成、高兴武出席会议。会议听取拟提交县人大常委会会议审议的县人大财政经济委员会关于2020年上半年国民经济和社会发展计划执行情况的审查结果报告（草案）、县政府关于2020年县级预算调整方案的议案（草案）、县人大财政经济委员会关于2020年上半年财政预算执行情况的审查结果报告（草案）和2020年县级预算调整方案的审查结果报告（草案）、县人大城乡建设与环境资源保护委员会关于水污染防治“一法一条例”的执法检查报告和进行满意度测评的准备情况、人事任免事项等方面的汇报，确定召开县十八届人大常委会第三十六次会议，并拟定会议议程和日程。

2020年12月3日，县十八届人大常委会召开主任会议，县人大常委会主任秦延信主持会议，副主任王才利、崔根博、王文成、高兴武出席会议。会议听取拟提交县人大常委会会议审议的关于平安梁山建设工作调研报告及满意度测评准备情况、关于刑事执行检察工作的调研报告及满意度测评准备情况、关于“四好”公路建设的调研报告及满意度测评准备情况、人事任免事项的汇报，确定召开县十八届人大常委会第三十七次会议，并拟定会议议程和日程。

2021年1月12日，县十八届人大常委会召开主任会议，县人大常委会主任秦延信主持会议，副主任王才利、崔根博、王文成、高兴武出席会议。会议确定召开县十八届人大常委会第三十八次会议，提出会议议程和日程（草案），听取拟提交常委会会议审议的关于接受孔峰峰等4位代表辞去梁山县第十八届人大代表职务请求的决定，听取县人大常委会工作报告（讨论稿）的起草说明。

2021年1月19日，县十八届人大常委会召开主任会议，县人大常委会主任秦延信主持会议，副主任王才利、崔根博、王文成、高兴武出席会议。会议确定召开第三十九次常委会会议，并通过第三十九次常委会会议议程草案和日程草案；听取个别市代表的辞呈。

2021 年 2 月 1 日，县十八届人大常委会召开主任会议，县人大常委会主任秦延信主持会议，副主任王才利、崔根博、王文成、高兴武出席会议。会议确定召开第四十次常委会会议，听取拟提交常委会会议审议的县人大常委会代表资格审查委员会关于代表资格的审查报告，听取拟提交常委会会议审议的县十八届人民代表大会第五次会议筹备工作情况的报告，听取拟提交常委会会议审议通过的县十八届人民代表大会第五次会议主席团、秘书长名单（草案）和列席人员建议名单，听取拟提交常委会会议审议的县政府 2021 年民生实事项目情况的说明，听取审议县政府关于县国民经济和社会发展第十四个五年规划和 2035 年远景目标纲要（草案）的情况说明，通过人事任免事项。

2021 年 3 月 17 日，县十八届人大常委会召开主任会议，县人大常委会主任秦延信主持会议，副主任高兴武、曹景全出席会议。会议确定召开第四十一次常委会会议，听取拟提交本次常委会会议审议的关于县人大常委会 2021 年工作要点（草案）的说明，听取拟提交本次常委会会议审议的县公安局关于个别代表涉嫌犯罪情况的报告，听取拟提交本次常委会会议审议的关于提请变更县人大常委会工作机构名称的议案，通过人事任免事项。

梁山县人大志

LIANGSHANXIAN RENDAZHI

第六章　决定决议

县人大常委会决定主要是依据其职权对县内重要事项、重大活动等做出决策和安排，由县人大常委会组成人员表决通过。县人大常务委员会作出的决定，县政府、县法院、县检察院及有关部门要认真执行，并将执行情况报告县人大常委会。

县人大常委会决议主要是通过会议对“一府两院”相关工作报告等重要事项、重大活动等作出决议，由县人大常委会会议审议通过。县人大常务委员会作出的决议，县政府、县法院、县检察院及有关部门要认真贯彻落实，对重大事项的贯彻落实情况，要书面报告县人大常委会，并由县人大常委会加强对执行决议的督促检查。

第一节 决定

九届人大常委会决定

关于县乡人民代表大会选举问题的决定 1984年2月16日，梁山县第九届人民代表大会常务委员会第二十次会议，通过《关于县乡（镇）人民代表大会选举问题的决定》。决定指出，全县改社建乡工作基本结束，县、乡（镇）人民代表大会的换届选举任务非常急迫，适时搞好选举工作，是全县人民政治生活中的一件大事。对于发扬社会主义民主，加强社会主义法制，促进社会主义现代化建设具有重要的现实意义。根据山东省第六届人民代表大会常务委员会第五次会议通过的《关于山东省县级以下人民代表大会选举实施细则的决定》和菏泽地委的要求，梁山县县、乡（镇）两级人民代表大会的换届选举，到5月1日前完成。据此决定：

县、乡（镇）两级人民代表大会的换届选举工作，包括换届后召开一次人民代表大会，均要在1984年5月1日以前完成。召开乡、镇人民代表大会的届数，均按乡镇驻地原属公社、镇的届数顺延，其下一届的任期，均从1984年算起。

为节省时间、节约经费，县、乡（镇）两级人民代表大会换届选举结合在一起进行，以便领导集中时间抓好选举工作。县乡都要加强领导，列入议事日程，认真解决选举工作中的问题。要依法设立选举委员会，主持本级人民代表大会的选举工作，并抽调得力干部设立选举工作办公室，办理选举的具体事务。

在推荐代表候选人时，要按照法律规定，自始至终充分发扬民主，反复讨论，民主协商，并认真向选民介绍候选人的情况，选出人民真正拥戴的代表。

在县、乡（镇）两级人民代表大会选举过程中，要认真贯彻执行有关法律规定，严格按照法律程序办事。要按照革命化、年轻化、知识化、专业化的要求，选好县、乡（镇）两级领导班子，搞好政权建设，以适应社会主义现代化建设的需要。

关于召开第十届人民代表大会第一次会议的决定 1984年5月7日，梁山县第九届人民代表大会常务委员会第二十三次会议研究决定：梁山县第十届人民代表大会第一次会议，定于1984年5月14日召开。

十届人大常委会决定

关于同意魏昌启辞去县长职务的决定 1986年4月10日，梁山县第十届人民代表大会常务委员会第十四次会议，根据县长魏昌启请求，决定同意魏昌启辞去梁山县人民政府县长职务。

关于县人民代表大会代表资格审查委员会改为本级人大常委会直接领导下的常设机构的决定 1986年11月15日，鉴于代表资格审查工作均在人民代表大会召开前进行，根据山东省人大常委会关于县级以上人民代表大会的代表资格审查委员会改为本级人大常委会直接领导下的常设机构的规定，梁山县第十届人大常委会第十九次会议决定，将县十届人民代表大会代表资格审查委员会改为县人大常委会直接领导下的常设机构。县人大常委会资格审查委员会负责下届代表大会代表资格的审查工作。代表资格审查委员会由5人组成，李厚昌为主任委员，李进民为副主任委员，李庆水、叶锦东、蒋典营为委员。

十一届人大常委会决定

关于调整县人大常委会办事机构的决定 1987年9月23日，梁山县十一届人大常委会第四次会议，根据有关法律规定和中共菏泽地委关于进一步加强人大工作建设的通知精神，决定调整完善县人大常委会办事机构：代表联络科改为代表组织科，政法组织科改为法制科；设立财经科、文教科，撤销调查研究科。

关于民事检察试点试行办法的决定 1988年12月19日，梁山县十一届人大常委会第十二次会议，经过认真审议，同意开展民事检察试点工作，决定通过《梁山县民事检察试行办法》。会议认为，人民检察院依法实行民事检察，对于完善法律监督机关职能，保证国家法律统一、正确的实施，确保公民与法人的合法权益更好地为治理环境、整顿秩序、全面深化改革服务，促进改革和建设的顺利进行，具有重要的意义。会议要求，县人民检察院，要从健全社会主义法制的高度，充分认识民事检察工作的重要性，切实抓紧抓好民事检察试点工作；一定要相互配合，互相支持，各自独立行使职权，严格依法办事，不断总结经验，共同把民事检察试点工作搞好。

关于设立梁山县人大常委会农业科的决定 1988年12月19日，根据有关法律规定和工作需要，梁山县十一届人大常委会第十二次会议决定，设立梁山县人大常委会农业科。

关于增加县十一届人民代表大会代表名额的决定 1989年2月25日，梁山县十一届人大常委会第十三次会议，根据《山东省县乡两级人民代表大会选举实施细则》等有关规定和工作需要，决定增加县十一届人民代表大会代表名额2人。增选后的县十一届人民代表大会名额由270人增加到272人。

关于国家机关及其工作人员为政清廉的决定 1989年2月25日，梁山县十一届人大常委会第十三次会议，通过《关于国家机关及其工作人员为政清廉的决定》（以下简称决定），决定指出，在党委的领导下，全县各级国家机关廉洁勤政；绝大多数工作人员奉公守法、清正廉洁。但必须清醒地看到，在改革开放、搞活经济的条件下，全县各级国家机关中确有少数人员，经不起考验，行贿受贿，利用公款请客送礼，大吃大喝，铺张浪费，贪污腐化，徇私舞弊。这些腐败行为虽发生在少数人身上，但它玷污了国家机关在人民群众中的形象；败坏了党在长期革命斗争中形成的全心全意为人民服务、艰苦奋斗、廉洁奉公的传统；损害了国家和群众的利益，早已为广大人民群众深恶痛绝。为贯彻落实中央书记处关于加强廉政建设的意见和省委“坚持党的宗旨、廉洁从政”现场会议精神，以及县委的十条规定，特此决定：

国家机关应是清正廉洁、务实高效、秉公执法、为人民排忧的办事机构；国家机关工作人员应是人民的公仆，全心全意为人民服务是应尽的义务和责任，绝没有以权谋私，损害人民利益的特权。因此，在廉政建设中，要率先垂范，坚持原则，克己奉公，忠于职守，秉公执法，牢固树立全心全意为人民服务的思想。

国家机关工作人员在公务业务及其他活动中，要严格按照中央和国务院的有关规定办事，忠于职守，严守纪律，不准利用职权或工作之便以任何理由收受他人礼物，不准索要或变相索要下属单位、业务单位及个人的物品，不准以任何理由或方式用公款向上级单位或个人送礼；到基层指导工作、联系业务、执行任务、办理案件不受贿、不吃请，确因工作需要就餐时，一律吃便饭，不准喝酒和饮料，并按规定付费；上级机关或兄弟单位因公来梁山，要热情接待、周到服务，但不准宴请、摆烟、酒、饮料、水果等，各种会议要从简，一律不准赠送礼品和纪念品，不准违背规定增加开支；凡在外地参加会议和公务、业务活动，接受的礼品、纪念品，一律按有关规定处理；秉公执法，为政清廉，不准利用职权或工作之便，谋取私利，更不准贪污受贿、徇私舞弊；实行政务公开，凡应当和能够公开的事，都要以适当形式及时公布于众，接受社会监督。

国家机关及其工作人员保持廉洁、反对腐败，必须综合运用法律、行政、制度、纪律、教育的手段，坚持党的宗旨教育和建立制度相结合、领导机关和领导干部垂范与依靠群众监督相结合、抓廉洁从政与治理整顿相结合、自我约束与严肃查处相结合。全县权力机关、行政机关、审判机关、检察机关等各级国家机关，要根据本单位的实际，建立好政务公开制度、检查监督制度、群众举报制度，认真贯彻党和国家有关廉洁从政的规定，违反有关规定的，视其情节给予批评教育、行政纪律处分。决定要求，在廉政建设中，国家机关及其工作人员，要坚定信心，做出表率，充分发挥其职能作用；尽职尽责、秉公执法，为树立廉洁从政的风尚做出积极贡献。

关于批准霍正气辞去县长职务的决定 1989年8月14日，梁山县第十一届人大常委会第十八次会议，根据县长霍正气请求，决定批准其辞去梁山县人民政府县长职务。

十二届人大常委会决定

关于设立人大常委会信访接待室的决定 1990年9月15日，梁山县十二届人大常委会第四次会议，根据有关法律的规定和济宁市人大常委会的要求，经中共梁山县委同意，决定，设立梁山县人大常委会信访接待室，系正科级单位。

关于清理规范性文件的决定 1990年11月15日，梁山县第十二届人大常委会第五次会议，对县政府制定、县人大常委会通过的几份规范性文件，重新进行审议，现作出如下决定：

关于《梁山县人民代表大会常务委员会批准县人民政府关于征收城镇公共卫生费的报告的决定（1981年10月9日梁山县第九届人民代表大会常务委员会第五次会议通过）。县人大常委会重申，原县人民政府关于征收城镇公共卫生费的报告及其县人大常委会的有关决定继续有效。

关于《梁山县人民政府关于土地、宅基地管理的决定》（1983年12月16日梁山县第九届人民代表大会常务委员会第十九次会议通过）。该规定是依据1982年2月23日国务院发布的《村镇建房用地管理条例》和1982年5月14日国务院公布的国家《建设征用土地条例》制定的。新的《中华人民共和国土地管理法》已明令废止这两个条例，所以这个《决定》也就失去法律依据和法律效力，故决定废止《梁山县人民政府关于土地、宅基地管理的决定》。

关于《梁山县国家行政机关工作人员奖惩试行办法》（1987年12月21日梁山县第十一届人民代表大会常务委员会第六次会议通过）。鲁政发（1985）69号文件，（1988）2号、3号文件都是直接下达到县执行的文件，文件规定非常明确具体，没有另外行文的必要。据此，决定废止《梁山县国家行政机关工作人员奖惩试行办法》。

关于批准吕玉山辞去县长职务的决定 1991年7月18日，梁山县第十二届人大常委会第十次会议，根据县长吕玉山请求，决定批准其辞去梁山县人民政府县长职务。

关于县人大常委会信访接待室更改名称的决定 1992年1月21日，梁山县十二届人大常委会第十三次会议，根据有关法律的规定和工作需要，决定将梁山县人民代表大会常务委员会信访接待室更名为梁山县人民代表大会常务委员会信访工作室。

关于批准梁山县1992年财政预算部分变更的决定 1992年12月12日，梁山县十二届人大常委会第二十次会议，听取审议县财政局局长刘继庆受县政府委托所作《关于梁山县1992年财政预算部分变更的报告》，决定批准县政府提出的1992年财政预算部分变更的意见。会议要求，县政府要充分认识当前财政经济工作所面临的实际困难，适应新形势发展，进一步解放思想，深化改革，强化市场经济下的政府职能，努力提高企业经济效益。要进一步加强预算管理，逐步对预算外资金实行“收支两条线”管理办法，注意财源的开发与培养，强化税收征管，严格控制和节减开支，严肃财经纪律，确保财政预算任务圆满完成。

关于批准连广生辞去县长职务的决定 1992年12月25日，梁山县十二届人大常委会第二十一次会议，根据县长连广生请求，决定批准其辞去梁山县人民政府县长职务。同时，批准李来云辞去副县长职务。

十三届人大常委会决定

关于批准梁山县1993年财政收支预算部分变更的决定 1994年1月19日，梁山县十三届人大常委会第八次会议，听取县财政局局长刘东升受县政府委托所作的《关于1993年全县财政收支预算部分变更意见的报告》，经过认真审议，决定批准这个报告。会议要求，县政府要充分认识当前财政经济工作所面临的实际困难，认真贯彻落实中共十四大、十四届三中全会和省第六次党代会精神，进一步解放思想，积极推进财税体制改革，大力调整经济结构，努力提高企业经济效益。要进一步加强预算管理，注重财源的开发与培养，强化税收征管，严肃财经纪律，严格控制和节减支出，发扬艰苦奋斗、勤俭办一切事业的优良传统，促进全县经济持续、快速、健康发展。

关于批准梁山县1994年财政预算的决定 1994年3月30日，梁山县十三届人大常委会第九次会议，听取审议县财政局副局长贾维贡受县政府委托所作《关于梁山县1994年财政预算草案的报告》。根据县第十三届人民代表大会第二次会议的授权，决定批准县人民政府提出的1994年财政预算。会议要求，县政府要进一步贯彻中共十四大和十四届三中全会精神，正确分析和对待财政工作存在的困难和问题，深化财税体制改革，增强宏观调控能力，强化财政管理，保证重点支出，大力调整经济结构，提高企业经济效益，加强税收征管，努力增收节支。要进一步严肃财经法纪，按照法定程序办事，不经法定程序，任何单位和个人不准开减收增支的口子。要贯彻艰苦奋斗、勤俭建国的方针，继承和发扬勤俭节约、勤俭办一切事业的良好风尚，齐心协力做好工作，确保完成1994年财政预算任务。

关于在全县国家机关和部门中实行执法责任制的决定 1994年5月31日，梁山县十三届人大常委会第十次会议决定，自1994年7月1日起，在全县国家机关和部门中实行执法责任制。实行执法责任制的国家机关和部门，是指县人民政府、县人民法院、县人民检察院以及有关执法机关和部门。执法内容，主要是全国人大及其常委会、国务院和山东省人大常委会颁布施行的国家法律法规和地方性法规。实行执法责任制的国家机关和部门，必须明确本机关、本部门负责实施的法律法规，并就所执行法律法规的组织领导、学习宣传、目标任务、保障措施以及考评奖惩等制定具体的实施方案。

要建立健全执法的内部制约、外部监督机制，使其执法人员特别是各级领导干部强化执法意识和责任感，严格依法行政，依法办案，依法管理，不断提高执法水平。要把执法责任制同普法教育、依法治县有机地结合起来，相互促进，共同搞好。加强对执法责任制的监督检查。县人大常委会通过例会、主任会议和视察、调查等形式，对法律法规的执行情况，对国家机关的执法责任、执法效果，进行检查，并注意总结经验，加强指导。各执法机关要定期搞好自查，经常听取群众意见，自觉接受群众监督和舆论监督，及时发现并纠正执法不当或违法的行为，确保各项法律法规的正确贯彻实施。建立和完善执法考评制度。县人大常委会组织省、市、县人大代表，对实行执法责任制的国家机关和部门进行评议。考评和任命国家机关工作人员时，既考核政绩，又考查守法、执法的情况。各执法机关和部门，要根据本机关、本部门的工作特点，制定执法责任制的考核内容和评比条件，纳入年度考评范围。对在执法中做出显著成绩者，要以适当方式予以表彰。

关于批准梁山县1995年财政预算部分变更的决定 1995年11月29日，梁山县十三届人大常委会第二十次会议经过审议决定批准县财政局局长刘东升受县政府委托所作的《关于1995年全县财政预算部分变更意见的报告》。会议要求，县政府要充分认识当前财政经济工作所面临的实际困难，加强领导，强化企业管理，加大货款回收力度，努力提高企业经济效益。要进一步加强预算管理，加大措施，强化税收征管，严肃财经纪律，努力增收节支，坚持艰苦奋斗，勤俭办一切事业，齐心协力做好工作，完成1995年财政预算任务。

关于批准县长赵步荣增列科技三项费用议案的决定 1996年7月29日，梁山县十三届人大常委会第十四次会议经过审议，决定批准县政府关于增列“科技三项费用”支出的报告。

关于批准赵步荣辞去县长职务的决定 1997年2月18日，梁山县十三届人大常委会第二十七次会议，根据县长赵步荣请求，决定批准其辞去梁山县人民政府县长职务，同时，批准高太平辞去常务副县长职务。

关于变更1996年县级财政收支预算的决定 1997年2月26—31日，梁山县十三届人大常委会第二十八次会议，听取县财政局局长刘东升受县政府委托所作《关于1996年县级财政收支预算变更意见的报告》，经过审议，决定批准这一报告。

关于批准曹耀华请求辞去县长职务的决定 1997年12月19日，梁山县十三届人民代表大会常务委员会第三十四次会议，根据县长曹耀华请求，决定批准曹耀华辞去梁山县人民政府县长职务，并报本级人民代表大会备案。同时，批准周洪辞去常务副县长职务，王钦之辞去副县长职务，宋声武辞去县法院院长职务。

十四届人大常委会决定

关于变更1998年财政收支预算的决定 1998年12月31日，县十四届人大常委会第九次会议，听取县财政局副局长刘东升受县政府委托所作的《关于1998年财政收支预算变更意见的报告》经过审议，决定批准这一报告。

关于批准张忠建辞去县长职务的决定 2000年1月12日，梁山县十四届人大常委会第十八次会议，根据县长张忠建请求，决定同意其辞去梁山县人民政府县长职务。

关于变更2000年县级财政收支预算的决定 2001年1月5日，梁山县十四届人大常委会第二十九次会议，听取县财政局局长刘东升受县政府委托所作的《关于2000年县级财政收支预算变更意见的报告》，经过审议，决定批准这一报告。

关于同意刘殿印辞去县人大常委会副主任职务的决定 2001年3月9日，梁山县第十四届人大常委会第三十次会议决定：同意刘殿印辞去梁山县人大常委会副主任职务。

关于在人大代表中开展“争做发展民营经济带头人”活动的决定 2001年3月9日，梁山县十四届人大常委会第三十次会议，中共梁山县十届五次全委（扩大）会议审议通过的《梁山县国民经济和社会发展第十个五年计划及2010年远景目标纲要（草案）》，明确了今后五至十年全县经济和社会发展的奋斗目标、指导方针、战略部署和主要任务，构筑了全县新世纪发展和现代化建设的宏伟蓝图。县十四届人大四次会议审查、批准了《梁山县国民经济和社会发展第十个五年计划及2010年远景目标纲要》。民营经济作为全县经济中最重要的经济增长源和国民经济的重要组成部分，在《纲要》中得到了充分肯定，强调要奋力实施“五全”战略，突出发展民营经济，以此作为振兴梁山经济的必由之路和长期坚持的大政方针，作为事关全局和长远的战略措施。实现这一目标与任务，需要全县人民的共同努力。为进一步组织动员人大代表和广大群众积极投身全县改革和建设的伟大事业，县十四届人大常委会第三十次会议决定，在全体人大代表中开展以加快梁山发展为主题的“争做发展民营经济带头人”活动，促进梁山经济振兴和社会全面进步。

关于变更2001年县级财政收支预算的决定 2001年12月28日，梁山县十四届人大常委会第三十七次会议，听取县财政局局长刘东升受县政府委托所作《关于2001年县级财政收支预算变更意见的报告》，经过审议，决定批准这一报告。

关于接受王佑明等辞去副县长职务的决定 2002年1月22日，梁山县第十四届人大常委会第三十八次会议决定，同意王佑明、陆书杰、高天宝辞去梁山县人民政府副县长职务。

关于授予“梁山县富民模范”荣誉称号的决定 2002年1月22日，梁山县十四届人大常委会第三十八次会议，为全面实施“五全”战略，加快梁山经济发展，县十四届人大常委会第三十次会议作出《关于在人大代表中开展“争做发展民营经济带头人”活动的决定》。自活动开展以来，各级人大代表积极行动，各尽所能，充分发挥聪明才智，踊跃参与经商办企业，大力招商引资，成为发展民营经济的生力军，涌现出一大批发展民营经济的先进典型。为表彰先进，倡树模范，根据《中华人民共和国地方各级人民代表大会和地方各级人民政府组织法》第四十四条第十四项规定，决定授予李兰蕴等19人“梁山县富民模范”荣誉称号（享受县级劳动模范待遇）。

附：“梁山县富民模范”名单：李兰蕴、李建宝、温茂文、吕玉来、岳增才、潘世殿、吴兆海、王恩信、谭新合、马四清、王振新、蔡绍稳、周玉香、代景旭、徐龙海、张德格、郭玉才、王传义、焦恩华

关于县第十五届人民代表大会换届选举的决定 2002年11月12日，梁山县十四届人大常委会第四十三次会议，根据《中华人民共和国宪法》《中华人民共和国全国人民代表大会和地方各级人民代表大会选举法》和《中华人民共和国地方各级人民代表大会和地方各级人民政府组织法》以及《山东省县乡两级人民代表大会选举实施细则》的有关规定，梁山县第十四届人民代表大会到2003年春任期届满。按照省、市人大常委会的要求，对梁山县第十五届人民代表大会换届选举的有关事宜决定如下：山东省第九届人大常委会第三十一次会议确定梁山县第十五届人民代表大会代表名额为259名；梁山县第十五届人民代表大会代表应于2002年12月31日前选举完成，并在2003年1月22日前召开新一届人民代表大会第一次会议。县武装部应选县人民代表大会代表的名额由县人大常委会决定，按照《中国人民解放军选举全国人民代表大会和县级以上地方各级人

民代表大会代表的办法》选举产生代表，有关选举事宜，由县武装部同县人大常委会协商决定。

关于变更2002年县级财政收支预算的决定 2003年1月11日，梁山县十四届人大常委会第四十六次会议，听取县财政局副局长杨奉月受县政府委托所作《关于2002年县级财政收支预算变更意见的报告》，经过审议，决定批准这一报告。

十五届人大常委会决定

关于授予“梁山县富民模范”荣誉称号的决定 2003年12月26日，梁山县十五届人大常委会第七次会议，通过授予徐恩润等18人“梁山县富民模范”荣誉称号的决定。决定指出，为深入贯彻中共十六大精神，促进全县民营经济超常规、跨越式发展，全面建设小康社会。县十五届人大常委会第一次会议发出《关于在人大代表中继续开展“争做发展民营经济带头人”活动的通知》。各级人大代表总结经验，积极行动，比学赶超，各尽所能，充分发挥聪明才智，踊跃参与经商办企业，大力招商引资，成为发展民营经济的生力军，涌现出更多的先进典型。为进一步表彰先进，倡树模范，根据《中华人民共和国地方各级人民代表大会和地方各级人民政府组织法》第四十四条第十四项之规定，决定授予徐恩润等18人“梁山县富民模范”荣誉称号（享受县级劳动模范待遇）。

附：“梁山县富民模范”名单：徐恩润、刘兴才、张启超、李守忠、梁传友、周广占、杨奉社、周传伟、薛祥岭、秦延智、姜士方、王传信、邓凤梧、岳希兰、王万军、董兴仓、包聚田、赵登法。

关于批准商建设辞去县长职务的决定 2004年8月11日，梁山县第十五届人民代表大会常务委员会第十二次会议，根据县长商建设请求，决定同意其辞去梁山县人民政府县长职务，并报本级人民代表大会备案。

关于变更2004年县级财政收支预算的决定 2005年1月6日，梁山县十五届人大常委会第十六次会议，听取县财政局局长杨奉月受县政府委托所作《关于2004年县级财政收支预算变更意见的报告》，经过审议，决定批准这个报告。

关于批准袁存力辞去县人民法院院长职务的决定 2005年1月10日，梁山县十五届人大常委会第十七次会议，根据县人民法院院长袁存力的请求，决定同意其辞去梁山县人民法院院长职务，并报本级人民代表大会备案。

关于批准王宜海辞去县人民检察院检察长职务的决定 2005年1月10日，梁山县十五届人大常委会第十七次会议决定，根据县人民检察院检察长王宜海的请求，决定同意其辞去梁山县人民检察院检察长职务，并报本级人民代表大会备案。

关于批准仲崇斌辞去县人大常委会委员职务的决定 2005年4月29日，梁山县十五届人大常委会第十九次会议决定，同意仲崇斌辞去梁山县人大常委会委员职务，并报本级人民代表大会备案。

关于变更2005年县级财政收支预算的决定 2006年1月5日，梁山县十五届人大常委会第二十六次会议，听取县财政局局长杨奉月受县政府委托所作《关于2005年县级财政收支预算变更意见的报告》，经过审议，决定批准这一报告。

关于授予“梁山县富民模范”荣誉称号的决定 2006年1月5日，梁山县十五届人大常委会第二十六次会议，通过授予陈志生等24位同志“梁山县富民模范”荣誉称号的决定。决定指出，为促进全县民营经济健康快速发展，加快全面建设小康社会步伐，县十五届人大常委会第一次会议发出《关于在人大代表中继续开展“争做发展民营经济带头人”活动的通知》。各级人大代表积极响应常委会号召，充分发挥模范带头和桥梁纽带作用，积极创办、领办、帮助和支持民营企业，大力招商引资，成为发展民营经济的生力军，涌现出越来越多的先进典型。为进一步表彰先进，倡树模范，根据《中华人民共和国地方各级人民代表大会和地方各级人民政府组织法》第四十四条第十四项规定，决定授予陈志生等24人“梁山县富民模范”荣誉称号（享受县级劳动模范待遇）。

附：“梁山县富民模范”名单：陈志生、冯成东、宋庆武、李登文、孔凡科、李传茂、高建良、刘慎山、朱仰民、张振随、冯传东、李凤合、闫崇高、王继申、孙爱云、苏焕福、侯召玉、崔清银、郭继恕、杜振国、吴康连、马兰英、董传廷、张以高。

关于批准宋科辞去县长职务的决定 2007年1月6日，梁山县十五届人大常委会第三十四次会议，根据县长宋科请求，决定同意其辞去梁山县人民政府县长职务，并报本级人民代表大会备案。同时，接受刘振西辞去梁山县人民政府副县长职务。

关于变更2006年县级财政收支预算的决定 2007年1月12日，梁山县十五届人大常委会第三十五次会议，听取县财政局局长杨奉月受县政府委托所作《关于2006年县级财政收支预算变更意见的报告》，经过审议，决定批准这一报告。

关于对部分国家机关及有关单位进行评议的决定 2007年4月30日，梁山县十五届人大常委会第三十八次会议，为进一步增强监督实效，完善监督机制，促进国家机关及有关单位服务经济发展、争创一流业绩和依法决策、依法管理、依法行政，保证宪法、法律和行政法规在本行政区域内的正确贯彻实施，维护广大人民群众的切身利益。经县人大常委会研究，决定在2007年5月对政府办、发改局、经贸局、审计局、建设局、教育局、司法局、国土局、民营局、人事局、水利局、卫生局、科技局、民政局、农业局、环保局、公安局、劳动局、安监局、统计局、监察局、交通局、计生局、财政局24个政府组成部门，审批中心、农机中心、水产中心、开发办、移民办、粮食局、文化局、旅游局、林业局、房管局、物价局11个政府工作部门，国税局、地税局、工商局、质监局、药监局、农行、工行、农发行、信用联社9个垂直管理部门，进行工作评议。

十六届人大常委会决定

关于变更2008年县级财政收支预算的决定 2009年1月4日，梁山县十六届人大常委会第九次会议，听取县财政局局长梁开平受县政府委托所作《关于2008年县级财政收支预算变更意见的报告》，经过审议，决定批准这一报告。

关于梁山县新城区基础设施建设项目资金问题的决定 2009年4月23日，梁山县十六届人大常委会第十二次会议，听取审议县人民政府关于梁山县新城区基础设施建设项目投资资金问题的报告。会议同意这个报告，决定：（一）同意县政府授权梁山国有资产运营投资有限公司负责对梁山县新城区基础设施建设项目进行投融资。向金融机构的贷款融资额度严格控制在2亿元以内。要充分评估财政承受能力和风险，该项目资金均由县财政每年从建设资金中列支。（二）同意县政府按协议约定期限、金额向梁山国有资产运营投资有限公司支付该项目建设资金，用于偿还银行贷款本息，由县财政纳入当年财政预算支出，从城市维护建设税、基础设施配套费及政府土地收益中列支。会议要求，县政府及有关职能部门要做好资金和项目的监督和规划工作，梁山国有资产运营投资有限公司要抓紧梁山县新城区基础设施建设项目的衔接，尽快筹集到位，为优化全县发展环境做好基础工作。县政府每半年向县人大常委会报告贷款安全使用情况。审计机关每年进行一次专项审计，并向县人大常委会报告审计结果。如发现问题，追究相关人员的责任。

关于变更2009年县级财政收支预算的决定 2009年5月27日，梁山县十六届人大常委会第十三次会议，听取县财政局局长梁开平受县政府委托所作《关于调整2009年县级财政收支预算方案的议案》的报告，经过审议，决定批准这一报告。

关于变更2009年县级财政收支预算的决定 2010年3月9日，梁山县十六届人大常委会第十八次会议，听取县财政局局长梁开平受县政府委托所作《关于调整2009年县级财政收支预算方案的议案》的报告，经过审议，决定批准这一报告。

关于接受陈国华辞去县长职务的决定 2010年4月17日，梁山县十六届人大常委会第十九次会议决定，同意陈国华辞去梁山县人民政府县长职务，并报梁山县第十六届人民代表大会第三次会议备案。

关于变更2010年县级财政收支预算的决定 2010年11月30日，梁山县十六届人大常委会第二十四次会议，听取县财政局局长梁开平受县政府委托所作《关于调整2010年县级财政收支预算方案的议案》的报告，经过审议，决定批准这一报告。

关于批准梁山县城市总体规划（2010—2030）的决定 2010年12月27日，梁山县十六届人大常委会第二十五次会议，听取审议县人民政府《关于修编梁山县城市总体规划（2010—2030）的报告》，经过审议，决定批准《梁山县城市总体规划（2010—2030）》。

关于批准梁山县旅游产业发展总规划（2010-2020）的决定 2010年12月27日，梁山县十六届人大常委会第二十五次会议，听取审议县人民政府关于梁山县旅游产业发展总体规划（2010—2020）的报告，经过审议，决定批准该项规划。

关于接受蒋衍涛辞去副县长职务的决定 2011年1月30日，梁山县十六届人大常委会第二十七次会议决定，同意蒋衍涛辞去梁山县人民政府副县长职务的请求，并报梁山县第十六届人民代表大会第五次会议备案。

关于许可对县人大代表王图峰采取刑事拘留的决定 2011年8月22日，梁山县十六届人大常委会第三十二次会议，听取审议梁山县公安局所作《关于报请对县人大代表王图峰刑事拘留许可的报告》。王图峰因涉嫌犯罪，根据《中华人民共和国全国人民代表大会和地方各级人民代表大会代表法》第三十二条和《山东省实施〈中华人民共和国全国人民代表大会和地方各级人民代表大会代表法〉办法》第二十一条的规定，梁山县十六届人大常委会第三十二次会议，决定许可对县人大代表王图峰采取刑事拘留的强制措施。

关于梁山县第十七届人民代表大会换届选举的决定 2011年10月20日，梁山县十六届人大常委会第三十三次会议，对梁山县第十七届人民代表大会换届选举有关事宜决定如下：梁山县第十七届人民代表大会代表名额为277人；梁山县第十七届人民代表大会代表应于2011年12月20日前选举，并在2012年1月15日前召开新一届人民代表大会第一次会议。新一届县人大代表名额，根据选举法的规定，以县公安局2010年度全县常住人口数为依据，分配到各乡镇、街道办和县直及驻梁各单位。县武装部应选县人民代表大会代表的名额由县人大常委会决定，按照《中国人民解放军选举全国人民代表大会和县级以上地方各级人民代表大会代表的办法》选举产生代表。有关选举事宜，由县武装部会同县人大常委会协商决定。

关于变更2011年县级财政收支预算的决定 2011年10月20日，梁山县十六届人大常委会第三十三次会议，听取县财政局局长梁开平受县政府委托所作《关于调整2011年县级财政收支预算方案的议案》的报告，经过审议，决定批准这一报告。

关于许可对县人大代表徐淑成采取刑事拘留的决定 2011年10月20日，梁山县十六届人大常委会第三十三次会议，听取审议梁山县人民检察院检察长张义民所作《关于报请对县人大代表徐淑成采取刑事拘留的报告》。徐淑成因涉嫌贪污罪，根据《中华人民共和国全国人民代表大会和地方各级人民代表大会代表法》第三十二条和《山东省实施〈中华人民共和国全国人民代表大会和地方各级人民代表大会代表法〉办法》第二十一条的规定，梁山县十六届人大常委会第三十三次会议，决定许可对县人大代表徐淑成采取刑事拘留的强制措施。

关于接受田卫东辞去县长职务的决定 2011年11月30日，梁山县十六届人民代表大会常务委员会第三十四次会议决定，同意田卫东辞去梁山县人民政府县长职务，并报梁山县人民代表大会备案。

关于接受宁瑞峰等辞去副县长职务的决定 2011年11月30日，梁山县十六届人民代表大会常务委员会第三十四次会议决定，同意宁瑞峰、楚宪海、田福岭、王仁娜辞去梁山县人民政府副县长职务。

关于接受李培宪辞去县人民法院院长职务的决定 2011年11月30日，梁山县十六届人大常委会第三十四次会议决定：同意李培宪辞去梁山县人民法院院长职务，并报梁山县人民代表大会备案。

十七届人大常委会决定

关于许可对县人大代表张效美采取强制措施的决定 2012年3月19日，梁山县十七届人大常委会第二次会议，听取审议梁山县人民检察院检察长臧卫华所作《关于报请对县人大代表张效美采取强制措施的报告》。张效美因涉嫌挪用公款，根据《中华人民共和国全国人民代表大会和地方各级人民代表大会代表法》第三十二条和《山东省实施〈中华人民共和国全国人民代表大会和地方各级人民代表大会代表法〉办法》第二十一条的规定，梁山县十七届人大常委会第二次会议，决定许可对县人大代表张效美采取强制措施。

关于增补人民陪审员名额的决定 2012年4月27日，梁山县十七届人大常委会第三次会议，听取审议县人民法院院长王爱新所作《关于提请增补人民陪审员名额议案》报告。根据《全国人民代表大会常务委员会关于完善人民陪审员制度的决定》《最高人民法院关于人民陪审员管理办法（试行）》的有关规定，会议决定增补人民陪审员30名。具体人选按有关规定办理。

关于许可对县人大代表刘沛采取强制措施的决定 2012年7月9日，梁山县十七届人大常委会第五次会议，听取审议梁山县人民检察院检察长臧卫华所作《关于报请对县人大代表刘沛采取强制措施的报告》。刘沛因涉嫌滥用职权、受贿，根据《中华人民共和国全国人民代表大会和地方各级人民代表大会代表法》第三十二条和《山东省实施〈中华人民共和国全国人民代表大会和地方各级人民代表大会代表法〉办法》第二十一条的规定，梁山县十七届人大常委会第五次会议，决定许可对县人大代表刘沛采取强制措施。

关于授予岳增才梁山人民奖章的决定 为表彰岳增才对梁山经济发展做出的突出贡献，根据县人民政府的提请和《中华人民共和国地方各级人民代表大会和地方各级人民政府组织法》第四十四条之规定，2013年3月25日，梁山县十七届人大常委会第十次会议决定：授予岳增才"梁山人民奖章"。

关于许可对县人大代表于船采取强制措施的决定 2013年10月29日，梁山县十七届人大常委会第十四次会议，听取审议梁山县公安局局长张作宜所作《关于报请对县人大代表于船采取强制措施的报告》。于船因涉嫌骗取贷款罪，根据《中华人民共和国全国人民代表大会和地方各级人民代表大会代表法》第三十二条和《山东省实施＜中华人民共和国全国人民代表大会和地方各级人民代表大会代表法＞办法》第二十一条的规定，梁山县十七届人大常委会第十四次会议决定，许可对县人大代表于船采取强制措施。

关于接受人大常委会委员辞去委员职务的决定 2013年12月28日，根据《中华人民共和国地方各级人民代表大会和地方各级人民政府组织法》第二十七条和第四十一条的规定，梁山县十七届人大常委会第十七次会议决定，同意梁传寅辞去梁山县第十七届人民代表大会常务委员会委员职务，并报县十七届人大三次会议备案。

关于确认人民陪审员名额的决定 2014年3月31日，梁山县十七届人大常委会第十九次会议，听取审议县人民法院院长王爱新所作《关于确定人民陪审员名额的议案》报告，会议决定梁山县人民法院人民陪审员名额为130人。具体人选按有关规定办理。

关于许可对县人大代表赵书景采取强制措施的决定 2014年9月19日，梁山县十七届人大常委会第二十三次会议，听取审议梁山县人民检察院检察长臧卫华所作《关于提请对县人大代表赵书景采取强制措施的报告》。根据《中华人民共和国全国人民代表大会和地方各级人民代表大会代表法》第三十二条和《山东省实施＜中华人民共和国全国人民代表大会和地方各级人民代表大会代表法＞办法》第三十一条的规定，决定许可检察机关对县人大代表赵书景采取强制措施。

关于接受人大常委会委员辞去委员职务的决定 2015年4月29日，梁山县十七届人大常委会第二十七次会议决定，同意张明进辞去梁山县人大常委会委员职务，并报梁山县十七届人民代表大会第五次会议备案。

关于接受贾治阜辞去县长职务的决定 2015年8月11日，梁山县十七届人大常委会第二十九次会议决定，同意贾治阜辞去梁山县人民政府县长职务，并报梁山县十七届人民代表大会第五次会议备案。

关于接受臧卫华辞去县人民检察院检察长职务的决定 2015年11月30日，梁山县十七届人大常委会第三十二次会议决定，同意臧卫华辞去梁山县人民检察院检察长职务，并报梁山县第十七届人民代表大会第五次会议备案。

关于接受田卫东辞去梁山县十七届人大常委会主任职务的决定 2016年1月14日，梁山县十七届人大常委会第三十四次会议决定，同意田卫东辞去梁山县十七届人大常委会主任职务，并报梁山县十七届人大第五次会议备案。

关于许可对县人大代表孟宪库采取强制措施的决定 2016年2月2日，梁山县十七届人大常委会第三十五次会议，听取审议梁山县公安局副局长李文东所作《关于申请对县人大代表孟宪库采取强制措施的报告》。根据《中华人民共和国全国人民代表大会和地方各级人民代表大会代表法》第三十二条和《山东省实施＜中华人民共和国全国人民代表大会和地方各级人民代表大会代表法＞办法》第二十一条的规定，决定许可公安机关对县人大代表孟宪库采取强制措施。

关于批准县政府张坊片区回迁安置意见议案的决定 2016年4月5日，梁山县十七届人大常委会第三十七次会议，听取县政府关于提请批准张坊片区回迁安置意见的议案。会议认为，县政府提请的张坊片区回迁安置意见，符合上级有关政策要求，符合张坊片区回迁安置实际，维护了被拆迁群众的利益。根据《中华人民共和国地方各级人民代表大会和地方各级人民政府组织法》和《中华人民共和国预算法》的有关规定，会议经过认真审议，决定批准县政府提出的议案。

**关于许可对县人大代表高宗杰采取强制措

施的决定 2016年4月8日，梁山县十七届人大常委会第三十八次会议，听取审议梁山县人民检察院检察长张忠新所作《关于提请对县人大代表高宗杰采取强制措施的报告》，根据《中华人民共和国全国人民代表大会和地方各级人民代表大会代表法》第三十二条和《山东省实施〈中华人民共和国全国人民代表大会和地方各级人民代表大会代表法〉办法》第三十一条的规定，决定许可检察机关对县人大代表高宗杰采取强制措施。

关于许可对县人大代表张秀红采取强制措施的决定 2016年4月23日，梁山县十七届人大常委会第三十九次会议，听取审议梁山县人民法院副院长王友民所作《关于提请对县人大代表张秀红采取强制措施的报告》，根据《中华人民共和国全国人民代表大会和地方各级人民代表大会代表法》第三十二条和《山东省实施〈中华人民共和国全国人民代表大会和地方各级人民代表大会代表法〉办法》第三十一条的规定，决定许可审判机关对县人大代表张秀红采取强制措施。

关于接受王爱新辞去县人民法院院长职务的决定 2016年6月28日，梁山县十七届人大常委会第四十次会议决定，同意王爱新辞去梁山县人民法院院长职务的请求，并报梁山县人民代表大会备案。

十八届人大常委会决定

关于接受人大常委会委员辞去委员职务的决定 2018年1月11日，梁山县十八届人大常委会第十次会议决定：接受张博辞去梁山县人大常委会委员职务，并报梁山县十八届人民代表大会第三次会议备案。

关于接受人大常委会委员辞去委员职务的决定 2018年10月31日，梁山县十八届人大常委会第十六次会议决定，同意苏振明辞去梁山县十八届人大常委会委员和县十八届人民代表大会财政经济委员会委员职务的请求，并报梁山县十八届人民代表大会第三次会议备案。

关于确认人民陪审员名额的决定 2018年12月30日，梁山县十八届人大常委会第二十次会议，听取审议县法院院长时益同所作《关于提请确认人民陪审员名额的议案》。根据《中华人民共和国人民陪审员法》《人民陪审员选任办法》的有关规定，会议决定确认人民陪审员的名额数为150人。具体人选按有关规定办理。

关于接受侯典峰辞去县长职务的决定 2019年3月29日，梁山县十八届人大常委会第二十二次会议决定，同意接受侯典峰辞去梁山县人民政府县长职务，报梁山县第十八届人民代表大会第三次会议备案。

关于接受县人大常委会委员和县人大有关专门委员会组成人员辞去职务的决定 2019年6月21日，梁山县十八届人大常委会第二十三次会议决定，同意：陈丕田辞去梁山县十八届人大常委会委员职务，赵卫国辞去梁山县十八届人大常委会委员、县十八届人民代表大会财政经济委员会副主任委员职务，孙长春辞去梁山县十八届人大常委会委员、县十八届人民代表大会法制委员会副主任委员职务，张效东、张忠志辞去梁山县十八届人大常委会委员、县十八届人民代表大会教育科学文化卫生委员会副主任委员职务，徐长勇、王洋辞去梁山县十八届人大常委会委员、县十八届人民代表大会法制委员会委员职务，徐海荣辞去梁山县十八届人民代表大会财政经济委员会委员职务，张庆铎辞去梁山县十八届人民代表大会农业与农村委员会副主任委员职务。以上人员辞职请求的决定，报梁山县第十八届人民代表大会第三次会议备案。

关于批准稀土合金项目投资合同的决定 2019年8月14日，梁山县十八届人大常委会第二十四次会议，听取审议县人民政府《关于提请批准稀土合金项目投资合同的议案》。会议决定批准这个议案，同意县政府与江苏金石稀土有限公司签订的稀土合金项目投资合同。

关于接受孙颖辞去副县长职务的决定 2019年11月26日，梁山县十八届人大常委会第二十七次会议决定，同意孙颖辞去梁山县人民政府副县长职务，报梁山县第十八届人民代表大会第四次会议备案。

关于接受县人大常委会委员和县人大有关专门委员会组成人员辞去职务的决定 2019年12月30日，梁山县十八届人大常委会第二十九次会议决定，同意：赵晖辞去梁山县十八届人大常委会委员、梁山县第十八届人民代表大会农业与农村委员会副主任委员职务，陈冬梅辞去梁山县十八届人大常委会委员职务，李华辞去梁山县十八届人大常委会委员、梁山县第十八届人民代表大会财政经济委员会副主任委员职务，马德水辞去梁山县十八届人大常委会委员、梁山县第十八届人民代表大会城乡建设与环境资源保护委员会副主任委员职务。以上人员辞职请求的决定，报梁山县第十八届人民代表大会第四次会议备案。

关于接受郭继田辞去县人大常委会副主任职务的决定 2020年1月7日，梁山县十八届人大常委会第三十次会议决定，同意郭继田辞去梁山县十八届人大常委会副主任职务，报梁山县第十八届人民代表大会第四次会议备案。

关于接受王才利、崔根博辞去有关县人大专门委员会主任委员职务决定 2020年1月7日，梁山县十八届人大常委会第三十次会议决定，同意王才利辞去梁山县第十八届人民代表大会教育科学文化卫生委员会主任委员职务，崔根博辞去梁山县第十八届人民代表大会城乡建设与环境资源保护委员会主任委员职务，报梁山县第十八届人民代表大会第四次会议备案。

关于接受时益同、张忠新分别辞去县人民法院审判人员、县人民检察院检察人员职务请求的决定 2020年1月7日，梁山县十八届人大常委会第三十次会议决定，同意时益同辞去梁山县人民法院院长、审判委员会委员、审判员职务，张忠新辞去梁山县人民检察院检察长、检察委员会委员、检察员职务，报梁山县第十八届人民代表大会第四次会议备案。

关于接受赵广、李文凯、孔峰峰辞去相关职务的决定 2020年5月13日，梁山县第十八届人大常委会第三十二次会议决定，同意赵广辞去梁山县监察委员会主任职务，李文凯辞去梁山县人民政府副县长职务，孔峰峰辞去梁山县十八届人大常委会委员、梁山县十八届人民代表大会城乡建设与环境资源保护委员会副主任委员职务，报梁山县第十八届人民代表大会第五次会议备案。

关于接受王才利、崔根博辞去县人大及其常委会有关职务的决定 2021年2月1日，梁山县第十八届人大常委会第四十次会议决定：接受王才利辞去梁山县人大常委会副主任和县第十八届人民代表大会财政经济委员会主任委员职务；接受崔根博辞去县人大常委会副主任职务，报梁山县第十八届人民代表大会第五次会议备案。

关于接受王庆明辞去副县长职务请求的决定 2021年2月1日，梁山县第十八届人大常委会第四十次会议决定：接受王庆明辞去梁山县人民政府副县长职务，报梁山县第十八届人民代表大会第五次会议备案。

关于变更县人大常委会工作机构名称的决定 2021年3月18日，梁山县十八届人大常委会第四十一次会议决定：梁山县人大常委会法制工作室更名为梁山县人大常委会监察和司法工作室。

关于接受王金华、高太华辞去县人大常委会委员职务决定 2021年3月18日，梁山县十八届人大常委会第四十一次会议决定：接受王金华、高太华辞去梁山县十八届人大常委会委员职务，报梁山县十八届人民代表大会备案。

关于许可对县人大代表宋德现采取强制措施的决定 2021年3月18日，梁山县十八届人大常委会第四十一次会议，听取县公安局《关于梁山县人大代表宋德现涉嫌犯罪的情况报告》，根据《中华人民共和国全国人民代表大会和地方各级人民代表大会代表法》第三十二条的规定，决定许可对梁山县十八届人大代表宋德现采取强制措施。

第二节 决议

九届人大常委会决议

关于批准1981年国民经济计划和财政预算部分变更的决议 1981年5月28日，梁山县九届人大常委会第三次会议，听取县人民政府副县长韩同成所作《关于1981年国民经济计划和财政预算部分变更的报告》。经过讨论和审议，批准梁山县1981年国民经济计划和财政预算的部分变更。会议认为，1981年国民经济计划和财政预算的部分变更，是从继续调整国民经济和改善人民生活的要求出发，立足现实，着眼今后，所提主要指标积极稳妥留有余地，县社各级各行各业要采取积极措施，认真执行，保证圆满实现，并为今后全县国民经济持续增长创造有利条件。会议号召，全县广大干部群众，在县委和县政府的领导下，坚决贯彻中共十一届三中全会以来的路线、方针、政策，实事求是，扎扎实实，同心同德，团结一致，积极努力，为顺利实现梁山县1981年国民经济计划和财政预算而奋斗。

关于批准梁山县1982年财政收支预算安排意见的决议 1982年4月18日，梁山县九届人大常委会第八次会议，根据县九届人民代表大会第二次会议的决议，听取并审议县财税局《关于1982年财政收支预算安排意见的报告》。会议认为，全县1982年财政收支预算，符合全县的实际情况，是切实可行的。会议批准这个报告，由政府认真组织实施。会议还认为，应把企业财务检查工作进一步做好。对有些单位违犯财经纪律的行为，要根据上级有关政策、规定进行认真处理。会议号召，全县广大干部群众，在党和政府的领导下，努力发展生产，加强财经纪律，增收节支，为完成全县1982年的财政收支计划而努力。

关于深入开展“五讲四美”活动、进一步搞好清洁卫生和城区排污的决议 1982年4月18日，梁山县九届人大常委会第八次会议，审议县卫生局《关于清洁卫生工作的报告》和县建委《关于县城区排污情况及治理排水沟的汇报》，并对部分饮食单位，农贸市场和城区排水情况进行视察。认为在开展“五讲四美”、搞好“全民文明礼貌月”活动中，全县清洁卫生和城内排污工作取得一定成绩，对搞好城镇的公共卫生治本建设，起到积极作用。会议认为：城建、卫生、工商、交通、环保等有关部门，要密切配合，按照城区排污计划，认真组织实施；要认真整顿市容，城镇的主要街道两旁要取消影响市容，妨碍交通的商亭、摊点；特别是要加强对食品行业的管理，坚决取缔土啤酒、土汽水等不符合卫生要求的清凉饮料的生产和销售；农贸市场要划行归市，合理安排。会议号召，全县广大干部群众，把“五讲四美”活动不断引向深入，做到经常化，制度化。进一步搞好清洁卫生，创造整洁、清新、优美的环境，消除致病因素，增进人民健康，为建设社会主义精神文明和物质文明作出新的贡献。

关于批准1983年县财政收支预算安排意见的决议 1983年5月30日，梁山县九届人大常委会第十六次会议，听取县财政局局长刘继增代表县人民政府所作《关于1983年收支预算安排情况的报告》。会议经过审议，批准梁山县1983年财政预算。会议认为，1983年全县财政预算中编列的收入和支出，符合对国民经济继续进行调整、改革、整顿、提高的要求，体现了统筹兼顾、保证重点和在发展生产的基础上继续改善人民生活的原则，预算中各项收支的安排是积极的、适当的。会议认为，全县财政状况虽然有所好转，但是困难仍然很大，决不能麻痹松懈。要切实抓好增收节支工作，加强财政管理，严肃财经纪律，进一步解决好财政问题。会议号召，全县人民在党的十二大精神的鼓舞和指引下，努力生产，厉行节约，提高经济效益，为胜利完成1983年财政预算，开创财政工作新局面，争取尽快实现财政经济状况的根本好转而努力奋斗。

关于建设精神文明搞好城镇环境卫生的决议 1983年4月12日，梁山县九届人大常委会第十五次会议，分别听取县基本建设委员会、县人民政府环境保护办公室、县卫生局关于市政建设、环境保护和卫生工作的汇报，对城镇排水现状进行视察。会议经过审议，一致同意这3个报告。会议认为，搞好市政建设、环境保护和环境卫生，这是建设社会主义精神文明的重要内容，是反映人们道德风尚和精神面貌，关系到人民健康的大事。目前，县城道路坑洼不平，排水沟狭窄浅陋，干沟堵塞，污水排不出去，“三废”污染，特别是废水、废气的污染严重，影响了人民的身体健康，是当前广大干部职工群众迫切要求解决的问题。为此，会议决议：加快进行城内排水沟的开挖修建。1983年计划工程要赶在雨季前竣工，力争做到排水畅通，大雨街内不积水，平时沟内无积水或少积水。加强环境保护的宣传教育，认真开展排污收费工作。环保部门要把排污费有计划有重点地用于排污单位的“三废”治理，尽快控制污染，改善环境。继续抓好治脏工作，搞好环境卫生。要紧密结合“五讲四美三热爱”活动，发动群众，清除垃圾污物，铲平蚊蝇滋生地。卫生部门要采取坚决措施加强食品卫生管理，切实纠正违反食品规定的各种不良现象。所有驻地机关、团体、学校、部队、工厂、企事业单位，都要大张旗鼓地动员组织群众，积极行动起来，为彻底改变全县城镇环境卫生面貌，建设文明、清洁、优美的城镇和安静、舒适的生活、工作环境而努力。

十届人大常委会决议

关于维护妇女、儿童合法权益的决议 1984年12月6日，梁山县十届人大常委会第五次会议，听取并审议梁山县妇联主任张桂芝所作《关于认真贯彻中央指示精神，坚决维护妇女、儿童合法权益情况的报告》。会议认为，几年来全县在维护妇女、儿童合法权益方面做了大量的工作，取得了很大的成绩。为了保护妇女、儿童合法权益不受侵犯，会议决议：各级政府、群团组织、学校、企业、事业单位，都要认真学习《中华人民共和国宪法》和法律有关规定，学习中央和各级党委的有关指示，进一步统一思想，提高认识，自觉做好维护妇女、儿童合法权益的工作。要进一步提高妇女的政治地位，有计划地培养、选拔妇女干部，充分发挥她们在四化建设中的积极作用。宣传、教育、文化等部门要充分运用各种宣传工具和方式，广泛深入地进行宣传教育活动，努力创造人人尊重妇女、爱护和保护儿童的浓厚气氛。各级政府和妇女组织，要对广大妇女群众进行自尊、自爱、自重、自强的“四自”教育，帮助她们学习法律和党的有关方针政策，使她们不断提高思想觉悟，增强抵制各种资产阶级腐朽思想侵蚀的能力，自觉地同各种违法犯罪活动作斗争，切实保护自身的合法权益，以便在“四化”建设中做出应有的贡献。严厉打击摧残迫害妇女、儿童的犯罪活动，严肃处理侵犯妇女、儿童合法权益的违法行为。对于那些虐待、残害妇女，暴力干涉婚姻，拐卖妇女、儿童和强奸妇女等犯罪行为，政法、公安部门要依法予以严厉打击，并要根据具体情况，抓住一些有教育意义的典型案例进行公开审理、宣判，以震慑罪犯，教育广大群众。全县人民都要关心和维护妇女、儿童的合法权益。尊重妇女，爱护儿童，是全社会的共同职责。全县广大工人、农民、干部、知识分子和其他群众，都要关心和维护妇女、儿童的合法权益，批判男尊女卑、歧视妇女的封建残余思想和资产阶级腐朽思想，树立尊重妇女、爱护儿童的社会主义新道德、新风尚，使广大妇女、儿童的合法权益在社会主义制度下，得到最大的保障。

关于搞好县城环境卫生和食品卫生的决议

1985 年 7 月 26 日，梁山县十届人大常委会第九次会议，听取并审议县卫生局局长吴瑞林、县工商局局长张继尧、县城乡建设委员会主任王志廷所作的工作汇报。会议认为，今年以来，在县委、县政府的领导下，认真贯彻《中华人民共和国食品卫生法》等法规，积极治理“脏、乱、差”。深入开展“五讲四美三热爱”活动，县城街道建设、农贸市场管理、环境卫生和食品卫生等方面，取得了很大的成绩。但还存在不少问题，有的单位和个人，法制观念淡薄，遵守卫生法规不严；一些饮食经营单位和个体户卫生条件较差，缺少卫生设备；有的掺杂使假，以次充好，销售腐烂变质的食品或饮料，甚至无证营业，非法生产不符合卫生要求的食品、冷饮，严重地损害了广大消费者的利益，影响了人民群众的身体健康；治理污水、垃圾、粪便不够彻底，蚊蝇密度较大；在街道、院落、公共场所，乱丢弃瓜皮、菜叶、冰糕纸等，对垃圾不能及时清除；在街道乱推乱放建筑材料，不仅影响了市容，而且妨碍了交通，公共场所设置少，且管理差，进城群众上厕所难，甚至到处大小便，严重地影响了环境卫生。当前，正值盛夏季节，做好卫生工作尤为重要。为了进一步搞好县城的环境卫生和食品卫生，保障人民群众的身体健康，创建文明梁山城，特此决议：搞好法制宣传，提高依法办事的自觉性。要利用多种形式，组织广大干部和人民群众，进一步学习，宣传《中华人民共和国食品卫生法》《中华人民共和国环境保护法》《城市规划条例》等有关法规，增强法制观念。使人人知法、懂法、守法。按照法律规定，搞好食品卫生，凡在县境内从事食品、食品添加剂、食品容器、食品包装、食品用具和设备的生产、加工、储运、销售的单位或个人，必须严格执行《中华人民共和国食品卫生法》，自觉搞好食品和冷饮的卫生。有关单位和部门，要加强对食品、冷饮卫生的管理、监督，对生产、经营假、冒、伪、劣商品者，要依法给予行政处罚。对不经批准和无证私自生产冷饮、食品的单位或个体户，要坚决予以取缔。对违反《中华人民共和国食品卫生法》屡教不改者，要从严处理。进一步治理“脏、乱、差”，搞好环境卫生。按照县城规划加强建设，及时制止违章建筑，不断改善市容面貌，逐步向净化、绿化、美化发展。加强对排污排水工程的维修和管理，做好公共厕所的新建，扩建工作，努力解决排污排水难，群众进城上厕所难的问题。治理蚊蝇滋生地，降低蚊蝇密度。在街道上不准乱堆乱放建筑材料。进一步做好划行归市的工作。继续加强农贸市场的管理，做到集散地净，严禁乱摆货摊。加强领导，落实措施。要进一步完善各种卫生岗位责任制，实现卫生制度化、经常化。专业队要尽职尽责。机关、工厂、学校、家属院要搞好“门前三包”，经常保持整洁。县政府要加强领导，研究措施，明确分工，并认真组织有关部门检查督促，发现问题，及时处理。对违反卫生法规造成恶果的单位或个人，公、检、法部门要及时追究其法律责任。县城广大干部和群众，要积极行动起来，自觉搞好对“脏、乱、差”的治理，不断把“五讲四美三热爱”活动引向深入，为建设文明梁山城做出较大的贡献。

关于加强法制宣传普及法律常识的决议

1985 年 9 月 24 日，梁山县十届人大常委会第十次会议，听取审议县司法局局长郭运智受县人民政府委托所作《关于全县法制宣传情况和在五年内普及法律常识规划的汇报》。会议同意从1985年起，争取用五年左右的时间，在全县公民中普及法律常识的建议。要求县人民政府积极组织各乡镇人民政府和县直各单位，作出规划，采取有力措施，加以实施。尤其是第一年开好头、起好步，为实现规划打好基础，认真完成五年内在全县人民中基本普及法律常识的任务。加强法制宣传和普及法律常识，是社会主义法制建设的一项基础工作，对于促进社会主义物质文明和精神文明建设，保证经济体制改革的顺利进行，都具有重要的意义。在全县公民中进一步广泛深入地开展法制宣传、普及法律常识教育，使广大干部和群众知法、懂法、守法，增强法制观念，养成依法办事的习惯。各乡镇，各部门，各单位要分别不同情况，采取多种形式，有计划、有步骤地组织干部和群众学习《中华人民共和国宪法》《中华人民共和国刑法》《中华人民共和国刑事诉讼法》《中华人民共和国民事诉讼法（试行）》《中华人民共和国婚姻法》《中华人民共和国继承法》《中华人民共和国经济合同法》《中华人民共和国食品卫生法（试行）》《中华人民共和国森林法（试行）》《中华人民共和国兵役法》《中华人民共和国治安管理处罚条例》等基本法律、法规，以及与各行业、各方面群众有密切关系的其他法律常识。各类学校要按规定开设法制课，司法和广播部门要组织报道学法、守法、执法、依法办事情的好典型，批评、揭露违法犯罪的人和事。县、乡（镇）人民政府要把加强法制宣传，普及法律常识的工作纳入重要议事日程，领导亲自动手，切实加强指导。对于必需的人力、财力、物力要给予支持和解决。各级领导干部和公、检、法、司的干部，要带头学习法律知识，在政权建设和其他方面的工作中，坚持依法办事，切实做到“有法可依，有法必依，执法必严，违法必究”。要讲求法制宣传教育实效，力戒形式主义，防止“花架子”、走过场。

关于县政府调整东平湖行政区划报告的意见 1985年12月19日，梁山县十届人大常委会第十二次会议，听取并审议县长魏昌启代表县政府所作《关于调整东平湖行政区划情况的报告》。会议认为，调整东平湖行政区划，有利于东平湖湖区资源的开发利用，有利于东平湖统一营理，有利于防汛统一指挥，有利于安定团结。会议同意县政府关于调整东平湖行致区划的报告。

十一届人大常委会决议

关于学习贯彻全国人大常委会《决定》的决议 1987年5月22日，梁山县十一届人大常委会第二次会议，认真学习全国人大常委会《关于加强法制教育维护安定团结的决定》（以下简称《决定》），一致表示完全拥护，坚决贯彻执行。会议要求，全县各国家机关和工作人员都要把学习宣传、贯彻《决定》列入议事日程，切实加强领导，采取措施，抓好《决定》的学习宣传、贯彻落实。要运用多种形式，广泛深入地宣传《决定》的基本精神，各级领导要带头学习，带头宣讲，通过广泛深入地宣传，做到家喻户晓。要把学习《决定》和学习《中华人民共和国宪法》《中华人民共和国刑法》结合起来，并作为1987年普法教育的重点，紧密联系坚持四项基本原则，进一步提高公民法制观念，做到知法、守法，并运用法律武器同一切违反宪法和法律的行为作斗争，维护人民合法的自由，民主和其他权利，维护社会主义秩序，维护安定团结的政治局面。要把学习、宣传、贯彻《决定》，发扬社会主义民主，健全社会主义法制，作为一项长期的根本任务摆在重要位置，列入议事日程，制定规划，落实措施，加强领导，切实抓出成效。会议号召，全县人民要积极行动起来，通过认真学习宣传和贯彻执行《决定》，增强法制观念，模范地遵守宪法和法律。把思想进一步统一到中共十一届三中全会以来的路线、方针、政策上来，坚持四项基本原则，坚持改革、开放、搞活的方针，团结一致，艰苦奋斗，为建设具有中国特色的社会主义作出贡献。

关于批准梁山县1987年财政决算和1988年财政预算报告的决议 1988年3月6日，根据梁山县第十一届人民代表大会第二次会议关于授权县人大常委会审查和批准梁山县1987年财政决算和1988年财政预算的决议，梁山县十一届人大常委会第七次会议听取县财政局局长刘继庆受县人民政府委托所作《关于梁山县1987年财政决算和1988年财政预算的报告》，经过审议，决定批准该报告。会议认为，1987年全县人民在各级党委和政府的领导下，认真贯彻梁山县第十一届人民代表大会第一次会议决议，深入开展增产节约，增收节支运动，不断深化企业改革，财政状况逐步好转。尽管客观上存在着减收增支因素，但仍做到了财政收支平衡，并略有结余，基本保证了生产建设和各项事业发展的需要。关于1988年财政预算的安排，贯彻了地区财政工作会议精神，坚持量入为出、自求平衡的原则，实行保改革、保重点、保后勤、保经济良性循环的方针，从增产节约中提高效益，培养与开辟财源，确保财政收入的稳定增长。会议要求各级政府和各行各业进一步开展“双增双节”运动，加快和深化企业改革，大力组织收入，严格控制支出，加强财政监督，严肃财政纪律，圆满完成1988年的财政预算任务。

关于批准调整梁山县1988年国民经济和社会发展计划的报告的决议 1988年3月6日，根据梁山县第十一届人民代表大会第二次会议关于授权梁山县人民代表大会常务委员会审议决定梁山县1988年国民经济和社会发展计划的决议，梁山县十一届人大常委会第七次会议听取县计划委员会主任胡国金受县政府委托所作《关于调整梁山县1988年国民经济和社会发展计划的报告》，经过审议，决定批准这个报告。鉴于梁山县第十一届人民代表大会第二次会议召开之际，全县统计年报尚未全部完成，部分预计数字与1987年底的实际统计数字有些出入；再者，当时菏泽地区计划会议尚未召开，梁山县计划指标与菏泽地区安排的指标不够吻合。因此，县政府对全县1988年国民经济和社会发展计划指标进行部分调整是适宜的，必要的。调整后的各项计划指标更加切合实际、积极可行。会议要求县政府带领全县人民再接再厉，坚持“稳定经济，深化改革”的方针，努力实现全县1988年国民经济和社会发展计划

关于在全县进行执法大检查的决议 1988年11月2日，梁山县十一届人大常委会第十一次会议通过关于在全县进行执法大检查的决议。为更好地执行省人大常委会《关于在全省进行执法大检查的决定》，全面贯彻落实党的十三届三中全会提出的治理经济环境，整顿经济秩序，全面深化改革的指导方针和政策、措施，使社会主义经济新体制和商品经济新秩序建立在法制的基础上，使党的十三大提出的国家政治生活、经济生活的各个方面，都应把有法可依、有法必依、执法必严、违法必究的方针落实到实处，必须把法制建设贯穿于改革的全过程，真正确立法律的权威和尊严。特别是在当前整体深层改革的关键时期，更要认真地学法、用法，保证宪法、法律、法规在全县的贯彻执行，促进改革开放和经济建设。为此，梁山县第十一届人大常委会第十一次会议决议，从现在到明年2月，在全县进行一次执法大检查。该次检查的范围和重点主要是普法规定的以宪法为核心内容的“十法一条例”和国务院最近下达的治理经济环境，整顿经济秩序的规定和条例执行情况。各地各系统各行业还要根据自己的实际情况侧重检查与自身工作特别密切的有关法律的执行情况。检查的重点是各级领导机关和领导干部。通过检查，进一步提高干部、群众

的法律意识和法制观念，解决有法不依，执法不严、执法犯法的问题。推动全县普法工作的深入开展。该次检查采取自查与抽查相结合的方法，边检查、边改进。在治理经济环境、整顿经济秩序的过程中的要结合重点检查运用法律武器，坚决准确打击那些严重破坏经济环境和经济秩序的违法犯罪活动。从1988年11月，各级、各系统、各行业要认真做好思想发动工作，当前，要以治理环境、整顿秩序和深化改革为中心内容，进行一次广泛、深入的形势教育，增强改革意识、法律意识、促进法律的学习和运用。从1988年12月到明年1月，进行自查和抽查。自查和抽查要制订行动计划，要写出情况，1989年2月份进行总结。各级领导要充分认识该次执法大检查的重要意义，要在各级党委的统一领导下，由人大常委会和各级政府共同组织进行。要切实加强具体领导，深入、扎实地开展，对检查中发现的问题，要认真解决，使全县的改革和建设更好地在法制的轨道上健康发展。

关于批准梁山县1988年财政预算变更的决议 1988年12月19日，梁山县十一届人大常委会第十二次会议通过批准梁山县1988年财政预算变更的决议。梁山县十一届人大常委会第十二次会议，听取县财政局局长刘继庆代表县政府所作《关于梁山县1988年财政预算执行情况及财政预算变更情况的报告》。会议认为，全县1988年的财政工作，由于积极贯彻治理、整顿方针，遵照县十一届人大二次会议精神，狠抓“增收、节支、挖潜、堵漏”，在物价上涨、增支因素较多的情况下，仍能实现财政收支平衡，财政收支预算执行情况是好的。根据县政府建议，经过委员们认真审议，会议批准财政局局长刘继庆所作《关于梁山县1988年财政预算执行情况及财政预算变更情况的报告》。会议要求，县政府及财政部门要严格掌握年终开支，防止突击花钱，做好年终决算，确保实现全年财政收支平衡。

关于坚决拥护和贯彻中共中央、国务院的决议 1989年6月24日，梁山县十一届人大常委会第十六次会议，认真学习《中共中央、国务院告全体共产党员和全国人民书》等有关文件精神。会议指出，全县各级国家机关工作人员和人民群众，都要认真学习《中共中央、国务院告全体共产党员和全国人民书》及其他有关文件，学习和贯彻山东省人大常委会的决议。提高思想，统一认识，自觉地在思想上、政治上、行动上同党中央保持一致。会议要求，全县各级国家机关要坚决维护党的领导，坚定不移地贯彻执行中共十一届三中全会以来的路线，方针和政策，“坚持一个中心，两个基本点”，大力加强思想政治工作，更好地坚持四项基本原则，反对资产阶级自由化。要采取更加切实有力的措施，继续贯彻县十一届人大三次会议通过的决议，努力完成全县今年治理经济环境，整顿经济秩序，全面深化改革和各项经济建设任务。

关于搞好国办学校校改工作的决议 1989年6月24日，梁山县十一届人大常委会第十五次和第十六次会议，先后听取副县长李来云代表县政府所作《关于赴东营、潍坊参观校改情况和全县进行国办学校校改工作初步打算的汇报》《关于搞好国办学校校改工作意见的报告》，第十五次会议期间还视察梁山一中和师范附小，会议认为东营、潍坊两市的校改经验很好，县政府关于搞好国办学校校舍改造工作意见是切实可行的，会议同意县政府的意见，决定批准该报告。会议认为，全县几年来，根据中央和省、地指示，对国办学校校改做了大量工作，解决了不少问题，但由于摊子大，任务重，特别是国家经费不足，全县国办学校校改仍有大量任务没有完成。目前不少学校校舍不足，班级普遍超员，教师的办公，学生的住宿拥挤不堪，没有餐厅，图书、仪器等教学设施严重短缺，更甚者还有一定数量的危房在使用。以上问题的存在严重影响教学质量的提高和广大师生身心健康。对此应引起高度重视。会议要求，县政府要认真贯彻执行《中华人民共和国义务教育法》和《山东省实施义务教育法办法》。按照中央和省、地指示精神，借鉴外地经验，结合全县实际情况，本着统一规划，保证重点，量力而行，分期实施的原则，切实加强领导，认真组织力量，积极筹措资金，抓紧规划施工，努力作好全县国办学校校改工作，力争三年基本实现省政府提出的“五达标”要求。会议强调，全县都要认真学习党的十三大精神，学习《中华人民共和国义务教育法》充分认识百年大计，教育为本的战略地位。科技的发展，经济的振兴，整个社会的进步，都要靠教育培养合格的人才，提高劳动者素质，必须进一步营造尊重知识，尊重人才，人人关心教育，支持教育的社会环境。为了提高教育质量，解决学生入学难问题，就必须尽快搞好校改工作。还要认识在目前财政情况下，单靠国家拨款办学是难以解决的，因此必须按中共十三大提出的“国家要逐年增加教育经费，同时鼓励社会各方面力量集资办学”的精神，多渠道筹集校改资金。全县各机关，各企事业单位，各行各业，广大干部群众都要认真贯彻执行县政府关于搞好国办学校校改工作的意见，关心教育，献计献策，踊跃捐资，支持办学，把全县校改工作尽快搞好，以适应教育事业发展的需要。会议确定，县人大常委会积极支持有益人民造福后代的该项工作，适时听取县政府关于校改进展情况的汇报，有计划的组织委员和代表进行调查和视察，检查督促校改工作的顺利进行。

关于批准县政府1989年财政预算变更情况的决议　1989年12月21日，梁山县十一届人大常委会第二十一次会议，听取县财政局局长刘继庆代表县政府所作《关于1989年财政预算变更情况的报告》。会议经过认真审议，认为报告中所提预算变更的理由比较充分，用项比较合理，决定批准该报告。会议指出，县政府在今后的财政安排中，要按照中央关于“过几年紧日子”的精神，严格执行财政计划，认真执行财经纪律，提高资金使用效益，为克服和扭转暂时的财政经济困难，实现全年的财政收支平衡作出新的努力。

十二届人大常委会决议

关于加强全县土地管理的决议　1990年5月15日，梁山县十二届人大常委会第二次会议，听取县土地管理局局长阎桂月受县政府委托所作《关于贯彻执行〈中华人民共和国土地管理法〉情况的汇报》，审议县政府提出的《关于农村宅基地有偿使用的若干规定》。会议要求，对于农村宅基地有偿使用，县政府要抓紧搞点试行。对《关于农村宅基地有偿使用的若干规定》要作进一步修改，并尽快制订其他配套规定措施，出台实施。会议认为，土地管理是全国的一项基本国策。《中华人民共和国土地管理法》和《山东省实施〈中华人民共和国土地管理法〉办法》颁布实施以来，县乡两级政府和有关职能部门做了大量工作，取得了一定的成绩，并涌现出一批，坚持规划、依法用地的典型。但全县浪费土地资源、违法用地的现象依然存在，形势非常严峻，已到了非解决不可的时候。会议强调，各级领导要进一步提高认识，增强国策观念和法律意识，把土地管理工作列入重要议事日程，下大决心，用大气力，在搞好调查研究的基础上，坚决制止和清理违法用地。要进一步加强土地管理法规的宣传教育。对农村群众建房，要坚持走旧村改造的路子，严格执行和落实村镇规划。县城总体规划要有超前性，要让群众早知道；新开街道沿线，要有计划地安排商业、服务网点，并注意布局、风格和质量。县政府要按照上级的要求，充实土地管理人员，尽快组建土地管理执法队伍；县人民法院要依照诉讼程序，加强和加快宅基、土地纠纷和违法用地案件的审理和执行。会议号召，全县人民一定要认真贯彻执行土地管理法规，珍惜国土资源，合理利用每一寸土地，为社会主义现代化建设，为造福子孙后代，做出积极的贡献。

关于在全县各乡镇实施义务教育的决议 1990年5月15日，梁山县十二届人大常委会第二次会议，听取县教育局副局长李凌岩受县政府委托提出的《梁山县人民政府关于在全县认真实施义务教育的意见》。经过认真审议，原则同意该意见。县乡镇政府要根据这个意见，制定实施方案，认真组织实施。会议认为，《梁山县人民政府关于在全县实施义务教育的意见》，对全县乡镇教育现状和存在问题的分析是实事求是的，指导思想是明确的，提出的奋斗目标，经过努力是可以实现的。会议认为《中华人民共和国义务教育法》实施近四年来，县乡镇政府和有关部门做了大量工作，取得了一定的成绩。但目前仍存在着教育经费紧张、师资力量不足等方面的问题需要解决。会议要求，要进一步广泛深入地学习、宣传义务教育法，增强以法治教的观念，不断提高对教育战略地位的认识。各乡镇政府要根据义务教育法的规定和本地的实际情况，合理安排好中小学布点，解决好小学生上初中难的问题，依法做好流失生的复读工作。加大措施，增加教育投入，依法定额收缴教育附加，鼓励、支持集体和个人在自愿量力的原则下，捐资助学或集资办学。各级各单位和学校，必须合理使用教育经费，做到专款专用，任何部门和单位不得挪用和平调。学校应艰苦奋斗，因地制宜地组织勤工俭学。要通过各种形式，采取有效措施提高教师的政治文化和业务素质。稳定教师队伍。全面贯彻党的教育方针，强化学校思想政治工作，加强思想品德教育，使学生做到德智体全面发展。会议号召，县乡政府和全县人民都要关心和支持教育工作，为大力发展梁山县教育事业而努力奋斗。

关于批准县政府《关于进一步加强土地管理工作意见的报告》的决议 1990年7月17日，梁山县十二届人大常委会第三次会议，听取县土地管理局局长阎贵月受县政府委托所作《关于进一步加强土地管理工作意见的报告》，并进行认真审议。常委会成员认为，县第十二届人大常委会第二次会议以来，县政府认真落实《关于加强全县土地管理的决议》，抓紧文件的草拟和修改，做了大量的工作，提请本次会议审议的有关规定指导思想明确，依据法律比较准确，符合全县实际，比较可行，决定予以原则批准，由县人民政府采取得力措施，深入宣传发动，认真组织实施，真正做到有法必依，执法必严，违法必究，逐步把县土地管理工作纳入法制管理的轨道。

关于依法治县的决议 1990年9月15日，梁山县十二届人大常委会第四次会议，经过认真审议，决定批准《梁山县依法治县总体规划》。会议原则同意梁山县人民法院和梁山县人民检察院所作的关于依法治县的实施意见的汇报。为广泛深入地开展依法治县活动，会议决议：充分认识加强法制的必要性，切实把依法治县列入重要议事日程，以法律手段调节政治、经济和社会生活各方面的关系，保证依法治县总体规划的贯彻实施，大力推进县社会主义民主与法制建设的进程。深化普法教育，努力巩固和发展普法教育的成果，为依法治县创造良好的社会环境。各级党政机关领导干部一定要带头学习法律、熟悉法律，带头坚持依法办事，真正为广大人民群众学法用法作出表率。抓紧研究制订具体措施，进一步健全规章制度，完善厂规、乡规民约，把依法治县的总体规划目标层层分解落实，逐步建立起生产、生活、教学和各项公共事业的依法管理的新秩序。全县人民要在县委的领导下，县、乡人大要定期听取“一府两院”关于依法治县的工作汇报，县、乡人民政府和县人民法院、人民检察院要具体负责依法治县总体规划的落实工作，切实担负起贯彻执行宪法和法律的重任，确保依法治县工作的顺利进行。会议号召，全县人民要以极大的政治热忱，认真负责的精神，积极地投身于依法治县的各项活动中来，全面贯彻实施依法治县的总体规划。大力推进社会主义民主与法制建设，为把梁山县建设成为民主气氛和谐、法律制度健全、经济繁荣，政治安定、社会文明、人民富裕的社会主义现代化县而努力奋斗。

关于深入开展第二个五年法制宣传教育的决议 1991年5月9日，梁山县十二届人大常委会第九次会议通过关于深入开展第二个五年法制宣传教育的决议。根据中共中央、全国人大常委会和国务院及省人大常委会的有关指示、决议和规划的要求，结合全县的实际情况，对实施第二个五年普法规划，继续搞好法制宣传教育，作如下决议：实施第二个五年普法规划、开展法制宣传教育要紧紧围绕党和国家的中心工作，在各级党委、人大、政府的领导和监督下，深入学习宪法及专业法，进一步提高干部群众的社会主义法律意识和民主意识。开展第二个五年法制宣传教育，要以宪法为核心，以专业法为重点，按照《全国人大常委会关于深入开展法制宣传教育的决议》要求，普及行政诉讼法、义务教育法、集会游行示威法、国旗法、婚姻法等法律的基本知识，各系统、各行业、各部门还要有针对性地组织干部、群众学习和熟悉同自己工作、生产和生活有关的专业性法律、法规。根据中央指示精神，第二个五年法制宣传教育的对象，是工人、农民、知识分子、干部、军人、个体劳动者和城镇居民中一切有接受教育能力的公民，重点对象是各级领导干部，特别是副科级以上领导干部及执法人员与青少年。要把深入开展法制宣传教育同搞好社会治安综合治理紧密结合起来，进一步加强“二五”普法规划实施的组织领导，认真贯彻中央提出的各级党委、人大和政府“统一领导和监督”的指示精神，实行统一管理、分别实施、条块结合、以块为主、分类指导，充分发挥普法主管机构和各业务主管部门的积极性，在全县范围内造成一个人人学法用法的舆论环境和全方位、多层次、多门类的依法治理格局。

关于加强县城环境卫生治理工作的决议 1991年7月18日，梁山县十二届人大常委会第十次会议，组织人大常委会组成人员和县政府有关部门的负责人，视察县城容貌及环境卫生情况，听取并审议县政府办公室副主任李树合受县政府委托所作《关于县城容貌环境卫生管理情况的汇报》。为切实加强全县县城环境卫生治理工作，进一步改变县城环境面貌，会议作如下决议：（一）县政府应当制定环境卫生事业发展规划，纳入城市总体规划及国民经济和社会发展计划，由主管部门实行统一管理，并组织交通、环保、工商、卫生、公安等部门认真实施，逐步理顺县城卫生管理体制，建立起稳定的环境卫生管理网络。（二）县政府应加强环境卫生法规和科学知识的宣传教育，深入宣传环境卫生管理法规，增强全民的环境卫生意识，树立起讲卫生光荣，不讲卫生耻辱的社会主义新风尚，动员全社会都来关心、支持、参加环境卫生治理工作，形成人人关心市容市貌和环境卫生治理的社会环境。（三）县城所有街道和单位，要进一步严格落实门前三包责任制，对县城的乱倒垃圾、排水不畅、道路积水问题，要采取措施，迅速加以解决；对农贸市场要纳入城市建设规划，采取综合治理措施进行整治，尽快改变脏、乱、差的状况。（四）县城环境卫生管理必须进一步做到制度化、规范化，围绕创建省级卫生县城，进一步建立健全各项工作标准和规章制度，落实职能部门管理责任制，努力使县城环境卫生工作走上法制管理的轨道。

关于进一步加强计划生育工作的决议 1991年7月18日，遵照省、市人大常委会的部署，梁山县人大常委会在认真组织县乡镇两级人大代表视察计划生育工作的基础上，梁山县十二届人大常委会第十次会议，再次听取并审议县计划生育委员会主任江振华受县政府委托所作《关于计划生育工作的汇报》。为进一步贯彻执行中共中央、国务院《关于加强计划生育工作严格控制人口增长的决定》《山东省计划生育条例》及有关政策，更加有效地控制人口增长，改变梁山县计划生育工作的被动局面，会议特作如下决议：各级政府要密切联系实际，向广大干部群众深入宣传我国人口的严峻形势，宣传计划生育的方针政策，把宣传教育工作做到户、做到人，使广大干部群众进一步增强人口忧患意识，提高计划生育和依法控制人口增长的自觉性。各级政府要从实际出发，下最大决心狠抓计划落实，采取教育的、行政的、经济的、法律的等一切强有力的措施，真正把《决定》《条例》落到实处，把计划生育工作搞好。大力加强基层基础工作，建立健全计划生育管理网络，使计划生育工作经常化、制度化和规范化。对计划生育工作中的先进单位和模范个人，要按照有关规定进行奖励；对违法生育情况要认真检查处理；对破坏计划生育的犯罪分子，要依法从重从快狠狠打击。同时要办好独生子女和孤寡老人的福利保险事业，以促进计划生育工作朝着健康的方向深入发展。

关于深入开展打击拐卖、绑架妇女儿童犯罪活动斗争的决议 1991年9月28日，梁山县十二届人大常委会第十一次会议，听取并认真审议县公安局局长阎旺亭受县政府委托所作《关于打击拐卖妇女儿童犯罪活动和社会治安基层基础工作情况的汇报》。为认真贯彻《全国人大常委会关于严惩拐卖、绑架妇女儿童的犯罪分子的决定》，深入开展全县的“打拐”斗争，会议决议：要进一步提高对“打拐”斗争的认识，要充分认识当前拐卖、绑架妇女儿童犯罪活动的严峻形势和“打拐”斗争的重要性、紧迫性，各级政府要继续实施统一领导和直接指挥，县、乡、村一级抓一级，层层负责，坚决把“打拐”斗争抓紧、抓好、抓出成效。要进一步搞好宣传发动，要大力宣传全国人大的决定和省人大条例，要使全县“打拐”斗争形成大气候。公安机关要会同有关部门彻底摸清人贩子窝点、转送站以及买主情况，组织优势力量快查快破，彻底摧毁拐卖、绑架妇女儿童的犯罪团伙。政法、民政、宣传、文教等有关部门，要密切配合，对重点地区实行重点治理，把拐卖、绑架妇女儿童犯罪活动打下去，为发展经济创造良好的社会环境。

关于贯彻实施《企业法》的决议 1992年5月8日，梁山县十二届人大常委会第十五次会议，听取并审议县经委李文汉受县政府委托所作关于贯彻实施《中华人民共和国全民所有工业企业法》（以下简称企业法）情况的汇报。为全面贯彻实施《企业法》，进一步深化企业改革，增强企业活力，促进经济发展，特作如下决议：要进一步广泛深入地学习和宣传《企业法》，提高对贯彻执行《企业法》必要性和重要性的认识。进一步落实企业自主权，促进企业搞活生产经营，提高经济效益。各企业要按照《企业法》的要求，切实把立足点放在加强内部管理上，深化企业内部三项制度改革，强化和完善内部管理机制。采取有效措施治理“三乱”，切实减轻企业负担，为企业创造良好的外部环境。县政府要把深入贯彻实施《企业法》作为一件大事抓紧抓好，切实加强领导，强化监督、检查，及时解决贯彻实施中的问题；县人大常委会要充分行使宪法和法律赋予的职权，加强执法检查，依法搞好监督，保证《企业法》和本决议的遵守和执行。

关于贯彻条例减轻农民负担的决议 1992年5月8日，梁山县十二届人大常委会第十五次会议，听取并审议县农牧局副局长解培岱受县政府委托所作《关于贯彻执行国务院＜农民负担费用和劳务管理条例〉和〈山东省农民负担管理条例〉情况汇报》。为认真贯彻两个条例，切实减轻农民负担，会议特作如下决议：提高认识，广泛深入、扎实有效地学习、宣传条例，增强贯彻执行条例的自觉性，使广大农民群众依法履行自己应尽义务，依法维护自己合法权益。要按照条例规定和省、市政府的要求，彻底清理涉及农民负担的各种文件、项目，该停止的停止，该修改的修改，该废止的废止，并下决心压缩由农民负担的脱产、半脱产人员。要增加农民负担的透明度，实行农民出工和提留分项通知单制度，让群众"拿个明白钱，得个明白账"，县政府及主管部门要经常向县人大常委会报告农民负担的预批方案、审计检查等执行情况，县人大常委会也应加强这方面的检查监督。各级政府要正确估计农民的富裕程度和承受能力，发展农村各项事业要从实际出发，量力而行，对条例颁布后仍置若罔闻、我行我素、不听招呼、顶风而上的，要按照条例的规定，严肃地进行处理，以切实保证2个条例的贯彻执行。

十三届人大常委会决议

关于梁山县设市撤县议案的决议 1993年5月27日，梁山县十三届人大常委会第三次会议，听取审议县人民政府县长赵步荣关于梁山县设市撤县议案的报告。会议认为，梁山县改为县级市的条件已符合国务院文件的规定，一致同意县政府关于梁山县设市撤县的议案，由县政府报上级政府审批。

关于依靠广大人民群众认真做好抗灾自救工作的决议 1993年9月28日，梁山县十三届人大常委会第五次会议，听取并审议副县长王佑明代表县政府所作《关于抗灾自救工作的汇报》。会议指出：8月4—5日，县内遭受特大暴雨和龙卷风袭击，致使大面积良田积水成灾，30多万亩农作物绝产，172个村庄和14.5万名群众被洪水围困，25600间房屋倒塌损坏，直接造成损失达4.5亿元。灾后，县政府采取紧急措施，全县人民紧急动员，与洪水展开了不屈不挠的斗争，在抗洪抢险、修堤护坝、生产自救、安排灾民生活、防疫治病、重建家园等项工作中取得了显著成效。会议认为，全县抗灾自救工作任务还相当繁重。为全面做好全县抗灾自救工作，会议特作如下决议：各级政府要教育广大干部群众树立"人定胜天"的决心，动员和依靠广大人民群众，采取田间损失田外补，种植业损失多种经营补，农业损失工副业补，农村经济损失城市经济补，做到受灾不受穷。各级政府要继续把解决灾民的生活放在第一位，切实发放使用好救灾物资，安排好灾民生活，国家对灾民补助的建房款要重点照顾鳏寡孤独和贫困户，不搞平均分配。加强水利设施建设和管理，今冬明春在全县掀起更大规模的农田水利建设热潮，做到旱能浇，涝能排，使全县水利建设再上一个新水平。各级政府要坚持以抗灾救灾为中心，推动全县各项工作，搞好生产自救，重建家园。会议号召，全县人民团结起来，在县委的统一领导下，继续奋发努力，乘胜前进，战胜重重困难，夺取抗灾自救工作的胜利。

关于深入开展普法教育和依法治理工作的决议 1993年11月30日，梁山县十三届人大常委会第六次会议，听取审议县普法办公室主任刘兴文受县政府委托所作《关于梁山县1993年普法教育依法治理工作情况的汇报》。会议决议：进一步提高认识，切实加强对普法教育工作的领导。继续坚持以学习宪法为核心，以学习专业法为重点，把学习宪法贯穿于法制宣传教育的全过程，增强广大干部群众的宪法观念和遵宪守法意识。突出抓好重点教育对象学法，带动各个社会层次法制教育工作的开展。坚持法制教育与法制实践相结合，推进依法治县活动的深入开展，逐步将全县的各项工作纳入法制管理的轨道，使依法治理工作再上一个新台阶，出现一个新局面。

关于认真贯彻执行农业“两法”的决议 1994年5月31日，梁山县十三届人大常委会第十次会议，听取并审议县农业委员会主任张兆兰受县政府委托所作《关于贯彻执行农业“两法”情况的汇报》。为切实贯彻《中华人民共和国农业法》《中华人民共和国农业技术推广法》，会议决议：充分认识颁布和实施农业“两法”的重大意义，进一步加大学习宣传力度，真正使农业“两法”精神家喻户晓，人人皆知。坚持依法治理，做好依法治农、依法兴农、依法护农等方面的工作，把农业“两法”落实到实处，大力发展高产优质高效农业。各级政府及有关部门要经常对照农业“两法”及时检查，对各种损农、害农等违法行为，要予以坚决纠正和处理，在全社会形成一个遵法、守法、支农、护农的良好环境和气氛。

关于筹集济梁公路延伸段（公明大道）工程建设资金议案的决议 1994年11月30日，梁山县十三届人大常委会第十三次会议，听取县政府关于筹集济梁公路延伸段（公明大道）工程建设资金的说明，审议县政府提出的关于筹集济梁公路延伸段（公明大道）工程建设资金的议案。会议认为，京九铁路的建成通车，迫切需要开通县城至梁山火车站的道路。此条道路的开通对充分发挥京九铁路的辐射作用，促进物资、信息充流，加快全县改革开放的步伐，繁荣梁山经济，具有十分重要的意义。但此项工程投资数额较大，除省、市投资外，还需全县筹集数百万元的资金。在县财政十分困难的情况下，县政府提出了关于筹集济梁公路延伸段（公明大道）工程建设资金的议案，并拟定多方筹集资金的措施，会议同意并批准此项议案。县政府及有关部门在筹集资金过程中，既要积极认真，又要做到依法行事，考虑群众的承受能力，同时要注意多做思想工作，本着打紧支出的原则，切实把济梁公路延伸段工作建设工作做好。

关于“科教兴梁”战略纲要和“九五”至2010年科技事业发展规划的决议 1996年7月30日，梁山县十三届人大常委会第二十四次会议，经过认真审议，决定批准《梁山县“科教兴梁”战略纲要》和《梁山县“九五”至2010年科技事业发展规划》。会议认为，县政府及主管部门在进行大量的调查研究和考察论证的基础上，认真进行《纲要》和《规划》的编制工作。《梁山县“科教兴梁”战略纲要》及《梁山县“九五”至2010年科技事业发展规划》的制定和实施将对全县经济和社会的发展产生积极作用。会议要求，县、乡（镇）政府和全县人民，要认真贯彻落实“经济建设必须依靠科学技术，科学技术工作必须面向经济建设”的战略方针，牢固树立科学技术是第一生产力的观念。积极完成《梁山县“科教兴梁”战略纲要》和《梁山县“九五”至2010年科技事业发展规划》中的各项任务指标，为促进全县经济更快、更好的发展做出贡献。

十四届人大常委会决议

关于批准梁山县1998年县级财政决算的决议 1999年5月28日，梁山县十四届人大常委会第十三次会议经过审议，并根据梁山县审计局的审计报告，决定：批准梁山县人民政府提出的梁山县1998年县级财政决算，批准梁山县财政局副局长刘东升受县政府委托所作的《关于梁山县1998年县级财政决算报告》。会议指出，县政府及职能部门为全面完成1998年财政预算收支任务做了大量工作，并取得一定成绩。但是1998年县级财政工作存在的困难和问题也十分突出：财政收入占国内生产总值比重偏低，与经济发展不相适应；收入结构不合理，非税收入比重过大；税收征管环节还存在漏洞；财政收入存在虚假现象；财政支出压力大，欠账多，财政平衡困难；财政预算功能弱化，没能起到应有的作用；财政收入增长缓慢，征收难度进一步加大，财政形势非常严峻。会议强调，县政府及职能部门要认真总结吸取财税工作中的经验教训，正确对待目前存在的困难和问题，振奋精神，坚定信心，克服困难，真抓实干，努力扭转全县财税工作的被动局面。在收入方面，要严格依法征收，强化征收措施和手段，加强管理和监督，堵塞漏洞，应收尽收。要认真贯彻国务院有关规定，取消税收中的税款过渡性账户。要加强调查研究，广开财路，多方聚财。要采取有效措施，加强资金管理，增强调控力度。在支出方面，要坚持“调整结构、保证重点、压缩一般、严格管理”的原则，优化支出结构，强化预算约束。要认真落实上级关于清理党政事业机关用工问题的文件精神，彻底清理编外人员，坚决压缩财政人头费开支。领导机关及有关部门要带头过紧日子，节俭支出。要集中精力发展经济，积极培植立县企业，下大力气搞好财源建设，从根本上缓解财政困难。要继续深入贯彻执行《中华人民共和国预算法》和《中华人民共和国税收征收管理法》，进一步增强法制观念。财政预算的编制要实事求是，科学合理，切实可行，收支平衡；预算的执行要严肃认真，积极努力；财政决算要严格按照年度收付实现制的原则编制。要严格依法行政，规范有关部门、单位的预算内和预算外收支，把预算管理切实纳入法制化的轨道。全县上下要齐心协力，团结奋斗，努力完成1999年预算任务，为社会稳定和国民经济的持续健康发展做出积极贡献。

关于贯彻实施《中华人民共和国促进科技成果转化法》的决议 1999年11月25日，梁山县十四届人大常委会第十七次会议，听取审议县科委主任李文敬受县政府委托所作的《关于贯彻执行〈中华人民共和国促进科技成果转化法〉情况的汇报》。为贯彻落实好《中华人民共和国促进科技成果转化法》，推动全县科技成果转化工作健康发展，会议特作如下决议：提高认识，进一步强化宣传教育，努力营造有利于科技成果转化的法制环境，把科技成果转化工作纳入法制化管理的轨道。拓宽渠道，多层次加大资金投入，建立健全科技成果转化的服务与支撑体系，为科技成果转化提供全方位的服务。以人为本，发挥科技人员作用，提高技术创新能力，吸引科技人员到基层开展技术服务、发挥聪明才智。面向市场，抓好典型示范，促进科技成果尽快转化为现实生产力，提高全县科技成果转化水平，推动全县产品和产业升级。

关于批准梁山县1999年县级财政决算的决议 2000年4月25日，梁山县十四届人大常委会第二十一次会议经过审议，并根据梁山县审计局的审计报告，决定：批准梁山县人民政府提出的梁山县1999年县级财政决算，批准梁山县财政局局长刘东升所作《关于1999年县级财政决算的报告》。会议认为，1999年，县政府及其职能部门认真贯彻落实中央财政政策，努力增加收入，严格控制支出，为完成全县财政收支预算任务做了大量工作，促进了全县经济和各项事业的持续发展。会议指出，1999年县级财政工作存在的困难和问题仍较为突出，主要表现在：财政增收基础薄弱，缺乏大的经济增长点，税源相对不足；财政收支结构不够合理，非税收入比重过大，支出管理不够规范；财政监督力度不够，税收征管环节存有漏洞，虚收虚支现象依然存在；财政资金分配方式不适应形势要求，预算功能弱化，收支平衡难度和潜在风险进一步加大，财政形势十分严峻。会议要求，县政府及其职能部门要正视目前面临的困难和问题，坚持实事求是的原则，认真总结汲取经验教训，振奋精神，坚定信心，知难而进，真抓实干，进一步推行财税制度改革，努力扭转全县财税工作的被动局面。在收入方面，要进一步强化税收征管，实行税务公开，加大稽查力度，整顿征收秩序，优化征收环境，坚持依法征收，以率计征，既要应收尽收，又不能征收过头税。同时，大力支持国有企业改革，盘活现有存量资产；以发展个体私营经济和招商引资为重点，加大政策扶持力度，加快培植新的财税增长点。通过广开税源从根本上解决财政困难问题。在支出方面，要实施积极的财政政策，调整优化支出结构，提高财政资金使用效益。要大力培植财源，支持效益好、产品销售市场好的企业发展。要积极稳妥地落实国家调整收入分配的政策，结合机构改革，重点压缩“人”“车”“会”“话”等支出，厉行节约，反对浪费，集中财力保工资、保稳定、保重点。对重点支出，要优先安排，并保证专款专用。要严格执行《预算法》和县人大常委会《关于加强预算管理监督的试行办法》，强化预算约束功能和财政监督职能，努力回收财政周转金，督促动用的房改资金尽快归位；加强预算外资金管理，落实好“收支两条线”制度，推行“罚缴分离”的管理办法。加强对财政资金的跟踪问效、监督检查，建立良好的财经秩序。要把防范化解财政风险作为一件大事来抓，对有关情况进行调查分析和超前研究，对可能发生的风险早预测、早判断、早决策，将风险降到最低限度。全县上下要团结一致，齐心协力，努力完成2000年财政预算任务，确保年度收支平衡，促进全县经济与社会协调发展。

关于罢免刘振达济宁市第十三届人大代表职务的决议 2000年7月3日，梁山县十四届人大常委会第二十三次会议，鉴于济宁市第十三届人大代表、梁山县大路口乡东张博村原党支部书记刘振达，涉嫌贪污犯罪，已丧失其作为人大代表的基本条件，依照《中华人民共和国地方各级人民代表大会和地方各级人民政府组织法》和《中华人民共和国全国人民代表大会和地方各级人民代表大会选举法》的规定，根据市人大常委会建议，梁山县十四届人大常委会第二十三次会议经过无记名投票表决，决定罢免刘振达的济宁市第十三届人大代表职务，并报济宁市人大常委会备案。

关于批准梁山县2000年县级财政决算的决议 2001年4月13日，梁山县十四届人大常委会第三十一次会议经过审议并根据梁山县审计局的审计报告，决定：批准梁山县人民政府提出的梁山县2000年县级财政决算，批准梁山县财政局局长刘东升所作的《关于2000年县级财政决算的报告》。会议认为，2000年，县政府及其职能部门认真贯彻落实中央和上级积极的财政政策，努力组织财政收入，保证财政重点支出，做了大量工作，对促进全县改革、发展和稳定发挥了积极作用。会议指出，2000年财政工作和预算执行中存在的困难和问题仍较为突出，主要是：财政收入的基础薄弱，税源相对不足，财政资金运作困难，潜在财政风险不容忽视；财政收入结构不够合理，非税收入比重过大，财政支出结构和支出范围不尽合理，预算支出管理不够严格，不利于财政职能的充分发挥；税收征管中仍存有漏洞；财政虚收虚支现象仍然存在；财政包袱沉重，收支平衡难度进一步加大，财政形势依然严峻。会议要求，县政府及其职能部门要高度重视存在的困难和问题，积极采取有针对性的措施，努力加以解决。在增加收入方面，要着力抓好财政基础建设，突出发展经济，大力培植财源，壮大财政实力。要进一步加大税收征管力度，继续贯彻执行“加强征管、堵塞漏洞、清缴欠税、惩治腐败”的治税方针，严格依法治税，积极推进税收征管制度改革，严格查处漏税行为，严厉打击各种偷、逃、骗、抗税行为，确保收入安全完整。要坚持按照“公平税负、合理负担、保障收入、调节分配、有利发展”的原则，积极稳妥地推进税费改革。在支出方面，要大力调整和优化财政支出结构，努力提高财政资金使用效益。结合县乡机构改革，认真解决好财政供给范围问题，更大限度地减轻财政供养压力。加强对预算外资金的管理，提高财政资金的综合运筹能力。大力提倡和发扬艰苦奋斗、勤俭节约的优良传统，刹住铺张浪费之风，集中财力，确保财政重点支出的需要。要继续加强财政监督和审计监督，进一步加大财政周转金的回收力度，严格预算管理，全面贯彻预算法律法规，维护预算的严肃性和权威性。要加强对财税工作的领导，提高财税队伍的整体素质，进一步提高依法理财、依法行政的水平，努力防范和化解财政风险。全县上下要以“三个代表”重要思想为指导，进一步解放思想，开拓进取，团结一致，齐心协力，圆满完成2001年的财政预算任务，促进全县经济的持续稳定发展和社会的全面进步。

关于在全县公民中实施法制宣传教育第四个五年规划和2001—2005年依法治县规划的决议 2001年7月31日，梁山县十四届人大常委会第三十三次会议，审议《梁山县在公民中开展法制宣传教育的第四个五年规划》及《梁山县2001—2005年依法治县规划》及县司法局副局长王凤春受县政府委托所作《关于全县法制宣传教育第四个五年规划和2001—2005年依法治县规划的汇报》。为更好地实施《四五普法规划》和《依法治县规划》，会议决议：深入开展法制宣传教育和依法治县工作，进一步提高对普法教育和依法治县工作的认识，为全县的改革、发展、稳定创造良好的法制环境。重点抓好领导干部、司法和行政执法人员青少年学生和企业经营管理人员的普法教育，进一步实现由提高全民法律意识向提高全民法律素质的转变，实现由注重依靠行政手段管理向注重运用法律手段管理的转变，全方位推进各项事业的依法治理。县乡政府、行政执法部门和司法机关要进一步加大执法力度，推进依法行政和公正司法，努力做到有法必依、执法必严、违法必究，以保障全县经济建设和社会各项事业顺利健康发展。要在县委的统一领导下，实行人大监督、“一府两院”实施、全社会参与的运作机制，确保普法教育和依法治县工作的深入开展。

关于批准梁山县2001年县级财政决算的决议 2002年5月30日，梁山县十四届人大常委会第四十次会议，听取审议县财政局局长刘东升、县审计局局长高承坤受县政府委托分别所作的《关于梁山县2001年县级财政决算的报告》和《关于梁山县2001年度本级财政预算执行和其他财政收支情况的审计工作报告》。会议决定：批准梁山县人民政府提出的梁山县2001年县级财政决算，批准梁山县财政局局长刘东升所作的《关于梁山县2001年县级财政决算的报告》。会议认为，2001年，县政府认真贯彻党的各项方针政策，努力组织财政收入，加大对重点支出的保障力度，对于巩固全县经济发展的良好势头，促进国民经济增长和保持社会稳定发挥了积极作用。会议指出，2001年财政预算执行中仍然存在一些不容忽视的问题，主要是：财经秩序不够规范，有法不依、执法不严的问题还不同程度地存在；预算收入不完整，质量不高，收支结构不尽合理；财政基础薄弱，收支矛盾突出，债务负担沉重；财政形势依然严峻。会议要求，县政府要高度重视存在的困难和问题，认真总结经验教训，实事求是，积极采取应对措施加以解决。在收入方面，要进一步支持发展、培植财源，依法加强收入征管，确保完成收入任务。大力支持改革和高新技术产业的发展，增强经济发展后劲。加大结构调整力度，放手发展民营经济，培植新的经济增长点，壮大财政实力。要坚持依法治税，广开增收渠道。认真贯彻落实“加强征管、堵塞补漏、惩治腐败、清缴欠税”的工作方针，健全征、管、查分离的地方税收任管机制，依法征税，强化查处力度，从严查处漏征、漏管、混征混库、不征少征、不如实反映欠税等问题，保证财政收入的有效增长。在支出方面，要继续加快支出结构调整步伐，确保重点支出需要。科学运筹资金，严格按照“保工资，保稳定、保法定支出”的顺序安排支出，优先保证工资的发放。要切实加强对预算外资金和其他财政性资金的管理，努力提高资金的使用效益。要建立科学的激励和约束机制，保证预算外资金的依法收缴和清算；有关部门要加大对财政周转金、世行贷款等资金的回收力度，减少财政风险。要强化审计监督和其他监督，加强财政监管，严格财经法纪，强化预算约束，提高财政管理水平。全县上下要进一步解放思想，以“三个代表”重要思想为指导，开拓进取，团结奋进，努力完成2002年的财政预算任务，为促进全县经济和社会各项事业的发展做出积极贡献。

关于贯彻实施《中华人民共和国药品管理法》的决议 2002年7月24日，梁山县十四届人大常委会第四十一次会议，听取审议县药品监督管理局局长李占强受县政府委托所作的《关于＜中华人民共和国药品管理法＞贯彻执行情况的汇报》。会议决议：加大学习宣传力度，创造良好的法律实施环境，增强全民的法制观念和安全用药意识，提高公民识别辨明假劣药品的能力。规范药品生产经营管理，保证人民群众用药质量，促进药品生产经营管理的规范化和法制化。严厉打击违法行为，维护医药市场正常秩序，保护用药者的切身利益。加强药品管理工作领导，建设高素质的执法队伍，为药品管理工作的正常开展和《药品管理法》的顺利实施提供有力的保障。

关于贯彻实施《中华人民共和国人口与计划生育法》的决议 2002年9月25日，梁山县十四届人大常委会第四十二次会议，听取审议县计划生育局局长陈丕英受县政府委托所作的《关于＜中华人民共和国人口与计划生育法＞学习宣传情况及＜山东省计划生育条例＞贯彻执行情况的汇报》。为全面贯彻实施《中华人民共和国人口与计划生育法》，进一步做好全县计划生育工作，会议决议：加强学习宣传，增强做好人口与计划生育工作的自觉性，进一步增强全社会的国策意识，更加自觉主动地做好人口与计划生育工作。坚持依法行政，推进人口和计划生育工作的规范化管理，努力提高依法行政水平，继续优化计划生育工作的法制环境。加强基层基础工作，健全完善人口和计划生育工作的管理体制和工作机制，确保全县人口和计划生育工作整体推进。强化政策推动和利益引导，进一步落实计划生育的奖励和社会保障制度，有效促进全县人口与计划生育事业的健康发展。加强领导，落实人口目标管理责任制，继续实行一把手亲自抓、负总责，加大部门协调力度，坚持齐抓共管，把人口和计划生育综合治理真正落到实处。

十五届人大常委会决议

关于批准梁山县2002年县级财政决算的决议 2003年5月8日，梁山县十五届人大常委会第二次会议，听取审议县财政局局长杨奉月、县审计局局长李若宽受县政府委托分别所作的《关于梁山县2002年县级财政决算的报告》和《关于梁山县2002年度本级财政预算执行和其他财政收支情况的审计工作报告》。会议决定批准梁山县人民政府提出的梁山县2002年县级财政决算，批准梁山县财政局局长杨奉月所作的《关于梁山县2002年县级财政决算的报告》。会议认为，2002年，县政府积极推进农村税费改革，强化税收征管，加强财政管理，基本完成了2002年度财政预算任务，对保持社会稳定，促进全县经济和社会各项事业的发展发挥了积极作用。会议指出，2002年财政预算执行中仍存在一些不容忽视的困难和问题，主要是收入仍存在薄弱环节，财政收支矛盾突出，财政债务负担沉重，运行隐患进一步增加，虚收虚支现象仍然存在，财政形势依然严峻。会议要求，县政府要坚持实事求是的原则，正视存在的困难和问题，切实加强对财税工作的领导，加强工作协调，调动一切力量，动用各种手段，积极采取应对措施，努力加以解决。在收入方面，要下大力培植财源，稳固财政增收的基础。要广开财路，多方聚财，缓解财政压力。要优化收入结构，狠抓税收征管，严格依法治税，确保财政收入的实际增长。在支出方面，要进一步优化支出结构，切实保障重点支出。要严格按照“保工资、保稳定、保法定支出”的原则合理安排支出顺序，确保工资按时发放。要牢固树立长期过紧日子的思想，采取积极有效的措施，切实压减不合理支出，减轻财政负担。要进一步加强对预算外资金和其他财政性资金的管理，努力提高财政资金的使用效益。要加大对财政周转金、世行贷款等项资金的回收力度，切实化解财政风险。要进一步强化审计监督和财政预算监督，严肃财经法纪，强化预算约束，努力提高依法理财水平。全县上下要进一步解放思想，与时俱进，开拓创新，团结奋进，努力完成2003年的财政预算任务，为促进全县经济和社会各项事业的发展作出新的贡献。

关于批准梁山县2003年县级财政决算的决议 2004年4月15日，梁山县十五届人大常委会第十次会议，听取审议县财政局局长杨奉月和县审计局局长李若宽受县政府委托分别所作的《关于2003年县级财政决算的报告》和《关于梁山县2003年度本级财政预算执行和其他财政收支情况的审计工作报告》。会议决定，批准梁山县人民政府提出的梁山县2003年县级财政决算，批准县财政局局长杨奉月受县政府委托所作的《关于2003年县级财政决算的报告》。会议认为，2003年，县政府认真贯彻落实中央和省、市各项决策，进一步加大财税工作力度，强化税收征管，加强财政管理，基本完成了2003年度财政预算任务，对保持社会稳定，促进全县经济和社会各项事业的发展发挥了积极作用。会议指出，2003年财政预算执行中仍存在一些比较突出的困难和问题，主要是：收入质量不高、结构不合理的现象仍然存在；税收征管存在薄弱环节，财政债务负担不断加大；收支矛盾十分突出，虚收虚支现象仍然存在，财政形势依然严峻。会议要求，县政府要立足县内实际，正视存在的困难和问题，进一步加强对财税工作的领导，强化工作措施，努力加以解决。要下大力气，狠抓财源建设，特别要抓好大项目建设，稳固财政增收的基础。要进一步优化收入结构，狠抓税收征管，严格依法治税，促进财政收入的稳定增长。要在增收的同时，注重节支，进一步优化支出结构，切实提高财政保障能力。要采取更加有效的措施，统筹安排财力，确保重点支出需要。要进一步加强对预算外资金和其他财政性资金的管理，加大对财政周转金、世行贷款等项资金的回收力度，努力化解财政风险。要强化审计监督和财政监管，加强《中华人民共和国会计法》执法监督，严肃财经法纪，努力提高依法理财水平。全县上下要进一步解放思想，团结奋进，顽强拼搏，真抓实干，努力完成2004年的财政预算任务，为促进全县经济和社会各项事业的持续快速、协调健康发展作出新的贡献。

关于批准梁山县2004年县级财政决算的决议 2005年4月29日，梁山县十五届人大常委会第十九次会议，听取审议县财政局局长杨奉月和县审计局局长李若宽受县政府委托分别所作的《关于2004年县级财政决算的报告》和《关于梁山县2004年度本级财政预算执行和其他财政收支情况的审计工作报告》。会议决定，批准梁山县人民政府提出的梁山县2004年县级财政决算，批准县财政局局长杨奉月受县政府委托所作的《关于2004年县级财政决算的报告》。会议认为，2004年，县政府认真贯彻落实中央和省、市各项决策，加强对财税工作的组织领导，加大财税工作力度，强化工作措施，努力组织财政收入，基本完成了2004年度财政预算任务，对保持社会稳定，促进全县经济和社会各项事业的发展发挥了积极作用。会议指出，2004年财政预算执行中仍存在一些比较突出的困难和问题，主要是：财政收入质量较差，结构不合理；税收征管存在薄弱环节；重点税源贡献力度小；财政债务负担继续加大，财政运行风险和隐患进一步增加；收支矛盾十分突出，财政形势依然严峻。会议要求，县政府要高度重视存在的困难和问题，进一步加强对财税工作的领导，强化工作措施，实事求是，积极应对，努力加以解决。要牢固树立经济决定财政的理念，进一步加强经济工作，下大力气，培植财源，特别要抓好大项目建设，稳固财政增收的基础。要进一步优化收入结构，强化税收征管，严格依法治税，努力提高收入质量，促进财政收入的稳定增长。要进一步优化支出结构，深化支出改革，切实提高财政保障能力，集中资金，确保重点支出需要。要进一步加强对预算外资金和其他财政性资金的管理，努力提高财政资金的使用效益。要认真贯彻执行《中华人民共和国会计法》，进一步强化审计监督和财政监管，严肃财经法纪，强化预算约束，努力提高依法理财水平。要坚持科学发展观，增强预算的科学性和严肃性，对审计查出的问题要努力整改。认真执行2005年的财政预算，确保各项预算任务的完成，为促进全县经济和社会各项事业的发展作出新的贡献。

关于批准梁山县2005年县级财政决算的决议 2006年4月29日，梁山县十五届人大常委会第二十九次会议，听取审议县财政局局长杨奉月和县审计局局长李若宽受县政府委托分别所作的《关于2005年县级财政决算的报告》和《关于梁山县2005年度本级财政预算执行和其他财政收支情况的审计工作报告》。会议决定，批准梁山县人民政府提出的梁山县2005年县级财政决算，批准县财政局局长杨奉月受县政府委托所作的《关于2005年县级财政决算的报告》。会议同意县审计局局长李若宽受县政府委托所作的《关于梁山县2005年度本级财政预算执行和其他财政收支情况的审计工作报告》。对于审计中提出的问题，县政府要高度重视，认真处理，强化措施，加强整改。县人大常委会将适时听取整改情况的汇报。

关于批准县政府报请审批《梁山县城市总体规划》的决议 2006年6月28日，梁山县十五届人大常委会第三十次会议，认真审议《梁山县城市总体规划》。会议认为，县政府及其主管部门在认真总结上一轮城市总体规划实施情况的基础上，按照城市经济和社会发展的需要，根据上级关于城市总体规划修编工作的文件精神，对城市总体规划进行大量的、深入细致的科学论证工作，有计划、有步骤地认真开展了城市总体规划的修编工作。修编后的《梁山县城市总体规划》将对梁山县城市经济和社会发展产生积极的作用。会议同意县政府将《梁山县城市总体规划》报请济宁市人民政府审批。

关于县2006-2010年依法治县规划的决议 2006年7月28日，梁山县十五届人大常委会第三十一次会议经过审议，决定通过《梁山县2006-2010年依法治县规划》。由县人民政府、县人民法院、县人民检察院组织实施。

关于在全县公民中开展第五个五年法制宣传教育的决议 2006年7月28日，梁山县十五届人大常委会第三十一次会议，通过关于在全县公民中开展第五个五年法制宣传教育的决议。决议指出，自2001年开始，全县实施法制宣传教育第四个五年规划，以宪法为核心的法律知识得到广泛普及，依法治理工作不断深入，公民的法律意识和法律素质明显增强，各项事业的法治化管理水平逐步提高，为全县经济社会持续健康快速协调发展提供了有力保障。为全面贯彻落实科学发展观，促进依法治国基本方略的实施，加快依法治县步伐，进一步提高公民的法律素质和全县社会法治化管理水平，保证全县国民经济和社会发展“十五”规划目标的实现，推动平安和谐梁山建设，有必要从2006—2010年在全县公民中继续开展法制宣传教育活动。深入开展以宪法为主要内容的法制宣传教育，进一步提高公民法律意识和法律素质，进一步增强公务员社会主义法治理念，进一步增强县乡政府和社会组织依法治理的自觉性，提高依法管理和服务社会的水平。进一步学习宣传与经济社会发展相关的法律法规，学习宣传与群众生产生活密切相关的法律法规，学习宣传与维护社会和谐稳定、促进社会公平正义相关的法律法规，增强全县公民社会主义法治理念和爱国意识、责任意识及权利义务观念，培养全县公民自觉学法、用法、守法、护法的行为习惯，保障和促进全县政治、经济、文化和社会建设。在继续做好全体公民法制宣传教育工作的基础上，重点做好公务员特别是各级领导干部和司法、行政执法人员的法制宣传教育，同时做好青少年、企业经营管理人员、农村两委成员和农民工的法制宣传教育。坚持法制教育与法治实践相结合，认真实施《梁山县2006—2010年依法治县规划》，围绕制定规范性文件以及司法、执法、普法、法律监督和法律服务等环节，全面推进依法治理工作，提高全社会法治化管理水平。深入开展以“学法律、讲权利、讲义务、讲责任”为主要内容的公民法制宣传教育，大力推进法制宣传教育进机关、进乡村、进社区、进学校、进企业主题活动，把法制宣传教育融入基层人民群众的生产生活之中，形成崇尚法律、遵守法律、依法办事的社会氛围。加强法制宣传教育工作的组织领导，各机关、各企事业单位、各社会团体和其他各类组织，都要高度重视法制宣传教育工作，面向全社会开展法制宣传教育活动，确保各项工作落到实处。县人大及其常委会和乡镇人大要把对法律实施的监督工作与法制宣传教育工作结合起来，加强法制宣传教育工作的监督检查，保证本决议得到切实执行。

关于批准梁山县2006年县级财政决算的决议 2007年4月30日，梁山县十五届人大常委会第三十八次会议，听取审议县财政局局长杨奉月和县审计局局长李若宽受县政府委托分别所作的《关于2006年县级财政决算的报告》和《关于梁山县2006年度本级财政预算执行和其他财政收支情况的审计工作报告》。会议决定，批准梁山县人民政府提出的梁山县2006年县级财政决算，批准县财政局局长杨奉月受县政府委托所作的《关于2006年县级财政决算的报告》。会议同意县审计局局长李若宽受县政府委托所作的《关于梁山县2006年度本级财政预算执行和其他财政收支情况的审计工作报告》，县政府对审计中查出的问题，要高度重视，认真处理，强化措施，加强整改，县人大常委会将适时听取整改情况的汇报。

十六届人大常委会决议

关于批准县政府村村通自来水项目自筹资金及项目回购资金问题的决议 2008年4月30日，梁山县十六届人大常委会第三次会议，于2008年4月30日听取县政府对《关于梁山县村村通自来水项目有关问题的议案》所作的说明，并对议案进行审议，决定批准这个议案。（一）同意县政府授权梁山国有资产运营投资有限公司作为统借统还的主体，对梁山县村村通自来水项目向国家开发银行山东省分行贷款，贷款融资额度上限为1500万元。（二）同意县政府按协议书约定期限、金额向梁山国有资产运营投资有限公司支付建设项目回购资金，由县财政纳入当年财政预算支出，从2008年开始，每年支付294.195万元，分十年支付，共计2941.95万元，以确保如期还贷。会议要求，县政府及有关职能部门要做好资金和项目的监督、规划、建设工作，加强对贷款资金使用和还贷情况的监管，实行项目贷款法人负责制，专款专用，不得挪用，确保信贷资金使用安全。县政府每半年向县人大常委会报告贷款资金安全使用情况。审计机关每年进行一次专项审计，并向县人大常委会报告审计结果。如发现问题，追究相关人员的责任。

关于批准梁山县2007年县级财政决算的决议 2008年6月12日，梁山县十六届人大常委会第四次会议，听取审议县财政局局长梁开平和县审计局局长李若宽受县政府委托分别所作《关于2007年县级财政决算的报告》和《关于梁山县2007年度本级财政预算执行和其他财政收支情况的审计工作报告》。会议决定，批准梁山县人民政府提出的梁山县2007年县级财政决算，批准县财政局局长梁开平受县政府委托所作的《关于2007年县级财政决算的报告》。会议同意县审计局局长李若宽受县政府委托所作的《关于梁山县2007年度本级财政预算执行和其他财政收支情况的审计工作报告》，县政府对审计中查出的问题，要高度重视，认真处理，强化措施，加强整改，县人大常委会将适时听取整改情况的汇报。

关于新城区风景区基础设施建设项目贷款进行开发建设的决议 2009年1月4日，梁山县十六届人大常委会第九次会议，听取县政府《关于提请审议新城区风景区基础设施建设项目贷款的议案》的报告。会议经过认真审议，决定批准这个议案。（一）同意县政府授权梁山国有资产运营有限公司作为统借统还的主体，对梁山县新城区、风景区基础设施建设项目向中国工商银行申请贷款5000万元；同意县政府授权梁山水浒文化旅游股份有限公司申请景区建设项目贷款5000万元，进行新城区和旅游开发项目建设。如果出现还贷困难时，由县财政从预算内和预算外资金中安排偿还。（二）县政府要继续做好向金融机构收储贷款的争取工作，要在前段工作的基础上，进一步加大工作力度，尽快做好项目贷款前期各项准备工作，确保按计划实现贷款目标。（三）县政府有关部门要认真组织工程项目的实施。本着既有利于梁山旅游发展又实用节约的原则，进一步完善工程的规划、设计；严格实行建设工程法人责任制、招投标制和监理制，确保工程造价合理，工期合理，提高工程质量。（四）要切实加强工程建设资金的管理。土地收储贷款资金争取到位后，县政府和有关部门要严格管好用好贷款资金。保证专款专用，发挥投资效益。（五）增强还贷意识，确保贷款按计划如期偿还。县政府及有关部门要制定切实可行的还贷计划，加强对贷款资金使用和还贷情况的监管，实行项目贷款法人负责制，专款专用，不得挪用，确保信贷资金使用安全和按期还款。会议要求，县政府每半年向县人大常委会报告贷款资金安全使用情况。审计机关每年进行一次专项审计，并向县人大常委会报告审计结果。如发现问题，追究相关人员的责任。

关于批准建立梁山县城郊农村住房建设基金的决议 2009年7月3日，梁山县十六届人大常委会第十四次会议，听取县政府《关于提请审议建立梁山县城郊农村住房建设基金的议案》所作的说明，并对议案进行审议，会议决定批准县政府提出的议案。同意县政府建立梁山县城郊农村住房建设基金，授权山东水泊城建投资有限公司作为统借统还的主体，向国家政策性银行和商业银行申请人民币贷款，贷款额度上限为10亿元。该项基金要做到专款专用、规范运作、严格监管。县政府每半年向县人大常委会报告基金使用情况。审计机关每年进行一次专项审计，并向县人大常委会报告审计结果。

关于批准梁山县2008年县级财政决算的决议 2009年7月3日，梁山县十六届人大常委会第十四次会议，听取审议县财政局局长梁开平和县审计局局长李若宽受县政府委托分别所作《关于2008年县级财政决算的报告》和《关于梁山县2008年度本级财政预算执行和其他财政收支情况的审计工作报告》。会议决定，批准梁山县人民政府提出的梁山县2008年县级财政决算，批准县财政局局长梁开平受县政府委托所作的《关于2008年县级财政决算的报告》。会议同意县审计局局长李若宽受县政府委托所作的《关于梁山县2008年度本级财政预算执行和其他财政收支情况的审计工作报告》。县政府对审计中查出的问题要高度重视，认真处理，强化措施，加强整改，县人大常委会将适时听取整改情况的汇报。

关于梁山县人民医院病房大楼项目建设资金有关问题的决议 2009年7月20日，梁山县十六届人大常委会第十五次会议，听取县政府《关于提请审议梁山县人民医院病房大楼项目建设的议案》所作的说明，并对议案进行审议，会议决定批准县政府提出的议案。同意县政府指定梁山县人民医院作为贷款的统借统还主体，向中国建设银行梁山支行贷款4200万元，用于梁山县人民医院病房大楼项目建设。同时，同意县政府将该项目资金及贷款本息纳入财政预算，确保年度偿还银行本息。该项贷款要做到专款专用、规范运作、严格监管。县政府每半年向县人大常委会报告贷款使用情况。审计机关每年进行次专项审计，并向县人大常委会报告审计结果。

关于批准梁山县2009年县级财政决算的决议 2010年6月29日，梁山县十六届人大常委会第二十一次会议，听取审议县财政局局长梁开平和县审计局局长艾桂秋受县政府委托分别所作《关于2009年县级财政决算的报告》和《关于梁山县2009年度本级财政预算执行和其他财政收支情况的审计工作报告》，并表决通过相关决议和审议意见。

关于批准梁山县2010年县级财政决算的决议 2011年8月22日，梁山县十六届人大常委会第三十二次会议，听取审议县财政局局长梁开平受县政府委托所作《关于梁山县2010年县级财政决算的报告》。会议决定批准该报告。

关于梁山县2011-2015年依法治县规划的决议 2011年12月9日，梁山县十六届人大常委会第三十五次会议，决定通过《梁山县2011-2015年依法治县规划》，由梁山县人民政府、梁山县人民法院、梁山县人民检察院组织实施。

关于“六五”普法的决议 2011年12月9日，梁山县十六届人大常委会第三十五次会议，听取审议县人民政府《关于全县“五五”普法规划实施情况和“六五”普法规划制定情况的报告》。会议决议：围绕发展目标，加强中国特色社会主义法律体系的学习宣传教育，进一步增强公民的宪法意识和社会主义民主法制观念，形成崇尚宪法、遵守宪法、维护宪法权威的良好氛围，在广大公民中形成自觉学法、懂法、守法、用法和依法行政、公正司法的社会氛围。突出工作重点，切实增强法制宣传教育的针对性和实效性，进一步加强领导干部、公务员、青少年、企事业经营者、村（居）两委成员、农（居）民等重点对象的法制宣传教育，增强其依法行政、依法诉求、依法维权的能力。创新工作方法，推进依法治理，积极探索和完善法制宣传教育与创新社会管理工作联动机制，不断丰富法制宣传教育的形式和载体，借助互联网、移动通信等新兴媒体开展法制宣传教育，推进多层次、多领域的法治实践活动，提升全社会法治化管理水平。进一步健全和完善党委领导、人大监督、政府实施、部门齐抓、全民参与的运行体制，完善分工负责、协调配合、合力推进的工作机制，确保法制宣传教育工作取得实效。县乡两级人大要充分运用执法检查、听取审议专项工作报告以及代表视察、专题调研等形式，强化对“六五”普法规划和本决议实施情况的监督。县政府要按照已经颁布的“六五”普法规划总体要求，积极作好督导检查和评估验收，并定期向人大常委会报告普法教育情况。

十七届人大常委会决议

关于县政府借款的决议 2012年3月19日，梁山县十七届人大常委会第二次会议，听取审议《梁山县人民政府关于梁山县向山东省国际信托有限公司借款的议案》，会议同意该议案，决议如下：同意县政府委托梁山县正大经济开发投资有限公司向山东省国际信托有限公司借款2亿元，期限为3年，每年付息一次，到期还本付息。同意县政府在承借期内从每年财政预算中确定偿债准备金，以财政收入作为还款来源。同意县政府将该项资金用于城市基础设施建设项目，不得用于房地产开发、商业经营等业务。会议要求，该项借款要做到专款专用、规范运作、严格监管。县政府每半年要向县人大常委会报告借款使用情况。审计部门要对项目资金进行跟踪审计，并及时向县人大常委会报告审计结果。

关于批准县级财政决算的决议 2012年6月27日，梁山县十七届人大常委会第四次会议，听取审议县财政局局长李士兵、县审计局局长艾桂秋受县政府委托分别所作《关于梁山县2011年县级财政决算的报告》和《关于梁山县2011年度财政预算执行和其他财政收支情况的审计工作报告》。会议决定：批准梁山县人民政府提出的梁山县2011年县级财政决算。会议认为，2011年县政府积极推进重点项目建设，千方百计培植税源，强化税收征管，加强财政管理，较好地完成了2011年度财政预算任务，对保持社会稳定，促进全县经济和社会各项事业的发展发挥了积极作用。会议指出，2011年财政预算执行中仍存在一些不容忽视的困难和问题，主要是：财税收入仍存在薄弱环节；财政收支矛盾突出；财政形势依然严峻。会议要求，县政府要正视存在的困难和问题，切实加强对财税工作的领导，加强工作协调，调动一切力量，动用各种手段，积极采取应对措施，努力加以解决。在收入方面，要下大力培植财源，稳固财政增收的基础。要出台扶持小微企业发展的政策，深入小微企业调查研究，查找问题，努力帮助其尽快走出困境。要广开财路，多方聚财，缓解财政压力。要优化收入结构，狠抓税收征管，严格依法治税，确保财政收入按计划增长。在支出方面，要进一步优化支出结构，切实保障重点支出。要严格按照“保工资、保稳定、保法定支出”的原则合理安排支出顺序，要牢固树立长期过紧日子的思想，采取积极有效的措施，切实压减不合理支出，减轻财政负担。要进一步加强对预算外资金和其他财政性资金的管理，努力提高财政资金的使用效益。要进一步强化审计监督和财政预算监督，严肃财经法纪，强化预算约束，努力提高依法理财水平。全县上下要以科学发展观为统领，进一步解放思想，开拓创新，团结奋进，努力完成2012年的财政预算任务，为促进全县经济和社会各项事业的又好又快发展作出新的贡献。

关于财政决算决议 2013年6月27日，梁山县十七届人大常委会第十二次会议，听取审议县财政局局长李士兵、县审计局局长艾桂秋受县政府委托分别所作《关于梁山县2012年县级财政决算的报告》《关于梁山县2012年度财政预算执行和其他财政收入情况的审计工作报告》。会议决定：批准梁山县人民政府提出的梁山县2012年县级财政决算，批准梁山县财政局局长李士兵所作《关于梁山县2012年县级财政决算的报告》。会议认为，2012年县政府及有关部门高度重视招商引资和财源建设，不断强化服务意识和税收征管措施，依法理财，完成2012年度财政预算任务，确保全县经济和社会各项事业的快速发展和全县社会的和谐稳定。

会议指出，2012年财政预算执行中仍存在一些不容忽视的困难和问题，主要是：收入总量偏小，支出压力及历史债务偿付压力较大；乡镇发展不平衡；预算编制不够完整和具体，预算执行不够严格，部门预算不够科学规范；政府性债务及融资管理工作需要进一步加强等。会议要求，要进一步加强财税收入征管。健全完善信息管税机制，挖掘增收潜力，集中精力抓增收。同时，要进一步抓好非税收入的征收管理工作，增加政府可用财力。要进一步优化财政支出结构。建立健全预算支出责任制度，强化对预算资金的跟踪问效，提高财政资金的使用绩效。严格控制“三公”经费，降低行政成本。要进一步完善政府投资项目管理。严格执行项目评审制度和全程审计制度。最大限度地节约建设资金。要进一步规范债务和融资行为。县政府及财政部门应清理核实各项政府性债务，完善政府债务偿还机制，通过各种途径，及时消化旧债。要逐步规范政府投资融资行为，严格控制债务规模，力争将财政风险控制在适度、可控、安全的范围。要强化队伍和制度建设。要建立健全各项收支管理制度，进一步规范财务运作。要不断提高财税队伍的政治和业务素质，更好地适应经济和社会各项事业的快速发展。总之，全县上下要按照市委市政府“落实年、突破年”的工作部署，立足建设“工业强县、文化名城、生态和谐家园”的工作奋斗目标，开拓创新，团结奋进，确保完成2013年的财政预算任务，为促进全县经济社会的快速健康发展做出新的不懈努力。

关于批准梁山水浒文化旅游股份有限公司景区建设资金议案的决议 2013年6月27日，梁山县十七届人大常委会第十二次会议，听取县政府《关于提请审议梁山水浒文化旅游股份有限公司景区建设资金的议案》的说明，并对议案进行审议。会议决定批准县政府提出的议案，同意县政府授权梁山水浒文化旅游股份有限公司作为贷款主体，向中国建设银行股份有限公司梁山支行贷款5000万元，用于景区改善修缮。在公司出现还款资金困难时，县政府安排财政预算资金予以偿还贷款本息。该项贷款要做到专款专用，规范运作，严格监管。县政府每年向县人大常委会报告贷款使用情况。审计机关每年进行一次专项审计，并向县人大常委会报告审计结果。

关于批准2013年财政预算调整方案的决议 2013年10月29日，梁山县十七届人大常委会第十四次会议，听取审议县财政局局长李士兵受县政府委托所作《关于调整2013年财政收支预算方案议案的报告》，对2013年财政收支预算调整方案进行审查，决定批准2013年财政收支预算调整方案。

关于批准县政府景区建设资金有关问题议案的决议 2013年12月28日，梁山县十七届人大常委会第十七次会议，听取审议县政府关于提请批准梁山水浒文化旅游股份有限公司景区建设资金的议案，会议决定批准县政府提出的议案。同意县政府指定梁山水浒文化旅游股份有限公司作为贷款主体向中国工商银行股份有限公司梁山支行贷款8000万元，用于梁山风景名胜区石灰岩矿区矿山地质环境治理工程。在公司出现还款资金困难时，县政府安排财政预算资金予以偿还贷款本息。该项贷款要做到专款专用，规范运作，严格监管。县政府每年要向县人大常委会报告贷款使用情况。县政府审计部门要每年进行一次专项审计，并向县人大常委会报告审计结果。

关于批准开发区污水处理厂污水处理服务费纳入县财政预算议案的决议 2014年2月26日，梁山县十七届人大常委会第十八次会议听取审议县政府关于提请批准将开发区污水处理厂污水处理服务费纳入县财政预算的议案。会议决定批准县政府提出的议案，同意县政府将开发区污水处理厂污水处理服务费列入县级财政预算。该项支出要做到专款专用，规范运作，严格监管。县政府每年要向县人大常委会报告有关情况。县政府审计部门要每年进行一次专项审计，并向县人大常委会报告审计结果。

关于批准梁山县2013年度县级财政决算的决议 2014年6月26日，梁山县十七届人大常委会第二十一次会议，听取审议县政府副县长、财政局局长李士兵所作《关于梁山县2013年县级财政决算的报告》和县审计局局长艾桂秋受县政府委托所作《关于梁山县2013年度财政预算执行和其他财政收支情况的审计工作报告》。会议经过审查，决定批准梁山县2013年度财政决算。

关于批准2014年财政预算调整方案的决议 2014年8月22日，梁山县十七届人大常委会第二十二次会议，听取审议县政府副县长、财政局局长李士兵代表县政府所作《关于2014年县级财政收支预算调整方案的报告》，对县政府提交的《关于2014年县级财政收支预算调整方案的议案》进行审查，决定批准2014年财政预算调整方案。会议要求，县政府及财政部门要依法规范实施批准后的预算调整方案，切实加强对预算资金的监管，并将其纳入2014年整体预算执行方案，向梁山县十七届人民代表大会第四次会议报告。

关于批准梁山县2014年度县级财政决算的决议 2015年6月30日，梁山县十七届人大常委会第二十八次会议，听取审议县财政局局长杨其勇受县政府委托所作《关于梁山县2014年县级财政决算的报告》和县审计局局长艾桂秋受县政府委托所作《关于梁山县2014年度财政预算执行和其他财政收支情况的审计工作报告》。会议经过审查，决定批准2014年县级财政决算。

关于批准2015年县级预算调整方案的决议 2016年1月14日，梁山县十七届人大常委会第三十四次会议，听取审议县财政局局长杨其勇受县政府委托所作《关于提请批准2015年县级预算调整方案议案的报告》，对2015年县级预算调整方案进行审查，决定批准2015年县级预算调整方案。

关于批准县政府将县生活垃圾处理费列入县财政预算的决议 2016年4月23日，梁山县十七届人大常委会第三十九次会议，听取审议副县长赵广代表县政府所作《关于提请审议将县生活垃圾处理费列入县财政预算议案的报告》。会议决定批准县政府提出的议案，同意将该费用纳入财政预算，县政府应定期向县人大常委会报告资金使用情况。审计机关每年进行专项审计，并向县人大常委会报告审计结果。

关于批准梁山县2015年度县级财政决算的决议 2016年6月28日，梁山县十七届人大常委会第四十次会议，听取审议县财政局局长杨其勇受县政府委托所作《关于梁山县2015年县级财政决算的报告》和县审计局局长艾桂秋受县政府委托所作《关于梁山县2015年度县本级预算执行和其他财政收支情况的审计工作报告》。会议经过审查，决定批准2015年县级财政决算。

关于批准2016年财政预算调整方案的决议 2016年8月31日，梁山县十七届人大常委会第四十一次会议，听取审议县财政局局长杨其勇受县政府委托所作《关于2016年县级财政收支预算调整方案的报告》，对县政府提交的《关于提请批准2016年县级预算调整方案的议案》进行审查，决定批准2016年财政预算调整方案。会议要求，县政府要严格按照《预算法》的规定，加强对地方政府债券收支预算的管理，确保债券资金规范使用。

关于在全县公民中实施第七个五年(2016—2020年)法治宣传教育规划的决议 2016年11月1日，梁山县十七届人大常委会第四十二次会议，通过关于在全县公民中实施第七个五年（2016—2020年）法治宣传教育规划的决议。

决议提出，围绕中心，深入开展以宪法为核心的中国特色社会主义法律体系宣传教育，在全社会形成崇尚宪法、遵守宪法、维护宪法权威的良好氛围。决议要求，健全各级国家工作人员学法用法制度，推动行政机关依法行政，促进司法机关公正司法；抓好青少年的法治宣传教育，强化学校、家庭、社会“三位一体”的青少年法治教育格局；加强对企业经营管理人员的法治宣传教育，培养树立诚信守法、依法经营管理的意识；实施全县法治文化阵地拓展、精品创作、活动惠民、品牌创建、媒体传播和理论创新“六大工程”，推动创新法治文化与地方文化、行业文化、企业文化融合发展，打造法治文化地方品牌；继续开展法律进机关、进乡村、进社区、进学校、进企业、进单位“法律六进”主题活动，促进法治宣传教育和社会治理的常态化、规范化；健全完善法治宣传经费保障制度，把法治宣传教育列入政府购买服务指导性目录，鼓励和引导社会资金参与、支持法治宣传教育工作；县人民政府充分运用执法检查、视察、听取和审议专项工作报告、组织代表视察、专题调研等形式，加强对法治宣传教育第七个五年规划的组织实施和检查指导和贯彻落实。决议强调，突出抓好宪法及相关法、民商法、行政法、刑法等国家基本法律的学习宣传，为贯彻落实“四个全面”战略布局和创新、协调、绿色、开放、共享发展理念，为把梁山建设成为“工业强县、文化名城、生态和谐家园”提供法治保障。

关于批准《梁山县2016—2020年依法治县规划》的决议 2016年11月1日，梁山县十七届人大常委会第四十二次会议经过审议，决定批准《梁山县2016—2020年依法治县规划》，由梁山县人民政府、梁山县人民法院、梁山县人民检察院组织实施。

关于批准建设解决城镇大班额项目（一中、郝山头小学及郑垓小学）和文化中心建设项目议案的决议 2016年11月24日，梁山县十七届人大常委会第四十三次会议，听取审议县政府《关于提请批准建设解决城镇大班额项目（一中、郝山头小学及郑垓小学）和文化中心建设项目的议案》。会议决定批准县政府提出的议案，同意建设解决城镇大班额项目和文化中心建设项目。会议要求，财政部门要严格项目评审，审计部门要加强跟踪审计，并将评审结果和审计结果及时报告县人大常委会。县政府应定期向县人大常委会报告项目进度和资金使用情况。

关于批准建设梁山县职业中专项目议案的决议 2016年11月24日，梁山县十七届人大常委会第四十三次会议，听取审议县政府《关于提请批准建设梁山县职业中专项目的议案》。会议决定批准县政府提出的议案，同意建设职业中专项目。会议要求，财政部门要严格项目评审，审计部门要加强跟踪审计，并将评审结果和审计结果及时报告县人大常委会。县政府应定期向县人大常委会报告项目进度和资金使用情况。

十八届人大常委会决议

关于批准建设梁山县高端轴承产业孵化基地项目议案的决议 2017年3月24日，梁山县十八届人大常委会第一次会议，听取和审议县政府《关于提请批准建设梁山县高端轴承产业孵化基地PPP项目的议案》。会议决定批准这个议案，同意建设梁山县高端轴承产业孵化基地PPP项目。会议要求，县人民政府及各有关部门要抓住项目的规划设计、财政评审、招投标、合同签订、施工质量管理、资金拨付、跟踪审计等环节的工作，提高财政资金的使用绩效。县人民政府应定期向县人大常委会报告项目的建设进度、资金使用和偿还情况。

关于批准建设梁山县森林公园景观绿化工程项目议案决议 2017年3月24日，梁山县十八届人大常委会第一次会议，听取和审议县政府《关于提请批准建设梁山县森林公园景观绿化工程PPP项目的议案》。会议决定批准这个议案，同意建设森林公园景观绿化工程PPP项目。会议要求，县人民政府及各有关部门要抓好项目的施工质量、资金拨付、跟踪审计等各个环节的工作，提高财政资金使用绩效，确保项目顺利实施。县人民政府应定期向县人大常委会报告项目建设进度、资金使用和偿还情况。

关于批准梁山县老城区市政基础设施提升改造工程项目议案的决议 2017年3月24日，梁山县十八届人大常委会第一次会议听取和审议县政府《关于建设梁山县老城区市政基础设施提升改造工程PPP项目的议案》。会议决定批准这个议案，同意建设梁山县老城区市政基础设施提升改造工程PPP项目。会议要求，县人民政府及各有关部门要抓好项目的规划设计、财政评审、招投标、合同签订、施工质量管理、资金拨付、跟踪审计等环节的工作，提高财政资金使用绩效，确保项目顺利实施。县人民政府应定期向县人大常委会报告项目的施工进度、资金使用和偿还情况。

关于批准建设专用车“双创”中心项目议案的决议 2017年3月24日，梁山县十八届人大常委会第一次会议，听取和审议县政府《关于提请审议建设专用车“双创”中心项目的议案》。会议决定批准这个议案，同意建设梁山县专用车“双创”中心项目。会议要求，县人民政府及各有关部门要抓好施工调度，强化质量监管，确保“双创”中心如期投入使用。县人民政府应定期向县人大常委会报告资金使用和偿还情况。

关于批准建设库区移民避险解困项目议案的决议 2017年3月24日，梁山县十八届人大常委会第一次会议，听取和审议县政府《关于提请审议建设库区移民避险解困项目的议案》。会议决定批准这个议案，同意建设梁山县库区移民避险解困项目。会议要求，县人民政府及各有关部门要根据各自职责，抓好项目的规划设计、财政评审、招投标、合同签订、建设质量管理、资金拨付、拆迁补偿、房屋分配、跟踪审计等环节的工作，确保财政资金的使用绩效和项目的顺利实施。县人民政府应定期向县人大常委会报告项目进度、资金使用和偿还情况。

关于批准建设梁山城乡供水一体化农村集中供水工程项目议案的决议 2017年3月24日，梁山县十八届人大常委会第一次会议，听取和审议县政府《关于提请批准建设梁山城乡供水一体化农村集中供水工程项目的议案》，会议决定批准这个议案，同意建设梁山县城乡供水一体化农村集中供水工程项目。会议要求，县人民政府及各有关部门要根据各自职责，在工程推进中，一要严格坚持高质量建设、高科技投入的原则，严格落实项目法人制、工程监理制、招投标制、合同管理制“四制管理”，把好项目规划设计、建设质量、竣工验收“三个关口”，确保把农村集中供水工程建设成民生工程、德政工程。二要强化项目的预算监督，严格绩效考核，提高财政资金的使用效益，确保项目顺利实施。县人民政府要定期向县人大常委会报告项目建设进度、资金使用和偿还情况。

关于批准实施梁山县2017年棚户区改造项目议案的决议 2017年3月24日，梁山县十八届人大常委会第一次会议，听取和审议县政府《关于提请批准实施梁山县2017年棚户区改造项目的议案》。会议决定批准这个议案，同意县人民政府实施梁山县2017年棚户区改造项目。会议要求，县人民政府及各有关部门要根据各自职责，抓好项目的财政评审、招投标、合同签订、施工质量管理、资金拨付、拆迁补偿、房屋分配等环节工作，提高财政资金的使用绩效，确保项目顺利实施。县人民政府要定期向县人大常委会报告棚户区改造项目的施工进度、资金使用和偿还情况。

关于批准建设梁山县棚户区改造（惠馨苑小区）项目议案的决议 2017年5月19日，梁山县十八届人大常委会第二次会议，听取和审议县政府《关于建设梁山县棚户区改造（惠馨苑小区）项目的议案》。会议决定批准这个议案，同意建设梁山县棚户区改造（惠馨苑小区）项目。会议要求，县人民政府及各有关部门要根据各自职责，抓好项目的财政评审、招投标、合同签订、施工质量管理、资金拨付、拆迁补偿、房屋分配等环节工作，提高财政资金的使用绩效，确保项目顺利实施。县人民政府要定期向县人大常委会报告棚户区改造项目的施工进度、资金拨付使用情况。

关于批准2016年度县本级财政决算的决议 2017年6月28日，梁山县十八届人大常委会第四次会议，听取和审议县财政局局长杨其勇受县政府委托所作《关于2016年度县本级财政决算的报告》和2016年度县级决算（草案），听取和审议县审计局局长艾桂秋受县政府委托所作的《关于2016年度县本级预算执行和其他财政收支情况的审计工作报告》。会议同意县人民代表大会财政经济委员会提出的《关于2016年度县本级决算审查结果的报告》，决定批准2016年度县本级决算。县政府应当将经批准的2016年度县本级决算及下一级政府报送备案的决算汇总后，报县人大常委会备案。

关于批准2017年县级预算调整方案的决议 2017年8月28日，梁山县十八届人大常委会第五次会议，听取审议县政府《关于提请批准2017年县级预算调整方案的议案》，对2017年县级预算调整方案进行审查，决定批准2017年县级预算调整方案。县政府要严格按照《中华人民共和国预算法》和县人大常委会《预算审查监督办法》的规定，根据上级政府核定的2017年政府债券额度及相关要求，加强对地方政府债券收支预算的管理，确保债券资金规范使用。

关于建设梁山县龟山河综合治理（三期）项目的议案 2017年12月27日，梁山县十八届人大常委会第九次会议，听取和审议县政府《关于建设梁山县龟山河综合治理（三期）项目的议案》。会议决定批准这个议案，同意县政府建设龟山河综合治理（三期）项目。会议要求，县政府要严格执行各项金融政策，严禁违规增加政府债务，按照上级项目建设规定建设龟山河综合治理（三期）项目。县政府要定期向县人大常委会报告项目进度、绩效考核、资金使用和偿还情况。

关于2017年财政预算决算决议 2018年6月29日，梁山县十八届人大常委会第十二次会议，听取县财政局局长杨其勇受县政府委托所作《关于2017年梁山县决算的报告》和县审计局局长艾桂秋受县政府委托所作《关于2017年度梁山县预算执行和其他财政收支的审计工作报告》。会议结合审议审计工作报告，对2017年县级决算草案和县级决算报告进行审查。会议同意梁山县人民代表大会财政经济委员会提出的审查结果报告，决定批准2017年县本级决算。

关于批准2018年县级预算调整方案的决议 2018年7月19日，梁山县十八届人大常委会第十三次会议，听取审议县政府《关于提请批准2018年县级预算调整方案的议案》，对2018年县级预算调整方案进行审查，决定批准2018年县级预算调整方案。县政府要严格按照《中华人民共和国预算法》和县人大常委会《预算审查监督办法》的规定，根据上级政府核定的2018年政府债券额度及相关要求，加强对地方政府债券收支预算的管理，确保债券资金规范使用。

关于将梁山县委县政府办公场所迁址置换的决议 2018年11月6日，梁山县十八届人大常委会第十七次会议，听取和审议县政府《关于将梁山县委县政府办公场所迁址置换的议案》。会议决定批准县政府提出的议案，同意将县委县政府办公场所迁址置换。

关于批准2018年县级预算调整方案的决议 2018年12月30日，梁山县十八届人大常委会第二十次会议，听取审议县委常委、副县长李保江所作《关于提请批准2018年县级预算调整方案的议案》，会议同意县人大常委会预算审查工作委员会提出的审查意见。会议决定，批准2018年县级预算调整方案。

关于批准梁山县2018年度县级财政决算的决议 2019年11月26日，梁山县十八届人大常委会第二十七会议，听取审议县财政局局长徐海荣受县政府委托所作《关于2018年度县级财政决算和2019年1-10月份财政预算执行情况的报告》和县审计局局长宋培忠受县政府委托所作《关于梁山县2018年度县本级预算执行和其他财政收支情况的审计工作报告》。会议结合审议审计工作报告，对2018年县级决算（草案）和财政决算的报告进行审查，认为2018年县级预算执行情况是好的，决定批准2018年县级财政决算。

关于批准2019年县级预算调整方案的决议 2019年12月30日，梁山县十八届人大常委会第二十九次会议，听取审议县人民政府《关于提请批准2019年县级预算调整方案的议案》。会议同意县人大财经委提出的初审意见，决定批准2019年梁山县县级预算调整方案。

关于2018年度县级预算执行和其他财政收支审计查出问题整改情况的决议 2020年5月13日，梁山县十八届人大常委会第三十二次会议，听取审议县审计局局长宋培忠受县政府委托所作的《2018年度县本级预算执行和其他财政收支审计查出问题整改情况的报告》，同意县人大常委会预算工委的审查报告，决定批准《2018年度县本级预算执行和其他财政收支审计查出问题整改情况报告》。会议指出，县政府及有关部门贯彻落实县委、县政府《关于审计结论落实及结果运用的实施意见》、县人大常委会《关于改进审计工作情况及审计查出问题整改情况向县人大常委会报告机制的规定》，审计工作取得较好成效，预算管理不断加强。会议要求，县政府及审计部门要进一步强化对审计整改工作的跟踪监督和督导检查，确保应改尽改、整改到位；进一步健全完善问题防控、整改联动、追责问责机制，增强审计监督实效；强化结果运用，加大审计信息公开力度，加强审计结果综合分析，不断改进和加强预算管理，提升依法理财水平。

关于批准2019年梁山县县级财政决算的决议 2020年6月30日，梁山县十八届人大常委会第三十三次会议，听取审议县财政局局长徐海荣受县政府委托所作《关于2019年度县级财政决算的报告》和县审计局局长宋培忠受县政府委托所作《关于梁山县2019年度县级预算执行和其他财政收支情况的审计工作报告》。会议结合审议审计工作报告，对2019年县级财政决算（草案）和县级财政决算的报告进行审查，会议同意县人民代表大会财政经济委员会提出的审查结果报告，决定批准2019年县级财政决算。

关于接受崔悦亮、梁传友辞去济宁市第十七届人民代表大会代表职务的决议 2020年7月21日，根据《中华人民共和国全国人民代表大会和地方各级人民代表大会选举法》第五十四条规定，梁山县十八届人大常委会第三十四次会议决定：同意崔悦亮、梁传友辞去济宁市第十七届人民代表大会代表职务，报济宁市人大常委会备案、公告。

关于批准2020年县级预算调整方案的决议 2020年9月27日，梁山县十八届人大常委会第三十六次会议，听取审议县政府《关于提请批准2020年县级预算调整方案的议案》。会议同意县人大财经委提出的审查结果报告，决定批准2020年县级预算调整方案。

第七章　人事任免

县人大常委会依法对县人民政府组成人员、县监察委员会监察人员、县人民法院审判人员及陪审员、县人民检察院检察人员、县人大常委会机关及派出机构工作人员进行任免。在人事任免中，县人大常委会坚持党管干部与依法任免有机统一，制订《梁山县人大常委会人事任免办法》及相关人事任免制度，依法行使人事任免权。在县人民代表大会闭会期间，县人大常委会决定副县长的任免；在县长、监察委主任、法院院长、检察院检察长因故不能担任职务时，由县人大常委会从本级人民政府副县长、监察委副主任、人民法院副院长、人民检察院副检察长中，决定代理县长、代理主任、代理院长、代理检察长。凡县人大常委会任免的县政府组成人员、县监察委监察人员、县法院审判人员、县检察院检察人员和县人大常委会机关工作人员及派出人员，经县委研究审定后，由县人大常委会按法定程序任免，包括提名、任前法律知识考试、拟任命人员作供职报告、审议、无记名投票表决、同被任命人员谈话、颁发任命书。县人大常委会任命人员职务主要是根据组织意见、按照工作需要；免去人员职务一般是根据干部地方年龄政策或根据组织意见按工作需要调整。对犯有严重错误的人员，则依法撤销其职务。

第一节 县人大常委会工作人员任免

县人大常委会机关工作人员任免，根据梁山县人大常委会主任会议提名，由县人大常委会会议决定。

九届人大常委会任免

1981 年 3 月 25 日，梁山县第九届人大常委会第二次会议，任命：

尹道金为县人大常委会办公室主任。

1982 年 7 月 29 日，梁山县第九届人大常委会第十次会议，任命：

刘风田、王长同、王立瑞为县人大常委会办公室副主任。

1982 年 12 月 25 日，梁山县第九届人大常委会第十三次会议，免去：

刘风田的县人大常委会办公室副主任职务。

1984 年 4 月 1 日，梁山县第九届人大常委会第二十二次会议任命：

邓广扬为县人大常委会办公室主任；

张凡清为县人大常委会办公室副主任。

原县人大常委会办公室主任、副主任职务免除。

十届人大常委会任免

1984 年 6 月 29 日，梁山县第十届人大常委会第二次会议，任命：

王世林为县人大常委会调查研究科副科长；

高新魁为县人大常委会代表联络科副科长。

1984 年 12 月 6 日，梁山县第十届人大常委会第五次会议，任命：

于荣为县人大常委会政法科副科长。

1986 年 9 月 27 日，梁山县第十届人大常委会第十八次会议，任命：

杨明勤为县人大常委会调查研究科科长；

孙玉田为县人大常委会政策法律科科长；

高新魁为县人大常委会代表联络科科长；

张凡清为县人大常委会代表联络科副科长。

免去：

高新魁县人大常委会代表联络科副科长职务；

张凡清县人大常委会办公室副主任职务。

1987年2月10日，梁山县第十届人大常委会第二十次会议任命：

阎昭钦为县人大常委会办公室主任；

李大武为县人大常委会办公室副主任；

韩玉忠为县人大常委会政策法律科科长；

王洪泉为县人大常委会政策法律科副科长；

于荣为县人大常委会政策法律科巡视员。

免去：

邓广扬县人大常委会办公室主任职务；

孙玉田县人大常委会政策法律科科长职务；

于　荣县人大常委会政策法律科副科长职务。

十一届人大常委会任免

1989年5月25日，梁山县第十一届人大常委会第十五次会议，任命：

张玉莲为县人大常委会农业科科长；

商允宪为县人大常委会农业科副科长；

李长岭为县人大常委会财经科副科长；

吕进信为县人大常委会法制科副科长；

张金才为县人大常委会文教科副科长。

免去：

商允宪县人大常委会财经科副科长职务。

十二届人大常委会任免

1990年5月15日，梁山县第十二届人大常委会第二次会议，任命：

高新魁为县人大常委会人事代表工作室主任；

王洪泉为县人大常委会人事代表工作室副主任；

韩玉忠为县人大常委会法制工作委员会主任；

吕进信为县人大常委会法制工作委员会副主任；

杨明勤为县人大常委会财政经济工作委员会主任；

商允宪为县人大常委会财政经济工作委员会副主任；

王世林为县人大常委会教育科学文化卫生工作委员会主任；

张金才为县人大常委会教育科学文化卫生工作委员会副主任；

张玉莲为县人大常委会农业工作委员会主任；

李长岭为县人大常委会农业工作委员会副主任。

1990年11月16日，梁山县第十二届人大常委会第五次会议。任命：

盛存金为县人大常委会办公室副主任；

金晓舟为县人大常委会信访接待室副主任。

1991年3月4日，梁山县第十二届人大常委会第八次会议，任命：

张宜科为县人大常委会信访接待室主任。

1991年11月23日，根据县人大常委会主任会议提名，免去：

李大武县人大常委会办公室副主任职务。

十三届人大常委会任免

1993年3月27日，梁山县第十三届人大常委会第二次会议，任命：

王洪泉为县人大常委会人事代表工作室主任；

刘继庆为县人大常委会财经工作委员会主任；

张振隆为县人大常委会办公室副主任；

窦广洋为县人大常委会财经工作委员会副主任；

免去：

高新魁县人大常委会人事代表工作室主任职务；

杨明勤县人大常委会财经工作委员会主任职务；

商允宪县人大常委会财经工作委员会副主任职务；

李长岭县人大常委会农业工作委员会副主任职务。

1993 年 12 月 8 日，梁山县第十三届人大常委会第七次会议，免去：

刘继庆县人大常委会财经工作委员会主任职务；

金晓舟县人大常委会信访工作室副主任职务。

1994 年 3 月 30 日，梁山县第十三届人大常委会第九次会议，任命：

张金才为县人大常委会信访工作室副主任。

免去：

张金才县人大常委会教科文卫工作委员会副主任职务。

1994 年 11 月 30 日，梁山县第十三届人大常委会第十三次会议，免去：

吕进信县人大常委会法制工作委员会副主任职务。

1995 年 9 月 29 日，梁山县第十三届人大常委会第十九次会议，免去：

张金才县人大常委会信访工作室副主任职务。

1997 年 6 月 29 日，梁山县第十三届人大常委会第三十次会议，任命：

张振隆为县人大常委会教科文卫工作委员会主任；

窦广洋为县人大常委会财经工作委员会主任；

王志奎为县人大常委会法制工作委员会副主任；

师先全为县人大常委会信访工作室副主任。

免去：

张振隆县人大常委会办公室副主任职务；

窦广洋县人大常委会财经工作委员会副主任职务；

王世林县人大常委会教科文卫工作委员会主任职务。

十四届人大常委会任免

1998 年 9 月 30 日，梁山县第十四届人大常委会第七次会议，任命：

王德俭为县人大常委会办公室副主任；

张地法为县人大常委会财经工作委员会副主任。

1999 年 7 月 28 日，梁山县第十四届人大常委会第十四次会议，任命：

王孟田为县人大常委会信访工作室主任兼法制工作委员会主任；

张地法为县人大常委会人事代表工作室副主任；

徐龙安为县人大常委会农业工作委员会副主任。

免去：

张振隆县人大常委会信访工作室主任、法制工作委员会主任职务；

孙长建县人大常委会人事代表工作室主任职

务；

张地法县人大常委会财经工作委员会副主任职务。

2001年5月18日，梁山县第十四届人大常委会第三十二次会议，任命：

马克军为县人大常委会财经工作委员会副主任。

2001年9月12日，梁山县第十四届人大常委会第三十四次会议，任命：

杨智为县人大常委会信访工作室主任兼法制工作委员会主任；

张地法为县人大常委会人事代表工作室主任。

免去：

王孟田县人大常委会信访工作室主任兼法制工作委员会主任职务；

张玉莲县人大常委会农业工作委员会主任职务；

张地法县人大常委会人事代表工作室副主任职务。

2002年7月24日，梁山县第十四届人大常委会第四十一次会议，任命：

王友民为县人大常委会科教文卫工作委员会主任；

赵德民为县人大常委会科教文卫工作委员会副主任。

免去：

王运连县人大常委会科教文卫工作委员会主任职务；

王友民县人大常委会办公室副主任职务。

十五届人大常委会任免

2003年5月9日，梁山县第十五届人大常委会第二次会议，任命：

李梦良为县人大常委会人事代表工作室副主任；

林强为县人大常委会办公室副主任。

免去：

王志奎县人大常委会法制工作委员会副主任职务。

2006年1月5日，梁山县第十五届人大常委会第二十六次会议，免去：

刘甲仁县人大常委会办公室主任职务。

2006年2月16日，梁山县第十五届人大常委会第二十七次会议，任命：

李学社为县人大常委会办公室主任；

徐龙安为县人大常委会农业工作委员会主任。

免去：

徐龙安县人大常委会农业工作委员会副主任职务。

2006年9月7日，梁山县第十五届人大常委会第三十二次会议，任命：

师先全为县人大常委会信访工作室主任。

免去：

杨智县人大常委会信访工作室主任职务；

师先全县人大常委会信访工作室副主任职务。

2007年6月1日，梁山县第十五届人大常委会第三十九次会议，任命：

赵德民为县人大常委会科教文卫工作委员会主任；

梁传寅为县人大常委会科教文卫工作委员会副主任；

王显东为县人大常委会财政经济工作委员会副主任。

免去：

王友民县人大常委会科教文卫工作委员会主任职务；

赵德民县人大常委会科教文卫工作委员会副主任职务；

马克军县人大常委会财政经济工作委员会副主任职务。

十六届人大常委会任免

2008年3月12日，梁山县第十六届人大常委会第二次会议，任命：

王显东为县人大常委会研究室主任；

林华为县人大常委会城乡建设与环境资源保护工作委员会主任；

梁传寅为县人大常委会研究室副主任。

免去：

王显东县人大常委会财政经济工作委员会副主任职务；

梁传寅县人大常委会教育科学文化卫生工作委员会副主任职务。

2009年1月4日，梁山县第十六届人大常委会第九次会议，免去：

王德俭县人大常委会办公室副主任职务。

2009年3月13日，梁山县第十六届人大常委会第十一次会议，任命：

高启立为县人大常委会教科文卫工作委员会主任。

免去：

张地法县人大常委会人事代表工作室主任职务；

窦广洋县人大常委会财政经济工作委员会主任职务；

赵德民县人大常委会教科文卫工作委员会主任职务。

2009年5月27日，梁山县第十六届人大常委会第十三次会议，任命：

李梦良为县人大常委会人事代表工作室主任；

王显东为县人大常委会财政经济工作委员会主任；

路勇为县人大常委会农业工作委员会主任。

免去：

徐龙安县人大常委会农业工作委员会主任职务；

王显东县人大常委会研究室主任职务；

李梦良县人大常委会人事代表工作室副主任职务。

2010年5月19日梁山县第十六届人大常委会第二十次会议，任命：

陈丕田为县人大常委会办公室主任。

免去：

李学社县人大常委会办公室主任职务。

2010年6月29日，梁山县第十六届人大常委会第二十一次会议，任命：

林莹为县人大常委会办公室副主任；

耿仁营为县人大常委会教科文卫工作委员会副主任。

2010年10月8日，梁山县第十六届人大常委会第二十四次会议，任命：

梁传寅为县人大常委会研究室主任。

2011年1月30日，梁山县第十六届人大常委会第二十七次会议，免去：

师先全县人大常委会信访工作室主任职务；

路勇县人大常委会农业工作委员会主任职务；

林华县人大常委会城乡建设与环境资源保护

工作委员会主任职务。

2011年12月9日，梁山县第十六届人大常委会第三十五次会议，任命：

耿仁营为县人大常委会农业工作委员会主任；

免去：

耿仁营县人大常委会教科文卫工作委员会副主任职务。

十七届人大常委会任免

2012年3月6日，梁山县第十七届人大常委会第一次会议，任命：

林强为县人大常委会教科文卫工作委员会主任。

免去：

杨智县人大常委会法制工作委员会主任职务；

高启立县人大常委会教科文卫工作委员会主任职务。

2012年10月15日，梁山县第十七届人大常委会第七次会议，任命：

刘传秀为县人大常委会法制工作委员会主任；

刘汉江为县人大常委会城乡建设与环境资源保护工作委员会主任。

2013年8月28日，梁山县第十七届人大常委会第十三次会议，任命：

徐龙照为县人大常委会信访工作室主任，

孔峰峰为县人大常委会研究室副主任，

免去：

梁传寅县人大常委会研究室主任职务。

2013年12月10日，梁山县第十七届人大常委会第十六次会议，免去：

刘传秀县人大常委会法制工作委员会主任职务。

2014年9月19日，梁山县第十七届人大常委会第二十三次会议，任命：

徐龙照为县人大常委会法制工作委员会主任；

孔峰峰为县人大常委会办公室副主任。

免去：

徐龙照县人大常委会信访工作室主任职务；

林强县人大常委会办公室副主任职务；

孔峰峰县人大常委会研究室副主任职务。

2015年2月28日，梁山县第十七届人大常委会第二十六次会议，任命：

王安前为县人大常委会信访工作室主任。

2016年4月23日，梁山县第十七届人大常委会第三十九次会议，任命：

林莹为县人大常委会法制工作委员会主任；

孔峰峰为县人大常委会研究室主任；

王金玲为县人大常委会财政经济工作委员会副主任；

刘超群为县人大常委会预算审查工作委员会副主任。

免去：

王显东县人大常委会财政经济工作委员会主任职务；

徐龙照县人大常委会法制工作委员会主任职务；

林莹县人大常委会办公室副主任职务。

2016年8月31日，梁山县第十七届人大常委会第四十一次会议，任命：

李梦良为县人大常委会人事代表工作委员会主任；

林强为县人大常委会教育科学文化卫生工作室主任；

刘汉江为县人大常委会城乡建设与环境资源保护工作室主任；

林莹为县人大常委会法制工作室主任；

耿仁营为县人大常委会农业与农村工作室主任；

王金玲为县人大常委会财政经济工作室副主任。

免去：

李梦良县人大常委会人事代表工作室主任职务；

林强县人大常委会教育科学文化卫生工作委员会主任职务；

刘汉江县人大常委会城乡建设与环境资源保护工作委员会主任职务；

林莹县人大常委会法制工作委员会主任职务；

耿仁营县人大常委会农业工作委员会主任职务；

王金玲县人大常委会财政经济工作委员会副主任职务。

十八届人大常委会任免

2017 年 3 月 24 日，梁山县第十八届人大常委会第一次会议，任命：

吕玉民为县人大常委会办公室主任；

免去：

陈丕田县人大常委会办公室主任职务。

2017 年 11 月 3 日，梁山县第十八届人大常委会第七次会议，任命：

王宁为县人大常委会办公室副主任。

2019 年 3 月 29 日，梁山县第十八届人大常委会第二十二次会议，任命：

吴春雷为县人大常委会办公室主任；

王金玲为县人大常委会财政经济工作室主任。

免去：

吕玉民县人大常委会办公室主任职务；

刘汉江县人大常委会城乡建设与环境资源保护工作室主任职务。

2020 年 5 月 13 日，梁山县十八届人大常委会第三十二次会议，根据县人大常委会主任会议提请，免去：

吴春雷县人大常委会办公室主任职务；

孔峰峰县人大常委会研究室主任、办公室副主任职务；

2020 年 9 月 27 日，梁山县十八届人大常委会第三十六次会议，根据县人大常委会主任会议提请，任命：

周长立为县人大常委会城乡建设与环境资源保护工作室主任；

高成建为县人大常委会社会建设工作室主任；

闫晓娟为县人大常委会办公室副主任；

孙德保为县人大常委会人事代表工作委员会副主任。

2021 年 3 月 18 日，梁山县十八届人大常委会第四十一次会议，根据县人大常委会主任会议提请，任命：

林莹为县人大常委会监察和司法工作室主任。

免去：

王安前县人大常委会信访工作室主任职务。

原县人大常委会法制工作室随机构更名，其主任职务相应免除。

第二节 县人民政府组成人员任免

1981年起，县人民政府县长须由人民代表大会选举产生，届中辞职由本人提出辞呈、县人大常委会会议接受，报人民代表大会下次会议备案；代理县长由县人大常委会主任会议提名县人大常委会会议决定任命；副县长换届时由人民代表大会选举产生，届中调整由县人民政府县长提名、县人大常委会会议决定任免；县政府组成部门局长、主任由县人民政府县长提名、县人大常委会会议决定任免。第九届县人大常委会任免干部以“任命干部职务令”公布，第十届县人大常委会起任免干部以“任命县政府工作人员的决定”公布，后以“任命县政府组成人员的决定”或“任命县政府工作人员的决定”公布。任免职务的原因一般是按照干部地方年龄政策规定退二线（亦称内退），有的则是根据工作需要调整；对犯有严重错误的，按规定予以撤职。

九届人大常委会任免

1981年3月25日，梁山县第九届人大常委会第二次会议，决定任命：

马玉振为梁山县农业委员会主任；
刘宪周为梁山县计划委员会主任；
李广山为梁山县基本建设委员会主任；
兰福宽为梁山县财政贸易委员会主任；
王　明为梁山县经济委员会主任；
段广台为梁山县科学技术委员会主任；
许洪君为梁山县体育运动委员会主任；
张广饶为梁山县人民政府办公室主任；
冯锡山为梁山县公安局局长；
杨建台为梁山县人事局局长；
孙玉田为梁山县司法局局长；
王丰轩为梁山县民政局局长；
刘执忠为梁山县广播事业局局长；
宋祥坤为梁山县人民政府移民办公室主任；
张令法为梁山县卫生局局长；
孙立明为梁山县文化局局长；
张忠平为梁山县教育局局长；
董育元为梁山县人民政府计划生育办公室主任；
戚念民为梁山县劳动局局长；
张继尧为梁山县物资局局长；
贺先璞为梁山县标准计量局局长；
张学魁为梁山县物价管理局局长；
窦福山为梁山县统计局局长；
刘继增为梁山县财政税务局局长；
韩圣侠为梁山县对外贸易局局长；
贾振然为梁山县工商行政管理局局长；
胡相生为梁山县供销合作社主任；
郝文霞为梁山县商业局局长；
于希功为梁山县粮食局局长；
侯朝杰为梁山县社队企业管理局局长；
卢冀兴为梁山县交通局局长；
武立芳为梁山县农业局局长；
韩丙修为梁山县林业局局长；
刘兴然为梁山县畜牧局局长；
于政训为梁山县农业机械管理局局长；
葛广金为梁山县水利局局长；
乔锡仁为梁山县水产局局长。

1981年5月28日，梁山县第九届人大常委会第三次会议，决定任命：

王学胜为梁山县电业局局长。

1983年4月13日，梁山县第九届人大常委会第十五次会议，决定任命：

穆衍峰为梁山县人民政府副县长；
李广生为梁山县人民政府副县长；
贾凤英为梁山县人民政府副县长。

1984年4月1日，梁山县第九届人大常委会第二十二次会议，决定任命：

张先道为梁山县人民政府办公室主任；

胡国金为梁山县计划委员会主任；

吕玉山为梁山县经济委员会主任；

周秀全为梁山县科学技术委员会主任；

薛福民为梁山县城建环保委员会主任；

江振华为梁山县计划生育委员会主任；

尹道金为梁山县民政局局长；

阎旺亭为梁山县公安局局长；

韩靖为梁山县司法局局长；

张建文为梁山县人事局局长；

侯昭科为梁山县劳动局局长；

朱效明为梁山县财政局局长；

王钦孝为梁山县税务局局长；

时圣训为梁山县审计局局长；

张继尧为梁山县工商行政管理局局长；

高思德为梁山县统计局局长；

齐承欢为梁山县物价局局长；

刘恒胜为梁山县商业局局长；

李继常为梁山县粮食局局长；

武立芳为梁山县农业局局长；

王兰熙为梁山县林业局局长；

侯昭强为梁山县水利局局长；

初富国为梁山县水产局局长；

庞业俊为梁山县卫生局局长；

彭焕成为梁山县教育局局长；

杨巨德为梁山县文化局局长；

周传勋为梁山县广播电视局局长；

李文汉为梁山县多种经营乡镇企业局局长；

阎昭钦为梁山县交通局局长；

柴文水为梁山县建设银行行长。

十届人大常委会任免

1984年6月29日，梁山县第十届人大常委会第二次会议，根据县人民政府县长魏昌启提名，决定任命：

张先道为梁山县人民政府办公室主任；

胡国金为梁山县计划委员会主任；

吕玉山为梁山县经济委员会主任；

周秀全为梁山县科学技术委员会主任；

薛福民为梁山县城乡建设环境保护委员会主任；

江振华为梁山县计划生育委员会主任；

尹道金为梁山县民政局局长；

阎旺亭为梁山县公安局局长；

韩靖为梁山县司法局局长；

张建文为梁山县人事局局长；

侯昭科为梁山县劳动局局长；

朱效明为梁山县财政局局长；

王钦孝为梁山县税务局局长；

时圣训为梁山县审计局局长；

张继尧为梁山县工商行政管理局局长；

高思德为梁山县统计局局长；

齐承欢为梁山县物价局局长；

刘恒胜为梁山县商业局局长；

李继常为梁山县粮食局局长；

武立芳为梁山县农牧局局长；

王兰熙为梁山县林业局局长；

侯昭强为梁山县水利局局长；

初富国为梁山县水产局局长；

彭焕成为梁山县教育局局长；

杨巨德为梁山县文化局局长；

周传勋为梁山县广播电视局局长；

吴瑞林为梁山县卫生局局长；

李文汉为梁山县多种经营乡镇企业局局长；

阎昭钦为梁山县交通局局长。

1984年8月31日，梁山县第十届人大常委会第三次会议，决定任命：

杨朝福为梁山县人民政府副县长。

免去：

李胜华梁山县人民政府副县长职务。

1984年12月6日，梁山县第十届人大常委会第五次会议，决定任命：

刘润卿为梁山县公安局局长。

免去：

阎旺亭梁山县公安局局长职务；

吕玉山梁山县经济委员会主任职务。

1985年2月6日，梁山县第十届人大常委会第六次会议，根据县人民政府县长魏昌启提名，决定任命：

王志廷为梁山县城乡基本建设委员会主任

郭运智为梁山县司法局局长；

李继常为梁山县民政局局长；

丁志保为梁山县粮食局局长；

胡景陶为梁山县教育局局长。

免去：

薛福民梁山县城乡建设环境保护委员会主任职务；

尹道金梁山县民政局局长职务；

李继常梁山县粮食局局长职务；

彭焕成梁山县教育局局长职务；

韩靖梁山县司法局局长职务；

朱效明梁山县财政局局长职务。

1985年3月16日，梁山县第十届人大常委会第七次会议，根据县人民政府县长魏昌启提名，决定任命：

刘继庆为梁山县财政局局长。

1985年9月24日，梁山县第十届人大会常委会第十次会议，根据县人民政府县长魏昌启提名，决定任命：

吕玉山为梁山县人民政府副县长；

阎旺亭为梁山县公安局局长。

免去：

杨朝福梁山县人民政府副县长职务；

刘润卿梁山县公安局局长职务。

1986年4月10日，梁山县第十届人大常委会第十四次会议，根据县人民政府县长魏昌启提名，决定任命：

李来云为梁山县人民政府副县长。

免去：

王占甲梁山县人民政府副县长职务。

1986年4月10日，梁山县第十届人大常委会第十四次会议，根据中共梁山县委的提名，决定任命：

霍正气为梁山县人民政府副县长、代理县长。

1986年5月30日，梁山县第十届人大常委会第十六次会，决定任命：

臧凤柱为梁山县人民政府副县长。

免去：

吕玉山梁山县人民政府副县长职务。

1986年7月31日，梁山县第十届人大常委会第十七次会议，根据县长霍正气的提名，决定任命：

马兴展为梁山县文化局局长。

免去：

杨巨德梁山县文化局局长职务。

1986年11月15日，梁山县第十届人大常委会第十九次会议，决定任命

张学魁为梁山县审计局局长。

免去：

时圣训梁山县审计局局长职务。

1987年2月10日，梁山县第十届人大常委会第二十次会议，根据县长霍正气提名，决定任命：

信在高为梁山县交通局局长；

刘殿迎为梁山县民政局局长；

王佑明为梁山县水利局局长；
胡相生为梁山县水产局局长；
胡长江为梁山县经济委员会主任。
免去：
闫昭钦梁山县交通局局长职务；
侯昭强梁山县水利局局长职务；
李继常梁山县民政局局长职务；
初富国梁山县水产局局长职务；
王继彬梁山县经济委员会主任职务。

十一届人大常委会任免

1987年5月22日，梁山县第十一届人大常委会第二次会议，根据县长霍正气提名，决定任命：

张先道为梁山县人民政府办公室主任；
胡国金为梁山县计划委员会主任；
胡长江为梁山县经济委员会主任；
王志廷为梁山县城乡基本建设委员会主任；
周秀全为梁山县科学技术委员会主任；
江振华为梁山县计划生育委员会主任；
孟繁林为梁山县体育运动委员会主任；
马兴展为梁山县民政局局长；
张建文为梁山县人事局局长；
侯昭科为梁山县劳动局局长；
阎旺亭为梁山县公安局局长；
郭运智为梁山县司法局局长；
高思德为梁山县统计局局长；
齐承欢为梁山县物价局局长；
刘继庆为梁山县财政局局长；
王钦孝为梁山县税务局局长；
张学魁为梁山县审计局局长；
刘恒胜为梁山县商业局局长；
丁志保为梁山县粮食局局长；
张继尧为梁山县工商行政管理局局长；
信在高为梁山县交通局局长；
武立芳为梁山县农牧局局长；
侯昭强为梁山县林业局局长；
王佑明为梁山县水利局局长；
胡景陶为梁山县教育局局长；
李天信为梁山县卫生局局长；
李朝华为梁山县文化局局长；
周传勋为梁山县广播电视局局长；
胡相生为梁山县水产局局长；
李文汉为梁山县乡镇企业局局长；
许安民为梁山县档案局局长。

1987年9月23日，梁山县第十一届人大常委会第四次会议，根据县长霍正气提名，决定任命：

张先道为梁山县人事局局长；
许安民为梁山县人民政府办公室主任。
免去：
张先道梁山县人民政府办公室主任职务；
许安民梁山县档案局局长职务；
张建文梁山县人事局局长职务。

1988年3月6日，梁山县第十一届人大常委会第七次会议，根据县长霍正气提名，决定任命：

李文敬为梁山县档案局局长；
曹英举为梁山县土地管理局局长。

1988年4月29日，梁山县第十一届人大常委会第八次会议，根据县长霍正气提名，决定任命：
赵保伦为梁山县监察局局长。

1988年6月29日，梁山县第十一届人大常委会第九次会议，根据县长霍正气提议，决定：同意胡长江辞去梁山县经济委员会主任职务。

1988年6月29日，梁山县第十一届人大常委会第九次会议，根据县长霍正气提名，决定任命：

李文汉为梁山县经济委员会主任；
王化文为梁山县乡镇企业局局长。
免去
李文汉梁山县乡镇企业局局长职务。

1988年12月19日，梁山县第十一届人大常委会第十二次会议，根据县长霍正气的提名，决定任命：
陈福安为梁山县人民政府副县长；
免去：
连广生梁山县人民政府副县长职务。

1989年5月25日，梁山县第十一届人大常委会第十五次会议，根据县长霍正气提名，决定任命：
李志华为梁山县人民政府副县长；
张广琪为梁山县林业局局长；
齐承运为梁山县水产局局长；
阎桂月为梁山县土地管理局局长；
刘汝平为梁山县统计局局长；
艾玉山为梁山县环境保护局局长；
张洪先为梁山县外事侨务办公室主任。
免去：
侯昭强梁山县林业局局长职务；
曹英举梁山县土地管理局局长职务；
高思德梁山县统计局局长职务；
胡相生梁山县水产局局长职务。

1989年7月29日，梁山县第十一届人大常委会第十七次会议，根据县长霍正气提名，决定任命：
齐均田为梁山县粮食局局长；
李玉克为梁山县司法局局长。
免去：
丁志宝梁山县粮食局局长职务；
郭运智梁山县司法局局长职务。

1989年8月14日，梁山县第十一届人大常委会第十八次会议，根据中共梁山县委提名，决定任命：
朱保忠为梁山县人民政府副县长、代理县长。

1989年12月21日，梁山县第十一届人大常委会第二十一次会议，根据中共梁山县委提名，决定任命：
吕玉山为梁山县人民政府副县长、代理县长；
康绍军为梁山县人民政府副县长。
免去：
朱保忠梁山县人民政府副县长、代理县长职务。

十二届人大常委会任免

1990年5月15日，梁山县第十二届人大常委会第二次会议，根据县长吕玉山提名，决定任命：
许世平为梁山县人民政府副县长（挂职）；
李卫国为梁山县人民政府副县长（挂职）；
许安民为梁山县人民政府办公室主任；
胡国金为梁山县计划委员会主任；
李文汉为梁山县经济委员会主任；
王孟田为梁山县城乡基本建设委员会主任；
周秀全为梁山县科学技术委员会主任；
江振华为梁山县计划生育委员会主任；
孟繁林为梁山县体育运动委员会主任；
彭焕成为梁山县经济体制改革委员会主任；
张洪先为梁山县外事侨务办公室主任；
马兴展为梁山县民政局局长；
翟兰阁为梁山县人事局局长；
阎旺亭为梁山县公安局局长；
李玉尧为梁山县司法局局长；
侯昭科为梁山县劳动局局长；
刘继庆为梁山县财政局局长；
彭可正为梁山县税务局局长；

张学魁为梁山县审计局局长；
张继尧为梁山县工商管理局局长；
刘汝平为梁山县统计局局长；
齐承欢为梁山县物价局局长；
刘恒胜为梁山县商业局局长；
齐均田为梁山县粮食局局长；
武立芳为梁山县农牧局局长；
张广琪为梁山县林业局局长；
王佑明为梁山县水利局局长；
齐承运为梁山县水产局局长；
胡景陶为梁山县教育局局长；
李天信为梁山县卫生局局长；
李朝华为梁山县文化局局长；
周传勋为梁山县广播电视局局长；
王化文为梁山县乡镇企业局局长；
信在高为梁山县交通局局长；
李文敬为梁山县档案局局长；
阎桂月为梁山县土地管理局局长；
赵保伦为梁山县监察局局长；
艾玉山为梁山环境保护局局长。

1990年7月17日，梁山县第十二届人大常委会第三次会议，根据县长吕玉山提名，免去：

刘恒胜梁山县商业局局长职务。

1990年11月16日，梁山县第十二届人大常委会第五次会议，根据县长吕玉山提名，决定任命：

尚广坤为梁山县商业局局长。

1990年12月20日，梁山县第十二届人大常委会第六次会议，根据县长吕玉山提名，决定任命：

谭尊勇为梁山县教育局局长；
免去：
胡景陶梁山县教育局局长职务。

1991年7月18日，梁山县第十二届人大常委会第十次会议，根据中共梁山县委提名，决定任命：

连广生为梁山县人民政府副县长、代理县长；
李文运为梁山县人民政府副县长。
免去：
李大友梁山县人民政府副县长职务。

1991年11月23日，梁山县十二届人大常委会第十二次会议，根据县人民政府代县长连广生提名，免去：

许世平梁山县人民政府副县长职务；
李卫国梁山县人民政府副县长职务。

1992年5月8日，梁山县十二届人大常委会第十五次会议，根据县人民政府县长连广生提名，决定任命：

刘本相为梁山县人民政府办公室主任；
毛允海为梁山县计划委员会主任；
高文灏为梁山县文化局局长；
韩相顺为梁山县广播电视局局长；
李绍勤为梁山县司法局局长。
免去：
许安民梁山县人民政府办公室主任职务；
胡国金梁山县计划委员会主任职务；
李朝华梁山县文化局局长职务；
周传勋梁山县广播电视局局长职务；
李玉尧梁山县司法局局长职务。

1992年5月27日，梁山县第十二届人大常委会第十六次会议，根据县人民政府县长连广生提名，决定任命：

王佑明为梁山县人民政府副县长；
林英科为梁山县水利局局长。
免去：
王佑明梁山县水利局局长职务。

1992 年 12 月 25 日，梁山县第十二届人大常委会第二十一次会议，根据中共梁山县委和县长连广生提名，决定任命：

赵步荣为梁山县人民政府副县长、代理县长；

王钦之为梁山县人民政府副县长；

牛刚为梁山县人民政府副县长（挂职）。

免去：

李来云梁山县人民政府副县长职务；

余振英梁山县人民政府副县长职务。

十三届人大常委会任免

1993 年 2 月 25 日，梁山县第十三届人大常委会第一次会议，根据县人民政府县长赵步荣提名，决定任命：

牛刚为梁山县人民政府副县长（挂职）；

孙仁照为梁山县人民政府副县长（挂职）。

1993 年 3 月 27 日，梁山县第十三届人大常委会第二次会议，根据县人民政府县长赵步荣提名，决定任命：

刘本相为梁山县人民政府办公室主任；

毛允海为梁山县计划委员会主任；

张保廉为梁山县经济委员会主任；

周秀全为梁山县科学技术委员会主任；

江振华为梁山县计划生育委员会主任；

李守来为梁山县体育运动委员会主任；

彭焕成为梁山县经济体制改革委员会主任；

任兰生为梁山县城乡基本建设委员会主任；

翟兰阁为梁山县人事局局长；

彭可正为梁山县税务局局长；

马兴展为梁山县民政局局长；

高思贞为梁山县公安局局长；

李绍勤为梁山县司法局局长；

侯昭科为梁山县劳动局局长；

刘东升为梁山县财政局局长；

叶蔚为梁山县审计局局长；

高承坤为梁山县工商行政管理局局长；

刘汝平为梁山县统计局局长；

齐承欢为梁山县物价局局长；

尚广坤为梁山县商业局局长；

齐均田为梁山县粮食局局长；

高文灏为梁山县农牧局局长；

张广琪为梁山县林业局局长；

林英科为梁山县水利局局长；

张振来为梁山县水产局局长；

谭尊勇为梁山县教育局局长；

李天信为梁山县卫生局局长；

王德岭为梁山县文化局局长；

韩相顺为梁山县广播电视局局长；

信在高为梁山县乡镇企业局局长；

王化文为梁山县交通局局长；

李文敬为梁山县档案局局长；

阎桂月为梁山县土地管理局局长；

赵保伦为梁山县监察局局长；

艾玉山为梁山县环境保护局局长；

王立全为梁山县外事侨务办公室主任。

1993 年 5 月 27 日，梁山县第十三届人大常委会第三次会议，根据县人民政府县长赵步荣提名，决定任命：

孙圣瑞为梁山县人民政府副县长（挂职）；

李传武为梁山县人民政府副县长（挂职）。

1993 年 9 月 28 日，梁山县第十三届人大常委会第五次会议，根据县人民政府县长赵步荣提名，决定任命：

李文运为梁山县人民政府副县长。

1993 年 12 月 8 日，梁山县第十三届人大常委会第七次会议，根据县人民政府县长赵步荣提名，决定任命：

王洪伦为梁山县经济贸易委员会主任；

张兆兰为梁山县农业委员会主任；

李文敬为梁山县科学技术委员会主任，免去其县档案局局长职务；

任兰生为梁山县城乡建设环境保护委员会主任，免去其县城乡基本建设委员会主任职务；

谭尊勇为梁山县教育委员会主任，免去其县教育局局长职务；

王德岭为梁山县文化体育委员会主任，免去其县文化局局长职务；

许安民为梁山县劳动局局长；

高承坤为梁山县工商物价行政管理局局长，免去其县工商行政管理局局长职务；

阎桂月为梁山县土地矿产管理局局长，免去其县土地管理局局长职务；

赵德全为梁山风景名胜区管理委员会主任。

免去：

张保廪梁山县经济委员会主任职务；

周秀全梁山县科学技术委员会主任职务；

李守来梁山县体育运动委员会主任职务；

彭焕成梁山县经济体制改革委员会主任职务；

侯昭科梁山县劳动局局长职务；

齐承欢梁山县物价局局长职务；

韩相顺梁山县广播电视局局长职务；

艾玉山梁山县环境保护局局长职务；

王立全梁山县外事侨务办公室主任职务；

高文灏梁山县农牧局局长职务；

张广琪梁山县林业局局长职务；

张振来梁山县水产局局长职务；

齐均田梁山县粮食局局长职务；

尚广坤梁山县商业局局长职务。

1994 年 3 月 30 日，梁山县第十三届人大常委会第九次会议，根据县人民政府县长赵步荣提名，决定任命：

赵本生、马健、王培轫、关升英、高荣万、刘永新为梁山县人民政府副县长（挂职）。

1994 年 5 月 31 日，梁山县第十三届人大常委会第十次会议，根据县人民政府县长赵步荣提名，决定任命：

马传儒为梁山县民政局局长；

王水利为梁山县交通局局长。

免去：

马兴展梁山县民政局局长职务；

王化文梁山县交通局局长职务。

1994 年 7 月 29 日，梁山县第十三届人大常委会第十一次会议，根据县人民政府县长赵步荣提名，决定任命：

李映边为梁山县人民政府副县长（挂职）。

免去：

高登山梁山县人民政府副县长职务；

彭可正梁山县税务局局长职务。

1994 年 9 月 29 日，梁山县第十三届人大常委会第十二次会议，根据县人民政府县长赵步荣提名，免去：

孙圣瑞梁山县人民政府副县长职务。

1995 年 1 月 5 日，梁山县第十三届人大常委会第十四次会议，根据县长赵步荣提名，免去：

康绍军梁山县人民政府副县长职务；

李映边梁山县人民政府副县长职务。

1995 年 7 月 28 日，梁山县第十三届人大常委会第十八次会议，根据县长赵步荣提名，决定任命：

曹景前为梁山县地方税务局局长。

1995 年 11 月 29 日，梁山县第十三届人大常委会第二十次会议，根据县人民政府县长赵步荣提名，决定任命：

崔庆荣为梁山县人民政府副县长（挂职）；

免去：

赵本生、马健、王培轫、关升英、高荣万、

刘永新梁山县人民政府副县长职务。

1996 年 7 月 30 日，梁山县第十三届人大常委会第二十四次会议，根据县人民政府县长赵步荣提名，决定任命：

唐炳武为梁山县人民政府副县长（挂职）。

1997 年 2 月 18 日，梁山县第十三届人大常委会第二十七次会议，根据中共梁山县委和县长赵步荣提名，决定任命：

曹耀华为梁山县人民政府副县长、代理县长；

周洪为梁山县人民政府副县长。

免去：

高太平梁山县人民政府副县长职务。

1997 年 6 月 29 日，梁山县第十三届人大常委会第三十次会议，根据代县长曹耀华提名，决定任命：

张振来为梁山县农业委员会主任；

杨绍建为梁山县农业局局长；

贺林为梁山县统计局局长。

免去：

张兆兰梁山县农业委员会主任职务；

刘汝平梁山县统计局局长职务。

1997 年 12 月 19 日，梁山县第十三届人大常委会第三十四次会议，根据县委提名，决定任命：

温杭东为梁山县人民政府副县长、任代理县长；

商建设为梁山县人民政府副县长；

陈波为梁山县人民政府副县长（挂职）；

张仁端为梁山县人民法院副院长、代理院长。

十四届人大常委会任免

1998 年 1 月 18 日，梁山县第十四届人大常委会第一次会议，根据县委提名，决定任命：

张忠建为梁山县人民政府副县长。

1998 年 3 月 14 日，梁山县第十四届人大常委会第二次会议，根据县委提名，决定任命：

张忠建为梁山县人民政府代理县长；

王佑明为梁山县人民政府副县长；

陆书杰为梁山县人民政府副县长。

1998 年 3 月 31 日，梁山县第十四届人大常委会第三次会议，根据县人民政府代县长张忠建提名，决定任命：

丁景泉为梁山县乡镇企业局局长；

李厚道为梁山县水利局局长；

乔允华为梁山县人事局局长；

王学全为梁山县公安局局长。

1998 年 7 月 29 日，梁山县第十四届人大常委会第六次会议，根据县人民政府代县长张忠建提名，决定任命：

刘振西为梁山县人民政府副县长。

1998 年 9 月 30 日，梁山县第十四届人大常委会第七次会议，根据县人民政府代县长张忠建提名，决定任命：

高天宝为梁山县人民政府副县长。

1998 年 11 月 27 日，梁山县第十四届人大常委会第八次会议，决定任命：

岳庆林为梁山县人民政府副县长（挂职）。

1999 年 5 月 28 日，梁山县第十四届人大常委会第十三次会议，决定任命：

蔡建民为梁山县经济委员会主任。

免去：

戚聿君梁山县经济委员会主任职务。

1999年7月28日，梁山县第十四届人大常委会第十四次会议，根据县人民政府代县长张忠建提名，决定任命：

张福奎为梁山县人民政府科技副县长（挂职）；

赵法鲁为梁山县卫生局局长；

王爱民为梁山县土地矿产管理局局长。

免去：

任兰生梁山县卫生局局长职务；

闫桂月梁山县土地矿产管理局局长职务。

1999年8月18日，梁山县第十四届人大常委会第十五次会议，根据县人民政府县长张忠建提名，决定任命：

商建设为梁山县人民政府副县长；

李启胜为梁山县人民政府副县长。

免去：

李文运梁山县人民政府副县长职务。

2000年1月12日，梁山县第十四届人大常委会第十八次会议，根据县委提名，决定任命：

商建设为县人民政府代理县长。

2000年3月16日，梁山县第十四届人大常委会第二十次会议，根据县人民政府县长商建设提名，决定任命：

姜居祯为梁山县人民政府副县长；

张恒福为梁山县城乡建设委员会主任。

2000年7月3日，梁山县第十四届人大常委会第二十三次会议，根据县人民政府县长商建设提名，决定任命：

杨国锋为梁山县人民政府副县长（挂职）。

2000年11月23日，梁山县十四届人大常委会第二十七次会议，根据县人民政府县长商建设提名，决定任命：

陈启明为梁山县公安局局长。

免去：

王学全梁山县公安局局长职务。

2001年9月12日，梁山县第十四届人大常委会第三十四次会议，根据县人民政府县长商建设提名，决定任命：

郑一坤为梁山县司法局局长；

赵　伟为梁山县旅游局局长；

王爱民为梁山县教育委员会主任；

赵卫国为梁山县土地矿产管理局局长。

免去：

邓兆俊梁山县司法局局长职务；

赵德全梁山县风景名胜区管理委员会主任职务；

姜广生梁山县教育委员会主任职务；

王爱民梁山县土地矿产管理局局长职务。

2002年3月15日，梁山县第十四届人大常委会第三十九次会议，根据县人民政府县长商建设提名，决定任命：

任艳云为梁山县人民政府副县长。

2002年5月30日，梁山县第十四届人大常委会第四十次会议，根据县人民政府县长商建设提名，决定任命：

贾治阜为梁山县人民政府副县长；

蒋衍涛为梁山县人民政府副县长；

高建国为梁山县发展计划局局长；

蔡建民为梁山县经济贸易局局长；

王爱民为梁山县教育局局长；

李文敬为梁山县科学技术局局长；

王昌珍为梁山县劳动和社会保障局局长；

赵卫国为梁山县国土资源局局长；

陈丕英为梁山县计划生育局局长；

张恒福为梁山县建设局局长；

李若宽为梁山县审计局局长；

周生智为梁山县环境保护局局长；
丁景泉为梁山县民营经济发展局局长。
免去：
高建国梁山县计划委员会主任职务；
蔡建民梁山县经济委员会主任职务；
王爱民梁山县教育委员会主任职务；
李文敬梁山县科学技术委员会主任职务；
王昌珍梁山县劳动局局长职务；
赵卫国梁山县土地矿产管理局局长职务；
陈丕英梁山县计划生育委员会主任职务；
张恒福梁山县建设委员会主任职务；
丁景泉梁山县乡镇企业局局长职务；
张振来梁山县农业委员会主任职务；
高承坤梁山县审计局局长职务；
刘慎朝梁山县体育委员会主任职务；
赵伟梁山县旅游局局长职务；
徐新生梁山县文化局局长职务；
袁怀臣梁山县林业局局长职务。

2003年1月11日，梁山县第十四届人大常委会第四十六次会议，根据县人民政府县长商建设提名，免去：

姜居祯梁山县人民政府副县长职务。

十五届人大常委会任免

2003年2月18日，梁山县第十五届人大常委会第一次会议，根据县人民政府县长商建设提名，决定任命：

任艳云为梁山县人民政府科技副县长；
杨奉月为梁山县财政局局长。

2003年5月9日，梁山县第十五届人大常委会第二次会议，根据县人民政府县长商建设提名，决定任命：

刘本相为梁山县人民政府办公室主任；
高建国为梁山县发展计划局局长；
蔡建民为梁山县经济贸易局局长；
王爱民为梁山县教育局局长；
李文敬为梁山县科学技术局局长；
陈启明为梁山县公安局局长；
王玉斌为梁山县监察局局长；
马传儒为梁山县民政局局长；
郑一坤为梁山县司法局局长；
尚广同为梁山县人事局局长；
王昌珍为梁山县劳动和社会保障局局长；
赵卫国为梁山县国土资源局局长；
王水利为梁山县交通局局长；
陈丕英为梁山县水利局局长；
杨绍建为梁山县农业局局长；
侯昭良为梁山县粮食局局长；
赵法鲁为梁山县卫生局局长；
张志平为梁山县计划生育局局长；
李若宽为梁山县审计局局长；
周生智为梁山县环境保护局局长；
贺　林为梁山县统计局局长；
张恒福为梁山县建设局局长；
丁景泉为梁山县民营经济发展局局长。

2004年3月4日，梁山县第十五届人大常委会第九次会议，根据县人民政府县长商建设提名，决定任命：

王学海为梁山县人民政府副县长（挂职）；
李晓明为梁山县人民政府副县长（挂职）。

2004年6月16日，梁山县第十五届人大常委会第十一次会议，根据县人民政府县长商建设提名，决定任命：

米志群为梁山县人民政府副县长（挂职）。

2004年8月11日，梁山县第十五届人大常委会第十二次会议，根据县人大常委会主任会议提名，决定任命：

宋科为县人民政府副县长、代理县长；

任艳云为县人民政府副县长，免去其科技副县长职务。

2005年4月19日，梁山县第十五届人大常委会第十九次会议，根据县人民政府县长宋科提名，免去：

马传儒梁山县民政局局长职务。

2005年7月10日，梁山县第十五届人大常委会第二十一次会议，根据县人民政府县长宋科提名，决定任命：

张希来为梁山县民政局局长。

2006年1月5日，梁山县第十五届人大常委会第二十六次会议，根据县人民政府县长宋科提名，决定任命：

郭继田为梁山县人事局局长；

贾朝凤为梁山县发展和改革局局长；

李华为梁山县民营经济发展局局长；

袁绍信为梁山县卫生局局长。

免去：

尚广同梁山县人事局局长职务；

高建国梁山县发展计划局局长职务；

丁景泉梁山县民营经济发展局局长职务；

赵法鲁梁山县卫生局局长职务。

2006年2月16日，梁山县第十五届人大常委会第二十七次会议，根据县人民政府县长宋科提名，决定任命：

张志平为梁山县人口和计划生育局局长；

戚聿昌为梁山县安全生产监督管理局局长；

王慎恩为梁山县司法局局长。

免去：

张志平梁山县计划生育局局长职务；

郑一坤梁山县司法局局长职务；

侯昭良梁山县粮食局局长职务。

2006年3月29日，梁山县第十五届人大常委会第二十八次会议，根据县人民政府县长宋科的提名，决定任命：

杨锡祥为梁山县人民政府副县长（挂职）；

邢志红为梁山县人民政府副县长（挂职）。

2006年6月29日，梁山县第十五届人大常委会第三十次会议，根据县人民政府县长宋科提名，决定任命：

张健为梁山县人民政府副县长（挂职）。

免去：

杨锡祥梁山县人民政府副县长职务。

2007年1月6日，梁山县第十五届人大常委会第三十四次会议，根据县人大常委会主任会议提名，决定任命：

陈国华为梁山县人民政府副县长、代理县长；

贾存琰为梁山县人民政府副县长；

樊庆显为梁山县人民政府副县长。

2007年2月28日，梁山县第十五届人大常委会第三十七次会议，根据县人民政府代县长陈国华提名，决定任命：

崔根博为梁山县人民政府办公室主任；

张传胜为梁山县监察局局长；

李士兵为梁山县劳动和社会保障局局长；

刘　沛为梁山县建设局局长；

王先华为梁山县科学技术局局长；

房继宽为梁山县农业局局长；

方先斌为梁山县卫生局局长。

免去：

刘本相梁山县人民政府办公室主任职务；

王玉斌梁山县监察局局长职务；

王昌珍梁山县劳动和社会保障局局长职务；

张恒福梁山县建设局局长职务；

李文敬梁山县科学技术局局长职务；

杨绍建梁山县农业局局长职务；

袁绍信梁山县卫生局局长职务。

2007年6月1日，梁山县第十五届人大常委会第三十九次会议，根据县人民政府代县长陈国华提名，决定任命：

黄尊科为梁山县环境保护局局长。

免去：

周生智梁山县环境保护局局长职务。

2007年7月10日，梁山县第十五届人大常委会第四十一次会议，根据县人民政府代县长陈国华提名，决定任命：

楚宪海为梁山县人民政府副县长；

张作宜为梁山县公安局局长。

免去：

陈启明梁山县公安局局长职务。

2007年12月9日，梁山县第十五届人大常委会第四十五次会议，根据县人民政府代县长陈国华提名，决定任命：

王文成为梁山县人事局局长；

孙庆军为梁山县统计局局长。

免去：

樊庆显梁山县人民政府副县长职务；

郭继田梁山县人事局局长职务；

贺林梁山县统计局局长职务。

十六届人大常委会任免

2008年3月12日，梁山县第十六届人大常委会第二次会议，根据县人民政府县长陈国华提名，决定任命：

崔根博为梁山县人民政府办公室主任；

贾朝凤为梁山县发展和改革局局长；

蔡建民为梁山县经济贸易局局长；

王爱民为梁山县教育局局长；

王先华为梁山县科学技术局局长；

张作宜为梁山县公安局局长；

张传胜为梁山县监察局局长；

张希来为梁山县民政局局长；

王慎恩为梁山县司法局局长；

梁开平为梁山县财政局局长；

王文成为梁山县人事局局长；

李士兵为梁山县劳动和社会保障局局长；

王水利为梁山县交通局局长；

陈丕英为梁山县水利局局长；

房继宽为梁山县农业局局长；

方先斌为梁山县卫生局局长；

张志平为梁山县人口和计划生育局局长；

李若宽为梁山县审计局局长；

黄尊科为梁山县环境保护局局长；

孙庆军为梁山县统计局局长；

刘沛为梁山县建设局局长；

李华为梁山县民营经济发展局局长；

戚聿昌为梁山县安全生产监督管理局局长。

2008年7月25日，梁山县第十六届人大常委会第五次会议，根据县人民政府县长陈国华提名，决定任命：

王相柱为梁山县人民政府副县长（挂职）。

2008年9月24日，梁山县第十六届人大常委会第六次会议，根据县人民政府县长陈国华提名，决定任命：

李超为梁山县国土资源局局长。

2008年10月31日，梁山县第十六届人大常委会第七次会议，根据县人民政府县长陈国华提名，决定任命：

田福岭、颜世勤为梁山县人民政府副县长。

免去：

贾存琰、任艳云的梁山县人民政府副县长职务。

2009年1月22日，梁山县第十六届人大常委会第十次会议，根据有关规定，经县人民政府提名，决定：

撤销方先斌梁山县卫生局局长职务。

2009年3月13日，梁山县第十六届人大常委会第十一次会议，根据县人民政府县长陈国华提名，决定任命：

张广斌为梁山县教育局局长；

袁东成为梁山县卫生局局长；

黄尊科为梁山县人口和计划生育局局长；

陈丕秋为梁山县环境保护局局长。

免去：

王爱民梁山县教育局局长职务；

张志平梁山县人口和计划生育局局长职务；

黄尊科梁山县环境保护局局长职务。

2010年3月9日，梁山县第十六届人大常委会第十八次会议，根据县人民政府县长陈国华提名，决定任命：

王仁娜为梁山县人民政府副县长。

2010年3月9日，梁山县第十六届人大常委会第十八次会议，根据有关规定，经县人民政府提名，决定：

撤销王慎恩梁山县司法局局长职务。

2010年4月17日，梁山县第十六届人大常委会第十九次会议，根据县人大常委会主任会议提名，决定任命：

田卫东为梁山县人民政府副县长、代理县长。

2010年5月19日，梁山县第十六届人大常委会第二十次会议，根据县人民政府县长田卫东提名，决定任命：

蔡建民为梁山县经济和信息化局局长；

张广斌为梁山县教育和体育局局长；

孙德玉为梁山县监察局局长；

吴春福为梁山县民政局局长；

刘传秀为梁山县司法局局长；

王文成为梁山县人力资源和社会保障局局长；

刘沛为梁山县住房和城乡建设局局长；

李华为梁山县交通运输局局长；

刘志刚为梁山县水利局局长；

刘汉江为梁山县文化广电新闻出版局局长；

艾桂秋为梁山县审计局局长；

安广银为梁山县安全生产监督管理局局长；

赵锦民为梁山县城乡规划局局长。

免去：

蔡建民梁山县经济贸易局局长职务；

张广斌梁山县教育局局长职务；

王文成梁山县人事局局长职务；

刘沛梁山县建设局局长职务；

李华梁山县民营经济发展局局长职务；

张传胜梁山县监察局局长职务；

张希来梁山县民政局局长职务；

李士兵梁山县劳动和社会保障局局长职务；

王水利梁山县交通局局长职务；

陈丕英梁山县水利局局长职务；

李若宽梁山县审计局局长职务；

戚聿昌梁山县安全生产监督管理局局长职务。

2011年1月30日，梁山县第十六届人大常委会第二十七次会议，根据县人民政府县长田卫东提名，决定任命：

马涛为梁山县人民政府办公室主任；

崔根博为梁山县发展和改革局局长；

孔令军为梁山县经济和信息化局局长。

免去：

蒋衍涛梁山县人民政府副县长职务；

崔根博梁山县人民政府办公室主任职务；

贾朝凤梁山县发展和改革局局长职务；

蔡建民梁山县经济和信息化局局长职务。

2011 年 5 月 26 日，梁山县第十六届人大常委会第三十次会议，根据县人民政府县长田卫东提名，决定任命：

王建设为梁山县国土资源局局长。

免去：

李超梁山县国土资源局局长职务。

2011 年 11 月 30 日，梁山县第十六届人大常委会第三十四次会议，根据梁山县人大常委会主任会议提名，决定任命：

贾治阜为梁山县人民政府代理县长。

张玗、崔加清、李瑞林、孙颖为梁山县人民政府副县长。

免去：宁瑞峰、楚宪海、田福岭、王仁娜的梁山县人民政府副县长职务。

2011 年 12 月 9 日，梁山县第十六届人大常委会第三十五次会议，根据县人民政府代县长贾治阜提名，决定任命：

刘沛为梁山县人民政府办公室主任；

佟振堂为梁山县人力资源和社会保障局局长；

李迎绪为梁山县住房和城乡建设局局长；

梁学玉为梁山县安全生产监督管理局局长。

免去：

马涛梁山县人民政府办公室主任职务；

王文成梁山县人力资源和社会保障局局长职务；

刘沛梁山县住房和城乡建设局局长职务。

第十七届人大常委会任免

2012 年 3 月 6 日 梁山县第十七届人大常委会第一次会议，根据县人民政府县长贾治阜提名，决定任命：

刘沛为梁山县人民政府办公室主任；

杨其勇为梁山县发展和改革局局长；

孔令军为梁山县经济和信息化局局长；

张广斌为梁山县教育和体育局局长；

王先华为梁山县科学技术局局长；

张作宜为梁山县公安局局长；

孙德玉为梁山县监察局局长；

吴春福为梁山县民政局局长；

刘传秀为梁山县司法局局长；

李士兵为梁山县财政局局长；

佟振堂为梁山县人力资源和社会保障局局长；

王建设为梁山县国土资源局局长；

李迎绪为梁山县住房和城乡建设局局长；

李华为梁山县交通运输局局长；

刘志刚为梁山县水利局局长；

房继宽为梁山县农业局局长；

刘汉江为梁山县文化广电新闻出版局局长；

袁东成为梁山县卫生局局长；

王成东为梁山县食品药品监督管理局局长；

黄尊科为梁山县人口和计划生育局局长；

艾桂秋为梁山县审计局局长；

仝义泉为梁山县环境保护局局长；

孙庆军为梁山县统计局局长；

梁学玉为梁山县安全生产监督管理局局长；

赵锦民为梁山县城乡规划局局长。

2012 年 10 月 15 日，梁山县第十七届人大常委会第七次会议，根据县人民政府县长贾治阜提名，决定任命：

孔庆金为梁山县人民政府办公室主任；

赵伟为梁山县经济和信息化局局长；

连桂军为梁山县司法局局长；

马正栋为梁山县文化广电新闻出版局局长。

免去：

刘沛梁山县人民政府办公室主任职务；

孔令军梁山县经济和信息化局局长职务；

刘传秀梁山县司法局局长职务；

刘汉江梁山县文化广电新闻出版局局长职务。

2013 年 3 月 25 日，梁山县第十七届人大常委会第十次会议，根据县长贾治阜提名，决定任命：

孟一卿为梁山县国土资源局局长。

免去：

王建设梁山县国土资源局局长职务。

2013 年 8 月 28 日，梁山县第十七届人大常委会第十三次会议，根据县长贾治阜提名，决定任命：

杨东亮为梁山县监察局局长；

赵延奎为梁山县农业局局长。

免去：

孙德玉梁山县监察局局长职务；

房继宽梁山县农业局局长职务。

2013 年 11 月 26 日，梁山县第十七届人大常委会第十五次会议，根据县长贾治阜提名，决定任命：

孔德修为梁山县人民政府副县长；

李士兵为梁山县人民政府副县长；

黄涛为梁山县公安局局长。

免去：

张玗梁山县人民政府副县长职务；

王宇帆梁山县人民政府副县长职务；

张作宜梁山县公安局局长职务。

2014 年 3 月 31 日，梁山县第十七届人大常委会第十九次会议，决定任命：

赵广为梁山县人民政府副县长；

王成东为梁山县食品药品监督管理局（县食品安全委员会办公室）局长（主任）；

吴春雷为梁山县工商行政管理局局长；

孙庆让为梁山县质量技术监督局局长。

免去：

崔加清的梁山县人民政府副县长职务。

2015 年 4 月 29 日，梁山县第十七届人大常委会第二十七次会议，根据县人民政府县长贾治阜提请，决定任命：

赵伟为梁山县发展和改革局局长；

王先华为梁山县经济和信息化局局长；

李华为梁山县科学技术局局长；

杨其勇为梁山县财政局局长；

黄尊科为梁山县交通运输局局长；

袁东成为梁山县卫生和计划生育局局长；

马德水为梁山县环境保护局局长。

免去：

杨其勇梁山县发展和改革局局长职务；

赵伟梁山县经济和信息化局局长职务；

王先华梁山县科学技术局局长职务；

李士兵梁山县财政局局长职务；

李华梁山县交通运输局局长职务；

袁东成梁山县卫生局局长职务；

黄尊科梁山县人口和计划生育局局长职务；

仝义泉梁山县环境保护局局长职务。

2015 年 8 月 11 日，梁山县第十七届人大常委会第二十九次会议，根据县人大常委会主任会议提名，决定任命：

侯典峰为梁山县人民政府副县长、代理县长；

刚宪约为梁山县人民政府副县长（挂职）。

2015 年 11 月 30 日，梁山县第十七届人大常委会第三十二次会议，决定任命：

李扬为梁山县人民政府副县长（挂职时间一年）。

2016 年 4 月 5 日，梁山县第十七届人大常委会第三十七次会议，决定任命：

赵锦民为梁山县住房和城乡规划建设局局长。

免去：

李迎绪梁山县住房和城乡建设局局长职务；

赵锦民梁山县城乡规划局局长职务。

2016年4月23日，梁山县第十七届人大常委会第三十九次会议，决定任命：

王成东为梁山县国土资源局局长。

免去：

孟一卿梁山县国土资源局局长职务；

王成东梁山县食品药品监督管理局局长职务。

2016年6月28日，梁山县第十七届人大常委会第四十次会议，决定任命：

李明峰为梁山县农业局局长；

陈家民为梁山县食品药品监督管理局局长；

李志刚为梁山县安全生产监督管理局局长。

免去：

赵延奎梁山县农业局局长职务；

梁学玉梁山县安全生产监督管理局局长职务。

2016年12月21日，梁山县第十七届人大常委会第四十四次会议，决定任命：

王庆明为梁山县人民政府副县长；

闫长虹为梁山县人民政府副县长、梁山县公安局局长。

免去：

李瑞林梁山县人民政府副县长职务；

黄涛梁山县公安局局长职务。

2017年1月20日，梁山县第十七届人大常委会第四十五次会议，决定任命：

张进智为梁山县人民政府副县长（科技挂职）。

十八届人大常委会任免

2017年3月24日，梁山县第十八届人大常委会第一次会议，决定任命：

孔庆金为梁山县人民政府办公室主任；

赵伟为梁山县发展和改革局局长；

王先华为梁山县经济和信息化局局长；

孙明庆为梁山县教育和体育局局长；

王弘为梁山县科学技术局局长；

闫长虹为梁山县公安局局长；

杨东亮为梁山县监察局局长；

耿树民为梁山县民政局局长；

连桂军为梁山县司法局局长；

杨其勇为梁山县财政局局长；

佟振堂为梁山县人力资源和社会保障局局长；

王成东为梁山县国土资源局局长；

赵锦民为梁山县住房和城乡规划建设局局长；

黄尊科为梁山县交通运输局局长；

刘志刚为梁山县水利局局长；

李明峰为梁山县农业局局长；

马正栋为梁山县文化广电新闻出版局局长；

袁东成为梁山县卫生和计划生育局局长；

陈家民为梁山县食品药品监督管理局局长；

艾桂秋为梁山县审计局局长；

张振涛为梁山县环境保护局局长；

孙庆军为梁山县统计局局长；

李志刚为梁山县安全生产监督管理局局长；

吴春雷为梁山县工商行政管理局局长；

孙庆让为梁山县质量技术监督局局长。

2018年1月11日，梁山县第十八届人大常委会第十次会议，免去：

杨东亮梁山县监察局局长职务。

2018年11月30日，梁山县第十八届人大常委会第十八次会议，决定任命：

陈秀生为梁山县人民政府副县长（挂职）；

孔令军为梁山县行政审批服务局局长；

陈家民为梁山县退役军人事务局局长。

免去：

陈家民梁山县食品药品监督管理局局长职务。

2019年10月4日，梁山县十八届人大常委会第二十五次会议，根据县人大常委会主任会议提名，决定任命：

杨力新为梁山县人民政府副县长、代理县长。

2019年11月26日，梁山县第十八届人大常委会第二十七次会议，根据县人民政府县长杨力新提名，决定任命：

李文凯为梁山县人民政府副县长（挂职二年）；

赵文静为梁山县人民政府副县长；

陈秀生为梁山县人民政府科技副县长（挂职一年）；

高兴武为梁山县人民政府办公室主任；

高原为梁山县科学技术局局长；

刘道兵为梁山县工业和信息化局局长；

任仲建为梁山县司法局局长；

徐海荣为梁山县财政局局长；

孔祥华为梁山县自然资源和规划局局长；

赵锦民为梁山县住房和城乡建设局局长；

杨孟刚为梁山县交通运输局局长；

高启宏为梁山县水务局局长；

孙长栋为梁山县农业农村局局长；

刘征为梁山县商务局局长；

马正栋为梁山县文化和旅游局局长；

袁东成为梁山县卫生健康局局长；

李志刚为梁山县应急管理局局长；

宋培忠为梁山县审计局局长；

李来茵为梁山县市场监督管理局局长；

崔师峰为梁山县综合行政执法局局长；

贾存华为梁山县统计局局长；

师彩霞为梁山县医疗保障局局长；

黄广恩为梁山县信访局局长。

免去：

王弘梁山县科学技术局局长职务；

连桂军梁山县司法局局长职务；

杨其勇梁山县财政局局长职务；

黄尊科梁山县交通运输局局长职务；

艾桂秋梁山县审计局局长职务；

孙庆军梁山县统计局局长职务。

原县经济和信息化局、县国土资源局、县住房和城乡规划建设局、县水利局、县农业局、县文化广电新闻出版局、县卫生和计划生育局、县环境保护局、县安全生产监督管理局、县工商行政管理局、县质量技术监督局，随机构撤销或更名，其局长职务相应免除。

2020年5月13日，梁山县十八届人大常委会第三十二次会议，根据县人民政府县长杨力新提请，决定任命：

王卫忠为梁山县人民政府办公室主任。

免去：

高兴武梁山县人民政府办公室主任职务。

2020年9月27日，梁山县十八届人大常委会第三十六次会议，根据梁山县人民政府县长杨力新提请，决定任命：

张有林为梁山县应急管理局局长。

免去：

佟振堂梁山县人力资源和社会保障局局长职务；

李志刚梁山县应急管理局局长职务。

2020年12月4日，梁山县十八届人大常委会第三十七次会议，根据梁山县人民政府县长杨力新提请，决定任命：

梁吉军为梁山县人力资源和社会保障局局长；

于明河为梁山县自然资源和规划局局长；

闫修国为梁山县商务局局长。

免去：

刘征梁山县商务局局长职务；

孔祥华梁山县自然资源和规划局局长职务；

袁东成梁山县卫生健康局局长职务。

2021 年 2 月 1 日，梁山县十八届人大常委会第四十次会议，根据县长杨力新提名，决定任命：

郭庆国为梁山县人民政府副县长。

免去：

王庆明梁山县人民政府副县长职务。

第三节 县监察委员会监察人员任免

县监察委员会主任由县人民代表大会选举产生，届中辞职由本人提出辞呈、县人大常委会会议接受，报人民代表大会下次会议备案；代理监察委员会主任由县人大常委会主任会议提名，县人大常委会会议任命；监察委员会副主任、监察委员会委员由县监察委员会主任提名，县人大常委会会议任免。

2018 年 1 月 11 日，梁山县第十八届人大常委会第十次会议，任命：

张博、杨东亮为梁山县监察委员会副主任；

王秀梅、李金峰、司兴鲁、国贤斌为梁山县监察委员会委员。

2019 年 11 月 26 日，梁山县第十八届人大常委会第二十七次会议，根据县监察委员会主任赵广提名，免去：

李金峰县监察委员会委员职务。

2020 年 5 月 13 日，梁山县第十八届人大常委会第三十二次会议，根据县人大常委会主任会议提请，任命：

李文凯为梁山县监察委员会副主任、代理主任。

第四节 县人民法院审判人员任免

县人民法院院长由人民代表大会选举产生，届中辞职由本人提出辞呈、县人大常委会会议同意并报人民代表大会下次会议备案；代理院长由县人大常委会主任会议提名、县人大常委会会议决定任命；审判委员会委员、审判员、副院长、庭长、副庭长由县人民法院院长提名、县人大常委会会议决定任免。县人民法院陪审员由县人民法院院长提名，县人大常委会会议任免。

九届人大常委会任免

1981 年 3 月 25 日，梁山县第九届人大常委会第二次会议，任命：

井青林、冯允、宋声武为县人民法院副院长；

李玉尧为县人民法院刑事审判庭庭长；

姜守新为县人民法院刑事审判庭副庭长；

王殿钦为县人民法院民事审判庭庭长；

金树信为县人民法院民事审判庭副庭长；

唐传芳为县人民法院经济审判庭庭长；

徐家全为大路口人民法庭庭长；

王传义为小安山人民法庭副庭长；

岳耀亮为韩岗人民法庭庭长；

刘道忠为代庙人民法庭庭长；

栾传礼为徐集法庭副庭长；

张繁仁、井青林、冯允、宋声武、李玉尧、王殿钦、唐传芳、徐家全、张建英为县人民法院审判委员会委员；

李学先为代庙人民法庭审判员；

李有杰为徐集人民法庭审判员；

李文汉、石奇俊为县人民法院刑事审判庭审判员；

冯恒岚为韩岗人民法庭审判员；

刘进修为县人民法院经济审判庭审判员。

1981 年 10 月 9 日，梁山县第九届人大常委会第五次会议，任命：

张繁春为县人民法院审判员。

免去：

徐家全大路口人民法庭庭长、县人民法院审判委员会委员职务。

1982 年 1 月 4 日，梁山县人大常委会，任命：

王传义为县人民法院民事审判庭庭长、县人民法院审判委员会委员，免去其小安山人民法庭副庭长职务。

1982 年 2 月 12 日，梁山县第九届人大常委会第七次会议，任命：

张建英为县人民法院副院长。

1982 年 4 月 18 日，梁山县第九届人大常委会第八次会议，任命：

吕玉魁为县人民法院副院长，审判委员会委员；

陈绍布为小安山法庭庭长；

李延亮为大路口人民法庭副庭长；

王同岗为韩岗人民法庭副庭长；

刘传玉为徐集人民法庭副庭长；

徐景广、黄淑祥、王成标、房立运为县人民法院审判员；

1982 年 5 月 19 日，梁山县第九届人大常委会第九次会议，任命：

庞昌元为小安山人民法庭副庭长；

艾云庆为县人民法院审判员。

1982 年 7 月 29 日，梁山县第九届人大常委会第十次会议，任命：

刘道忠为马营人民法庭庭长；

张繁春为代庙人民法庭庭长；

李有杰为代庙人民法庭副庭长；

栾传礼为城关人民法庭副庭长；

冯恒岚为徐集人民法庭副庭长；

张新荣为县人民法院审判员。

免去：

刘道忠代庙人民法庭庭长职务；

栾传礼徐集人民法庭副庭长职务。

1983 年 4 月 13 日，梁山县第九届人大常委会第十五次会议，任命：

李延亮为大路口人民法庭庭长；

刘传玉为徐集人民法庭庭长；

张忠常、董玉华、陈洪祥、任宪坤、倪效安为县人民法院审判员。

1984 年 4 月 1 日，梁山县第九届人大常委会第二十二次会议，任命：

张建瑛为县人民法院代理院长；

冯允、董玉华为县人民法院副院长。

1984 年 5 月 7 日，梁山县第九届人大常委会第二十三次会议，任命：

宋声武为县人民法院代理院长。

十届人大常委会任免

1984 年 6 月 29 日，梁山县第十届人大常委会第二次会议，任命：

董玉华为县人民法院审判委员会委员。

1984 年 8 月 31 日，梁山县第十届人大常委会第三次会议，任命：

李厚明为县人民法院审判委员会委员、审判

员、民事审判庭庭长；

庞昌元为县人民法院审判员、民事审判庭副庭长；

房立运为县人民法院民事审判庭副庭长；

李文汉、黄淑祥为县人民法院刑事审判庭副庭长；

石奇俊、王成标为县人民法院经济审判庭副庭长；

金树信为县人民法院审判员、执行庭庭长；

刘道忠为县人民法院审判员、城郊人民法庭庭长；

栾传礼为县人民法院审判员、城郊人民法庭副庭长；

李延亮为县人民法院审判员、梁山镇人民法庭庭长；

李有杰为大路口人民法庭庭长；

李桂用为县人民法院审判员、大路口人民法庭副庭长；

张淑珍为县人民法院审判员、代庙人民法庭副庭长；

冯恒岚为小安山人民法庭庭长；

李学先为小安山人民法庭副庭长；

王同岗为县人民法院审判员、徐集人民法庭副庭长；

田均山为县人民法院审判员、韩岗人民法庭副庭长；

李玉尧、刘传玉、岳耀亮、艾玉华、邱效灵、段金柱、蔡如雷、刘性宇、樊怀武、庄爱民为县人民法院审判员。

免去：

金树信县人民法院民事审判庭副庭长职务；

庞昌元小安山人民法庭副庭长职务；

刘道忠马营人民法庭庭长职务；

栾传礼梁山镇人民法庭副庭长职务；

李有杰代庙人民法庭副庭长职务；

冯恒岚徐集人民法庭副庭长职务；

王同岗韩岗人民法庭副庭长职务；

李延亮大路口人民法庭庭长职务；

王传义县人民法院民事审判庭庭长职务；

陈绍布小安山人民法庭庭长职务。

1984 年 12 月 6 日，梁山县第十届人大常委会第五次会议，任命：

李玉尧为县人民法院副院长；

仲维功为县人民法院副院长、审判委员会委员、审判员；

井青林为县人民法院审判委员会委员、审判员；

李文汉为县人民法院审判委员会委员、刑事审判庭庭长；

石奇俊为县人民法院刑事审判庭副庭长；

包明学为县人民法院审判员，经济审判庭副庭长。

免去：

石奇俊县人民法院经济审判庭副庭长职务。

1985 年 9 月 24 日，梁山县第十届人大常委会第十次会议，任命：

魏宏为县人民法院审判员。

1986 年 5 月 30 日，梁山县第十届人大常委会第十六次会议，任命：

房立运为县人民法院审判委员会委员、经济审判庭庭长；

倪效安为韩岗人民法庭副庭长；

王志惠、路则玉、王曰岱、林存梅为县人民法院审判员。

免去：

唐传芳县人民法院经济审判庭庭长职务；

房立运县人民法院民事审判庭副庭长职务。

1987 年 2 月 10 日，梁山县第十届人大常委会第二十次会议，免去：

冯允县人民法院副院长职务。

十一届人大常委会任免

1987年5月22日，梁山县第十一届人大常委会第二次会议，根据县人民法院院长宋声武提名，任命：

李文汉为县人民法院副院长；

石奇俊为县人民法院刑事判庭庭长；

艾云庆为县人民法院刑事审判庭副庭长；

冯允、马金良、马德存、臧凤安、庞恒伟为县人民法院审判员。

免去：

李文汉县人民法院刑事审判庭庭长职务

石奇俊县人民法院刑事审判庭副庭长职务。

1987年9月23日，梁山县第十一届人大常委会第四次会议，根据县人民法院院长宋声武提名，任命：

滑秀芹为县人民法院副院长、审判委员会委员、审判员；

郭振祥为县人民法院审判员。

1988年6月29日，梁山县第十一届人大常委会第九次会议，根据县人民法院院长宋声武提名，任命：

陈永洪、贾朝玉、张桂君、付守华、梁廷恩为县人民法院审判员。

1988年12月19日，梁山县第十一届人大常委会第十二次会议，根据县人民法院院长宋声武提名，任命：

王同岗为拳铺人民法庭庭长；

陈洪祥为拳铺人民法庭副庭长；

李学先为馆驿人民法庭庭长；

王志惠为馆驿人民法庭副庭长；

李桂用为黑虎庙人民法庭庭长；

刘性宇为韩岗人民法庭副庭长；

张新荣、蔡如雷为马营人民法庭副庭长；

段金柱为大路口人民法庭副庭长；

庞恒伟为小路口人民法庭副庭长；

王曰岱为小安山人民法庭副庭长；

路则玉为韩垓人民法庭副庭长；

马德存为徐集人民法庭副庭长。

免去：

王同岗徐集人民法庭副庭长职务；

李学先小安山人民法庭副庭长职务；

李桂用大路口人民法庭副庭长职务。

1989年5月25日，梁山县第十一届人大常委会第十五次会议，根据县人民法院院长宋声武提名，任命：

石奇俊为县人民法院审判委员会委员；

张繁春为县人民法院审判员、小路口人民法庭庭长；

张淑珍为县人民法院审判员、韩垓人民法庭庭长；

张新荣为马营人民法庭庭长，免去其马营人民法庭副庭长职务；

李殿喜为县人民法院审判员、黑虎庙人民法庭副庭长。

1989年7月29日，梁山县第十一届人大常委会第十七次会议，根据县人民法院院长宋声武提名，任命：

唐传芳为县人民法院行政审判庭庭长；

魏宏为县人民法院行政审判庭副庭长；

黄淑祥为县人民法院告诉申诉庭庭长；

林存梅为县人民法院告诉申诉庭副庭长；

邱效灵为县人民法院刑事审判庭副庭长；

艾玉华为县人民法院经济审判庭副庭长；

马金良为县人民法院执行庭副庭长；

张忠常为城关人民法庭副庭长；

樊怀武为城关人民法庭副庭长。

免去：

李玉尧梁山县人民法院副院长、审判委员会委员、审判员职务；

田均山韩岗人民法庭副庭长职务；

黄淑祥县人民法院刑事审判庭副庭长职务。

十二届人大常委会任免

1990年7月17日，梁山县第十二届人大常委会第三次会议，根据县人民法院院长宋声武提名，任命：

阎林、王相举、李晓峰、王平为县人民法院审判员。

1990年11月16日，梁山县第十二届人大常委会第五次会议，根据县人民法院院长宋声武提名，免去：

井青林县人民法院审判委员会委员、审判员职务；

刘进修县人民法院审判员职务。

1990年12月20日，梁山县第十二届人大常委会第六次会议，根据县人民法院院长宋声武提名，任命：

庄爱民为县人民法院审判委员会委员。

1991年11月20日，梁山县第十二届人大常委会第十二次会议，根据县人民法院院长宋声武提名，决定：

撤销殷金柱县人民法院审判员、大路口法庭副庭长职务。

1992年1月21日，梁山县第十二届人大常委会第十三次会议，根据县人民法院院长宋声武提名，免去：

冯允县人民法院审判委员会委员、审判员职务。

1992年5月8日，梁山县第十二届人大常委会第十五次会议，根据县人民法院院长宋声武提名，任命：

李玉尧为县人民法院审判员、审判委员会委员、副院长。

十三届人大常委会任免

1993年3月27日，梁山县第十三届人大常委会第二次会议，根据县人大法院院长宋声武提名，任命：

倪崇奎为县人民法院副院长、审判委员会委员、审判员；

石奇俊为县人民法院副院长；

张修本、孟祥岱、邵杰、王友民、李文敬、宋文喜、张月菊、周新、吴同国、张大秀、师峰贤为县人民法院审判员。

免去：

滑秀芹县人民法院副院长职务；

石奇俊县人民法院刑事审判庭庭长职务。

1993年12月8日，梁山县第十三届人大常委会第七次会议，根据县人民法院院长宋声武提名，任命：

金晓舟为县人民法院审判员。

免去：

滑秀芹县人民法院审判员、审判委员会委员职务；

郭振祥县人民法院审判员职务；

王传义县人民法院审判员、审判委员会委员职务；

唐传芳县人民法院审判员、审判委员会委员、行政审判庭庭长职务；

金树信县人民法院审判员、执行庭庭长职务。

1994年3月30日，梁山县第十三届大大常委会第九次会议，根据县人民法院院长宋声武提名，任命：

刘绍先为县人民法院副院长，审判委员会委员、审判员（挂职）；

魏绍义、周粤华、于济春为县人民法院审判员（挂职）。

1994年5月31日，梁山县第十三届人大常委会第十次会议通过。根据县人民法院院长宋声武提名，任命：

艾云庆为县人民法院刑事审判庭庭长；

杨志华为县人民法院执行庭庭长、审判员；

张兴田、王振春、赵演兵为县人民法院审判员。

免去：

岳跃亮韩岗人民法庭庭长、审判员职务；

包明学县人民法院经济审判庭副庭长、审判员职务；

栾传礼县人民法院前集人民法庭副庭长、审判员职务；

艾云庆县人民法院刑事审判庭副庭长职务。

1995年5月31日，梁山县第十三届人大常委会第十七次会议，根据县人民法院院长宋声武提名，任命：

刘性宇为韩岗人民法庭庭长；

魏宏为县人民法院行政审判庭庭长；

王志惠为前集人民法庭副庭长；

庞恒伟为馆驿人民法庭副庭长；

李毅、曹继敏、王鸿庆、陈炜、倪崇岳、辛丽英、李继强为县人民法院审判员。

免去：

刘性宇韩岗人民法庭副庭长职务；

魏宏县人民法院行政审判庭副庭长职务；

王志惠馆驿人民法庭副庭长职务；

庞恒伟小路口人民法庭副庭长职务；

师峰贤县人民法院审判员职务。

1995年9月29日，梁山县第十三届人大常委会第十九次会议，根据县人民法院院长宋声武提名，决定任命：

曹继敏为小路口人民法庭副庭长；

陈炜为拳铺人民法庭副庭长；

李继强为韩岗人民法庭副庭长；

王鸿庆为韩垓人民法庭副庭长；

倪崇岳为黑虎庙人民法庭副庭长；

段金柱为县人民法院审判员。

1995年11月29日，梁山县第十三届人大常委会第二十次会议，决定任命：

姜明川为县人民法院副院长、审判委员会委员、审判员；

殷雪梅、李芹、张雪为县人民法院审判员；

免去：

刘绍先县人民法院副院长、审判委员会委员、审判员职务；

魏绍义、周粤华、于济春县人民法院审判员职务。

1996年5月30日，梁山县第十三届人大常委会第二十三次会议，根据县人民法院院长宋声武提名，决定任命：

田均山为县人民法院经济审判一庭庭长；

庄爱民为县人民法院经济审判二庭庭长；

梁廷恩为拳铺人民法庭庭长；

蔡如雷为小安山人民法庭副庭长；

闫林为县人民法院刑事审判庭副庭长；

付守华为县人民法院民事审判庭副庭长；

李文敬为县人民法院经济审判一庭副庭长；

金晓舟、张兴田为县人民法院经济审判二庭副庭长；

李晓峰为县人民法院执行庭副庭长；

张修本为县人民法院行政审判庭副庭长。

免去：

蔡如雷马营人民法庭副庭长职务；

房立运县人民法院经济审判庭庭长职务；

王成标、艾玉华县人民法院经济审判庭副庭长职务；

王平县人民法院审判员职务。

1997年6月29日，梁山县第十三届人大常委会第三十次会议，根据县人民法院院长宋声武提名，免去：

李玉尧县人民法院副院长职务。

1997年8月27日，梁山县第十三届人大常委会第三十一次会议，根据县人民法院院长宋声武提名，决定任命：

艾云庆、田均山为县人民法院审判委员会委员；

路则玉为县人民法院执行庭副庭长；

王志惠为黑虎庙人民法庭副庭长；

陈炜为前集人民法庭副庭长；

李毅为大路口人民法庭副庭长；

刘海啸为县人民法院审判员、拳铺人民法庭副庭长；

李新启、孟冰、唐守明、李继洋、梁吉法、蒋海青、郭言海、郭健峰、罗新华、宋来峰、田庆祥、司兴夏为县人民法院审判员。

免去：

路则玉韩垓人民法庭副庭长职务；

王志惠前集人民法庭副庭长职务；

陈炜拳铺人民法庭副庭长职务；

李殿喜黑虎庙人民法庭副庭长职务；

陈洪祥拳铺人民法庭副庭长职务；

王友民梁山县人民法院审判员职务。

十四届人大常委会任免

1998年6月27日，梁山县第十四届人大常委会第五次会议，根据县人民法院院长张仁端提名，任命：

戴景春为县人民法院副院长、审判委员会委员、审判员；

张继成为县人民法院副院长。

免去：

倪崇奎县人民法院副院长、审判委员会委员、审判员职务；

董玉华县人民法院副院长职务。

1998年7月29日，梁山县第十四届人大常委会第六次会议，根据县人民法院院长张仁端提名，决定：

撤销李学先县人民法院审判员、馆驿人民法庭庭长职务。

1999年1月19日，梁山县第十四届人大常委会第十次会议，任命：

袁存力为梁山县人民法院审判员、审判委员会委员、副院长代理院长。

1999年5月28日，梁山县第十四届人大常委会第十三次会议，根据县人民法院院长袁存力提名，任命：

韩道义为县人民法院审判员。

1999年7月28日，梁山县第十四届人大常委会第十四次会议，根据县人民法院院长袁存力提名，任命：

田均山为县人民法院副院长。

免去：

房立运县人民法院副院长、审判委员会委员职务；

董玉华、李玉尧县人民法院审判委员会委员职务；

田均山县人民法院经济审判一庭庭长职务；

李厚明县人民法院审判委员会委员、民事审判庭庭长职务；

庞昌元县人民法院民事审判庭副庭长职务。

1999年9月29日，梁山县第十四届人大常委会第十六次会议，根据县人民法院院长袁存力提名，任命：

梁廷恩为县人民法院审判委员会委员、民事审判庭庭长；

李文敬为县人民法院审判委员会委员、经济审判一庭庭长；

张月菊为县人民法院民事审判庭副庭长；

孙长敏、丰思国为县人民法院经济审判一庭副庭长；

孟祥岱、赵演兵为县人民法院经济审判二庭副庭长；

闫林为县人民法院审判委员会委员、刑事审判庭庭长；

张兆山、唐守明为县人民法院刑事审判庭副庭长；

李晓峰为县人民法院审判委员会委员、执行庭庭长；

田庆祥、郭言海为县人民法院执行庭副庭长；

张兴田为县人民法院立案庭庭长；

韩道义、蒋海青为县人民法院立案庭副庭长；

张修本为县人民法院行政审判庭庭长；

韩清峰为县人民法院行政审判庭副庭长；

王相举为城关人民法庭庭长；

冯恒岚、郭长征为城关人民法庭副庭长；

王鸿庆为馆驿人民法庭庭长；

吴同国、蔡如雷为馆驿人民法庭副庭长；

曹继敏为杨营人民法庭庭长；

刘性宇、李继杨、李新起为杨营人民法庭副庭长；

陈炜为前集人民法庭庭长；

张淑珍、刘海啸、李来红为前集人民法庭副庭长；

李继强为韩岗人民法庭庭长；

潘世课为韩岗人民法庭副庭长。

免去：

梁廷恩拳铺人民法庭庭长职务；

李文敬县人民法院经济审判一庭副庭长职务；

闫林县人民法院刑事审判庭副庭长职务；

李晓峰县人民法院执行庭副庭长职务；

张兴田县人民法院经济审判二庭副庭长职务；

张修本县人民法院行政审判庭副庭长职务；

冯恒岚小安山人民法庭庭长职务；

王鸿庆韩垓人民法庭副庭长职务；

蔡如雷小安山人民法庭副庭长职务；

曹继敏小路口人民法庭副庭长职务；

刘性宇韩岗人民法庭庭长职务；

陈炜前集人民法庭副庭长职务；

张淑珍韩垓人民法庭庭长职务；

李继强韩岗人民法庭副庭长职务；

艾云庆县人民法院审判委员会委员、刑事审判庭庭长职务；

黄淑祥县人民法院告诉申诉庭庭长职务；

林存梅县人民法院告诉申诉庭副庭长职务；

杨志华县人民法院执行庭庭长职务；

路则玉县人民法院执行庭副庭长职务；

魏宏县人民法院行政审判庭庭长职务；

李有杰大路口人民法庭庭长职务；

李衍亮城关人民法庭庭长职务；

张忠常、樊怀武城关人民法庭副庭长职务；

刘传玉徐集人民法庭庭长职务；

马德存徐集人民法庭副庭长职务；

李桂用黑虎庙人民法庭庭长职务；

王志惠黑虎庙人民法庭副庭长职务；

张新荣马营人民法庭庭长职务；

张繁春小路口人民法庭庭长职务；

刘道忠前集人民法庭庭长职务；

王曰岱小安山人民法庭副庭长职务；

王同岗拳铺人民法庭庭长职务；

刘海啸拳铺人民法庭副庭长职务；

庞恒伟馆驿人民法庭副庭长职务。

1999年11月25日，梁山县第十四届人大常委会第十七次会议，根据县人民法院院长袁存力提名，任命：

张振隆为县人民法院审判委员会委员。

2000年8月16日，梁山县十四届人大常委会第二十四次会议，根据梁山县人民法院院长袁存力提名，任命：

庄爱民为县人民法院立案庭庭长；

孟祥岱为县人民法院立案庭副庭长；

赵演兵为县人民法院经济审判一庭副庭长；

王相举为县人民法院审判监督庭庭长；

李继洋为县人民法院审判监督庭副庭长；

张兴田为城关人民法庭庭长。

免去：

庄爱民县人民法院经济审判二庭庭长职务；

孟祥岱县人民法院经济审判二庭副庭长职务；

赵演兵县人民法院经济审判二庭副庭长职务；

王相举城关人民法庭庭长职务；

李继洋杨营人民法庭副庭长职务；

张兴田县人民法院立案庭庭长职务。

2001年9月12日，梁山县第十四届人大常委会第三十四次会议，根据县人民法院院长袁存力提名，免去：

张继成县人民法院副院长、审判委员会委员职务。

十五届人大常委会任免

2003年9月12日，梁山县第十五届人大常委会第五次会议，根据县人民法院院长袁存力的提名，任命：

王相举为县人民法院审判委员会委员、民事审判庭庭长；

黄洪勇、张修本为县人民法院审判委员会委员；

李继强为县人民法院审判委员会委员、审判监督庭庭长；

闫玉刚为县人民法院立案庭庭长；

赵演兵为县人民法院民事审判二庭庭长；

陈炜为县人民法院执行一庭庭长；

吴同国为县人民法院执行二庭庭长；

张大秀为县人民法院城关法庭庭长；

赵伯学为县人民法院拳铺法庭庭长；

韩清峰为县人民法院韩岗法庭庭长；

李来红、马咏梅为县人民法院立案庭副庭长；

张月菊、陆彤为县人民法院民事审判一庭副庭长；

孙长敏、韩道义为县人民法院民事审判二庭副庭长；

郭长征、周新为县人民法院行政审判庭副庭长；

蒋海青为县人民法院审判监督庭副庭长；

付守华为县人民法院执行一庭副庭长；

倪崇岳、梁吉法为城关法庭副庭长；

张淑珍、刘海啸为拳铺法庭剧副庭长；

郭言海为馆驿法庭副庭长；

丰思国为杨营法庭副厅长；

宋文喜为县人民法院韩岗法庭副庭长。

免去：

王相举县人民法院审判监督庭庭长职务；

李继强韩岗法庭庭长职务；

陈炜前集法庭庭长职务；

李来红、张淑珍、刘海啸前集法庭副庭长职务；

吴同国、蔡如雷馆驿法庭副庭长职务；

韩清峰县人民法院行政审判庭副庭长职务；

梁廷恩县人民法院审判委员会委员、民事审判庭庭长职务；

张月菊、付守华县人民法院民事审判庭副庭长职务；

李文敏县人民法院经济审判一庭庭长职务；

赵演兵、孙长敏、丰思国县人民法院经济审判一庭副庭长职务；

庄爱民县人民法院立案庭庭长职务；

韩道义、蒋海青县人民法院立案庭副庭长职务；

倪崇岳黑虎庙法庭副庭长职务；

田庆祥、郭言海县人民法院执行庭副庭长职务；

张兴田城关法庭庭长职务；

郭长征城关法庭副庭长职务；

刘性宇杨营法庭副庭长职务。

2004年3月4日，梁山县第十五届人大常委会第九次会议，根据县人民法院院长袁存力提名，免去：

仲维功县人民法院副院长、审判委员会委员职务；

张淑珍县人民法院拳铺法庭副庭长职务。

2004年11月19日，梁山县第十五届人大常委会第十五次会议，根据县人民法院院长袁存力提名，任命：

张振隆为县人民法院副院长。

2005年1月10日，梁山县第十五届人大常委会第十七次会议，根据县人大常委会主任会议提名，任命：

李培宪为梁山县人民法院审判员、审判委员会委员、副院长、代理院长。

免去：

袁存力县人民法院审判委员会委员、审判员职务；

戴景春县人民法院副院长职务。

2005年4月29日，梁山县第十五届人大常委会第十九次会议，根据县人民法院院长李培宪提名，任命：

董玉宽、罗春生、王志方、张厚军、艾金康、李雪、陈军、张效美、蒋继新、陈月萍、闫梅霞、程德瑞、闫传俭、李光振、冯洪祚、范玉田、侯庆余为县人民法院人民陪审员。

2005年6月2日，梁山县第十五届人大常委会第二十次会议，根据县人民法院院长李培宪提名，任命：

辛丽英为县人民法院审判委员会委员。

免去：

冯恒岚城关法庭副庭长职务；

马金良县人民法院执行庭副庭长职务；

李毅大路口法庭副庭长职务。

2006年1月5日，梁山县第十五届人大常委会第二十六次会议，根据县人民法院院长李培宪提名，免去：

田均山县人民法院副院长职务。

2006年4月19日，梁山县第十五届人大常委会第二十九次会议，根据县人民法院院长李培宪提名，任命：

辛丽英为县人民法院审判监督庭庭长；

李继强为县人民法院执行一庭庭长；

曹继敏为县人民法院执行二庭庭长；

王鸿庆为县人民法院韩岗人民法庭庭长；

韩清峰为县人民法院杨营人民法庭庭长；

郭言海为县人民法院拳铺人民法庭副庭长；

孟祥岱为县人民法院执行二庭副庭长。

免去：

陈炜县人民法院执行一庭庭长职务；

吴同国县人民法院执行二庭庭长职务；

李继强县人民法院审判监督庭庭长职务；

曹继敏杨营人民法庭庭长职务；

王鸿庆馆驿人民法庭庭长职务；

韩清峰韩岗人民法庭庭长职务；

郭言海馆驿人民法庭副庭长职务；

孟祥岱县人民法院立案庭副庭长职务；

王成标、陈洪祥、贾朝玉、张忠常、李玉尧、李厚明、庞昌元、王同岗、庞恒伟、董玉华、魏宏县人民法院审判员职务。

2007 年 6 月 1 日，梁山县第十五届人大常委会第三十九次会议，根据县人民法院院长李培宪提名，任命：

王友民为县人民法院审判员、审判委员会委员、副院长。

免去：

李晓峰县人民法院审判委员会委员、审判员职务；

张大秀城关法庭庭长、审判员职务。

2007 年 7 月 10 日，梁山县第十五届人大常委会第四十一次会议，根据县人民法院院长李培宪提名，任命：

王相举为县人民法院刑事审判庭庭长；

赵演兵为县人民法院审判委员会委员、民事审判一庭庭长；

吴同国为县人民法院民事审判二庭庭长；

陈炜为县人民法院立案庭庭长；

李继洋为县人民法院立案庭副庭长；

黄洪勇为县人民法院审判监督庭庭长；

李来红为县人民法院审判监督庭副庭长；

赵伯学为城关法庭庭长；

丰思国为大路口法庭庭长；

宋文喜为大路口法庭副庭长；

郭言海为杨营法庭副庭长；

刘海啸为韩岗法庭副庭长。

免去：

王相举县人民法院民事审判一庭庭长职务；

闫林县人民法院刑事审判庭庭长职务；

张兆山县人民法院刑事审判庭副庭长职务；

赵演兵县人民法院民事审判二庭庭长职务；

李继洋县人民法院审判监督庭副庭长职务；

闫玉刚县人民法院立案庭庭长职务；

李来红县人民法院立案庭副庭长职务；

辛丽英县人民法院审判委员会委员、审判监督庭庭长职务；

赵伯学拳铺法庭庭长职务；

丰思国杨营法庭副庭长职务；

宋文喜韩岗法庭副庭长职务；

郭言海、刘海啸拳铺法庭副庭长职务；

2007 年 12 月 9 日，梁山县第十五届人大常委会第四十五次会议，根据县人民法院院长李培宪提名，任命：

路莹为县人民法院审判员。

免去：

石奇俊县人民法院副院长职务；

艾云庆、李有杰、段金柱、李衍亮、王志惠、路则玉、房立运、张繁春、林存梅、李殿喜、任宪坤、刘传玉、黄淑祥县人民法院审判员职务。

十六届人大常委会任免

2008 年 7 月 25 日，梁山县第十六届人大常委会第五次会议，根据县人民法院院长李培宪提名，任命：

闫林为县人民法院副院长；

闫玉刚、张兆山为县人民法院审判委员会委员；

赵伯学为县人民法院审判委员会委员、民事审判一庭庭长；

王鸿庆为县人民法院执行一庭庭长；

韩清峰为城郊法庭庭长；

郭言海为杨营法庭庭长；

潘世课为县韩岗法庭庭长；

李新起为县人民法院审判监督庭副庭长；

孙长敏、梁吉法为城郊法庭副庭长；

李来红为杨营法庭副庭长；

倪崇岳为韩岗法庭副庭长。

免去：

李继强县人民法院执行一庭庭长职务；

赵演兵县人民法院民事审判一庭庭长职务；

王鸿庆韩岗法庭庭长职务；

韩清峰杨营法庭庭长职务；

马咏梅县人民法院立案庭副庭长职务；

郭言海、李新起杨营法庭副庭长职务；

潘世课韩岗法庭副庭长职务；

孙长敏县人民法院民事审判二庭副庭长职务；

李来红县人民法院审判监督庭副庭长职务；

王曰岱县人民法院审判员职务；

原城关法庭领导职务一并免除。

2008年9月24日，梁山县第十六届人大常委会第六次会议，根据县人民法院院长李培宪提名，任命：

薛庆朝、刘超飞、金琪、程娟为县人民法院人民陪审员。

2009年1月4日，梁山县第十六届人大常委会第九次会议，根据县人民法院院长李培宪提名，任命：

戴景涛、倪广稳为县人民法院审判员。

免去：

张继成、杨志华、马德存的县人民法院审判员职务。

2009年5月27日，梁山县第十六届人大常委会第十三次会议，根据县人民法院院长李培宪提名，免去：

孟祥岱县人民法院执行二庭副庭长职务；

李桂用、樊怀武县人民法院审判员职务。

2009年12月4日，梁山县第十六届人大常委会第十七次会议，根据县人民法院院长李培宪提名，任命：

陈炜为县人民法院行政审判庭庭长；

唐守明为县人民法院立案庭副庭长；

郭长征为县人民法院刑事审判庭副庭长。

免去：

陈炜县人民法院立案庭庭长职务；

张修本县人民法院行政审判庭庭长职务；

唐守明县人民法院刑事审判庭副庭长职务；

郭长征县人民法院行政审判庭副庭长职务；

刘道忠县人民法院审判员职务。

2010年6月29日，梁山县第十六届人大常委会第二十一次会议，根据县人民法院院长李培宪提名，任命：

陈军、李雪、谢明涛、王慧平、李传超、张厚军、安广田、张保磊、秦淑萍、雷翠峰、刘　芳、雷瑞风、董玉宽、蒋继新、范玉田、刘秋菊、侯庆余、申新岭、吴爱红、孙长珍、李福科、陈公起、李克军、马洪前、李迎文、陈昌、代存义、沈本海、李建宝、王霞、韩瑞丽为县人民法院人民陪审员。

2011年1月7日，梁山县第十六届人大常委会第二十六次会议，根据县人民法院院长李培宪提名，任命：

黄洪勇为县人民法院刑事审判庭庭长；

潘世课为县人民法院审判监督庭庭长；

倪崇岳为韩岗人民法庭庭长；

郭长征为县人民法院少年审判庭庭长；

唐守明为县人民法院立案庭庭长；

梁吉法为县人民法院民事审判一庭副庭长；

蒋海青为县人民法院民事审判二庭副庭长；

李继洋为县人民法院行政审判庭副庭长；

孟冰为县人民法院审判监督庭副庭长；

路莹为县人民法院刑事审判庭副庭长；

代景涛为县人民法院民事审判二庭副庭长；

倪广稳为城郊人民法庭副庭长；

马慧颖为县人民法院审判员、立案庭副庭长；

余旭东为县人民法院审判员、大路口人民法庭副庭长；

王丛侠、孙长磊、马斌为县人民法院审判员。

免去：

黄洪勇县人民法院审判监督庭庭长职务；

潘世课韩岗人民法庭庭长职务；

倪崇岳韩岗人民法庭副庭长职务；

郭长征县人民法院刑事审判庭副庭长职务；

唐守明县人民法院立案庭副庭长职务；

梁吉法城郊人民法庭副庭长职务；

蒋海青县人民法院审判监督庭副庭长职务；

李继洋县人民法院立案庭副庭长职务；

王相举县人民法院刑事审判庭庭长职务；

陆彤县人民法院民事审判一庭副庭长职务；

韩道义县人民法院民事审判二庭副庭长职务；

仲维功、蔡如雷县人民法院审判员职务。

2011年8月22日，梁山县第十六届人大常委会第三十二次会议，根据县人民法院院长李培宪提名，任命：

陈炜为、潘世课、吴同国为县人民法院审判委员会委员。

免去：

庄爱民县人民法院审判委员会委员、审判员职务；

戴景春、李文敬、田均山、石奇俊、王相举、张修本县人民法院审判委员会委员职务。

2011年11月30日，梁山县第十六届人大常委会第三十四次会议，根据梁山县人大常委会主任会议提名，任命：

王爱新为梁山县人民法院审判员、审判委员会委员、副院长、代理院长。

免去：李培宪梁山县人民法院审判员、审判委员会委员职务。

十七届人大常委会任免

2012年3月6日，梁山县第十七届人大常委会第一次会议，根据县人民法院院长王爱新提名，免去：

闫林县人民法院副院长、审判委员会委员职务；

戴景春县人民法院审判员职务；

张淑珍县人民法院审判员职务；

冯恒岚县人民法院审判员职务。

2012年6月27日，梁山县第十七届人大常委会第四次会议，根据县人民法院院长王爱新提名，任命：

李孟兰、刘传更、刘爱焕、郭丽、吴瑞义、荣飞龙、李萍、李明印、冯强、黄迎军、孙刚顺、王继忠、梁文、司睿、陈殿玉、田素敏、王春燕、丁明天、穆宁、宋军、姚瑞立、吕月霞、王静伟、汤占蛟为县人民法院人民陪审员。

2012年10月15日，梁山县第十七届人大常委会第七次会议，根据县人民法院院长王爱新提名，任命：

李晓峰为县人民法院审判员、审判委员会委员、副院长；

赵演兵为县人民法院副院长。

免去：

张振隆县人民法院副院长、审判委员会委员职务；

闫玉刚县人民法院审判委员会委员、审判员职务。

2012年12月30日，梁山县第十七届人大常委会第八次会议，根据县人民法院院长王爱新提名，任命：

倪广稳为县人民法院立案庭副庭长；

余旭东为县人民法院城郊法庭副庭长；

周建、张永杰、孟庆华为县人民法院审判员

免去：

倪广稳城郊法庭副庭长职务；

余旭东大路口法庭副庭长职务；

孟冰县人民法院审判监督庭副庭长职务；

马斌、孙长磊、田均山县人民法院审判员职务。

2013年8月28日，梁山县第十七届人大常委会第十三次会议，根据县人民法院院长王爱新的提名，任命：

孟爱民、王成斌、翟亚坤、史夏夏、冯冬梅、胡衍松、韩飞为县人民法院审判员。

2013年10月29日，梁山县第十七届人大常委会第十四次会议，根据县人民法院院长王爱新的提名，任命：

马慧颖为县人民法院立案庭庭长；

倪广稳为县人民法院速裁庭庭长；

代景涛为大路口人民法庭副庭长；

翟亚坤为县人民法院刑事审判庭副庭长；

李娜为县人民法院审判员、立案庭副庭长；

蒋海青为县人民法院少年审判庭副庭长；

宋文喜、张永杰为县人民法院民事审判一庭副庭长；

孟庆华为县人民法院民事审判二庭副庭长；

王成斌为城郊人民法庭副庭长；

王丛侠、胡衍松为韩岗人民法庭副庭长；

余旭东为杨营人民法庭副庭长；

赵延敏为县人民法院审判员、杨营人民法庭副庭长。

免去：

唐守明县人民法院立案庭庭长职务；

李新起县人民法院审判监督庭副庭长职务；

宋文喜大路口人民法庭副庭长职务；

蒋海青县人民法院民事审判二庭副庭长职务；

倪广稳县人民法院立案庭副庭长职务；

路莹县人民法院刑事审判庭副庭长职务；

代景涛县人民法院民事审判二庭副庭长职务；

余旭东城郊人民法庭副庭长职务。

孔贵青、蒋继新、吕晓霞、梁文、穆宁、李福科、李雪、李传超、沈本海、代存义、雷翠峰、李建宝、李孟兰、李克军、张保磊、吴爱红县人民法院人民陪审员职务。

2013年12月28日，梁山县第十七届人大常委会第十七次会议，根据县人民法院院长王爱新提名，任命：

韩道义为县人民法院民事审判三庭庭长；

倪崇岳为县人民法院执行二庭庭长；

刘海啸为韩岗人民法庭庭长；

宿艳丽、齐崇刚、马景金为县人民法院审判员。

郝迎峰、金琪、刘兴良、程娟、梁凤莲、刘超飞、王传省、刘顺兴、赵习习、范爱荣、艾玉花、彭延振、于桂灵、路海先、王金菊、王庆华、柏立山、李炳忠、杨玉建、王莉为县人民法院人民陪审员。

免去：

倪崇岳韩岗人民法庭庭长职务；

李来红杨营人民法庭副庭长职务；

曹继敏县人民法院执行二庭庭长职务；

李继洋县人民法院行政审判庭副庭长职务；

梁吉法县人民法院民事审判一庭副庭长职务；

张兴田、李毅县人民法院审判员职务。

2014年3月31日，梁山县第十七届人大常委会第十九次会议，根据县人民法院院长王爱新提名，任命：

马慧颖为县人民法院立案庭庭长；

倪广稳为县人民法院速裁庭庭长；

代景涛为大路口人民法庭副庭长；

翟亚坤为县人民法院刑事审判庭副庭长；

李娜为县人民法院审判员、立案庭副庭长；

蒋海青为县人民法院少年审判庭副庭长；

宋文喜、张永杰为县人民法院民事审判一庭副庭长；

孟庆华为县人民法院民事审判二庭副庭长；

王成斌为县人民法院城郊人民法庭副庭长；

王从侠、胡衍松为县人民法院韩岗人民法庭副庭长；

余旭东为县人民法院杨营人民法庭副庭长；

赵延敏为县人民法院审判员、杨营镇人民法庭副庭长。

2014 年 4 月 30 日，梁山县第十七届人大常委会第二十次会议，根据县人民法院院长王爱新的提名，任命：

徐恩厚、秦瑞金、李继建、王月先、岳彩福、贾祥山、常庆伟、梁秀霞、赵如风、赵延方、侯宪强、薛庆朝、李茂祥、于海斌、崔相民、黄遵忠、于文国、刘传昌、焦恩华、刘加喜、王福宪、张述民、吴存志、刘继华、李亚娟、秦余峰、岳云健、谢兰收、丁冬杰、柏立广、孙远武、黄现胜、刘艳亭、梁玉兰、张瑞海、杨佃贞、李家科、阮善斌、谢新萌、郭琳、徐瑞玲、郑淑红、李盈盈、杨文东、师先全、赵修挂、李广亮、丁清聚、张爱英、李晨曦、孙福娟、王萌、张于勤、杨景峰、陈芳、袁方、惠金军、崔永花、李兰华、张远朝、宋培岗、刘甲文、冯艳艳、王建立、张志法、丁曙光、张思行为县人民法院人民陪审员。

2015 年 2 月 28 日，梁山县第十七届人大常委会第二十六次会议，根据县人民法院院长王爱新提名，任命：

王鸿庆为县人民法院审判委员会委员、民事审判一庭庭长；

郭长征、李来红、马咏梅为县人民法院审判委员会委员；

丰思国为县人民法院民事审判四庭庭长；

刘海啸为县人民法院执行一庭庭长；

陆彤为大路口人民法庭庭长；

孙长敏为韩岗人民法庭庭长；

代景涛为杨营人民法庭庭长；

余旭东为城郊人民法庭副庭长；

宋文喜为县人民法院民事审判四庭副庭长；

丛莹莹为县人民法院审判员、审判监督庭副庭长；

马景金为大路口人民法庭副庭长；

陈丕卿为县人民法院审判员；

王菡为县人民法院审判员。

免去：

赵伯学县人民法院民事审判一庭庭长职务；

王鸿庆县人民法院执行一庭庭长职务；

丰思国大路口人民法庭庭长职务；

刘海啸韩岗人民法庭庭长职务；

孙长敏城郊人民法庭副庭长职务；

代景涛大路口人民法庭副庭长职务；

宋文喜县人民法院民事审判一庭副庭长职务；

郭言海杨营人民法庭庭长职务；

余旭东杨营人民法庭副庭长职务；

石奇俊、李文敬、周新、韩飞县为人民法院审判员职务。

2015 年 4 月 29 日，梁山县第十七届人大常委会第二十七次会议，根据县人民法院院长王爱新提名，免去：

郭言海县人民法院审判员职务。

2015 年 6 月 30 日，梁山县第十七届人大常委会第二十八次会议，根据县人民法院院长王爱新的提名，任命：

董玉宽、张厚军、李迎文、侯庆余、关海东、安广田、韩瑞丽、刘芳、王霞、刘文英、刘秋菊、刘同海、邵凤霞、孙芳、王金秀、陈晓军、马莹莹、王永、李培水、高慧杰、史慧敏、王其银、王恩东、荣忠云、张令珍、代艳春、杨衍贞、高兆元、刘锐、侯庆伟、姚瑞青、侯宪柱为县人民法院人民陪审员。

2015年10月28日，梁山县第十七届人大常委会第三十一次会议，根据县人民法院院长王爱新提名，免去：

王菡县人民法院审判员职务。

2016年6月28日，梁山县第十七届人大常委会第四十次会议，根据梁山县人大常委会主任会议提名，任命：

时益同为梁山县人民法院审判员、审判委员会委员、副院长、代理院长。

免去：

王爱新县人民法院审判委员会委员、审判员职务。

2016年8月31日，梁山县第十七届人大常委会第四十一次会议，免去：

张修本县人民法院审判员职务。

十八届人大常委会任免

2017年3月24日，梁山县十八届人大常委会第一次会议，任命：

冯玉玲、马科伟、孔令福、刘英、王洪亮、李祥柱、张竞舟、韩祥、王岩岩、谢子聪为县人民法院审判员。

2017年8月28日，梁山县十八届人大常委会第五次会议，任命：

潘世课为县人民法院立案庭庭长；

郭长征为县人民法院刑事审判庭庭长；

陈炜为县人民法院少年审判庭庭长；

韩道义为县人民法院民事审判第一庭庭长；

丰思国为县人民法院民事审判第二庭庭长；

孙长敏为县人民法院民事审判第三庭庭长；

马咏梅为县人民法院民事审判第四庭庭长；

王鸿庆为县人民法院行政审判庭庭长；

刘海啸为县人民法院审判监督庭庭长；

倪广稳为城郊人民法庭庭长；

余旭东为杨营人民法庭庭长；

陆彤为韩岗人民法庭庭长；

倪崇岳为院大路口人民法庭庭长。

冯强、黄迎军、荣飞龙、刘爱焕、李明印、姚瑞立、王静伟、王春燕、汤占蛟、孙刚顺、王继忠为县人民法院人民陪审员。

免去：

马慧颖县人民法院立案庭庭长职务；

黄洪勇县人民法院刑事审判庭庭长职务；

郭长征县人民法院少年审判庭庭长职务；

王鸿庆县人民法院民事审判第一庭庭长职务；

张月菊县人民法院民事审判第一庭副庭长职务；

吴同国县人民法院民事审判第二庭庭长职务；

韩道义县人民法院民事审判第三庭庭长职务；

丰思国县人民法院民事审判第四庭庭长职务；

倪广稳县人民法院速裁庭庭长职务；

陈炜县人民法院行政审判庭庭长职务；

潘世课县人民法院审判监督庭庭长职务；

刘海啸县人民法院执行局执行一庭庭长职务；

倪崇岳县人民法院执行局执行二庭庭长职务；

韩清峰城郊人民法庭庭长职务；

余旭东城郊人民法庭副庭长职务；

代景涛杨营人民法庭庭长职务；

孙长敏韩岗人民法庭庭长职务；

陆彤大路口人民法庭庭长职务。

2017年11月3日，梁山县十八届人大常委会第七次会议，免去：

王相举、王洪亮县人民法院审判员职务。

2018年4月28日，梁山县十八届人大常委会第十一次会议，免去：

付守华、张竞舟县人民法院审判员职务。

2018年10月31日，梁山县十八届人大常委会第十六次会议，免去：

孟祥岱、张月菊、闫林县人民法院审判员职务。

2020年1月7日，梁山县十八届人大常委会第三十次会议，根据县人大常委会主任会议提名，任命：

李士强为梁山县人民法院审判员、审判委员会委员、副院长、代理院长。

2020年3月31日，梁山县十八届人大常委会第三十一次会议，根据县人民法院院长李士强提请，任命：

马丽、马东明、马书岭、马爱民、马海青、王红、王玉芬、王来才、王春花、王跟全、王爱平、王传婷、王德敏、王红芳、王颖丽、王海全、韦兆海、尹秀珍、吕月霞、任中涛、刘兴、刘莉、刘敦镇、刘德科、关雪华、许士平、孙培稳、孙久玉、孙久香、杨丽、杨玉枝、杨贵香、杨秀春、杨秀峰、李伟、李燕、李寿廷、李素丽、李银芝、李维岗、李美灵、李秀丽、吴艳丽、吴森起、吴德年、汪伟、汪如平、张振波、张建树、张继坤、张希来、张秀梅、张海峰、陈公强、陈学灵、邵长阳、周元新、周丽丽、周言言、孟四菊、庞超、庞成林、郑辉、郑新华、郝迎臣、赵峰、侯秋芝、侯盛心、侯宪斗、祝玉娟、聂艳艳、贾明利、徐兴伟、徐汝文、唐加才、桑贤波、常新荣、韩宁、彭兆红、蒋先玉、程武才、温倩倩、潘建平、戴继凤为梁山县人民法院人民陪审员。

2020年9月27日，梁山县十八届人大常委会第三十六次会议，根据县人民法院院长李士强提请，任命：

徐华新为县人民法院审判员、审判委员会委员、副院长；

张永杰为县人民法院审判委员会委员、副院长。

免去：

李晓峰县人民法院副院长、审判委员会委员职务；

赵演兵县人民法院副院长、审判委员会委员、审判员职务；

张永杰县人民法院民事审判一庭副庭长职务。

2021年3月18日，梁山县十八届人大常委会第四十一次会议，根据县人民法院院长李士强的提请，任命：

齐崇刚为县人民法院审判委员会委员；

倪广稳为县人民法院审判委员会委员、民事审判一庭庭长；

韩道义为县人民法院审判委员会委员、民事审判二庭庭长；

孙长敏为县人民法院审判委员会委员；

丰思国为县人民法院审判委员会委员；

宿艳丽为县人民法院立案庭庭长；

郭长征为县人民法院刑事审判庭庭长；

潘世课为县人民法院行政审判庭（综合审判庭）庭长；

陆彤为城郊人民法庭庭长；

孟庆华为韩岗人民法庭庭长；

胡衍松为县人民法院立案庭副庭长；

马景金为县人民法院立案庭副庭长；
路莹为县人民法院刑事审判庭副庭长；
蒋海青为县人民法院民事审判一庭副庭长；
从莹莹为县人民法院民事审判二庭副庭长。
免去：
李继强县人民法院审判委员会委员职务；
张兆山县人民法院审判委员会委员职务；
赵伯学县人民法院审判委员会委员职务；
倪广稳城郊人民法庭庭长职务；
陆彤韩岗人民法庭庭长职务；
王成斌城郊人民法庭副庭长职务；
赵延敏杨营人民法庭副庭长职务；
王从侠韩岗人民法庭副庭长职务；
胡衍松韩岗人民法庭副庭长职务；
马景金大路口人民法庭副庭长职务。

原县人民法院立案庭、民事审判第一庭、民事审判第二庭、民事审判第三庭、民事审判第四庭、刑事审判庭、少年审判庭、行政审判庭、审判监督庭，随机构撤销或更名，其庭长、副庭长职务相应免除。

第五节 县人民检察院检察人员任免

县人民检察院检察长由人民代表大会选举产生，届中辞职由本人提出辞呈、县人大常委会会议接受，报人民代表大会下次会议备案；代理检察长由县人大常委会主任会议提名县人大常委会会议决定任命；检察委员会委员、检察员、副检察长由县人民检察院检察长提名、县人大常委会会议决定任免。

九届人大常委会任免

1981 年 3 月 25 日，梁山县第九届人大常委会第二次会议，任命：

孟超为县人民检察院副检察长；

陈丕俊、王明圣、姜广仁为县人民检察院检察员、检察委员会委员。

戴景春、张继成、郭培和、谭吉孝、刘学寅、刘继法、张田昌、张全亮为县人民检察院检察员。

1981 年 5 月 28 日，梁山县第九届人大常委会第三次会议，任命：

张宪会、王宜福、刘庆稳、刘传合、惠兴民为县人民检察院检察员。

1982 年 4 月 18 日，梁山县第九届人大常委会第八次会议，任命：

崔庆珠为县人民检察院检察委员会委员、副检察长；

路玉祥、吕海臣、张殿久、刘文成、樊平孝、刘作亚、刘传波、许传江、侯家兰、万祖成、耿进升、王正彬、路兴亮为县人民检察院检察员。

1983 年 4 月 13 日，梁山县第九届人大常委会第十五次会议，任命：

孔凡亮、陈圣堂为县人民检察院检察员。

1984 年 4 月 1 日，梁山县第九届人大常委会第二十二次会议，任命：

姜守新为县人民检察院代理检察长；

陈志良、崔秀德、王宜福为县人民检察院副检察长

十届人大常委会任免

1984 年 5 月 17 日，经梁山县第十届人民代表大会第一次会议选举，报山东省人大常委会批准，1984 年 10 月 10 日任命：

姜守新为梁山县人民检察院检察长。

1984 年 6 月 29 日，梁山县第十届人大常委会第二次会议，任命：

崔秀德、王宜福为县人民检察院副检察长、检察委员会委员；

郭培和、代景春为县人民检察院检察委员会委员。

1984年8月31日，梁山县第十届人大常委会第三次会议，根据县人民检察院检察长姜守新提名，任命：

李子亭为县人民检察院检察员、检察委员会委员；

从柱新、贾庆福、马心养、耿庆林、杜传标、为县人民检察院检察员。

1984年12月6日，梁山县第十届人大常委会第五次会议，任命：

郭培和为县人民检察院副检察长；

张清宽为县人民检察院检察委员会委员，检察员。

免去：

姜守新县人民检察院检察长职务；

崔秀德县人民检察院副检察长职务。

1985年2月6日，梁山县第十届人大常委会第六次会议，根据中共梁山县委提名，决定任命：

姜广仁为梁山县人民检察院代理检察长。

1985年9月24日，梁山县第十届人大常委会第十次会议，任命：

张超成、陈绍布、王传智、徐文全、李兆龙、谭守玉、张庆思为县人民检察院检察员。

1986年5月30日，梁山县第十届人大常委会第十六次会议，任命：

吕成轩、刘延英、樊怀胜为县人民检察院检察员。

十一届人大常委会任免

1987年5月22日，梁山县第十一届人大常委会第二次会议，根据县人民检察院检察长姜广仁提名，任命：

路玉祥、刘传坡为县人民检察院检察委员会委员；

王继连、王本福、张瑞伦、李彦安、侯宪举为县人民检察院检察员。

免去：

王明圣、陈培俊县人民检察院检察委员会委员职务。

1988年4月29日，梁山县第十一届人大常委会第八次会议，根据县人民检察院检察长姜广仁提名，任命：

张继成为县人民检察院副检察长，检察委员会委员；

王有贵、田均和、苏桂香、周长刚、耿成义、陆晓生为县人民检察院检察员。

1989年5月25日，梁山县第十一届人大常委会第十五次会议，根据县人民检察院检察长姜广仁提名，任命：

贺春生、李天业、王广云为县人民检察院检察员。

十二届人大常委会任免

1990年5月15日，梁山县第十二届人大常委会第二次会议，根据县人民检察院检察长姜广仁提名，任命：

张爱莲为县人民检察院检察员

1990年7月17日，梁山县第十二届人大常委会第三次会议，根据县人民检察院检察长姜广仁提名，任命：

信本礼、宋一华、赵宗昌、辛士荣、于瑞忠为县人民检察院检察员。

免去：

张继成县人民检察院检察委员会委员、副检察长职务。

1991年11月23日，梁山县第十二届人大常委会第十二次会议，根据县人民检察院检察长姜广仁提名，决定：

撤销张爱莲、贾庆福梁山县人民检察院检察员职务；

1992年7月29日，梁山县第十二届人大常委会第十七次会议，根据县人民检察院检察长姜广仁提名，任命：

李云平为县人民检察院检察员。

1992年12月25日，梁山县第十二届人大常委会第二十一次会议，根据县人民检察院检察长姜广仁提名，任命：

李文汉为县人民检察院检察员、检察委员会委员、副检察长，免去其县人民法院审判员、审判委员会委员、副院长职务。

1993年1月16日，梁山县第十二届人大常委会第二十二次会议，任命：

李文汉为梁山县人民检察院代理检察长。

十三届人大常委会任免

1993年3月27日，梁山县第十三届人大常委会第二次会议，根据县人民检察院检察长李文汉提名，任命：

张学英、冯杰、韩香胜、陈海滨、郝锋、常永山、王世洪为县人民检察院检察员。

1993年12月8日，梁山县第十三届人大常委会第七次会议，根据县人民检察院检察长李文汉提名，任命：

郭德林、王庆之为县人民检察院检察员。

免去：

谭吉孝县人民检察院检察员职务。

1994年5月31日，梁山县第十三届人大常委会第十次会议通过，任命：

戴景春为县人民检察院副检察长；

张延周、张步洪、崔晓安、司兴鲁、顾震为县人民检察院检察员。

免去：

陈志良县人民检察院副检察长、检察委员会委员职务；

郭培和县人民检察院副检察长、检察委员会委员职务；

王继连、惠兴民、李云平县人民检察院检察员职务。

1994年11月30日，梁山县第十三届人大常委会第十三次会议，根据县人民检察院检察长李文汉提名，任命：

吕进信、穆玉军为县人民检察院检察员。

1995年5月31日，梁山县第十三届人大常委会第十七次会议，根据县人民检察院检察长李文汉提名，任命：

贾庆福、赵其中、张爱莲为县人民检察院检察员。

1996年7月30日，梁山县第十三届人大常委会第二十四次会议，任命：

徐华新、李玉新、庄保磊为县人民检察院检察员。

1997 年 8 月 27 日，梁山县第十三届人大常委会第三十一次会议，任命：

杨如进、王润生、林旭为县人民检察院检察员。

十四届人大常委会任免

1998 年 6 月 27 日，梁山县十四届人大常委会第五次会议，根据县人民检察院检察长李文汉提名，任命：

倪崇奎为县人民检察院检察员、检察委员会委员、副检察长。

免去：

戴景春县人民检察院副检察长、检察委员会委员、检察员职务。

1998 年 7 月 29 日，梁山县十四届人大常委会第六次会议，根据县人民检察院检察长李文汉提名，任命：

任兰玉、薛凡昌、丁光成为县人民检察院检察员。

1999 年 1 月 19 日，梁山县十四届人大常委会第十次会议，任命：

王宜海为梁山县人民检察院检察员、检察委员会委员、副检察长、代理检察长。

1999 年 5 月 28 日，梁山县十四届人大常委会第十三次会议，根据县人民检察院检察长王宜海提名，任命：

王广灵、李学明、任兰贞、张超华、吴恒运、唐艳华、王伟、岳耀臣、何庆魁、吴修合、岳修广、李维国为县人民检察院检察员。

1999 年 7 月 28 日，梁山县十四届人大常委会第十四次会议，根据县人民检察院检察长王宜海提名，任命：

张宪会为县人民检察院副检察长；

李天业为县人民检察院检察委员会委员。

1999 年 9 月 29 日，梁山县第十四届人大常委会第十六次会议，根据县人民检察院检察长王宜海提名，任命：

韩香胜为县人民检察院检察委员会委员。

1999 年 11 月 25 日，梁山县第十四届人大常委会第十七次会议，根据县人民检察院检察长王宜海提名，任命：

马明进为县人民检察院检察员、检察委员会委员、副检察长。

2001 年 9 月 12 日，梁山县第十四届人大常委会第三十四次会议，根据县人民检察院检察长王宜海提名，免去：

张宪会县人民检察院副检察长职务。

2001 年 12 月 28 日，梁山县第十四届人大常委会第三十七次会议，根据县人民检察院检察长王宜海提名，任命：

程伟为县人民检察院检察员

2002 年 5 月 30 日，梁山县第十四届人大常委会第四十次会议，根据梁山县人民检察院检察长王宜海提名，任命：

马心养、王庆芝为县人民检察院检察委员会委员。

免去：

王宜福、张宪会、刘传坡、路玉祥县人民检察院检察委员会委员职务。

十五届人大常委会任免

2003 年 9 月 12 日，梁山县第十五届人大常委会第五次会议，根据县人民检察院检察长王宜海提名，任命：

徐文全为县人民检察院检察委员会委员；

侯建林为县人民检察院检察员。

2005年1月10日，梁山县第十五届人大常委会第十七次会议，根据梁山县人大常委会主任会议提名，任命：

张义民为梁山县人民检察院检察员、检察委员会委员，副检察长、代理检察长。

免去：

王宜海县人民检察院检察委员会委员、检察员职务；

高贤运县人民检察院副检察长职务。

2005年4月29日，梁山县第十五届人大常委会第十九次会议，根据县人民检察院检察长张义民提名，任命：

杨琢孔、刘立华为县人民检察院检察员。

2006年3月29日，梁山县第十五届人大常委会第二十八次会议，根据县人民检察院检察长张义民提名，免去：

陈绍布、信本礼、耿进升、陈志良、郭培和、王明圣、张田昌、万祖成、侯家兰、田均河、刘学寅、贺春生、张学英、耿庆林、王正斌、王友贵、刘文成、赵宗昌、刘传坡、孔凡亮、侯宪举、张超成、陈圣堂、张步洪、岳修广、杨如进、徐华新、顾震的县人民检察院检察员职务。

2006年4月29日，梁山县第十五届人大常委会第二十九次会议，根据县人民检察院检察长张义民提名，任命：

陈海滨、辛世荣为县人民检察院检察委员会委员。

2007年2月28日，梁山县第十五届人大常委会第三十七次会议，根据县人民检察院检察长张义民提名，免去：

谭守玉县人民检察院副检察长职务。

2007年6月1日，梁山县第十五届人大常委会第三十九次会议，根据县人民检察院检察长张义民提名，任命：

张德春为县人民检察院检察员、检察委员会委员、副检察长；

韩香胜为县人民检察院副检察长；

李晓峰为县人民检察院检察员、检察委员会委员；

张大秀为县人民检察院检察员。

2007年12月9日，梁山县第十五届人大常委会第四十五次会议，根据县人民检察院检察长张义民提名，免去：

王宜福、路玉祥县人民检察院检察委员会委员、检察员职务；

张全亮、刘庆稳、王本福县人民检察院检察员职务。

十六届人大常委会任免

2008年4月30日，梁山县第十六届人大常委会第三次会议，根据县人民检察院检察长张义民提名，任命：

刘志刚、杨丁一、杨智、李金峰、张洪训为县人民检察院人民监督员。

2008年7月25日，梁山县第十六届人大常委会第五次会议，根据县人民检察院检察长张义民提名，任命：

司兴鲁、李学明、张大秀、林旭、王伟、吴修合为县人民检察院检察委员会委员；

孟宪河为县人民检察院检察员。

免去：

张宪会县人民检察院检察委员会委员职务。

2009年1月4日，梁山县第十六届人大常委会第九次会议，根据县人民检察院检察长张义民提名，免去：

马明进县人民检察院副检察长职务；

王传智、许传江、李彦安、丛柱新、张宪会县人民检察院检察员职务。

2009年5月27日，梁山县第十六届人大常委会第十三次会议，根据县人民检察院检察长张义民提名，任命：

陈海滨为县人民检察院副检察长。

2010年4月17日，梁山县第十六届人大常委会第十九次会议，根据县人民检察院检察长张义民提名，免去：

吕进信、郭德林、吕成轩、刘延英县人民检察院检察员职务。

2010年6月29日，梁山县第十六届人大常委会第二十一次会议，根据县人民检察院检察长张义民提名，任命：

王至东、薛军慧为县人民检察院检察员。

2011年1月7日，梁山县第十六届人大常委会第二十六次会议，根据县人民检察院检察长张义民提名，免去：

韩香胜县人民检察院副检察长职务。

2011年2月28日，梁山县第十六届人大常委会第二十八次会议，根据县人民检察院检察长张义民提名，任命：

钱永、陈旭、申玉、周庆功为县人民检察院检察员。

免去：

张爱莲、刘作亚县人民检察院检察员职务。

2011年8月22日，梁山县第十六届人大常委会第三十二次会议，根据县人民检察院检察长张义民提名，任命：

何庆魁为县人民检察院检察委员会委员；

李倩倩为县人民检察院检察员。

免去：

高贤运、谭守玉、马明进、韩香胜、李天业、徐文全、马心养、王庆芝县人民检察院检察委员会委员职务。

2011年11月30日，梁山县第十六届人大常委会第三十四次会议，根据梁山县人大常委会主任会议提名，决定任命：

臧卫华为梁山县人民检察院检察员、检察委员会委员、副检察长、代理检察长。

免去：

张义民梁山县人民检察院检察员、检察委员会委员职务。

2011年12月9日，梁山县第十六届人大常委会第三十五次会议，根据县人民检察院代检察长臧卫华提名，任命：

徐华新为县人民检察院检察员、检察委员会委员、副检察长。

十七届人大常委会任免

2012年3月6日，梁山县第十七届人大常委会第一次会议，根据县人民检察院检察长臧卫华提名，免去：

张德春县人民检察院副检察长、检察委员会委员职务。

2012年10月15日，梁山县第十七届人大常委会第七次会议，根据县人民检察院检察长臧卫华提名，任命：

辛世荣为县人民检察院副检察长；

闫玉刚为县人民检察院检察员、检察委员会委员。

免去：

李晓峰县人民检察院检察委员会委员、检察员职务。

2012年12月30日，梁山县第十七届人大常委会第八次会议，根据县人民检察院检察长臧卫华提名，任命：

董玉彦、杨楠楠为县人民检察院检察员。

免去：

张庆思、任兰玉、高贤运、马心养、徐文全、苏桂香、樊怀胜、李兆龙、杜全标、陈旭县人民检察院检察员职务。

2012年12月30日，梁山县第十七届人大常委会第八次会议，根据县人民检察院检察长臧卫华提名，批准聘任吴兆群、于明杰、吴德生、李若峰为县人民检察院派驻检察室人民联络员。

2014年9月19日，梁山县第十七届人大常委会第二十三次会议，任命：

张兆国、杨雅舒、梁俊华、满孝振为县人民检察院检察员。

免去：王广云、谭守玉、贾庆福、陆晓生县人民检察院检察员职务。

2015年4月29日，梁山县第十七届人大常委会第二十七次会议，任命：

崔晓安、张超华、孟宪河为县人民检察院检察委员会委员；

马德涛、马宏辉、王理涛、秦瑞伟、刘贵秀、张孝省为县人民检察院检察员。

免去：

马明进、李天业、宋益华县人民检察院检察员职务。

2015年11月30日，梁山县第十七届人大常委会第三十二次会议，任命：

张忠新为梁山县人民检察院检察员、检察委员会委员、副检察长、代理检察长。

免去：臧卫华的县人民检察院检察委员会委员、检察员职务。

2016年6月28日，梁山县第十七届人大常委会第四十次会议，任命：

刘静、林婷婷、李延栋为县人民检察院检察员。

免去：

周长刚县人民检察院检察员职务。

十八届人大常委会任免

2017年11月3日，梁山县十八届人大常委会第七次会议，免去：

辛世荣县人民检察院副检察长、检察委员会委员、检察员职务。

2017年12月27日，梁山县十八届人大常委会第九次会议，免去：

韩香胜、李延栋、申玉、王理涛县人民检察院检察员职务。

2018年4月28日，梁山县十八届人大常委会第十一次会议，免去：

冯杰县人民检察院检察员职务。

2018年10月31日，梁山县十八届人大常委会第十六次会议，免去：

王庆芝县人民检察院检察员职务。

2019年12月30日，梁山县十八届人大常委会第二十九次会议，根据县人民检察院检察长张忠新提名，免去：

司兴鲁县人民检察院检察委员会委员、检察员职务；

王广灵、赵其忠、庄保磊、王世宏、李维国、满孝振、张兆国、张延周县人民检察院检察员职务。

2020 年 1 月 7 日，梁山县十八届人大常委会第三十次会议，根据县人大常委会主任会议提名，任命：

周文军为梁山县人民检察院检查员、检察委员会委员、副检察长、代理检察长。

2020 年 9 月 27 日，梁山县十八届人大常委会第三十六次会议，根据县人民检察院检察长周文军提请，任命：

赵演兵为县人民检察院检察员、检察委员会委员、副检察长；

唐艳华为县人民检察院检察委员会委员、副检察长；

董玉彦为县人民检察院检察委员会委员、副检察长。

免去：

陈海滨县人民检察院副检察长、检察委员会委员职务；

徐华新县人民检察院副检察长、检察委员会委员、检察员职务。

第六节 县人大常委会派出机构工作人员任免

县人大常委会派出机构工作人员任免，由县人大常委会主任会议的提名，县人大常委会会议任免。

十六届人大常委会任免

2010 年 10 月 8 日，梁山县第十六届人大常委会第二十四次会议，根据县人大常委会主任会议提名，任命：

王平为梁山街道人大工作室主任；

杨淑娥为梁山街道人大工作室第一副主任；

尹彦稳为梁山街道人大工作室副主任。

2011 年 1 月 7 日，梁山县第十六届人大常委会第二十六次会议，根据县人大常委会主任会议提名，任命：

佟振堂为水泊街道人大工作室主任。

2011 年 12 月 9 日，梁山县第十六届人大常委会第三十五次会议，根据县人大常委会主任会议提名，任命：

马涛为水泊街道人大工作室主任；

孙常刚为水泊街道人大工作室副主任。

免去：

佟振堂水泊街道人大工作室主任职务；

杨淑娥梁山街道人大工作室第一副主任职务。

十七届人大常委会任免

2013 年 8 月 28 日，梁山县第十七届人大常委会第十三次会议，根据县人大常委会主任会议提名，任命：

仲崇斌为梁山县梁山街道人大工作室主任；

免去：

王平梁山县梁山街道人大工作室主任职务。

2014 年 3 月 31 日，梁山县第十七届人大常委会第十九次会议，根据县人大常委会主任会议提名，免去：

尹彦稳梁山县梁山街道人大工作室副主任职务。

2016 年 6 月 28 日，梁山县第十七届人大常委会第四十次会议，任命：

褚若民为水泊街道人大工作委员会主任；

免去：

马涛水泊街道人大工作室主任职务；

孙常刚水泊街道人大工作室副主任职务；

仲崇斌梁山街道人大工作室主任职务。

2016 年 12 月 21 日，梁山县第十七届人大常委会第四十四次会议，任命：

尚岗为梁山街道人大工作委员会主任；

孙文芝为梁山街道人大工作委员会副主任；

刘宏秀为水泊街道人大工作委员会副主任。

十八届人大常委会任免

2017 年 11 月 3 日，梁山县十八届人大常委会第七次会议，任命：

马洪锋为梁山经济开发区人大工作委员会主任。

2019 年 8 月 14 日，梁山县十八届人大常委会第二十四次会议，根据县人大常委会主任会议提名，免去：

褚若民水泊街道人大工委主任职务。

2020 年 5 月 13 日，梁山县十八届人大常委会第三十二次会议，根据县人大常委会主任会议提请，任命：

秦涛为梁山县水泊街道人大工作委员会主任。

免去：

马洪锋梁山经济开发区人大工作委员会主任职务；

刘宏秀梁山县水泊街道人大工作委员会副主任职务。

第八章 监督工作

监督权是地方人大及其常委会运用最普遍、最经常、最主要的一项重要职权，也是行使其他权力的保障。梁山县人大常委会紧紧围绕中央和省委、市委、县委重大决策部署，紧紧围绕全面推进依法治国和人民群众重大关切，综合运用专项工作审议、专题询问、工作评议、执法检查、视察调研等监督手段，依法行使对县人民政府、县监察委员会、县人民法院、县人民检察院（以下简称“一府一委两院”）监督权，人大监督工作水平不断提升。1987 年 5 月，县人大常委会制定监督制度，重点监督“一府两院”遵守、实施宪法和法律的情况，贯彻执行国家的方针、政策情况，对县人民代表大会及其常务委员会的决议、决定执行情况，定期听取“一府两院”关于法律实施情况和有关工作进展情况的汇报，监督和督促“一府两院”办理人民代表的议案、建议和批评意见，组织人大代表对县人民政府的工作进行评议。1988 年 5 月 24 日，县十一届人大常委会第十五次会议通过《梁山县人大常委会对县人民政府、县人民法院、县人民检察院实施工作和法律监督的意见》，县人大常委会对“一府两院”较为重大的工作决策、工作部署及实施情况，执行各级人民代表大会及其常务委员会决议、决定的情况，依法进行监督，并就本县政治、经济、教育、科学，文化、卫生、民政、民族等各方面的重大事项，听取和审议“一府两院”有关工作报告，或组织人民代表或常委会组成人员对某些方面的工作进行专题视察和调查，必要时做出相应的决议；县人大常委会对执行宪法、法律、行政法规和地方性法规的情况依法进行监督，对“一府两院”国家工作人员，在工作中违犯宪法、法律、行政法规和地方性法规，给国家人民利益造成严重损失的，分别情况依法作出处理。2002 年 7 月 24 日，梁山县十四届人大常委会第四十一次会议通过《梁山县人大常委会审议意见督办试行办法》。对审议意见中的一些重点、热点、难点问题，由县人大常委会监督“一府两院”及时办理。2019 年 6 月 21 日，梁山县十八届人大常委会第二十三次会议通过《关于人大常委会会议审议意见落实情况加强跟踪监督的办法》，推进一府一委两院落实县人大常委会会议审议意见，并视审议意见整改落实情况进行满意度测评。

第一节 审议意见

审议意见是人大常委会听取和审议“一府两院”工作汇报，对会议议题进行审议后形成的意见，是地方人大常委会对“一府两院”工作实施监督的重要形式之一。根据县人大常委会对审议意见落实跟踪督办的实施办法规定，审议意见下达后由县政府及有关部门研究，并在两个月内将办理结果书面报告县人大常委会；县人大常委会相关委室负责审议意见的跟踪督办，并将有关情况及时向主任会议报告。

十一届人大常委会审议

关于物价管理审议意见 1987 年 11 月 19—21 日，梁山县第十一届人大常委会第五次会议听取县物价局局长齐承欢代表县政府所作《关于贯彻执行价格管理条例和全县物价管理情况的汇报》。经过审议认为，县政府贯彻执行中央“坚持改革，稳步前进，保持基本稳定”的方针，开展价格体系的改革和物价监督工作，保证了全县经济体制改革的顺利进行和人民生活的基本安定。但在某些方面存在乱涨价的现象，损害了国家和群众的利益。为贯彻国家的价格方针、政策，保持市场价格的基本稳定，安定人民生活，会议建议，进一步贯彻落实国务院《价格管理条例》，充分认识到运用法律手段、稳定物价、促进经济发展意义；各级政府要组织各有关单位，发展生产，保障供给，平抑物价，逐步缓解供求矛盾的紧张局面；认真做好物价管理监督工作，采取措施制止乱涨价和变相涨价，维护国家和消费者利益；各级政府要加强领导，要搞好物价大检查，对认真执行物价法规的，要肯定成绩，对乱涨价的，要依照法规严肃处理。

关于《经济合同法》贯彻执行情况审议意见 1987年11月19—21日，梁山县第十一届人大常委会第五次会议听取县工商局局长张继尧所作《关于贯彻执行〈经济合同法〉和〈投机倒把行政处罚暂行条例〉情况的报告》。经过审议认为，县政府及有关部门在宣传、贯彻、执行《中华人民共和国经济合同法》中做了大量工作，取得显著成绩，为维护全县正常经济秩序，促进商品生产发展，保护合同当事人的合法权益，起到重要作用。但在日益发展变化着的经济形势下，有些人对经济合同的地位和作用缺乏应有的认识。会议建议，继续广泛深入地宣传普及经济合同法，使全县形成自觉学法、守法、用法律手段保护企业合法权益的新局面；建立健全经济合同管理机构，充分发挥基层所管理经济合同的作用，指导企业进一步完善经济合同管理制度，使经济合同管理工作逐步实现制度化、规范化；工商行政管理部门要运用行政和法律手段建立良好的市场秩序，对于欺行霸市、掺杂使假、少尺短两等投机倒把行为都要进行认真处理。

关于贯彻实施《计量法》情况审议意见 1987年11月19—21日，梁山县第十一届人大常委会第五次会议听取县标准计量所所长郝吉发代表县政府所作《关于贯彻实施〈中华人民共和国计量法〉情况的汇报》。会议认为，《中华人民共和国计量法》施行以来，县政府组织业务主管部门和有关单位认真学习、宣传，并努力维护《中华人民共和国计量法》的尊严，在城乡市场进行商贸计量监督检查，收到较为明显的效果，使计量工作进一步得到社会舆论的重视和支持，但在实施中也遇到不少困难和问题。为使计量管理工作顺利进行，各级政府要进一步抓好《中华人民共和国计量法》的学习宣传，加强计量机构建设，积极创造条件，逐步完善测试设施和检定手段，以适应实施《计量法》的要求。

《关于审计工作的暂行规定》贯彻执行情况审议意见 1987年11月19—21日，梁山县第十一届人大常委会第五次会议听取县审计局局长张学魁所作《关于贯彻执行国务院〈关于审计工作的暂行规定〉的报告》。经过审议认为，县审计局认真贯彻执行国务院《关于审计工作的暂行规定》，加强审计队伍的自身建设，认真开展各项审计工作，对于维护财经法纪、加强宏观控制和管理、促进经济体制改革发挥了积极作用。但由于审计工作面广量大，要全面审计还存在着一定困难和问题。为严肃财经纪律，提高经济效益，加强宏观控制和管理，保障经济体制改革的顺利进行，会议建议，根据中共十三大报告精神，大力加强审计部门建设，使审计体系不断加强和完善；审计部门要加强对重点审计对象的监督，逐步扩大覆盖面，提高审计质量，处理好违犯法规的案件；加强部门、单位内部审计监督，各企业主管部门、国营企业及凡应建立内部机构的单位都要尽快建立起来，完善内控制度，逐步实现审计工作制度化。

《关于违反财政法规处罚的暂行规定》实施情况审议意见 1987年11月19—21日，梁山县第十一届人大常委会第五次会议听取县财政局局长刘继庆所作《关于实施〈违反财政法规处罚的暂行规定〉和双增双节运动开展情况的报告》。经过审议认为，县政府认真实施国务院颁布的《关于违反财政法规处罚的暂行规定》，在全县范围内开展自查自收和双增双节运动，对于保证财政法规的顺利贯彻执行、推进全县经济发展，起到了重要作用。但是，有的单位负责人和财会人员还缺乏经济法制观念，各种违反财政法规的问题时有发生。同时，双增双节运动还有待于进一步深入。为严格执行财政法规，保证国家财产不受侵犯，维护社会经济秩序，保障社会主义经济建设顺利进行，会议建议，进一步深入贯彻落实《处罚规定》，教育广大干部和财会人员，增强依法理财的观念，自觉抵制违反财经纪律的行为；深入踏实开展双增双节运动，督促各单位进一步落实具体措施和评比制度，促进双增双节运动开展得更富有成效；深入扎实搞好税收、财务大检查，特别要大力抓好对重点行业、重点企业和重点问题的检查，认真处理好违反法规的事件，严肃财经法纪。

实施档案法准备情况审议意见 1987 年 11 月 19—21 日，梁山县第十一届人大常委会第五次会议听取县档案局副局长宋凤华代表县政府所作《关于做好〈中华人民共和国档案法〉实施前准备工作的情况汇报》。会议认为档案工作在县政府领导下，经过全体档案工作人员的努力，有了一个良好的开端，并且取得一定成绩。特别是自 1987 年 9 月 5 日《档案法》颁布以来，县档案局为在 1988 年 1 月 1 日起正式实施档案法做了大量准备工作，会议对此表示满意。会议要求，要通过多种形式，学习、宣传《中华人民共和国档案法》，增强社会的档案意识，并且努力做好馆内基础工作，为全面实施《中华人民共和国档案法》做好思想上、物资上的准备。

《关于劳动制度改革情况的汇报》的审议意见 1988 年 3 月 4—6 日，梁山县第十一届人大常委会第七次会议听取审议梁山县劳动局局长侯昭科受县人民政府委托所作《关于全县劳动制度改革情况的汇报》。会议认为，县政府及各有关部门在贯彻实施国务院关于劳动制度改革的四个规定中，做了大量的工作，取得一定成绩，但也存在着一些问题。会议要求，县政府和有关部门要继续认真贯彻执行国务院关于劳动制度改革的四个规定，抓好劳动制度改革，在实施过程中要加强调查研究，及时总结经验，对新情况，新问题，搞好有关政策、措施的配套，把劳动制度改革推向前进。要千方百计广开就业门路，要认真纠正招工中的不正之风，使国务院的四个规定得到全面落实，促进经济体制改革和国民经济的发展。

《村民委员会换届选举工作情况汇报》的审议意见 1988 年 3 月 4—6 日，梁山县第十一届人大常委会第七次会议听取县民政局局长马兴展代表县政府所作《关于村民委员会换届选举工作情况的汇报》。会议认为，县、乡两级人民政府认真贯彻执行省、地关于改选村民委员会的实施意见，基本上完成村民委员会的换届选举任务。但在民主推选候选人和大会选举的关键环节上，个别村还存在问题。会议要求，对于尚未实施换届选举的部分村民委员会，县、乡人民政府要进一步搞好调查研究，具体情况具体分析，分类指导，排除干扰，在春耕大忙之前，全部完成全县村民委员会的换届选举工作。要认真处理好群众对村民委员会改选问题的来信来访，对在改选中严重违反民主原则、群众意见很大的村，乡镇政府要及时调查清楚，核实情况，该重选的一定要重新进行选举；对弄虚作假，压制民主，甚至打击报复，严重违反法律的干部要严肃处理。

《关于外事侨务工作情况的汇报》的审议意见 1988 年 3 月 4—6 日，梁山县第十一届人大常委会第七次会议听取县外事侨务办公室主任张洪先受县政府委托所作《关于外事侨务工作情况的汇报》，会议建议，要采取多种形式，多层次、多渠道，继续大力开展对内、对外宣传和联络工作，以提高梁山知名度；要继续把好对外政策关，及时通报有关政策规定，切实加强涉外部门和工作人员的外事政策、外事纪律和外事保密教育；要努力贯彻好“适当照顾”和“特事特办”的原则，积极为“三胞”“四种人”及其眷属热情服务。

粮棉合同定购“三挂钩”政策落实情况审议意见 1988 年 4 月 28—29 日，梁山县第十一届人大常委会第八次会议听取县粮食局局长丁志保代表县政府所作《关于粮食定购“三挂钩”政策落实情况的汇报》、县供销合作社联合社理事会主任陆书杰受县政府委托所作《关于棉花定购政策兑现落实情况的汇报》、县农机服务公司经理于政训受县政府委托所作《关于 1987 年“三挂钩”柴油兑现及农用柴油供应使用情况的汇报》。经审议认为，自1987年实行粮棉合同定购同供应平价化肥，柴油及发放预购定金“三挂钩”政策以来，县政府和有关部门做了大量工作，调动了农民种粮、种棉、售粮、售棉的积极性。但是，不少乡（镇）村对挂钩物资的标准、范围宣传不够广泛深入，许多农民还不了解“三挂钩”政策的具体内容，挂钩物资票证、收购粮食预付定金的发放和兑现不够及时，存在个别单位和个人截留、克扣、私分、挪用兑现物资票证的现象。为进一步完善1988年粮棉油定购合同，做好兑现工作，会议建议，县政府及有关部门要认真总结经验教训，纠正落实“三挂钩”政策中存在的问题，制定切实可行的实施办法，保证把“三挂钩”政策落实好。本着简化手续、方便群众和把“三挂钩”政策的实惠真正落实到农民手里的原则，完善合同内容，把交售粮、棉、油和挂钩物资、预购定金都纳入合同内容，切实把粮棉油定购合同落实到户。组织专门力量，采取各种形式，向群众广泛宣传挂钩政策标准和兑现办法，做到家喻户晓。县政府要注意协调各个部门的工作，使收购、经营、发放等各个环节衔接好，一环扣一环，防止脱节；要教育各级干部，特别是乡（镇）村和基层社、所、站的收购、经营单位的干部、职工，增强政策观念，模范执行“三挂钩”政策。从实际出发，应发放预购定金的，也应该按合同定购粮食价款总数的20%左右发放到农民手中；供应与粮、棉、油合同定购挂钩的化肥和柴油，严格按照规定价格执行，不得变相提价。

《关于贯彻实施义务教育法情况的汇报》审议意见 1988年6月29日，梁山县第十一届人大常委会第九次会议听取县教育局局长胡景陶代表县政府所作《关于贯彻实施〈中华人民共和国义务教育法〉情况的汇报》。经审议认为，《中华人民共和国义务教育法》颁布实施以来，县政府和有关部门做了大量工作，全县基础教育事业进一步引起各级领导和社会各界重视，县乡（镇）都相继制订实施义务教育的规划，推动中小学教师队伍的建设，办学条件大大改善，教学质量逐步提高，普及义务教育有了新的进展。但在实施过程中，也存在着一些困难和问题，如个别领导认识不足，教育经费紧缺，师资力量薄弱，发展不平衡等。为进一步做好贯彻实施《中华人民共和国义务教育法》工作，会议建议，要进一步学习宣传《中华人民共和国义务教育法》，使广大群众特别是各级领导干部认识到《中华人民共和国义务教育法》的施行涉及千家万户，关系着“四化”的前程和民族的未来、梁山的兴衰，因而要做到认真学法，懂法、执法、用法，以法治教，在全社会形成关心教育、支持教育的良好风气。各级政府及财政部门要落实好教育经费，切实保证教育拨款实现“两个增长”，并积极鼓励企业、事业单位和各种社会力量办学及个人自愿捐资助学。要充分发挥师范学校、进修学校的作用，利用各种有效形式，对教师进行辅导、培训，并鼓励教师自学进修，以促进教师文化水平和教学能力的提高，并注意提高教师的社会地位和生活待遇等。

关于《中华人民共和国食品卫生法》贯彻落实情况审议意见 1988年6月29日，梁山县第十一届人民代表大会第九次会议听取梁山县卫生局局长李天信受县政府委托所作《关于〈中华人民共和国食品卫生法〉贯彻落实情况的汇报》。会议认为，县人民政府认真贯彻落实《中华人民共和国食品卫生法》，有关方面通力协作，齐抓共管，严肃执法，综合治理，做了大量的工作，取得显著的成绩，使全县食品卫生合格率逐年上升，食品卫生面貌有了较大的改观，进一步促进和保障了人民的身体健康。但是，全县的食品卫生工作还存在着一定的问题，主要是食品卫生法制观念还比较淡薄，食品卫生监督管理力量较为薄弱，监督管理工作还不够普遍，还存有漏洞，假冒伪造，掺杂使假，经营伪、劣、变质食品的现象时有发生，肉食检疫还是个薄弱环节，当前的食品卫生质量、水平不高。鉴于这种情况，会议经过认真审议，特提出以下意见：尽快健全完善县食品卫生组织，加强领导及监督管理力量，积极创造条件，大力支持做好食品卫生工作。认真贯彻中央、国务院七部委联合通知精神，进一步宣传、贯彻落实《中华人民共和国食品卫生法》，大力加强食品卫生法制观念和食品卫生工作措施，使食品卫生工作再上一个新台阶。认真进行《中华人民共和国食品卫生法》执行情况的监督和检查，做到经常检查和突击检查相结合，联合检查和单独检查相结合，一般检查和重点检查相结合，全面检查和抽查相结合，以促进食品卫生工作的不断开展。要充分认识严格执行《中华人民共和国食品卫生法》对于保证人民身体健康和生命安全的重要性，正确认识和处理搞活经济与严格执法的关系，明确经济活动必须在法律规定的范围内进行。任何单位和个人，凡未取得食品卫生许可证或未经卫生安全性评价的，一律不得生产和经营，对于制造或销售假冒伪劣食品的更要严肃处理，直至追究法律责任。

1988年国民经济和社会发展计划执行情况及在建项目基建规模情况审议意见 1988年12月17—19日，梁山县第十一届人大常委会第十二次会议听取县计划委员会主任胡国金代表县政府所作《关于1988年国民经济和社会发展计划执行情况及清理在建项目压缩基本建设规模情况的汇报》。会议认为，1988年全县国民经济保持了持续、稳定、协调发展的好势头，各项社会事业取得较好成绩，整个计划的执行情况是好的。县政府对清理在建项目，压缩基建规模工作，采取了必要的措施，态度是积极认真的，做法是稳妥的。但是，全县经济发展中还存在着突出的问题：物价上涨幅度过大，农业发展还不够稳定，控制社会集团购买力的工作收效不大等，为此，会议要求：要进一步治理经济环境，整顿经济秩序；要增加农业收入，抓好化肥、农药、农膜等生产资料的归口经营；对清理在建项目、压缩基建规模中检查出的问题，要按照中央和国务院的规定，认真进行处理；要采取有力措施，确保全年财政收支、信贷收支和物资供求的综合平衡。要搞好调查研究，认真总结今年经济工作经验，为制订1989年国民经济和社会发展计划做好准备。

关于工商、税务、审计工作审议意见 1988年12月17—19日，梁山县第十一届人大常委会第十二次会议听取县工商局局长张继尧、县审计局局长张学魁、县税务局副局长于庆常代表县政府所作《关于市场管理和清理整顿公司情况的汇报》《关于1988年审计工作开展情况的汇报》《关于税收工作和税务大检查情况的汇报》。会议对这三项工作汇报进行认真审议，委员们认为，县政府积极贯彻治理、整顿方针，切实加强对工商管理、审计监督和税收征管工作的领导，使三个部门的工作在全区处在上游水平。会议建议，理顺归口经营、计划经营和市场经营的界限，清理整顿公司，不得再出现政企不分、官商不分的公司，对强买强卖、垄断市场、制售假冒伪劣商品的单位和个人要严厉打击。切实抓好《条例》的学习、宣传和贯彻，发挥审计在经济管理中的监督职能，加强对基层审计工作的指导，对审计出的问题要大胆处理。搞好税法宣传，执行税收政策，巩固现有税源，扶持发展和开辟潜在税源；要加强税收征管，努力堵塞漏洞，集中力量查处偷漏抗税案件。

关于当前社会治安情况审议意见 1988年12月17—19日，梁山县第十一届人大常委会第十二次会议听取和审议县公安局局长闫旺亭所作《关于当前社会治安情况的汇报》。会议认为，县公安机关认真贯彻落实中共十三大精神，紧紧围绕保卫和促进改革、建设这个中心，坚持一手抓打击、一手抓治安管理和安全防范，在维护公共秩序、保卫公共安全、维护公民合法权益等方面做出了积极的努力，取得很大的成绩。同时，会议指出，全县社会治安面临的形势相当严峻，社会上一些不安定因素有所增加，刑事案件有所回升，特别是抢劫、盗窃案件较为突出。针对当前社会治安出现的新情况、新问题，会议提出如下意见：继续贯彻依法从重从快的方针，进一步强化治安管理措施，严厉打击各种犯罪活动。加强治安联防，开展群防群治活动，加强防范措施，搞好社会治安的综合治理。加强公安、保卫队伍的建设，提高公安干警和保卫人员的素质。保证办案质量，提高办案效率，确保社会安全。

县监察局工作情况审议意见 1988年12月17—19日，梁山县第十一届人大常委会第十二次会议听取审议梁山县监察局局长赵保伦受县政府委托所作梁山县监察局成立以来工作汇报。会议认为，县监察局自成立以来，坚持“边筹建，边工作”的方针，以清查对外经济合同为起步，以查处违法违纪行为、促进政府廉洁为重点，以加强自身建设为保证，积极全面开展工作，取得显著成绩。会议指出，做好监察工作，对于消除各种弊端，保证国家机关及其工作人员的清正廉洁，保证国家政策、法律、法规的贯彻实施，促进改革开放和经济建设健康发展有着重大意义。会议要求，县政府和有关部门要进一步落实中共中央、国务院关于加强行政监察工作的精神，认真搞好调查研究，及时总结经验，把监察工作推向前进，充分发挥监察工作在保持政府廉洁，整顿经济秩序，提高行政工作效能方面的作用，保证改革开放的顺利进行，开创全县行政监察工作的新局面。

环境保护工作情况审议意见 1989年5月22—25日，梁山县第十一届人大常委会第十五次会议听取县环境保护办公室主任艾玉山受县政府委托所作《1985年以来环境保护工作情况的汇报》，并对两个工业企业单位的污染治理情况进行视察。会议认为，县政府及环保部门自1985年以来，认真宣传和执行环保法规，制定环保目标和规划，开展污染源调查、环境监测、污染源治理、排污费征收等项工作，取得较好成绩，梁山县环保工作连续4年被菏泽地区评为先进单位。会议指出，环保问题还没有普遍地得到人们的重视，所面临的环境形势仍然十分严峻。会议建议，认真学习宣传环保法规，增强全县干部群众的环境保护法制观念，动员全社会的力量，共同关心环保事业，共同把环保工作搞好。积极推行环境管理各项制度和措施，抓紧落实废水治理方案，按照“谁污染，谁治理”的原则，实行排污申报登记、发放排污许可证、征收排污费等行之有效的制度和措施，努力改变环境污染的严重状况。强化环境管理机构，加强环保队伍建设，使之适应所担负的环保任务。

县水利建设与农业生产情况审议意见 1989年7月28—29日，梁山县第十一届人大常委会第十七次会议听取县水利局局长王佑明《关于全县水利建设和防汛工作情况的汇报》、县农牧局局长武立芳《关于上半年农业生产及开展秋季增产运动情况的汇报》。会前，县人大常委会组织有关部门就全县水利建设、防汛准备和秋作物生长情况进行视察。会议对全县水利建设、抗旱防汛和农业生产方面所取得的成绩表示满意，同时指出在防汛排涝、秋季增产措施中还存有一定的薄弱环节。为此，会议提出：要树立立足抗灾夺丰收的思想，做到抗旱、防汛两手抓，做好虫情预测预报，把旱、涝、虫等自然灾害减少到最低限度。要把抓好防汛排涝作为1989年秋季增产的主要措施来抓，采取有力措施，清理河道障碍，切实做到既除涝又防渍。要不失时机地掌握生产环节，加大秋季增产措施，及时治虫，追肥，中耕除草，解决好化肥、农药的及时供应，夺取1989年秋季的丰收。

打击各种犯罪活动维护社会治安情况审议意见 1989年7月28—29日，梁山县第十一届人大常委会第十七次会议听取审议县公安局局长阎旺亭所作《关于打击各种犯罪活动，维护社会治安情况的汇报》。会议认为，全县公安战线广大干警，在各项工作中，取得很大的成绩，全县社会治安形势较为稳定。但是，面临的治安形势仍然相当严峻，还存在诸如刑事案件持续上升、团伙犯罪逐渐增多、流窜犯罪活动日趋严重、青少年犯罪突出、械斗哄抢及罢工事件有所发生、拐卖妇女儿童、传播淫秽物品等社会丑恶现象不断发生。会议提出，全县集中时间，集中警力，采取一系列严密措施，狠狠打击严重刑事犯罪活动，进一步维护全县社会治安局面。继续强化治安管理，深入发动全社会的力量参与治安管理，继续搞好综合治理，加强社会防范措施，大力促进治安局面的进一步好转。要进一步强化思想政治工作，坚持抓好业务训练，不断加强公安队伍的建设，努力提高公安干警的素质和战斗力。

清理整顿文化市场情况审议意见 1989年9月28—29日，梁山县第十一届人大常委会第十九次会议听取审议县文化局局长李朝华受县政府委托所作《关于清理整顿文化市场工作情况的汇报》。会议认为，县政府及有关部门在清理整顿文化市场中积极开展工作，全县书报刊、音像市场有所改观。但宣扬淫秽、凶杀、暴力、封建迷信等的图书报刊和录像制品依然存在，彻底清除这些精神垃圾，任务还相当艰巨。会议指出，清理整顿文化市场是是反对资产阶级自由化，加强社会主义精神文明建设的组成部分，对于实现国家的长治久安具有重要的意义。会议要求：加强组织领导，文化、广播电视、公安、工商、税务等部门要协同作战，各司其职，抓出成效，对文化市场进行彻底整顿清理。凡属查处、取缔对象的，要坚决查处，不管涉及什么人，都要一查到底，决不姑息，并按规定严肃处理，触犯法律的要依法追究责任。强化文化市场日常管理，逐步建立一套完善严密有效的文化市场检查管理机制，使管理做到规范化、制度化、经常化。要把清理整顿同繁荣文化、活跃群众文化生活结合起来，拓宽文化生活领域，大力发展文化广播电视事业，繁荣文化市场，使健康的群众文化生活日益丰富多彩。

农资专营和棉花收购准备情况审议意见 1989年9月28—29日，梁山县第十一届人大常委会第十九次会议听取审议县联社主任陆书杰所作《关于全县农资专营和棉花收购准备工作情况的汇报》。会议认为，自1989年实行农业生产资料专营以来，基本制止了化肥、农药市场的混乱现象和假、伪、劣化肥、农药的销售，秋种所需的磷肥、农药能基本满足，氮肥紧缺的状况也得到一定缓解。对棉花收购工作做了较为充分的准备，会议对此表示满意。会议指出，全县化肥等农业生产资料供求不平衡，氮肥供应仍有较大缺口；农资专营单位的经营作风要进一步改进：由于棉花种植面积不足，以及可能出现的棉农惜售等问题，必须引起各级政府和收购部门的足够重视，并着重抓好以下两个方面的工作：一是进一步搞好农业生产资料的专营工作，加强对农业生产资料的管理，为当前秋种生产服务；计划供应的化肥、柴油、农药要及时返还到农民手中、保护和激发农民生产积极性。二是认真做好棉花收购工作，在执行政策、优质服务、方便群众、保护棉农利益等方面采取切实可行的措施，努力完成今年的棉花收购任务和调拨任务。

1989年1—8月国民经济计划执行情况审议意见 1989年9月28—29日，梁山县第十一届人大常委会第十九次会议听取审议县计委主任胡国金受县政府委托所作《关于1989年1—8月份国民经济计划执行情况的汇报》，并认真地进行了审议。会议认为，1—8月份，全县国民经济和社会发展计划执行情况总的看来是好的，在能源、原材料供应紧张、资金严重短缺的情况下，工业生产仍呈现出发展势头，夏季农业生产取得丰收，全县国民经济和社会发展计划指标基本实现进度要求。会议也指出存在的一些困难和亟待解决的问题，主要是县预算内企业发展速度相对缓慢，生产结构有待调整，原材料供应紧张，有的企业亏损比较严重，企业效益出现严重滑坡等问题。会议指出，全面完成全县国民经济和社会发展计划，任务相当艰巨，困难不少。为此，会议提出：深化企业改革，促进工业生产的持续稳定发展，进一步完善企业承包责任制；推进技术进步，不失时机地调整产业产品结构；采取有力措施，使企业尽快扭亏为盈。深入开展“双增双节”运动，充分发挥国营商业的主渠道作用，实现速度和效益同步增长。继续强化农业基础，进一步增加对农业的投入，加强对农业生产资料的管理和供应，为夺取明年夏季农业生产大丰收打下坚实基础，促进经济持续稳定协调地发展。

1989年1—8月财政预算执行情况审议意见 1989年9月28—29日，梁山县第十一届人大常委会第十九次会议听取审议县财政局局长刘继庆所作《关于1989年1—8月财政预算执行情况及全年财政形势的报告》。会议认为，县政府及有关部门，在企业经济效益出现滑坡、支出增长过快、财政处于困境的情况下，采取增收节支、挖潜堵漏等项措施，1—8月财政预算执行情况基本上是好的，财政收入保证了一定的增长幅度，支出能够控制在计划进度之内，在支持生产建设和各项事业的发展以及改善人民生活上提供了可靠的财力保证，促进了全县政治局势的稳定和经济的持续发展。但财政形势非常严峻，企业经济效益严重滑坡，财政增支因素增多，客观上形成收不抵支的局面。因此，会议强调：县政府及财政部门，要从实际出发坚决实行财政紧缩政策，下决心过几年紧日子，继续抓好“双增双节”运动，千方百计广开财源，严格控制各项支出和社会集团购买力，确保年终收支平衡。狠抓预算内企业扭亏增盈，切实加强管理，解决产量低、消耗大、成本高、效益差的问题，坚决制止企业效益继续滑坡，大力促进企业增产增收。加强税收征管，坚持依法治税，严禁偷税漏税、越权减税，进一步严肃财经纪律，确保工商税收任务超额完成，实现1989年财政收支平衡。

十二届人大常委会审议

关于当前工业生产经营情况的审议意见 1990年5月15日，梁山县第十二届人大常委会第二次会议听取并审议县经委主任李文汉受县政府委托所作《关于当前工业生产经营情况汇报》。会议认为，县政府和有关部门认真贯彻中央关于治理整顿深化改革、稳定经济的方针，推行和完善各种形式的责任制，精心组织生产，在原料紧张、资金短缺、市场疲软诸多不利因素并存的情况下，工业生产仍然取得一定的成绩。但目前仍存在着资金不足、经济效益回升缓慢、企业思想政治工作薄弱等问题。会议要求：采取有力措施，彻底扭转工业生产被动局面。县政府要进一步加强对工业生产的领导，强化生产调度工作。各有关部门要搞好企业的各项服务，帮助企业解决生产经营中的实际困难和问题。亏损企业要制订出具体扭亏计划，采取有效措施，尽快扭亏为盈。全县各行各业全动员，齐心协力，打好工业总体战，制止经济效益下滑局面，努力保持生产，效益同步增长，确保全县工业生产稳定发展。广开渠道，多方筹措资金，有关部门要压缩非生产性开支，挤出钱来支持工业生产，帮助企业认真清理“三角债”，加速资金周转，坚决制止和限制乱摊派、捐款、赞助等非生产性行为。同时加强对企业经济活动的审计和监督。各企业要加强内部管理，搞好资金挖潜，减少流动资金占用。严格控制奖金的发放和其他非生产性资金的使用，深入开展“双增双节”运动，大力降低能源和原材料消耗，提高工作效率，增加企业经济效益。抓好技术改造，搞好产品结构调整。在当前新技术突飞发展的新形势下，须开阔眼界，广收信息，了解国内外技术发展的最新动态。根据因势、因利、因境的发展策略，对技改、产品结构调整，统筹规划，突出重点，做好项目的考察、论证、鉴定工作，力争所上项目五年不落后，十年不过时。积极开发生产出口创汇产品和优质名牌产品，提高产品和全县工业的知名度，增强市场竞争力。

关于1990年上半年国民经济和社会发展计划财政预算执行情况报告的审议意见 1990年7月16—17日，梁山县第十二届人大常委会第三次会议听取审议县计委主任胡国金受县政府委托所作《1990年上半年国民经济和社会发展计划执行情况的报告》、县财政局局长刘继庆受县政府委托所作《关于上半年财政预算执行情况的报告》。会议对1990年上半年基本实现时间过半，经济计划和财政收入任务过半的目标表示满意。会议认为，整个经济计划、财政预算执行情况是好转的。会议强调，下半年要继续全面贯彻治理整顿和深化改革方针，集中力量抓好农业，尤其要抓好秋季增产运动，争取以秋补夏；工商企业要以提高经济效益为中心，扭转经济徘徊局面。要真正确立过紧日子的思想，深入开展“双增双节”运动，财政支出要坚持“量入为出，量财办事，确保平衡”的原则，从严从紧控制各项开支，确保全年财政收支平衡。会议要求，全县广大干部群众积极行动起来，齐心协力，团结一致，艰苦奋斗，努力工作，全面完成县十二届人大一次会议通过的1990年国民经济和社会发展计划及财政预算任务。

关于贯彻执行《食品卫生法》情况汇报的审议意见 1990年7月16—17日，梁山县第十二届人大常委会第三次会议听取审议县卫生局局长李天信受县政府委托所作关于贯彻执行《中华人民共和国食品卫生法》情况汇报。会议认为，《中华人民共和国食品卫生法》颁布实施七年来，县政府和有关部门作了大量的工作，使全县的食品卫生工作逐步走上了法制管理的轨道，食品卫生状况较前有所好转，食品卫生合格率不断提高，保护了全县广大人民群众的身体健康。但也存在着一些诸如个别从业人员法制观念淡薄，食品卫生条件较差以及街道脏乱差等亟待解决的问题。会议要求：要继续认真学习《中华人民共和国食品卫生法》，不断增强全民尤其是从业人员的法制观念，使食品卫生工作真正纳入法制建设的轨道；切实加强领导，研究制订切实可行的得力措施，不断提高业务人员素质；各主管部门都要按照各自的经营范围，制订出本系统、本单位的查改措施，并根据情节轻重，依照《中华人民共和国食品卫生法》和有关政策，酌情予以处理；食品卫生工作牵涉到千家万户，直接关系着群众的切身利益，要发动群众监督，利用全社会的力量，齐抓共管，共同把食品卫生工作搞好。

关于社会治安情况及公安干警执法情况汇报的审议意见 1990年11月14—15日，梁山县十二届人大常委会第四次会议听取和审议县公安局局长闫旺亭所作《关于梁山县社会治安情况和公安干警执法情况的汇报》。会议认为，全县公安干警在维护社会稳定、严厉打击刑事犯罪、严格社会治安管理、加强综合治理等项工作中，做了大量的工作，但社会治安形势还相当严峻，成为全县人民群众普遍关注的热点问题。据此，会议提出：要认真分析、正确认识当前的治安形势，进一步加强公安工作，积极投入集中打击的斗争中来，打出实效，打出一个好的治安局面来。进一步强化人民民主专政的职能，认真贯彻“一手抓预防，一手抓打击”的方针，坚持不懈地把“扫黄”和除“六害”斗争进行下去，扫除各种社会丑恶现象。要采取有效措施，切实搞好社会治安综合治理，在各行各业各个基层单位普遍建立健全治安责任制和治安联防网络，发动群众做好安全防范工作，搞好群防群治。切实搞好公安队伍建设，强化整体作战和快速反应能力，充分发挥公安干警在保护人民、打击敌人斗争中的作用。

关于继续推行和完善企业承包经营责任制的审议意见 1990年11月13日，梁山县第十二届人大常委会第四次会议听取县体改委主任彭焕成受县政府委托所作《关于梁山县推行和完善企业承包经营责任制的意见》。会议指出，今年是治理整顿，深化改革的关键一年，做好新一轮承包工作，对全县社会、经济的稳定发展有着重要的意义。县政府要高度重视、正面引导，保持政策的稳定性和连续性，根据“多数稳定，个别调整”的原则选准经营者，配好企业领导班子，使全县推行承包经营责任制建立在稳妥可靠的基础之上。财政、审计、银信、工商、税务等有关部门要积极主动地支持和帮助企业解决资金等实际困难，给企业创造一个宽松的经济环境。企业主管部门要加强管理，搞好服务监督，防止以包代管，加强企业思想政治工作，摆正党、政、工三者关系位置，强化职工主人翁意识，不断提高其政治素质和业务素质。会议要求，政府各部门要大力宣传承包的意义和作用，以实事求是的工作态度和扎扎实实地工作作风，把承包工作落到实处。为深化企业改革，全面完成治理整顿目标和承包任务，促进全县经济的持续，稳定协调地发展做出积极贡献。

关于县政府廉政建设情况的审议意见 1990年11月14—15日，梁山县第十二届人大常委会第五次会议听取审议副县长高太平所作的《关于县政府廉政建设情况的汇报》。会议认为，县政府紧紧围绕党的十三届六中全会精神，认真贯彻落实党中央、国务院关于保持党政机关廉洁、坚决惩治腐败的系列指示，进一步建立和完善廉政规章制度和监督约束机制，严肃查处一批违法违纪案件，促进了全县廉政建设向着健康方向发展。但也存在着一些问题，群众反映强烈的利用公款大吃大喝风问题，讲排场摆阔气问题，乱收费、乱罚款、乱摊派等问题尚未从根本上解决。会议建议，提高认识，加强领导，不断增强反腐败的信心和决心，提高干部队伍的廉政素质，努力争做人民公仆；抓好制度建设，建立健全和完善廉政制度，逐步使廉政建设走上制度化规范化、科学化的轨道；从严治政，严格岗位责任制，既要廉政又要勤政，努力提高办事效率，把全县的廉政建设提高到一个新水平。

关于全县农业工作的审议意见 1990年11月14—15日，梁山县第十二届人大常委会第五次会议听取和审议县政府办公室主任许安民受县政府委托所作《关于梁山县农业工作的汇报》。会议认为，全县农业生产总的形势是好的，但农业生产还有不少问题。会议建议，继续强化对农业基础地位的认识，切实加强对农业的领导，集中精力抓好农业；真正把农业放到首位常抓不懈，把农田水利基本建设放在突出位置，统一规划，加大投入，综合治理；强化科技兴农意识，不断提高科学种田水平。进一步完善农村双层经营机制，搞好联产承包，逐步增加集体积累；强化乡村集体服务功能。特别是在耕种，浇灌、收运、技术指导、物资供应等环节上认真搞好服务，进一步促进农业生产的发展。坚持农、林、牧、副、渔全面发展的路子，进一步搞好种植业结构的调整，实现区域化种植。采取一麦一棉、一麦一玉米、一麦一稻种植方式，发展立体农业，扩大复种面积，提高经济效益。林牧副渔生产，要从实际出发，突出梁山特点，大力发展小尾寒羊，鲁西黄牛和庭院经济，开发利用废旧坑塘。抓好《中华人民共和国土地法》的宣传教育，使全县每个干部群众都知法、懂法、守法，形成人人自觉爱护土地珍惜土地资源的良好风尚。会议号召，各行各业关心农业、服务农业、支援农业，帮助农民尽快致富。

关于打击经济领域严重犯罪情况的审议意见 1990年11月14—15日，梁山县第十二届人大常委会第五次会议听取审议县人民检察院副检察长陈志良所作《关于打击经济领域严重犯罪情况的汇报》。会议认为梁山县检察机关根据全国、全省检察长会议的部署，积极开展以反贪污、反贿赂为重点的打击经济犯罪斗争，立案查处一批经济犯罪案件，较好发挥了检察机关的职能作用。但经济犯罪案件免诉率偏高等问题还没有解决。会议建议，各级领导和检察机关要继续把反贪污、反贿赂斗争作为检察工作的重点和打击经济犯罪的第一位工作，集中力量查处一批有影响的大案要案，严厉打击严重经济犯罪；进一步深入发动群众，及时采取内部通报或其他方式，扩大打击战果；进一步提高检察人员的素质，加强检察队伍的建设，提高办案水平和办案质量。

关于1990年计划生育工作情况的审议意见

1991年1月24—26日，梁山县第十二届人大常委会第七次会议听取审议县政府《关于1990年计划生育工作情况的汇报》。会议认为，县政府认真贯彻执行党中央、国务院关于计划生育工作的一系列重要指示和《山东省计划生育条例》，进一步加强领导，强化措施，并不失时机地开展计划生育集中活动，有力地推动了全县计划生育工作的深入开展，但也存在着工作发展不平衡以及多胎生育还没有完全得到有效控制，梁山县至今还没有从“省重点管理的范围”转出来。会议建议，继续提高思想认识，增强抓好计划生育工作的紧迫感和责任感；采取多种形式，深入贯彻落实《山东省计划生育条例》和上级有关规定；加强计划生育专业队伍的自身建设和网络化建设，不断提高服务质量；继续抓好政策配套和综合治理，确保计划生育工作的顺利开展。

关于1990年乡镇企业工作的审议意见 1991年1月24—26日，梁山县第十二届人大常委会第七次会议听取县乡镇企业局局长王化文受县政府委托所作《关于梁山县1990年乡镇企业工作的汇报》。会议认为，全县乡镇企业发展很不平衡，有的乡镇政府对乡镇企业不认识、不重视，对管理、技术、信息、资金、产品结构等问题长期不能解决，处于停产半停产状态。会议建议，要进一步提高对抓好乡镇企业的认识，切实加强领导；坚持乡镇企业“积极扶持，合理规划，正确引导，加强管理”的方针，对现有乡镇企业继续搞好整顿、调整；切实加强企业内部管理，改变乡镇企业管理落后、效益低的状况；努力开发投资少、见效快、群众容易接受的产品，发挥其“以工补农、以工建农，以工促农”的作用；各经济、技术、金融等部门要主动协调配合，努力为乡镇企业的健康发展创造良好的外部环境。

关于贯彻执行《中华人民共和国商标法》情况的审议意见 1991年5月9日，梁山县十二届人大常委会第九次会议听取审议县工商局副局长刘金雨受县政府委托所作《关于贯彻执行〈中华人民共和国商标法〉情况的汇报》。会议认为，《中华人民共和国商标法》自1983年3月1日实施以来，县政府认真组织贯彻落实，工商行政管理机关做了大量工作，加强商标监督管理，保护商标专用权，查处各种假冒商标侵权案件，维护消费者的利益。会议指出，在贯彻实施《中华人民共和国商标法》中，还存在一些问题，少数企业使用商标仍不规范，违犯《中华人民共和国商标法》的行为时有发生。会议强调，加强商标管理，保护商标专用权，促使生产者保证商品质量，维护商标信誉，保障消费者利益，促进社会主义商品经济发展，是《中华人民共和国商标法》的立法宗旨。为了进一步贯彻实施《中华人民共和国商标法》，充分发挥《中华人民共和国商标法》在发展社会主义商品经济中的作用，会议建议，要继续开展对《中华人民共和国商标法》的宣传，提高商标意识，增强法制观念；加强商标管理，严厉打击不法行为，保护商标专用权；加强商标注册，促进产品创优，提高产品知名度。

关于全县建筑市场管理情况的审议意见 1991年5月9日，梁山县十二届人大常委会第九次会议听取审议县建委主任王孟田受县政府委托所作《关于全县建筑市场管理情况的报告》。会议认为，全县建筑市场管理工作，不断强化管理监督职能，使几度出现的建筑市场混乱现象得到及时治理，较好地维护了建筑市场秩序，但建筑市场混乱现象再度出现，直接影响全县人民的生产秩序和生活环境的安定。为了彻底扭转建筑市场的混乱局面，强化管理监督职能，促使建筑市场管理工作走上健康发展的轨道。会议建议，从建筑市场实际出发，强化管理监督职能，建立健全建筑、建材、运输市场等管理机构，协调理顺各方面的关系。整顿清理建筑队伍，对施工任务实行总体控制，制止占压工程，拖延工期和非法承揽、转包工程等违法经营活动。引进竞争机制，增强质量意识，实行对县境外公开招标承包，择优选择最佳设计方案和施工企业。整顿建筑、运输市场，对制造混乱、违法经营进行一次全面查处。

关于1991年上半年财政预算执行情况和全年财政形势的审议意见 1991年7月16—18日，梁山县十二届人大常委会第十次会议听取审议县财政局局长刘继庆受县政府委托所作《关于1991年上半年财政预算执行情况和全年财政形势的汇报》。会议认为，在县政府领导下，各部门各单位积极开源节流，努力促产增收，为落实县十二届人大二次会议审议批准的财政预算，进行了积极努力，从上半年预算执行情况来看，财政收入1660.5万元。完成预算的42.65%，比上年同期增长3.384%；财政年内支出1548.4万元，完成预算的43.89%，比上年同期增长15.01%；收支相抵，收入大于支出112.1万元。但是，县财政超收潜力不大，而新的增支因素可见，大量开支将在下半年拨款。为圆满完成全年财政预算，确保财政收支平衡，会议建议，从发展生产入手培养财源，以企业经济效益促进增收；大力组织财政收入，制止财政收入方面的“跑、冒、滴、漏”现象；认真加强支出管理，坚持量入为出的原则，尽可能不影响财政收支平衡。会议要求，县政府切实加强对财政工作的领导，调动一切积极因素增收节支。各部门各单位必须加强全局观念，正确处理局部与全局的利益关系，为实现全年财政收支平衡多作贡献。

1991年棉花收购准备情况审议意见 1991年6月26日，梁山县十二届人大常委会第十一次会议听取县供销社联合社主任陆书杰受县政府委托所作《关于1991年棉花收购准备情况的汇报》。会议指出：全面分析1991年的棉花收购形势，还面临不少的困难，特别是对质量标准的掌握、收购资金的供应、销售秩序的维持等事宜，应予以高度重视。会议建议，切实加强领导，严肃收购纪律；做好收购政策宣传教育，提高棉农售棉自觉性；做好棉花收购资金供应，坚决防止“打白条”，避免因资金不足而停收、限收；有关部门要各司其职、各负其责、密切配合、优质服务，共同抓好棉花收购工作。

关于科技工作情况的审议意见 1991年6月26日，梁山县十二届人大常委会第十一次会议听取审议县科委主任周秀全受县政府委托所作《关于科技工作情况的汇报》。会议认为，县政府及科技管理部门积极落实《中共中央关于科技体制改革的决定》，在强化科技意识，完善科技体系，开展科学研究，推广和应用科学技术等方面，做了大量工作，取得较好的成绩。会议指出，科技工作同经济发展的要求，还有一定差距，科技体系建设不够完善，科技政策不够配套，技术市场的管理措施不够落实，《中华人民共和国技术合同法》和《中华人民共和国专利法》贯彻执行得还不够好。这些问题影响着“科技兴梁”计划的顺利实现。为切实加强科技工作，会议建议，进一步强化各级领导干部的“科技首位”的意识，加强对科技工作的领导；不断深化科技体制改革，努力完善科技体系；抓好科技项目的研究和科技成果的推广工作，促进农业生产的技术进步；加强农业科技队伍，搞好科技教育和培训工作；认真贯彻《中华人民共和国技术合同法》和《中华人民共和国专利法》，使广大干部群众特别是企业法人和科技工作者熟悉“两法”的内容，并在具体工作中认真贯彻实施。

关于超生子女费使用管理情况的审议意见 1991年6月26日，梁山县十二届人大常委会第十一次会议听取县计生委主任江振华受县政府委托所作《关于超生子女费使用管理情况的汇报》。会前，根据主任会议安排，各乡镇人大主席团组织了部分县乡人民代表对本乡镇征收的超生子女费的使用管理进行了调查，主任会议于3月29日专门听取县计生委的专题汇报。会议认为，该次计划生育集中活动，由于各级政府的重视，组织工作严密，措施得力，取得重大成果，征收的超生子女费数额较大，如何使用管理已成为人民群众普遍关心的热点问题。会议指出，超生子女费虽然引起各级政府的重视，多数乡镇加强了管理，但还有部分乡镇尚未采取得力措施，全县尚未形成一套合理、完整的征收、使用管理制度，滥支乱用的问题没有得到根本解决。为彻底改变超生子女费管理不善的状况，发挥直接用于计划生育事业的这项资金的作用，会议建议，各级政府要充分认识超生子女费数额大、涉及面广、政策性强的特点，管好用好此项资金；对超生子女费进行一次全面清理整顿，尽快建立健全符合全县实际的规章制度；巩固计划生育工作成果，搞好善后服务；搞好经常性的督促检查，接受群众监督。

关于行政诉讼法实施情况和基层法庭建设情况的审议意见 1991年11月23日，梁山县十二届人大常委会第十二次会议听取并认真审议县人民法院关于《中华人民共和国行政诉讼法》实施情况和基层法庭建设情况的汇报。会议认为，行政诉讼法自1990年10月1日实施以来，县人民法院大力开展行政诉讼法的学习、宣传、教育工作，积极开拓行政诉讼领域，派出巡回法庭，在实行行政诉讼方面做了大量工作，对依法行政产生积极的影响。但也存在不少问题，行政负责人怕当被告，司法机关怕处理不好行政、审判关系，群众怕告“官”不赢，致使行政诉讼制度进展缓慢，步履维艰。会议指出，县人民法院在基层法庭建设中做了大量的工作，较好地发挥了基层法庭“保一方平安”的作用，但在基层法庭建设中，标准化法庭建设进展较为迟缓，在执法工作中还存在一些薄弱环节。会议建议，要进一步深入、广泛地宣传、贯彻行政诉讼法，强化行政诉讼意识和法制观念，共同维护法律尊严和国家利益，使行政诉讼法充分发挥积极的作用；强化领导、监督机制，大力推动和确保行政诉讼有效、正确进行，树立起行政诉讼法的权威，保证行政诉讼制度的确立；加强司法人员的素质建设，大力开展行政审判工作，保证行政诉讼的顺利进行。必须重视基层人民法庭建设，坚持“以工作促建设”的方针，从实际出发，坚持“改、扩、建”的路子，分期分批实行，成熟一个，建设一个；建设一支党和人民信赖的基层干警队伍，以适应新形势、新任务的需要；切实加强对基层法庭的管理和指导，使基层法庭的管理工作逐步走向科学化、制度化、规范化的轨道；基层法庭要从辖区社会稳定和经济发展的大局出发，充分发挥人民调解组织的作用，把大量纠纷、矛盾解决在基层，积极参与社会治安综合治理，为维护好一方平安做出积极的贡献。

关于经济检察和法纪检察情况的审议意见 1991年11月23日，梁山县十二届人大常委会第十二次会议听取审议县人民检察院检察长姜广仁所作《关于经济检察情况和法纪检察情况的汇报》。会议认为，县人民检察院在打击经济犯罪工作中，紧紧围绕“稳定局势，发展经济”这个中心，坚持“打防并举”和“一要坚决、二要慎重、务必搞准”的原则，把群众反映强烈的贪污、贿赂案件作为打击的重点，查处一批贪污，贿赂和挪用公款的经济案件，严厉打击了经济犯罪。但经济犯罪蔓延的势头还没有得到有效的遏止，在一定程度上影响着社会的安定和经济的发展。据此建议：认清形势，坚定信心，加大措施，下气力把打击经济犯罪的斗争引向深入，努力为改革开放和经济建设创造一个良好的环境；明确工作重点，认真做好大案、要案的查处工作，大张旗鼓地进行公开处理，以震慑犯罪，教育群众；坚持打防并举，共同抓好经济犯罪的综合治理工作。提高认识，加强领导，突出重点，狠抓办案，特别要集中力量突破一些大案要案；综合治理，搞好预防，密切配合，协调办案，要把办案同指导基层单位加强建章立制、严格管理结合起来，与纪检、监察、公安、法院等机关密切配合办理法纪案件。

关于实施初等义务教育的审议意见 1991年11月23日，梁山县十二届人大常委会第十二次会议听取审议县教育局局长谭尊勇受县政府委托所作《关于梁山县实施初等义务教育的情况汇报》。会议认为，自1990年底梁山县依法宣布实施初等义务教育后，全县各级政府及有关部门，深入宣传贯彻义务教育法，全面落实国家的教育方针，多渠道筹集教育经费，积极改善办学条件，加强师资队伍建设，做了大量工作，取得明显成效。会议指出，目前在贯彻执行义务教育法和实施初等义务教育过程中，还存在一些薄弱环节。宣传教育搞得不够广泛深入，不少干部群众依法治教意识较淡薄；有些地方的农村教育费附加征收不足，甚至有的被挪用；一些地方的师资力量不足，学校管理水平比较低。为了深入贯彻实施义务教育法，会议提出如下建议：继续深入、广泛地宣传义务教育法，帮助广大农村基层干部和农民群众提高教育工作的执法观念；各级财政拨付的教育经费要按照法律规定，实现“两个增长”；进一步搞好师资培训工作，逐步提高教师队伍的政治素质和业务水平；建立义务教育目标责任制，切实把实施义务教育的责任落到实处。

关于《山东省农作物种子管理条例》实施情况的审议意见 1992年1月21日，梁山县十二届人大常委会第十三次会议听取审议农牧局局长武立芳受县政府委托所作《关于〈山东省农作物种子管理条例〉实施情况的汇报》。会议认为：自《山东省农作物种子管理条例》颁布以来，县政府及业务部门在《条例》的宣传、机构的建立、良种的引进调拨、繁供体系的建设等方面做了不少工作，种子的经营和效益走在全市的前列，为全县农业的发展起到积极的作用，应当予以充分的肯定。但由于各种因素的影响，全县农作物品种多乱杂的现象仍比较严重，重经营、轻管理、重调入、轻繁育的倾向还不同程度地存在，影响和制约着农村第二步发展战略目标的实现。会议建议，各级领导要进一步提高对种子工作重要性的认识，继续广泛深入地宣传种子管理条例；进一步加强良种繁供体系建设，力争在三年时间内全面实现主要农作物统一供种；要切实加强种子经营管理工作，尽快把全县种子管理工作提高到一个新水平。

关于1992年上半年国民经济和社会发展计划及财政预算执行情况的审议意见 1992年7月28—29日，梁山县十二届人大常委会第十七次会议听取审议县计划委员会主任毛允海、县财政局局长刘继庆受县政府委托所作《关于1992年上半年国民经济和社会发展计划执行情况的报告》《关于1992年上半年财政预算执行情况的报告》。会议认为，上半年全县国民经济和社会发展计划及财政预算执行情况是好的，夏粮喜获丰收，工业生产速度有新的突破，经济效益也有提高，财政金融增长加快，城乡市场持续繁荣，对外贸易进一步扩大，固定资产投资重点建设进度较快，给企业增添了活力。科技教育和计划生育工作得到进一步加强，各项社会事业保持了良好的发展势头。会议指出：目前全县经济工作仍存在一些不容忽视的困难和问题。农业方面，遭受严重旱灾、虫灾，完成棉花和其他秋季农业生产计划受到严重威胁；工业方面，产成品库存居高不下，三角债有增无减，不少企业资金周转缓慢、经营管理不善，亏损和潜亏问题还相当严重；财政方面，基础财源薄弱，超收潜力不大，增支因素不断出现，财政形势十分严峻，完成预算任务十分艰巨。对此，县政府应当引起高度重视，进一步增加紧迫感和危机感，加大措施，确保完成1992年县国民经济和社会发展计划及财政预算任务。为此提出如下建议：各级政府要进一步健全和完善社会化服务体系，继续强化农业和农村工作，大力发展乡镇企业，不断壮大集体经济；进一步加强宏观调控，切实保障企业经营自主权，努力提高经济效益；搞活流通，振兴商业，大力发展第三产业；积极组织财政收入，严格控制支出，确保完成全年预算任务，力争财政收支平衡。

关于广播电视工作情况的审议意见 1992年7月28—29日，梁山县十二届人大常委会第十七次会议听取审议县广播电视局局长韩相顺受县政府委托所作《关于广播电视工作情况的汇报》。会议认为，县政府在广播电视工作中，认真贯彻党的“一个中心，两个基本点”的基本路线，在宣传和事业建设等方面做了大量工作，取得一定成绩。但也存在着不容忽视的问题，会议建议，牢固树立广播电视为经济建设服务的思想，努力办好以经济建设为中心的群众喜闻乐见的自办节目；进一步加强和改进人大宣传工作，及时报道人民代表和常委会组成人员的重要活动；积极发展广播电视事业，进一步扩大节目覆盖率；进一步抓好广播电视队伍自身建设和各项管理制度落实，共同把广播电视事业办得更好。

关于全县商业企业“四放开”工作情况的审议意见 1992年9月28—29日，梁山县十二届人大常委会第十八次会议听取审议县财贸委员会主任刘恒胜受县政府委托所作《全县商业企业“四放开”情况的汇报》。会议认为，县政府紧紧围绕深化商业企业改革，转换商业企业经营机制，在经营、价格、分配、用工四放开方面做了大量工作，取得一定成绩。但也存在着不容忽视的问题。如思想不够解放，与“四放开”相配套的政策和措施还没有完全到位，“四放开”改革面临着加快进度，加大力度，保证质量，完善提高的艰巨任务。为了把商业企业“四放开”改革进一步引向深入，取得更大成效，会议建议，要进一步解放思想，更新观念，加大商业企业“四放开”改革步伐；加快政府各职能部门的协调和配合，努力为商业企业“四放开”改革创造一个好环境；加强对商业企业“四放开”工作的领导，巩固和扩大“四放开”的成果，努力开创商业企业“四放开”改革的新局面。

关于学习贯彻《行政监察条例》情况的审议意见 1992年9月28—29日，梁山县十二届人大常委会第十八次会议听取审议县监察局局长赵保伦受县政府委托所作《关于学习贯彻〈中华人民共和国行政监察条例〉情况的汇报》。会议认为，县政府认真组织学习宣传、贯彻落实，《中华人民共和国行政监察条例》进一步促进了廉政建设，提高了依法行政的水平。但少数部门和单位对行政监察工作认识不足、重视不够。为了深入贯彻执行监察条例，会议建议，进一步学习宣传监察条例，提高全社会的行政监察意识；以经济建设为中心，积极做好新形势下的行政监察工作；重视监察队伍建设，提高监察人员素质；加强对行政监察机关的领导，积极支持监察机关行使职权，确保案件查办工作的顺利进行。

关于贯彻执行《森林法》情况的审议意见 1992年12月11—12日，梁山县十二届人大常委会第二十次会议听取审议县林业局局长张广琪受县政府委托所作《关于贯彻执行〈中华人民共和国森林法〉情况的汇报》。会议认为：县政府紧紧围绕《中华人民共和国森林法》，深入贯彻落实省政府《关于学习广东奋战十年绿化山东的决定》和济宁市委、市政府《关于五年消灭宜林荒山八年绿化济宁的决定》，全县造林绿化工作比较扎实，造林面积稳定增加，造林质量不断提高，林木覆盖率逐年提高。但林业工作离上级要求还有一定差距，各乡镇之间发展也不平衡，城镇绿地面积较少。为使造林绿化工作尽快达到上级关于平原绿化标准，实现县政府制定的《奋战三年绿化梁山的决定》。会议建议，进一步提高认识，全面搞好造林绿化；稳定完善林业政策，增加林业投入；依靠科技进步，加快林果发展；攻克边远死角，搞好城镇绿化；加强林政管理，坚持以法治林，进一步将《中华人民共和国森林法》落到实处，使全县林业工作再上一个新台阶。

关于《村民委员会组织法（试行）》贯彻执行情况的审议意见 1992年12月11—12日，梁山县十二届人大常委会第二十次会议听取审议县民政局局长马兴展受县政府委托所作《关于〈中华人民共和国村民委员会组织法（试行）〉贯彻执行情况的汇报》。会议认为，县政府及其有关部门认真组织学习宣传《中华人民共和国村民委员会组织法（试行）》，积极开展村民自治示范活动，推行依法建制、依法治村、民主管理。但就全县情况看，村民委员会组织法的学习宣传还不够广泛深入，村级组织建设还不够健全，村民自治能力还不强，村民委员会服务功能还不完善，村民的民主权利还没有得到充分发挥，村民委员会组织法有待进一步贯彻落实。因此，会议提出以下意见：进一步提高认识，加强领导，推动农村改革的进一步深化；加强乡镇政府对村民委员会的指导和服务，增强村级组织的凝聚力；做好明年村级换届选举的准备工作，促进基层民主建设。

十三届人大常委会审议

关于发展高产优质高效农业情况的审议意见 1993年3月26—27日，梁山县十三届人大常委会第二次会议听取审议农委主任张兆兰受县政府委托所作《关于发展高产优质高效农业情况的汇报》。会议认为：县政府积极贯彻《国务院关于发展高产优质高效农业的决定》和山东省人大常委会关于贯彻落实《中共中央关于进一步加强农业和农村工作的决定》的决议，重视“两高一优”农业的发展，加快了农业生产的步伐，但由于高产优质高效农业的发展刚刚起步和其他因素限制，农业科技水平较低、市场建设不力、生产效益不高、农村产业结构不协调的问题依然存在。为加快全县高产优质高效农业的发展，会议建议，坚定不移地树立农业的基础地位，增强市场农业的观念；进一步调整优化农村产业结构，加快林业、畜牧业和水产业的发展；依靠科技教育，振兴农村经济，使农业科研成果和先进技术尽快转化为生产力；强化农业社会化服务功能，加强信息指导和市场建设，为农民生产、加工、运销提供“一条龙”全程化服务；加强农业基础设施建设，力争短时间内使全县耕地全部实现旱能浇、涝能排、旱涝保丰收。

关于贯彻实施《药品管理法》情况的审议意见 1993年3月26—27日，梁山县十三届人大常委会第二次会议听取审议县卫生局局长李天信受县政府委托所作《关于贯彻实施〈中华人民共和国药品管理法〉情况的汇报》，现提出如下审议意见：县政府及有关部门认真组织学习宣传和贯彻实施《中华人民共和国药品管理法》，依法加强对药品生产、经营和使用的管理，为保证药品质量，保障人民群众身体健康，做了大量工作，取得明显成效。但全县对《中华人民共和国药品管理法》的学习宣传还不够广泛深入，假冒伪劣药品依然存在，监督队伍和从业人员的素质还有待提高。为进一步推动《中华人民共和国药品管理法》的贯彻实施，会议建议，继续广泛深入地学习宣传《中华人民共和国药品管理法》，在全县形成依法监督、管理药品的风气；完善药品监督管理机构和网络建设，健全药品监督体系；继续严厉打击制售假劣药品的不法行为，堵塞假劣药品乘虚而入的漏洞；切实抓好药政药检队伍建设，提高其思想、业务素质和执法水平；在财力允许的情况下，适当增拨经费，改善药品生产储存条件。

关于贯彻执行《全民所有制工业企业转换经营机制条例》情况的审议意见 1993年5月15—17日，梁山县十三届人大常委会第三次会议听取审议县经委副主任刘兴琦受县政府委托所作《关于贯彻〈执行中华人民共和国全民所有制工业企业转换经营机制条例〉情况的汇报》。会议认为：县政府及有关部门认真组织学习、贯彻落实《条例》，在转变政府职能、指导企业改革、转换企业经营机制、增强企业活力等方面做了大量工作，取得一定成效。但是全县对《条例》学习宣传还不够广泛深入、对社会主义市场经济的要求还不够适应、经济效益低的问题还没有根本好转，企业的活力还不强。为进一步推动《条例》在全县贯彻实施，促进企业发展，会议建议，继续广泛深入地学习宣传《条例》，努力造成一个有利于政府转变职能、企业转换经营机制的社会环境；

支持企业要充分行使《条例》赋予的经营自主权，自觉运用《条例》维护自己的合法权益，并履行《条例》规定的权利和义务；集中物力、财力进行技术改造，加快产品结构调整步伐，为企业进入市场、健康发展积极创造条件。

关于贯彻执行两个《条例》依法减轻农民负担情况的审议意见 1993年5月15—17日，梁山县十三届人大常委会第三次会议听取审议县农牧局局长高文灏受县政府委托所作《关于贯彻落实两个《条例》减轻农民负担情况的汇报》。会议认为，县政府及主管部门积极认真地宣传贯彻了国务院和山东省关于减轻农民负担的两个《条例》，加强对减轻农民负担工作管理和监督，取得一定成绩。但是工作中存在不少问题，对执行《条例》不够坚定，对减轻农民负担工作存有被动应付态度。为贯彻执行好两个《条例》和国务院通知精神，尽快按照规定将全县农民负担降下来，会议建议，进一步学习宣传《条例》，提高思想认识，保证《条例》落实到位；统一政令，把农民负担严格控制在上年人均纯收入的5%以内，制止一切乱集资、乱收费、乱摊派、乱罚款；严格管理、合理使用“三提五统”资金，并进行审查、监督使用情况。

1993年上半年国民经济和社会发展计划及财政预算执行情况的审议意见 1993年7月27—29日，梁山县十三届人大常委会第四次会议听取审议县计划委员会主任毛允海、县财政局局长刘东升受县政府委托所作《关于1993年上半年国民经济和社会发展计划执行情况的报告》《关于1993年上半年财政预算执行情况的报告》。会议认为：上半年，全县国民经济和社会发展计划及财政预算的执行情况基本上是好的，但在全县经济运行中，困难和问题还比较突出，财源基础薄弱，财政收入欠账较多。为确保完成1993年全县国民经济和社会发展计划及财政预算任务，会议提出以下建议：坚持以农业为基础，切实把农业放在国民经济的首位，从资金、农业生产资料、科技、市场信息等方面扶持农业生产的发展；集中精力，抓好工业生产，切实加强企业管理，狠抓扭亏增盈；深化流通体制改革，搞活商品流通，大力促进第三产业的发展；坚持依法理财，增收节支，努力实现全年财政收支平衡。会议要求：各级政府要切实加强对计划和财政工作的领导，调动一切积极因素，上下左右紧密配合，齐心协力，做好各项工作，继续坚持解放思想，实事求是的思想路线，抓重点、抓难点、办实事、求实效，力争全面完成1993年国民经济和社会发展计划及财政预算任务。

关于贯彻实施《税收征收管理法》情况的审议意见 1993年7月27—29日，梁山县十三届人大常委会第四次会议听取审议县税务局局长彭可正受县政府委托所作《关于贯彻实施〈中华人民共和国税收征收管理法〉情况汇报》。会议认为：在县政府的领导下，税务部门积极贯彻实施《税收征收管理法》，在加强税收征管、保证预算任务完成等方面做了大量工作，并取得明显的成绩，基本上实现上半年的税收计划。但税收工作面临着不容忽视的困难和问题。为促进税收法规的贯彻实施，进一步加强税收管理，保证全年税收计划完成，会议建议，大力加强《中华人民共和国税收征收管理法》的宣传教育，提高全民纳税意识；进一步推进依法治税，强化税收征收管理，保证财政收入计划的顺利完成；加强对税收工作的领导，搞好各有关部门的配合、协调，大力支持税收工作。

关于贯彻执行《食品卫生法》情况的审议意见 1993年7月27—29日，梁山县十三届人大常委会第四次会议听取审议县卫生局局长李天信受县政府委托所作关于贯彻执行《中华人民共和国食品卫生法》。会议认为：县政府及主管部门依法加强对食品生产经营的管理，为确保人民群众身体健康做了大量工作。但假冒伪劣食品依然存在，一些食品基础设施较差，监督队伍和从业人员的素质有待提高。为进一步全面贯彻落实《中华人民共和国食品卫生法》，会议建议，进一步深入学习和宣传《中华人民共和国食品卫生法》，共同把食品卫生搞好；加强对食品生产经营单位执法情况的监督和检查，尽快改造食品加工场所，为食品的加工提供良好的外部条件；搞好食品卫生监督人员的自身建设和从业人员的培训工作，使其依法从事食品生产经营；有关部门密切配合，真正把《中华人民共和国食品卫生法》落到实处。

关于行政诉讼法实施情况的的审议意见 1993年9月28日，梁山县十三届人大常委会第五次会议听取审议县人民法院院长宋声武所作《关于行政诉讼法实施情况的汇报》。会议认为，行政诉讼法实施三年来，县人民法院积极推行行政诉讼制度，依法办理行政诉讼案件，行政审判工作有了一定的进展。但在行政诉讼法实施过程中还存在一些问题，行政诉讼制度进展缓慢。为进一步改善执法环境，促进行政诉讼活动开展，会议建议，继续广泛深入地在干部和群众中开展行政诉讼法的宣传教育活动，充分发挥行政诉讼法的积极作用，促进行政诉讼制度的尽快确立。改善执法环境，使行政诉讼工作走向正常运转的轨道。加强司法人员的素质建设，依法开展行政审判工作，切实保证行政诉讼的依法进行。

关于依法惩处贪污贿赂等经济犯罪的审议意见 1993年9月28日，梁山县十三届人大常委会第五次会议听取审议县人民检察院检察长李文汉所作关于《依法惩处贪污贿赂等经济犯罪，为改革开放和经济建设服务》的汇报。会议认为：县检察机关遵照中央关于反腐败斗争的指示，立案查处经济犯罪案件，较好地发挥了检察机关的职能作用。但打击经济犯罪的斗争还存在干扰办案、执法难、经费紧张等诸多制约因素，经济案件的结案率还比较低，打击经济犯罪的斗争有待进一步深入。为此，提出以下建议：把握斗争重点，把以打击经济犯罪为主的反腐败斗争继续引向深入；不断扩大斗争成果，实现打击经济犯罪的新突破；坚持从严治检，树立检察干警的良好形象；为打击经济犯罪，开展反腐败斗争提供必要的保障。

关于《经济合同法》贯彻实施情况和打击制售假冒伪劣商品活动情况的审议意见 1993年9月28日，梁山县十三届人大常委会第五次会议听取审议县工商行政管理局局长高承坤受县政府委托所作的《关于＜中华人民共和国经济合同法＞贯彻实施情况和打击制售假冒伪劣商品活动情况的汇报》。会议认为，县政府及主管部门认真贯彻实施《中华人民共和国经济合同法》，大力开展打击制售假冒伪劣商品的活动，做了大量工作，取得一定成绩。但工作中仍存在着不容忽视的问题。为更好地贯彻落实《中华人民共和国经济合同法》，卓有成效地开展打假工作，会议建议，深入广泛地进行《中华人民共和国经济合同法》《中华人民共和国产品质量法》及打假法规的学习宣传，严惩制售假冒伪劣商品的违法行为，特别是对那些群众关心、反映强烈、影响较大的问题，对制造销售假冒伪劣药品、食品、农用生产资料等要重点打击，各有关部门要加强配合，通力协作，真正把各项工作落到实处。

关于全县社会治安工作情况的审议意见 1993年11月30日，梁山县十三届人大常委会第六次会议听取审议县公安局局长高思祯受县政府委托所作《关于全县社会治安工作情况的汇报》。会议认为，全县各级政府和公安机关紧紧围绕保卫和服务于经济建设这个中心，严厉打击刑事犯罪，加强社会治安管理，较好地维护了全县政治安定和社会稳定的局面；但全县社会治安形势还很严峻，各种潜在的不安定因素依然很多，特别是各种刑事犯罪活动还比较突出。会议建议：要进一步加强对社会治安工作的领导，认真解决社会治安工作中存在实际问题和困难，促进社会治安工作的顺利开展。要适时搞好各项专项斗争，狠狠打击各种严重刑事犯罪，坚决遏制住重大刑事犯罪上升的势头。要健全治安防范体系，加强基层治保组织建设，认真落实基层治安责任制。要努力提高公安干警队伍素质，大力提高公安干警的战斗力。

关于《环境保护法》实施情况的审议意见 1993年11月30日，梁山县十三届人大常委会第六次会议听取审议县环保局局长艾玉山受县政府委托所作《关于＜中华人民共和国环境保护法＞实施情况的汇报》。会议认为，县政府及主管部门在贯彻实施《中华人民共和国环境保护法》方面做了大量工作，取得一定成绩。但由于环保工作起步较晚，基础较差，环境治理和环境保护任务仍很艰巨。为进一步贯彻实施好《中华人民共和国环境保护法》，切实治理保护环境，会议建议，继续广泛深入地进行《中华人民共和国环境保护法》的学习宣传，提高广大干部群众特别是各级领导的环境意识、法律观念和基本国策观念，增强社会各界依法保护环境的自觉性。严格执行环保法规，搞好环境综合治理，使环保法规的各项规定落到实处。加强环保执法监督检查，全面落实各项措施制度。加强环保工作的领导，坚持经济建设、城乡建设，环境建设同步规划、同步实施、同步发展。

关于全县开展专项打击情况的审议意见 1994年3月30日，梁山县十三届人大常委会第九次会议听取审议县公安局局长高思祯受县政府委托所作《关于全县开展专项打击情况的汇报》。会议认为，县公安机关在县委、县政府的领导下，会同其他政法机关，认真贯彻依法从重从快的方针，不停顿地开展专项斗争，严厉打击各种违法犯罪活动，较好地维护了全县政治安定和社会稳定的局势。会议建议，进一步加强对社会治安工作的领导，继续抓好“严打”斗争，坚决把犯罪分子的嚣张气焰打下去。强化基层基础工作，在城区建立以指挥中心为龙头、以“110”报警电话为纽带、以巡警为骨干的社会治安动态控制防范体系。在农村全面建立健全以民兵为主体的义务巡逻防范体系，预防和减少犯罪的发生。要认真贯彻“从严治警、依法治警”方针，全面加强干警队伍建设。

关于全县开展反腐败斗争情况的审议意见 1994年3月30日，梁山县十三届人大常委会第九次会议听取审议县监察局局长赵保伦受县政府委托所作《关于全县开展反腐败斗争情况的汇报》。会议认为，全县反腐败斗争已取得一定成绩，群众参与反腐败意识不断增强，一些消极腐败现象蔓延的势头得到遏制。但工作中还存在不少问题，一些消极腐败现象仍然严重存在。为进一步促进反腐败斗争深入开展，会议建议，要继续学习、宣传、贯彻落实中央关于反腐败斗争的决定，增强惩治腐败的决心和信心；要处理好改革、发展、稳定的关系，把反腐败同深化改革、扩大开放、保持稳定很好地结合起来；要充分调动人民群众同腐败现象做斗争的积极性，依法严厉打击迫害举报人的行为；要认真把握反腐败斗争的重点，重点查处发生在党政领导机关和司法部门、行政执法部门、经济管理部门工作人员中的案件；人大常委会要严格依法履行职权，进一步加强对行政、审判、检察机关的工作监督，以保证案件严格依法顺利查处。

关于加快旅游资源开发和旅游业发展的审议意见 1994年3月30日，梁山县十三届人大常委会第九次会议听取审议县风景名胜区管理委员会主任赵德全受县政府委托所作《关于水泊梁山风景名胜区旅游资源开发和旅游事业发展的汇报》。会议提出如下意见：必须充分认识搞好旅游资源开发和发展旅游业的重要意义，切实加强对旅游工作的领导，继续将旅游业纳入国民经济计划和社会发展计划，适当加大对旅游业的投入，加快景区建设和配套设施建设。充分利用风景名胜资源，积极搞好旅游综合开发，大力发展旅游经济。

关于工业企业产权制度改革和生产情况的审议意见 1994年5月31日，梁山县十三届人大常委会第十次会议听取审议县经贸委副主任张保廉受县政府委托所作《关于工业企业产权制度改革和生产经营情况的汇报》。会议认为，县政府及主管部门在指导企业改革、转换企业经营机制、增强企业活力等方面做了大工作，取得一定成效，但也存在亟待解决的问题。为推动产权制度改革顺利进行和工业企业发展，会议建议，继续广泛深入地搞好工业企业产权制度改革的宣传教育工作，进一步提高广大干部职工的思想认识，为企业产权制度改革的顺利进行奠定坚实的思想基础。加强组织领导和工作措施，慎重、稳妥地做好产权制度改革的各项工作，特别要依法搞好企业的清产核资工作，防止国有资产流失。正确处理产权制度改革与生产的关系、产权制度改革与企业管理的关系，进一步增强企业的凝聚力和干部职工的责任心及主人翁意识，调动其参与市场竞争的积极性。

关于《产品质量法》贯彻执行情况的审议意见 1994 年 7 月 27—29 日，梁山县十三届人大常委会第十一次会议听取审议县经贸委副主任董传珍受县政府委托所作《关于〈中华人民共和国产品质量法〉贯彻执行情况的汇报》。会议认为,《中华人民共和国产品质量法》颁布实施以来，县政府及有关部门认真组织学习、宣传和贯彻实施，取得较好的效果。会议建议，认真搞好《中华人民共和国产品质量法》的宣传教育，在全县范围内开展一次有声势、有广度、有深度、有成效的宣传月活动。牢固树立“质量第一”的意识，使产品质量不断上档次、上水平。进一步增强执法责任感，以保护消费者的合法权益，维护法律的尊严。继续做好对执法人员的思想教育和业务培训，努力提高对产品质量检验的能力。

关于农民负担监督管理工作情况的审议意见 1994 年 7 月 27—29 日，梁山县十三届人大常委会第十一次会议听取审议县农委主任张兆兰受县政府委托所作关于《农民承担费用和劳务管理条例》《山东省农民负担管理条例》贯彻执行情况的汇报。会议认为，县政府及农业主管部门贯彻实施两个条例，把减轻农民负担作为紧迫的政治任务列入重要议事日程，大部分乡镇“三提五统”能够控制在 5% 的限额以内。但是减负工作还存在一些不容忽视的问题，特别是个别地方近期出现“回潮”现象。为进一步深入贯彻实施两个条例，切实减轻农民负担，会议建议，继续搞好对两个条例和减轻农民负担各项政策措施的宣传教育，把国家的法规和党的政策交给农民，让农民既依法保护自身合法权益，又积极完成应尽的义务。由县政府责成农民负担管理部门对今年的农民负担进行一次认真的检查清理，发现搭车加码和超提的部分一定要认真进行清退。积极发展和壮大农村经济，增加农民收入，增强经济承受能力。进一步加强对减轻农民负担工作的领导，对减轻农民负担工作坚持常抓不懈，反复抓好落实。

关于 1994 年上半年国民经济和社会发展计划及财政预算执行情况的审议意见 1994 年 7 月 27—29 日，梁山县十三届人大常委会第十一次会议听取审议县计划委员会主任毛允海、县财政局局长刘东升受县政府委托分别所作《关于梁山县 1994 年上半年国民经济和社会发展计划执行情况的报告》《关于 1994 年上半年财政预算执行情况的报告》。会议认为，上半年全县国民经济和社会发展计划及财政预算的执行情况基本上是好的。农村经济健康发展，工业生产保持了一定的发展速度，流通领域有了新的起色，财政收入增加，各项社会事业也保持了良好的发展势头。但在经济运行中仍存在一些矛盾和问题，会议建议，继续强化农业和农村工作，力争全年农业丰收。继续深化企业改革，狠抓扭亏增盈。深化流通体制改革，加快第三产业的发展。坚持依法理财，努力实现全年财政收支平衡。

关于《教师法》《义务教育法》贯彻执行情况的审议意见 1994 年 9 月 29 日，梁山县十三届人大常委会第十二次会议听取审议县教委副主任刘慎朝受县政府委托所作《关于〈中华人民共和国教师法〉、〈中华人民共和国义务教育法〉贯彻执行情况的汇报》。会议认为，县政府及主管部门认真落实《中华人民共和国教师法》《中华人民共和国义务教育法》各项规定，紧紧围绕提高教师素质、改善教师工作、学习和生活条件、提高教学质量、普及义务教育等方面做了大量工作，取得一定成效。但在《中华人民共和国教师法》《中华人民共和国义务教育法》的宣传实施过程中，还存在不少困难和问题。会议建议，进一步广泛深入地进行《中华人民共和国教师法》《中华人民共和国义务教育法》的宣传工作，推动全社会形成尊师重教的良好风尚，为《中华人民共和国教师法》《中华人民共和国义务教育法》的全面实施奠定坚实的基础。认真落实《中华人民共和国教师法》《中华人民共和国义务教育法》各项规定，把教师队伍的建设和义务教育工作纳入依法建设、依法实施、依法管理的法制化轨道。加强对教育工作的领导，改革教育经费管理体制，确保教育发展经费，保证教育优先发展战略地位的落实。

关于全县畜牧工作情况的审议意见 1994年9月29日，梁山县十三届人大常委会第十二次会议听取审议县畜牧服务中心主任解培岱受县政府委托所作《关于全县畜牧工作情况的汇报》。会议认为，县政府及有关部门重视加强畜牧业，形成农业畜牧业的新格局，促进了全县农村经济的发展。但在畜牧业发展中存在着不可忽视的问题。会议要求：提高对发展畜牧业重要性的认识，加强对畜牧业的领导，加快畜牧业的发展步伐，带动经济的全面发展。稳定加强基层畜牧队伍，调动其工作积极性，促进畜牧生产的发展。发挥梁山畜牧名优产品优势，大力普及畜牧科学技术，推动全县畜牧业发展。认真抓好畜牧法规的学习贯彻，落实好有关畜牧工作的管理条例，将畜牧管理工作逐步纳入法制轨道。

关于经济审判工作情况的审议意见 1994年9月29日，梁山县十三届人大常委会第十二次会议听取和审议县人民法院副院长董玉华所作《关于经济审判工作情况的汇报》。会议建议，牢固树立经济审判工作为改革、发展和稳定服务的思想，增强为“三大任务”服务的主动性和自觉性；积极受理各类经济案件，充分发挥审判职能作用；坚持审判和服务并举，积极参与社会经济活动的综合治理；贯彻“依法治院”“依法治警”的方针，加强经济审判队伍建设。

关于《反不正当竞争法》贯彻执行情况的审议意见 1994年11月30日，梁山县十三届人大常委会第十三次会议听取审议县工商物价行政管理局副局长刘金雨受县政府委托所作《关于＜中华人民共和国反不正当竞争法＞贯彻执行情况的汇报》。会议建议，进一步广泛深入地进行《中华人民共和国反不正竞争法》的学习宣传工作，使全民的公平竞争意识、依法经营思想进一步提高。加强对不正当竞争行为的监督检查，促进各项经营活动的健康发展。进一步加强执法队伍建设，不断提高执法人员的政治素质、业务素质和执法水平。

关于打击经济犯罪工作情况的审议意见 1994年11月30日，梁山县十三届人大常委会第十三次会议听取审议县人民检察院检察长李文汉所作关于打击经济犯罪工作情况的汇报。会议建议，加强思想教育，进一步搞好宣传发动，使各级干部特别是领导干部深刻认识打击经济犯罪对改革、发展、稳定的促进作用；切实加强领导，积极开展好打击经济犯罪的斗争。

关于《统计法》贯彻执行情况的审议意见 1995年3月29日，梁山县十三届人大常委会第十六次会议听取审议县统计局局长刘汝平受县政府委托所作《关于〈中华人民共和国统计法〉贯彻执行情况的汇报》。会议建议，继续广泛深入地学习宣传《中华人民共和国统计法》，真正做到依法办统计；强化统计基层基础工作，加强统计网络建设；加强执法监督力量，建立健全统计工作制度；强化统计队伍素质，提高统计工作质量。

关于县工业企业生产经营管理及效益情况的

审议意见 1995年3月29日，梁山县十三届人大常委会第十六次会议听取审议县经贸委主任王洪伦受县政府委托所作《关于县工业企业生产经营管理及效益情况的汇报》。会议认为：县政府及主管部门以提高经济效益为中心，不断强化对经济工作的领导，深化企业改革，强化企业管理，深入开展“双增双节”“扭亏增盈”工作，取得一定成效，工业企业出现较好的发展势头。但是工业企业的生产经营管理仍存在不少困难和问题，管理滞后、企业活力不强、经济效益低的问题还没有从根本上好转。会议建议，要着眼于提高企业整体素质，着眼于提高经济效益，深入开展“转机制、抓管理、练内功、增效益”活动，进一步抓好“双增双节”、“扭亏增盈”工作。要大力推进技术进步，集中资金搞好技术改造，以高水平的生产、高质量的产品赢得市场竞争力，求得企业的发展。要强化企业领导班子建设，为企业生产经营创造良好条件，推动全县工业企业发展上一个新台阶。

贯彻实施《消费者权益保护法》打击假冒伪劣商品情况的审议意见 1995年7月28日，梁山县十三届人大常委会第十八次会议听取审议县工商物价行政管理局局长高承坤受县政府委托所作《关于贯彻实施〈中华人民共和国消费者权益保护法〉及打击假冒伪劣商品情况的汇报》。会议建议，继续搞好宣传教育，提高贯彻执行《中华人民共和国消费者权益保护法》的自觉性。认真贯彻执行《中华人民共和国消费者权益保护法》，切实维护消费者的合法权益。

关于交通管理与公路建设情况的审议意见 1995年7月28日，梁山县十三届人大常委会第十八次会议听取县交通局局长王水利受县政府委托所作《交通管理与公路建设情况汇报》。会议认为，县政府及有关部门认真贯彻落实交通法规，对公路的修建与养护、运输市场的管理、养路费征收、治理公路“三乱”等方面，做了大量工作，取得显著成绩。但一些问题还不同程度地存在。会议建议，县政府及交通、公路部门要进一步贯彻落实有关交通法规，使“公路通、百业兴”“要想富、先修路”的道理成为全县上下的共识；按照“人民公路人民建”的原则，充分发挥国家、集体和个人的积极性，动员全县人民自觉支持、积极参与公路建设和管理；搞好规划，加快公路建设步伐；强化措施，努力提高公路建设质量；强化机制，提高交通管理水平。

关于贯彻实施《预算法》及1995年上半年国民经济、社会发展计划、财政预算执行情况报告的审议意见 1995年7月28日，梁山县十三届人大常委会第十八次会议听取审议县计划委员会主任毛允海、县财政局局长刘东升受县政府委托所作《关于梁山县1995年上半年国民经济和社会发展计划执行情况的报告》《关于梁山县1995年上半年财政预算执行情况的报告》。会议认为，县政府及有关部门认真组织学习宣传和贯彻实施《中华人民共和国预算法》，做了不少工作，取得明显的效果。上半年全县国民经济和社会发展计划及财政预算的情况是好的，科技教育等各项社会事业又有新的发展。会议提出：继续强化农业和农村工作，夺取全年农业大丰收；加强对农业的投入，增强农业发展后劲；增强企业活力，实现工业生产的新突破；深化流通体制改革，加快第三产业和私营企业的发展；坚持依法理财，增加财政收入，努力实现全年财政收支平衡。

关于《劳动法》贯彻实施情况的审议意见 1995年9月29日，梁山县十三届人大常委会第十九次会议听取审议县劳动局局长许安民受县政府委托所作的《关于〈中华人民共和国劳动法〉贯彻实施情况的汇报》。会议认为，县政府及有关部门贯彻实施《中华人民共和国劳动法》，在全面建立劳动合同制、做好劳动就业、推进社会保障制度改革、落实企业自主权、强化劳动安全监察等方面做了大量工作，取得较好成效。但《中华人民共和国劳动法》的宣传贯彻不够广泛深入，劳动制度改革力度不大，失业率偏高，就业形势严峻，有些企业劳动者的合法权益得不到保障。会议提出如下意见：要进一步搞好《中华人民共和国劳动法》的宣传，保护劳动者的合法权益，最大限度解决就业问题。认真开展劳动监察，搞好企业职工社会保障工作，按政策规定及时发放退休金。加强劳动管理队伍自身建设，努力提高劳动管理人员素质，努力开创劳动工作的新局面。

关于全县社会治安工作情况的审议意见 1995年9月29日，梁山县十三届人大常委会第十九次会议听取审议县公安局局长高思祯受县政府委托所作《关于全县社会治安工作情况的汇报》。会议提出以下意见：强化领导，切实做好稳定大局的工作。深化严打斗争，严厉打击刑事犯罪活动。加强治安管理措施，加强基层基础工作，搞好社会治安综合治理。继续加强公安队伍建设，努力提高公安干警的素质。

关于民事审判工作情况的审议意见 1995年9月29日，梁山县十三届人大常委会第十九次会议听取审议县人民法院院长宋声武所作《关于民事审判工作情况的汇报》。会议提出以下意见：深化审判方式改革，完善民事审判体制，整顿规范审判秩序，增加审判活动的公开性和透明度。发挥审判职能作用，加大审判工作力度，依法慎重审理各类民事案件，妥善处理好各种纠纷案件。认真研究解决民事案件判决生效后的善后工作，对于依法审理判决、生效执行的案件，依照法律严格执行，确保当事人的合法权益。不断加强民事审判队伍建设，树立良好的职业道德和办案作风，确保办案质量和办案效率。

关于《审计法》贯彻实施情况的审议意见 1995年11月29日，梁山县十三届人大常委会第二十次会议听取审议县审计局局长叶蔚受县政府委托所作关于《中华人民共和国审计法》贯彻实施情况的汇报。会议建议，要进一步广泛深入地进行《中华人民共和国审计法》的学习宣传，不断改善执法环境；进一步加大执法力度，切实维护法律的严肃性。进一步加强对审计工作的领导，搞好审计体系建设。

关于“一法一条例”贯彻执行情况的审议意见 1996年3月29日，梁山县十三届人大常委会第二十二次会议听取审议县科委主任李文敬受县政府委托所作《关于＜中华人民共和国科技进步法＞＜中华人民共和国科技进步条例＞贯彻执行情况的汇报》。会议认为，县政府及主管部门认真贯彻实施“一法一条例”，积极推进科技进步，科技进步对经济增长的贡献份额有了明显提高。但在“一法一条例”的贯彻实施中仍存在着不容忽视的问题，科技体系不健全、科技投入少、科技成果转化率低等问题依然存在。会议建议，广泛深入地进行“一法一条例”的学习宣传，进一步提高广大干部群众的科技首位意识，强化科学技术是第一生产力的观念。加大科技投入，保障科技经费的落实，提高科技经费投入的总体水平，下力抓好科学技术研究和科技成果的推广应用。加强科技队伍建设，认真落实编制、人员、经费，充分调动科技人员的积极性。加强对科技工作的领导，研究制订强有力的政策激励机制，加强对全县科技工作的指导和服务，全力支持科技工作的发展。

关于梁山县第十三届人大四次会议代表建议、批评和意见办理情况的审议意见 1996年5月30日，梁山县十三届人大常委会第二十三次会议听取审议常务副县长高太平代表县政府所作《关于梁山县第十三届人大四次会议代表建议、批评和意见办理情况的报告》。会议认为：县政府在办理县十三届人大四次会议代表建议中，由于领导重视、措施得力、任务明确、时限具体、程序严格，到5月上旬，62件建议全部办理完毕，做到件件有着落，事事有回音。但也存在一些问题和不足，对一些难点问题的办理措施不够得力，个别单位存有被动应付现象等。会议建议，进一步提高对办理代表建议重要性的认识，要抓住那些影响全局牵动全县人民群众敏感的建议不放松，把代表建议办理真正落到实处。县政府要采取有效措施，严格按照《条例》规定，控制农民负担总量，切实把农民负担减下来。同时还要把医德医风整顿、中小学校收费管理、婚姻登记收费问题提到议事日程，抓紧抓好，抓出成效。

关于湖区涝洼沼泽地综合开发改造情况的审议意见 1996年5月30日，梁山县十三届人大常委会第二十三次会议听取审议县水产服务中心主任丁继香受县政府委托所作《关于湖区涝洼沼泽地综合开发改造情况的汇报》。会议建议，县政府要把湖区涝洼地综合开发改造工作列入农业及农村经济工作的重要位置，进一步充分发挥各职能部门的作用，保证在规定的时间内高质量地完成开发治理任务。搞好湖区涝洼地开发改造宣传工作，取得各方面的重视和支持，调动干部群众的积极性。县里制定的各项优惠政策要及时兑现，并逐步完善奖惩制约机制。搞好科学规划，拓宽筹资渠道，加快治理进度。

关于梁山县1995年财政预算执行情况审计工作的审议意见 1996年5月30日，梁山县十三届人大常委会第二十三次会议听取审议县审计局局长叶蔚受县政府委托所作《关于梁山县1995年财政预算执行情况的审计工作报告》。会议建议，加强对预算执行工作的领导，及时发现和解决工作中存在的实际困难和问题。严格执行预算法、税法、会计法、审计法等有关法律法规，严肃查处各种违法违纪行为。下力抓好整个财税执法队伍的政治业务学习培训，不断提高全体执法人员自身的政治素质和业务水平。

关于1996年上半年国民经济和社会发展计划及财政预算执行情况的审议意见 1996年7月30日，梁山县十三届人大常委会第二十四次会议听取审议县计划委员会主任毛允海、县财政局局长刘东升受县政府委托，分别作的《关于1996年上半年国民经济和社会发展计划执行情况的汇报》《关于1996年上半年财政预算执行情况的汇报》。会议建议，进一步加强农业和农村工作，坚持把农业放在整个经济工作的首位，狠抓科教兴农，发展农业产业化经营，搞好农业综合开发，努力提高农业综合效益。深化工业体制改革，强化企业内部管理，全面提高工业经济运行质量和效益。加快市场建设，大力发展商贸流通和外向型经济。坚持依法理财治税，努力增加财政收入，严格控制财政支出，确保全年收支平衡，努力完成全年预算任务。

关于贯彻实施《教育法》情况的审议意见 1996年7月30日，梁山县十三届人大常委会第二十四次会议听取审议县教委主任谭尊勇受县政府委托所作《关于贯彻实施〈中华人民共和国教育法〉情况的汇报》。会议建议，继续认真搞好《中华人民共和国教育法》的学习宣传工作，认真贯彻落实《中华人民共和国教育法》各项规定，加强教师队伍建设，管好用好建校集资，使全县教育水平再上一个新台阶。

关于法纪检察工作情况的审议意见 1997年4月24日，梁山县十三届人大常委会第二十九次会议听取审议县人民检察院副检察长王宜福所作《关于法纪检察工作情况的汇报》。会议建议，进一步提高思想认识，切实加强对法纪检察工作的领导，自觉接受县委和上级检察院的领导及人大监督，积极争取各方面的支持，保证案件的查处得以顺利进行。加大法纪检察力度，紧紧围绕群众比较关心、社会反映强烈、影响范围较广的“热点”“难点”问题，集中力量突破一批大案要案，最大限度地发挥法纪检察职能作用。全面强化案件预防工作，使法纪检察工作取得更好的社会效果。坚持从严治检的方针，切实加强干警的思想政治建设和廉政建设，推动法纪检察工作再上新台阶。

关于1996年本级财政预算执行情况审计报告的审议意见 1997年4月24日，梁山县十三届人大常委会第二十九次会议听取审议县审计局局长叶蔚受县政府委托所作《关于梁山县1996年本级财政预算执行情况的审计工作报告》会议建议，进一步加强财政法律法规的学习宣传，不断增强法律意识。严格执行《中华人民共和国预算法》，严肃查纠违法违纪行为。加大审计监督工作力度，充分发挥审计监督职能作用。加强财政审计执法队伍建设，努力创造良好的执法环境。

关于减轻农民负担情况的审议意见 1997年6月29日，梁山县十三届人大常委会第三十次会议听取审议县农业局副局长唐玉龙受县政府委托所作《关于梁山县1997年减轻农民负担工作进展情况的汇报》。会议建议，进一步开展减轻农民负担的宣传，进一步提高对减轻农民负担工作的认识，切实管好用好乡统筹村提留资金，建立健全监督约束机制，形成齐抓共管的合力，共同做好减轻农民负担工作。要千方百计发展乡镇企业，切实严格控制乡镇机构编制，严格禁止强行摊派行为，停止一切由农民出资的达标活动，从根本上减轻农民负担。

十四届人大常委会审议

关于贯彻实施《中华人民共和国刑事诉讼法》情况的审议意见 1998年9月30日，梁山县十四届人大常委会第七次会议听取审议县人民法院副院长仲维功、县人民检察院检察长李文汉分别所作《关于贯彻实施刑事诉讼法情况的汇报》，以及县公安局局长王学全、县司法局局长邓兆俊受县政府委托，分别所作《关于贯彻实施刑事诉讼法情况的汇报》。会议认为，法、检两院及公安、司法等部门从抓学习宣传和教育培训入手，并在施行刑事诉讼法过程中加强配合，相互协调，认真履行各自职责，保证刑事诉讼法的顺利实施，实现了施行刑事诉讼法的良好开端。但是由于修正后的刑事诉讼法实施时间较短，一些配套的实施细则和司法解释跟不上，操作起来难度较大；调查取证难的问题较为突出，对准确认定罪与非罪带来一定困难；部分干警和有关部门的观念转变较慢；执法不到位。为全面施行刑事诉讼法，会议建议，继续广泛深入地学习宣传刑事诉讼法，全面实施刑事诉讼法，进一步加强司法队伍自身建设，切实解决司法机关的实际困难。

关于贯彻实施《中华人民共和国教育法》情况的审议意见 1998年9月30日，梁山县十四届人大常委会第七次会议听取审议县教委主任姜广生受县政府委托所作《关于贯彻实施〈中华人民共和国教育法〉情况的汇报》。会议认为，《中华人民共和国教育法》颁布以来，县政府及有关部门在强化政府统筹职能、推动教育改革和发展方面做了大量工作，取得明显成效，教学质量逐步提高，办学条件不断改善，教师队伍建设有所加强。但是，《中华人民共和国教育法》的宣传不够深入广泛，力度不够；教育投入不足，应该付给教育的资金不能及时足额拨付；个别单位领导认识不足，没有真正把教育摆上重要日程，不能落实教育优先发展的战略地位，“普九”工作进展缓慢；有些学校办学条件较差，内部管理不规范等。会议建议，进一步提高认识，强化措施，加大宣传力度；狠抓教师队伍建设，提高教师素质，逐步改善教师的待遇和住房条件，充分调动他们的教学积极性；加大教育投入力度，保证国家财政性教育经费支出占国民生产总值的比例逐年提高，把应该拨付给教育的资金足额拨付。

关于《中华人民共和国土地管理法》贯彻执行情况的审议意见 1998年11月27日，梁山县十四届人大常委会第八次会议听取审议土管局副局长刑耀亭受县政府委托所作关于《中华人民共和国土地管理法》贯彻执行情况的汇报。会议认为，县政府重视土地管理工作，各项基础业务工作得到加强；建立完善县、乡土地管理机构，制订土地管理规章制度；强化土地管理执法监察工作；执法意识有所增强，乱占滥用土地的现象逐步减少。但是，对土地管理法律法规的宣传教育力度还不够，干部群众特别是有些领导干部的国土观念和忧患意识比较淡薄；依法管理土地不够严格，有法不依，执法不严，违法不究的现象依然存在；以言代法，以情代法，不批先用，零批整用，少批多用的做法还没有得到有效制止；

一些地方乱占耕地和乱用耕地，浪费耕地的问题仍很严重；有些乡镇没有按法律要求制订建设规划；农村宅基建设还存在分散、用地超标的现象。会议提出建议，广泛深入地学习宣传《中华人民共和国土地管理法》，进一步增强保护土地的紧迫感和责任感；严格执行城镇建设规划，使城镇建设和土地利用总体规划协调一致；加大耕地特殊保护措施，确保耕地总量动态平衡；继续抓好土管队伍的思想建设和业务培训，不断提高土管人员的政治素质和执法水平；加强土地监察工作，严肃查处乱占耕地和滥用耕地的违法案件。

关于全县社会治安工作情况的审议意见 1998年11月27日，梁山县十四届人大常委会第八次会议听取审议县公安局局长王学全受县政府委托所作《关于全县社会治安工作情况的汇报》。会议认为，县政府及有关部门坚持以严打斗争为重点，进一步加强和改革公安工作，努力强化治安管理，严密治安防范和控制措施，全县的社会治安工作取得明显成效，刑事案件和治安案件得到有效控制，有力地维护了全县的政治安定和社会稳定。但是，各种潜在的不安定因素依然存在，重大案件有上升势头，农村盗窃现象十分突出，周边接合部位的治安还不够好，社会丑恶现象屡禁不止，基层工作还比较薄弱，干警素质有待进一步提高。会议建议，进一步提高认识，加强对治安工作的领导；强化治安管理，加大打击力度；加强基层基础工作，健全治安防范体系；坚持从严治警，加强公安队伍建设；加大治安投入，确保办案经费。

关于《山东省旅游管理条例》贯彻执行情况的审议意见 1999年3月30日，梁山县十四届人大常委会第十二次会议听取审议县风景名胜区管理委员会主任赵德全受县政府委托所作《关于〈山东省旅游管理条例〉贯彻执行情况的汇报》。会议认为，县政府及主管部门采取有效措施，加大宣传力度，《条例》不断深入人心，全民的风景保护意识不断增强，在强化旅游资源管理、规范旅游经管活动、增加景区建设投入、加快景区建设步伐等方面做了大量工作，取得一定成绩。但是，在贯彻执行《条例》工作中仍存在一些问题，宣传力度不够，全民旅游法制观念淡薄，同时，在加大旅游投入，加强旅游基础设施建设、改善旅游环境等方面缺乏相应的措施；景区周围个别村庄群众还在不断对山体进行蚕食，山体周围的地形、地貌受到不同程度的破坏：景区权属界线划定工作进展缓慢，给景区保护、建设、管理造成许多困难。会议建议，拓宽旅游投入渠道，加快景区建设步伐；规范经营管理，优化旅游环境；进一步加强领导，鼓励和扶持旅游业发展。

关于《中华人民共和国森林法》贯彻执行情况的审议意见 1999年3月30日，梁山县十四届人大常委会第十二次会议听取审议县林业局局长袁怀臣受县政府委托所作关于《中华人民共和国森林法》贯彻执行情况的汇报。会议认为，县政府及有关部门坚持依法治林，依法兴林，依法护林，全县的林业生产逐步纳入法制化轨道。同时，进一步加强领导，强化措施，大力开展植树造林活动，全县的林业工作取得显著成绩。但是，全县林业生产发展很不平衡；个别乡镇和部门对贯彻《中华人民共和国森林法》重视不够，措施不力；全县林业改制工作进展缓慢，不能很好地适应市场经济的要求；林业执法队伍不健全，执法难度大：旅游景区和城区绿化发展缓慢；经济林管理粗放，经济效益差。会议建议，加大对《中华人民共和国森林法》的宣传力度，进一步增强全民的绿化意识；加快林业改制步伐，稳定完善林业政策，促进林业生产发展；增加林业科技含量，提高林果经济效益；加强林政建设，坚持依法治林；进一步提高认识，加强对林业工作的领导。

关于1999年上半年国民经济和社会发展计划及财政预算执行情况的审议意见 1999年7月28日，梁山县十四届人大常委会第十四次会议听取审议县计划委员会主任高建国、县财政局副局长刘东升受县政府委托，分别所作《关于梁山县1999年上半年国民经济和社会发展计划执行情况的汇报》《关于1999年上半年财政预算执行情况的汇报》。会议认为，县政府认真贯彻中央、省市经济工作会议精神，正确处理改革、发展和稳定的关系，认真落实县十四届人大二次会议提出的各项任务，做了大量工作，国民经济和各项社会事业均有一定发展，计划及财政预算执行情况基本正常。但是，整体经济运行质量不高；农业产业化程度较低，产品结构调整缓慢；企业改制力度不大，财政形势十分严峻，完成全年国民经济计划和财政预算任务相当艰巨。会议建议，进一步加强农业和农村工作；深化企业改革，努力提高经济运行质量；依法加强税收征管，严格预算约束，努力实现财政预算任务，确保财政收支平衡

关于农村财务管理及农村合作基金会清理整顿情况的审议意见 1999年7月28日，梁山县十四届人大常委会第十四次会议听取审议县农业局局长杨绍建受县政府委托所作《关于全县农村财务管理及农村合作基金会治理整顿情况的汇报》。会议认为，县政府及主管部门加强对农村财务和农村基金会的领导，积极推行村级财务公开，民主管理，重点抓好建账建制，全面实施农村财务“双代管”，强化审计监督，认真搞好清产核资，对全县农村合作基金会进行全面的清理整顿，做了大量的工作，促进农村的稳定和经济的发展。但是，一些乡村干部对实行财务公开和民主管理的意义认识不足，缺乏搞好农村财务管理工作的责任感、紧迫感；部分村财务公开的项目不全、内容不细，效果较差；有的乡对村财务管理监督不力，财务管理混乱；农村基金会的管理工作还存在不少问题；农经队伍力量薄弱，有些村会计人员业务素质不高。会议建议，进一步提高认识，加强对农村财务管理工作的领导；建立健全管理制度和民主理财组织，规范农村财务管理工作；切实推行财务公开，努力把“双代管”落到实处；加强农经队伍建设，搞好农村财会人员培训；高度重视，加强领导，认真搞好农村合作基金会的清理整顿工作。

关于全县社会治安工作情况的审议意见 1999年11月25日，梁山县十四届人大常委会第十七次会议听取审议县公安局政委陈启明受县政府委托所作《关于全县社会治安工作情况的汇报》。会议认为，县政府及有关部门以加强基层基础建设为主线，以严打斗争为重点，认真贯彻“打防并举、预防为主”的工作方针，进一步加强和改革公安工作，努力强化治安管理，加强治安防范和控制措施，全县的社会治安工作取得明显成效。但是，各种潜在的不安定因素依然存在；城乡盗窃现象十分突出，某些地方相当严重；基层基础工作较为薄弱；干警素质有待于进一步提高。会议建议，进一步提高认识，切实加强对治安工作的领导；努力强化基层基础工作，健全治安防范机制；始终突出严打斗争，努力强化治安管理；继续坚持从严治警，大力加强队伍建设。

关于贯彻执行《山东省农作物种子管理条例》情况的审议意见 2000年6月30日，梁山县十四届人大常委会第二十二次会议听取审议县农业局局长杨绍建受县政府委托所作《关于贯彻执行〈山东省农作物种子管理条例〉情况的汇报》。会议认为，县政府及农业主管部门加强对《条例》的学习宣传，加大对农作物种子的经营管理措施，在良种繁育、引进、示范、推广和种子产业化等方面做了大量工作，良种覆盖率和种子对农业增产增效的贡献率逐步提高。但是，对《条例》的宣传还不够广泛深入，一些单位和个人法律意识淡薄；种子市场管理力度不够，无证经营种子和制售假冒伪劣种子的现象时有发生；种子选育、审定、检疫和检验工作的基础设施比较薄弱，良种推广服务体系不够健全，种子经营管理体制不够理顺。会议建议，加大对《条例》的学习宣传力度，进一步增强全社会的种子法制意识；切实加强对种子的经营管理，依法规范种子市场；围

绕农业种植结构调整，大力繁育、引进优良品种；立足于提高农业效益，切实强化服务功能；进一步加强对种子管理工作的领导，理顺种子经营管理体制。

关于全县市场管理工作实施情况的审议意见 2000年6月30日，梁山县十四届人大常委会第二十二次会议听取审议工商局局长董茂华受县政府委托所作《关于全县市场管理工作实施情况的汇报》。会议认为，县政府及职能部门围绕实施“商贸兴城、商贸兴县”战略，认真做好市场管理工作，市场建设有了较大发展，市场管理取得一定成效，对于拓宽商贸流通渠道，发展第三产业，方便群众生活，振兴梁山经济，发挥了重要作用。但是，全县市场建设和管理的现状同经济发展的实际需要还不适应，市场在建设规模、功能、布局和管理、服务等方面还存在一些问题，如市场整体规模小，辐射范围小，设施简陋，卫生状况差，市场管理水平和服务质量不高，市场环境还有待进一步优化等。会议建议，要进一步解放思想，提高认识，加强对市场建设和管理的领导；突出重点，科学论证，搞好市场规划和建设；依法强化市场监督，搞好市场管理服务。

关于梁山县2000年上半年国民经济和社会发展计划执行情况的审议意见 2000年8月16日，梁山县十四届人大常委会第二十四次会议听取审议县计划委员会主任高建国、县财政局局长刘东升受县政府委托分别所作《关于梁山县2000年上半年国民经济和社会发展计划执行情况的汇报》《关于2000年上半年财政预算执行情况的汇报》。会议认为，县政府突出企业改革与发展、农村经济结构调整、个体私营经济三项工作重点，着力实施培植支柱、盘活存量、发展个体私营经济，优化环境、招商引资五个突破，全县经济呈现出良好的发展态势，社会各项事业稳步推进，财政预算执行情况基本正常。但是，农业生产水平不高，农业结构调整步子不大，农民收入增长减缓；企业改革力度不够，改制不规范、不到位、转制不彻底的问题仍然突出；固定资产投资结构不合理，产业性投入不足；财政收入增长的基础不稳，税收征管中还存在薄弱环节，财政收支结构不合理，收支压力大，形势仍然较为严峻。会议建议，进一步加强农业和农村工作，千方百计增加农民收入；进一步深化企业改革，努力提高经济运行质量；严格预算管理，努力实现全年财政收支预算平衡。

关于当前全县社会治安工作情况的审议意见 2000年8月16日，梁山县十四届人大常委会第二十四次会议听取审议县公安局局长王学全受县政府委托所作《关于当前全县社会治安工作情况的汇报》。会议认为，县政府及有关部门以“打邪制非”为重点，以创满为目标，按照“抓班子、带队伍、促工作、树形象、创一流”的工作思路，认真贯彻“打防并举，预防为主”的工作方针，努力强化治安管理，严密治安防范和控制措施，全县的社会治安工作取得明显成效。但是，各种潜在的不安定因素依然存在，某些方面还相当严重，打击盗窃专项集中活动虽然取得阶段性成果，但农村和城区盗窃甚至抢劫案件还十分突出；社会丑恶现象还没有得到有效遏制；基层基础工作较为薄弱，干警素质有待于进一步提高。会议建议，进一步提高认识，切实加强对治安工作的领导；坚持严打斗争，努力强化治安管理；继续坚持从严治警，搞好队伍建设。

关于工业企业情况的审议意见 2000年10月19日，梁山县十四届人大常委会第二十六次会议听取审议县经委主任蔡建民受县政府委托所作《关于工业企业情况的汇报》。会议认为，县政府及主管部门加强对工业经济工作的组织领导，深化企业改革，盘活存量资产，强化企业管理，推进企业技术进步，工业企业生产经营情况逐步好转。但是，工业经济增长的速度和效益仍不理想，企业发展不平衡，支撑企业经济快速增长的基础仍不稳固；企业改革不到位、改制不规范的问题比较突出；企业债务包袱沉重，资金普遍短缺，开工不足，产品结构调整不快，技改难度加大；企业发展环境不优，“三乱五霸”干扰严重，外部环境有待进一步改善和优化。会议建议，进一步解放思想，继续深化企业改革；加快产品结构调整步伐，大力推进技术进步，加强领导，强化规划、服务和协调工作。

关于贯彻执行《山东省计划生育条例》情况的审议意见 2000年10月19日，梁山县十四届人大常委会第二十六次会议听取审议县计划生育委员会主任陈丕英受县政府委托所作《关于贯彻执行〈山东省计划生育条例〉情况的汇报》。会议认为，县政府及主管部门加强对《条例》的学习、宣传和贯彻落实，不断强化领导责任，改进各项管理措施，完善宣传教育、依法行政、综合服务统一的管理机制，全县人口增长得到有效控制，计划生育工作取得较为显著的成绩。但是，宣传教育不够广泛深入，全民的计划生育意识和婚育意识有待进一步增强；各级领导特别是基层领导的认识水平有待进一步提高；计划生育科技意识、服务意识淡薄，硬件建设标准较低，软件管理不够规范；流动人口和下岗职工管理薄弱；村级计划生育组织作用不能正常发挥；计生政策在有些地方未能落到实处，奖惩措施不到位。会议建议，进一步提高认识，增强计划生育是基本国策意识；进一步深化宣传、教育，逐步转变群众婚育观念；进一步强化和完善人口目标责任考核机制，加强综合治理，有效解决流动人口和下岗职工的计生管理问题；进一步挖掘和启动级计划生育工作的潜力和活力，调动其积极性，使计生工作有机高效运转；加强计生队伍建设，提高计生执法水平；切实加大对计生工作的资金投入，强化基础服务功能。

关于行政审判工作情况的审议意见 2000年11月23日，梁山县十四届人大常委会第二十七次会议听取审议县法院副院长仲维功所作《关于行政审判工作情况的汇报》。会议认为，县法院认真贯彻执行《中华人民共和国行政诉讼法》，积极发挥行政审判职能作用，不断推进审判方式改革，切实加强队伍建设，注重改善执法环境，依法审理执行了一大批行政诉讼案件和非诉案件，维护了公民、法人和其他组织的合法权益以及行政机关的合法行政行为，促进了经济发展和社会稳定。但是，对《中华人民共和国行政诉讼法》的学习宣传还不够广泛深入，部分群众的法律保护意识和少数行政致执法机关的依法行政观念还比较淡薄；行政审判工作中执法不严的现象仍然存在，办案效率和质量受到一定影响；执法环境有待于进一步改善。会议建议，进一步抓好对《行政诉讼法》的学习宣传；坚持公正司法，促进行政审判工作的健康发展；坚持依法行政，为行政审判工作创造良好的环境。

关于实施《山东省司法工作人员违法办案责任追究条例》情况的审议意见 2000年12月29日，梁山县十四届人大常委会第二十八次会议听取审议县人民检察院副检察长谭守玉所作《关于实施〈山东省司法工作人员违法办案责任追究条例〉情况的汇报》。会议认为，县人民检察院认真组织干警学习《条例》，紧密联系工作实际，不断加大教育、监督和管理力度，逐步强化检察干警依法、文明办案意识；依法规范办案程序，自觉接受人大监督，并进一步加强对其他司法机关的法律监督，较好地保证了《条例》的贯彻实施。但是，学习还不够深入，领会还不够全面，向社会宣传不够广泛；检察机关执法监督的力度不大，内部监督机制还不够完善；司法机关之间有些法律界限问题的认识还不够统一，影响了《条例》的贯彻实施。会议建议，检察机关要进一步加强对干警的教育培训，组织检察干警深入学习《条例》和有关法律法规，熟悉和掌握各项规定，进一步提高干警的执法意识和水平；不断加强检察机关的监察体系建设，健全和完善内部监督制约机制，强化监督力度，防止干警违法办案现象的发生，对违法办案人员依照法律和《条例》规定坚决予以追究；司法机关要进一步深入学习和宣传《条例》。

关于《中华人民共和国土地管理法》贯彻执行情况的审议意见 2000年12月29日，梁山县十四届人大常委会第二十八次会议听取审议县土矿局局长王爱民受县政府委托所作《关于〈中华人民共和国土地管理法〉贯彻执行情况的汇报》。会议认为，县政府及土矿局广泛深入地宣传贯彻《中华人民共和国土地管理法》，土地管理基本国策更加深入人心，收到较好社会效果；采取切实可行的措施，规范用地行为，控制用地规模；积极做好监察信访工作，依法维护全县土地管理秩序，全县土地管理工作取得较大成效。但是，部分人基本国策意识差，法制观念淡薄，随意用地乱占滥用耕地的现象十分严重；经济建设用地有待进一步规范；城区国有土地疏于管理，造成部分国有资产流失；农村宅基地执行规划不力，乱占、乱建现象比较普遍，乡镇土管所人员少、力量弱，未能充分发挥作用，影响土地行政执法工作的开展。会议建议，强化宣传力度，提高干部群众执行基本国策的自觉性；严格土地管理，科学制定实施土地利用总体规划；加强队伍建设，进一步提高政治业务素质和执法水平；加大执法力度，严格依法行政。

关于贯彻实施《中华人民共和国教育法》情况的审议意见 2001年5月18日，梁山县十四届人大常委会第三十二次会议听取审议县教委主任姜广生受县政府委托所作《关于贯彻实施〈中华人民共和国教育法〉情况的汇报》。会议认为，县政府及主管部门认真宣传贯彻《中华人民共和国教育法》，坚持教育优先发展战略，在深化教育体制改革，实施素质教育，加强教师队伍建设，提高教育质量，增加教育投入，巩固“两基”成果等方面，做了大量工作，取得明显成效，全县教育事业得到了较快发展。但是，学习宣传还不够广泛深入，教育资源配置不够合理，教育投入与教育发展的需求矛盾仍比较突出，拖欠教师工资问题仍然存在，农村中小学生辍学现象比较严重，推进素质教育的力度不够，教育体制改革需要进一步深化。会议建议，继续加大《教育法》的宣传贯彻力度，切实加强对教育工作的领导；不断深化教育改革，全面实施素质教育；进一步加强教师队伍建设，切实维护教师的合法权益；进一步解放思想，转变观念，积极鼓励和支持社会力量以多种形式办学，满足人民日益增长的教育需求；依法加大教育投入，进一步改善办学条件。

关于全县农业结构调整工作情况的审议意见 2001年5月18日，梁山县十四届人大常委会第三十二次会议听取审议县农委主任张振来受县政府委托所作《关于全县农业结构调整工作情况的汇报》。会议认为，县政府紧紧围绕农业结构调整，立足本县实际，在稳定粮食生产的同时，扩大经济作物的种植，经济效益进一步提高，大力推进农业产业化进程，农业生产条件得到改善，农业和农村经济工作取得一定成绩。但是，农业结构调整步伐不快，农业主导产业的格局还没有真正形成，农民收入增长缓慢；农业产业化水平不高，二、三产业占农业总收入的比重偏低；农业科技含量低，农业科技人员作用发挥不够；农业投入不足，农业缺乏发展后劲；为农服务意识差，农业社会化服务水平低。会议建议，解放思想，开拓创新，深化农业改革；加快农业产业化步伐，促进农业增产、农民增收；加大科技兴农力度，充分发挥农业科技人员的作用；认真落实农村政策，营造良好的农业和农村经济发展环境；加强领导，强化服务，为农业结构调整提供可靠保障。

关于全县民营经济发展情况的审议意见 2001年5月18日，梁山县十四届人大常委会第三十二次会议听取审议县民营经济发展局局长丁景泉受县政府委托所作《关于全县民营经济发展情况的汇报》。会议认为，全县各级政府及有关部门坚持“三个有利于”标准，进一步解放思想，放开搞活，努力优化经济发展环境，广泛招商引资，积极鼓励支持兴办民营企业，促进了全县民营经济的快速健康发展。但是，民营经济发展很不平衡，乡镇之间差距较大；“吃拿卡要”和“三乱”问题仍较为突出，经济发展环境亟须进一步改善；招商引资力度还不够大，效果不很明显；有些政策措施落实不到位，一些部门服务意识淡薄；载体建设规模小、功能弱，仍不能适应民营经济快速发展的要求。会议建议，进一步解放思想、转变观念，积极营造发展民营经济的浓厚氛围；努力增强服务意识，进一步优化经济发展环境；加大招商引资力度，切实巩固招商成果；切实加强组织协调，认真落实各项政策；积极加快载体建设，促进经济全面快速发展。

关于2001年上半年国民经济和社会发展计划及财政预算执行情况的审议意见 2001年7月31日，梁山县十四届人大常委会第三十三次会议听取审议县计划委员会主任高建国、县财政局局长刘东升受县政府委托分别所作《关于梁山县2001年上半年国民经济和社会发展计划执行情况的汇报》《关于2001年上半年财政预算执行情况的汇报》。会议认为，今年以来，县政府狠抓民营经济发展、企业改革与发展、农村经济结构调整、招商引资等几项重点工作，注重培育新的经济增长点，全县国民经济和社会各项事业保持较好的发展态势，经济运行质量进一步提高，财政预算执行情况基本正常。但是，农业生产水平不高，农业结构调整进展不快，农民收入增长减缓；企业改革改制还有待深化，机制性、结构性矛盾依然突出；经济发展环境还不够优化，“三乱”问题仍不同程度地存在；税收征管中还存在薄弱环节，财政增长缓慢，收支压力大，财政形势不容乐观。会议建议，加大农业结构调整力度，千方百计增加农民收入；加大企业改革力度，努力提高工业经济运行质量；进一步优化经济发展环境，加速民营经济发展；加强旅游基础设施和景区建设，积极推进旅游兴县战略的实施；严格依法理财治税，努力完成全年财政预算任务。

关于城市经济工作情况的审议意见 2001年9月29日，梁山县十四届人大常委会第三十五次会议听取审议县经委主任蔡建民受县政府委托所作《关于城市经济工作情况的汇报》，重点审议县属工业企业的运营情况。会议认为，县政府及主管部门坚持以提高经济运行质量和效益为中心，突出改革、调整、创新、管理工作重点，盘活存量资产，推进企业技术进步，培植支柱企业和新的经济增长点，城市经济工作取得一定成绩。但是，经济增长质量不高，企业发展不平衡；企业改革力度不大，进展不快；已改制企业还没有按现代企业制度的要求进行运作；企业债务负担沉重，资金普遍短缺；技改投入不足，产品结构调整不快；企业发展环境不优，内外环境有待进一步改善和优化。会议建议，继续解放思想，深化企业改革；加快结构调整步伐，大力推进技术进步；加强领导，强化服务和协调工作。

关于民事审判工作情况的审议意见 2001年9月29日，梁山县十四届人大常委会第三十五次会议听取审议县人民法院院长袁存力所作《关于民事审判工作情况的汇报》。会议认为，近年来，县人民法院充分发挥民事审判的职能作用，积极推进民事审判方式改革，依法审理了一大批民事案件，同时，认真开展“一教育三整顿”活动，进步强化审判队伍建设，狠抓严肃执法，努力提高整体执法水平，为保障全县的改革、发展和稳定作出了积极贡献。但是，个别干警素质不高，不注重案件质量和办案效果；个别案件执法不严、办案不公、超期审理；有的案件还存在一些遗留问题；有些民事案件的执行力度不够，致使当事人的合法权益不能得到及时有效地保护；执法环境有待进一步改善。会议建议，进一步提高对民事审判工作重要性的认识，切实加强领导；继续强化自身建设，努力提高队伍整体素质；要进一步改善审判条件，努力创造良好的司法环境。

关于畜牧工作情况的审议意见 2001年11月29日，梁山县十四届人大常委会第三十六次会议听取审议县畜牧局局长贾祥福受县政府委托所作《关于畜牧工作情况的汇报》。会议认为，近年来，县政府把发展畜牧业作为调整农业结构、增加农民收入、振兴农村经济的重要举措，适时提出“畜牧兴县”的发展战略，坚持以市场为导向，以科技为动力，以法律为保障，强化措施，狠抓落实，促进了全县畜牧业的快速发展。但是，畜牧业在农业中的比重小；养殖品种与养殖结构不尽合理，产业化程度低；抗御市场价格波动的能力差；资金投入不足；畜牧服务网络不健全；畜牧生产的社会治安环境不优。会议建议，进一步提高思想认识，落实和完善畜牧业发展的各项政策；进一步加大畜牧业结构调整力度；大力推进畜牧产业化进程；加快科技兴牧步伐，提高畜牧业的科技含量；切实加强领导，加大依法治牧力度；狠抓社会治安综合治理，为畜牧生产创造良好的社会环境。

关于查办渎职侵权案件工作情况的审议意见 2001年11月29日，梁山县第十四届人大常委会第三十六次会议听取审议县人民检察院副检察长高贤运受检察长王宜海委托所作《关于查办渎职侵权案件工作情况的汇报》。会议认为，检察机关认真贯彻“公正执法、加强监督、从严治检、服务大局”的工作方针，不断强化措施，坚持打防并举，积极拓宽办案领域，依法查处一批渎职侵权案件，工作取得一定成绩，为保护国家利益和公民的合法权益、稳定社会秩序促进国家机关依法行政和廉政建设发挥了积极作用。但是，对渎职侵权案件的查处力度不够，渎职侵权案件上升的势头还没有得到有效遏制；查办渎职侵权案件干扰多、阻力大；犯罪预防工作还存在薄弱环节；个别办案人员素质不高，与形势任务要求不相适应；队伍装备落后，办案经费不足；有些领导干部和单位对渎职侵权犯罪的危害性和打击此类犯罪的重要性认识不足，执法环境有待进一步改善。会议建议，进一步提高认识，增强查办渎职侵权案件的自觉性；突出办案重点，狠抓办案质量，不断加大查处力度；坚持打防并举，努力做好渎职侵权犯罪的预防工作；进一步加强队伍建设，不断提高执法水平。

关于“打黑除恶”专项斗争情况的审议意见 2001年12月28日，梁山县第十四届人大常委会第三十七次会议听取审议县公安局局长陈启明受县政府委托所作《关于“打黑除恶”专项斗争情况的汇报》。会议认为，县政府及有关部门精心组织，密切配合，强化措施，打掉一批黑恶势力和各类霸头，依法严惩一批严重危害社会治安的犯罪分子，取得明显的阶段性成果，较好地保护了人民群众的生命财产安全，为全县经济的健康发展创造了良好的社会治安环境。但是社会治安形势还不容乐观，个别领导干部和部分干警有麻痹思想和松劲情绪，基层单位基础工作仍有薄弱环节，社会治安综合治理措施落实不够到位。会议建议，进一步加大对“打黑除恶”专项斗争重要性的宣传力度；强化工作措施，坚持严打常打；加强基层基础工作，实行群防群治，综合治理；加强对“打黑除恶”专项斗争的领导；继续加强公安队伍建设。

关于《中华人民共和国森林法》贯彻执行情况的审议意见 2002年3月15日，梁山县十四届人大常委会第三十九次会议听取审议县林业局局长袁怀臣受县政府委托所作《关于中华人民共和国森林法贯彻执行情况的汇报》。会议认为，县政府及有关部门认真宣传贯彻《中华人民共和国森林法》及林业法规，坚持依法治林，进一步加强领导，强化措施，大力开展植树造林活动，全县的林业工作取得明显成绩。但是，对《中华人民共和国森林法》的学习宣传不够广泛深入，部分干部群众的林业法律意识和法制观念不强，林业违法现象时有发生；没有形成林业生产的产业化格局，效益较低；林木管理粗放，森林覆盖率与先进市县相比有不少差距；乡、村之间发展不平衡；林业改制工作不彻底；林业执法难度大，执法环境不优。会议建议，加大对《中华人民共和国森林法》及林业法规的宣传力度，进一步增强全民的林业法制观念和绿化意识；进一步深化林业改革，稳定完善林业政策；下大力气，加快林业产业化进程，提高林业经济效益；加大林业技术推广力度，增加林业科技含量；加强林政建设，坚持依法治林；提高认识，进一步加强对林业工作的领导。

关于县十四届人大五次会议代表建议、批评和意见及县十四届人大三次、四次会议代表议案办理情况汇报的审议意见 2002年5月30日，梁山县十四届人大常委会第四十次会议听取审议县政府办公室主任刘本相受县政府委托所作《关于梁山县十四届人大五次会议代表建议、批评和意见及县十四届人大三次、四次会议代表议案办理情况的报告》。会议认为，县政府重视代表议案、建议、批评和意见办理工作，切实将其作为一件大事来抓，采取“首长负责，建立机构，分头办理，领导把关”的工作方法，建立县长亲自抓，分管县长具体抓，县政府办公室集中精力集中人力、集中时间具体督办的工作机制，并召开县长专题办公会议，听取各承办部门关于办理情况的汇报，研究具体办理措施，协调解决实际问题，严格审阅对代表议案、建议、批评和意见的答复，办理工作进展顺利，办理速度、质量明显提高，较好地完成了大部分办理任务，维护了政府的良好形象。但是，有的同志认识不高，办理不够及时，措施不够有力；有的议案、建议、批评和意见的办理工作任务还相当艰巨，办理工作的力度有待进一步加大等。会议建议，进一步提高对办理工作的认识；强化对办理工作的领导；加大办理工作力度；建立规章，完善制度。

关于2002年上半年国民经济和社会发展计划及财政预算执行情况的审议意见 2002年7月24日，梁山县十四届人大常委会第四十一次会议听取审议县发展计划局局长高建国、县财政局局长刘东升受县政府委托分别所作《关于梁山县2002年上半年国民经济和社会发展计划执行情况的汇报》《关于2002年上半年财政预算执行情况的汇报》。会议认为，全县突出调整农业结构、壮大工业实力、发展民营经济、加快旅游开发、提升城市水平五大工作重点，扎实工作，各项工作取得明显成效，国民经济和社会各项事业呈现出良好的发展态势，经济运行质量进一步提高，财政预算执行基本平稳。但是，经济运行的总体质量仍不够理想，农业结构调整不优，进展不够平衡，农民增收缓慢；企业改革仍面临诸多矛盾和困难，一些涉及改革与发展的深层次矛盾尚未得到很好解决，产权界定、出资人到位、投资主体多元化、完善法人治理结构等项改革措施还没有完全落实到位，经济发展环境有待进一步优化；财政增长的基础比较脆弱，财政压力仍然很大。会议建议，大力推进农业结构调整，努力实现农民增收目标；加大企业改革力度，提高工业经济运行质量；提升民营经济质量档次，促进民营经济快速健康发展；搞好增收节支，努力实现财政收支平衡。

关于破产案件审理情况的审议意见 2002年7月24日，梁山县十四届人大常委会第四十一次会议听取审议县法院副院长戴景春受院长袁存力委托所作《关于破产案件审理情况的汇报》。会议认为，县法院努力探索破产案件审理工作的方法和途径，从维护社会主义市场经济秩序出发，严格执行破产程序和审判规则，审结一批破产案件，为促进全县经济发展，维护债权人、债务人的合法权益和社会稳定，做了大量工作，取得明显成绩。但是，对破产法的宣传力度不够，有的企业干部职工对企业破产存在误解；破产案件中职工安置问题突出，在一定程度上影响了破产案件的审理；新型疑难因素增加，破产案件审理难度加大。会议建议，进一步学习宣传破产法；积极发挥审判职能作用，严格依法审理破产案件；加强对破产案件审理工作的研究，不断提高审判工作水平；切实加强对企业破产工作的领导。

关于《中华人民共和国城市规划法》贯彻执行情况的审议意见 2002年9月25日，梁山县十四届人大常委会第四十二次会议听取审议县建设局局长张恒福受县政府委托所作《关于〈中华人民共和国城市规划法〉贯彻执行情况的汇报》。会议认为，县政府及城市建设主管部门认真贯彻执行《中华人民共和国城市规划法》及有关法律法规，做了大量卓有成效的工作，取得显著成绩，县城面貌大为改观。但是，对《中华人民共和国城市规划法》的学习宣传还不够广泛深入，全社会城市建设的规划意识和法制观念有待进一步提高；规划管理机构还不健全，不能很好地适应工作的需要；城市规划编制经费不足，影响规划编制工作的开展；执法力度有待进一步加强，违法建设、不按规划建设的现象仍时有发生。会议建议，进一步深入学习宣传《中华人民共和国城市规划法》；加强城市规划的编制工作，不断提高城市规划、建筑设计水平；健全城市规划管理机构，强化城市规划管理部门职能；强化规划管理，确保规划实施；进一步加强对城市规划工作的领导。

关于开展反贪污贿赂工作情况的审议意见 2002年9月25日，梁山县十四届人大常委会第四十二次会议听取审议县检察院反贪污贿赂局局长李天业受检察长王宜海委托所作《关于开展反贪污贿赂工作情况的汇报》。会议认为，县检察院围绕全县改革、发展、稳定的大局，积极履行检察职责，依法查处一批贪污贿赂、挪用公款等案件，为促进全县反腐败斗争的深入开展和廉政建设，保障经济发展和社会稳定，作出积极的贡献。但是，预防犯罪工作存在薄弱环节，职务犯罪没有从源头上得到遏制；举报工作需要加强；检察队伍建设与形势任务要求不相适应，侦查破案能力和综合素质需要进一步增强。为加强打击贪污贿赂犯罪工作，会议建议，加强对反贪污贿赂工作的领导；努力加强检察队伍建设；加强预防职务犯罪工作；依法办案，继续加大打击力度。

关于社会治安工作情况的审议意见 2002年11月27日，梁山县十四届人大常委会第四十四次会议听取审议县公安局局长陈启明受县政府委托所作《关于社会治安工作情况的汇报》。会议认为，县政府及有关部门采取集中“严打”和专项治理等措施，破获大量刑事案件，依法严惩一批危害社会治害的犯罪分子和犯罪团伙，较好地保护了人民群众的生命财产安全，维护了政治安定和社会稳定。同时，积极深化公安工作改革，不断健全预警工作体系，治安防范工作不断加强、公安基层基础工作取得实质性进展，城乡治安状况明显好转，人民群众的安全感增加，满意度上升。但是，治安形势的复杂性、艰巨性不容低估，社会治安还存在着一些不安定因素，治安防范存有薄弱环节，公安基层基础工作仍需进一步加强，公安机关经费不足的问题仍然突出。会议建议，进一步强化对社会治安工作的领导；大力加强公安基层基础工作；始终保持打击刑事犯罪的高压态势；加强队伍建设。

关于全县民营经济提升规模与档次情况的审议意见 2002年11月27日，梁山县十四届人大常委会第四十四次会议听取审议县民营经济发展局局长丁景泉受县政府委托所作《关于全县民营经济提升规模与档次情况的汇报》。会议认为，县政府及主管部门认真组织落实“五全”战略和“四再”要求，大力推动民营经济发展，做了大量卓有成效的工作，取得明显成绩，全县民营经济呈现强劲的发展势头，已在全县国民经济发展中占有重要地位。但是，民管企业成规模、上档次、科技含量高的少，且发展不够平衡，经营环境仍需进一步优化。为促进民营经济进一步快速健康发展，会议建议，进一步解放思想，把思想认识统一到“抓住机遇，加快发展”这一总基调上来；抓大扶优，促进民营经济扩规模上档次；下大力搞好招商引资，把更多的精力放到引进科技含量高、可持续发展的项目上；加强经济园区建设，进一步增强民营经济发展的承载力；加强领导，优化服务，为民营经济发展创造更好环境。

第十五届人大常委会审议

关于县十五届人大一次会议代表议案、建议、批评和意见办理情况报告的审议意见

2003年5月8日，梁山县十五届人大常委会第二次会议听取审议县政府副县长刘振西代表县政府所作《关于县十五届人大一次会议议案办理情况的报告》和《关于县十五届人大一次会议代表建议、批评和意见办理情况的报告》。会议认为，县政府及有关部门采取“首长负责，建立机构，分头办理，领导把关”的工作方法，建立县长亲自抓，分管县长具体抓，县政府办公室集中精力、集中人力、集中时间具体督办的工作机制，认真听取各承办部门关于办理情况的汇报，研究具体办理措施，协调解决实际问题，严格审阅对代表议案、建议、批评和意见的答复，狠抓议案和建议办理的落实，办理工作进展顺利，办理速度、质量明显提高，较好地完成了大部分办理任务，维护了政府的良好形象。但是，分工责任制不够落实，督办制度不够健全；有的承办单位对办理工作重要性认识不高，存有态度不诚恳、敷衍塞责现象；一些部门对代表提出的问题缺乏深入调研，没有实质性的解决措施；议案及部分建议、批评和意见的办理工作任务还相当艰巨，办理工作的力度有待进一步加大。会议建议，进一步提高对办理工作的认识；强化对办理工作的领导；进一步完善制度，提高办理质量和效率；加大办理工作力度。

关于民营经济及招商引资工作情况的审议意见　2003年6月12日，梁山县十五届人大常委会第三次会议听取审议县民营经济发展局局长丁景泉、县招商局局长高建国受县政府委托分别所作《全县民营经济运行情况汇报》《梁山县招商引资工作情况汇报》。会议认为，县政府及主管部门全面实施“五全”战略，按照“四再”要求，大力推动民营经济及招商引资工作，取得明显成绩。民营经济在国民经济发展中的地位进一步加强，全县招商引资工作初见成效。但是，民营经济发展还不充分、不平衡；招商引资力度需进一步加大；发展环境有待进一步优化。为促进民营经济及招商引资工作进一步快速健康发展，会议建议，进一步解放思想，创新加快发展的工作思路；加快园区建设，搭建良好的民营经济发展平台；强化工作措施，加大招商引资工作力度；树立长远意识，进一步优化发展环境；进一步加强领导，为民营经济发展提供优质服务。

关于刑事审判工作情况的审议意见　2003年6月12日，梁山县十五届人大常委会第三次会议听取审议县法院副院长石奇俊受院长袁存力委托所作《关于刑事审判工作情况的汇报》。会议认为，县法院紧紧围绕全县工作大局，以司法公正和效率为主题，全面实施刑法和刑事诉讼法，认真履行审判职责，依法惩处各类刑事犯罪分子，为维护社会稳定和经济发展做出了较大贡献。但是，刑事案件呈上升趋势，刑事审判工作任务越来越重；刑事审判方式改革面临着新的困难和问题，对刑事审判工作的宣传不够广泛和深入；审判人员素质有待进一步提高；审判人员少，办案经费紧张。为进一步做好刑事审判工作，会议建议，继续深入贯彻刑法和刑诉法，依法惩处各种犯罪分子，维护社会稳定，促进经济发展；积极稳妥地进行刑事审判方式改革；要全面加强法官队伍建设；加大支持力度，切实解决审判工作中的实际困难。

关于2003年上半年国民经济和社会发展计划及财政预算执行情况的审议意见　2003年7月16日，梁山县十五届人大常委会第四次会议听取审议县发展计划局局长高建国、县财政局副局长于观跃受县政府委托分别所作《关于梁山县2003年上半年国民经济和社会发展计划执行情况的汇报》《关于2003年上半年财政预算执行情况的汇报》。会议认为，全县立足“突出发展民营、全力壮大工贸、大力调整农业、加快旅游开发、提升城市水平”五大工作重点，强化措施，努力工作，各项工作取得明显成效，国民经济和社会

各项事业呈现出良好的发展态势，经济运行质量进一步提高，财政预算执行基本平稳。但是，经济发展的总体质量仍不够理想，思想需要进一步解放；农业结构调整发展很不平衡，力度有待进一步加大；企业改革力度小、步伐慢，深层次矛盾尚未得到很好解决；经济发展环境有待进一步优化；工商税收征管力度不够，地方财政增长质量不高，财政压力仍然很大。会议建议，大力推进农业结构调整，努力实现农民增收目标；加大企业改革力度，增强企业发展活力；提升民营经济档次，促进民营经济快速健康发展；搞好增收节支，努力实现财政收支平衡。

关于农业结构调整及增加农民收入工作情况的审议意见 2003年7月16日，梁山县十五届人大常委会第四次会议听取审议县农业局局长杨绍建受县政府委托所作《关于农业结构调整及增加农民收入工作情况的汇报》。会议认为，县政府十分重视农业结构调整工作，坚持以市场为导向，以质量和效益为中心，依靠科技进步，培植主导产业，壮大农业龙头企业群体，使全县农业结构调整取得明显成效，农民收入稳步增长，农村经济健康发展。但是，对农业基础地位的认识有待进一步深化；发展不平衡，乡镇之间、各村之间差距较大；资金投入不足；服务工作不到位，农业产业技术推广服务网络不健全。会议建议，进一步提高认识，真正把农业结构调整放到整个经济工作的重要位置；培植主导产业，建设农业产业化体系；采取多种筹资融资方式，不断加大对农业的资金投入；加强服务工作，搞好政策与信息服务、农业市场服务、农业产业技术服务、后勤服务；切实减轻农民负担，确保农村稳定、农民安心、农业发展。

关于城市建设与管理工作情况的审议意见 2003年9月12日，梁山县十五届人大常委会第五次会议听取审议县建设局局长张恒福受县政府委托所作《关于城市建设与管理工作情况的汇报》。会议认为，县政府及城市建设主管部门认真贯彻执行有关法律法规，进一步加强城市建设和管理，做了大量卓有成效的工作，取得显著成绩，县城面貌大为改观。但在城市建设与管理工作中，对城市建设与管理法律法规的学习宣传还不够广泛深入，全社会城市意识和法制观念有待进一步提高；建设资金紧张，城市公共设施建设面临较大困难；城市建设与管理执法力度有待进一步加强。为了更好地促进城市建设和管理工作的开展，会议建议，进一步深入学习宣传城市建设与管理工作法律法规；进一步加快城市公共设施建设和城市综合开发步伐；加大措施，进一步强化城市管理；进一步加强对城市建设和管理工作的领导。

关于旅游工作情况的审议意见 2003年9月12日，梁山县十五届人大常委会第五次会议听取审议县旅游局局长赵伟受县政府委托所作《关于旅游工作情况的汇报》。会议认为，县政府及旅游主管部门采取多种有效措施，在宣传开发旅游资源，改善旅游环境，发展旅游产业，加强行业管理与服务等方面做了大量工作，取得明显成绩。特别是与外地客商合作开发经营水泊梁山景区，对于促进全县旅游业的长足发展，具有极为重要的现实意义和深远的历史意义。但是，旅游业的发展与丰富的旅游资源不相称，旅游市场和产品开发力度不大，资金投入不足，对合作开发事宜缺乏必要的宣传。为进一步发展全县旅游业，真正将其作为一项“阳光产业”做大做强，会议建议，加大宣传，尽快形成大力发展旅游业的共识；加强监管，确保景区合作开发建设的科学合理；搞好服务，为合作方的开发建设营造宽松环境；切实加强领导，保障合作开发建设的顺利进行。

关于国有企业改制工作情况的审议意见 2003年11月13日，梁山县十五届人大常委会第六次会议听取审议县体改委主任贾朝凤、经贸局局长蔡建民受县政府委托分别所作《企业改制工作情况汇报》《工业企业改革改制情况汇报》。会议认为，县政府及主管部门加大企业改革改制力度，加快国有资产退出步伐，转换经营机制，积极稳妥推进国有企业改制，做了大量卓有成效的工作，取得显著成绩。但是在企业改革改制过程中仍存在不少不容忽视的困难和问题，如改制发展不平衡；个别企业改制不彻底、不到位；部分企业思想不解放、不积极、畏难发愁、等靠观望的现象还很严重；一些已改制企业不同程度地存在债务包袱沉重、人员过多、资金缺乏、结构不优等问题，企业改革改制任务还相当艰巨。会议建议，解放思想，进一步加快国有企业改制步伐；坚持依法规范运作，认真执行有关政策；加大产权制度改革和工作力度，推动国有企业改制向纵深发展；进一步加强领导，加大协调力度，确保企业改革改制卓有成效。

关于民行检察工作情况的审议意见 2003年11月13日，梁山县十五届人大常委会第六次会议听取审议县检察院副检察长高贤运所作《关于民行检察工作情况的汇报》。会议认为，县检察院认真执行民事、行政诉讼法律规定，积极履行法律监督职责，依法慎重妥善处理了一批民事行政案件，为维护司法公正和司法权威，维护当事人的合法权益，保障国家法律的统一正确实施、做出了应有的贡献。但是，民行申诉案件增多，审查抗诉案件周期长、效率低；检察建议的办理缺乏程序性要求、建议落实的效果得不到保障；民行检察人员数量不足，队伍素质需进一步提高；办案经费不足。为进一步做好民行检察工作，会议建议，要不断加强对民行检察工作的领导；进一步提高民行检察工作质量和效率，维护法律的统一正确实施；加强民行检察干警队伍建设。

关于县十五届人大二次会议代表建议、批评和意见办理情况的审议意见 2004年4月15日，梁山县十五届人大常委会第十次会议听取审议县政府副县长刘振诺代表县政府所作《关于县十五届人大二次会议代表建议、批评和意见办理情况的报告》。会议认为，县政府及有关部门采取“首长负责、建立机构、分头办理、领导把关”的工作方法，建立县长亲自抓、分管县长具体抓、县政府办公室集中精力和时间具体督办的工作机制，认真听取各承办部门关于办理情况的汇报，研究具体办理措施，协调解决实际问题，认真审阅对代表建议、批评和意见的答复，狠抓代表建议、批评和意见的落实，办理工作进展顺利，较好地完成了大部分办理任务，维护了政府的形象。但是，办理工作中还存在着一些问题和不足，分工负责制落实不够，督办制度不够健全；有的承办单位对办理工作重要性认识不高，存有态度不诚恳、敷衍塞责现象；一些部门对代表提出的问题缺乏深入调研，没有实质性的解决措施；部分建议、批评和意见的办理工作任务还相当艰巨，办理工作的力度有待进一步加大。会议建议，进一步提高对办理工作的认识，提高对代表建议、批评和意见办理工作重要性和必要性的认识，强化对办理工作的领导，真正把办理工作抓在手上，进一步完善制度，提高办理质量和效率。

关于全县民营经济、招商引资和重点项目建设情况的审议意见 2004年6月16日，梁山县十五届人大常委会第十一次会议听取审议县发展计划局兼招商局局长高建国、民营经济发展局副局长郭庆涛受县政府委托分别所作《关于重点项目建设及招商引资工作情况的汇报》《全县民营经济运行情况的汇报》。会议认为，县政府抢抓发展机遇，坚持举全县之力，大力发展民营经济，以大投入、大招商带动大发展，把招商引资和重点项目建设作为加快发展的重中之重，广泛开展了多形式、多层次的招商引资活动，取得显著成效，有力地促进了国民经济和社会事业的持续快速发展。但是，在民营经济发展、招商引资和重点项目建设工作中仍存在不少困难和问题，发展不够平衡，支柱项目少，环境还不够优化，招商引资方式和项目整体质量有待进一步提高。会议建议，进一步解放思想，推动民营经济、招商引资和重点项目建设再上新水平；抓大扶优，要继续以增量提质为重点，在更高层次上定位发展，在更高平台上实现突破；要进一步强化环境意识，各级各部门一定要从事关经济发展的大局出发，努力营造更加有利于民营经济发展的社会大环境；要进一步加强对招商引资和重点项目建设工作的领导，建立健全促进招商引资、重点项目建设的保障机制和科学决策机制。

关于实施《行政许可法》的准备工作情况的审议意见 2004年6月16日，梁山县十五届人大常委会第十一次会议听取审议县政府办公室副主任、法制办主任赵善品受县政府委托所作《关于实施〈中华人民共和国行政许可法〉的准备工作情况的汇报》。会议认为，县政府及各行政许可实施主体认真学习宣传《中华人民共和国行政许可法》，按照国务院和省、市政府的要求，认真清理行政许可设定、许可收费改革和创新，为《中华人民共和国行政许可法》在全县的实施创造了良好条件。但是，对《中华人民共和国行政许可法》的学习宣传力度不够；行政许可清理和规范工作有待进一步落实；实施《中华人民共和国行政许可法》的配套制度还不到位；行政执法队伍建设需要加强。为确保《中华人民共和国行政许可法》的顺利实施，会议建议，要进一步加大对《行政许可法》的学习宣传力度；要建立政府规范性文件的动态清理机制，搞好行政许可的清理衔接工作；要认真实施《中华人民共和国行政许可法》，推进政府法制建设；要强化行政机关实施行政许可的法律责任；要进一步加强行政执法队伍建设。

关于2004年上半年国民经济和社会发展计划及财政预算执行情况的审议意见 2004年8月11日，梁山县十五届人大常委会第十二次会议听取审议县发展计划局局长高建国、县财政局局长杨奉月受县政府委托分别所作《关于梁山县2004年上半年国民经济和社会发展计划执行情况的汇报》《关于2004年上半年财政预算执行情况的汇报》。会议认为，全县紧紧围绕年初制定工作目标，强化措施，努力工作，各项工作取得明显成效。国民经济和社会各项事业呈现出良好的发展态势，经济运行质量进一步提高，财政预算执行基本平稳。但是，经济发展的总体质量仍不理想，农业结构调整发展不平衡；企业改革步伐不快；部分行业和企业效益下滑；经济发展环境有待进一步优化；地方财政增长质量不高，财政形势依然严峻。会议建议，加大对农业和农村经济发展的支持力度，大力推进农业结构调整，努力实现农民增收目标；加大企业改革力度，提高工业经济运行质量；抓大扶优，提升民营经济档次，着力培植规模大、科技含量高、有发展潜力和市场竞争力的骨干企业；加强领导，强化协调，加大措施和力度，努力增加财政收入。

关于行政审判作情况的审议意见 2004年8月11日，梁山县十五届人大常委会第十二次会议听取审议县法院副院长石奇俊受院长袁存力委托所作《关于行政审判工作情况的汇报》。会议认为，县法院紧紧围绕全县工作大局，以司法公正和效率为主题，认真实施行政诉讼法律制度，依法维护公民、法人和其他组织的合法权益，支持行政机关依法行政，审理一大批行政案件，化解了大量矛盾纠纷，维护了社会稳定。但是，行政案件受案工作存在一定难度；外部干预多，行政案件审理难度大；行政案件执行难问题需要进一步解决。为进一步做好行政审判工作，会议建议，要加强对行政审判工作的领导，提高行政审判工作质量和效率，加强行政审判队伍建设，支持行政审判工作。

关于《中华人民共和国农村土地承包法》贯彻执行情况的审议意见 2004年9月17日，梁山县十五届人大常委会第十四次会议听取审议县农业局局长杨绍建受县政府委托所作《关于〈中华人民共和国农村土地承包法〉贯彻执行情况的汇报》。会议认为，县政府及职能部门努力学习宣传和贯彻执行《中华人民共和国农村土地承包法》（以下简称《中华人民共和国土地承包法》），为稳定和完善农村土地承包关系，维护农村土地承包当事人的合法权益，促进农业、农村经济发展和社会稳定，做了不少工作。但是，对《中华人民共和国土地承包法》的学习宣传不够广泛深入；土地承包法律法规落实还不到位，承包合同的签订和承包经营权证的发放不落实、随意调动土地的现象较为普遍；土地承包经营权流转机制不够健全，随意改变土地农业用途现象较为突出。会议建议，加强对《土地承包法》的学习宣传，加强领导，加大力度，进一步贯彻落实《中华人民共和国土地承包法》，加大对农村土地承包工作的管理和监督。

关于查办职务犯罪工作情况的审议意见 2004年9月17日，梁山县十五届人大常委会第十四次会议听取审议县检察院副检察长高贤远受检察长王宜海委托所作《关于查办职务犯罪工作情况的汇报》。会议认为，县检察院认真贯彻全国和省、市检察长会议精神，努力履行检察职责，大力开展反贪和渎侦工作，依法查处和惩办一批职务犯罪行为，为全县的改革、发展和廉政建设做出了较大贡献。但是，查办大案要案的力度有待加强；查办职务犯罪难度加大，执法环境有待改善；技术装备落后；部分干警敬业精神和业务素质有待增强。为进一步做好查办职务犯罪工作，会议建议，进一步加大查办职务犯罪的力度；强化犯罪预防工作；进一步提高检察干警的执法素质和办案水平；强化领导措施，优化工作环境。

关于推进城市化进程情况的审议意见 2004年11月19日，县十五届人大常委会第十五次会议听取审议县建设局局长张恒福受县政府委托所作《关于推进城市化进程情况的汇报》。会议认为，县政府及其主管部门以强化城市基础设施建设为突破口，以推进城市化进程为主线，坚持高起点规划，高标准建设，高效能管理，扎实工作，努力推进城市化进程，做了大量卓有成效的工作，取得显著成绩。但是，在推进城市化进程工作中，对城乡建设与管理法律法规的学习宣传还不够广泛深入，全社会城市意识和法制观念有待进一步提高；城区综合开发特别是“城中村”改造有待进一步加强；建设与管理执法力度有待进一步加大；城市建设详细规划滞后，整体建设缺乏“亮点”，城市功能有待进一步增强。为了更好地推进城市化进程，会议建议，进一步广泛深入学习宣传城乡建设与管理工作法律法规，加快城市综合开发步伐，加强城市公共基础设施建设，增强城市功能；进一步加强城市管理，确保城市管理再上新水平；加强对推进城市化进程工作的领导，促进城乡建协调发展，开创梁山县推进城市化进程工作的新局面。

关于社会治安工作情况的审议意见 2004年11月19日，梁山县十五届人大常委会第十五次会议听取审议县公安局副局长马琨生受县政府和局长陈启明委托所作《关于社会治安工作情况的汇报》。会议认为，县政府及公安部门以“平安梁山”建设为抓手，加强领导，精心部署，深入开展严打整治斗争，不断加强治安管理，侦破了大批刑事案件，打掉了一批严重危害人民群众生命财产安全和社会秩序的犯罪团伙，查处了大量治安案件，维护了社会稳定。但是，治安形势仍然比较复杂严峻，伤害案件上升，盗窃、“两抢”等侵财性犯罪活动较为猖獗，犯罪活动呈低龄化团伙化趋势；对流动人口、暂住人口及出租房屋“网吧”等方面的治安管理存在薄弱环节；应对突发性团伙作案的处置能力较弱；公安警力不足和办案经费困难。会议建议，严厉打击各种犯罪，维护政治安定和社会稳定；坚持预防为主，提高社会治安防范控制能力；积极稳妥地推行警务工作改革，以保障治安工作的实际需要；继续加强公安干警队伍建设，强化业务教育和实战训练；加强对社会治安工作的组织领导、监督和协调，帮助解决社会治安工作中存在的困难和问题。

关于县十五届人大三次会议代表议案、建议、批评和意见办理情况的审议意见 2005年4月29日，梁山县十五届人大常委会第十九次会议听取审议副县长刘振诺代表县政府所作《关于县十五届人大三次会议议案办理情况的报告》《关于县十五届人大三次会议代表建议、批评和意见办理情况的报告》。会议认为，县政府及有关部门对县十五届人大三次会议代表议案、建议、批评和意见办理工作态度是端正的，工作是积极的，采取“首长负责，建立机构，分头办理，领导把关”的方法，集中人力和时间，加大办理工作力度，并狠抓落实，使代表议案、建议批评和意见办理工作进展顺利，办理速度、质量进一步提高，取得一定成效。但是，办理工作中答复主体不规范，定位不准确；少数承办单位对代表建议重视不够，存有应付现象；一些部门对代表提出的问题缺乏认真调查研究和有力的办理措施。会议建议，进一步提高办理工作的自觉性，促进办理工作的规范化，提高办理工作的效率。

关于全县民营经济、招商引资和重点项目建设工作情况的审议意见 2005 年 6 月 2 日，梁山县十五届人大常委会第二十次会议听取审议县发展计划局兼招商局局长高建国、民营经济发展局局长丁景泉受县政府委托分别所作《关于重点项目建设及招商引资工作情况的汇报》《全县民营经济运行情况的汇报》。会议认为，县政府继续把招商引资和重点项目建设作为促进全县经济发展的战略性举措，进一步强化工作目标责任制，抢抓发展机遇，大力发展民营经济，全面实施大项目带动战略，广泛开展多形式、多层次的招商引资活动，取得显著成效，有力地促进了全县经济和社会事业的持续发展。但是，在民营经济发展、招商引资和重点项目建设工作中发展不够平衡；支柱项目少；环境仍不够优化；招商引资方式有待进一步改进和完善；项目整体质量有待进一步提高。会议建议，进一步解放思想，更新观念，树立新的发展理念；加大力度，抓大扶优；进一步优化发展环境，努力营造更加有利于民营经济发展和招商引资、重点项目建设的社会大环境；加大对招商引资和重点项目建设工作的领导，建立健全和不断完善保障机制和科学决策机制。

关于司法为民措施落实情况的审议意见 2005 年 6 月 2 日，梁山县十五届人大常委会第二十次会议听取审议县法院院长李培宪所作《关于司法为民措施落实情况的汇报》。会议认为，县法院积极落实司法为民要求，在司法过程中方便群众诉讼，依法履行审判职责，努力体现公平与正义，取得显著成绩，维护了法律的正确实施，为全县的改革与发展提供了良好的司法环境。但是，在审判工作和业务建设中，少数干警司法为民的思想树得不牢，认识上不到位；有的案件审理质量不高，存在久拖不决、超审限现象，执行难问题没有得到彻底解决，“法律白条”现象仍然存在；基础设施建设落后，以致于有些便民措施不能实施。会议建议，要牢固树立司法为民的宗旨意识；巩固完善司法为民措施；增强司法能力，提高司法水平；加强队伍建设；加强司法工作领导。

关于《中华人民共利国城市规划法》贯彻执行情况的审议意见 2005 年 9 月 9 日，梁山县十五届人大常委会第二十二次会议听取审议县建设局局长张恒福受县政府委托所作《关于〈中华人民共和国城市规划法〉贯彻执行情况的汇报》。会议认为，县政府及城市建设主管部门认真贯彻执行《中华人民共和国城市规划法》及有关法律法规，做了大量卓有成效的工作，取得显著成绩，县城面貌大为改观。但是，对《中华人民共和国城市规划法》的学习宣传还不够广泛深入，全社会城市建设的规划意识和法制观念有待进一步提高；规划管理机构不健全，不能很好地适应工作的需要；城市规划编制经费不足，详细规划滞后，影响规划编制工作的开展；规划落实刚性不足，违规建设时有发生，执法力度有待进一步加大。会议建议，进一步深入学习宣传《中华人民共和国城市规划法》，加强城市规划的编制工作，提高城市规划、建筑设计水平，强化规划管理，严格按规划进行建设。

关于法律监督工作情况的审议意见 2005年9月9日，梁山县十五届人大常委会议第二十二次会议听取审议县检察院检察长张义民所作《关于法律监督工作情况的汇报》。会议认为，近年来，县检察院转变司法理念，强化队伍建设，积极开拓创新，全面履行法律监督职责，严厉打击和积极预防职务犯罪，努力维护法律的统一实施和社会的公平正义，为全县的改革发展稳定做出了新贡献。但是，查办贪污贿赂和职务犯罪工作的力度有待进一步加强；民行检察工作的方式方法需要改进；法律监督的工作改革需要进一步深化；检察干警力量不足，检察业务技术装备落后。会议建议，进一步加强查办贪污贿赂和职务犯罪工作的力度；继续加强对民事审判和行政审判的法律监督；积极稳妥地深化检察业务改革；加强对法律监督工作的领导和支持力度。

关于“平安梁山”建设情况的审议意见 2005年11月30日，梁山县十五届人大常委会第二十五次会议听取审议县公安局局长陈启明受县政府委托所作《关于“平安梁山”建设情况的汇报》。会议认为，县政府及其职能部门和县法院、县检察院深入开展“严打”整治斗争从严从快打击各类刑事犯罪，严肃查处危害社会治安的违法行为，妥善处理群体性突发性事件和信访案件，并进一步加强社会治安防控体系建设，实行科技强警，完善社会综合治理和矛盾纠纷化解机制，保持了全县政治稳定和社会安定，为改革发展创造了良好环境。但是，少数单位对平安建设工作认识不到位；社会仍然存在不安定因素，治安形势不容乐观；社会矛盾纠纷调处机制不够健全；安全生产工作存在薄弱环节；司法工作有待进一步加强。会议建议，增强做好“平安梁山”建设工作的自觉性，继续深入开展“严打”整治斗争，加大创造安全有序经济环境的力度，加强治安防控体系建设，完善矛盾纠纷调处机制，加强对平安建设工作的领导。

关于《中华人民共和国人口与计划生育法》贯彻执行情况的审议意见 2005年11月30日，梁山县十五届人大常委会第二十五次会议听取审议县人口和计划生育局局长张志平受县政府委托所作关于《中华人民共和国人口与计划生育法》贯彻执行情况的汇报。会议认为，计划生育的基本国策地位在全县得到较好体现，广大干部群众控制人口数量、提高人口素质的观念进一步增强，《中华人民共和国人口与计划生育法》规定的各项奖励、免费、优惠等政策基本得到落实，人口与计划生育工作成效明显。但是，有些部门和干部对计生工作的新形势、新问题缺乏研究，思想观念和工作方法需进一步转变；部分乡镇计生经费投入缺乏长效保障机制，落实计划生育利益导向和保障机制所需经费存有较大难度；非法鉴定胎儿性别、选择性妊娠和选择性人工流产现象仍然存在，出生人口性别比控制工作难度较大；特殊人群总量不断增加，管理难度增大，农村非法抱养问题较为突出，一些村基层组织涣散，计生工作常年停滞，给落实计生管理服务措施带来严峻挑战等。会议建议，进一步抓好《人口与计划生育法》的宣传实施，努力提高依法行政水平；积极研究新问题，适应新形势，确保人口与计划生育工作稳定、健康、持续发展；狠抓整治出生人口性别比工作，力争出生人口性别比基本平衡；做好第四次人口出生高峰平抑工作，确保全县人口与计划生育目标的实现。

关于县十五届人大四次会议代表建议、批评和意见办理情况的审议意见 2006年4月29日，梁山县十五届人大常委会第二十九次会议听取审议县政府副县长刘振西代表县政府所作《关于县十五届人大四次会议代表建议、批评和意见办理情况的报告》。会议认为，县政府及有关部门注重代表建议、批评和意见的办理工作，措施有力、意见明确，各负其责，办理工作进展顺利，较好地完成了大部分建议的办理任务，进一步提升了政府为民、务实的良好形象。但是，有的承办单位对建议办理工作认识不高，重视不够，抓得不紧；部分单位办理程序不够规范，承办制度不够健全；个别部门对代表建议缺乏深入调研，没有针对性的解决措施；有些建议的办理工作任务还相当艰巨，办理力度有待进一步加大等。会议建议，进一步提高对办理工作重要性的认识；加强对办理工作的领导；健全和规范办理程序；进一步加大办理工作力度。

关于《中华人民共和国教育法》贯彻执行情况的审议意见 2006年6月29日，梁山县十五届人大常委会第三十次会议听取审议县教育局局长王爱民受县政府委托所作《关于〈中华人民共和国教育法〉贯彻执行情况的汇报》。会议认为，近年来，县政府及教育主管部门认真贯彻实施《中华人民共和国教育法》，在加强领导、巩固提高"两基"、实施素质教育、落实农村义务教育管理体制、依法治教（校）布局调整、队伍建设、危房改造、学校安全等方面做了大量工作，取得明显成绩，促进了全县经济社会的协调发展。但是，教育优先发展战略落实还不到位，发展还不够均衡，投入不足，管理体制有待进一步完善，教师队伍整体素质与专业化水平还不能完全适应教育事业的发展。会议建议，强化领导，进一步优化教育发展环境；加大投入，确保教育经费增长和学校安全稳定；创新管理，促进各类教育协调持续发展；加强队伍建设，进一步提高教育教学质量。

关于2006年上半年国民经济和社会发展计划及财政预算执行情况的审议意见 2006年7月28日，梁山县十五届人大常委会第三十一次会议听取审议县发展和改革局局长贾朝凤、县财政局局长杨奉月受县政府委托分别所作《关于梁山县2006年上半年国民经济和社会发展计划执行情况的汇报》《关于2006年上半年财政预算执行情况的汇报》。会议认为，今年以来，全县紧紧围绕年初制定的任务目标，强化措施，狠抓落实，精心组织运行，各项工作取得一定成效。国民经济和社会各项事业继续保持良好的发展态势，经济增长速度和运行质量进一步提高，财政预算执行基本平稳。但是，总体运行质量有待进一步提高；农业结构调整步伐不快，进展不够平衡；企业改制深层次矛盾较为突出；经济发展环境有待进一步优化；财政增长的基础仍比较薄弱。会议建议，加大农业结构调整力度，全力推进社会主义新农村建设；突出抓好企业改制与调整，进一步提高工业经济运行质量；继续以增量提质为重点，努力实现民营经济发展的新突破；加强领导，强化协调，严格预算管理，努力实现财政收支平衡。

关于法院工作情况的审议意见 2006年7月28日，梁山县十五届人大常委会第三十一次会议听取审议县法院院长李培宪所作《关于法院工作情况的汇报》。会议认为，2006年以来，县法院坚持"公正与效率"主题，大力加强队伍建设和业务建设，充分发挥审判职能作用，依法审理大批案件，化解大量社会矛盾和纠纷，为全县的改革、发展和稳定做出了积极贡献。但是，个别案件审判质量不高，久拖不决、久拖不执的问题没有彻底解决；审判人员素质参差不齐，有的不能适应审判工作需要；审判力量不足；法庭建设资金困难，依靠自身力量难以完成。会议建议，进一步提高审判工作水平，最大限度地发挥职能作用；努力提高队伍素质，培养服务大局、忠于法律、公平正直、廉洁清正的司法品格；加强对审判改革的领导；补充审判力量，研究吸收储备人才的措施；努力加强法院基层基础建设。

关于民营经济、招商引资和重点工程建设工作情况的审议意见 2006年9月7日，梁山县十五届人大常委会第三十二次会议听取审议县发展和改革局局长贾朝凤、县民营经济发展局局长李华受县政府委托分别所作《关于重点工程建设及招商引资工作情况的汇报》《关于全县民营经济运行情况的汇报》。会议认为，县政府继续把发展民营经济、招商引资和重点工程建设作为促进全县经济发展的战略性举措，加强组织领导，进一步强化工作目标责任，抢抓发展机遇，加大工作措施，并狠抓落实，民营经济、招商引资和重点工程建设取得显著成绩，有力地促进了全县经济和社会事业的持续快速发展。但是，发展不够平衡，经济总量偏低，缺少立县企业；环境仍不够优化；招商引资项目整体质量有待进一步提高。会议建议，进一步解放思想，在发展民营经济上实现新突破；加大力度，抓大促强，努力形成一批支撑全县经济发展的重要骨干企业群体；进一步优化发展环境，努力提高工作效率和服务水平；加强组织领导，建立健全科学决策机制和保障机制。

关于旅游工作情况的审议意见 2006年9月7日，梁山县十五届人大常委会第三十二次会议听取审议县旅游局局长刘万功受县政府委托所作《关于旅游工作情况的汇报》。会议认为，近年来，县政府及旅游主管部门在制定旅游发展规划、加大旅游资源宣传力度、开发保护旅游资源、建设旅游基础设施等方面做了大量工作，取得明显成效，促进了全县旅游业的发展。但是，对旅游资源利用不足，基础设施建设滞后，宣传促销和客源市场开发力度不大，管理体制不理顺，宏观调控能力不够强。会议建议，进一步提高认识，切实加强对旅游工作的领导；科学制定旅游发展总体规划，构筑梁山“大旅游”格局；加大旅游资源和市场开发力度，提高梁山县在旅游市场上的竞争力；强化行业管理，努力营造良好的旅游环境。

关于农业产业化建设情况的审议意见 2006年11月27日，梁山县十五届人大常委会第三十三次会议听取审议县农业办公室主任仝义泉受县政府委托所作《关于农业产业化建设情况的汇报》。会议认为，县政府及其职能部门把发展农业产业化作为发展农业经济的关键环节，思想重视，政策落实，措施到位，全县农业产业化建设取得初步成效，促进了农民增收和农村经济社会全面发展。但是，部分干部群众对农业产业化的理解有待进一步深化；农业产业化建设仍处于初始阶段，整体水平不高；农技推广体系不够健全；农业方面的某些政策落实不到位，资金投入不足。会议建议，提高认识，加深对农业产业化建设的理解；选准切入点，完善农业产业体系；强化措施，培育发展壮大龙头企业；加大农业市场开发力度，积极发展农民专业合作组织和中介组织；采取多种筹资、融资方式，不断加大对农业产业化建设的资金投入；加强服务工作，保证农业产业化建设的顺利进行。

关于民行检察工作情况的审议意见 2006年11月27日，梁山县十五届人大常委会第三十三次会议听取审议县检察院副检察长马明进受检察长张义民委托所作《关于民行检察工作情况的汇报》。会议认为,县检察院高度重视民行检察工作，积极探索，强化措施，依法履行工作职责，办理了一大批民事行政申诉案件，为维护司法公正和司法权威，维护当事人的合法权益，保障国家法律的统一正确实施，构建社会主义和谐社会，做出了积极贡献。但是，审查抗诉案件周期长，息诉工作困难大，办案人员少，业务经费困难。会议建议，以社会主义法治理念指导民行检察工作;发挥职能作用，严格依法办案；强化对民行检察工作的领导；加强对检察干警的教育和培训，努力提高广大干警的业务素质和办案水平。

关于县十五届人大五次会议代表建议、批评和意见办理情况的审议意见 2007年4月30日，梁山县十五届人大常委会第三十八次会议听取审议县政府副县长樊庆显代表县政府所作《关于县十五届人大五次会议代表建议、批评和意见办理情况的报告》。会议认为，县政府及有关部门注重代表建议、批评和意见（以下简称“建议”）的办理工作，明确承办责任，加强协调调度，加大督办力度，解决了一些群众关心的热点、难点问题，进一步树立了政府和部门的良好形象。但是，有的承办单位对建议办理工作认识不高，重视不够，抓得不紧；部分单位办理程序不够规范，承办制度不够健全；个别部门对代表建议缺乏深入调研，没有针对性的解决措施；有些建议的办理工作任务还相当艰巨，办理力度有待进一步加大。为尽快把建议办理好，会议建议，进一步提高对办理工作重要性的认识；加强对办理工作的领导；进一步健全和规范办理程序；进一步加大办理工作力度。

关于梁山县新型农村合作医疗工作开展情况的审议意见 2007年6月22日，梁山县十五届人大常委会第四十次会议听取审议县卫生局局长方先斌受县政府委托所作《关于梁山县新型农村合作医疗工作开展情况的汇报》。会议认为，近年来，县政府及卫生主管部门紧紧抓住梁山县被列为新型农村合作医疗省、市试点县的机遇，积极行动，强化措施，建立健全组织网络，广泛进行宣传发动，组织开展调查、登记、培训等项工作，并对市级试点乡镇的参合农民进行报销补偿。目前，全县范围的报销补偿前期准备工作已基本就绪。但是，宣传发动还需进一步深化，报销进度较迟缓，乡镇新农合工作人员业务不够熟练，乡镇农村合作医疗机构办公经费相对不足。会议建议，进一步深入进行宣传发动，加大新型农村合作医疗工作的力度，加强对定点医疗机构的管理，努力扩大参合覆盖面，新型农村合作医疗办公经费按标准落到实处，以确保工作正常开展。

关于城市基础设施建设情况的审议意见 2007年6月22日，梁山县十五届人大常委会第四十次会议听取审议县建设局局长刘沛受县政府委托所作《关于城市基础设施建设情况的汇报》。会议认为，县政府及城市建设主管部门以强化城市基础设施建设为突破口，精心规划设计，精心施工建设，精心管理城市，努力提升城市建设水平和质量，做了大量卓有成效的工作，取得显著成绩。但是，在市政基础设施建设工作中，城市管理法律法规的宣传发动还不够广泛深入，一些干部群众的城市意识、参与意识和法制观念还比较淡薄；城市建设维护管理资金不足，工作开展面临较多困难；城市管理不到位，个别地方脏、乱及损毁城市基础设施的现象还时有发生；城市功能需进一步增强，城市生活环境有待进一步改善。会议建议，进一步加大对城市基础设施建设与管理工作法律法规的学习宣传力度；加快城市综合开发，进一步加强城市基础设施建设；进一步加强城市基础设施建设的维护和管理；加强对城市基础设施建设工作的领导。

关于预防职务犯罪工作情况的审议意见 2007年6月22日，梁山县十五届人大常委会第四十次会议听取审议县检察院检察长张义民所作《关于预防职务犯罪工作情况的报告》。会议认为，县检察院整合检察资源，积极探索和研究工作新途径，把预防犯罪工作作为检察业务新的增长点，采取有力措施加强单位预防、专项预防和个案预防等项工作，取得显著成绩，为全县的改革稳定和发展做出了积极贡献。但是，全县预防职务犯罪工作认识不高，存在“重打击、轻预防”的现象；预防工作开展的不平衡，深层次的工作不够；预防工作专门机构人员少，不能适应全县预防工作需要。会议建议，继续做好预防宣传工作；进一步健全和完善预防工作机制；加强对预防工作的协调和监督；进一步深化对预防工作的研究；充实配强专职预防工作人员。

关于2007年上半年国民经济和社会发展计划及财政预算执行情况的审议意见 2007年8月21日，梁山县十五届人大常委会第四十二次会议听取审议县发展和改革局局长贾朝凤、县财政局局长杨奉月受县政府委托分别所作《关于梁山县2007年上半年国民经济和社会发展计划执行情况的汇报》《关于2007年上半年财政预算执行情况的汇报》。会议认为，2007年以来，全县紧紧围绕年初制定的任务目标，强化措施，狠抓落实，精心组织运行，各项工作取得新的成效。国民经济和社会各项事业继续保持良好的发展态势，经济增长速度和运行质量进一步提高，财政预算执行健康平稳。但是，经济总量小，运行质量不高；农业产业化进程不快，农民收入增长缓慢；企业改制深层次矛盾仍较为突出；经济发展环境有待进一步优化；财政收入结构不合理，财政增长的基础仍比较薄弱；突出抓好企业改制与项目建设，进一步提高工业经济运行质量；继续以增量提质为重点，努力实现民营经济发展的新突破；加强领导，强化征管，严格预算管理，努力增加地方可用财力。

关于土地市场建设情况的审议意见　2007年8月21日，梁山县十五届人大常委会第四十二次会议听取审议县国土资源局局长赵卫国受县政府委托所作《关于土地市场建设情况的汇报》。会议认为，县政府及职能部门高度重视土地市场建设工作，土地市场“收、储、供”一条龙的市场供应体系初步形成，保障了重点项目建设用地和城镇基础设施建设用地，为促进县域经济发展提供了基础载体。但是，全县的土地市场建设工作仍处于起步阶段，政府掌控土地一级市场的能力有待加强，用地者有法不依、土地非法交易、联营联建现象还时有发生；土地管理部门执法力度有待加大，对某些非法占地、非法建设项目查处还不够彻底；政府相关部门配合协调不够有力。为进一步做好全县的土地市场建设工作，会议建议，进一步提高思想认识，把基本国策落到实处；进一步加大宣传力度，在全社会形成珍惜土地、爱护土地、节约用地、依法用地的良好氛围；进一步加强政府对土地一级市场的调控能力，切实实现政府绝对控制土地一级市场；加强部门间配合协作，增强工作实效，提高工作效率；加强土地执法队伍建设，不断提高执法水平。

关于执行工作情况的审议意见　2007年8月21日，梁山县十五届人大常委会第四十二次会议听取审议县法院院长李培宪所作《关于执行工作情况的报告》。会议认为，县法院坚持“公正与效率”的法院工作主题，开拓创新，积极进取，采取灵活多样的措施，执结一大批案件，清理一大批积案，为促进全县经济发展，维护社会稳定和构建和谐社会做出积极贡献。但是，执行工作干扰多、困难大；未执结的案件还时有发生；执行力量不足，执行方法需改进；办案经费困难。为进一步做好法院执行工作，会议建议，加大工作力度，进一步解决“执行难”；努力提高执行工作水平，不断开拓执行工作的新局面；研究制订司法救助的具体办法；进一步加强对执行工作的领导，努力创造执行工作的良好环境。

关于财税工作情况的审议意见　2007年10月30日，梁山县十五届人大常委会第四十四次会议听取审议县财政局局长杨奉月受县政府委托所作《关于财税工作情况的汇报》。会议认为，2007年以来，县政府及财税部门坚持以组织收入为中心，不断加大工作力度，狠抓增收节支，强化收入征管，大力推进依法治税，财税工作取得显著成绩，为确保全年财政预算任务的完成和社会各项事业的发展做出了积极贡献。但是，财税工作面临的任务仍很艰巨，财政收入结构不合理的现象仍然存在；收入进度不均衡，税收征管力度仍需进一步加大；历史债务负担沉重，增支因素较大，财政收支矛盾仍很突出。为进一步做好财税工作，会议建议，进一步加大工作力度，圆满完成全年预算任务；加强征管，进一步提高收入质量；进一步加强对财税工作的领导，勤调度、多检查，及时解决财税工作中的困难和问题。

关于重点工程项目建设情况汇报的审议意见　2007年10月30日，梁山县十五届人大常委会第四十四次会议听取审议县发展和改革局局长贾朝凤受县政府委托所作《关于重点工程项目建设的情况汇报》。会议认为，2007年以来，全县紧紧围绕年初制定的任务目标，强化措施，狠抓落实，重点工程和重点项目建设取得显著成绩，呈现出经济快速发展的良好态势。但是，缺少规模大、档次高、科技水平高、产品利润高的大项目；产业之间发展不平衡，企业间不正当竞争激烈；农业产业化龙头项目少，精深加工项目少，产品附加值低；经济发展环境有待进一步优化。为进一步加快重点工程和重点项目建设步伐，会议建议，努力实施科技创新，实现产业间的均衡发展；进一步强化招商引资和优化环境工作；加快园区建设步伐，切实增强园区的承载能力；严格落实目标管理责任制，为经济的发展注入新的活力。

第十六届人大常委会审议

关于贯彻实施《社会保险费征缴暂行条例》的审议意见 2007年12月28日，梁山县第十六届人大常委会第一次会议听取审议县劳动和社会保障局局长李士兵受县政府委托所作《关于贯彻落实〈社会保险费征缴暂行条例〉情况的汇报》。会议认为，《报告》比较客观地反映了全县社会保险费征缴的情况。但是，全县社会保险费征缴工作还存在些困难和问题，参保扩面工作任务还很艰巨，社保制度还需进一步完善，社保水平有待提高，社保基金支付压力较大。会议建议，以人为本，全力做好宣传教育工作；突出重点，进一步扩大社保覆盖面；建章立规，进一步完善社会保障制度；强化管理，进一步提高社会保障水平。

关于市场体系建设情况汇报的审议意见 2007年12月28日，梁山县十六届人大常委会第一次会议听取审议县政府《关于市场体系建设情况的汇报》。会议认为：近年来，县政府及有关部门开拓进取，锐意创新，市场体系建设由少到多，由小到大，由不规范到规范，呈现出市场繁荣，物资丰茂，人民安居乐业的良好局面。但在市场体系建设中，缺乏统一规划，布局不尽合理；市场经营、服务、管理和开发的手段相对滞后；物流配送市场化程度较低；市场规范化管理有待进一步强化。为进一步搞好全县市场体系建设，会议建议，要进一步提高加强市场体系建设重要性的认识；要进一步加大工作力度，努力构建顺畅的产品流通体系；加强市场监管，规范市场秩序；强化领导，通力协作，促进市场体系建设的又好又快发展。

关于2006年度县级预算执行和其他财政收支审计查出问题整改情况的报告的审议意见 2008年4月30日，梁山县十六届人大常委会第三次会议听取审议县审计局局长李若宽受县政府委托所作《关于2006年度县级预算执行和其他财政收支审计查出问题整改情况的报告》。会议认为，县政府及相关部门对整改工作高度重视，严肃认真地履行监督职责，整改工作深入扎实，各部门单位注重标本兼治，整改成效较为明显。整改和预防管理的相关制度得到进一步强化，基本达到了审计监督的目的。但是，审计查出问题整改任务仍很艰巨；涉及长久性、多发性、体制性、机制性问题的整改比较困难；审计监督工作力度有待进一步加大。会议建议，加强领导，不断改善审计执法环境；加大整改力度，强化各项制度建设；突出重点，全面推进审计工作。

关于县十六届人大一次会议代表议案及建议、批评和意见办理情况的审议意见 2008年4月30日，梁山县十六届人大常委会第三次会议听取审议县政府副县长贾存琰代表县政府所作《关于县十六届人大一次会议代表议案及建议、批评和意见办理情况的报告》。会议认为，县政府及有关部门对代表议案及建议、批评和意见（以下简称“建议”）的办理工作领导重视，措施有力，办理认真，解决了代表及群众反映强烈的热点、难点问题，效果较好。但是，有的承办单位对办理工作认识不高，抓得不紧；部分单位有重答复，轻落实的现象；个别部门未作深入调查研究，答复的针对性不强；有些建议的办理工作任务还相当艰巨，办理力度有待进一步加大等。为此，会议提出如下意见：进一步提高认识，明确责任，强化措施，认真对待，使议案及建议办理工作提高到一个新的水平；进一步加强沟通与联系，加强督促检查，确保联合办理建议的效果；进一步提高办理工作水平，尽力解决一些实际问题；进一步加大跟踪办理力度，确保今年的落实兑现率有新的突破。

关于民商事审判工作情况的审议意见 2008

年4月30日，梁山县十六届人大常委会第三次会议听取审议县法院院长李培宪所作《关于民商事审判工作情况的报告》。会议认为，近年来县人民法院认真落实科学发展观和社会主义法治理念，围绕县委中心工作，认真做好民商事审判工作，审结处理一大批民商事案件，为全县的经济发展和社会和谐稳定提供了强有力的司法保障。但是，随着社会经济的发展，民商纠纷案件将会随之增多，审理难度加大；司法环境有待进一步优化；个别干警服务意识不强，业务能力与形势任务要求不相适应；审判力量薄弱，办公条件需改善。会议建议，要研究探索民商事审判工作的规律；进一步做好民商事审判工作；切实加强司法队伍建设；努力加强司法保障工作。

关于民营经济、招商引资和重点项目建设工作情况的审议意见 2008年7月25日，梁山县十六届人大常委会第五次会议听取审议县民营经济发展局局长李华、县发展和改革局局长贾朝凤受县政府委托分别所作《关于重点项目建设及招商引资工作情况的汇报》《关于全县民营经济运行情况的汇报》。会议认为，今年以来，县政府继续把发展民营经济、招商引资和重点项目建设作为促进全县经济发展的战略性举措，加强组织领导，进一步强化工作目标责任，抢抓发展机遇，加大工作措施，狠抓落实，“学苏北精神，促梁山跨越”，民营经济、招商引资和重点项目建设取得显著成绩，有力地促进了全县经济和社会事业的持续快速发展。但是，在民营经济、招商引资和重点项目建设工作中，发展不够平衡，经济总量偏低，缺乏大型骨干项目；环境仍不够优化；招商引资项目整体质量有待进一步提高。会议建议，进一步解放思想，以新的思想大解放，新的重大举措推动民营经济、招商引资和重点项目建设再上新水平；加大力度，重点突破，努力推进和引导民营经济创新发展；进一步优化发展环境，努力营造更加有利于民营经济发展和招商引资、重点项目建设的社会大环境；加强领导，建立健全和不断完善招商引资、重点项目建设的保障机制和科学决策机制。

关于全县农业产业化工作情况的审议意见 2008年7月25日，梁山县第十六届人大常委会第五次会议听取审议县农办副主任张玉红受县政府委托所作《关于全县农业产业化工作情况的汇报》。会议认为，县政府及职能部门把发展农业产业化作为发展农业经济的关键环节，思想重视、政策落实、措施到位，全县农业产业化建设取得初步成效，促进了农民增收和农村经济社会全面和谐发展。但是，全县农业产业化工作仍处于起步阶段，部分干部群众对农业产业化内涵的理解不够准确和全面，对其重要性认识不足；农业龙头企业数量少、规模小、档次低、带动辐射能力弱；多元化的主导产业群还没有建立和完善；社会服务组织不健全，服务功能弱；某些政策落实不到位，资金投入不足。会议建议，提高认识，不断加大对农业产业化工作的深入研究；选准工作切入点，建立和完善多元化的农业产业体系；强化措施，培育发展壮大龙头企业；搞好农业市场开发、大力发展农民专业合作组织和中介组织。要统筹规划，合理布局，加大投入，搞好农业市场建设，搭建好农产品交易平台；采取多种筹资、融资方式，不断加大对农业产业化建设的资金投入；建立工作机构，搞好各项服务工作。

关于2008年上半年国民经济和社会发展计划及财政预算执行情况的审议意见 2008年9月24日，梁山县十六届人大常委会第六次会议听取审议县发展和改革局局长贾朝凤、县财政局局长梁开平受县政府委托分别所作《关于梁山县2008年上半年国民经济和社会发展计划执行情况的汇报》和《关于2008年上半年财政预算执行情况的汇报》。会议认为，2008年以来，全县上下认真贯彻落实科学发展观，“学苏北精神，促梁山跨越”紧紧围绕全年任务目标，强化措施，狠抓落实，精心组织运行，各项工作取得明显成效，国民经济和社会各项事业继续保持良好的发展态势，财政预算执行健康平稳。但运行中经济总量小，农业产业化经营程度不高，工业经济运行质量和效益有待进一步提高，经济发展环境有待进一步优化，财政增长的基础仍比较薄弱。会议建议，积极发展现代农业；进一步提高工业经济运行质量；全面提升民营经济发展的层次和水平；强化收入征管，严格预算管理，努力完成预算任务。

关于反贪污贿赂工作情况的审议意见 2008年9月24日，梁山县十六届人大常委会第六次会议听取审议县检察院副检察长马明进受检察长张义民委托所作《关于反贪污贿赂工作情况的报告》。会议认为，2008年以来，县人民检察院认真贯彻中央和省市委关于反腐败工作的指示精神，高度重视，措施有力，侦查水平和办案能力有新的提高，反贪污贿赂工作有了重大突破，为和谐社会建设提供了强有力的司法保障。但是，职务犯罪隐蔽性强，查处本地的大要案少；运用科技手段办案的能力比较低，专业技术设备不配套；反贪业务经费不足。为进一步做好反贪污贿赂工作，会议建议，继续强化对反贪工作的领导；进一步加大查处贪污贿赂犯罪工作的力度；进一步加强队伍建设；努力解决检察工作业务经费困难。

关于全县社会治安情况的审议意见 2008年10月31日，梁山县十六届人大常委会第七次会议听取审议县公安局政委马琨生受县政府委托所作《关于全县社会治安情况的报告》。会议认为，县政府及公安部门坚持以科学发展观为统领，以奥运安保为中心，以创造和谐稳定社会环境为目标，以“八大专项行动”为抓手，统筹布局、真抓实干，发扬特别能吃苦、特别能战斗、特别能奉献的精神，认真履行工作职责，维护了政治安定和社会稳定，为促进全县经济发展和社会事业进步做出了突出贡献。但是，全县社会治安形势仍然严峻，维护稳定的任务依然相当艰巨繁重，刑事发案仍然较高。抢劫抢夺案件发案仍然较高，入室盗窃、扒窃等侵财性案件比率较大；影响社会治安的因素还依然存在政治领域的斗争复杂多变，利用网络进行违法犯罪活动的案件呈增多趋势；个别单位治安防范措施还落实不到位；公安业务经费紧张、装备落后。为进一步做好社会治安工作，会议建议，继续开展严打整治斗争；全力做好维护政治稳定和社会安定工作；进一步强化治安管理和防范；全面推进公安队伍正规化建设；进一步加强对公安工作的领导。

关于《劳动合同法》贯彻实施情况和民营企业职工社会保险扩面征缴工作情况审议意见 2008年11月27日，梁山县第十六届人大常委会第八次会议听取审议县劳动和社会保障局局长李士兵受县政府委托所作《关于〈劳动合同法〉贯彻实施情况和民营企业职工社会保险扩面工作情况的汇报》。会议认为，全县宣传贯彻实施《劳动合同法》和民营企业职工社会保险扩面征缴，取得明显成效，广大劳动者合法权益得到有效维护，和谐稳定的劳动关系正在逐步形成。但是，一些部门和单位的认识不到位；少数行政事业单位、企业违法用工，随意用工的情况依然存在；个别企业不与劳动者签订劳动合同，未按照法律规定规范劳动者之间的权利义务，用人单位延长或变相延长劳动时间，不按时足额支付劳动报酬，不依法缴纳劳动社保金等侵害劳动者利益的现象仍然存在；有的单位清退临聘人员的工作力度不大，对处理历史原因形成的劳动用工遗留问题缺乏严格依法办事意识；全县协调劳动关系的“三方机制”还没有依法建立健全并发挥作用。会议建议，加强组织领导，强力推进《中华人民共和国劳动合同法》和民营企业职工社会保险扩面工作的贯彻实施；突出工作重点，严格按《中华人民共和国劳动合同法》和民营企业职工社会保险扩面工作的规定办事；加强执法监管，切实保护劳动者的合法权益。

关于2007年度县级预算执行和其他财政收支审计查出问题整改情况的审议意见 2009年

4 月 23 日，梁山县十六届人大常委会第十二次会议听取审议县审计局局长李若宽受县政府委托所作《关于 2007 年度县级预算执行和其他财政收支审计查出问题整改情况的报告》。会议认为，县政府及相关部门对审计查出问题的整改工作高度重视，认真履行职责，措施得力，成效显著。认真纠正审计查出的各类问题，各项审计决定得到较好落实，有效地促进了财政财务管理水平的提高。但是，一些问题的整改还不够到位；涉及体制性、机制性和政策性等问题的整改比较困难；整改工作有待进一步加强。为了进一步做好查出问题的整改工作，会议建议，提高认识，进一步加强审计查出问题的整改工作；抓好典型，树立审计权威，坚决遏制违法违纪行为；突出重点，扎实推进审计监督。

关于县十六届人大二次会议代表议案及建议办理情况的审议意见 2009 年 4 月 23 日，梁山县十六届人大常委会第十二次会议听取审议县政府办公室主任崔根博受县政府委托所作《关于县十六届人大二次会议代表议案及建议、批评和意见办理情况的报告》。会议认为，县政府及有关部门对代表议案及建议、批评和意见的办理工作领导重视，措施有力，办理认真，解决了代表及群众反映强烈的一些热点、难点问题。但是，有的承办单位对办理工作认识不高，抓得不紧；部分单位有重答复、轻落实的现象；个别部门未作深入调查研究，答复的针对性、规范性不强；有些建议的办理工作任务还相当艰巨，办理力度有待进一步加大。为此，会议提出如下意见：提高认识，认真办理；加强联系，做好沟通；加快进度，规范答复；狠抓落实，提高实效。

关于全县一季度招商引资及“三重”工作情况汇报的审议意见 2009 年 4 月 23 日，梁山县十六届人大常委会第十二次会议听取审议县发展和改革局副局长孔庆金受县政府委托所作《关于全县一季度招商引资及“三重”工作情况汇报》。会议认为，今年以来，县政府始终把招商引资和“三重”工作作为促进经济发展，培植发展后劲的重大举措，一季度全县经济形势得到好转，经济结构得到调整，招商引资和“三重”工作取得显著的成绩，有效地促进了全县经济和社会事业的平稳快速发展。但是，在招商引资和“三重”工作中，经济结构总量偏小，结构性矛盾依然突出，招商引资大项目、好项目偏少，项目建设推进力度还不够大，投资总量不足的问题依然存在，乡镇之间发展不平衡的问题还比较明显。为此，会议提出如下建议：进一步加大对招商引资和“三重”工作的督促、协调力度；制定更加有力的奖惩措施，改进招商方式；各乡镇要把当前工作的重心尽快转移到抓招商引资、抓“三重”工作上来；各级各部门一定要进一步营造更加有利于招商引资和“三重”工作的社会大环境。

关于 2009 年为民办好十件实事工作情况的审议意见 2009 年 7 月 3 日，梁山县十六届人大常委会第十四次会议听取审议县长助理、县政府办公室主任崔根博受县政府委托所作《关于 2009 年为民办好十件实事工作情况的汇报》。会议认为，今年以来，县政府始终把解决民生问题作为推动经济社会平稳较快发展、构建和谐梁山的重中之重，紧紧围绕与广大人民群众生产生活息息相关的最直接、最现实、最迫切的问题，认真兑现在县十六届人大二次会议上向全县人民作出的办理 10 件实事的郑重承诺，取得初步成效。但是，实事办理工作进展不尽平衡、一些部门和乡镇协调配合不够、部分资金没有完全到位等薄弱环节和问题，需要认真研究解决。会议建议，要确保质量，加快进度；加强领导，强化督查；积极争取，加强调度；认真总结，推广典型，让人民群众享受改革发展的成果。

关于全县就业再就业工作情况的审议意见 2009 年 7 月 30 日，梁山县十六届人大常委会第十五次会议听取审议县劳动和社会保障局副局长王万科受县政府委托所作《关于全县就业再就业工作情况的报告》。会议认为，全县以突出困难群体、农民工两大群体为重点，采取“政策推动、经济拉动、培训助动、市场促动”等措施，逐步健全“政府促进就业、市场调节就业、劳动者自主择业”机制和完善“政策落实、岗位开发、就业培训、职业介绍”体系，形成各方联动、齐心协力抓就业再就业工作的良好局面。但是，劳动力供求结构性矛盾较为突出，农村劳动力技能缺乏，学校毕业生增加，就业援助工作难度加大，促进就业的各项补贴补助资金缺口较大、相关优惠政策落实困难。为此，会议要求，以经济发展促进就业，技能培训与经济发展需求相对接；大力宣传农民工返乡就业，切实抓好政策落实；继续采取有效措施，切实解决好就业难点；多管齐下，构建社会化就业工作大格局；整合资源，共享信息，建立统一的人力资源市场。

关于农村土地承包和流转工作情况的审议意见 2009年7月30日，梁山县十六届人大常委会第十五次会议听取审议县农业局局长房继宽受县政府委托所作《关于农村土地承包和流转工作情况的汇报》。会议认为，县政府及其职能部门把农村土地承包和流转工作，作为贯彻执行《农村土地承包法》的主要环节，领导重视，政策落实，措施到位，全县农村土地承包和土地流转工作取得一定的成效，促进了农民增收和农村经济社会的全面发展。但是，对《农村土地承包法》的学习宣传还不够广泛深入；农村土地承包经营权证书补换发工作进度不快；土地承包经营流转机制还不健全。会议建议，要提高对农户承包土地使用权流转工作的认识；要坚持稳定和完善家庭承包经营制度；要全面建立农户承包土地使用权流转机制；要充分保护农户承包土地使用权流转的合法权益；要切实加强对农户承包土地使用权流转工作的领导。

关于2009年上半年国民经济和社会发展计划及财政预算执行情况的审议意见 2009年9月29日梁山县十六届人大常委会第十六次会议听取审议县发展与改革局局长贾朝凤、县财政局局长梁开平受县政府委托分别所作《关于梁山县2009年上半年国民经济和社会发展计划执行情况的报告》《关于2009年上半年财政预算执行情况的报告》。会议认为，上半年县政府及有关部门深入贯彻落实中央、省、市一系列保增长、促发展的政策措施，凝心聚力、克难攻坚，努力克服经济形势的不利因素，经济和社会事业取得较好成效，财政预算执行基本平稳。但是，工业生产下滑态势没有得到根本遏制；投资规模小、档次低；农业资源匮乏，龙头项目少，农业结构不合理，农民增收的难度大；服务业发展缓慢，旅游业带动作用不明显；财政增收困难，刚性支出压力大，累计挂账多，财政运行风险加大；税收征管还存在一定的薄弱环节。会议建议，狠抓项目，求实求效，促进经济持续发展；明确重点，把握关键，确保全年目标任务的实现；继续强化财税工作，确保完成预算任务；着力抓好“三保”工作，努力构建和谐社会。

关于县政府治安防控网络建设工作的审议意见 2009年9月29日，梁山县十六届人大常委会第十六次会议听取审议县长助理、县公安局局长张作宜受县政府委托所作《关于全县社会治安防控网络建设工作情况的报告》。会议认为，近年来，县政府及公安部门全面加强社会治安防控网络建设，在公安基层基础工作、城乡巡防建设、治安监控网络建设和公安信息化方面进行大量卓有成效的工作，严厉打击各类刑事犯罪，及时处置社会治安隐患和治安事件，为全县的发展稳定作出了突出贡献，全县城乡社会治安状况持续好转，人民群众的安全感有新的提升。但是，有的单位对社会治安防控工作重视不够，群防群治方面存有薄弱环节；治安防控设施覆盖率低，尤其是农村相对落后；公安信息化工作需要加强，实行网上办案需要加大资金投入；经费短缺是制约防控体系建设的重要因素。会议建议，进一步加强对社会治安防控工作的领导；进一步调动基层群众参与治安防控工作的积极性；推进公安信息化建设；建立多警协作、打防控一体化的新机制。

关于贯彻执行《科技进步法》工作情况的审议意见 2009年12月4日，梁山县十六届人大常委会第十七次会议听取审议县科技局局长王先华受县政府委托所作《关于〈中华人民共和国科技进步法〉贯彻执行情况的报告》。会议认为，近年来，县政府大力宣传《中华人民共和国科技进步法》，增强全民科技意识，制定一系列的科技实施政策，优化科技政策环境，结出大批科技成果，涌现出一批科技人才，做出显著成绩。但是，全县科技投入仍显不足；全县科技意识仍需加强；科技人才队伍建设亟待加强；科技主管部门协调手段有限，难以形成合力；科技培训应用需要加强；科研示范基地建设需要加强。为进一步促进全县科技事业的发展，会议建议，加大对科技事业的投入；进一步营造吸引科技人才的环境；进一步提升企业的创新能力；进一步强化科技管理部门的职能；加大对科技工作的考核力度。

关于服务经济平稳快速发展工作情况的审议意见 2009年12月4日，梁山县十六届人大常委会第十七次会议听取审议县法院院长李培宪作《关于服务经济平稳快速发展工作情况的汇报》。会议认为，2009年以来，县法院切实履行宪法和法律赋予的职责，围绕全县工作大局，全面发挥司法职能，完善司法为民措施，巩固和深化各项改革，不断加强政治教育和业务培训，队伍的规范化和职业化建设进一步完善，服务全县经济平稳快速发展工作成效显著。但是，个别法官“三保”意识不强，职业素质不高，秉法办案、公正廉明的思想还有待进一步增强；案多人少，年龄结构失衡，后继乏人，办公条件简陋的状况还有待进一步改善。为进一步做好年末岁尾和新的一年的法院工作，会议建议，继续推进和深化法院改革，加强队伍建设，提升司法效能；强化执行手段，进一步提高结案率；加大宣传力度，提升法院工作的公信度和司法权威；加强监督手段，确保公正司法。

关于县检察院诉讼监督工作的审议意见 2009年12月4日梁山县十六届人大常委会第十七次会议听取审议县人民检察院检察长张义民所作《关于梁山县人民检察院诉讼监督工作开展情况专项工作报告》。会议认为，县检察机关认真履行法律监督职能，积极开展诉讼活动的法律监督工作，努力维护公平正义，为保障全县经济发展和社会和谐作出了积极贡献。但是，当前诉讼监督工作开展中监督机制有待进一步健全、部分检察人员监督意识及能力有待提高、有些诉讼监督工作不够到位等薄弱环节，检察人才匮乏，案多人少，办案经费紧张。会议建议，进一步深化监督工作宣传，努力提升诉讼监督的社会知情度和关注度；强化监督意识，切实增强诉讼监督自觉性、主动性；健全监督工作机制，不断推进诉讼监督制度化、规范化；加强队伍专业化建设，着力提高诉讼监督能力和水平。

关于2008年度本级预算执行和其他财政收支审计查出问题整改情况的审议意见 2010年6月29日，梁山县十六届人大常委会第二十一次会议听取审议县审计局局长艾桂秋受县政府委托所作《关于2008年度本级预算执行和其他财政收支审计查出问题整改情况的报告》。会议认为，县政府及相关部门对查出的问题及整改工作高度重视，严肃认真地履行监督职责，整改工作深入扎实。各部门单位注重标本兼治，整改成效较为明显。整改和预防管理的相关制度得到进一步强化，基本达到了审计监督的目的。但是，审计查出问题整改任务仍很艰巨；涉及长久性、多发性、体制性、机制性问题的整改仍比较困难；审计监督工作力度有待进一步加大。会议建议，严格执法，看好资金；突出重点，查深查细；善始善终，抓好整改；加强学习，提高素质。

关于县政府投融资平台建设及融资担保情况报告的审议意见 2010年7月30日，梁山县第十六届人大常委会第二十二次会议听取审议县财政局局长梁开平受县政府委托所作《关于梁山县政府投融资平台建设及融资担保情况的报告》。会议认为，县政府先后搭建的三个投融资平台，有力地支持了全县重点项目建设和地方经济的发展，取得显著成效。为进一步加强县政府融资平台建设，加大合法融资力度，会议建议，进一步加大领导力度；加大宣传力度；加大融资和资金使用力度；加大监管力度；三个融资平台要进一步增强信誉意识，按时偿还本息，树立良好形象，有利于扩充融资空间，拓宽资金渠道，多融资，多投入，多办事，以更多的投入，促进全县经济和社会各项事业的更好更快发展。

关于县十六届人大三次会议代表议案及建议、批评和意见办理情况的审议意见 2010年7月30日，梁山县第十六届人大常委会第二十二次会议听取审议县长助理、县政府办公室主任崔根博受县政府委托所作《关于县十六届人大三次会议代表议案及建议、批评和意见办理情况的报告》。会议认为，县政府及承办单位高度重视人大代表议案、建议、批评和意见的办理工作，不断改进议案、建议办理方法，责任明确，措施有力，逐一书面答复了代表，议案和建议的办理工作取得一定成效。但是，少数承办单位对办理人大代表议案、建议工作认识不高；部分单位满足于“文来文往，答复了事”的老办法，办理方案和措施不够具体，可操作性不强；有的单位未与代表沟通、征求代表的意见。为此，会议要求：要进一步统一思想，提高认识；加强领导，强化责任；完善制度，提高质量；跟踪督办，增强实效。

关于集体林权制度改革工作情况报告的审议意见 2010年7月30日，梁山县第十六届人大常委会第二十二次会议听取审议县林业局局长赵延奎受县政府委托所作《关于集体林权制度改革工作情况的报告》。会议认为，全县集体林权制度改革工作，取得显著成效，林改工作在全县已有序的推进，切实有效地调动和激发了广大群众造林护林、发展林业产业的积极性，促进了林业资源的保护和发展。但是，全县林改工作还存在着一些不容忽视的问题，林改工作的任务仍然艰巨，需要继续扎实努力的工作。经过审议，会议建议，加强林改政策的宣传工作，进一步提高对林改工作的认识；以科学发展观为指导，加大林改工作力度，建立和完善推动林业发展的长效机制；强化领导，落实责任，全面推动林改工作；严肃纪律，维护稳定。

关于2010年上半年国民经济和社会发展计划及财政预算执行情况的审议意见 2010年9月30日，梁山县十六届人大常委会第二十三次会议听取审议财政局局长梁开平、县发展和改革局局长贾朝凤受县政府委托分别所作《关于2010年上半年财政预算执行情况的报告》《关于梁山县2010年上半年国民经济和社会发展计划执行情况的报告》。会议认为，今年以来，县政府及有关部门全力以赴转方式调结构，锐意进取，创新实干，各项工作扎实有效推进，全县经济社会平稳较快发展。但是，经济总量较小，整体实力不强；财政基础薄弱，实现财政收支平衡压力较大；投资增长乏力，支撑和助推经济战略型的大项目、好项目少，发展后劲不足；乡镇之间、产业之间发展不平衡；农业产业化和新农村建设进程较为缓慢；投融资力度要加大，制约体制亟待突破。会议建议，突出抓好经济运行；突出抓好招商引资和重点项目建设；重点抓好农业结构调整；大力实施旅游兴梁战略；贯彻积极的财政政策，确保全年预算目标的实现。

关于2010年为民办好十件实事进展情况的审议意见 2010年9月30日，梁山县十六届人大常委会第二十三次会议听取审议县长助理、县政府办公室主任崔根博受县政府委托所作《关于2010年为民办好“十件实事”进展情况的报告》。会议认为，县政府在人代会上承诺的2010年为民办好的十件实事，抓住了全县人民关心、关注的热点、难点问题，所办实事选得准、找得好，符合梁山的实际，真正把十件实事的办理当成了解决民生问题、增进百姓福祉、促进社会和谐的重要举措，当成了德政工程、民心工程。但是，工作进展不尽平衡、某些部门主观能动性还不够强、资金政策争取不够到位。为确保十件实事顺利完成，会议建议，立足一个“早”字，加快进度，确保十件实事早日完成；立足一个“好”字，把实事办实，把好事办好；立足一个“长”字，进一步完善为民办实事的长效机制。

关于食品安全工作的报告的审议意见 2010年11月30日，梁山县十六届人大常委会第二十四次会议听取审议县卫生局局长袁东成受县政府委托所作《食品安全工作报告》。会议认为：县政府及各职能部门高度重视食品安全工作，不断加强组织领导，统一思想，完善体制机制，充分履行食品安全监管职责，加大宣传力度，各部门协调联动，工作细致扎实，职责行使到位，全县食品安全工作取得显著成绩。但是，《食品安全法》宣传的广度和深度还不够，食品安全法制意识有待继续增强；监管条件和能力还不够适应工作需要，监管科技含量不足；食品生产企业质量安全基础薄弱；协调机制有待加强。会议建议，进一步加大宣传力度，提高全社会和从业人员的食品安全意识；增强食品安全工作的责任感和紧迫感，强化食品安全监管工作；加大依法监管力度；加快诚信体制建设。

关于对县法院推进三项重点工作的报告的审议意见 2010年11月30日，梁山县十六届人大常委会第二十四次会议听取审议县法院院长李培宪代表县法院所作《关于深入推进三项重点工作情况的报告》。会议认为，县法院强化审判职能，拓展司法服务领域，扎实推进社会矛盾化解、社会管理创新、公正廉洁执法等三项重点工作，为全县经济社会稳定和谐发展作出了积极贡献。但是，对三项重点工作宣传不够；化解社会矛盾的方式方法需要不断改进；参与社会管理的机制需要完善。会议建议，进一步提高对三项工作的认识；积极参与社会管理创新；扎实推进社会矛盾化解；加强队伍建设。

关于对县检察院反渎职侵权工作情况报告的审议意见 2010年11月30日，梁山县十六届人大常委会第二十四次会议听取审议县检察院检察长张义民代表县检察院所作《关于反渎职侵权工作报告》。会议认为，县检察院高度重视反渎职侵权工作，有力地查办一批渎职侵权案件，促进依法行政和公正司法，为维护人民群众的的合法权益，保障经济发展，推进社会和谐稳定做出积极的贡献。但是，案件线索发现难、办案取证难；社会认知度低，反渎职侵权工作的舆论环境需要优化；检察人员业务素质和侦查水平需要进一步提高。会议建议，开展反渎职侵权宣传活动；加大查办渎职侵权犯罪工作的力度；不断加强队伍建设和司法规范化建设。

关于全县抗旱及农田水利基本建设情况的审议意见 2011年2月28日，县十六届人大常委会第二十八次会议听取审议县水利局局长刘志刚代表县政府所作《关于全县抗旱及农田水利基本建设工作情况的报告》。会议认为，近几年来，县政府及相关部门积极争取建设项目和资金，努力保障配套资金，下大气力做好重点水利工程、农田水利工程及饮用水安全工程建设，取得显著成效，并对水利工程进行科学管护，切实发挥了全县水利工程的基础性和保障性作用。特别是面对去冬今春以来的严峻旱情，全县齐心协力，采取蓄、引、提、灌、井等措施，打好抗旱救灾攻坚战，为夏粮丰收及春季农业生产打下了良好的基础。为进一步推动全县水利事业发展，会议提出如下审议意见：进一步提高对水利重要性的认识；进一步加大水利建设投入；进一步加强水利工程的建设和管理。

关于代表议案及建议、批评和意见办理情况的审议意见 2011年4月29日，梁山县十六届人大常委会第二十九次会议听取审议县政府办公室主任马涛受县政府委托所作《关于县十六届人大四次会议代表议案及建议、批评和意见办理情况的报告》。会议认为，县政府及有关部门对代表议案及建议、批评和意见的办理工作，领导重视，制度健全，责任明确，注重实效，解决了代表及群众反映强烈的一些热点、难点问题，效果较好。但是，个别承办单位对建议的答复过于原则、简单和空泛，针对性不强；有的单位缺乏与代表的联系和沟通，开门办理力度不大；部分单位对办理的建议调查研究不深，措施不够有力等。为尽快把代表议案及建议的办理工作真正落到实处，会议提出如下意见：提高认识，加强领导；改进方法，提高质量；跟踪督办，增强实效。

关于县级预算执行及财政收支审计情况的审议意见 2011年6月30日，梁山县第十六届人大常委会第三十一次会议听取审议县审计局局长艾桂秋受县政府委托所作《关于2009年度县级预算执行和其他财政收支审计查出问题整改情况及2010年县级预算执行和其他财政收支的审计工作报告》。会议认为，县政府及相关部门对县本级预算执行和其他财政收支的审计工作高度重视，认真细致地进行审计，对上年查出的问题认真整改纠正，有效地促进了财政财务管理水平的提高。但是，工作中仍存在一些不容忽视的困难和问题：一些问题的整改还不够到位，存在屡查屡犯的问题，涉及政策性的问题整改比较困难，审计整改工作有待进一步加强。为进一步做好同级审计和整改工作，会议建议，进一步加强审计查出问题的整改工作；加强审计监督，树立审计权威，建立健全长效管理机制；加强审计队伍建设，不断提升执法执纪水平。

关于全县社会治安和城区交通秩序整治情况的审议意见 2011年4月29日，梁山县十六届人大常委会第二十九次会议听取审议县公安局局长张作宜受县政府委托所作《关于全县社会治安工作情况的报告》和《关于城区交通秩序整治情况的报告》。会议认为，县政府及公安部门积极创新社会管理方式，积极开展严打整治活动，不断强化治安防控体系建设，破获严重危害社会治安的一批大案要案，处理了影响社会治安的一些违法行为，全县社会治安形势总体稳定，人民群众的安全感进一步提升。认真贯彻道路交通安全法，城区交通秩序整治取得明显成效，和谐有序的道路交通环境基本形成，方便了群众出行和生产生活。但是，治安案件仍然呈多发态势，命案发案有所上升；防控体系还不够健全，群防群治措施未得到全面落实；群众交通安全意识淡薄，城区交通规划滞后，停车场数量少；个别干警服务意识不强。会议建议，深入开展严打斗争；进一步完善治安工作机制；加强基层基础工作；围绕“降事故、保安全、保畅通”的目标，继续开展平安畅通县活动；加强公安队伍建设。

关于城市总体规划实施情况的审议意见 2011年6月30日，梁山县十六届人大常委会第三十一次会议听取审议县规划局局长赵锦民受县政府委托所作《关于城市总体规划（2010-2030）实施情况的工作报告》。会议认为，县政府高度重视城市总体规划的启动实施工作，城市规划管理初见成效，城市发展定位更加准确，城市发展方向更加明晰，总体布局更加合理。但是，城市总体规划实施步伐仍较为缓慢；城市总体规划宣传力度应进一步加强；专业技术人员力量薄弱；覆盖面应进一步扩大。为了加快实施梁山县城市总体规划，会议建议，加大城市总体规划的宣传力度；加快规划的实施；扩大规划范围的覆盖面；提高规划管理人员素质；强化规划管理，依法加大规划执法力度。

关于旅游产业发展总体规划启动实施情况的审议意见 2011年6月30日，梁山县第十六届人大常委会第三十一次会议听取审议县旅游局局长佟振堂受县政府委托所作《全县旅游产业发展总体规划启动实施情况的工作报告》。会议认为，县政府高度重视旅游业的发展，所制定的旅游产业发展总体规划理念新，空间布局合理，旅游产业要素齐全，确立的“水浒故地，忠义梁山”的旅游品牌定位准确，具有很强的前瞻性、创新性和战略性。县旅游局等相关部门严格按照规划，扎实开展工作，一批景点相继建成竣工，景区变化日新月异，开创了旅游发展新局面。但是，规划实施、景区建设缺少资金和人员；控制性、详细性规划的制定滞后；核心景区品牌特色彰显不够；旅游产业链条仍较短；周边发展压力继续增大。会议建议，进一步提高加快旅游产业发展的认识；加大宣传推介力度，提高水浒旅游的知名度，满足游客的期望值；加快规划建设，通过打造精品项目提升旅游的吸引力和竞争力；拓宽旅游产业投融资渠道，加大对旅游产业的投入；坚定不移地加快AAAAA景区创建活动。

关于“十二五”规划实施、经济和社会发展计划执行情况、财政预算执行情况的审议意见 2011年8月22日，梁山县十六届人大常委会第三十二次会议听取审议县发展改革局局长崔根博、县财政局局长梁开平受县政府委托分别作《关于梁山县“十二五”规划实施、2011年上半年国民经济和社会发展计划执行情况的报告》《关于梁山县2011年上半年财政预算执行情况的报告》。会议认为，全县各项工作扎实有效推进，财税收入实现时间过半，任务超半，支出有序进行，全县经济社会发展呈现良好局面，为圆满完成“十二五”规划的任务目标奠定了良好基础。但是，当前全县经济社会发展水平依然很低，经济总量小，缺乏高科技、外向型大项目支撑；工业结构单一，抗风险能力差；经济形势异常严峻，税收压力大，硬性支出不断增加，收支矛盾明显。为确保完成全年计划和财政预算任务，会议建议，全力突破工业；扎实推进现代农业；大力发展第三产业；严格预算收支管理。

关于刑事审判工作的审议意见 2011年8月22日，梁山县十六届人大常委会第三十二次会议听取审议县人民法院院长李培宪所作《关于刑事审判工作情况的报告》。会议认为，县人民法院认真履行刑事审判职能，依法打击各类刑事犯罪，保护人民群众生命财产安全，落实刑事量刑规范化政策，严格执行各项审判制度，积极参与社会管理创新和矛盾化解，维护社会和谐稳定。但是，对法律法规宣传不够有力，重、特、大案件的审判公开程度、对外宣传的力度不够；案件审判质量需进一步提高；刑事审判法官队伍建设有待进一步加强，司法理念有待进一步转变。会议建议，加大法制宣传力度，增强刑事审判社会效果；不断提高刑事审判质量；强化审判队伍建设；要进一步加强对刑事审判工作的领导。

关于办好“十件实事”进展情况的审议意见 2011年10月20日，梁山县十六届人大常委会第三十三次会议听取审议县政府办公室主任马涛受县政府委托所作《2011年为民办好“十件实事”进展情况的报告》。会议认为，2011年的为民办好的十件实事，是事关全县经济社会协调发展和群众生活的重点、热点、难点问题，县政府采取跟踪督办、派人协办、电话催办等形式，促进十件实事办理的进度。各承办、协办部门单位共同努力，实事办理工作进展顺利。但是，从整体进展情况来看，十件实事的办理还存在着进度不平衡现象等问题。为确保实事如期完成，会议建议，县政府及相关部门，对工程顺利的项目，要认真总结经验；对进展不顺利的项目，要认真查找原因，针对性地提出完成目标任务的有效措施；对未完工项目，县政府要加大督导检查力度，尽快排出项目竣工时间表，抓住当前项目建设的黄金季节，利用今年剩余两个多月的时间，加快进度，确保十件实事早日完成，力争向全县人民交一份满意的答卷。

关于招商引资和“三重”工作情况的审议意见 2011年10月20日，梁山县十六届人大常委会第三十三次会议听取审议县发改局副局长蒋先文、县商务局局长孙长栋受县政府委托分别所作《全县“三重”工作情况报告》《梁山县招商引资工作报告》。会议认为，2011年以来，县政府把招商引资和“三重”工作作为加快发展的重中之重，广泛开展多形式、多层次的招商引资活动，取得显著成效，有力地促进了国民经济和社会事业的持续快速发展。但是，在招商引资和“三重”工作中发展不够平衡，支柱项目少，工程进度不够快，环境不够优化。为进一步做好全县招商引资和“三重”工作，会议建议，增强开拓创新意识，强化工作措施，优化发展环境，推进“三重”和招商引资工作顺利进展。

关于民行检察工作的审议意见 2011年10月20日，梁山县十六届人大常委会第三十三次会议听取审议县人民检察院检察长张义民所作《关于梁山县人民检察院民行检察工作情况的报告》。会议认为，近几年来，县人民检察院依法履行民行检察职能，认真办理民事行政申诉、控告案件，不断提高办案效率和质量，积极探索民行检察工作新方法，为维护当事人合法权益、促进司法公正、构建和谐社会、维护社会稳定发挥了积极作用。但是，在扩大社会宣传、提高社会知晓度、提高办案效率等方面需要改进。为进一步推进检察院民行检察工作的开展，会议建议，加强宣传，进一步扩大民行检察工作的社会知晓度，营造支持检察机关依法开展民行检察工作的良好氛围；进一步提高民行检察工作的效果，努力维护司法权威和社会和谐稳定；切实加强工作沟通与协调；加强检察队伍建设，保证公正执法和队伍廉洁，不断提高民行检察工作的公信力。

十七届人大常委会审议

关于城乡安防畅通工程建设情况的审议意见 2012年4月27日，梁山县十七届人大常委会第三次会议听取审议县公安局局长张作宜受县政府委托所作《关于全县城乡安防畅通工程建设情况的报告》。会议认为，县政府及公安部门在安防畅通工作上，高度重视，精心谋划，强化措施，细化责任，狠抓落实，加快全县城乡安防工程建设步伐，努力保障了城乡道路的畅通。但是，治安防范、公共管理的力度需要进一步加大；隐患排查、重点行业的监管需要进一步强化；乡村、企业三级平台建设的步伐需要进一步加快。会议建议，统一思想，进一步提高认识；严密巡逻防控，构建有序社会环境；强化打击整治，确保社会治安平稳；严格社会管理，努力消除安全隐患。

关于城市基础设施重点工程建设情况的审议意见 2012年4月27日，梁山县十七届人大常委会第三次会议听取审议县住房和城乡建设局局长李迎绪受县政府委托所作《梁山县城市基础设施重点工程建设情况的报告》。会议认为，县政府集中精力突破新城区、完善提高老城区，各项城市基础设施建设取得可喜的成绩。但是，城市基础设施重点工程建设存在资金问题；基础设施项目要依法依规办理各项手续，需要一定的时间，延缓了工程进度；基础设施管护措施不力，部分居民素质不高，破坏基础设施的情况时有发生，环境脏乱差的问题在某些区域还未得到根本解决。对此，会议建议，统一思想，提高认识，切实增强加快城市基础设施建设的责任感和紧迫感；进一步完善规划，加强引导；突出重点，有序推进；创新机制，加强保障；加强督查，确保质量。

关于县级预算执行和其他财政收支情况审计工作的审议意见 2012年6月27日，梁山县十七届人大常委会第四次会议听取审议县审计局局长艾桂秋受县政府委托所作《关于2011年度县级预算执行和其他财政收支情况的审计工作报告》。会议认为，县政府及相关部门对审计查出问题的整改工作高度重视，认真纠正审计查出的各类问题，各项审计决定得到较好落实，有效地促进了财政财务管理水平的提高。但是，一些问题的整改还不够到位；涉及体制性、机制性和政策性等问题的整改比较困难；整改工作有待进一步加强。为了进一步做好查出问题的整改工作，会议建议，提高认识，进一步加强审计查出问题的整改工作；抓好典型，树立审计权威，有效遏制违法违纪行为；突出重点，扎实推进审计监督；加强学习，不断提高职业素质和业务技能。

关于经济和社会发展计划执行情况、财政预

算执行情况的审议意见　2012年8月27日，梁山县十七届人大常委会第六次会议听取审议县发展和改革局局长杨其勇、县财政局局长李士兵分别受县政府委托所作《梁山县2012年上半年国民经济和社会发展计划执行情况的报告》《关于2012年上半年财政预算执行情况的报告》。会议认为，全县工业经济克服重重困难稳中求进，重点项目扎实推进，农业经济稳步发展，投资和消费迅速增长，县域经济实力增强，城乡居民收入持续增加，计划和预算执行情况良好，主要任务目标实现了时间和任务“双过半”，全县经济社会呈现出快速发展的良好态势。但是，在全县国民经济和社会发展计划及财政预算执行过程中，农业基础脆弱问题比较突出，农民增收的潜力和外出务工的难度加大；工业企业一时难于走出困境且发展不够平衡；经济环境不优的问题依然存在；财政收入困难加大，结构性矛盾较为突出，支出压力较大。会议要求：扎实做好农村工作，努力增加农民收入；全面提高工业经济运行质量，确保速度和效益同步提升；狠抓项目落实，注重培植发展后劲；强化财源建设，保障财政收支平衡；加强民生保障，努力构建和谐社会。

关于县人民法院执行工作的审议意见　2012年8月27日，梁山县十七届人大常委会第六次会议听取审议县人民法院院长王爱新所作《梁山县人民法院关于执行工作情况的报告》。会议认为，近年来，县法院不断开拓创新，积极探索，进一步健全工作机制，加大执行力度，执行工作取得明显成效，执行难的问题在一定程度上得到缓解。但执行难问题仍未从根本上得到解决，执行工作规范化水平还有待提高，执行工作的外部环境还有待改善，综合解决执行难的工作机制还需进一步健全。为此，会议要求：县法院应当依法履行执行职责；继续深化执行改革；加强执行工作的规范化建设；增强服务大局意识；切实加强执行队伍建设；积极推动执行联动机制建设和社会信用体系建设。

关于办好十件实事进展情况的审议意见　2012年10月15日，梁山县十七届人大常委会第七次会议听取审议县政府党组成员、县政府办公室党组书记孔庆金受县政府委托所作《关于2012年为民办好“十件实事”进展情况的报告》。会议认为，县政府在人代会上承诺的2012年为民办好的十件实事抓住全县人民关心、关注的热点、难点问题，所办实事选得准、找得好，符合梁山的实际，真正把十件实事的办理当成了解决民生问题、增进百姓福祉、促进社会和谐的重要举措，当成德政工程、民心工程，在各方面的积极努力下，至10月，部分实事已提前完成，十件实事整体进展顺利。但是，部分实事仍未完成，工作进展不尽平衡，某些部门主观能动性还不够强。为了确保十件实事顺利完成，会议建议，进一步提高思想认识，加快工作进度，确保工程质量，完善为民办实事的长效机制。

关于招商引资及“三重”工作情况的审议意见　2012年10月15日，梁山县十七届人大常委会第七次会议听取审议县发改局局长杨其勇受县政府委托所作《关于招商引资及“三重”工作情况的报告》。会议认为，2012年以来，县政府始终把招商引资和“三重”工作作为培植财源、促进经济发展的重大举措，明确目标，明确责任，加大力度，紧盯招商和项目建设不放松，经济结构得到有效调整，招商引资和“三重”工作取得显著成绩。但是，经济规模总量偏小，结构性矛盾依然突出，招商引资难度加大，好项目、大项目偏少，重点项目、重点工程受资金等因素制约推进速度较慢，乡镇之间工作力度及成效悬殊较大，招商引资及项目建设的环境还不够宽松。会议建议，精力要进一步集中；力度要进一步加大；环境要进一步优化。

关于监所检察工作情况报告的审议意见　2012年10月15日，梁山县十七届人大常委会第七次会议听取审议县人民检察院检察长臧卫华所作《梁山县人民检察院监所检察工作情况报告》。

会议认为，县检察院开展“维护刑罚执行和监管活动的公平正义、维护监管秩序稳定、维护被监管人合法权益”的“三项维护”工作，不断加强和改进监所检察工作，加强监所检察科规范化建设，加大刑罚执行监督力度，创新监督方式，维护监管场所秩序和社会稳定，为改革、发展、和谐、稳定做出积极贡献。但是，执法监督规范化建设机制有待于进一步加强；监所检察工作量大、人员数量偏少，不能完全适应当前工作需要；监所监管设备尚未配置完善，运行有待进一步规范。为进一步加强县检察院监所检察工作，会议要求：严格履行监督检察职责；全力以赴搞好合作；进一步加大社区矫正监督力度；强化职务犯罪预防工作；加强规范化建设；加强队伍建设。

关于县十七届人大二次会议代表议案及建议、批评和意见办理情况的审议意见 2013年4月27日，梁山县十七届人大常委会第十一次会议听取审议县政府办公室主任孔庆金受县政府委托所作《关于县十七届人大二次会议代表议案及建议、批评和意见办理情况的报告》。会议认为，县政府认真对待代表议案及建议、批评和意见（以下简称建议）的办理工作，责任明确，措施有力。各承办单位认真答复，主动办理，成效较为明显。但是，少数单位对办理工作重视不够，个别单位重书面答复轻实际办理、与代表沟通联系不主动。会议要求，要进一步提高思想认识，着力在办理上求突破、在执行上抓落实、在解决问题上求实效；加大办理力度，明确办理要求，进行跟踪督办，及时通报情况，充分发挥承办单位的积极性、主动性；加强与代表的联系与沟通，主动征求代表的意见，共同研究解决办理的方案，认真负责地做好议案、建议的办理工作。

关于干部作风监察工作情况报告的审议意见 2013年4月27日，梁山县十七届人大常委会第十一次会议听取审议县监察局局长孙德玉受县政府委托所做《关于干部作风监察工作情况的报告》。会议认为，近年来，县政府及监察部门通过开展“三提一创”活动等有力措施，狠抓干部队伍作风建设，努力提高行政工作效能，干部整体素质有较大提高，违纪违规行为得到严肃查处，一些不良风气得到有效遏止。但是，个别干部身上还不同程度的存有“庸、懒、散”、“冷、横、硬”现象，办事效率不高，需要在下步工作中认真改进和提高。会议要求，充分发挥行政监督职能作用；切实维护群众根本利益；强化宣传教育；建立长效机制；加强监察机关自身建设。

关于城市建设工作情况的审议意见 2013年4月27日，梁山县十七届人大常委会第十一次会议听取审议县住房和城乡建设局局长李迎绪受县政府委托所作《梁山县城市建设工作情况的报告》。会议认为，2013年以来，县政府按照县十三次党代会精神和县十七届人大二次会议确定的工作目标，紧紧围绕“集中突破城市建设”的要求，集中精力突破新城区、新城商务区和老城区改造等方面的工作，并确定了31项大的城市建设项目，其中新城区18项、新城商务区8项、老城区5项。目前每项工程都在全力推进。但是，城市建设中存在、建设资金问题、技术力量问题，影响了施工进度。会议建议，突出重点，合力攻坚；合理安排施工力量，克服业务技术人员不足的困难，加强质量监管，加快推进工程进度；多方筹措资金，广开资金筹措渠道，创新城市建设融资机制，解决城市建设资金不足的难题；加强工作协调配合，形成整体合力。

关于2012年度县级预算执行和其他财政收支审计查出问题及上年整改情况的审议意见 2013年6月27日，梁山县十七届人大常委会第十二次会议听取审议县审计局局长艾桂秋受县政府委托所作《关于2012年度县级预算执行和其他财政收支审计查出问题及上年整改情况的报告》。会议认为，县政府及相关部门对审计查出问题的整改工作高度重视，整改措施得力，成效显著，很好地促进了政府依法征税，依法管税，依法理财水平的提高。审计机关对2012年度县级预算执行情况的审计和税收延伸审计，实事求是地提出了审计评价和整改意见，较好地发挥了审计监督作用。但是，涉及体制性、机制性和政策性的问题整改起来还比较困难，工作还有待进一步加强。为此，会议提出如下意见：加大宣传，进一步提高全社会对审计工作重要性的认识；抓好典型，树立权威，坚决遏制违法违纪行为；突出重点，扎实推进审计监督；注重加强审计队伍建设，不断提高审计业务人员的政治素质和业务技能，以适应全县经济社会健康快速发展的需要。

关于“打霸除恶”工作情况报告的审议意见 2013年6月27日，梁山县十七届人大常委会第十二次会议听取审议县公安局局长张作宜受县政府委托所作《关于“打霸除恶”工作情况的报告》。会议认为，2013年以来，县政府及县公安局始坚持“以人为本”，以构建和谐警民关系为出发点和落脚点，坚持“严打”方针不动摇，严厉打击各类违法犯罪活动，取得显著成绩，产生良好的社会效果。但是，全县“打霸除恶”工作中涉“霸恶”线索总体掌握不足，质量偏低；个别乡镇、部门和干部认识不到位，没有真正把“打霸除恶”列入重要日程，工作力度不大；“打霸”工作的深层次情报掌握不够，发现控制霸恶犯罪的能力不强，追踪深挖不够；犯罪证据的收集难度相对较大；与社会管理创新的要求相比，警力日益不足，经费短缺。为此，会议要求，坚持“严打方针”不动摇；坚持开展“护航行动”不动摇；坚持“预防为主”不动摇；坚持素质建警不动摇；坚持舆论引导不动摇；坚持建设长效机制不动摇；坚持保障有力不动摇。

关于环境保护工作情况报告的审议意见 2013年6月27日，梁山县十七届人大常委会第十二次会议听取审议县环境保护局局长仝义泉受县政府委托所作《梁山县环境保护工作情况报告》。会议认为，今年以来，县政府高度重视环境保护工作，以南水北调水污染及大气污染等防治工作作为当前工作的重中之重来抓，全县集中领导，统一部署，全力推进，强化措施，克难攻坚，多次开展专项行动，确保重点工程如期完成任务，全县环境保护工作取得阶段性成果。但是，列入《梁山县南水北调治污及大气污染防治攻坚行动工作方案》、《梁山县河段长制实施方案》和《梁山县南水北调治污及大气污染防治攻坚行动任务目标承诺书》中的任务目标还没有全面完成，有些治理工作甚至出现反弹，加之污水管网等基础设施建设资金缺口较大，严重影响了整个环保攻坚行动的进程，环保形势依然十分严峻。会议建议，科学制定全县整体环保规划；对现有污染问题尽快治理；严厉打击污染违法行为；进一步加大环境保护工作宣传力度；加强环保队伍和基础设施建设。

关于2013年上半年国民经济和社会发展计划及财政预算执行情况报告的审议意见 2013年8月28日，梁山县十七届人大常委会第十三次会议听取审议县发展和改革局局长杨其勇、县财政局局长李士兵受县政府委托分别所作《关于梁山县2013年上半年国民经济和社会发展计划执行情况的报告》《关于2013年上半年财政预算执行情况的报告》。会议认为：2013年以来，全县突出经济运行、项目建设、民生保障等重点工作，齐心协力，狠抓落实，全县经济实现了平稳较快发展。财政收入增幅凸显，工商税收增量创历史新高，收入结构明显改善，保证了重点支出，超额完成了年初计划目标。但是，发展中经济总量较小，整体实力不强；财政基础薄弱，实现财政收支平衡压力较大；专用车制造、文化出版、纺织服装等产业受国家政策和市场的影响，形势仍不容乐观；投资增长乏力，有效支撑和助推经济战略转型的大项目、好项目少，发展后劲不足；投融资力度需要加大。会议建议，以“工业强县”为目标，突出抓好经济运行；以强化经济发展支撑为目标，突击抓好招商引资和重点项目建设；以强农维稳为目标，加快推进农业现代化；以建设“文化名城”为目标，强力推进城市建设和旅游开发；以实现年度收支平衡为目标，继续强化财税工作；以建设“生态和谐家园”为目标，加快推进和谐梁山建设。

关于社会保险基金征缴工作情况报告的审议意见 2013年8月28日，梁山县十七届人大常委会第十三次会议听取审议县人力资源和社会保障局局长佟振堂受县政府委托所作《关于社会保险基金征缴工作情况的报告》。会议认为：县政府及人社局等有关部门在社会保险基金征缴方面做了大量工作，企业和群众的保险意识明显增强，体制机制得到优化，扩面征缴措施有力，基金运转安全规范，为保障群众生活，维护社会稳定做出了积极贡献。但是，原国有企业的破产改制，缴费能力不足，欠费严重；养老保险收支不平衡，缺口较大，发放形势严峻；有些企业和单位对社会保险认识不够，缴纳保险基金的积极性不高，各险种征缴不平衡；部门联动工作机制需进一步健全和落实等。会议建议，强化宣传，提高全社会依法参保意识；加大力度，切实做好扩面征缴工作；完善措施，进一步加强社保基金管理；积极作为，努力提升业务水平。

关于行政审判工作情况报告的审议意见 2013年8月28日，梁山县十七届人大常委会第十三次会议听取审议县法院院长王爱新所作《关于行政审判工作情况的报告》。会议认为，今年以来，县法院认真履行行政审判职责，依法审理各类行政案件，在维护行政相对人合法权益，促进行政机关依法行政，化解行政争议中发挥了重要作用，有力地推动了依法治县进程。但是，个别法官服务意识、工作意识不强；有的行政案件审判质量效率不高、效果不好。为此，会议要求，进一步有效转变工作角色，全力做好行政案件的法律引导和释明工作；进一步拓宽工作思路，加强和创新非诉案件的执行工作；进一步强化工作措施，健全和完善非诉执行工作机制；进一步提高自身素质，增强非诉执行队伍的司法能力；进一步强化沟通，实现与行政机关的良性互动。

关于招商引资和“三重”工作情况报告的审议意见 2013年10月29日，梁山县十七届人大常委会第十四次会议听取审议副县长崔加清所作《关于招商引资及“三重”工作情况的报告》。会议认为：今年以来，县政府及有关部门按照“落实年、突破年”的工作要求，把招商引资和“三重”工作作为促进经济社会发展的重中之重来抓，取得明显成效。但是，招商引资和“三重”工作与既定目标仍有较大差距，大项目储备不足，在有效支撑和助推经济战略转型的大项目、好项目上没有取得大的突破；招商氛围不够浓厚，招商引资的合力没有形成；项目科技含量低，对税收支持力度小；土地、资金等招商政策兑现不够；招商队伍建设和管理有待进一步加强；“三重”工作进展不平衡，部分项目、工程进展缓慢或仍未开工；有的前期工作滞后，造成当前工作被动；资金紧张影响进度。会议建议，进一步增强做好招商引资和“三重”工作的紧迫感和责任感；创新招商方式，切实提高招商引资的科学性和成功率；强化工作措施，加快推进“三重”工作；优化发展环境，为招商引资和“三重”工作提供环境支持。

关于安全生产工作情况报告的审议意见 2013年10月29日，梁山县十七届人大常委会第十四次会议听取审议县安监局局长梁学玉受县政府委托所作《关于安全生产工作情况的报告》。会议认为：县政府及安监局等有关职能部门以深入开展安全生产专项整治为重点，加强安全生产目标管理和体系建设，强化安全生产培训宣传，严格行政许可准入，狠抓隐患排查治理，安全事故明显下降，没有发生重大安全事故，为全县经济社会发展提供了安全保障。但是，全社会安全生产的意识还较为薄弱，宣传教育的针对性、实效性还有待提高；部分生产经营领域和环节还存在一定的安全隐患；部分企业重视程度不高，措施力度不强，主体责任落实不到位，存在麻痹、侥幸心理；监管技术人员、专业检测设备欠缺，监管队伍执法能力还有待进一步加强。会议建议，强化宣传教育，增强安全意识；完善责任体系，夯实安全基础；突出重点领域，加大监管力度；加强队伍建设，提高监管能力。

关于派驻检察室工作情况报告的审议意见 2013年10月29日，梁山县十七届人大常委会第十四次会议听取审议县检察院检察长臧卫华所作《关于派驻检察室工作情况的报告》。会议认为：县检察院高度重视派驻检察室工作，克服资金、人员不足等方面的困难，强力推进派驻检察室建设，在全市率先实现派驻检察室与基层法庭对应设置的全覆盖，并代表全市接受省检察院的观摩，为梁山赢得荣誉。但是，派驻检察室工作还存在着群众知晓率和认知度低；人员配备不到位，软件开发应用滞后；检察室职能作用未得到充分发挥等问题。会议建议，加大宣传力度，扩大派驻检察室知晓度和影响力；把握工作重点，充分发挥检察室的职能作用；立足检察职能，加大法律监督力度；加强队伍建设，提高履职水平和能力。

关于城区居民供水供暖工作情况报告的审议意见 2014年2月26日，梁山县十七届人大常委会第十八次会议听取审议副县长孔德修所作《关于城区居民供水供暖工作情况的报告》。会议认为，近年来，县政府及住建部门以提升供水水质、提高供暖效果、切实保障民生为出发点，不断加大投入力度，加快设施建设进度，提高供水供暖服务水平，城区供水、供暖情况得到好转。但是，供水水质水垢较多，口感较差；供暖管网不完善，供暖效果不稳定、不均衡，不同程度影响群众正常的生活需求。为此，会议提出以下意见：提高认识，切实增强做好供水供暖工作的责任感和紧迫感；强化措施，努力提高供水供暖质量和水平；加强宣传，营造全社会关心支持的良好氛围；加大投入，为城区供水供暖正常运行提供资金保障。

关于专用车整治和转型升级工作情况报告的审议意见 2014年4月30日，梁山县十七届人大常委会第二十次会议听取审议副县长李士兵所作《关于专用车整治和转型升级工作情况的报告》。会议认为，县政府及有关部门高度重视专用车整治和转型升级工作，将其提高到关乎全县经济发展大局、关乎人民群众生命财产安全的高度加以推进，取得显著成效，有效规范和促进全县专用汽车产业依法健康快速发展。但是，个别非公告企业存在侥幸心理，从事违法生产的现象还有发生；全县专用车产业总体水平还不够高，产品技术含量低，研发能力不强，附加值低。为此，会议提出如下意见：常抓不懈，巩固成果；突出重点，提档升级；密切配合，齐抓共管；未雨绸缪，确保稳定。

关于体育场馆建设工作情况报告的审议意见 2014年4月30日梁山县十七届人大常委会第二十次会议听取审议县教体局局长张广斌受县政府委托所作《关于新城区体育场馆建设工作情况的报告》。会议认为，县政府高度重视体育场馆建设，将其列入全县重点工程，并摆在当前工作的重要位置来抓，不断加强领导，精心组织施工，倒排工期、挂图作战、压茬推进，11个月时间基本完成场馆建设和设施安装任务，为各项赛事的举办打下了坚实的基础。为高标准、高质量的全面完成场馆建设任务，承办好省运会的有关比赛任务，会议提出以下意见：加强领导、强化措施，强力推进场馆建设的扫尾工作；精心组织，周密安排，做好各项赛事的准备组织工作；科学谋划，着眼长远，确保体育场馆赛后得到充分利用。

关于文化市场综合执法工作情况报告的审议意见 2014年4月30日，梁山县十七届人大常委会第二十次会议听取审议县文化市场综合执法局局长李雪受县政府委托所作《关于文化市场综合执法工作情况的报告》。会议认为，县政府通过采取规范执法活动、强化日常监管、建立长效机制、积极开展专项整治等措施，规范文化市场的经营秩序，维护涉文企业的合法权益，有力地促进了全县文化市场的健康繁荣发展。但是，无证非法经营的问题仍未彻底消除；未成年人进网吧等社会关注的热点问题监管还不到位；执法力量薄弱，一定程度上制约了工作的开展等。为此，会议提出以下意见：加强法制宣传，提高经营业主和广大群众的法制意识；强化队伍建设，加大对重点环节重点领域的执法力度；密切协调配合，努力形成文化市场执法的强大合力；加大助推力度，促进出版印刷产业健康快速发展。

关于2013年度县级预算执行和其他财政收支情况的审计工作报告的审议意见 2014年6月26日，梁山县十七届人大常委会第二十一次会议听取审议县审计局局长艾桂秋受县政府委托所作《关于2013年度县级预算执行和其他财政收支情况的审计工作报告》。会议认为，县政府审计部门根据《审计法》的规定，对2013年度预算执行和其他财政收支情况进行了审计，报告实事求是地反映了全县2013年度财政预算执行情况，客观公正地指出了审计反映的问题，提出了切实可行的审计意见，较好地发挥了审计监督作用。但是，缺少对公共基础设施的资金投入情况的审计数据；对有的财政资金使用情况查的不够彻底、不够全面；队伍建设有待进一步加强。为此，会议提出如下审议意见：提高认识，进一步发挥审计监督职能；突出重点，不断提高审计质量和效果；强化整改，确保审计工作真正收到实效；提升水平，切实加强审计队伍建设。

关于城区交通秩序整治工作情况报告的审议意见 2014年6月26日，梁山县十七届人大常委会第二十一次会议听取审议县公安局局长黄涛受县政府委托所作《关于城区交通秩序整治工作情况的报告》。会议认为，近年来，县政府及公安部门高度重视城区交通秩序整治工作，加强领导、强化措施，依法整治各类违法行为，扎实开展城区交通拥堵整治行动，努力维护道路交通秩序，确保城区道路交通安全畅通，取得显著成绩。但是，交通安全宣传力度不够，群众交通安全意识淡薄；道路交通安全基础设施建设还须进一步加强和完善；交通警力还须进一步充实。为此，会议提出如下审议意见：加强法律宣传，提高全民交通安全法制意识；加大执法力度，严厉打击交通违法行为；明确工作责任，密切协作配合；强化队伍建设，进一步提高干警业务素质和执法水平。

关于2014年上半年国民经济和社会发展计划及财政预算执行情况报告的审议意见 2014年8月22日，梁山县十七届人大常委会第二十二次会议听取审议县发展和改革局局长杨其勇受县政府委托所作《关于2014年上半年国民经济和社会发展计划执行情况的报告》、听取审议县政府副县长、财政局局长李士兵所作《关于2014年上半年财政预算执行情况的报告》。会议认为，全县全力推进工业经济、城镇建设、文化旅游、镇域经济、生态建设五大突破，全县经济运行平稳，主要指标增速高于全省全市平均水平，呈现出趋稳向好的态势。财政收入平稳增长，收入结构明显改善，重点企业支撑作用凸显，顺利实现了“时间过半、任务过半”的目标。但是，财政收入总量较小，税收形势不容乐观；财政基础薄弱，实现财政收支平衡压力较大；专用车制造、文化出版、纺织服装等产业生产成本上升，总体效益不高；新增大项目少，投资增长乏力，发展后劲不足；金融及民间融资潜在风险较多。为此，会议要求：加大农业农村工作力度，确保农民增收、农业增效；加快转方式、调结构步伐，促进工业经济转型升级；加快城乡建设，壮大旅游产业，努力打造文化名城；抓好民生工程，确保社会和谐稳定；严格预算管理，确保实现全年财政收支平衡。

关于粮食市场管理工作报告的审议意见 2014年8月22日，梁山县十七届人大常委会第二十二次会议听取审议县粮食和物价局局长李明峰受县政府委托所作《关于粮食市场管理工作情况的报告》。会议认为，县政府及粮食部门创新市场监管理念，完善综合管理措施，扎实开展监督检查，保障国家粮食安全，保护种粮农民利益，促进了全县粮食市场的秩序稳定与发展繁荣。但是，粮食执法人员不足，执法经费紧缺，削弱了对全县粮食市场的有效监管；粮食政策法规和爱粮节粮方面的宣传不够；群众安全储粮意识不强。为此，会议要求：提高认识，强化宣传，营造全社会爱粮节粮的良好氛围；贯彻法规，严格执法，确保粮食市场秩序稳定；健全机制，强化管理，切实抓好粮食储备工作；解放思想，开拓创新，探索粮食事业发展新途径。

关于人民法庭规范化建设工作报告的审议意见　2014年8月22日，梁山县十七届人大常委会第二十二次会议听取审议县法院院长王爱新所作《关于人民法庭规范化建设工作的报告》。会议认为，县法院以基础建设为保障，高起点定位、高标准建设、规范化管理，逐步实现了法官队伍职业化、司法功效最大化、法庭管理信息化、基础建设现代化，提高了审判质效，回应了人民群众的司法需求。但是，案多人少的矛盾突出，个别法庭人员服务意识不强，法庭硬件建设亟待升级。为此，会议要求：牢固树立司法为民理念，促进审判公平公正；加强队伍建设，全力提高法官素质；强化协调配合，拓展服务基层范围；加强设施建设，不断优化诉讼环境。

关于新型农村社区建设工作情况报告的审议意见　2014年10月30日，梁山县十七届人大常委会第二十四次会议听取审议县新型农村社区建设办公室主任张振涛受县政府委托所作《关于新型农村社区建设工作情况的报告》。会议认为，县政府及社区坚持科学规划、市场运作、分类实施，积极稳妥地推进新型农村社区建设，开工社区18处，完成投资10.2亿元，贡献建设用地指标1800余亩，促进了农村土地的集约化利用，改善了农民的居住环境，为全县经济社会的科学发展跨越发展作出了积极贡献。但是，建设资金短缺，资金运作机制不畅通，乡镇、村居压力大，严重影响了社区建设的积极性，产生了一些社会不安定因素；群众观念陈旧，个别乡镇重视不够，宣传引导仍需加强；社区规模较小，功能不尽完善。会议建议，加强宣传引导，营造良好氛围；广泛筹集资金，破解制约瓶颈；坚持高标规划，精心组织实施；强化产业支撑，促进城镇化发展。

关于新城区建设工作情况报告的审议意见　2014年10月30日，梁山县十七届人大常委会第二十四次会议听取审议县住建局局长李迎绪受县政府委托所作《关于新城区建设工作情况的报告》。会议认为，县政府及住建局等有关部门强力实施项目带动，分三次集中开工19个重点城市建设项目，实施“大干100天”行动，城市功能进一步完善，城市档次进一步提升，新城建设取得显著成绩。但是，资金筹措渠道不宽，兑付不到位，影响了政府公信力，引起了上访事件的发生；用地指标少，影响项目进度；各部门协同作战的协作机制还没有真正建立。为进一步做好城市建设工作，会议建议，提振发展信心，进一步增强做好城市建设工作的责任感；强化资本运作，破解制约瓶颈；加强部门协作，形成推进合力；强化质量监管，建设精品工程。

关于控申检察工作情况报告的审议意见　2014年10月30日，梁山县十七届人大常委会第二十四次会议听取审议县检察院检察长臧卫华所作《关于控申检察工作情况的报告》。会议认为，县检察院不断加大工作力度，创新工作模式，着力保障民生，为促进司法公正，保障广大人民群众的合法权益，服务梁山经济发展、社会和谐稳定做出了积极的贡献。但是，控申检察工作宣传的广度、深度不够；与全县其他信访部门尚未形成高效的协调配合机制。为进一步做好控申检察工作，会议建议，加大宣传力度，营造良好氛围；坚持依法办案，发挥检察职能；完善联动机制，形成工作合力；坚持素质兴检，加强队伍建设。

关于农村教育工作情况报告的审议意见　2015年4月29日，梁山县十七届人大常委会第二十七次会议听取审议县教育和体育局局长张广斌受县政府委托所作《关于农村教育工作情况的报告》。会议认为，县政府及教育部门不断加大农村教育工程建设投入，加强农村教师队伍建设，农村教育事业在办学条件、教学质量、队伍建设等方面取得显著成绩，促进全县城乡教育的均衡发展。但是，农村教师结构性缺编问题突出；农村教育基础设施历史欠账多，建设资金缺口较大；农村中小学运动场地、专用教室不足。为进一步做好农村教育工作，会议提出如下意见：持续加大投入力度，进一步改善办学条件；充实农村教师力量，进一步加强队伍建设；提升内部管理水平，进一步提升教学质量；加强法制安全宣传，进一步做好安全工作。

关于基层公共卫生服务工作情况报告的审议意见 2015年4月29日，梁山县十七届人大常委会第二十七次会议听取审议县卫生局局长袁东成受县政府委托所作《关于基层公共卫生服务工作情况的报告》。会议认为，县政府及卫生部门通过加大资金投入，壮大人才队伍，提高服务能力，不断完善县、乡、村三级公共卫生服务网络，建立健全分工明确、信息互通、资源共享、协调互动的公共卫生服务体系，有效提升全县公共卫生服务水平，切实保障了城乡居民的公共卫生需求。但是，全县财政资金紧张，基层公共卫生项目县级财政配套资金难以全额落实到位；基层公共卫生人才不足、人员配备不稳定，队伍建设急需加强。为此，会议提出如下意见：加大宣传引导，提高全社会的公共卫生意识；优化卫生计生资源，凝聚公共卫生服务工作合力；积极争取资金，确保公共卫生服务健康运行；加强队伍建设，努力提高公共卫生服务能力。

关于2014年度县级预算执行和其他财政收支情况审计工作报告的审议意见 2015年6月30日，梁山县十七届人大常委会第二十八次会议听取审议县审计局局长艾桂秋受县政府委托所作《关于2014年度县级预算执行和其他财政收支情况的审计工作报告》。会议认为，县政府及其审计部门对2014年度预算执行和其他财政收支情况进行审计，报告实事求是地反映全县2014年度财政预算执行情况，客观公正地指出审计反映的问题，提出切实可行的审计意见，充分发挥审计监督作用。为此，会议提出如下意见：加强预算编制管理，夯实预算执行基础；高度重视审计工作，充分发挥审计职能；切实抓好督促整改，努力提高审计成效；加强审计队伍建设，着力提升工作水平。

关于农村土地承包经营权确权登记颁证工作报告的审议意见 2015年6月30日，梁山县十七届人大常委会第二十八次会议听取审议县农业局局长赵延奎受县政府委托所作《关于农村土地承包经营权确权登记颁证工作情况的报告》。会议认为，县政府及农业部门通过加强组织领导、广泛宣传发动、规范工作程序、强化责任落实，取得农村土地承包经营权确权登记颁证工作的阶段性成果，为全面完成确权登记颁证工作任务打下了坚实的基础。但是，土地承包关系信息不清，土地权属纠纷多；有的基层工作人员认识不到位，部分农民积极性不高；有的测绘公司工作计划不完善、制度不健全、工作人员责任心不强。为此，会议提出如下意见：提高思想认识，善始善终地抓好农村土地确权登记颁证工作；加大宣传力度，充分调动和激发农民群众的积极性；强化工作措施，妥善处理工作中存在的问题和矛盾；坚持超前谋划，充分发挥土地确权颁证的作用。

关于2015年上半年国民经济和社会发展计划及财政预算执行情况报告的审议意见 2015年8月27日，梁山县十七届人大常委会第三十次会议听取审议县发展和改革局局长赵伟、县财政局局长杨其勇受县政府委托分别所作《关于2015年上半年国民经济和社会发展计划执行情况的报告》和《关于2015年上半年财政预算执行情况的报告》。会议认为，县政府及各职能部门主动适应经济发展新常态，抢抓机遇、积极作为，全县经济社会发展继续保持了良好的发展势头，主要经济指标高于全省全市平均水平，呈现出稳中向好、增速加快的发展态势。但是，经济总量偏小，人均水平偏低；产业层次不高，立县强县项目偏少；企业规模小，创新能力弱；新城建设放缓，开工项目少；财政收入总量偏低，收支矛盾较大。为此，会议提出以下意见：积极抢抓政策机遇，助推县域经济发展；大力推进结构调整，促进工业升级改造；切实抓好项目建设，增强经济发展后劲；着力破解制约瓶颈，推进新城开发建设；不断加强财税管理，提高财政保障能力。

关于环境保护工作情况报告的审议意见

2015 年 8 月 27 日，梁山县十七届人大常委会第三十次会议听取审议县环境保护局局长马德水受县政府委托所作《关于环境保护工作情况的报告》。会议认为，县政府加强组织领导，强化环境监管，严格环境执法，全面完成污染减排目标，有效提升水气环境质量，推进环境保护相关法律法规在全县的贯彻实施，促进了经济建设与生态环境协调发展。但是，龟山河、西环城河等污水黑臭、垃圾漂浮、污染严重，群众反映强烈；开发区、拳铺污水处理厂管网工程进度慢，不能发挥治污效益，污染防控体系不健全；环保执法队伍和执法能力亟待进一步加强。为此，会议提出以下意见：加强宣传，增强全社会环保责任意识；加大投入，加快环保基础设施建设步伐；齐抓共管，确保环保目标责任落到实处；强化保障，加强环保队伍和执法能力建设。

关于人民陪审员工作情况报告的审议意见

2015 年 8 月 27 日，梁山县十七届人大常委会第三十次会议听取审议县法院院长王爱新所作《关于人民陪审员工作情况的报告》。会议认为，县人民法院积极探索建立人民陪审员选任、培训、履职、管理等工作制度，充分发挥人民陪审员在案件审理中的审判、调解、咨询、监督、宣传等作用，弘扬司法民主，促进司法公正，强化司法监督，提升了司法审判工作的社会效果和法律效果。但是，宣传不够广泛，社会认知度不高；人民陪审员队伍法律素养有待提高；人民陪审员的选任、退出、培训等管理制度有待进一步完善。为此，会议提出如下意见：加强宣传，营造良好氛围；加强管理，健全工作机制；加强培训，提高履职能力；加强协调，落实各项保障。

关于城市管理工作情况报告的审议意见

2015 年 10 月 28 日，梁山县十七届人大常委会第三十一次会议听取审议县城市管理行政执法局局长崔师峰受县政府委托所作《关于城市管理工作情况的报告》。会议认为，县政府及有关职能部门认真履行城市管理工作职能，着力解决群众关心关注的热点难点问题，城市形象得到提升，人居环境得到改善，为全县经济社会发展起到了积极的推动作用。但是，由于管理体制不理顺、基础设施建设滞后、市民素质有待提高等问题，城市中脏、乱、差、堵、违等现象还不同程度的存在，城市管理依然是全县发展的“短板”，亟待加强和改善。为此，会议提出以下意见：理顺工作体制，建立良好的城市管理运行机制；加大投入力度，进一步完善城市设施配置；加强宣传教育，营造齐抓共管的城市管理氛围；坚持依法行政，努力提高城市管理法制化水平。

关于反渎职侵权工作情况报告的审议意见

2015 年 10 月 28 日，梁山县十七届人大常委会第三十一次会议听取审议县人民检察院检察长臧卫华所作《关于反渎职侵权工作情况的报告》。会议认为，县检察院充分发挥法律监督职能作用，不断加大查处渎职侵权犯罪力度，为促进依法行政和公正司法、维护人民群众合法权益、推动全县经济社会又好又快发展发挥了积极作用。但是，渎职侵权检察工作宣传的广度、深度不够；反渎职侵权犯罪预防工作有待于进一步强化；反渎队伍的知识结构、专业化程度还不能完全适应新形势、新任务的要求。为此，会议提出如下意见：加大宣传力度，积极营造良好的执法环境；突出工作重点，加大渎职侵权案件查处力度；加强组织协调，形成反渎职侵权工作合力；狠抓队伍建设，切实增强检察干警的执法能力。

关于龟山河西环城河污染综合治理工作报告的审议意见 2015 年 12 月 17 日，梁山县十七届人大常委会第三十三次会议听取审议副县长李士兵代表县政府所作《关于龟山河西环城河污染综合治理工作的报告》，并进行专题询问。会议认为，龟山河西环城河污染综合治理是县委、县政府改善生态环境、提升城市品位作出的重大决策，也是提高群众生活质量、建设生态和谐梁山的重大民生工程，回应社会关切、顺应民心民意，功在当代、利在千秋。但是，老城区污水管网设计不合理、雨污分流不完善，污水处理设施建设比较滞后；局部污水直排现象突出，严重影响河道水质；对上争取力度仍需加大。会议建议，加强组织领导，狠抓工作任务落实；同步实施配套工程，切实提高整治效益；强化执法监管，严厉打击污染违法行为；加大协调对接力度，积极争取上级支持；搞好宣传发动，增强全社会环保责任意识。

关于城乡绿化工作报告的审议意见 2016 年 4 月 23 日，梁山县十七届人大常委会第三十九次会议听取审议县政府副县长赵广所作《关于城乡绿化工作情况的报告》。会议认为，县政府以创建全国绿化模范县为总抓手，大力开展植树造林和美丽乡村绿化工作，全县绿化率不断提高，生态环境得到改善，城乡面貌得到提升，为全县经济社会发展营造了良好的生态环境。但是，全民参与意识不浓，个别乡镇单位重视程度不高，工作缺乏积极性和主动性；管护机制不够健全，管护责任落实不够到位；林业产业化程度不高，经济效益偏低。为此，会议提出如下意见：强化宣传引导，为城乡造林绿化营造良好氛围；完善产业体系，切实提高林业经济效益；加大管护力度，全面提升造林绿化水平。

关于 2015 年度县级预算执行和其他财政收支情况审计工作报告的审议意见 2016 年 6 月 28 日，梁山县十七届人大常委会第四十次会议听取审议县审计局局长艾桂秋受县政府委托所作《关于 2015 年度县级预算执行和其他财政收支情况的审计工作报告》。会议认为，2015 年，县政府及财政部门不断加强财政预算绩效管理，预算执行情况总体良好，实现财政收支平衡。审计部门依法履行职责，对 2015 年度预算执行和其他财政收支情况进行审计，为严格预算管理、维护财经纪律切实发挥了作用。为进一步规范预算管理，强化审计监督，会议提出如下意见：加强预算编制管理，夯实预算执行基础；高度重视审计工作，充分发挥审计职能；切实抓好督促整改，努力提高审计成效；加强审计队伍建设，着力提升工作水平。

关于 2016 年上半年国民经济和社会发展计划及财政预算执行情况报告的审议意见 2016 年 8 月 31 日，梁山县十七届人大常委会第四十一会议听取审议县发展和改革局局长赵伟、县财政局局长杨其勇受县政府委托分别所作《关于 2016 年上半年国民经济和社会发展计划执行情况的报告》《关于 2016 年上半年财政预算执行情况的报告》。会议认为，今年以来，县政府及有关部门牢固树立和贯彻落实“五大发展理念”，坚持“工业立县、产业富县、科技兴县”不动摇，主动适应经济发展新常态，锐意改革，攻坚克难，全县经济社会保持了平稳增长态势。公共财政预算收入持续快速增长，增幅始终位居全市第一，收入结构明显改善，顺利实现了“时间过半、任务过半”的目标。但是，国内外经济环境依然错综复杂，经济增长下行压力依然较大；全县的经济总量仍然偏小，产业层次不高，立县强县项目偏少；新城建设放缓，开工项目少；财政收入总量偏低，收支矛盾较大等。为此，会议提出以下意见：大力推进结构调整，促进产业转型升级；切实抓好项目建设，增强经济发展后劲；着力破解制约瓶颈，推进新城开发建设；不断加强财税管理，提高财政保障能力。

关于民商事和行政审判工作情况报告的审议意见 2016年8月31日，梁山县十七届人大常委会第四十一会议听取审议县法院代院长时益同所作《关于民商事和行政审判工作情况的报告》。会议认为，近年来，县法院认真履行民商事和行政审判职能，调节经济和社会关系，大力化解社会矛盾纠纷，监督和促进行政机关依法行政，为推动全县经济社会发展和社会和谐稳定作出了积极贡献。但是，民商事审判质量和效率有待进一步提高，行政审判服务主动性、实效性有待加强，审判队伍的工作能力仍需提高。为进一步做好民商事和行政审判工作，会议提出如下意见：增强服务大局意识，扎实做好民商事审判工作；善行政审判机制，全力推进依法治县进程；加强审判队伍建设，努力提高审判人员的业务能力。

关于经济转型升级工作情况报告的审议意见 2016年11月1日，梁山县十七届人大常委会第四十二次会议听取审议县经济和信息化局局长王先华受县政府委托所作《关于经济转型升级工作情况的报告》。会议认为：近年来，县政府坚持把促进经济转型升级作为全局工作的重中之重，深入实施创新驱动发展战略，全力推进“大众创业、万众创新”，经济转型升级步伐加快，产业结构不断优化，有力促进了全县经济社会的持续健康发展。但是，产业整体升级较慢，高新技术产业比重偏小；企业缺乏转型升级的紧迫感，创新意识不强，研发投入不够，自主创新能力有待提高；服务体系建设滞后，服务效果不明显。为进一步加快全县特色产业发展，促进经济转型升级，会议建议，抓好规划政策对接，提高产业发展水平；突出创新驱动战略，发挥科技支撑作用；注重体制机制创新，激发产业发展活力。

关于义务教育均衡发展工作情况报告的审议意见 2016年11月1日，梁山县十七届人大常委会第四十二次会议听取审议县教育和体育局局长张广斌受县政府委托所作《关于全县义务教育均衡发展工作情况的报告》。会议认为，近年来，县政府以办人民满意的教育为宗旨，坚持教育优先发展战略，强化政府责任，加大经费投入，优化资源配置，改善办学条件，提高教育质量，持续推进全县义务教育的均衡化发展。但是，城乡之间、校际之间教育水平仍有较大差距，发展不均衡；学校标准化建设任务繁重，建设资金缺口大；部分学校师资配备不足。为进一步做好教育工作，推进义务教育均衡化发展，会议建议，加大教育经费投入，把教育作为财政支出重点领域予以优先保障；科学规划学校布局，保障学校布局与城市发展和人口分布相适应；加强教师队伍建设，优化师资均衡配置，提高教师职业道德水平；强化质量资金监管，加强对工程质量的管理，确保教育民生工程的顺利推进。

关于反贪污贿赂工作情况报告的审议意见 2016年11月1日，梁山县十七届人大常委会第四十二次会议听取审议县检察院检察长张忠新所作《关于反贪污贿赂工作情况的报告》。会议认为，近年来，县检察院突出办案重点，加大办案力度，提升办案质效，依法严肃查办了一批贪污贿赂大案要案，为深入推进反腐败斗争和党风廉政建设发挥了积极作用。为进一步做好反贪污贿赂工作，会议建议，进一步完善反贪工作机制，推动反贪预防工作深入开展；加大反贪工作力度，净化政治生态，优化发展环境；加强反贪力量建设，努力提高干警的政治业务素质；提高运用现代科技和信息技术的能力水平，不断提高办案工作的质量、效率和水平。

十八届人大常委会审议

关于城市综合管理执法工作情况审议意见 2017年6月3日，梁山县十八届人大常委会第三次会议听取审议县城市管理行政执法局局长崔师峰受县政府委托所作关于全县城市综合管理执法工作情况的报告。会议认为，近年来，县政府高度重视城市管理工作，构建起管理、执法、服务三位一体的“大城管”格局，大幅提升梁山县城管理水平。但城市管理执法工作还存在一些问题和不足，“城中村”和城乡接合部私搭乱建问题尤为突出，城市精细化管理标准还不够高，背街小巷、老旧小区等薄弱区域环境整治水平不高。为进一步做好城市综合管理工作，会议提出如下意见：完善基础设施，提高城市服务功能，加快城市路网建设，合理设置停车场、停车泊位等等公共基础设施；突出抓好城市美化、绿化、亮化等日常管理维护，不断改善城市面貌。加大执法力度，提升城市管理水平，积极组织执法力量，加强占道经营、人行道停车等专项整治，加大对违章建筑、乱搭乱建等违法行为的查处和打击力度。树立执法为民理念，加强城管队伍建设，努力塑造公正、文明、和谐、便民的城管执法形象。提高市民法律意识、公德意识和城管意识，充分调动广大市民参与城市管理的积极性，形成城市管理人人参与、人人有责的良好社会氛围。

关于医疗卫生服务工作情况审议意见 2017年6月3日，梁山县十八届人大常委会第三次会议听取审议县卫生和计划生育局副局长张津梁受县政府及卫计局局长袁东成委托所作关于全县医疗卫生服务工作情况的报告。会议认为：县政府认真贯彻落实中央关于医疗卫生工作的方针政策，以保障人民群众身体健康为目标，以加强医疗卫生服务保障体系建设为重点，以提升医疗服务水平为主线，深入推进医药卫生体制改革，加大资金投入，改善基础设施，增强服务能力，全民健康保障水平明显改善，人民群众满意度大幅提升。但在医疗卫生服务工作还存在一些亟待解决的困难和问题，经费保障机制还不完善；人才队伍建设有待加强，医德、医风和行风急需强化等。为加快全县医疗卫生事业的发展，全面提升医疗卫生服务水平，会议提出以下意见：突出抓好医院建设，按照“提高县级、完善乡级、加强村级”的原则，发挥县人民医院龙头作用，加快推进中医院新院区、妇产儿科大楼建设，规划建设梁山街道社区卫生服务中心、杨营卫生院，完善徐集、小安山、大路口等乡镇卫生院基础设施，切实搞好村卫生室规范化建设，加快形成结构合理、层次清晰、覆盖城乡的医疗卫生服务体系，满足百姓多元化医疗需求。深入推进医改工作，加快建立县级公立医院法人治理机构机制，完善多元化分级诊疗服务模式，加快重点专科建设，深化按病种分级诊疗，使医改成果惠及更多的群众。着力提高医疗水平，开展与省内外高水平医疗机构的合作，满足群众对优质医疗水平的需求；改善乡镇卫生院、村级卫生室条件，真正形成“小病在基层、大病到医院、康复回社区”的就医格局。加强医生队伍建设，加快引进一批医学专业高层次和急需紧缺专门人才，着力解决医疗卫生队伍数量不足、人员流失、人才缺乏等突出问题。夯实医疗保障体系，充分发挥基本医疗保险、大病保险和重特大疾病医疗救助等的协同互补作用，要统筹好人社、卫计、民政、工会等部门的医疗救助政策，建立多层次、广覆盖、高水平的医疗救助体系。

关于执行工作情况审议意见 2017年6月3日，梁山县十八届人大常委会第三次会议听取审议县法院院长时益同所作关于执行工作情况的报告。会议认为，县法院紧紧围绕“努力让人民群众在每一个司法案件中感受到公平正义”的目标，牢牢把握司法为民、公正司法的主线，不断更新执行工作的理念和方式，大力推进执行信息化建设，加大对案件的执行力度，较好地保障了当事人的合法权益，有力维护了司法权威和社会公平正义，为促进经济社会发展、保障人民安居乐业作出了积极贡献。但在法院执行工作中还存在执行机制不健全、社会征信体系不完善、执行队伍人员不足等问题。为进一步做好执行工作，会议提出以下意见：加大执行力度，让人民群众有更多获得感。坚持改革创新，不断完善执行工作机制。加强管理监督，切实提升执行公信力。加强协同配合，形成综合治理工作合力，在全县营造“法律权威不容藐视、生效裁判必须履行”的诚信法治氛围。

关于2016年度县本级财政决算报告和审计工作报告的审议意见 2017年6月28日，梁山县十八届人大常委会第四次会议听取审议县财政局局长杨其勇受县政府委托作《关于2016年度县本级财政决算的报告》和县审计局局长艾桂秋受县政府委托作《关于2016年度县本级预算执行和其他财政收支的审计工作报告》。会议认为，2016年，财政部门认真贯彻实施修改后的预算法，狠抓收入征管，优化支出结构，推进财政改革，实施积极的财政政策，较好地完成了县人大批准的2016年县本级预算。审计部门强化审计监督，真实反映问题，在服务中心大局、维护财经纪律、推进项目建设、防范财政风险、助推廉政建设等方面做了大量工作，为全县经济社会发展作出了积极的贡献。为进一步提高财政、审计工作水平，会议提出如下意见：加强预算管理，健全支出标准动态调整机制，完善综合治税管理机制；建立健全财政专项资金预算绩效目标报送管理制度，落实绩效预算管理，切实提高财政资金的使用效益；改进预算决算编报，拓展细化报告的内容，使预算收支与政策结合更加紧密；开源节流，增强财政保障能力；加强审计监督，重点关注扶贫资金、涉农资金、政府投资基金、政府与社会资本合作等财税改革和政策措施落实情况，主动接受社会监督。

关于2017年上半年国民经济和社会发展计划执行情况报告的审议意见 2017年8月28日，梁山县十八届人大常委会第五次会议听取审议县发展和改革局局长赵伟受县政府委托所作《关于梁山县2017年上半年国民经济和社会发展计划执行情况的报告》。会议认为：县政府紧紧围绕“工业立县、产业富县、科技兴县、质量强县”战略部署，强力推进大项目建设，加快实施棚户区改造和重点交通基础设施，全县经济运行总体稳定，社会事业全面进步，呈现出良好的发展态势。但在全县经济和社会发展中仍面临不少困难和问题。为确保完成全年计划，会议提出以下建议：大力推进结构调整，促进产业转型升级。切实抓好项目建设，增强经济发展后劲。优化政务服务，营造良好发展环境。注重保障和改善民生，促进社会和谐稳定，切实把人大代表和人民群众普遍关注的教育、卫生、食品安全、小区物业管理等民生问题解决好，让广大人民群众有更多获得感。

关于2017年上半年预算执行情况报告的审议意见 2017年8月28日，梁山县十八届人大常委会第五次会议听取审议县财政局局长杨其勇受县政府委托所作《关于梁山县2017年上半年预算执行情况的报告》。会议认为：县政府及财税部门认真落实各项财税改革措施，积极培植财源，加强收入征管，坚持促进民生改善和保障发展，确保财政运行平稳，推动了全县经济社会较好发展。但在工作中还存在一些困难和问题，财政收支矛盾突出，减收增支因素较多，财政收支结构不尽合理，预算执行刚性需求进一步增强。为进一步做好预算执行工作，会议提出如下意见：增强预算法定意识，推进预算编制和管理科学化、精细化、准确化，并将政府债务纳入全口径预算。加强财政收入管理，努力壮大财政收入规模，提高税收征管质量和依法治税水平，确保应收尽收。深入开展预算绩效评价，最大限度地提高财政资金的使用效益，不断提高政府支出的经济性、效率性、效益性和公平性。建立预算信息共享制度，县政府及有关部门应当将有关事项适时向县人大常委会预算工委通报或者报送备案，财税、国库部门每月向县人大常委会预算工委报送财政收支运行情况分析报告和报表、税收完成情况分析报告和报表及国库资金运行情况分析报告和报表。

关于侦查监督工作情况报告的审议意见 2017年8月28日，梁山县十八届人大常委会第五次会议听取审议县人民检察院检察长张忠新所作的关于侦查监督工作情况的报告。会议认为，县检察院紧紧围绕“强化法律监督，维护公平正义”的工作主题，认真履行侦查监督职能，不断探索立案监督工作途径和方法，为维护社会公平正义、推动依法治县进程发挥了重要作用。为进一步做好侦查监督工作，会议提出以下意见：进一步提高思想认识，全面把握形势任务，建立健全监督联动衔接机制，进一步提升监督能力、增强监督实效。进一步加大宣传力度，提高自觉接受监督意识，支持检察机关依法开展侦查监督工作，共同营造良好的侦查监督工作氛围。进一步加大监督力度，努力维护司法公正，更好地维护法制权威。进一步强化队伍建设，提高人员整体素质，树立侦查监督检察人员的良好形象。

关于2017年度为民办十件实事进展情况报告的审议意见 2017年11月3日，梁山县十八届人大常委会第七次会议听取和审议县政府办公室主任孔庆金受县政府委托所作关于2017年度为民办十件实事进展情况的报告和相关部门所承担项目工作开展情况的报告会议认为：为民办十件实事是县政府向全县人民做出的郑重承诺，是增进百姓福祉、促进社会和谐的民生工程、德政工程。县政府及相关部门在县委的坚强领导下，坚持把实事办理工作摆在突出重要位置，按照“定人、定责、定时间、定进度”的原则，细化任务分解、逐项落实到位，十件实事总体进展顺利，取得明显成效。会议指出，十件实事办理还存在一些问题和不足，主要是部分单位重视不够，推进力度不大，导致项目建设缓慢；有的项目受资金、土地等因素制约，进展不够平衡；有的实事办理质量不高，效果不够明显等。为加快推进十件实事进度，确保如期兑现对全县人民的承诺，会议提出以下意见。强化工作措施，全面推进实事办理落实。坚持监管并重，确保民生工程长久发挥效益。加大宣传力度，营造良好社会氛围，让群众增强幸福感和满意度。调研论证，科学谋划明年的实事项目，根据县情和财力，坚持量力而行、尽力而为原则，科学确定任务目标，增强确定事项科学性和计划性，确保各项民生承诺如期兑现。

关于全县产业发展和园区建设工作情况报告的审议意见 2017年11月3日，梁山县十八届人大常委会第七次会议听取审议县经信局局长王先华受县政府委托所作《关于全县产业发展和园区建设工作情况的报告》。会议认为，全县加大招商引资力度，加快新旧动能转换，专用汽车、教育出版、食品加工、纺织服装等主导产业实现提档升级，涂料油漆、精密轴承、玻璃加工等传统产业焕发生机；“三区四园”建设加快推进、日臻完善，承载能力不断增强，有力促进了全县经济社会的发展。但是，入园项目不够大，园区项目规模较小，投资力度不大，对经济拉动不明显；技术改造力度不大，个别企业设备仍然陈旧，生产效率低，产品结构单一；园区规范化水平不高，基础设施不完善。会议建议，加快新旧动能转换，实现创新发展；积极整合资源，推动产业发展；加快基础设施建设，完善园区承载能力；创优发展环境，营造良好发展环境。

关于全县教育工作情况的审议意见 2018年4月28日，梁山县十八届人大常委会第十一次会议听取审议县政府副县长孙颖所作《关于全县教育工作情况的报告》。近年来，县政府认真规划研究，持续加大财政投入，不断改善办学条件。教育主管部门积极推进办学条件标准化、办学行为规范化、课堂教学高效化、师资队伍专业化和育人环境优良化建设，全县各级各类教育教学质量稳步提升，教育综合实力明显增强。但是，大班额问题依然突出；对未来的教育需求缺少应对措施；教师队伍建设亟待加强；义务教育发展仍不够均衡。会议建议，坚持科学规划，全面优化教育资源；探索创新机制，不断改善办学条件；强化内部管理，加强教师队伍建设；提升教育质量，办好人民满意教育。

关于对2017年县级财政决算报告和审计工作报告的审议意见 2018年6月29日，梁山县十八届人大常委会第十二次会议听取审议县财政局局长杨其勇受县政府委托所作《关于2017年梁山县决算的报告》和县审计局局长艾桂秋受县政府委托作《关于2017年梁山县预算执行和其他财政收支的审计工作报告》。会议认为，2017年，县政府及其财政等部门认真贯彻实施预算法，积极贯彻减税降费政策，大力促进实体经济转型升级，集中财力保民生、保运转、保发展，较好地完成了2017年度县级预算。审计部门积极发挥职能作用，依法履行职责，不断拓展审计范围，加大财政审计力度，为全县经济社会发展、维护财经秩序发挥了积极的作用。但是，在预算执行和管理中，财政总量小，增收压力和组织收入的难度增加；刚性增支因素不断增多、新增支出需求大，收支矛盾仍较为突出；还债压力越来越大，政府隐性债务风险不容忽视；财政融资的能力差，视野不宽、办法不新；审计查出问题整改的长效机制有待进一步健全完善。会议建议，培植壮大财源；狠抓收入征管；加强绩效管理；强化债务管理；注重审计监督。

关于2018年度为民办实事项目办理情况的审议意见 2018年7月19日，梁山县第十八届人大常委会第十三次会议听取审议县政府办公室主任孔庆金受县政府委托所作《关于2018年度为民办实事项目办理情况的报告》。会议认为，县政府及相关部门深入践行以人民为中心的发展思想，紧紧围绕更好地保障和改善民生，把十件实事的办理工作摆在突出位置，细化任务分解、逐项落实到位，取得办理工作的阶段性成绩，实现了群众得实惠、政府得民心的良好效果。但是，项目进展不平衡，有些项目进展缓慢；部分单位认识不到位，重视程度不高，有些项目至今没有实质性进展；有些项目前期论证不够充分、科学，有的项目没有充分考虑资金等制约因素的影响，建设资金不到位的问题直接影响了项目建设进度。为此，会议提出以下意见：加快民生实事办理进度；确保民生工程建设质量；提升民生项目办理水平；加大民生实事宣传力度。

关于县十八届人大二次会议代表议案建议办理情况的审议意见 2018年7月19日，梁山县十八届人大常委会第十三次会议听取审议县政府办公室主任孔庆金受县政府委托所作《关于县十八届人大二次会议代表议案建议办理情况的报告》。会议认为：县政府及有关部门、各乡镇街区，把办理代表议案建议作为密切联系代表、增进民生福祉的重要工作予以推进，明确办理责任，加强督促检查，强化沟通联系，注重办理实效，取得一定成绩。但是，个别承办部门对办理代表议案建议认识不到位，办理工作缺乏主动性和自觉性；有的议案建议的办理进度慢，特别是小城镇建设规划不完善、定位不准确，没有实质性的进展；有的承办部门办理代表议案建议调查研究不深入，联系代表不够主动；有的承办部门答复不及时、内容不清晰，办理中所投入的资金、完成的工程量等表述不清。为此，会议提出以下意见：提高认识，提升境界，切实增强责任意识；强化举措，创新思路，努力提高办理水平；主动协调，积极协作，完善办理工作机制；落实责任，跟踪督办，提升办理工作效能。

关于2018年上半年国民经济和社会发展计划执行情况的审议意见 2018年9月31日，梁山县十八届人大常委会第十五次会议听取审议县发展和改革局局长赵伟受县政府委托所作《关于梁山县2018年上半年国民经济和社会发展计划执行情况的报告》，并进行分组审议。会议认为，县政府扎实推进新旧动能转换，持续加大招商引资力度，强力推进项目建设，加快实施棚户区改造和重点交通基础设施，全力做好民生保障和社会稳定等各方面的工作，全县经济运行总体稳定，社会事业全面进步，呈现出良好的发展态势，为圆满完成全年各项任务目标打下了坚实的基础。但是，国内外经济环境错综复杂，中美贸易冲突、国家运输政策调整已影响到专用汽车等重点产业；“四新”企业少、规模小、产业单薄，新旧动能转换的动力不足；经济指标增幅有所回落，地区生产总值和固定资产投资未达到预期目标；棚户区回迁安置项目进展缓慢，影响了政府形象，群众意见较大；“放管服”改革仍须进一步深化。为此，会议提出以下意见：大力推进结构调整，促进产业转型升级；切实抓好项目建设，增强经济发展后劲；优化政务服务，营造良好发展环境；注重保障和改善民生，促进社会和谐稳定。

关于2018年上半年预算执行情况审议意见 2018年9月31日，梁山县十八届人大常委会第十五次会议听取县财政局局长杨其勇受县政府委托所作《关于梁山县2018年上半年预算执行情况的报告》，并进行分组审议。会议认为：县政府及财税部门严格落实各项财税改革措施，积极培植财源，加强收入征管，严格支出管理，加大民生资金的保障力度，确保财政运行平稳，推动全县经济社会较好发展。但是，在预算执行工作中，收入总量依然偏小，增收难度加大；财政收支矛盾突出，减收增支因素较多；收入结构不够优化，收入质量有待提高；政府债务规模较大，财政管理还存在许多薄弱环节。为此，会议提出如下意见：支持实体经济发展，大力培植财源；加大税收征管力度，提高财政收入；深化部门预算管理，提高资金效益；研究风险防控措施，严控债务风险。

关于新旧动能转换工作情况的审议意见 2018年10月31日，梁山县十八届人大常委会第十六次会议听取县委常委、县政府副县长李保江代表县政府所作《关于全县新旧动能转换工作情况的报告》，并进行分组审议。会议认为，县政府聚力聚焦高质量发展，坚持创新、创造、创品牌，扎实开展产品创新和技术改造，工业机器人、高档数控机床得到广泛运用，产业转型升级步伐不断加快，经济发展的新动能不断集聚，取得新旧动能转换工作的阶段性成绩。但是，产业结构不优、层次偏低，转型升级任务繁重；招商引资针对性、实效性不强，缺少“高、新、大”项目；企业科技创新能力不强，发展质量不高，转调进程不快；企业家思想不够解放，求稳思想严重；土地指标、环境容量、园区承载能力等制约明显；“放管服”改革仍须进一步深化。为此，会议提出以下意见：做强做优主导产业，促进产业转型升级；提高招商引资精度，积极引进实施“四新”“四化”项目；坚定不移实施创新驱动，提升企业的产品质量和档次；破解要素制约，为加快新旧动能转换提供保障；创新体制机制，强化人才智力支撑。

关于2018年度审计工作及2017年度预算执行审计查出问题整改情况报告的审议意见 2018年12月30日，梁山县十八届人大常委会第二十次会议听取审议县审计局局长艾桂秋受县政府委托所作《关于2018年度审计工作情况及2017年度预算执行和其他财政收支审计查出问题整改情况的报告》，并进行分组审议。会议认为，审计部门依法履行职责，不断拓展审计范围，加大审计力度，节约财政资金，规范财政行为。县政府及各有关部门明确整改目标，落实整改责任，加强跟踪督查，总体整改落实情况较好。但是，审计人员不足，队伍建设亟待加强，审计水平有待提升；审计查出问题整改的长效机制尚未建立，“屡审屡犯”问题时有发生。为此，会议提出如下意见：充分发挥审计作用；切实抓好问题整改；加大追责问责力度；加强审计队伍建设。

关于全县教育工作情况报告的审议意见 2019年6月21日，梁山县十八届人大常委会第二十三次会议听取审议县政府副县长孙颖所作《关于全县教育工作情况的报告》。会议认为，县政府大力实施教育优先战略，持续加大教育投入力度，全县中小学的基础设施、校容校貌、办学条件发生了根本变化，师生精神面貌积极向上，教育教学质量持续提升。但是，城区中小学大班额问题依然突出，新城区急需规划新建；教师缺岗问题突出，教师队伍建设有待加强；学生营养餐政策仍需完善，营养餐存在浪费现象，中学营养补贴经费拨付不及时。为此，会议提出如下意见：科学规划布局，整合优化教育资源；探索创新机制，不断改善办学条件；加强内部管理，加强教师队伍建设；提升教育质量，办好人民满意教育。

关于环境状况及环境目标完成情况和贯彻实施大气污染防治“一法两条例”工作报告的审议意见 2019年6月21日，梁山县十八届人大常委会第二十三次会议听取审议副县长孙颖所作《关于环境状况及环境目标完成情况和贯彻实施大气污染防治“一法两条例”的工作报告》。会议认为，县政府把环境治理作为推动高质量发展的重大政治任务部署推进，深入开展“散乱污”、渣土车、扬尘污染、重型车辆、饭店油烟等专项治理，持续加大植树造林力度，全县大气环境质量呈现出持续改善的良好态势。但是，PM10指标排名仍处于全市后列，大气环境质量与群众的期望要求还有差距；执法部门协调配合不够，环保工作合力有待增强；重型车辆尾气、车辆喷涂油漆污染、建筑工地扬尘污染等重点领域防治力度仍需加大；县乡治理工作不均衡，乡镇驻地和广大乡村防治措施不扎实，效果较差。为此，会议提出如下意见：提高认识，增强做好防治工作的主动性；强化问题导向，推动空气质量加快改善；突出治本，切实加强污染源头治理；加强执法，依法查处各类违法行为；宣传发动，努力形成全民行动的工作大格局。

关于“七五”普法工作情况报告的审议意见 2019年8月14日，梁山县十八届人大常委会第二十四次会议听取审议副县长王庆明所作《关于“七五”普法工作情况的报告》。会议认为，县政府及各部门认真执行县人大常委会“七五”普法决议，全面深入开展普法宣传教育，全县广大干部依法行政的能力和水平不断提高，广大群众的法治观念和法律意识显著增强，为全县经济社会健康发展创造了良好的法治环境。但是，全社会的法治意识有待进一步提高；对重点人群的普法力度仍需加大；普法工作存在诸多薄弱环节；普法形式有待进一步创新；普法工作机制还不够健全。为此，会议提出如下意见：健全机制，落实普法责任；抓住关键，突出普法重点；创新形式，提高普法实效；加大保障，狠抓队伍建设。

关于安全生产“一法一条例”贯彻实施情况报告的审议意见 2019年8月14日，梁山县十八届人大常委会第二十四次会议听取和审议副县长王庆明所作《关于安全生产“一法一条例”贯彻实施情况的报告》。会议认为，县政府广泛开展各行业领域安全生产专项整治，不断强化事故隐患排查整改，集中开展打非治违专项行动，排查整改一批事故隐患，有效遏制了各类生产安全事故，杜绝了较大以上事故的发生。但是，对安全生产相关法律法规宣传力度还不够，全社会安全生产意识有待提升；部分企业厂房、设备、线路老化，安全生产基础薄弱；企业主体责任落实不到位，自身监管力度不够；群众的安全意识淡薄，小区内私拉电线，楼梯间内堆放杂物、停放电车等现象较为普遍，农村群众过马路不注意交通安全等问题突出。为此，会议提出如下意见：提高思想认识，牢固树立安全发展理念；强化隐患排查，遏制安全生产事故发生；健全责任体系，构建安全生产长效机制；加大宣传力度，打造安全生产良好环境。

关于全县税务工作情况报告的审议意见 2019年8月14日，梁山县十八届人大常委会第二十四次会议听取审议副县长王庆明所作《关于全县税务工作情况的报告》。会议认为，新组建的税务局担当尽责、履职负责，积极发挥财税调控作用，坚持依法治税，加强财源建设，强化征管措施，不断优化支出管理水平，严格落实税收优惠政策，为全县经济社会发展作出了积极贡献。但是，税收宣传力度不够，全社会的纳税观念还不够强；中小企业账目不健全、不完善，给税收征管带来较大难度；有的企业纳税申报不实，存有偷逃税款现象；有的外地建筑企业在梁没有注册公司，造成税款流失。为此，会议提出如下意见：加大税法宣传力度，提高全民税法意识；明确全年目标任务，全力以赴抓征收；大力培植税源，增强发展后劲；严格落实减税降费政策，支持实体经济发展；搞好学习培训，进一步抓好队伍建设。

关于2019年1-10月国民经济和社会发展计划执行情况报告的审议意见 2019年11月26日，梁山县十八届人大常委会第二十七次会议听取审议县发展和改革局副局长高文宝受县政府委托所作《关于梁山县2019年1—10月份国民经济和社会发展计划执行情况的报告》。会议认为，县政府坚定不移地走“工业立县、产业富县、科技兴县、质量强县”之路，工业创新、产业转型升级、园区建设扎实稳步推进，“双招双引”、重点项目建设成绩显著，城乡建设统筹推进，生态环境不断优化，乡村振兴稳步实施，民生事业进一步加强。但是，经济增长下行压力依然较大；投资缺乏后劲，企业自主创新能力不足，产业转型升级步伐不快；园区基础设施建设、服务配套设施、综合承载能力等有待进一步提升；项目建设要素保障不足；民生保障问题有待进一步提升。会议建议，加强经济形势研判，确保完成目标任务；持续扩大有效投资，培育发展新动能；继续优化营商环境，加大项目建设力度；科学统筹城乡发展，切实保障和改善民生。

关于2018年度县级预算执行和其他财政收支审计工作报告的审议意见 2019年11月26日，梁山县十八届人大常委会第二十七次会议听取审议县审计局副局长信卫忠受县政府委托所作《关于2018年度县本级预算执行和其他财政收支情况的审计工作报告报告》。会议认为，审计部门依法履行审计监督职责，紧紧围绕全县改革发展工作大局，着力加强对财政预算执行、重大专项资金、精准扶贫、政府投资项目资金的审计监督，为规范预算执行管理，提高政府资金使用绩效发挥了重要作用。为进一步提高审计实效，加强审计监督，会议提出如下意见：突出审计重点；强化审计整改；完善审计公开。

关于梁山县2018年财政决算草案和2019年1—10月份预算执行情况报告的审议意见 2019年11月26日，梁山县十八届人大常委会第二十七次会议听取审议县财政局局长徐海荣受县政府委托所作《关于2018年度县级财政决算和2019年1—10月份财政预算执行情况的报告》。会议认为，2018年县政府及财税部门积极践行新发展理念，实施积极的财政政策，不断深化财税体制改革，增收节支，较好地完成了县十八届人大二次会议批准的预算任务。2019年1—10月份，县政府及财税部门狠抓增收节支，严格财税管理，在组织收入、保障支出、规范管理、支持实体经济发展等方面做出大量工作，为推动县域经济发展和社会事业进步提供了财力保障。为进一步做好预决算工作，会议建议，完善预决算编制工作；提高预算执行管理水平；深入推进预算绩效管理工作；加强对审计工作领导，支持审计机关工作。

行政事业性国有资产管理情况审议意见 2019年11月26日，梁山县十八届人大常委会第二十七次会议听取审议县人民政府《关于2018年度梁山县行政事业性国有资产管理情况专项报告》。会议指出：全县行政事业单位资产管理工作还存在一些突出问题，国有资产管理意识不强，国有资产管理职责不明，尤其是集中管理的单位车辆毁损、闲置严重。会议提出：建立健全县级行政事业单位国有资产管理制度和管理体系。县政府应进一步完善行政事业单位国有资产管理制度，明确和规范国有资产管理的具体要求和操作流程等；进一步理顺管理体制，明确和落实各主管部门的监管主体责任，逐步理顺公共基础设施的资产管理体制。加强国有资产监管机构建设，建立各部门联动机制，确保国有资产不流失。扎实做好产权登记和资产管理信息统计工作，切实保证资产的安全完整，并实现保值增效。

全县基层医疗卫生服务工作情况审议意见 2019年11月26日，梁山县十八届人大常委会第二十七次会议听取审议并通过县政府副县长王庆明所作《关于全县基层医疗卫生服务工作情况的报告》。会议认为：县委、县政府高度重视基层医疗卫生工作，坚持“保基本、强基层、建机制”的基本原则，不断完善基层医疗卫生基础设施和诊疗设备，加快推进信息化建设和国家基本药物制度改革，加强农村乡镇卫生院、村卫生室和社区卫生服务机构建设，实现了基层医疗卫生服务网络全覆盖。会议建议，县政府要加强领导，全面做好基层医疗卫生服务体系建设工作；加强人才队伍建设，充实基层医疗卫生机构力量；建立政府财力保障机制，推进基层医疗卫生机构能力提升；加强行业监管，规范基层医疗卫生机构服务行为。

关于审计查出问题整改情况报告的审议意见 2020年5月13日，梁山县十八届人大常委会第三十二次会议听取审议《关于2018年度梁山县本级预算执行和其他财政收支审计查出问题整改情况的报告》。会议认为，县政府高度重视审计查出问题整改工作，认真落实县人大常委会关于审计报告的审议意见，统筹部署抓好审计整改事项，整改效果显著。会议提出，各部门单位要进一步牢固树立法治思维和财经底线意识，克服重审轻改问题，压实责任，切实抓好整改落实，特别对未整改的4个问题要继续纳入政府督查督办事项，进一步落实整改责任、整改措施和整改时限，通过“台账制”“清单制”和“销号制”管理模式，切实督促有关部门和单位按时完成整改任务，着力提高整改效率。要进一步健全完善问题防控机制和整改联动机制，有效发挥“审计查处一点、带动规范一片”的作用，推动审计整改工作制度化、长效化，不断提高财政资金使用绩效、提高依法理财水平。要认真贯彻落实中央和省、市及县委关于加强国有资产监督管理、推进预算审查监督重点向支出预算和政策拓展的部署与要求，加大审计结果和审计整改情况公开力度，接受群众的监督，以公开促落实，以公开促整改。要加强法制意识，在项目决策实施前一定做好项目建设程序的规范，处理好项目实施现程序之间的矛盾。以上意见请县人民政府结合实际认真研究，并将研究办理情况于2020年7月前报县人大常委会。

关于2019年度县级预算执行和其他财政收支审计工作报告的审议意见 2020年6月30日，梁山县十八届人大常委会第三十三次会议听取审议县审计局局长宋培忠受县政府委托所作的《关于2019年度县本级预算执行和其他财政收支情况的审计工作报告》。会议认为，县政府及其相关部门认真贯彻落实中共中央决策部署，深入推进供给侧结构性改革，实施积极的财政政策，加大减税降费力度，有力保障了脱贫攻坚、生态环保、民生等重点领域支出，较好完成了县人大批准的县级预算。会议提出，充分发挥审计监督职能，坚持问题导向，加大审计力度，突出对“收入真实、数据准确、内容完整、报送及时”开展全面性审计监督；根据经济社会发展形势和全县财政收支执行中存在的主要问题，突出对支出预算、重大民生工程项目，专项转移支付资金的使用与管理的重点审计监督。健全完善审计查出问题整改长效机制，督促各部门和单位健全财务管理制度，对审计查出的普遍性问题，要从体制上、机制上提出整改意见；对审计屡查屡犯的问题要进行深入分析并跟踪监督，要从源头上解决屡审屡犯的问题，确保审计查出问题整改到位。进一步推进审计结果公告制度，县政府要将审计工作报告、审计整改情况及审议意见的研究办理情况向社会公布，被审计单位要把单位审计整改的情况向社会公开，主动接受社会监督。审计查出问题整改办理落实情况县政府在年底前向县人大常委会报告。以上审议意见，请县政府认真研究，并在两个月内将办理结果书面报告县人大常委会。县人大财经委员会负责审议意见的跟踪督办，有关情况要及时向主任会议报告。

关于2020年预算调整方案和上半年预算执

行情况报告的审议意见 2020年9月27日，梁山县十八届人大常委会第三十六次会议听取审议县政府《梁山县上半年国民经济和社会发展计划执行情况的报告》《2020年预算调整方案和上半年预算执行情况的报告》以及县税务局《2020年上半年税收征管情况的报告》。会议认为，县政府及各级财政部门严格落实中央和省市部署，统筹推进疫情防控和经济社会发展，整合财政资源，落实积极财政政策，全县经济平稳发展、民生保障明显改善、社会和谐稳定。会议同意县政府提出的2020年县级预算调整方案和有关部门、县人大有关专门委员会的报告。针对财政管理和预算执行中存在的问题，会议提出，坚持艰苦奋斗、勤俭节约干事业的原则，严格执行人大批准的预算，落实政府过紧日子要求，全力支持保就业、保民生、保市场主体，支持重点建设和民生改善。抓好审计查出突出问题的整改，加强财政资金管理，全程跟踪监控，坚决防止项目一批了之、资金一拨了之，对违反财经纪律的严肃追究责任。严格依法征收政府预算收入，严防财政收入虚增空转、应退不退、人为调整财政收支数据等情况，确保财政收入真实完整。认真落实《中华人民共和国预算法》及《预算法实施条例》，科学编制2021年政府预算，细化预算编制内容，强化绩效目标管理，着力提高年度预算编制的科学性、准确性和透明度。财政部门要加强对重点部门或单位预算编制工作的指导与审核，确保部门预算与政策要求更加紧密，确保2021年各部门预算草案与总预算草案按法定时限一并提交县十八届人大第五次会议进行审议。严格按照县人大常委会批准的预算调整方案使用资金，加强预算调整方案中的资金监管，不得截留、挤占、挪用，加强预算调整方案中项目绩效目标的监控，防范化解财政风险，确保财政支出的可持续性。根据《梁山县人大常委会对决议决定审议意见落实跟踪督办的实施办法》的规定，以上审议意见，请县政府认真研究，并在两个月内将办理结果书面报。

关于平安梁山建设工作情况报告的审议意见 2020年12月4日，梁山县十八届人大常委会第三十七次会议听取并审议县政府副县长李保江所作的《关于平安梁山建设工作情况的报告》。会议认为：近年来，县政府在县委的坚强领导下，紧紧围绕创建“最安全县域”主题主线，克难攻坚，进一步完善思路、强化措施、狠抓落实，持续推进“平安梁山”建设工作顺利开展，不断开创平安梁山建设工作新局面，人民群众的满意度、安全感、幸福指数稳步提升。会议指出：全县平安梁山建设过程中仍存在一些问题和不足，县乡两级平安建设方面存在一定差距，协调一致方面存在不足，交通信号灯时间设置不合理，外出务工人员、青少年法制教育力度不足，平安梁山建设合力不足，个别职能部门和基层组织内部发动的广度和深度较弱，群众参与度不高；依法治理力度不够，离群众的日常社会需求存在一定差距。为进一步建设更高水平的平安梁山、法治梁山、和谐梁山，会议提出如下意见：进一步提高认识，明确责任义务，切实从人民群众的需要出发，科学设计，统筹安排，合理规划；着力完善平安梁山建设工作机制，健全完善党委领导、政府负责、民主协商、社会协同、公众参与、法治保障、科技支撑的体系体制，形成齐抓共管、全社会整体联动、广大群众积极参与的平安建设工作格局；完善配套制度，设立应急预案机制，抓好人员、设备、信息的安全管理工作，确保平安梁山数据平台安全有效；加大宣传力度，提升全民法治意识，为工作打下坚实的群众基础；建立健全考核奖惩机制，确保综治维稳各项措施和责任的落实，确保平安梁山建设各项任务落实落细、取得扎实成效。

关于刑事执行检察工作情况报告的审议意见 2020年12月4日，梁山县十八届人大常委会第三十七次会议听取并审议县检察院检察长周文军所作《关于平安梁山建设工作情况的报告》。会议认为：近年来，县检察院根据法律规定和强化监督的实际需要，围绕最高检确定的核心业务，认真落实省人大常委会《关于加强新时代检察机关法律监督工作的决议》精神，坚持“抓监督、求实效，抓创新、建机制，抓管理、强基础”的总体工作思路，加大监督力度，完善监督机制，提升监督能力，为维护刑事执行公平公正、监管秩序稳定有序和刑事被执行人合法权益发挥了积极作用。会议指出：当前，全县刑事执行检察工作与新形势、新任务、新要求仍然存在一定差距，监督理念有待进一步更新，监督力度有待进一步加强，监督工作机制有待进一步完善。为进一步推动全县刑事执行检察工作开展，会议提出如下意见进一步提高政治站位，准确把握刑事执行监督职能定位，切实推动传统监所检察向刑事执行检察的转型发展，加强刑事执行监督工作和典型案例的宣传，不断提高刑事执行监督的透明度和公信力；进一步加大监督力度，推动财产刑执行监督常态化规范化，维护司法公正；进一步完善工作机制，健全与执行机关之间的联席会议、案情通报、案件移送、信息共享等工作机制，加强协作配合，形成工作合力，打造双赢、多赢、共赢的工作格局，提升监督实效；进一步强化能力建设，锤炼过硬队伍，推动刑事执行检察工作持续健康发展。

第二节 评议工作

首次代表评议 梁山县人大常委会组织人大代表评议“一府两院”工作始于1991年，是年11月26—28日，县人大常委会召开人大代表工作经验交流会和人大代表评议工作会议。该次会议以坚持“一个中心，两个基本点”为指导，以围绕党的中心工作、发挥代表作用、提高代表参政议政积极性为目的，总结交流县人大常委会建立十年来县级人大代表工作经验，启动部署全县人大代表评议工作。全体县级人大代表和部分市级人大代表参加会议，县委、县人大、县政府、县政协、县纪委、县武装部六大班子及县法院、县检察院的领导参加会议，县直副科级以上单位主要负责人、各乡镇人大主席团专职常务主席及主席团办公室工作人员也参加会议。会议开始时，山东省人大常委会副主任林萍及省人大常委会副秘书长王义德等专程到会祝贺，并看望全体与会代表，林萍副主任还在会上作了重要讲话，县委书记李广生出席会议并讲话，县人大常委会主任穆衍峰讲话并就如何进行评议工作作了具体部署，县委副书记耿进学就搞好评议工作作了动员，县人民政府代县长连广生讲话。

会上，韩垓乡党委书记马传申介绍评议试点经验，梁山镇党委书记王洪伦、韩垓乡人大主席团专职常务主席付新福、杨营乡人大主席团专职常务主席徐德余、大路口乡政府乡长周庆光等在会上发言，县供电局局长李庆仁作表态发言。会议期间，与会人员进行了讨论和交流，县政府还邀请部分人大代表进行座谈，主动、诚恳地征求人大代表对政府及其部门工作的意见、批评和建议。座谈会上，代表们本着对人民负责的精神，对县人民政府一年来的工作给予充分的肯定，同时，对工作中存在的问题提出了诚恳的批评，并对如何改进工作提出了建设性的意见，代表们就有关社会治安、粮棉征购、计划生育、义务教育、医疗卫生、农田水利建设、农业生产资料供应以及廉政建设等项工作提出20多条批评意见和建议。代县长连广生通报1991年以来政府工作主要情况，对代表提出的意见和建议作了充分肯定，并鼓励代表进一步做好工作、依法行使职权，发挥更大的作用。

该次会议总结交流梁山县人大常委会建立十年来人大代表工作的经验，全面部署人大代表评议“一府两院”工作，对于进一步发挥人大及其常委会和人大代表作用，强化人大常委会和人大代表对“一府两院”工作监督，起到重要的推动作用。代表们普遍反映，通过会议和评议，真正认识和体会到做为一名人民代表的光荣感、责任感，并表示今后一定要尽职尽责，依法行使好人民赋予的权力，密切联系人民群众，做好代表工作，当好群众的代言人。参加会议的政府部门的负责人表示，县人大常委会组织代表评议政府及部门的工作，是对政府及部门工作的最大支持和促进，一定要自觉接受人民代表监督，并以该次评议活动为动力，发扬成绩，克服不足，使政府工作再上一个新的台阶。

“双管”单位评议 根据全县人大代表工作经验交流会和人大代表评议工作会议部署和县十二届人大常委会第十一次会议通过的《关于组织县、乡镇人大代表评议县直部门驻乡镇基层单位和乡镇政府业务部门工作试行办法》，县人大常委会于1991年12月组织县、乡镇两级人大代表对县直部门驻乡镇的基层单位进行评议工作。

评议范围 县直部门驻乡镇的基层单位，包括公安派出所、工商所、税务所、粮所、银行营业所、交通管理所、供销社、教委办、卫生院、邮电支局、供电站、食品站、兽医站，水利站、广播站、法庭等。

评议内容 执行党的路线、方针、政策和国家法律、法规及各级人民代表大会及其常委会的决议、决定情况，服务于党的中心工作，完成党委，政府交给的任务情况，行业作风、廉政建设、职业道德、服务态度及完成单位业务工作情况。会议还就评议程序、评议规则、评后工作等提出了严格的要求。县政府代县长连广生向全体代表表示，一定要充分认识和正确处理政府和人大的关系，自觉接受人大监督和代表的评议，认真总结经验教训，切实改进政府工作。

评议方法 在评议过程中，县人大常委会主要采取五个方面的做法：一是统一思想认识，制订实施方案，使有关方面树立了开展评议既是一种制约又是支持和促进的认识，并在此基础上制订评议工作实施方案，科学地安排评议程序、日程，从而保障评议工作在党委的领导下有秩序地进行，人大代表广泛听取群众意见，保证了评议工作正常顺利地开展。二是培训代表，走访选民，抓住关键性问题，把政治素质好、思想理论水平高、参政议政能力强、有一定实际工作经验、有一定文化水平和口头表达能力的代表组织起来，然后走访那些与被评议单位联系接触较多、熟悉有关情况、有分析问题能力的选民，抓住关键性问题走访，了解选民普遍关注的“热点”问题，在评议中做到公正客观、实事求是，全面辩证看问题，使被评议单位听了心服口服，受到深刻教育。三是严格按照程序，认真实施评议，包括乡镇党委书记作动员报告、被评议单位主要负责人报告工作、代表分组评议和大会发言、填写评议票等。四是评议会议结束，及时抓好整改措施的落实，并对被评议单位的整改情况进行定期不定期的视察、检查。五是依靠党委的领导，在评议过程中，各乡镇人大主席团始终把评议工作置于党委领导之下，由党委书记抓、分管党群工作的副书记全力以赴靠上抓，党委的重视和大力支持是搞好评议工作的重要保证。

评议结果 按照县人大常委会制订的评议办法，评议实行百分考核制，获90分及以上者为优秀；获80分及以上者为良好；60分及以上者为一般；不满60分者为不信任。本次评议，全县共评议出优秀单位30个；良好单位149个；一般单位85个；不信任单位1个。县人大常委会与各乡镇人大主席团对评议结果综合分析，一致认为代表对被评议单位的打分在绝大多数乡镇符合实际，客观公正的。

县乡政府部门工作评议 1992年7月8日至8月20日，县人大常委会组织省、市、县、乡四级人大代表分别对县乡两级政府职能部门工作进行评议，参加评议的省、市、县三级人大代表64人，对县政府所属19个有关部门工作进行评议；各乡镇组织驻本行政区域内的县乡两级人大代表891人，对驻乡镇的20个“双管单位”进行第二次评议。

基本做法 该次评议工作分四步进行：一是评议前的准备，主要是组织有关人员到外地学习评议工作经验，制定评议工作实施方案，报县委同意转发全县各乡镇和县直各部门执行；建立健全组织，成立由县委、县纪委、县人大常委会、县政府领导参加的评议领导小组，并设立评议办公室；各乡镇也建立了相应机构；召开全县动员大会，全面部署评议工作，县委副书记耿进学、县人大常委会主任穆衍峰、县长连广生分别讲话，被评单位代表表态发言；召开代表培训会，学习有关文件、法律、法规和政策，掌握评议标准和方法；县乡两级分别召开被评单位主要负责人会议，组织被评单位开展自查活动，写出书面材料，做好汇报准备。二是走访选民，调查研究，对重点问题进行专题调查，使代表们比较全面、准确地掌握各单位情况。三是发扬民主，认真评议，并以无记名投票方式投票，并当场公布评议结果。四是制订措施，认真整改，在县评议总结会上，县委书记李广生、县人大常委会主任穆衍峰、县政府常务副县长高太平分别讲话，对在评议中代表提出的批评、建议办理问题以及评议后的整改问题，提出明确具体的意见要求，由县人大常委会有关委室尽快对代表所提建议和批评意见进行分类整理，及时转交县政府及有关被评议单位处理。

评议结果 该次评议实行百分考核制，获 90 分以上者为优秀单位，80 分以上者为良好单位，60 分以上者为一般单位，不满 60 分者为不信任单位。通过评议，19 个县参评单位评出良好单位 1 个（县水利局）；评出一般单位 17 个（按得分名次排列：农行、税务局、电业局、林业局、广播电视局、教育局、交通局、粮食局、县社、邮电局、农牧局、卫生局、工商局、商业局、建委、农机管理局、土地管理局），评出不信任单位 1 个（县公安局），给予黄牌警告。乡镇评出优秀单位 63 个，良好单位 325 个，一般单位 84 个，不信任单位 3 个。

部分县政府组成人员述职评议 2000 年 6 月，梁山县人大常委会制发《关于开展述职评议工作的意见》，并由中共梁山县委转发执行。该次评议工作以中共十五大精神为指导，以宪法、地方组织法等法律法规为依据，把党管干部的原则和人大常委会依法任免、监督干部有机结合，有效实施对国家机关干部监督。述职评议的范围为县人大常委会任命的国家机关工作人员。述职评议内容包括：贯彻执行党的路线方针政策和国家法律法规，依法行政、公正司法情况；贯彻落实县人大及其常委会的决议、决定以及办理人大代表建议、批评和意见情况；履行职责，完成本部门工作目标、任务和廉洁自律、廉政建设情况；转变工作作风，调查研究，团结协作，带头实干和密切联系群众等情况。述职评议工作在县委的领导下，由县人大常委会主任会议组织实施。

2000 年 6 月 30 日，梁山县十四届人大常委会第二十二次会议，根据上级有关规定、县委建议，县人大常委会确定对县工商行政管理局局长董茂华、县技术监督局局长崔瑞民、县交通局局长王水利、县土地矿产管理局局长王爱民进行述职评议。述职评议工作从 8 月 11 日起，至 11 月 30 日止，分评议准备、视察调查、述职评议、整改四个阶段进行。是年 8 月 18 日，县人大常委会召开述职评议工作动员会，县人大常委会主任高太平作动员讲话，县委副书记臧凤柱，县委副书记、县政府副县长姜居祯分别代表县委、县政府讲话。是年 9 月 7 日，县人大常委会召开述职评议大会，县委书记韩军，县人大常委会主任高太平，县委副书记、县政府县长商建设分别讲话。其间，县人大常委会组织 4 个视察调查组，每个组分别由县人大常委会副主任、委员和代表组成，并写出较为客观详实的调查报告和初步评议意见。然后，分别听取 4 名被评议部门负责人的述职报告和 4 个视察调查组关于视察调查情况的报告，并进行分组评议。在评议的基础上、由常委会组成人员填写评议票，确定出优秀、称职、基本称职、不称职四个档次，并向被评议人员、分管领导及干部主管部门反馈评议意见和评议结果。

该次4个政府部门主要负责人述职评议结果均为称职。述职评议结束后，要求被评议人认真落实评议意见，切实抓好整改工作。根据整改情况，县人大常委会主任会议于11月30日听取名局长述职评议工作整改情况汇报，并下发主任会议建议转达。

行政审批工作评议 2003年11月中旬，县人大常委会组织部分省、市、县人大代表对入驻县行政审批服务中心开展工作的20个单位进行行政审批工作单项评议。该次评议以中共十六大精神为指导，以规范行政审批行为、促进政府工作提速为主题，采取走访座谈、发放问卷调查表、调查被评议单位、听取汇报、现场视察、代表评议发言、填写评议票等步骤，按照“好、较好、一般、差”四个档次，对被评议单位开展行政审批工作的情况作出综合评价，并反馈评议意见、公布评议结果。

总体情况 自2002年3月起，在县委、县政府的领导和各有关方面的共同努力下，行政审批工作取得明显成绩，主要表现为：促进了行政机关及其工作人员责任意识和效率观念的增强，促进了窗口单位队伍建设和服务水平的提高，促进了行政审批责任的落实和行政审批项目的集中快速办理，促进了监督机制的完善和行业作风的转变。但行政审批工作仍存在一定问题，主要表现在：少数单位领导重视不够、行动不自觉，措施欠有力；有的单位未按要求建立配套的制度和规范，有的单位在工作中缺少沟通、配合与协调，增加了工作的难度。据此，代表们在评议中提出了具体的改进意见。

评议结果 被评为“好”档次的单位为：国土资源局、农业机械管理局、交通局、教育局、文化局、畜牧局、建设局、林业局、发展计划局、劳动和社会保障局、房地产管理局；被评为“较好”档次的单位为：卫生局、环境保护局、公安局、物价局、水利局、工商行政管理局、国家税务局、地方税务局、质量技术监督局。

一府两院组成人员述职评议 2004年6月16日，为加强对“一府两院”组成人员的监督，梁山县十五届人大常委会第十一次会议通过《梁山县人大常委会述职评议工作办法》，确定由县人民代表大会选举及县人大常委会决定任命的县人民政府代县长、副县长，县人民政府组成部门的主任、局长，县人民法院副院长、庭长、审判委员会委员，县人民检察院副检察长、检察委员会委员，每年向县人大常委会述职，并接受评议。是年9月10—11日，梁山县十五届人大常委会第十三次会议暨评议工作会议，对“一府两院”57名工作人员（包括5名副县长、24名局长、21名法官、7名检察官）和5个工作部门进行评议。

述职评议内容 贯彻执行党的路线、方针、政策情况；贯彻执行国家法律、行政法规，依法决策、依法管理、依法行政、公正司法情况；贯彻执行县人民代表大会及其常委会的决议、决定和办理人大代表提出的议案、建议、批评和意见情况；落实县委中心工作，完成本部门工作目标、本职工作任务和廉洁自律、勤政廉政情况；坚持民主集中制原则，调查研究，科学决策，团结协作，带头实干、转变工作作风，密切联系群众等情况等。

述职评议过程 县人大常委会听取述职人员的述职报告，并进行评议，同时组成由县人大常委会副主任带队的考核组，到述职人员所在部门及相关单位，采取走访、座谈、民主测评等方式，了解述职人员的情况。评议按“优秀、称职、基本称职、不称职”四个等次，由县人大常委会组成人员进行无记名投票表决，评议等次结果向县委报告，向“一府两院”通报，向被评议部门和个人进行反馈，并将评议结果存入本人档案。述职人员对常委会会议评议中提出的意见、建议，应及时制定整改措施，认真整改。

述职评议整改 经过历时3个月的整改，取得阶段性成果，2004年12月13日，四个考核组分别在县人大常委会领导的带领下，采取召开座谈会、视察调查等形式，重点到县发展计划局、县经济贸易局、县教育局、县公安局、县水利局、县计划生育局、县统计局、县法院、县检察院、县工商行政局、县广播电视局等11个单位，对整改情况进行检查。12月28日，主任会议听取关于检查情况的汇报，认为被评议对象对整改工作高度重视，迅速行动，认真落实，整改取得较为明显的成效。但离代表和群众要求仍有不少差距，要求被评议对象应高度重视，自加压力，在实际工作中认真加以解决。

部分政府部门及组成人员评议 2005年10月，县人大常委会根据宪法、地方组织法和《梁山县人大常委会述职评议工作办法》，提出《关于2005年度开展评议工作的意见》，中共梁山县委予以转发，并要求有关部门单位认真遵照执行，确保把评议工作做好。同时作出《关于对部分国家机关和工作人员进行评议的决定》，决定2005年度评议政府部门为：县工商局、县体育局、县畜牧局、县质监局、县广播局；评议政府组成人员为：县科技局局长李文敬、县审计局局长李若宽、县民政局局长张希来、县农业局局长杨绍建、县统计局局长贺林。

评议筹备情况 县人大常委会制订评议工作的意见和实施方案，明确评议工作的指导思想、任务目标、方法步骤，并成立领导班子，建立评议组织，设立评议工作办公室，由县人大常委会副主任任评议办公室主任，县委组织部副部长、县人大常委会办公室主任、县人大常委会人事代表工作室主任任副主任，具体负责组织评议工作。同时，建立由县人大常委会组成人员及有关委室负责人组成及部分省市、县人大代表参加的考核小组，组织开展考核活动。

评议方法步骤 评议分为准备、考核、评议、整改四个阶段进行，每一个评议环节都组织严密，有条不紊，并环环相扣。同时改进评议方法，增加参评人员，县人大常委会组成人员、县级领导干部、人大代表以及被评对象单位干部职工参与评议，人数达到500余人，特别是县级领导干部和人大代表参与率均达到80%以上，增强了评议工作的广度和深度。县人大常委会组织考核小组，到被评议工作部门和述职人员所在单位及所属部门，广泛听取干部、职工对部门工作和述职人员的意见和建议，进行问卷评议；走访县级领导和人大代表，征求对被评议工作部门、述职人员的意见和建议，进行问卷评议。在考核的基础上写出考查报告。县人大常委会会议听取被评议的工作部门主要负责人和述职人员作工作报告或述职报告，并进行评议。

评议等次结果 评议按“优秀称职、基本称职、不称职”或“优秀、良好、一般、较差”四个等次进行无记名投票表决。人大常委会主任会议研究确定评议意见，该次评议，县审计局局长李若宽、县科技局局长李文敬、县民政局局长张希来、县农业局局长杨绍建被评为优秀等次，县统计局局长贺林被评为称职等次；县畜牧局、县质监局、县广播局、县工商局被评为良好等次，县体育局被评为一般等次；评议结果以适当方式向有关方面通报并向社会公布。

部分政府工作部门及驻梁单位工作评议 根据中共梁山县委有关文件精神和《梁山县人大常委会述职评议工作办法》，2007年5—7月，县人大常委会组织开展对县政府部分工作部门、部分驻梁单位的工作进行评议。评议结果为：县财政局、县建设局、县劳动和社会保障局、县审计局、县人口和计划生育局、县安全生产监督管理局、县政府办公室、县发展和改革局、县监察局、县人事局、县民营经济发展局、县教育局、县水利局、县经济贸易局、县民政局、县农业局16个县政府组成部门评为优秀等次，县国土资源局、县交通局、县卫生局、县科学技术局、县统计局、县司法局、县环境保护局、县公安局8个县政府组成部门评为良好等次；县房地产管理局、县林业局、县物价局、县农业办公室、县移民办公室、县农机中心、县审批中心、县粮食局8个县政府工作部门评为优秀等次，县旅游局、县水产中心、县文化局3个县政府工作部门评为良好等次；县国税局、县质量技术监督局、县地税局、县信用联社、县工商行、县食品药品监督管理局、县农行7个驻梁单位评为优秀等次，县工商行政管理局、县农发行2个驻梁单位评为良好等次。

专项工作评议 2008年7月25日，梁山县十六届人大常委会第五次会议通过《梁山县人民代表大会常务委员会专项工作评议办法》，提出由县人大常委会对本级国家行政机关、审判机关、检察机关的某项工作或事关重大、涉及面较广的重点工作情况进行审议和评价。专项工作评议的主要内容包括：贯彻执行宪法、法律、法规、条例的情况，贯彻执行县委重大决策部署的情况，贯彻执行县人大及其常委会决议、决定的情况以及接受县人大及其常委会监督情况，办理县人大代表提出的议案、建议、批评和意见的情况，社会普遍关注、群众普遍关心的热点、难点问题的处理情况。专项工作评议前，由县人大常委会委员和部分县人大代表，组成评议调查组，采取走访、座谈、听取汇报等方式，听取各方面意见，了解被评议单位的有关情况，并形成调查报告，同时听取被评议单位工作报告，对被评议单位的工作由人大常委会进行无记名投票测评。被评议单位主要负责人还要到会听取意见，回答询问，或者就有关问题作出说明；被评议单位应当认真研究评议意见，制定整改措施，切实加强整改，并按照规定时间向人大常委会提交整改报告。专项工作评议结果向县委报告，向县人民政府、县人民法院、县人民检察院通报，向被评议单位反馈。

县政府部门满意度评议 2015年4月13日，县人大常委会印发《关于深入开展“双建双联双评”主题活动的意见》；是年10月10日，县人大常委会研究制发《关于组织开展人大代表评议部门工作的实施方案》，确定县发展和改革局、县科学技术局、县民政局、县人力资源和社会保障局、县住房和城乡建设局、县交通运输局、县水利局、县食品药品监督管理局、县旅游局、县国家税务局10个部门为该次人大代表评议的部门，并召开被评议部门参加的推进会议，要求被评议部门按照评议的内容等有关要求，撰写本部门的工作报告。是年11月中旬，县人大常委会人代室按照统一的格式，将被评议部门的工作报告装订成册，连同人大代表评议部门测评票、人大代表评议部门意见建议征集表发给驻梁省、市人大代表和县人大代表。其后，由县人大代表广泛征求各方面的意见，了解被评议部门的工作情况，对每个被评议部门的工作按照“满意”“基本满意”“不满意”三个等次，如实作出评定。是年12月22日，梁山县十七届人大常委会主任会议，分别通过人大代表对县发展和改革局、县科学技术局、县民政局、县人力资源和社会保障局、县住房和城乡建设局、县交通运输局、县水利局、县食品药品监督管理局、县旅游局、县国家税务局的评议意见。根据《梁山县人大常委会关于组织开展人大代表评议部门工作的实施方案》安排，县人大常委会向驻梁省、市人大代表和县人大代表印发人大代表评议部门测评票和人大代表评议部门意见建议征集表，共发出测评票和意见建议征集表各289张，收到测评票277张，收到意见建议征集表219张，满意率测评结果为：县发展和改革局，满意率92.05%，县科学技术局满意率90.25%，县民政局满意率91.34%，县人力资源和社会保障局满意率93.50%，县住房和城乡建设局满意率87.73%，县交通运输局满意率90.61%，县水利局满意率90.97%，县食品药品监督管理局满意率89.89%，县旅游局满意率89.53%，县国家税务局满意率89.17%，按照县人大常委会专项工作满意度测评试行办法规定，上述部门均被定为“满意”等次。

2018年度部门工作评议 2018年8月23日，县人大常委会召开工作评议动员会议进行安排部署，启动对12个县政府组成部门和3个驻梁垂直管理单位的工作评议。10月下旬至11月上旬，组织5个工作评议组深入到分包乡镇、街区进行调研，召开座谈会，收集对被评议单位的意见建议，并通过多种渠道、采取多种形式、广泛征求服务对象和社会各界的意见和建议。2018年12月19日，梁山县十八届人大常委会第十九次会议举行2018年度工作评议，主要由人大常委会组成人员和部分省市县人大代表对12个县政府部门和3个驻梁垂直管理单位进行集中评议。县人大常委会主任秦延信主持会议并讲话，县人大常委会组成人员、各乡镇、街区党（工）委书记或人大主席、主任、部分省市县人大代表出席会议；县政府副县长、县监察委员会，县人大常委会机关委室负责人，被评议单位主要负责人，县政府相关部门和驻梁单位负责人列席会议。

评议主要内容 该次评议内容包括：贯彻执行宪法及法律法规和国家方针政策的情况，贯彻落实县委决策部署和完成县重点项目、工作任务情况，贯彻执行县人大及其常委会决议决定、自觉接受监督和办理人大代表议案及建议、批评和意见等情况，履行工作职责和工作作风、工作成效等情况，解决社会普遍关注和人民群众反映强烈的热点难点问题等情况，加强队伍建设、廉洁自律、文明服务情况等。

评议工作要求 该次评议的主体是县人大常委会组成人员和省、市、县人大代表，计100人。各位参评人员要做到公平公正，结合评议前进行的走访、视察和调研，在广泛听取和收集广大选民的意见建议、全面客观了解并掌握被评议单位的工作情况的基础上，公平公正地进行评议；填写评议票时要从工作大局、公共利益、群众利益考虑，对15个单位合理评议，务必做到实事求是，客观公正，以体现本次评议的公平性和公正性。

评议方法步骤 评议采取会议集中评议、无记名投票的方式进行，参照《梁山县人大常委会关于对专项工作进行满意度测评的试行办法》的有关规定，对被评议单位按“满意”“基本满意”“不满意”三个等次进行评议，按照满意票多少对县政府部门和驻梁垂直管理单位分别排出名次，当场公布评议结果。评议先由被评议的县发展和改革局、县科学技术局、县司法局、县国土资源局、县住房和城乡规划建设局、县水利局、县农业局、县食品药品监督管理局、县质量技术监督局、县物价局、县旅游局、县城乡环境管理局、县税务局、县公路局、县农业银行15个单位逐一作工作报告；然后由县人大常委会组成人员和人大代表对被评议单位的工作进行满意度测评。

2018年度工作评议动员会

评议结束后，县委常委、副县长李保江作表态发言；县人大常委会主任秦延信作总结讲话。评议结果向县委报告，向县政府及其相关部门和驻梁垂直管理单位的上级主管部门通报，向被评议单位反馈，并在县十八届人大三次会议上向代表通报，同时通过新闻媒体向社会公

2018年12月19日十八届人大常委会第十九次会议暨2018年度政府部门、驻梁单位工作评议会议

布。

2019年部门工作评议 2019年6月21日，梁山县十八届人大常委会第二十三次会议通过《2019年度工作评议实施方案》。方案根据宪法、地方组织法和监督法的有关规定，并报请县委同意，决定组织县人大常委会组成人员和部分县级以上人大代表，对县政府10个部门（县政府办公室、县工业和信息化局、县教育和体育局、县民政局、县人力资源和社会保障局、县交通运输局、县卫生健康局、县审计局、县公共资源交易服务中心、县住房保障事务服务中心）、县法院1个法庭（民事审判二庭），县检察院1个检察部（第一检察部）、3个驻梁垂直管理单位（县供电公司、中国移动公司梁山县分公司、中国联通公司梁山县分公司）进行工作评议。

评议主要内容 贯彻执行党的路线方针政策和宪法、法律法规的情况；推进落实县委重大决策部署、县政府重点工作、上级布置的重要任务和本年度工作计划完成情况；贯彻执行县人大及其常委会决议、决定，自觉接受县人大及其常委会监督，研究处理审议意见，办理人大代表议案建议等情况；认真推进“放管服”改革，优化政务服务，简化办事程序，为企业和群众提供优质高效服务等情况；依法履行职责，严格公正执法，推动经济发展，维护社会稳定，回应百姓期盼等情况。

评议工作要求 该次评议的主体是县人大常委会组成人员和省、市、县人大代表，计100人。各位参评人员要做到公平公正，结合评议前进行的走访、视察和调研，在广泛听取和收集广大选民的意见建议、全面客观了解并掌握被评议单位的工作情况的基础上，公平公正地进行评议；填写评议票时要从工作大局、公共利益、群众利益考虑，对15个单位合理评议，务必做到实事求是，客观公正，以体现本次评议的公平性和公正性。

评议方法步骤 该次评议工作从2019年6月下旬起，至11月底结束，评议分为准备动员、调查反馈、自查整改、集中评议、完善提高5个阶段。该次评议根据评议对象分别设立5个工作评议组，由县人大常委会组成人员和部分县级以上人大代表组成，人大常委会主任、副主任任组长，有关委室负责人任副组长；被评议单位成立迎评工作小组。县人大常委会召开工作评议动员会，安排部署评议工作；组织基层代表进行深入调查，充分汇集民意，全面了解被评议单位工作情况，提出意见建议；工作评议组开展专题调研，对被评议单位的工作进行评议调查，广泛听取各级人大代表、镇村干部、企业负责人、群众代表等方面提出的问题和意见，并提请人大常委会主任会议审议，经审议的意见随时转交被评议单位；被评议单位对反馈的意见即知即改、立行立改、边查边改，并形成整改报告提报县人大常委会。在集中评议阶段，召开县人大常委会主任会议，对被评议单位整改报告进行审查，提出意见建议，并及时反馈给被评议单位；被评议单位根据主任会议的意见建议，对整改报告进行修改完善。

2019年年度工作评议　2019年12月20日，梁山县十八届人大常委会第二十八次会议暨2019年度工作评议会议召开，县人大常委会主任秦延信出席会议，县人大常委会副主任王才利主持会议，县委常委、副县长李保江，县法院院长时益同，县检察院检察长张忠新以及县监察委员会负责人，各乡镇、街区人大主席、主任，部分省市县人大代表，县人大常委会机关委室负责人，被评议单位主要负责人，县政府相关部门和驻梁垂直管理单位负责人列席会议。评议采取会议集中评议、无记名投票的方式进行，参照《梁山县人大常委会关于对专项工作进行满意度测评的试行办法》的有关规定，对被评议单位按“满意”“基本满意”“不满意”三个等次进行评议，按照满意票多少对县政府部门和驻梁垂直管理单位分别排出名次，当场公布评议结果。评议先由被评议的县政府办公室、县工业和信息化局、县教育和体育局、县民政局、县人力资源和社会保障局、县交通运输局、县卫生健康局、县审计局、县公共资源交易服务中心、县住房保障事务服务中心、县供电公司、县移动公司、县联通公司、县法院民事审判二庭、县检察院第一检察部15个单位逐一作工作报告；然后由各位委员和省市县人大代表对各个被评议单位的工作进行现场询问，并由相关单位主要负责人作出回答其后由委员和人大代表对被评议单位的工作进行满意度测评。

评议结束后，县委常委、县政府副县长李保江作表态发言。县人大常委会主任秦延信作总结讲话。评议结果向县委报告，向县政府和驻梁垂直管理单位的上级主管部门、县法院、县检察院通报，向被评议单位反馈。同时，采取适当方式向县人代会通报，通过媒体向社会公布。被评议单位根据评议结果和代表提出的意见建议，继续抓好整改，确保提出的意见建议整改落实到位，不断提高自身的工作能力和水平。

2019年工作评议动员会

第三节　专题询问

2015年10月28日，梁山县十七届人大常委会第三十一次会议，表决通过《梁山县人大常委会开展专题询问和质询工作试行办法》，既标志着县人大常委会专题询问监督方式的正式启动，也标志着专题询问作为一项监督形式将实现制度化、常态化。其后，县人大常委会围绕事关全县工作大局、社会普遍关注、经过努力可以解决的问题深入研究，科学选题，实施专题询问，取得良好效果。

龟山河西环城河污染综合治理工作专题询问　2015年12月17日，梁山县十七届人大常委会第三十三次会议，对县政府龟山河西环城河污染综合治理工作开展专题询问。该次专题询问为县人大常委会首次专题询问。专题询问由县人大常委会党组书记、第一副主任蒋衍涛主持，县十七届人大常委会组成人员出席专题询问会议；县政府分管副县长，县法院院长，县检察院代检察长及县发改局、环保局、规划局、住建局、水利局、财政局、国土局、经信局、工商局、畜牧局、林业局、环卫局、执法局、水泊街道、梁山街道主要负责人和县人大常委会各委室负责人列席。

询问主要内容 该次专题询问主要对龟山河西环城河污染综合治理工作，深入了解情况，研究分析问题，提出意见建议，督促政府及有关部门加快工程进度，推进生态和谐梁山建设。具体内容为：(1) 县政府在年初人代会上将龟山河、西环城河综合治理列为为民办实事之一，自综合治理工作启动以来，指挥部和有关职能部门做了大量工作，启动大规模征收拆迁，当前工程进展如何？下步工作思路及工程施工的主要时间节点是如何安排的？完成工程任务有哪些保障措施？(2) 作为龟山河、西环城河综合治理的牵头部门和工程规划的主管部门，规划局是如何按照县政府的部署做好整个项目组织协调工作的？并简要介绍工程的规划设计。(3) 龟山河、西环城河作为一项工程规模大、建设标准高、资金投入量大的民生工程，财政局建设资金是怎样筹集的？如何偿还？发改局、住建局、环保局、水利局在争取上级资金支持方面是如何考虑的？有哪些具体措施？(4) 河道现有的污水如何处理？作为治污主管部门，环保局在龟山河、西环城河治理过程中应如何积极主动地发挥职能作用？(5) 龟山河、西环城河污染严重，凸显梁山县城污水管网设计不合理，住建局在龟山河、西环城河治理过程中，雨污分流和管网建设工程怎样实施？有哪些工作措施做保障？“海绵城市”是城市雨洪管理新概念，梁山在海绵城市建设方面有什么打算？(6) 西环城河两侧畜禽养殖废水、动物粪便直排河道，污染严重，畜牧局如何应对沿线养殖场的拆迁安排？在城市规划区内的畜禽养殖取缔和退出方面采取了哪些措施？(7) 由于金泊园市场管理不到位、基础设施不配套、商户环保意识不强等，造成市场污水直排、垃圾乱倒，成为西环城河污染的主要原因之一；根据规划设计，金泊园市场临西环城河改扩建，工商局将采取哪些具体措施确保市场及周边经营户产生的垃圾和污水不再污染河道？(8) 由于地势原因，马营、杨营等西部遇暴雨时排涝水将直接流入西环城河，水利局对西环城河、龟山河的排涝问题如何解决？如果发生水污染突发事件，是否有截流的措施？(9) 环卫局对河道沿线的垃圾如何处理？建成后的河道景观带将采取什么形式进行保洁？如何建立长效管理机制？(10) 林业部门在工程绿化和水质净化方面，应如何发挥作用？有哪些打算？(11) 城管执法局、国土局、梁山街道、水泊街道对龟山河、西环城河综合治理违法建筑的拆除情况如何？有哪些具体措施？(12) 经信局对河道沿线企业尤其是化工企业的排污问题应如何治理？有哪些具体措施？各级地方人民政府是实施水污染防治行动计划的主体，梁山街道、水泊街道在落实水污染防治“属地管理”方面分别采取哪些措施？下步将如何改进？

询问回答要求 询问人和应询人都以对人民、对事业、对梁山长远发展高度负责的态度，严肃认真地对待现场问答环节，通过双方的共同努力，使询问和应询有力度、有深度、有水平。询问人提问要开门见山、简洁明了、直面问题；应询人答复时要简明扼要、准确真实、紧扣主题、言之有物，少谈工作成绩，不得答非所问、回避问题矛盾。询问和应询双方可以观点碰撞、思想交锋，做到激烈而不冲突，尖锐而不对抗。对取得的成绩，问出经验；对问题和不足，问出原因、问出责任、问出解决的办法和措施；对规划和目标，问出承诺和决心，使专题询问现场问答顺畅，形成良性互动。

询问方法程序 询问采取现场问答的方式，由常委会组成人员询问人提出问题，县政府分管副县长及相关部门主要负责人逐一回答，每次询问后可以进行追问；在县政府及有关部门负责人回答后，主持人均进行随即点评。专题询问会议首先由县政府副县长李士兵作龟山河西环城河污染综合治理的工作报告，在主持人随即点评的基础上，开始由人大常委会组成人员对龟山河西环城河污染综合治理工作进行询问。会上，县人大常委会副主任郭建华、王文成和委员李梦良、陈丕田、赵晖、房继宽、孙长春、赵卫国、陈冬梅、张希来、王佑灿、胡桂花、高兴武先后进行提问。县政府副县长李士兵、县规划局局长赵锦民、县财政局局长杨其勇、县发改局局长赵伟、县住建局局长李迎绪、县环保局局长马德水、县水利局局长刘志刚、县工商局局长吴春雷、县畜牧局局长王炳良、县城乡环卫局局长王琳、县林业局局长高宗杰、县经信局局长王先华、县城管执法局、县国土局负责人、梁山街道办常务副主任刘道兵、水泊街道办主任杨孟刚等就提出的问题作了逐一回答。专题询问完毕后，由县人大常委会组成人员对龟山河西环城河综合治理专题询问进行满意度测评，测评结果当场公布。然后专题询问会议表决通过县人大常委会对县政府《关于龟山河西环城河污染综合治理工作报告的审议意见》；其后由县政府分管副县长李士兵作表态发言；最后由县人大常委会第一副主任蒋衍涛作总结讲话。

跟踪问效 专题询问会议之后，县人大常委会办公室和城环委、研究室，对提出的询问问题和回答情况进行整理，交县政府研究处理。县政府及有关部门结合会上的表态和承诺，研究制订做好龟山河西环城河污染综合治理的具体措施，确保回答询问时所提出的举措真正落实到工作中去。同时，县人大常委会成立以分管副主任为组长的专项工作督查督办小组，对专题询问意见研究处理情况进行跟踪监督，对被询问单位答复中承诺的具体事项进行重点督办，直至有关事项得到解决。

县委对该次专题询问工作高度重视，会前，县委书记贾治阜为专题询问出题目、定调子，并多次听取筹备工作汇报，审阅专题询问题目，并对开展好专题询问、推动这项工作提出明确要求。为搞好该次专题询问活动，县人大常委会成立专题询问领导小组，并到枣庄、邹城、泗水等地进行考察，借鉴先进县市区的有效做法，制定了《开展龟山河西环城河污染综合治理专题询问的实施方案》，并召集部分人大常委会委员和代表对龟山河西环城河污染综合治理进行实地视察。县政府对该次专题询问十分重视，县长侯典峰表示县政府要认真准备应询，自觉接受监督，推动工作开展。

改善城区环境卫生专题询问 为推动“三城同创”工作的开展和城区环境卫生的改善，根据济宁市人大常委会关于进一步加强人大监督工作的有关要求和《梁山县人大常委会开展专题询问和质询工作试行办法》，2017 年 9 月 21 日在县政府招待所多功能厅进行改善城区环境卫生专题询问。县人大常委会主任秦延信、副主任王才利、郭继田、崔根博、王文成及其他人大常委会组成人员出席专题询问会议，并为询问主体；县政府副县长及县住建规划局、县城管局、县环卫局、

2017 年 9 月，改善城区环境专题询问

县卫计局、县房管办为询问对象接受询问；县法院院长、县检察院检察长、部分省市人大代表、县人大机关委室负责人以及县政府办公室、县财政局、县工商局、县水利局、县教体局、县环保局、县食药监局、县国土局、县公安局、县交通局、县林业局、县商务局、县畜牧局、梁山街道、水泊街道办事处主要负责人，各乡镇、街道、开发区人大负责人列席会议，并特邀市民旁听询问会议。该次专题询问由县人大常委会副主任王才利主持。

询问主要内容 该次询问主要围绕卫生和文明城市创建、公共环卫设施建设和管理、城市环境污染防治、小区物业管理、公共环境卫生保洁、提高公民环境卫生意识等方面开展询问。具体询问内容为：(1)城市环境卫生事关民生，事关城市的文明程度，事关梁山形象，县政府在改善城区环境卫生方面主要做了哪些工作？还存在哪些问题？下一步将采取哪些措施？(2)城市排水工程是市政工程建设的重要组成部分，县城部分路段每逢雨季积水严重，多年来没有改观，包括一些新建道路部分路段积水也相当严重。存在这些问题的主要原因是什么？针对这些问题，下一步将采取哪些治理措施？(3)梁山城区地处凤山、龟山、青龙山中间，每遇大雨携带大量山土倾泻而下，严重影响城区的环境卫生质量，为此县政府多年前提出建设山水拦蓄工程、治理山体水土下泄的设想，山水拦蓄工程是否可以实施？将采取哪些措施加以治理？(4)目前城区垃圾箱大都是开放放置，虽给市民倾倒垃圾带来便利，但影响周边环境卫生，也存在引发蚊蝇传染疾病的公共卫生安全隐患，一些垃圾车在收运过程中也存在着“滴、漏、洒、扬”等现象，给环境造成“二次污染”。针对垃圾收集和清运过程中存在的问题，将采取哪些措施加以解决？(5)实施城区棚户区拆迁和道路提升改造取得明显成效，但在道路施工时断时续、工期较长，造成环境污染、道路拥堵；棚户区拆迁建筑垃圾清运不及时，且渣土车运输遮盖不严，造成扬尘污染。请问：在城区道路改造、棚户区拆迁、渣土车运输方面，将采取哪些措施降低扬尘污染、保障道路畅通？(6)城区现有13座公厕中，相对较好的仅有4座，无法满足市民的需求，在城区改造过程中有没有公厕建设这方面的规划？将如何落实到位？(7)在提高居民的环境卫生意识方面，采取了哪些宣传教育措施？(8)在治理饭店油烟污染方面采取了哪些措施？如何防止油烟污染的反弹？如何解决好店外畜禽宰杀这一问题？(9)公共环境卫生方面的疾病防治工作是如何开展的？下一步打算如何解决存在的问题和不足？(10)物业管理群众反映强烈，也成为近年来人大代表热议的话题，县政府今年将物业达标行动列入为民办好十件实事，明确提出在梁山街道成立10个上规模的小区业主委员会，在水泊街道成立17个上规模的小区业主委员会，清除18个无资质管理的物业公司，清理拆除15个小区的乱搭乱建设施，重点创建5个“文明示范小区”。到目前为止，这一工作进展情况如何？下一步将采取哪些措施确保完成？(11)县城有没有农贸市场建设方面的规划？如何解决当前马路市场、早市影响环境卫生和道路通行的问题？(12)落实“门前三包”是加强城市管理、改善城区环境的一项有效措施，县城绝大多数经营户没有认真履行门前“三包”职责，乱停乱摆、乱涂乱画、乱泼乱倒、店外经营、损坏门前树木等行为时有发生，下一步如何抓好“门前三包”责任制的落实？

询问方法程序 该次询问采取“一问一答”、现场问答的形式进行，由常委会组成人员询问人提出问题，县政府分管副县长及相关部门主要负责人逐一回答，每次询问后可以进行追问。会上，县人大常委会副主任王才利、郭继田、崔根博、王文成及委员孙长春、赵卫国、李梦良、苏振明、马德水、闫崇高、陈丕田、周广占、李华先后就有关问题进行提问；县政府副县长马涛、县住建规划局局长赵锦民、县城管局局长崔师峰、县环卫局局长李莱茵、县房管办主任马绪印、县疾控中心主任郑茂才等就提出的问题作了逐一回答。专题询问完毕后，由县人大常委会组成人员将对本次专题询问的答复情况，进行满意度测评，测评结果当场公布。然后由县政府分管副县长马涛表态发言；其后县人大常委会主任秦延信作总结讲话。

跟踪问效 会后，县人大常委会把专题询问会意见、测评结果，书面反馈县政府及其有关部门。县政府建立整改工作台账，明确部门职责，推动有关问题的解决，并在收到反馈意见后一个月内，将整改落实情况书面报告县人大常委会。县人大常委会成立以主任为组长、副主任为副组长、各委室负责人为成员的改善城区环境卫生专题询问专项工作督查督办领导小组，下设四个活动小组，吸收部分专职常委或者专门委员会成员参加，各小组由副主任带队，将深入到有关单位，对专题询问的意见研究处理情况进行跟踪监督，对被询问单位答复中承诺的具体事项进行重点督办。跟踪问效主要采取召开座谈会、听取专题询问专项工作整改情况汇报、查阅台账、现场查看、调查走访等形式进行。通过以上各种形式的督查督办，各活动小组形成被督办督查单位的整改情况报告，由县人大常委会形成改善城区环境卫生专题询问专项工作跟踪问效的总体情况报告。

组织改善城区环境卫生询问前，为做好专题询问工作，由县人大常委会副主任崔根博、王文成带队，组织县人大城环工作室、法制工作室及有关委室外出考察学习城区环境卫生专题询问经验。

食品安全工作专题询问 2017年11月7日，梁山县十八届人大常委会召开第八次会议，对县政府食品安全工作进行专题询问。县人大常委会副主任王才利、郭继田、崔根博、王文成及其他人大常委会组成人员出席会议，副主任崔根博主持会议并对问答进行现场点评，副县长孙颖及食药监局、公安局、住建局、教体局、环卫局、畜牧服务中心、检验检测中心等单位负责人到会接受询问。县检察院检察长张忠新，县人大机关各委室负责人，县法院和食安委成员单位主要负责人，各乡镇、街道政府主要负责人列席会议。

专题询问筹备 为开展好本次专题询问工作，县人大常委会高度重视，成立由县人大常委会主任、副主任为组长的专题询问领导小组，在充分汲取改善城区环境卫生专题询问成功经验的基础上，多次召开专题会议对询问目的、内容、方式方法及工作要求进行深入研究。在询问题目的拟定方面，组织4个视察组进行实地调研，并围绕食品安全县创建实施细则的要求和人民群众关注的热点难点问题，与相关单位负责人和部分人大代表、群众进行座谈，广泛吸收了社会各界的意见建议，掌握了食品安全县创建的薄弱环境和存在的突出问题，确定了专题询问题目，提高了询问的针对性。县政府高度重视，自觉接受人大监督，召开会议安排应询工作。各有关部门根据各

梁山县人大常委会食品安全工作专题询问会议

自职责，认真分析询问提出的问题，深入研究解决问题的办法举措，作了大量扎实的应询准备，为开好专题询问会议打下了坚实的基础。

询问主要内容 该次询问主要围绕农村食品监管、畜禽产品质量、食品生产源头管理、食品检验检测、学校食品安全管理、餐厨废弃物管理、城区供水水质、食品安全犯罪打击等群众高度关注的热点问题进行。具体询问内容为：(1）习近平总书记指出：民以食为天，加强食品安全工作，关系我国13亿多人的身体健康和生命安全，必须抓得紧而又紧。县政府在食品安全方面做了哪些工作？还存在哪些问题？将采取哪些措施确保人民群众“舌尖上的安全”？（2）农村还存在着食品安全工作基础薄弱、监管工作不到位、工作机制不够完善等问题，针对存在的这些问题采取了哪些措施？打算如何做好下一步农村食品安全监管工作？（3）畜禽产品质量安全关系千家万户，一些不法分子养殖期间使用违禁物质、屠宰时人为注水、病死畜禽流入市场等时有发生现象，针对以上问题采取了那些手段和措施？今后应如何杜绝此类危害健康行为的发生？(4）食品生产方面存在诸多安全隐患，诸如违法添加非食用成分、超限量标准使用食品添加剂、滥用保鲜剂等，蔬菜、水果种植中使用催熟剂等，对存在的这些问题做了哪些工作？成效如何？（5）目前食品检测基本上以行业检测为主，没有做到信息公开，也未能共享；现已成立专门检测机构，投资建设了食品质量检测中心，下一步将如何发挥好作用，做好这方面的工作？能否做到行业信息共享和社会信息公开？（6）学生的饮食安全一直是社会关注的热点问题，有关部门是如何做好学生食品安全监管工作的？ 下一步将采取那些保障措施？（7）“地沟油”回流餐桌是群众反映最为强烈的食品安全问题，有关部门对餐厨废弃物是如何进行管理的？在餐厨废弃物无害化处理和资源化利用方面应采取哪些措施？（8）水是生命之源，有关部门对于饮用水的监督管理工作是如何进行？如何才能让市民喝上干净卫生的“放心水”？（9）严厉打击危害食品安全的犯罪分子，是保障食品安全的重要手段，在打击食品违法犯罪方面做了哪些工作？取得哪些成效？还存在哪些问题？今后在打击食品安全违法犯罪方面有什么新举措？

询问方法程序 该次询问采取“一问一答”、现场问答的形式进行，由常委会组成人员询问人提出问题，县政府分管副县长及相关部门主要负责人逐一回答，每次询问后可以进行追问。会上，县人大常委会副主任郭继田、崔根博、王文成及委员闫崇高、李梦良、王军仁、孟召法、徐长勇、张效东相继就有关问题进行提问；县政府副县长孙颖、县食药监局局长陈家民、县畜牧服务中心主任刘立新、县检验检测中心主任李瑞华、县教体局局长孙明庆、县环卫局局长李来茵、县住建局局长赵锦民、县公安局负责人等就提出的问题作了逐一回答。专题询问结束后，由县政府分管副县长孙颖作表态发言；其后县人大常委会副主任王才利作总结讲话。专题询问整体结束后，县人大常委会党组向县委写出专题报告。

专题询问效果 食品安全是事关广大人民群众切身利益的大事，是重大的民生工程、民心工程。通过开展食品安全专题询问，抓住了食安县创建的关键点和人民群众的关注点，问出了深度和关键，答出了责任和承诺，回应了人民群众的普遍关切，有利于县政府有针对性地做好下一步工作，必将对全县食品安全县的创建产生积极的推动作用。

询问跟踪督办 专题询问始于问，但不止于答，目的是推动问题的有效解决。为确保相关问题切实整改到位，真正变答复为行动、变承诺为现实，县人大常委会成立以分管副主任为组长的专项工作督办小组，对询问的问题进行跟踪督办；对专题询问意见落实不力、整改不到位的部门和人员，县人大常委会将依法启动质询、特定问题调查等监督手段督促落实，直到问题解决、群众满意。

城乡公交一体化专题询问 为推动城乡公交一体化健康发展，根据济宁市人大常委会关于进一步加强人大监督工作的有关要求和《梁山县人大常委会开展专题询问和质询工作试行办法》，2018年8月31日，进行城乡公交一体化专题询问。县人大常委会主任秦延信、副主任王才利、郭继田、崔根博、王文成及其他人大常委会组成人员出席专题询问会议，并为询问主体；县政府分管副县长，县交运局、城管局、物价局、公安局、财政局、老龄委、残联等单位主要负责人为询问对象接受询问；县监察委员会主任、县法院院长、县检察院检察长、部分省市人大代表、县人大机关委室负责人以及县直有关部门主要负责人，各乡镇、街道、开发区人大负责人，梁山公交公司、水浒公交公司等企业负责人列席会议，并特邀市民旁听询问会议。该次专题询问由县人大常委会副主任崔根博主持。

询问主要内容 该次询问主要围绕城乡公交一体化工作，就文明城市创建、公共交通基础设施建设和管理、交通安全管理、城乡公交站点科学合理布局、车票定价管理、财政补贴使用和管理、老年人残疾人等符合条件人员免费乘车情况的管理、公共交通服务质量管理等方面开展询问。具体询问内容为：(1) 实行城乡公交一体化是方便群众出行、关系群众切身利益的民生工程，济宁市政府早在2007年就制发《关于推进全市城乡公交一体化的实施意见》，县人大代表也连续十几年在县人代会提出实行城乡公交一体化的议案建议，县政府2016年也将“实施城乡公交一体化”列为为民办十件实事之一，写入政府工作报告，但该项工作进展缓慢，城乡公交一体化一直未能实现。对城乡公交一体化工作，群众意见这么大、代表呼声这么高，县政府为什么议而不办？将采取哪些措施加快推进？什么时候能够完成？（2）县内城乡公交乘车换乘很不方便，公交线路班次间隔时间长，因乘车人少取消班次，对此群众意见很大，不得不选择开私家车、拼车、驾驶电动车往返城乡。不仅增加了群众负担，同时也加重了城区拥堵和环境污染，县政府怎样解决这些问题？（3）县政府若计划通过收购现有私营公交公司、组建新的国有公交公司，收购资金从哪里来？下步运营资金如何保障？（4）对于老年人、残疾人、军人和学生乘坐公交车，国家有明确的减免政策，目前60岁以上老年人在城区乘坐公交车享受减免票，农村老年人乘坐公交车往返城乡却没有享受免票，造成出现公交减免不公平、政策落实不到位的原因是什么？下一步怎么解决？（5）为鼓励市民绿色出行，减少环境污染，缓解交通压力，国家对公交车购置、燃油、运营等方面出台补贴政策，梁山县对城乡公交的补贴政策是否落实到位？（6）城乡公交票价高是人大代表和人民群众反映比较集中的问题，为什么梁山县的公交车车票价格这么高？组建国

2018年8月31日，县人大常委会召开城乡公交一体化专题咨询会议

营公司、实现城乡公交一体化之后，票价多少？（7）县内发往乡镇的公交服务质量相对较差，有的线路班次间隔时间长等，下一步将采取哪些措施加强监督管理？（8）有关部门如何妥善解决学生安全乘车和乘车难的问题？能否在学校集中区设置安全乘车护栏？（9）建设智慧公交系统，可以为群众提供公交车到站距离、到站时间查询、地图定位、换乘查询等实时信息服务，梁山县有没有建设智慧公交系统的计划？（10）公交线路、站点设置不规范，站牌不醒目、缺少导引图，多数公交站点没有公交亭，特别是随着新城区入住人口的增多、到新城政务服务大厅办理业务人员的增加，而公交线路相对较少，县里有没有新城区公交基础设施建设规划？下一步如何加快新老城区的公共交通基础设施建设？

询问方法程序　专题询问会前，县人大常委会组成由副主任带队、机关委室负责人等参加的4个调研小组，吸收教育系统部分省、市、县人大代表，各乡镇、街道、开发区人大主席、主任参加，分赴各乡镇及有关单位进行现场调研。调研结束后，各组联络人员分类梳理出问题，形成书面总结，提交县人大常委会主任办公会研究，对确定询问的题目交县政府准备书面答复材料，并由县人大常委会城环工作室等审核。该次询问采取“一问一答”、现场问答的形式进行，由常委会组成人员询问人提出问题，县政府分管副县长及相关部门主要负责人逐一回答，每次询问后可以进行追问。会上，县人大常委会副主任王才利、郭继田、王文成及委员马德水、耿仁营、闫崇高、孟召法、岳增才、王军仁、苏振明先后就有关问题进行提问；县政府副县长马涛、县交通运输局局长黄尊科、县财政局局长杨其勇、县物价局局长陈丕秋、县公安局政委高太华、县住建局局长赵锦民等就提出的问题作了逐一回答。专题询问完毕后，由县政府分管副县长表态发言；其后县人大常委会主任秦延信作总结讲话。

跟踪问效　会后，县人大常委会把专题询问会意见、测评结果，书面反馈县政府及其有关部门。县政府建立整改工作台账，明确部门职责，推动有关问题的解决，并在收到反馈意见后一个月内，将整改落实情况书面报告县人大常委会。县人大常委会成立以分管副主任为组长的专项工作督查督办小组，对专题询问意见研究处理情况进行跟踪监督，对被询问单位答复中承诺的具体事项进行重点督办，直至有关事项得到解决。

为做好该次专题询问，县人大常委会成立城乡公交一体化工作专题询问会领导小组，由主任秦延信任组长，副主任王才利、郭继田、崔根博、王文成任副组长，有关委室负责人为成员，并设立办公室。

城乡物业管理工作专题询问　2020年8月13日，县十八届人大常委会在水浒大酒店召开第三十五次会议，对城乡物业管理工作进行专题询问。县人大常委会主任秦延信出席会议并讲话，副主任王才利、王文成、高兴武及委员出席会议；县监察委员会、县法院、县检察院和县直部门单位主要负责人，特邀基层人大代表，县人大机关各委室负责人，梁山街道、水泊街道办事处主要负责人，各乡镇街道人大负责人及部分物业服务企业主要负责人列席会议。县政府副县长马涛及住建、发改、应急、行政执法、公安、市场监管等部门主要负责人到场接受询问。县人大常委会副主任高兴武主持会议，并对问答进行现场点评。

专题询问筹备　县人大常委会从6月着手城乡物业管理工作专题询问的各项筹备工作，成立由县人大常委会主任秦延信为组长、各位副主任为副组长的专题询问领导小组，并组建4个视察调研组。各视察调研组采取深入社区、小区实地考察，与基层人大代表、居民、社区工作人员座谈交流，详细了解城乡物业管理真实现状，共收集汇总意见建议60余条，形成专题询问题目17个。在此基础上，县人大常委会主任会议进行专题研究，梳理、归并、形成10个重点题目。之后，召开询问题目交办会，与县政府及有关部门沟通协调，安排部署专题询问有关事项。县政府对此次专题询问高度重视，做了大量、细致的应询准备工作。

询问主要内容　询问主要围绕物业服务收费、老旧小区改造、小区消防安全、专项维修资金、小区内私搭乱建、放养犬只等群众关心关注的热点问题进行，具体询问内容为：（1）在年初人代会上将物业提升列为2020年为民办实事项目，但由于梁山县物业管理工作起步晚，工作开展情况与人民群众要求存在较大差距，县政府将如何提升全县城乡物业管理水平？（2）物业管理联席会议制度是《山东省物业管理条例》规定实行的一项物业管理制度，是协调解决物业管理中存在的困难和问题、提升物业管理水平的重要手段，但各街道、社区并没有执行这一会议制度，甚至不知道有此项制度，住建局作为物业管理牵头部门，为什么没有落实这一政策？下步将如何牵头落实？（3）物业收费和服务标准始终是人民群众关注的热点和焦点，不少群众反映汇豪庭收费高、盛世华城物业服务企业服务差，丽景花园等小区水电费收费高等问题，物业服务企业的服务和收费达不到相应标准，是怎么进行监管的？（4）部分小区存在私搭乱建现象，如锦绣城北区一楼住户私自占用公共绿地扩建庭院、万福家园占用公共区域建设房屋，对此种侵占公共空间的私搭乱建行为，物业或有关部门怎么解决？（5）部分小区消防通道、消防设施配备不全，一旦发生火灾，将对群众的生命财产安全造成极大威胁，对小区内存在的消防安全问题怎么解决？（6）根据《山东省住宅专项维修资金管理办法》规定，住宅物业实行缴纳住宅专项维修资金制度，物业主管部门应对住宅专项维修资金的交存、使用、管理实施统一监督管理。全县专项维修资金收了多少？怎么管理使用这项资金？（7）县城有不少老旧小区存在基础设施陈旧、配套设施不完善，省市对老旧小区的改造有明确要求，群众呼声也很高，县政府将怎么做好这一项工作？（8）有的小区内放养大型犬、烈性犬，且犬只随地排便、夜晚吠叫，严重影响居民正常生活，群众对此意见很大，县政府对此如何进行管理？（9）电动车为居民出行的主要工具，车辆乱停乱放和充电难的问题较为突出，崇文新区、杏花村社区等部分小区没有规划电动车停放充电区域，部分居民将电动车停放在公共道路或在楼道内充电，存在较大安全隐患，如何解决此项问题？（10）根据《山东省物业管理条例》规定，业主不得违反法律法规和管理规约，将住宅、车库和其他附属设施改变成经营用房。但杏花村社区、银都小区等部分小区内存在私自利用储藏室或车库开设小餐馆、小商店等现象，影响其他居民群众的正常生活，如何对这一乱象进行管理？

询问方法程序　此次专题询问分两个阶段，第一阶段是由人大常委会组成人员根据前期调研

2020年8月13日，梁山县人大常委会城乡物业管理工作专题询问会议

确定的10个题目进行询问；第二阶段是由县人大常委会组成人员及列席会议的各级人大代表自由询问。询问采取现场问答的方式，由县人大常委会组成人员及人大代表发言询问，县政府副县长及有关部门主要负责人回答。询问人提问时要开门见山、简洁明了、直面问题，应询人答复时要简明扼要、准确真实、紧扣主题、言之有物，不要答非所问、回避问题矛盾。会上，县人大常委会副主任王才利、王文成，委员王道岭、王军仁、寻传军、李梦良、闫崇高、耿仁营、岳增才、李迎绪相继就有关问题进行询问；县政府副县长马涛、县住建局局长赵锦民、县发改局局长赵伟、县市场监督管理局局长李莱茵、县行政执法局局长崔师峰、县应急管理局副局长闫华伟、县公安局副局长于育生等就相关问题作了回答。在专题询问第二个阶段，县人大代表关金政、尚岗、赵卫国等就有关问题进行询问，有关部门负责人进行了回答。专题询问结束后，县人大常委会组成人员对县政府及有关部门的答复情况进行无记名投票测评。其后，县政府副县长马涛同志作表态发言。最后，县人大常委会主任秦延信作总结讲话。

专题询问效果　此次专题询问坚持问题导向，围绕物业管理工作中群众关心关注的热点问题，精准提问，所提问题重点突出、针对性强；县政府及有关部门不避矛盾、正视问题、实事求是的进行了回答，答出了责任和承诺，增进了社会对物业管理工作的了解，促进了政府物业管理工作的提升。询问就是推动，回答就是承诺，县人大常委会将继续围绕县委中心工作和人民群众关心关注的热点难点问题，依法履行监督职能，积极探索专题询问、质询、特定问题调查等多种刚性监督形式，不断增强监督实效，努力推动县委决策部署的落实，努力监督支持好“一府一委两院”的工作，为全县人民幸福美好的生活，为建设美丽富强新梁山作出最大贡献。

询问跟踪督办　县人大常委会将成立由主任任组长的专项工作督办小组，对提出的询问问题和回答情况进行整理汇总，形成审议意见，经主任会议研究后向县委书记会议汇报，并交县政府落实办理。同时，制定跟踪督办方案，通过实地视察、专题调研、现场督办等方式，对县政府及有关部门的落实情况进行跟踪问效，定期督查，全程跟进，一抓到底，防止专题询问止于问答、流于形式。县政府及有关部门要在收到审议意见两个月内向县人大常委会报告询问后的整改落实情况。对专题询问意见落实不力、进度不快、整改不到位的部门和人员，县人大常委会将依法启动质询、特定问题调查等监督手段督促落实，直到问题解决、群众满意。

第四节　执法检查

梁山县人大常委会不定期地组织实施宪法、法律、法规以及执行人大及其常委会决议、决定以及行政、司法部门具体执法工作进行检查、监督。1994年9月29日，县十三届人大常委会第十二次会议，作出《关于监督检查执法机关和部门实行执法责任制的实施意见》。实施意见提出，对全县执法工作的监督检查，由县委统一领导，县人大常委会主管；明确监督检查的对象是县政府及其各执法部门、县法院、县检察院，“一府两院”向县人大常委会负责并报告执法工作情况。实施意见还对监督检查的内容、方法进行明确。

1988年全县执法大检查　1988年11月2日，根据山东省人大常委会《关于在全省进行执法大检查的决定》，梁山县第十一届人大常委会第十一次会议作出《关于在全县进行执法大检查的决议》，确定从即日起到明年2月，在全县范围内进行一次执法大检查。检查的范围和重点主要是，普法规定的以宪法为核心内容的“十法一条例”和国务院近期发布的治理经济环境，整顿经济秩序的规定和条例的执行情况，重点检查各级领导机关和领导干部遵守法律、依法办事的情况。执法大检查，采取自查与抽查相结合的方法，在各级党委统一领导下，由人大常委会和各级政府共同组织实施。据此，县人大常委会制发《关于在全县进行执法大检查的实施方案》，明确检查的对象、内容、重点和要解决的问题，明确检查的方法、步骤、时间安排和组织领导。为加强执法大检查的领导，成立由县委副书记挂帅、“一府两院”及有关部门负责人组成的执法大检查领导小组，设立专门办事机构外，还组成检查小组，分别由分管领导带领进行抽查，以县人大常委会办公室为主，会同县委办公室、县政府办公室，抽查领导机关和领导干部；以县人大常委会法制科为主，会同政法委、司法局、普法办公室、政府办公室法制科，抽查政法系统；以人大常委会财经科为主，会同财政局、税务局、工商局、物价局、审计局，抽查财经系统；以人大常委会文教科为主，会同县政府办公室文教科、教育局、卫生局，抽查文教系统；以人大常委会代表组织科为主，吸收有关乡镇联络员参加。抽查采取听、看、议的方法，听取部门学法、执法、用法情况汇报，查看学法计划、措施、学习笔记、研究执法记录、讨论执法方面的成绩及其经验教训。为使执法大检查有计划、按步骤、有重点地进行，全县上上下下，坚持从实际出发，在深入调查，认真研究的基础上，制定各系统、各单位执法大检查实施方案或安排意见。县政府在安排意见中，列出60多条法律、法规作为政府系统检查的重点法律。为使执法大检查深入扎实地开展，全县广泛发动，深化学习，强化教育，加深认识，不断增强自觉性，使执法大检查在全县范围内形成一种气候，把执法大检查工作摆上了重要位置。为确保执法大检查的质量和成效，各系统、各行业、各单位遵循县委的部署，按照“上下结合、内外结合、条块结合”的要求，本着“违法必究，有错必改”的原则，采取自查与互查相结合、内查与外查相结合、自查与抽查相结合，注重先从机关内部查起、从领导干部查起、从主要问题查起，查出了一大批违法违纪和群众意见较大的问题。同时，坚持边查边改，以执法检查促进各项工作的开展。如县教育局针对群众反映部分学校管理混乱、教学质量下降问题，及时组织60多名教育领导干部和教学骨干力量，划分成12个小组，分别对各乡镇中小学进行检查，找出存在问题，并进行面对面工作指导，同时召开全县初中、小学教育工作会议，提出加强学校管理、提高教学质量的具体要求，并宣传和推广先进经验，促进了全县教育工作。通过该次执法大检查，增强了广大干部群众的法律意识和法制观念，同时查处了一大批违法案件，解决了一些执法不严、违法不究、执法犯法的问题，有力地推动了全县法制建设的进程。

1993年全县执法大检查 根据宪法和地方组织法赋予地方人大常委会的职权和全国人大常委会关于强化执法监督的指示精神，经县委批准，县人大常委会于1993年10月21日—11月20日，在全县范围内开展执法大检查，整个检查分自查、互查和抽查三个阶段，10月下旬进行自查，11月上旬进行互查，11月中旬进行抽查。县人大常委会并对执法大检查进行全面总结。

基本做法 （1）统一思想认识，加强组织领导。10月21日，县委和县人大常委会、县政府联合召开全县动员大会，对该次执法大检查的目的意义、方法步骤等方面进行安排部署；之后，各系统、各部门也普遍召开会议，对执法大检查进行层层发动。引导大家从贯彻党中央提出的“一手抓建设和改革，一手抓法制”的高度，深刻认识开展执法大检查的重要性、必要性和紧迫性。全县各个执法部门，普遍成立5～7人的执法大检查领导小组及3～5人的工作班子，使全县形成一个抓执法大检查的组织网络，基本上做到了层层有人管、事事有人办。(2) 制定实施方案，明确检查重点。县人大常委会及时研究制定《关于在全县开展执法大检查的实施方案》，并由县委批转执行。实施方案明确全县执法大检查以经济建设为中心，紧紧围绕“二五”普法教育的内容，抓住经济发展的突出问题、群众关心且亟待解决的热点难点问题，有重点地进行执法检查。同时明确，检查的重点对象，是各级领导机关、司法机关、行政执法部门、经济管理部门和执法人员。各系统，各单位、各部门根据方案要求，结合各自工作特点，研究制定各自实施方案，并把与自己工作关系十分密切的法律、法规的执行情况，列入检查的重点。(3) 采取多种形式，力求查深查透。在执法检查过程中，先从机关内部查起，从领导干部查起，从主要问题查起，采取上下结合，按照职责层次，先自查、后互查、再抽查；同时县人大常委会直接抓重点执法单位，并组织人大代表开展评议活动，促进执法大检查深入开展。(4) 坚持“三个结合”，注重检查效果。坚持自查与整改相结合、执法检查与法制教言相结合、执法检查与反腐倡廉相结合，引导广大干部群众以执法大检查为动力，推动反腐败斗争和依法治理各项事业深入开展。

主要成效 该次执法大检查，取得明显效果。一是教育了广大干部和群众，推动了全县普法教育的进一步开展。二是摸清主要法律法规贯彻执行情况，为今后加强法制建设提供了很好的依据。三是查处一些“有法不依，执法不严，违法不究”的问题，维护了宪法和法律的尊严。四是进一步制订和完善严格执法的制度，推动了执法活动朝着依法治理的方向发展，并加快了全县依法行政、依法治理的步伐。

巩固措施 该次全县执法大检查中，各系统、各单位、各部门都查出了一些在执法方面存在的问题，有的已作了纠正和处理，还有的正在采取措施加以处理。据此，县人大常委会要求，各系统、各部门、各单位要针对查出来的问题，进行分类排队，持续抓好落实巩固；继续树立对执法大检查常抓不懈的思想，切实加强对全县执法情况的监督和检查；继续抓好普法教育，进一步提高广大干部和群众的法制观念和法律意识；继续做好整改工作，特别是要抓好对违法行为、违法案件的查处。

贯彻实施《农业技术推广法》执法检查 2013 年 3 月 27 日，县人大常委会第一副主任蒋衍涛，副主任林宪良、郭建华、王才利、郭继田，带领部分县人大常委会委员和市、县人大代表及有关委室负责人，对县政府贯彻实施《中华人民共和国农业技术推广法》情况进行执法检查。副县长崔加清、县农业局主要负责人参加。执法检查组先后视察小安山镇农业新技术示范基地、馆驿镇蔬菜育苗基地、县农业局食品检测室、种子实验室、化验室，在县农业局二楼会议室听取县农业局主要负责人受县政府委托所作《关于贯彻〈中华人民共和国农业技术推广法〉情况的汇报》。执法检查组认为，在贯彻实施《中华人民共和国农业技术推广法》方面，通过宣传，全县上下营造了支持农技推广工作的浓厚氛围，增强了贯彻落实《中华人民共和国农业技术推广法》的法律意识和责任意识；通过努力，健全了较为完善的农业技术推广体系，取得较为明显的农业技术推广效果。全县已建成食用菌、西瓜、葡萄、韩国梨、畜产品、水产品等市县农业质量安全示范区 33 处，规模种养基地发展到 352 处，全县有 17 家农业龙头企业质检机构通过省级计量认证，有 28 个企业通过 ISO9000、HACCP、GAP、GMP 等质量体系认证，“鲁西黄牛”和“青山羊”获农业部地理标志农产品认证。执法检查组在对全县贯彻实施《中华人民共和国农业技术推广法》工作给予充分肯定的基础上，指出在农业技术推广工作中仍存在一些薄弱环节，宣传的广度和深度还不够，全民农技推广意识有待增强，农技推广资金保障水平低，农资市场监督管理仍没有完全到位。为此要求：进一步加大《中华人民共和国农业技术推广法》的宣传贯彻力度；强化行政执法，深入推进农资“打假扶优护农行动”；强化农业技术推广的保障措施，政府部门要调整财政支出结构，依法落实农业技术推广财政预算，拨出专项资金投入到农技推广中去，并在全县范围内科学合理地调配现有农技人员，切实解决农技推广人员在编不在岗、在岗不在位、学非所用的问题。

贯彻落实《产品质量法》执法检查 2013年7月10日，县人大常委会第一副主任蒋衍涛，副主任林宪良、郭建华、王才利、郭继田，带领部分县人大常委会委员、市代表及有关委室负责人，对全县贯彻落实《中华人民共和国产品质量法》情况进行执法检查。副县长李瑞林、县质量技术监督局主要负责人陪同。检查组查看县酿酒总厂、华宇挂车制造有限公司、金盛车桥制造有限公司产品生产情况和山东省特种车质检中心的建设情况。在县质量技术监督局会议室，听取县质监局主要负责人关于《中华人民共和国产品质量法》贯彻落实情况汇报。检查组认为，近年来，县质监部门开展打击假冒伪劣产品活动，保护公民和企业的合法权益；帮助企业开展争创名牌等服务活动，支持企业进步，为全县经济发展做出积极贡献。同时指出，当前全县部分企业特别是一些小微企业的产品质量主体责任意识、法律意识和社会诚信意识还不够强，造成个别企业质量管理制度不完善，产品出现假冒伪劣，损害了消费者利益和企业利益。检查组要求，要创新对《中华人民共和国产品质量法》学习宣传形式，并要有针对性的重点加强对小微企业、对消费者的宣传，让消费者知法、懂法，依法维权；继续为企业搞好优质服务，帮助品牌企业维护好品牌、创品牌企业争创更多更好的名牌，加大对企业技改、先进设备和技术推广应用的扶持力度；加大对制假售假行为的打击力度，规范企业生产行为，净化销售市场，完善质量监督联动机制，加强联合执法；搞好质监队伍的自身建设，有计划地增加质监技术力量，定期不定期地开展技术培训，不断提高自身队伍的政治素质和业务素质。

贯彻实施《工会法》执法检查 2013年9月22日，县人大常委会第一副主任蒋衍涛，副主任林宪良、郭建华、王才利、郭继田，带领部分县人大常委会委员和有关委室负责人，对《中华人民共和国工会法》贯彻实施情况进行执法检查。县总工会、经信局、司法局、财政局、人社局等单位主要负责同志陪同。检查组先后到中集东岳股份公司、县供电公司、水泊商场，对工会组织工作开展情况进行实地检查。在县总工会会议室，检查组观看县总工会工作专题片，听取县总工会及有关单位贯彻实施《中华人民共和国工会法》的情况汇报。检查组认为，县政府高度重视《中华人民共和国工会法》的贯彻落实，依法支持县总工会开展工作。县总工会创新工作载体，完善工作机制，构建和谐稳定的劳动关系，推动工会工作创新发展，建会建制、维权帮扶、阵地建设、自身建设等方面成效显著。但是，部分单位对《中华人民共和国工会法》认识不足、工作不到位，非公企业推行平等协商集体合同制度难度大，维护职工合法权益的有效协调机制需要进一步健全和完善，工会工作经费保障落实不到位。检查组要求，县政府及县总工会等有关部门要采取全方位的宣传方式，继续加大《中华人民共和国工会法》的宣传力度；加大执法监督力度，加强相关政策在企业落实情况的检查督办，督促企业不折不扣地落实有关规定；要形成强大的工作合力，建立和规范政府与工会联席会议制度，充分发挥工会组织协调功能，最大限度地维护广大职工的切身利益；县政府要充分考虑工会工作的特殊性和重要性，加大经费保障力度，为工会履行职责、发挥作用创造良好的条件。

贯彻落实《农业机械化促进法》执法检查 2013年9月25日，县人大常委会第一副主任蒋衍涛，副主任林宪良、郭建华、王才利、郭继田带领部分县人大常委会委员和有关委室负责人，对县政府贯彻落实《中华人民共和国农业机械化促进法》工作落实情况进行执法检查。检查组实地视察小安山镇玉米机收、秸秆还田及土地深松一体化作业现场，走访小安山国惠农机专业合作社，查看部分乡镇的秸秆还田工作。在农机局会议室，检查组听取县农机局局长杨以和受县政府委托所作关于贯彻《中华人民共和国农业机械化促进法》情况的汇报。检查组对全县贯彻实施《中华人民共和国农业机械化促进法》工作给予充分肯定，县政府及农机部门强化对《农业机械化促进法》的宣传，建立基层农机服务体系，提高机械化作业水平，认真贯彻落实农机购置补贴扶持政策，创新工作方法，促进新技术、新机具的推广，助推全县农业产业化、规模化发展。检查组要求，要继续加大《中华人民共和国农业机械化促进法》宣传普及力度，及时总结农机工作的好经验、好典型、好做法，营造全社会了解农机工作、关心农机事业、支持农机发展的良好氛围；要加大执法力度，加强农机安全管理，开展农机安全整治活动，协调有关部门加大对农机具及配件的质量监管力度，并继续搞好农机培训；县政府要建立农业、农机、畜牧、供销社等部门的协调机制，优化资源配置，发挥农业机械的最大效益；要做好农机工作的各项保障，同时加大对上争取力度，实施更多的农机购置补贴，提升全县农机装备水平。

贯彻实施《气象法》执法检查 2013年11月19日，县人大常委会第一副主任蒋衍涛，副主任林宪良、郭建华、王才利，带领有关委室负责人，对《中华人民共和国气象法》贯彻实施情况进行执法检查。县政府办公室、气象局等单位负责同志陪同。检查组先后对杨营煤矿气象预报预警体系建设、气象资料实时监测和县气象局国家一般气象观测站、人工影响天气作业、地面气象资料监测等进行实地检查。在县气象局会议室，检查组观听取县气象局贯彻实施《中华人民共和国气象法》工作情况的汇报。检查组认为，县政府及有关部门将气象工作摆在重要位置，加大投入力度，加强普法宣传，强化监督检查，在气象基础建设、预报预测、防灾减灾和气象公共服务等方面取得显著成效。检查组要求，县政府及气象局继续采取多种形式的宣传方式，增强贯彻实施《中华人民共和国气象法》的自觉性；加强基础建设，全面提高气象预测预报、气象防灾减灾、应对气候变化和开发利用气候资源的能力；完善体制机制，把气象事业发展纳入经济社会发展总体规划，加强基层气象防御和为农气象服务体系建设，加大对气象事业的预算投入，构筑多部门优势互补、资源共享的气象预测预报体系与信息共享平台，推动全县气象事业发展再上新台阶。

贯彻实施《水法》执法检查 2014年3月27日，县人大常委会第一副主任蒋衍涛，副主任林宪良、郭建华、王才利，带领部分县人大常委会委员、基层人大代表和有关委室负责人，对县政府贯彻实施《中华人民共和国水法》工作情况进行执法检查。检查组先后到县第二水厂、梁山泊平原水库、小型农田水利设施建设现场等进行视察。在县水利局会议室，检查组听取关于《中华人民共和国水法》贯彻落实情况的汇报，并进行座谈。检查组认为，近年来，县政府及水利部门坚持依法治水、依法行政，科学编制水资源规划，积极对上争取项目，大力实施水利基础设施建设，强化水行政执法，加强水资源管理，《中华人民共和国水法》得到了很好的贯彻落实。检查组要求，要通过开展形式多样、内容丰富、寓教于乐的普法宣传教育活动，全面提高全民、全社会珍惜水、保护水的自觉性；继续加大水资源执法力度，严厉打击各种违法行为，做到有法必依、执法必严和违法必究；强化工程管理，充分发挥水利工程效益，建立水利设施管理责任制，细化、明确各级各部门的责任，探索制订水利设施保护办法；进一步加大投入，建设好、利用好各项水利设施，为水利事业发展提供保障。

贯彻实施《妇女儿童权益保障法》执法检查 2014年5月29日，县人大常委会第一副主任蒋衍涛，副主任林宪良、郭建华、王才利、郭继田，带领部分县人大常委会委员、人大代表及有关委室负责人，对全县贯彻实施《中华人民共和国妇女儿童权益保障法》情况进行执法检查。检查组查看富民奶牛场、恒祥制衣、兴沃佳蘑菇基地等妇女创业就业示范点，视察小路口镇董吕村留守儿童活动站、水泊街道郝山头村妇女儿童活动家园。在郝山头村会议室，检查组听取县妇联及卫生局、人社局等有关单位贯彻实施《中华人民共和国妇女儿童权益保护法》情况汇报。检查组认为，县政府及有关部门协调各方力量，强化各项措施，着力解决妇女儿童权益保障方面存在的问题，《中华人民共和国妇女儿童权益保障法》得到较好贯彻落实。检查组要求，要加大宣传，营造氛围，切实提高妇女儿童依法维权的能力和全社会维护妇女儿童合法权益的自觉性；要强化执法，维护权益，要加大法律救助和司法保护，严厉打击各种侵害妇女儿童权益的犯罪活动，严惩犯罪分子；要采取有效措施，清理农村与法律法规相抵触的“村规民约”，切实解决好农村男女享有同等土地承包权益和补偿权益等；要整合资源，形成合力，建立健全妇女儿童权益协调保障机制，切实把维护妇女儿童合法权益落到实处。

贯彻实施《劳动合同法》执法检查 2014年9月19日，县人大常委会组织部分县人大常委会委员及有关委室负责人，对全县贯彻实施《中华人民共和国劳动合同法》情况进行执法检查。县人大常委会第一副主任蒋衍涛，副主任林宪良、王才利、郭继田参加，县委常委、常务副县长秦延信陪同。检查组查看金榜苑文化传媒集团、天成书业有限公司等企业实施《中华人民共和国劳动合同法》的情况，视察水泊街道、寿张集镇人社所和县人力资源和社会保障综合服务中心。在县就业办会议室，检查组听取县人力资源和社会保障局贯彻实施《中华人民共和国劳动合同法》的情况汇报。检查组认为，县政府及人社部门以构建和谐稳定的劳动关系为中心，不断加强组织领导，加大宣传力度，强化执法监管，强力推进人社服务平台建设和服务规范化建设，全面推动《中华人民共和国劳动合同法》的贯彻落实，为促进全县经济社会发展和社会和谐稳定作出较大贡献。检查组要求，加大《中华人民共和国劳动合同法》的宣传，提高劳动者维权意识，引导用人单位转变用工观念，增强社会责任意识；加大劳动保障执法工作力度，加强对用人单位劳动用工的指导和管理，建立健全劳动合同管理制度，规范用人单位的劳动用工行为；进一步建立完善协调机制，县政府应在明确职责基础上，建立部门协调合作机制，整合力量，形成合力；进一步加强执法队伍建设，加强对执法人员的培训，不断提高依法行政的水平和能力。

贯彻实施《旅游法》执法检查 2014年11月25日，县人大常委会组织部分县人大常委会委员、人大代表及有关委室负责人，对全县贯彻实施《中华人民共和国旅游法》情况进行执法检查。县人大常委会第一副主任蒋衍涛，副主任林宪良、郭建华、王才利、郭继田参加，县委常委、常务副县长秦延信陪同。检查组查看水泊梁山影视基地、梁山泊水库、郝山头采摘园、杏花村酒文化体验馆、水浒大酒店等旅游项目和旅游企业。在县旅游开发建设指挥部，检查组听取县政府及旅游部门贯彻实施《中华人民共和国旅游法》情况汇报。检查组认为,《中华人民共和国旅游法》实施一年来，县政府及旅游局坚持“山水城一体建设、城市景区同步开发”的思路，高点定位、高标建设、广泛推介、多元融资，强力推进旅游开发，加速旅游产业发展，打响了“天道水浒·大义梁山”的旅游品牌，为提升梁山城市形象，促进经济社会发展作出了突出贡献。检查组要求：加快推进项目建设，形成精品旅游线路；完善旅游配套设施，提升旅游承载功能；加大宣传营销力度,叫响“大义梁山”品牌;加强旅游质量监管，提高行业服务水平。

贯彻实施《消防法》执法检查 2015年3月12日，县人大常委会召集部分县人大常委会委员、人大代表组成执法检查组，对县政府贯彻实施《中华人民共和国消防法》工作情况进行执法检查。县人大常委会第一副主任蒋衍涛，副主任林宪良、王才利参加，县委常委、常务副县长秦延信，县政府党组成员、县公安局局长黄涛陪同。执法检查组到水泊商场、天成书业、实验中学等人口密集场所和重点消防单位进行实地查看，检查各单位消防安全组织领导、安全通道设置、消防设施设备和消防措施落实等情况。在县公安消防大队，检查组观看特种消防车辆性能展示、查看灭火应急救援器材，详细了解消防大队建设情况。在县消防大队会议室，检查组听取县政府及公安消防部门的工作情况汇报。检查组认为，县政府及公安消防部门不断加大消防资金投入，持续加强消防队伍建设，广泛开展消防宣传教育，强化火灾隐患排查，有效提升了全社会预防和控制火灾的能力，切实保障了人民群众生命财产安全，为全县经济社会发展提供了坚强的安全保障。同时指出，部分企业厂房建设未经消防审批，不符合防火设计规范，加之消防设施落后，安全出口较少，依然存在重大火灾隐患；城市消防功能不够完善，消火栓等消防设施欠账严重；群众消防意识薄弱，家庭用火、用电极易引发火灾事故等问题。检查组强调，县政府及各乡镇、部门要从火灾事故中吸取教训，居安思危，进一步提高对火灾事故危害性和做好消防工作重要性的认识，牢固树立消防工作“重于泰山”的理念，从根本上解决消防工作中存在的各种问题，最大限度地消除火灾隐患。为进一步做好消防工作，贯彻实施好《中华人民共和国消防法》，检查组要求，加大宣传力度，切实增强全社会的消防意识；严格落实消防安全责任制，建立健全消防监管体系；突出重点部门和部位，狠抓消防隐患排查；加大资金投入，提高防火灭火和救援能力。

贯彻实施《食品安全法》执法检查 2015年5月21日，县人大常委会召集部分县人大常委会委员、人大代表组成执法检查组，对县政府贯彻实施食品安全法工作情况进行执法检查。县人大常委会第一副主任蒋衍涛，副主任林宪良、郭建华、郭继田参加，县政府副县长孙颖陪同。执法检查组到水泊商场解放桥店、梁山一中食堂、水浒面粉厂等食品生产、流通企业和餐饮场所进行实地查看，详细了解全县食品安全现状和食品安全法宣传、贯彻执行情况。在县食药监局会议室，检查组观看全县食品安全开展情况的专题片，听取县食品药品监督管理局的工作情况汇报。检查组认为，县政府及有关部门坚持把食品安全作为保障人民群众身体健康和生命安全、促进经济发展、维护社会稳定、构建和谐社会的一件大事来抓，加强领导、健全机构，强化执法、广泛宣传，突出重点区域、重点环节、重点场所开展食品市场监管和专项整治活动，切实保障了人民群众的生命健康，有力维护了社会的和谐稳定。检查组要求，加大宣传力度，形成全社会共同支持和参与食品安全的强大合力；强化执法监管，推进食品安全长效监管机制建设；加强队伍建设，进一步提升食品安全监管水平；加大资金投入，提高食品安全检验检测能力。

贯彻实施老年人权益保障法执法检查 2015年7月15日，县人大常委会召集部分县人大常委会委员、人大代表和有关委室人员组成执法检查组，对县政府贯彻实施老年人权益保障法工作情况进行执法检查。县人大常委会委第一副主任蒋衍涛，副主任林宪良、郭建华、王才利、郭继田参加，副县长孙颖陪同。执法检查组先后到人力资源和社会保障服务大厅、公交公司老年人免费乘公交办理点、马营镇中爱老年公寓等服务单位、养老机构进行实地察看。在马营镇会议室，检查组听取县政府及老龄办、有关乡镇的工作汇报。检查组认为，县政府认真落实有关政策法规，把关爱老年人生活、保障老年人权益作为重要的民生工作来抓，在建立健全制度，强化保障措施，提升服务水平，逐步改善保障老年人生活、健康、安全条件等方面取得长足进步，形成了“政府主导、社会参与、全民关怀”的老龄事业发展格局，营造了敬老、养老、助老的浓厚氛围，有效维护了老年人的合法权益，有力提升了老年人的幸福指数。检查组要求，加大对老年人权益保障法的宣传力度；加强养老机构的建设和管理；进一步抓好老年人维权工作；积极为老年人参与社会发展创造条件。

贯彻实施《山东省知识产权促进条例》执法检查 2015年10月12日，县人大常委会召集部分县人大常委会委员、人大代表组成执法检查组，对县政府贯彻实施《山东省知识产权促进条例》工作情况进行执法检查。县人大常委会第一副主任蒋衍涛，副主任林宪良、郭建华、王才利、郭继田参加。执法检查组实地考察植丰农化、太岳弹簧、水泊焊割三家企业，详细了解条例在企业的实施情况和企业知识产权工作状况。在水泊焊割设备制造有限公司会议室，检查组听取县科技局知识产权工作情况的汇报。检查组认为，县政府把知识产权事业作为转方式、调结构，实现科学发展的战略举措来抓，不断完善政策体系，持续加大投入力度，全县知识产权创造运用能力显著增强、管理服务水平明显提升、执法维权机制逐步建立完善，对经济转型的引领支撑作用日益凸显。检查组要求，加强组织领导，把知识产权工作摆在重要位置来抓；加大执法力度，严厉打击知识产权违法行为；强化宣传教育，营造全社会关注知识产权的浓厚氛围；完善保障体系，推进知识产权事业持续健康发展。

贯彻实施《环境保护法》情况执法检查 2016年8月24日，县人大常委会召集部分县人大常委、人大代表组成执法检查组，对贯彻实施《中华人民共和国环境保护法》工作情况进行执法检查。县人大常委会主任蒋衍涛，副主任王才利、郭继田参加。执法检查组到流畅河湿地、聚鑫节能砖厂、梁济运河人工湿地水质净化项目、县污水处理厂等地实地检查。听取县环保局贯彻实施环境保护法工作情况汇报，并进行座谈。检查组认为，县政府及有关部门认真贯彻落实环境保护基本国策，空气质量持续改善，水污染防治能力得到提升，但也存在一些亟待解决的问题。为进一步做好环境保护工作，推动《中华人民共和国环境保护法》的贯彻实施，检查组要求：加强宣传，增强全社会的环保责任意识，共同打造蓝天常驻、青山常在、绿水常流的美好家园；转变观念，努力做好新形势下的环保工作，实现治理常态化、环保科学化；加大投入，加快推进环保基础设施建设，提升水污染防治能力；强化保障，加强环保队伍和执法能力建设。

贯彻实施《道路交通安全法》情况执法检查 2017年6月26日，县人大常委会召集部分人大常委会委员、人大代表及有关委室负责人组成执法检查组，对县政府贯彻实施《中华人民共和国道路交通安全法》情况开展执法检查。县人大常委会主任秦延信，副主任王才利、郭继田、崔根博、王文成参加检查，县政府副县长、公安局局长闫长虹及有关部门负责人陪同检查。执法检查组实地查看一实小、交警大队事故科、新汽车站、江北机动车检测线、车管所、徐集联合治超点、公安局智能交通管控中心。在县招待所多功能厅，执法检查组听取县公安、交通、住建、教体等部门贯彻落实道路交通安全法工作情况的汇报。检查组认为，县政府及有关部门强化基础设施建设，加大道路交通管理执法力度，持续开展道路交通安全整治，全县道路交通安全工作取得明显成效，为全县经济发展、保障人民群众生命安全作出了积极贡献。但是道路交通安全形势依然严峻，大货车超载超限屡禁不止，部分道路及安全设施建设管理滞后，农村道路安全设施不足，部分危险路段交通事故频发，城区路网不够完善，道路不宽、断头路多，停车场建设不足，乱停车问题突出；公民安全意识和文明素质有待提高，机动车、非机动车驾驶人和行人漠视交通规则现象时有发生。执法检查组要求，加强规划指导，健全工作机制，按照“谁主管、谁负责，谁审批、谁负责”的原则，将预防道路交通安全事故的责任落实到各部门、落实到各有关企业、落实到各有关人员，形成政府主导、部门负责、全社会人人有责的工作格局；完善基础设施，夯实安全基础，加快推进重点交通干线建设，尽快形成连接城乡、干支结合、四通八达的公路网，为交通安全打好道路基础；开展专项整治，规范交通安全秩序，加大对专用汽车产业、二手车市场和运输企业的专项整治，杜绝各类重特大安全事故，加大对非机动车闯信号灯、占据机动车道、行人跨越道路护栏等违反法律行为的打击力度；加强宣传教育，积极引导文明出行，让知法、守法、文明出行成为道路交通参与人大行为准则和良好习惯；抓好队伍建设，增强为民服务意识，不断提升执法和服务水平；搞好协调配合，形成工作合力，要建立健全交通安全联席会议制度，健全联动协作机制，发挥整体效能。

贯彻执行《城乡规划法》执法检查 2018年7月12日，县人大常委会召集部分委员、代表和机关委室、乡镇街区人大的负责人组成执法检查组，对全县贯彻执行《中华人民共和国城乡规划法》工作情况进行执法检查。县人大常委会副主任崔根博带队检查，县政府副县长马涛及住建规划、城管执法、公安、环卫、工商等部门负责人参加。执法检查组实地察看文昌阁停车场、龟山公园、环城水系湿地公园、文化中心和惠馨苑安置区等项目建设现场，详细解城区公共基础设施的规划建设情况。在县住建规划局会议室，执法检查组查看《梁山县城市总体规划（2010-2030年）》和部分专项规划，听取县政府及有关部门关于贯彻落实《中华人民共和国城乡规划法》工作情况汇报。执法检查组认为，《中华人民共和国城乡规划法》自2008年1月1日实施以来，县政府及相关部门加强城乡规划的编制、实施和监督检查，推进政务公开，科学规划的意识普遍增强，依法管理和执行城乡规划的水平得到较大提高，城乡基础设施日臻完善，城镇化发展水平明显提升。但还存在一些问题，开展《中华人民共和国城乡规划法》宣传教育的深度和广度不够，群众规划法制观念淡薄，有法不依、乱搭乱建的问题仍十分突出；规划编制相对滞后，城市总体规划和城镇体系规划不能适应快速发展的城市化进程，专业规划、景观规划、公共服务设施、重点地段的城市设计等深层次规划编制更为滞后，无法引领城乡建设；规划的系统性、前瞻性和地方特色有待提高。总体规划与产业、土地、环保等各类规划不统一，不协调，未能实现多规合一；城市交通体系不完善，存在交通拥堵、断头路、停车难等现实问题；电力、燃气、给排水、通信等专项规划没有和总体规划编制同步进行，致使城区道路反复开挖，影响市容市貌并造成资源浪费；城市规划创新性不足，缺少水浒文化元素，梁山县作为水浒文化旅游城市的特色未充分彰显。另外，规划编制与规划执行脱节，在规划执行中，很多用于公共服务设施的区域被调整，导致城市服务功能不全，广场、绿地、公厕、健身、停车场、垃圾中转站、农贸市场等设施严重不足。规划的执法力度不够，规划管理机制不够健全，对违法建设行为查处不力，未批先进、少批多建、私搭乱建等现象严重，特别是城中村乱搭滥建问题突出。为进一步做好城乡规划工作，执法检查组建议:加大对《城乡规划法》的宣传力度，增强各级领导、执法部门、广大群众的城乡规划法制观念，增强法律意识和规划意识，在全社会营造关心、支持、服从、参与城乡规划、为城乡规划献计献策的浓厚氛围；坚持以前瞻性、科学性的规划引领城市的发展，高标准完成新一轮县城总体规划修编工作；进一步提高城乡规划工作透明度，坚持开门搞规划，扩大公众参与的范围，增加公众参与的环节，让广大市民享有更多的知情权、参与权和建议权，实现规划决策的科学化、民主化；强化规划执行管理，维护规划的严肃性和法定性，确保城乡规划落到实处。

贯彻执行《产品质量法》执法检查 2018年9月30日，县人大常委会召集部分委员、代表和机关委室、乡镇街区人大的负责人组成执法检查组，对全县贯彻执行《中华人民共和国产品质量法》工作情况进行执法检查。县人大常委会副主任郭继田、王文成带队检查，县政府副县长、公安局局长闫长虹及质检、工商、农业、住建等部门负责人参加。执法检查组实地察看华宇集团、中集东岳、江铃车桥等专用汽车重点企业和县检验检测中心、汉阳专用汽车研究所等产品检测机构，详细了解全县产品生产、检验检测、行政执法等工作情况。在水泊宾馆多功能厅，执法检查组，听取县政府、县法院、县检察院及有关部门关于贯彻落实《中华人民共和国产品质量法》工作情况汇报。执法检查组认为，近年来，县委、县政府将质量工作摆上重要议事日程，深入实施“质量强县”战略，着重在专用汽车等重点领域开展集中专项整治，全面加强质量监管，着力提升创新能力，高度重视品牌建设，不断提高检测水平，取得显著成绩，有力助推全县经济社会的发展。但是，还存在一些问题和不足，企业规模小，创新能力差，结构调整步伐不快，产品质量总体水平不高；社会各界对产品质量法的认识还存在不到位现象，企业以质量求生存、求发展的意识不强；鼓励企业加大研发投入力度、提高产品品质等方面投入不够；专用汽车领域倒卖合格证、生产超标车和非标车等违法行为还时有发生，质量监管力度仍需加大等。为进一步做好产品质量工作，执法检查组建议：要把质量提升行动和质量强县建设作为推进供给侧结构性改革、实现高质量发展的有力抓手和重要突破口，围绕质量安全、标准体系、品牌建设、服务支撑等关键环节，强化政策保障，抓好措施落实；要强化企业的质量意识，严格落实企业主体责任和质量诚信社会责任，提升质量管理能力和水平，加大对不合格产品生产企业的处理整改和查处惩戒力度；要大力实施标准化战略，引领产业发展，推动自主创新，提高产品质量；要努力构建政府监管、法律约束、舆论引导、社会监督充分发挥作用的质量工作格局，全面提升市场监管效能。

贯彻实施大气污染防治“一法两条例”情况执法检查 2019年4月2日，梁山县人大常委会召集部分人大常委会委员、城环委员会组成人员和部分市、县人大代表组成执法检查组，对县政府贯彻实施大气污染防治“一法两条例”情况进行执法检查。县人大常委会主任秦延信和副主任王才利、崔根博、王文成参加，副县长马涛陪同。执法检查过程中，检查组实地查看巨源专用车喷漆管理、名仕城建筑工地扬尘治理、佰世达木业工业尾气处理、潜流湿地和西环城河综合治理、小树林烧烤餐饮业油烟排放管理等现场，召开环保、工信、城管、住建、环卫、公安等部门参加的座谈会，听取县政府关于贯彻实施大气污染防治“一法两条例”工作情况的汇报，并进行座谈。检查组认为：县政府深入贯彻实施大气污染防治“一法两条例”，扎实开展“散乱污”企业、渣土车运输、扬尘污染治理、重型车辆管控、饭店油烟整治等专项治理，全力推动秋冬季大气污染防治，持续加大植树造林力度，全县大气环境质量呈现出持续改善的良好态势，全县“蓝天白云”天数显著提高，空气环境质量明显改善。但还存在一些不足和问题，PM10 指标依然超标，排名仍处于全市后列；个别企业染治理投入不够、设施运行不规范，超标和违法排污现象时有发生。为进一步抓好大气污染防治“一法两条例”的贯彻实施，持续改善全县大气环境治理，检查组要求：要针对导致大气污染的扬尘、机动车尾气、餐饮油烟和工业废气这四大主因，对症下药、分类施策；要加快推进“绿满梁山”建设，打造绿色生态保护屏障，实现美化景观与净化大气的统一；突出治本，切实加强污染源头治理；加强执法，依法查处各类违法行为；宣传发动，努力形成全社会共同参与、群防群治的环保工作大格局。

贯彻实施《安全生产法》执法检查 按照省市人大关于开展三级联动执法检查和县人大常委会年度工作要点安排， 2019 年 5 月 30 日，县人大常委会召集部分人大常委会委员、部分市县人大代表组成执法检查组，对县政府贯彻实施《中华人民共和国安全生产法》《山东省安全生产条例》情况进行执法检查。县人大常委会副主任王文成参加执法检查活动，副县长马涛陪同。执法检查组先后到梁山奥德燃气、梁山汽车站、鑫悦豪庭、涂料产业园等地，就安全生产相关法律法规的贯彻落实情况、主体责任落实、安全制度出台、安全教育培训、安全隐患排查等进行实地检查，然后听取县政府及有关部门贯彻实施安全生产“一法一条例”工作情况的汇报，并进行座谈。执法检查组认为：县政府高度重视安全生产工作，认真贯彻“一法一条例”及有关安全生产法律法规，坚持把安全生产作为踩不得的红线、碰不得的高压线、逾不得的底线，广泛开展各行业领域安全生产专项整治，不断强化事故隐患排查整改，集中开展打非治违专项行动，全县安全生产形势持续稳定。执法检查组指出：安全生产工作还存在一些不足和问题，部分企业及群众安全意识较为淡薄，风险辨识和防范意识不强，企业主体责任落实不到位，社会公众和企业对安全生产法律法规的了解、参与不够，妇女、老人交通安全意识淡薄等。为进一步抓好安全生产“一法一条例”的贯彻实施，保障人民群众的生命和财产安全，执法检查组要求：牢固树立安全生产观，推进安全、健康、环保“三位一体”体系建设，为经济社会发展提供强有力的安全保障。健全完善安全生产管理责任体系，形成综合监管、行业监管和社会监督的合力。严格落实企业主体责任，下大力气抓好安全生产预防机制的建设。进一步加大执法力度，强化监管责任，逐步形成持续改进安全生产工作的良性机制。加强安全生产法律法规宣传教育，努力构建全社会共同关注、参与的安全生产格局。

贯彻实施《传染病防治法》执法检查 根据县人大常委会 2020 年度工作安排，2020 年 6 月 2 日，县人大常委会组织县人大常委会委员、省市县人大代表，对县政府贯彻实施《中华人民共和国传染病防治法》工作情况开展执法检查。此次执法检查重点围绕县政府关于贯彻实施《中华人民共和国传染病防治法》工作情况开，主要检查内容包括法律宣传普及活动开展情况、配套应急方案和防控体系建设情况、防控措施和防控能力及取得效果、部门协作和依法监督情况、新冠肺炎疫情常态化防控工作落实情况及人员经费装备保障情况。县人大常委会主任秦延信参加检查并在传染病防治法执法检查座谈会上讲话，副主任崔根博、王文成、高兴武，县人大常委会党组成员郭继田参加检查及座谈会；县政府副县长王庆明及县政府有关部门单位负责人陪同检查。执法检查活动及座谈会由县人大常委会副主任高兴武主持。县人大常委会执法检查组相继到县疾控中心、县人民医院、徐集中心卫生院、拳铺中心卫生院、拳铺镇郭堂村卫生室、拳铺镇崔庄村卫生室、水泊街道独山村卫生室等单位检查《中华人民共和国传染病防治法》贯彻实施情况，其后在水浒大酒店召开座谈会，听取县卫生健康局局长袁东成受县政府委托所作关于贯彻实施《中华人民共和国传染病防治法》工作情况汇报，县疾控中心、县教体局、县畜牧中心负责人按照各自工作情况就贯彻落实《中华人民共和国传染病防治法》作了发言。听取汇报后，县人大常委会执法检查组结合检查情况发表意见和建议。然后，县人大常委会主任秦延信讲话，充分肯定全县贯彻实施传染病防治法所取得的成绩，要求进一步正视传染病防治工作面临的困难和问题，认识贯彻实施传染病防治法的必要性和紧迫性，增强传染病防治工作的责任感和使命感，加强传染病防治体系建设，落实传染病防治责任，为全县人民群众的健康安全保驾护航。

贯彻实施《食品安全法》执法检查 根据县人大常委会2020年工作要点安排，2020年6月12日，县人大常委会组织县人大常委会委员、省市县人大代表，对县政府贯彻实施《中华人民共和国食品安全法》工作情况开展执法检查。此次执法检查重点检查全县近年贯彻实施《中华人民共和国食品安全法》情况，检查内容包括《中华人民共和国食品安全法》学习宣传教育落实情况、食品安全监管体系建设情况、相关部门单位食品安全职责的落实情况、企业主体责任落实情况、食品安全重点领域和薄弱环节的监管情况、食品安全源头治理情况、小作坊小餐饮管理档案建档情况等。县人大常委会主任秦延信参加检查活动并在座谈会上讲话，副主任王才利、王文成、高兴武，县人大常委会党组成员郭继田参加检查及座谈会；县政府副县长闫长虹及县政府有关部门单位负责人陪同检查。执法检查活动及座谈会由县人大常委会副主任王文成主持。县人大常委会执法检查组先后到韩岗镇管庄村爱心农场韭菜种植基地、梁山县检验检测中心、水泊商场美的亚店、富源大酒店、南区实验幼儿园、金泊园农贸市场、天威食品公司等单位检查《中华人民共和国食品安全法》贯彻实施情况，其后水泊宾馆召开座谈会，听取县政府副县长闫长虹关于《中华人民共和国食品安全法》贯彻落实情况汇报及县市场监管局党组书记李来茵关于食品安全工作的汇报，县公安局、县农业农村工作局、县教育体育局负责人结合各自工作情况就贯彻落实《中华人民共和国食品安全法》作了发言。听取汇报后，县人大常委会执法检查组结合检查情况发表意见和建议。然后，县人大常委会主任秦延信讲话，充分肯定全县贯彻实施食品安全法所取得的成绩，要求进一步正视食品安全法贯彻落实中面临的困难和问题，加大食品安全法的宣传普及力度，强化企业主体责任意识，推进食品生产经营者诚信体系建设，构建食品安全社会共治局面，不断提高食品安全监管能力和执法水平。

水污染防治“一法一条例”的执法检查 2020年8月26日，县人大常委会组织部分委员、人大代表组成执法检查组，对县政府贯彻实施水污染防治“一法一条例”的情况进行执法检查。重点围绕贯彻落实水污染防治“一法一条例”的情况，实地察看工厂排放治理、污水处理、饮用水源地保护等方面情况，并听取汇报、进行座谈。通过检查，执法检查组认为，县政府对全县水污染防治工作高度重视，依法落实水污染防治工作责任，强化污染排放监管，加大对违法违规案件的执法查处力度，做到了工作部署、责任落实、基础保障、宣传培训、应急处理、工作监管上的六八到位，实现了全县水污染防治形势总体稳中向好。但也存在公众环境保护意识不高、工业点源达标排放不稳定、农村面源污染问遁较普遍等问题，据此建议县政府继续深入宣传环保法律，构建全民环保格局，强化保护水资源、防治水污染的思想意识和生活理念，形成全民爱水、惜水、护水的浓厚氛围；进一步完善水环境监管体制，加大对县域重点河流断面的监测频次，切实加强对工业企业排污情况水源水质变化情况进行全面监控，严格依法查处违法排污行为；强制推行污染排放达标制度，建立沿湖沿河畜禽养殖日常巡查制度，严格控制面源污染；严格落实“河长制”，分级分段组织领导本行政区域内河段水污染防治等工作，确保水质达标和提升；加大治污设施建设力度，合理规划布局建设城区雨水、污水管网，积极推进乡镇污水处理工作，并确保正常运行。

第五节 文件备案审查

2017年，根据中共十九大会议精神和有关法律法规，梁山县人大常委会开展规范性文件备案审查工作。2018年4月28日，梁山县十八届人大常委会第11 次会议通过《梁山县人大常委会规范性文件备案审查办法》，全面加强规范性文件备案审查工作，依法撤销和纠正违宪违法的规范性文件。2017--2020年，县人大常委会对县政府等10余件规范性文件进行报备审查，由此进一步提升人大常委会对“一府一委两院”的监督工作实效。

2017年6月，县人民政府制发《梁山县城市路绿线管理办法》，备案编号LSDR-2017-0010001，报县人大常委会备案审查；经审查符合国家相关法律法规规定，该文件于2017年6月13日施行。

2017年7月，县人民政府办公室印发《梁山县有突出贡献的中青年专家选拔管理办法》，LSDR-2017-0010002，报县人大常委会备案审查；经审查符合国家相关法律法规规定，该文件于2017年7月1日施行。

2018年6月，县人民政府办公室印发《梁山县房地产中介管理办法》，备案编号：LSDR-2018-0020001，报县人大常委会备案审查；经审查符合国家相关法律法规规定，该文件于2018年6月29日施行，有效期限为3年。

2018年8月，县人民政府制发《梁山县“放管服”改革工作督查问责暂行办法》，备案编号：LSDR-2018-0010001，报县人大常委会备案审查；经审查符合国家相关法律法规后，于2018年8月1日施行。

2018年9月，县人民政府制发《梁山县土地整治项目实施办法》，备案编号：LSDR-2018-0010002，报县人大常委会备案审查；经审查符合国家相关法律法规规定，该文件于2018年10月1日施行。

2018年11月，县人民政府办公室印发《梁山县社区专职工作者管理办法》，备案编号：LSDR-2018-0020002，报县人大常委会备案审查；经审查符合国家相关法律法规后，于2018年11月12日施行，有效期限为5年。

2018年12月，县人民政府办公室印发《梁山县农业水权交易管理办法（试行）》，备案编号：LSDR-2018-0020003，报县人大常委会备案审查；经审查符合国家相关法律法规法规，该文件于 2018 年 12 月 15 日施行。

2018 年 12 月，县人民政府办公室印发《梁山县农业供水价格管理办法（试行）》，备案编号：LSDR-2018-0020004，报县人大常委会备案审查；经审查符合国家相关法律法规规定，该文件于 2018 年 12 月 15 日施行。

2018 年 12 月，县人民政府制发《梁山县机关事务局管理办法》，备案编号：LSDR-2018-001003，报县人大常委会备案审查；经审查符合国家相关法律法规规定，该文件于 2018 年 12 月 16 日施行。

2018 年 12 月，县人民政府办公室印发《梁山县公共企事业单位信息公开办法》，备案编号：LSDR-2018-002005，报县人大常委会备案审查；经审查符合国家相关法律法规规定，该文件于 2018 年 12 月 6 日施行。

2019 年 6 月，县政府办公室印发《梁山县城镇居住区配套幼儿园建设移交使用管理办法》，备案编号：LSDR-2019-0020001，报县人大常委会备案审查；经审查符合国家相关法律法规规定，该文件于 2019 年 7 月 1 日施行，有效期限为 5 年。

至 2021 年 1 月 31 日，按照《梁山县人大常委会规范性文件备案审查办法》，已向县人大常委会备案的现行有效的县政府规范性文件目录。

序号	文件名称	文　号	统一登记号
1	关于印发《梁山县城市绿线管理办法》的通知	梁政发［2017］18 号	LSDR-2017-0010001
2	关于印发《梁山县社区专职工作者管理办法》的通知	梁政办发［2018］47 号	LSDR-2018-0020002
3	关于印发《梁山县农业水权交易管理办法（试行）》的通知	梁政办发［2018］61 号	LSDR-2018-0020003
4	关于印发《梁山县农业供水价格管理办法（试行）》的通知	梁政办发［2018］62 号	LSDR-2018-0020004
5	天于印发《梁山县公共企事业单位信息公开办法》的通知	梁政办发［2018］71 号	LSDR-2018-0020005
6	关于印发《梁山县房地产中介服务管理办法》的通知	梁政办字［2018］24 号	LSDR-2018-0020001
7	关于印发《梁山县城镇居住区配套幼儿园建设移交使用管理办法》的通知	梁政办发［2019］14 号	LSDR-2019-0020001

梁山县人民政府公布现行有效的关于印发《梁山县城市基础设施配套费征收使用管理暂行办法》的通知》、《关于促进外贸高质量发展的实施办法》、《梁山县利用外资工作奖励办法》等三件规范性文件，梁山县人大常委会未予备案。

第九章 视察调研

视察调研是各级人大常委会有效行使职权的先决条件，是做好法律监督和工作监督的基础工作。梁山县人大常委会根据上级人大的统一安排和县委的重大决策部署及相关工作进展情况，把视察和调查研究工作作为人大常委会履行职责的基本工作方法和密切人民代表与人民联系、加强人民代表监督作用的有力措施，不定期的组织代表和委员对“一府一委两院”某方面的专项工作进行视察；围绕县域改革发展稳定重大事项和县委关心、社会关切、人民群众反映强烈的热难点问题组织开展调查研究。视察调研工作的开展，既有效实施了人大监督权，又有力推动了重点工作进展。

第一节 视察

1987年5月21日，梁山县第十一届人大常委会第二次会议通过《关于视察和调查研究工作的意见》。视察主要通过委员视察和代表视察两种形式进行，调查研究主要围绕宪法和法律的贯彻实施、全县工作大局和党的中心工作、代表和群众反映强烈且迫切需要解决的问题进行调查。视察调研要坚持有的放矢、突出重点、讲求实效、及时总结、督促检查、督导落实的原则，对视察或调研中委员和代表提出的批评、建议和意见，及时转交“一府两院”和有关部门办理，县人大常委会督促检查办理情况。同时还制定有关视察和调查研究制度。1990年起，视察工作一般以人大常委会委员为主，吸收各级人大代表参加。2012年起，除进行专题视察外，还进行督办视察。视察一般采取听、看、议、访相结合时方式，每到一个单位，首先听取单位负责人的工作汇报，然后进行视察，并座谈视察情况，提出意见。2017年起，县人大常委会视察根据《梁山县人大常委会组织视察调研和执法检查活动实施办法》的规定，要求对视察意见由县政府认真研究处理，并在两个月内将研究处理情况书面报告县人大常委会。县人大常委会有关委室负责视察意见的跟踪督办，有关情况要及时向主任会议报告。

十届人大常委会视察

县人大代表视察县直中小学 根据县人大常委会主任办公会议决定，1985年3月16—19日，县人大常委会组织部分县人大代表对县直8处中小学进行视察，参加视察县直中小学的县人大代表共计24人，县人大常委会主任崔绪照，县人大常委会副主任樊兆玙、孟凡才、李厚昌、陆长为、田均福，县人民政府副县长连广生，县政协主席田继亮，县政协副主席刘运焕等参加视察。视察内容包括：落实知识分子政策的情况、教育改革和提高教育质量情况、改变校风校貌的情况、改善办学条件的情况。在视察中，首先听取县教育局的工作汇报，然后依次视察梁山一中、向阳小学、县十九中学、梁山师范学校、县二十中学、工人子弟小学、北关小学。视察完毕，县人大常委会向中共梁山县委作出《关于视察县直中小学教育工作情况的报告》。

通过视察，代表们看到，县直8所学校在各级党委、政府和教育行政部门的领导下，在县直各部门、单位的大力支持下，总体工作是出色的，成绩是显著的，主要表现在：学校的教育工作形势喜人，教师的精神面貌焕然一新；以教学为中心，勤于探索，勇于改革，教育质量得到全面提高；党的知识分子政策得到进一步落实，广大教职工精神稳定，干劲倍增；学校风气大为好转，学校面貌逐步改观。代表们同时指出，县直8所学校办学条件太差、教师负担过重、个别学校班级教学秩序较差，有的学校个别教师授课不够确切精当，课堂教学有待于改进，再就是对学生作业实行“大运动量”，加重了学生课业负担，影响学生德智体全面发展。另外，教师家属及子女“农转非”后，家乡无土地、城里无住房、就业无着落，增添了教师新的后顾之忧。据此，代表们提出对搞好城镇学校教育工作的建议：

各级党委、政府要重视和加强对教育工作的领导。建议县委：一方面要加强对全党都来关心教育的宣传。另一方面县委要像抓经济工作那样抓教育。每年都要到学校去几次，要进教育门，认教育人，办教育事，真正促进梁山教育事业的发展。

认真解决教育经费不足的困难。教育经费是开展教育工作的基本条件，建议县委、县政府采取相应措施，加以解决。对于集资问题，建议县委、县政府在必要时采取果断措施尽快把应集资金交到县上。同时，还要大力支持县直学校大搞勤工俭学活动，多方解决教育经费不足的困难。

尽快解决当前几个亟待解决的问题：十九中征地建房已成燃眉之急，张坊小学占用师范的房子需马上搬迁，梁山一中伙房已成危房，北关小学和工厂小学厕所狭窄茅坑少，梁师附小因地势低洼雨季积水严重，北关小学门前排水沟亦被摊贩侵占无法排水。上述问题直接影响着学校教学工作的正常进行。建议县委、县政府组织有关单位从速研究，并责成有关部门组织实施，切实解决问题。

深入开展教研活动，全面提高教育质量，促进县直各校的平衡发展。校与校之间以及师资力量的配备方面还十分不平衡，教育质量也有较大差距。要求教育主管部门认真研究，加以解决，特别注意加强薄弱单位的教研活动，力争在较短时间内改变面貌。

要搞好县城学校建设总体规划。鉴于目前城镇学校的实际状况，教育部门要搞长远总体规划，从学校布局到建设规模，都要进行认研究，以便创造适应培养现代化人才需要的第一流学校。

省人大代表视察工厂企业 1985年3月20—22日，县人大常委会组织在梁山县的省人大代表进行视察，省人大常委会副主任王保民、中共梁山县委书记樊思宝、中共梁山县委副书记穆衍峰、县人大常委会副主任田均福、县中医院副院长刘登仁、梁山镇后集村党支部书记马心备、县化肥厂机修车间党支部书记刘继亮、拳铺乡乡供销社营业员刘桂荣计8名省人大代表参加视察。主要视察梁山县1984年国民经济计划执行情况、财政预算和经济体制改革等方面的情况。先后听取县长魏昌启关于经济体制改革的汇报、县计委主任胡国金关于1984年全县国民经济和社会发计划执行情况的汇报、县财政局副局长叶蔚关于1984年全县财政预算情况的汇报，然后视察梁山轴承厂、梁山县农机厂、梁山镇电器制修厂、徐集镇专业户养鸡场。视察完毕，县人大常委会向菏泽地区人大联络处作出《关于在我县的省人大代表视察的情况报告》。

通过视察，代表们指出：1984年，中共梁山县委、县人民政府认真贯彻《中共中央关于经济体制改革的决定》，大胆冲破“左”的思想束缚，努力改变不适应生产力发展的经济体制，不断提高经济效益，国民经济各条战线都取得显著成绩。1984年完成工农业总产值40564万元，为计划的111.8%。比1983年增长21%；财政工作广开财源，努力增加财政收入，1984年完成财政总收入1327.4万元，占任务的107.4%，比1983年增长8.8%。代表们对梁山轴承厂、梁山县农机厂、梁山镇电器制修厂在经济改革中所取得的成绩表示满意，并给予高度评价。同时，就视察中发现的问题代表们提出意见及建议：

关于原材料乱涨价和分配的问题。近年来，机械工业发展迅速，但由于原材料不足，国家供应很少一部分，致使一些原材料生产单位趁机涨价，涨价幅度一般在50%左右。有的甚至涨价一倍以上，给企业发展带来很大困难，有的企业提出：国家能否在分配原材料时对重点产品给予适当照顾；有的乡镇企业提出：国家对乡镇企业应和国营企业一视同仁，应当按向国家上缴的税利分配原材料。

关于乱摊派问题。据有的企业反映：近来有的行政机关为压缩行政编制，分出一部分人成立全国性、全省性的“联合公司”“协会”“学会”，名目繁多，他们搞的展销公司向下面的企业收费，名为集资，实为摊派，并且收费过高，企业如不为其集资，就会使产品有断绝销路的危险，拿钱又拿不起，使一些企业进退两难，骑虎难下，希望领导研究解决。

关于开发梁山问题。梁山因《水浒传》而驰名中外，开发梁山对于发展旅游事业、繁荣梁山经济、促进现代化建设有着重大的意义。梁山县于1980年经省政府批准为“以轻纺工业为特点的名胜旅游城市”，但由于县财力有限，致使开发梁山进展缓慢，为此要求省政府对开发梁山给以大力支持纳入建设规划，增加旅游投资，修复一些名胜古迹，吸引国内外游客。

关于因封山造成群众生活困难问题。为保护名胜古迹，发展旅游事业，梁山县根据国务院、省政府的指示封山，致使梁山开山打石为生的4700名劳力无活干，数万名群众生活发生困难。省府虽然拨出一部分款给予帮助。目前群众仍迫切要求国务院、省政府拨给投资，帮助山周围有关乡镇村办企业，使劳力有活干，群众生活有出路。

关于疏通京杭大运河问题。由于京杭大运河经年失修，淤积严重，给梁山带来涝灾危险，群众迫切要求疏通；疏通后不仅能解除涝灾，而且对于发展水路运输，促进梁山经济建设发展也具有一定意义。要求省政府责成有关部门尽快作出疏通从梁山到济宁地段的运河疏通计划并抓紧实施。此外，群众迫切要求在运河上建桥，解决因开挖运河造成的隔河种地难的问题。

关于黄河复堤问题。群众反映，每年黄河复堤，一个工只给群众两元钱赔款。由于现在工值高了，加上复堤活重，花费大，实际上加重了群众负担。浇地时用水还得拿钱，意见很大，要求有关部门在今后组织施工时提高报酬，减轻农民负担。

关于解决一级湖受灾区群众生活困难问题。近几年来，一级湖区的代庙、司里、豆山等乡连年受灾，面积达3万余亩，因放水沙化土地7000余亩，受灾群众15000多人，群众生活十分困难，迫切要求省政府拨些救灾款，帮助他们发展生产，安排好他们的生活。

关于东平湖的开发问题。东平湖有着丰富的水产资源，但近几年管理不善，水域没有划界，群众争相捕捞，鱼蟹等水产品逐年减少，给当地居民生活带来很大困难。建议有关部门将东平湖水域划界管理，实行责任制捕捞与养殖统筹安排，这样才能使东平湖的水产资源得到较好的开发和利用，当地渔民的生活才能得到提高。

省人大代表视察经济、财政、普法等 1987年2月25—28日，县人大常委会按照上级统一安排，组织在梁山县的省人大代表进行视察，省人大常委会原副主任、现离休干部王保民，中共梁山县委原书记、现中共菏泽地委副书记樊思宝，（中共梁山县委原副书记、现中共巨野县委副书记、政府县长穆衍峰参加巨野县视察），县人大常委会副主任田均福，县中医院原副院长、现退休干部刘登仁，县化肥厂机修车间党支书刘继亮，梁山镇后集村党支书马心备，拳铺乡供销社营业员刘桂荣参加视察。主要视察梁山县1986年国民经济计划、财政预算的执行情况，县、乡两级人民代表大会换届选举工作情况，普法教育的进行情况，察看部分工厂、乡企业及办个体企业。视察首先听取县计委主任胡国金关于1986年梁山县国民经济和社会发展计划执行情况的汇报、县财政局局长刘继庆关于1986年梁山县财政预算执行情况的汇报、县司法局副局长刘兴文关于全县普及法律常识教育进行情况的汇报、县选举委员会办公室主任高新魁关于梁山县县、乡两级人民代表大会换届选举工作进展情况的汇报；先后视察了梁山石棉厂抓好普法教育、促进企业管理的情况，县造纸厂发展生产、改善经营的情况，县棉三厂实行新工艺提高浸油产量和质量的情况，袁口纺织厂、梁山镇卫生材料厂、马营罐头厂、梁山联营食品厂等7家乡镇村联办企业的发展情况。视察完毕，县人大常委会向山东省人大常委会、菏泽地区人大工作联络处作出《关于驻我县省人大代表视察情况的报告》。

通过视察，省人大代表认为，1986年是“七五计划”第一年，梁山县委、县人民政府紧紧围绕振兴梁山经济这个中心，加强农业，发展工业，大上乡、村办企业，国民经济各条战线都取得较好成绩。在农业生产遭受严重旱灾、工业生产处于原材料涨价、市场激烈竞争的情况下，1986年，全县工农业总产值40522万元，比1985年增长1.8%；粮食总产量达到21883万千克，比1985年增长4.2%，超过历史最高水平。农业总收入达到28026万元，比1985年增长5.1%；农民人均收入实现312元；比1985年增加13元。全县工业总产值21270万元，比1985年增长14.8%；工业产值、利税同步增长是全区唯一增长的县，历史上第一次超过农业总产值。财政总收入1983.9万元，完成预算指标1820万元的109%，比1985年增长12.62%；财政总支出完成2616.2万元，比预算超支384万元，比1985年增长22%；支出结构发生了新的变化，县财政由“吃饭型”向“建设型”迈进。

1986年，是五年普法实施阶段的第一年，在重点抓好领导干部和青少年普法教育的同时，全县近2万多名干部职工普遍投入普法学习，农村30万普法对象，投入普法学习的有3.5万人。全县普法工作逐步走向经常化、系统化、制度化。1986年，全县县、乡人代会换届选举工作认真贯彻执行有关法律法规，统筹安排部署，层层建立选举机构，加强检查指导，及时研究解决选举中出现的新情况、新问题。现已协商确定并公布了县、乡正式代表候选人，3月6日将投票选举产生代表。

代表们对梁山县当前的政治、经济形势表示满意，并给予高度评价和充分肯定，并对保持安定团结的政治局面、保证四化建设的顺利进行寄予厚望。代表们对梁山石棉厂、县造纸厂、县棉三厂、马营乡、袁口乡、梁山镇等企业在各项工作中所取得的突出成绩表示赞赏。

十一届人大常委会视察

县人大常委会委员视察 1987年5月27—30日，县人大常委会组织县人大常委会专职委员等方面人员，对《中华人民共和国土地管理法》及山东省实施办法贯彻执行情况进行视察，先后视察徐集镇、前集乡、梁山镇及县直驻地的位山局车队、梁山轴承厂三分厂、县粮食局饲料加工厂、汽车五队、皮件厂等单位。县人大常委会主任崔绪照，副主任孟凡才、王占甲、杨念成带队视察，县委农村工作部、县建委、县土地管理办公室及县人大办公室、调研科、政法组织科主要负责人参加视察。通过视察，县人大常委会委员及有关人员既看到贯彻《土地管理法》好的方面，诸如建立专门机构、制定具体措施、规定宅基标准，制定审批制度等，但也看到了存在问题的严重性，特别是耕地大量减少。1949年全县总耕地面积为122.8万亩，到1984年减少为104.8万亩，35年间共减少18万亩，相当于4个大乡镇总耕地面积，平均每年减少5412.8亩，净减率为14.665%；1949年人均2.8亩，到1984年人均只占1.4亩，人均占有量减少了50%。城区村庄耕地减少数量、速度更为惊人。其原因除了国家基本建设、乡镇企业建设发展、农民建房用地之外，主要是在土地管理中确实存在着有法不依，管理不善的问题，诸如：随意乱占滥用耕地、违法买卖租赁转让土地等。据此，委员们就今后全面贯彻实施《土地管理法》提出建议：

要切实加强对贯彻实施《土地管理法》和《实施办法》工作的领导。建立强有力班子，建议由一名副县长挂帅，组织有关部门参加的小组，突击处理非法占地问题，指导全县的土地管理工作。

为适应工作需要，根据上级文件精神，建议县土地管理办公室改为土地管理局，并适当充实人员，充分发挥其职能部门作用。乡镇及基层单位也要建立相应的组织，明确专人，乡镇要配备一名专职土地管理员具体负责这项工作。

大张旗鼓地进行广泛宣传。召开管好用好土地经验交流会，贯彻实施《中华人民共和国土地管理法》，牵扯面广，工作量大，政策性强。只有大张旗鼓地进行广泛宣传，才能提高广大干部群众对管好用好土地，节约土地的认识，把《中华人民共和国土地管理法》作为普法学习的重点，宣传国家关于土地的法律，法规有关政策规定，使全县人民都能自觉地遵守，树立起人人珍惜土地、节约用地、依法使用土地的良好社会风尚。

认真清查非农业用地，依法进行处理。为了迅速制止乱占滥用耕地，建议县政府要尽快组织有关部门，在近期内，对 1982 年 5 月《国家建设征用土地条例》公布实施以来的非农业用地。根据中共中央、国务院的通知和省、地、县有关规定进行一次清理。首先要抓紧清理正在动工占用和准备占用以及占而未用的非农业用地。凡违反规定占用的，一律停止使用，坚决把乱占滥用土地的歪风刹住。对清查出来的违法占地问题，要按照国家有关法规，本着尊重历史，面对现实，依据法律，宽严结合的原则，区别不同情况，做出处理。该补办手续的补办手续，该罚款的罚款，该没收的没收，该划拨的划拨。问题严重者，直至追究刑事责任，真正做到有法必依，执法必严，违法必究。

采取有力措施，制订实施细则。为了有效地贯彻实施《中华人民共和国土地管理法》和《中华人民共和国实施办法》。建议县政府在清查的基础上，按照《中华人民共和国土地管理法》及有关法规，尽快制订全县贯彻实施细则。各乡镇、村也要结合本地具体情况，制订相应的规定，切实把贯彻实施《中华人民共和国土地理法》落到实处。

严格审批制度，纠正土地管理中的不正之风。根据《中共中央、国务院关于加强土地管理、制止乱占耕地的通知》，“凡非农业建设用地，必须按照国家有关规定，严格履行申请和审批手续”。要求政府及有关土地管理部门，要切实做到依法办事。根据有关法规，凡需用耕地者，要严格把关，该批的批，不该批的坚决不批，决不要姑息迁就，绝不要随意开口子、批条子。并要坚决制止和纠正在土地管理中不要法制、放弃原则的错误做法，切实做到秉公依法办事，真正把土地管理工作抓紧、抓深、抓细，务必抓出成效，真正把土地管理工作纳入法制轨道。

驻梁山县省人大代表持证视察 1987 年 7 月 13—16 日，为贯彻执行山东省人大常委会《关于省人大代表持证视察的决定》，驻梁山县的省人大代表对梁山县工作进行了一次持证联合视察。参加视察的省人大代表有马心备（原梁山镇后集村党支部书记）、刘登仁（原县中医院副院长）、刘继亮（县化肥厂机修车间党支部书记）、刘桂荣（拳铺乡供销社营业员）；原中共梁山县委书记樊思宝、原中共梁山县委副书记穆衍峰因调出不能参加视察，原省人大常委会副主任王保民、县教育局教研室副主任田均福因事未没能参加视察。县人大常委会主任崔绪照、副主任孟凡才、杨旭等陪同代表视察。驻梁省人大代表先后视察县粮食局、县联社关于粮食、棉花、油料定购合同的签订执行情况，视察县公安局、县人民法院、县人民检察院对《中华人民共和国刑法》《中华人民共和国刑事诉讼法》《中华人民共和国民事诉讼法》《中华人民共和国民法通则》《中华人民共和国治安管理处罚条例》实施以及综合治理情况，视察县人民医院医疗管理和环境卫生情况，视察李官屯乡水利建设，群众生产、生活情况。视察采取听、看、议、访相结合的方法，每到一个单位，首先听取该单位负责人汇报，然后座谈、访问、察看。通过视察，代表们对各被视察单位工作中所取得的成绩给予充分肯定，并指出了存在的问题以及改进工作的建议。

关于粮食、棉花、油料定购合同执行情况。代表们指出，县粮食、县联社在这方面做了大量工作，取得一定成绩。特别是在完成今年夏粮定购工作中，把同夏粮定购合同挂钩的化肥、柴油票证及时兑现到户。这一做法深受广大群众的欢迎。使党的政策取信于民，超额完成了夏粮合同定购任务。对此，表示满意。同时指出在粮食预付定金的使用和棉花、油料定购合同的签订以及化肥等方面还存在一些问题。目前，虽有部分乡镇签订了定购合同，但不够完善，还有多数乡镇没有签订。为此，代表们建议，有关部门要组织力量，在落实种植面积的基础上，尽快与农民签订合同，合同签订后，要预支 50% 的化肥，以利于生产。代表们还根据群众的反映，建议县联社：做好今年棉花收购的准备工作，按规定的程序收购，避免出现脚踢、手抓、目测定级的现象；对 1986 年棉花收购返回情况进行一次清理，总结经验教训，搞好棉花收购工作。

关于县公安局、县法院、县检察院执法及综合治理情况。代表们满意地指出，全县公、检、法机关，自开展“严打”斗争以来，狠抓《中华人民共和国刑法》《中华人民共和国刑事诉讼法》《中华人民共和国民事诉讼法》《中华人民共和国民法通则》《中华人民共和国治安管理处罚条例》的实施，社会治安和综合治理紧密配合，开展斗争，沉重地打击了刑事犯罪分子，基本上改变了社会治安的非正常状况，有力地保卫和促进了两个文明建设。为争取社会治安的持续稳定，巩固安定团结的政治局面，促进党风、社会风气的好转，保障改革、开放搞活的顺利进行作出了贡献。代表们还指出，最近刑事案件又出现回升。团伙犯罪和流氓滋扰犯罪也比较突出，青、少年犯罪也有增加，一些社会丑恶现象又有抬头。建议要进一步教育公、检、法干警，牢固树立同刑事犯罪分子长期作战的思想，继续坚持严打斗争，积极推行社会治安综合治理，维护好社会秩序和经济秩序，更好地为四化建设和改革、开放、搞活服务。代表们建议，关于群众打官司难问题，公、检、法机关既要各司其职，又要密切配合，有关部门要协调好他们的关系，对于群众的控诉案件要认真负责办理，反对那种互相推诿，踢皮球的不良作风，切实解决好群众打官司难的问题。关于改善公、检、法机关工作生活条件问题，建议县政府领导对此认真研究，统筹安排，按轻重缓急逐步解决其困难，特别是公安部门的通信设备更亟待解决。

关于人民医院的医疗管理和环境卫生情况，代表们指出，自改革以来，特别是近年来，县人民医院领导班子大胆改革，勇于开拓创新使该院医疗水平大大提高。该院已成功完成多例体外循环心脏手术在全国县级医院中居于领先地位，其他方面如医疗管理、医风医德教育也取得可喜的成绩，并获得明显的经济效益，环境卫生条件有了改变。同时建议，县人民医院病房楼由于资金不足，造成施工单位时干时停，建议县政府解决资金问题，恢复县医院的原级别，县医院在以前为正区级单位，后来改为副区级单位，目前菏泽地区 10 个县市人民医院中只有梁山、鄄城 2 个县级人民医院为副区级单位，建议有关单位研究，恢复人民医院的原区级级别。解决县人民医院的排水问题。建议有关部门对县医院的排水问题及城内乱倒垃圾问题认真研究，制订出方案，采取切实可行的措施，尽快给予解决。

关于东平湖区李官屯乡水利建设、群众生产生活情况，代表们指出，自 1985 年以来，李官屯乡通过挖台田、“上粮下鱼”以及其他工程，使生产条件发生了很大改变。粮棉连年丰收，人均收入逐年增加，群众生活的温饱问题，已得到解决，取得了显著的成绩。对此，表示满意。同时，代表建议：对于国家拨给的湖区扶助款要使用得当，尽量集中使用，如搞水利、电力工程及其配套设备、修筑搬迁道路等，为方便湖区群众乘车，建议在乡驻地李官屯建立汽车站。

在视察过程中，代表们认真听取被视察单位干部、群众的意见和建议。对凡属在梁山县职权范围内应该解决的问题，建议由县人大常委会整理交有关部门办理。对需要提请上级研究解决的问题，建议汇总后由有关部门向上级部门报告，诸如拖欠奖售兑现化肥问题，议价化肥价格、干警待遇、区划遗留问题等。

省人大代表视察梁山经济及工厂企业 1989年12月16—18日，县人大常委会根据菏泽地区人大工作委员会的统一安排，组织驻梁山县的省人大代表进行视察活动，并向菏泽地区人大工作委员会写出专题报告。在视察中，听取县财政局副局长贾维贡关于梁山县1989年财政预算执行情况的汇报、县经委副主任张保禀关于梁山县工业企业经营情况的汇报，先后视察梁山轴承厂、梁山水泥厂的经营管理和经济效益情况，县农机厂、造纸厂、纺织配件厂、钢制家具厂和磷肥厂的企业生产发展情况；还听取赵堌堆乡党委负责人关于滩区农业生产和群众生活情况汇报，并走访艾那里、王老君2个较困难村庄的几家贫困户。

通过视察，代表们认为，1989年，县委、县政府认真贯彻中共十三届四中、五中全会精神，坚持深化改革、治理整顿的经济方针，在国民经济持续、稳定、协调发展的基础上，财政收入和支出都有较大幅度的增长，圆满地完成了县十一届三次人代会批准的全年财政收入预算。代表们对梁山轴承厂、水泥厂、县纺织配件厂等在企业经营管理工作中所取得的成绩表示赞赏。梁山轴承厂在抓好职工的思想政治工作的同时，狠抓技术攻关，生产产品创部优3个，省优6个，年创产值1500万元，比原计划1250万元，增长20%。梁山水泥厂在原材料紧张的情况下，大力加强技术改造并向一业为主、多种经营的方向发展。县农机厂是工业部定点企业，国家二级计量单位，89年创产值789.6万元，实现利税83.8万元，1989年县农机厂党支部被评为全国先进党支部。纺织配件厂推行各类人员的经济责任制，调动了干部职工的积极性，从一个面临倒闭的小厂发展为县先进企业，今年创产值370万元，实现利润100万元。造纸厂、磷肥厂、钢制家具厂均取得了较好的经济效益。

代表们还就企业经营与滩区生产发展和生存问题提出建议和意见，希望政府及各有关部门对产品、产业结构的调整给予方向性的指导，进一步深化改革，完善企业承包，给企业放开贷款门路，实行低息贷款，税收上给予一定优惠政策等。代表们希望政府尽快帮助滩区困难群众从困境中解脱出来，注重从政策上给予扶持，从财力、物力上给予支援，调整和减免农业税与定购任务，缓解滩区粮食紧张的状况，减轻滩区人民提留和集资等负担，使群众能休养生息。

十二届人大常委会视察

《中华人民共和国土地管理法》贯彻执行情况视察 1990年5月2—5日，梁山县人大常委会根据济宁市人大常委会有关要求，就《中华人民共和国土地管理法》《山东省实施〈中华人民共和国土地管理法〉办法》贯彻执行情况，并结合《中华人民共和国城市规划法》的颁布实施，对部分乡镇村、县直有关单位和县城规划区进行视察，并将视察情况报济宁市人大常委会。

该次视察活动由县人大常委会主任穆衍峰及副主任杨念成、傅全林、王钦孝带领，组织部分委员和县人大代表，会同县政府、县法院、县检察院及县政府有关部门和人大常委会科室负责人、被视察乡镇负责人计40余人。视察采取学、听、看、访、议的方法，组织参与视察人员学习《中华人民共和国土地管理法》《中华人民共和国城市规划法》，听取县土管局关于贯彻执行《中华人民共和国土地管理法》工作情况汇报、县建委关于城镇规划情况和实施《中华人民共和国城市规划法》准备工作情况汇报，然后分城区、农村两个视察小组，分别深入到县城区划内的梁山镇和前集乡所辖6个村、小路口镇和杨营乡所辖8个村庄、县直和驻梁有关单位及企业，全面了解和察看贯彻执行《中华人民共和国土地管理法》的情况和土地管理工作及城镇规划建设存在的突出问题。

通过视察，委员和代表们认为，《中华人民共和国土地管理法》颁布实施三年来，县政府及有关部门开展对《中华人民共和国土地管理法》的广泛宣传，乡镇村两级土管组织逐步建立，注意了保护耕地，涌现了按村庄规划建设的典型村庄等，但土地管理工作也存在严重问题，诸如：乱占滥用土地现象日趋严重，公路沿线村民、企业大量占用耕地建房，私人公开买卖、转让土地现象有蔓延趋势，无视城市规划的违章建筑越来越多等。据此，委员和代表们建议：县乡镇政府必须采取果断措施，尽快出台管理办法，尽快召开一次全县范围的土地管理工作会议，在全县范围内统一集中搞一次突击活动，刹住乱占、滥用耕地势头，切实解决土地管理问题。开展多种形式的“人多地少节约用地”的国策观念教育，教育广大群众认识人口、耕地、粮食之间的关系，使其认识宅基地、责任田属国家和集体所有，个人使用权要依法行使，要真正把土地管理工作纳入法制轨道。加大违法占地、违章建设查处力度，通过处理影响极坏的典型事例，教育农民自觉纠正违法占地现象。建立健全乡镇土地管理机构，配足配好管理人员，保障《中华人民共和国土地管理法》的全面贯彻落实。

省市人大代表综合视察 1990年12月21—22日，根据济宁市人大常委会统一安排，县人大常委会主任会议研究确定，组织驻梁山县的省七届人大代表和部分市十一届人大代表对梁山县就地进行视察，先后视察梁山油漆厂、梁山轴承厂，并听取县计委主任胡国金关于1990年梁山县国民经济和社会发展计划执行情况、县财政局局长刘继庆关于1990年梁山县财政预算执行及全年预算情况、县农委主任张兆兰关于梁山县“两田制”试点情况、县法制局局长张继成关于梁山县行政诉讼法执行情况和依法行政年活动情况、县监察局局长赵保伦关于全县廉政建设和纠正行业不正之风情况的汇报。梁山县人大常委会主任穆衍峰、县人民医院副院长王传琦、梁山油漆厂生产科统计员兼计划员史素梅、梁山镇经委办事员马心备等省人大代表参加视察，梁山县人民政府县长吕玉山、县经委主任李文汉，县计委主任胡国金、县财政局局长刘继庆、县科技情报研究所工程师马体荣、县农牧局高级农艺师李明宽、梁山镇大鹏企业公司总经理王志宪等市人大代表参加视察。县人大常委会副主任张先道等陪同视察。

通过视察和听取汇报，代表们指出，1990年，中共梁山县委，县人民政府认真贯彻治理整顿、深化改革的方针，采取积极有效的措施，精心组织工农业生产，努力安排好市场和人民生活，不断加强精神文明建设和廉政建设，国民经济和各项社会事业持续、稳定发展。国民生产总值预计完成4.65亿元，比上年增长7.5%；工农业总产值预计完成6.67亿元，比上年增长7.7%；1—11月，全县财政收入完成30289万元，占预算3312.7万元的92.8%，较上年同期增收171万元，增长6%。总的看来，全县经济形势是好的，“两田制”试点、廉政建设、纠正行业不正之风、实施行政诉讼法、开展依法行政工作也都取得较好的成绩。代表们对梁山油漆厂、梁山轴承厂在改革中所取得的成绩表示满意，并给予了高度评价，并对两厂今后生产发展等有关方面工作提出了建设性意见。同时，代表们在视察过程中也认真听取有关方面的意见和建议，包括：

关于区划调整遗留问题。因区划调整，1990年驻梁山的市属企业和县属企业原有国家分配计划内供应的原材料中断，加上资金紧缺，市场疲软等不利因素，给梁山的市、县属企业带来很大困难及经济损失，迫切要求省、市领导尽快落实国家计划内供应给梁山企业的原材料指标，以免影响1991年企业的生产计划的完成。（引黄济湖工程管理体制归属问题应尽快解决，如由济宁市统一管理，应尽快成立专门机构。引黄济湖供水费用涉及沉沙池占地补偿和送水水费，占压土地7300余亩，年赔偿经费需250万元；年送水五亿立方米，供水经费数额较大；建议济宁市政府把每年供水经费纳入财政预算，以保证引黄济湖送水任务顺利完成。菏泽大电厂的集资，一是梁山县电力开发资金上交255.33万元，二是全县干部职工每人集一个半月的工资计236万元，三是向全县农民集资300万元，以上三项资金共791.33万元，均已上交。区划调整交接过程中，菏泽地区行署及建行将梁山县二电厂6000机组基建时借用的480万元和县化肥厂设备改造时的贷款90万元共计570万元，从梁山县干部职工和农民集资上交的536万元中扣除，而对干部、职工、农民的集资款和分配平价负荷指标的事不再再提起，这种做法使全县人民在经济上付出了沉重的代价，希望省政府和有关部门妥善予以解决。另外，因区划调整带来的交通、通讯等问题，请省、市政府和有关部门抓紧解决。

关于调减滩湖区粮食订购任务的问题。梁山县滩湖区共有207个村，29482户，122143人，耕地面积227974亩，粮食定购任务共1492万斤，议转平任务217.4万斤。滩湖区群众完成粮食定购和议转平任务后，除去种子、饲料，每年每人平均仅剩40～50斤粮食，因此，国家每年下拨近千万斤农村统销粮供应滩湖区群众。根据省政府关于“黄河滩区、湖区属一水一麦地区，要一季留足全年口粮，坚决防止购后返销”的指示精神，请上级政府减免滩湖区的粮食定购任务和议转平任务，以确保滩湖区群众的生活。

关于汶上县哄抢梁山县韩垓乡东、西马垓村苇子问题。已连续发生五六年，虽经多次向省人代会和今年的市人代会提出，但至今没有解决，要求市政府抓紧给予解决。

十四届人大常委会视察

食品卫生法、计量、价格管理情况视察 2000年9月12—14日，由人大常委会主任、副主任带领，部分委员及人大代表，分管县长、卫生局、计量局、工商局、物价局负责人，人大常委会各科室负责人计34人参加视察。视察人员分2个小组，采取听、看、议的办法，分别对县城水泊中路、水泊西路和人民南路、人民中路、人民北路的国营、集体、个体商户300余家进行视察。通过视察，看到有关部门密切配合，食品卫生及市场管理等状况逐步有所好转，物价基本稳定，但也发现不少问题，有些从业人员法制观念淡薄，无证经营及超经营范围，有些饮食行业卫生条件较差，有些商贩利用平衡器作弊，违反价格管理条例。据此建议，继续学习宣传《中华人民共和国食品卫生法》《中华人民共和国计量法》《中华人民共和国价格管理条例》等有关法规，不断增强全民的法制观念，使物价、食品卫生和市场管理工作纳入法制建设轨道。县政府有关部门要开展一次以物价大检查为重点的市场秩序整顿治理活动，下决心稳定物价，稳定市场，为确保明年物价和工资改革的出台打下坚实的基础。

民营经济有关活动视察 2001年10月18—19日，县人大常委会组织人大常委会委员分为4个视察组，县人大常委会副主任鞠燕芬、林英科、王志宪、李文汉分别带队，对人大代表开展“争做发展民营经济带头人”活动情况进行视察。视察组先后对14个乡镇进行视察，主要听取乡镇政府的汇报，看人大代表兴办或引导、帮助、支持群众兴办民营企业的情况和在“争做发展民营经济带头人”活动中发挥的作用及好经验。

人代会前集中视察 2001年11—12月，根据市人大常委会关于组织省、市人大代表进行会前集中视察的要求，县人大常委会组织驻梁山县省、市及市直部门在梁参选的人大代表进行一次会前集中视察。重点视察2001年国民经济和社会发展计划、财政预算的执行情况，加强农业基础地位、增加农民收入情况，深化国有企业改革情况，整顿和规范市场经济秩序情况，实施科教兴国战略和可持续发展战略情况，完善社会保障体系情况，加强民主法制建设、精神文明建设、廉政建设和反腐败斗争、维护社会稳定情况等。视察由县人大常委会统一组织，首先听取县政府有关工作情况的汇报，然后分组进行视察，最后各组汇报交流各视察组情况，对被视察单位的工作提出的意见和建议，由县人大常委会统一转有关部门研究办理。

电信工作视察　2001年12月19日上午，县人大常委会组织部分组成人员到县电信局视察工作。县人大常委会主任高太平，副主任鞠燕芬、信在高及部分委员参加视察，县电信局负责人陪同。视察中首先参观电信局程控电话交换机房、计费管理系统，并察看“一线通”等新业务展示，听取工作人员业务介绍。然后，听取电信局局长孔庆茹关于电信工作情况的汇报。通过视察，认为电信局广大职工围绕县委和政府的中心工作，牢固树立服务意识，不断强化内部管理，狠抓基础设施建设，争创优质服务品牌，整体工作步入了全市前三名，为全县经济发展作出了积极贡献，以实际行动赢得了群众赞誉。希望在今后的工作中再接再厉，不断创造新的佳绩。高太平主任在视察结束时讲话。

档案工作视察　2001年12月31日上午，县人大常委会为检查《中华人民共和国档案法》的贯彻实施情况，到县档案局（馆）视察工作。县人大常委会主任高太平，副主任张先知、王志宪、信在高、李文汉参加视察。视察首先听取县档案局（馆）长宋凤华关于县综合档案馆晋升省一级规范化目标管理先进单位的工作汇报，随后参观县爱国主义教育基地图片展和实物陈列室，以及水浒特色档案，专业档案和检索室。视察结束时，县人大常委会主任高太平讲话。

十五届人大常委会视察

国税工作视察　2003年9月3日，县人大常委会组织视察县国税局的工作。县人大常委会主任高太平，副主任陆书杰、王信义、孙伯泉、赵玉民、乔允华，助理调研员王志宪、信在高及部分委员参加了视察。视察人员首先视察县国税局所属的小路口、杨营、拳铺、徐集、韩岗、小安山等6个分局及干部培训基地，实地察看基层办税服务厅建设情况和各分局的后勤服务设施，参观培训基地的教学和生活场所，然后听取县国税局工作汇报，并进行座谈。通过视察，认为，县国税局从工作的基础入手，从人员的素质抓起，坚持以组织收入为中心，以“三基”建设为主线，以各项改革为动力，围绕依法治税、从严治队、科技加管理的治税思想，不断强化制度建设、素质建设、征管基础建设，连年圆满完成各项工作任务，保持了税收收入的持续稳定增长，为全县经济和各项事业的发展作出积极贡献。视察结束时，主任高太平对进一步加强国税工作提出希望和要求。

行政审批视察　2003年9月4日，县人大常委会主任高太平，副主任王佑明、陆书杰、王信义、林英科、孙伯泉、赵玉民、乔允华及部分委员到县行政审批服务中心，对行政审批集中办理工作情况进行视察。在行政审批服务大厅，视察人员察看各项服务设施，询问了工作开展情况，并与在此办理行政审批事项的人员进行交谈。然后听取常务副县长刘振诺代表县政府所作《关于县行政审批服务中心工作情况的汇报》，并同与会人员进行座谈。通过视察认为，县政府把深化行政审批制度改革、实行审批事项集中办理作为提高行政效率、实现政府工作提速的一项重大举措，思想上高度重视，行动上狠抓落实，取得了明显效果。但还存在一定的问题，要认真加以研究解决。视察人员对如何进一步做好行政审批集中办理工作分别提出了建设性的意见和建议。高太平主任作总结讲话。

公安工作视察 2003年9月4日，县人大常委会主任高太平，副主任王佑明、陆书杰、王信义、林英科、孙伯泉、赵玉民、乔允华及部分委员到公安局对公安工作进行视察。视察人员首先听取县公安局局长陈启明所作《关于全县社会治安工作情况的汇报》，然后察看县公安局电视电话会议室和指挥中心，观看110、119、122报警服务“三台合一”现场演示，并视察了县城南区派出所和县看守所新址建设情况。在随后召开的座谈会上，县人大常委会主任高太平讲话。县委常委、政法委书记玄志祥参加座谈会，并介绍当前全县社会治安综合治理工作情况。

供电工作视察 2003年9月5日，县人大常委会主任高太平，副主任王佑明、陆书杰、王信义、孙伯泉、赵玉民、乔允华，助理调研员信在高及部分委员到县供电公司视察供电工作。视察人员首先听取县供电公司经理戚聿君所作关于行风建设的工作汇报，然后视察县电力调度中心、电能计量中心、电力客户服务中心以及北关、西郊、南关、拳铺等变电站，杨营、拳铺、徐集等供电所和前集、徐集等电工组。视察人员认为，县供电公司以建设全国一流县级供电企业为工作重点，以确保生产、经济、政治、形象“四个安全”为总抓手，确保了全县电网平稳运行，为全县经济发展提供了可靠的电力保障。高太平主任在视察中指出，县供电公司在今后的工作中要继续大力实施“彩虹工程”，把优质服务视为供电企业的生命线，努力提升规范化服务水平。县政府副县长刘振西陪同视察。

食品药品监管工作视察 2005年3月29日，县人大常委会主任高太平，副主任王佑明、陆书杰、王信义、林英科、孙伯泉、赵玉民、乔允华率人大机关有关委室的工作人员对县食品药品监督管理局的工作进行了视察。一致认为，县食品药品监督管理局自2002年3月组建以来，内强素质，外树形象，严格执法，忠诚为民，取得了显著的工作成绩，其经验值得学习、借鉴和推广。

《工会法》贯彻执行情况视察 2005年8月23日，县人大常委会对《中华人民共和国工会法》的贯彻执行情况组织视察。县人大常委会主任高太平和副主任参加视察。视察人员首先学习《中华人民共和国工会法》条文，并与部分单位的工会主席进行座谈，了解企事业单位工会组织开展工作、发挥作用的情况，工会制度、职代会制度建设和厂务公开、民主管理情况，工会经费的拨付、上解和管理情况，以及工会干部的政治经济待遇等。然后深入企业听取汇报、进行座谈、现场察看，分别检查国有、改制和民营企业贯彻执行《中华人民共和国工会法》的情况。通过视察，认为随着《中华人民共和国工会法》的宣传贯彻，工会组织、职代会制度建设和民主管理工作有所加强，工会依法治会和职工依法维权的意识有所提高。但在《中华人民共和国工会法》的贯彻执行过程中还存在着学习宣传不深入、对工会工作的重要性认识不足、新建和非公有制企业工会组织不健全、职工合法权益缺乏应有保障等问题。据此建议：一要加大对《中华人民共和国工会法》、《中华人民共和国劳动法》等法律法规的宣传力度，进一步提高对工会工作重要性的认识；二要依法建立健全工会组织，特别要做好新建企业和非公有制企业工会组织的组建工作；三要依法支持工会工作，充分发挥其桥梁纽带作用；四要依法为工会组织开展工作提供必要的物质条件，依法及时拨付工会经费；五要通过工会组织的积极工作，为企事业单位和全县经济的发展作出贡献；六要加强部门之间的工作协调配合，解决好有关具体问题，把全县的工会工作提高到一个新水平。

林业工作视察 2006年4月6日，县人大常委会第一副主任刘振诺，副主任王佑明、林英科、孙伯泉，带领部分常委会委员及人大机关委室负责人，在县政府副县长宁瑞峰及县林业局负责同志陪同下，对全县林业工作进行了视察。视察人员首先察看马营乡经济林、良福集团育苗基地、大路口乡农田林网以及小路口镇和赵堌堆乡的黄河滩区丰产林等林业生产现场，然后听取县林业局负责人工作汇报。通过视察，认为县政府及林业主管部门认真贯彻落实上级关于造林绿化的指示精神，全县林业生产取得显著成绩，促进人与自然的和谐及农村经济发展，但林业生产也存在问题和不足，林业生产发展不够平衡，资金投入不足，乡镇林业技术力量薄弱。据此建议：进一步激发林业生产活力，最大限度地调动群众在造林、护林、林木加工等方面的积极性。不断加大对林业的投入，扶持和发展林业。健全技术推广网络，建立健全县乡林业科技推广体系。积极推进林业产业化，提高林业综合效益。切实加强对林业工作的领导，为人民群众的生产生活创造良好的生态环境。

城建工作视察 2006 年 4 月 14 日，县人大常委会组织视察凤山公园一期工程及城建重点项目的建设进展情况。县人大常委会第一副主任刘振诺，副主任王佑明、王信义、孙伯泉、赵玉民、乔允华，以及部分常委会委员和人大机关委室负责人参加视察。县政府副县长蒋衍涛及有关部门负责人陪同视察。通过视察，认为县政府及城建主管部门强化措施，加大力度，凤山公园及县城几项重点建设项目进展顺利，建设一路北段改造工程、人民北路基础设施改造工程、青年路绿化工程、城区综合开发项目、污水处理厂建设项目都取得实质性进展。但在当前城市建设中也存在一定的问题，城市基础设施建设投入不足，对违章建筑及乱泼乱倒、乱堆乱放、乱贴乱画行为的治理力度仍需进一步加大。为此建议：进一步加大对城市建设与管理工作及有关法律法规的宣传力度，努力形成文明守法、自觉维护城市管理秩序及依法进行城市建设和管理的良好风气。加强新一轮城市规划的编制和管理工作，严格执行“一书两证”制度和“一支笔”审批规定。进一步加大工作力度，依法做好拆迁安置工作。进一步加强对城市建设和管理工作的领导，共同努力把城市建设好、管理好，促进城市各项事业的协调发展。

税务工作视察 2006 年 4 月 20 日和 26 日，县人大常委会先后组织视察地税和国税工作情况。县人大常委会第一副主任刘振诺，副主任陆书杰、王信义、林英科、孙伯泉、赵玉民、乔允华，以及部分常委会委员和人大机关委室负责人参加视察。县政府副县长蒋衍涛及有关部门负责人陪同视察。通过视察，认为县政府及国税、地税部门立足促进经济发展，依法组织税收收入，不断加大税收征管力度，强化征管措施，推进依法治税，各项工作取得显著成绩，为促进财政收入的不断增长和社会各项事业的发展作出积极贡献。但在当前税收征管工作中也存在一定的问题，依法纳税意识有待提高，税收执法环境有待改善，偷、逃、骗、抗税的现象仍不同程度地存在。据此建议：加大税收法律法规的宣传力度，进一步提高纳税人的依法纳税意识。进一步加强税收征管，做到严格执法，应收尽收，防止偷逃骗抗税行为的发生。进一步抓好队伍建设，提高全员综合素质，努力建设一支公正清廉、业务过硬的税收征管队伍。进一步加强税收工作的领导，大力支持税务机关依法执行职务，确保财政收入稳定增长。

梁山一中视察 2006 年 5 月 19 日，县人大常委会组织视察了梁山一中创建省级规范化学校工作情况。县委书记、县人大常委会主任商建设，县人大常委会第一副主任刘振诺，副主任陆书杰、王信义、孙伯泉、赵玉民以及部分委员和机关委室负责人参加视察，县教育局和梁山一中负责人陪同视察。视察人员首先听取一中校长柴福祥关于创建省级规范化学校工作的情况汇报，然后，县委书记、县人大常委会主任商建设讲话。随后，视察人员实地查看一中的教学、科研及图书、语音、餐厅、体育场馆等基础设施建设，并进行座谈。视察人员建议进一步落实创建省级规范化学校工作的各项标准和要求，确保验收成功。同时要求以创建规范化学校为契机，进一步端正办学思想，强化学校管理，加强师资力量，实施素质教育，创造最佳育人环境，努力把一中建设成为“设施一流、师资一流、管理一流、质量一流”的省级示范学校。

档案工作视察　2006 年 5 月 23 日，县人大常委会第一副主任刘振诺，副主任王佑明、陆书杰、林英科、孙伯泉、赵玉民、乔允华，带领有关委室负责人，在县政府办公室和县档案局负责同志的陪同下，对全县档案工作进行视察。视察人员先后查看小路口镇、寿张集乡、县国土资源局、县人民医院的档案室及县档案局（馆）建设情况，并分别听取相关汇报。通过视察，认为县政府及档案主管部门认真贯彻落实《中华人民共和国档案法》，坚持依法治档，在档案机构网络、基础设施和现代化建设以及开发利用档案资源、提高服务水平等方面均取得明显进步，促进了档案工作的法制化、规范化和现代化。在视察中也指出了当前档案工作中存在的困难和问题，并建议：进一步加强对《中华人民共和国档案法》的学习宣传，使全社会充分认识档案在经济社会中的重要作用。县档案部门要注重发挥主观能动性，充分利用好档案资源，发挥其在经济和社会发展中的促进作用。县政府档案工作要给予足够的重视和支持，积极解决人员和资金问题，促进全县档案工作顺利扎实开展。

公路建设及“村村通”工作视察　2006 年 6 月 2 日，县人大常委会组织视察公路建设及“村村通”公路工作情况。县人大常委会第一副主任刘振诺，副主任王佑明、陆书杰、王信义、孙伯泉、赵玉民，以及部分常委会委员和人大机关委室负责人参加视察。县政府副县长蒋衍涛及有关部门负责人陪同视察。视察人员先后实地查看济菏高速公路梁山段及其连接线、济梁公路及 220 国道梁山段和部分“村村通”工程建设情况，听取县交通局、公路局有关工作情况汇报。通过视察，认为县政府及交通、公路等部门抢抓机遇，强化措施，精心部署，科学安排，在配套资金严重不足的情况下，做了大量艰苦细致的工作，公路建设及“村村通”工程取得显著成绩。同时也指出当前公路建设及“村村通”工作中存在的问题：工程进度有待进一步加快，协调力度有待进一步加大，公路护管工作有待加强。据此建议：千方百计加快工程施工进度，确保 2006 中国（梁山）专用汽车展销会前竣工通车。进一步加强道路护管，依法加大治理力度，努力构建安全、畅通、环保、高效的公路交通网络。强化组织领导，加强工作协调，落实工作责任，确保施工顺利进行。

防汛工作视察　2006 年 6 月 8 日，县人大常委会第一副主任刘振诺，副主任王佑明、陆书杰、王信义、林英科、孙伯泉、乔允华及部分委员和有关委室负责人，对全县防汛工作进行视察。副县长宁瑞峰及有关部门负责人陪同视察。视察人员先后查看梁济运河泄洪段、黄河路那里险工、小路口滩区生产堤加固工程、金码河杨营段清障作业、龟山河等现场，听取县政府关于防汛工作情况的汇报及南水北调工程进展情况的汇报。通过视察，认为县政府及职能部门高度重视防汛工作，为确保汛期万无一失做了大量工作。为进一步搞好防汛工作，提出如下建议：要下力做好汛前清障工作，确保汛期沟渠畅通。加快黄河生产堤加固工程进度，保证滩区农业安全。进一步加大工作力度，落实各项防汛工作措施。同时做好南水北调工程动工前的各项准备工作，充分利用该工程对梁山县的有利作用，做好附属工程建设，造福梁山人民。

法院工作视察　2006 年 7 月 7 日，县人大常委会第一副主任刘振诺，副主任陆书杰、王信义、孙伯泉、赵玉民、乔允华，率领部分委员和机关有关委室负责人视察法院工作，并重点察看人民法庭建设情况。县法院及财政、国土等部门和梁山镇、拳铺镇负责人陪同视察。参加视察人员先后察看韩岗、拳铺、杨营、城关 4 处基层法庭的建设情况，听取县人民法院院长李培宪关于上半年工作情况的汇报，然后县人大常委会第一副主任刘振诺讲话。通过视察，视察人员看到县委和县、乡两级政府对法院工作的重视和支持，看到法院基层建设和队伍建设发生的新变化，认为县法院以“公正与效率”为主题，大力开展规范司法行为年活动，严格审判工作管理，各项工作取得明显成绩。同时提出，在今后的工作中，县法院要充分发挥审判职能作用，努力做好审判和执行工作；继续加强法院基层基础工作，为构建平安和谐社会和建设社会主义新农村发挥重要作用。

乡镇中心卫生院建设工作视察 2006 年 10 月 13 日，县人大常委会组织视察乡镇中心卫生院建设情况。县人大常委会第一副主任刘振诺，副主任王佑明、林英科、孙伯泉、赵玉民以及机关部分委室负责人参加视察，县政府副县长任艳云及县卫生局负责人等陪同视察。视察人员先后查看韩岗镇、徐集镇、拳铺镇 3 处中心卫生院建设情况，然后听取县卫生局局长袁绍信有关工作情况汇报。通过视察，认为县政府及卫生主管部门今年以来紧紧抓住 4 处乡镇卫生院被列为全省“360 工程”建设项目的大好机遇，以高度的使命感和强烈的责任感，精心组织，周密规划，强化协调，严格建设程序和质量监管，有效加快工程建设进度，确保 4 处中心卫生院门诊综合楼建设按时竣工。视察人员建议：抓住 10 月 20 日省验收小组来梁验收的几天时间，加班加点，做好扫尾工程建设，确保全部工程如期完工。对照省市验收标准，进一步完善配套设施，确保一次迎验成功。认真做好乡镇中心卫生院领导班子的选配和乡镇医务人员的培训工，做到“新楼房、新班子、新气象、高水平”，为促进农村医疗卫生事业发展作出新的贡献。

关心下一代工作视察 2006 年 11 月 24 日，县人大常委会第一副主任刘振诺，副主任王信义、林英科、孙伯泉、乔允华，带领人大机关有关委室负责人，在县关工委和县政府办公室、县公安局、县文化局负责人陪同下，对全县关心下一代工作进行视察。视察人员先后到部分网吧及县看守所检查了解情况，然后听取县公安局、县文化局负责人汇报。通过视察，认为县关工委和县政府有关部门认真贯彻中央和省市关于加强青少年思想道德建设的指示精神，大力开展形式多样的宣传教育和实践活动，深入做好特殊青少年群体的纠偏帮教工作，加大对文化市场和娱乐场所的整治力度，关心下一代工作取得明显成效。但在当前关心下一代工作中也面临许多问题，相当部分青少年理想信念淡漠，部分青少年过分追求个人利益和个人价值，关心下一代工作的组织体系还不够健全。据此建议，加强未成年人思想道德教育，引导未成年人树立正确的世界观、人生观和价值观。做好预防和减少未成年人犯罪工作，正面宣传引导未成年人健康成长。加大对文化市场的监管力度，净化未成年人文化场所和成长环境。

十六届人大常委会视察

林业、水产、畜牧工作及服务业视察 2008 年 3 月 24—28 月，县人大常委会第一副主任刘振诺，副主任赵玉民、刘本相、张恒福、林宪良，及部分委员和有关委室负责人，在副县长宁瑞峰、楚宪海和县政府有关部门、有关乡镇负责人的陪同下，分别对全县林业、水产、畜牧工作和服务业等进行集中视察。视察组先后到县淡水养殖试验场、梁山风景区绿化现场、徐集镇和韩岗镇植树造林点、六合九利食品有限公司厂址、梁山新富肉牛育肥场、梁山自然养猪法示范园、梁山汉国种羊场及县畜牧局重大动物疾病防控体系化验室、水泊建材市场、水泊商场小安山直营店、物流配送中心、杨营煤矿等进行现场视察，并听取县政府关于林业、水产、畜牧工作、服务业发展、煤矿建设等方面的汇报。视察组对林业、水产、畜牧工作和全县服务业所取得的成绩给予充分肯定，并对林业、水产、畜牧工作和服务业发展提出要求。

城中村开发改造工作视察 2008年4月9日，县人大常委会第一副主任刘振诺，副主任赵玉民、刘本相、张恒福、林宪良，带领县人大常委会机关各委、室、科及有关部门的负责人，视察城中村开发改造工作。视察组一行首先到县城中村开发改造指挥部进行视察，听取县委副书记、县城中村开发改造指挥部指挥长冯冲关于城中村开发改造的情况介绍，县政府副县长、县城中村开发改造指挥部副指挥长蒋衍涛和梁山镇党委书记、指挥部办公室主任王才利所作近期开发改造工作汇报。视察组认为，城中村开发改造作为全县10项重点工程之一，受到全县上下的高度关注，指挥部全体人员扎实有效地开展工作，取得初步成效。视察组建议，要科学制定好城中村开发改造规划，落实好城中村开发改造政策措施，营造良好的舆论氛围，推动城中村开发改造工作。

民商事审判工作视察 2008年4月10日，县人大常委会副主任张恒福带领县人大常委会部分委员、机关有关委室的负责人，视察县法院民商事审判工作。视察组首先听取县法院及有关法庭负责人工作汇报，并视察县法院审判庭和大路口法庭的建设情况。视察过程中，视察组对县法院的工作表示满意，同时要求县法院发扬成绩，对民商事审判工作认识再提高、措施再加大、责任心再加强。

广播电视“村村通”工作视察 2008年4月22日，县人大常委会副主任刘本相、张恒福，带领县人大常委会部分委员及委室负责人，对全县广播电视“村村通”工作进行视察。视察组一行首先察看马营乡有线电视传输网络和徐集镇数字多路微波覆盖情况，然后听取县广播电视局负责人汇报。视察组对县广播电视局的工作给予充分肯定，同时要求县政府及广电部门、各乡镇政府要进一步提高认识，发扬成绩，积极拓宽筹资渠道，不断加大投资力度和宣传力度，确保“村村通”工作的顺利推进，使广电事业在全县经济社会发展中发挥更大效能。

体育工作视察 2008年4月23日，县人大常委会副主任刘本相、张恒福带领部分委员及机关委室负责人，视察全县体育工作。视察组一行首先视察体育场馆建设，然后听取县体育局工作汇报。视察组对全县体育工作所取得的成绩给予充分肯定，认为全县体育部门广泛开展全民健身活动，努力提高全县竞技体育水平，积极开发体育产业，为全县争得了荣誉，树立了梁山的良好形象，为全县经济社会的发展做出了突出贡献。同时建议，全县上下要进步重视体育工作，县政府要不断加大对体育事业的投入，进一步完善全县体育基础设施建设；体育部门要充分发挥本县竞技体育的优势，强化管理，注重发现和培养人才，夺奖牌，创佳绩，塑形象，使梁山体育和梁山武术名扬天下。

城市基础设施及综合执法工作视察 2008年6月3日，县人大常委会第一副主任刘振诺，副主任张恒福、部分委员及机关有关委室负责人，在副县长蒋衍涛和县政府有关部门负责人陪同下，视察县城基础设施建设及综合执法工作。视察组一行先后到人民中路、龟山河、青年路菜市场、污水处理厂、垃圾处理厂等处进行视察，并先后听取县建设局关于当前工作情况的汇报，县城管执法局关于城市管理行政执法工作情况的汇报。视察组认为，县城基础设施建设及市容市貌发生很大变化，为经济社会的发展提供了良好环境。视察组建议，县政府及有关部门要不断加大投入，进一步完善全县城市基础设施建设，注重城市环境卫生，认真落实门前三包责任制，为城市居民营造一个良好的生活环境。

土地市场建设工作视察 2008年6月4日，县人大常委会副主任张恒福带领县人大常委会部分委员、机关有关委室的负责人，在副县长蒋衍涛及有关部门负责人的陪同下，视察土地市场建设工作，并听取县国土局近年土地市场建设情况的汇报。视察组认为，全县国土资源管理事业尤其是土地市场建设取得长足进展，同时要求有关部门进一步统一思想，加强国土意识，进一步严格制度，规范土地市场管理运作机制；要按照土地储备修编规划，认真做好做大土地利用规划修编工作，努力实现建设用地的合理配置。

防汛及南水北调工程建设视察 2008年6月4日，县人大常委会第一副主任刘振诺、副主任刘本相带领部分委员及人大机关有关委室负责人，在县政府及水利部门负责人陪同下，对全县防汛工作及南水北调工程建设情况进行视察。视察组先后实地察看黄河生产堤加固情况、龟山定河施工现场，观看南水北调工程建设情况多媒体演示说明，听取县水利局局长陈不英有关工作汇报。视察组对前段防汛工作表示满意，并指出存在问题，同时要求要进一步完善防汛应急预案，健全机构，落实抢险队伍和防汛物资，坚持汛期值班制度，做到出现汛情能够有备无患。关于南水北调工程建设工作，视察组认为，南水北调作为国家工程，全县积极配合，做了大量卓有成效的工作，视察组表示十分满意。同时要求南水北调主管部门要一如既往，扎实工作，全力配合好工程建设，按照上级要求，认真完成分配给梁山县的各项工作任务。

《气象法》贯彻执行情况视察 2008年6月5日，县人大常委会副主任刘本相带领常委会部分委员和机关有关委室负责人，对《中华人民共和国气象法》贯彻执行情况进行视察。视察组首先听取县气象局局长邱继玲关于《中华人民共和国气象法》贯彻执行情况的汇报，现场察看气象设施运行情况。视察组认为，气象系统干部职工在上级业务部门的直接领导下，树立“公共气象、安全气象、资源气象”的发展理念，在气象观测预测、气象灾害防御、人工天气影响、防雷减灾等方面做了大量卓有成效的工作，为服务地方经济做出了应有贡献。同时建议，进一步加大对《气象法》的宣传力度，让各级和全社会全面了解气象工作，理解和支持气象工作；要进一步加大对气象设施的保护力度，进一步优化气象探测环境。

杨营煤矿建设情况视察 2008年10月28日，县人大常委会第一副主任刘振诺，副主任刘本相、张恒福，部分县人大常委会委员，在县政府副县长楚宪海及县直有关部门、杨营镇负责人陪同下，对杨营煤矿建设进展情况进行视察。视察组首先听取杨营煤矿筹建处负责人汇报、县政府有关部门及杨营镇有关煤矿建设进展情况汇报，肥城矿务局负责人陪同视察。视察组对煤矿建设取得的进展给予充分肯定，对各部门及杨营镇所做的工作及对煤矿建设的支持表示满意。视察组要求要全力关心、支持煤矿建设，力保供电、道路设计施工、立项等工作顺利实施，确保煤矿建设顺利进行。

全县食品药品监管工作视察 2008年11月20日，县人大常委会第一副主任刘振诺，副主任赵玉民、刘本相、张恒福，部分县人大常委会委员，县人大机关有关委室负责人，在县政府副县长颜世勤及相关部门负责人陪同下，对全县食品药品监管工作进行视察。视察组实地察看打假仓库的战利成果及县医药公司第一零售药店、医药商场、山东创新医疗器械科技有限公司的生产经营情况，听取县食品药品监督管理局工作汇报。视察组对全县食品药品监管工作取得的显著成绩给予充分肯定，同时要求对食品药品监管工作要大力宣传，要严格执法，对重点地区、重点品种始终保持高压态势，要正确处理管理和支持的关系，确保梁山医药医疗器械事业健康快速发展。

全县疾病防控、妇幼保健工作及老干部医疗情况视察 2008年11月21日，县人大常委会第一副主任刘振诺，副主任赵玉民、刘本相、张恒福，部分县人大常委会委员，县人大机关有关委室负责人，在县政府副县长颜世勤及相关部门负责人陪同下，先后实地察看寿张集乡防保站、县中医院、县妇幼保健院、县疾病防控中心、县人民医院的工作开展情况，听取县卫生局、县劳动保障局、县老干部局、县财政局负责人工作汇报。视察组对全县疾病防控工作及卫生整体工作给予充分肯定，认为疾控工作宣传到位，规范到位，措施到位，确保了人民的生命健康安全，取得了较显著成绩。同时要求县政府及有关部门继续加大对《中华人民共和国传染病防治法》等有关法律法规的宣传，把医疗工作的重点放在农村，放在妇幼保健工作上，要解决好基层防保人员的待遇及保健院所的迁址等问题，要切实解决好离休干部医疗费问题，切实制定出一个解决离休干部医疗费拖欠的合理方案，共同把老干部医疗费工作管理好。

全县节能减排和环境保护工作视察　2008 年 11 月 26 日，县人大常委会第一副主任刘振诺，副主任赵玉民、刘本相、张恒福，部分县人大常委会委员，县人大机关有关委室负责人，在县政府有关部门负责人陪同下，对全县节能减排和环境保护工作情况进行视察。视察组实地察看黑虎庙联谊淀粉厂排污设施建设及运营情况、科龙畜牧公司饲料青贮及沼气发电情况、县环保局环保监测设施建设及设备配置情况，听取全县环境保护管理工作和节能减排工作情况的汇报。视察组对全县节能减排和环境保护管理工作取得成绩给予充分肯定，要求县政府及有关部门大力宣传有关法律法规，营造良好的舆论环境；是要严格执法，树立执法单位和节能环保法律权威；要抢抓机遇，围绕梁山、围绕企业，争取更多好的项目。

全县医疗保险工作视察　2010 年 9 月 28 日，县人大常委会第一副主任刘振诺，副主任张恒福、林宪良、郭建华、王才利，部分县人大常委会委员、机关有关委室负责人，在县人社局负责人陪同下，视察全县的医疗保险工作。视察组先后到县中医院、县医药公司进行实地察看，听取全县医疗保险工作情况汇报。视察组对县医保处的工作表示满意，要求县政府及县人力资源和社会保障部门一定要进一步加强领导，不断充实完善医疗机构，切实解决医保资金、办公场地、专业人员紧缺等问题，为全县的医保事业发展提供坚实的基础。县医保在医保工作中积极发挥主观能动性，努力提高参保人员的待遇，使各项工作再上一个新台阶。

节能减排及水污染防治工作视察　2010 年 10 月 27 日，县人大常委会第一副主任刘振诺，副主任张恒福、林宪良、郭建华、王才利，带领部分委员和有关委室负责人，视察全县节能减排及水污染防治工作。县委常委、副县长蒋衍涛和县经信局、县环保局主要负责人陪同视察。视察组视察了蓝天集团、污水处理厂、科龙畜牧公司的节能减排项目建设及韩垓玻璃厂的关停情况，听取县政府节能减排及水污染防治工作汇报。视察组对全县的节能减排工作尤其是迎接国家淮河治污检查准备工作所取得的成绩给予了充分肯定。视察组认为，近年来，全县经不断加大节能监管和污染源的防治力度，使全县节能减排及水污染防治工作取得一定成绩。视察组建议，要更加重视节能减排工作，从科学发展、可持续发展的战略高度看待节能和环保工作，不断加大宣传力度，让人民群众自觉节能、自觉保护生存环境。同时，要加大执法力度，加强调度，加大考核力度，从节能减排源头上把好关，把好项目节能环评关，从根本上解决节能环保问题，有关部门要密切配合，凝心聚力，群策群力做好各自的工作，迎接国家淮河流域治污检查。

煤矿建设工作视察　2010 年 10 月 28 日，县人大常委会第一副主任刘振诺，副主任张恒福、林宪良、郭建华、王才利带领部分委员和有关委室负责人听取县发改局及杨营煤矿负责人工作汇报，察看杨营煤矿建设现场。视察组对全县煤矿建设尤其是杨营煤矿快速建设给予充分肯定，并对下一步建设工作提出建议，希望在抓好煤矿基本建设质量的同时，要抓好煤矿安全生产，确保职工生命安全；全县各级各部门要全力支持煤矿建设，要努力解决煤炭建设中存在的困难和问题，做到上下一家，政企一家，企民一家，尽快使杨营煤矿达产达效。

城乡环境综合整治工作视察　根据县委统一

安排部署，2011年3月22日，县委副书记申万民、县人大常委会第一副主任蒋衍涛，带领县人大常委会部分组成人员，部分市、县人大代表及机关有关委室负责人，在县城乡环境综合整治指挥部负责人的陪同下，视察部分乡镇、街道办的环境综合整治工作情况。视察组先后视察水泊街道办、梁山街道办、拳铺镇、韩垓镇、韩岗镇、馆驿镇、小安山镇等乡镇、街道办的部分村居的环境综合整治工作情况。视察结束后，参加视察的人大代表给所视察的乡镇、街道办进行打分排名。蒋衍涛代表视察组指出，从视察的情况看，各乡镇、街道办党委、政府对环境综合整治工作高度重视，措施得力，做了大量卓有成效的工作，付出了艰辛的努力和劳动，扎扎实实为群众办了一些实事好事，经过这段时间的整治，城乡面貌得到了巨大改观，城乡环境得到极大改善，效果十分明显，是落实科学发展观、执政为民的具体体现。对全县环境综合整治工作所取得的成绩，县人大非常满意。他表示，县人大将尽最大努力，继续监督好、支持好、配合好全县的城乡环境综合整治工作。同时，他要求，县政府及相关部门要进一步加大宣传力度，努力营造保护环境、爱我家园的良好舆论宣传氛围，积极建立完善环境综合整治工作的长效机制，切实为广大人民群众创造一个山清水秀、生态宜居的生活工作环境。

林业工作视察 2011年3月31日，县人大常委会第一副主任蒋衍涛，副主任张恒福、林宪良、郭建华、王才利，带领部分县人大常委会委员、县人大常委会机关有关委室负责人，在县林业部门负责同志的陪同下，视察了全县的林业工作。视察组先后察看了拳铺镇、韩岗镇、馆驿镇、小安山镇、赵堌堆乡、黑虎庙镇等乡镇的植树造林情况。随后，听取了县林业局局长赵延奎关于全县林业工作情况汇报。在听取汇报后，蒋衍涛代表视察组，首先对全县的林业工作给予了充分肯定。他指出，近年来，县政府及林业主管部门，在各乡镇的积极配合下，大力开展植树造林活动，在林业六大工程建设、林木管护和病虫害防治、林业产业发展、林业项目争取等方面，成绩十分突出，亮点很多，全县林木覆盖率已达到28%，超出全省、全市平均水平，为全县经济社会发展做出了巨大的贡献。同时，他要求，县政府及其林业主管部门，要在完成上级指令性绿化任务、省级绿化模范县创建等方面还要进一步加大力度，对重点路段特别是县内高速公路两侧的植树造林工作还必须进一步加强，对原有林网空格断档地方要及时补植完善，对全县林木护管和病虫害防治工作还不能掉以轻心，对全县林业项目还要紧盯不放，对上级林业扶持优惠政策仍要积极努力争取。要充分利用当前植树造林的大好季节，在全县迅速掀起植树造林的高潮。参加视察的县人大常委会组成人员也对全县的林业工作提出了一些宝贵的建议。

《就业促进法》贯彻实施情况视察 2011年5月26日，县人大常委会第一副主任蒋衍涛，副主任张恒福、林宪良、郭建华、王才利，带领县人大常委会机关部分委室负责人，在县人社局负责人的陪同下，对全县贯彻实施《中华人民共和国就业促进法》工作情况进行视察调研。为全面了解和掌握全县就业再就业安置工作的实际情况与存在的问题，本次视察活动涵盖了以下内容：大学生就业安置目标完成情况、各项优惠扶持政策的落实情况、基层保障服务平台建立和机制建设情况、政府在大学生就业安置方面的资金投入情况、“解决城乡家庭零就业活动”开展情况等。视察组首先听取县人社局负责人关于《中华人民共和国就业促进法》贯彻情况的汇报，随后到县人力资源市场、县中等职业学校、梁山县轩辕挂车厂进行了实地察看。视察过程中，蒋衍涛指出：近年来，县人力和社会保障部门在县政府的正确领导下，认真贯彻实施《中华人民共和国就业促进法》，全县的就业再就业工作措施非常得力，成效十分显著，为全县的经济社会发展和稳定做出了突出贡献。就下一步如何做好就业再就业工作，他强调指出：就业涉及社会的方方面面，是民生工作的头等大事，县政府及人社部门一定要站在全县社会稳定大局的高度，在抓好返乡农民工就业、困难群体再就业援助的同时，当前尤其要重点做好高等院校毕业生就业创业工作，大力开发基层就业岗位，不断提升就业指导服务水平，积极为大中专毕业生就业创业创造条件，排忧解难。人社部门要进一步加强作风建设，加大就业管理服务机构建设力度，在资金、人员等方面为其提供最大的支持和倾斜。就业管理服务机构要进一步加大失业金收缴力度，切实为失业人员提供基本生活需求等方面的帮助，为全县的经济发展、社会和谐稳定奠定坚实的基础。

财税工作视察　2011 年 7 月 20 日，县人大常委会第一副主任蒋衍涛、副主任张恒福、林宪良、郭建华、王才利带领常委会部分委员和委室负责人，对全县上半年财税工作进行视察调研。视察调研组首先听取县财政局、县国税局、县地税局、县工商局主要负责人工作汇报。通过视察，认为上半年财税、工商等部门在县委、县政府的正确领导下，财税收入完成预算过半任务，1-6 月份地方财税总收入完成 29226 万元，比上年同期增长 33.28%，占年计划的 69.95%；财政收入质量有较大提升，1-6 月份，国税收入完成 4679 万元，同比增加 811 万元，增长 20.97%；地税收入完成 19178 万元，同比增加 4908 万元，增长 34.39%；整个税收占财政总收入的比重上升到 81.63%，而非税收入占比下降到 16.86%，比上年同期降低了 2.92 个百分点。财政收入不断优化，可用财力明显增强；综合治税成绩显著，至 7 月 15 日，累计清缴入库税款 3808.51 万元；财政公共保障能力不断增强，确保了工资、公共支出、重点项目支出、社会保障等刚性支出。同时建议：进一步加大税收宣传力度，努力处理好税收与培植税源的关系，进一步加大增收节支力度，确保重点支出。

支农惠农政策落实情况及农业产业化工作视察　2011 年 7 月 28 日，县人大常委会第一副主任蒋衍涛，副主任张恒福、林宪良、郭建华、王才利，带领常委会部分委员和有关委室负责人，在县政府办公室、县农业局负责同志的陪同下，对全县支农惠农政策落实情况及农业产业化工作进行视察调研。视察组首先实地察看馆驿镇、韩岗镇的部分涉农企业。随后在县农业局会议室听取全县支农惠农政策落实情况及现代农业经营管理工作情况的汇报，并进行座谈审议。通过视察，认为支农惠农政策落实及现代农业经营管理工作成绩突出，要求继续加大支农惠农政策的宣传力度，进一步加强支农惠农政策落实力度，争取更多惠农项目在梁山县落地。进一步加强对支农惠农专项补贴资金的监管，简化惠农补贴的发放程序，确保支农惠农补贴资金安全，确保人民群众得到实惠。县政府及农业等相关部门要进一步加大对重点农业产业龙头企业的扶持力度，重点抓好几个涉及面广、带动能力强、具有发展潜力的主导特色产业，同时要进一步加强农科结合，提高农业科技含量，确保全县农业农村经济保持良好的发展势头。

十七届人大常委会视察

城区供暖、供水情况视察　2013 年 3 月 5 日，县人大常委会第一副主任蒋衍涛，副主任林宪良、郭建华、王才利、郭继田，带领部分驻梁市人大代表、县人大代表、县人大常委会委员及有关委室负责人对县城区供暖、供水情况进行视察调研。副县长李瑞林，县政府办、县住建局、县经信局负责人陪同视察。视察组先后查看沃德园小区、县自来水公司家属院、县水厂、水浒山庄、山景花园、热电厂等处供暖供水情况，听取集中供暖用户的意见，并在县住建局会议室听取县住建局主要负责人受县政府委托所作《梁山县城区集中供热和供水工作情况汇报》。通过视察，代表和委员认为，近年来城区饮用水水质有了一定的改善，城区供暖情况也有了一定的进步。但是，城区饮用水水质不高、供水企业运营困难，城区供暖效果不佳等问题，特别是家庭供热效果较差，供暖水质污染严重，淤塞、腐蚀管道和散热器，冲洗散热器增加了用户经济负担。对此，部分城区集中供暖用户反映比较强烈，意见较大，要求采取有效措施，进行全面整改。希望县政府及有关部门要高度重视供暖供水问题，高度关注群众所想、所需、所盼，采取切实有效措施，查清原因，找准症结，落实责任，集中必要的人力、物力、财力，对供水单位提供必要的扶持政策，促其正常运行，确保让群众喝上放心水、健康水。

殡葬改革工作视察 2013 年 3 月 22 日，县人大常委会第一副主任蒋衍涛，副主任林宪良、郭建华、王才利、郭继田，带领县人大视察组，对全县的殡葬改革工作进行视察。副县长李瑞林及县民政局、县规划局负责人陪同视察。视察组先后察看梁山街道吕垭口村“永安園”、经济开发区良福村“憩园”和县烈士陵园骨灰堂升级改造工程建设使用情况。在县人大会议室听取县民政局主要负责人受县政府委托所作《关于全县殡葬改革工作情况汇报》。视察组认为，全县殡葬改革工作取得明显成效，通过签订责任状等形式，形成殡葬改革工作合力、联合执法机制和督导考核机制。但是，“逝者为大、入土为安”的传统思想观念仍然根深蒂固，有些群众和干部认识不到位，并存在丧葬陋习现象，殡仪堂建设和公益性生态墓地建设滞后，城乡居民骨灰安葬难问题越来越突出。此外，殡葬改革和管理投入不足，不能满足丧属多层次的消费需求。视察组要求，要把殡葬改革放到更加突出的位置，明确殡葬任务目标；把宣传教育工作放在殡葬改革的重要位置，打好群众的思想认识基础，广泛依靠和动员社会力量，积极支持参与殡葬改革；明确责任主体，各级各部门要通力协作，密切配合，形成党政主导、民政牵头、部门协作、社会参与的殡葬管理体系；完善各项制度，严格管理督查，做到依法行政，规范管理，优质服务；搞好规划建设，合理安置殡葬；加大投入，推进殡葬惠民。

档案工作视察 2013 年 4 月 9 日，县人大常委会第一副主任蒋衍涛、林宪良、郭建华、王才利、郭继田带领有关委室负责人，对全县档案工作进行视察，副县长孙颖陪同视察。视察组先后查看小路口镇、县国土资源局、县法院、县城关医院的档案室和城建综合档案馆，并实地察看梁山县档案馆馆藏建设、新建档案馆项目地址。视察组对梁山县档案工作给予充分肯定，建议县委、县政府进一步高度重视档案事业，努力推动项目实施，严格按照有关标准要求，早日建成投入使用，把档案馆建成精品，成为县文化建设的亮点；积极解决人员和资金问题，县政府要注重从大学毕业生中选拔专业人才充实到档案部门，加强档案工作人员的流动和调整，采用多种办法筹措档案急需资金，以满足全县档案馆藏需要，促进全县档案工作顺利扎实开展。

科技创新工作视察 2013 年 5 月 27 日，县人大常委会第一副主任蒋衍涛，副主任林宪良、郭建华、王才利、郭继田，带领部分县人大常委会委员、县人大代表，对全县科技创新工作情况进行视察。副县长孙颖及县政府办、县科技局有关负责人陪同视察。视察组先后实地察看众兴机械、安山牧业、威特立邦、通亚重工、水泊焊割等企业的科技创新工作情况，在水泊焊割会议室听取县科技局主要负责人受县政府委托所作《全县科技创新工作情况的汇报》。视察组指出，近年来，县政府不断强化科技意识，完善政策举措，支持科技创新，健全科技创新服务体系，增强了企业创新能力，全县的科技创新能力不断提高。但是，还存在一定的困难和问题，在关键领域的重大技术突破不够，难以支撑产业转型升级；科技平台、科技创新人才等创新要素聚集强度不大，不足以支撑产业的持续创新；全县财政对科技的投入总体水平还不够高。视察组建议，科技创新扶持要有重点，对主导产业通过技术创新进行提档升级改造；要以企业为主，加强企业与高校、与科技研究所的科技合作，加大新技术产品的推销力度；要有平台、有基地，在全县企业、产业比较集中的地方，建立相关科研基地、科研所，引进吸收、集中高层次的科技人才，进行科技研究；要舍得投入，县政府要认真落实科技经费，确保科技三项经费占财政预算支出的比例达到 1.3% 以上。同时，县政府及科技主管部门要积极引导重点企业科技经费支出占销售收入的比重达到 5% 以上。

黄河防汛工作视察　2013 年 7 月 1 日，县人大常委会第一副主任蒋衍涛，副主任林宪良、郭建华、王才利、郭继田，带领部分县人大常委会委室负责人视察黄河防汛工作。县政府副县长崔加清及县水利局、沿黄乡镇党委政府主要负责人陪同视察。视察组视察小路口镇、黑虎庙镇生产堤，小路口镇朱丁庄、赵堌堆乡蔡楼控导工程，并现场听取有关情况介绍。视察组认为，县政府对黄河防汛工作高度重视，防洪预案切实可行，操作性强、组织得力、责任明确、措施到位，堤防建设、防汛队伍、物料准备等落实到位。视察组要求，各级防汛工作人员一定要认真学习、熟悉各类防汛方案和预案，特别对责任堤段、重点部位、险工险段的防守要熟练掌握，一旦出现险情要科学处置，确保万无一失；要对各类防汛物料进行再检查、再落实，对各类群众备料进行再登记、再清点，确保防汛物资和设备在抢险关键时刻能拉得出、用得上；要进一步加大防汛培训力度，提高防汛队伍技术熟练程度和实战能力。汛期要严格落实 24 小时防汛值班制度及领导带班制度，及时上传下达，确保防汛指令畅通，加强对雨情、水情、汛情的监测，第一时间发布预报预警信息，及时转移受影响群众。对在防汛中发现的违纪行为，要严肃处理；要深入宣传黄河防汛方针、政策，提高沿黄干部群众的水患意识和防汛观念，确保今年全县安全度汛。

新型农村社区建设视察　2013 年 7 月 25 日，县人大常委会第一副主任蒋衍涛，副主任林宪良、郭建华、王才利，带领部分县人大常委会委员和委室负责人，视察新型农村社区建设。县领导钟秀芳、孔德修、张传胜以及县社区办、有关乡镇负责同志陪同视察。视察组视察韩岗镇司垓社区、拳铺镇东马、南杜社区、马营镇马营社区，并现场听取情况介绍。在座谈会上听取县新型农村社区建设办公室主任张振涛《关于全县新型农村社区建设工作情况的报告》。视察组认为，县镇村建设工作呈现出领导重视、认识统一，科学布局、高标规划，市场运作、分类推进，奖惩严格、督查有力等特点，成效明显，探索出一条新农村建设的新路子，有关乡镇、街道精心组织实施，做到筹资办法多、建设进度快、安置复垦效果好。视察组要求，要坚持规划先行，坚持高起点，高标准编制新型农村社区规划，因村制宜，突出特色；要立足实际，在是否要进行社区建设这个问题上，一定要充分尊重大多数群众的意见；要严格落实政策，保持政策的延续性，对已出台的政策，该兑现的一定要严格落实到位；要加强督导考核力度，县政府一定要制定切实可行的措施，激励先进，鞭策后进；要强化宣传教育，加强对基层干部的教育，深入做群众思想工作，充分调动广大群众参与的积极性和主动性，为新型农村社区建设营造良好的社会氛围。

县政府十件实事办理情况视察　2013 年 9 月 24 日，县人大常委会第一副主任蒋衍涛，副主任林宪良、郭建华、王才利，带领部分县人大常委会委员和有关委室负责人，对县政府十件实事办理情况进行视察调研。县委常委、常务副县长秦延信及有关部门负责人陪同视察。视察组对马庄村、大李庄社区天网工程，盛世华城、奥德燃气站燃气工程，齐庄村、郭堂村村内通工程，吴楼村农电改造，徐集一中初中操场标准化建设，前王村文化惠民广场，独山村文化大院、文艺演播厅，马营卫生院便民就医工程进行实地视察调研。在马营镇会议室，视察组听取县委常委、常务副县长秦延信关于 2013 年为民办“十件实事”

进展情况的汇报，听取县商务局、公安局、教体局、卫生局等牵头部门的专项汇报，并就“十件实事”的进展、工作中存在的困难和问题以及如何确保“十件实事”按期完成等进行讨论座谈。视察组认为，县政府及有关责任部门高度重视“十件实事”的办理工作，取得一定成效，让群众得到了看得见、摸得着的实惠，有效地提升了全县人民的幸福感和满意度。但是，还存在进展不平衡、工作积极性主动性有待进一步提高等问题。视察组要求，要进一步增强做好为民办“十件实事”的政治责任感和紧迫感，县政府及有关部门必须进一步增强紧迫感，找准问题、对症下药，强化措施、加快推进，确保各项任务按照计划如期完成；要加大宣传报道力度，宣传项目建设的好经验、好做法，宣传项目建成后给人民群众带来的实惠，营造全社会支持办“十件实事”的良好氛围；要加强工程质量监管，对在建基础性的项目，县政府及有关部门要加强工程质量监督管理，对已完成的要进行工程质量“回头看”，坚决纠正存在的质量问题；要强化措施，县政府对未完成的工程项目，要根据目标任务细化责任、加强调度、加快推进确保为民办“十件实事”如期全面完成。视察组建议，县政府将“十件实事”资金列入年度财政预算，加大“十件实事”的资金保障力度；在广泛征求“十件实事”意见的基础上，将实事项目放在年初人代会各代表团中酝酿讨论，充分听取代表意见和群众呼声，确保群众得到更大的、更切合实际的实惠。

人大二次会议重点建议办理督办视察 2013年11月26—27日，县人大常委会组成5个视察组，对县十七届人大二次会议重点建议办理进行督办视察。县人大常委会第一副主任蒋衍涛，副主任林宪良、郭建华、王才利、郭继田分别带队视察，及有关委室负责人和提议代表参加视察。视察组分别视察县交通局、杨营中心小学、良福小学、恒源热力、杰森热力、黄河滩区、金泊园市场等，并分别听取县交通局《关于尽快开通蒙馆路梁山—赵堌堆线路公交的建议》《关于开通县城至济菏高速出入口和拳铺至徐集公交车线路的建议》办理情况的汇报、县教体局《关于农村教师队伍亟须加强的建议》办理情况的汇报、县住建局《关于进一步提高城市供暖质量的建议》办理情况的汇报、有关部门《关于加大投入提高滩区基础设施建设的建议》《关于把黄河生态旅游纳入旅游强县整体规划的建议》进展情况的汇报、有关部门关于加强农村食品流通监管情况的汇报。通过视察，认为县政府及有关部门对人大代表建议高度重视，采取强有力的措施，回应了人大代表和人民群众的呼声，取得了良好的效果，视察组对办理情况表示满意，并就有关问题提出要求。（1）关于加快城乡公交一体化建设，要求交通部门要坚定城乡公交一体化的方向，坚持依法有序推进改革，落实中央惠民政策，强化工作措施，实现城乡居民享受公共资源均等化；要积极作为，不等不靠，创新思路和举措，力争早日实现城乡公交一体化，回应群众的热切期盼。（2）关于提高城市供暖质量问题，要求住建部门及有关企业要形成上下联动、综合治理的良好局面，从根本上解决失水影响供暖效果的问题；要建立健全技术服务网络，加强对各小区技术人员的指导和培训，及时解决供暖过程中出现的问题；要强化供热企业的大局意识、民生意识和服务意识，确保供暖效果和质量，确保百姓温暖过冬；要争分夺秒加快第二热源和配套管网建设，让南部群众早日用上暖气。（3）关于加快滩区基础设施建设及黄河生态旅游建设，要求县政府及有关部门在水利局投资500万元黄河生产堤加固工程、教体局投资60余万元中小学基础设施改建、卫生局投资15万元乡卫生院病房及取暖锅炉的改造工程的基础上，要认真调查研究，建立长效机制，积极争取上级扶持政策、扶持项目，力争把扶持计划列入财政预算，举全县之力推进滩区建设，逐步缩小黄河滩区基础设施和其他地区的差距。同时要求滩区乡镇要解放思想、创新思路，立足滩区实际，发挥滩区优势，找准结合点，探索新路子，加快滩区经济社会发展。要搞好黄河旅游规划，立足济宁唯一黄河过境县的优势，积极争取资金政策，加大旅游基础设施投入力度，大力开发滩区旅游资源，尽快纳入全县旅游线路，以黄河旅游的开发带动滩区经济社会发展。（4）关于农村教师队伍建设，要求县政府及教体局要高度重视教师队伍建设，努力提高教育教学水平，为建设“工业强县、文化名城、生态和谐家园”提供强有力的人才支撑；要继续加大教师招聘及高层次教育人才引进力度，并重点向农村学校倾斜，解决农村教师队伍年龄老化、结构缺编等突出问题；要创新教师培训培养机制，加强农村教师的在职培训，全力实施教师素质提升工程，培养一批农村骨干教师；要建立城乡教师定期交流机制，带动农村教师素质提升。（5）关于加强农村食品流通监管问题，要求县政府及相关部门要高度重视食品安全工作，牢固树立“民以食为天食以安为先”的思想理念，加强日常监管，及时发现消除食品安全问题隐患，全面提升食品安全监管水平；始终保持对各类食品安全不法行为的高压态势，深入开展食品安全专项整治活动，集中解决突出问题，切实保障人民群众身体健康和生命安全，切实维护社会和谐稳定大局。

人代会会前集中视察 2013年12月10—12日，县人大常委会组织部分市、县人大代表组成5个视察组，开展人代会会前集中视察活动。县人大常委会第一副主任蒋衍涛，副主任林宪良、郭建华、王才利、郭继田参加视察。视察组分别先后到新城区、水泊街道、大路口乡、寿张集镇对城乡建设、农村环境综合整治、公路交通和旅游开发进行视察，到黑虎庙镇、杨营镇、开发区对文化产业、教育和卫生等方面工作进行视察，到韩岗镇、小安山镇、馆驿镇对经济社会发展、农村环境整治、社区建设等工作进行视察，到拳铺镇、韩垓镇、梁山街道对节能减排、工业经济、财政税收等方面的工作进行视察，到小路口镇、马营镇、赵堌堆乡对民生、政法和社会稳定等方面的工作进行视察，并听取有关方面的情况汇报。通过视察，代表们深入了解了全县多方面的工作情况，并就有关方面的工作提出要求和建议。同时，就发挥人大代表作用，要求人大代表要围绕全县工作大局和人民群众普遍关心的问题，积极履行人大代表知情知政的职责，深入调查研究，全面了解经济社会发展情况，精心准备审议发言和议案建议，为出席人大会议、履行代表职责做好充分准备，积极建言献策，提出高质量议案建议，为全县经济和社会又好又快发展作出新的贡献。

计划生育社会抚养费资金征收管理使用专题视察 2014年3月26日，县人大常委会第一副主任蒋衍涛，副主任林宪良、郭建华、王才利，带领部分县人大常委会委员、基层人大代表和有关委室负责人，对计划生育社会抚养费资金征收管理使用情况进行专题视察。视察组实地查看县计生服务站建设及孕前优生检查项目实施情况，听取县计生局的专题汇报，并进行座谈。视察组认为，近年来，县政府围绕“稳定低生育水平”的中心任务，突出“遏制违法生育、治理性别比失调”两大重点，做了大量富有成效的工作，社会抚养费征收管理使用总体秩序良好，社会抚养费征收到位、标准明确、过程规范，管理使用实行收支两条线，并全额纳入预算管理。视察组要求，要创新宣传方式，广泛深入宣传人口和计划生育法律法规，强化对计划生育社会抚养费征收管理使用工作的宣传；严格依法行政，抓好队伍建设，制定出台计划生育社会抚养费征收管理使用办法，规范支出、合理开支；强化资金监管，财政、审计、人口计生等部门要加大对计划生育社会抚养费资金的监管力度，严格执行“收支两条线”规定，不定期组织开展专项清理清查活动。

春季林业生产专题视察 2014年3月31日，县人大常委会第一副主任蒋衍涛，副主任林宪良、郭建华、王才利，带领部分县人大常委会委员、基层人大代表和有关委室负责人，对县政府春季林业生产工作开展专题视察。县政府副县长赵广，县政府办公室、林业局有关领导陪同视察。视察组先后到蒙馆路、梁肥路防护林带、南水北调主干线绿化工程、马营镇油用牡丹基地等进行实地查看，并详细了解全县春季林业生产和省级绿化模范县创建工作等方面的工作。在马营镇会议室视察组听取全县林业生产工作情况的汇报，并进行座谈。视察组认为，2014 年起，全县以创建省级绿化模范县为总抓手，着力实施水系绿化、路域绿化、山区绿化等林业重点工程，已完成造林 1.92 万亩，完成市下达任务的 120%，有力的助推了全县生态文明建设。但是，还存在个别乡镇对林业生产重视不够进度迟缓、群众植树造林缺乏引导、扶持政策到位不及时、奖励群众的资金不是作为专项资金列支等问题。视察组要求，加大宣传引导力度，提高全民植绿、护绿、兴绿、爱绿的绿色文明意识，提升植树造林积极性；理顺体制机制，明确产权关系，加大管护力度，加强林业执法队伍建设，加大执法力度，严肃查处涉林案件；加快产业发展，提高经济效益，鼓励涉林企业做大做强，着力提高林业和林产品的质量；继续加大力度，争取上级政策、资金扶持，加大对扶持资金的管理，采取粮食直补直接到户的方式，及时发放奖励资金，促进植树造林和林业生产的持续发展。

城市规划专题视察 2014 年 5 月 14 日，县人大常委会第一副主任蒋衍涛，副主任林宪良、郭建华、王才利、郭继田，带领部分县人大常委会委员、基层人大代表和有关委室负责人，对城市规划工作开展专题视察。视察组先后到体育馆、运河小区、梁山泊平原水库、三角花园绿化工程等项目现场进行实地查看，详细了解全县城市规划及实施工作。在县规划局会议室，视察组听取县规划局工作开展和部分项目规划方案的情况汇报，并进行座谈。视察组认为，近年来，县规划局牢固树立大局意识，不断加强队伍建设，明确工作目标，充分发挥规划的先导作用，做了大量卓有成效的工作，城市面貌有了明显改观，城市品位有了明显提升。视察组要求，规划部门要提高规划水平，提升规划品位，彰显梁山特色，打造精品工程，提升城市形象；注重协调平衡，促进均衡发展，推进城市化，解决好空间布局问题等；维护规划尊严，强化刚性约束。要进一步坚持“规划一张图、建设一盘棋”的方针，建立严格的责任追究机制，严肃查处违反规划的行为，确保规划的严肃性和权威性。规划、建设、城管等相关部门要密切配合，形成联动机制，开展联合执法，进一步加强建设项目批后管理和执法检查力度，形成工作合力。

城乡最低生活保障专题视察 2014 年 5 月 19 日，县人大常委会第一副主任蒋衍涛，副主任林宪良、郭建华、王才利、郭继田，带领部分县人大常委会委员、基层人大代表和有关委室负责人，对城乡最低生活保障工作进行专题视察。视察组实地查看韩垓镇敬老院，走访慰问韩垓镇吴垓村、水泊街道郝山头村及城区的低保家庭。在县人大会议室，视察组听取县民政局的专题汇报，并进行座谈。副县长李瑞林陪同视察。视察组认为，近年来，县政府及民政部门将建立健全城乡低保制度作为保障改善民生的一项重要工作，列入重要议事日程，不断加强组织领导、强化管理服务、狠抓政策落实，低保制度不断完善，资金投入不断加大，保障水平稳步提高。视察组要求，完善申报审批机制，要探索建立具有可操作性的家庭经济收入核定办法，全程接受群众监督；强化组织机构建设，加大对工作人员的业务知识培训力度，提高运用政策法规开展低保工作的能力；提高申办流程透明度，严格执行城乡低保政策，实行阳光操作，公开透明，防止低保评定中各类违规违纪现象发生；建立抽样调查机制，加大举报查处力度，严肃查处低保认定、申报审核、发放过程中的违规违纪案件，切实维护广大人民群众的合法权益。

土地综合治理专题视察 2014年7月28日，县人大常委会对全县土地综合治理工作进行专题视察，县人大常委会第一副主任蒋衍涛，副主任林宪良、郭建华、王才利、郭继田和部分县人大常委会委员及相关委室负责人参加视察，县政府办公室、国土局负责人陪同视察。视察组实地察看梁山省级地质公园、矿山复绿项目建设情况和韩岗镇司垓社区增减挂钩项目。在县国土局会议室，视察组听取县国土局专题汇报。视察组认为，近年来，县政府及国土部门严格执法监管，积极主动服务，在土地综合治理方面，相继实施国家级拳铺土地综合整治、省级大路口基本农田整理和两处市级项目，新增耕地近5000亩，改善了农业生产条件，提高了粮食产量；实施梁山矿山复绿项目和地质公园遗址保护项目，消除地质隐患，美化了地质地貌景观，推动了旅游产业发展。视察组要求，加大宣传力度，提高依法用地意识，利用水泊大讲堂、党校培训等方式，开展国土资源法律法规专题培训；化解制约难题，增强用地保障能力，进一步加大土地增减挂钩的力度，及时兑现新农村社区建设复垦资金，确保经济社会发展的持续用地需求；健全完善内部执法监察机制和执法监察动态巡查制度，加大对土地违法行为的执法力度，加强对农村私自建房的监管；进一步深化服务意识，夯实内部管理，树立国土资源部门为民服务、廉洁高效的良好形象。

司法工作专题视察 2014年7月29日，县人大常委会对全县司法工作进行专题视察，县人大常委会第一副主任蒋衍涛，副主任林宪良、郭建华、王才利、郭继田和部分县人大常委会委员及相关委室负责人参加视察，县政府副县长李瑞林及相关单位负责人陪同视察。视察组实地察看韩垓镇司法所、马营镇司法所建设情况，详细听取县司法局和乡镇负责同志的情况汇报。对县司法局“综合法律服务中心”“法制宣传教育中心”“矛盾纠纷调处中心”“特殊人群管理服务中心”等进行视察调研。在县司法局会议室，视察组听取县政府副县长李瑞林及司法局负责人工作汇报，并进行座谈。视察组认为，近年来，县政府及司法部门坚持做实职能、做精主业、做亮品牌、做优管理、做好保障的工作布局，在普法教育、人民调解、法律援助、社区矫正和社会治安综合治理等方面做了大量卓有成效的工作，得到社会各界的广泛赞誉。视察组建议，加大宣传力度，创新普法方式，提高普法效果，巩固全国、全省“六五”普法先进县的成绩；创新工作方式，拓展工作业务，实施社会治安综合治理的网格管理，为保障民生，构建和谐社会贡献力量；健全和完善“四个中心”建设，加强工作研究，充分发挥其在服务经济发展、维护社会和谐、保障改善民生等方面的作用；加强司法所等基层设施的建设，加大司法行政队伍培训力度，提高法律从业人员素质，努力提高司法行政工作水平。

县城新区建设专题视察 2014年8月13日，县人大常委会对县城新区建设情况进行专题视察，县人大常委会第一副主任蒋衍涛，副主任林宪良、郭建华、王才利、郭继田和部分县人大常委会委员及相关委室负责人参加视察，县委副书记、城市建设指挥部常务副指挥长李成勇，县政协副主席、新区建设指挥部副指挥长刘超波及有关部门主要负责人陪同视察。视察组实地察看伦达广场、山水润德、运河花园、杏花村苑、实验中学、体育馆、中医院、雪山峰路、梁山泊水库等重点工程。在梁山泊平原水库建设指挥部会议室，视察组听取全县城市建设情况的工作汇报。视察组认为，2014年，县城市建设指挥部分3次集中开工19个重点城市建设项目，进展快速、成绩显著、振奋人心，提升梁山形象，提振人民信心。特别是在全市上半年科学发展观观摩活动中，全县取得了城市建设第8名的好成绩，实现了历史性的突破。视察组建议，要提振信心，进一步增强做好城市建设工作的责任感；强化质量监管力度，建设精品工程；加强部门协作，强化资本运作，努力破解土地、资金瓶颈。

水产工作专题视察 2015年3月18日，县人大常委会组织部分人大常委会委员、人大代表对全县水产工作进行专题视察，县人大常委会第一副主任蒋衍涛，副主任林宪良、郭建华、郭继田参加视察活动。视察组到县淡水养殖试验场、绿源水产养殖基地和金农渔业养殖基地进行视察调研，现场听取有关情况介绍。在金农渔业会议室视察组听取县水产局、小安山镇负责同志工作情况汇报。视察组认为，近年来，全县高度重视水产工作，充分发挥渔业资源优势和区位优势，紧紧抓住渔业结构调整这条主线，狠抓质量体系建设、标准化生产、新技术推广、渔政执法等关键工作，不断加大对上争取和招商引资力度，水产养殖面积达到5.24万亩，渔业经济总产值达到5.58亿元，无公害水产品认证数量达到84个，有力促进了渔业增效、农民增收和湖区稳定。但是，还存在水产产业化发展层次不高，产业结构有待进一步优化；渔业行政执法力量薄弱、手段单一，执法工具和产品质量监测仪器匮乏；品牌创建亟待加强等问题。视察组要求，优化产业结构，加快转变水产发展方式；实施依法治渔，加大渔业资源保护力度；加强渔业执法队伍建设，加大投入力度，配备必要的执法工具和水产品质量监测设备，保障执法经费，不断提高渔业执法监管水平，推动全县渔业生产再上新台阶。

基本农田建设专题视察 2015年3月25日，县人大常委会组织部分人大常委、人大代表对全县高标准基本农田建设工作进行专题视察，县人大常委会第一副主任蒋衍涛，副主任林宪良、郭建华、郭继田参加视察，县国土局主要负责人陪同视察。视察组对大路口乡高标准基本农田建设项目进行实地视察，在县国土局会议室，视察组听取全县高标准基本农田建设情况的汇报。视察组认为，近年来，县国土局积极服从服务于全县经济社会发展，主动作为、优质服务，为新城建设、项目落地等提供了有力的用地保障，特别是在高标准基本农田建设方面，抢抓机遇、积极争取，大力开展高标准基本农田建设，改善了项目区的生产条件和生态环境，提高了农业综合生产能力，有力促进了农业增产增效、农民增收。视察组要求，继续搞好高标准基本农田建设项目的储备和包装，持续加大对上争取力度，科学制定高标准基本农田建设实施方案，因地制宜确定建设内容；强化工程监管，夯实责任，严格把关，确保工程质量，打造精品工程，确保持续发挥效益；及时拨付资金，为加快推进全县高标准基本农田建设进程打下坚实基础。

小区物业管理工作专题视察 2015年5月20日，县人大常委会召集部分人大常委和人大代表组成视察组，对县城小区物业管理工作进行专题视察。县人大常委会党组书记、第一副主任蒋衍涛，副主任林宪良、郭建华、王才利、郭继田参加。视察组深入和谐家园、东方华城、锦绣城等小区进行，现场听取住建部门、小区物业管理单位情况介绍，详细了解小区物业管理情况。视察组要求，要进一步提高对物业管理工作重要性的认识，切实把物业管理工作抓好，解决当前物业管理工作存在的问题。物业主管部门要认真做好监督管理工作，有关部门要密切配合、齐抓共管，全面推动全县住宅小区物业管理工作再上新台阶。

库区移民项目建设专题视察 2015年6月17日，县人大常委会组织部分人大常委、人大代表及有关委室人员，对县政府库区移民项目建设工作进行专题视察。县人大常委会第一副主任蒋衍涛，副主任林宪良、郭建华、王才利、郭继田参加。视察组先后到水泊街道库区移民小学、新城区中医院和馆驿镇高庄村食用菌种植基地、村内道路及文化广场等移民建设项目进行实地察看，详细了解移民项目建设、监管等方面的工作。在馆驿镇会议室，视察组听取了县政府移民办、馆驿镇的移民工作情况汇报。视察组认为，县移民办以服务移民为己任，突出抓好扶持规划编制、人口动态管理、直补资金发放、项目组织实施、社会和谐稳定等关键环节，为库区经济社会发展和社会稳定作出积极贡献。特别是在移民项目建设方面，加强制度建设，严格程序管理，实施全程监控，进度明显加快，建设质量显著提高。视察组要求，继续加大对上争取力度，夯实库区持续发展的基础，力争进入第二批水库移民避险解困项目试点行列，打造梁山移民工作新亮点；科学编制水利移民“十三五”帮扶规划；强化项目监管，确保移民项目充分持续发挥作用。

特色畜牧业发展情况专题视察 2015年7月14日，县人大常委会召集部分人大常委会委员、人大代表及有关委室人员组成专题视察组，对全县特色畜牧业发展情况进行专题视察。县人大常委会第一副主任蒋衍涛，副主任林宪良、郭建华、王才利、郭继田参加视察，副县长赵广陪同视察。视察组先后到小安山镇福军小尾寒羊养殖场、馆驿镇永旺青山羊养殖场、韩岗镇富士达兔业合作社和中汇奶牛养殖场、韩垓镇宏源生猪屠宰食品有限公司进行实地查看。在宏源生猪屠宰食品有限公司会议室，视察组听取县政府全县畜牧产业发展情况汇报。视察组认为，近年来，县政府不断加快畜牧业结构调整步伐，大力发展规模养殖，加强科技创新，积极推进产业化经营，加大重大动物疫病防控力度，强化畜产品质量建设，畜牧业发展取得显著成效，为保证畜产品市场供应、维护价格基本稳定，促进农业增效、农民增收发挥了积极作用。视察组要求，提高认识，加强服务，促进畜牧产业又好又快发展；突出重点，强化扶持，推动畜牧产业持续快速发展；强化监管，加强防控，确保畜牧产业健康安全发展。

上半年财政预算执行情况视察 2015年8月20日，县人大常委会召集部分县人大常委组成专题视察组，对上半年财政预算执行情况进行会前视察。县人大常委会第一副主任蒋衍涛，副主任林宪良、郭建华、王才利、郭继田参加视察。视察组分别听取县财政局、国税局和地税局有关工作情况汇报，并围绕发展壮大县域经济、培植财源、挖潜增收等方面进行广泛深入的探讨和交流。视察组认为，今年上半年，财税部门紧紧围绕年初确定的任务目标，积极采取措施，狠抓增收节支，较好地完成了各项工作任务。特别是上半年公共财政预算收入累计完成62377万元，完成年初计划的53.5%，比上年同期增长15.18%，增幅在全市县市区中居第1位，成绩的取得来之不易，财税部门做了大量卓有成效的工作。视察组要求，财税部门要盯住年初目标不放松，克难攻坚抓好财税增收，确保圆满完成全年目标任务，为全县经济社会发展再上新台阶作出新的更大的贡献。

医疗保险工作专题视察 2015年9月30日，县人大常委会召集部分人大常委会委员、人大代表和有关委室人员组成专题视察组，对全县医疗保险工作情况进行专题视察。县人大常委会第一副主任蒋衍涛，副主任王才利、郭继田参加。视察组先后到县中医院、寿张集镇卫生院视察医疗保险政策宣传、医疗保险报销结算流程、重大疾病报销及特殊慢性病门诊报销等工作，到寿张集镇人力资源和社会保障所便民服务大厅、县人力资源和社会保障综合服务大厅进行实地查看，重点查看了职工医疗保险转诊、审核结算工作，居民医疗保险异地就医转诊、报销政策宣传工作。视察县服务大厅其他保险处便民服务窗口服务内容、服务流程等工作情况。在县人社局会议室，视察组听取县政府全县医疗保险工作情况汇报。视察组认为，近年来，县政府及人社部门不断加大扩面征缴力度，完善内控管理机制，提升管理服务水平，提高基金监管能力，简化群众就医报销程序，全县医疗保险覆盖人群不断扩大，基金规模持续攀升，使用管理安全规范，全县医疗保险工作得到了健康发展，取得了显著成绩。视察组要求，强化工作措施，推进全县医保工作健康发展；加大宣传力度，努力提高医保参保率；加强监督管理，确保医疗保险基金安全；提升业务水平，推进医疗保险事业健康发展。

县政府为民办实事进展情况专题视察 2015年10月15日，县人大常委会召集部分人大常委会委员、人大代表和有关委室人员组成专题视察组，对县政府为民办实事进展情况进行专题视察。县人大常委会第一副主任蒋衍涛，副主任林宪良、郭建华、王才利、郭继田参加。视察组实地视察公共自行车凤凰公园站、杨营镇育英小学农村小学餐厅建设工程、杨营镇五里庙村文化惠民工程、城乡环卫一体化项目、“户户通、街街亮、村村净”工程，小路口镇水泊梁山食品有限公司食安梁山建设工程，小路口镇监控中心天网工程。在县政府二会议室，视察组听取县政府关于为民办实事进展情况的汇报，听取县公安局、住建局、规划局、教体局等牵头部门的专项汇报。视察组认为，2015年，县政府及有关责任部门高度重视为民办实事工作，将其作为解决民生问题、增进百姓福祉、践行“三严三实”的重要举措，强化措施、克难攻坚，做了大量的工作，取得一定成效，有力有效地提升全县人民的幸福感和满意度。视察组要求，提高思想认识，进一步增强做好为民办理实事的责任感和紧迫感；加大宣传力度，营造全社会关心支持为民办实事的良好氛围；强化工作措施，加快推进各项为民办实事项目；坚持建管并重，充分发挥为民办实事项目的作用。视察组建议，做好完成目标难度较大实事的解释工作，谋划好2016年的“实事”内容，要广泛征求人大代表和基层群众意见，切实把社会关注、群众关心的热点、难点问题列入实事范围，确保把实事项目办成群众受益、满意的民心工程。

西环城河龟山河污染综合治理专题视察 2015年11月18日，县人大常委会召集部分人大常委会委员、人大代表和有关委室人员组成专题视察组，对西环城河龟山河污染综合治理工作情况进行专题视察。县人大常委会第一副主任蒋衍涛，副主任林宪良、郭建华、王才利、郭继田参加视察。县政府副县长李士兵、县政协副主席刘超波等指挥部负责人陪同视察。视察组实地察看龟山河、西环城河污染情况及沿岸部分拆迁现场，听取副县长李士兵关于工程进展情况的汇报。视察组对西环城河龟山河污染治理取得的初步成效给予高度评价，认为指挥部成立以来，全体工作人员在指挥部的领导下，迅速进入角色，及时分解任务，落实工作责任，完成施工设计、普查评估，启动大规模的征收拆迁，做了大量卓有成效的工作，为工程建设的顺利进行打下了坚实的基础。视察组要求，要进一步强化责任意识，细化工作任务，明确时间节点，倒排工期、挂图作战、强力推进，确保县政府向全县人民的承诺如期兑现。要认真履行项目建设程序，严格落实工程招投标、项目监理等制度，确保项目建设依法有序规范运作。要继续加大环保监察力度，积极开展详细普查，坚决查处龟山河、西环城河周边违法违规排污单位，从源头上有效控制污染物的排放。

棚户区改造工作视察 2016年4月6日，县人大常委会组织部分人大常委、人大代表对我县棚户区改造工作进行了视察，县人大常委会副主任林宪良、郭建华、王才利、郭继田、王文成参加活动，县规划建设局主要领导同志陪同视察。视察组先后到教育局片区、酿造厂片区、石棉厂片区进行了实地查看。随后，在县住房和城乡规划建设局进行了座谈，听取了该局主要负责同志对当前棚户区改造工作情况汇报，并观看了城市规划幻灯片。视察组对我县棚户区改造工作给予高度评价。认为，近年来县政府高度重视城市棚户区改造工作，积极采取有效措施强力推进，工作成效明显，使城市面貌得到改善，人民群众反映良好。在肯定成绩的同时，要正视存在的问题，千方百计破解难题，全力以赴加快项目建设。视察组强调，棚户区改造既是改善民生的迫切要求，也是拉动合理投资稳增长的重大举措。要把城市棚户区改造工作作为保障性安居工程的重要内容深入推进，作为提高城市品位、改善人居环境、提升城市形象的重要举措抓好抓实，作为推进新型城镇化综合试点工作的必然要求进行有益探索。视察组要求，县政府及有关部门要在前段工作的基础上，继续加大工作力度，思想上要高度重视，行动上要投入更多的精力和资源。要着力破解资金、土地、规划瓶颈制约，全力加快推进棚户区改造工作步伐。要创新思路，强化措施，切实把棚户区改造工作抓紧、抓好，让市民得到真正的实惠。截至目前，3个片区的土地与房屋征迁工作基本结束，正在进行扫尾工作。教育局片区167户，酿造厂片区55户，石棉厂片区57户，共需拆除279户，环城河棚户区（凤山村），现已完成环评、可研、选址、土地预审、立项批复等建设前期手续；拳铺镇徐集片区棚户区项目，基本建成，建设手续基本办理完毕。

民商事和行政审判工作视察 2016年8月26日，县人大常委会专题视察县法院民商事及行政审判工作。县人大常委会主任蒋衍涛，副主任林宪良、王才利、郭继田、王文成参加。视察组一行视察了城郊法庭和县人民法院，详细了解法院民商事和行政审判工作开展情况，并在县法院会议室召开了座谈会。座谈会上，视察组听取法院民商事及行政审判工作情况汇报，并对县法院的民商事和行政审判工作提出了建议和意见。视察组强调，县法院要进一步增强主动接受监督意识，进一步拓宽接受监督的渠道，积极探索，改进和完善接受人大及其常委会监督的措施和办法。要深入落实民商事及行政审判的理念，进一步增强服务大局意识，充分发挥审判职能，保证民生，促进发展。要依法服务和保障经济发展、依法服务和保障民生权益，进一步加强队伍建设，提高办案水平，着力加强领导班子建设，为平安梁山、法治梁山建设做出更大贡献。

重点交通基础设施建设专题视察 2016年9月28日，县人大常委会召集部分县人大常委会委员、人大代表及有关委室负责同志组成专题视察组，对全县重点交通基础设施建设开展专题视察。县人大常委会主任蒋衍涛，副主任林宪良、郭建华、郭继田、王文成参加视察，副县长李瑞林陪同视察。专题视察组实地查看铁水联运、客运中心、东风路改造、国省道改线拆迁等项目进展情况。在县重点交通基础设施建设指挥部，视察组听取副县长李瑞林及交通部门的工作汇报。视察组认为，近年来，县政府高度重视交通基础设施建设，以打造鲁西南区域综合交通枢纽为目标，通过加强组织领导，加大对上争取，强化工作措施，滨河大道建成并通车，成功争取到京九高铁过境并设站，范平高速和G220、G342、S341等国省道梁山绕城改建工程即将开工建设，铁水联运项目运河通航工程正逐步实施，通用机场在梁山布点，梁山水陆空一体化的交通格局即将形成。另外，东风路提升、双杨路大修、梁肥路大修等工程基本完成，客运中心正在加紧施工，极大地方便了群众出行，有力地提升了全县交通形象，为全县经济社会的发展打下了坚实的交通基础。视察组要求，要提高思想认识，增强做好交通基础设施建设的责任感和使命感；要加快工程进度，确保按时间进度完成各项建设任务；要严格质量监管，确保交通基础设施充分持续发挥作用；要加强协调配合，形成推进交通基础设施建设的整体合力。

县政府为民办实事进展情况专题视察 2016年9月30日，县人大常委会召集部分县人大常委会委员、人大代表及有关委室负责同志组成专题视察组，对县政府为民办实事进展情况进行专题视察。县人大常委会主任蒋衍涛，副主任林宪良、郭建华、郭继田、王文成参加视察，有关部门主要负责人陪同视察。视察组实地视察新城区政务中心城区环境卫生提升工程、水泊公交公司和徐集客运站城乡公交一体化项目、拳铺镇耿乡村农村电网改造工程、马营镇倪楼村广播电视无线数字全覆盖工程和送大戏下乡项目。在县政府二会议室，视察组听取县政府关于为民办实事进展情况的汇报，听取县教体局、卫计委、工商局等牵头部门的专项汇报。视察组认为，2016年，县政府及有关责任部门高度重视为民办实事工作，将其作为解决民生问题、增进百姓福祉的重要举措，强化措施、克难攻坚，做了大量的工作，取得了一定成效，让群众得到了看得见、摸得着的实惠，有力有效地提升了全县人民的幸福感和满意度。但是，也存在一定的问题：进展不平衡，有些项目推进速度缓慢；有些项目前期论证不够充分、科学，导致项目建设缓慢；有些项目资金落实不到位，影响办理效果。视察组要求，要加大宣传力度，营造全社会关心支持为民办实事项目的良好氛围；要强化工作措施，加快推进各项为民办实事项目建设；要坚持建管并重，充分发挥为民办实事项目的作用；要加强督导考核，确保如期全面完成各项工作任务。视察组建议，谋划好2017年度的“实事”内容、广泛征求群众意见、把为民办实事资金列入财政预算。

十八届人大常委会视察

林业生产和环城水系专题视察 2017年5月19日，县人大常委会召集部分县人大常委会委员、人大代表组成专题视察组，对全县林业生产和环城水系综合治理工作进行集中视察。县人大常委会主任秦延信，副主任王才利、郭继田参加视察，副县长孙颖陪同视察。视察组实地察看森林公园、小安山山体绿化造林和环城水系综合治理工作开展情况。在县住建规划局会议室，视察组听取全县林业生产和环城水系综合治理工作情况的汇报。视察组认为，县政府圆满完成既定的植树造林任务，在荒山绿化、经济林基地建设、通道、城区和村庄绿化等方面均取得新成绩；完成施工设计、工程招标和房屋征收拆迁，实施污水管道铺设、土方外运、河道清淤、河道整型、园林绿化亮化等工程，取得综合治理的阶段性胜利。但是林业生产工作还存在林业产业结构不优，产业链不长，林产品缺少精深加工，经济效益差；林业发展缺少科学规划，树种单一，造成杨棉大面积发生；重栽轻管的问题突出，有的区域成活率较低；林业信息平台建设不到位，林果品牌效应差；林业法律法规宣传力度不够，私采滥伐、肆意毁林等违法行为还时有发生等问题。环城水系综合治理工作存在工程建设进度慢、施工人员少；规划标准低，尤其是龟山河拆迁宽度太窄，没有景观河效果；工程绿化水平不高，树木成活率低等问题。视察组要求，要提高对林业生产重要性的认识，积极拓宽林业发展思路，加强对林业资源保护和管理，努力营造加快林业发展的良好环境，加快推进环城水系综合治理。

法院执行工作视察 2017年5月22日，县人大常委会主任秦延信率领各位副主任、部分委员和人大代表对法院执行工作进行视察。县人大常委会一行实地察看县法院城郊人民法庭、诉讼服务中心、诉调对接中心、速裁庭、法官工作室等场所，听取院长时益同关于法院整体工作、执行工作情况汇报。县人大常委会主任秦延信对县法院近年来所取得的成绩和执行工作给予充分肯定，对县法院不断规范执行行为，加大执行工作力度，特别是在案多人少的情况下，案件执结率达到76.4%，缓解了社会矛盾，为梁山的经济发展和社会稳定做出了积极贡献。同时也指出执行工作还存在一些问题，离人民群众的要求还有一定差距。对下步工作提出了具体要求，要再接再厉，努力实现履行职责与服务大局、加强执行与促进发展相统一。

水利工程建设情况专题视察 2017年7月13日，县人大常委会召集部分人大常委会委员和人大代表组成专题视察组，对全县水利工程建设情况进行专题视察。县人大常委会副主任王才利、郭继田、王文成参加视察。视察组实地察看杨营镇低压管道灌溉、琉璃河清淤治理、拳铺水厂、环城水系中水回灌等工程现场。在县水利局会议室，视察组听取全县水利工程建设情况的汇报。视察组认为，县政府及水利部门认真贯彻落实中央和省市关于加快水利改革发展的决策部署，以为全县经济社会发展提供安全可靠的水利保障为目标，抢抓机遇，务实苦干，扎实开展水利基础设施建设，全面提升水利保障能力，有效促进了全县经济社会的持续健康发展。视察组要求：进一步提高对水利工程建设重要性的认识；坚持建管并重，提升水利服务水平；加大投入力度，为水利事业发展提供坚实保障；加强队伍建设，着力提升整体素质。

金融支持地方经济工作专题视察 2017年7月19日，县人大常委会对金融支持地方经济发展工作进行专题视察，县人大常委会副主任王才利、王文成和部分委员、代表参加视察活动。视察组对县人行办公区和工行、农行、威海银行营业室进行实地察看，详细了解全县金融服务开展情况。在县农行会议室，视察组听取人行、工行、农行等金融机构的工作情况汇报。视察组对全县金融支持地方发展工作所做的工作和取得的成绩给予充分肯定，认为县金融部门紧紧围绕全县工作大局，认真贯彻上级各项方针政策，积极改革创新、不断优化结构、提升工作效能，在提供产业发展资金支持、拓宽城市建设融资渠道等方面发挥积极有效的作用，为促进全县经济社会发展做出积极的贡献。视察组要求，要对全县经济发展有准确的把握和判断，进一步提高支持实体经济发展的认识；要认真贯彻中央金融工作会议精神，回归金融本源，服从服务于经济社会发展；要坚持问题导向，构建信贷良性循环；要深入基层调研，认真分析经营业主贷款需求；要加强自身建设，提升服务能力。

城区解决“大班额”工作专题视察 2017年7月21日，县人大常委会对县政府解决城区“大班额”工作进行专题视察，县人大常委会副主任王才利、郭继田和部分委员、代表参加视察活动，副县长孙颖陪同。视察组实地查看梁山街道凤凰山小学、县二中新校、水泊街道郑垓小学、曲师大附属中学、新一中建设工地。在新一中建设指挥部会议室，视察组听取县教体局局长孙明庆解决城区“大班额”工作的情况汇报。视察组认为，近年来，县政府及教育部门认真贯彻落实中央和省市有关文件精神，把解决城镇普通中小学大班额问题工作摆在重要议事日程，加强组织领导，完善工作机制，积极运用PPP投资模式破解资金难题，并在加快学校建设、创新办学模式、加强教师配备等方面做了大量富有成效的工作，为逐步彻底消除全县城镇中小学校大班额问题奠定了良好的基础。视察组要求，要把握好素质教育和应试教育的关系、把握好硬件和软件的关系、把握好近期和远期的关系、把握好速度和质量的关系、把握好基础教育和职业教育的关系、把握好品牌教育与均衡教育的关系。

侦查监督工作专题视察 2017年8月21日，县人大常委会召集部分人大常委会委员、人大代表组成专题视察组，对县检察院侦查监督工作进行专题视察，县人大常委会主任秦延信、副主任王才利、郭继田、崔根博、王文成参加视察，县检察院检察长张忠新陪同视察。视察组实地查看检察院一站式服务大厅、办案工作区、观看“检察讲坛”、信息化建设纪实专题片，听取检察长张忠新汇报全院检察工作。视察组认为：县检察院紧紧围绕“强化法律监督，维护公平正义”的

2017年8月21日，县人大常委会到县检察院视察，并召开座谈会

工作主题，认真履行侦查监督职能，扎实开展审查逮捕工作，积极推进侦查活动监督，不断探索立案监督工作途径和方法，取得明显成效，为维护社会公平正义、推动依法治县进程发挥了重要作用。视察组建议：县检察院要进一步提高思想认识，全面把握形势任务，加大宣传力度，营造良好工作氛围，紧紧围绕推动梁山发展、服务人民群众、维护公平正义，认真履行检察职能，加大监督力度，努力维护司法公正，保证国家法律的统一和正确实施，努力维护梁山改革发展稳定大局。要通过侦查监督，及时纠正侦查人员滥用职权的违法行为。

安全生产工作专题视察 2017 年 9 月 22 日，县人大常委会对县政府安全生产工作进行专题视察，县人大常委会主任秦延信，副主任王才利、郭继田、崔根博、王文成和部分委员、代表参加视察活动，县委常委、副县长李保江陪同。视察组实地查看天佳化工、齐彩化工、日照山河食品、福源屠宰、振兴气体、三义气体等企业。在水泊宾馆会议室，视察组听取县安监局局长李志刚关于全县安全生产工作情况汇报。视察组认为，近年来，县政府及安监局等有关职能部门加强安全生产目标管理和体系建设，强化安全生产培训宣传，严格行政许可准入，狠抓隐患排查治理，安全事故明显下降，没有发生重大安全事故，为全县经济社会发展提供了安全保障。但仍存在一些问题，全社会安全生产的意识还较为薄弱，宣传教育的针对性、实效性还有待提高；部分生产经营领域和环节还存在一定的安全隐患；部分企业重视程度不高，措施力度不强，主体责任落实不到位，存在麻痹、侥幸心理；监管技术人员、专业检测设备欠缺，监管队伍执法能力还有待进一步加强。视察组要求，要强化宣传教育，增强安全意识；完善责任体系，夯实安全基础；突出重点领域，加大监管力度；加强队伍建设，提高监管能力。

库区移民工程建设专题视察 2018 年 4 月 17 日，县人大常委会召集部分县人大常委会委员、人大代表和机关委室、乡镇人大的负责人组成专题视察组，对全县库区移民工程建设进行集中视察。县人大常委会副主任郭继田参加视察，副县长王庆明陪同。视察组实地察看梁山街道任庄村老年公寓、水泊街道付庙村幼儿园、馆驿镇运河商贸物流中心、馆驿镇高庄村文化大院、韩岗镇金堤新苑社区等库区移民项目的建设情况，并听取全县库区移民工程建设情况的汇报。视察组认为，县政府大力推进库区移民项目的实施，改善库区人民的生活水平和居住条件，推动库区经济社会的发展；县移民办加强对移民项目建设的跟踪监督，移民各项工作均取得新的成绩。但还存在一些不足和问题：库区基础设施标准低、不完善，特别是库区内道路少，与城区的连接不紧密，影响群众出行；库区移民项目招投标手续繁琐，占用了太长的时间，施工的时间少，造成建设进度缓慢；库区移民的教育培训有待加强等。视察组要求，要在服务民生上有新突破、在项目建设上有新作为、在资金管理上有新措施。

绿色生态建设专题视察 2018 年 4 月 17 日，县人大常委会召集部分县人大常委会委员、人大代表、机关委室和乡镇人大的负责人组成专题视察组，对全县绿色生态建设进行集中视察。县人大常委会副主任郭继田参加视察，副县长王庆明陪同。视察组到韩岗镇韩堂村庄绿化、白蜡牡丹片林、蒙馆路道路绿化、梁山街道邓庄村庄绿化等现场进行实地查看，并听取全县绿色生态建设情况汇报。视察组认为，县政府深入开展绿色生态建设，规划科学，措施有力，成效显著。县林业局紧紧围绕全国绿化模范县创建的任务目标，立足梁山林业发展实际，以城区绿化、村镇绿化、通道绿化、三大特色产业基地建设为重点，加大资金投入，强化推进措施，在全县掀起了造林绿化热潮。但是也存在一些不足和问题，绿化标准不够高、档次较低；长效管护机制还不够健全。视察组要求，要充分认识加快林业产业发展的重要性；健全完善造林绿化后期管护机制；完善产业体系，切实提高林业经济效益；做好林业与旅游产业融合发展的文章。

旅游工作专题视察 2018年5月16日，县人大常委会召集部分人大常委会委员、人大代表、机关委室和乡镇人大的负责人组成专题视察组，对全县旅游工作进行专题视察。县人大常委会副主任王才利、郭继田、崔根博、王文成参加视察。视察组实地察看南北水系贯通工程、水浒义寨项目、贾堌堆景区二期工程、水浒影视文化旅游体验园等重点旅游项目，并听取全县旅游工作情况汇报。视察组认为，近年来，县政府以创建国家5A级旅游景区为目标，大力实施“水浒文化旅游”带动战略，加快推进“水浒故里 忠义梁山”品牌建设，在强化基础设施建设、加强旅游招商引资、推进文旅融合发展、规范行业管理等方面，做了大量卓有成效的工作。但是还存在一些不足和问题，对旅游工作的重视程度有待进一步提高；旅游规划编制滞后，缺少全县旅游发展总体规划，景区总体规划有待完善，具体项目需进一步提升策划设计水平；旅游产业发展仍处于单一的、低档次的观光游模式，缺少体验类、参与类、娱乐类、休闲度假类的精品项目和产品；产业发展缺乏大项目支撑，丰富的旅游资源没有得到有效开发利用；停车场、旅游厕所等基础设施不健全，吃、住、行、游、购、娱六大要素发展还不协调，旅游经济的综合效益不高等。视察组建议，要提高重视程度，拓宽旅游发展思路；强化规划引领，科学编制旅游规划；加快项目建设，积蓄旅游发展动力；完善配套设施，优化旅游发展环境。

打击治理电信新型违法犯罪工作专题视察 2018年5月29日，县人大常委会召集部分人大常委会委员、人大代表和机关委室、乡镇人大的负责人组成专题视察组，对县政府打击治理电信新型违法犯罪工作进行专题视察。县人大常委会主任秦延信，副主任王才利、郭继田、王文成参加视察。县政府副县长、公安局局长闫长虹陪同视察。视察组到县工行、农行、移动公司和县公安局反诈中心进行实地察看。视察组观看全县打击治理电信新型违法犯罪专题片，听取县政府副县长、公安局局长闫长虹有关工作情况汇报。视察组认为，近年来，全县高度重视打击治理电信网络新型犯罪工作，建立部门联席会议制度，成立防诈中心，加大宣传工作力度，严厉打击各项网络诈骗犯罪行为，全县发案率和造成的经济损失始终维持在较低水平，有力保障了人民群众的生命财产安全。但是还存在一些不足和问题，工作力量不足，专业人员少，难以适应当前网络诈骗高发的形势需求；宣传力度不够，针对性、经常性的宣传少，预防犯罪的作用未得到充分发挥；打击效能不高，网络诈骗科技化、智能化程度高，由于全县在这方面力量薄弱，造成有的案件破不了、损失挽不回，犯罪分子得不到应有的惩处；联动协同不强，存在有的电信运营商、银行等成员单位重视程度不高、乡镇街区等基层单位联动配合不到位等问题，联防联治的协作机制急需优化。视察组建议，要健全体制机制，充实办案人员；加强宣传预防，努力压减发案；加大打击力度，保持高压态势；搞好协作配合，形成工作合力。

文化工作专题视察 2018年10月11日，县人大常委会召集人大常委会委员、教科文卫委人员和部分市、县人大代表组成专题视察组，对全县文化工作进行视察。县人大常委会副主任王才利参加视察。视察组实地察看水泊街道独山村基层文化活动场所建设、孟庄村送戏下乡现场和县文化中心建设工地，并听取县文广新局关于全县文化工作的情况汇报。视察组认为，近年来，全县高度重视文化事业的发展，以建设“忠义文化示范区”为抓手，充分发挥水浒文化资源优势，积极培育繁荣本土文化，不断完善文化公共服务体系，大力实施文化惠民工程，广泛开展各类文化活动，人民群众精神文化生活日益丰富。视察组建议，要做大做强文化产业，推动文旅融合发展；继续加大投入力度，完善文化基础设施；积极开展文化活动，丰富群众文化生活；切实加强组织领导，形成良好社会风气。

国土资源管理工作专题视察 2018年10月22日，县人大常委会召集县人大城乡建设与环境资源保护委员会人员和部分市、县人大代表组成专题视察组，对全县国土资源管理工作进行视察。县人大常委会副主任崔根博参加视察。视察组实地察看部分非法占地拆除、闲置低效用地盘活、土地整理项目的现场，听取县国土资源局关于全县国土资源管理工作情况的汇报。视察组认为，近年来，国土部门坚持依法依规、合理利用、节约集约、严格管理，严格执行耕地占补平衡制度，在保护耕地、节约集约用地、保障和服务经济社会发展等方面取得明显成效，既有效保护了耕地资源，又保障了全县经济社会发展对土地的合理需求，为全县发展大局做出了应有的贡献。但是全县违法违规占地问题突出、形势严峻，历史违法占地大量存在，拆除、整改任务繁重；部分基层干部和群众国土资源法律意识淡薄，违法违规占地问题层出不穷；土地监管职责划分不清，执法力度亟待加强；项目建设、民生保障用地需求量大，供求矛盾突出等。视察组建议，强化工作措施，努力化解违法用地存量；加大执法力度，坚决遏制新增违法用地；争取用地指标，破解土地要素制约瓶颈；搞好宣传引导，提高国土资源保护意识。

家事审判工作专题视察 2018年11月21日，县人大常委会召集法制委员会人员、部分人大常委会委员和市、县人大代表组成专题视察组，对县法院家事审判工作进行专题视察。县人大常委会副主任郭继田、王文成参加视察，县法院院长时益同陪同。视察组实地察看县法院诉讼服务大厅、张永杰家事审判工作室，听取县法院关于家事审判工作情况汇报。视察组认为，近年来，县法院积极推动家事审判工作改革，充分发挥审判职能作用，家事案件审判质效不断提高，在化解社会矛盾，规范社会秩序，依法保障未成年人、妇女和老年人的合法权益，培育和践行社会主义核心价值观，促进社会和谐健康发展等方面作出了积极贡献。视察组建议，提高思想认识，增强做好家事审判工作的责任感；加强专业化建设，提升家事审判工作能力和水平；强化协调配合，进一步完善家事审判多元化纠纷解决机制；加大宣传力度，努力为建设和谐婚姻家庭关系营造良好法治环境。

民事行政检察工作专题视察 2018年11月21日，县人大常委会召集法制委员会组成人员、部分人大常委会委员和市、县人大代表组成专题视察组，对县检察院民事行政检察工作进行专题视察。县人大常委会副主任郭继田、王文成参加视察，县检察院检察长张忠新陪同。视察组实地察看县检察院12309服务大厅、党建工作室、自媒体制作室，详细了解检察院总体工作情况和民事行政检察工作开展情况；听取县检察院关于民事行政检察工作开展情况的汇报。视察组认为，近年来，县检察院认真贯彻落实民事诉讼法、行

2018年11月21日，县人大视察检察院民事行政检察工作

政诉讼法，积极发挥民事行政检察职能，依法办理民事行政监督案件，不断提高办案质量和效果，为服务经济社会发展大局，维护国家和社会公共利益，保障人民群众合法权益，促进依法行政、公正司法及社会和谐稳定发挥了重要作用。视察组建议，加大宣传力度，进一步提高对民事行政检察工作的重要性认识；依法履行职责，进一步提高民事行政检察工作的质量和效率；加强沟通协调，进一步健全民事行政检察工作长效机制；加强队伍建设，进一步提高民事行政检察工作能力。

公安工作专题视察 2018年12月6日，县人大常委会召集部分人大常委会委员、人大代表组成专题视察组，对全县公安工作进行视察。县人大常委会主任秦延信，副主任郭继田、王文成参加视察，县政府副县长、公安局局长闫长虹陪同视察活动。视察组实地察看公安局三维警务实战地理信息系统、杏花村派出所、执法办案中心、二手车市场清理整顿工作、开发区派出所、技防示范村建设、警察训练基地设施建设，听取全县公安工作开展情况的汇报。视察组认为，近年来，公安部门政治站位高，大局意识强，积极作为、敢于担当，在维护国家安全和政治稳定上体现了对党绝对忠诚，在护航全县中心工作上体现了铁军意志，在强化基层基础建设、科技强警方面体现了实干担当，在优化环境上体现了为民情怀，在从严执纪上体现了队伍精气神，亮点纷呈，成效明显。但是，仍存在着一些问题和不足，法律法规宣传教育、公安工作开展情况的宣传有待加强；有的路段道路标线标识模糊，划定不合理，容易造成被动违章，群众意见较大；“天网工程”存在维修不及时的现象；公安队伍建设有待进一步提高等。视察组建议，加大宣传工作力度，营造良好氛围；严厉打击违法犯罪，维护和谐稳定；优化交通安全环境，整治交通秩序；加快基础设施建设，提高防控能力；加强公安队伍建设，提升工作水平。

为民办实事、议案建议办理工作情况视察 2018年12月13日，县人大常委会主任秦延信带领县人大常委会组成人员、各乡镇、街区人大主席、主任和部分市县人大代表63人，对县政府2018年度办理的为民实事项目、议案和建议进行集中视察。县人大常委会副主任王才利、郭继田、崔根博、王文成参加，县政府副县长孙颖陪同视察。视察人员先后视察了恒源热力公司、铁水联运项目、小安山镇干鱼头水厂、开发区派出所智慧工程、经典印务项目、金泊园市场、自来水厂、杰森热力公司、梁轴轴承工业园等，并听取县政府副县长王庆明全县经济社会发展和为民办实事项目进展有关情况汇报、县政府9个承办单位主要负责人关于2件议案和9件重点建议的办理情况汇报。通过视察，代表们既看到取得的成绩，又了解到存在的困难和问题，比较全面、真实地了解了相关情况，提出一些很好的意见、建议，代表集中视察活动效果较好，充分发挥了地方国家权力机关组

2018年12月6日，县人大常委会主任秦延信带队视察公安工作

成人员的重要作用。县人大常委会主任秦延信作总结讲话，认为全县产业发展、园区建设、城乡面貌都发生了重大、可喜的变化，特别是城区道路、交通设施建设取得新的突破，教育重点工程建设取得新的进展，全县的经济社会发展强力推进，主要经济指标增幅位居全市前列，对一年来取得的成绩给予充分肯定，对县政府为民办实事项目、议案和重点建议的办理情况感到满意。

造林绿化工作专题视察 2019年3月14日，县人大常委会召集部分人大常委会委员、人大代表和乡镇人大的负责人，组成专题视察组，对全县造林绿化工作进行集中视察。县人大常委会主任秦延信、副主任郭继田参加视察活动，县政府副县长马涛陪同。视察组先后到迎宾大道升级改造路段、S321道路绿化、马营镇驻地绿化、大路口千亩桃园经济片林、三角花园绿地等地进行实地查看，听取县政府及有关部门工作情况的汇报。视察组认为，县政府以“绿满梁山”行动为统领，以镇村绿化、城区绿化、廊道绿化、山体绿化、三大特色产业基地建设为重点，强化工作措施，加大工作力度，取得明显成效。各乡镇街区按照县委县政府的安排部署，迅速行动，精心组织，强力推进植树造林和村庄绿化，全县掀起造林绿化的热潮。但是还存在一些不足和问题，城区部分重点区域急需改造提升；绿化树种结构还需进一步优化；长效管护机制还不够健全，存在重栽轻管现象，有些死株、缺株未能及时补植，影响了绿化的景观效果。视察组要求，继续加大宣传力度；实施重点区域的绿化提升工程；健全造林绿化后期管护机制；完善产业体系，切实提高林业经济效益。

改善营商环境助推新旧动能转换工作专题视察 2019年5月21日，县人大常委会组织部分人大常委会委员和省市县人大代表对全县改善营商环境工作情况进行专题视察，县人大常委会副主任王才利参加视察。视察组实地视察县为民服务中心、韩岗镇和小安山镇便民服务中心、经济开发区和工业园区服务大厅，查看审批大厅服务窗口运行机制、功能分区、窗口设置、服务项目、办事程序及时限、服务流程等情况，了解营商环境改善及企业和群众在办理行政审批、政府服务等方面情况，听取各相关部门工作开展情况的汇报，并进行座谈。视察组认为：县政府及各有关部门紧紧围绕“放管服”改革要求，不断强化服务意识、优化审批流程、规范审批行为，深入推进“一窗受理、一次办好”改革，全县营商环境和政务服务环境不断优化，为加快建设“经济强县、美丽梁山”营造了良好的环境。为进一步营造优良的营商环境，推动新旧动能转换和经济社会的发展，视察组要求：提高思想认识，持续推进“放管服”改革。坚持问题导向，着力解决堵点痛点难点问题，不断提高群众的获得感、企业的便利感和地区竞争力。持续优化环境，全面激发市场主体活力。加强沟通协调，形成工作合力，努力实现数据互联互通、数据共享，让信息多跑路，让群众少跑腿。

养老体系建设专题视察 2019年5月27日，县人大常委会召集部分县人大常委会委员、市县人大代表组成专题视察组，对全县养老体系建设工作进行视察。县人大常委会副主任郭继田参加。视察组先后实地察看小安山镇敬老院、杨营镇敬老院、杨营中西医结合养护院、水泊街道张坊日间照料中心，听取有关单位养老体系建设情况的介绍，并与现场群众和工作人员交谈，然后听取民政、卫健、财政、自然资源等有关部门工作汇报。视察组认为：县政府及各有关部门高度重视养老体系建设工作，不断加大建设力度，拓宽养老服务渠道，着力构建以居家为基础、社区为依托、机构为补充、医养相结合的养老服务体系，养老设施、供养制度日趋完善，保障能力不断提升，养老体系建设工作取得明显成效。视察组指出：当前，人口老龄化快速发展，各种老龄问题短期内同步呈现，部分社区、行政村缺乏必要的老年活动场所，城市小区养老服务设施不健全、不完善，尚未建立老年活动中心，医养结合医院享受医保政策不到位，养老服务体系发展缓慢，“养老”已经成为大家共同关注的社会问题。视察组建议：高度重视，进一步增强做好养老体系建设的责任感和紧迫感。落实举措，加快推进养老体系建设步伐。创新方式，积极探索符合实际的养老模式。加强宣传，营造全社会尊老敬老的良好氛围。

营造法治化营商环境工作专题视察 2019 年 6 月 5 日，县人大常委会组织部分常委会委员和市县人大代表组成专题视察组，对县法院发挥审判职能作用营造法治化营商环境工作进行专题视察。县人大常委会副主任王文成参加视察活动，县人民法院院长时益同陪同。视察组先后到县人民法院执行局、城郊人民法庭、立案大厅、速裁庭进行实地查看，详细了解审判执行工作情况。然后听取县法院营造法治化营商环境工作情况的汇报，听取企业负责人对县法院营造法治化营商环境的意见建议，并进行座谈。视察组认为：县法院贯彻落实关于营造法治化营商环境的部署要求，紧紧围绕“努力让人民群众在每一起司法案件中感受到公平正义”的目标，充分发挥审判职能作用，依法保护了企业和企业家的合法权益。视察组指出：县法院的营造法治化营商环境工作还存在一些不足和问题，法律宣传不够深入，部分企业法人法律意识不强，审判执行程序进度群众知晓率较低。为进一步做好法治化营商环境建设工作，视察组要求：坚持法治平等原则，打造安全稳定的营商环境。加大执行力度，促进法治化营商环境建设。完善联动协调机制，形成工作合力。加强法治宣传教育，营造诚信守法的社会氛围。

《档案法》视察工作 2019 年 6 月 6 日，县人大常委会主任秦延信带队到县档案馆对《中华人民共和国档案法》进行视察，县人大常委会副主任王才利、郭继田、崔根博、王文成参加。县档案馆馆长孙源详细介绍档案馆建设情况，并实地查看档案局（馆）贯彻落实执行档案法律法规情况、档案馆基础建设、设施设备和档案管理业务、数字化工作进展及档案移交进馆工作，查看先档案局（馆）建设台账资料。县人大常委会主任秦延信充分肯定档案工作取得的成绩，并要求进一步加强档案资源收集力度，推进馆藏档案数字化，强化安全管理意识，同时希望以国际档案日为契机，以馆藏特色档案为抓手，创新宣传方式，加大宣传力度，不断提升广大干部的档案意识，持续营造良好的工作氛围，为档案工作建设和发展做出新的更大的贡献。

“七五”普法工作视察 2019 年 7 月 4 日，县人大常委会主任秦延信、副主任崔根博、王文成及人大常委会部分组成人员、省市县人大代表对全县“七五”普法实施情况、工作推进情况进行专题视察。县政府副县长闫长虹、县法院院长时益同、县检察院检察长张忠新，县人大常委会党组成员、办公室主任吴春雷，县政府党组成员、办公室党组书记高兴武，县纪委、县政法委、

2019 年 7 月 4 日，县人大常委会主任秦延信（前中）带队视察“七五”普法工作

县委宣传部、团县委、县教育和体育局、县公安局、县人大机关委室负责人参加视察。视察组先后视察法德文化主题公园、小安山司法所、第四实验小学、公路局法治文化基地，听取县政府关于全县“七五”普法工作情况汇报，并进行座谈，县人大常委会主任秦延信讲话。通过视察，认为“七五”普法活动启动以来，县政府及各部门、单位深入学习贯彻落实习近平总书记关于全面依法治国的新理念、新思想、新战略，认真执行县人大常委会“七五”普法决议，以宪法为重点内容，以领导干部和青少年为重点对象，以落实“谁执法谁普法”责任制为重要抓手，全面深入开展普法依法治理工作，全县广大干部依法行政的能力和水平不断提高，广大群众的法治观念和法律意识显著增强，为全县经济社会健康发展创造了良好的法治环境。同时指出，工作中还存在一些问题，全社会的法治意识有待进一步提高，重点人群的普法力度仍需加大。据此建议：进一步提高思想认识，强化组织领导，努力营造全社会尊法学法用法的良好氛围。继续完善普法责任制，构建起全社会总动员的“大普法”工作格局，共同推进普法宣传教育。进一步突出普法重点，要牢牢抓住领导干部这个“关键少数”和青少年成长这一“关键时期”，树立起遵守法律、敬畏法律、依法办事的自觉意识。创新形式，提高普法实效，推进“互联网+法治宣传教育行动”，进一步提升普法宣传的覆盖面和影响力。落实责任，分类指导推进，进一步动员全社会力量参与全民普法工作。要加大保障，狠抓队伍建设，确保全县“七五”普法工作的顺利开展。

农业产业化发展情况专题视察 2019年8月1日，县人大常委会召集部分常委会委员和省、市、县人大代表组成专题视察组，对全县农业产业化发展情况进行了专题视察，县人大常委会副主任郭继田参加视察。视察组先后到韩垓镇木耳产业园、红庙村“支部+”模式示范点、韩岗镇韭菜种植基地、馆驿镇鲁西黄牛养殖基地和利生面粉项目现场进行实地查看，了解农业产业化发展情况。然后听取县农业农村局工作情况汇报，并进行座谈。视察组认为：县政府把发展现代农业和农业产业化经营作为统筹城乡发展，增加农民收入的重要举措来抓，通过完善产业发展规划、加强基础设施建设、壮大龙头企业、培植农产品品牌等措施，全县农业产业化水平不断提高，有力地推进乡村振兴战略的实施。视察组指出：全县农业产业化发展还存在一些不足和问题，为进一步促进农业产业化的发展，加快乡村振兴战略的实施，视察组要求：加大政策扶持力度，优化农业产业化发展环境。加快土地流转力度，发展适度规模经营。做大做强龙头企业，增强辐射带动作用。抓好延链补链，建设规模化标准化农产品基地。增强品牌意识，提高产品竞争力。培育壮大新型农民队伍，增强发展农业产业化的内生动力。

检务公开工作专题视察 2019年8月16日，县人大常委会召集部分常委会委员和市、县人大代表组成专题视察组，对县检察院检务公开工作进行专题视察，县人大常委会副主任王文成参加视察，县检察院检察长张忠新陪同视察。视察组先后到案管服务大厅、12309检察服务中心、检察公开宣告室进行实地查看，远程观摩公诉人庭审，并就有关法律问题进行现场询问。然后，视察组听取县检察院检务公开工作情况汇报，并进行座谈。视察组认为：检察机关推进检务公开，领导重视，主动作为，通过搭建检务公开平台，完善检务公开制度、推进案件信息公开、创新媒体“两微一端”公开方式等，不断加大检务公开力度，有效地提升了检察工作的社会公信度。视察组指出：县检察院检务公开工作虽然取得一定成效，但也存在着一些问题和不足。视察组建议：要提高认识，更新观念，增强主动公开、主动接受监督意识，充分保障群众对检察工作的知情权、参与权和监督权。加大宣传，营造氛围，扩大社会公众对检察职能的认知了解，努力让人民群众在每一个案件感受到公平正义。创新方式，丰富形式，推动提高广大群众特别是基层干部群众和青少年法治意识，让检务公开成为法治梁山建设的助推器。要提升能力，带好队伍，努力提升法律监督的能力和水平，确保检务公开高质、高效开展。

“水韵梁山”建设工作专题视察 2019年9月28日，县人大常委会副主任郭继田带领县人大农业与农村委员会人员、常委会委员和市、县人大代表，对“水韵梁山”建设情况进行专题视察，县政府副县长王庆明陪同视察。视察组一行先后实地查看南部水系连通工程、南部水系林庄沟治理工程、金码河治理工程、大路口片区贾堌堆生态水系工程等现场，听取县政府关于“水韵梁山”建设情况的汇报，并进行座谈。视察组认为：全县“水韵梁山”建设启动以来，县政府按照“全域一张网，四季水长流，引蓄控排好，河渠塘相连”的总体思路，克服困难、扎实工作，强力推进八项重点工程，治理骨干河渠23条155公里，取得了“水韵梁山”建设的重大进展，促进了全县经济社会和环境的协调发展。视察组指出：虽然“水韵梁山”建设取得一定成绩，但是也存在一些不足和问题，视察组要求：提高重视程度，充分认识“水韵梁山”建设的重要意义；强化工作措施，全力全速推进各项重点项目建设；加强监督检查，确保工程建设质量、安全和效益；坚持依法治水，依法保护水利工程建设成果。

美丽乡村和乡村振示范片区专题视察 2019年9月28日，县人大常委会副主任郭继田带领县人大部分常委会委员和市、县人大代表，对全县美丽乡村和乡村振兴示范片区建设工作进行专题视察，县政府副县长王庆明陪同视察。视察组先后到梁山街道林庄村、中王村美丽乡村建设，大路口贾堌堆乡村振兴示范片区进行实地查看，听取县政府关于美丽乡村和乡镇振兴示范片区建设情况的汇报，并进行座谈。视察组认为：县政府高度重视美丽乡村和乡村振兴示范片区建设工作，按照“规划引领、党建统领、示范带动、以点带面、梯次推进”的发展思路，以贾堌堆示范片区建设为重点，全面启动“美丽乡村”建设，扎实推进示范创建工作，进一步彰显梁山特点，展现梁山特色，创造梁山经验，全力打造乡村振兴齐鲁样板示范区。视察组指出：美丽乡村和乡村振兴示范片区建设工作取得一定成绩，但也存在一些不足和问题。视察组要求：加大宣传力度，让群众充分认识到建设美丽乡村和乡村振兴的重大意义。加强组织领导，形成实体办公、专项督导综合协调、推进落实的工作格局。加快工程建设，确保各项工程建成“放心工程”。多方筹措资金，全面做好乡村振兴示范创建和美丽乡村建设各项工作。

就业创业工作情况专题视察 2019年11月20日，县人大常委会组织部分县人大常委会委员和市县人大代表，对全县就业创业工作情况进行专题视察，县人大常委会副主任王才利、郭继田参加。视察组先后到水泊食品有限公司就业扶贫基地、大路口乡贾堌堆农家寨特色面点培训班、水泊街道水浒街社区、人社局综合服务中心等处进行实地查看，听取相关单位的工作情况汇报。然后，视察组听取县人社局、县发展和改革局、县教育和体育局、县财政局、县农业农村局、县税务局等单位负责人关于就业创业工作开展情况的汇报，县工业和信息化局、县住房和城乡建设局、县商务局、县卫生和健康局、县退役军人事务局、县市场监督管理局提供书面汇报，县人大常委会副主任郭继田讲话。视察组要求：提高政治站位，进一步加强就业工作的组织领导。加大宣传引导，进一步提高群众就业创业积极性。加强服务管理，进一步实现更加充分的就业。扩大职业技能培训，进一步推进更高质量的就业。

全县畜牧业工作专题视察 2020年4月9日，县人大常委会召集部分人大常委会委员、人大代表、机关委室和乡镇人大负责人，组成专题视察组，对全县畜牧业发展工作进行专题视察。县人

2020 年 4 月 9 日，县人大常委会视察畜牧工作

大常委会主任秦延信、党组成员郭继田、副主任王文成、高兴武参加视察活动，副县长王庆明陪同视察。视察组先后到菱花畜牧科技公司、九祥养殖场、中梁农业发展公司养殖场、宏源食品公司进行实地视察调研，听取畜牧发展工作情况的汇报，并进行座谈。座谈会上，视察组对近年全县畜牧业发展情况给予高度评价，认为在县委的正确领导下，县政府把畜牧业发展作为发展农村经济、增加农民收入的突破口，统筹指导、协调畜牧业发展，成效显著，在繁育良种、生态养殖等方面加大科技创新力度，畜牧养殖规模化、标准化初见成效，现代化绿色畜牧业发展稳步提升。同时，视察组也指出存在的不足和问题，诸如畜牧业品牌化建设程度低，鲁西黄牛、梁山青山羊等“地标”认证良种优势发挥不够，专业化、集约化和规模化畜牧业规划布局水平低，规模养殖企业少。为进一步做好畜牧工作，视察组要求，县政府要加大组织领导力度，建立畜牧业绿色发展部门协调联动机制，统筹指导、协调畜牧业发展；加大政策扶持力度，全力推进疫病防控、贷款贴息、融资担保、保费补贴、种猪直补等政策落实。对集约化和规模化畜牧养殖企业进行资金扶持和奖励；大力扶持龙头企业，给予企业带头人应有的政治地位和资金奖励；加快畜牧基础设施建设，推进畜牧养殖规模化、标准化，加快现代畜牧业产业化，延长畜牧产品产业链；积极推行生态养殖、绿色养殖新模式，不断提高养殖户的环保自律意识和清洁生产技术水平，提升畜产品质量安全水平。县人大常委会主任秦延信在专题视察座谈会上讲话，对全县畜牧业发展提出具体要求。

全县教育服务产业专题视察 2020 年 4 月 14 日，县人大常委会召集部分县人大常委会委员、人大代表、机关委室和乡镇人大的负责人组成专题视察组，对全县教育服务产业发展情况进行集中视察。县人大常委会主任秦延信、党组成员郭继田、副主任崔根博、王文成、高兴武参加视察

2020 年 4 月 14 日，县人大常委会视察教育服务产业

活动，县政府副县长陈秀生及县政府有关部门负责人陪同视察。视察组先后到金榜苑文化传媒公司、天成教育集团、金太阳书业进行实地调研，详细解教育服务产业发展情况。视察组听取县文化和旅游局、县文化产业服务中心关于全县教育服务产业发展情况的汇报，并进行座谈。视察组认为：县委县政府高度重视教育服务产业发展，从政策、资金、环境、人才等方面全力给予支持，围绕出版印刷和数字出版产业园建设，以传统教育出版产业为基础，以文化创意、新兴技术为手段，通过实体发展和资本运作，培树核心企业，鼓励企业走“联大、联高、联强”的路子，开发多元化新产品，创新创造创品牌，加快推动数字化转型升级，全力推动产业纵向延伸发展，教育服务产业形成产业集群效应，在数字出版、科教产品研发、在线教育平台建设等方面取得行业领先的突破性进展，使梁山县成为先进出版教育产业制造基地。视察组指出，教育服务产业发展取得一定成绩，但也存在一些不足和问题，诸如产业园区规划建设不合理，企业发展空间受到限制；企业销售手段、渠道、产品比较单一，产品缺少知名品牌的支撑；家族式企业管理模式掣肘企业现代化管理，技术人才的匮乏制约教育服务产业向高、精、深方向的发展。视察组要求，县政府及有关职能部门要进一步加大对教育服务产业的服务力度，按照“进园、拉长、增厚”的总体思路，对行业未来发展作出科学的中长期发展规划，统筹指导协调园区规划建设，完善基础设施建设，为全县教育服务产业留足发展空间，把梁山县教育服务产业做强、做大、做久。进一步加大政策、资金扶持力度，对科技含量高的项目、取得全国知名品牌产品的企业等给予专项资金、政策支持，充分调动企业发展的积极性和创新性。进一步推动产业转型升级，以传统教育出版产业为基础，以文化创意、新兴技术为手段，通过实体发展和资本运作，合力推动全媒体教育服务产业转型升级并纵向延伸发展，将梁山县教育服务产业全力打成造综合性数字传媒产业集群。进一步加大人才引进和培养力度，加强与高等职业技术学院的合作，采取聘请专家来梁授课，外出培训以及打造教学基地、教研基地等多种形式，培训出一批高端本土人才，为教育服务产业发展提供充足的后备人才。

全县应急管理工作专题视察 2020年4月28日，县人大常委会召集部分县人大常委会委员、人大代表、机关委室的负责人组成专题视察组，对全县应急管理工作进行集中视察。县人大常委会党组成员郭继田、副主任崔根博、王文成、高兴武参加视察活动。视察组先后到108救援基地、水利机械厂、梁山景区、消防大队等现场进行实地视察调研，详细了解全县应急管理工作开展情况。现场视察后，视察组听取应急管理工作情况汇报，并进行座谈。视察组认为：县政府高度重视应急管理工作，整合多个部门行政职能和应急

2020年4月14日，县人大常委会视察教育服务产业

管理有关职责，县应急管理局稳步承接新划转职能，迅速转变工作角色，聚焦重点工作，狠抓推进落实，确保监管实效，有效提升全县应急管理工作水平，为全县经济社会发展创造安全稳定的环境。视察组指出：全县应急管理工作虽取得一定成绩，但也存在一些不足和问题，诸如对社会救援力量缺乏相应的指导与支持，应急平台体系和部门协调联动机制不完善。为做好全县应急管理工作，视察组要求：县政府要把资源整合作为应急管理工作的重中之重，从资金保障入手，解决应急管理物资缺乏、陈旧的问题；从扶持社会公益组织入手，整合社会公益性资源，解决应急管理资源不足的问题；从队伍建设入手，对应急队伍定期进行专业培训考核，整体提升队伍专业素养。进一步完善应急机制体制，尽快搭建应急信息化平台，实现信息的互通、共享和部门的协调联动。进一步强化应急管理宣传工作，努力提升全民安全意识，提高群众公共安全意识和应急自救能力。

公共资源交易平台建设工作专题视察 2020年5月21日，县人大常委会召集部分常委会委员、人大代表、县人大常委会相关委室负责人，组成专题视察组，对全县公共资源交易平台建设工作进行专题视察。县人大常委会党组成员郭继田、副主任崔根博、王文成、高兴武参加视察活动。县人大常委会副主任崔根博主持视察及座谈活动。县政府办公室及有关部门负责人陪同视察。视察组视察观摩梁山县2018年棚户区改造项目（阳光城市花园）EPC总承包项目和模拟政府采购项目线上开标过程及评标室、专家抽取室、土地产权交易室硬软件配套设施情况，详细了解公共资源招标整体流程，听取县公共资源交易服务中心的相关工作情况汇报，并进行座谈。视察组认为，县公共资源交易服务中心以服务经济社会发展为宗旨，紧紧围绕全县发展大局，坚持“公开透明、公平竞争、公正诚信、廉洁高效”原则，突出规则主导，强化规范管理，突出电子平台建设，深化优质服务，努力打造公平、公正、公开的阳光交易平台，取得明显成效。视察组指出：公共资源交易平台建设工作还存在一些不足和问题，诸如在公共资源招标过程中依然存在围标、串标、借用资质现象，长效监管机制不够健全，出现部分民生工程拖延、烂尾的现象，严重影响群众日常生活，损害政府形象。为进一步做好公共资源交易服务工作，视察组要求，县政府应持续加大对交易平台建设的支持力度，打造集招投标、远程评标、标后中标方服务水平、项目质量、业主满意度等重要反馈信息分值量化于一体的线上交易平台。进一步健全和完善相关制度，建立资源交易的诚信惩戒制度，推动公共资源交易工作健康有序运行。进一步完善标后中标方履行义务的监管机制，保证市场各环节环环相扣、统一有序，打造规范化、科学化、制度化的交易流程，更好的为全县经济社会快速发展服务。

全县“绿满梁山”建设工作专题视察 2020年5月26日，县人大常委会召集部分县人大常委会委员、人大代表、机关委室的负责人组成专题视察组，对全县“绿满梁山”建设工作进行集中视察。县人大常委会党组成员郭继田、副主任王文成参加视察活动，县政府副县长马涛同志陪同视察。视察组先后到小安山镇周庄、馆驿镇轩庄、拳铺镇方西、褚庄、郭堂和梁山街道邓庄等现场进行实地视察调研，详细了解全县“绿满梁山”建设工作开展情况。视察组听取“绿满梁山”建设工作开展情况的汇报，并进行座谈。视察组认为：县委高度重视“绿满梁山”建设工作，按照以城带乡、以乡促城、城乡联动的方针，制定实施方案，明确目标任务，落实责任分工，全县镇村绿化不断向纵深推进、城区绿化继续提档升级，“绿满梁山”建设工作取得显著成绩。为进一步做好造林绿化工作，加快生态梁山建设，视察组要求，要充分认识绿满梁山工作的重要意义，把“绿满梁山”建设工作作为落实“创新、协调、绿色、开放、共享”发展理念的具体举措，作为惠泽子孙的生态工程、民心工程，加大“绿满梁山”建设力度，突出抓好用材林、特色林果、绿化苗木三大产业基地建设，打造农民增收新亮点，提升城市品位和城市现代化水平。

城市社区管理工作专题视察　2020年7月8日，县人大常委会组织部分常委会组成人员、市县人大代表对城市社区管理工作进行视察。县人大常委会副主任王才利、崔根博、王文成、高兴武参加视察，县政府办公室、县民政局、梁山街道和水泊街道的负责人陪同视察。视察组实地察看郝山峰社区、文昌阁社区、崇文小区、汇豪庭小区和壹号公馆等，详细听取了有关情况。之后，在文昌阁社区召开座谈会，分别听取县民政局、梁山街道和水泊街道对城市社区管理工作情况的汇报。视察组认为：县政府及县民政局、梁山街道、水泊街道等有关部门，坚持以人民为中心的发展思想，充分发挥社区党组织在社区治理中总揽全局、协调各方的作用，创新社区治理模式，更新管理服务理念，以信息化、网络化、智能化为手段，大力推进城市社区软硬件建设，综合服务设施齐全，为实现城市社区基本公共服务均等化打下良好基础。特别是在今年的疫情防控期间，城市社区迅速落实县委、县政府各项工作部署和要求，组织发动党员群众，严格落实管控措施，并充分发挥网格员的主力军作用，疫情防控工作取得显著成效。视察组指出，城市社区管理工作未达到全覆盖，组织不够健全，服务有待优化，宣传工作有待提升；社区对物业服务企业的监督管理有限，业主与物业公司矛盾较为突出，业主权益不能得到很好地维护。视察组建议，县政府及相关部门要建立健全社区管理的规章制度、工作流程，明确工作职责和任务，健全协调联动机制，保证工作稳步有序推进。要切实发挥街道统筹指导、组织协调、督促落实的作用，及时研究解决城市社区管理工作中存在的问题，依托社区社会组织、驻地单位，逐步建立政府主导、社会参与的多元化投入共建机制，充实优化社区工作者队伍，有效激发社区人员工作活力。充分发挥社区为民办事服务大厅的作用，加快社区服务网络化、社会化、规范化建设进程，推进社区“一站式”办公。建立健全以社区党组织为核心、以各类社会团体为依托的社区党员、居民群众、共建单位共同参与的共驻共建组织体系，逐步形成多方参与、共驻共建、互利多赢的共治格局。进一步规范物业服务管理工作，加强对物业服务企业的监督管理和绩效评价，促进物业服务管理水平不断提高。

县政府为民办实事项目和代表议案建议办理情况专题视察　2020年7月30日，县人大常委会组织常委会组成人员、各乡镇、街道人大主席、主任和部分省市县人大代表60多人，分两个视察组分别由县人大常委会主任秦延信、副主任王才利带队，对县政府2020年度办理的为民办实事项目、议案建议进行集中视察。县人大常委会党组成员郭继田、副主任崔根博、王文成、高兴武参加活动。视察组实地察看文化中心图书馆、体育公园、龟山春园、梁山一中、现代高级中学、中爱医院、御景园小区、鑫悦华府小区、小安山镇敬老院、小安山镇宋庄等，并详细听取有关情况介绍。之后，两个视察组分别在水泊街道郝山峰社区、小安山镇政府召开视察工作座谈会，县政府副县长马涛、县政府办公室主任王卫忠分别向代表们汇报2020年县政府十件实事完成情况、代表议案建议办理情况。视察组认为：为民办实事项目关乎民生问题，关系县政府执政为民的形象，是县政府的重点工作，是人大监督的重点事项，是人民群众热切期盼的重点工程。2020年以来，县政府及相关部门在县委的坚强领导下，坚持疫情防控和经济社会发展两手抓、两手硬，紧紧围绕更好地保障和改善民生，细化任务分解、逐项落实到位，十件实事进展较为顺利，取得一定的成绩。代表议案建议办理工作思想重视、程序规范，取得积极成效，代表们对答复的满意率较高。视察组指出：为民办实事项目进展不平衡，有的项目建设进度不够快，议案建议办理效果不够明显等。视察组建议：县政府及有关部门要本着对人民群众高度负责的态度，全力抓好为民办实事项目的落实，努力把实事办实、好事办好，将民生实事工程建成民心工程、精品工程、人民满意工程，向人民群众交上满意答卷。要切实重视议案建议的办理工作，严格落实“一把手”责任制，确保办理质量取得实实在在的效果，向全体代表交一份满意的答卷。要科学制订全县中长期教育发展计划，布局好城区中小学，确保教育事业均衡、协调、健康发展。县政府要高度重视养老产业的发展，将医养结合的养老服务项目建设摆上重要议事日程，高位推动养老产业发展，制定出台全县养老设施布局规划，科学指导各类养老机构建设，加快形成覆盖城乡、区域均衡、层级清晰、功能完善、适度超前、全民共享的养老机构设施网络。要严把物业公司审批关，完善物业公司公开招投标选聘机制，加强对物业的有效管控，引导业主和物业公司正确行使权利，促使物业公司比管理、比成本、比质量、比服务、比信誉、比品牌，优胜劣汰，提高物业服务水平。

黄河滩区迁建工作专题视察 2020年10月10日，县人大常委会主任秦延信带领部分县人大常委会组成人员和人大代表对黄河滩区迁建工作进行视察，县人大常委会副主任王才利、郭继田、崔根博、王文成、高兴武参加视察。县委常委、统战部部长周菊兰及县直有关部门负责人、小路口镇和赵堌堆乡主要负责人陪同视察。县人大常委会视察人员先后视察赵堌堆乡家居产业园、翠屏家园社区和小路口镇黄河新苑社区，并围绕安置区工程建设、社区管理、技能培训、转移就业等工作情况进行座谈，并听取迁建指挥部、发改局等有关方面的汇报，视察组部分委员对黄河滩区迁建工作提出了意见和建议。县人大常委会主任秦延信在黄河滩区迁建工作座谈会上讲话，他说，黄河滩区迁建，事关滩区群众脱贫致富奔小康、事关黄河安澜，是滩区群众多年期盼的一件好事，也是功在当代、利在千秋的一件大事。自我县黄河滩区脱贫迁建工作开展以来，县政府及有关部门认真贯彻落实中央、省委、市委、县委脱贫攻坚决策部署，举全县之力稳步推进，民生情怀强烈，工作作风务实，推进机制科学，取得了显著的成效。他在讲话中要求，要进一步严格工程质量，坚持质量第一，工期服从质量，将迁建工程真正打造成亲民爱民的放心工程；要进一步抓好科学规划，打造特色品牌，培育壮大产业，不断优化滩区发展格局；要进一步强化群众观念，做好群众工作，真正让群众理解迁建、配合迁建、参与迁建。同时希望县政府及相关部门认真梳理归纳，积极整改落实，不断推动我县“黄河滩区迁建”工作稳步推进，确保滩区群众“搬得出、稳得住、能发展、可致富”，早日实现滩区群众的“安居梦”。

2020年10月10日，县人大常委会视察黄河滩区迁建，并召开座谈会

2020 年 12 月 28 日，县人大常委会主任秦延信带队视察为民办实事项目，县委常委、副县长李保江陪同

为民办实事项目和代表议案与建议办理情况专题调研　2020 年 11 月 30 日，县人大常委会组织常委会委员、部分县人大代表和乡镇人大主席、街道人大工委主任对县政府为民办实事项目、县十八届人大四次会议代表议案、建议办理情况开展第二次专题视察。通过实地视察县文化中心图书馆、体育公园停车场、惠馨苑 A 区、新体育馆校园安全监控平台、东方现代城小区物业、县人民医院全民健康信息平台等项目，详细了解了为民办实事项目、代表议案建议办理情况，听取县政府副县长马涛做的为民办实事项目进展情况和议案、建议办理情况汇报。县人大常委会主任秦延信做总结讲话。他指出为民办实事是县政府向全县人民做出的郑重承诺，抓好项目的落实，既是增进百姓福祉、促进社会和谐、提高群众满意度的现实需要，也是对县政府及各有关部门工作作风和工作能力的一次重要检验，直接关系到县委和政府的信誉和在人民群众中的形象。他要求，县政府要坚持以人民为中心，为百姓办实事，扎实做好民生实事项目办理工作和议案建议办理工作。

为民办实事项目视察　2020 年 12 月 28 日，县人大常委会组织常委会委员、部分县人大代表和乡镇人大主席、街道人大工委主任进行会前集中视察。县人大常委会主任秦延信、副主任王才利、党组成员郭继田、副主任高兴武参加，县委常委、县政府副县长李保江陪同视察活动。视察人员一行到文化中心科技馆、体育公园、为民服务中心、德馨花园小区、曙岳高端装备有限公司、利生面粉厂和新城区的两个在建公厕项目现场，详细了解民生实事项目完成情况及经济社会发展情况，并分两组召开座谈会，听取县政府 2020 年民生实事项目完成情况和经济社会发展情况的汇报。县人大常委会主任作秦延信作总结讲话，他指出，从全县主要经济指标的完成情况来看，全县经济运行总体稳定，社会事业全面进步，呈现出高质高速发展的良好态势，民生实事项目也都基本完成，及时兑现了县政府对群众的承诺，既增进了百姓福祉，也对促进社会和谐，提升群众满意度起到很好的社会效果。秦延信强调，县十八届人大五次会议上将会对县政府的民生实事项目逐件进行满意度测评，希望县政府进一步提高办理质量，认真对照年初制定的任务目标，对办理工作开展一次“回头看”活动，该提升的提升，该完善的完善，努力提高办理质量，让人民群众满意。要实事求是总结今年民生工作成绩，加大宣传力度，让全社会知晓民生实事项目办理进展情况，进而理解、支持、参与到民生实事办理中来，营造良好的社会舆论氛围。

第二节　调研

调研是代表法规定的县级以上各级人大代表闭会期间活动的一种重要方式。梁山县人大常委会紧紧围绕经济社会发展和关系人民群众切身利益、社会普遍关注的重大问题组织安排开展专题调研。调研一般采取听（听取基层单位情况介绍）、核（核对情况及相关数字是否属实）、访（深入干部群众走访）的方法，并写出专题调查报告。

教育工作调查研究 为贯彻中共十二大精神，开创全县教育工作新局面，县人大常委会决定由人大办公室和教育局组成调查小组，于1982年11月19—25日，对大路口公社的联中、小学和梁山四中的教学情况、办学条件、教师队伍状况进行调查，并以人大常委会党组的名义向县委写出《关于大路口公社中小学教育工作情况的调查报告》。

通过调查，大路口公社总人口25758人，44个自然村，44个大队，198个小队；有学校42处，其中联中9处，教学班24个，在校学生982人（其中女生290人）；小学33处，教学班126个，在校学生3667人（其中女生1437人）；全社中小学教师230人（其中公办80人，民办150人）；全社适龄儿童3082人，入学率95.6%。梁山四中本年毕业128人，升入大、中专36人，居全县第二位。全社学校教学秩序正常，教育工作取得较好成绩；中小学教师除担课较多之外，还要备课、批改作业、辅导学生、做思想工作、家庭访问等，工作非常辛苦；办学条件差，到处是黑屋子，土台子、泥孩子，思想政治工作跟不上。主要问题表现为：师资队伍骨干少、素质差、教学水平低，达到菏泽地区行署提出的教师过关标准的仅占10.6%；民师比重大，待遇不落实，民办教师占全社教师的三分之二，每月领取补助7元左右（县政府规定每月15元），且由各大队自行发放，还有的民师待遇用给责任田的办法解决，甚至没有什么待遇；公办教师工作生活条件差、社会地位低，福利待遇少，找对象难，以致想转行的多；学校管理薄弱，全社42处学校有校长7人，主任8人，多数小学没正式负责人；学校房屋破烂不堪，90%以上属于黑屋子，危房占50%；教学设备残缺不全，60%的教学班用水泥板或土台当课桌，全社没有1处小学、联中配备图书、仪器；学校办公没经费，全靠向学生收费过日子（小学生每学期交1元，初中生每学期交1.5元，高中生每学期交6.8元）；学校规模小，布点过于分散，社会对学校干扰严重，在校院刨坑取土、放柴草、垒圈、放羊、拴牛，影响教学；教学质量差，群众意见大，学校有压力，1982年初中毕业304人，升入高中6人，考入中专1人。

据此建议：办好教育，是全党全民的大事，人人有责，单靠教育部门是不行，公社党委、管委和大队要把办学列入工作议事日程，加强对办学的领导，各公社要有一名管委副主任靠上抓教育工作。凡有学校的大队都要有一名大队干部分管教育工作，经常过问学校的事情。教师工作繁重而又艰苦，理应受到全社会的尊重，要提高教师的社会地位，形成尊师的社会风气；要有计划、有目的搞好教师业务进修，提高他们的业务水平；要认真落实民师经济待遇，以提高民师的积极性，并制订统一考核标准，整顿民师队伍，择优使用；要从优秀教师中提拔一批有事业心、作风正派、懂业务、会组织、有干劲的内行，充实加强学校领导班子。办好农村教育，必须坚持“两条腿走路”的方针，以国家办学为主体，充分发挥社队集体、厂矿企业等各方面办学的积极性，从多条渠道筹集办学经费。县委、县政府应进一步加大校改工作力度，毫不动摇地保质保量地一抓到底，力争2年内彻底改变全县中小学黑屋子、土台子的落后面貌，使学校逐步达到有标准的校舍、有合格的桌椅、有平坦合适的操场，有围墙校门、砖瓦厕所、齐全的教具、有专职护校员、有校田地等。根据每万人可设1所初中的意见，对现有9所联中调整为3所为宜，同时．进一步整顿学校纪律，整顿教学秩序，确保学校有一个正常的教学秩序，努力创造教育工作的新局面。

直属库面粉问题调查 1984年9月22日，县人大常委会根据城区干部群众反映，组织由人大调研科、政法科、政府物价局、防疫站等参加的调查组，对直属库面粉储存出售情况和面粉数量进行调查，对存在的问题，县政府责成粮食局进行认真处理，并以人大常委会党组的名义向县委写出《关于县直属库面粉结块霉变、面粉厂袋粉缺斤少两的调查报告》。

通过调查，发现直属库十一号面仓，存面粉36.4万斤，其中15袋600斤面粉结块霉变不能食用，3.6万斤霉味严重。其原因为：企业管理混乱，保管人员不负责任，未按规定查仓，也未对面粉提样化验，几十万斤面粉闷在仓内，长达3个多月，致使部分面粉结块霉变。据调查，面粉厂所加工面粉，按规定标准，每袋净重40市斤；该厂面粉每袋实际净重39.74市斤，每袋少0.26斤，共销售30231袋，少给消费者7860斤，按每斤面粉0.178元计算，非法收入1399.08元。

鉴于上述情况，县人大常委会确定，先由分管副县长安排粮食局负责人进一步核查，进行处理，并向县人大、县政府写出书面报告。县粮食局根据县政府的要求，组成12人的检查整顿小组，对直属库、面粉厂进行全面整顿，迅速查清了问题，找出了原因，分清了责任，进行了严肃处理。直属库十一号仓面粉结块霉变，纯系严重的责任事故，保管人员徐培巨、乔云武、唐家营，工作不负责任，对事故负有直接责任，除作出检查外，赔偿全部经济损失，并扣发保管组长徐培臣当月奖金；直属库领导班子，工作不深入，管理混乱，对事故负有领导责任，每人扣发两个月的奖金。面粉厂袋粉确有缺斤短两问题，县物价局根据查实情况和国务院《物价管理暂行条例规定，确定没收面粉厂1399.08元非法收入，并罚款1000元。

农民负担问题调查 1990年6月16—17日，县人大常委会根据济宁市人大常委会的安排，从人大农工委、财工委、县政府农委、农牧局、财政局、统计局抽调10人，组成3个调查组，分别由县人大常委会副主任带队，对经济比较发达的拳铺乡、经济欠发达的馆驿乡、较贫困的郓陈乡各抽出3个行政村，就农民负担问题进行调查，并向济宁市人大常委会写出《关于农民负担问题调查报告》。

通过调查，看到县乡两级党委和政府在减轻农民负担问题上，做了大量工作，取得一定的成绩，并坚持乡党委、政府研究审批，召开人代会讨论通过，使用情况也注意向人代会汇报。同时，着重了解到3个乡9个村1987、1988、1989年3个年度的人均负担情况。从农民负担总额上看，农村校改一次性集资等，使近几年农民负担过重，越是经济状况差、人均收入低的乡村，农民负担越重。从村三项提留和乡镇四项统筹上看，除经济条件差的郓陈乡3个行政村以外，其他乡村多数不超过人均收入的5%。另外，群众对一些服务性收费项目有意见。

据此，提出如下建议：省人大常委会尽快制定农民负担条例，使农民负担纳入法制管理的轨道，市人大常委会也应相应地制订实施意见，便于具体操作。市、县政府在调查研究的基础上，应进一步制订完善村提留、乡统筹及其他项目的规范性文件，明令规定哪些是必须的，哪些是协商的，哪些是不允许的，便于乡村两级有所遵循。各级政府应进一步加强提留款和统筹经费的财务管理和审计检查，实行账务公开，接受群众监督。市委、市政府对梁山县黄河滩区、湖区困难乡村在经济建设、增加农民收入上应予重点扶持，在办学经费、校舍改造上给予重点帮助，在农税减免、社会救济等方面重点照顾。

检察院执法监督工作调查 1990年9月中旬，按照县人大常委会的工作安排，由县人大常委会副主任李文汉带队，人大常委会委员刘甲仁、韩玉忠、张宣科、马怀灵、张继海及办公室、法工委先后到检察院、公安局、法院、工商局、保险公司、土管局、地税局对梁山县人民检察院执法监督工作进行调查研究。

通过调查，了解到县检察院在履行执法监督职责方面，切实把执法监督工作摆上重要位置，努力提高检察队伍素质，全面履行执法监督职能，并注重创造有利于开展执法监督工作的良好环境，执法监督工作取得一定成绩，刑事立案监督工作取得较大突破，刑事侦查和审判工作取得新进展，刑罚执行监督工作得到进一步加强，民事行政审判监督工作成效显著，严肃查办司法和行政执法人员中的犯罪案件，维护了司法公正，稳定了全县大局。调查中也发现，在检察机关执法监督工作中也存在一些亟待解决的实际问题：立法上的不完善和司法解释的不统一，导致执法监督工作缺乏“刚性”手段和可操作的程序规则，以致公、检、法在某些案件上难于统一步调，对检察机关提出的案件，公安机关长时间不立案或者“立而不侦”，法院长时间不审或者审而不结，导致监督陷入尴尬境地，严重影响办案效率；被监督者接受监督意识不强，对检察机关办案不配合，给办案工作造成一定阻力；检察机关本身对执法工作监督力度不够、监督不到位，检察队伍建设及执法监督业务素质有待进一步提高。据此，提出如下建议：加强对检察机关法律监督职能的宣传，对执法监督工作中存在的程序、规则上的扯皮、矛盾问题，在人大法定职权范围内给予协调解决，以保证法律、法规的统一正确实施。支持检察机关开展执法监督，特别是充分运用人大个案监督的权力，切实解决实践中监督不到位和有关部门有错不纠的问题，以更好地维护国家利益保护公民、法人和其他组织的合法权益。县政府及有关部门要给予检察机关人员、经费方面的必要保障，以促进执法监督工作全面、深入有效地开展。

农村医疗卫生工作调查 1991 年 8 月 15—16 日，按照济宁市人大教科文卫工委“关于农村医疗卫生工作情况调查的通知”精神，县人大常委会组织人大教科文卫工委和县卫生局组成联合调查组，由县人大常委会副主任傅全林带队，先后对拳铺、馆驿、小路口等几个不同类型的乡镇农村医疗卫生工作情况进行调查，并向济宁市人大教科文卫工委、市卫生局写出《关于梁山县农村医疗卫生工作情况的调查报告》

调查采取听、看、访、议的办法，通过与乡镇政府领导、卫生院、防保站负责人及部分医护人员、村卫生室医生进行座谈，实施察看卫生机构建设情况，大家对全县农村医疗卫生工作的现状有了进一步了解。全县有医疗卫生机构 40 个，卫生技术人员 1368 人，其中副高级职称 17 人、中级职称 308 人、初级职称 672 人。全县 24 处乡镇设有 16 处卫生院和防保站，其中，全民所有制单位 5 个，集体所有制单位 11 个；710 个行政村卫生室设有率达 92%，其中甲级卫生室占 18.4%；有乡村医生 962 人，其中 708 人有卫生技术职称。全县已基本形成了以县级医院为龙头、乡镇卫生院为枢纽、村卫生室为基础的三级医疗预防保健网络。但是，农村缺医少药的状况还没有得到根本改变，到 2000 年实现人人享有初级卫生保健的战略目标，任务还相当艰巨。其具体表现为：乡镇卫生院自 1987 年全部下放到乡镇政府管理后，虽有 10 处卫生院基本实现房屋、设备、人员三配套，但多数卫生院经营管理不善，业务技术人员素质较低，经济效益较差，只能勉强发出工资，甚至走到难以为继的地步。其原因在于：一是乡镇卫生院划归当地政府管理之后，当地党委政府不重视；二是上级对卫生事业专项经费拨款很少，仅占全额工资的 42.7% ～ 46.3%，其余 50% 以上都要用业务收入来填补。三是人才匮乏，全县每千人口占卫生技术人员 1.93 人，大大低于全国和全省的平均水平。加之乡镇卫生院存在的“三差四难”(生活条件差、工作条件差、福利待遇差；青年找对象难、中年子女上学难、就业难、晋升职称难)，致使乡镇卫生院业务技术人员比例逐年减少。四是乡镇卫生院技术力量薄弱，医疗质量不高，致使乡镇卫生院的门诊量和病床使用率下降，业务收入明显减少。五是社会医疗秩序混乱，有的无证开业，退休人员、甚至有的在业人员也以亲属子女的名义行医开业。

另外乡镇卫生院本身的管理和医德医风，也是影响其发展的不可忽视的制约因素。

针对上述问题，提出如下建议：(1) 进一步加强和改善对乡镇卫生院工作的领导，各级党委政府都应充分认识它在农村医疗卫生工作中的重要性，像办教育那样办农村医疗卫生事业。乡镇政府要把卫生院建设纳入社会经济发展规划，县政府要把卫生院建设作为对乡镇政府评价考核的一项重要内容，卫生行政部门要当好县政府的参谋，认真搞好宏观控制，加强业务指导和质量监督。(2) 适当增加对农村医疗卫生事业的资金投入，乡镇政府年度卫生事业拨款必须按照要求逐步达到其财政总支出的 8% 以上，县政府对乡镇卫生院干部职工要拨全额工资，最起码也要全部基本工资。(3) 政府及有关部门应研究制定有利于卫生技术人员到农村去的优惠政策，在工资待遇、职称评定给予优先，县以上医疗单位 45 岁以下的专业技术人员凡未在乡镇卫生院工作过的要轮流下乡工作一年时间。(4) 鼓励在职人员自学成才，对现有人员要通过进修，培训、横向联合等方式提高其业务技术素质。(5) 整顿医疗卫生秩序，对在职职工以其他名义私自开业行医问题，要制定严格的惩罚措施；对退休职工个体行医问题，上级政府要迅速制定具体条款严加管理；鼓励基层医院把已退休的业务骨干请回去继续发挥余热，在收入分配上予以适当照顾。(六) 加强思想教育和医德医风建设，使医护人员牢固树立全心全意为人民服务的观念。

关于村卫生室问题，建议：(1) 针对绝大多数村卫生室名为集体、实为个人开业、不少办成“家庭诊所”、规章制度不健全、医疗事故时有发生的状况，乡镇卫生院和防保站要负责业务指导和必要的管理，使之坚持集体办医方向，逐步建立健全必要的规章制度，不断提高医疗水平。(2) 针对部分卫生室乡村医生报酬问题自农村实行责任制以来无人管问的实际，建议从集体提留中拿出 0.5 ~ 1% 用于乡村医生的报酬或误工补贴，使收入相当于村委会副职或民办教师的水平，其报酬或补贴可根据行政村的大小，防疫保健任务完成情况，由乡镇防保站制定考核内容，按考核成绩统一管理发放。(3) 针对乡村医生感到无出路、积极性不高的问题，建议政府及有关部门制定政策，比如对工作一定年限、技术达到一定职称、工作成绩显著的乡村医生，经村委会、乡镇卫生防保部门推荐、上级批准，送到上级医院或有关院校学习进修，毕业后转为农民合同制工人，充实到乡镇卫生院。

科技工作情况调查 1991 年 8 月 30 日—9 月 2 日，根据县人大常委会主任会议安排，县人大常委会副主任傅全林带领文教工委会同县科委的负责人，先后到小安山乡、前集乡、拳铺乡，梁山镇大鹏总公司、县刺绣培训中心、县食用菌研究中心等单位，就科技工作情况进行调查。

通过调查，看到全县科技工作紧紧围绕经济建设中心，以科技兴农、科技兴工为重点，加强科技工作宏观管理，大力扶持科技事业发展，经过广大科技工作者的努力，一大批科技成果相继进入生产领域，转化成现实的生产力，经济效益和社会效益得到明显提高。几年来，全县共实施科研开发项目 114 项，其中省级 8 项，市级 12 项，县级 94 项。这些项目的完成，年新增产值 5728 万元，年增粮食 2500 万千克，取得重要科技成是 80 项，其中两项获省“星火”成果展览金奖和银奖，8 项获市科技进步奖，国家专利项目 2 项，达国际先进水平的 2 项，填补国内空白和国内先进水平的 15 项，填补省、市内空白和省内先进水平 15 项。例如，拳铺乡的“万亩玉米高产田”技术开发项目，取得较好的经济效益，比开发前每亩增产 199.7 千克，增长幅度 65%；小安山乡进行“万亩上粮下鱼”开发试验，可增加耕地 6000 亩，养鱼水面 4000 亩，经济效益近 400 万元；梁山镇大鹏企业总公司“金属汇线槽”生产技术开发项目，填补省内空白，当年创利 123.5 万元；食用菌研究中心从外地引入银耳栽培技术，银耳种植已发展到年产7000吨，经济效益1400多万元，社会效益和系列服务收入1600多万元，已成为全国最大的银耳生产县。

通过调查，也发现存在一些亟待解决的问题：部分单位科技工作仍未纳入重要议事日程，科技投入比例上不去，影响科技进步和经济发展；科技体系建设不够完善，有的乡镇科委在资金、人员等方面尚未得到落实；科技市场管理机构不健全，缺乏相应政策措施，难以统一管理；科技进入企业的运行机制还没有从根本上解决，致使企业缺乏依靠技术进步的主动性；科技政策不够完善配套，难于充分调动和发挥科技人员的积极性、创造性。据此，提出几点建议：各级领导要真正树立科学技术是振兴农业的第一推动力的观念，要从思想上，行动上真正重视科技工作，创造促进科技发展的良好环境和条件，特别是财政部门要根据有关规定，逐步增加资金投入，大力支持科技工作。采取各种有效措施，提高广大农民群众的科技意识，增强其相信科学技术、利用科学技术的主观能动性；进一步调动企业职工的积极性、创造性，激发其学科学、学技术的热情，提高职工的技术素质。加快技术进步的步伐，搞好产品销售，提高企业的经济效益。健全科技推广服务体系，形成县、乡、村、户级上下贯通、左右相关的有偿综合服务体系，做好产前产后服务工作。重视对现有科技人员的继续教育工程，促使其知识更新，同时，积极解决其工作、生活中的实际困难，为科技人员充分发挥作用创造良好的社会环境和工作条件。

义务教育工作调查 1991年11月14—15日，根据县人大常委会主任会议的安排，由县人大常委会副主任傅全林带领科教文卫工作委员会和县教育局，先后对梁山镇、馆里乡和方庙乡进行调查。通过调查，看到乡镇把义务教育的宣传和实施，列入重要议事日程，取得一定成效；县教育局举办两期由分管教育的乡镇长和教育干部参加的教育培训班，使其明确义务教育的含义、实施程序和要求、社会各界及学生家长的责任等；教育投入不断增加，教学条件逐步得到改善，1990年全县预算内教育事业费达到1833万元，比1989年增长38%。1990年全县征收教育费附加355万元，比1989年多征355万元，增长11.8%；师资队伍逐步稳定，教学能力普遍得到提高，如馆里乡小学教师150人，学历合格者128人，占教师总数的85.6%；1991年，全县小学五年级毕业实行“义务教育证书制度”，在校学生建立学生籍卡片，中小学生流失现象得到有效控制。

同时，调查中也发现一些问题，诸如义务教育法的宣传还不够深入广泛，少数乡镇实施义务教育还缺乏具体措施，个别学校存在办学方向不端正，对义务教育不热心；义务教育的实施水平不高，各乡镇对教育投入仍然不大，1990年，全县小学生均公用经费0.55元，中学生均公用经费2.53元，离省定标准小学生均33元、中学生均66元相差甚远，同时，不少乡镇挪用、扣留教育经费的现象仍很严重，1989—1990两年共挪用、扣留农村教育费附加151.5万元；《梁山县九年义务教育规划（草案）》《梁山县初等义务教育暂行规定》虽已制定，但缺少政府的任期目标和年度目标责任制，以致造成义务教育步子慢、水平低。据此建议：采取有效形式，继续深入广泛地宣传学习义务教育法。建立义务教育目标责任制，县、乡政府层层签订责任书，切实把实施义务教育的责任落到实处。用足用活上级政策，努力筹措教育经费，按“两个增长”的要求增加对教育的投入，按省里“乡征县管”的要求，完善教育附加的“征管用”的制度，切实保证足额征收并全部用于教育。搞好师资培训，逐步提高教师队伍的政治素质，尽快实现业务达标。继续广泛开展尊师重教活动，努力提高教师的社会地位，进一步端正办学方向，全面贯彻国家教育方针，使学生在品德、智力、体质等方面得到全面发展。

大路口乡村情调查 为落实县委关于做好驻村帮扶工作的有关要求，2011 年 5 月 6 日，县人大常委会第一副主任蒋衍涛、副主任郭建华，带领县人大机关部分委室、县地税局的负责同志，深入到大路口乡沙窝李村，进行调查走访活动。

蒋衍涛一行首先听取沙窝李村村“两委”负责同志有关村情村况的介绍，并与该村群众进行了座谈，仔细询问了村民的生产生活情况，然后查看了村容村貌。在对该村情况进行详细调查了解后，蒋衍涛指出，近年来，沙窝李村“两委”在大路口乡党委、政府的正确领导下，认真贯彻执行党在农村的各项路线、方针、政策，积极带领群众发展农村经济和社会事业，努力加强社会主义精神文明建设，取得了显著成绩。在谈到下一步如何加快该村发展步伐时，他指出，为确保农业增收，就要想方设法多打机井、修复田间水利排灌系统，进一步加强农田水利基础设施建设，提高抗旱排涝能力；要进一步对村庄进行亮化美化，改建村办公活动场所和文化大院，继续保持好环境卫生综合整治所取得的成果，为群众提供一个安居乐业的良好环境；要进一步提高群众生活水平，切实关心群众特别是困难群众的疾苦，使每个群众都能够实实在在享受到党和政府的温暖。同时，对如何解决田间道路难行等问题，他也提出了一些指导性意见和具体的建议。最后，他要求县人大、县地税局驻村人员一定要积极协助村“两委”制定好村庄发展计划并抓好落实，努力帮助该村大力发展村集体经济，为沙窝李村的社会主义新农村建设做出应有的贡献。

城乡一体化建设专题调研 2013 年 9 月 26 日，县人大常委会第一副主任蒋衍涛，副主任林宪良、郭建华、王才利、郭继田，率驻梁省、市人大代表对城乡一体化建设情况进行专题调研。代表们实地查看杏花村、前码头、司垓、南杜社区，新城区、新城商务区路网建设工程，拳铺小城镇建设，开发区园区基础设施建设，万达碳素公司。在县政府二会议室召开调研座谈会，听取县委常委、副县长张玗所作《关于全县城乡一体化建设工作情况的报告》。

代表们对县政府城乡一体化建设工作给予高度评价，认为县政府克服宏观政策调整、财政基础薄弱等困难，在城乡规划、基础设施建设、小城镇和社区建设、提高农民收入等方面做了大量的工作，取得了较大突破，城乡一体化建设稳步推进。代表们建议，要增强发展的紧迫感和责任感，紧紧围绕县委提出的建设“工业强县、文化名城、生态和谐家园”“打造区域桥头堡，冲刺鲁西 20 强”的战略目标，着力抓好经济运行，在大项目建设、产业集群发展、推进全民创业等方面取得更大突破，做大做强县域经济，用繁荣的经济支撑城乡一体化建设；要以特色城镇化为重点，按照城乡规划一盘棋的理念，科学编制城乡规划、刚性执行城乡规划，加快新城区道路、管网等基础设施和重点工程建设进度，带动综合开发，并以拳铺小城镇试点为突破口，推进小城镇建设，逐步实现与县城的融合发展，在新城区、小城镇和新型农村社区建设上取得更大的突破；坚持以城镇化承载工业发展，以工业化推动城镇建设的发展思路，实现产业发展和城镇建设融合，让农民逐步融入城镇；要扎实做好新形势下的农村工作，推进全民创业工程，继续做好大农业内部结构调整的文章，着力培植农业龙头企业，深入实施各项民生工程，抓好农村基础设施建设，让农村释放出更大的发展活力；要贯彻落实好各项支农惠农政策，加大对农村的支持力度，深入实施各项民生工程，加快城乡教育、医疗、养老、就业等一体化建设进程，使城乡居民共享改革发展成果。

“美丽乡村”建设专题调研 2015 年 11 月 19 日，县人大常委会组织驻梁省市人大代表对“美丽乡村”建设情况进行集中调研。县人大常委会第一副主任蒋衍涛，副主任林宪良、郭建华、王才利、郭继田参加，县政府副县长刚宪约陪同。代表们先后对梁山街道、拳铺镇、大路口乡 17

个村庄的“美丽乡村”建设情况进行了实地查看。在县政府二会议室，代表们听取县政府副县长刚宪约关于全县“美丽乡村”建设情况的工作汇报。

代表们对县政府“美丽乡村”建设工作给予高度评价，认为县政府克服整治难度较大、财政基础薄弱的困难，突出规划引领，加大资金投入，强化工作措施，强力推进“美丽乡村”建设，改善了农村人居环境，加快了生态文明建设。代表们建议：一要突出规划的引领作用，精心编制全县“美丽乡村”建设总体规划和村居单项规划，推动美丽乡村建设有计划、有步骤、有重点、循序渐进地协调发展，实现美丽乡村建设全覆盖，让广大群众共享改革发展成果。二要抓好“美丽乡村”建设的文化提升，讲好乡土故事，挖掘乡村底蕴，展现地方特色，达到“形神兼美、内外兼修”的效果，并注意搞好村庄绿化，加大坑塘治理力度，让废旧坑塘成为生态发展、“美丽乡村”的靓丽风景线。三要全面落实“美丽乡村”建设长效管理机制，增强广大农民群众的生态意识和环保意识，大力倡导节约、绿色消费方式和生活习惯，努力营造人人关心、参与、支持“美丽乡村”建设的浓厚氛围。四要因地制宜、大力推进农业特色产业发展，把美丽乡村建设与现代农业发展充分融合，发展现代农业，带动农民增收，并积极争取上级资金、政策支持，确保全县“美丽乡村”建设工作持续健康发展。

全县教育工作调研 2018年4月24—25日，由县人大常委会办公室、教科文卫工作室牵头，组织部分人大常委会委员、人大代表，对全县教育工作进行全面调研。调研组先后深入到全县23处城乡中小学校，实地调查了解学校设施建设和教育教学情况，认真听取教育工作存在的问题困难和意见建议，并提出关于全县教育工作情况的调研报告。调研报告指出，近年来，在习近平新时代中国特色社会主义思想和党的十九大精神的指导下，县政府及教育主管部门认真落实责任，持续加大财政投入，积极推进办学条件标准化、办学行为规范化、课堂教学高效化、师资队伍专业化和育人环境优良化建设，全县各级各类教育教学质量稳步提升，教育综合实力明显增强，主要表现在：政府主体职责持续加强，城乡办学条件全面改善，教育教学质量明显提升，教育重点任务稳步推进，教师队伍建设不断加强。但也存在问题，诸如：城区学校和乡镇初中大班额问题依然严峻，普及高中教育面临的压力较大，教师缺岗问题严重，义务教育发展仍不够均衡。据此建议，县政府及教育部门要坚持科学规划，全面优化教育资源；探索创新机制，不断改善办学条件；强化内部管理，加强教师队伍建设；提升教育质量，办好人民满意教育。

城乡公交一体化专题调研 2018年8月1日—15日，按照县人大常委会《关于召开城乡公交一体化专题询问会议实施方案》要求，县人大常委会于8月下旬组织部分人大委员、代表对城乡公交一体化工作进行调研。此次调研分为4个调研组，分别由县人大常委会副主任王才利、郭继田、崔根博、王文成带队，分别到各乡镇、街道、开发区及工业园和交运局及公交公司、公安局、城管局、物价局、老龄委、残联等地，着重围绕文明城市创建、公共交通基础设施建设、公共交通管理、城乡公交站点布局、车票定价、财政补贴使用、老年人残疾人等免费乘车情况、公共交通服务质量等方面进行调研。调研活动结束后，各小组结合视察调研情况，梳理有关问题，形成调研小结，报县人大常委会城乡公交一体化专题询问会工作领导小组。

全县教育工作情况调研 2019年5月16—23日，县人大常委会组织人大常委会委员、人大代表，组成6个调研工作组，先后深入到16个县直中小学和30个乡镇街道中小学，对全县教育工作进行全面视察调研。县人大常委会主任秦延信、副主任王才利、郭继田、崔根博、王文成参加视察调研。调研组实地调研全县学校设施建设和教育教学情况，重点调查了解教育大班额、学生营养餐和教师队伍建设情况。通过视察调研，调研组认为，近年来，县政府高度重视教育事业发展，大力实施教育优先战略，采取了一系列有效的政策措施，教育整体水平和综合实力明显提高，全县教育事业取得显著成绩。全面落实教育投入政策，教育投入力度不断加大，投入教育解决大班额、均衡化的资金分别达到 12.1 亿元和 2.6 亿元，在城区新建中小学 7 处，建筑面积 34.7 万平方米，增加学位 1.6 万个，有效缓解了城区大班额问题；在农村新建改扩建校舍 30.6 万平方米，新建、改扩建运动场 85 处，进一步改善了义务教育学校办学条件，教育基础设施明显改善。全县 80% 的事业编制招聘指标都倾斜到教育上，近两年共招聘教师 538 人，并将 90% 的新招聘教师充实到农村薄弱学校的急需学科岗位，有效缓解了农村学校师资薄弱、结构不合理的问题。学校内部管理水平和教育教学质量持续提升，高考成绩稳居全市前列，本科录取人数年年都有增长，去年达到 1639 人，被国家 985、211 高校录取的考生达到 103 人，教学质量大幅度提升。但是，全县教育的发展与全县经济社会的发展不相适应，与广大干部群众的期望还有差距，在教育大班额、学生营养餐、师资队伍建设等方面仍然存在一些问题和不足，主要表现在，城区大班额问题依然严峻，区域之间、校际之间教育发展和资源配置不均衡，城区小学校舍不足，大班额现象严重，全县还有 178 个大班额，主要集中在县直 2 处初中（实验中学、第二中学）和 4 处小学（一实小、二实小、三实小、四实小）；学生营养餐政策仍需完善，农村普惠性营养餐营养效果不高，现行发放的营养餐均为零食，存在浪费现象，中学营养补贴经费拨付不及时；教师缺岗问题突出，2016 年核定全县中小学教师编制 6890 人（高中 801 人，初中 1699 人，小学 4390 人），目前全县实有中小学在编教师 5531 人（高中 682 人，初中 1853 人，小学 2996 人），缺岗达到 1359 人。按未来三年全县中小学新增学生 17382 人计，未来三年全县还需增加小学初中教师 1172 人，同时代课教师数量大，全县中小学代课教师有 800 余人（不含学前教育及高中学校），所聘代课教师学历低、教学水平差，学生家长意见较大，且学校经费运转困难。全县现教师 5531 人，具有研究生学历的仅有 185 人，仅占 3%；本科学历的 2950 人，但多数为函授本科学历，全县教师队伍学历水平整体偏低，教育高层次人才缺乏。鉴于上述情况，调研组建议，坚持科学规划，全面优化教育资源，坚持“网格化、全覆盖、无盲点、便利性”的原则，合理划分招生范围，积极稳妥做好城区中小学校招生工作。探索创新机制，不断改善办学条件，积极探索灵活多样的社会多元化办学模式，鼓励吸纳民间资金投资建校，最大限度地满足人民群众对优质教育资源的需求；探索运用政府购买服务形式，委托劳务公司统一招考、管理合同备案制教师，逐步解决代课教师问题。强化内部管理，加强教师队伍建设，切实提高教师的福利待遇，加大教育高层次人才引进力度，创设优惠条件大力引进县外专家型教育人才，全力打造优质高效的教师队伍。提升教育质量，办好人民满意教育，要瞄准教育发展的薄弱环节，不断增加财政投入，促进全县教育优质均衡发展。

国有资产管理情况调研　2019 年 5 月 22 日，县人大常委会组织相关人员，先后到县财政局、国有资产运营服务中心及有关公司、县自然资源和规划局、县交通运输局、县住房建设局，对梁山县 2018 年度国有资产管理情况进行调研。县人大常委会副主任、财政经济委员会主任委员王才利，县人大常委会委员、财政经济委员会副主任委员赵卫国，县人大财政经济委员会委员、县财政局局长徐海荣，县人大常委会财经工作室主任王金玲，县人大常委会预算工委副主任刘超群参加调研。调研内容包括落实中央、省、市和县委关于建立国有资产管理报告制度情况、管理体制机制情况、会计核算情况，企业国有资产管理情况，行政事业性国有资产管理情况，国有自然资源资产管理情况。调研采取现场视察与听取汇报、座谈的方式进行，现场听取县财政局等相关责任部门就国有资产管理情况汇报，在听取汇报、进行座谈的基础上，形成《梁山县 2018 年国有资产管理情况调研报告》。

调研报告表明，县财政局、国资中心、自然资源等部门认真落实中央、省、市、县委关于建立政府向人大常委会报告国有资产管理情况制度的要求，紧紧围绕履行出资人职责这一中心，抓住国有资产保值增值这一主线，从深化我县国有资产管理体制改革、积极推进国有企业改革发展、调整壮大国有经济、防止国有资产流失等主要方面开展工作，取得了一定成效。行政事业单位国有资产管理方面加强了制度建设和信息化建设，为管好资产打下基础。 县管国有企业管理方面执行《企业国有资产法》《公司法》和《企业国有资产监督管理暂行条例》等法律法规，建立了高效规范的国有资产管理运营体制，完善了管理制度。资源性国有资产管理方面执行《土地管理法》《矿产资源法》《水污染防治法》《森林法》等法律法规，分别制定了一系列自然资源管理办法，加强对土地、矿产、水资源、公益林等自然资源的监管。全县国有资产监管点多面广，虽然取得一定成效，但也存在一些不容忽视的问题和不足诸如国有资产监管意识薄弱、监管队伍力量薄弱、国有企业运营能力不强、资产盈利能力差，防控债务风险难度大。据此建议：稳步发展混合所有制经济，推进国有资本布局结构整合重组；健全完善现代企业制度，不断完善国资监管体制机制；运营好包装好国有资产，深入研究公共基础设施投资所形成资产的效益分析。县人大及其常委会按照全国人大、省市人大的要求部署，统一思想，统筹谋划，紧紧围绕全县工作大局，建立健全国有资产管理报告制度，定期审议国有资产管理情况，扎实推进人大国有资产监督工作，并坚持依法监督、正确监督、实行全方位监督，不断增强监督实效。

诉讼服务体系建设调研 2020 年 4 月 24 日，县人大常委会组织部分县人大常委会委员、人大代表等有关人员，对县法院现代化诉讼服务体系建设进行调研。县人大常委会主任秦延信参加调研活动并在座谈会上讲话，县人大常委会党组成员郭继田，副主任崔根博、王文成、高兴武参加调研活动。调研活动及座谈会由县人大常委会副主任王文成主持。此次调研重点了解诉讼服务中心建设进展情况，了解诉讼服务中心在多元解纷、立案服务、分调裁审、审判辅助、涉诉信访等方面工作开展情况。调研活动中，参加调研人员观看网上立案和电子送达平台操作流程演示，听取县法院院长李士强关于贯彻落实现代化诉讼服务体系情况汇报，其后调研组成员进行座谈发言，然后县人大常委会主任秦延信讲话，对全面建设高效现代化诉讼服务体系提出明确要求。

2020 年 4 月 24 日，县人大主任秦延信（右二）到法院进行调研

2019年度财政决算情况调研 2020年6月19日，县人大常委会组织部分县人大常委会委员、人大代表等有关人员，在县人大常委会第三十三次会议会前对梁山县2019年度财政决算进行调研。县人大常委会副主任王才利参加调研活动并在座谈会上讲话，县人大常委会党组成员郭继田，副主任崔根博、王文成、高兴武参加调研活动。调研活动及座谈会由县人大常委会副主任高兴武主持。此次调研重点了解财政决算情况，包括预算收入情况、支出政策实施情况和重点支出与重大投资项目资金的使用情况、预算调整与执行情况、财政转移支付安排执行情况、政府债务情况、县级预备费使用情况、预算稳定调节基金规模和使用情况、县人民代表大会批准的预算决议落实情况；预算绩效管理工作开展情况及存在的问题，加强预算绩效管理的意见和建议；税收收入总量、质量和结构、减税降费政策落实情况、税收征管存在的问题。调研活动中，参加调研人员观摩人大预算联网监督系统，先后听取县财政局局长徐海荣2019年全县财政决算情况和资金绩效管理工作开展情况汇报、县税务局局长戴恩东2019年度税收征管情况汇报、梁山街道办主任吴庆林2019年本街道财政决算情况汇报、水泊街道办主任张呈祥2019年本街道的财政决算情况汇报。其后调研组成员进行座谈发言，然后县人大常委会副主任王才利讲话。

城乡供水一体化和“水韵梁山”调研 2020年8月11日，县人大常委会组织部分人大常委会成员和省市县人大代表对全县城乡供水一体化和“水韵梁山”工作进行调研。县人大常委会党组成员郭继田主持调研活动并在座谈会上讲话，县人大常委会副主任王才利、崔根博、王文成、高兴武参加调研活动；县政府副县长王庆明及县政府有关部门负责人陪同调研。此次调研重点围绕全县城乡供水设施、供水质量、供水规模、运行成本、管理体制和水韵梁山工程质量等内容开展视察调研。通过实地查看、听取汇报、座谈交流，全面了解掌握城乡供水一体化和水韵梁山工作的情况，并提出意见建议。参加调研人员首先察看柳长河项目、刘庙供水工程、韩岗鹿吊水厂、三元井供水工程、金码河、环城河，然后听取县水务局局长高启宏关于全县城乡供水一体化和“水韵梁山”工作进展情况汇报，其后就全县城乡供水一体化和“水韵梁山”工作情况进行座谈。参加调研的县人大常委会委员、省市县人大代表一致认为，全县近年来在城乡供水一体化和“水韵梁山”项目上工作魄力之强、投入力度之大、取得成效之显著，的确令人瞩目。近年来，县政府围绕“水韵梁山”和城乡供水一体化工作攻坚目标，按照全县水系水网规划和“全域一张网，四季水长流，引蓄控排好，河渠塘相连”的总体思路和《“水韵梁山”建设三年行动方案》，先后实施南部水系连通系列工程、梁山泊平原水库送水干渠治理工程、金码河和金堤西河治理工程、陈

2020年8月11日，水韵梁山调研

垓和国那里灌区2019年度续建配套节水改造工程、南干沟治理工程和大路口片区生态水系工程、柳长河下段治理工程、引黄灌区渠道治理工程等10多项重点工程，完成沟渠治理150余公里，新建、维修水闸140座，新建、维修泵站27座，新建生产桥63座等，极大地提升了全县防洪除涝、农田灌溉、水土保持和水环境整治能力。城乡供水一体化工程建设加快推进，韩岗水厂、拳铺水厂、小安山水厂及马营水厂建成运行，馆驿水厂、小路口水厂和赵堌堆水厂主体工程基本完成。但在“水韵梁山”工程建设拆迁、清障工程量较大、工作难度大、工程建设资金压力较大，影响到工程进度。据此建议，高度重视“水韵梁山”建设工作，充分认识“水韵梁山”建设的重大意义，全力做好“水韵梁山”建设文章，做好“蓄水”“治水”“用水”“管水”的文章，充分发挥好陈垓和国那里灌区作用，通过集中整治河道、渠系、坑塘，引黄补源、蓄疏控排，营造“水进塘、塘水清、岸边绿”的美丽乡村，让群众“看得见山，望得见水，记得住乡愁”，以提升群众幸福感。全力全速推进城乡供水一体化工程建设，多渠道、多元化筹措建设资金，确保项目早建成、群众早受益，尽快让群众吃上安全水、用上放心水。

财政经济运行情况调研 2020年8月21日，县人大常委会组织部分人大常委会成员和市县人大代表对全县2020年上半年财政、经济运行情况进行会前调研。县人大常委会副主任王才利、崔根博、高兴武参加调研；县政府副县长李保江及政府有关部门负责人陪同调研。调研活动在视察相关单位的基础上，听取县发改局局长赵伟2020年上半年份国民经济和社会发展计划执行情况汇报、县财政局局长徐海荣2020年上半年份预算执行情况汇报，税务局、人行主要负责人围绕各自工作就今年上半年税收金融“六保”有关政策措施落实情况进行汇报。

平安梁山建设工作调研 2020年10月22日，县人大常委会组织部分人大常委会委员、市县级人大代表组成专题调研组，深入县公安局执法办案中心、杏花村派出所、运河花园联防联控智慧小区、龙城广场110报警服务中心、县公安局党建活动中心，对全县平安梁山建设工作进行专题调研。县人大常委会党组成员郭继田，副主任王成文成、高兴武参加，县政府副县长、公安局局长闫长虹陪同。通过实地查看、听取现场讲解、专题座谈交流，详细了解了全县平安梁山建设工作的开展情况。近年来，县政府紧紧围绕创建“最安全县域”主题主线，进一步完善思路、强化措施、狠抓落实，加强组织领导，严格落实工作责任，聚焦重点领域，维护社会大局，加强社会治安管控，严厉打击违法犯罪行为，维护公共安全，完善预防预警和应急处置机制，强化科技创新，提升平安梁山智能化水平，持续推进“平安梁山”建设工作顺利开展，平安梁山建设工作新局面取得明显成效，人民群众的满意度、安全感、幸福指数稳步提升。针对发展不均衡、建设合力不足等问题，建议进一步提高认识，明确责任义务，着力完善平安梁山建设工作机制，加大宣传力度，提升全民法治意识，建立健全考核奖惩机制，确保综治维稳各项措施和责任的落实，确保平安梁山建设各项任务落实落细、取得扎实成效。

刑事执行检察工作调研 2020年10月23日，县人大常委会主任秦延信带领常委会部分组成人员、省市县人大代表对检察院刑事执行检察工作进行专题调研。县人大常委会党组成员郭继田、常委会副主任王文成、高兴武参加，县检察院检察长周文军陪同。通过到梁山县看守所、梁山街道司法所进行实地查看、专题座谈等调研活动，全面了解全县刑事执行检察工作的推进情况。近年来，县检察院根据法律规定和强化监督的实际需要，围绕最高检确定的核心业务，认真落实山东省人大常委会《关于加强新时代检察机关法律监督工作的决议》精神，坚持“抓监督、求实效，抓创新、建机制，抓管理、强基础”的总体工作思路，准确把握新形势新要求，紧扣刑事执行的

2020年10月23日。县人大常委会主任秦延信带队到县检察院调研

关键环节和重点部位，加大监督力度，完善监督机制，提升监督能力，依法全面履行刑事执行领域的法律监督职能，为维护刑事执行公平公正、监管秩序稳定有序和刑事被执行人合法权益发挥了积极作用，取得了明显成效，全县刑事执行检察工作始终居于全市检察机关第一方阵。但与新形势新任务、新要求仍然存在一定差距，监督力度有待加强，监督工作机制有待完善。据此建议，

进一步提高政治站位，准确把握刑事执行监督的职能定位，围绕强化刑事执行监督、强化人权司法保障，推动刑事执行检察工作开展，不断提高刑事执行监督的透明度和公信力；进一步加大监督力度，提升社区矫正监督质效，建立内外联动的财产刑执行监督机制；进一步完善工作机制，健全与执行机关之间的联席会议、案情通报、案件移送、信息共享等工作机制，提升监督实效，推动刑事执行检察工作持续健康发展

全县“四好农村路”建设情况调研 2020年11月27日，县人大常委会部分委员、人大代表通过实地察看、听取汇报、座谈讨论等方式对全县“四好农村路”建设、养护运营、管理体制和运行机制等方面工作情况进行调研。县人大党组成员郭继田，副主任高兴武参加调研活动。自2018年始，县政府抓住“四好农村路”建设机遇，迅速启动三年集中攻坚计划，组织实施路网提档升级、自然村庄通达、路面状况改善、运输服务提升“四大工程”，逐步消除“等外路”、打通“断头路”、拓宽“瓶颈路”；至2020年，完成实施农村公路路网提档升级工程153公里、自然村通达工程235.38公里、危桥改造18座，建设农村客运站点提升工程336个。农村公路交通网络进一步完善，城市、乡镇、村庄联成一体，与高速、国省道互联互通，全县“四好农村路”建设取得明显成效，四好路三年攻坚任务基本完成。目前，全县拥有县级道路11条、乡级道路30条，通车里程2100多公里，其中县道157公里，多道275公里，村道1700公里。2018年10月1日，全县实现城乡公交一体化，开通运营公交线路26条，后陆续增加公交线路9条，至2020年，开通运营城乡公交线路35条。针对乡镇道路建设不平衡、群众爱路护路意识不强等问题，建议进一步完善考核机制，明确落实责任单位；进一步加大提档升级力度，不断提高道路等级；进一步强化资金保障，拓宽工程建设的资金来源渠道，确保完成各项目标任务；进一步做好农村公路管养工作，真正发挥农村公路最大效益；进一步加大“四好农村路”宣传工作力度，及时总结宣传“四好农村路”建设的典型做法和先进经验，充分发挥以点带面、示范引领作用，加快推进全县“四好农村路”建设。

第三节 市人大到梁视察调研

2007年8月7日，济宁市人大常委会副主

任许谦迎带领市人大常委会调研组一行5人，到梁山调研被征地农民基本生活保障工作情况。县人大常委会第一副主任刘振诺、副主任刘本相，县委常委、县政府常务副县长贾存琰陪同调研活动。市人大常委会调研组到拳铺镇查看被征地农民基本生活保障工作情况，随后到后杨楼村实地询问调查，并听取县人大常委会关于全县被征地农民基本生活保障工作调查情况的汇报。市人大常委会调研组认为梁山县调查工作领导重视、措施有力、工作扎实。同时要求继续抓好被征地农民基本生活保障的调查摸底统计工作，对在调查中发现的问题要及时上报，以便为市委、市人大、市政府科学决策提供依据。

2008年4月3日，济宁市人大常委会副主任许谦迎带领市人大常委会视察组一行15人，到梁山视察“平安建设”工作。县委书记、县人大常委会主任商建设，县人大常委会第一副主任刘振诺，县委常委、县政法委书记玄志祥，县人大常委会副主任张恒福，县政府副县长宁瑞峰，县法院院长李培宪，县检察院检察长张义民，以及县人大常委会有关委室、县政法委、县政府办公室、县信访局、县公安局、县司法局等部门的负责人陪同视察。市视察组先后视察徐集镇吴楼村综合治理办公室、徐集镇平安建设综治办公室、群众服务中心、派出所监控中心、县公安局中区派出所监控大厅、山景花园平安社区建设等，并在县政府招待所听取县委常委、县政法委书记玄志祥代表县委、县政府所作的关于梁山社会治安综合治理、平安梁山建设工作情况汇报。市视察组对梁山平安建设所取得的成绩给予充分肯定，认为梁山平安建设工作领导重视、重点突出、基础扎实、勇于创新、成绩显著。同时，对下步平安建设工作提出要求。最后，县委书记、县人大常委会主任商建设代表县委、县人大、县政府作表态发言。

2016年9月1日，济宁市人大常委会副主任罗心光到梁山县调研铁水联运项目进展情况，县领导侯典峰、蒋衍涛、王才利、李瑞林陪同。罗心光一行到铁水联运项目物流中心建设现场、港口码头、铁路接轨站、晋豫鲁铁路梁山北站进行实地查看。听取梁山县政府、济矿集团公司关于当前项目建设进展情况的汇报，研究分析项目建设的重要意义及遇到的困难和问题，对提高思想认识、加快推进项目建设、充分发挥项目效益进行专题安排部署。罗心光指出，铁水联运项目是关系济宁市经济社会发展的重点工程，项目不仅有利于构建综合交通运输体系，实现能源资源的优化配置，而且对于全市资源城市转型、区域能源稳定、煤炭企业转型发展和促进地方经济与社会的发展均具有重要意义，各级各部门要切实提高认识，抓住用好机遇，加强沟通，密切协作，强化服务，最大限度对上争取政策、资金等方面的支持，及时解决项目建设中遇到的问题，保质量、提速度，力争早日竣工达效。罗心光要求，梁山县要集中力量、积极协调、克服困难，倒排时间节点，做好项目建设的各项工作，努力为加快项目推进创造条件；济矿集团及物流公司要抓住当前施工的有利时机，积极筹措资金、协调关系、办理各项审批手续，抽调精干队伍靠在工地，加班加点施工，推进工程进度，确保项目顺利实施。

2016年9月5日，济宁市人大常委会副主任陈颖到梁山县调研昌盛机械制造项目建设进展情况。县人大常委会主任蒋衍涛陪同调研。陈颖实地察看项目建设现场，听取相关工作情况汇报，详细了解项目建设过程中遇到的困难和问题。陈颖指出，重点项目事关经济社会发展大局，事关人民群众的切身利益，各级要切实提高服务能力，加强项目跟踪服务，帮助企业解决项目建设过程中遇到的难题。各有关部门要主动深入项目建设工地和企业，加大协调力度，简化办事程序，减少审批环节，为项目提供优质服务。项目单位要克服困难，全力以赴，强化工作措施，加快项目建设，力争项目早日建成投产。

2016 年 9 月 29 日，济宁市人大常委会副主任商建设带领专题视察组，到梁山县视察校园周边环境综合治理工作情况。县人大常委会蒋衍涛、林宪良，县政府李瑞林陪同视察。市人大视察组到县第一实验小学南校区、开发区中学、县第一中学及周边网吧、书店、托管中心进行实地察看，并听取有关负责人的情况汇报。视察组在水泊宾馆召开座谈会，副县长李瑞林代表县政府汇报梁山县中小学校园周边环境综合治理工作情况。视察组对梁山县校园周边环境综合治理工作给予充分肯定。商建设指出，学校周边环境治理工作是一个系统工程、综合工程、社会工程，做好校园周边环境综合治理工作，为青少年学生营造一个良好的学习环境直接关系着千家万户的幸福，关系着社会的和谐稳定，必须持之以恒、常抓不懈。商建设要求，要进一步健全长效机制，强化工作机构建设，建立健全联席会议制度，强化属地管理，为工作开展夯实组织保障；要明确部门管理职责，本着“谁主管谁负责”的原则，建立校园周边环境综合治理隐患台账，持续加大综合治理力度，形成常态长效执法监管机制；要强化问题导向，抓住重点领域和突出矛盾，查摆薄弱环节，研究整改措施；要进一步强化部门协调配合，强化沟通交流，狠抓工作落实，共同营造学生舒心、家长安心、政府放心的校园环境。

2017 年 7 月 26 日，济宁市人大常委会副主任张玉华到梁山县调研指导代表工作，并举行座谈会。县人大常委会主任秦延信汇报梁山县人大常委会代表工作开展情况，梁山县 6 名市人大代表汇报履职情况，并结合自身实际提出意见建议。市人大常委会副主任张玉华对梁山县代表工作开展情况给予充分肯定和高度评价，他指出，人大代表是人民代表大会的主体，依靠代表发挥代表作用是做好人大工作的基础和关键。他要求，要始终把密切联系代表、发挥代表作用作为重要基础工作，支持和保障代表依法履行职责，努力增强代表工作实效。座谈会结束后，张玉华一行先后察看徐坊大曲、隆昌塑料、佰世达木业、玻璃产业园，对代表履职情况进行实地调研，并到韩岗镇刘庙村济宁市人大常委会驻村点看望驻村干部。县人大常委会主任秦延信，县委副书记、市下派工作团团长张长军，县委常委、统战部长、开发区党工委书记李勇，县人大常委会副主任王才利、郭继田陪同相关活动。

2020 年 3 月 25 日，济宁市人大常委会副主任陈颖，到梁山县黄河滩区，调研督导滩区脱贫迁建工作，市人大常委会副秘书长、研究室主任李辉陪同调研。陈颖在梁山县小路口镇在建的黄河新园社区考察施工现场，看到 198 栋住宅楼和 23 栋公建及小学、幼儿园建设正在紧张施工，复工率达到 100%，封顶达 85% 以上，陈颖指出，黄河滩区脱贫迁建是以习近平同志为核心的党中央交给山东、交给济宁的一项重大政治任务，是一项惠当前利长远的重大民生工程、德政工程，不仅承载着中央对山东、济宁的重托，更承载着滩区百姓长久以来的“安居梦”“致富梦”，对打赢脱贫攻坚战、全面建成小康社会具有重大战略意义。陈颖要求，要加快迁建工程进度，统筹配套建设，强化质量安全监管，确保高质量完成滩区搬迁任务。要进一步完善“梁山模式”，推进“三区同建”，努力打造黄河滩区乡村振兴亮点工程。要积极推进黄河滩区现代化农业示范区建设，合力推进土地流转，充分发挥生态环境优势，大力开展品牌农业招商引资。要高标准规划产业园区和农业特色示范区，为滩区群众提供更多就业岗位和创业机会，从根本上解决滩区群众居住、就业和持续发展问题。

2020 年 9 月 3 日，受山东省人大常委会委托，济宁市人大常委会副主任杜昌华带领市人大农委，到梁山县对黄河流域生态保护和高质量发展工作进行调研，实地查看国那里黄河险工段、济矿物流铁水联运、黄河滩区“三区同建”、贾堌堆乡村旅游、春园等项目和古运河遗址，实地了解梁山县黄河流域生态保护、水资源利用、高质量发展、黄河文化传承发展等相关情况，并组织召开座谈会，听取梁山县政府及相关部门的意见建议。杜昌华指出，去年以来，习近平总书记对黄河流域生态保护和高质量发展高度重视，多次专题研究，并到黄河上中游实地调研，作出了一系列重要论述；省委书记刘家义先后两次召开专题会议，并到黄河沿线地市专题调研。建议市县政府及相关部门树立战略意识，抢抓重大机遇，及时与部委搞好对接，深度融入国家及省重大战略布局，把黄河流域生态保护和高质量发展同“十四五”规划及其他专项规划编制结合起来，与济宁经济社会发展统筹谋划、一体推进。

梁山县人大志

LIANGSHANXIAN RENDAZHI

第十章 议案建议

第一届至第九届人民代表大会代表所提需要解决的问题称为代表提案，由县人民代表大会提交审查委员会审查，并向代表大会报告提案处理情况；提案由县人大常委会通过县人民政府及有关部门研究办理，并在适当时候向代表答复办理情况。从第十届至第十八届人民代表大会代表所提出的问题根据不同情况分为代表议案和代表建议、批评及意见，代表议案一般由人民代表大会主席团、县人大常委会、县人民政府和县人大代表十人以上联名提出，其内容一般属于本级人民代表大会职权范围内的关于全县全局性的重大事项；代表建议、批评和意见，可由代表个人提出，也可由代表联名提出，其内容是人大代表向人民代表大会或人大常委会提出的对各方面工作的意见或建议。代表议案及代表建议、意见由县人民代表大会主席团审查，并由大会主席团向代表大会报告代表议案及建议、意见处理情况。

代表提出的议案及建议、批评和意见，由县人大常委会转交"一府两院"及有关部门研究办理，并负责答复。同时要求各有关承办单位须在大会闭会之日起三个月内将代表建议、批评和意见办理完毕，并将办理结果报告县人大常委会，由县人大常委会转交代表。代表对办理结果不满意的，有关承办单位应重新办理和答复，确保代表所提出的问题能够得到合理解决。县政府在办理人大代表议案及建议、批评和意见过程中，一般采取"首长负责，建立机构，分头办理"的办法，县长亲自过问，常务副县长具体分管，由办公室主任、分管主任和督查科（室）具体督办。政府各承办部门坚持主要领导亲自抓，分管领导和政工科长（或办公室主任）靠上抓，并选定责任心强、办事认真的干部具体负责办理。在办理过程中，县政府本着对人民认真负责的态度，凡条件具备能马上办的事迅速办，对因受条件限制、一时办不到的创造条件办；对因受政策限制难以解决的，如实说明原因，取得提议人谅解。坚持做到件件有着落，事事有回音。

第一节 第一至八届代表提案

一届一次会议提案 第一届人民代表大会第一次会议共受理代表提案573件，其中政法类102件，财经类230件，水利建设类61件，文教卫生类92件，互助合作类21件，人民武装类1件，群团类21件，赞誉类45件。上述提案中，558件予以解决或安排解决，其他15件因无权无力解决的，向代表做了说明。

二届一次会议提案 第二届人民代表大会第一次会议共收到代表提案539件，其中，政法方面27件，合作化方面37件，农林水方面56件，交通运输方面45件，财经贸易方面84件，干部作风方面37件，批评建议29件，职工福利方面3件，赞扬方面5件，其他27件。上述提案由提案审查委员会分门别类予以处理，办理528件，尚有10件在办理中。

二届二次会议提案 第二届人民代表大会第二次会议共收到代表提案230件。

二届三次会议提案 第二届人民代表大会第三次会议共收到代表提案421件，其中政法方面85件，农林水及交通方面124件，财经贸易方面182件，文教卫生方面30件。全部提案均由大会交县人民委员会会同有关部门予以处理和答复。

三届二次会议提案 第三届人民代表大会第二次会议共受理代表提案138件，其中，民政、人事、劳动、公安等方面的14件，工业交通方面的7件，农林水方面的31件，财政、粮食、贸易方面的50件，文教卫生方面的18件，歌颂人民公社、大跃进方面的18件。经提案委员会审查，定为办理件 84 件，研究办理件 38 件，待研究件 16 件，分别交由县人民委员会责成有关部门办理。

五届一次会议提案 第五届人民代表大会第一次会议共收到代表提案 371 件，合并办理 195 件，均交由人民委员会有关部门办理完毕。

五届三次会议提案 梁山县第五届人民代表大会第三次会议共收到代表提案 335 件，其中农、林、牧、渔、水方面的 128 件，财政、金融、粮食、商业、供销方面的 52 件，工业、交通、邮电、计划方面的 21 件，文化、教育、体育、卫生方面的 48 件，政法、民族、人事、监察方面的 19 件，移民安置方面的 32 件，颂扬政府工作的 4 件，其他 31 件。会议期间办理 291 件，需研究并请示上级批准的 42 件，对尚未办理的提案交由县人民委员会继续办理。

六届一次会议提案 第六届人民代表大会第一次会议共收到代表提案 315 件，其中农、林、牧、渔、水方面的 139 件，财政、金融、粮食、商业、供销方面的 51 件，工业、交通、邮电、计划、方面的 31 件，文化、教育、体育、卫生方面的 35 件，政法、民族、人事、监察方面的 29 件，移民安置方面的 15 件，颂扬政府工作的 7 件，其他 8 件。遵照国务院“关于改变提案处理程序问题的通知”精神，提案全部交县人民委员会研究处理，并由县人民委员会分别责成有关部门办理。

第二节 第九届代表提案

九届一次会议提案 1981 年 1 月 13 日，县第九届人民代表大会第一次会议提案审查委员会向大会提交《关于提案的审查报告》，报告说明，县第九届人民代表大会第一次会议共收到代表提案 472 件。其中，农业、林业、水利方面的 103 件；工业、交通、基本建设方面的 38 件；计划、财政、粮食、贸易方面的 51 件；科学、教育、文化、卫生方面的 57 件；政法方面的 58 件；组织人事、劳动方面的 70 件；联产计酬生产责任制方面的 47 件；其他方面的 48 件。另外，在提案征集时间截止后，又收到提案 30 件，根据 1981 年 1 月 9 日梁山县第九届人民代表大会第一次会议主席团决定，征集代表提案时间截止后送交的，不作为正式提案处理，将作为附案于会后转有关部门处理。有的提案，会议期间已作了处理，暂不能处理的，建议交给县人民政府办理，并且在第九届人民代表大会第二次会议以前，做出办理情况的报告。县人大常委会要求，各有关部门都要提高认识，高度重视，加强领导，采取措施，落实责任，具体指导，使提案件件有着落，事事有交代，给人大代表一个满意的答复。

是年 10 月 28 日，县人大常委会总结第九届人民代表大会第一次会议提案办理情况，指出，由于对该项工作重视不够，加之人大常委会办事机构未及时配备人员，提案办理情况较差有的单位把提案丢失，有的单位虽作答复，但没有及时送达代表，形成“提案，提案，开完会就散”的现象。其后于 1981 年 6 月重新组织人员着手处理代表提案办理工作。为做好提案办理工作，县人大常委会明确一名副主任靠上抓，代表联络科 2 人和县政府办公室 1 人具体催办，并采取措施，具体指导，至 9 月底，共答复人大代表提案 435 件，正在研究代表提案 37 件，争取在 11 月上旬答复人大代表。

九届二次会议提案 1982 年 2 月 25 日，县第九届人民代表大会第二次会议代表提案审查委员会向大会提交《关于提案的审查报告》，报告说明，第二次会议共收到代表提案 211 件。其中工业、交通、基本建设方面的 16 件，农业方面的 58 件，财政贸易方面的 49 件，文教、卫生、科技、计划生育方面的 30 件，政法方面的 40 件，人事方面的 10 件，其他方面的 8 件。提案中反映较集中的问题主要是交通运输、水利建设、市场管理、商品流通、文教卫生经费、社会秩序等。在办理过程中，县人大常委会精心部署，加强督办；县人民政府加强领导，强化措施；有关部门认真研究，专人负责。至 1982 年 12 月，提案由有关部门全部办理完毕，并且都已函复提案人，基本做到“件件有着落，事事有答复”的要求。其中，对所提问题有条件解决的迅速解决，此类提案有 133 件，占整个提案的 63%；由于条件限制，暂时不能解决的，在做好工作基础上，创造条件逐步解决，此类提案有 38 件，占整个提案的 18%。对应当解决，但梁山县解决不了的问题由有关部门提出方案向上级写出报告，此类提案有 23 件，占整个提案的 11%；对涉及政策和全局不能解决的问题，向提案人进行了解释和说明，此类提案有 16 件，占整个提案的 7%；同时，对一些广大群众迫切要求解决的问题，重点调查解决。

九届三次会议提案 1983 年 2 月 25 日，县第九届人民代表大会第三次会议提案审查委员会向大会提交《关于提案的审查报告》，报告说明，第三次会议共收到代表提案 92 件。其中农业方面的 31 件，包括水利工程建设、湖区滩区生产生活困难、林木保护等；工业交通方面的 10 件，包括电力生产供应、河道桥梁建设、公路建设、交通秩序等；基本建设方面的 2 件，包括城镇建设规划、住宅建设、保护环境等；财贸方面的 13 件，包括财政经费开支、农副产品收购、市场物价管理等；教育、卫生、科技方面的 6 件，包括增拨教育经费、改善办学条件、提高师资水平、落实知识分子政策等；政法、民政、人事等方面的 30 件。另外，不作为提案处理的 17 件。其中超过提案通知规定时间和不符合通知要求条件的 15 件，作为人民来信处理。因所提问题系历史遗留问题，作为报告处理的 2 件。本次会议代表提案，经审查后分别交由县人民政府、县人民法院和县人民检察院研究处理。

至 1983 年 10 月，人大三次会议代表提案全部办理完毕，并且都已函复提案人，基本上做到“件件有着落，事事有答复”的要求。具体办理情况为：对影响社会治安、侵犯人身权利的提案予以重点解决的 10 件，占整个提案的 11%；对群众迫切要求解决的问题尽快解决的 45 件，占整个案件的 49%；对应该解决、但受条件限制一时无法解决的 31 件，占整个提案的 34%；对不应该解决的 6 件，占整个提案的 6%，向提案人作了说明。

第三节 第十届代表议案及建议

十届一次会议议案及建议 1984 年 5 月 17 日，县第十届人民代表大会第一次会议议案审查委员会向大会提交《关于第十届人民代表大会第一次会议代表议案处理意见的报告》（陆长为），报告说明，第十届人民代表大会第一次会议共收到代表议案和建议、批评意见共 185 件。经议案审查委员会审查，有 35 件作为议案处理，其中属于基本建设方面的 2 件，属于农田水利建设方面的 8 件，属于工业交通方面的 1 件，属于宣传教育卫生方面的 7 件，属于民政司法方面的 2 件，属于财贸方面的 6 件，属于科技知识分子政策方面的 3 件，属于党政方面的 4 件，属于多种经营搞活农村经济方面的 2 件。这些议案涉及全县经济建设和社会发展计划的通盘安排和机构设置等问题，需充分调查研究和科学论证，因此不能在本次会议上审议决定，会后由县人大常委会通过县人民政府和有关部门研究办理，并在适当时候向代表答复办理情况。作为代表建议和意见处理的 150 件，建议县人大常委会分别转交县人民政府有关部门研究办理。要求承办单位要认真负责地对待，将办理结果及时答复提出建议和意见的代表，并抄送人大常委会办公室。至 9 月，代表议案、批评意见和建议全部办理完毕。

十届二次会议议案及建议 1985年5月14日，梁山县第十届人民代表大会第二次会议，共收到代表议案和建议、意见124 件，其中，列为议案5件（反映农民负担过重方面的1件，属于农田水利建设方面的1件，属于水产资源开发方面的1件，属于公路交通方面的1件，属于供销社股金方面的1件），代表建议和意见的119件。会后，县人大常委会即将这些议案分别交由县人民政府及其有关部门研究处理，至10月底，所有议案已进行办理，并答复了代表。具体办理情况为：所提议案已经解决的2件，占总数的40%；正在解决的1件，占总数的20%；因条件限制或其他原因需待以后解决的2件，占总数的40%。

是年11月20日，县十届人大常委会第十一次会议，听取副县长吕玉山关于县十届人大二次会议代表议案和建议、批评、意见办理情况的报告。报告说明，县人大十届二次会议期间，县政府收到代表议案及代表建议、批评和意见涉及方方面面20多个部门单位，在办理代表议案和“建议”过程中，县政府按照“慎重研究、认真办理、务求落实”的原则，严格处理程序，责任到人，积极催办，把好政策关，答复认真及时，解决问题实事求是。通过各方面的努力，代表议案和“建议”全部办理完毕，已解决和基本解决的38件，占已办结数的33.8%；列入规划逐步解决的48件，占43.7%；因受条件限制或其他原因暂时不能解决，以后创造条件力争尽快解决的26件，占22.5%。

十届三次会议议案及建议 1986年5月7日，梁山县第十届人民代表大会第三次会议，共收到代表议案和建议、意见共116件。其中，列为议案6件（区划归属方面的1件，属于城市排水方面的1件，属于交通方面的2件，属于卫生方面的1件，属于工业方面的1件），作为代表建议和意见的110件。

是年9月26日，县人大常委会听取县政府关于县十届人大三次会议代表议案和建议、批评、意见办理情况的报告。报告说明，县第十届人大第三次会议期间，县政府共收到代表议案及代表建议、批评和意见116件。对收到的议案和意见，县政府本着“实事求是、加紧办理、件件落实”的精神，对代表提出的问题分类排队，积极组织落实。凡是能办的事情就迅速去办，力争办好；对某些条件所限一时难以办到的，也都制订规划和措施，积极创造条件，争取早日解决；对已有明确的政策规定不能解决或不切实际的建议要求，根据上级有关政策规定和具体情况作了耐心的解释和说明；特别是对那些经代表多次提出仍未解决好的复杂问题，承办部门和单位组织专门班子，进行认真的调查研究，写出调查汇报，提出了较为妥善的处理意见。至8月底，所有议案已全部提出处理意见并书面答复了代表，其中，已经解决的3件，占总数的50%；正在解决的2件，占总数的33%；因条件限制或其他原因需待以后解决的1件，占总数的17%。

第四节 第十一届代表议案及建议

十一届一次会议议案及建议 1987年3月，梁山县第十一届人民代表大会第一次会议期间，代表对全县各方面工作提出议案及建议、批评和意见共171件。经大会主席团审查决定，列为议案4件。

是年9月22日，县十一届人大常委会第四次会议，听取县政府副县长连广生关于县十一届人大一次会议代表议案和建议、批评、意见办理情况的报告。报告说明，县十一届人大第一次会议期间，县政府系统共收到代表议案4件，其中关于减轻农民负担方面的1件，关于发展县城中小学教育方面的1件，关于制定县广播电视发展总体规划方面的1件，关于解决黑虎庙、杨营、馆里等乡能源方面的1件；代表建议167件，其中属农业方面的61件，工业、交通方面的15件，文化、教育方面的18件，医疗卫生方面的13件，财贸方面的8件，社会治安方面的28件，行政管理方面的 3 件，其他方面的 21 件，这些议案和建议，涉及 38 个部门和单位，通过各方面的积极努力，县十一届人大第一次会议期间代表提出的议案和建议已全部办理完毕。据统计，对代表所提出问题，已解决和基本解决的 90 件，占已办结数的 52.6%；列入规划逐步解决的 51 件，占 29.8%；因受客观条件制约或其他原因暂时不能解决，以后努力创造条件，力争尽快解决的 30 件，占 17.6%。

十一届二次会议议案及建议 1988 年 1 月 6 日，梁山县第十一届人民代表大会第二次会议，共提出议案和建议、意见 107 件，其中，列为议案 3 件，作为代表建议、意见处理的 104 件。

是年 6 月 29 日，县第十一届人大常委会第九次会议，听取副县长连广生关于县十一届人大二次会议代表议案和建议、批评、意见办理情况的报告。报告说明，县十一届人大第二次会议期间，县政府系统共收到代表议案和建议 107 件，其中代表议案 3 件，内容涉及湖区移民经费发放使用、黄河滩区发展生产和农业生产资料供应及价格控制等问题；代表建议 104 件，其中属农业方面的 29 件，文教方面的 12 件，卫生方面的 10 件，工业方面的 3 件，交通方面的 7 件，城乡建设方面的 8 件，财贸方面的 19 件，劳动人事方面的 4 件，社会治安方面的 4 件，市场管理方面的 3 件，其他方面的 5 件。上述议案和建议，涉及到 30 多个部门和单位。经过各有关方面的积极努力，已全部办理完毕。据统计，对代表议案和建议中提出的问题，已解决和基本解决的 55 件，占议案和建议总数的 51.4%；制定出规划，逐步解决的 35 件，占 32.7%；因受财力、物力等客观条件制约，或其他原因，近期内不能解决的 17 件，占 15.9%。

十一届三次会议议案及建议 1989 年 3 月 30 日，梁山县第十一届人民代表大会第三次会议，共收到议案和建议、意见 282 件，其中，列为议案 6 件，作为建议、意见处理的 277 件。

是年 7 月 28—29 日，县十一届人大常委会第十七次会议，听取副县长陈福安关于县十一届人大三次会议代表议案和建议、批评、意见办理情况的报告。报告说明，在县人大十一届三次会议前和会议期间，县政府系统共收到代表议案 6 件，其中关于农用物资专营问题的 1 件，土地管理问题的 1 件，减轻滩区、湖区农民负担问题的 1 件，加强社会治安问题的 1 件，教育问题的 1 件，市政建设问题的 1 件；收到代表建议、批评和意见 277 件，其中属于农业方面的 48 件，工业、交通、电力方面的 29 件，文化、教育方面的 23 件，医疗卫生、计划生育方面的 12 件，财贸方面的 50 件，社会治安方面的 29 件，行政管理方面的 12 件，物价方面的 8 件，其他方面的 66 件。这些议案和“建议”，涉及 41 个部门和单位，通过各方面的积极努力，对议案和建议，已全部办理完毕。已解决和基本解决的 153 件，占已办结数的 55.2%。列入规划逐步解决的 78 件，占 28.2%；因受客观条件制约或其他原因暂时不能解决，以后努力创造条件，力争尽快解决的 46 件，占 16.6%。

第五节 第十二届代表议案及建议

十二届一次会议议案及建议 1990 年 3 月 9 日，梁山县第十二届人民代表大会第一次会议，向大会提出议案和建议 142 件，其中列为议案 3 件。作为建议、意见处理的 139 件。

是年 7 月 16—17 日，县十二届人大常委会第三次会议，听取县政府关于梁山县第十二届人大第一次会议代表议案和建议、批评、意见办理情况的报告。报告说明，在县十二届人大一次会议期间和会议后，县政府系统收到代表决议案 3 件，其中关于要解决梁济运河送水带来的问题的 1 件；关于加强土地管理，制止乱占土地问题的 1 件；关于加快黄河滩区建设和减轻农民负担问题的 1 件。收到代表建议、批评和意见 169

件，其中属于农业方面的26件，属于工业、交通、电力方面的23件，属于财贸方面的24件，属于社会治安方面的10件，属于文化、教育方面的23件，属于环境保护、城镇建设方面的7件，属于劳动人事方面的8件，属于计划物资方面的6件，其他方面的21件。这些议案和“建议”，涉及34个部门和单位。通过各方面的积极努力，县十二届人大第一次会议期间和会议后代表提出的议案和“建议”，已全部办理完毕。已解决和基本解决的56件，占已办结数的33.1%；列入规划逐步解决的72件，占42.6%；因受客观条件制约或其他原因暂不能解决，力争尽快解决的41件，占24.3%。

十二届三次会议议案及建议 1992年3月27日，梁山县第十二届人民代表大会第三次会议听取并通过县人大常委会副主任王钦孝作《关于议案处理意见的报告》。报告说明，梁山县第十二届人民代表大会第三次会议，共收到议案、建议、批评和意见178件，其中列为议案2件，作为建议、批评和意见处理的176件。

是年7月28日，县第十二届人大常委会第十七次会议，听取县政府办公室主任刘本相关于梁山县第十二届人大第三次会议代表议案和建议、批评、意见办理情况的报告。报告说明，在县十二届人大三次会议前和会议期间，县政府系统共收到县人大代表议案2件，即《关于加强县城规划与管理的议案》和《关于认真搞好县三中校改的议案》；收到县人大代表“建议”176件，其中属于农林水方面的38件，主要内容是：农田水利基本建设问题，棉花生产问题，滩湖区开发问题，农民负担太重的问题，属于科教文方面的30件，主要内容是：提高民师待遇问题，乡镇医院设备差、群众看病难的问题，加强农科教等问题；财贸方面的37件，主要内容是：棉花收购政策兑现问题，农业生产资料供问题；属于工交方面的35件，主要内容是农村电价偏高，工业污染严重，行业作风不正等问题，属于政法方面的11件，主要反映公安干警素质差，对犯罪分子打击不力等问题；属于劳动人事方面的7件，主要内容是：乡镇机关人员严重超编，临干多，办事效率低，待业青年就业难的问题；其他方面的18件，主要内容是：乱收费、乱集资、乱罚款问题，婚、丧事大操办的问题等。这些议案和“建议”涉及35个部门和单位。通过各方面的积极努力，至6月底，县十二届人民代表大会三次代表会议和会议期间代表提出的议案和建议，已全部办理完毕。已经解决和基本解决的82件，占46.6%；列入规划逐步解决的59件，占33.5%；因受客观条件制约或其他原因暂不能解决，需以后创造条件解决的和因代表对政务活动及国家有关政策不太了解进行解释的35件，占19.9%。

第六节 第十三届代表议案及建议

十三届一次会议议案及建议 1993年2月12日，梁山县第十三届人民代表大会第一次会议主席团会议听取并通过县人大常委会副主任张先道作《关于议案处理意见的报告》。报告说明，根据第十三届人民代表大会第一次会议主席团关于议案问题的决定，至1993年2月11日，大会共收到议案、建议、批评和意见108件。大会议案组对代表议案、建议、批评和意见，逐件进行认真审查，列为议案1件，作为建议、批评和意见处理的107件。对上述代表议案、建议、批评和意见，建议县人大常委会有关办事机构和县政府办公室，会后迅速研究办理方案，抓紧转交有关单位并对办理落实情况，经常进行督促检查，及时交流经验，保证代表所提问题能够得到妥善解决。

是年5月25日，县第十三届人大常委会第三次会议听取县政府副县长高太平关于梁山县第十三届人大第一次会议代表议案和建议批评、意见办理情况的报告。报告说明，在县人大十三届一次会议后，县政府系统共收到代表议案1件，即关于要求在前集乡环城路附近建立蔬菜批发市场的议案；收到县人大代表建议107件。其中，属于农林水方面的38件，主要内容有农田水利基本建设问题，棉花生产问题，滩湖区开发问题，减轻农民负担问题；属于科教文卫方面的8件，主要内容有提高幼师待遇问题，群众看病难的问题，乡镇医院建设的问题，加强农科教问题；属于财贸方面的21件，主要内容有粮棉收购政策兑现问题，市场管理问题，农资供应问题；属于工基交方面的24件，主内容有：农村电价偏高，工业污染严重，行业作风不正，加快公路建设等问题；属于政法方面的4件，主要内容有狠抓干警素质，强化社会治安管理以及进一步打击犯罪分子的问题；属于劳动人事方面的6件，主要内容有县、乡机关人员严重超编，临干多，办事效率低，待业青年就业难等问题；属于其他方面的6件，主要内有：乱收费，乱罚款问题，还有要求解决婚丧大操大办问题等。这些议案和建议，涉及到30个部门和单位。通过各方面的积努力，至5月底，县人大十三届一次会议期间代表提出的议案建议全部办理完毕。办理的情况是：已经解决和基本解决的43件，占40.1%；列入规划逐步解决的45件，占42.1%；因受客观条件制约或其他原因暂不能解决，需要以后创造条件解决和因代表对政务活动及国家有关政策不大了解进行解释的19件，占17.8%。

十三届二次会议议案及建议 1994年1月29日，梁山县第十三届人民代表大会第二次会议主席团会议听取并通过县人大常委会副主任张先道作《关于议案处理意见的报告》。报告说明，根据第十三届人民代表大会第二次会议主席团关于议案问题的决定，至1月28日，会议收到代表提出的议案21件。经逐件审查，均不列入县人民代表大会议案，作为代表建议、批评和意见，共有各类建议、批评和意见103件，对这些建议、批评和意见，由县人大常委会转交“一府两院”研究办理，并负责答复。对于代表提出的建议、批评和意见，有关承办单位都必须在大会闭会之日起三个月内办理完毕，并将办理结果报告县人大常委会，由县人大常委会转交代表，如果代表对办理结果和答复不满意时，有关承办单位应予以重新办理和答复。

是年5月30日，县第十三届人大常委会第十次会议听取县政府副县长康绍军关于梁山县第十三届人大第二次会议代表议案和建议批评、意见办理情况的报告。报告说明，县人大十三届二次会议后，县政府系统共收到人大代表建议103件。其中，经济贸易方面的25件，主要是县属工业企业、市场管理等问题；农林水方面的29件，主要是农田水利建设、棉花生产、减轻农民负担等问题；城乡建设环境保护方面的5件，主要是城市建设和乡村规划、治理运河水污染等问题；交通邮电方面的16件，主要是道路建设、桥涵建设、邮电收费等问题；科教文卫方面的10件，主要是教育质量、民幼师工资、乡镇医院设施建设等问题；政法方面的10件，主要是社会治安、执法等问题；其他方面的8件，主要是要求解决婚丧嫁娶铺张浪费等问题。对上述建议，县政府及有关部门采取集中办理和追踪督促办理相结合，通过各方面的努力，县人大十三届二次会议期间代表提出的建议已全部办理完毕，其中，已经解决的58件，占56.31%，列入规划逐步解决的26件，占25.24%；因受客观条件制约或其他原因暂不能解决，需要创造条件解决和因代表对政务活动及国家有关政策不太了解作进一步解释的19件，占18.45%。

十三届三次会议议案及建议 1995年2月11日，梁山县第十三届人民代表大会第三次会议主席团会议听取并通过县人大常委会副主任张先道作《关于代表议案处理意见的报告》。报告说明，根据第十三届人民代表大会第三次会议主席团关于议案问题的决定，至1995年2月10日，十三届人民代表大会三次会议，共收到代表提出的议案33件，经逐件审查，拟将《东平湖区涝洼地改造》作为大会议案；其他32件所提事项拟作为代表建议、批评和意见处理；大会同时收到代表提出的建议、批评和意见57件，由县人大常委会一并转交县人民政府及有关部门认真研究，提出办理的具体意见，并作出答复。

是年5月30日，县第十三届人大常委会第十七次会议听取县政府副县长王佑明关于梁山县第十三届人大第三次会议代表议案和建议批评、意见办理情况的报告。报告说明，县人大十三届三次会议，将综合开发改造东平湖区涝洼沼泽地列为本次会议的议案后，县政府对此高度重视，把办理这一议案作为发展湖区生产、振兴农村经济的一件大事，列入重要议事日程，强化领导，拟定规划，研究制定《梁山县湖区涝洼沼泽地综合开发改造实施意见》，对湖区的2.2万亩涝洼沼泽地综合开发改造，计划分两年实施，1995年完成1.2万亩，1996年完成1万亩。目前，湖区涝洼沼泽地的综合开发改造正在实施中。县人大十三届三次会议后，县政府系统共收到人大表建议89件。其中：农林水方面的28件，主要内容有搞农业技术服务、加强棉花生产和收购、调整农业种植结构、加强土地管理、修复水利设施、解决农用物资供应、新打机井补助、沉沙池遗留等问题；工交方面的24件，主要内容有保证农村用电、筑路质量差需要重新修复、解决企业资金短缺等问题；财贸方面的11件，主要内容有加快城区市场建设步伐、解决农药、化肥专营及乱涨价等问题：城乡建设环境保护方面的6件，主要内容有加强城区设施建设、治理运河水污染等问题；科教文卫方面的11件，主要内容有确保1996年落实教育“双基”、文化市场管理、计划生育超生费返还，解决学校乱收费、干部职工医疗费报销等问题；政法方面的1件，内容是惩治罪犯不能以罚代刑的问题；其他方面的8件，主要内容有重视人民来信来访、农村社会养老保险、火车站经济试验区建设等。针对上述建议和问题，县政府组织有关部门进行认真办理，至5月上旬，县人大十三届三次会议期间，代表提出的建议已全部办理、答复完毕。办理的具体情况是：已经解决或基本解决的39件，占44%；列入规划逐步解决的29件，占33%；因受客观条件制约或其他原因暂不能解决，需要以后创造解决和因代表对政务活动及国家有关政策不大了解，需要进一步解释的21件，占23%。

1996年2月8日，县人民政府在梁山县第十三届人民代表大会第四次会议上提交《关于梁山县第十三届人大三次会议代表议案办理情况的报告》。报告说明，县十三届人民代表大会第三次会议将综合开发改造东平湖涝洼沼泽地列为唯一代表议案后，县政府对此高度重视，迅速把办理该项议案工作作为发展湖区生产、振兴农村经济的一件大事，列入重要议事日程，切实强化组织领导，认真研制开发规划，不断加大工作措施，狠抓任务目标落实，大打了一场湖区涝洼沼泽地开发改造的人民战争，取得了初步成效。主要工作：详查湖区资源，研制开发规划，完善优惠政策，采取有效措施，全面搞好开发改造。目前，湖区正在施工的现场有2070亩，其中，小安山乡230亩、李官屯乡200亩、王府集乡840亩、馆驿乡200亩、郓陈乡200亩、梁山镇300亩、前集乡100亩，预计今春可完成1.2万亩的第一期开发改造任务。下步政府对此将继续予以高度重视，切实加强领导，强化各项服务，真正做到思想上有位子、组织上有班子、计划上有盘子、工作上有路子，动员全社会的力量，调动一切积极因素，努力把湖区涝洼沼泽地的开发改造工作落到实处。至1995年底，整个湖区共完成开发改造面积5750亩，其中小安山乡1700亩、李官屯乡2000亩、馆驿乡300亩、王府集乡500亩、梁山镇300亩、郓陈乡550亩、前集乡400亩。

十三届四次会议议案及建议 1996年2月10

日，县人大常委会副主任张先道代表梁山县第十三届人民代表大会第四次会议主席团向大会作《关于代表议案处理意见的报告》。报告说明，至2月9日下午5时，县第十三届人民代表大会第四次会议共收到代表提出的议案26件。经大会主席团审查，将上述议案均作为代表建议、批评和意见办理，同时收到代表提出的建议、批评和意见共36件，上述代表建议、批评和意见由县人大常委会转交县人民政府办理，并负责答复。

是年5月29日，县第十三届人大常委会第二十三次会议听取县政府常务副县长高太平关于梁山县第十三届人大四次会议代表建议、批评、意见办理情况的报告。报告说明，县人大十三届四次会议后，县政府系统共收到人大代表建议62件。其中，农林水方面的25件，主要内容有搞好湖区涝洼地改造、要求减少棉花种植面积和收购任务、土地调整、搞好水利设施建设、增加沉沙池补偿费用、减轻农民负担等问题；工交方面的18件，主要内容有修筑部分县乡公路、保证农村用电等问题；财贸方面的2件，主要内容有新建乡镇粮所、搬迁轴承厂门前的集贸市场问题；环境保护方面的2件，主要内容有治理城区及运河水污染等问题；科教文卫方面的3件，主要内容有减轻学生负担、解决学校乱收费、加强医德医风建设问题；政法方面的2件，主要内容有搞好社会治安等问题；其他方面的10件，主要内容有解决结婚登记乱收费、兑现村级干部养老保险金、制止书报杂志乱摊派等问题。针对这些建议和问题，县政府组织有关部门认真进行了办理，至5月上旬，县人大十三届四次会议期间，代表提出的建议已全部办理、答复完毕。办理的具体情况是：已经解决或基本解决的28件，占45.2%；列入规划正在逐步解决的15件，占24.2%；因受客观条件制约或其他原因暂不能解决，需要以后创造条件解决和因代表对国家有关政策了解不够，需要进一步解释的19件，占30.6%。

十三届五次会议议案 1997年6月29日，县第十三届人大常委会第三十次会议听取县委副书记、常务副县长周洪关于梁山县十三届人民代表大会第五次会议代表议案办理情况的报告。报告说明，县十三届人大五次会议将改善企业外部环境、减轻企业负担列为本次会议的议案后，县政府对此高度重视，把办理这一议案作为优化企业外部环境、促进企业快速健康发展的一件大事，列入重要议事日程，强化领导，制定计划，研究措施，议案正在积极办理中。在下步办理议案工作中，将进一步认真清理、审核所有收费项目，按照上级的有关规定，该取消的取消，该停止的停止，该继续执行的继续执行，并以县政府文件的名义公布。同时，健全和完善“准许收费证”制度。继续清理到企业强装、强卸、强运输、强用小工、强买、强卖、强争工程，对企业刁难、敲诈、勒索的行为，并按照有关规定进行严肃处理。

第七节 第十四届代表议案及建议

十四届一次会议议案及建议 1998年1月14日，梁山县第十四届人民代表大会第一次会议，共收到代表提出的议案50件。经大会主席团审查，将1件作为议案处理，即《关于黄河滩区迁建问题》。其余49件作为代表建议、批评和意见处理。会议收到代表提出的建议、批评和意见63件。其中科教文卫方面10件，主要内容有加强乡镇文化建设、解决校舍改造后欠款问题，扶持乡镇卫生院建设等事项。农林水方面21件，主要内容有抓好种植结构调整等事项。工交方面14件，主要内容有修建部分县乡公路、农村用电问题、电话不畅等事项。环境保护方面4件，主要内容有加强市容管理，增设部分路段路灯等问题。财贸方面2件，主要内容有合并外经委、外贸局，建立梁山苹果销售办公室。其他方面12件，主要内容有全额兑现农村干部养老金，加强基层政权建设，移风易俗，合并乡镇等问题。

十四届二次会议议案及建议 1999年1月25日，梁山县第十四届人民代表大会第二次会议，共收到代表提出的议案32件。经大会主席团审查，拟将《关于整修改建金城路问题的议案》作为议案处理，其他31件作为代表建议、批评和意见处理。同时收到代表提出的建议、批评和意见25件。

是年5月27日，梁山县十四届人大常委会第十三次会议，听取副县长李文运关于梁山县第十四届人大二次会议代表建议、批评、意见办理情况的报告。报告说明，县十四届人大二次会议后，县政府共收到人大代表建议56件。其中，农林水方面的19件，主要内容有搞好农业种植结构调整、水利设施的配套工程建设、土地延包及畜牧兴县、加快二期世行项目建设等问题；工交、邮电方面的14件，主要内容有修建部分县乡公路、解决乱收电话费等问题；财贸方面的7件，主要内容有整顿服务行业净化社会环境、实行税务公开、加强乡村批发市场建设、设立金银首饰店和专柜等问题；城乡建设、环境保护方面的2件，主要内容有加强城市（北区）建设、治理运河水污染等问题；科教文卫方面的4件，主要内容有完成“普九”任务、加强医疗卫生治理整顿、统一发放教师工资等问题；政法方面的3件，主要内容有加强社会治安综合治理、加强农村传教点管理、搞好边界联防等问题；其他方面的7件，主要内容有社会统筹退休职工工资、依法行政提高工作效率、加大黄河滩区扶持力度、合并乡镇扩大乡镇规模等问题。针对这些建议和问题，县政府组织有关部门认真进行了办理。至5月中旬，县十四届人大二次会议期间代表提出的建议已全部办理、答复完毕。办理的具体情况是：已经解决或基本解决的22件，占39.3%；列入规划正在逐步解决的20件，占35.7%；因受客观条件制约或其他原因暂不能解决，需要以后创造条件解决和因代表对国家有关政策不太了解或不符合实际，需要进一步解释的14件，占25%。

是年6月30日，副县长刘振诺向县人大常委会主任会议作关于梁山县第十四届人大二次会议代表议案办理情况的汇报。5月27日县十四届人大常委会第十三次会议后，县政府按照县人大常委会的要求，切实把办理人大议案放到了重要议事日程，在前期工作的基础上，进一步加大了县十四届人大二次会议代表议案的办理力度。研究确定了金城路建设总体方案，完成了金城路的测量和设计工作，加大措施清收陈欠公路集资，切实制定金城路建设实施方案，确保10月1日前通车，由县交通局、县建委等部门负责。

十四届三次会议议案及建议 2000年1月20日，梁山县第十四届人民代表大会第三次会议，共收到代表提出的议案25件。经大会主席团审查，拟将《关于加强梁山风景区水面建设及林木管护的议案》作为议案处理，其他24件作为代表建议、批评和意见处理。同时，收到代表提出的建议、批评和意见21件。

是年4月25日，县十四届人大常委会第二十一次会议听取县委副书记、县政府常务副县长姜居祯关于梁山县第十四届人大三次会议代表建议批评、意见办理情况的报告。报告说明，县十四届人大三次会议后，县政府共收到代表建议45件。其中，农林水方面的9件，主要是水利设施配套工程建设，加快黄淮海农业开发区建设等问题；工交、电力、邮电方面的18件，主要是修建部分县乡公路、电话收费较高等问题；财贸方面的3件，主要是加强乡村批发市场建设等问题；城乡建设、环境保护方面的3件，主要是加强小城镇开发建设、整修工人路西段等问题；科教文卫方面的8件，主要是乡镇教师工资由县财政统一发放、乡村卫生室药价不一等问题；政法方面的1件，主要是公检法部门要加大对乡镇工作的支持力度等问题；其他方面的3件，主要是完善滩区迁建工作等问题。针对建议和问题，县政府组织有关部门认真进行办理。至4月中旬，县十四届人大三次会议期间代表提出的建议已全部办理、答复完毕，办理的具体情况是：已经解决或基本解决的29件，占64%；列入规划正在逐步解决的9件，占20%；因受客观条件制约或其他原因暂不能解决，需要以后创造条件解决和因代表对国家有关政策不太了解或因客观条件等方面限制暂时不能办理，需要进一步解释的7件，占16%。

十四届四次会议议案及建议 2001年1月14日，梁山县第十四届人民代表大会第四次会议，共收到代表10人以上联名提出的议案33件。经大会主席团审查，建议将1件作为议案处理，即《关于尽快修通并取直梁靳公路的议案》，其余32件作为代表建议、批评和意见处理。会议期间收到建议、批评和意见32件，该次会议共有建议、批评和意见64件。其中，工交、电力、邮电方面24件，主要是硬化乡村道路、加固郑那里堤口运河大桥、开通城区至后孙庄公交车等问题；农、林、水方面7件，主要是出台农村宅基地有关政策、重修西马垓、开河东村排灌站、解决黄河淤背占地等事项；财贸方面1件，主要是市场管理、乱罚款问题；科、教、文、卫方面7件，主要是中小学办公经费、学校乱收费、乡镇医院药品价格高问题；城建环保方面8件，主要是修建工人路、建设路等；政法方面7件，主要是社会治安综合治理；其他方面10件，主要是补发退休干部工资、清收农村基金会陈欠贷款、清缴“三提五统”尾欠等问题。其中王占甲、张洪运、马德东等31位代表提出的《关于加强社会治安综合治理力度的议案》，薛兆福、贾存琰等10位代表提出的《关于在梁山火车站设立汽车站，开通县城至火车站、拳铺工业园区公交客运线路的议案》，拟作为重点的建议和意见处理。

十四届五次会议议案及建议 2002年1月27日，梁山县第十四届人民代表大会第五次会议，共收到代表10人以上联名提出的议案15件，经审查不列为大会议案，作为代表建议、批评和意见处理，会议期间收到建议、批评和意见24件，这样共有建议、批评和意见39件。其中，工交、电力、邮电方面14件，主要内容有帮助寿张集修建民兵路、加固郑那里堤口运河大桥、开通城区至六大工业园区公交专线等事项；农、林、水方面7件，主要内容有发展湖区养牛、重建湖东排涝站、加快黄河滩区开发改善生产条件等事项；财贸方面3件，内容是：努力发展经济、继续解决好退休干部“两费”，教师工资全县统一发放等问题；科、教、文、卫方面4件，主要内容有扩大高中办学规模，加大特殊教育投入、提高残疾儿童入学率，增建旅游景点扩大景区规模等事项；城建环保方面8件，主要内容有建设花卉、金鱼市场，加强梁山北大门道路设施建设等问题；政法方面2件，主要内容是：加强社会治安综合治理、充实基层派出所力量；其他方面1件，主要内容是：妥善解决黄河滩区迁建、筑台、护坡遗留问题。

在代表提出的15件议案中，关于拓宽蒙馆路梁山镇至赵堌堆路段的议案，涉及梁山县西北的交通便利以及西北6个乡镇的发展，份量较重，属全县重要工作。但因蒙馆路系省道，非本级政府力所能及，故不宜列入大会议案，拟作为重点建议办理。其办理可采取县政府与沿途乡镇共同努力的方式，即由县政府积极向上级有关部门争取立项及资金扶持，做好组织领导工作；职能部门进行规划论证，提出可行性方案；沿途乡镇做好拆迁及征地和土方准备工作；有关部门鼎力配合，齐心协力予以办理。

第八节 第十五届代表议案及建议

十五届一次会议议案及建议 2003年1月20日，梁山县第十五届人民代表大会第一次会议，共收到代表10人以上联名提出的议案25件。经大会主席团审查，建议将赵晖、秦延信等10位代表提出的《关于加快城乡规划建设步伐的议案》作为议案处理，其余24件不列为大会议案，作为代表建议、批评和意见处理。会议期间收到建议、批评和意见27件。该次会议共有建议、批评和意见51件。其中，工交、电力、邮电方面23件，农林水方面10件，科、教、文、卫方面5件，城建环保方面4件，民营经济1件，政法方面2件，其他方面3件。在代表提出的25件议案中，蔡建民等10位代表提出的《关于加快国有企业改革步伐的议案》、赵晖等10位代表提出的《关于教育、卫生系统改革的议案》、田焕如等10位代表提出的《关于加大资金和科技投入，大力发展畜牧业的议案》、蔡绍稳等11位代表提出的《关于解决迁建遗留问题的议案》、秦延信等10位代表提出的《关于规范小尾寒羊调拨市场的议案》、赵晖等13位代表提出的《关于建设梁山县“金三角”工业城，加快民营经济发展的议案》，拟作为重点建议和意见办理。

十五届二次会议议案及建议 2004年1月4日，梁山县第十五届人民代表大会第二次会议，共收到代表10人以上联名提出的议案13件。经审查，不列为大会议案，拟作为代表建议、批评和意见处理。会议期间收到代表提出的建议、批评和意见16件。该次会议共收到建议、批评和意见29件。其中：工交、电力、邮电方面13件，农林水方面7件，财贸方面3件，科教文卫方面2件，城建环保方面3件，其他方面1件。在代表提出的13件议案及16件建议中，杨朝福、鞠燕芬等代表提出的实施村村通客车的议案；赵晖、王佑灿等16位代表提出的加快建设凤山公园及扩建体育广场的议案、张传胜代表提出的关于治理沿黄排水沟水系的议案、秦延智等代表提出的加大对湖区贫困乡镇扶持的议案、唐家宏等代表提出的治理城乡网吧的建议，作为重点建议办理。

十五届三次会议议案及建议 2005年1月14日，梁山县第十五届人民代表大会第三次会议，共收到代表10人以上联名提出的议案15件。经大会主席团审查，建议将秦延信、仲崇斌等11位代表提出的《关于加快凤山公园建设步伐的议案》作为议案处理，其余14件不列为大会议案，拟作为代表建议、批评和意见处理。会议期间收到代表提出的建议、批评和意见31件。该次会议共收到建议、批评和意见45件。其中：工交、电力、邮电方面8件，农林水方面4件，财贸方面4件，科教文卫方面5件，政法方面6件，城建环保方面1件，其他方面3件。

在代表提出的15件议案及31件建议中，王佑兵、田福岭等109名代表提出的《发展公共交通事业，加快城乡一体化建设的议案》，秦延信、仲崇斌等10位代表提出的《加快体育广场建设步伐的议案》，侯典江、李玉方代表提出的《关于加大税收征管力度，解决财政困难的建议》。陈启明、薛祥岭等代表提出的《加强社会治安综合治理，搞好防控体系建设的建议》，刘本相、张远玉等代表提出的《重视教育事业发展，尽快落实、建设一中新校区的建议》，刘本相等11名代表提出的《深化乡镇卫生事业改革，加强城乡卫生室管理的建议》，刘本相等10名代表提出的《治理城乡网吧，确保青少年身心健康发展的建议》，作为重点建议办理。

十五届四次会议议案及建议 2006年1月12日，梁山县第十五届人民代表大会第四次会议，共收到代表10人以上联名提出的议案12件。议案所提事项，有的是需要请示上级政府解决的问题，有的是涉及到计划安排或受地方财力物力制约一时难以解决的问题，有的是受一定范围制约的局部问题。因此，不列为大会议案，拟作为代表建议、批评和意见处理。会议期间收到代表提出的建议、批评和意见19件。这样本次会议共收到建议、批评和意见31件。其中：工交、电力、邮电方面8件，农林水方面4件，财贸方面1件，科教文卫方面2件，政法方面2件，城建、环保、旅游方面9件，其他方面5件。大会主席团对这些议案、建议、批评和意见进行了认真研究，建议将杨先进等23位代表提出的关于加快梁山旅游景区建设的建议、林英敏等代表提出的关于对村村通公路养护及管理的建议、孙长雨等代表提出的关于移风易俗，节俭办红白事的建议，作为重点建议办理。

十五届五次会议议案及建议 2007年1月19日，梁山县第十五届人民代表大会第五次会议，共收到代表10人以上联名提出的议案12件。经审查，不列为大会议案，拟作为代表建议、批评和意见处理。会议期间收到代表提出的建议、批评和意见72件。该次会议共收到建议、批评和意见84件。其中，工交、电力、通信方面22件，农林水方面的18件，财贸方面的13件，科教文卫方面的11件，政法方面的5件，城建、环保、旅游方面的13件，其他方面的2件。大会主席团对议案、建议、批评和意见进行了认真研究，建议将宋庆武等代表提出的关于加快旅游业发展的议案、段胜华等代表提出的关于在城区设立街道办事处和建立城市社区管理机制的议案、徐龙海等代表提出的关于提高现任村干部工资标准和解决退休村干部老有所养问题的议案、吴康连等代表提出的关于加强城乡道路养护的建议、邱万银等代表提出的关于完善新型农村合作医疗的建议、冯传东等代表提出的关于严厉整治“黑网吧”的建议、王先珠等代表提出的关于加大社会治安整治力度的建议、朱仰民等代表提出的关于加快德商路修建的建议、王先珠等代表提出的关于加快风山公园二期工程建设的建议、路忠朝等代表提出的关于重修郑那里运河大桥的建议作为重点建议办理。

第九节 第十六届代表议案及建议

十六届一次会议议案及建议 2007年12月15日，县人大常委会副主任赵玉民代表梁山县第十六届人民代表大会第一次会议主席团作《关于代表议案处理意见的报告》。报告说明，至12月14日上午10时，共收到代表10人以上联名提出的议案16件。经大会主席团审查，建议将马云芬、徐淑成等20位代表提出的《关于规范我县村级干部待遇的议案》作为议案处理，其余15件不列为大会议案，作为代表建议、批评和意见处理。会议期间收到代表提出的建议、批评和意见61件。会议共有建议、批评和意见76件。其中，工交、电力、通信方面的21件，农林水方面的20件，财贸方面的2件，科教文卫方面的13件，政法方面的4件，城建、环保、旅游方面的5件，其他方面的11件。报告建议，将路家月等代表提出的关于加快黄河滩区综合治理步伐的议案、王改芝等代表提出的关于规范村村通自来水工程管理的建议、王道福等代表提出的关于加强龟山腚河修建和治理的建议、王水利等代表提出的关于加强城乡公路养护及管理体制建设的建议、王爱青等代表提出的关于琉璃河鲍垓交通桥维修的建议等5件作为重点建议办理。上述建议、批评和意见，将由县人大常委会及时转交“一府两院”及有关部门办理，并在大会闭会之日起三个月内办理完毕，办理结果征求代表意见后报告县人大常委会。

十六届二次会议议案及建议 2009年1月10日，县人大常委会副主任赵玉民代表梁山县第十六届人民代表大会第二次会议主席团作《关于代表议案处理意见的报告》。报告说明，截至1月9日下午5时，共收到代表10人以上联名提出的议案13件。经大会主席团审查，建议将陈丕秋、孔祥华等11位代表提出的《关于加快煤矿建设的议案》作为议案处理，其他不列为大会议案，拟作为代表建议、批评和意见处理。会议期间收到代表提出的建议、批评和意见62件。这样会议共有建议、批评和意见75件。其中，工交、电力、邮电方面的15件，农林水方面的11件，财贸方面的8件，科教文卫方面的19件，城建环保方面12件，民政劳动方面的7件，其他方面3件。大会主席认为，杨朝福、鞠燕芬等代表提出的实施村村通客车的议案，赵晖、王佑灿等16名代表提出的加快建设凤山公园及扩建体育广场的议案，张传胜等代表提出的关于加快治理沿黄排水沟水系的议案，秦延智等代表提出的加大对湖区贫困乡镇扶持的议案，唐家宏等代表提出的治理城乡网吧的建议，作为重点建议办理。上述建议、批评和意见由县人大常委会转交"一府两院"及有关部门办理，并将办理建议、批评和意见采取的措施和办理结果征求代表意见后报告县人大常委会。

十六届三次会议议案及建议 2010年4月23日，县人大常委会副主任张恒福代表梁山县第十六届人民代表大会第三次会议主席团作《关于代表议案处理意见的报告》。报告说明，至4月22日下午2时，大会共收到代表10人以上联名提出的议案15件。经大会主席团审查，建议将梁山镇代表团马克满代表等提出的《关于修编完善城市、旅游总体规划，推进城镇化和加快旅游产业建设步伐的议案》作为议案处理，其余14件议案不列为大会议案，拟作为代表建议、批评和意见处理。会议期间收到代表提出的建议、批评和意见59件，连同10人以上代表联名提出的拟作为建议、批评和意见办理的14件议案，该次会议共有建议、批评和意见73件。其中，城建、交通、旅游方面的21件，新农村建设方面的10件，科教文卫方面的12件，组织人事、政法、民政、劳动保障方面的17件，经济方面的12件，其他方面1件。大会主席团认为，黑虎庙乡代表团李明锋、小路口镇代表团郭德玉、拳铺镇代表团戚甫同等代表联名提出的《关于加快推进城乡公交一体化建设》的建议，体现民意，合乎县情，拟作为重点建议办理。所有建议、批评和意见由县人大常委会及时转交"一府两院"及有关部门办理，并在大会闭会之日起三个月内办理完毕，办理结果征求代表意见后报告县人大常委会。

十六届四次会议议案及建议 2011年1月14日，县人大常委会副主任张恒福代表梁山县第十六届人民代表大会第四次会议主席团作《关于代表议案处理意见的报告》。报告说明，至1月13日上午12时，大会共收到代表10人以上联名提出的议案7件。经大会主席团审查，建议将水泊街道代表团孟召法代表等提出的《关于启动修复绿化青龙山等部分山体的议案》作为议案处理，其余6件不列为大会议案，均转为代表建议、批评和意见办理。会议还收到代表对各方面工作提出的建议、批评和意见共68件，连同10人以上代表联名提出的拟作为建议、批评和意见办理的6件议案，该次会议共有建议、批评和意见74件。其中：城建旅游方面的8件，教育文化卫生方面的12件，经济财贸方面的12件，交通方面的18件，农业新农村方面的7件，民政劳动人事方面的4件，政法方面的4件，其他方面的3件。大会主席团经审议认为，寿张集镇代表郭常阁等代表联名提出的关于加快推进城乡公交一体化进程、拳铺镇代表团杨智等代表联名提出的关于尽快落实城市总体规划和旅游产业规划、马营乡代表团张德格等代表联名提出的关于加快环城水系建设等6件建议，体现民意，合乎县情，作为重点建议办理。所有建议、批评和意见由县人大常委会及时转交"一府两院"及有关部门办理，并在大会闭会之日起三个月内办理完毕，办理措施和办理结果征求代表意见后报告县人大常委会。

第十节 第十七届代表议案及建议

十七届一次会议议案及建议 2012年1月10日，县人大常委会副主任林宪良代表梁山县第十七届人民代表大会第一次主席团会议作《关于代表议案处理意见的报告》。报告说明，根据第十七届人民代表大会第一次会议主席团关于议案问题的决定，至2012年1月9日，大会共收到代表10人以上联名提出的议案8件。经大会主席团审查，建议将1件作为议案处理，即拳铺镇代表团岳增才等10位代表提出的关于加大专用汽车产业扶持力度、加快工业强县建设步伐的议案。其余7件所提事项，有的已列入计划，有的已被列入本次政府工作报告，有的虽带有普遍性，但由于条件所限，或需向上级政府请求及有关部门立项争取，有的则属于政府职能部门的具体工作，故不宜列为大会议案，拟作为代表建议办理。会议期间收到代表提出的建议59件。这样本次会议共有建议66件。其中，工交电力方面24件，主要内容有加快城乡客车公交化、乡镇道路与村街道路贯通等问题。新农村建设方面13件，主要内容有打造梁山农业示范园区，加快新农村社区建设等建议。科教文卫方面7件，主要内容有加快农村幼儿园规范化建设、加强大病救助资金等事项。劳动、人事、民政方面7件，主要内容有解决党政事业机关人员断岗、扶持农村骨灰堂建设等建议。经贸方面6件，主要内容有加快推进国有企业破产改制步伐、做好梁山二手车市场发展规划等问题。城建、旅游、环保方面4件，主要内容有尽快实施龟山山体绿化亮化、统一城中村拆迁补偿标准等事项。政法方面4件，主要内容有理顺基层派出所管理体制、严厉打击赌博活动等问题。其他方面1件。大会主席团对这些议案和建议高度重视，并进行了认真研究。一致认为，马营乡代表团刘文军等10位代表提出的关于加固与修复王楼干沟生活桥、馆驿镇代表团孙长栋等10位代表提出的关于梁靳路拓宽升级改造、梁山街道代表团关金政等10位代表提出的关于加大敬老院建设扶持力度、寿张集镇代表团井振启等10位代表提出的关于西北乡镇城乡公交一体化、小安山镇代表团闫仁旺等10位代表提出的关于城乡通公交车、宋恒臣等10位代表提出的关于进一步加强农村基础设施建设投资力度、韩岗镇韩仰金等10位代表提出的关于改建韩袁路并向北延伸等7件议案，体现民意，合乎县情，作为重点建议办理。

十七届二次会议议案及建议 2013年1月16日，县人大常委会副主任郭继田代表梁山县第十七届人民代表大会第二次会议主席团作《关于代表议案处理意见的报告》。报告说明，根据第十七届人民代表大会第一次会议主席团关于议案问题的决定，至2013年1月15日上午10时，大会共收到代表10人以上联名提出的议案12件。经大会主席团审查，建议将智红光等12名代表提出的关于集聚小城镇发展动力、加快推进新型城镇化步伐的议案作为议案处理，其余11件不列为大会议案，拟作为代表建议办理。会议期间收到代表提出的建议37件。该次会议共有建议48件。其中经济方面的3件，科教文卫方面6件，城建交通旅游的方面29件，新农村建设方面的3件，劳动人事民政方面的3件，其他方面4件。大会主席团认为，赵堌堆乡代表团蔡绍稳代表提出的关于加大投入提高滩区基础设施建设的建议，赵堌堆乡代表团高宗杰等10位代表提出的关于把黄河生态旅游纳入旅游强县整体规划的建议，小路口镇代表团王召清代表提出的关于加强对农村食品流通监管的建议，小路口镇代表团路家月等代表提出的关于尽快开通蒙馆路梁山—赵堌堆公交的建议，大路口乡代表团张文娟代表提出的关于农村教师队伍亟须加强的建议，县直二团林红杰等代表提出的关于进一步提高城市供暖质量的建议，体现民意，合乎县情，具有很强的科学性、针对性和可操作性，作为重点建议办理。所有议案和建议，将由县人大常委会转交县人民政府及有关部门办理，并在大会闭会之日起三个月内办理完毕，办理结果报告县人大常委会，由县人大常委会转交代表。

十七届三次会议议案及建议 2014年1月6日，县人大常委会副主任郭继田代表梁山县第十七届人民代表大会第三次会议主席团作《关于代表议案处理意见的报告》。报告说明，至1月5日上午10时，大会共收到代表10人以上联名提出的议案6件。经大会主席团审查，建议将拳铺镇代表团王平等10名代表提出的关于加大扶持力度、进一步加快小城镇建设的议案作为议案处理，其余5件不列为大会议案，拟作为代表建议办理。会议期间收到代表提出的建议89件，该次会议共有建议94件。其中财政经济方面的11件，主要有对袁口线进行升级改造的建议等；科教文卫方面12件，主要有保护和开发黄河滩区古村落的建议等；城建交通旅游的方面32件，主要有加快推进梁靳路西段升级改造工程建设进度的建议、加快新城区建设的建议、加强对老旧小区、小区物业管理的建议等；新农村建设方面的16件，主要有推进美丽乡村建设的建议、关注农村留守儿童空巢老人的建议等；劳动人事民政方面的10件，主要有解决农村中小学教师职教配备不够问题的建议等；其他方面13件，主要有加快实施开发区管理体制改革的建议等。大会主席团认为，县直一团蒋海燕代表提出的关于城乡交通治安环境秩序综合整治的建议等10件，体现民意，合乎县情，关系民生，具有很强的政策性、针对性和可操作性，拟作为重点建议办理

十七届四次会议议案及建议 2015年1月17日，县人大常委会副主任林宪良代表梁山县第十七届人民代表大会第四次会议主席团作《关于代表议案处理意见的报告》。报告说明，至1月16日上午10时，大会共收到代表10人以上联名提出的议案6件。经大会主席团审查，建议将韩垓镇代表团宋培秋等10名代表提出的《关于建设镇村为农服务中心的议案》、马营镇代表团周菊兰等10名代表提出的《关于加快完善园区基础配套设施建设的议案》作为议案处理。其余4件不列为大会议案，拟作为代表建议办理。会议期间收到代表提出的建议86件，该次会议共有建议90件。其中：城建交通旅游方面的43件，主要有尽快开通济宁至梁山城际公交的建议、推进城乡客运一体化进程的建议、加快园区基础设施的建议等；科教文卫方面的18件，主要有规范学校周边流动食品商贩经营的建议等；经济金融方面的11件，主要有建立梁山县二手车市场长效管理机制的建议等；人社民政方面的7件，主要有促进大学生就业的建议等；农业水利方面的5件，主要有将馆驿镇打造成梁山县现代农业示范园的建议、打造梁山县万亩现代农业生态示范园区的建议等，其他方面的6件，主要有加强农村社会治安管理的建议、加快土地增减挂钩社区建设资金拨付的建议等。大会主席团认为，马营镇代表团张德宝等代表提出的关于加强乡镇学校教师队伍建设的建议，梁山街道代表团吕玉来等代表提出的关于加快城市社区治理结构，实现网格化管理的建议，馆驿镇代表团梁传寅等代表提出的关于利用全县现有企业闲置土地厂房，加大对外招商力度的建议，小安山镇代表团耿树民等代表提出的关于扶持培育农业产业化龙头企业的建议，县直一团高兴武等代表提出的关于加强民间借贷管理的建议，韩垓镇代表团高培飞等代表提出的关于加强优化经济发展环境，加快中小微企业快速发展的建议等6件，顺应民意，合乎县情，关系民生，具有很强的政策性、针对性和可操作性，作为重点建议办理。

十七届五次会议议案及建议 2016年1月18日，县人大常委会副主任林宪良代表梁山县第十七届人民代表大会第五次会议主席团作《关于代表议案处理意见的报告》。报告说明，至1月17日上午10时，大会共收到代表10人以上联名提出的议案7件。经大会主席团审查，建议将县直一团黄涛等10位代表提出的《关于加快推进城乡交通秩序、环境卫生综合整治的议案》、小路口镇代表团张希远、张思贞等10名代表提出的《关于进一步完善政策，加快推进大众创业、万众创新平台建设的议案》等两件，作为议案处理，其余5件不列为大会议案，拟作为代表建议办理。会议期间收到代表提出的建议80件，该次会议共有建议85件。其中，城建交通旅游方面的37件，主要有县直一团吴春雷等代表提出的关于建设贯通新老城区快速道路的建议，水泊街道代表团杨孟刚等代表提出的关于实施水泊东路南北延伸工程，小安山镇代表团耿树民等代表

提出的关于进一步完善城乡公交一体化建设的建议等；科教文卫方面的18件，主要有梁山街道代表团吕玉来、马兆海等代表提出的关于在梁山县老城北部成立医疗服务中心的建议；经济金融方面的7件，主要有韩垓镇代表团宋玉英等代表提出的关于进一步优化经济发展环境、促进全县中小微企业快速发展的建议等；人社民政方面的9件，主要有黑虎庙镇代表团陈传刚等代表提出的关于解决乡镇干部年龄断层、工作力量不足的建议等，农业水利方面的14件，主要有小安山镇代表团林宪勤等代表提出的关于扶持培育农业产业化龙头企业的建议等。大会主席团认为，梁山街道代表团于齐文等代表提出的关于盘活企业闲置资源的建议、小路口镇代表团张希远等代表提出的关于推动精准扶贫工作的建议、赵堌堆乡代表团钟立芳等代表提出的关于红白事倡导从简办理的建议、马营镇代表团李春兰等代表提出的关于加强农村教师队伍建设的建议、韩岗镇代表团管红爱等代表提出的关于保障群众饮水安全的建议、县直二团王秀玲等代表提出的关于减少山土流失造成环境污染的建议、水泊街道代表团王守营等代表提出的关于禁止随意鸣放鞭炮礼炮的建议、杨营镇代表团薛庆朝等代表提出的关于严格规范养殖污染源管理的建议等8件，顺应民意，合乎县情，关系民生，具有很强的政策性、针对性和可操作性，作为重点建议办理。

第十一节 第十八届代表议案及建议

十八届一次会议议案及建议 2017年1月25日，县人大常委会副主任王文成代表大会主席团，向梁山县第十八届人民代表大会第一次会议作关于代表议案处理意见的报告。报告说明，县十八届人大一次会议期间，代表们以高度的责任感和使命感，积极依法履职，向大会提出许多建设性的、中肯的议案和建议，至1月24日，大会收到代表10人以上联名提出的议案25件。经大会主席团审查，建议将杨营镇代表团孔祥华等15名代表提出的《关于加快突破小城镇发展的议案》、拳铺镇代表团吴兆群等15名代表提出的《关于农村移风易俗的议案》作为议案处理。其余23件议案拟作为代表建议办理。会议期间收到代表提出的建议65件，本次会议共有建议88件。其中，城建交通旅游方面的37件，主要内容有拳铺镇代表团刘太星等代表提出的关于进一步加大对新型乡镇扶持力度，推动新型乡镇跨越发展的建议；小安山镇代表团闫崇高等代表提出的关于翻修重要县乡道路的建议等。科教文卫方面的25件，主要内容有大路口乡代表团刘有民、刘传更等代表提出的关于发展张博士集村红色旅游的建议；黑虎庙镇代表团闫修全等代表提出的关于推广直播卫星电视“村村通”的建议等。经济金融方面的6件，主要内容有拳铺镇代表团李厚昌等代表提出的关于加强对食品服务行业管理的建议等。人社民政方面的7件，主要内容有赵堌堆乡代表团任玉明等代表提出的关于免费为群众缴纳社会治安保险费的建议等。农业水利方面的13件，主要内容有马营镇代表团杨培帅等代表提出的关于农村宅基地规范建设的建议等。

经大会主席团研究，一致认为，寿张集镇代表团郭新占、小路口镇代表团刘大彬等代表提出的关于完善公交路线，真正实现城乡公交一体化的建议；黑虎庙镇代表团史作立等代表提出的关于强化监督、提升物业管理水平，保障居民安居乐业的建议；小路口镇代表团师清霞、韩垓镇代表团吴文峰等代表提出的关于解决中小企业融资难，促进中小微企业快速发展的建议；水泊街道代表团张保贵、大路口乡代表团张文娟、馆驿镇代表团张淑娟等代表提出的关于优化教育资源配置，增加农村中小学音体美教师的建议；拳铺镇代表团王其峰等代表提出的关于打造汽车零部件产业的建议；小安山镇代表团冯昌顺、赵堌堆乡代表团范圣奎等代表提出的关于完善农村改厕后续事项的建议等6件，顺应民意，合乎县情，关系民生，具有很强的政策性针对性和可操作性，拟作为重点建议办理。

大会主席团要求，“一府两院”尊重和支持代表行使职权，认真办理代表议和建议，是接受国家权力机关监督的法定职责和义务。各承办单位要增强办理工作的责任感和自觉性，在大会闭会之日起三个月内办理完毕，并将办理结果报告县人大常委会，由县人大常委会转交代表。县人大常委会办事机构要加强与承办单位的联系与协调，突出重点，加强督导，推动议案和建议办理工作不断取得新成效。

2018年1月，县人民政府向人民代表大会书面报告代表议案及代表建议、批评和意见办理情况。

关于加快突破小城镇发展的议案，县政府及有关部门积极推动新一轮乡镇规划修编，县住建规划局委托省、市规划设计院，对全县12个乡镇的《小城镇的规划》进行修编，10个乡镇《小城镇的规划》已经县政府批复。同时，重点实施对乡镇街道的绿化、亮化、硬化、净化工程，全力推进农村厕所改造工程，突出美丽乡村建设，硬化街巷1800公里，建设村级文化广场631个，整治村内坑塘361处，对626个行政村进行绿化提升，梁山街道、拳铺镇、大路口乡3处美丽乡村示范片区各具特色，大路口片区晋升为市级示范片区，贾堌堆农家寨顺利通过国家3A旅游景区验收。

关于移风易俗除陋习、崇尚节俭树新风的议案，县政府及有关部门印发《关于进一步推进全县乡村文明行动移风易俗工作的实施方案》，形成县、乡、村三级联动，一级抓一级，层层抓落实，共同推进移风易俗活动扎实开展。建立健全红白理事会，修订完善村规民约，加强媒体宣传，形成倡树婚丧嫁娶新风的社会氛围。同时建立健全督查机制，重点督查红白理事会建设情况、制度落实情况、工作效果、群众的满意度，对成绩突出、成效明显的乡镇（街、区）及县直部门单位，给予通报表扬；对工作不力、进展缓慢的，予以通报批评。

关于代表建议、批评和意见，已经解决或基本解决的45件，占51.1%；正在解决或列入计划逐步解决的32件，占36.4%；所提问题因条件限制，暂时难以解决或需留作参考的11件，占12.5%。

十八届二次会议议案及建议 2018年1月11日，县人大常委会副主任郭继田代表大会主席团，向梁山县第十八届人民代表大会第二次会议作关于代表议案处理意见的报告。报告说明，县十八届人大二次会议期间，代表们以高度的政治责任感和使命感，紧紧围绕“工业立县、产业富县、科技兴县、质量强县”总体发展思路，切实履行宪法和法律赋予的职责，向大会提出了许多建设性的、中肯的议案有和建议。至1月10日，大会收到代表10人以上联名提出的议案16件。经大会主席团审查，建议将县直一团耿亚静等10名代表提出的关于以创建全国卫生城为目标，加强城区治堵、治脏、治乱等综合整治的议案和马营镇代表团孙远福等10名代表提出的关于实施乡村振兴战略，加快特色小城镇建设的议案作为议案处理，其余14件议案拟作为代表建议办理，会议期间还收到代表提出的建议69件，本次会议共有建议83件。其中，城建交通方面38件，主要内容有梁山街道代表团张莹等代表提出的关于加大城市社区文体设施建设及绿亮美工程的建议，馆驿镇代表团秦延芝等代表提出的关于新城区忠义路东延的建议等。科教文卫方面11件，主要内容有县直二团张培云等代表提出的关于普及高中阶段教育的建议，赵堌堆乡代表团任玉明等代表提出的关于加快落实医务室、门诊禁用抗生素的建议等。经济金融方面17件，主要内容有韩垓镇代表团佟爱华等代表提出的关于加大对土地流转扶持的建议，小路口镇代表团米英芬等代表提出的关于加快梁山县黄河滩区项目建设、解决群众就业问题的建议等。人社民政方面11件，主要内容有黑虎庙镇代表团张月华等代表提出的关于关爱留守儿童健康成长的建议，韩岗镇代表团盛运等代表提出的关于抑制高价彩礼的建议等。农业水利方面4件，主要内容有黑虎庙镇代表团邓兆国等代表提出的关于在黑虎庙镇建设现代农业公园的建议等。旅游服务方面2件，主要内容有马营镇代表团王明贤等代表提出的关于将马营旅游纳入全县旅游发展规划建设的建议等。

对于各位代表提出的议案和建议，经大会主席团研究，一致认为，杨营镇代表团孔祥华等代表提出的关于加快涂料产业园等六大专业园区基础设施建设的建议，水泊街道代表团张保贵等代表提出的关于加强城市规划、提升城市基础设施建设的建议和郭爱梅等代表提出的关于围绕创建5A级景区、加快旅游基础设施建设的建议，黑虎庙镇代表团张继存等代表提出的关于金堤西河清理改造的建议，马营镇代表团赵延方等代表提出的关于进一步推进移风易俗、简办婚丧嫁娶事宜的建议和孙明华等代表提出的关于加大对实体经济扶持力度的建议，赵堌堆乡代表团范圣奎、黑虎庙镇代表团史作立、寿张集镇代表团王巧岭和拳铺镇代表团王玉花等代表提出的关于完善公交路线、真正实现城乡公交一体化的建议等9件，顺应民意，合乎县情，关系民生，具有很强的政策性、针对性和可操作性，拟作为重点建议办理。大会主席团要求，“一府两院”要把认真办理代表议案和建议，作为接受国家权力机关监督的法定职责和义务，予以高度重视，进一步提高思想认识，进一步增强办理实效，在大会闭会之日起个月内办理完毕，并将办理结果报告县人大常委会，由县人大常委会转交代表。

十八届三次会议议案及建议 2019年10月18日，县人大常委会副主任郭继田代表大会主席团，向梁山县第十八届人民代表大会第三次会议作关于代表议案处理意见的报告。报告说明，县十八届人大三次会议期间，代表们以高度的政治责任感和使命感，紧紧围绕全县发展大局和社会关注的热点难点问题，认真履行代表职责，在深入调查研究，广泛征求意见的基础上，向大会提出许多建设性的、中肯的议案和建议。至10月16日，大会收到代表10人以上联名提出的议案13件，经大会主席团审查，建议将马营镇代表团王明贤、孙远福等10名代表提出的关于实施乡村振兴战略，促进特色小镇建设的议案拟作为议案处理，其余12件议案拟作为代表建议办理。会议期间，收到代表提出的建议88件，本次会议共有建议100件。其中，财政经济方面9件，主要内容有关于加大韩岗镇城镇及园区建设政策、资金扶持的建议等；科教文卫方面18件，主要内容有关于农村教育均衡发展的建议等；农业与农村方面7件，主要内容有关于维修农业开发项目部分工程的建议等；城乡建设与环境资源保护方面54件，主要内容有关于请求增设济广高速公路韩岗出入口的建议关于积极开展农村垃圾分类工作的建议等；监察和司法方面3件，主要内容有关于在梁五路、黄兴路十字路口增设红绿灯的建议等；社会建设方面9件，主要内容有关于加大移风易俗力度的建议等。

对于各位代表提出的议案和建议，经大会主席团研究，一致认为，梁山街道代表团张莹代表提出的关于进一步优化新城区通信网络的建议、胡桂花代表提出的关于盘活僵尸企业整合土地资源的建议；拳铺镇代表团岳增才代表提出的关于促进专用汽车产业优化升级的建议；水泊街道代表团张保贵代表提出的关于加快水泊梁山风景区文化产业与旅游业融合发展的建议；小安山镇代表团钱华军等代表提出的关于加大对乡镇道路建设投资力度，保障群众正常出行的建议；馆驿镇代表团刘兴旺等代表提出的关于加快茶庄桥修建进度的建议；马营镇代表团张英伟等代表提出的关于号召梁山籍在外各界人士投身乡村建设、促进乡村振兴的建议；杨营镇代表团卜令军等代表提出的关于加大对畜牧养殖业规范发展和集中整治的建议、马洪锋等代表提出的关于加快公明大道提升改造工程建设的建议；寿张集镇代表团孙常刚等代表提出的关于加快342省道和220国道建设进度，改善西北乡镇交通状况的建议；韩岗镇代表团盛运等代表提出的关于加强农村道路维护管理的建议；韩垓镇代表团徐西峰等代表提出的关于县政府加强对小微企业扶持力度的建议；大路口乡代表团刘友云代表提出的关于解决病人转诊难、企业职工医疗保险报销慢问题的建议；小路口镇代表团郑昌芳代表提出的关于加快农村土地使用权流转的建议；赵堌堆乡代表团薛凡云代表提出的关于梁山养老未来发展方向的建议；黑虎庙镇代表团张继存代表提出的关于金堤西河清理改造的建议等30余件，合乎县情，关系民生，顺应民意，具有很强的针对性和可操作性，拟作为重点建议办理。

县政府和各承办单位要高度重视，将办理代表议案、建议与国家机关密切联系群众、加强改进工作结合起来，进一步提高思想认识，增强办理实效，在大会闭会之日起三个月内办理完毕，并将办理结果报告县人大常委会，由县人大常委会转交代表。

十八届四次会议议案及建议 2020年1月17日，县人大常委会党组成员郭继田代表大会主席团，向梁山县第十八届人民代表大会第四次会议作关于代表议案处理意见的报告。报告说明，县十八届人大四次会议期间，代表们紧紧围绕全县发展大局和社会关注的热点难点问题，认真履行代表职责，在深入调查研究，广泛征求意见的基础上，向大会提出许多建设性的、中肯的议案和建议。至1月15日，大会收到代表10人以上联名提出的议案14件；经审查，建议将寿张集镇代表团郭新占等10名代表提出的关于推进移风易俗改革的议案拟作为议案处理，其余13件议案拟作为代表建议办理。会议期间收到代表提出的建议88件，本次会议共有建议101件。其中，财政经济方面9件，主要内容有关于加快推进涂料等专业园区发展建设的建议、关于加强对中小企业扶持政策的建议等；科教文卫方面20件，主要内容有关于加快推进医疗卫生均衡发展，提升基层医疗保障水平的建议、关于推动农村教育高质量发展的建议等；农业与农村方面8件，主要内容有关于切实改善居民饮用水质量的建议、关于扶持发展蛋鸡立体化生态养殖业的建议等；城乡建设与环境资源保护方面55件，主要内容有关于德商路拓宽改造的建议、关于合理安排“三小车辆”禁行、保障群众正常出行的建议等；监察和司法方面1件，主要内容有关于在公明路、黄兴路十字路口安装红绿灯的建议；社会建设方面8件，主要内容有关于探索医养结合新型养老模式的建议、关于大力发展劳动技能教育、助力梁山经济高质量发展的建议等。

对于代表提出的议案和建议，经大会主席团研究，一致认为，马营镇代表团王明贤、寿张集镇代表团周海滨、黑虎庙镇代表团杨继江等代表提出的关于加快农村社区建设，助推乡村振兴的建议；马营镇代表团王明贤代表提出的关于盘活存量土地，加大工业技改力度，推动新旧动能转换的建议；水泊街道代表团张保贵代表提出的关于积极开展新时代乡村文化振兴的建议；梁山街道代表团周少华代表提出的关于尽快出台鼓励民间资本投资办学优惠政策的建议；小安山镇代表团王文姣等代表提出的关于优化校园周围环境，保障学生安全出行的建议；拳铺镇代表团丁明俊、馆驿镇代表团杨淑礼代表提出的关于加快建设四好农村公路的建议；韩垓镇代表团谷峰、赵堌堆乡代表团王凤玲代表提出的关于规范小区物业管理的建议等10件，合乎县情，关系民生，顺应民意，具有很强的针对性和可操作性，拟作为重点建议办理。

县政府和各承办单位要加大对代表议案、建议的办理力度，以对人民高度负责的精神，把办理代表议案、建议与转变作风、联系群众、改进工作有机结合起来，加快办理进度，完善办理机制，增强办理实效，在大会闭会之日起三个月内办理完毕，并将办理结果报告县人大常委会，由县人大常委会转交代表。

十八届五次会议议案及建议 2021年2月5日，梁山县第十八届人民代表大会第五次会议主席团，通过《关于代表议案审查处理意见的报告》。报告说明，县十八届人大五次会议期间，代表们紧紧围绕县委、县政府确定的发展目标和工作思路，聚焦社会热点难点，认真履行代表职责，在深入调查研究，广泛征求意见的基础上，向大会提出了许多建设性的、中肯的议案和建议。截止2月4日晚上8点，大会收到代表10人以上联名提出的议案18件。这些议案，内容丰富，重点突出，质量较高，积极回应了群众关切。经审查，将韩垓镇代表团张良喜等15名代表提出的《关于加强农村道路基础设施建设的议案》和赵堌堆乡代表团张保扩、寿张集镇代表团孙常刚等20名代表提出的《关于加强农村乡风文明建设的议案》作为议案处理，其他议案所提事项，有的已列入计划或民生实事项目，有的属于县政府职权范围内的工作，不宜列为大会议案，作为代表建议处理。会议期间，收到代表提出的建议90件，这样本次会议共有建议106件。其中：财政经济方面15件，主要内容有：关于加强专用汽车规范管理的建议，关于加快梁山县楼宇经济和总部经济发展的建议等；教科文卫方面22件，主要内容有：关于进一步解决农村学校专业学科教师紧缺的建议、关于加大文化惠民力度，提升群众满意度的建议等；农业与农村方面13件，主要内容有：关于加快乡村振兴战略，做好乡镇产业振兴发展规划的建议、关于加大对畜牧养殖业规范化发展和清理整治的建议等；城乡建设与环境资源保护方面40件，主要内容有：关于垃圾分类处理工作的建议、关于加强梁五路与新220国道交叉路口规划建设和管理的建议等；监察和司法方面5件，主要内容有：关于在茶庄桥增设交通信号灯的建议、关于治理不合规车辆上路及车辆占压道路进行装卸车问题的建议；社会建设方面11件，主要内容有：关于社区设立日间照料中心的建议、关于家政服务进社区的建议等。

对于各位代表提出的议案和建议，大会主席团高度重视，认真研究。一致认为，小安山镇代表团张圣运等代表提出的关于加快梁嘉路顺延施工进度的建议；梁山街道代表团胡桂花等代表提出的关于进一步规范盘活“僵尸企业”的建议，周少华等代表提出的关于解决我县师资力量不均衡问题的建议；马营镇代表团孙明华等代表提出的关于加快梁山稀土新材料循环经济产业园建设的建议等30件，合乎县情，关系民生，顺应民意，具有较强的针对性和可操作性，作为重点建议办理。

县政府和各承办单位要加大对代表议案、建议的办理力度，以对人民高度负责的精神，把办理代表议案、建议与转变作风、联系群众、改进工作有机结合起来，完善办理机制，加快办理进度，提高办理质量，在大会闭会之日起三个月内办理完毕，并将办理结果报告县人大常委会。

1994—2021年历届人代会代表议案及建议意见办理情况统计表

表5

时间	会议届次	收到议案（件）	审定议案（件）	收到建议（件）	批办建议（件）	办结率（%）
1994.1	十三届人代会二次会议	21	—	82	103	100
1995.2	十三届人代会三次会议	33	1	57	89	100
1996.2	十三届人代会四次会议	26		34	60	100
1997.2	十三届人代会五次会议	28	1	59	86	100
1998.1	十四届人代会一次会议	50	1	63	112	100
1999.1	十四届人代会二次会议	32	1	25	56	100
2000.1	十四届人代会三次会议	25	1	21	45	100
2001.1	十四届人代会四次会议	33	—	32	65	100
2002.1	十四届人代会五次会议	15	—	39	54	100
2003.1	十五届人代会一次会议	25	1	27	51	100
2004.1	十五届人代会二次会议	13	—	16	29	100
2005.1	十五届人代会三次会议	15	1	31	45	100
2006.1	十五届人代会四次会议	12	—	19	31	100
2007.1	十五届人代会五次会议	12	—	72	84	100
2007.12	十六届人代会一次会议	16	1	61	76	100
2009.1	十六届人代会二次会议	14	1	16	29	100
2010.4	十六届人代会三次会议	15	1	59	73	100
2011.1	十六届人代会四次会议	7	1	68	74	100
2012.1	十七届人代会一次会议	8	1	59	66	100
2013.1	十七届人代会二次会议	12	—	37	49	100
2014.1	十七届三次会议	6	1	89	94	100
2015.2	十七届四次会议	6	2	86	90	100
2016.1	十七届五次会议	7	2	80	85	100

续表 5

时间	会议届次	收到议案（件）	审定议案（件）	收到建议（件）	批办建议（件）	办结率（%）
2017.2	十八届一次会议	25	2	65	88	100
2018.1	十八届二次会议	16	2	69	83	100
2019.10	十八届三次会议	13	1	88	100	100
2020.1	十八届四次会议	14	1	88	101	100
2021.2	十八届五次会议	18	2	90	106	

梁山县人大志

LIANGSHANXIAN RENDAZHI

第十一章　代表工作

人大代表为国家权力机关组成人员，代表工作是人大常委会工作的基础。梁山县人大常委会始终把代表工作放在重要位置，不断加强与代表的联系，认真听取代表的意见建议，尊重和支持人大代表依法行使职权，组织人大代表开展活动，充分发挥代表作用。县人大代表按照规定出席人民代表大会会议，紧紧围绕宪法和法律法规的实施，围绕人民群众普遍关心的热点问题，认真执行代表职务，依法行使国家权力；参加闭会期间人大常委会组织的集中视察、专题调研、执法检查等活动和代表小组活动，发挥了重要作用。

第一节 代表联系

联系人大代表是县人大常委会的一项重要职责，是做好县人大常委会各项工作的基础。联系人大代表主要是围绕县人民代表大会及人大常委会审议、讨论、决定的问题征求代表意见，听取代表对贯彻实施有关法律、法规情况的反映，受理代表对各方面工作提出的建议、批评和意见。代表联系的方式包括建立“双联系”机制、代表小组、召开代表座谈会、走访人大代表、征询代表意见、接待代表来信来访、安排代表视察、印发“代表联系”“工作通讯”“会刊”向代表通报情况等。

代表组织 为充分发挥县人大代表作用，加强与本级人代会代表的联系，1981 年 3 月 25 日，县人大常委会根据有关法律规定，制定《梁山县人大常委会关于加强与人民代表联系的暂行办法》（简称《办法》）。《办法》规定，以参加县九届人大第一次会议的代表团为基础，建立代表联系组；联系组设正、副组长各 1 人，分别由参加县人代会各代表团的正、副团长担任。各联系组根据代表人数建立若干代表小组，小组设组长 1 人。《办法》还规定，通过举行座谈会、组织视察、登门访问、接待来访等形式，加强同人大代表的联系。同时要求人大代表贯彻人代会精神和县人大常委会的决定、决议，广泛听取选民意见和要求，随时向县人大常委会反映；带头做好本职工作，做坚持社会主义道路、坚持人民民主专政即无产阶级专政、坚持党的领导、坚持马列主义和毛泽东思想的模范，做积极宣传党和国家的法律、法令和政策，协助本级人民政府推动工作的模范。

1984 年 7 月 9—18 日，全县 278 名农村代表共建立代表联络组 32 个；各代表联络组以乡镇为单位，由各乡镇长任组长，并推选出一名代表任副组长。按照县十届人大常委会第二次会议有关规定，各代表联络组讨论制定活动制度，确定每 3 个月活动 1 次，主要学习宪法、法律、法令和党的方针政策，反映群众的意见和要求，进行调查和视察，协助乡镇政府推动工作。

为进一步加强全县各级人大代表小组建设，保证人大代表依法行使职权、履行义务，充分发挥代表在闭会期间的作用，增强代表小组活动实效，根据《中华人民共和国代表法》规定及山东省实施办法，2008 年、2012 年、2017 年，县人大常委会相继制定完善《关于进一步加强代表小组建设的意见》。《意见》指出，代表小组是代表在闭会期间履行代表职责、执行代表职务的重要组织形式，是代表工作的基础；代表小组建设是衡量代表工作优劣的重要尺度，是影响代表作用发挥的关键环节，更是提升代表小组整体水平的核心内容。为此，县人大常委会要把代表小组建设摆在代表工作的突出位置，把加强代表小组建设作为人大工作重要议事内容和工作目标，坚持主任亲自抓、分管主任靠上抓、人事代表室具体抓、机关各委室协助抓、县乡两级联动合力抓的工作格局，真正把代表小组建设抓实抓好。《意见》提出，要科学合理地划分代表小组，并明确代表小组召集人职责，增强召集人的责任感，提高召集人的政治素质、履职能力和组织开展活动的本领，组织好代表小组的活动，规范代表小组活动内容，创新代表小组活动方式。县乡人大工作机构要建立代表小组活动保障机制，明确专人为代表小组服务，制订代表小组学习制度、视察调研制度、联系选举单位和群众制度等项活动制度，始终将“情为民所系、权为民所用、利为民所谋”贯彻在代表小组活动中，体现在顺民意、解民忧、通民情、安民心的实效上，切实维护人民群众的根本利益，努力提高代表小组活动实效。

代表座谈会 有关法律规定，地方各级人民代表大会代表，应当与原选举单位和选民保持密切联系，并接受选民和原选举单位的监督。县级人民代表大会代表由选民直接选举产生，不论职务高低都是人民的勤务员，接受人民的监督。据此，经县人大常委会党组会议建议、并经中共梁山县委同意，县委、县人大、县政府和县政协领导成员中的县人大代表，于 1984 年 11 月到原选举单位参加代表座谈会，并确定今后每年至少参加 1～2 次代表座谈会，当面听取人民群众的意见，接受选民对自己的监督。同时建议：县政府的办公室和农业、林业、水利、粮食、工商、税务、卫生、商业、乡镇企业、计划生育、物价、公安等有关办局以及县联社、棉麻公司、电业公司、物资管理公司、农机服务公司等有关单位的负责人，列席县代表组座谈会，当面听取人民群众的意见，以便改进工作。

1984 年 12 月 28—30 日，县委副书记、县长魏昌启，县委副书记穆衍峰、霍正气，县委常委李进民、杨念成，县人大常委会主任崔绪照，副主任樊兆玙、孟凡才、李厚昌、陆长为、田均福，县政府副县长杨朝福、连广生，顾问郭文斌，县政协主席田继亮，副主席房瑞荣、刘运焕、刘骧等县四个班子领导 18 人；“一府两院”所属有关单位负责人 21 人和县人大常委会机关人员 13 人，分别到各乡镇参加县人民代表座谈会。全县在农村参选的代表 310 人，到会 259 人。座谈会由乡镇联络组长主持。对群众迫切要求解决的问题和如何改进全县的工作，提出了大量批评意见和建议，反映比较普遍突出的问题主要是卖棉卖粮难、提留多农民负担重、农村教育教学条件差、教育质量普遍低、农村用电难、社会治安差以及领导工作作风等方面问题。对于代表们提出的问题和建议，县人大汇总书面报告县委，对重大问题专门进行研究处理，并召开县政府各部门负责人和县法院、县检察院负责人会议，按照职权范围，对代表提出的问题，采取切实措施予以解决；对应解决不能马上解决的问题，要制订方案，逐步解决；对有些不符合客观实际的问题作好解释工作。

1985 年 1 月 29 日至 2 月 2 日，县人大常委会先后召开驻梁单位及县直单位县人大代表座谈会，代表们对群众迫切要求解决的问题，提出批评意见和建议：（1）为振兴梁山经济，代表们建议县政府进一步解放思想，尊重知识，广纳贤才，抓好智力开发；把懂技术、会管理、勇于改革创新的人才组织起来，作为县委、县政府领导的“智囊团”；对长期亏损企业实行张榜招贤，改变由组织、人事部门任免的办法。（2）为改变全县城内小学存在办学条件差、学生作业多负担重、对学生收费多的状况，代表们要求县政府及教育局采取措施，改善教学条件，改进教学方法，以保证教育质量及学生的身心健康。（3）代表们还对城区道路差、供电不足、交通秩序及事关群众切身利益等方面的问题提出意见和建议。

经验交流 1986 年 11 月，县人大常委会在菏泽地区就加强人大代表联系、发挥人大代表作用开展经验交流。梁山县人大常委会自 1981 年 1 月建立后，注重加强与人大代表联系，发挥人大代表作用，取得良好效果。充分认识加强与人大代表联系的重要性，认真做好代表联系工作，并使代表联系工作经常化。组织代表学习宪法、地方组织法等重要法律法规，提高代表对人大工作及代表的地位、作用、职权的认识，树立代表的光荣感和政治责任感。县人大常委会坚持每年召开代表座谈会，当面听取代表的意见和要求，既密切党和国家同人民群众的联系，又促进了各项工作的开展。尊重代表民主权利，认真办理代表议案和建议，批评、意见。组织代表视察，促进党的方针政策和国家法律进一步贯彻落实。走访人大代表，接待代表来信来访，邀请列席县人大常委会议等。

联系制度 1987年5月21日，县十一届人大常委会制发《梁山县人大常委会关于联系代表工作的意见》(以下简称《意见》)。《意见》规定，县直以代表团为单位，农村以乡镇为单位建立代表小组，县直代表小组组长、副组长可由代表团团长、副团长担任；各乡镇代表小组组长可由代表团长或副团长担任，乡镇人大工作联络员是县人大代表的可担任副组长或推选一名代表任副组长。《意见》规定，人大工作联络员在县人大常委会的指导下负责人大代表的联络工作，人大工作联络员和代表小组的正副组长共同组织代表开展活动。代表小组每季度至少活动1次，每次活动1—2天；代表小组主要开展学习宣传宪法、法律和党的政策，调查了解县人大代表大会及其常委会的各项决议、决定贯彻实施情况，征集选民的意见和要求，交流代表活动经验。每次活动结束后，由人大工作联络员将活动情况书面报告县人大常委会。《意见》提出，人大常委会开会时，可根据会议内容，邀请有关代表、人大工作联络员列席会议，听取他们的意见和建议。同时，县人大常委会主任、副主任、专职常委、人大科室负责人不定期走访代表；县人大常委会每年召开一次代表座谈会，听取代表的意见和要求，并有计划的邀请代表参加视察和调查研究活动。《意见》要求，县人大常委会代表联络科要及时催办代表议案、建议办理，认真处理代表来信来访。同时利用向代表发放学习文件、县人大常委会《会刊》等多种形式，加强同人大代表的联系，提高代表的素质，以便履行好代表职责，发挥代表作用。

深入贯彻落实中共十三届六中全会通过的《中共中央关于加强同人民群众联系的决定》，进一步拓宽县人大常委会同各级人大代表和人民群众的联系渠道，更广泛地倾听人大代表的意见、建议、反映人民群众的意愿，1990年8月16日，县人大常委会决定，健全县人大常委会主任、副主任定期接待人大代表来访制度，邀请人大代表列席县人大常委会会议及其他有关会议。县人大常委会主任、副主任接待人大代表来访从1990年9月开始，农历每月十五为人大代表来访接待日。接待来访范围为本届县人大代表；驻梁山县的本届全国、省市人大代表。人大代表来访反映问题属于县人民代表大会和县人大常委会职权范围内的问题，一般应当时作出答复；属于“一府两院”职权范围内的问题，按照有关程序抓紧办理，尽快答复；属于其他方面的问题，由县人大常委会人事代表工作室转交有关机关和组织研究处理并负责及时答复。从县十二届人大常委会四次会议起，根据会议议题，邀请有关方面的全国、省、市、县部分人大代表列席会议。同时，县人民代表大会每年举行会议时，邀请部分全国、省、市人大代表列席会议。

“双联”工作 为进一步转变工作作风，密切代表与群众的联系，充分发挥代表作用，2013年2月26日，县十七届人大常委会第九次会议通过《关于开展“双联”工作的实施意见》，提出开展“县人大常委会组成人员联系代表、代表联系选民”的“双联”活动。联系方式采取集中走访、个别走访或召开座谈会等形式联系基层一线代表和选民；利用纪念性的节日，走访慰问有关方面的代表和选民，听取代表和选民的意见、建议；在代表列席常委会会议和参加人代会期间联系代表；利用视察、调研和代表小组活动等形式联系代表、选民；通过接待代表、群众来访联系代表和选民。联系内容主要围绕党委的中心工作和县人大常委会的工作重点，通过多种形式向代表通报常委会的工作情况以及“一府两院”的重点工作，让代表知情知政；组织代表和选民学习代表法、监督法等法律法规，全面提高代表、选民的政治和业务素质，增强执行代表职务的意识和依法履职的能力；围绕代表所提议案、建议、批评和意见，加强与代表、选民的沟通，征求代表、选民对办理情况的意见；围绕人大常委会会议议题，邀请有关代表列席人大常委会会议、参加人大常委会组织的视察调研活动；结合年中专题调研、会前集中视察，走访慰问代表，征求代表、选民对县人大常委会和“一府两院”工作的意见和要求；解决代表、选民来信来访反映的问题，帮助代表解决工作生活和执行代表职务等方面遇到的困难。《意见》要求，县人大常委会组成人员认真听取代表、选民反映的有关情况，督促有关部门做好代表建议、批评和意见的办理工作，解决好代表、选民在工作、生活和代表履行职责方面存在的问题，保证权力机关联系人民群众主渠道的畅通，切实发挥好代表的桥梁纽带作用。各乡镇人大、街道人大工作室和县直各代表小组要大力支持，积极配合，为县人大常委会组成人员联系县人大代表和代表联系选民提供方便。

为加强县人大常委会联系人大代表、人大代表联系人民群众的“欢联”工作，2017 年 6 月 2 日，县十八届人大常委会第五次主任会议通过《梁山县人大常委会关于加强“双联”工作充分发挥代表作用的意见》，提出加强人大常委会与代表的联系、密切代表与人民群众的联系的具体意见。要求县人大常委会组成人员每人直接联系 5—6 名基层县人大代表，并可采取走访、召开座谈会、电话、信函及网络信息平台等多种方式，加强与分工联系代表的交流；明确人大代表联系人民群众的内容，搭建代表联系人民群众的平台，完善代表联系人民群众的方式方法，组织“代表进社区”“代表进网格”“代表听选民说事”等活动，并设立“人大代表公示栏”，向群众发放“人大代表联系卡”，加强与人民群众的联系。同时要求，县人大常委会每年年底组织县人大常委会组成人员集中走访慰问县人大代表，向代表通报县人大常委会工作，征求代表意见建议；县、乡人大代表每年回原选区参加或开展 1 次联系人民群众活动，每届任期内应向原选区选民至少进行一次述职，接受人民群众的监督和评议。另外，逐步健全完善邀请代表列席常委会会议和参加执法检查、视察调研等活动制度，健全完善推荐代表参与监督评议“一府两院”工作制度，并按照“有场地、有制度、有计划、有活动、有记录、有实效”的要求，建立标准化的“人大代表活动室”。《意见》还要求加强“双联”工作的保障和指导，要求县人大各专门委员会、县人大常委会各工作机构要加强沟通，密切配合，积极为“双联”工作创造条件、搞好服务，注重创新“双联”工作形式，打造“双联”工作亮点，确保“双联”工作开展得扎实有效。

为深入学习贯彻习近平总书记关于坚持和完善人民代表大会制度的重要思想和党的十九大精神，密切县人大常委会与人大代表和人民群众的联系，2019 年 10 月 21 日，县人大常委会制订《关于县人大常委会组成人员分工联系代表的意见》，并开展多种形式的联系活动。联系代表活动采取县人大常委会主任会议成员带队，与委员一起赴乡镇、街区集中联系代表，通过执法检查、专题调研、集中视察、代表小组活动，或召开人大代表座谈会、到人大代表所在单位直接与人大代表见面等形式进行。按照与分工联系的代表每季度至少联系一次的要求，常委会组成人员要主动履行职责，加强与代表的联系，积极参加所联系乡镇、街区组织的会前集中视察或代表小组活动，向代表通报全县经济社会发展情况、县人大常委会的工作，征求代表意见建议，进一步密切与人大代表的联系。《意见》要求，县人大常委会组成人员在分工联系省、市、县人大代表时，应加强与乡镇、街区人大代表的联系，直接听取基层人大代表和人民群众对县人大常委会工作的意见建议，进一步密切与人民群众的联系。要严格执行中央八项规定及实施细则精神和省市县委实施办法，切实改进作风，不断增强工作实效。

为进一步提升人大代表履职成效，根据济宁市人大常委会《关于开展代表倾听民声、解疑释惑、助力化解风险工作的意见》和《关于做好人大代表联系扶贫工作村工作的通知》要求，2020年5月11日，县十八届人大常委会第三十五次主任会议通过《梁山县人大常委会关于在全县人大代表中深入开展“双联”活动的意见》，从指导思想、活动内容、有关要求等方面提出具体意见。《意见》提出代表“双联”活动以习近平新时代中国特色社会主义思想为指导，认真贯彻落实《中共山东省委关于做好新时代人大工作的意见》（鲁发〔2019〕16号），组织引导全县各级人大代表深入基层、联系群众、收集民情、反映民意，帮助解决脱贫攻坚、生态环保、乡村振兴、义务教育等实际问题，破解发展难题，助力防范化解各类风险，为推进全县经济社会高质量发展作出积极贡献。重点开展“千名代表联万家”活动，要求驻梁全国、省人大代表每人联系1个扶贫工作重点村和10户贫困户，市、县人大代表每人联系1个扶贫工作重点村（发展相对薄弱村）和10户贫困户，乡级人大代表在原选区每人联系10户贫困户，每年为联系户反映或解决1—2个实际问题，及时为所联系的村协调解决发展中遇到的困难。同时，县人大常委会组成人员集中联系代表，搭建代表联系人民群众的平台，各乡镇、街道驻地建设完善一处高标准“人大代表活动中心”，再建设3—4处“人大代表联络站”，为代表联系人民群众搭建工作平台，并搭建网络平台。组织代表定期走访群众，实行代表履职登记制度，建立活动考勤簿、活动情况记录簿、接待群众和为民办事登记簿，并主动接受选民或原选举单位的监督。《意见》要求各乡镇（街道人大工委）人大要制定实施方案，成立工作机构，做好本辖区的组织实施、协调联络和服务保障等工作。各级代表要强化责任意识，学习掌握党和国家方针政策、法律法规及相关工作情况，积极参与“双联”活动。

第二节 代表培训

代表素质的高低，履职能力强弱，发挥作用的大小，对把人民代表大会及其常委会建设成为真正的国家权力机关、工作机关、代表机关至关重要。按照2015年6月中央文件的精神，换届后，十八届人大常委会完善培训机制，加大培训力度，采取举办培训班、外出参加院校培训等方式，做好代表的初任培训、履职培训。

自2017年起，县人大常委会邀请全国人大培训中心、省市人大常委会领导和专家，先后举办4次人大代表培训班，培训代表1000余人次，重点学习代表法、监督法、预算法、地方组织法、民法典和代表如何提出议案建议等法律法规和人大知识，传授代表履职经验，提高了代表的综合

2017年3月，县人大常委会委员集中培训

素质和履职能力。同时，组织县人大常委会组成人员和县乡人大干部，先后赴中国政法大学厦门培训中心、深圳人大干部培训中心、浙江大学进行专题业务培训。

2017 年 5 月，县人大常委会副主任王才利、王文成带领县人大干部 26 人赴厦门参加培训。期间开展了观摩厦门市思明区中华街道人大代表小组建设情况等活动。

2017 年 5 月，梁山县乡人大干部中国政法大学厦门培训班全体成员

2017 年 6 月 2 日，县人大在县政府招待所举办梁山县十八届人大代表培训班。培训内容主要有《代表法》与山东省实施《代表法》办法、十八届六中全会精神等。县人大常委会副主任郭继田在开班仪式上作动员讲话。

2018 年 5 月 18 日，县人大常委会在县委党校举办人大代表培训班。培训内容为人大代表如何审查监督预决算、监督法和人大监督工作等。县人大常委会副主任王文成在开班仪式上作动员讲话。

2018 年 5 月 18 日，县人大常委会在党校组织人大代表培训

2018 年 11 月，县人大常委会主任秦延信、副主任郭继田、王文成带领县乡人大干部 45 人赴深圳人大干部培训中心进行专题培训。同时，到深圳市南山区南山街道月亮湾片区代表联络站观摩，了解人大代表联络站建设情况。

2018 年 11 月，县人大常委会主任秦延信带队赴深圳进行培训

2018 年 12 月 9 日，县人大常委会在县政府招待所举办梁山县人大代表履职学习班。主要学习内容为不断提高议案建议质量，切实发挥代表作用、怎样当好人大代表等。县人大常委会主任秦延信在培训班开班仪式上讲话。

2020 年 9 月 25 日，县人大常委会在县政府招待所举办代表履职学习培训班。主要学习内容为人大代表如何审查预算工作报告和民法典亮点及解读。县人大常委会副主任王才利在开班仪式上作动员讲话。

2020 年 9 月 25 日，县人大常委会在县政府招待所举办代表履职学习培训班

2020年10月，县人大常委会副主任郭继田、高兴武带领县人大常委委员、县人大常委会机关干部、乡镇人大主席或副主席、街道人大工委主任或副主任，共计38人，在杭州浙江大学举办梁山县人大干部履职学习班。同时组织学习班党员到余杭区仓前街道进行观摩。

2020年10月25日，浙江大学——梁山县人大干部履职能力提升培训班

通过多种形式的学习培训，使人大代表拓宽了思路，开阔了视野，学到了经验，增强了代表履职能力。另外，县人大常委会为省市县三级人大代表购买《怎样当人大代表》一书400本，印制《人大工作常用法律法规汇编》600本，坚持为县人大代表订阅《人民权利报》《山东人大工作》等刊物，为代表依法履职创造了良好条件。

第三节 代表活动

代表初期活动 1990年7月中旬，县人大常委会安排各乡镇人大主席团组织人大代表活动。活动主要围绕党的中心工作和群众普遍关心的问题进行，包括排涝防汛准备工作、农业生产资料筹备、贯彻落实减轻农民负担、乡镇上半年财政预算执行、食品卫生法贯彻执行、社会治安等方面的情况。活动主要采用听、看、议相结合的方式，首先听取乡镇政府有关工作情况汇报，其次进行现场巡视和察看，然后向乡镇政府和有关单位提出意见或建议。活动结束后，各乡镇人大主席团写出活动情况总结报告，于7月20日前报县人大常委会人事代表工作室。

代表活动办法 2004年3月4日，梁山县第十五届人大常委会第九次会议通过《联系县人大代表和组织代表活动办法》（以下简称《办法》）。《办法》规定，县人大常委会应为代表执行代表职务、开展代表活动提供必要的条件和服务；县人大常委会组成人员按所在选区和工作分工联系代表，了解代表活动情况，征求代表意见和要求，帮助代表解决一些实际问题；建立代表小组，并围绕宪法、法律、法规和党的路线、方针、政策进行学习，围绕县人民代表大会及其常委会的决议、决定的贯彻执行等内容开展活动；代表依法执行代表职务，代表所在单位必须给予时间保障，提供便利条件，并按正常出勤对待，享受单位的工资和其他待遇；代表在执行代表职务时，有关方面应提供保障。

2020年7月，县人大常委会部分委员到赵堌堆参加代表接待日活动

“六个一带头”活动 2009年4月21日，县人大常委会制发《关于在全县各

级人大代表中开展“六个一带头”活动的通知》。通知要求，“六个一带头”活动紧紧围绕中央和省市县委的重大战略部署，围绕经济建设、民主法制建设和维护社会稳定的大局，围绕宪法、法律法规的贯彻实施，围绕县人大及其常委会所作的决议、决定及工作重点，围绕人民群众所关心的热点、难点问题，积极依法开展活动。“六个一带头”即由人大代表学习一部法律，带头遵纪守法；联系一方百姓，带头为民排忧解难；引进一个项目，带头贴近中心抓招商；闯一条致富路，带头富民奔小康；提一条好建议，带头为加快发展献良策；化解一项社会矛盾，带头维护社会稳定。根据通知要求，县人大常委会和乡镇人大及代表小组于2009年5月前后，认真组织开展“六个一带头”活动。为使学习更具针对性和目的性、联系注重群众性和实效性、引进要有主动性与可行性、致富应具先进性与示范性、建议具有针对性和操作性、化解矛盾实现和谐性和稳定性，各乡镇人大积极为代表开展活动提供必要的条件和服务，明确工作人员，专职为代表开展活动、履行职责提供服务。通过“六个一带头”活动，使广大代表进一步明确了代表工作的重大意义，调动了代表行使职权、发挥作用的积极性。

双建活动 根据济宁市人大常委会《关于在全市人大代表中开展“建言献策、建功立业”主题活动的实施意见》（济人发〔2013〕6号），2013年4月12日，县人大常委会制发《关于开展“建言献策、建功立业”活动的实施方案》。《方案》紧紧围绕梁山县建设“工业强县、文化名城、生态和谐家园”的发展定位，认真组织代表开展“建言献策、建功立业”活动；活动从2013年3月底开始，至2013年12月底结束，分宣传发动、具体实施和检查总结3个阶段进行；“双建”活动以全国、省、市、县、乡镇五级人大代表为主体，以代表小组为单位，在县人大常委会的统一领导下进行，由各乡镇人大、街道人大工作室及驻梁省、市和县直各代表小组负责组织实施。在具体活动中，县人大常委会结合“六个一带头”活动，充分发挥人大代表在各条战线上的引领示范作用，先后组织代表开展学习宣传教育、视察调研、进选区汇民意、作表率、比贡献、献爱心解民忧、为政府建一言、为发展献一策等一系列活动。

同时，把每月10日确定为代表“议政日”，并将代表“议政日”与县委“三提一创”活动有效对接，在“问政于民、问计于民、问需于民”中，实现“听民声、聚民智、帮民困、解民忧”。在开展系列活动的基础上，县人大常委会对“双建”活动开展情况、代表述职情况和小组建设、活动情况进行检查总结。

双建双联双评活动 2015年4月10日，县人大常委会制发《关于深入开展“双建双联双评”主题活动的意见》（以下简称《意见》），意见提出，在全面开展“双建”活动的基础上，延伸开展“双建双联双评”主题活动，以进一步密切人大常委会与人大代表、人大代表与人民群众的联系，拓宽民意表达渠道，监督推动“一府两院”依法行政、公正司法，促进代表充分发挥作用，积极建言献策、建功立业，更好地服务人民群众、服务经济社会发展。“双建双联双评”主题活动，即代表建言献策、建功立业，县人大常委会组成人员联系代表、代表联系群众，代表评议部门、代表述职评议活动。代表建言献策、建功立业重点围绕经济结构调整、城市建设、文化发展、社会治理、民生保障等方面，积极建言献策、建功立业；人大常委会联系代表、代表联系群众重点健全完善领导分工联系省市人大代表机制、组成人员分工联系县人大代表机制、代表参与人大常委会工作机制、代表参与监督评议“一府两院”工作机制，主要做好代表联系群众制度、推进代表活动阵地建设、丰富代表联系群众内容、拓宽代表联系群众渠道；代表评议部门、代表述职评议主要包括：县政府及其组成部门、县法院、县检察院、垂直管理的具有行政执法职能的部门及被人大常委会依法任命的部门负责人，代表述职评议由代表向选区选民述职，接受群众评议。

2020年6月15日上午，济宁市人大常委会副主任张玉华、市人大常委会委员刘文峰、李丽等一行8人围绕“发挥代表作用 助力脱贫攻坚”主题，到梁山县开展“双联系”暨人大代表公开接待日活动，县人大常委会主任秦延信、县人大常委会党组成员郭继田陪同。张玉华一行分两组分别到拳铺镇李乡村、水泊街道孟庄村的人大代表联络站，听取梁山县人大常委会5月15日组织代表开展公开接待日活动的情况汇报，与代表和来访群众进行交流，着重了解了贫困户人居环境、生活信心、大病救助、就业保障和扶贫工作力度等问题和解决落实情况。张玉华指出：“人大代表公开接待日”活动，是人大代表参与社会治理的一种重要形式，准确把握了人民群众的现实需要，找准了社会管理创新工作的切入点，真正把人大常委会的监督、人大代表的监督和人民群众的监督有机结合，使监督工作得以延伸和深化，让老百姓真切感受到“人大代表就在我身边”。张玉华要求：“人大代表公开接待日”活动要作为一项人大代表助力社会经济发展的重要举措，使之成为社会管理工作的稳定器和减震器；各级人大代表要牢牢站在人民群众的立场上，切实为群众办实事、办好事，通过活动通报好市县脱贫攻坚工作开展情况，宣传好党委政府扶贫惠农政策，面对面听取群众对脱贫攻坚工作的意见建议；要将活动变为与群众沟通、消除群众疑虑、解决群众困难的重要渠道，力所能及地做好对群众的解释工作，尽力化解矛盾问题，促进社会稳定。

代表小组活动 2019年5月5日，县人大常委会制发《关于认真组织开展好2019年县人大代表小组活动意见》（以下简称《意见》）。《意见》提出，县人大代表小组开展活动，紧紧围绕县委十四届六次全会和县十八届人大三次会议确定的目标任务，在中共梁山县委和县人大常委会的领导下进行。各乡镇、街区人大负责组织、协调、服务本区域的县人大代表小组活动，县直小组活动由代表小组组长所在单位负责组织实施。县人大常委会主任、副主任参加代表小组活动，小组活动由组长召集并主持，引导代表围绕主题发表意见、建言献策。小组活动内容包括：学习习近平新时代中国特色社会主义思想、党的十九大和十九届二中、三中全会精神、《中华人民共和国宪法》及《代表法》《地方组织法》等，主要围绕全县“双招双引”、文化旅游、大项目建设、城市建设、交通基础设施建设、乡村振兴、园区建设和县人大常委会监督工作重点及人民群众普遍关注的热点难点问题等开展活动，充分发挥人大代表的作用，为加快建设“经济强县、美丽梁山”作出新的更大贡献。活动以就地集体活动为主，以代表小组活动为基本形式，采取集中学习、听取汇报、专题调研、视察检查、座谈交流、走访选民等方式进行。同时，为确保代表小组正常持续开展，各乡镇、街区人大按照“有组织、有场所、有制度、有计划、有活动、有档案”的标准，在乡镇、街区驻地建设一处高标准的“代表活动中心”，每个乡镇、街区建设2—3处村、社区“代表活动站”。认真开展好乡镇人大代表小组活动，促进代表小组活动常态化，努力开创全县人大代表工作的新局面。

第四节 代表述职

述职制度 为进一步调动人大代表执行代表职务的积极性，增强代表意识和履行职责的责任感，自觉接受选民监督，更好地发挥代表作用，2005年10月19日，县十五届人大常委会第二十三次会议通过《关于开展县人大代表向选民述职活动的意见》，决定在全县范围内开展县人大代表向选民述职活动。县人大代表述职活动重点安排在基层工作的县人大代表，每次述职人员由各乡镇人大、县直各代表小组确定，原则上本届内县级人大代表全部述职。述职的重点是当选县本届人大代表后执行代表职务的情况，主要包括：学习宣传宪法和法律及贯彻执行各级人大及其常委会的决议、决定情况；参加县人民代表大会会议期间审议各项报告，提出议案、建议、批评和意见，依法行使职权情况；闭会期间参加代表小组活动，走访联系选民，听取、反映选民意见和要求，提出和督办代表建议情况等。述职活动每年集中两个月的时间进行，由各乡镇人大、县直各代表小组根据实际情况制定代表述职活动具体实施方案，包括召开代表动员会、以选区为单位召开述职大会、向述职代表反馈意见。通过述职评议，对履行职责事迹突出、选民测评满意率较高的代表，要给予广泛宣传，并作为推荐优秀代表、“富民模范”和推选下一届人大代表候选人的依据；满意票和基本满意票达不到参评总票数 50% 的，第二年再次向选民述职，如其满意票和基本满意票仍达不到参评总票数 50%，劝其辞去代表职务。每年述职活动结束后，由各乡镇人大、县直各代表小组将述职活动开展情况，书面报县人大常委会人事代表工作室。

述职活动 2009 年下半年，县人大常委会制订《关于代表述职工作的实施方案》，提出述职计划，明确述职内容、程序和方式。代表述职从 2009 年下半年开始，分期分批组织市、县、乡（镇）三级人大代表进行述职，分别安排在 2009 年 12 月、2010 年 4 月、11 月。2013 年 2 月 26 日，为进一步发挥代表作用，增强代表的主体意识、职务意识、法律意识、大局意识，切实保障选民充分行使民主权利，根据选举法、代表法和市人大常委会关于开展代表述职工作的要求，县十七届人大常委会第九次会议通过《关于代表述职工作的实施方案》，提出实行代表述职、选民评议。

述职方式 县、乡人大代表述职，可以向选民述职，也可以向选民代表述职。述职采取口头或书面两种形式，以口头述职为主。县、乡（镇）人大代表述职按选区进行，也可几个选区合并进行。县、乡人大代表述职分别由各乡镇人大、街道人大工作室和县直各代表小组制定计划并负责落实。

市人大代表原则上在县人大常委会会议上述职，由县人大常委会制定计划并负责落实，届时可吸收部分县人大代表参加。

述职内容 代表向选民和选举单位述职，述职代表一般要写出述职报告，述职报告内容主要包括：在人代会期间代表工作情况、在人代会闭会期间的代表活动情况、履行代表职务及发挥代表带头作用的情况，述职报告要突出重点，实事求是，既要肯定成绩，又要看到不足，让大家感到符合实际。

述职程序 代表述职评议程序为：主持人讲明代表述职的意义并介绍述职代表的基本情况；述职代表向人大常委会组成人员或选民作出实事求是的述职报告；分组评议并提出具体意见和建议；述职代表作表态发言；由县人大常委会组成人员或选民代表无记名投票，对述职代表进行综合评价，评议结果一般当场公布。

述职评议 为进一步密切人大代表与选民和原选举单位的联系，加强对人大代表的监督，促进人大代表更好地依法执行职务、履行职责、发挥作用，按照代表法有关规定，2015 年 4 月 13 日，县人大常委会制发《关于开展人大代表述职评议工作的意见》，述职对象为驻梁市人大代表和县、乡两级人大代表。在 2015 年 6 月、10 月，分别组织 5 名市人大代表在县人大常委会进行述职；11 月底前完成县乡两级人大代表述职评议工作。乡镇人大代表的述职以选区为单位单独组织。同是市、县、乡镇三级人大代表的，参加县级代表的述职。县人大代表的述职报告、评议结果报送县人大常委会人事代表工作室备案，并整理存档；乡镇人大代表的述职报告和评议结果由乡镇人大整理存档。

第五节 代表表彰

为更好地发挥人大代表在全县经济社会发展

中的重要作用，县人大常委会从2008年起，开始组织开展评选优秀县人大代表和先进县人大代表小组活动，制发关于评选优秀人大代表和先进人大代表小组的意见，发布评选优秀人大代表和先进人大代表小组的表彰决定。优秀人大代表和先进人大代表小组评选，旨在动员和激励人大代表紧紧围绕县委的中心工作，依法履行代表职责，充分发挥代表作用，促进全县经济发展、社会进步做出新的更大贡献。

评选 2008年7月25日，梁山县第十六届人大常委会第五次会议通过《关于评选优秀人大代表和先进人大代表小组的意见》（以下简称《意见》），《意见》提出，评选工作在县人大常委会主任会议领导下进行，县人大常委会相关办事机构和各乡镇人大、代表小组认真执行评选标准和程序，确保评选出的优秀代表和先进代表小组名副其实。明确评选比例和标准、评选办法及表彰意见，优秀县人大代表重点从基层和一线工作的代表中推选，每次评选的具体名额按代表总额的10%左右确定，先进县人大代表小组每次评选按县级代表小组总数的20%左右确定。优秀县人大代表和先进代表小组每年评选一次，评选自下而上、上下结合，先由组织推荐，再行考察初审，最后提交县人大常委会主任会议审查确定，并报县委批准。总结表彰在每年人民代表大会会议结束后，举行表彰大会进行表彰，为优秀县人大代表颁发荣誉证书，为先进县人大代表小组颁发奖牌。

2018年12月6日，县人大常委会印发《关于评选优秀县人大代表和先进县人大代表小组的通知》。确定评选优秀县人大代表45人，先进县人大代表小组8个，并明确评选条件和方法。优秀县人大代表侧重从基层和一线工作的代表中推选评定。评选采取基层推荐、汇总初评、组织评比、研究确定、表彰奖励几个步骤进行。通知要求，各乡镇人大、街道（开发区）人大工作委员会和县直各代表小组要严格按照评选条件，确保推荐的优秀县人大代表和先进代表小组具有先进性、代表性、广泛性，酝酿提名的优秀人大代表人选，要广泛征求本选区选民的意见，采取自下而上的方式推荐产生，并在原选区进行公示。

表彰 县人大常委会根据评选情况，在每年人民代表大会召开前，发布《关于表彰优秀县人大代表和先进县人大代表小组的决定》。表彰按照县人大常委会《关于评选优秀县人大代表和先进县人大代表小组意见》进行评选，由县人大常委会会议通过对优秀县人大代表和先进县人大代表小组表彰的决定，并对受表彰的优秀县人大代表和先进县人大代表小组提出希望和要求。

2009年，县十六届人大常委会第九次会议，决定表彰优秀县人大代表26人、先进县人大代表小组6个。

优秀县人大代表名单（26人）

于观玉　韩岗镇东袁口村党支部书记

马克满　风景委后集居委会党总支部书记

王天路　县移动公司经理

冯传东　小路口镇教委主任

刘传祯　大路口乡西张博村党支部书记

刘兆才　馆驿镇教委主任

齐耀田　韩岗镇齐岗村党支部书记

杨建凤　县医院小儿科护士长

李兆军　赵堌堆乡人大副主席

李建宝　三利树脂有限公司董事长、总经理

李登文　寿张集乡李集村党支部书记、村委会主任

吴兆海　先达有限公司董事长、总经理

吴德法　韩垓镇吴垓村党支部书记、村委会主任

张德格　马营乡张飞垓村党支部书记

陈保德　县医院院长

岳增才　中集东岳车辆有限公司总经理

胡桂花　华宇集团董事长

赵书景　黑虎庙乡中学校长

侯庆堂　蓝天集团董事长

秦延智　馆驿镇陈李庄村党支部书记、村委

会主任

高建国 开发区党工委副书记、管委会主任

戚甫同 拳铺镇人大主席

崔文芳 小安山镇四柳树村党支部书记、村委会主任

董圣镯 杨营镇董楼村党支部书记

路家月 小路口镇路那里村村委会主任

穆玉杰 县国家税务局科员

先进县人大代表小组（6 个）

县直第四代表小组

梁山镇机关代表小组

拳铺镇第二代表小组

韩岗镇第一代表小组

小路口镇机关代表小组

大路口乡代表小组

2010 年 4 月 17 日，县十六届人大常委会第十九次会议，决定表彰优秀县人大代表 26 人、先进县人大代表小组 6 个。

优秀县人大代表名单

王天路 中国移动梁山分公司总经理

王朝银 金榜苑图书有限公司董事长

申新岭 韩岗镇中大屯村党支部书记

刘兴旺 馆驿镇东靳口村党支部书记、村委会主任

孙长兰 县医院副主任医师

孙明庆 小安山镇镇长

杨奉社 通亚汽车制造有限公司董事长

杨绍成 县磷化总厂厂长

李登文 寿张集乡李集村党支部书记、村委会主任

吴兆海 先达企业集团董事长

吴德法 韩垓镇吴垓村党支部书记

宋玉良 沃德面粉有限公司董事长、总经理

张义民 县人民检察院检察长

张恒昌 韩岗镇张楼村党支部书记

陈家民 县委办公室常务副主任

孟召法 风景委孟庄村党支部书记

胡金平 小路口镇人大副主席

赵书景 黑虎庙乡中学校长

赵登法 马营乡辛兴屯村党支部书记

侯典江 杨营镇侯寺村党支部书记

秦延智 馆驿镇陈李庄村党支部书记、村委会主任

郭德勇 小路口镇卫生院院长

高兴武 大路口乡党委书记

戚甫同 拳铺镇人大主席

温茂文 梁山镇姜庄村党支部书记

薛庆朝 天立制杆有限公司总经理

先进县人大代表小组（6 个）

大路口乡代表小组

拳铺镇第一代表小组

小路口镇代表小组

马营乡代表小组

县直第四代表小组

赵堌堆乡代表小组

2013 年 12 月 28 日，县十七届人大常委会第十七次会议，决定表彰优秀县人大代表 27 人、先进县人大代表小组 9 个。

优秀县人大代表（27 人）

井振启 梁山众信纺织有限公司总经理、寿张集镇倪王庄村党支部书记

王冬梅 杨营镇人大副主席

申新岭 韩岗镇中大屯村党支部书记、水泊打火机厂厂长

冯卫军 水泊街道张坊居委会党支部书记

汤玉民 拳铺镇东侯村党支部书记

孙金云 黑虎庙镇人大副主席

孙爱云 馆驿镇馆驿村党支部书记

杨奉社 通亚公司总经理

杨复营 小安山镇杨堤口村党支部书记、村委会主任

李若伏 拳铺镇人大副主席

肖培力 小安山镇人大副主席

吴兆海 梁山先达企业总公司董事长

吴德法　韩垓镇吴垓村党支部书记
张兆魁　赵堌堆乡张湾村党支部书记
张学宪　水浒书业总经理
张恒昌　韩岗镇张楼村党支部书记
尚继海　小路口镇党委副书记、镇长
岳增才　中集东岳总经理
周少华　梁山韶华中学校长
孟召法　水泊街道孟庄村党支部书记
赵如风　梁山中爱医院院长
赵性耕　大路口乡人大副主席
侯庆堂　梁山蓝天集团董事长
秦延智　馆驿镇陈李庄村党支部书记、村委会主任
蒋海燕　梁山一中高一数学组组长
温茂文　梁山街道姜庄村党支部书记
雷其清　山东天成书业董事长

先进县人大代表小组（9个）

梁山街道代表小组
大路口乡代表小组
小路口镇第一代表小组
赵堌堆乡代表小组
马营镇代表小组
水泊街道独山代表小组
韩岗镇第一代表小组
拳铺镇第一代表小组
杨营镇第一代表小组

2019年，县人大常委会决定表彰优秀县人大代表45人、先进县人大代表小组8个。

优秀县人大代表名单（45人）

卜令军　杨营镇人大主席
王成允　梁山县水泊食品有限公司总经理
王军仁　梁山县人大常委会委员、县第二实验小学副校长
王效华　杨营镇馆里村党支部书记
史作立　黑虎庙卫生院院长
冯昌顺　小安山镇闫楼村党支部书记
任玉明（女）赵堌堆乡扶贫办公室主任
刘传更　大路口乡东张博村党支部书记
刘兴旺　馆驿镇东靳口村党支部书记
刘春霞（女）韩垓镇国家电网爱心希望小学校长
齐先真　韩岗镇齐庄村党支部书记
闫仁旺　小安山镇李官屯村党支部书记
闫崇高　梁山县人大常委会委员、小安山镇冯庄村党支部书记
关义学　拳铺镇蔡西村党支部书记
关金政　梁山街道前码头村党支部书记、梁轴轴承有限公司董事长
李广建　山东正阳机械股份有限公司董事长
李　勇　韩垓镇人大主席
吴兆群　拳铺镇吴楼村党支部书记
张月华（女）黑虎庙镇中心小学教师
张文娟（女）大路口乡创新小学副校长
张英伟　梁山永庆家丰瓜果种植农民专业合作社理事长
张培云（女）梁山县红麻制品厂职工
张超鲁　拳铺镇教育委员会办公室主任
尚　岗　梁山街道人大工作委员会主任
岳增才　梁山县人大常委会委员、中集东岳车辆有限公司董事
周广成　梁山县恒泰制衣有限公司董事长
周少华　梁山韶华中学校长
周　静（女）杨营镇中心小学教师
周燕青（女）寿张集镇临湖集村村委会委员
孟召法　梁山县人大常委会委员、水泊街道孟庄村党支部书记
孟海英（女）水泊街道初级中学教师
秦延智　馆驿镇陈李庄村党支部书记
耿亚静（女）梁山县第一中学副校长
郭爱梅（女）梁山县旅游总公司副总经理
高成建　韩岗镇人大主席
盛　运　韩岗镇三皇庙村党支部书记
崔建春（女）馆驿卫生院院长
彭延玉　拳铺镇东大庙村党支部书记

董玉霞（女）马营卫生院院长

董传良 小路口镇董吕村党支部书记

董茂强 梁山县人大常委会委员、大和纺织有限公司总经理

程素君 韩垓镇乡村规划建设监督管理办公室副主任

解培顺 梁山县人民医院心内二科主任

潘国庆 梁山县粮食局财务科科长

薛凡云（女）赵堌堆乡敬老院副院长

先进县人大代表小组名单（8 个）

水泊街道后集代表小组

梁山街道马庄代表小组

马营镇第一代表小组

馆驿镇代表小组

韩岗镇第一代表小组

拳铺镇第二代表小组

黑虎庙镇代表小组

杨营镇第一代表小组

2021 年 1 月 12 日，县人大常委会以梁人发〔2021〕2 号发布表彰决定，对 2020 年度优秀县人大代表、先进县人大代表小组、优秀代表建议及先进承办单位进行表彰。

优秀县人大代表名单（47 人）

丁明俊 拳铺镇东崔庄村党支部书记

于齐文 山东飞驰汽车股份有限公司董事长

王文姣 小安山镇初级中学语文教师

王成允 水泊梁山食品有限公司董事长

王军仁 县第四实验小学校长

王　君 水泊商场科员、营业员

王效华 杨营镇馆里村党支部书记、主任

史作立 梁山县中医院副院长

冯昌顺 小安山镇闫楼村党支部书记

刘友云 大路口乡翟楼村党支部书记

刘太礼 韩垓镇五里堡村党支部书记

刘兴旺 馆驿镇东靳口村党支部书记

齐先真 韩岗镇齐庄村党支部书记

闫崇高 小安山镇冯庄村党支部书记、主任

关金政 梁轴轴承有限公司董事长、梁山街道前码头村党支部书记

孙仁令 韩岗镇小尧村党支部书记

李广建 山东正阳机械股份有限公司董事长

李海静 梁山合泉饮食服务有限公司总经理

吴兆群 拳铺镇吴楼村党支部书记

何兆广 山东华通二手车信息技术公司董事长

佟瑞军 韩垓镇佟楼村党支部书记

张月华 黑虎庙镇中心小学教务处主任

张文娟 大路口乡创新小学副校长

张　帆 县农业农村局植物保护站副站长、高级农艺师

张丽华 梁山县酿酒总厂人力资源部部长

张英伟 梁山永庆家丰瓜果种植农民专业合作社理事长

张保扩 赵堌堆乡教办主任

张亭亭 小路口镇初级中学教师

张超鲁 拳铺镇教办主任

林存生 韩垓镇开河西村党支部书记

岳增才 山东曙岳车辆有限公司总经理

周燕青 寿张集镇临湖集村妇女干部

郑云涛 韩岗镇郑楼村党支部书记

屈雪梅 梁山阳光大姐家政服务有限公司总经理

孟召法 水泊街道孟庄村党支部书记

胡桂花 山东梁山华宇集团董事长

秦延智 馆驿镇陈李庄村党支部书记

耿亚静 梁山一中副校长

贾廷福 山东巨源汽车科技股份有限公司董事长

徐淑月 梁山县徐曙生物有限公司董事长

高元宝 杨营镇高楼村党支部书记

崔建春 馆驿镇卫生院院长

董玉霞 马营镇卫生院院长

董传良 小路口镇董吕村党支部书记

谭昌龙 梁山县金合种禽有限公司总经理

薛凡云 赵堌堆乡敬老院工作人员

薛庆朝 杨营镇薛阁村党支部书记

先进县人大代表小组（14 个）

县人大代表梁山街道前码头村小组

县人大代表水泊街道文昌阁社区小组

县人大代表马营镇机关小组

县人大代表寿张集镇临湖集村小组

县人大代表小安山镇冯庄村小组

县人大代表馆驿镇东靳口村小组

县人大代表韩岗镇刘庙村小组

县人大代表韩垓镇先达公司小组

县人大代表拳铺镇李乡村小组

县人大代表大路口乡北管区小组

县人大代表小路口镇机关小组

县人大代表赵堌堆乡幸福村小区小组

县人大代表黑虎庙镇机关小组

县人大代表杨营镇机关小组

优秀代表建议（10 件）

1、张保贵代表提出的《关于加强回迁安置小区基础建设及物业管理的建议》

2、丁明俊代表提出的《关于加快建设四好农村路的建议》

3、孙常刚代表提出的《关于改善乡镇卫生院现状，提升基层医疗保障水平的建议》

4、刘琳代表提出的《关于推动农村教育高质量发展的建议》

5、刘生、史作立代表提出的《关于探索医养结合新型养老模式的建议》

6、王文姣、闫崇高等代表提出的《关于提升校园周围环境，保障学生安全出行的建议》

7、王明贤代表提出的《关于加快农村社区建设，助推乡村振兴的建议》

8、周少华代表提出的《关于尽快出台有关鼓励民间资本投资办学优惠政策的建议》

9、郑爱华代表提出的《关于切实改善农村居民饮用水质量的建议》

10、高峰等代表提出的《关于加快推进涂料产业园等专业园区建设发展的建议》

先进承办单位（10 个）

县交通运输局

县教育和体育局

县公安局

县财政局

县住房和城乡建设局

县水务局

县自然资源和规划局

县民政局

县行政执法局

县卫生健康局

第十二章　乡镇人大

乡镇人民代表大会是基层国家权力机关，并依法行使相应职权。乡镇人民代表大会选举设立主席团，其主要职责为：筹备并召集、主持乡镇人民代表大会会议，了解检查本级人民政府工作，审查乡镇人民政府对乡镇人民代表大会通过的建设计划的财政预算的变更，调查研究讨论乡、镇行政区域内的重大问题，组织代表联系选民并组织开展代表小组活动，办理本级人民代表大会和上一级人民代表大会及其常务委员交付的其他工作。乡镇人民代表大会主席团设办公室，配备工作人员 2 ~ 3 名，由乡镇人民代表大会主席团专职常务主席主持办公室工作。

第一节 组织机构沿革

乡镇人大制度随着县人民代表大会制度的确立而建立，但最初未设专门的乡镇人大工作机构，人民代表会议及代表活动组织工作由乡镇政府负责。20 世纪 60 年代初，各人民公社相继召开人民代表大会，文化大革命后中断举行。1981 年，根据《中华人民共和国选举法》《中华人民共和国地方各级人民代表大会和地方各级人民政府组织法》规定，梁山县选举产生县人大常委会，为县人民代表大会常设机构。乡镇人民代表大会及活动仍由人民公社革命委员会统一组织负责。1987 年初，在乡镇设人大联络员，随后建立乡镇人大工作联络办公室，并配备主任、副主任。1989 年 1 月，乡镇人大工作联络办公室改称乡镇人大工作处，为正科级单位，配主任或副主任 1 人，既是人大工作处主任（由县委任命），又是人大主席团常务主席（由人大主席团推举）。1990 年 3—4 月，全县 24 个乡镇，分别召开人民代表大会，选举产生乡镇人大主席团专职常务主席，职级与乡镇政府正副职级相同。乡镇人民代表大会任期经历几次修改，1954 年《中华人民共和国宪法》规定乡镇人大每届任期为 2 年，1982 年《中华人民共和国宪法》改为 3 年，2004 年《中华人民共和国宪法修正案》改为 5 年，实现了全国 5 级同步，乡镇人大走上规范化的道路。

同时，乡镇人大组织机构随行政区划的变化而变化。1981 年 1 月，全县辖斑店、银山、戴庙、商老庄、大安山、小安山、馆驿、王府集、韩岗、韩垓、徐集、信楼、拳铺、芦里、黑虎庙、赵堌堆、小路口、大路口、寿张集、城关 20 处人民公社；1982 年 12 月，城关公社改为梁山镇；1984 年 2 月，全县撤社建乡，全县辖 5 个区 5 个镇 27 个乡；1986 年 1 月，县域东北部 8 个乡镇划归东平县，其后撤销区级建制，梁山县辖 4 个镇 20 个乡，即：梁山镇、韩岗镇、徐集镇、小路口镇，前集乡、袁口乡、韩垓乡、开河乡、信楼乡、方庙乡、拳铺乡、后孙庄乡、馆驿乡、王府集乡、李官屯乡、小安山乡、寿张集乡、大路口乡、郓陈乡、赵堌堆乡、黑虎庙乡、杨营乡、马营乡、馆里乡。2000 年 12 月，合乡并镇，全县辖梁山、拳铺、徐集、韩垓、韩岗、馆驿、小安山、小路口、杨营 9 个镇，寿张集、大路口、赵堌堆、黑虎庙、马营 5 个乡。后乡镇陆续合并、或撤乡设镇、镇改街道，至 2020 年 1 月，全县辖韩岗、韩垓、拳铺、小路口、黑虎庙、杨营、马营、馆驿、小安山、寿张集 10 个镇，大路口、赵堌堆 2 个乡，梁山、水泊 2 个街道，梁山经济开发区 1 个开发区。10 镇 2 乡设人大主席团，2 街道 1 开发区设人大工作委员会。

第二节 乡镇换届选举

乡镇人民代表大会，随着《中华人民共和国宪法》和《中华人民共和国地方各级人民代表大会和地方各级人民政府组织法》的不断修改，乡镇人民代表大会制度不断健全和完善。根据《中华人民共和国地方各级人民代表大会和地方各级人民政府组织法》和《中华人民共和国全国人民代表大会和地方各级人民代表大会选举法》的规定，按照全县统一部署安排，进行乡镇人大换届选举。

1980年11月至1981年12月，梁山县进行社级选举，斑店、银山、戴庙、商老庄、大安山、韩岗、徐集、信楼、拳铺、芦里、黑虎庙、赵堌堆、小路口、大路口、寿张集15处人民公社相继选举出人民公社管理委员会主任、副主任。根据人员调整变动情况，1982年10月至1983年9月，大路口、斑店、徐集、代庙、商老庄、寿张集、马营人民公社先后补选管理委员会主任，梁山镇人民政府补选镇长；馆驿、王府集、韩岗、大路口人民公社先后增选管理委员会副主任，梁山镇人民政府增选副镇长。选举结果均由梁山县人大常委会予以公布。

1987年3—4月，全县24个乡镇分别召开乡镇人民代表大会。全县登记选民367817人，参加选举337464人。各乡镇人民代表大会听取乡镇政府工作报告，选举产生乡镇长、副乡镇长。根据人员调整变动情况，1987年8月—1989年8月，前集、韩垓、寿张集、馆驿、拳铺、方庙、信楼、小安山、李官屯、王府集、黑虎庙、馆里、徐集、韩岗、袁口、赵堌堆、郓陈、梁山镇、后孙庄、大路口、马营、开河、杨营等乡镇先后多次补选副乡镇长；小路口、大路口乡2次补选乡镇长，杨营、袁口、李官屯、寿张集、黑虎庙、馆里、王府集补选乡长。选举结果均由梁山县人大常委会予以公布。

1990年3—4月，全县24个乡镇进行换届选举，并分别召开人民代表大会。全县登记选民402378人，参加选举377495人，选出乡镇人大代表1519人。各乡镇人民代表大会听取乡镇政府工作报告，选举产生乡镇人大主席团专职常务主席、乡镇长、副乡镇长92人及计划生育专职副乡镇长24人。根据人员调整变动情况，1990年8月—1991年10月，韩岗镇、小安山乡、黑虎庙乡、后孙庄乡、李官屯乡、袁口乡、拳铺乡、韩垓乡、开河乡、马营乡、赵堌堆乡、馆驿乡、方庙乡、信楼乡、馆里乡先后补选乡镇长；梁山镇、馆里、小安山、黑虎庙、大路口、后孙庄、李官屯、袁口、拳铺、韩垓、小路口、杨营、馆驿、信楼、王府集、徐集、方庙、郓陈、杨营、赵堌堆先后多次补选副乡镇长。选举结果均由梁山县人大常委会予以公布。

1993年，全县24个乡镇进行换届选举。乡镇总人口67790人，选民431974人，参选415332人，占选民数的96.2%；选举乡镇人大代表1445人，其中，男1155人，女290人；中共党员923人，群众522人；农民1105人，干部339人，其他1人。乡镇人民代表大会选举乡镇长24人，副乡镇长75人，其中女7人。

1996年，全县24个乡镇进行换届选举。乡镇总人口623082人，选民409477人，参选399514人，占选民数的97.6%；选举乡镇人大代表1379人，其中，男1149人，女230人；中共党员924人，群众455人；工人21人，农民1093人，干部265人。乡镇人民代表大会选举人大主席24人，专职副主席19人，兼职副主席5人；选举乡镇长24人，副乡镇长77人，其中女7人。

1999年3月，全县24个乡镇进行换届选举。乡镇总人口627149人，选民433713人，参选403031人，占选民数的92.95%；选举乡镇人大代表1379人，其中，男1119人，女260人；中共党员952人，群众427人；工人29人，农民1091人，干部251人。乡镇人民代表大会选举专职人大主席20人，兼职人大主席4人，专职副主席19人；选举乡镇长24人，副乡镇长50人，其中女6人。

2002年，全县14个乡镇进行换届选举。乡镇总人口649817人，选民454479人，参选

418470 人；选举乡镇人大代表 986 人，其中，男 796 人，女 190 人；中共党员 682 人，群众 304 人；农业人员 794 人，非农业人员 192 人，国家机关人员 151 人。乡镇人民代表大会选举人大主席 14 人，副主席 16 人；选举乡镇长 14 人，副乡镇长 50 人，其中女 7 人。

2008 年，全县 14 个乡镇进行换届选举。乡镇总人口 668071 人，选民 517638 人，参选 458920 人；选举乡镇人大代表 986 人，其中，男 783 人，女 203 人；中共党员 722 人，群众 264 人；工人 43 人，农民 745 人，专业技术人员 41 人，公务员 126 人，其他 34 人。乡镇人民代表大会选举人大主席 14 人，其中专职 4 人，兼职 10 人；专职副主席 10 人，其中女 3 人；选举乡镇长 14 人，其中女 1 人；副乡镇长 45 人，其中女 3 人。

第三节 乡镇人大组织

随着乡镇人民代表大会制度不断健全和完善，乡镇人大组织机构设置及工作人员职务也不断规范，1987 年设乡镇人大代表联络工作室，1990 年设乡镇人大主席团，1996 年 1 月设乡镇人民代表大会主席、副主席。2002 年 2 月后，乡镇人大主席由乡镇党委书记兼任;2016 年 7 月后，党委书记不再兼任乡镇人大主席。

1990 年乡镇换届选举乡镇人大主席团专职常务主席一览表

表 6

乡镇	常务主席	乡镇	主席
梁山镇	毛连湘（正科级）	韩岗镇	王邦海（正科级）、张启栋（副科级）
前集乡	乔玉堂（正科级）	袁口乡	李东玉（副科级）
后孙庄乡	冯忠奎（正科级）、崔昌来（副科级）	韩垓乡	付新福（正科级）
马营乡	吴瑞和（正科级）、周广清（副科级）	开河乡	付柏林（正科级）、马步亭（副科级）
馆里乡	袁怀臣（正科级）、张心珍（副科级）	徐集镇	侯宪春（正科级）
寿张集乡	郑延国（正科级）、戚甫谦（副科级）	信楼乡	吴恒银（正科级）
大路口乡	陈丕池（正科级）	拳铺乡	李传生（正科级）
小路口镇	包云正（正科级）	方庙乡	信恒坤（副科级）
郓陈乡	谢兰登（副科级）	小安山乡	贾庆山（副科级）
赵堌堆乡	杨曰亮（正科级）	李官屯乡	刘强美（副科级）
黑虎庙乡	郭居寒（正科级）	王府集乡	田焕明（正科级）
杨营乡	徐德余（正科级）	馆驿乡	李继功（副科级）

1999年乡镇换届选举乡镇人大主席、副主席一览表

表7

乡镇	主席	副主席	备注	乡镇	主席	副主席	备注
梁山镇	吴金玉	王树泉		拳铺乡	张以林（兼）	孙平刚	党委副书记兼
寿张集乡	郑吉明	王继浩		方庙乡	王凤勤（兼）	李同玺	党委书记兼
大路口乡	郭庆法	王继佃		信楼乡	王金安	张昌位	
小路口镇	高启东	刘传新		徐集镇	薛凡德	郑则田	
郓陈乡	李士兵（兼）	尹军峰	党委书记兼	韩垓乡	王福群	林存显	
赵堌堆乡	李相社	蔡如第		开河乡	刘增连	程武业	
黑虎庙乡	艾尚新	高成方		袁口乡	仲昭同		
杨营乡	高启立（兼）		党委副书记兼	韩岗镇	郑希典		
馆里乡	李若盈	樊怀祥		王府集乡	齐麦田		
马营乡	杨洪运	胡长勋		馆驿乡	侯绪德		
前集乡	张曰爱	邵长立		李官屯乡	王道福	庞昌现	
后孙庄乡	庄道春	王朝中		小安山乡	宋庆兰		

2002年乡镇换届选举乡镇人大主席、副主席一览表

表8

乡镇	主席	副主席	乡镇	主席	副主席
梁山镇	庄道春	王朝中 王树泉	马营乡	侯典启	胡长勋
寿张集乡	郑吉明		拳铺镇	陶登启	杨秀花
大路口乡	贾厚印	王继佃	徐集镇	宋玉文	王厚珂 李本珠
小路口镇	杨先进（兼）	刘传新 尹军峰	韩垓镇	苏景宴	林存显 马利成
赵堌堆乡	艾衍东	蔡如第	韩岗镇	郑希典	
黑虎庙乡	房继宽（兼）	高成方	馆驿镇	齐麦田	刘玉宽
杨营镇	侯宪存	樊怀祥 侯典方	小安山镇	王道福	

2008年乡镇换届选举乡镇人大主席、副主席一览表

表9

乡镇	主席	副主席	乡镇	主席	副主席
梁山镇	王才利（兼）	齐绪春	马营乡	仲崇斌（兼）	胡长勋
寿张集乡	杨其勇（兼）	李孟雷	拳铺镇	田福岭（兼）	杨秀花
大路口乡	贾厚印		徐集镇	戚甫同	
小路口镇	李　朋（兼）	胡金平	韩垓镇	苏景宴	
赵堌堆乡	刘志刚（兼）	李兆军	韩岗镇	李兆岚（兼）	韩同满
黑虎庙乡	马　涛（兼）	王金玲	馆驿镇	李保江（兼）	刘玉宽
杨营镇	刘超波（兼）	樊怀祥	小安山镇	王道福	

2012年乡镇（街道）人大主席（主任）、副主席（副主任）一览表

表10

乡镇	主席	副主席	乡镇	主席	副主席
拳铺镇	李　朋（兼）	李若伏	小路口镇	孙明庆（兼）	胡金平
韩垓镇	宋培秋（兼）	马　捷	赵堌堆乡	高宗杰（兼）	侯国林
韩岗镇	曹景全（兼）	韩廷祥	黑虎庙镇	陈传刚（兼）	孙金云
馆驿镇	孙长栋（兼）	戚万广	杨营镇	孔祥华（兼）	王冬梅
小安山镇	耿树民（兼）	肖培力	马营镇	仲崇斌（兼）	张德宝
寿张集镇	任仲建（兼）	梁兆奎	梁山街道	王　平（兼）	尹彦稳
大路口乡	高兴武（兼）	赵性耕	水泊街道	马　涛（兼）	孙常刚

说明：赵堌堆乡人大主席2013年8月离职，党委书记张保贵兼任人大主席；杨营镇人大主席2016年4月离职，卜令军任人大主席

2017年乡镇（街道）人大主席（主任）、副主席（副主任）一览表

表11

乡镇	主席	副主席	乡镇	主席	副主席
拳铺镇	刘太星	李若伏	赵堌堆乡	李健	田均学
韩垓镇	李　勇	张建树	黑虎庙镇	邓贵国	张学梅
韩岗镇	高成建	梁兆奎	杨营镇	卜令军	王怀正
馆驿镇	樊仁国	郑兴忠	马营镇	孙远福	刚秋霞
小安山镇	张圣运	王文英	梁山街道	尚　岗	孙文芝
寿张集镇	孙常刚	冯月娟	水泊街道	褚若民	刘宏秀
大路口乡	周长立	李雪艳	开发区	马洪峰	
小路口镇	贾　敏	胡金平			

2021 年 2 月乡镇（街道）人大主席（主任）、副主席（副主任）一览表

表 12

乡镇	主席	副主席	乡镇	主席	副主席
拳铺镇	刘太星	李若伏	小路口镇	孙金云	胡金平
韩垓镇	李　勇	李中文	赵堌堆乡	李　健	田均学
韩岗镇		梁兆奎	黑虎庙镇	邓贵国	张学梅
馆驿镇	樊仁国	郑兴忠	杨营镇	马德申	王怀正
小安山镇	张圣运	王文英	马营镇	孙远福	张　霞
寿张集镇	孙常刚	冯月娟	梁山街道	尚　岗	孙文芝
大路口乡	姜　华	李雪艳	水泊街道	秦　涛	

第四节 乡镇人大工作

为充分发挥乡镇人民代表大会职能，促进基层民主政治建设和经济社会发展，根据有关法律法规和中央、省、市、县委关于加强和改进县乡人大工作的有关文件精神，2018 年 2 月，梁山县人大常委会制发《关于加强乡镇街区人大规范化建设的指导意见》。《意见》以习近平新时代中国特色社会主义思想和党的十九大精神为指导，以中央和省、市、县委关于加强县乡人大工作和建设的文件为纲领，以实现乡镇街区人大工作规范化为目标，按照总结、继承、完善、提高的原则，明确任务要求，强化保障措施，健全制度机制，推进规范化建设，使乡镇街区人大达到“五有”“五规范”，保证乡镇街区人大依法行使职权，切实发挥最基层地方国家权力机关的作用。

乡镇街区人大工作“五有”标准和要求，包括：有专职人员、有活动场所、有工作制度、有完善档案、有经费保障。乡镇街区人大工作“五规范”标准和要求，包括：规范乡镇人民代表大会、乡镇人大主席团及街道开发区人大工作委员会职责定位；规范召开乡镇人民代表大会会议及次数、议程和会议组织工作；规范主席团工作及年度工作要点、主席团会议、组织代表听取审议政府专项工作报告、审查监督财政预算决算、组织视察调研、开展执法检查、组织代表开展评议、督促代表议案建议办理等；规范代表小组活动、代表联系选民活动代表向选民述职活动等项活动；规范自身思想政治建设，始终在思想上政治上行动上同党中央保持高度一致，不断提升人大工作质量和水平。

县人大常委会把 2018 年列为乡镇街区人大规范化建设年，其中一项重点工作是抓好乡镇街区人大代表活动中心建设。

梁山县人大志

LIANGSHANXIAN RENDAZHI

人物

副书记、单县人大常委会主任；1989 年 9 月，调任中共梁山县委巡视员。1991 年 12 月离休。

人物简介

历届县人大常委会主任

王笃信 1931 年 7 月生，梁山县人。1949 年 5 月参加工作，1950 年 3 月参加中国共产党，梁山县第九届人大常委会主任、党组书记，中共梁山县委原巡视员。1945 年 4 月，在本村任儿童团团长、记账员等；1949 年夏，在粮所帮助收粮入仓，其后到县政府民政科工作（搞土地契税发证）；1950 年 9 月，调县农税科工作；1952 年 3 月，参加三反、五反运动，其后调省财政干部学校学习并参加全省农村经济发展调查工作。1952 年 11 月，到县政府财政科工作；1953 年 3 月，调县政府监察委员会工作；1954 年 9 月，调泰安地区专员公署监察处工作；1956 年，任泰安地区专员公署监察处监察助理员；1958 年 1 月，调东平县监察组；1959 年 3 月，任东平县委纪律检查委员会秘书；1960 年 6 月，调中共菏泽地委；1966 年 5 月，任中共菏泽地委检察委员会检察员；1967 年 11 月，在小安山"五七"干校劳动；1970 年 3 月，任菏泽地委办公室（时称地委核心领导小组）秘书组组长兼行政组长、党支部书记（包括秘书组、行政组、机要组、机要通信组、人民来信来访接待组）；1973 年 2 月，调任中共梁山县委常委、梁山县政府生产指挥部副指挥长；1978 年 4 月，任中共梁山县委副书记，1979 年 6 月，兼任梁山县委纪律检查委员会书记；1981 年 1 月，当选梁山县人大常委会主任；1983 年 5 月，调任中共单县县委副书记、单县人大常委会主任；1989 年 9 月，调任中共梁山县委巡视员。1991 年 12 月离休。

崔绪照（1930—1991）1930 年 9 月生，山东省郓城县常庄乡崔楼村人，中师毕业，中共党员，梁山县第十届、十一届人大常委会主任、党组书记。1947 年 12 月—1948 年 2 月，在郓北三区常庄小学任教师；1948 年 2 月—1950 年 7 月，在郓北三区红门厂小学任教师；1950 年 7 月—1951 年 7 月，菏泽师范学习；1951 年 7 月—1951 年 10 月，在郓城县二区做土地发证工作；1951 年 10 月—1956 年 7 月，在郓城县黄集区红庙小学先后任主任、校长；1956 年 7 月—1957 年 8 月，在郓城县文教局任视导员（期间于 1957 年 3 月加入中国共产党）；1957 年 8 月—1959 年 3 月，在郓城县人委办公室任干事；1959 年 3 月—1965 年 4 月，在郓城县档案馆（科）先后任馆长、副科长；1965 年 4 月—1971 年 5 月，在郓城县黄安公社任党委副书记；1971 年 5 月—1973 年 7 月，在郓城县黄堆集公社任党委书记；1973 年 7 月—1980 年 7 月，任中共郓城县委副书记。1980 年 7 月—1981 年 1 月，任中共梁山县委副书记；1981 年 1 月—1984 年 3 月，任中共梁山县委副书记、县长；1984 年 3 月—1990 年 3 月，任梁山县人大常委会主任、党组书记。1990 年 3 月离休，1991 年 1 月病逝，享年 61 岁。崔绪照曾于 1971 年 7 月，当选中共菏泽地区第一次代表大会代表。

穆衍峰（1942—1996）1942 年 3 月生，梁山县寿张集镇穆桥村人，大学文化，中共党员，梁山县第十二届、十三届人大常委会主任、党组书

记。1968年7月，毕业于山东财经学院金融系；1968年9月，在济南军区工程兵农场劳动锻炼；1970年1月，任梁山县人民银行副股长、副行长；1973年11月，加入中国共产党；1977年5月，任大路口公社党委副书记；1978年9月，任大安山公社党委副书记、革委会主任；1979年9月，任徐集公社党委副书记、管委会主任；1981年3月，任徐集公社党委书记；1983年3月，任梁山县人民政府副县长；1983年12月，任中共梁山县委副书记；1985年8月，任中共巨野县委副书记、县长；1989年9月，任中共梁山县人大常委会党组副书记；1990年3月，任梁山县人大常委会主任、党组书记。1996年6月15日因病逝世，享年55岁。穆衍峰当选山东省第六届人民代表大会代表，1988年当选山东省第七届人民代表大会代表。

高太平 1945年10月生，山东省曲阜市人，1968年9月参加工作，1973年5月加入中国共产党，大学毕业，农学学士，梁山县第十三届、十四届、十五届人大常委会主任、党组书记。1964年9月—1968年9月，在山东农学院植保系植保专业学习；1968年9月—1973年6月，在东明县城关公社先后任农业技术员、团委书记；1973年6月—1979年11月，任东明县委宣传部理论教员；1979年11月—1984年1月，任东明县委宣传部科长；1984年1月—1988年11月，任东明县委常委、宣传部部长；1988年11月—1989年9月，任东明县纪委书记；1989年9月—1990年2月，任曹县县委常委、政府副县长；1990年2月—1992年12月，任梁山县县委常委、政府副县长；1992年12月—1997年2月，任梁山县委副书记、政府副县长；1997年2月—2006年1月，任梁山县人大常委会主任、党组书记；2012年3月退休。

商建设 1956年10月生，山东省巨野县人，1973年2月参加工作，1975年4月加入中国共产党，大学文化，中共梁山县委书记，兼任梁山县第十五届、十六届人大常委会主任、党组书记，后任济宁市人大常委会副主任、党组副书记。1973年2月—1975年9月，在嘉祥县核桃园公社任民师；1975年9月—1975年12月，在嘉祥县委工作组驻大山头工作组任副组长；1975年12月—1978年12月，任嘉祥县核桃园公社党委副书记；1978年12月—1983年3月，任嘉祥县仲山公社党委常委、党委秘书（1981年1月—1983年3月，在济宁师专干修科学习）；1983年3月—1983年5月，任嘉祥县仲山公社党委委员、管委会副主任；1983年5月—1984年5月，任嘉祥县满硐公社党委副书记；1984年5月—1987年2月，先后任嘉祥县满硐乡党委书记、万张乡党委书记；1987年2月—1992年12月，任嘉祥县委常委、县委办公室主任；1992年12月—1997年12月，任嘉祥县政府副县长、党组副书记（1993年9月—1996年7月在省经济管理干部学院经济专业学习）；1997年12月—1998年1月，任中共梁山县委书记、县政府副县长；1998年1月—1998年3月，任中共梁山县委副书记；1998年3月—1999年8月，任中共梁山县委副书记、组织部长；1999年8月—2000年1月，任中

共梁山县委副书记，县政府常务副县长、党组副书记，代县长、党组书记；2000年1月—2004年6月，任中共梁山县委副书记，县政府县长、党组书记；2004年6月—2004年8月，任中共梁山县委书记，县政府县长、党组书记；2004年8月—2006年1月，任中共梁山县委书记、县委党校校长；2006年1月—2009年7月，任中共梁山县委书记，县人大常委会主任、党组书记，县委党校校长；2009年7月—2010年4月，任济宁市副市级干部，中共梁山县委书记，县人大常委会主任、党组书记，县委党校校长；2010年4月—2012年2月，任济宁市政府党组成员、特邀咨询；2012年2月—2017年2月，任济宁市人大常委会副主任、党组副书记。2003年当选山东省第十届人大代表。

陈国华 1963年3月生，山东省曲阜市人，1983年7月参加工作，1993年8月加入中国共产党，省委党校研究生，工商管理硕士，中共梁山县委书记，兼任梁山县第十六届人大常委会主任、党组书记。1981年9月—1983年7月，在山东省财政学校财会专业学习；1983年7月—1998年8月，先后任济宁市财政局办事员、科员、副科长、科长兼国债服务部主任；1998年8月—2001年12月，先后任济宁市预算外资金管理局副局长、局长；2001年12月—2003年2月，任济宁市财政局副局长兼预算外局局长（1999年7月—2002年1月在山东省委党校在职干部研究生班经济管理专业学习）；2003年2月—2006年6月，任济宁市财政局副局长；2006年6月—2006年12月，任济宁市物价局局长、党组书记（2004年9月—2006年9月在北京理工大学管理经济学院工商管理专业学习)；2006年12月—2010年4月，任中共梁山县委副书记，县政府县长、党组书记；2010年5月—2011年11月，任中共梁山县委书记，县人大常委会主任、党组书记，县委党校校长。2011年11月，任济宁市委副秘书长、办公室主任；2017年2月，任济宁市人大常委会副主任、党组成员。

田卫东 1968年9月生，山东省巨野县人，1989年6月加入中国共产党，1989年7月参加工作，中央党校研究生，天津大学管理学博士，中共梁山县委书记，兼任梁山县十七届人大常委会主任。1987年7月—1989年7月，在菏泽师专物理系学习；1989年7月—1990年1月，菏泽市刘寨中学任教师；1990年1月—1990年10月，菏泽市刘寨乡政府任办事员；1990年10月—1993年5月，菏泽地区菏泽市政府法制局任办事员（1990年8月—1992年12月在中央党校函授学院党政管理专业本科班学习）；1993年5月—1995年8月，菏泽地区菏泽市政府办公室先后任办事员、副股级秘书；（1995年8月—1998年1月在中央党校研究生部党建专业学习）；1998年1月—1998年7月，菏泽地区菏泽市政府办公室先后任秘书、副科级秘书；1998年7月—2001年4月，任菏泽地委政研室副主任科员；2001年4月—2001年12月，任菏泽市委政研室党刊科主任科员；2001年12月—2006年6月，任济宁市教育局副局长；2006年6月—2008年10月，任济宁市委副秘书长、市委政策研究室副主任（主持工作）；2008年10月—2010年2月，任济宁市委副秘书长、市委政策研究室主任；2010年

2 月—2010 年 4 月，任中共梁山县委副书记；2010 年 4 月—2011 年 11 月，任中共梁山县委副书记、县政府县长、党组书记（2006 年 7 月—2010 年 12 月在天津大学管理学院管理科学与工程专业学习，获得管理学博士学位）；2011 年 11 月—2012 年 11 月，任中共梁山县委书记，县人大常委会主任、党组书记，县委党校校长；2012 年 11 月—2015 年 7 月，任中共梁山县委书记、县人大常委会主任、县委党校校长。后任中共任城区委书记、济宁市政府副市长、中共山东省委副秘书长兼政研室主任。

刘振诺（1953—2014） 男，汉族，1953 年 10 月生，梁山县韩垓镇开河村人，1976 年 8 月参加工作，1980 年 10 月入党，梁山县第十五届、十六届人大常委会第一副主任、党组副书记。1970 年 8 月—1974 年 10 月，梁山县韩垓公社办事员；1974 年 10 月—1976 年 8 月，菏泽农校农学专业学习；1976 年 8 月—1980 年 12 月，梁山县林业局办事员；1980 年 12 月—1984 年 2 月，梁山县机关党委党委委员、团委书记；1984 年 2 月—1986 年 9 月，任梁山县馆驿乡党委副书记；1986 年 9 月—1988 年 6 月，菏泽地委党校政治专业学习；1988 年 6 月—1989 年 5 月，任梁山县馆驿乡党委副书记；1989 年 5 月—1991 年 2 月，任梁山县馆里乡党委副书记、乡长；1991 年 2 月—1992 年 12 月，任梁山县马营乡党委书记；1992 年 12 月—1998 年 1 月，任梁山县委常委、政法委书记（其间：1995 年 9 月—1997 年 12 月在省委党校经济管理专业学习）；1998 年 1 月—2003 年 3 月，任梁山县政府副县长、党组成员；2003 年 3 月—2006 年 1 月，任梁山县委常委、副县长；2006 年 1 月—2010 年 12 月，任梁山县人大常委会第一副主任、党组副书记；2010 年 12 月—2011 年 1 月，任梁山县人大常委会党组副书记；2011 年 1 月—2013 年 10 月，任梁山县人大常委会调研员。2013 年 10 月退休。2014 年 10 月因病去世，享年 61 岁。

蒋衍涛（1959—2017） 男，汉族，1959 年 10 月出生，大学学历，1976 年 2 月参加工作，1982 年 6 月入党，梁山县第十七届人大常委会主任、党组书记。1976 年 2 月—1978 年 1 月，梁山县财税局税管员；1978 年 1 月—1985 年 8 月，梁山县政府办公室打字员、机要员；1985 年 8 月—1988 年 7 月，山东电大菏泽分校档案专业学习（其间：1985 年 8 月—1988 年 7 月在山东大学高等教育自考法律专业学习）；1988 年 7 月—1991 年 4 月，梁山县政府办公室秘书；1991 年 4 月—1992 年 12 月，任梁山县信楼乡政府副乡长；1992 年 12 月—1993 年 12 月，任梁山县信楼乡党委副书记；1993 年 12 月—1996 年 1 月，任梁山县信楼乡党委副书记、乡长；1996 年 1 月—2000 年 12 月，任梁山县信楼乡党委书记；2000 年 12 月—2002 年 5 月，任梁山县梁山镇（调整后）党委书记；2002 年 5 月—2002 年 6 月，任梁山县政府副县长，梁山镇党委书记；2002 年 6 月—2008 年 10 月，任梁山县政府副县长、党组成员；2008 年 10 月—2011 年 1 月，任梁山县委常委，县政府副县长、党组成员；2011 年 1 月—2012 年 11 月，任梁山县人大常委会第一副主任（正县级）、党组副书记；2012 年 11 月—2016 年 1 月，任梁山县人大常委会第一副主任（正县级）、党组书记；2016 年 1 月—2017 年 1 月，任梁山县人大常委会主任、党组书记。2017 年 6 月因病去世，享年 58 岁。

秦延信 男，1963年4月出生，汉族，梁山县人，研究生学历，1981年7月参加工作，1984年12月加入中国共产党，现任梁山县第十八届人大常委会主任、党组书记。1979年9月—1981年7月，在菏泽师专数学专业学习；1981年7月—1982年6月，在梁山七中任教师；1982年6月—1985年1月，在西藏日喀则地区中学任教师（山东省第四批援藏教师）；1985年1月—1989年4月，在梁山二中任教师；1989年4月—1992年3月，任馆里乡人大办公室主任、管区书记；1992年3月—1996年1月，任梁山县纪委科员；1996年1月—1998年3月，任梁山县纪委信访室主任；1998年3月—2000年12月，任拳铺镇党委副书记、镇长；2000年12月—2004年11月，任梁山镇党委副书记、镇长（1998年7月-2001年7月在北京师范大学经济管理研究生课程班学习）；2004年11月—2006年8月，任梁山镇党委书记；2006年8月—2006年10月，任梁山镇党委书记兼韩商投资兴业园办公室主任；2006年10月—2007年1月，任梁山镇党委书记、人大主席，兼任韩商投资兴业园办公室主任；2007年1月—2007年2月，任中共梁山县委常委、梁山镇党委书记、人大主席，兼任韩商投资兴业园办公室主任；2007年2月—2009年12月，任梁山县委常委、宣传部长（2006年9月—2009年7月在中央党校经济管理专业研究生班学习）；2009年12月—2011年1月，任中共梁山县委常委，县委办公室主任、县委群众工作部部长；2011年1月—2011年11月，任中共梁山县委常委、县委办公室主任、县委群众工作部部长，兼任梁山风景名胜区党工委书记；2011年11月—2012年1月，任中共梁山县委常委、县政府党组副书记，兼任梁山风景名胜区党工委书记；2012年1月—2016年5月，任中共梁山县委常委、县政府副县长、党组副书记，兼任梁山风景名胜区党工委书记；2016年5月—2017年1月，任中共梁山县委常委、县政府副县长、党组副书记；2017年1月，任梁山县人大常委会主任、党组书记。

历届县人大常委会副主任

樊兆玙（1926—2009） 男，汉族，1926年7月出生，山东省定陶县人，高中学历，1944年3月参加工作，1944年8月入党，梁山县第九届、十届人大常委会副主任。1944年3月—1951年7月，先后任菏泽县区抗联干事、组织委员、副区长、区委书记；1951年7月—1956年8月，先后任菏泽县宣传部理论教员、宣传部长、县委常委；1956年8月—1963年10月，先后任定陶、成武农村工作部部长、县委常委；1963年10月—1975年8月，任梁山县农业局局长、农办副主任；1975年8月—1978年8月，任郓城县农办副主任；1978年8月—1980年8月，任郓城县革命委员会副主任；1980年8月—1981年1月，任梁山县人大常委会筹委会副主任；1981年1月—1987年3月，任梁山县人大常委会副主任；1987年离休。2009年3月因病去世，享年83岁。

李绪明（1933—2009） 男，汉族，1933年7月出生，梁山县人，初中学历，1952年9月参加工作，1955年11月入党，梁山县第九届人大常委会副主任。1952年9月—1953年9月，南旺新华书店办

事员；1953 年 9 月—1954 年 11 月，梁山县政府文印；1954 年 11 月—1959 年 3 月，梁山县百货公司营业员、县政府工商科科员、县人事科科员；1959 年 3 月—1964 年 10 月，梁山县委组织部干事、干部科副科长、人委人事科科长；1964 年 10 月—1971 年，任梁山县委组织部干事、副部长；1971 年—1975 年，任梁山县革命委员会政治部组织组组长、政治部副主任；1975 年—1980 年 9 月，任梁山县委组织部副部长、部长、县委常委；1980 年 9 月—1981 年 1 月，任梁山县人大常委筹委会副主任；1981 年 1 月—1984 年 5 月，任梁山县人大常委会副主任。1984 年 5 月—1993 年 7 月，任梁山县人大常委会调研员。1993 年退休。2009 年 10 月因病去世，享年 76 岁。

孟凡才（1931—2020） 男，汉族，1931 年 7 月出生，山东省郓城县人，初中学历，1946 年 9 月入党，1952 年 12 月参加工作，梁山县第九届、十届、十一届人大常委会副主任。1952 年 12 月—1957 年 8 月，梁山县区委组织干事、组织委员、县委组织部组织委员；1957 年 8 月—1964 年 12 月，任共青团梁山县委副书记；1964 年 12 月—1976 年 5 月，任大路口公社党委书记；1976 年 5 月—1978 年 5 月，任梁山县商业局局长、财办主任；1978 年 5 月—1981 年 1 月，任梁山县革命委员会副主任；1981 年 1 月—1990 年 3 月，任梁山县人大常委会副主任。1990 年 3 月—1991 年 7 月，任梁山县人大常委会调研员。1991 年离休。2020 年 8 月因病去世，享年 89 岁。

石增馨（1929—2012） 女，汉族，1929 年 6 月出生，山东省海阳县人，初中学历，1945 年 10 月入党，1947 年 2 月参加工作，梁山县第

九届人大常委会副主任。1947 年 2 月—1949 年 2 月，山东军区学兵训练处文工团团员；1949 年 2 月—1951 年 4 月，胶东南海军分区卫生处医训队文化干事；1951 年 4 月—1952 年 12 月，山东军区军医学校政委办公室政治干事；1952 年 12 月—1955 年 1 月，第五军医中学政治处队员、队支部书记；1955 年 1 月—1963 年 8 月，先后任济南市妇联组织部干事、副部长、槐阴区妇联副主任；1963 年 8 月—1973 年 3 月，任梁山县妇联副主任；1973 年 3 月—1980 年 9 月，任梁山县妇联副主任、中共梁山县委常委；1980 年 9 月—1981 年 1 月，任梁山县妇联主任；1981 年 1 月—1984 年 5 月，任梁山县人大常委会副主任。1984 年离休。2012 年 3 月因病去世，享年 83 岁。

李厚昌 男，汉族，1930 年 9 月出生，山东省东平县代庙乡人，高中学历，1947 年 9 月参加工作，1950 年 4 月入党，梁山县第十届、十一届人大常委会副主任、党组成员。1947 年 10 月—1948 年 11 月，昆山县徐庄小学任教员；1948 年 11 月—1949 年 1 月，国庙师训班学员；1949 年 1 月—1949 年 10 月，昆山县宋圈小学任教员；1949 年 10 月—1950 年 10 月，梁山县三里庄小学任教员；1950 年 10 月—1951 年 1 月，梁山县一区区委会任文化教员；1951 年 1 月—1951 年 9 月，梁山团县委任干事；1951 年 9 月—1952 年 8 月，梁山五区团委委员；1952 年 8 月—1952 年 10 月，梁山团县委副部长；1952 年 10 月—1956 年 6 月，菏泽团地委组织干事；1956 年 6 月—1958 年 11 月，

任菏泽团地委组织部长；1958年11月—1959年6月，任济宁团地委宣传部长；1959年6月—1964年10月，任菏泽团地委宣传部长；1964年10月—1971年1月，任菏泽团地委副书记；1971年1月—1974年7月，任梁山县水泥厂副主任；1974年7月—1980年9月，任中共梁山县委办公室主任；1980年9月—1984年5月，任郓城县人大常委会副主任；1984年5月—1990年10月，任梁山县人大常委会副主任。1990年10月离休。

陆长为（1929—2009）

男，汉族，1929年11月出生，山东省东平县戴庙乡沈楼村人，初中学历，1947年12月参加工作，1949年7月入党，梁山县第十届人大常委会副主任、党组成员。1947年12月—1948年5月，嘉祥县银行出纳；1948年5月—1948年10月，昆山县税务局干事；1948年10月—1949年1月，七专属财训班学习；1949年11月—1951年5月，南旺县银行办事员；1951年5月—1952年5月，南旺县委组织部干事；1952年5月—1958年9月，菏泽地委组织部秘书；1958年9月—1960年8月，任鄄城县委组织部副部长；1960年8月—1965年4月，任鄄城县委常委、组织部部长；1965年4月—1971年3月，任郓城县委常委、宣传部部长；1971年3月—1973年7月，任郓城县委常委、办公室主任；1973年7月—1976年7月，任梁山轴承厂党委副书记；1976年7月—1979年1月，任曹县县委常委、革委会副主任；1979年1月—1984年1月，任定陶县委常委、副县长；1984年1月—1987年3月，任梁山县人大常委会副主任；1987年3月—1989年11月，任梁山县政府调研员；1989年11月离休。2009年1月因病去世，享年80岁。

田均福（1940—2006）

男，汉族，1940年出生，梁山县馆驿镇东田店村人，大学学历，1961年参加工作，梁山县第十届人大常委会副主任。1961年10月于山东大学毕业留校，为物理系研究生；1962年7月—12月，在郓城一中任教师；1962年12月—1968年10月，在梁山县教育局教研室任教研员；1968年10月—1973年9月，在梁山县第九中学任教师；1973年9月—1987年3月，任梁山县教育局教研室教研员；1984年5月—1987年3月，任梁山县人大常委会副主任；1987年3月—2000年，任梁山县教育局教研室副主任、教研员。2000年退休。2006年8月因病去世，享年66岁。当选山东省第六届人民代表大会代表。

杨　旭（1931—2017）

男，汉族，1931年11月出生，山东省梁山县寿张集人，大学学历，1946年6月参加工作，1953年1月入党，梁山县第十一届人大常委会副主任、党组成员。1946年6月，昆山县工商局、事务所办事员、科员；1950年5月，菏泽地区专署工商科科员，人事局、地委组织部干事；1958年9月，在山东师范学院学习；1962年10月，菏泽专署人事局科员，地区行政干校负责人；1970年7月，菏泽地委搞专案；1975年6月，任梁山县劳动局局长；1978年5月，任中共梁山县委组织部副部长；1980年9月，任中共梁山县委组织部部长；1987年3月，任梁山县人大常委会副主任、党组成员；1990年3月，任梁山县人大常委会副调研员。1991年11月离休。2017年因病去世，享年86岁。

王占甲 男，汉族，1937年7月出生，山东省鄄城县人，中专学历，1956年9月参加工作，1965年8月入党，梁山县第十一届、十二届、十三届人大常委会副主任。1956年9月—1975年8月，梁山县大安山区农技站技术员、县农业局副站长、副局长；1975年8月—1979年6月，先后任大安山公社革命委员会副主任、黑虎庙公社党委副书记、革命委员会主任；1979年6月—1980年9月，任大路口公社党委书记；1980年9月—1981年1月，任中共梁山县委常委、县革命委员会副主任；1981年1月—1987年3月，任梁山县人民政府副县长；1987年3月—1998年1月，任梁山县人大常委会副主任、党组副书记。1998年退休。

杨念成 男，汉族，1937年6月出生，山东省枣庄市沙沟镇沙沟四村人，中专学历，1959年参加工作，1965年8月入党，梁山县第十一届、十二届、十三届人大常委会副主任、党组成员。1959年8月—1961年1月，中国农科院干部；1961年1月—1965年6月，梁山县农业局办事员；1965年6月—1971年5月，梁山县农业局农技站长；1971年5月—1983年3月，任斑店公社党委副书记；1983年3月—1987年3月，任中共梁山县委常委、县委办公室主任；1987年3月—1998年1月，任梁山县人大常委会副主任、党组成员；1998年2月退休。

张先知 1939年2月4日生，梁山县寿张集镇肖庄村人，大专学历，中学高级教师，梁山县第十一届、十二届、十四届人大常委会副主任。1958年7月—1969年6月，先后在山东省阳信四中、三中任初中教师、教研组长；1969年6月，调梁山十四中任高中教师、教研组长；1978年8月，调梁山一中任高中教师、班主任。1987年1月，当选为梁山县人大常委会副主任（不驻会）；1992年2月，任梁山县政府副县长；1999年1月，任县政协副主席；2001年2月，任县人大常委会副主任。1993年当选山东省政协第七届委员。2003年4月退休。

杨朝福 1942年2月11日生，梁山县大路口乡西杨村人，大学学历，1966年8月入党，1967年8月参加工作，梁山县第十一届人大常委会副主任、党组成员，原梁山县政协主席、党组书记。1967年8月，山东海洋学院水产系毕业；1967年8月—1970年1月，在济南军区6144部队15分队锻炼；1970年1月—1971年6月，在梁山人民银行任办事员；1971年6月—1976年5月，在梁山县小路口公社先后任团委书记、党委常委、党委副书记；1976年5月—1981年10月，在梁山县寿张集公社任党委副书记、革委会主任；1981年10月—1984年3月，在梁山县委农村工作部先后任秘书、副部长；1984年3月—1984年8月，在县委办公室任副主任；1984年8月—1985年8月，任梁山县委常委、副县长；1985年8月—1987年1月，任梁山县委副书记；1987年1月—1987年9月，任梁山水泥厂党委书记；

1987年9月—1988年8月，任菏泽地区农机服务公司经理、党组书记；1988年8月—1990年3月，任梁山县人大常委会副主任、党组成员；1990年3月—2001年1月，任梁山县政协主席、党组书记；2001年1月—2003年4月任县政协调研员；2003年4月退休。

傅全林（1936—2006） 男，汉族，1936年12月出生，梁山县韩垓镇开河西村人，初中学历，1954年11月入党，1956年6月参加工作，梁山县第十二届、十三届人大常委会副主任、党组成员。1954年10月—1956年6月，南旺县开河镇团委书记；1956年6月—1958年10月，梁山县农村合作部干事；1958年10月—1959年10月，梁山县委办公室研究员；1959年10月—1971年3月，任小路口公社团委书记、团县委组织部长；1971年3月—1975年5月，任徐集公社党委书记、团县委书记；1975年5月—1977年9月，任定陶县二轻工业局局长、经委主任；1977年9月—1990年3月，任定陶县革委会副主任、副县长，曹县革委会副主任；1990年3月—1998年1月，任梁山县人大常委会副主任、党组成员；1998年2月退休。2006年8月因病去世，享年70岁。

王钦孝 男，汉族，1937年1月出生，梁山县梁山街道中王庄人，高中学历，1956年5月参加工作，1960年8月入党，梁山县第十二届、十三届人大常委会副主任、党组成员。1956年6月—1965年6月，梁山县粮食局办事员、股长；1965年6月—1967年8月，任徐集公社党委副书记；1967年8月—1969年11月，任徐集公社革委会主任；1969年11月—1984年3月，任馆驿公社党委书记；1984年3月—1990年3月，任梁山县税务局局长、党组书记；1990年3月—1998年1月，任梁山县人大常委会副主任、党组成员；1998年2月退休。

张先道（1938—2014） 男，汉族，1938年9月出生，梁山县寿张集镇肖庄村人，大学学历，1965年10月入党，1967年11月参加工作，梁山县第十二届、十三届人大常委会副主任、党组成员。1961年7月—1967年11月，在山东师范学院中文系学习（1966年7月—1967年11月因“文革”为毕业延期分配时间，计算工龄）；1967年11月—1975年1月，在济南钢铁厂中学工作；1975年1月—1979年4月，在梁山县大路口公社工作，任党委组织委员；1979年4月—1980年10月，任大路口公社党委副书记；1980年10月—1984年3月，任小安山公社党委副书记、管委会主任；1984年3月—1987年9月，任梁山县政府办公室主任；1987年9月—1990年3月，任梁山县人事局局长；1990年3月—1998年1月，任梁山县人大常委会副主任、党组成员；1998年退休。2014年9月因病去世，享年76岁。

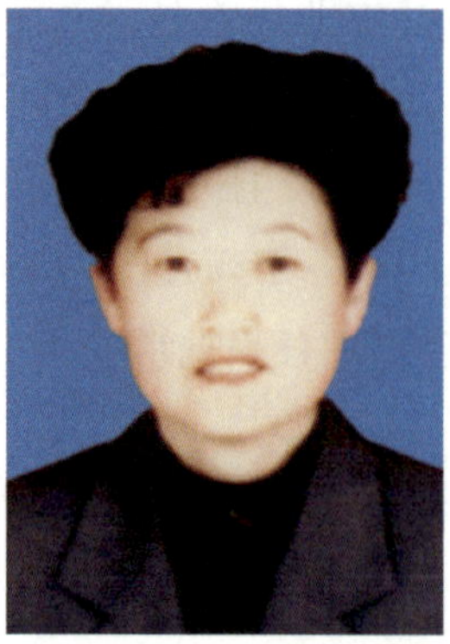

鞠燕芬 女，汉族，1944年3月出生，山东省龙口市人，大学学历，1965年11月入党，1968年9月参加工作，梁山县第十三届、十四届人大常委会副主任、党组成员。

1963 年 9 月—1984 年 1 月，梁山县发电厂生产技术组副组长、厂办主任、副厂长；1984 年 1 月—1993 年 2 月，任梁山县人民政府副县长、党组成员；1993 年 2 月—2001 年 11 月，任梁山县人大常委会副主任、党组成员；2001 年 11 月—2003 年 1 月，任梁山县人大常委会副主任、党组副书记；2003 年 1 月—2004 年 4 月，任梁山县人大常委会助理调研员。2008 年 3 月退休。

刘殿印 男，汉族，1943 年 3 月出生，山东省东平县人，大专学历，1961 年 8 月参加工作，1964 年 5 月入党，梁山县第十三届、十四届人大常委会副主任、党组副书记。1961 年 8 月—1977 年 3 月，部队服役；1977 年 3 月—1980 年 11 月，任曹县人民武装部政工科科长；1980 年 11 月—1983 年 8 月，任郓城县人民武装部副政委；1983 年 8 月—1986 年 2 月，任郓城县人民武装部政委、中共郓城县委常委；1986 年 2 月—1986 年 5 月，任梁山县人民武装部部长；1986 年 5 月—1996 年 3 月，任中共梁山县委常委、县人民武装部政委；1996 年 3 月—2001 年 1 月，任梁山县人大常委会副主任、党组副书记；2001 年 1 月—2003 年 6 月，任梁山县人大常委会助理调研员（正县）；2003 年 6 月退休。

王佑明 男，汉族，1948 年 4 月出生，梁山县人，大学学历，1966 年 4 月入党，1970 年 1 月参加工作，梁山县第十四届、十五届人大常委会副主任、党组成员。1970 年 3 月—1976 年 4 月，梁山县城关公社办事员（计算连续工龄）；1976 年 4 月—1981 年 10 月，任梁山县城关公社常委、副主任；1981 年 10 月—1983 年 4 月，任梁山县寿张集乡党委副书记；1983 年 4 月—1984 年 1 月，任梁山县梁山镇党委副书记、镇长；1984 年 1 月—1987 年 2 月，任梁山县寿张集乡党委书记；1987 年 2 月—1992 年 5 月，任梁山县水利局局长、党组书记；1992 年 5 月—1997 年 12 月，任梁山县政府副县长；（其间，1993 年 9 月—1996 年 12 月在省委党校经济管理专业学习）；1997 年 12 月—1998 年 3 月，任梁山县人大常委会副主任；1998 年 3 月—2002 年 1 月，任梁山县人民政府副县长；2002 年 1 月—2003 年 2 月，任梁山县人大常委会副主任、党组成员；2003 年 2 月—2007 年 1 月，任梁山县人大常委会副主任、党组副书记；2007 年 1 月—2008 年 4 月，任梁山县人大常委会副调研员。2012 年 6 月退休。

林英科 男，汉族，1947 年 10 月出生，梁山县小安山镇人，大专学历，1968 年 3 月参加工作，1972 年 3 月入党，梁山县第十四届、十五届人大常委会副主任、党组成员。1968 年 3 月 —1971 年 12 月，梁山县小安山“五七”中学、水屯联中民师；1971 年 12 月—1976 年 8 月，梁山县小安山公社党委组织干事、秘书；1976 年 8 月—1980 年 10 月，任梁山县小安山公社党委副书记；1980 年 10 月—1984 年 1 月，任梁山县韩岗公社党委副书记；1984 年 1 月—1985 年 1 月，任梁山县王府集乡政府乡长；1985 年 1 月—1986 年 6 月，任梁山县馆驿乡党委副书记、乡长；1986 年 6 月—1992 年 5 月，任梁山县馆驿乡党委书记；1992 年 5 月—1997 年 12 月，任梁山县水利局局长；1997 年 12 月—2007 年 1 月，任梁山县

人大常委会副主任、党组成员（其间，1999年9月—2002年7月在省委党校经济管理专业学习）2007年1月—2007年11月，任梁山县人大常委会副调研员。2012年5月退休。

王志宪 男，汉族，1945年1月出生，梁山县人，高中学历，1966年6月入党，1988年7月参加工作，梁山县第十四届人大常委会副主任、党组成员。1972年3月—1976年7月，梁山县城关镇水利站临干；1976年7月—1990年10月，梁山县城关镇电修厂厂长；（1988年7月菏泽地区人事局批准录用为国家干部）；1990年10月—1991年2月，任梁山县大鹏企业总公司经理；1991年2月—1992年12月，任梁山县梁山镇人民政府副镇长；1992年12月—1997年12月，任梁山县梁山镇人民政府镇长；1997年12月—2003年1月，任梁山县人大常委会副主任;2003年1月—2005年1月，任梁山县人大常委会助理调研员。2008年3月退休。

信在高 男，汉族，1944年12月出生，梁山县人，高中学历，1964年8月入党，1967年3月参加工作，梁山县第十四届人大常委会副主任。1967年3月—1971年12月，梁山县徐集供销社合同工；1971年12月—1980年4月，先后任梁山县徐集公社政工组副组长、革命委员会副主任、管理委员会副主任；1980年4月—1981年10月，任梁山县银山公社党委副书记；1981年10月—1984年1月，任梁山县小安山公社党委书记；1984年1月—1986年8月，任梁山县小安山公社党委书记；1986年8月—1987年2月，任梁山县乡镇企业局党组书记；1987年2月—1993年3月，任梁山县交通局党组书记、局长；1993年3月—1998年1月，任梁山县乡镇企业局局长、党组书记；1998年1月—2003年1月，任梁山县人大常委会副主任;2003年1月—2008年3月，任梁山县人大常委会助理调研员。2008年3月退休。

李文汉 男，汉族，1945年1月出生，梁山县赵堌堆乡人，大专学历，1966年7月参加工作，1976年5月入党，梁山县第十四届人大常委会副主任、党组成员。1966年7月—1966年12月，郓城县委宣传部办事员；1966年12月—1968年12月，梁山县城关一小教师；1968年12月—1976年4月，梁山县小路口中学教师；1976年4月—1980年11月，梁山县人民法院审判员、刑庭副庭长；1984年8月—1987年4月，梁山县人民法院刑事审判庭庭长、审委会委员；1987年4月—1992年11月，任梁山县人民法院副院长、党组成员；1992年12月—1999年1月，任梁山县人民检察院检察长、党组书记；1999年1月—2003年1月，任梁山县人大常委会副主任、党组成员;2003年1月—2008年3月，任梁山县人大常委会助理调研员。2008年3月退休。

陆书杰 男，汉族，1947年8月出生，山东省东平县人，大学学历，1967年8月参加工作，1971年8月入党，梁山县第十四届、十五届人大常委会副主任、党组成员。1964年8月—1967年7月，山东银行学校信贷专业学生；1967年7

月—1969年12月，荣成县人行信贷员；1969年12月—1976年3月，部队服役任文书、副排长；1976年3月—1981年9月，梁山县水产局会计、股长；1981年9月—1983年7月，山东经济学院经济管理专业学生；1983年7月—1987年2月，任梁山县商业局副局长；1987年2月—1993年12月，任梁山县供销联社理事会主任；1993年12月—1995年2月，任梁山县委统战部部长；1995年2月—1996年12月，任梁山县政协党组成员、统战部部长；1996年12月—1998年3月，任梁山县政协副主席；1998年3月—2002年1月，任梁山县人民政府副县长；2002年1月—2002年3月，任梁山县人大常委会副主任；2002年3月—2007年1月，任梁山县人大常委会副主任、党组成员；2007年1月—2007年9月，任梁山县人大常委会副调研员。2012年6月退休。

王信义 男，汉族，1949年7月出生，梁山县小路口镇人，大学学历，1969年3月参加工作，1970年5月入党，梁山县第十五届人大常委会副主任、党组成员。1969年3月—1980年5月，陆军76师炮兵团战士、班长、排长、参谋、26军司令部参谋；1980年5月—1980年8月，陆军78师炮兵团股长；1980年8月—1985年11月，陆军78师炮兵团参谋长、炮兵科长（其间：1985年4月－1989年6月山大自学考试党政干部专业）；1985年11月—1986年9月，任步兵第227团参谋长；1986年9月—1989年5月，任梁山县广播局纪检书记；1989年5月—1991年7月，任梁山县信访办副主任；1991年7月—1997年12月，任梁山县拳铺乡党委书记；1997年12月—1998年1月，任梁山县委常委、拳铺镇党委书记；1998年1月—2003年1月，任梁山县委常委、县委办公室主任；2003年1月—2003年2月，任梁山县人大常委会副主任；2003年2月—2007年1月，任梁山县人大常委会副主任、党组成员；2007年1月—2009年5月，任梁山县人大常委会副调研员。2012年5月退休。

孙伯泉 男，汉族，1949年4月出生，嘉祥县人，中专学历，1970年1月参加工作，梁山县第十五届人大常委会副主任。1967年10月—1970年1月，济宁供销学校学生；1970年1月—1978年8月，梁山县小路口供销社会计；1978年8月—1984年4月，梁山供销社办事员；1984年4月—1985年1月，梁山县韩岗区公所办事员；1985年1月—1993年3月，梁山县供销社副科长、科长；1993年3月—1999年7月，任梁山县供销社副主任、副总经理；1999年7月—2001年1月，任梁山县社副主任（正科）；2001年1月—2003年1月，任梁山县政协副主席、县社副主任；2003年1月—2006年1月，任梁山县人大副主任、县社副主任；2006年1月—2008年1月，任梁山县人大副主任；2008年1月—2009年5月，任梁山县人大副调研员。2012年5月退休。

赵玉民 女，汉族，1954年3月出生，山东曹县人，大学学历，1970年5月参加工作，1976年10月入党，梁山县第十五届、十六届人大常委

会副主任、党组成员。1970 年 5 月—1973 年 9 月，梁山县服装厂职工；1973 年 9 月—1975 年 7 月，郓城师范学员；1975 年 7 月—1980 年 12 月，梁山县工人子弟学校校办工厂会计；1980 年 12 月—1984 年 4 月，梁山县妇联干事；1984 年 4 月—1993 年 12 月，任梁山县妇联副主任（其间，1985 年 9 月－ 1987 年 6 月山东师范大学政治理论专业学习）；1993 年 12 月—2003 年 2 月，任梁山县妇联主任（其间：1997 年 3 月－ 1997 年 7 月市委党校中青班学员；1999 年 9 月－ 2002 年 12 月省委党校法律专业学习）；2003 年 1 月—2007 年 1 月，任梁山县人大常委会副主任、党组成员；2007 年 1 月—2010 年 4 月，任梁山县人大常委会副主任、党组副书记；2010 年 4 月—2014 年 3 月，任梁山县人大常委会副调研员，2014 年 3 月退休。

乔允华 男，汉族，1952 年 1 月出生，梁山县人，大学学历，1968 年 10 月参加工作，1972 年 12 月入党，梁山县第十五届人大常委会副主任、党组成员。1968 年 10 月—1972 年 2 月，梁山县馆驿公社靳口村知青；1972 年 2 月—1972 年 12 月，梁山县馆驿公社交通运输管理站会计；1972 年 12 月—1975 年 11 月，梁山县教育局教研室办事员；1975 年 11 月—1976 年 7 月，梁山县大安山公社党委宣传干事；1976 年 7 月—1981 年 11 月，梁山县大安山公社团委书记；1981 年 11 月—1984 年 2 月，任梁山县大安山公社管委副主任；1984 年 2 月—1991 年 2 月，任梁山县后孙庄乡党委书记（其间：1987 年 9 月－ 1990 年 6 月中央党校党政专业学习）；1991 年 2 月—1993 年 3 月，任梁山县委正科级组织员；1993 年 3 月—1998 年 3 月，任梁山县委组织部副部长（其间：1995 年 9 月—1997 年 12 月省委党校经济管理专业学习）；1998 年 3 月—2003 年 2 月，任梁山县委组织部副部长、人事局局长、机构编制委员会办公室主任；2003 年 1 月—2008 年 1 月，任梁山县人大常委会副主任、党组成员；2008 年 1 月—2012 年 8 月，任梁山县人大副调研员。2012 年 8 月退休。

刘本相 男，汉族，1954 年 11 月出生，梁山县人，大学学历，1976 年 3 月入党，1979 年 12 月参加工作，梁山县第十五届、十六届人大常委会副主任、党组成员。1978 年 3 月—1979 年 12 月，梁山师范学生；1979 年 12 月—1982 年 2 月，梁山县第十五中教师；1982 年 2 月—1986 年 10 月，梁山县政府办公室地名办副主任；1986 年 10 月—1987 年 2 月，梁山县政府办公室行政科长；1987 年 2 月—1991 年 2 月，任梁山县政府办公室副主任兼招待所所长；1991 年 2 月—1992 年 5 月，任梁山县委办公室副主任；1992 年 5 月—1998 年 7 月，任梁山县政府办公室主任（其间：1992 年 12 月—1995 年 12 月山东省委党校经管专业大专班学习）；1998 年 7 月—2007 年 1 月，任梁山县政府办公室主任、县政府党组成员、县长助理；2007 年 1 月—2007 年 2 月，任梁山县人大常委会副主任、党组成员、县政府办公室主任、县政府党组成员、县长助理；2007 年 2 月—2010 年 4 月，任梁山县人大常委会副主任、党组成员；2010 年 4 月—2015 年 2 月，任梁山县人大常委会党组成员、副调研员。2015 年 2 月退休。

张恒福 男，汉族，1956 年 5 月出生，梁山县人，大专学历，1977 年 11 月入党，1974 年 12 月参加工作，梁山县第十五届、十六届人大常委会副主任、党组成员。1974 年 12 月—1983 年 8

月，部队服役，历任战士、排长；1983 年 8 月—1985 年 1 月，梁山县前集乡团委干事、书记；1985 年 1 月—1990 年 4 月，梁山县前集乡党委宣传委员、统战委员（其间：1987 年 9-1991 年 3 山东农广校农学专业中专班学习）；1990 年 4 月—1992 年 12 月，任梁山县前集乡政府副乡长；1992 年 12 月—1996 年 1 月，任梁山县前集乡党委副书记；1996 年 1 月—1998 年 3 月，任梁山县前集乡党委副书记、乡长（其间：1996 年 9 月—1998 年 7 月省政法管理干部学院法律专业大专班学习）；1998 年 3 月—2000 年 3 月，任梁山县前集乡党委书记；2000 年 3 月—2002 年 5 月，任梁山县建委主任、党组副书记；2002 年 5 月—2006 年 1 月，任梁山县建设局局长、党组副书记；2006 年 1 月—2007 年 1 月，任梁山县建设局局长、党委副书记；2007 年 1 月—2007 年 2 月，任梁山县人大常委会副主任、党组成员，县建设局局长、党委副书记；2007 年 2 月—2010 年 4 月，任梁山县人大常委会副主任、党组成员；2010 年 4 月—2012 年 1 月，任梁山县人大常委会副主任、党组副书记；2012 年 1 月，不再担任梁山县人大常委会副主任职务；2016 年 5 月退休。

林宪良 男，汉族，1956 年 12 月出生，梁山县小安山镇人，大学学历，1967 年 7 月参加工作，梁山县第十六届、十七届人大常委会副主任。1973 年 9 月—1975 年 5 月，梁山县第七中学学习；1976 年 9 月—1978 年 9 月，梁山县小安山乡水屯小学教师；1978 年 9 月—1982 年 7 月，山东师范大学物理系学习；1982 年 7 月—1987 年 9 月，菏泽师专教师；1987 年 9 月—1998 年 8 月，梁山一中教师；1998 年 8 月—2001 年 4 月，梁山一中教务处副主任；2001 年 4 月—2006 年 6 月，梁山一中校长助理；2006 年 6 月—2007 年 11 月，任梁山县第一中学工会主席；2007 年 11 月—2016 年 1 月，任梁山县人大常委会副主任，梁山县第一中学工会主席；2016 年 1 月—2017 年 1 月，任梁山县人大常委会副主任、教育科学文化卫生委员会主任委员，梁山县第一中学工会主席；2017 年 1 月—2017 年 5 月，任梁山县第一中学工会主席。

郭建华 女，汉族，1962 年 2 月出生，梁山县人，大学学历，1978 年参加工作，1982 年 12 月入党，梁山县第十六届、十七届人大常委会副主任、党组成员，第十八届人大常委会党组成员。1978 年 7 月—1984 年 10 月，梁山县小安山供销社营业员、会计；1984 年 10 月—1996 年 1 月，梁山县酿造厂会计、科长、副厂长（其间：1995 年 9 月—1998 年 6 月在山东省委党校大专班经济管理专业函授学习）；1996 年 1 月—1998 年 9 月，任梁山县黑虎庙乡政府副乡长；1998 年 9 月—2001 年 12 月，任梁山县黑虎庙乡党委副书记（其间：2000 年 9 月—2002 年 12 月在山东省委党校本科班法律专业函授学习）；2001 年 12 月—2006 年 1 月，任梁山县黑虎庙乡党委副书记、乡长；2006 年 1 月—2010 年 4 月，任梁山县黑虎庙乡党委书记、乡长；2010 年 4 月—2010 年 5 月，任梁山县人大常委会副主任、党组成员，黑虎庙乡党委书记、乡长；2010 年 5 月—2016 年 1 月，任梁山县人大常委会副主任、党组成员；2016 年 1 月—2017 年 1 月，任梁山县人大常委会副主任、

党组成员、城乡建设与环境资源保护委员会主任委员；2017年1月，不再担任梁山县人大常委会副主任职务；2021年2月，不再担任县人大常委会党组成员。

王才利 男，汉族，1962年6月出生，山东省东平县人，研究生学历，农业推广硕士学位，1982年7月参加工作，1984年12月入党，梁山县第十六届、十七届人大常委会副主任、党组成员，梁山县十八届人大常委会副主任、党组副书记。1982年7月—1984年2月，梁山县水利局技术员；1984年2月—1984年12月，梁山县银山区办事员；1984年12月—1985年12月，梁山县昆山乡科协副主任；1985年12月—1987年8月，东平县商老庄信访秘书（1985年9月—1987年7月　山东广播电视大学党政干部专修科脱产学习）；1987年8月—1990年4月，梁山县杨营乡、小安山乡党委秘书；1990年4月—1991年3月，任小安山乡党委委员；1991年3月—1992年12月，任小安山乡党委委员、副乡长；1992年12月—1996年1月，任马营乡党委副书记；1996年1月—1999年7月，任大路口乡党委副书记、乡长（1997年9月—2000年1月山东省委党校业余本科班经济管理专业学习）；1999年7月—2000年12月，任王府集乡党委书记；2000年12月—2007年2月，任馆驿镇党委书记（2004年10月—2007年12月于山东农业大学学习，2005年11月享受副县级干部待遇）；2007年2月—2009年3月，任梁山镇党委书记、人大主席、韩商投资兴业办公室主任；2009年3月—2010年4月，任梁山县梁山镇党委书记、人大主席；2010年4月—2017年1月，任梁山县人大常委会副主任、党组成员；2017年1月—2021年2月，任梁山县人大常委会副主任、党组副书记；2021年2月，不再担任梁山县人大常委会副主任、党组副书记职务。

郭继田 男，汉族，1961年9月出生，梁山县人，研究生学历，1981年7月参加工作，1983年8月入党，梁山县第十七届、十八届人大常委会副主任、党组成员，现任梁山县十八届人大常委会党组成员。1979年9月—1981年7月，菏泽粮校粮油储藏专业学习；1981年7月—1982年4月，梁山县粮局直属库办事员；1982年4月—1985年9月，梁山团县委干事；1985年9月—1987年8月，山东电视大学党政管理干部专修科学习；1987年8月—1991年1月，梁山县委组织部秘书科干事；1991年1月—1994年6月，梁山县委组织部干部科副科长；1994年6月—1996年1月，梁山县委组织部知工科科长；1996年1月—1998年9月，梁山县委副科级组织员兼知工科科长（1995年9月—1997年12月在山东省委党校经济管理专业学习）；1998年9月—2001年7月，任梁山县委副科级组织员兼干部科科长；2001年7月—2003年7月，任梁山县委组织部干部科科长、县干部档案管理办公室主任、县委副科级组织员；2003年7月—2005年12月，任梁山县委组织部副部长（正科）；2005年12月—2007年11月，任梁山县委组织部副部长，县人事局局长，县机构编制委员会办公室主任；2007年11月—2011年11月，任梁山县委组织部常务副部长（其间：2008年9月－2011年7在中央党校研究生院在职干部研究生经济学（经济管理）专业学习）；2011年11月—2012年1月，任梁山县人大常委会党组成员、副主任提名人选，县委组织部常务副部长；2012年1月—2012年2月，任梁山县人大常委会副主任、党组成员，县委组织部常务

副部长；2012 年 2 月—2016 年 1 月，任梁山县人大常委会副主任、党组成员；2016 年 1 月—2019 年 12 月，任梁山县人大常委会副主任、党组成员、农业与农村委员会主任委员；2019 年 12 月起，任梁山县人大常委会党组成员、三级调研员。

崔根博 男，汉族，1962 年 7 月出生，河北高阳人，大专学历，1983 年 5 月入党，1983 年 7 月参加工作，梁山县第十八届人大常委会副主任、党组成员，现任梁山县十八届人大常委会党组成员。1981 年 9 月—1983 年 7 月，菏泽师专物理系学习；1983 年 7 月—1987 年 2 月，梁山县十九中教师；1987 年 2 月—1991 年 6 月，梁山县教育局办事员、团委书记；1991 年 6 月—1996 年 1 月，梁山县政府办公室秘书科办事员、科长；1996 年 1 月—1998 年 9 月，任梁山县政府办公室副科级秘书；1998 年 9 月—2001 年 7 月，任梁山县政府办公室副主任；2001 年 7 月—2002 年 5 月，任梁山县外经委主任；2002 年 5 月—2007 年 2 月，任梁山县对外贸易经济合作局局长、县经济贸易局党委委员；2007 年 2 月—2007 年 5 月，任梁山县政府党组成员，县政府办公室主任；2007 年 5 月—2010 年 10 月，任梁山县政府党组成员，县长助理，县政府办公室主任；2010 年 10 月—2011 年 1 月，任梁山县政府党组成员，县政府办公室主任、党组书记；2011 年 1 月—2011 年 11 月，任梁山县政府党组成员，县发展和改革局局长、党组书记；2011 年 11 月—2012 年 1 月，任梁山县政协党组成员，县发展和改革局局长；2012 年 1 月—2012 年 2 月，任梁山县政协副主席、党组成员，县发展和改革局局长；2012 年 2 月—2017 年 1 月，任梁山县政协副主席、党组成员；2017 年 1 月—2019 年 10 月，任梁山县人大常委会副主任、党组成员、县人大城乡建设与环境资源保护委员会主任委员；2019 年 10 月—2020 年 1 月，任梁山县人大常委会副主任、党组成员、县人大城乡建设与环境资源保护委员会主任委员、社会建设事务委员会主任委员；2020 年 1 月—2021 年 2 月，任梁山县人大常委会副主任、党组成员、社会建设事务委员会主任委员；2021 年 2 月，任梁山县人大常委会党组成员，三级调研员，县人大社会建设事务委员会主任委员。

王文成 男，汉族，1964 年 3 月出生，梁山县人，大学学历，1982 年 7 月参加工作，1986 年 5 月入党，梁山县第十七届人大常委会副主任、党组成员，现任梁山县第十八届人大常委会副主任、党组成员。1982 年 7 月—1984 年 8 月，梁山县拳铺供销社物价员；1984 年 8 月—1986 年 10 月，梁山县物价局办事员；1986 年 10 月—1989 年 9 月，梁山县委组织部干事；1989 年 9 月—1991 年 6 月，山东大学经济管理系经济管理专业学习；1991 年 6 月—1993 年 4 月，梁山县委组织部干事；1993 年 4 月—1996 年 1 月，梁山县委组织部秘书科副科长、干部科副科长；1996 年 1 月—1998 年 9 月，任梁山县委组织部副科级组织员兼干部科副科长（1995 年 9 月－1997 年 12 月在山东省委党校本科班经济管理专业学习）；1998 年 9 月—2001 年 7 月，任梁山县委组织部副科级组织员兼秘书科科长；2001 年 7 月—2003 年 4 月，任梁山县委组织员办公室主任兼秘书科科长；2003 年 4 月—2006 年 9 月，任梁山县干部档案管理办公室主任，组织部干部科科长；2006 年 9 月—2007 年 5 月，任梁山县委组织部副部长、干部档案管理办公室主任、干部科科长；2007 年 5 月—2007 年 11 月，

任梁山县委组织部副部长；2007年11月—2010年5月，任梁山县委组织部副部长，县人事局局长、党组书记，县机构编制委员会办公室主任；2010年5月—2011年11月，任梁山县委组织部副部长，县人力资源和社会保障局局长、党组书记，县机构编制委员会办公室主任；2011年11月—2012年2月，任梁山县委组织部副部长，县机构编制委员会办公室主任；2012年2月—2012年9月，任梁山县委组织部常务副部长，县机构编制委员会办公室主任；2012年9月—2013年2月，任梁山县委党校常务副校长（副县级）、党委书记，县委组织部常务副部长，县机构编制委员会办公室主任；2013年2月—2016年1月，任梁山县委党校常务副校长（副县级）、党委书记，县机构编制委员会办公室主任；2016年1月—2016年2月，任梁山县人大常委会副主任、党组成员、法制委员会主任委员，县委党校党委书记，县机构编制委员会主任；2016年2月—2016年4月，任梁山县人大常委会副主任、党组成员、法制委员会主任委员，县机构编制委员会主任；2016年4月，任梁山县人大常委会副主任、党组成员、法制委员会（后改称监察和司法委员会）主任委员。

高兴武 男，汉族，1964年3月出生，梁山县人，大学学历，1985年6月入党，1985年7月参加工作，现任梁山县第十八届人大常委会副主任、党组成员。1982年8月—1985年7月，巨野师范学校师范专业学习；1985年7月—1989年3月，梁山县杨营乡中学教师、乡教委辅导员；1989年3月—1993年1月，任梁山县馆里乡计划生育专职副乡长（1986年8月—1989年6月在菏泽教育学院大专班中文专业函授学习）；1993年1月—1994年6月，任梁山县馆里乡政府副乡长；1994年6月—1995年9月，任梁山县馆里乡党委委员；1995年9月—1997年5月，任梁山县馆里乡党委组织委员；1997年5月—1999年7月，任梁山县马营乡党委委员、副乡长；1999年7月—2005年7月，任梁山县马营乡党委副书记（其间：1999年10月—2002年12月在山东师范大学大专班法律专业学习）；2005年7月—2009年3月，任梁山县马营乡党委副书记、乡长（其间：2006年9月—2008年12月在山东省委党校本科班法律专业学习）；2009年3月—2010年5月，任梁山县大路口乡党委书记；2010年5月—2013年9月，任梁山县大路口乡党委书记、人大主席；2013年9月—2019年1月，任梁山县委组织部常务副部长；2019年1月—2019年6月，任梁山县政府党组成员，县政府办公室党组书记、主任；2019年6月—2019年12月，任梁山县政府党组成员，县政府办公室党组书记、主任，四级调研员；2019年12月—2020年1月，任梁山县人大常委会党组成员、副主任，县政府党组成员，县政府办公室党组书记、主任、四级调研员；2020年1月—2020年4月，任梁山县人大常委会党组成员、副主任，县人大教育科学文化卫生委员会主任委员、城乡建设与环境资源保护委员会主任委员，县政府党组成员、县政府办公室党组书记、主任、四级调研员；2020年4月，任梁山县人大常委会党组成员、副主任、县人大教育科学文化卫生委员会主任委员、城乡建设与环境保护委员会主任委员。

曹景全 男，1967年2月生，汉族，梁山县馆驿镇人，研究生学历，1991年7月参加工作，1993年12月入党，现任梁山县人大常委会副主任、党组成员，拳铺镇党

委书记。1987 年 9 月—1991 年 7 月，在山东农业大学农牧业经济管理专业学习；1991 年 7 月—1994 年 1 月，任梁山县寿张集乡政府文书；1994 年 1 月—1999 年 2 月，任梁山县寿张集乡团委书记；1999 年 2 月—2001 年 4 月，任梁山县寿张集乡政府副乡长；2001 年 4 月—2006 年 10 月，任梁山县寿张集乡党委委员、副乡长；2006 年 10 月—2010 年 5 月，任梁山县小路口镇党委副书记、镇长；2010 年 5 月—2010 年 10 月，任梁山县梁山镇党委副书记、镇长；2010 年 10 月—2011 年 11 月，任梁山县梁山街道党工委副书记、办事处主任；2011 年 11 月—2016 年 3 月，任梁山县韩岗镇党委书记、人大主席（2009 年 9 月—2012 年 6 月在山东省委党校在职干部研究生班经济管理专业学习）；2016 年 3 月—2019 年 6 月，任梁山县拳铺镇党委书记、梁山工业园党工委书记；2019 年 6 月—2020 年 4 月，任梁山县拳铺镇党委书记、四级调研员、梁山工业园党工委书记；2020 年 4 月—2021 年 1 月，任梁山县拳铺镇党委书记、四级调研员；2021 年 1 月—2021 年 2 月，任梁山县人大常委会党组成员、拳铺镇党委书记；2021 年 2 月，任梁山县人大常委会副主任、党组成员、拳铺镇党委书记。

司开阳 男，1973 年 6 月生，汉族，山东东平县人，大学学历，1998 年 4 月参加工作，九三学社社员，现任梁山县人大常委会副主任。1993 年 9 月—1997 年 7 月，在大连轻工业学院化学系硅酸盐工程专业学习；1997 年 7 月—1998 年 4 月，待业；1998 年 4 月—2001 年 3 月，任梁山县建委规划处办事员；2001 年 3—2009 年 5 月，任梁山县项目办公室副主任；2009 年 5 月—2016 年 2 月，任梁山县发展和改革局副局长；2016 年 2 月—2021 年 2 月，任梁山县发展和改革局副局长，县项目办公室主任；2021 年 2 月至今梁山县人大常委会副主任，县人大财政经济委员会主任委员。

部分人大代表

胡桂花 女，1957 年 12 月生，汉族，山东省梁山县人，高中学历，1976 年 5 月参加工作，1978 年 7 月入党，现任山东梁山华宇集团董事长，梁山县第十七、十八届人大常委会委员，第十二、十三届全国人大代表。1976 年 5 月—1994 年 4 月，梁山县国棉厂工人；1994 年 4 月—2000 年 2 月，梁山县个体业主；2000 年 2 月—2012 年 2 月，梁山华宇集团董事长；2012 年 2 月起，梁山县梁山街道土囤村党支部书记、山东梁山华宇集团董事长。2006 年 6 月，获“山东省优秀共产党员”称号；2007 年 3 月、2012 年 5 月，连续当选山东省第九次、第十次党代会代表；2007 年 12 月，当选山东省第十一届人大代表；2008 年 3 月，获“全国三八红旗手”称号；同年 4 月，获“山东省劳动模范”称号；2010 年 4 月获“全国劳动模范”称号；2012 年 1 月、2017 年 1 月，连续当选梁山县第十七届、十八届人大常委会委员；2013 年 2 月、2018 年 2 月，连续当选第十二届、第十三届全国人大代表。

于安玲 女，汉族，1969 年 11 月生，山东省鱼台县人，研究生学历，农学博士，1992 年 8 月参加工作，2000 年 12 月加入民建，现任梁山县政协副主席、民建济宁市委副主委、济宁市农产品质量检测中心主任，第十三届全国人大代表。1992 年 7 月—1996 年 3 月，济宁市种子公司蔬菜部副经理；1996 年 3 月—1999 年 8 月，济宁市种子公司门市部经理；1999 年 8 月—2002 年 11 月，济宁市种子公司批发部经理；2002 年 11 月—2007 年 4 月，济宁市农产品质量监测中心副主任；2007 年 4 月—2011 年 10 月，济宁市农产品质量监测中心副主任、民建济宁市委委员；2011年10月—2012年1月，济宁市农产品质量监测中心副主任、民建济宁市委副主委；2012年1月—2012年7月，梁山县政协副主席、民建济宁市委副主委、济宁市农产品质量检测中心副主任；2012年7月—至今，梁山县政协副主席、民建济宁市委副主委、济宁市农产品质量检测中心主任。

舒同（1905—1998）男，字文藻，又名宜禄，江西省东乡县人，时任中共山东省委第一书记，被毛泽东称为“马背书法家”“党内一枝笔”。1955年2月6日在梁山县补选为山东省第一届人民代表大会代表。

狄生 男，汉族，1928年出生，山东省邹县人，时任中共菏泽市地委副书记；1957年3月31日在梁山县补选为山东省第一届人民代表大会代表。

刘继龙（1914—1991）男，汉族，1914年1月出生，梁山县小安山镇干鱼头村人，初中文化，1939年5月入党，同年12月参加工作，山东省第一届人民代表大会代表。1939年12月—1940年3月，东平县八区干鱼头乡任副乡长；1940年3月—1940年11月，东平县八区（后改为湖西办事处八区）先后任行政助理员、财政助理员；1940年11月—1942年10月，昆山县六区任财政助理员；1942年10月1945年5月，先后在寿张县七区抗联、昆山县敌工部任工作员；1945年5月—1947年9月，先后在二分区敌工团、昆山县七区任秘书；1947年9月—1949年3月，任昆山县政府秘书科科长；1949年3月—1949年11月，任梁山县县政府副县长（在省供销社研究室学习）；1949年11月—1953年5月，任梁山县供销社主任；1953年6月—1958年12月，任中共梁山县委副书记。1978年6月办理离休。

章鸿基 男，汉族，1915年出生，浙江省奥星县人，时任山东省重工业厅工程师；1958年5月，在梁山县第三届人民代表大会第一次会议上，当选山东省第二届人民代表大会代表。

籍献西 男，汉族，1913年出生，河北省高邑县人，时任菏泽专员公署专员、地委副书记；1958年5月，在梁山县第三届人民代表大会第一次会议上，当选山东省第二届人民代表大会代表。

郭真 男，汉族，1924年出生，河南省南乐县人，时任中共梁山县县委书记处书记，1958年5月，在梁山县第三届人民代表大会第一次会议上，当选山东省第二届人民代表大会代表。

刘东兰 女，汉族，1935年出生，山东省梁山县人，时任梁山县八一人民公社第一大队长、团支书，1958年5月，在梁山县第三届人民代表大会第一次会议上，当选山东省第二届人民代表大会代表。

柴诚 男，汉族，1913年出生，山东省曲阜县人，时任山东省革委基本建设委员会党组副组长，1963年5月在梁山县第五届人民代表大会第一次会议上，当选山东省第三届人民代表大会代表。

林英高 男，汉族，1930年11月出生，梁山县韩岗镇前林村人，初中学历，1945年6月参加工作，1945年6月入党，中共梁山县委原副书记、郓城县政协原主席，山东省第五届人民代表大会代表。1946年2月—1947年2月，南旺县六区集市交易所行政干事；1947年2月—1948年10月，南旺县二区集市交易所行政干事；1948年10月—1949年1月，南旺县二区区公所工商干事；1949年1月—1949年8月，南旺县二区团委会干事；1949 年 8 月—1949 年 12 月，平原省团校学员；1949 年 12 月—1951 年 1 月，南旺县团委宣传副部长；1951 年 1 月—1952 年 1 月，平原省委党校学员；1952 年 1 月—1952 年 5 月，中共南旺县委机要室秘书；1952 年 5 月—1952 年 7 月，南旺县委宣传部副部长；1952 年 7 月—1954 年 4 月，南旺县二区专委会书记；1954 年 4 月—1956 年 6 月，中共梁山县委宣传部副部长；1956 年 6 月—1958 年 6 月，中共梁山县委宣传部部长；1958 年 6 月—1958 年 7 月，中共梁山县拳铺乡委员会驻队干部；1958 年 7 月—1959 年 11 月，中共梁山县委办公室副主任；1959 年 11 月—1961 年 8 月，梁山县畜牧局局长；1961 年 8 月—1963 年 5 月，梁山县拖拉机站支部书记、站长；1963 年 5 月—1965 年 7 月，中共梁山县寿张集公社党委书记；1965 年 7 月—1967 年，中共梁山县委副书记；1968 年—1973 年 3 月，梁山县委生产指挥部领导小组成员；1973 年 3 月—1973 年 7 月，中共梁山县委常委；1973 年 7 月—1978 年 5 月，中共梁山县委副书记；1978 年 5 月—1980 年 10 月，郓城县委、革委 副书记、副主任；1980 年 10 月—1987 年 1 月，郓城县政协副主席、主席；1987 年 1 月— 1999 年，梁山县人民政府调研员。

宋兰峰 1938 年 1 月生，梁山县水泊街道茶庄村人，中共党员，中专文化。1976 年 7 月，任县人民医院中医科副主任，当选山东省第五届人大代表。1978 年起，连续当选梁山县第八届、第九届人大常委会委员。1980 年，任县中医医院首任院长。1992 年 6 月，任县卫校副校长。长期从事中医临床医疗，多次被评为全县、全区卫生系统先进工作者。1998 年退休。

马心备 男，汉族，1931 年 11 月出生，山东省梁山县梁山街道人，高中学历，1957 年 7 月入党，原梁山镇后集大队党支部书记，山东省第五届、六届、七届人民代表大会代表。1958 年 5 月—1959 年 7 月，任梁山县梁山镇后集大队团支书；1957 年 7 月任梁山县梁山镇后集大队党支部书记。

刘继亮 男，汉族，1945 年 5 月出生，梁山县人，小学学历，1965 年 11 月入党，梁山县化肥厂机修车间党支书，山东省第五届、六届人民代表大会代表。1965 年—1971 年在 477 部队当战士；1971 年 5 月—1974 年 12 月在济南机铁第七工程大队；1974 年 12 月调梁山县化肥厂。

宋桂芬 女，汉族，梁山县人，时任代庙公社妇联副主任，1977 年当选山东省第五届人民代表大会代表。

林成河 男，汉族，1919 年 2 月出生，山东省梁山县人，时任梁山县馆驿公社后林大队第二生产队副队长，1977 年当选山东省第五届人民代表大会代表。

王保民 男，汉族，1912 年出生，陕西省至漳县人，时任山东省高级人民法院院长，山东省第六届人民代表大会代表。

樊思宝 1936 年生，山东省郓城县郓城镇芦庄村人，大专文化，中共党员，曾任中共梁山县委书记，原政协山东省委员会菏泽地区工作委员会主任、党组书记，山东省第六届、七届人民代表大会代表。1958 年 8 月，参加工作并任郓城县第九中学语文教师；1961 年 9 月，任郓城县文教局教研室教研员。1964 年 8 月起，先后任中共郓城县委办公室秘书、秘书组长、政策研究组组长；1972 年 8 月，任郓城县革命委员会办公室副主任；1973 年 5 月，任中共郓城县委常委。1975 年 6 月，任中共巨野县委常委、宣传部部长；1976 年 6 月，任巨野县常委、组织部长；1978 年 4 月，任中共巨野县委副书记；1979 年 5 月，任中共巨野县委副书记兼巨野县纪律检查委员会书记；1981 年 1 月，任中共巨野县委副书记兼政协巨野县委员会主席、党组书记。1982 年 12 月，任中共成武县委副书记。1984 年 1 月，任中共梁山县委书记兼梁山县人民武装部第一政治委员、党委第一书记。1986 年 3 月，任中共菏泽地委副书记（1988 年上半年在中共中央党校学习）；1989 年 3 月，任中共菏泽地委副书记兼政协山东省委员会菏泽地区工作委员会主任、党组书记（1989 年参加全国第九期在香港、深圳举办的沿海地区领导干部研究班）；1992 年 12 月，任政协山东省委员会菏泽地区工作委员会主任、党组书记。1998 年 7 月退休。樊思宝曾先后当选为中共郓城县、巨野县、梁山县人民代表大会代表，并曾当选山东省第六、七届人民代表大会代表和政协山东省第七届委员会委员，还曾兼任菏泽地区心理学会、青年企业家协会、摄影家协会等社团组织名誉主席、会长、理事长等荣誉职务。

刘登仁（1923—2006）男，梁山县韩垓镇开河村人，中医内科主治医师，山东省第六届人民代表大会代表。刘登仁曾任南旺县十五区卫生所医生、梁山县黑虎庙卫生所医生、梁山县中医进修班和菏泽医专中医课教师、梁山县人民医院中医科医生，后退休。1980 年复职重新工作，历任梁山县中医医院副院长，并当选为梁山县政协常委和山东省人大代表。

刘桂荣（1944—2008）女，梁山县梁山街道前集村人，山东省第六届人民代表大会代表。1962 年初中毕业，先后当过小学代课教师、乡村医生，1965 年被聘任为人民公社管辖的工作人员（服役干部），并加入中国共产党，曾任小路口公社妇女干事、妇联主任等职。后随一批服役干部一度被解聘回家，1968 年，经落实政策返回工作岗位，先后在黑虎庙、拳铺供销社工作。1985 年，刘桂荣当选为山东省第六届人大代表。1988 年因病退休。

史素梅 女，汉族，1949 年出生，江苏省丰县人，高中学历，1968 年 11 月参加工作。山东省梁山县油漆厂生产计划科统计员兼计划员，山东省第七届人民代表大会代表。1968 年 11 月—1975 年 3 月在梁山县发电厂化验室任化验员；1975 年 4 月—1978 年 7 月在梁山县油漆厂化验室任化验员；1978 年 8 月—1979 年 6 月在梁山县油漆厂设备科任统计员；1979 年 7 月—1984 年 11 月在梁山县油漆厂生产计划科任统计员；1984 年 12 月，在梁山县油漆厂生产技术科任统计员兼计划员。

王传琦 1944 年 12 月生，梁山县小路口镇王洼村人，大学本科学历，主任医师，心胸外科专家，梁山县人民医院原院长、山东省立医院西院外科主任兼党支部书记，山东省第七届人民代表大会代表。1969 年 8 月，毕业于青岛医学院医疗系，分配在梁山县大路口卫生院工作，任住院医师；1973 年 8 月，调梁山县人民医院，先后任外科医师、主治医师、副主任医师；1982 年 8 月，任县人民医院外科副主任；1984 年 8 月，任县人民医院副院长兼外科主任；1986 年 8 月，任县人民医院院长兼外科主任；1990 年 8 月，任县人民医院党总支书记、第一副院长兼外科主任；1994 年 8 月，调山东煤矿总医院，任外科副主任兼外科支部副书记；1996 年 8 月，任山东煤矿总医院外科主任兼支部书记；是年 10 月，晋升为外科主任医师；2000 年，任山东省立医院西院外科主任兼支部书记；2004 年 12 月退休。王传琦先后在省级和国家级刊物发表论文 20 余篇，主编《急性疾病的防治》；1988 年被评为山东省先进科技工作者，是年获山东省“富民兴鲁”劳动奖章，先后当选山东省第七届人民代表大会代表、济宁市第十二届人民代表大会代表。

霍正气 1950年11月生，山东省鄄城县红船镇霍坝村人，大学文化，1968年10月参加工作，1971年8月加入中国共产党，曾任中共梁山县委副书记、梁山县县长，原任中共山东省委老干部局局长，山东省第七届人民代表大会代表。1968年10月—1971年12月，任鄄城县引马公社霍坝村民办教师；1971年12月—1975年8月，任鄄城县革委政治部报道组干事；1975年8月—1976年3月，任鄄城县林卜公社党委常委、团委书记；1976年3月—1976年7月，任鄄城县闫什口公社党委书记；1976年7月—1980年8月，任鄄城县委常委、闫什口公社党委书记、城关公社党委书记；1980年8月—1982年9月，在山东大学科学社会主义系学习；1982年9月—1984年1月，任鄄城县政府党组成员、农委主任、县委农工部部长；1984年1月—1984年8月，任梁山县小路口区委书记；1984年8月—1986年4月，任中共梁山县委副书记；1986年4月—1989年7月，任中共梁山县委副书记、梁山县县长；1989年7月—1991年6月，任中共成武县委副书记、成武县县长；1991年6月—1994年7月，任中共成武县委书记；1994年7月—2000年11月，任中共菏泽地委委员、秘书长；2000年11月—2006年2月，任中共聊城市委副书记；2006年2月—2006年12月，任中共聊城市委副书记、纪委书记；2006年12月—2008年2月，任山东省人口和计划生育委员会副主任、党组副书记；2008年2月—2011年2月，任中共山东省委老干部局局长；2011年2月起，任山东省政协常委、人口资源环境委员会副主任；2013年12月退休。霍正气曾当选山东省第七届人民代表大会代表，中共山东省第六次、第八次代表大会代表。

赵步荣 1946年6月生，山东省金乡县卜集镇人，大专文化，1964年8月参加工作，1971年11月加入中国共产党，曾任中共梁山县委副书记、县长，原任济宁市物价局局长、党组书记，山东省第八届人大代表大会代表。1964年8月—1970年10月，在金乡县卜集公社任民办教师；1970年10月—1973年4月，在金乡县第十二中学任教师；1973年4月—1975年9月，在金乡县广播站任编辑；1975年9月—1980年10月，在金乡县委办公室任秘书；1980年10月—1983年8月，任金乡县委办公室副主任；1983年8月—1985年7月，在山东大学社科系干部专修科学习；1985年7月—1990年2月，任金乡县委常委、办公室主任；1990年2月—1992年12月，任中共金乡县委副书记；1992年12月—1997年1月，任中共梁山县委副书记、梁山县县长；1997年1月—1997年6月，任济宁市物价局副局长、党组副书记；1997年6月—2001年4月，任济宁市物价局局长、党组书记；2001年4月—2003年5月，任济宁市政协常委。1993年3月当选山东省第八届人民代表大会代表。

邵长立（1952—2008）男，汉族，梁山县前集乡邵楼村人，大学专科文化，工程师，中共党员，原任梁山镇人大副主席等职，山东省第八届人民代表大会代表。邵长立出生在一个贫困家庭，高小毕业后回本村参加农业劳动；1971—1983年，任梁山县城关公社建筑队工程技术员；1984—1985年，任前集乡建筑管理站站长。1986年，创办鲁西南第一家古建筑公司；1990年，先后被菏泽地区行署、济宁市政府授予“地区乡镇企业家”“市级乡镇企业家”称号。1993年起，邵长立任前集乡政府副乡长、经贸办副主任、梁山腾达集团有限公司董事长，并当选山东省第八届人民代表大会代表。1995年获济宁市“八五”功勋奖章。1996年起，先后任前集乡政府副乡长、前集乡人大副主席、梁山镇人大副主席、县建委副主任科员、县建设局副主任科员。2008年3月，突发心脏病去世，享年56岁。

鲍扬倜 男，汉族，1936年4月出生，湖北省麻城市人，大学学历，1955 年 3 月参加工作，梁山一中特级教师，山东省第八届人民代表大会代表。1955 年 3 月—1956 年 9 月，在湖北省麻城市城关小学任教；1956 年 9 月—1958 年 7 月，在武汉师范学院中文系读书；1958 年 7 月—1972 年 8 月，在湖北省京山二中任教；1972 年 8 月—1980 年，在梁山县工厂学校任教研组组长；1980 年—1993 年，在梁山一中任语文教研组组长。

马敏 女，汉族，1952 年 3 月出生，梁山县人，初中学历，1969 年 5 月参加工作，1994 年 6 月入党，梁山县水泊商场职工，山东省第九届人民代表大会代表。1969 年 5 月—1978 年 11 月，黑龙江省加阴县农场职工；1978 年 11 月—1985 年 4 月，梁山县床单厂工人；1985 年 4 月—1997 年 3 月，梁山县水泊商场营业员；1997 年 3 月，梁山县水泊商场有限公司二楼层副经理。

王成东 男，汉族，1965 年 9 月出生，梁山县人，大学学历，1981 年参加工作，1999 年当选为山东省第九届人民代表大会代表。1981 年 8 月—1982 年 7 月，梁山水泥厂职工；1982 年 7 月—1991 年 1 月 梁山县装饰公司经理；1991 年 1 月—1996 年 4 月，梁山县梁山镇经贸办副主任，山东大鹏集团公司总经理；1996 年 4 月—1999 年 2 月 梁山县梁山镇党委副书记，山东大鹏集团公司总经理（其间：1996 年 9 月—1999 年 2 月山东省委党校经济管理专业学习）；1999 年 2 月—2002 年 4 月，梁山县梁山镇党委副书记；2002 年 4 月—2004 年 11 月 梁山县药品监督管理局副局长、党组成员；2004 年 11 月—2007 年 2 月 梁山县食品药品监督管理局副局长、党组成员；2007 年 2 月—2007 年 10 月，梁山县食品药品监督管理局党组成员、主任科员；2007 年 10 月—2014 年 3 月，梁山县食品药品监督管理局局长、党组成员；2014 年 3 月—2014 年 8 月，梁山县食品药品监督管理局（县食品安全委员会办公室）；局（主任）、党组成员，兼任县政府办公室副主任、县检验检测中心主任；2014 年 8 月—2016 年 4 月，梁山县食品药品监督管理局（县食品安全委员会办公室）；局长（主任）、党组成员，兼任县检验检测中心主任；2016 年 4 月—2019 年 3 月，梁山县国土资源局党组书记、局长。

韩军 1956 年 2 月生，山东省枣庄市人，大学文化，1974 年 9 月参加工作，1980 年 12 月加入中国共产党，曾任中共梁山县委书记等职，山东省第九届人民代表大会代表。1974 年 9 月—1975 年 11 月，在汶上县南旺公社任知青组长；1975 年 11 月—1977 年 6 月，在济宁人民银行任信贷员；1977 年 6 月—1978 年 6 月，在济宁市财办帮助工作；1978 年 6 月—1979 年 6 月，在山东广播电台学习；1979 年 6 月—1980 年 9 月，在济宁市财办任秘书；1980 年 9 月—1981 年 3 月，在济宁市人大常委会办公室任秘书；1981 年 3 月—1983 年 1 月，在济宁师专干修科学习；1983 年 1 月—1984 年 9 月，在济宁市市中区委办公室任秘书；1984 年 9 月—1987 年 2 月，任济宁市市中区委办公室副主任；1987 年 2 月—1992 年 12 月，任济宁市市中区委常委、办公室主任；1992 年 12 月—1997 年 12 月，任济宁市中区委副书记、市中区区长（1995 年 2 月—1996 年 12 月在省委党校中青年干部培训班学习）；1997 年 12 月—2004 年 6 月，任中共梁山县委书记（1998 年 1 月—2004 年 6 月兼党校校长，2000 年 9 月—2002 年 12 月在省委党校经济管理专业学习）。韩军当选山东省七、八次党代会代表，山东省八、九届人代会代表，中共济宁市第九届市委委员。

连广生 1947 年 3 月生，山东省齐河县宜章屯镇钱玉屯人，大学毕业，1970 年 8 月参加工作，1982 年 12 月加入中国共产党，曾先后任梁山县人民政府县长、中共梁山县委书记，济宁市人大常委会党组书记、第一副主任（正厅级），山东省第十届人民代表大会代表。1965 年 7 月齐河三中高中毕业考入山东大学数学系学习，1970 年 8 月大学毕业。1970 年 8 月—1971 年 12 月，在山东省军区 4807 部队锻炼。1971 年 12 月—1984 年 1 月，在山东省梁山县从事教育工作，先后任高中数学教师、县教研室数学教研员、梁山一中教导主任。1984 年 1 月—1988 年 11 月，先后任梁山县副县长，县委常委、常务副县长，1988 年 11 月—1989 年 8 月，任中共梁山县委副书记；1989 年 8 月—1990 年 2 月，任中共曹县县委副书记；1990 年 2 月—1991 年 7 月，任中共梁山县委副书记；1991 年 7 月—1993 年 2 月，任中共梁山县委副书记、县长，1993 年 2 月—1995 年 3 月，任中共梁山县委书记；1995 年 3 月—1997 年 12 月，任嘉祥县委书记。1997 年 12 月—2003 年 2 月，先后任中共济宁市委常委、秘书长，市委常委、纪委书记，市委副书记、纪委书记；2003 年 2 月—2007 年 3 月，任济宁市人大常委会党组书记、第一副主任。2007 年退休。连广生 1987 年被山东省委、省政府授予“先进个人”称号，当选中共山东省第七届、第八届纪委委员，山东省第六次、第八次党代会代表，山东省第十届人大代表。

刘忠泉 1943 年 4 月生，山东省烟台市牟平区人，大学本科学历，主任医师，中共党员，县人民医院原党总支书记、副院长，心内科专家，山东省高级卫生专业技术职务评审委员会委员，山东省第十届人民代表大会代表。1969 年 8 月毕业于山东医学院，任山东医学院实习医师，其后分配到梁山县小安山公社卫生院任内科医师；1975 年，调梁山县人民医院工作，先后任内科医师、内科主治医师、内科副主任医师、内科主任医师。1986 年，任县人民医院副院长；1994 年 1 月，任县人民医院党总支书记、副院长；2012 年 2 月退休。1998 年 1 月，当选梁山县十十四届人大常委会委员；2003 年 2 月，当选山东省十届人大代表；2007 年 12 月，当选济宁市十五届人大代表。

李兰蕴 男，汉族，1963 年 1 月生，山东省梁山县杨营镇李阁人，硕士研究生学历，高级讲师，1986 年 7 月参加工作，1989 年 10 月加入中国共产党，中共山东省第八次代表大会代表、山东省第十届人民代表大会代表。1979 年 9 月至 1983 年 7 月，曲阜师范大学学习，获学士学位；1983 年 9 月至 1986 年 7 月，兰州大学研究生班学习，获硕士学位；1986 年 7 月至 1993 年 7 月，总参谋部防化工程指挥学院工作，任正营级教官、高级讲师；1993 年 7 月至 2001 年 3 月，组建山东良福制药有限公司，任公司董事长、总经理（其间：1999 年 1 月至 2001 年 3 月，任梁山县杨营镇李阁村党支部书记）；2001 年 3 月至 2014 年 6 月，组建山东良福集团，任集团党委书记、董事长、总经理。曾获“全国模范军转干部”“山东省优秀共产党员”“山东省十大民营科技企业家”“山东省优秀民营企业家”“济宁市功勋民营企业家”“梁山县富民模范”等称号。

李建宝 男，汉族，1964 年 8 月出生，梁山县人，研究生学历，1989 年 3 月参加工作，民盟盟员，现任梁山三利树脂有限公司董事长兼总经理、民盟梁山县名誉主委、民盟济宁市委委员。山东省第十届人民代表大会代表。1980 年 9 月—1987 年 3 月，内蒙古海拉尔市水利局临时工；1987 年 3 月—1994 年 3 月，梁山县徐集镇蔡林村衬布厂厂长（其间：1991 年 7 月—1993 年 7 月在山东省化工学校学习）；1994 年 3 月至今，梁山三利树脂有限公司董事长兼总经理。（其间：1993 年 7 月—1994 年 7 月在济宁乡镇企业中专学习，1994 年 7 月—1996 年 12 月在山东省委党校学习，1999 年 7 月—2002 年 9 月在中国人民大学工商管理专业学习）；1997 年 3 月—2008 年，任梁山县徐集镇科技副镇长；2005 年 9 月—

2006年11月，任民盟梁山县副主委；2006年11月—2019年10月，任民盟梁山县主委；2019年10月起，任民盟梁山县名誉主委。1994年3月—2003年2月当选第五届、六届梁山县政协常委；2001年1月当选济宁工商联副会长；2003年2月当选济宁市政协常委；是年3月当选山东省十届人大代表；2006年7月当选民盟山东省经委副主任。

杨奉社 男，汉族，1974年7月生，梁山县人，北京交通大学研究生学历，中共党员，现任山东盛润汽车有限公司董事长。山东省第十一届人民代表大会代表。1995年8月—2000年5月，任梁山挂车总厂厂长；2000年6月—2013年12月，任山东梁山通亚汽车制造有限公司董事长；2014年1月至今，任山东盛润汽车有限公司董事长。曾先后担任第九届至第十一届济宁市政协委员，梁山县第十五届、十六届人大代表，济宁市第四届青年民营企业家协会副会长，梁山县工商联合会副会长，梁山县汽车协会副会长等职务。获“山东省技术创新先进个人”“山东汽车50年十大杰出人物”“济宁市五一劳动奖章”等荣誉称号。

贾治阜 男，汉族，1963年12月生，山东省济宁市任城区人，1982年7月参加工作，1985年12月加入中国共产党，党校研究生学历，现任中共梁山县委书记、县委党校校长。山东省第十二届人民代表大会代表。1980年9月—1982年7月，在济宁农业学校农学专业学习；1982年7月—1985年12月，任城区二十里铺镇办事员；1985年12月—1991年6月，任城区委办公室工作（1985年7月—1988年9月 在济宁电大新闻学专业学习）；1991年6月—1993年1月，任城区委研究室副主任；1993年1月—1993年12月，任城区委研究室主任（1993年8月—1993年12月 在中央党校本科班政治专业学习）；1993年12月—1995年8月，任城区委办公室副主任、研究室主任；1995年8月—1996年1月，任城区柳行镇党委书记；1996年1月—2000年1月，任城区柳行镇党委书记兼人大主席（1994年5月—1997年6 月在山东省委党校在职研究生班经济管理专业学习）；2000年1月—2002年5月，任济宁高新技术开发区管委会副主任；2002年5月—2005年11月，任梁山县政府副县长；2005年11月—2007年11月，任梁山县政府副县长、梁山经济开发区党工委书记；2007年11月—2008年11月，任梁山县委常委、县政府副县长、梁山经济开发区党工委书记；2008年11月—2010年9月，任梁山县委常委、县政府副县长、县政府党组副书记、梁山经济开发区党工委书记；2010年9月—2011年11月，梁山县委常委、县政府副县长、县政府党组副书记；2011年11月—2012年1月，梁山县委副书记、县政府代理县长、县政府党组书记；2012年1月—2015年7月，任梁山县委副书记、县政府县长、县政府党组书记；2013年，当选山东省第十二届人民代表大会代表。2015年7月—2017年7月，任中共梁山县委书记、县委党校校长；2021年1月，任济宁市政协副主席、中共梁山县委书记、县委党校校长。

蒋海燕 女，汉族，山东省济宁市梁山县人，1977年12月出生，本科学历，梁山一中教师，济宁市杏坛名师，济宁市有突出贡献的中青年专家。2013年，当选山东省第十二届人大代表。

王朝君 男，汉族，1968年5月出生，梁山县人，大学学历，1987年7月参加工作，现任金榜苑文化传媒有限责任公司总经理。山东省第十二、十三届人民代表大会代表。1987年7月—2001年12月，梁山县氰钠厂经理（期间1995年9月—1998年7月 山东经济学院专科班经济管理类专业）；2001年12月—至今，任山东金榜苑文化传媒有限责任公司总经理。

侯典峰 男，汉族，1969年9月出生，山东省汶上县人，研究生学历，1992年7月参加工作，1994年1月入党，中共梁山县委原副书记、县政府原县长。山东省第十三届人民代表大会代表。1988年7月—1992年7月，山东大学社会学系社会学专业学习；1992年7月—1994年3月，邹城市北宿镇党委办公室秘书；1994年3月—2001年12月，济宁市委组织部组织科干事、副主任科员（其间：1996年9月—1999年1月，在山东省委党校业余本科班经济管理专业学习）；2001年12月—2005年2月，济宁市经济体制改革办公室副主任、党组成员（其间：2003年2月—2005年1月 在中国人民大学公共管理专业学习）；2005年2月—2011年2月，济宁市发展和改革委员会副主任、党组成员；2011年2月—2011年11月，济宁市金融工作办公室主任；2011年1月—2015年8月，任汶上县委副书记（正县级）；2015年8月—2016年1月，梁山县委副书记，县政府副县长、代理县长、党组书记；2016年1月—2019年3月，任梁山县委副书记，县政府县长、党组书记；2019年3月，因工作调整调出，任济宁市市场监管局局长。

刘兴旺 男，汉族，梁山县馆驿镇东靳口人，1970年6月生，1977年至1982年7月靳口小学上学；1982年7月至1985年7月靳口联中读书；1985年7月至1988年7月梁山三中；2009年9至2011年7月山东农业大学；1999年5月至2004年5月梁山县馆驿镇东靳口村委会副主任、村会计；2004年5月至今东靳口村支部书记兼村委会主任；2005年起，连续当选梁山县第十五、十六、十七、十八届人大代表;2017年1月，当选为济宁市第十三届党代表；2018年1月当选为山东省第十三届省人大代表。

人物名录

梁山县出席全国、山东省人民代表大会代表一览表

表 13

姓名	性别	出生年月	参工时间	所在单位	时任职务	学历	党派	备注
胡桂花	女	1957.12	1976.5	梁山华宇集团		高中	中共	全国人大代表
于安玲	女	1969.11	1992.8	梁山县政协	副主席	研究生	民建	全国人大代表
刘继龙	男			中共梁山县委	副书记		中共	省一届人大代表
邓福龙	男							省一届人大代表
舒　同	男	1905.11		中共山东省委	第一书记		中共	省一届人大代表
狄　生	男	1928		中共菏泽地委	副书记			省一届人大代表
郭　真	男			中共梁山县委	书记			省二届人大代表
刘东兰	女	1935		八一人民公社	第一大队长、团支书			省二、三届人大代表
章鸿基	男	1915		省重工业厅	工程师			省二届人大代表
籍献西	男	1913		中共菏泽地委	副书记、公署专员			省二届人大代表
王庆和								省三届人大代表
戚福江								省三届人大代表
张曾勋								省三届人大代表
柴　诚				山东省革委基本建设委员会党组副书记				省三届人大代表
林英高	男	1930.11	1945.6	中共梁山县委	副书记	初中	中共	省五届人大代表
宋兰峰	男	1938.1		县人民医院	中医科主任	中专	中共	省五届人大代表
马心备	男	1938.2		梁山镇经委		高中	中共	省五、六、七届人大代表
刘继亮	男	1945.5		县化肥厂	机修车间党支书	小学	中共	省五、六届人大代表
王兰芝								
宋桂芬				代庙公社	妇联副主任			省五届人大代表
林成河	男	1919.2		馆驿公社	后林大队生产队副队长			省五届人大代表
王保民	男	1912		省高级人民法院	院长			省六届人大代表
樊思宝	男	1936	1958.8	中共梁山县委	书记	大专	中共	省六、七届人大代表
穆衍峰	男	1942.3	1968.9	县人大常委会	党组副书记	大学	中共	省六届人大代表
田均福	男	1940	1961	县教研室	副主任	大学		省六届人大代表
刘登仁	男	1923	1949	县中医院	副院长	中专		省六届人大代表
刘桂荣	女	1944	1965	拳铺供销社	职工	初中	中共	省六届人大代表
霍正气	男	1950.11	1968.10	梁山县政府	县委副书记、县长	大学	中共	省七届人大代表
王传琦	男	1943.9	1969.8	县人民医院	副院长	大学	中共	省七届人大代表
史素梅	女	1949.10		县油漆厂	统计员	高中		省七届人大代表
赵步荣	男	1946.4	1965.8	梁山县政府	县委副书记县长	大专	中共	省八届人大代表
邵长立	男	1952.6	1971	腾达总公司	总经理	中专	中共	省八届人大代表
鲍扬倜	男	1936.4	1955.3	梁山一中	教师	大专	中共	省八届人大代表

续表 13

姓名	性别	出生年月	参工时间	所在单位	时任职务	学历	党派	备注
韩　军	男	1956.2	1974.12	中共梁山县委	书记	大专	中共	省九届人大代表
王成东	男	1965.9	1979.8	大鹏公司	总经理	大学	中共	省九届人大代表
马　敏	女	1952.3	1969.5	水泊商场	楼层副经理	初中	中共	省九届人大代表
商建设	男	1956.10	1973.2	梁山县政府	县委副书记、县长	大学	中共	省十届人大代表
刘忠泉	男	1959.6	1976.9	县人民医院	主任医师	大学	中共	省十届人大代表
李兰蕴	男	1963.1	1986.7	良福集团	董事长、党委书记	研究生	中共	省十届人大代表
李建宝	男	1964.8	1986.7	三利树脂	董事长、总经理	大学	群众	省十届人大代表
陈国华	男	1963.3	1983.7	梁山县政府	县委副书记县长	研究生	中共	省十一届人大代表
胡桂花	女	1957.12	1976.5	华宇集团	董事长、党总支书记	高中	中共	省十一届人大代表
杨奉社	男	1974.7		通亚汽车公司	董事长	大学		省十一届人大代表
贾治阜	男	1963.12	1982.7	梁山县政府	县委副书记、县长	研究生	中共	省十二届人大代表
蒋海燕	女	1977.12		梁山一中	教师	大学		省十二届人大代表
王朝君	男	1968.5		金榜苑公司	工会主席	大专		省十二、十三届人大代表
侯典峰	男	1969.9	1992.7	梁山县政府	县委副书记、县长	大学	中共	省十三届人大代表
刘兴旺	男	1970.6		馆驿镇东靳口村	党支部书记村主任	大学	中共	省十三届人大代表

梁山县出席济宁市第十一届人民代表大会代表一览表（42 人）

表 14

序号	姓名	性别	出生年月	所在单位	时任职务	参工时间	学历	党派	备注
1	王好平	男	1938.10	济宁市总工会	主席	1964.8	大学	中共党员	
2	刘建良	男	1958.9	共青团济宁市委	书记	1981.7	大专	中共党员	
3	胡国金	男	1936.8	梁山县计划委员会	主任	1959.11	大学	中共党员	
4	马传申	男	1950.12	韩垓乡党委	书记	1982	研究生	中共党员	
5	李树山	男	1947.1	郓陈乡党委	书记	1968.10	高中	中共党员	
6	刘殿印	男	1943.3	梁山县人民武装部	政委、县委常委	1961.8	初中	中共党员	
7	王佑明	男	1948.4	梁山县水利局	局长	1971.12	初中	中共党员	
8	吕玉山	男	1941.11	梁山县人民政府	县长、县委副书记	1967.11	大专	中共党员	
9	穆衍峰	男	1942.3	梁山县人大常委会	主任	1968.9	大学	中共党员	
10	张建文	男	1940.8	梁山县公安局	教导员	1961.7	大学	中共党员	
11	刘继庆	男	1940.10	梁山县财政局	局长	1960.1	初中	中共党员	
12	李文汉	男	1937.10	梁山县经委	主任	1956.6	高中	中共党员	
13	王志宪	男	1945.11	梁山县大鹏公司	总经理	1968.1	高中	中共党员	
14	王先学	男	1958	梁山县运输公司	副队长	1981.5	高中		
15	田月菊	女	1951	梁山县床单厂	工会主席	1972	高中	中共党员	

续表 14

序号	姓名	性别	出生年月	所在单位	时任职务	参工时间	学历	党派	备注
16	胡克进	男	1961.11	梁山县棉麻公司	副经理	1976.12	高中	中共党员	
17	段胜华	男	1955	梁山县钢制家具厂	厂长	1971	高中		
18	管学伟	男	1948	管庄村	生产队长		初中		
19	杨兆业	男	1947	本村	村委会主任		初中		
20	于明全	男	1950.6	徐集镇西徐村	村委会主任		初中		
21	万吉秀	男	1934.9	寿张集乡道沟村	党支部书记		高小	中共党员	
22	刘玉勤	男	1946	梁山县第三棉纺厂	厂长		高中	中共党员	
23	董传福	男	1956	小路口镇南董村	党支部书记		初中	中共党员	
24	陈存德	男	1944.12	梁山县第二发电厂	检修班长	1964.12	高小	中共党员	
25	刘德厚	男	1948	梁山县建筑公司	工人	1965.12	大专	中共党员	
26	杨以云	男	1965.11	本村	村委会主任		高中		
27	韩兴再	男	1947	梁山黄河段	工人	1965.12	高小	中共党员	
28	曹　红	女	1964.2	梁山县梆子剧团	演员	1977.6	高中		
29	孙久新	男	1950.1	馆里乡孙庄村	助理农艺师		高中		
30	王玉香	女	1947.11	馆驿乡乔庄村	党支部书记		初中	中共党员	
31	师瑞兰	女	1947.9	梁山县纺织配件厂	维修车间统计员	1968.10	高中		
32	张宪花	女	1953.12	梁山县百货公司	营业员	1969.06	初中		
33	魏红霞	女	1959.12	梁山县人民银行	副行长	1975.11	大专	中共党员	
34	杨志魁	男	1952	梁山水泥厂	厂长	1969.3	大专	中共党员	
35	陆继生	男	1944.11	梁山轴承厂	厂长	1969.8	大学	中共党员	
36	林淑清	女	1945.4	梁山师范附小	副校长	1967.9	中师	中共党员	
37	杨讴青	女	1932.12	梁山棉纺厂	厂长	1957.8	大学	中共党员	
38	马体荣	男	1955	梁山县科技情报所	工程师	1970.1	大专	中共党员	
39	朱绪娥	女	1937.3	梁山县人民医院	护理部主任	1953.	中专	中共党员	
40	李明宽	男	1936	梁山县农技站	农艺师	1955.8	中专		
41	朱仰臣	男	1956	小安山乡庞庄小学	民办教师	1976.8	中师		
42	刘润章	男	1959.8	梁山一中	教师	1979.8	大专		

梁山县出席济宁市第十二届人民代表大会代表一览表（46 人）

表 15

序号	姓名	性别	出生年月	所在单位	时任职务	参工时间	学历	党派	备注
1	任庆华	男	1946.03	梁山县建筑公司	工长	1969.03	高中		
2	张忠恕	男	1954.11	梁山县陈垓灌区	副主任	1972.05	大专	中共党员	
3	张宪花	女	1953.12	梁山县百货公司	营业员	1969.06	初中		连任
4	高建山	男	1949.06	梁山县运输公司	经理	1966.06	高中	中共党员	

续表 15

序号	姓名	性别	出生年月	所在单位	时任职务	参工时间	学历	党派	备注
5	于凤芝	女	1957.09	后孙庄乡邓庄村	妇女主任		初中		
6	于明全	男	1950.06	徐集镇西徐村	村委会主任		高中		连任
7	万吉秀	男	1934.09	寿张集乡道沟村	党支部书记		高小	中共党员	连任
8	马习峰	男	1953.08	马营乡马营村	村委会主任		初中		
9	王玉香	女	1947.11	馆驿乡乔庄村	党支部书记		初中	中共党员	连任
10	王先珠	男	1939.01	黑虎庙乡河西村	乡村医生		大学		
11	齐道正	男	1963.06	王府集乡侯集村	村委会主任		高中		
12	孙久新	男	1950.01	馆里乡孙庄村	助理农艺师		高中		连任
13	孙登玉	男	1945.02	梁山县生化总厂	厂长		中专		
14	李相社	男	1945.02	拳铺乡李乡村	党支部书记		高中	中共党员	
15	杨颜灵	女	1963.01	信楼乡前杨集村	幼儿教师		高中		
16	吴兆海	男	1952.07	梁山先达总公司	经理		初中		
17	邵长立	男	1952.06	梁山县腾达公司	经理		中专	中共党员	
18	阎秀萍	女	1959.09	寿张集乡寿张集村	妇女主任		高中		
19	董传福	男	1958.08	小路口镇南董村	党支部书记		初中	中共党员	连任
20	王志宪	男	1945.11	梁山镇党委	副书记	1968.01	高中	中共党员	连任
21	王胜堂	男	1935.12	济宁市人大常委会	委员	1956.02	高中	中共党员	
22	王修智	男	1945.04	中共济宁市委	书记	1970.08	大学	中共党员	连任
23	朱山栋	男	1934.03	济宁市人大常委会	委员	1951.01	高中	中共党员	连任
24	刘继庆	男	1940.08	梁山县财政局	局长	1960.01	初中	中共党员	连任
25	刘殿印	男	1943.03	梁山县人民武装部	县委常委、政委	1961.08	高中	中共党员	连任
26	李文汉	男	1937.09	梁山县人大常委会	委员	1956.06	高中	中共党员	连任
27	李厚道	男	1950.11	郓陈乡党委	书记	1973.08	大专	中共党员	
28	宋怀川	男	1935.11	济宁市人大常委会	副主任	1953.09	初中	中共党员	连任
29	宋声武	男	1938.04	梁山县人民法院	院长	1953.12	高中	中共党员	
30	张兆兰	男	1944.09	梁山县农委	主任	1962.12	高中	中共党员	
31	高太平	男	1945.04	梁山县政府	县委副书记、副县长	1968.12	大学	中共党员	
32	彭开坤	男	1942.09	济宁市人大常委会	委员	1968.10	大学	中共党员	连任
33	韩秀林	男	1953.01	济宁市华联商业大厦	总经理	1970.03	大专	中共党员	
34	穆衍峰	男	1942.03	梁山县人大常委会	主任	1967.09	大学	中共党员	连任

续表 15

序号	姓名	性别	出生年月	所在单位	时任职务	参工时间	学历	党派	备注
35	王传琦	男	1943.11	梁山县人民医院	副院长	1969.08	大学	中共党员	
36	王笃庆	男	1950.03	梁山三中	校长	1971.01	大学	中共党员	
37	刘　辉	男	1956.11	山东黄河东平湖管理局	工管科副科长	1979.12	大专		
38	李翠菊	女	1956.06	县医院徐集分院	护士长	1976.08	中专		
39	杨奉贞	男	1943.05	梁山轴承厂	厂长	1968.12	大学	中共党员	
40	吴翠英	女	1958.12	梁山棉纺织厂	布场车间党支部书记	1975.06	中专	中共党员	
41	张德仲	男	1943.11	梁山县油漆厂	党委副书记	1967.08	大学	中共党员	
42	单昭卿	男	1962.03	梁山县水泥制品厂	厂长	1979.11	大专	中共党员	
43	侯素珍	女	1940.11	梁山镇一中	教师	1963.07	大专		
44	曹　红	女	1964.02	梁山县梆子剧团	演员	1977.06	高中		连任
45	蓝寿华	男	1943.08	梁山县石棉制品厂	厂长	1968.12	大学	中共党员	
46	师瑞兰	女	1947.09	梁山县纺织配件厂	维修车间统计员	1968.10	高中		连任

梁山县出席济宁市第十三届人民代表大会代表一览表（43 人）

表 16

序号	姓名	性别	出生年月	所在单位	时任职务	参工时间	学历	党派	备注
1	马四清	女	1963.10	韩垓乡东马庙村			初中	中共党员	
2	马秀儒	男	1951.11	梁山县民政局	局长	1973.08	大学	中共党员	
3	王广耀	男	1946.06	中国人民银行梁山支行	行长	1967.07	中专	中共党员	
4	王成录	男	1947.10	赵堌堆乡八分庄村	党支部书记		初中	中共党员	
5	王好平	男	1938.11	济宁市人大常委会	委员、党组成员	1964.08	大学	中共党员	
6	王先珠	男	1939.01	黑虎庙乡河西村	乡村医生		大学		连任
7	王佑灿	男	1954.12	前集乡独山村	科技副乡长、党支部书记		高中	中共党员	
8	王洪伦	男	1946.13	梁山县经委	主任	1965.10	高中	中共党员	
9	王恩信	男	1959.03	梁山恩信实业公司	经理		高中		
10	王福华	男	1954.10	梁山县邮电局	局长	1971.10	大学	中共党员	
11	艾玉山	男	1953.10	梁山县城乡建设委员会	主任	1972.07	大专	中共党员	

续表 16

序号	姓名	性别	出生年月	所在单位	时任职务	参工时间	学历	党派	备注
12	史遵衡	男	1955.05	中共济宁市委	副书记	1969.12	大学	中共党员	连任
13	毕德建	男	1964.01	梁山石棉制品厂	厂长、书记	1980.11	大学	中共党员	
14	师翠兰	女	1947.09	梁山机械总厂	职工	1968.08	高中		连任
15	吕玉来	男	1955.10	梁山镇吕屺口村	科技副镇长、党支部书记	1975.09	大专	中共党员	
16	刘东升	男	1961.10	梁山县财政局	局长	1981.10	大专	中共党员	
17	刘振达	男	1947.04	大路口乡东张博村	村委会主任		初中	中共党员	
18	关敬琇	女	1940.03	济宁市人大常委会	副主任、党组副书记	1962.08	大学	中共党员	连任
19	孙长兰	女	1954.10	梁山县人民医院	外科护士长	1977.07	中专		
20	孙爱云	女	1963.10	馆驿乡馆驿村	妇女主任		高中	中共党员	
21	孙登玉	男	1945.02	梁山县绿宝生物化工厂	厂长	1961.09	高中		连任
22	李文汉	男	1945.01	梁山县人民检察院	检察长	1966.07	大专	中共党员	连任
23	李兰蕴	男	1963.01	梁山县良福制药公司	总经理	1986.07	研究生	中共党员	
24	李相社	男	1945.02	拳铺乡李乡村	党支部书记		高中	中共党员	连任
25	李厚道	男	1950.12	梁山县水利局	局长	1973.08	大专	中共党员	连任
26	吴兆海	男	1954.05	梁山县先达公司	总经理	1973.01	高中	中共党员	连任
27	宋恒臣	男	1953.05	小安山乡宋庄村	党支部书记	1972.01	大专	中共党员	
28	张新荣	女	1957.09	梁山县教委教研室	教研员	1976.07	中师		
29	周延林	男	1940.01	济宁市人大常委会	委员	1963.08	大学	中共党员	连任
30	胡长江	男	1949.10	梁山油漆厂	厂长	1969.07	中专	中共党员	
31	侯　平	女	1966.09	梁山艺校	副校长	1981.10	大专		
32	侯春云	女	1968.05	梁山云燕纺织集团	细纱车间操作员	1981.12	初中	中共党员	
33	姜化铸	男	1952.07	济宁市民政局	局长	1969.02	大专	中共党员	
34	贾祥福	男	1958.04	郓陈乡党委	书记	1975.12	大学	中共党员	
35	高太平	男	1945.10	梁山县人大常委会	主任	1968.09	大学	中共党员	连任
36	高建山	男	1949.06	梁山县运输公司	书记、经理	1968.06	大专	中共党员	连任
37	戚聿君	男	1954.02	梁山县电业局	局长	1972.02	大学	中共党员	
38	韩　军	男	1956.02	中共梁山县委	书记	1974.12	大专	中共党员	
39	温杭东	男	1956.01	中共梁山县委	副书记	1974.08	大学	中共党员	连任

续表 16

序号	姓名	性别	出生年月	所在单位	时任职务	参工时间	学历	党派	备注
40	谭新合	男	1959.07	李官屯乡谭庄养鸡场	科技副乡长、场长		高中	中共党员	
41	潘世殿	男	1958.10	梁山第一肉联厂	厂长	1977.07	中专		
42	王学全	男		梁山县公安局	党委书记、局长				补选
43	商建设	男	1956.10	梁山县政府	县长	1973.02	大学	中共党员	补选

梁山县出席济宁市第十四届人民代表大会代表一览表（41 人）

表 17

序号	姓名	性别	出生年月	所在单位	时任职务	参工时间	学历	党派	备注
1	王凤珍	女	1960.04	梁山县教育局教研室	教研员	1981.07	大学		
2	王玉湖	男	1962.12	中国人民银行梁山县支行	行长	1984.07	大学	中共党员	
3	王先珠	男	1943.01	黑虎庙乡河西村	医生		大学		连任
4	王佑灿	男	1954.12	梁山风景区独山村	党支部书记		大专	中共党员	连任
5	吕玉来	男	1955.10	梁山镇吕岿口村	党支部书记		大专	中共党员	连任
6	仲跻高	男	1946.04	济宁市人大常委会	委员、法制工委主任	1970.08	大学	中共党员	
7	刘兴才	男	1957.06	韩岗镇鲁岗浸出油厂	厂长		高中		
8	刘本相	男	1954.11	梁山县政府办公室	主任	1979.12	大专	中共党员	
9	关升英	男	1957.05	济宁市中级人民法院	院长、党组书记	1976.06	研究生	中共党员	
10	孙长兰	女	1954.10	梁山县人民医院	外二科护士长	1977.09	中专		
11	孙爱云	女	1963.11	馆驿镇馆驿村	村委会主任		高中	中共党员	连任
12	李守忠	男	1966.08	梁山县远洋淀粉公司	经理		高中		
13	李怀君	男	1945.07	济宁市人大常委会	委员、教科文卫工委主任	1969.09	大学	中共党员	连任
14	李相社	男	1945.02	拳铺镇李乡村	党支部书记		高中	中共党员	连任
15	吴兆海	男	1954.11	梁山县先达公司	经理		大专	中共党员	连任
16	宋恒臣	男	1953.05	小安山镇宋庄村	党支部书记		大学	中共党员	连任
17	张兆启	男	1952.11	济宁市政府	市委副书记、副市长	1968.08	大学	中共党员	
18	张启超	男	1946.10	徐集镇郭楼村	党支部书记		初中	中共党员	
19	张传胜	男	1957.05	小路口镇党委	书记	1976.07	大学	中共党员	
20	张恒福	男	1956.05	梁山县建设局	局长	1974.12	大专	中共党员	

续表 17

序号	姓名	性别	出生年月	所在单位	时任职务	参工时间	学历	党派	备注
21	陈丕英	男	1955.09	梁山县水利局	局长	1989.01	大学	中共党员	
22	陈启明	男	1952.09	梁山县公安局	局长	1969.12	大专	中共党员	
23	岳增才	男	1966.09	拳铺镇东岳挂车公司	经理		高中		
24	贾祥福	男	1958.04	梁山县畜牧中心	主任	1975.12	大学	中共党员	连任
25	徐恩润	男	1962.11	寿张集乡徐坊酒厂	梁山县厂长	2001.03	高中	中共党员	
26	高太平	男	1945.10	梁山县人大常委会	主任	1968.09	大学	中共党员	连任
27	高建山	男	1949.06	梁山县运输公司	经理	1968.06	大专	中共党员	连任
28	黄广良	男	1971.05	小路口镇二中	教导处主任	1994.07	大专		
29	曹　红	女	1964.02	梁山县剧团	演员		中专		
30	戚聿君	男	1954.02	梁山县电业公司	经理	1972.02	大学	中共党员	
31	商建设	男	1956.10	梁山县政府	县委副书记、县长	1973.02	大学	中共党员	连任
32	董衍巽	男	1957.07	梁山县移民办	副主任	1976.09	大学	中共党员	
33	韩　军	男	1956.02	中共梁山县委	书记	1974.09	大学	中共党员	连任
34	韩玉华	女	1960.09	韩岗镇计生站	站长	1980.01	大专	中共党员	
35	韩笔祥	男	1939.10	济宁市政协	原主席	1952.12	大专	中共党员	连任
36	蔡建民	男	1958.09	梁山县经济贸易局	局长	1976.04	大专	中共党员	
37	谭新合	男	1959.07	小安山镇新合鸡场	场长		高中	中共党员	
38	颜廷芳	男	1952.03	济宁市计划生育委员会	主任、党委书记	1969.12	大学	中共党员	连任
39	潘世殿	男	1958.10	梁山县第一肉联厂	厂长		大专		连任
41	宋　科	男	1963.06	梁山县政府	县长		研究生	中共党员	补选
40	杨奉月	男	1965.12	梁山县财政局	局长	1984.07	大学	中共党员	补选

梁山县出席济宁市第十五届人民代表大会代表一览表（38 人）

表 18

序号	姓名	性别	出生年月	所在单位	时任职务	参工时间	学历	党派	备注
1	马友利	男	1962.12	梁山县工商局	局长	1980.12	大学	中共党员	
2	马兆海	男	1957.06	梁山镇政府	工作人员	1973.12	大专	中共党员	
3	马秀君	女	1958.11	梁山县环卫处	主任	1976.12	大学	中共党员	
4	王凤珍	女	1960.14	梁山县教育局教研室	教研员	1981.07	大学		连任
5	王宇帆	男	1968.10	拳铺镇政府	镇长	1990.07	大学	中共党员	
6	韦美珍	女	1968.07	韩岗镇薛庄村	农民		小学		

续表 18

序号	姓名	性别	出生年月	所在单位	时任职务	参工时间	学历	党派	备注
7	刘成文	男	1958.07	中共济宁市委	常委、宣传部长	1983.07	大学	中共党员	连任
8	刘兴才	男	1957.06	梁山县鲁岗酿造厂	厂长	1974.12	高中	中共党员	连任
9	刘忠泉	男	1944.07	梁山县人民医院	主任医师	1969.07	大学	中共党员	
10	刘宪福	男	1962.09	拳铺镇水泊焊割设备公司	董事长	1984.09	大专		
11	刘振诺	男	1953.11	梁山县人常委会	第一副主任	1976.08	大学	中共党员	连任
12	关升英	男	1957.04	济宁市中级人民法院	院长	1983.07	大学	中共党员	连任
13	孙爱云	女	1963.11	馆驿镇馆驿村	村民		高中	中共党员	连任
14	李心善	男	1955.03	济宁市教育局	局长	1974.05	大专	中共党员	
15	李传茂	男	1952.08	马营乡倪楼村	村民				
16	李守忠	男	1966.08	梁山县远洋淀粉公司	总经理	1985.07	高中		连任
17	李进普	男	1952.03	济宁市人大常委会	委员、教科文卫副主任委员	1968.03	大学	中共党员	
18	李　朋	男	1970.06	小路口镇党委	书记、镇人大主席	1989.01	大学	中共党员	
19	李培宪	男	1963.09	梁山县法院	院长	1980.07	大学	中共党员	
20	吴兆海	男	1954.07	韩垓镇先达企业集团公司	董事长、总经理		大学	中共党员	连任
21	徐恩润	男	1962.11	梁山县徐坊大曲公司	董事长	1979.11	高中	中共党员	连任
22	高建山	男	1949.06	梁山县运输公司	总经理	1966.05	大专	中共党员	连任
23	黄广良	男	1971.05	小路口镇中学	副校长	1994.07	大学		连任
24	商建设	男	1956.10	中共梁山县委	县委书记、县人大常委会主任	1973.02	大学	中共党员	连任
25	梁传友	男	1956.04	梁山县水泊城市公共客车公司	董事长、总经理	1976.01	高中	中共党员	
26	谢国林	男	1961.02	梁山县信用联社	理事长	1980.12	大专	中共党员	
27	蔡建民	男	1958.09	梁山县经贸局	局长	1981.01	大学	中共党员	连任
28	颜廷芳	男	1953.03	济宁市委	副秘书长	1969.12	大专	中共党员	连任
29	潘世殿	男	1958.10	徐集镇臻嘉食品公司	董事长	1979.05	中专		连任
30	宋恒臣	男	1953.04	小安山镇宋庄村	党支部书记、主任		高中	中共党员	连任
31	张立梅	女	1968.04	梁山县文化馆	党支部书记	1990.07	大学	中共党员	
32	张传胜	男	1957.05	梁山县纪委	常务副书记、县监察局局长	1976.07	大学	中共党员	连任
33	张志平	男	1955.07	梁山县人口和计划生育局	局长	1969.11	大专	中共党员	
34	陈开新	男	1953.04	济宁市纪委	副书记	1972.11	大学	中共党员	
35	陈丕英	男	1955.09	梁山县水利局	局长	1989.01	大学	中共党员	连任
36	陈国华	男	1963.06	梁山县政府	县委副书记、县长	1983.07	研究生	中共党员	连任
37	赵卫国	男	1951.01	济宁市人大常委会	委员、教科文卫副主任委员	1970.03	大专	中共党员	
38	贾朝凤	男	1957.09	梁山县发展和改革局	局长	1980.07	大专	中共党员	

梁山县出席济宁市第十六届人民代表大会代表一览表（45 人）

表 19

姓名	性别	出生年月	所在单位	时任职务	参工时间	学历	党派	备注
王次忠	男	1963.02	济宁市委	市委常委、宣传部长		研究生	中共党员	
段修龙	男	1953.02	济宁市人大常委会	原副主任		大学	中共党员	连任
王金城	男	1964.09	济宁市公安局	局长		研究生	中共党员	
颜景友	男	1956.01	济宁市人大常委会	委员、人大农业与农村委员会副主任委员		大学	中共党员	
王保清	男	1956.04	济宁市人大常委会	委员、人大财政经济委员会副主任委员		大学	中共党员	
孟昭振	男	1958.12	济宁市人口和计划生育委员会	主任		大学	中共党员	
田卫东	男	1968.09	梁山县委	书记、县人大常委会主任		博士	中共党员	连任
贾治阜	男	1963.12	梁山县政府	副书记、县政府县长		研究生	中共党员	
蒋衍涛	男	1959.10	梁山县人大常委会	第一副主任		大学	中共党员	
钟秀芳	女	1974.10	梁山县委	常委、组织部长		研究生	中共党员	
王爱新	男	1968.07	梁山县人民法院	院长		大学	中共党员	
臧卫华	男	1963.02	梁山县人民检察院	检察长		大学	中共党员	
曹东明	男	1963.05	梁山一中	校长		大学	中共党员	
仝兆水	男	1961.06	梁山黄河河务局	局长		大学	中共党员	
李士兵	男	1962.12	梁山县财政局	局长		大学	中共党员	
马友利	男	1962.12	梁山县工商局	局长		大学	中共党员	连任
王建设	男	1965.09	梁山县国土资源局	局长		大学	中共党员	
王朝君	男	1968.05	金榜苑文化传媒有限责任公司	总经理		大专		
吕玉军	男	1954.04	梁山街道吕屺口居委会	党总支书记		高中	中共党员	
吕成见	男	1969.11	梁山县地税局	局长		大学	中共党员	
仲崇斌	男	1971.12	马营乡	党委书记、人大主席		研究生	中共党员	
刘兴才	男	1957.06	鲁岗酿造厂	厂长		高中	中共党员	连任
刘志刚	男	1965.05	梁山县水利局	局长		大学	中共党员	
闫崇高	男	1962.09	小安山镇冯庄村	村支部书记、主任		大专	中共党员	
孙爱云	女	1963.11	馆驿镇馆驿村	村支部书记		高中	中共党员	连任
李守忠	男	1966.08	中韩大酒店	总经理		高中		连任
李朋	男	1970.06	拳铺镇	党委书记、人大主席		研究生	中共党员	连任
吴兆海	男	1954.07	先达集团	董事长		大专	中共党员	连任

续表 19

姓名	性别	出生年月	所在单位	时任职务	参工时间	学历	党派	备注
张立梅	女	1967.04	梁山县文物管理所	党支部书记		大学	中共党员	连任
张延文	男	1963.09	中国工商银行梁山支行	行长		大学	中共党员	
张继玉	男	1968.02	梁山县运输公司	经理		大专		
岳增才	男	1966.09	中集东岳车辆有限公司	总经理		硕士		
赵锦民	男	1965.09	梁山县城乡规划局	局长		大学	中共党员	
侯庆堂	男	1964.09	蓝天集团	董事长		大学	中共党员	
侯昭良	男	1959.01	梁山县粮食和物价局	局长		大学	中共党员	
柴玉成	男	1969.01	济宁烟草有限公司	梁山营销部经理		大专	中共党员	
徐恩润	男	1962.11	梁山徐坊大曲有限公司	董事长		高中	中共党员	连任
郭广全	男	1963.05	梁山县人民医院	院长		大学	中共党员	
郭恩省	男	1957.08	梁山县龙跃钢球制造有限公司	董事长		高中		
高培飞	男	1971.08	济宁兴华钢构有限公司	董事长		大专		
黄广良	男	1971.05	小路口镇	教办主任		大学		连任
黄尊科	男	1961.09	梁山县人口和计生局	局长		大学	中共党员	
梁传友	男	1956.04	水泊城市客车有限公司	董事长		高中	中共党员	连任
董圣雪	男	1963.02	建筑企业劳保费行业管理站	站长		大学	中共党员	
潘世殿	男	1958.10	臻嘉食品进出口有限公司	董事长		大专		连任

梁山县出席济宁市第十七届人民代表大代表一览表（49 人）

表 20

姓名	性别	出生年月	工作单位	时任职务	参工时间	学历	党派（入党时间）	备注
张　辉	男	1980.06	济宁市委常委、政法委书记	市委常委、政法委书记	2002.07	大学	中共党员	连任
张玉华	男	1962.05	济宁市人大常委会	副主任	1984.07	研究生	中共党员	连任
段修龙	男	1953.02	济宁市人大常委会	原副主任	1971.01	大学	中共党员	连任
崔悦亮	男	1960.06	济宁市人大常委会	委员	1981.07	大专	中共党员	
李华景	男	1965.02	济宁市人大常委会	委员	1985.07	大学	中共党员	
管建友	男	1964.09	济宁市人大常委会	委员	1987.07	大学	中共党员	
赵　胜	男	1959.12	济宁市人大常委会	委员	1977.11	研究生	中共党员	
李逢记	男	1960.09	济宁市人大常委会	委员	1980.07	中专	中共党员	连任
贾治阜	男	1963.12	梁山县委	县委书记	1982.07	研究生	中共党员	连任

续表 20

姓名	性别	出生年月	工作单位	时任职务	参工时间	学历	党派（入党时间）	备注
侯典峰	男	1969.09	梁山县政府	县委副书记、县政府县长	1992.07	大学	中共党员	连任
秦延信	男	1963.04	梁山县人大常委会	主任	1981.07	大专	中共党员	
王　建	男	1971.04	梁山县委	常委、组织部长	1995.08	大学	中共党员	
时益同	男	1965.09	梁山县人民法院	院长	1983.11	大学	中共党员	
张忠新	男	1965.12	梁山县人民检察院	检察长	1989.07	大学	中共党员	
曹东明	男	1963.05	梁山县第一中学	校长	1984.07	大学	中共党员	连任
王成东	男	1965.09	梁山县国土资源局	局长	1981.08	大学	中共党员	
佟振堂	男	1964.11	梁山县人力资源和社会保障局	局长	1989.07	研究生	中共党员	
李明峰	男	1962.07	梁山县农业局	局长	1979.12	大学	中共党员	
庄保振	男	1971.05	拳铺镇	党委副书记、镇长	1995.07	大学	中共党员	
万春峰	女	1963.12	大路口乡刘举楼村			初中		
王芹真	女	1966.01	寿张集镇倪王庄村	村计生办	2000.06	初中		
王清森	男	1980.10	济宁佰世达木业有限公司	总经理	1999.09	大专		
王朝周	男	1976.01	金榜苑文化传媒有限公司	副总经理	1996.06	大专	中共党员	
刘　帅	男	1990.07	水泊焊割设备制造有限公司	总经理	2013.07	大学		
刘成活	男	1964.12	梁山旅游总公司	总经理	1982.11	大专	中共党员	
刘现允	男	1977.01	中集东岳车辆有限公司	生产主任	1999.09	研究生	中共党员	
刘金香	女	1969.11	佳和生物科技公司生产部经理	生产部经理	1989.03	高中	中共党员	
庄保忠	男	1973.04	馆驿镇一中教师	教师	1992.07	大学	中共党员	
江继峰	男	1973.05	梁山菱花生物科技公司	总经理	1994.07	大专	中共党员	
寻广魁	男	1983.10	黑虎庙镇吕那里村委会	村委会委员	2003.12	高中		
杨秋云	女	1977.08	人保财险小路口营销服务部	销售部经理	1996.12	大学		
吴桂民	男	1962.02	马营镇薛屯村	支部书记	1986.11	大专	中共党员	
张凤霞	女	1983.12	梁山县人民医院	主管检验师	2007.12	大学	中共党员	
张立梅	女	1967.04	梁山县文物管理所	党支部书记	1990.07	大学	中共党员	连任
张述臣	男	1972.04	仁信玻璃有限公司	总经理	2000.09	初中		
张祖峰	男	1987.08	天翔印务有限公司	车间主任	2009.03	高中		
张鹏鹏	女	1989.02	小安山镇初级中学	教师	2013.12	大学		
林　农	女	1984.09	新翔新材料有限公司	技术部主任	2010.07	研究生		
侯桂平	女	1973.02	梁轴轴承公司质量部	副部长	1995.07	大学		
逄　蕾	女	1985.12	小安山镇宋庄大唐养猪场	场长	2008.07	大学		
顾　涛	男	1974.10	梁山农商银行	党委书记、董事长	1995.10	研究生	中共党员	
徐长坤	男	1986.03	隆昌塑料公司、青年企业家协会	总经理、副会长	2006.09	高中	中共党员	
徐　伟	男	1974.10	徐坊酒业有限公司	总经理	2012.07	大学		

续表 20

姓名	性别	出生年月	工作单位	时任职务	参工时间	学历	党派（入党时间）	备注
郭桂芬	女	1983.06	龙跃钢球制造有限公司	总经理	2012.07	大学	中共党员	
梁传友	男	1956.04	水泊街道郝山头村党支部书记水泊公共汽车有限公司	董事长、总经理	1976.05	高中	中共党员	连任
董玉芬	女	1973.11	梁山县疾病预防控制中心	科长	1991.07	大学		
董郁梅	女	1972.11	梁山县实验中学	政教处主任	1991.07	大学	中共党员	
蔡月冬	女	1969.02	梁山县水利勘测设计室	主任	1990.07	大学		
管士彬	男	1968.09	梁山县双秋种植合作社	理事	1993.10	中专		

梁山县历届人民代表大会代表名单

梁山县第六届人民代表大会代表名单(349 人)

城关公社（26 人）

史俊岩 宋连岭 许宝珍 吴文昌 马子良
马传折 刘传训 阚凤美 丁振朴 王　允
庞恒礼 丁桂春 王慧顺 张守本 张建华
吕善德 孟庆荣 宋来雨 马传科 丁振魁
马兆启 周月英 何秀芝 吕振刚 孟宪民
邵洪良

戴庙公社（18 人）

魏传典 陆占武 郭复先 齐洪田 陆传修
焦明训 李义举 刘汝生 李月仙 刘玉明
王士真 解培雪 李素荣 赵怀灵 戚福来
国家栋 杨振德 刘文典

馆驿公社（12 人）

林香兰 张天林 荣平祥 张子平 王衍诚
庞丙法 王德普 杨宗化 何允恭 康可武
庄道先 郑尊荣

商老庄公社（8 人）

赵文杰 田延芹 石增馨 王　彬 郭瑞恒
安汝聘 祝允聚 殷复信

小安山公社（7 人）

梁九瑞 李元来 张佃宽 彭彩英 王超亭
徐　云 李元方

大安山公社（7 人）

周广德 王启宪 张学柱 滕昭义 范杰
郝德善 马真良

黑虎庙公社（25 人）

张洪奇 田广亭 候智林 薛广询 高清美
李天河 张颜花 王学德 张文运 韩守铃
张希孟 李广珍 郭东灵 师瑞芝 高秀莲
薛宪皋 王凤高 杨振平 高洪顺 陈志祥
张修兰 张清云 曹月荣 张思俭 秦文田

大路口公社（15）

薛子玉 吕金德 倪崇高 宋琴轩 王文芝
戚万申 贾桂存 戚万瑞 徐万臣 孔凡运
陈延禄 袁守英 李　涛 许修荣 樊兆玙

寿张集公社（23 人）

李庆芳 张万顺 樊　森 王明斋 艾秀真
崔景眉 郭文轩 张凡民 张爱芝 石长贵
师凤梅 戚甫江 王玉莲 张传德 李福运
石维信 张儒冉 王玉民 徐元贤 杨献怀
王继宣 周德胜 田雪英

开河公社（23 人）

宋祥坤 贾省斋 李进川 张本福 房瑞歧
佟振玲 郑其家 刘益元 郭庆江 王振忠
高绪英 王凤彬 徐相顺 房瑞兰 赵继美
王清汉 王庆臣 蔺金陵 杨景隆 董桂云
张秀香 倪继才 刘相国

芦里公社（23 人）

张增勋 刘保金 刘广岐 田焕坤 赵和卿

李广玉 梁庆杰 程贵卿 蔚大全 林存敬
李魁才 贾圣兰 陈克英 王成运 汪朝坤
张凤兰 王允清 候朝才 王子成 王乃让
张香莲 赵延荣 候朝贵

班店公社（23人）

李继勋 张祥隆 吕惠兰 奚育民 刘子安
王世东 刘广九 王玉岩 刘万侦 陆家印
栾习范 李廷义 芦希荣 刘运明 张尚坤
马怀忠 芦兴林 王玉玺 程惠兴 焦之树
周圣玉 王同芹 申铃云

银山公社（22人）

杨 峰 蔡绍清 焦少亭 邹怀达 葛思敬
张兰房 王士贵 黄性安 郭忠友 张居荣
郭恩典 吕平义 刘士福 牛承田 乔西仁
邢玉同 徐茂喜 司娈兰 宁广铃 魏尚莲
毛连成 李景旺

小路口公社（30人）

张淑品 徐焕荣 戴庆阶 刘民举 李宗尧
郭文彬 王心平 李云章 王福礼 张希岭
王传家 吕善让 候宪礼 葛云扬 布永茂
刘秀峰 商桂兰 孟广荣 朱爱杰 王秀英
马广云 梁兆荣 郭金动 岳修海 董元珠
王心田 杨兆亮 同宣常 王帮金 蔡绍尊

孙庄公社（30人）

王慧生 黄国华 王开陵 韩传友 王玉峰
刘法兰 管学聚 廉存合 李茂圣 盛东长
牛加瑞 于廷谦 赵美瑞 林宪金 张惠民
齐帮干 李玉珍 荣秀民 张桂英 崔云吉
荣玉龄 刘功旺 吴方旺 果润华 孙道清
韩道峰 刘恩波 赵学笃 许恩同 丁廷让

徐集公社（29人）

高文德 唐宪亭 国光 任铭 马克香 于爱菊
庄梦先 石美富 信恒彬 潘贞宽
高庆芝 吴康米 张文臣 刘秀英 张昌云
信一英 候昭法 潘恒年 王一乾 盛桂莲
孔祥侦 赵德芝 信本坡 张芝林 赵 兴
黄桂兰 丁桂兰 杨丙山 张文祥

拳铺公社（28人）

崔如文 苏信符 马克稳 梁玉敬 孙玉岗
李承春 赵性录 张玉印 李清海 王相君
刘兆华 李克功 艾复华 刘桂荣 李复珍
李敬仁 张超仁 孟昭水 郝忠连 邵月英
李秀真 李福芝 王申秀 王势进 李同德
孙廷印 杨奉菊 刘庆信

梁山县第八届人民代表大会代表名单（523人）

党政军代表团（20人）

邓广扬 杨宗化 张忠平 刑令美 李旭明
王丰轩 王 修 任有常 杨明哲 张繁仁
韩成福 崔晨光 毛孟昌 庄善正 范帮元
盛存新 关金雨 王继连 姜中育 赵长庭

韩垓公社代表团（30人）

刘凤田 张法荣 付守范 韩同奎 刘庆洁
贾维元 孙瑞思 李兆俭 郭秀迎 房瑞启
李丙喜 王纪莹 倪纪才 郑桂本 马步昌
阎秀香 王果然 王永让 付守正 董印生
李学连 靳玉兰 马秀兰 侯俊云 马传位
郝吉忠 范崇金 张纪良 韩秀霞 孟昭树

韩岗公社代表团（40人）

陈志刚 侯典武 孔令明 杨明光 丁延友
王相田 马连录 冯秀琴 齐邦山 李繁荣
司庆贞 孙道海 侯宪仁 何树云 齐邦尚
王秀菊 韩道峰 马生凤 丁延伦 廉存合
房兆轩 王克兰 程广新 刘太英 齐学云
蔺美清 孙万玉 蒋兆菊 韩相范 齐先银
关金胜 张兆岐 魏合信 李明智 于清金
管洪文 刘立岁 王邦田 彭兆云 杨景隆

徐集公社代表团（36人）

崔秀桂 张忠汉 齐玉兰 潘恒科 张启光
秦瑞荣 刘绪光 黄怀玉 刘太金 吴康军
马淑德 潘守西 陶正芝 李秀芝 张秀芝
李桂香 马心春 汪桂荣 陈金福 张介武
张兆贡 房光灵 于明全 吕桂云 吴恒平
信本阁 信一涛 信一英 张怡先 刘凤菊

申庆真 李颜荣 郝相尧 张延荣 刘大山
果润华

拳铺公社代表团（34人）

韩圣侠 侯昭凤 李承春 齐保海 李春梅
庞凤英 齐成学 贾玉详 王九田 褚帮言
苏玉花 张明玉 张道显 张作亮 杨尊言
杨于良 刘贵荣 张仁亮 王道凤 李成共
吴兆恕 张凤平 徐西林 杨秀芝 邵月英
马淑兰 张如朋 李作明 孙登言 王思先
黄　奇 石增馨 王会生 张继峰

芦里店公社代表团（10人）

李景玉 马习礼 李兰慧 侯久令 李芹英
马凤兰 刘绍贞 张广饶 王孟芝 李庆水

黑虎庙公社代表团（34人）

王占甲 赵明珂 闫宪魁 邱效成 吕瑞昌
薛广庆 薛广旬 李守青 吴方印 高秀连
侯桂兰 侯宪籍 许休民 寻绪新 包存方
丁华春 高春芹 王月香 陈绪明 杜莱中
毕于芹 邱效余 于本木 李文芳 贾凤连
杨少臣 王秀东 韩守灵 刘月盈 张文进
周庆顶 田继亮 贺继良 康俊灵

小路口公社代表团（42人）

毛联湘 王思运 彭奎五 吴瑞昌 秦金亭
李义昌 朱荣华 黄爱兰 李自宪 王淑英
赵继荣 王修木 姜继兰 王昭生 项宝朱
陈玉兴 马云杰 王修灵 丁保梅 张广曾
吴庆坤 张怀温 钟海凤 楚善花 井忠昌
岳金凤 蔡月云 李秋爱 李文瑞 代清启
黄广才 殷传良 刘庆兰 王思温 赵立新
董尚胜 曹务泗 王广思 葛法章 王福岱
侯昭强 张洪振

大路口公社代表团（24人）

穆衍峰 石常丰 祁本成 周昌功 梁传合
姜洪生 董明明 李玉兰 孔宪君 戚万领
王文芝 袁守英 褚凤兰 穆兆英 刘家云
张庆英 王德群 刘传哲 戚甫新 刘道静
张庆振 刘继祯 王笃信 贺先朴

寿张集公社代表团（29人）

杨朝福 崔曰法 郭久印 沣秀云 李怀甲
王秀娥 郭文轩 杨丈波 董玉清 陈德言
徐立和 戚聿华 康秀兰 艾金泉 吴兆勤
蒋衍福 孙玉平 金云停 高惠英 冯成法
任现平 王玉兰 王承香 郭瑞莲 郭春月
徐淑文 杨启洞 王传新 孙增勤

城关公社代表团（41人）

刘执忠 王佑明 郑华章 马传哲 曹景乾
王继报 冯成山 周传勤 宋声光 骆连让
刘登仁 冯建国 王　允 杨士安 何庆选
孟祥忠 任传军 李凤岐 刘玉祥 王志臣
马庆明 王会后 崔兆民 宋庆奎 程守泉
马心备 王显銮 梁久玉 杨成训 王佑明
孙印珍 杜凤银 刘桂婷 丁桂平 梁凤英
关爱英 马雪花 丁桂春 韦开平 王桂平
周月英

小安山公社代表团（22人）

冯兴符 李英杰 任有泗 张慎云 宋恒宽
王曰增 江路平 蒋继忠 宋庆仁 梁久瑞
张瑞香 李德荣 魏绪芹 薛凡德 张兴方
林成亮 代永春 张命风 王素荣 王瑞芝
马秀春 刘宜民

馆驿公社代表团（27人）

王志廷 孙庆怀 张和印 朱培勋 李素芹
杨月华 张习道 耿庆民 张效海 侯家科
高玉平 王德浦 林成合 林存礼 房延荣
王继兰 田广庭 田希灵 关广文 秦振杰
李尚麦 何丽芹 李宗新 牛树爱 张瑞香
王路亭 董茂伦

大安山公社代表团（16人）

房瑞荣 商广臣 李茂武 朱长文 王甲法
朱朝鲜 王传芝 王　敏 于桂灵 宋兰芝
何庆法 腾昭义 刘汝田 刘一山 李宪文
唐苏生

商老庄公社代表团（20人）

刘兴然 田继明 樊保生 张效愚 商延朋

孟召正 惠金灵 安如聘 王传柱 张凡灵
胡云春 刘召银 闫化荣 丁希恩 巩建香
张习连 戚甫贵 赵 民 张凤汉 刘瑞兰

戴庙公社代表团（30 人）

吕玉同 王堂启 王金平 于洪士 于宪功
吴旭东 王秀兰 刘兴臣 宋从全 孙玉珠
戚兴兰 宋从月 陆书英 张继坦 刘新元
陆相太 宋桂芬 王长柱 解培昌 马佃法
王才运 周长忠 刘继法 南传立 孟凡义
杨振德 张传菊 郭复先 陆说诗 林同球

银山公社代表团（35 人）

孟宪君 王忠礼 邱明珍 焦明训 陆相法
贺佃喜 刘玉清 侯传平 王安宅 郭行福
宋广莲 康先久 殷荣山 王家香 岳忠习
董广珠 李传荣 刘桂英 齐振庚 王汝才
耿忠来 李云英 赵希荣 孙兰林 陈凤娥
牛声爪 段秀芝 赵希本 刘瑞灵 毛连成
毛成凤 陆书华 战传香 李厚昌 宋祥坤

班店公社代表团（33 人）

李云章 张令堂 房继忠 李春祥 孙兴歧
李尚福 黄荣新 王世东 薛兆信 汞建富
刘传增 王广胜 王兰芝 方丽琼 康秀茂
康秀灵 黄玉强 张玉环 张海英 焦道光
庞庆亮 刘传云 刘世旺 张延喜 林丙海
户村修 王占胜 刘秀华 庞统科 程学格
李心江 陈志轩 张增勋

梁山县第九届人民代表大会第一次会议代表名单（355 人）

班店公社代表团（16 人）

杨念成 陆诗乐 杨 旭 张海英 焦明美
焦之树 刘传刚 陈宪月 黄玉强 牛广路
刘保环 王兰芝 王广胜 王传祥 庞庆友
庞庆彦

银山公社代表团（18 人）

周传鼎 牛成才 彭须业 毛成凤 轩文范
火凤平 孟令银 庞素云 顾兴合 丁长友
王家林 陈少兰 战继田 董振德 吴守昌
刘金良 吴振山 顾行乐

戴庙公社代表团（15 人）

陈志惠 王秀兰 张清宽 陆说诗 孙桂荣
国家栋 师清昌 谢德宝 唐家奎 董玉臣
张忠玉 郭广泉 刘万帮 杨明仁 戚兴民

商老庄公社代表团（9 人）

董衍黄 张效贞 林同球 刘召银 刘桂芝
商成满 张洪业 马克信 刘志家

寿张集公社代表团（16 人）

段延举 蔚立军 于 蛾 李风兰 徐登泽
肖来全 王兴泉 金传兰 肖广岩 郭明贤
张继明 刘玉芹 李桂忠 吴兆芹 董圣为
黄帮太

大路口公社代表团（13 人）

包云正 王占甲 樊兆玙 刘继皋 刘传恩
冯狄莲 戚万武 刘玉芝 张庆钦 梁传合
刘加后 许修合 杨建海

小路口公社代表团（14 人）

毛连湘 侯月梅 孟昭树 代永孝 李天作
王秀英 布如顺 徐登鲁 潘德玉 李德山
陈玉兴 姜继兰 岳希清 刘兆祥

赵堌堆公社代表团（11 人）

崔曰法 王月东 李进民 肖玉凤 崔玉梅
杨如新 范希银 岳彩平 李吉春 张怀江
耿桂兰

黑虎庙公社代表团（17 人）

徐之正 刘继阳 贺继良 王凤运 王永朝
李臣华 吴家才 于长雪 郭继房 丁华春
侯召旭 李广珍 张建华 王怀芹 扬文乾
王海东 张文进

芦里公社代团（17 人）

曹英举 王庆丰 吴方才 尹道金 王曰彩
候久玲 赵性言 马守文 马凤兰 薛玉武
刘瑞真 刘继翠 杨培连 李贵銮 王爱春
李春明 吴恒科

城关公社代表团（20人）

李建常 马心备 郭守章 高作松 曹修连 关广英 王佑丽 张华魁 马素臣 张守兰 刘兴旺 程先廷 王慎军 孟吉忠 张桂兰 张远成 孟宪林 韦开平 张友财 康桂兰

拳铺公社代表团（17人）

侯昭凤 杨兴岭 石增馨 张振宽 林英树 王秀兰 周茂生 房桂英 刘凤桂 杨成信 张桂银 褚玉显 黄 琦 马士学 王桂英 李金堂 张申华

信楼公社代表团（9人）

陈培俭 马升科 孟凡才 杨令山 李明法 张秀之 杨佑臣 王胜绪 杨秀玲

徐集公社代表团（14人）

张作田 穆衍峰 刘绪光 李绪明 张衍荣 张文样 黄翠英 孔令配 泮贞唐 仇登科 张良春 张秀荣 张提明 吴恒平

韩垓公社代表团（14人）

张广琪 薛宪美 郭文彬 郑贵本 韩秀霞 李迈真 郭继社 王玉英 马志海 赵继宪 王国冉 徐恩元 闫树金 张秀香

韩岗公社代表团（19人）

李汝夫 李进苏 韩同成 王帮田 廉存合 徐小林 齐位田 邓在生 井涛林 韩应民 孙安和 关金胜 郑桂芹 韩边平 丁延伦 韩相范 何淑云 彭茌华 姜泠云

王府集公社代表团（8人）

藏宪明 候典武 房延荣 牛之良 张德生 邓桂英 蒋玉芳 张增勋

小安山公社代表团（11人）

张先道 张效禹 崔绪照 闫永俭 贾美英 王成印 吴兴吉 庞恒胜 祝允生 么新来 梁兴岭

大安山公社代表团（9人）

崔兆寿 李忠化 王笃信 刘一山 刘立印 徐福忠 郝德善 王秀英 王传功

馆驿公社代表团（13人）

王志廷 张作春 张繁仁 丁庆明 庄同成 马振玉 林成合 李继法 王路廷 耿淑荣 田焕之 齐承欢 王福岱

党政军代表团（19人）

张思信 王丰轩 孙立明 刘执忠 张广饶 宋祥琨 杨 峰 杨建台 田均福 张忠平 徐桂茹 梁宇祥 冯道生 张令法 宋兰峰 刘邦兰 房瑞荣 冯锡山 魏培海

经委代表团（19人）

张从春 李传厚 毛云须 张士敏 李子英 王继彬 于目福 陆继生 田月菊 王凤英 王 明 王成爱 王广兰 侯庆鹤 王爱菊 侯凤春 贺长福 刘文华 者如为

农办、建委代团名阜（11人）

李广山 马玉振 宋玉芝 于政训 蔡怀义 贺宏开 张树俊 张青山 徐恩义 王伦银 林存清

财贸、计委代表团（9人）

兰福宽 张继尧 周法增 艾教孟 曹桂雪 郭广元 郝文霞 胡相生 侯光明

省、地驻梁单位代表团（17人）

刘立新 王建华 刘凤仙 王洪涛 蔡月梅 周长立 曹汝方 秦立祥 徐 丽 李瑞菊 陈彝鼎 姜同国 陈丕成 付少思 刘玉法 刘启英 李朝玉

补选代表：孟宪君（商老庄公社）、赵明昶（寿张集公社）、李方华（小路口公社）、王洪伦（梁山镇）、李新灵（韩岗公社）、李明芹（梁山轴承厂）

调出代表：李瑞菊、张海英、徐丽、李汝福、徐桂茹

去世代表：张从春

罢免代表：阎永俭

梁山县第十届人民代表大会第一次会议代表名单（383人）

小路口区代表团（57人）

赵堌堆乡：（9人）

孙玉忠 刘 骧 李吉春 李大伦 张怀江
李方林 井振祥 郭东成 岳彩平
小路口镇：（9人）
任兰生 曹务泗 李桂芬 李天作 赵庆连
代永孝 姜淑娟 王成武 包云正
大路口乡：（9人）
孟凡才 徐福荣 王继岱 刘继皋 孔凡科
冯明学 刘家云 杨建海 冯秋莲
黑虎庙乡：（10人）
任兰庆 王崃生 任兰亭 包存方 郭玉才
伊海荣 吴春连 王永朝 吴庆福 高成正
杨营乡：（9人）
张建华 刘运焕 刘继忠 程立銮 张文进
张先秀 侯召旭 高洪军 杨文乾
郓陈乡：（11人）
杨希存 黄广才 杨庆彬 岳宗峰 李继运
李进普 刘善礼 布月平 张玉梅 姜继兰
郭居含
韩岗区代表团（51人）
韩岗镇：（13人）
林乐焕 孙秀云 齐尚田 孙安和 林合军
张玉荣 邓在生 李胜华 刘相君 彭一华
何素云 张广坦 蒋玉芳
韩垓乡：（11人）
唐玉龙 田均福 王化文 李兆余 靳玉兰
郭继社 马秀贵 马志海 佟振民 郑桂本
韩秀霞
袁口乡：（10人）
付新福 张兴运 崔洪山 任则启 于桂英
于传斌 牛家瑞 廉存合 孙太荣 田长玉
开河乡：（10人）
曹秀芹 王爱菊 张秀香 赵华兰 张广琪
崔秀如 关天宝 赵继宪 李修芹 房瑞荣
王府集乡：（7人）
田焕奇 田继亮 张德生 于崇义 李守本
阎吉庆 房延荣
城郊区代表团（49人）
前集乡：（10人）
丁庆柱 马素臣 马登亭 王保情 何秀芝
韩玉忠 王士文 王庆灵 樊怀成 张学武
后孙庄乡：（9人）
孙树听 张启光 邓成中 石景文 郭树为
孙长玉 庄善常 庄善瑞 潘秀芝
马营乡：（11人）
刘继翠 刘瑞英 张得格 陈玉璞 赵修阴
许圣汉 孙美荣 魏昌启 毕常德 杨培仪
刘庆民
馆里乡：（10人）
马传儒 李传寅 肖广英 李广福 蔚大方
杨振温 刘玉勤 李魁兰 王修忠 王秀娥
寿张集乡：（9人）
鞠燕芬 贾振法 林宪学 李忠玉 高广明
宋桂英 王传新 赵目学 王传同
小安山区代表团（45人）
小安山乡：（9人）
李心海 么心来 王成江 吴兴吉 林宪芬
张洪波 祝允生 郑章彦 杨桂兰
李官屯乡：（8人）
郝德善 王秀英 王传功 王笃庆 孙刚兰
臧宪岭 王占甲 耿进文
馆驿乡（11人）
林英科 黄桂芹 穆衍峰 田焕芝 丁庆名
李继法 李元殿 王笃行 田焕臣 马振玉
林成合
大安山乡：（8人）
何兆义 樊兆玙 王月芹 刘立印 张金贵
吕传旺 王笃才 徐福忠
商老庄乡：（9人）
李厚道 陆长为 赵厚信 屈传学 马克信
刘绍银 刘桂芝 商成满 李月英
银山区代表团（59人）
银山镇：（10人）
张兴昌 唐家善 王安冉 徐英孝 徐树旺

黄玉峰 贾传梅 陈守忠 张玉勤 刘振旺
崑山乡：（8人）
张性钧 牛广胜 唐广法 吴则宽 周传江
庞素云 白连福 薛继良
豆山乡：（11人）
郭文斌 阎玉平 牛广录 戚万泉 陈宪月
张学岭 王兰芝 张承甲 王明代 刘宝环
栾习雨
司里乡：（11人）
李厚昌 赵发福 郭广银 于庆银 司恩和
孙桂荣 杨明仁 冯运江 郭月梅 轩召元
顾兴合
代庙乡：（10人）
崔绪照 丁丙炎 赵法兰 张思英 董玉平
郭广泉 王良英 柳如礼 张立常 郭广山
班店乡：（9人）
卢学风 解金先 王秀云 王美哲 孙兴歧
苏本生 庞庆颜 连广生 郭庆安
徐集区代表团（37人）
徐集镇：（10人）
吴兆字 孔令勤 张提明 刘绪光 朱英桂
黄翠英 郝贵田 张延春 吕大秋 张文祥
信楼乡（8人）
杨念成 刘慎刚 李明法 郝秀霞 刘玉梅
信恒启 杨右臣 杨怀华
方庙乡（8人）
王福才 李进民 刘立前 孙传荣 周升玉
代茂元 张成义 王慕胜
拳铺乡（11人）
刘凤桂 尹道金 李玉娥 马学诗 阎同祥
杨成信 杨尊友 王相君 马士学 王桂英
张宜科
梁山镇代表团（13人）
樊思宝 张清廉 马心备 张兆如 陈丕华
程先亭 张远成 杨月英 丁允法 刘秀芹
张作风 王成香 胡克进

党、政、军代表团（23人）
耿进学 刘邦兰 马传申 张桂芝 李庆水
宋声武 邓广扬 魏培海 李若灿 袁守明
周庆金 鲍扬倜 叶锦东 杨　峰 李绪明
周秀全 张吉君 李爱梅 朱绪娥 王培英
赵发展 姜广仁 刘润卿
经委代表团（16人）
王继彬 者汝为 马心平 李子英 王玉芹
王凤英 田月菊 蒋典营 柳儒汉 李洪才
李庆仁 马孝爱 孟翠英 吴德科 霍正气
杨朝福
农、建、财、计代表团（19人）
周林英 赵广来 任士伟 韩兴再 王学孔
苗丙林 张青山 徐恩义 张慎坤 何庆粉
薛福民 叶　蔚 魏红霞 彭延武 张述成
艾教孟 者黎明 靳汉林 王传清
驻梁单位代表团（14人）
孙益全 李朝元 代玉娥 蔡月梅 徐学娟
卢道胜 高启兰 李明琴 徐锦华 张赐珍
高继龙 曹汝方 付少思 李朝玉

补选代表：霍正气、杨朝福、刘润卿、姜广仁、杨旭、吕玉山、李来云、丁自朴、阎旺亭、薛凡瑞

调出代表：王瑞堂、姜守新、阎旺亭、宋志良、樊思宝、穆衍峰、李胜华、孙树听、刘润卿、张桂芝、苗丙林

罢免代表：战庆丰

行政区划划出代表67人

第十一届人民代表大会第一次会议代表名单（270人）

第一代表团（14人）
张先道 刘恒胜 阎旺亭 杨　峰 李传清
张述成 马兆菊（女）李景旺 杨玉芹（女）
朱绪娥（女）李爱梅（女）冯兴符 马景兰（女）
刘玉珍
第二代表团（16人）
杨讴青（女）杨巨德 张赐珍 俞家麟

李瑞秋（女）徐　敏（女）高启兰（女）
张心永 徐学娟（女）代桂芝（女）
杨兆平 吕玉山 王建华 魏红霞（女）
傅少思 李朝玉
第三代表团（15人）
王继斌 李文汉 胡景陶 武立芳 庞广常
马孝爱（女）吴志海 张淑英（女）柳儒汉
王学礼 马桂兰（女）国家灵（女）
郝东学 陈朝宾 马心平
第四代表团（37人）
梁山镇（12人）
魏昌启 许传运 薛凡瑞 马心备 张作丰
刘月香（女）丁允法 关保山 刘秀芹（女）
张远成 冯德服 杨月英（女）
前集乡（8人）
李来云 高文灏 何秀芝（女）王保华
乔玉堂 马素臣（女）孟吉忠 刘清源
后孙庄乡（6人）
杨　旭 王佑允 徐照英（女）张天一
温广昌 邓承宗
马营乡（11人）
姜广仁 毕常德 张　瑜（女）陈玉卧
马怀学 孙美荣（女）马丙立 许圣汉
刘圣锋 刘继翠 刘瑞英（女）
第五代表团（35人）
徐集镇（11人）
郭文斌 邓广扬 齐承芝 丁明哲 朱英贵（女）
张延春 张文祥 王文英（女）贾玉田
张体明 吕大秋
信楼乡（7人）
杨念成 李广轩 杨在山 杨彦灵（女）
潘守伟 潘秀荣（女）刘恩玉
拳铺乡（11人）
崔绪照 刘凤田 刘慎朝 刘庆春 马士学
孙中和 李春香（女）杨尊友 李秀珍（女）
刘桂荣（女）阎同祥
方庙乡（6人）
李厚昌 吴恒昌 王从信 孙传荣（女）
刘立月 周升玉
第六代表团（39人）
韩岗镇（12人）
宋声武 张先知 王福才 张广坦 管洪爱
孙秀云（女）张玉荣（女）邓在生 彭一华
刘　丽（女）张启栋 李开景
韩垓乡（10人）
田均福 唐玉龙 韩秀霞（女）陈祥吉
刘庆汉 马臣生 马秀华（女）薛祥明
靳玉兰（女）　郭继社
开河乡（8人）
刘殿印 刘九旭 崔秀如 李修勤 张秀香（女）
曹秀芹（女）赵华兰（女）赵继宪
袁口乡（9人）
房瑞荣 丁养运 桑希连（女）廉存河
于桂英（女）宋连环 于文启 王帮海
林宪臣
第七代表团（35人）
馆驿乡（11人）
陈福安 韩　靖 齐尚田 侯庆华（女）
李继法 林成合 田焕臣 李月英（女）
李元殿 王金川 张作高
小安山乡（12人）
连广生 陆长为 李传申 陆长丰 孙广锋
林宪芬（女）王玉梅（女）张作诗 祝允生
宋恒华 郑昌道 刘桂芝（女）
王府集乡（6人）
张性钧 邓兆俊 宋开军 张述全 耿淑英（女）
于崇义
李官屯乡（6人）
王占甲 耿进文 谭丙祥 阎翠平（女）
臧宪岭 高兴仁
第八代表团（45人）
郓陈乡（11人）
李进普 耿进学 任兰庆 岳宗锋 布月平（女）

尹承森 杨希存 姜继兰（女）张玉梅（女）
黄广才 项贵成
大路口乡（12人）
孟凡才 杨志森 韩相顺 黄秀英（女）
戚凤一（女）李德臣 刘家允 徐龙广
陶传友 刘继皋 安圣彬 戚秀荣（女）
寿张集乡（12人）
樊兆玙 鞠燕芬（女）张玉莲（女）戚旬中
李清祥 孙久娥（女）赵目学 赵金铎
郭玉铭 王一山 万吉绪 王继温
馆里乡（10人）
臧凤柱 李树山 蔚大方 李小平（女）
王修忠 王秀娥（女）刘玉勤 杨绍鲁
李冬灵（女）张慎山
第九代表团（34人）
小路口镇（7人）
邵好学 王成武 李天作 阎召全
姜淑娟（女）董传福 曹务泗
杨营乡（7人）
霍正气 程立銮 李传岗 高文华 张先秀（女）
李广才 张凡科
黑虎庙乡（10人）
丁自朴 艾云学 王先符 毕东菊（女）
陈士荣（女）赵怀忠 王永朝 刘凤芝（女）
高守祥 刘纪文
赵堌堆乡（10人）
田继亮 柴福祥 李广存 耿继堂 赵素兰（女）
杨东聚 井振祥 岳彩平（女） 王成录
张怀江
补选代表：张景池、杨朝福、林英高、刘运焕（4人均为第三次会议补选）。
调出代表：吕玉山（第三次会议前）
去世代表：孟古忠（前集乡，第三次会议前）

第十二届人民代表大会第一次会议代表名单（319人）

第一代表团（11人）
薛凡义 许安民 杨丁香（女）连桂军（女）
阎旺亭 刘珊璞 胡景陶 张淑英（女）
苏树华 孟昭剑 焦茂云（女）
第二代表团（15人）
李庆仁 李淑英（女）贾元礼 陈朝宾
李子英 李文汉 郭广祥 刘武峰 王 芳（女）
马孝爱（女） 阎海生 魏苏平 杨传斌
王化文 师瑞兰
第三代表团（13人）
刘恒胜 火秀云（女）张兰秀（女）王 健（女）
喻邦进 李吉宪 刘 超 武立芳
马桂兰（女 回族）韩兴冉 陆书杰 张龙泉
马景兰（女）
第四代表团（18人）
傅少思 李朝玉 马传义 李永江 冯连阁（女）
梁承美 芦道胜 杨巨德 李瑞秋（女）
李振贵（回族）杨玉英（女）张心永
张清廉 许永利（女）李宝英（女）王轩南
荣晓明（女）刘培莲（女）
第五代表团（32人）
梁山镇（14人）
李广生 薛凡瑞 毛连湘 张远成 王志宪
刘庆英（女）王凤芝（女）马广来 冯敬明
陈绍渠 崔玉春（女）任宪广 马兆海
李云荣（女）
前集乡（10人）
李来云 高文灏 乔玉堂 樊怀成 陈昌申
王保晴 何秀芝（女）王月环（女）刘景云
刘清源
后孙庄乡（8人）
杨 旭 王佑允 李玉焕 周广胜 邓玉香（女）
孟庆云（女）孙久如 庄道田
第六代表团（38人）
大路口乡（13人）
孟凡才 高天宝 周庆光 陈丕池 徐龙广
戚凤一（女）黄秀英（女）刘甲允 刘继皋
陶传友 安圣斌 李德臣 戚秀荣（女）

馆里乡（12人）
臧凤柱 司马钧 刘振诺 刘秀梅（女）
李安强 张秀荣（女）马凤兰（女）王秀娥（女）
刘玉芹 艾云川 杨少鲁 周长生
寿张集乡（13人）
杨朝福 鞠燕芬（女）张希连 李清祥
万吉绪 吕雪荣（女）张敬喜 赵金铎
任仲稳 曹兰英（女）徐元英 李桂兴
杨景成
第七代表团（32人）
小路口镇（8人）
刘运焕 刘甲仁 殷广臣 张希柱 李春环
董传福 马桂珍（女）杨玉苹（女）
郓陈乡（13人）
耿进学 李兆申 任兰庆 葛元章 布月平（女）
李庆海 张玉梅（女） 杨玉岱 黄凤春（女）
路厚勤 尹成申 国殿品 张存宝
赵堌堆乡（11人）
高太平 刘兴冉 柴福祥 岳彩平（女）
井振祥 李广存 王成录 张启坤 赵素兰（女）
耿继堂 赵士秋
第八代表团（33人）
黑虎庙乡（11人）
王继斌 赵玉民（女）刘万平 毕冬菊（女）
王先孚 师桂萍（女）李玉光 赵巧云（女）
陈贵田 杨志勇 高连春
杨营乡（9人）
连广生 杨绍建 徐德余 李守前 侯宪业
李广才 张先秀（女）高文华 薛兆阳
马营乡（13人）
姜广仁 康绍军 毕常德 刘瑞英（女）
杜美伦 王忠臣 赵秀元（女）张中文
张德格 吴思峰 许克跃 刘玉兰 吴同成
第九代表团（33人）
拳铺乡（12人）
崔绪照 张先道 刘慎朝 李传生
宋秀梅（女） 张以林 杨以云 李广勤
李相社 马士学 王培连 王凤莲（女）
方庙乡（8人）
李厚昌 吴恒昌 信恒坤 王崇信 苏玉英（女）
孙传英（女）刘恩贤 张玉荣
徐集镇（13人）
穆衍峰 邓广扬 齐承芝 孙玉梅（女）
林凡芝 王文英（女）贾玉田 朱英桂（女）
于明全 丁明哲 王福顺 黄元德 王雪山
第十代表团（29人）
信楼乡（8人）
杨念成 李广轩 潘秀荣（女）潘守伟
王立让 信本省 刘恩玉 杨彦灵（女）
开河乡（9人）
阎昭钦 刘九旭 房体健 崔相银 刘太俊
张秀春（女）赵继宪 侯现昌 曹秀芹（女）
韩垓乡（12人）
傅全林 高新魁 唐玉龙 付新福 韩秀霞（女）
陈祥吉 郭维社 刘秀凤（女）冯建秋
杨玉凤（女）薛祥明 马臣生
第十一代表团（32人）
韩岗镇（14人）
宋声武 张先知 王福才 王邦海 王笃庆
曹志远 李夫英（女） 崔相荣 邓在生
齐邦尚 刘淑芹（女） 荣恩居 管洪爱
李桂香（女）
袁口乡（10人）
房瑞荣 季昌生 于观华 杨广生 林宪臣
桑希莲（女）于文启 张恒昌 李瑞英（女）
韩清振
王府集乡（8人）
张性钧 邓兆俊 孙淑兰（女）秦秋玲（女）
贾秀宝 张有喜 张述先 于崇文
第十二代表团（33人）
馆驿乡（12人）
王钦孝 韩 靖 齐尚田 李继功 侯庆华（女）
李元殿 王金川 张作高 田焕臣 李宗席
林秀粉（女）林存礼

小安山乡（14人）
吕玉山 李大友 李传森 曹务臣 郑俊英（女）
李维莲（女）郭怀宝 薛凡英（女）冯天聚
孙广峰 于传粉（女）张作诗 王继森
刘桂芝（女）
李官屯乡（7人）
王占甲 齐成岁 耿进勇 阎春玲（女）
王成志 高兴仁 臧宪岭
划出代表：马传义、李永江
调出代表：吕玉山、李大友、薛凡义、王轩南
迁出代表：邓五香
去世代表：崔绪照
罢免代表：刘 超

第十三届人民代表大会第一次会议代表名单（280人）

第一代表团（24人）
高承坤 刘 琳（女）刘本相 王翠香（女）
张建文 陈志良 张忠恕 周林英（女）
李军合 谭尊勇 徐月菊（女）杨玉霞（女）
宋晋亮 陆书杰 胡克进 张文卿（女）
尚广坤 曹秀春（女）陈绍民 杨景航
代永臣 马克路 祁天才 魏红霞（女）
第二代表团（26人）
李庆仁 李淑英（女）陈朝宾 王先学
张广超 高令英（女）郭广祥 王志水
王继生 柳儒汉 杨传斌 张成安 马佩霞（女）
郭俊玲（女）张清廉 荣晓明（女）
梁承美 冯连阁（女）徐文富 杨奉贞
李瑞秋（女）李振贵 芦道胜 王少庆
杨玉英（女）李朝玉
第三代表团（28人）
梁山镇（14人）
连广生 李 华 王志宪 侯素珍（女）
马兆海 关天瑞 马广东 曹秀连（女）
张作柱 张远成 王凤芝（女）薛凡瑞
陈丕林 冯敬明

前集乡（9人）
李来云 吴瑞和 王月环（女）司则义
刘清源 邵长立 樊怀成 王其祥 何秀芝（女）
后孙庄乡（5人）
高贤运 邓兆丰 王清忠 周广森 孟庆云（女）
第四代表团（24人）
拳铺乡（11人）
杨明勤 武立芳 徐树旺 李相社 李广勤
周桂华（女）王培连 杨作福 王宜生
张以林 宋爱芳（女）
方庙乡（5人）
李学社 韩梅兰（女）张以轩 刘恩贤 张先仲
信楼乡（8人）
杨念成 周生智 潘守伟 潘秀荣（女）
刘恩玉 信恒启 杨佑廷 曹修银
第五代表团（31人）
韩垓乡（11人）
张先道 高新魁 付新福 王世君 薛翠兰（女）
马全升 陈祥吉 韩同思 仲花玲（女）
侯昭德 郭继社
开河乡（8人）
阎昭钦 李广游 房体健 崔相银 刘太俊
吴兆海 赵继宪 郝吉忠
徐集镇（12人）
穆衍峰 张宜科 王凤勤 孔玉梅（女）
林凡芝 丁明哲 李传峰 于明全 朱英桂（女）
黄元德 王文英（女）邓福仁
第六代表团（27人）
韩岗镇（12人）
宋声武 马孝爱（女）徐德珠 刘恩新
齐邦尚 邓在升 李爱丽（女）刘相军
李桂香（女） 管洪爱 崔相荣 李夫英（女）
袁口乡（9人）
阎旺亭 齐成岁 杨广生 于观华 崔洪轩
韩清振 林宪臣 刘凤芹（女）魏广明
王府集乡（6人）
傅全林 王爱民 张述先 张有喜 齐道正

刘淑娥（女）
第七代表团（29 人）
小安山乡（13 人）
赵步荣 董传珍 师朝义 曹务臣 李维莲（女）
郭怀宝 王淑荣（女）张作诗 郑俊英（女）
王玉展 阎仁印 吴绪田 王继申
馆驿乡（11 人）
王钦孝 康绍军 宋恩功 张广印 李来顺
张作高 孙爱云（女）苏焕福 李元殿
林秀芬（女）林存礼
李官屯乡（5 人）
王志明 王跃生 王成志 徐玉玲（女）
臧宪岭
第八代表团（29 人）
大路口乡（12 人）
王占甲 胡景陶 玄志祥 李桂山 袁东成
刘振达 李玉玺 张庆彬 戚万安 杨月霞（女）
王念福 戚凤一（女）
小路口镇（6 人）
曹耀华 张希运 杨玉苹（女）董传福
张希柱 殷广臣
郓陈乡（11 人）
李文汉 刘合福 王凤香（女）李庆海
张玉明（女）尹承申 孙玉江 国殿品
葛元章 孙久宪 杨广玲（女）
第九代表团（34 人）
马营乡（12 人）
李文汉 火秀云（女）张希来 杨兆业
张美菊（女）刘瑞英（女）杨培峰 张得格
王忠臣 倪巧灵（女）胡兆飞 吴同成
馆里乡（10 人）
韩玉忠 万吉扬 吕秀明（女）周长生
李开兴 李安强 李发福 李存香（女）
孙常勤 侯宪孔
寿张集乡（12 人）
杨朝福 鞠燕芬（女）贾祥福 李春岭
张敬喜 戚甫领 郭秀兰（女）李清祥
曹兰英（女）徐龙海 赵金铎 赵继芳
第十代表团（28 人）
赵堌堆乡（10 人）
高太平 黄广廷 陈培合 王孟省
岳彩平（女）李文春 张启坤 王成录
赵素兰（女）蔡绍稳
黑虎庙乡（10 人）
蔡怀谦 王效钦 毕冬菊（女）高景存
于加金 李玉光 师桂萍（女）王先浮
高连春 杨志勇
杨营乡（8 人）
张玉莲（女）李道奎 杨文斋 高文华
曹修彬 陈春明 丁永堂 侯典芹

第十四届人民代表大会第一次会议代表名单（257 人）

第一代表团（24 人）
刘本相 王广耀 刘东升 杨丁香（女）
林存玲（女）王洪伦 戚聿君 王继生
孟宪玲（女）段胜华 孙广占 孔凤梅（女）
郭忠兰（女）关广章 王　敏 石　峰
柏立霞（女）张庆峰 郑桂兰（女）张　勇
商和义 李文运 李淑英（女）姜德安
第二代表团（23 人）
郭广建 赵修挂 李殿福 宋　荷（女）
周林英（女）王水利 崔中文 毕德建
张兴建 王恩元 刘广峻（女）孙爱民（女）
刘承银 刘慎刚 王凤珍（女）高思祯
张桂君（女）任宪銮 宋晋亮 路　平（女）
侯　杰 张立文 高天宝
第三代表团（22 人，其中梁山镇 14 人，前集乡 8 人）
韩　军 高太平 王志宪 吴金玉 任重良
马振冉 陈志生 关忠宇 赵庆珠 马兆海
王成东 吕玉来 陈永绪 冯建国 张忠建
王崇志 何树芹 王庆义 王其祥 何秀芝（女）
韩仰辉 郑金焕（女）

第四代表团（16人，其中小安山乡12人，李官屯乡4人）

温杭东 张先道 崔瑞民 王继申 吴绪田
李为莲（女）宋进道 郭怀宝 张洪运
王淑荣（女）王广智 郑俊英（女）胡元存
王玉贤 王召灵（女）王允昌

第五代表团（16人，其中，徐集镇11人，方庙乡5人）

李文汉 张宜科 高启顺 王文英（女）
邓福仁 孔玉梅（女）于明全 张秋菊（女）
汤占营 黄怀银 金瑞海 李宪印 张先仲
李秋君（女）邱万银 褚邦成

第六代表团（14人，其中拳铺乡10人，后孙庄乡4人）

李继军 赵玉民（女）贾存琰 张以林
周玉香（女）王培连 李相社 岳增才
张庆芝 周桂华（女）王爱民 周传英（女）
邓祥柱 李玉顺

第七代表团（16人，其中韩岗镇11人，王府集乡5人）

傅全林 张先知 张效东 齐邦尚 刘金龙
崔相荣 崔清银 丁庆荣（女）荣恩具
管红爱 李桂英（女）李 华 庄同德
齐贵常 庄同兰（女）刘德礼

第八代表团（21人，其中寿张集乡11人，马营乡10人）

杨朝福 鞠燕芬（女）周生智 周立香（女）
徐龙海 李清祥 井厚来 路忠朝 林存庆
翟连成 张小青（女）韩玉忠 马怀灵
张希来 王忠臣 赵登发 刘庆菊（女）
赵善尊 杨海英（女）张德格 胡兆飞

第九代表团（17人，其中黑虎庙乡10人，杨营乡7人）

王佑明 姜序录 王成爱 郭玉才 高春花（女）
毕东菊（女） 干先珠 杨志勇 刘广福
朱仰民 商建设 薛兆福 李爱芹（女）
曹修彬 高洪田 高建良 陈春明

第十代表团（19人，其中韩垓乡10人，馆里乡9人）

张仁端 高文灏 赵 晖 王世军 李大贞
郭继恕 曹修恩 马振生 郝春荣（女）
赵秀霞（女）臧凤柱 张玉莲（女）师朝义
李存香（女）董春雪（女）师衍平
孙长芹 贾振作 王念运

第十一代表团（17人，其中开河乡8人，袁口乡9人）

张韶华 夏乾旺 吴兆海 林存庆 房体健
王传信 赵继军 崔相银 刘殿印 李兆申
侯昭良 韩清振 闫爱玲（女）盛保存
薛祥申 于观玉 杨广生

第十二代表团（18人，其中赵堌堆乡8人，郓陈乡10人）

信在高 董茂华 马秀英（女）王承录
艾广敬 秦瑞英 蔡绍稳 岳彩平（女）
张兆兰 张继海 贾祥福 马德存 尹成申
戚春菊（女）马德东 刘庆喜 戚桂杰（女）
孙久宪

第十三代表团（16人，大路口乡10人，小路口镇6人）

王占甲 刘忠良 玄志祥 郭国省 戚万安
王念福 王振新 戚凤一（女）刘振达
张登芳 刘甲仁 杨先进 殷广臣 代景旭
王月荣（女）赵性存

第十四代表团（18人，其中馆驿乡10人，信楼乡8人）

王钦孝 林英科 李道奎 孙爱云（女）
李元殿 唐玉英（女）唐家宏 林秀芬（女）
张作高 田焕如 杨念成 蒋衍涛 曹修银
申秀梅（女）信恒启 马哲红（女）潘守松
杨复连

补选代表：韩相顺（梁山镇）、张恒福（前集乡）、侯圣军（徐集镇）、王凤勤（方庙乡）、李传武、丁廷福（小安山乡）、房继宽（黑虎庙乡）、徐长富、王昌珍（赵堌堆乡）李士兵（郓陈乡）、刘万功（开河乡）、贺民（韩垓乡）、李若宽（后孙庄乡）、王才利（王府集乡）、陈大林（寿张集乡）、姜居祯（梁山镇）、马传申（韩垓镇）、王佑兵（寿张集乡）温茂文（杨营镇）、李建宝（徐集镇）、宋科（大路口乡）、于立武（韩垓镇）、陆书杰（马营乡）、张广斌（小安山镇）、李超（杨营镇）补选。

调出代表：温杭东、李继军、张仁端、夏乾旺、刘慎刚（5 人均第二次会议前），李文运、张忠健、姜德安、张韶华（4 人均第三次会议前），张继海（第四次会议前），贺民（第五次会议前）

辞职代表：王崇志、高启顺、李宪印、崔瑞民、王成爱、董茂华、贾祥福（7 人均第二次会议前），王爱民、李华、周生智（3 人均第三次会议前），陈大林（第四次会议前），师朝义、郭国省（第五次会议前）

去世代表：潘守松（第四次会议前），胡元存（第五次会议前）

暂不列代表：张兴建、刘振达（第五次会议）

第十五届人民代表大会第一次会议代表名单（258 人）

县直一团（10 人）

王先华 李占强 谢云良 谢 军 周长明

于观亮 高贤运 陈启明 王玉湖 周林英（女）

县直二团（10 人）

张恒福 王昌珍 盛秀芬（女）赵法鲁

刘本相 杨建凤（女）王爱民 柴福祥

曹 红（女）戚聿君

县直三团（9 人）

滑东林 郭春印 齐伯鲁 王兴建 殷 云（女）

侯昭良 孙长文 王水利 丁廷福

县直四团（15 人）

段胜华 曹雪莲（女）井振华 魏进军

孟宪玲（女）李春霞（女）李桂莲（女）

王孟玉 阎立红（女）毕思刚 朱杏丽（女）

师青山 刘传兴 蔡建民 王恩元

梁山镇代表团（25 人）

韩 军 高太平 仲崇斌 马兆海 赵晖

庄道春 秦延信 赵庆珠 关忠宇 陈志生

马克满 任重良 吕玉来 陈永绪 冯成东

梁传友 王佑灿 李玉方 杨桂玲（女）

宋庆武 齐成祥 张改凤（女）于桂芬（女）

周广占 高素春（女）

小安山镇代表团（17 人）

王保清 张地法 陈保德 张广斌 马德水

王继申 张广席 王允昌 王召玲（女）

阎崇高 王庆梅（女）姜士方 冯秀民（女）

阎桂菊（女）宋进道 张洪运 林 平

小路口镇代表团（16 人）

刘甲仁 孔德雨 穆兆凤 张传胜 李 朋

冯传东 孙巧格（女）李凤合 陈玉兰（女）

李天云 邓凤梧 刘传柱 吕忠芝（女）

王改芝（女）毛广田 岳希兰

杨营镇代表团（16 人）

商建设 臧凤柱 李厚道 薛兆福 李 超

刘超波 张继顺 王修忠 董相兰（女）

井月灵（女）高建良 侯典江 李秀兰（女）

韦敏鸾（女）张远玉 侯宪宽

拳铺镇代表团（16 人）

贾存琰 赵玉民（女）袁存力 李学社

田福岭 耿月英（女）褚秋菊（女）邱万银

王秋花（女）李相社 岳增才 杨奉社

张以高 董传亭 周玉香（女）周传伟

徐集镇代表团（20 人）

李文汉 王宜海 徐长富 杨 智 梁开平

袁东成 申秀梅（女）信恒启 潘守伟

马兰英（女）吴康连 汤占营 张月红（女）

张秋菊（女）孔令芹 曹修银 邓福仁

唐继春（女）李建宝 黄怀银

韩垓镇代表团（18 人）

王信义 季昌生 侯庆堂 杨先进 孙长雨

吴兆海 杜振国 曹修恩 关香云（女）

赵秀霞（女）王传信 刘志成 吴德法
郭继恕 马振生 仲召固 杜秋菊（女）
张淑芬（女）
韩岗镇代表团（20人）
马传申 张先知 刘殿印 乔允华 张希来
李兆岚 刘传昌 薛祥岭 于明柱 侯召玉
侯宪祥 林宪臣 齐耀田 韩道锋 李桂英（女）
荣恩具 韩清振 韩爱玲（女） 崔相荣
崔清银
馆驿镇代表团（16人）
于立武 林英科 窦广洋 王才利 陈冬梅（女）
刘兆才 齐贵常 唐加宏 孙爱云（女）
庄同兰（女）林英敏 刘德礼 刘红霞（女）
秦延智 唐 琳（女）田焕如
马营乡代表团（10人）
陆书杰 李兆申 楚宪海 李保江 王爱青（女）
赵登法 李传茂 赵善尊 张德格 杨海英（女）
寿张集乡代表团（11人）
鞠燕芬（女）杨朝福 王佑兵 张志平
徐龙海 井艳芳（女）邵传稳 路忠朝
张小青（女） 李登文 周立香（女）
大路口乡代表团（10人）
宋 科 孙伯泉 玄志祥 王慎恩 王万军
阎化全 孔凡科 张凡告 李培霞（女）
张凤菊（女）
赵堌堆乡代表团（9人）
信在高 刘振诺 李世兵 刘志刚 董兴仓
翟留香（女）郭焕灵（女）蔡绍稳 张振随
黑虎庙乡代表团（10人）
王佑明 王志宪 房继宽 郭建华（女）
包聚田 郭兴荣（女）朱仰民 郭玉才
王先珠 毕冬菊（女）

补选代表：冯冲（梁山镇）、李文斗（武装部），以上2人第三次会议补选；李培宪（馆驿镇）、张义民（徐集镇），陈国华（大路口乡）、王宏伟（小安山镇）、魏明凯（馆驿镇）、陈丕秋、冯丽（寿张集乡）

调出代表：谢云良、王玉湖、韩军，谢军，宋科、王保清、于立武、王佑兵

去世代表：韩道峰、李培霞、魏进军、郭春印、林英敏、张小青

第十六届人民代表大会第一次会议代表名单（256人）

县直一团（11人）
陈家民 王成东 李文斗 张作宜 陈存东
吴家茂 孔令柱 刘汉江 李咸和 戴永显
穆玉杰（女）
县直二团（12人）
崔根博 李士兵 盛秀芬（女）刘 沛
张传军 方先斌 孙长兰（女）王爱民
杨建凤（女）马德鹤 曹东明 戚聿君
县直三团（11人）
陈丕英 王兴臣 黄冬梅（女）侯昭良
王天路 王水利 李开利 丁廷福 王吉成
齐伯鲁 轩素青（女）
县直四团（13人）
蔡建民 曹雪莲（女）侯艳菊（女）杨绍成
董传福 侯宪忠 毕思刚 李海珍（女）
侯庆堂 王恩元 曹修涛 马克长 崔传贤
梁山镇代表团（23人）
商建设 高太平 王佑灿 胡桂花（女）
王才利 王 平 齐绪春 刘宏鹏 陈昌新
于齐文 吕玉军 陈绍渠 张改凤（女）
赵庆珠 温茂文 孟召法 吕玉来 马兆海
张兆佩 马克满 马登善 周广占 于桂芬（女）
小安山镇代表团（17人）
张义民 张地法 陈保德 张广斌 孙明庆
王道福 阎桂菊（女）冯秀民（女）张效征
王继申 崔文芳 徐淑成 王允昌 闫仁旺
董生国 姜士方 王庆梅（女）
小路口镇代表团（16人）
林宪良 郑一坤 张林勇 李 朋 曹景全
胡金平（女）冯传东 郭德勇 郭德玉

路　梅（女）路家月　王素华（女）马昭阳
王改芝（女）张洪华　吕月英（女）
杨营镇代表团（16人）
赵玉民（女）高建国　王广民　齐道新
刘超波　孔祥华　樊怀祥　刘红利（女）
侯宪宽　井月灵（女）董圣镯　高建良
薛庆朝　韦敏鸾（女）侯典江　杨玉芝（女）
拳铺镇代表团（16人）
贾存琰　李学社　陈冬梅（女）田福岭
王宇帆　杨秀花（女）岳增才　杨奉社
李兆平　张以田　徐希安　王秋花（女）
王图峰　马云芬（女）宋玉良　张秀红（女）
徐集镇代表团（17人）
马传申　杨　智　梁开平　佟振堂　戚甫同
杨如新　信恒迎　马兰英（女）李建宝
秦清彦　孔德荣（女）唐继春（女）张培亮
潘守伟　吴兆群　吴康连　丁凤芹（女）
韩垓镇代表团（18人）
王宏伟（女）王信义　杨先进　孙长雨
宋培秋　苏景晏　赵光虎　马长库　宋玉英（女）
刘洪成　吴兆海　赵秀霞（女）刘太礼
庞国红（女）高培飞　吴德法　赵淑荣（女）
韩同聘
韩岗镇代表团（19人）
冯　冲　乔允华　郭继田　马绪印　李兆岚
耿树民　韩同满　张恒昌　魏　娟（女）
范玉田　崔相荣　刘传昌　荣恩具　于观玉
于　船　申新领　齐耀田　赵瑞娟（女）
管洪爱
馆驿镇代表团（16人）
魏明凯　林英科　窦广洋　李保江　李迎绪
刘玉宽　张启华　刘兴旺　孙爱云（女）
刘兆才　张桂兰（女）韩道文　唐　琳（女）
张效美　刘德礼　秦延智
马营乡代表团（10人）
刘本相　陆书杰　仲崇斌　高兴武　胡常勋
赵登法　赵善尊　王爱青（女）杨海英（女）
张德格
寿张集乡代表团（11人）
李培宪　王光远　杨其勇　任仲建
李孟雷　王巧玲（女）李登文　王雪梅（女）
路忠朝　徐龙海　郭常阁
大路口乡代表团（10人）
陈国华　孙伯泉　袁东成　陈丕秋　贾厚印
杨月霞（女）戚万连　刘传祯　程娟（女）
袁继存
赵堌堆乡代表团（10人）
刘振诺　袁沛金　刘志刚　高宗杰　李兆军
王承录　郭焕灵（女）李有福　王朝银
翟留香（女）
黑虎庙乡代表团（10人）
张恒福　王佑明　郭建华（女）马　涛　赵书景
梁秀霞（女）韩效云（女）朱仰民　郭玉才
郭恩省

补选代表（22人）：申万民、贾治皐、胡明祥，以上3人第二次会议补选；田卫东（梁山镇）、钟秀芳（韩垓镇）、张炜（县直一团）、赵伟（杨营镇）、智红光（韩岗镇）、刘伟（大路口乡）、张保贵（寿张集乡）、周菊兰（马营乡）、李明峰（黑虎庙乡），以上9人第三次会议补选；蒋衍涛（水泊街道）、仝兆水（县直一团）、陈丕田（小安山镇）、尚继海、高峰（小路口镇）、赵卫国、梁吉军（杨营镇）、赵晖（韩岗镇）、陈传刚（黑虎庙镇）、梁学玉（赵堌堆乡），以上10人第四次会议补选。

调出代表：县直一团胡明祥、梁山镇代表团商建设、韩垓镇代表团王宏伟（第三次会议前），袁沛金、孔令柱（第四次会议后）

辞职代表：县直二团方先斌、杨营镇代表团刘超波、樊怀祥，拳铺镇代表团杨秀花、寿张集乡代表团李孟雷（第三次会议前）县直三团丁廷福、杨营镇代表团王广民、小路口镇代表团张林勇、韩岗镇代表团马绪印、小安山镇代表团崔文芳（第四次会议前）

去世代表：小安山镇代表团姜士方（第三次

会议前），梁山街道代表团于桂芬（第四次会议前）

第十七届人民代表大会第一次会议代表名单

（273人）

拳铺镇代表团（38人）

田卫东 赵卫国 吴春福 孙德玉 佟振堂
李梦良 王天路 李 朋 智红光 李若伏
岳增才 杨奉社 张超鲁 陈艳玲（女）
李兆平 张秀红（女）岳增勇 徐希安
王秋花（女）潘守伟 王福兰（女）孙秋菊（女）
杨佑国 马哲红（女）信恒迎 杨冠峰
宋玉良 张振芹 唐继春（女）王守忠
陶瑞芝（女）何兆广 秦秀云（女）
马心红 张士方 彭延玉 汤玉民（女）
吴兆群

韩垓镇代表团（20人）

刘振诺 艾桂秋（女）林 强 刘 生
宋培秋 陈家民 马 捷（女）宋玉英（女）
刘春霞（女） 吴德法 吴兆海 高培飞
马长库 韩同聘 刘太礼 胡全山 刘洪成
刘德礼 张海枫（女） 赵光虎

韩岗镇代表团（21人）

李金礼 王文成 陈冬梅（女）曹景全
邓兆国 韩廷祥 于 船 黄 慧（女）
管洪爱 刘传昌 樊明英（女）荣恩具
刘玉全 齐耀田 于观玉 申新岭 郝天粉（女）
崔清银 王守华 张恒昌 韩仰金

馆驿镇代表团（19人）

马 平 梁传寅 丁明勇 张明进 孙长栋
沈本海 戚万广 丁养来 秦延智 郭永东
丁庆霞（女）张淑娟（女）李培岭（女）
韩道文 张效美 刘兴旺 孙爱云（女）
李长青 张奇华

小安山镇代表团（18人）

蒋衍涛 臧卫华 陈丕田 耿树民 钱华军
肖培力 王庆梅（女）冯昌顺 闫桂菊（女）
宋恒臣 唐秋灵（女）王爱荣（女）杨复营
林宪勤 王允昌 闫仁旺 王继申 张厚军

小路口镇代表团（18人）

贾治阜 张作宜 高 峰 孙明庆 尚继海
胡金平（女）张学宪 路家月 路 梅（女）
马文生 李兆伟 王姝玲（女）蔚立梅（女）
孙明华 葛邦殿 王召清 张希远 郭德玉

杨营镇代表团（20人）

马传申 赵玉民（女）刘汉江 孔祥华
赵 伟 梁吉军 杜 建 王冬梅（女）
杨玉芝（女）高建良 薛庆朝 韦敏銮（女）
刘红利 侯典江 王国华 侯宪宽 井月灵（女）
刘传会 董圣镯 雷其清

寿张集镇代表团（14人）

张恒福 王显东 张洪晗 任仲建 张保贵
梁兆奎 井振启 李登文 周广成 王胜才
王巧玲（女）张桂萍（女）王雪梅（女）
徐恩厚

黑虎庙镇代表团（11人）

王爱新 连桂军（女）陈传刚 李明峰
孙金云（女）赵书景 郭桂芬（女）郭玉才
史作立 师尚合 张凡柱

马营乡代表团（13人）

钟秀芳（女） 王才利 刘本相 仲崇斌
周菊兰 张德宝 赵登发 李春兰（女）
张得格 刘文军 赵如凤 赵延方 刘景兰（女）

赵堌堆乡代表团（12人）

郭建华（女）孙长春 王朝银 高宗杰
张林勇 侯国林 张兆奎 蔡绍稳
梁吉春 董兴仓 李秀苹（女）钟立芳（女）

大路口乡代表团（12人）

郭继田 赵 晖 高兴武 王 弘（女）
赵性耕 张文娟（女）陈志伟（女）赵玉新
王振新 许登山 戚万连 刘传祯

梁山街道代表团（17人）

林宪良 王成东 胡桂花（女）王 平
张 莹 关金政 周少华 陈昌新 贾廷福
温茂文 吴存生 周广占 于齐文 马兆海

陈永波 吕玉军 吕玉来

水泊街道代表团（16 人）

秦延信 张忠志 王佑灿 马 涛 杨孟刚

孙常刚 赵庆珠 冯卫军 许素梅（女）

孟召法 宋德现 张改凤（女）郑昌林

郭爱梅（女）王守营 马克满

县直一团（12 人）

房继宽 李 华 张广斌 袁东成 陈 伟

李迎绪 黄 涛 吴春雷 李 波 李振学

蒋海燕（女）蔡月冬（女）

县直二团（12 人）

刘 沛 王秀玲（女）孔令军 侯庆堂

盛 伟 王秀梅（女）丁瑞芹（女）杨绍成

王可军 马克长 林红杰（女）李海静（女）

补选代表（23 人）：孔庆金（县直二团）、徐长勇（拳铺镇）、杨其勇（馆驿镇）、师清霞（小路口镇）、丁曙光（黑虎庙镇）、谭昌龙（小安山镇），以上 6 人第二次会议补选；贾祥峰（县直一团）、刘峰（县直二团）、孙庆军（小路口镇）、王明贤（韩岗镇）、高启宏（马营镇）、于明河（寿张集镇），以上 6 人第三次会议补选；张佩岗（馆驿镇）、张希来、孟宪库、李传茂（马营镇）、张思贞（小路口镇），以上 5 人第四次会议补选；侯典峰（拳铺镇）、王建（韩岗镇）、窦令胜（武装部选区）、张忠新（小安山镇）、张效东（韩垓镇）、赵延奎（馆驿镇），以上 6 人第五次会议补选。

调出代表：拳铺镇代表团王天路、县直二团盛伟（第二次会议前），县直一团陈伟、小路口镇代表团张作宜（第三次会议前），韩岗镇代表团李金礼、馆驿镇马平、马营镇代表团刘景兰（第四次会议前），拳铺镇代表团田卫东、县直一团贾祥峰、小安山镇代表团臧卫华、馆驿镇代表团张明进（第五次会议前）

辞职代表：县直二团刘沛、韩垓镇代表团刘洪成、馆驿镇代表团张效美（第二次会议前），小路口镇代表团高峰、韩岗镇代表团于船（第三次会议前），马营镇代表团赵书景（第四次会议前），馆驿镇代表团郭永东（第五次会议前）

去世代表：小安山镇代表团王允昌（第二次会议前），韩垓镇代表团刘振诺、马营镇代表团赵登发（第四次会议前）县直一团李振学、黑虎庙镇代表团师尚合（第五次会议前）

梁山县第十八届人民代表大会第一次会议代表代表名单（272 人）

梁山街道代表团（16 人）

王 建 胡桂花（女）周广占 张 莹

尚 岗 关金政 周少华 陈昌新 贾廷福

于齐文 陈绍和 杨玉红（女）孙久华（女）

陈志生 乔洪芬（女）任春梅（女）

水泊街道代表团（16 人）

秦延信 李迎绪 孟召法 张保贵 褚若民

王 君（女）马克满 冯卫军 宋德现

郭爱梅（女）宋淑娟（女）孟海英（女）

王建伟 王心祥 郑昌林 刘圣良

马营镇代表团（12 人）

钟秀芳（女）马德水 王明贤 孙远福

孙明华（女）张英伟 赵如风 李春兰（女）

杨运秋（女）董玉霞（女）杨培帅 赵延方

寿张集镇代表团（13 人）

李保江 王道岭 王 洋 于明河 孙常刚

周广成 徐淑月 郭新占 王巧岭（女）

周燕青（女）肖香玲（女）周海滨 满其生

小安山镇代表团（19 人）

贾治阜 张忠新 耿树民 闫崇高 钱华军

张圣运 张会莉（女）冯昌顺 闫桂菊（女）

张士运 马洪花（女）王文姣（女）闫仁旺

谭昌龙 宋鲁健（女）杨启印 李秀英（女）

宋文祥 殷庆伟

馆驿镇代表团（17 人）

楚宪海 林宪良 杨其勇 季茂伦 孙长栋

樊仁国 刘兴旺 李长青 林 凯 秦延芝

韩桂花（女）程素君 张淑娟（女）李培岭（女）

韩道文 崔建春（女）杨淑礼

韩岗镇代表团（22人）
郭继田 马　涛 张效东 耿仁营 赵　伟
张庆铎 高成建 申新岭 韩仰金 刘雯雯（女）
郑爱华（女）程爱英（女）齐先真 刘福荣（女）
孙　婕（女）李同军 盛　运 齐承青
孙仁令 林红娟（女）范学允（女）郑云涛
韩垓镇代表团（20人）
蒋衍涛 王文成 陈冬梅（女）刘　生
谷　峰 宋培秋 李　勇 佟爱华（女）
刘春霞（女）　吴德法 高培飞 曹景斌
吴文峰 徐西峰 刘太礼 佟瑞军 张海枫（女）
赵　祥 林存生 吴则良
拳铺镇代表团（41人）
赵　广 时益同 陈丕田 李梦良 赵卫国
李　华 徐长勇 张忠志 郭广全 苏振明
岳增才 曹景全 刘太星 王其峰 张超鲁
张士方 何兆广 丁凤芹（女）王秋花（女）
潘守微 张凤荣（女）王玉花（女）彭延玉
赵延娥（女）吴兆群 李彦国 李厚昌
陈国庆 李　娟（女）周庆民 常　娜（女）
王兆明 李淑红（女）王山东 丁明俊
张桂真（女）韩淑真（女）李广建
关义学　庄春华（女）李天珍（女）
大路口乡代表团（12人）
崔根博 赵　晖 智红光 周长立 杨　勇
刘友云（女）陈志伟（女）赵玉新 刘传更
刘知民 刘有民 张文娟（女）
小路口镇代表团（19人）
侯典峰 孙明庆 张　博 王军仁 任仲建
贾　敏 王成允 刘大滨 路　梅（女）
师清霞（女）郑昌芳（女）赵秀娟（女）
刘　琳（女）董传良 牛树科 李兆存
米英粉（女，回）张婷婷（女）郭　宁（女）
赵堌堆乡代表团（11人）
郭建华（女）　孙长春 沈本海 李　健
王朝银 张保扩 范圣奎 刘祥印 任玉明（女）
王凤玲（女）薛凡云（女）

黑虎庙镇代表团（11人）
王才利 林　莹（女）邓兆国 邓贵国
孙　丹（女）张月华（女）史作立 闫修全
李金福 杨继江 张继存
杨营镇代表团（19人）
马传申 吕玉民 林　强 王广祥 董茂强
孔祥华 杨孟刚 卜令军 杨爱芹（女）
王效华 薛庆朝 雷其清 朱连双 侯凤娥（女）
程冬莲（女）　周　静（女）　高元宝
高春颜（女）　黄登新
县直一团（13人）
闫长虹 窦令胜 张广斌 刘志刚 黄尊科
赵锦民 宋宜峰 徐海荣（女）　李　波
潘国庆 耿亚静（女）　张　帆（女）
县直二团（11人）
孔庆金 王先华 艾桂秋（女）解培顺
王可军 李海静（女）张丽华（女）
吴则东 张培云（女）杨　涛 申凤菊（女）
补选代表：
马洪锋 杨力新 高兴武 戴恩东 孔峰峰
寻传军 申正国 于观清 王金华 刘　斌
陈丕秋 高太华 孙庆军 张林勇 李士强
周文军 张士友 张良喜 秦春霞 娄志伟
高　峰 屈雪梅 刘　勇 李文凯 司开阳
张振涛 梁学玉 李志刚 付胜杰 张呈祥
吴爱红 马德申 秦　涛 姜　华 孙金云
调出代表：
侯典峰 宋宜峰 苏振明 宋培秋 钟秀芳
赵　广
辞职代表：
王　洋 张庆铎 冯卫军 吴德法 褚若民
程素君 任玉明 黄登新 张士方 吴则良
曹景斌 时益同 张忠新 智红光 满其生
孔祥华 周庆民 孔峰峰 马洪锋 卜令军
贾　敏 孙明庆
去世代表：
蒋衍涛 孔庆金 周广占 雷其清 赵延方

梁山县人大志

LIANGSHANXIAN RENDAZHI

附录

重要文献

一、县人大常委会文件

梁山县人大常委会关于工作制度的暂行规定

（1981 年 3 月 25 日县九届人大常委会第二次会议通过）

一、基本原则

（一）遵照《中华人民共和国宪法》、《中华人民共和国地方各级人民代表大会和地方各级人民政府组织法》的规定精神，结合全县实际情况，制定暂行规定。

（二）人民代表大会是人民行使国家权力的机关，是人民管理国家的基本形式，是我们国家最根本的政治制度。

（三）本届县人大常委会是由本级人民代表大会选举产生，是本级人民代表大会的常设机关，是国家权力机关，也是工作机关。对本级人民代表大会负责并报告工作。人民代表大会闭会期间，负责办理常务工作。

（四）县人大常委会要坚持社会主义道路，坚持人民民主专政即无产阶级专政，坚持党的领导，坚持马列主义、毛泽东思想。在县委统一领导下进行工作，实行民主集中制。

（五）县人大常委会要经常保持同人民代表和人民群众的密切联系，依靠人民群众，反映人民群众的意见和要求。

二、职责范围

（一）领导或者主持本级人民代表大会代表的选举；

（二）召集本级人民代表大会会议；

（三）讨论、决定本县的政治、经济、文化、教育、卫生、民政、民族工作的重大事项；

（四）根据本级人民政府的建议，决定对本县国民经济计划和预算的部分变更；

（五）监督本级人民政府、人民法院和人民检察院的工作，联系本级人民代表大会代表，受理人民群众对上述机关和国家工作人员的申诉和意见；

（六）改变或者撤销下一级人民代表大会的不适当的决议；

（七）在本级人民代表大会闭会期间，决定副县长的个别任免；在县长因故不能担任职务的时候，决定代理人选；

（八）决定本级人民政府局长、主任、科长的任免，报经上一级人民政府批准；

（九）按照人民法院组织法和人民检察院组织法的规定，任免人民法院副院长、庭长、副庭长、审判委员会委员、审判员，任免人民检察院副检察长、检察委员会委员、检察员；

（十）决定县人大常委会科、室主任、副主任、科长、副科长的任免；

（十一）在本级人民代表大会闭会期间，补选上一级人民代表大会出缺的代表和撤换个别代表；

（十二）决定授予地方的荣誉称号。

三、机构设置

根据《组织法》第三十条“常务委员会根据工作需要设立办事机构”的规定，县人大常委会拟设办公室、组织科（组）、代表联络科（组）三个部门，承办县人大常委会的具体工作。

（一）办公室的任务是：

1. 组织安排会议，准备议案和材料，做好会议记录。对县人民代表大会和常委会形成的文件（包括会议文件、讲话稿、发言记录等），注意收集，整理纪要；

2. 综合情况。对县人大常委会组织的重要活动，要随时记录，及时整理，编写《大事记》，组织新闻报道；

3. 文书处理。按照文书处理程序和批阅范围，加强文件管理，及时组织传阅、办理，并按照规定管好印鉴使用；

4. 档案、资料管理。文书处理完毕，按立卷要求整理归档，各种报纸、杂志、资料，妥善保管，以供阅览；

5. 文件起草印刷。凡提交县人大常委会会议讨论的各项政策性文件，办公室负有文字加工和内容初审之责，并负责县人大常委会文件的拟稿工作。在印发时，要认真执行签发手续。凡是以县人大常委会名义印发的文件，由县人大常委会主任或副主任签发，凡是以科、室名义印发的文件，由科长、主任签发；

6. 公务接待。组织领导的外出活动，办理领导交待事宜。建立接待、电话、值班记录，重要情况要及时向领导请求汇报。

（二）组织科（组）的任务是：

1. 负责办理县人大常委会管理范围的干部任免手续，按照党的政策，做好干部管理工作。政府组成人员的任免，根据县长提议，经县人大常委会审议决定后，政府上报呈批，县人大常委会公布；

2. 负责组织本会干部、党员学政治、学业务，做好政治思想工作，围绕党的中心，开展宣传教育；

3. 负责办理补选出缺代表和个别代表的撤换，罢免及授予地方荣誉称号等组织事项和评比工作；

4. 受理人民群众对本级人民政府、人民法院、人民检察院等机关工作人员的申诉，做好调查研究，提出处理意见；

5. 负责本会干部生活福利工作。

（三）代表联络科（组）的任务是：

1. 负责联系本级人民代表和代表联系选民的具体组织工作。总结交流先进经验，推动工作的开展；

2. 根据县委每个时期的中心工作和县人大常委会的要求，组织代表深入基层检查了解党的方针政策贯彻执行情况，向党委和政府反映代表的意见和要求，充分发挥代表的作用；

3. 认真处理代表提案。检查、督促政府和有关单位抓紧处理代表提案，使件件有交代，事事有着落；

4. 接待人民代表的来信来访，受理人民群众对人民代表的意见和反映。

四、工作制度

为保证县人大常委会工作秩序的正常进行，建立如下制度：

（一）县人代会议，每年举行一次，会议的时间和议程，根据县委的建议，由县人大常委会讨论决定；

经过五分之一代表提议，可以临时召集本级人民代表会议。

（二）县人大常委会会议，每两个月召开一次，必要时召开临时会议，讨论、决定有关事项，议案由“一府两院”和常委会各科室提出，办公室汇总，提交主任办公会议审定后，再提交县人大常委会讨论决定，由政府或职能部门贯彻实施。

（三）主任办公会议，每半月一次，研究当前工作和审定有关部门提交县人大常委会讨论、决定的问题，根据会议议程性质，吸收有关部门的负责同志参加。

（四）县人大常委会各科室定期召开会议，总结检查前段工作情况，研究安排下段工作。

（五）代表联系组组长会议，每三个月召开一次，由联络科负责组织，常委会分管副主任主持，总结交流工作情况，汇报联系代表提出的问题的建议。一般问题，随时研究解决；比较重要的问题，立案提交县人大常委会讨论决定。

（六）县人大常委会主任、副主任随时接待人民代表，听取意见和要求。认真研究，及时转交有关单位处理，由联络科将办理答复人民代表。

（七）组织视察活动。按照县委工作部署和工作需要，不定期地组织县人大常委会和代表进行视察活动，或组织县人大代表在原选区开展视察活动，根据视察内容、方法和具体时间，由主任办公会议或县人大常委会研究决定。主任、副主任要有计划地深入基层调查研究，协助政府推动工作。

（八）机关学习制度。政治学习每周二、四下午，学习内容，按照县委的统一部署安排，业务学习每周集中学习一次，学习内容由科室根据工作需要自行安排。

梁山县人大常委会关于加强与人民代表联系的暂行办法

（1981年3月25日县九届人大常委会第二次会议通过）

根据《中华人民共和国地方各级人民代表大会和地方各级人民政府组织法》有关规定，为代表人民意愿，完成人民赋予的光荣职责，充分发挥县人民代表（以下简称代表）的作用，监督本级人民政府、人民法院和人民检察院的工作，受理人民群众对上述机关和国家工作人员的申诉和意见，加强与本级人代会代表的联系，特制定如下暂行办法。

一、建立联系组织

（一）建立代表联系组。以参加县九届人大第一次会议的代表团为基础，建立代表联系组。联系组设正、副组长各一人，分别由参加县人代会各代表团的正、副团长担任。

（二）各联系组要根据代表人数建立若干代表小组。凡有三位以上代表的单位均建立代表小组。公社以选区或管理区为单位，县直机关按系统组织，驻梁各单位自行编组（代表少不宜编组的，可直接与县人大常委会办公室联系）。各小组设组长一人（人数多的可设一副组长），由小组成员推选。

3. 县直机关到基层参选的代表，可同本工作单位代表一起编组，但必须与原选区选民保持密切联系。

二、联系方法和形式

（一）举行座谈会。采取多种形式，邀请部分代表召开座谈会，听取意见和要求。

（二）组织视察活动。根据县委的工作部署，由县人大常委会组织代表对本级人民政府、人民法院、人民检察院的工作进行视察。方法可根据需要，组织代表集中进行，也可组织部分代表分别进行。必要时可邀请省人大代表参加。

（三）登门访问。县人大常委会负责同志，要有计划地深入基层，联系代表，调查研究。县人大常委会办事机构，要加强与代表的联系，必要时登门访问，了解代表和选民的意见、要求和建议。

（四）通讯联系。代表的来信，凡属重要问题，由县人大常委会负责同志亲自批阅处理。党的方针政策及每一时期的中心任务和县人大常委会的决定、决议需要代表了解的，及时用通讯方式告诉代表。而代表对人民群众的反映建议和要求，亦应及时向县人大常委会通讯联系。

（五）接待代表来访。对代表来访随时接待，属于重大问题，由人大常委会负责同志亲自接待，直接听取意见，了解情况，决定处理方法和措施。

（六）处理代表议案。县人大常委会对代表在人代会议上或闭会期间提出的议案（三人以上附议），及时督促县人民政府及有关部门，依据党的方针、政策，认真处理，并将处理结果及时答复代表。

三、对代表的要求

（一）县人代大会召开前，要通过与选民的联系，广泛征集议案（三人以上附议），提交人民代表大会提案委员会处理。

（二）县人民代表大会闭会后，要传达、贯彻大会精神和县人大常委会的决定、决议，了解推动对大会各项决议及县人大常委会决定执行情况。并要同选民保持密切的、经常的联系，同时受选民的监督，广泛听取选民的意见和要求，随时向县人大常委会反映。

（三）要带头做好本职工作，做坚持社会主义道路，坚持人民民主专政即无产阶级专政，坚持党的领导，坚持马列主义、毛泽东思想和遵纪守法的模范，积极宣传党和国家的法律、法令和政策，协助本级人民政府推行工作。

梁山县人大常委会几项工作制度

（1987年5月21日县十一届人大常委会第二次会议通过）

为了建立县人大常委会正常的工作秩序，提高工作效率，充分发挥地方国家权力机关的作用，根据宪法、地方组织法的有关规定，特制定本届人大常委会的几项工作制度。

一、常务委员会会议制度

1. 常务委员会会议由主任召集，每两个月至少举行一次，必要时可临时召开。

2. 常务委员会会议的主要议题是：听取县人民政府、人民法院、人民检察院的工作报告；讨论、决定本县的政治、经济、教育、科学文化、卫生、民政、民族工作的重大事项；讨论、决定本县国民经济和社会发展计划，财政预算的部分变更；讨论、决定人事任免以及需要由常务委员会决定的其他事项。

3. 议案和会议议题的提出：县人民政府、县人大常委会组成人员三人以上联名，可以向人大常委会提出属于常务委员会职权范围内的议案，县法院、县检察院可以向人大常委会提出属于常务委员会职权范围内的议题，由主任会议决定是否提请常务委员会会议审议，或者先交有关科室进行调查研究，提出报告，再决定是否提请常务委员会会议审议；在常务委员会会议期间，人大常委会组成人员三人以上联名，可以向常务委员会书面提出对县政府、县法院、县检察院的质询案，由主任会议决定交受质询机关答复。

4. 县政府、法院、检察院提请常务委员会会议审议的议案和重大事项，一般应于会议前五天将有关材料和手续报告县人大常委会。常务委员会会议议题，一般应提前十天通知各位委员，以便搞好调查研究。

5. 常务委员会会议审议议案和讨论决定重大事项时，要充分发扬民主，展开讨论让委员把意见讲透。意见一致的议题可以当次会议决定，争论较大的议题，经过学习和调查研究以后，下次会议再定。常务委员会的决议、决定，由常务委员会以全体组成人员的过半数通过。

6. 凡经常务委员会会议决定的事项，县政府、县法院、县检察院和有关部门要认真贯彻落实，对重大事项的执行情况，要书面报告县人大常委会，县人大常委会要加强对执行决议的督促检查。

7. 根据工作需要，通知有关县政府组成人员、县法院院长、县检察院检察长、县人大常委会各科室负责人、各乡镇人大联络员和县人大代表，列席常务委员会会议。

二、人大常委会主任会议制度

1. 县人大常委会主任、副主任组成主任会议。主任会议处理常务委员会的重要日常工作，决定举行常务委员会会议的时间，拟定常务委员会会议议题。

2. 主任会议每半月举行一次，工作需要时可临时召开。

3. 在紧急情况下，主任会议可以讨论决定人大常委会职权范围内的个别问题，但必须交下一次常务委员会会议追认。

4. 主任会议决定重大事项，由主任、副主任的过半数通过。

三、联系代表制度

1. 在县人民代表大会闭会期间，县直以代表团为单位，农村以乡镇为单位建立代表小组。并推选正副组长。

2. 人大工作联络员在县人大常委会的指导下负责人民代表的联络工作，人大工作联络员和代表小组的正副组长共同组织代表开展活动。

3. 代表小组每季度至少活动一次，每次活动一至两天。

4. 代表小组开展活动的主要内容是：学习、宣传宪法、法律和党的各项方针政策；调查了解县人民代表大会及其常委会的各项决议、决定的贯彻实施情况；联系选民，征集选民的意见和要求，并及时向有关部门反映，帮助政府推动工作；交流开展代表活动和联系选民工作的经验。

5. 每次活动结束后，由人大工作联络员将活动情况书面报告县人大常委会。

6. 县人大常委会要定期或不定期地走访县人大代表，召开代表座谈会和人大工作联络员会议。

7. 县人大常委会代表联络科负责征集代表的建议、批评和意见，经整理后，交“一府两院”的有关部门办理、答复。县人大常委会定期所取处理情况的汇报，督促检查承办单位认真办理。

8. 建立和加强通讯联系，县人大常委会的有关文件和材料要及时发给县人大代表。

四、监督制度

1. 监督的重点和主要任务是“一府两院”遵守实施宪法和法律的情况，贯彻执行国家方针、政策情况，对县人民代表大会及其常务委员会的决议、决定执行情况。

2. 定期听取“一府两院”关于法律实施情况的汇报，及时纠正违宪违法行为。受理有关申诉案件，调阅有关案卷，检查公、检、法机关在办案中执行法律情况，督促公、检、法机关严格依法办案。

3. 听取审议“一府两院”的工作汇报，对随意变更或违反人民代表大会及其常务委员会决议的，要依法予以纠正，并撤销本级人民政府不适当的决定和命令。

4. “一府两院”和有关部门的工作报告、布告、决议等文件，都要及时地报送县人大常委会。

5. 受理人民群众对“一府两院”和国家机关工作人员的申诉和意见；监督和督促“一府两院”办理人民代表的议案、建议和批评意见。

6. 组织代表评议县人民政府的工作。评议方式，可采取召开代表座谈会口头评议或组织代表进行无记名书面评议，由代表联络科负责汇总评议结果，经主任会议研究，提请常务委员会会议审议。

五、视察和调查研究制度

1. 围绕《中华人民共和国宪法》和法律的实施，党的中心工作、人民群众关心和亟待解决的问题以及人大常委会例会议题，有计划、有准备地组织人大常委会委员进行视察和调查研究。

2. 县人大常委会组织的各项视察和调查研究活动，可以就地吸收有关的县人大代表或有关部门参加。

3. 视察前，有关科室要认真做好准备，对视察的目的、要求、范围、重点和方法步骤等提出具体方案，由常委会议或主任会议审批后实施。

4. 视察的内容和时间等有关事项，事先通知被视察单位。

5. 对视察中委员和代表提出的批评、建议和意见，及时转交“一府两院”和有关部门办理，县人大常委会要督促检查办理情况。

六、人事任免制度

1. 在县人民代表大会闭会期间，县人大常委会决定副县长的个别任免；在政府县长和县法院院长、县检察院检察长因故不能担任职务的时候，从本级人民政府、人民法院、人民检察院副职领导人员中决定代理人选；决定代理检察长须报上一级人民检察院和人民代表大会常务委员会备案。

2. 根据人大常委会主任的提名，决定县人大常委会科室负责人的任免：根据县长的提名，决定县人民政府组成人员的任免；按照人民法院组织法和人民检察院组织法的规定，任免县人民法院副院长、庭长、副庭长、审判委员会委员、审判员，任免县人民检察院副检察长、检察委员会委员、检察员。

3. 凡提请县人大常委会决定任免的国家机关工作人员，均由提请单位写出报告，并附任免呈报表和简历表（免职的不附简历）、任免理由及必须说明的书面材料，报送县人大常委会政法组织科。县人大常委会对提请任命的干部要严格把关，县人大常委会通过人事任免事项时，采取无记名投票表决的方式。凡由人大常委会决定任免的国家机关工作人员，由人大常委会对外公布，并通知到职、离职。对任命的国家机关工作人员，举行颁发任命书仪式。颁发任命书时，被任命的人员要表明态度和任期内的奋斗目标。

5. 对县人大常委会任命的国家机关工作人员，县人大常委会要组织有关部门或单独进行政绩考核，对成绩显著者给予适当表扬或奖励。

6. 凡是依法由人代会选举产生或由县人大常委会决定任命，并有明确任期的干部，除犯有严重错误或确实不胜任工作的以外，一般不在任期内调动。对个别确需调动的，要严格履行法律手续。

七、学习制度

1. 县人大常委会的组成人员和科室工作人员，要认真学习宪法和法律，熟悉党和国家的方针、政策，严格依法办事。

2. 常务委员会主任、副主任、专职委员和科室工作人员，要制订学习计划，保障每周两个半天的法律学习和政治理论学习。

3. 学习方法以自学为主，必要时可以集体进行学习。为进一步提高机关工作人员的业务素质，各科室可结合工作情况，每周安排半天的业务学习。

4. 在普法学习中，要先学一步，搞好专题讨论和调查研究，及时总结经验，指导全县的普法教育工作。

5. 县人大常委会对全国人大和省人大的重要会议精神，上级重要文件，要及时组织传达、学习讨论。

6. 遇有重要政治学习任务，按照县委统一部署进行。

梁山县人大常委会关于干部任免工作的意见

（1987 年 5 月 21 日县十一届人大常委会第二次会议通过）

依照法律程序任免国家行政和审判、检察机关工作人员，是宪法和地方组织法赋予县级以上地方各级人大常委会的一项重要职权，是监督和支持县人民政府、县人民法院、县人民检察院工作的重大措施。几年来，特别是贯彻中共中央(1984)9 号文件以来，我县干部任免工作逐步走上正轨，基本上做到依照法律程序办事。为了进一步发展社会主义民主，健全社会主义法制，加强地方政权建设，维护法律尊严，为四化建设提供可靠的组织保证，根据宪法、地方组织法和中共中央、中央组织部、国家劳动人事部等有关规定，参照其他县市的经验，结合我县实际情况，现对干部任免工作提出如下意见：

一、县人大常委会在干部任免方面的职权范围

1. 在县人民代表大会闭会期间，作出是否接受县人大常委会组成人员，县政府领导成员，县法院院长，县检察院检察长辞职的决定。决定

接受辞职后，报县人民代表大会备案，检察长的辞职，报经上一级人民检察院检察长提请省人大常委会批准。

2. 决定副县长的个别任免。在县长、法院院长、检察院检察长因故不能担任职务时，从副县长、副院长、副检察长中，决定代理人选决定代理检察长后，报上一级人民检察院和人大常委会备案。

3. 根据县长提名，决定县人民政府委、办、局主任、局长的任免，并由县政府报上级备案。

4. 按照人民法院组织法和人民检察院组织法的规定，任免县法院副院长、庭长、副庭长、审判委员会委员、审判员，任免县检察院副检察长、检察委员会委员、检察员。

5. 决定撤销个别副县长的职务；决定撤销县人民政府其他组成人员和人民法院副院长、庭长、副庭长、审判委员会委员、审判员，人民检察院副检察长、检察委员会委员、检察员的职务。

6. 撤销县人民政府在干部任免方面的不适当的决定和命令。

7. 决定县人大常委会科、室负责人员的任免。

二、凡提请县人大常委会任免或决定任免的干部，经由组织、人事部门考察后，政府组成人员由县长提请，“两院”的干部分别由院长和检察长提请，县人大常委会科室负责人员由常委会主任提请，由县人大常委会用无记名投票的方式表决，以全体委员的过半数通过被通过任命的负责干部，接到通知后，要写出任期奋斗目标和施政措施，于十日内报送县人大常委会。

三、县人大常委会政法组织科是县人大常委会任免干部的办事机构，提请任免干部的单位要写出任免报告，填写好干部任免呈报表各两份，连同任免干部的简历、任免理由及必要的书面说明材料各二十份于人大常委会开会前五天报县人大常委会政法组织科，办理签收登记手续。报送逾期或材料不全的，由主任会议决定是否提请下次常委会会议审议，各乡镇人民代表大会对乡镇人民政府正、副乡镇长选举，罢免和接受辞职的情况，要在会议结束后的五日内，由有关单位报县人大常委会政法组织科，以便及时行文公布。

四、凡由县人大常委会决定任免的干部，由人大常委会对外公布，通知到职、离职，颁发任命书，被任免的干部，县人大常委会未决定任免以前，不准擅自到职、离职。要严格按照宪法和法律规定的程序办。

五、认真做好干部的考察工作。凡需提请县人大常委会决定任免的干部，在组织、人事部门事先考察时，县人大常委会认为有必要，将派员参加考察。拟任免议案报送人大后，如发现问题，人大常委会主任会议将决定交原报送单位重新考察；仍考察不清的，人大常委会将不予审议。

六、搞好对任命干部的考核和评议。县人大常委会对所任命的干部，进行政绩考核。考核的方式主要有两种：一是人大常委会考核和组织代表评议干部结合进行；二是会同有关部门联合考核。考核的主要内容有：遵守和执行宪法、法律、政策，依法办事的情况；执行县人代会和县人大常委会决议的情况；办理人代会议案与代表建议、批评和意见的情况；发扬民主，团结同志，调动各方面积极因素推进改革的情况，任期目标实现和工作任务完成情况。届时，被考核的干部要写出述职报告，报送县人大常委会。考核结论由人大常委会党组和主任会议审定后，存入档案，作为今后任免干部的重要依据。

根据考核评议的结果，对于政绩显著或有较大贡献的干部，给予表扬或奖励。

七、对于依法由人民代表大会选举产生或由人大常委会决定任命的有任期的干部，除犯有严重错误或确实不能胜任工作者外，一般不在任期内调动。个别确需调动的要严格履行法律手续。确需变动的正、副乡镇长，一般应在举行乡镇人民代表大会时进行调整，并必须履行向乡镇人民代表大会辞职的手续，在代表大会闭会期间，个别乡镇长因故出缺时，由县人民政府确定一名副乡镇长代理，待召开乡镇人民代表大会时再进行选举；如果正、副乡镇长全部出缺，应召开乡镇人民代表大会进行选举。

县人大常委会对干部变动中不符合法律规定的作法，依法进行监督和纠正。

八、县人民代表大会换届后，原由县人大常委会任命的有任期的干部，均已任期届满，需要重新任命。县人民政府要及时做好有关工作，提出人事任免议案，于常委会议开会前十天，报送县人大常委会政法组织科。县人大常委会作出任命决定后，将在适当时机举行颁发任命书仪式，被任命的干部要做施政发言。

梁山县人大常委会关于联系代表工作的意见

（1987 年 5 月 21 日县十一届人大常委会第二次会议通过）

密切同人民代表联系，广泛开展代表活动，充分发挥代表作用，是人大常委会正确行使职权的基础。根据有关规定，结合我县实际情况，提出如下工作意见：

一、建立代表小组，制订活动制度

建立代表小组，组织代表学习，树立代表的政治责任感，是充分发挥代表作用的组织保证。由于我县人民代表大会代表换届，县直机关和农村都要建立新的代表小组，县直以代表团为单位，农村以乡镇为单位建立。县直代表小组组长、副组长可由代表团团长、副团长担任：各乡镇代表小组组长可由代表团长或副团长但任，乡镇人大工作联络员是县人大代表的可担任副组长或推选一名代表任副组长。县直和各乡镇要在五月底前后将代表小组建立起来。代表小组建立后，要制订活动制度，代表小组每季度至少活动一次，每次活动一至两天。活动的主要内容：1. 学习宣传宪法，法律和党的政策；2. 调查了解县人民代表大会及其常委会的各项决议、决定贯彻实施情况；3. 征集选民的意见和要求；4. 交流代表活动经验。每次活动的内容不宜过多，活动结束后，由代表小组组长或人大工作联络员将情况书面汇报县人大常委会代表联络科。

代表小组第一次活动，要组织代表学习人民代表的地位、任务、职权和活动方式问题的有关材料，讨论制定活动制度，并确定下一次小组活动的内容。

二、邀请代表列席人大常委会

人大常委会开会时，可根据会议内容，邀请有关代表，人大工作联络员列席会议，听取他们的意见和建议，计划今年各乡镇人大联络员轮流列席人大常委会一次。

三、走访代表

在走访时间安排上一般采取集中走访与不定期走访相结合，不定期走访采取专门走访与其他各项工作结合进行，要实行走访代表责任制，县人大常委会主任、副主任、专职常委、人大科室负责人，要分工负责，代表联络科要重点作好走访代表这项工作，计划今年内力争将全县 270 名县代表普遍走访一次。

四、召开座谈会，听取代表的意见和要求

要坚持每年召开一次代表座谈会的制度，每次代表座谈会内容、事项，事前要通知，使代表有所准备。采取两种形式，一是到县直单位或乡镇就地座谈，二是有针对性地召集部分代表来县人大座谈。县机关领导成员中的人民代表要有计划地参加小组活动。

五、有计划的邀请代表参加视察和调查研究

人大常委会进行视察和调查研究时，可邀请有关代表参加，还可以委托代表对一些专题性问题进行调查，提出解决意见和办法。

六、认真办理代表议案、建议

为了办理好代表议案、建议，常委会要有一名副主任靠上抓，常委会代表联络科具体催办。

在时间掌握上各承办单位接到议案、建议后，要在三个月内办理完毕，并答复代表。

七、认真处理代表来信，热情接待来访

对于代表的来信来访，常委会代表联络科要认真接待，做到来信来访有登记，转办催办有手续，一般来信来访由联络科接待处理，重大来信来访由常委会主任或副主任亲自接待处理，要坚持县人大常委会主任轮流值日制度，农历每月初五、十五、二十五为接待代表活动日。对代表来信来访中提出的问题除转交有关部门办理以外，必要时组织力量进行调查。

八、利用其他形式加强与代表联系

向代表发放学习文件、县人大常委会《会刊》《工作通讯》以及代表建议专用纸、专用信封通讯等多种形式加强同人民代表的联系。

总之，通过上述各种形式的活动，加强同人民代表的联系，提高代表的素质，以更好的依法行使当家做主、管理国家的权力，履行好代表的职责，进一步发挥代表的作用。

此外，为加强与乡镇人民代表大会代表的联系，各乡镇可参照上述意见，结合本单位实际，制订出联系乡镇代表的意见，有计划地开展活动，充分发挥乡镇代表的作用。

梁山县人大常委会关于办理代表议案建议的意见

（1987 年 5 月 21 日县十一届人大常委会第二次会议通过）

梁山县第十一届人民代表大会第一次会议期间，代表对我县各方面的工作提出议案及建议、批评和意见（以下简称建议）共 171 件。经大会主席团审查决定，有 4 件作为议案处理。其中，关于减轻农民负担方面的 1 件，关于发展县城中小学教育方面的 1 件，关于制定我县广播电视发展总体规划方面的 1 件，关于黑虎庙，杨营、馆里三个乡要求架建高压线路方面的 1 件。有 167 件作为建议处理。其中，关于农业方面的 61 件，工业、交通方面的 15 件，文化、教育方面的 18 件，医疗、卫生方面的 13 件，财贸方面的 8 件，社会治安、行政管理方面的 31 件，其他方面的 21 件。今后每次会议和平时代表们还将提出议案和建议。为了使代表议案和建议落到实处，特提出处理意见如下：

一、提高对办理好代表议案、建议重要意义的认识，增强办理好代表议案、建议的自觉性。人民代表大会制度是我国的根本政治制度，人民通过代表大会上提出的议案、建议，是人民代表行使当家做主权利的一种重要形式，它反映了人民群众的要求和愿望，同时，也是人民代表对国家机关及其工作人员的监督和支持。我们国家工作人员是为人民服务的，是人民的公仆。认真办理代表的议案、建议，是国家机关密切联系群众，自觉接受人民监督，发扬社会主义民主，集中群众智慧，认真改进工作，克服官僚主义，纠正不正之风，当好人民公仆的一个重要方面。所以对国家机关各个部门和全体工作人员来说，都应当毫不例外的高度重视，把办理好代表议案、建议看作是义不容辞的职责，看作是对人民代表大会制度权力的尊重，同时也是对本单位工作的鞭策和促进。

二、切实加强领导，健全办理议案、建议工作的制度。代表大会代表提出的议案、建议，根据大会主席团关于对代表议案、建议的处理意见，议案由县人大常委会通过县人民政府和有关部门研究办理；建议由县人大常委会办公室转交县人民政府办公室和有关部门办理。为办好代表议案、建议，县人大常委会主任办公会议逐件研究，提出要求。县政府在接到代表议案、建议后，应研究提出处理办法。有两个以上单位办理的建议，县政府要组织有关单位共同办理。各承办单位领导同志要认真负责，并要明确责任心强的得力干部抓好这项工作。要建立登记，催办和领导审批制度，承办单位的领导要切实抓好，不准上推下卸，不准拖而不办，承办单位必须以对全县人民负责的精神办好。

三、要认真负责地解决问题。办理代表议案、建议，就是要通过积极工作，使所提可以解决的问题及时得到解决，并作出负责的书面答复。凡是应该办，经过努力又能办到的事，必须采取有效措施，抓紧办理；需要办但目前还不具备条件的事，要积极创造条件，逐步办理；对情况不明的问题，要经过调查研究，从实际出发进行处理；需要几个单位协同解决的，主办单位要主动同有关单位联系，会同办理的单位要积极配合办理；确实不切合实际或不符合政策的，要实事求是地说明情况，解释清楚。总之，要做到事事有交代，件件有着落，实实在在地抓好这项工作。

四、办理结果要及时答复上报，对代表议案、建议的答复要完整明确、具体，不能简单应付了事。凡两个以上单位共同承办的，由主办单位负责统一答复；由两个以上单位各自办理的，承办单位分别答复。答复稿除每个提议代表一份外，另报两份由政府、人大存档。凡报送的答复稿要经单位领导审定，签字，加盖公章，报送县政府统一审定，最后由县人大常委会审定，并转复提议代表。本届人大第一次会议代表议案、建议的答复工作，要在今年八月底以前基本结束。一些比较复杂的问题，如果在限期内未能处理完毕，应事先与提议代表联系，说明办理情况，待办理后再作正式答复。议案、建议办理结束后，县政府要写出办理情况总结，向县人大常委会汇报。

梁山县人大常委会关于视察和调查研究工作的意见

（1987 年 5 月 21 日县十一届人大常委会第二次会议通过）

视察和调查研究工作，是人大常委会履行职责的基本工作方法。为切实把这项工作搞好，特提出如下意见：

一、进一步提高对视察和调查研究工作的认识

视察和调查研究是解决问题，做好工作的重要前提。人民代表进行视察，是密切人民代表与人民的联系，深入实际调查研究，是加强人民代表监督作用的有力措施。除了定期进行视察外，要不断地进行调查研究。彭真委员长指出：“人大常委会要真正按照宪法解决我们应该解决的问题，委员们就必须根据各自的实际情况，分别进行必要的调查研究”。只有搞好视察和调查研究，才能掌握情况，吃透下情，了解民意，比较准确地提出问题，切实地讨论问题，并对重大事项作出正确的决议，决定。因此，视察和调查研究工作至关重要，我们必须进一步提高认识，切实把这项工作抓紧、抓细、抓好，坚持不懈。

二、组织委员和代表进行视察

视察是一项严肃的工作，要切实搞好。视察的形式主要有两种：一种是人大常委会组织委员视察；另一种是代表小组视察。根据具体情况，人大常委会计划今年上半年对《中华人民共和国土地管理法》的贯彻实施情况进行视察，下半年围绕十一届二次代表大会议题和对全县普法工作，各进行一次视察。视察要做到以下几点：

1. 作好准备，有的放矢。为了使视察收到预期效果，视察前要作好充分的准备工作。要把视察的目的、内容、时间、人员和要求等，提前通知被视察单位。组织视察人员学习党的有关方针、政策、法律，以便吃透文件精神，掌握思想武器。为保证视察质量，要研究制订出视察方案，经人大常委会会议或主任会议审批后实施。

2. 讲求实效，不走过场。视察的目的是了

解情况，发现问题，帮助解决，促进工作。所以在每次视察中要坚持做到讲求实效，不走过场，避免“走马观花”。对被视察单位的工作成绩充分肯定，对存在的问题不护短，敢揭露，切切实实地促进问题的解决。

3. 及时总结，写出报告。每进行完一次视察活动，都要及时地总结，恰如其分地写出有情况、有分析、有建议的视察报告，并将委员和代表提出的问题和意见，汇总整理转交政府及有关部门研究办理。

4. 督促检查，重在落实。每次视察活动之后，不单是向政府及有关部门提出意见和建议，尤为重要的是督促检查，狠抓落实。要组织专人深入各有关单位进行检查，帮助做好深入细致的工作，对重大问题抓住不放，务求抓出成效，直至问题得到妥善解决，避免“雷响无雨灾尚存，束之高阁无人问”。这样，才能取信于民，维护宪法和法律的尊严，使视察收到显著效果。

5. 高度重视，热情接待。视察活动进行的如何，除了视察人员的积极努力外，与被视察单位有着直接的关系。因此，当被视察单位接到视察的通知后，要提前作好准备，满腔热情地接待，实事求是地汇报，并为视察提供方便，以求得视察活动圆满完成。

三、突出重点，有计划、有目的地调查研究

1. 调查的重点和内容。1987 年的调查研究，要围绕以下五个方面进行：

①围绕宪法和法律的贯彻实施进行调查。要有重点的调查普法情况、宪法的贯彻实施和《民法通则》、《统计法》等法律的贯彻实施情况，大力促进普法工作和宪法及各项法律的贯彻实施。

②围绕中心工作进行调查。今年要紧紧围绕坚持四项基本原则，坚持改革、开放、搞活的方针和开展“双增双节”运动，进行深入的调查研究，进一步深化经济体制改革，促进我县经济长期稳定的发展。

③围绕人大常委会例会议题进行调查，当例会议题确定之后，要迅速组织力量，有针对性地进行调查。

④围绕代表和群众反映强烈、迫切需要解决的问题进行调查。如农民负担问题，农副产品奖售政策兑现问题，增强农业发展的后劲问题，市场物价管理问题等等。

⑤围绕如何发挥人民代表的作用进行调查。如人民代表模范地贯彻执行党的方针政策，带头学法执法，带头劳动致富，为民排忧解难等典型事例和经验开展调查研究。

2. 灵活运用调查研究的方式方法。调查研究的方法，可以多种多样。其做法有：深入基层，了解情况；召开各种座谈会，实地察看，个别访问；听取有关部门汇报；指导联络员做专题调查；等等。采取哪种调查研究方法，要根据工作的实际情况决定。

四、加强对视察和调查研究工作的指导

人大常委会的视察和调查研究工作，是一项经常性的王作，要做到有组织、有目的、有计划、有步骤地进行，必须重视和加强对这项工作的指导，人大常委会及其办事机构要认真转变作风，经常深入基层，搞好调查研究，到基层进行调查研究时，可以吸收当地的部分代表参加也可以邀请人大联络员参加，还可以委托代表和联络员对一些专题性问题进行调查，必要时还可会同政府有关部门负责人一起调查，但人大常委会要有指导性意见。对视察和调查中发现的一些问题，一般不要直接处理或当场处理，可以提出意见和建议，转请政府及有关部门研究处理，考虑到委员兼职的情况，组织委员视察，时间不宜过长，次数不宜过多，规模不宜过大，以小型、专题为主。鉴于代表工作生活在基层，因此，平时一般不要过多地组织代表或代表小组视察。

梁山县人大常委会关于对县人民政府、县人民法院、县人民检察院实施工作和法律监督的意见

（1989 年 5 月 24 日县十一届人大常委会第十五次会议通过）

为了进一步加强和充分发挥县人大常委会的职能作用，有效地依法行使监督职权，使监督工作逐步走向制度化、规范化、科学化，以保证宪法、法律、行政法规、地方性法规和上级人大及其常委会决议的遵守和执行，保证党和国家的方针、政策的贯彻落实，保障县人民政府、县人民法院、县人民检察院依法行使职权，根据《中华人民共和国宪法》《中华人民共和国地方各级人民代表大会和地方各级人民政府组织法》、《中华人民共和国人民法院组织法》《中华人民共和国人民检察院组织法》和有关法规的规定，特提出如下实施工作和法律监督的意见：

一、工作监督

（一）县人大常委会对县人民政府、县人民法院、县人民检察院较为重大的工作决策、工作部署及实施情况，执行本级和上级人民代表大会及其常务委员会决议、决定的情况，以及依法应由县人大常委会进行监督的其他工作情况，依法进行监督。但不干预属于县人民政府、县人民法院、县人民检察院职权范围内的工作，做到既不失职，又不越权。县人民政府、县人民法院、县人民检察院应自觉、主动地接受县人大常委会的工作监督，正确处理监督与被监督的关系。

（二）县人大常委会可以就本县政治、经济、教育、科学、文化、卫生、民政、民族等各方面的重大事项，听取和审议县人民政府、县人民法院、县人民检察院的有关工作报告，在肯定成绩的同时，指出存在的问题，提出改进工作的意见，必要时可以做出相应的决议。县人大常委会主任和各工作部门，根据县人大常委会监督工作的需要，可以听取县人民政府、县人民法院、县人民检察院工作部门的有关方面的专题工作汇报。这是一种经常性的最基本的监督形式，应当予以加强。

（三）县人大常委会组成人员三人以上联名，可以向常委会书面提出对县人民政府、县人民法院、县人民检察院的质询案，由主任会议决定交受质询机关，被质询的机关必须在规定的期限内作出答复。县人大常委会在审议议案时，常委会组成人员可以向县人民政府及其工作部门和人民法院、人民检察院提出询问，被询问机关的负责人，必须以认真负责的态度，到会作出解释和说明。

（四）县人大常委会认为必要时，可以对本行政区城内的重大违法失职事件或其他重要事件，组织特定问题的调查委员会，对特定问题进行调查，并可根据调查委员会的报告，作出相应的决议。

（五）县人大常委会可以组织人民代表或常委会组成人员，对某些方面的工作进行专题视察和调查。通过视察和调查，直接听取人民群众的意见，发现政府和两院工作中的问题，分别提出意见，转交有关机关处理。对其中一些重大问题，拟定出议案，提请人民代表大会或常委会审议。县人民政府、县人民法院、县人民检察院应诚恳地接受视察，积极主动地做好接受视察的准备工作，并要及时认真地处理视察中提出的问题。

（六）人民代表对各方面工作提出建议、批评和意见，是人民管理国家事务的一种具体体现，也是使国家机关决策民主化、科学化的重要保证。县人大常委会应做好交办、催办检查工作，督促有关国家机关认真办理。县人民政府、县人民法院、县人民检察院对人民代表提出的建议、批评和意见，应当认真办理，正确的，应当在工作中

予以采纳；一时难以办到的，要作出解释，及时答复代表，并将处理情况报告县人大常委会。代表如对处理结果不满意，还可以向有关的国家机关和部门提出询问和依照法律程序进行质询。

（七）县人大常委会可以组织人民代表与县人民政府的组成人员对话。通过对话可以使代表了解县人民政府的工作情况，也可以使人民政府的领导人员了解人民群众的要求，从而达到沟通思想、增加透明度的目的。

（八）县人大常委会主任会议，可以听取县人民政府、县人民法院、县人民检察院有关情况的汇报，提出建议、批评和意见，使一些问题及时得到解决。在必要的时候可以就“一府两院”工作中的重大问题和重大案件，提出主任会议建议。主任会议建议应当采用书面形式。“一府两院”收到主任会议建议后，应当及时研究办理，并将办理结果报告县人大常委会。

（九）县人民政府研究决定重大事项的会议，必要时可吸收县人大常委会主任、副主任或有关人员列席。县人民政府、县人民法院、县人民检察院的工作计划、总结、简报及有关重要资料，都应及时报送县人大常委会，以便于对工作的监督和支持。

二、法律监督

（一）县人大常委会对执行宪法、法律、行政法规和地方性法规的情况依法进行监督，主要是对违法行为的监督，以保证法律、法规的正确实施，维护法律、法规的严肃性和权威性，保护国家、集体的利益，保障公民的合法权益，维护司法机关依法做出的判决、裁定、决定，支持司法机关排除干扰，依法独立行使职权。执法机关应自觉主动地接受县人大常委会的法律监督，严格依法办事，做到有法必依，执法必严，违法必究。

（二）县人大常委会有权撤销本级人民政府的不适当的决定和命令。县人大常委会经审议后，可以依法撤销县人民政府同宪法、法律、行政法规和地方性法规相抵触或违反国家方针、政策、有损人民群众利益的不适当的决定和命令。一是通知和督促县人民政府自行撤销；二是人民政府不能撤销的，由县人大常委会作出决定，予以撤销。

（三）县人大常委会可以组织其成员或人民代表，对执法机关的执法情况进行视察。

（四）县人大常委会纠正或督促纠正县人民政府职权范围内的重大违法事件。对县人民法院、县人民检察院不符合法律规定的决定、判决、裁定，提出意见，督促依法纠正，并可对具体案件中的违法行为进行监督，但不直接处理，对于正在侦查、起诉、审判中的案件不加干预，要按法定的权限和程序办事，提出批评意见，建议将其改正。

（五）县人大常委会受理人民群众对“一府两院”及其国家工作人员的申诉和意见，可根据不同情况作如下处理：

1. 一般的申诉和意见，分别交“一府两院”办理；

2. 重大的申诉和意见，要经人大常委会会议研究决定，由人大有关工作机构组织调查。调查中根据需要可调阅有关案卷材料，司法机关应积极配合，如实提供情况。调查后要提出处理建议，交“一府两院”处理。“一府两院”处结后要及时报告处理结果。

3. 凡不属于监督范围的申诉和意见，应当及时移送有关机关处理。

对县人大常委会转办的群众申诉、控告信件，必须及时办理。对重要申诉、控告案件，除有特定期限的以外，一般应在两个月内办结并做出书面报告；因情况复杂，在期限内尚不能办结的，应说明原因；对申诉确属无理的应当做好息诉工作。

（六）县人大常委会在行使法律监督职权中，对“一府两院”的国家工作人员，在工作中违犯宪法、法律、行政法规和地方性法规，给国家和人民利益造成严重损失的，可以分别情况作如下处理：

1. 应予罢免撤职的，由人代会选举产生的，可以提请人代会予以罢免；由人大常委会任命的，可以由人大常委会撤销其职务；

2. 当应给予行政处分的，建议“一府两院”给予行政处分；

3. 应当追究法律责任的，建议司法机关依法追究法律责任。

以上各项可以单独使用，也可合并使用。

“一府两院”应秉公执法，从严治干治警。对干警中的执法犯法行为，要从严查处，不得姑息迁就。对错案和申诉有理、控告有据的案件，应依法进行纠正和办理。对该查不查，该办不办，顶着不办，拒不纠正的，县人大常委会视情节和后果轻重，分别作出如下处理：

1. 责成有关机关令其作出检查；

2. 按照法律程序进行质询；

3. 建议有关部门给予纪律行政处分；

4. 按照人代会及其常委会人事任免范围和程序，撤销或向人代会建议罢免其职务；

5. 应追究法律责任的，建议有关司法机关依法处理。

（七）县人民法院、人民检察院和有关司法机关研究重大疑难案件的会议，必要时要有县人大常委会的有关人员列席。

（八）把党管干部和民主选任、依法监督干部紧密结合起来。县人大常委会对由县人大常委会任命的工作人员进行考核。

（九）县人民检察院必须切实严格地履行法律监督的职责。检察委员会在讨论决定重大案件和其他重大问题时，如果检察长在重大问题上不同意多数人的决定，可以报请县人大常委会决定。这一精神也适用于县人民法院的审判委员会。

县人民法院对已经发生法律效力的判定和裁定，如果发现确有错误，应主动、自觉地按照审判监督程序进行处理。

司法机关认为县人大常委会作出的有关决定不符合法律规定时可提请县人大常委会复议，或向上级人大常委会反映。

县人大常委会法制科，负责办理县人大常委会对司法机关实行法律监督的具体事宜，应加强同司法机关的联系，必要时可派员参加司法机关召开的重要业务会议。

梁山县人大常委会关于讨论、决定重大事项的意见

（1989 年 5 月 24 日县十一届人大常委会第十五次会议通过）

为了依照民主、法定程序行使职权，讨论、决定好本县的重大事项，保证宪法、法律和行政法规的贯彻实施，根据《中华人民共和国宪法》、《中华人民共和国地方各级人民代表大会和地方各级人民政府组织法》和实践经验，制订如下意见：

一、重大事项的内容

宪法和地方组织法规定，常务委员会讨论、决定本行政区域内的政治、经济、教育、科学、文化、卫生、民政、民族工作方面的重大事项。总的原则是带有根本性的、长远的、重大的问题。主要是：

1. 改革、开放和经济建设中涉及全局的问题；

2. 加强民主与法制建设，保证宪法与法律实施方面的关系重大的问题；

3. 国民经济和社会发展计划、预算的部分变更方面的事项；

4. 人事任免和选举工作方面的事项；

5. 区域划分和体制变动方面的事项；

6. 人民群众普遍关心和迫切要求解决的事项；

7. 县人民代表大会交付审议的事项；

8. 常务委员会认为需要审议的重大事项。

二、重大事项议题的拟定

提出需要讨论决定的重大事项，要以党的基本路线为指导，以经济建设为中心，坚持发展生产力的根本标准，本着抓大事的原则选定议题。

1. 县人大常委会组成人员三人以上联名、“一府两院”可以向常务委员会提出属于它职权范围内的议案，由主任会议决定是否提请常务委员会审议。

主任会议根据工作需要，可以委托常务委员会的办事机构拟定议案草案。

2. 提出议案的单位，应在举行常务委员会会议十天前送交人大常委会。

3. 县人大常委会对听取审议各项工作汇报的议题，也可在征求“一府两院”和有关方面意见的基础上，订出半年或年度内每次例会的部分议事计划。

4. 提出议案应写明主要问题，提案理由，解决问题的措施，有关部门和常委会的科室要提供报告或说明材料。同时拟定出决议、决定或审议意见的草案。经主任会议研究后再提请常务委员会审议。

5. 对任命案，提请任命的机关应介绍被任命人员的基本情况和任命理由。

6. 人大常委会办公室，要在会议五天前将开会日期、会议主要议题，通知到常务委员会组成人员和列席人员。

三、重大事项的讨论和表决

1. 常务委员会讨论、决定重大事项，必须由它全体组成人员的过半数出席才能举行。会议由主任或副主任主持。

根据工作需要，邀请有关人员列席会议。

2. 为便于与会人员发言和表决，讨论前应学习有关法律和党的方针政策，听取有关单位的汇报，必要时组织与会人员进行视察。

3. 常务委员会讨论、决定重大事项，必须坚持民主集中制的原则，充分发扬民主、展开讨论。与会人员应畅所欲言、各抒己见。

4. 在充分讨论、意见取得基本一致的基础上进行表决，作出决议、决定或提出审议意见。

5. 表决采用无记名投票、举手或其他方式。

6. 常务委员会的决议、决定或审议意见，必须由它的全体组成人员的过半数通过，表决结果由会议主持人当场宣布。

7. 对于争论较大的议题，可由主任会议提议，经过调查研究，待条件成熟时再审议。

四、决议、决定的公布和实施

1. 常务委员会通过的决议、决定和提出的审议意见。会后发文公布或在常务委员会《会刊》或《工作通讯》上刊登。

2. “一府两院”和有关部门对常务委员会的决议、决定和审议意见，要认真贯彻执行，并在两个月内书面向人大常委会报告贯彻执行情况。主任会议认为必要时，可以对其执行情况进行检查、督促。

梁山县人大常委会关于乡镇人民代表大会工作暂行办法

（1989 年 5 月 24 日县十一届人大常委会第十五次会议通过）

第一条　为了保证《中华人民共和国宪法》和《中华人民共和国地方各级人民代表大会和地方各级人民政府组织法》的遵守和执行，加强我县乡、镇人民代表大会的建设，制定本办法。

第二条　乡、镇人民代表大会是基层国家权力机关。

第三条　乡、镇人民代表大会每届任期 3 年。

第四条　乡、镇人民代表大会行使下列职权：

（一）在本乡、镇内，保证宪法法律、行政法规、地方性法规和上级人民代表大会及其常务委员会决议的遵守和执行；

（二）在职权范围内通过和发布决议；

（三）根据国家计划，决定本乡、镇的经济、文化事业和公共事业的建设计划；

（四）审查和批准本乡、镇的财政预算和预算执行情况的报告；

（五）决定本乡、镇的民政工作的实施计划；

（六）选举乡长、副乡长、镇长、副镇长；

（七）听取和审查乡、镇人民政府的工作报告；

（八）撤销乡、镇人民政府的不适当的决定和命令；

（九）保护社会主义全民所有的财产和劳动群众集体所有的财产。保护公民私人所有的合法财产。维护社会秩序，保障宪法和法律赋予公民的人身权利、民主权利和其他权利；

（十）保障农村集体经济组织应有的自主权；

（十一）保障少数民族的权利；

（十二）保障宪法和法律赋予妇女的男女平等、同工同酬和婚姻自由等各项权利。

第五条　乡、镇人民代表大会会议每年至少举行 1 次。每年的第一次代表会议，会期一般不少于两天。会议主要内容应有：审查和批准乡、镇人民政府工作告、财政预算和预算执行情况的报告；还可审议决定本乡、镇经济、文化和公共事业的建设计划；审议决定本乡镇民政工作的实施计划；通过代表议案和建议、批评、意见的处理办法；根据需要安排选举事项；通过各项决议。

乡、镇人民代表大会主席团认为必要，或者经过五分之一代表提议，可以临时召集乡、镇人民代表大会会议。

第六条　乡、镇人民代表大会举行会议的时候，选举主席团、乡、镇人民代表大会主席团可由 7 至 11 人组成，还可由大会主席团推选常务主席 3 至 5 人。

主席团的职责主要是：

（一）主持本次人民代表大会会议；

（二）负责筹备并召集下一次人民代表大会会议；

（三）通过代表资格审查委员会对代表资格的审查报告；

（四）决定本级人民政府组成人员和有关机关、团体负责人列席乡、镇人民代表大会及其主席团的会议；

（五）了解检查本级人民政府的工作；

（六）审查乡、镇人民政府对乡、镇人民代表大会通过的建设计划和财政预算的变更；

（七）调查研究讨论乡、镇行政区城内的重大问题；

（八）组织代表联系选民，组织开展代表小组活动；

（九）办理本级人民代表大会和上一级人民代表大会及其常务委员会交付的其他工作。

第七条　乡、镇人民代表大会设工作处。配备工作人员 2 ～ 3 名，由乡、镇人民代表大会主席团常务主席分工一名主持工作处的工作。主持工作处工作的常务主席负责召集主席团会议和大会闭会后的日常工作，并列席本级政府的重要会议，了解、督促本级政府办理议案、建议，批评和意见。

工作处的职责和任务是：

（一）做好召开本级人民代表大会会议的具体准备工作；

（二）宣传宪法、法律、法规和本级与上级人民代表大会及其常务委员会的决议、决定；

（三）联系上级和本级人民代表大会代表，反映代表和选民的意见和要求；

（四）协助，指导选区撤换和补选代表；

（五）办理主席团交付的其他有关事项。

第八条　乡、镇人民代表大会每届的第一次会议，在本届人民代表选举完成后的两个月内举行。

第九条　乡、镇人民代表大会举行会议的时候，主席团或乡、镇人民政府、乡、镇的人民代表大会代表五人以上联名可以向本乡、镇人民代表大会提出属于乡、镇人民代表大会职权范围的议案，由主席团审议决定是否列入大会议程。

向人民代表大会提出的议案，在交付大会表决前，提案人要求撤回的，对该议案的审议即可终止。

第十条　乡、镇人民代表大会代表向本乡、镇人民代表大会提出的对各方面工作的建议、批评和意见，由乡、镇人民代表大会主席团交乡、镇人民政府或由乡镇人民政府转有关单位和组织研究处理并负责答复。对其中迫切需要办理而又有条件办理的，应在会议期间提出办理方案，并答复代表。

议案和代表提出的建议、批评和意见的办理情况。由乡、镇人民政府在三个月内向乡、镇人民代表大会主席团做出报告。

第十一条　乡、镇人民代表大会进行选举和通过决议，以全体代表的过半数通过。

第十二条　乡长、副乡长、镇长、副镇长的人选，由本级人民代表大会主席团或者10名以上代表联合提名。乡长、镇长候选人数一般应多1人，进行差额选举。如果提名的候选人只有一人，经过全体代表充分酝酿、讨论，也可以等额选举。副乡长、副镇长的候选人数应比应选人数多1人至3人，进行差额选举。如果提名的候选人超过上述差额，由主席团将全部候选人名单提交全体代表酝酿、讨论，根据较多数代表的意见，确定正式候选人名单。

选举采取无记名投票方式。代表对于确定的候选人，可以投赞成票，可以投反对票，可以另选其他代表或者选民，也可以弃权。

乡、镇人民代表大会补选乡长、副乡长、镇长、副镇长，候选人数可以多于应选人数，也可以同应选人数相等。选举程序和方式，由乡、镇人民代表大会决定。

如果乡长、镇长差额选举的两名候选人得票数都不超过全体代表的半数，需重新提名，进行选举；副乡长、副镇长名额没有选足的，可以另行提名候选人，重新选举。也可以不再选举，做为缺额处理。采取哪种办法，应根据多数代表的意见，由乡、镇人民代表大会决定。

乡长、副乡长、镇长、副镇长，一般不宜在任期内变动，确需变动的要严格按照法律程序办理。

第十三条　人民陪审员的选举，根据规定的条件和名额，由主席团提出建议名单交代表酝酿讨论后，采用举手表决方式选举产生。

第十四条　乡、镇人民代表大会举行会议的时候，主席团或者五分之一以上代表联名，可以提出对乡长、副乡长、镇长、副镇长的罢免案，由主席团提请大会审议、决定。

第十五条　乡、镇人民代表大会举行会议的时候，代表10人以上联名可以书面提出对本乡镇人民政府和它所属各工作部门的质询案，由主席团提交受质询的机关，受质询的机关须在会议中负责答复。

第十六条　在乡、镇人民代表大会审议议案的时候，代表可以向本乡、镇人民政府提出询问，由乡、镇人民政府派人说明。

第十七条　乡、镇的每届人民代表大会第一次会议通过的代表资格审查委员会，行使职权至本届人民代表大会任期届满为止。

根据实际需要，乡、镇人民代表大会会议期间可以设立预算、议案等委员会。

第十八条　乡、镇人民代表大会代表任期，从每届本乡、镇人民代表大会举行第一次会议开始，到下届本乡、镇人民代表大会举行第一次会议为止。

第十九条　乡、镇人民代表大会代表在会议上的发言和表决，不受法律追究。

第二十条　乡、镇人民代表大会在举行会议和执行代表职务的时候，乡、镇政府根据需要提供必要的经费。

第二十一条　乡、镇人民代表大会代表应当和选民保持密切联系，宣传法律和政策，并且向人民代表大会、人民政府反映群众的意见和要求。

乡、镇人民代表大会代表分工联系选民，可

以根据就近方便的原则，组织代表小组，协助本级人民政府推动工作。

第二十二条 乡、镇的人民代表大会代表受选民的监督。选民有权撤换自己选出的代表，代表的撤换必须由原选区以选民的过半数通过。代表因故不能担任代表职务的时候，有原选区选民补选。

第二十三条 本办法是实施《中华人民共和国宪法》和《中华人民共和国地方各级人民代表大会和地方各级人民政府组织法》的具体措施，乡、镇人民代表大会要严格依法办事，认真履行宪法和法律赋予的各项职权。

梁山县人大常委会几项工作制度

（1990 年 3 月 29 日梁山县十二届人大常委会第一次会议通过）

为了建立县人大常委会正常的工作秩序，提高工作效率，充分发挥地方国家权力机关的作用，根据宪法、地方组织法的有关规定，特制定本届人大常委会的几项工作制度。

一、常务委员会会议制度

1. 常务委员会会议由主任召集，每两个月至少举行一次，必要时可临时召开。

2. 常务委员会会议的主要议题是：听取县人民政府、人民法院、人民检察院的工作报告；讨论、决定本县的政治、经济、教育、科学文化、卫生、民政、民族工作的重大事项；讨论、决定本县国民经济和社会发展计划，财政预算的部分变更；讨论、决定人事任免以及需要由常务委员会决定的其他事宜。

3. 议案和会议议题的提出：县人民政府、县人大常委会组成人员三人以上联名，可以向人大常委员会提出属于常务委员会职权范围内的议案，县法院、县检察院可以向人大常委会提出属于常务委员会职权范围内的议题，由主任会议决定是否提请常务委员会会议，或者先交有关科室进行调查研究，提出报告，再决定是否提请常务委员会会议审议；在常务委员会会议期间，人大常委会组成人员三人以上联名，可以向常务委员会书面提出对县政府、县法院、县检察院的质询案，由主任会议决定交受质询机关答复。

4. 县政府、法院、检察院提请常务委员会会议审议的议案和重大事项，一般应于会议前七天将有关材料和手续报告县人大常委会。常务委员会会议议题，一般提前五天通知各位委员，以便搞好调查研究，审议议题。

5. 常务委员会会议审议议案和讨论决定重大事项时，要充分发扬民主，展开讨论，让委员把意见讲透。意见一致的议题可以当次会议决定，争论较大的议题，经过学习和调查研究以后，下次会议再定。常务委员会的决议、决定，由常务委员会以全体组成人员的过半数通过。

6. 凡经常务委员会会议决定的事项，县政府、县法院、县检察院和有关部门要认真贯彻落实，对重大事项的执行情况，要书面报告人大常委会，县人大常委会要加强对执行决议的督促检查。

7. 根据工作需要，通知有关县政府组成人员、县法院院长、县检察院检察长、县人大常委会各委室负责人、各乡镇人大专职常务主席和县人大代表，列席常务委员会会议。

二、人大常委会主任会议制度

1. 县人大常委会主任、副主任组成主任会议。主任会议处理常务委员会的重要日常工作，决定举行常务委员会会议的时间，拟定常务委员会会议议题。

2. 主任会议每半月举行一次，工作需要时可临时召开。

3. 在紧急情况下，主任会议可以讨论决定人大常委会职权范围内的个别问题，但必须交下一次常务委员会会议追认。

4. 会议决定重大事项，由主任、副主任全体的过半数赞成通过。

5. 主任会议督促检查对常委会会议的决议、决定的实施情况。

三、联系代表制度

1. 在县人民代表大会闭会期间，县直以代表团为单位，农村以乡镇为单位建立代表小组。并推选正副组长。

2. 乡镇人大主席团在县人大常委会的指导下负责人民代表的联络工作，人大专职常务主席和代表小组的正副组长共同组织代表开展活动。

3. 代表小组每季度至少活动一次，每次活动一至两天。活动的主要内容是：学习、宣传宪法、法律和党的各项方针政策；调查了解县人民代表大会及其常委会各项决议、决定的贯彻实施情况；联系选民，征集选民的意见和要求，并及时向有关部门反映，帮助政府推动工作；交流开展代表活动和联系选民工作的经验。每次活动结束后，由乡镇主席团和县直代表团将活动情况书面报告县人大常委会。

4. 县人大常委会要定期和不定期走访县人大代表，召开代表座谈会和乡镇人大专职常务主席会议。

5. 县人大常委会代表组织科负责征集代表建议、批评和意见，经整理后，交“一府两院”的有关部门办理、答复。县人大常委会定期听取处理情况的汇报，督促检查承办单位认真办理。

6. 建立和加强通信联系，县人大常委会的有关文件和材料要及时发给县人大代表。

四、监督制度

1. 监督的重点和主要任务是：“一府两院”遵守、实施宪法、法律和法规的情况，贯彻执行国家的方针、政策情况，对县人民代表大会及其常务委员会决议、决定执行情况。

2. 定期听取“一府两院”关于法律、法规、实施情况的汇报，及时纠正违宪违法行为。受理有关申诉案件，调阅有关案卷，检查公、检、法机关在办案中执行法律情况，督促公、检、法机关严格依法办案。

3. 听取审议“一府两院”的工作汇报，对随意变更或违反人民代表大会及其常务委员会决议的，要依法予以纠正，并撤销本级人民政府不适当的决定和命令。

4. “一府两院”和有关部门的工作报告、布告、决议等文件，都要及时地报送县人大常委会。

5. 受理人民群众对“一府两院”和国家机关工作人员的申诉和意见；监督和督促“一府两院”办理人民代表的议案、建议和批评意见。

6. 组织代表评议县人民政府的工作。评议方式，可采取召开代表座谈会口头评议或组织代表进行无记名书面评议，由代表组织科负责汇总评议结果，经主任会议研究，提请常务委员会会议审议。

五、视察和调查研究制度

1. 围绕宪法和法律的实施，党的中心工作，人民群众关心和亟待解决的问题以及人大常委会例会议题，有计划、有准备地组织人大常委会委员进行视察和调查研究。

2. 县人大常委会组织的各项视察和调查研究活动，可以就地吸收有关的县人大代表或有关部门参加。

3. 视察前，有关科、室要认真做好准备，对视察的目的、要求、范围、重点和方法步骤等提出具体方案，由常委会会议或主任会议审批后实施。

4. 视察的内容和时间等有关事项，事先通知被视察单位。

5. 对视察中委员和代表提出的批评、建议和意见，及时转交“一府两院”和有关部门办理。县人大常委会督促检查办理情况。

六、人事任免制度

1. 在县人民代表大会闭会期间，县人大常委会决定副县长的个别任免；在政府县长和县法院院长、县检察院检察长因故不能担任职务的时候，从本级人民政府、人民法院，人民检察院副职领导人员中决定代理人选；决定代检察长须报上一级人民检察院和人民代表大会常务委员会备案。

2. 根据人大常委会主任的提名，决定县人大常委会科室负责人的任免；根据县长的提名，决定县人民政府组成人员的任免；按照人民法院组织法和人民检察院组织法规定，任免县人民法院副院长、庭长、副庭长、审判委员会委员、审判员，任免县人民检察院副检察长、检察委员会委员、检察员。

3. 凡提请县人大常委会决定任免的国家机关工作人员，均由提请单位写出报告，并附任免呈报表和简历表（免职的不附简历）、任免理由及必须说明的书面材料，报送县人大常委会代表组织科。

4. 县人大常委会通过人事任免事项时，一般采取无记名投票表决的方式。凡由人大常委会决定任免的国家机关工作人员，由人大常委会或通知提名单位对外公布，并通知到职、离职。对任命的国家机关工作人员，举行颁发任命书仪式。颁发任命书时，被任命的人员要表明态度和任期内的奋斗目标。

5. 凡是依法由人代会选举产生或人大常委会决定任命，并有明确任期的干部，一般不在任期内调动。对个别确需要调动的，要严格履行法律手续。

七、学习制度

1. 县人大常委会的组成人员和科室工作人员，要认真学习宪法和法律，熟悉党和国家的方针、政策，严格依法办事。

2. 常务委员会主任、副主任、专职委员和科室工作人员，要制定学习计划，保障每周两个半天的法律学习和政治理论学习，并注意理论联系实际。

3. 学习方法以自学为主，必要时可以集体进行学习。为进一步提高机关工作人员的业务素质，各科、室可结合工作情况，每周安排半天的业务学习。

4. 县人大常委会对全国人大和省人大重要会议精神，上级重要文件，要及时组织传达、学习讨论。

5. 遇有重要政治学习任务，按照县委统一部署进行。

梁山县人大常委会关于讨论决定重大事项的意见

（1990 年 3 月 29 日梁山县十二届人大常委会第一次会通过）

县人大常委会讨论、决定本行政区域内的重大事项，是根据人民的意愿，行使国家权力的重要体现。现依据法律原则，结合本地的实际情况，提出如下意见：

一、重大事项的范围

凡涉及本县境内根本的、长远的、全局的、举足轻重的问题，人大常委会或人民政府认为是重大事项的问题，就可以作为重大事项提交人大常委会讨论和决定。十二届人大常委会根据每个时期工作侧重点的不同，确定重大事项的范围是：

1. 属于本行政区域内的政治、经济、教育、科学、文化、卫生、民政等工作的重大事项。

2. 属于治理整顿，深化改革方针的贯彻落实方面的问题。就我县行政机关作出的经济工作重大决策进行审议，作出相应决议，决定的问题。

3. 属于我县国民经济和社会发展计划，财政预算执行情况和部分变更、调整问题。

4. 稳定社会环境，搞好社会治安的综合治理；惩治腐败，打击严重经济犯罪和加强廉政建设问题。

5. 属于召开人代会和选举工作方面的问题。

6. 属于办理代表议案和人代会交付人大常

委会审议的问题。

7. 属于人民群众普遍要求解决的问题。

8. 在一定时期，人大常委会或人民政府认为需要列为重大事项的问题。

二、重大事项的提出

关系重大事项的议案，是指经过法定程序，由具有提案权的机关和个人向人大常委会提交讨论、决定的议事原案。

1. 县人民政府、县人大常委会组成人员三人以上联名，都可以向人大常委会提出议案。在一定情况下，县人民法院、人民检察院也可以向县人大常委会提出属于它职权范围的议案。

2. 在人大常委会会议期间，人大常委会组成人员三人以上联名，可以向常委会书面提出对本级人民政府、人民法院、人民检察院的质询案。

3. 县人民政府、人民法院、人民检察院提交人大常委会审议的重大事项议题，应在会议七天前将议题书面报告县人大常委会，经主任会议确定列入议程后，提前五天将有关材料发给委员，使委员按照议题搞好调查，以便审议。

三、讨论和决定重大事项的程序

1. 议案和质询案必须在人大常委会会议期间提出，由主任会议决定是否提请常委会审议，或者先交人大常委会有关科室调查了解、提出报告，再决定是否提请下次常委会会议审议。

2. 所提议案、质询必须用书面形式。质询案的答复方式可以采用口头形式，也可采用书面形式；答复期限可以在本次常委会会议上答复，也可以在下次常委会会议上答复，一般由主任会议认定。

3. 讨论和决定重大事项的一般程序是：首先就需要讨论和决定的重大事项，听取人民政府或其所属工作部门、人民法院、人民检察院的情况报告，并向会议提交有关材料和解决方案草案；组织委员学习有关方针、政策和法律规定，必要时组织委员进行视察；在全面掌握情况的基础上，请委员进行充分讨论、分析，提出意见和建议，然后再拟定决议、决定草案，最后提交人大常委会会议表决通过。

对一时看不准，争议较大，没有把握的议题，可以不作出决议、决定，而采取集中多数委员的意见和建议的办法，形成审议意见，转给政府参照执行。

4. 根据工作需要，人大常委会在讨论和决定重大事项时，可邀请“一府两院”及所属部门负责人列席会议。

四、所作决议、决定的贯彻实施

1. 人大常委会所作的决议、决定和审议意见，采取单独发布或在会刊、工作通讯上刊登的方法公布。

2. “一府两院”对人大常委会所作决议、决定要认真贯彻实施和研究办理，并在两个月内向人大常委会书面报告执行情况。

3. 抓好决议、决定的督促落实工作。采用人大常委会有关科室定期调查、检查；组织代表、委员进行专题视察；主任会议听取执行情况的汇报；必要时列入常委会议程听取执行情况报告等不同层次的督促检查，做到议而决、决而行、行而果，推动工作的进展。

梁山县人大常委会关于干部任免工作的意见

（1990 年 3 月 29 日梁山县十二届人大常委会第一次会议通过）

依照法律任免国家行政和审判、检察机关工作人员，是宪法和地方组织法赋予县级以上地方各级人大常委会的一项重要职权。为了进一步发展社会主义民主，健全社会主义法制，加强地方政权建设，维护法律尊严，为四化建设提供可靠的组织保证，根据宪法、地方组织法等有关规定，现对干部任免工作提出如下意见：

一、县人大常委会在干部任免方面的职权范围：

1. 决定副县长的个别任职。在县长、法院院长、检察院检察长因故不能担任职务时，从副县长、副院长、副检察长中，决定代理人选。决定代理检察长后，报上一级人民检察院和人大常委会备案。

2. 根据县长提名，决定县人民政府委、办、局主任、局长的任免，并由县政府报上级备案。

3. 按照人民法院组织法和人民检察院组织法的规定，任免县法院副院长、庭长、副庭长、审判委员会委员、审判员，任免县检察院副检察长、检察委员会委员、检察员。

4. 在县人民代表大会闭会期间，作出是否接受县人大常委会组成人员，县政府领导成员，县法院院长，县检察院检察长辞职的决定。决定接受辞职后，报县人民代表大会备案。检察长的辞职，报经上一级人民检察院检察长提请该级人大常委会批准。

5. 决定撤销个别副县长的职务；决定撤销县人民政府其他组成人员和人民法院副院长、庭长、副庭长、审判委员会委员、审判员，人民检察院副检察长，检察委员会委员、检察员的职务。

6. 撤销县人民政府在干部任免方面的不适当的决定和命令。

7. 决定县人大常委会委、室负责人员的任免。

二、凡提请县人大常委会任免或决定任免的干部，经由组织、人事部门考察后，政府组成人员由县长提请，“两院”的干部分别由院长和检察长提请，县人大常委会委、室负责人员由常委会主任提请，由县人大常委会用无记名投票的方式表决。如需采用其他方式表决，由常务委员会全体会议临时决定。所有表决均以县人大常委会全体组成人员的半数通过。被通过任命的干部，接到通知后，要写出任期奋斗目标和施政措施，于七日内报送县人大常委会。

三、县人大常委会代表组织科是县人大常委会任免干部的办事机构，提请任免干部的单位要写出任免报告，填好干部任免呈报表各两份，连同任免干部的简历、主要表现、任免理由及必要的书面说明材料各二十份，于人大常委会开会前七日内报县人大常委会代表组织科，

办理签收登记手续。报送逾期或材料不全的由主任会议决定是否提请下次常委会会议审议。各乡镇人民代表大会对乡镇人民政府正、副乡镇长选举、罢免和接受辞职的情况，要在会议结束后的七日内，由有关单位报县人大常委会代表组织科，以便及时行文公布。

四、凡由县人大常委会决定任免的干部，由人大常委会或通知提名单位对外公布，通知到职、离职，颁发任命书。被任免的干部，县人大常委会未决定任免以前，不准擅自到职、离职。要严格按照宪法和法律规定的程序办理。

五、对于依法由人民代表大会选举产生或由人大常委会任命的有任期干部，除犯有严重错误或确实不能胜任工作者外，一般不在任期内调动。个别确需调动的要严格履行法律手续。确需变动的正、副乡镇长，一般应在举行乡镇人民代表大会时进行调整，并必须履行向乡镇人民代表大会辞职的手续。在代表大会闭会期间，个别乡镇长因故出缺时，可由县人民政府决定一名副乡镇长代理，待召开乡镇人民代表大会时再进行选举；如果正、副乡镇长全部出缺，应召开乡镇人民代表大会进行选举。

县人大常委会对干部变动中不符合法律规定的作法，依法进行监督和纠正。

县人民代表大会换届后，原由县人大常委会任命的有任期的干部，均已任期届满，需要重新任命。人民政府要及时提出人事任免议案，于常委会会议开会前七天，报送县人大常委会代表组织科，县人大常委会做出任命决定后，将在适当时机举行颁发任命书仪式，被任命的干部要做任期目标施政报告。

梁山县人大常委会关于对县人民政府、县人民法院、县人民检察院实施工作和法律监督的意见

（1990年3月29日梁山县十二届人大常委会第一次会议通过）

为了进一步加强和充分发挥县人大常委会的职能作用，有效地依法行使监督职权，使监督工作逐步走向制度化、规范化、科学化，以保证宪法、法律、行政法规、地方性法规和上级人大及其常委会决议的遵守和执行，保证党和国家的方针、政策的贯彻落实，保障县人民政府、县人民法院、县人民检察院依行使职权，根据《中华人民共和国宪法》《中华人民共和国地方各级人民代表大会和地方各级人民政府组织法》《中华人民共和国人民法院组织法》《中华人民共和国人民检察院组织法》以及有关法规的规定，特提出如下实施工作和法律监督的意见：

（一）工作监督

县人大常委会，对县人民政府、县人民法院、县人民检察院，较为重大的工作决策、工作部署及实施情况，执行本级和上级人民代表大会及其常务委员会会议、决定情况，以及依法应由县人大常委会进行监督的其他工作情况，依法进行监督。但不干预属于县人民政府、县人民法院、县人民检察院职权范围内的工作，做到既不失职，又不越权。县人民政府、县人民法院、县人民检察院应自觉、主动地接受县人大常委会的工作监督，正确处理监督与被监督的关系。

县人大常委会可以就本县政治、经济、教育、科学、文化、卫生、民政、民族等方面的重大事项，听取和审议县人民政府、县人民法院、县人民检察院的有关工作报告；在肯定成绩的同时，指出存在的问题，提出改进工作的意见，必要时，可以作出相应的决议。县人大常委会主任、副主任和各工作部门，根据县人大常委会监督工作的需要，可以听取县人民政府、县人民法院、县人民检察院工作部门的有关方面的专题工作汇报。这是一种经常性的最基本的监督形式，应当予以加强。

县人大常委会组成人员三人以上联名，可以向常委会会议书面提出对县人民政府、人民法院、人民检察院的质询案，由主任会议决定交受质询机关。被质询机关，必须在规定的期限内作出答复。县人大常委会在审议议案时，常委会组成人员可以向县人民政府及其工作部门和人民法院、人民检察院提出询问。被询问机关负责人，必须以认真负责的态度，到会作出解释说明。

县人大常委会认为必要时，可以对本行政区域内的重大违法失职事件或其他重要事件，组织特定问题的调查委员会，对特定问题进行调查，并可根据调查委员会的报告，作出相应的决议。

五、县人大常委会可以组织人民代表或常委会组成人员，对某些方面的工作进行专题视察和调查。通过视察和调查，直接听取人民群众的意见，发现政府和两院工作中的问题，分别提出意见，转交有关机关处理。对其中一些重大问题，拟定出议案，提请人民代表大会或常委会审议。县人民政府、县人民法院、县人民检察院应诚恳地接受视察，积极主动地做好接受视察的准备工作，并要及时认真地处理视察中提出的问题。

六、人民代表对各方面提出建议、批评和意见，是人民管理国家事务的一种具体体现，也是使国家机关决策民主化、科学化的重要保证。县人大常委会应做好交办、催办检查工作，督促有关国家机关认真办理。县人民政府、县人民法院、县人民检察院对人民代表提出的建议、批评和意见，应当认真办理。正确的，应当在工作中予以

采纳；一时难以办到时，要做出解释，及时答复代表，并将处理情况报告县人大常委会。代表如对处理结果不满意，还可以向有关的国家机关和部门提出询问和依照法律程序进行质询。

七、县人大常委会主任会议，可以听取县人民政府、县人民法院、县人民检察院有关情况的汇报，提出建议、批评和意见，使一些问题及时得到解决。在必要的时候，可以就“一府两院”工作中重大问题和重大案件，提出主任会议建议。主任会议建议应当采用书面形式。

“一府两院”收到主任会议建议后，应当及时研究办理，并将办理结果书面报告县人大常委会。

八、县人民政府研究决定重大事项的会议，必要时县人大常委会主任、副主任或有关人员可以列席。县人民政府、县人民法院、县人民检察院的工作计划、总结、简报及有关重要资料，都应及时报送县人大常委会，以便于对工作的监督和支持。

（二）法律监督

一、县人大常委会对执行宪法、法律、行政法规和地方性法规的情况依法进行监督，主要是对违法行为的监督，以保证法律、法规的正确实施，维护法律、法规的严肃性和权威性，保护国家、集体的利益，保障公民的合法权益，维护司法机关依法作出的判决、裁定、决定，支持司法机关排除干扰，依法独立行使职权。执法机关应自觉主动地接受县人大常委会的法律监督，严格依法办事，做到有法必依、执法必严、违法必究。

二、县人大常委会有权撤销本级人民政府的不适当的决定和命令。县人大常委会经审议后，可以依法撤销县人民政府同宪法、法律、行政法规和地方性法规相抵触或违反国家方针、政策，有损人民利益的不适当的决定和命令。一是通知和督促县人民政府自行撤销；二是县人民政府不能撤销的，由县人大常委会作出决定，予以撤销。

三、县人大常委会可以组织其成员或人民代表，就执法机关的执法情况进行视察。

四、县人大常委会纠正或督促纠正人民政府职权范围内的重大违法事件。对县人民法院、县人民检察院不符合法律规定的决定、判决、裁定，提出意见，督促依法纠正，并可对具体案件中的违法行为进行监督，但不直接处理。对于正在侦察、起诉、审判中的案件不加干预，要按法定的权限和程序办事，提出批评意见，建议将其纠正。

五、县人大常委会受理人民群众对“一府两院”及其国家工作人员的申诉和意见，可根据不同情况如下处理：

1. 一般的申诉和意见，分别交“一府两院”办理；

2. 重大的申诉和意见，要经县人大常委会会议研究决定，由人大有关工作机构组织调查。调查中根据需要可调阅有关案卷材料，司法机关应积极配合，如实提供情况。调查后要提出处理建议，交“一府两院”处理。“一府两院”处结后，要及时报告处理结果。

3. 凡不属于监督范围的申诉和意见，应当及时移送有关机关处理。

对县人大常委会转办的群众申诉、控告信件，必须即时办理。对重要申诉、控告案件，除有特定期限的以外，一般应在两个月内办结并作出书面报告；因情况复杂，在期限内尚不能办结的，应说明原因；对申诉确属无理的应当做好息诉工作。

六、县人大常委会行使法律监督职权中，对“一府两院”的国家工作人员，在工作中违反宪法，法律，行政法规和地方性法规，给国家和人民利益造成严重损失的，可以分别情况作如下处理：

1. 应予罢免撤职的，由人代会选举产生的，可以提请人代会予以罢免；由人大常委会任命的，可以由人大常委会撤销职务；

2. 应当给予行政处分的，建议“一府两院”给予行政处分；

3. 应当追究法律责任的，建议司法机关依法追究法律责任。

以上各项可以单独使用，也可合并使用。

“一府两院”应秉公执法，从严治干治警。对干警中的执法犯法行为，要从严查处，不得姑息迁就。对错案和申诉有理、控告有据的案件，应依法进行纠正和办理。该查不查，该办不办，顶着不办，拒不纠正的，县人大常委会视情节和后果轻重，分别作出如下处理：

1. 责成有关机关令其做出检查；

2. 按照法律程序进行质询；

3. 建议有关部门给予纪律行政处分；

4. 按照人代会及其常委会人事任免范围和程序，撤销或向人代会建议罢免其职务；

5. 应追究法律责任的，建议有关司法机关依法处理。

七、对县人民法院，县人民检察院和有关司法机关研究申诉重大疑难案件的会议，认为必要时县人大常委会的有关人员可以列席。

八、把党管干部和民主选任、依法监督干部紧密结合起来。县人大常委会对由县人大常委会任命的工作人员依法进行监督。

九、县人民检察院必须切实严格地履行法律监督的职责。检察委员会在讨论决定重大案件和其他重大问题时，如果检察长在重大问题上不同意多数人的决定，可以报请县人大常委会决定。

县人民法院对已经发生法律效力的判决和裁定，如果发现确有错误，应主动、自觉地按照审判监督程序进行处理。

司法机关认为县人大常委会作出的有关决定不符合法律规定时，可提请县人大常委会复议，或向上级人大常委会反映。

县人大常委会法制科，负责办理县人大常委会对司法机关实行法律监督的具体事宜，应加强同司法机关的联系，必要时可派员参加司法机关召开的重要业务会议。

梁山县人大常委会关于办理代表议案、建议的意见

（1990 年 3 月 29 日梁山县十二届人大常委会第一次会议通过）

一、提高对办理好代表议案、建议重要意义的认识，增强办理好代表议案、建议的自觉性。人民代表大会制度是我国的根本政治制度，人民通过代表大会提出的议案及建议、批评和意见是人民代表行使当家做主权利的一种重要形式，它反映了人民群众的要求和愿望，同时，一是人民代表对国家机关及其工作人员的监督和支持。我们国家工作人员是为人民服务的，是人民的公仆。认真办理代表的议案、建议，是国家机关密切联系群众，自觉接受人民监督，发扬社会主义民主，集中群众智慧，认真改进工作，克服官僚主义，纠正不正之风，当好人民公仆的一个重要方面。所以对国家机关各个部门和全体工作人员来说，都应当毫不例外的高度重视，把办理好代表议案、建议看作是义不容辞的责任，看作是对人民代表大会制度权利的尊重。同时也是对本单位工作的鞭策和促进。

二、切实加强领导，健全办理议案、建议工作的制度。代表大会代表提出的议案、建议，根据大会主席团关于对代表议案、建议处理的意见，议案由县人大常委会通过县人民政府研究处理；为办好代表议案，县人大常委会主任会议逐件研究，提出要求。县政府在接到代表议案、建议后，应研究提出处理办法。有两个以上单位办理的建议，县政府要组织有关单位共同办理。各承办单位领导同志要认真负责，并要明确责任心强的得力干部抓好这项工作。要建立登记、催办和领导审批制度，承办单位的领导要切实抓好，不准上推下卸，不准拖而不办。

三、认真负责地解决问题。办理代表议案、

建议，就是要通过积极工作，使所提可以解决的问题及时得到解决，并作出负责的书面答复。凡是应该办，经过努力又能办到的事，必须采取有效措施，抓紧办理；需要办但目前还不具备条件的事，要积极创造条件，逐步办理；对情况不明的问题，要经过调查研究，从实际出发进行处理；需要几个单位协同解决的，主办单位要主动同有关单位联系，会同办理的单位要积极配合办理；确实不切合实际或不符合政策的，要实事求是地说明情况，解释清楚。总之，要做到事事有交代、件件有着落。实实在在地抓好这项工作。

四、办理结果要及时答复上报。对代表议案、建议的答复要完整、明确、具体，不能简单笼统、敷衍了事。凡两个以上单位共同承办的由主办单位负责统一答复；由两个以上单位各自办理的，承办单位分别答复。答复稿除每个代表一份外，另报 40 份，除由人大、政府存档外，其余汇编成册供县领导参阅。凡报送的答复稿要经单位领导审定、签字，加盖公章，报送县政府统一审定，最后由县人大常委会审定，并转复提议代表。在时间掌握上，承办单位在接到议案、建议后，要在三个月内办理完毕并答复代表，一些比较复杂的问题，如果在限期内未能处理完毕，应事先与提议代表联系，说明办理情况，待办理后再作正式答复。

五、对代表议案、建议的答复发出后，县人大常委会办公室、县政府办公室向代表联合发出代表议案、建议办理情况征询意见表，征求代表意见，如代表对办理和答复不满意，承办单位主要同志要亲自登门走访代表，征求意见，并重新办理和答复代表。

六、议案建议办理结束后，县政府要写出办理情况总结，向县人大常委会会议汇报。

梁山县人大常委会关于联系代表工作的意见

（1990 年 3 月 29 日梁山县十二届人大常委会第一次会议通过）

密切同人民代表联系，广泛开展代表活动，充分发挥代表作用，是人大常委会正确行使职权的基础。根据有关规定，结合我县实际情况，提出如下工作意见：

一、建立代表小组，制订活动制度

建立代表小组，组织代表学习，树立代表的政治责任感，是充分发挥代表作用的组织保证。县人民代表大会代表换届后，县直机关、驻梁单位和农村都要建立新的代表小组，县直、驻梁单位以代表团为单位，农村以乡镇为单位建立。县直、驻梁单位代表小组组长、副组长可由代表团团长、副团长担任；各乡镇代表小组组长。可由代表团长或副团长担任，乡镇人大主席团专职常务主席是县人大代表的可担任副组长或推选一名代表任副组长。县直、驻梁单位和各乡镇都要在代表会后的一个月内将代表小组建立起来。代表小组建立后，要制定活动制度，代表小组每季度至少活动一次，每次活动一至两天。活动的主要内容：1. 学习宣传宪法、法律、法规和党的政策；2. 调查了解县人民代表大会及其常务委员会的各项决议、决定贯彻实施情况；3. 征集选民的意见和要求；4. 交流代表活动经验。每次活动的内容不宜过多，活动结束后，由代表小组组长或人大主席团专职常务主席将情况书面汇报县人大常委会代表组织科。

代表小组第一次活动，要组织代表学习人民代表的地位、任务、职权和活动方式问题的有关材料，讨论制订活动制度，并确定下一次小组活动内容。

邀请代表和有关人员列席人大常委会会议。

人大常委会开会时，可根据会议内容，邀请有关代表、乡镇人大主席团专职常务主席列席会议，听取他们的意见和建议，计划各乡镇人大主席团专职常务主席每年轮流列席一次人大常委会会议。

三、走访代表

在走访方式上一般采取集中走访与不定期走访相结合，专门走访与其他各项工作相结合进行。要实行走访代表责任制，县人大常委会主任、副主任，专职常委、人大常委会科室负责人，要分工负责，代表组织科要重点做好走访代表这项工作，计划每年力争将全县县代表普遍走访一次。

四、召开座谈会，听取代表的意见和要求

要坚持每年召开一次代表座谈会的制度，每次代表座谈会内容、事项，事前要通知，使代表有所准备。采取两种形式，一是到县直单位或乡镇就地座谈，二是有针对性地召集部分代表来县人大座谈。县机关领导成员中的人民代表要有计划地参加小组活动。

五、有计划的邀请代表参加视察和调查研究

人大常委会进行视察和调查研究时，可邀请有关代表参加，还可以委托代表对一些专题性问题进行调查研究，提出解决意见和办法。

六、认真办理代表议案、建议

为了办理好代表议案、建议，常委会要有一名副主任靠上抓。常委会人事代表工作室具体催办。在时间掌握上，各承办单位收到议案、建议后，要在三个月内办理完毕，并答复代表。

七、认真处理代表来信，热情接待来访

对于代表的来信来访，常委会人事代表工作室要认真接待，做到来信来访有登记，转办催办有手续，一般来信来访由代表组织科接待处理，重大来信来访由常委会主任或副主任亲自接待处理。对代表来信来访中提出的问题除转交有关部门办理外，必要时组织力量进行调查。

八、利用其他形式加强与代表联系

向代表发放学习文件、县人大常委会《会刊》《工作通讯》以及代表建议专用纸、专用信封等多种形式加强同人民代表的联系。

总之，通过上述各种形式的活动，加强同人民代表的联系，提高代表的素质，以便更好的依法行使当家做主、管理国家的权力，履行好代表的职责，进一步发挥代表的作用。

此外，为加强与乡镇人民代表大会代表的联系，各乡镇人大主席团可参照上述意见，结合本单位实际，制订出联系乡镇代表的意见，有计划地开展活动，充分发挥乡镇代表的作用。

梁山县人大常委会关于视察和调查研究工作的意见

（1990年3月29日梁山县十二届人大常委会第一次会议通过）

开展视察和调查研究工作，是人大常委会依法行使职权的基础工作。为使视察和调查研究工作形成制度，坚持下去，特提出如下意见：

一、充分认识开展视察和调查研究工作的重要意义

组织人大代表视察和进行专题调查，对强化人大常委会的监督职能具有特别重要的意义和作用。主要意义是：（1）有利于检验人代会及其常委会决议、决定是否符合实际。（2）有利于了解下情，为正确决策提供依据。（3）有利于实现人大常委会的监督职能。（4）有利于发扬民主、扩大民主。这是广泛联系群众，走群众路线的一个重要渠道。（5）有利于发现问题，配合有关单位调查处理。为准确地进行人事任免，合理地使用干部，起到一定的监督和促进作用。因此，必须把视察和调查研究工作作为必经程序，贯穿于宪法和法律赋予人大常委会的监督权、决定权、任免权的始终。

二、组织人大代表和委员进行视察

组织视察的形式可以灵活多样，大、中、小

型视察活动有机结合。要采取四种形式：一是组委员和部分代表就提请常委会议的重大事项进行专视察；二是将代表根据实际情况编成小组，就每一个时期有侧重点的季节性工作，如夏季食品卫生，粮棉种植结构和收购等项工作，就地、就近或会同部分乡镇人大代表进行联合视察；三是主动配合和安排省市人大代表的视察；四是代表结合本职工作，自报选题，经人大常委会主任会议批准，自愿结合或单独持证视察。

对视察工作的基本要求。（1）做好视察前的准备工作。在做法上首先要确定视察题目。应当围绕党和国家的中心任务与人民群众迫切需要解决的问题及重大提案，也可以按照代表的意见和要求，选择视察的对象和重点。其次，集中一段时间学习、熟悉与即将视察的专题有关的方针、政策和法律。最后，通知被视察的有关单位，请他们作好准备，取得他们的支持和配合，为代表深入实际，联系群众提供方便条件。（2）听取意见要广泛，不光要听部门、单位负责人的汇报和情况介绍，更要深入基层，深入群众，召开座谈会，个别走访或实地察看。（3）在调查研究取得大量第一手材料的基础上，去粗取精，去伪存真，认真分析研究，提出报告和解决方案及改进措施。有的也可以建议的形式，提请有关部门参考。（4）在视察活动中，要发扬优良传统，廉洁从政，不搞特殊化。（5）要尽可能邀请人民政府、两院的负责同志列席视察活动，便于他们属于职权范围内的事情及时研究办理。这样，会使视察工作更加富有成效。

三、突出重点，搞好调查研究工作

人大常委会要行使好监督权，就必须把调查研究作为必经程序，贯穿于监督工作的始终。因此，十二届人大常委会要坚持做到：凡是人大常委会审议的事项，必须事先进行调查研究，否则不列入议题；凡是组织调查的事项力求调查深、研究细，提出有分量的建议，使调查研究工作形成制度化、程序化。主要抓好四个方面：

一是围绕党的中心工作进行调查研究。根据党委确定的年度工作重点，人大常委会就治理整顿，深化改革方针的贯彻，对物价、财务、税收等开展一次执法大检查；就五年普法教育最后一年的检查验收，要组织一次大规模的调查。还将就清理在建项目、压缩固定资产投资规模等项工作进行调查。

二是围绕重要法律、法规的贯彻实施进行调查研究。就实施义务教育法、制定普教规划、拓宽教育经费筹备渠道、稳定发展教师队伍，防止学生辍学等问题，进行调查研究，提出建议，以引起有关方面的重视。还就土地管理法、环境保护法、行政诉讼法和最近颁布的城市规划法进行专题调查，以促进这些法规的贯彻实施。

三是围绕人大及其常委会所作决议、决定执行情况进行调查研究。针对每年年初人代会批准的全县国民经济和社会发展规划以及财政预算，定于每年七月、八月份，对计划和预算执行情况开展跟踪调查。在人大常委会作出决议、决定的前后，都要组织进行调查研究，使之有针对性、准确性和可行性，确保决议、决定落到实处。

四是围绕人民群众关心的问题进行调查研究。对可能成为群众议论的热门话题的问题，如惩治腐败、加强廉政建设、纠正新的不正之风、密切联系群众问题，社会治安和查处公职人员违纪违法案件问题，市场物价以及制造、贩卖假冒、伪劣商品等问题，开展调查研究，促使政府及有关部门及时倾听群众呼声，与人民群众保持密切联系，为人民群众办好事、办实事。

搞好视察和调查研究工作，要把握好四个环节：一是吃透上情。就是认真学习有关法律和文件，掌握开展这项工作的思想武器，做到有的放矢。二是了解下情。注意区别不同典型，“解剖麻雀”，力求把情况抓准抓实。三是依法进行视察和调查，突出解决几个违反法律、法规的实际问题。四是进行创造性的思考和深入细致的研究，做出正确地判断，力求有独到的见解，为人大常委会实施有效监督创造良好的基础条件。

梁山县人民代表大会常务委员会议事规则

（1993年2月24日县十三届人大常委会第一次会议通过）

第一章　总　则

第一条　为了保证县人民代表大会常务委员会依法行使好各项职权，提高议事决策水平，切实发挥地方国家权力机关的作用，根据宪法、地方组织法和省、市人大常委会的有关规定，结合县人大常委会工作的实际，制定本规则。

第二条　常委会的议事范围

（一）讨论决定全县遵守和执行宪法、法律、行政法规和上级人民代表大会及其常务委员会决议、决定的事项。

（二）决定本级人民代表大会代表的选举工作，讨论指导乡镇人民代表大会代表的选举工作。

（三）议定本级人民代表大会会议的筹备工作。

（四）讨论、决定全县政治、经济、教育、科学、文化、卫生、民政、城乡建设、民主与法制等工作的重大事项。

（五）决定全县国民经济和社会发展计划、财政预算的部分变更。

（六）听取和审议县人民政府、县人民法院、县人民检察院的工作报告。

（七）决定撤销下一级人民代表大会和本级人民政府不适当的决议、决定和命令。

（八）议定联系本级人民代表的事项，受理并议定人民群众对行政机关、审判机关、检察机关和国家工作人员的申诉、意见，受理解决或交付政府办理人民代表提出的批评、意见、建议。

（九）决定常委会职权范围内的人事任免事项。在县人民代表大会闭会期间，补选市人民代表大会出缺的代表和撤换个别代表。

（十）其他需要常委会审议决定的事项。

第三条　常委会议事必须实行民主集中制的原则，充分发扬民主，保障常委会组成人员依法行使职权。

第二章　会议的召开

第四条　常委会会议每两个月至少举行一次。因工作需要，经多数委员提议或主任会议决定，可以临时召集会议。常委会主任负责召集并主持常委会会议。主任可以委托副主任召集并主持会议。

第五条　常委会会议必须有全体组成人员的过半数出席方能举行会议。常委会举行会议时，常委会组成人员应当出席会议。因病或者其他特殊原因不能出席会议时，应向常委会主任或办公室提出请假，并经过批准。

第六条　常委会举行会议的日期由主任会议决定，会议建议议程由主任会议拟定，并提请常委会全体会议通过。

第七条　常委会举行会议，应当在会议举行的十日前将开会日期、建议会议讨论的主要事项等，通知常委会组成人员，临时决定召集的会议，可以临时通知。

第八条　常委会举行会议的时候，县政府、县法院、县检察院的负责人列席会议。

常委会各委室负责人，县人民政府有关部门的负责人列席会议。乡镇人大主席团常务主席轮流列席会议，必要时也可以全部列席会议，根据会议审议议题的需要，也可以邀请部分省、市、县人大代表列席会议。

第九条　常委会举行会议，可以采用全体会议的形式，也可以采用全体会议和分组会议相结合的形式。

第十条　常委会会议分组对议案或有关单位的工作报告进行审议的时候，有关部门负责人应到各组听取意见，回答询问。

第十一条　常委会会议期间，提出的审议意

见，有关部门应认真办理，并将办理情况及时报告县人大常委会办公室。

第三章　议案的提出和审议

第十二条　主任会议可以向常委会提出属于常委会职权范围内的议案，由常委会会议审议。县人民政府、县人民法院、县人民检察院可以提出属于常委会职权范围内的议案，由主任会议决定提请常委会会议审议。常委会会议审议议案时，提案机关的负责人应到会作出说明。常委会组成人员三人以上联名，可以提出属于常委会职权范围内的议案，由主任会议决定是否提请常委会会议审议。如果主任会议决定不提请常委会会议审议时，应向提案人作以说明。

第十三条　常委会的办事机构，受主任会议委托，可以代常委会拟订议案草案，并向常委会会议作出说明。

第十四条　向常委会提出议案，必须用书面形式，写明议题、案由和具体方案。对列入常委会会议的议案，提出议案的机关，常委会的办事机构，应当提供有关资料和调研材料。常委会的办事机构，应对有关议案进行初审，形成审议意见，提交常委会会议参阅。

第十五条　对于人事任免案，提请任免的机关一般应在会议举行七天前，将人事任免名单及有关材料提报常委会。在常委会会议上，提请机关要向委员们介绍被任免人员的基本情况，必要时请被任免人员到会，回答委员们的询问。

第十六条　常委会全体会议，听取议案或关于议案的说明后，由全体会议或分组会议进行审议。

第十七条　提出议案机关的负责人可以在常委会全体会议或分组会议上对议案作补充说明。

第十八条　列入常委会会议的议案，在交付表决前，提案机关或提案人要求撤回的，对该议案的审议即行终止。

第十九条　提请常委会会议审议的议案，在审议中遇到重大问题需要进一步研究的，经主任会议提出、全体会议人员同意，可以暂不付表决，交有关工作机构调查研究，并向下次常委会会议报告调查结果。

第二十条　常委会认为必要的时候，可以组织关于特定问题的调查组，对有关问题进行调查，并根据调查报告作出相应的决议。

第四章　听取和审议工作报告

第二十一条　常委会全体会议听取和审议县人民政府、县人民法院、县人民检察院向常委会的工作报告。县人民政府、县人民法院、县人民检察院向常委会的工作报告，应由县长、院长、检察长到会作报告，正职因故不能作报告时，可以委托副职或部门负责人到会作报告。

第二十二条　对列入常委会会议听取审议的工作报告，常委会有关办事机构和常委会组成人员，应当在会前围绕其内容进行调查研究，形成调查材料，提交常委会会议参阅。

第二十三条　常委会认为必要时，可以对工作报告作出相应的决议，决定。由提请报告的机关办理执行，并将办理情况于两个月内书面报告常委会，常委会的有关办事机构对办理情况要进行调查并及时向主任会议报告。

第五章　质询

第二十四条　在常委会会议期间，常委会组成人员三人以上联名，可以向常委会书面提出对县人民政府及其工作部门和县人民法院、县人民检察院的质询案。

第二十五条　质询案须写明质询的对象、问题和内容。

质询案的主要内容是：

（一）有关地方国家机关违反宪法、法律的重大问题；

（二）有关地方国家机关违反县人大及其常委会决议决定等方面的重大问题；

（三）有关县人民政府组成人员和县人民法院、县人民检察院领导人员的失职、渎职行为；

（四）有关地方国家机关工作失误，造成严

重后果的事件；

（五）其他需要质询的重大事项。

第二十六条　质询案由主任会议决定，交由受质询机关的负责人在常委会会议上作出书面或口头答复。质询案以书面答复的，应当由被质询机关负责人签署，并印发常委会组成人员和有关委室。

第二十七条　提质询案的人员，如对受质询机关的答复不满意时，可以继续质询并要求再作答复。

第六章　发言和表决

第二十八条　常委会组成人员和列席会议的人员要认真做好审议的准备，包括学习有关的法律或文件，进行必要的调查研究等。

第二十九条　常委会组成人员在会议上要围绕会议议题积极发言，有理有据，简明扼要地阐述自己对有关问题的态度、观点和建议。列席会议人员可以在常委会全体会议和分组会议上发表简要的意见。

第三十条　常委会组成人员在会议上发言，不受法律追究。

第三十一条　对于常委会会议上的审议发言，常委会办公室要确定专人做好记录，并及时整理归档，以便查阅。

第三十二条　在常委会会议上，如果常委会组成人员对所表决的议案、决议、决定、审议意见草案表示原则同意，但需要在文字上作个别修改时，可将议案、决议、决定、审议意见交由常委会办事机构修改后，授权主任会议审定。

第三十三条　常委会表决议案，采取无记名投票或举手表决的方式，以常委会全体组成人员过半数通过方为有效。表决结果由会议主持人当场宣布。

第三十四条　人事任免案可以逐人表决，也可以根据情况合并表决。

第三十五条　常委会作出的决议、决定，应当分别送交县人民政府、县人民法院、县人民检察院组织实施，并报市人大常委会。

第三十六条　常委会决定任命的地方国家机关工作人员，由常委会主任颁发任命书。

第七章　附则

第三十七条　本规则由常委会主任会议负责解释，修改权属于常委会。

第三十八条　本规则自常委会会议通过之日起施行。

梁山县人大常委会关于加强预算管理监督的试行办法

（1998 年 11 月 27 日梁山县十四届人大常委会第八次会议通过）

为了强化预算的分配和监督职能，保证预算的法律约束力，使我县的预算管理逐步走上程序化、法制化，规范化的轨道，加强宏观调控，保障我县经济和社会的健康发展，根据《中华人民共和国预算法》《中华人民共和国审计法》等有关法律、法规的规定，结合本县实际制定本办法。

一、本县设立县和乡、镇两级预算。县级总预算由本级政府预算（以下简称本级预算）和汇总的乡、镇级总预算组成，本级预算由县级各部门的预算组成。

二、县人民代表大会审查县级总预算草案和县级总预算执行情况；批准本级预算和本级预算执行情况的报告，并作出相应的决议。

县人大常委会监督县级总预算的执行；对本级预算草案进行初步审查；批准本级预算的调整方案；审查和批准本级决算，提出意见，并作出相应的决定、决议。

三、县人民政府编制本级预算、决算草案；向县人民代表大会作关于县级总预算草案的报告；将乡、镇人民政府报送备案的预算汇总后报县人大常委会备案；组织县级总预算的执行；县人民代表大会及其常委会报告县级总预算的执行情况；编制本级预算的调整方案。

四、县财政局具体编制本级预算、决算草案；具体组织县级总预算的执行；具体编制本级预算的调整方案。

五、财政预算按照量力而行、量入为出，收支平衡的原则编制，不列赤字。

预算收入的编制要坚持积极可靠的原则。确定预算收入要努力实现或与国民生产总值的增长率相适应，要依据上一年度预算执行情况和对年度预算收入增减因素的预测进行编制。

预算支出的编制要贯彻厉行节约、勤俭建国的方针，按照保证重点兼顾一般的原则和有关法律的规定合理安排。

预算支出的编制可设立一定数量的预算预备费，用于当年救灾及年初难以预见的开支。

六、预算的上年专项结余和净结余，应当转为下年的可使用财力专项结余，应当用于上年结转项目的支出；净结余应当用于下年度需要安排的预算支出。

七、县人民政府应当在每年县人民代表大会会议举行之前，依法将上年县级总预算的执行情况和当年本级预算草案提交县人大常委会进行初步审查。预算初审程序是：

（一）县人大常委会主任会议听取县财政局关于上年度县级总预算执行情况和当年本级预算草案编制情况的汇报。同时报送预算的收支总表、收支明细表、收支分级表和预算草案说明书。

（二）县人大常委会会议听取和审议县人民政府关于上年度县级总预算执行情况和当年本级预算草案的报告。

八、县人大常委会的初审可以对本级预算草案的收支指标提出增加或消减的建议。县人民政府对县人大常委会的预算草案初审意见应当研究办理。

九、县人大常委会将本级预算草案列入县人民代表大会会议的建议议程。

十、县人民政府应当将经县人民代表大会批准的本级预算报县人大常委会备案。

十一、县人民政府应当认真组织落实县人民代表大会批准的预算，严格执行预算决议。

预算收入征收部门，有预算收入上缴任务的部门和单位，必须及时足额地将征收的和应当上缴的预算收入缴入县国库，不得将预算收入存在国库外设立的过渡性账户；任何部门和单位不得减少预算收入任务。不得截留、占用或者挪用预算收入、罚没收入实行收支两条线。

财政部门应当依法拨付预算支出资金，加强对预算资金使用的管理，任何单位不得要求财政部门办理无预算、无用款计划、超预算计划的拨款，不得擅自改变支出用途。

十二、县国库必须按照国家有关规定，及时、准确地办理预算收入的收纳、划分、留解和预算支出的拨付。国库要认真督促检查各商业银行和收入部门、单位所收款项，按规定及时、足额缴入国库，发现拖延和违法不缴的，应及时查究处理；监督财政存款的开户和财政库款的支拨；依据县人民代表大会批准的预算和财政部门的拨款凭证，统一办理预算支出拨款。

国库库款的支配权属于县政府财政部门。未经县财政部门同意，任何部门、单位和个人都无权动用库款或以其他方式支配已入库的库款。

对违反国家法律法规的事项，国库有权拒绝执行。

十三、县人民政府应当在每一预算年度内至少二次向县人民代表大会或县人大常委会报告预算执行情况。

县财政局、县国家税务局和县地方税务局应当每月向县人大常委会财工委报送预算执行情况和工商各税收入完成情况，每季度报送有关的情况分析材料。

十四、县人大常委会每年七月听取审议县政府关于县级总预算的上半年执行情况的报告并形成审议意见。县人大常委会可以组织县人大代表对预算执行情况进行视察和检查。根据县人大常委会的决定，县人民政府责成审计局对预算执行情况的特定事项进行专项审计调查。

十五、预算调整必须由县人民政府编制预算调整方案，预算调整当列调整的原因、项目、数额、措施及有关说明。提请县人大常委会审查和批准，审批预算调整的程序是：

（一）县人大常委会主任会议听取县财政局关于预算调整方案的汇报，经主任会议初审，提交县人大常委会会议审议。

（二）县人大常委会会议听取和审议县人民政府的预算调整方案的汇报，并作出关于调整预算的决定。

十六、财政决算按年度收付实现制编制，必须符合有关法律，法规，做到收支的数额准确、内容完整、报送及时。

十七、县财政部门编制本级决算草案，报县人民政府审定后，由县政府提请县人大常委会审查和批准。审批决算的程序是：

（一）县人大常委会主任会议听取县财政局关于本级财政决算草案的报告。同时报送一般预算收支决算总表、一般预算支出预算变动情况，一般预算支出决算明细表、财政基金预算收支决总表和决算说明书。对本级决算草案进行初步审查。

（二）县人大常委会会议听取和审议县人民政府关于本级财政决算草案的报告，关于本级财政预算执行情况的审计工作报告，对本次决算草案进行审查，作出关于本级财政决算的决议。

十八、县人民代表大会及其常委会有权就预算、决算中的重大事项或者特定问题组织调查。

十九、县审计局对县人民政府预算的执行情况和其他财政收支及人民政府财政决算实行审计监督。

审计工作报告要对预算执行和其他财政收支情况做出审计评价，全面地向县人大常委会汇报存在的问题，客观、公正地分析问题原因并提出改进和纠正的措施，对于财政审计中发现的重要问题，县人大常委会认为必要可以对审计工作报告作出决议或决定。

二十、乡、镇级预算的管理工作依据地方各级人民代表大会和地方各级人民政府组织法、预算法、审计法的有关规定，参照本办法进行。

梁山县人大常委会关于建立司法报告制度的若干规定

（1998年12月31日梁山县十四届人大常委会第九次会议通过）

为进一步加强县人大常委会对司法机关的监督，及时、准确地掌握县公安局、县人民检察院、县人民法院和县司法局查办大案要案、重大事故、突发事件等情况，促进其严格执法，维护法律尊严，确保宪法和法律、法规在本行政区域内的正确贯彻实施，根据有关法律、法规，特作如下规定：

一、报告范围及事项

（一）县公安局

1、公安机关掌握的危害国家安全的重大信息；

2、重大、特大刑事案件；

3、重大、特大火灾、爆炸等治安灾害事故；

4、重大、特大恶性交通事故；

5、有影响的群体性事件；

6、看守所在押人员非正常死亡、逃跑事件。

（二）县人民检察院

1、查办的党政机关、行政执法机关、司法机关和经济管理部门中主要领导干部，特别是党政机关中担任实职的副科级以上干部的贪污、贿赂犯罪案件，以及受理的其他贪污、贿赂大案要案；

2、副科级以上领导干部、司法和行政执法机关工作人员徇私舞弊、刑讯逼供、非法拘禁、非法搜查等犯罪案件；

3、国家机关工作人员的重大渎职犯罪案件；

4、提出抗诉的案件。

（三）县人民法院

1、在本辖区有较大影响的刑事案件的判决情况

2、在本辖区有较大影响的经济纠纷案件的审理、判决及执行情况；

3、易发生矛盾激化、引发社会不安定因素、有可能引起集体上访的案件。

（四）县司法局

1、公证人员被撤销职务的案件；

2、律师被停止执业三个月以上和吊销其律师执业证书的案件。

（五）上述机关发现并纠正错案和执法过错情况；干警受到降级、降职以上行政处分和被追究刑事责任的严重违纪、违法案件。

（六）涉及县人大常委会任命人员的犯罪案件。

（七）涉及县人大代表的犯罪案件。

（八）县人大常委会认为需要了解或公、检、法、司机关认为需要向县人大常委会报告的其他案件及情况。

二、报告时间

（一）县公安局在案件、事故、事件发生后及时报告。

（二）县人民检察院在立案后及时报告。

（三）县人民法院对刑事案件在审结后、经济纠纷案件在收案后、执行案件在执行前、易矛盾激化的案件在事件出现苗头时报告。

（四）县司法局在公证人员及律师有可能被处罚时及时报告。

三、报告形式及施行日期

上述机关应严格遵照本规定，指定部门并由专人具体负责，采取书面或口头形式及时报县人大，必要时由主要负责人带领案件承办人员携卷向县人大汇报。

本规定自县人大常委会通过之日起施行。

梁山县人大常委会联系县人大代表和组织代表活动办法

（2004 年 3 月 4 日梁山县第十五届人大常委会第九次会议通过）

第一章　总则

第一条　为加强与县人大代表的联系，保障代表依法行使代表的职权，履行代表的义务，充分发挥代表作用，根据《中华人民共和国地方各级人民代表大会和地方各级人民政府组织法》、《中华人民共和国全国人民代表大会和地方各级人民代表大会代表法》、山东省实施《中华人民共和国全国人民代表大会和地方各级人民代表大会代表法办法》的有关规定，结合我县实际，制定本办法。

第二条　密切联系县人大代表是常委会的重要职责。常委会应为代表执行代表职务、开展代表活动提供必要的条件和服务。

第三条　联系内容，主要围绕县人民代表大会及其常委会审议、讨论、决定的问题和人民群众普遍关心的问题，征求代表意见，受理代表对各方面工作的建议批评和意见（以下简称代表建议）

第四条　常委会人事代表工作室是联系代表的办事机构，负责联系代表的日常工作，办理常委会联系代表的具体事项。

第二章　常委会同代表的联系

第五条　县人民代表大会举行会议以前，常委会要安排代表调查、视察，征求对有关工作报告的意见，征集代表议案和代表建议。乡（镇）人大要协助做好这项工作。

第六条　常委会组成人员要经常深入基层联系代表，了解代表活动情况，征求代表意见和要求，帮助代表解决一些实际问题。

第七条　常委会的《会刊》、文件、《工作通讯》和有关学习材料，根据需要可发给代表小组或代表本人。

第八条　认真办理代表议案和代表建议

（一）县人民代表大会会前和会议期间，常委会向代表印发梁山县人民代表大会代表议案和代表建议专用纸。

（二）常委会要认真检查代表议案和代表建议办理情况，听取有关机关和组织对代表议案和代表建议办理情况的汇报，督促和帮助有关机关和组织抓紧落实，答复代表。做到事事有交代，件件有着落。

（三）对代表提出的议案和建议，有关机关和组织办理不当的，要按照县人大常委会《关于梁山县人民代表大会代表议案和建议办理工作的办法》的有关规定处理

第九条　常委会组成人员要按照《梁山县人大常委会组成人员联系人大代表工作意见》的要求，认真接待和办理人大代表的来信来访。重大问题由常委会主任会议研究办理

第十条　常委会制发代表证。代表可持证在全县范围内进行视察活动，代表也可以单独或者联合持证就地进行视察，常委会根据代表要求，进行联系安排。

第十一条　常委会举行例会时，根据需要，可邀请部分代表列席会议。

乡（镇）人民代表大会举行会议时，可以邀请部分县人大代表列席会议。各乡（镇）人大在组织代表视察等项活动时，可以吸收部分县人大代表参加。

第十二条　常委会组成人员按所在选区和工作分工联系代表。

常委会组成人员及机关工作人员，到基层调查研究时，要主动走访代表，听取他们的意见和要求，及时向常委会反映。

第三章　代表组织的建立和活动的开展

第十三条　为便于联系代表和组织代表开展活动，建立代表小组，县直以代表团为单位，代表团的正、副团长为代表小组组长、副组长；乡（镇）各代表小组根据就地就近便于组织活动的原则，全国、省、市、县乡（镇）代表混合编组，民主推选组长、副组长

第十四条　代表小组每季度活动一次，半年召开一次代表组长会议，一年召开一次经验交流会或代表工作座谈会。代表小组每半年集中学习一次，每年组织视察、调查研究一至三次。

第十五条　代表小组围绕下列内容开展活动：

（一）学习宣传宪法、法律、法规和党的路线、方针、政策，学习宣传县人民代表大会及其常委会的决议、决定；

（二）贯彻执行县人民代表大会及其常委会的各项决议、决定，协助各级人民政府推行工作；

（三）经常反映代表和群众的意见和要求，并督促协助有关单位抓紧办理，对涉及县级机关以上的建议和意见，要及时向常委会反映；

（四）组织代表在本系统、本行政区域内的视察和调查研究活动；

（五）制定活动计划，检查活动情况，总结交流开展代表活动的经验

第十六条　代表小组组织代表活动的情况，以书面或其他形式分别与常委会人事代表工作室和各乡（镇）人大联系。常委会每年至少召开一次代表经验交流会或代表工作座谈会，以便互通情况，促进工作。

第四章　代表与选民的联系

第十七条　代表与选民应保持密切联系，积

极向选民宣传国家的法律、法规和党的方针、政策，宣传贯彻县人民代表大会及其常委会的决议、决定。

第十八条　代表要经常听取选民的意见，反映他们的意见和要求。

第十九条　代表依法履行职责，自觉接受选民的监督。

第五章　附则

第二十条　县人大代表调离本工作单位或本行政区域，要及时报告常委会备案。

第二十一条　县人大代表执行代表职务，是法律赋予的权利。一切组织和个人都必须尊重代表的权利，支持代表执行代表职务，代表所在单位应支持协助代表行使职权，履行义务。代表依法执行代表职务，代表所在单位必须给予时间保障，提供便利条件，并按正常出勤对待，享受单位的工资和其他待遇。代表在执行代表职务时，有关方面应提供保障。

第二十二条　常委会受上级常委会的委托，做好与全国、省、市人大代表的联系工作。

第二十三条　本办法自通过之日起施行。

关于梁山县人民代表大会代表议案和建议办理工作的办法

（2004 年 3 月 4 日梁山县十五届人大常委会第九次会议通过）

第一条　为做好县人民代表大会代表议案、建议批评和意见（以下分别简称代表议案、代表建议）的办理工作，根据《中华人民共和国地方各级人民代表大会和地方各级人民政府组织法》、《中华人民共和国全国人民代表大会和地方各级人民代表大会代表法》、《山东省实施（中华人民共和国全国人民代表大会和地方各极人民代表大会代表法）办法》的有关规定，结合我县实际，制定本办法。

第二条　本办法所称代表议案，是指县人民代表大会代表（以下简称代表）依照法定的条件和程序，在规定时间内向县人民代表大会会议提出的属于县人民代表大会职权范围内的议案、代表建议，是指代表书面向有关国家机关提出的对各方面工作的建议、批评和意见，以及县人民代表大会主席团决定改作建议处理的代表议案。

第三条　代表在县人民代表大会会议期间（规定时间内）可以向大会提出议案和建议，闭会期间可以向县人民代表大会常务委员会（以下简称县人大常委会）提出建议。

代表建议，可以一人提出，也可以数人联名提出。

第四条　代表提出的议案和建议，应当事实清楚，要求明确，一事一议。议案须写明案由、案据和方案。

第五条　代表提出的议案，由县人民代表大会主席团决定是否列入会议议程。列入会议议程的议案，按《梁山县人民代表大会议事规则》的规定办理。

第六条　办理代表建议，实行分级负责、归口办理的原则。在县人民代表大会会议期间，代表提出的建议，由大会秘书处按其内容分别交由县人大常委会、县人民政府、县人民法院、县人民检察院和其他有关机关办理；在闭会期间，代表提出的建议，由县人大常委会人事代表工作室交有关部门办理。

代表提出的建议，不属于国家机关职责范围的和代表本人及为他人转交的申诉材料，作为来信处理。

第七条　办理代表议案和建议是地方国家机关和组织的职责。承办单位必须尊重代表的权利，认真负责地办理。

第八条　办理代表建议，应当注重办理质量和实效，凡有条件解决的，及时解决；因条件限制暂不能解决的，要纳入计划，创造条件予以解决；涉及上级部门的，应当反映情况，争取上级部门帮助解决；因各种原因难以解决或者不可行的，应当如实向代表解释清楚。

第九条　承办代表建议的单位应当建立健全办理制度，明确分管领导、承办机构和人员，落实办理责任。

第十条　代表建议需要两个以上部门共同办理的，由交办单位负责协调，确定主办单位。主办单位和协办单位应当密切配合，认真办理，并及时答复代表。

第十一条　对不属于本部门职权范围的建议，承办单位应当在收到建议的10日内向交办单位说明情况，经同意后及时退回，再由交办单位重新确定承办单位，原承办单位不得自行转办。

第十二条　承办单位应当在收到代表建议的3个月内将办理结果书面答复代表。在规定时间内办理答复确有困难的，经交办机关同意后可以适当延长，但延长时间不得超过3个月。

代表对答复不满意的，由交办机关责成承办单位重新办理，重新办理时间不得超过30日。

承办单位对代表的答复，应当附上《办理代表建议情况征询意见表》，代表收到后应当认真填写，及时寄送交办机关。

对代表联名提出的建议，应当逐人答复每位代表。

对代表建议的答复，同时报送县人大常委会人事代表工作室。

第十三条　县人大常委会应当加强对代表建议办理工作的督促检查，必要时可以组织代表对办理工作进行视察和检查。

第十四条　县人大常委会办公室、县人民政府、县人民法院、县人民检察院应当在县人民代表大会闭会后3个月内将办理代表建议的情况报告县人大常委会。县人民政府年终向县人大常委会书面报告办理代表建议的情况，并印发下一次县人民代表大会会议备案。

第十五条　对办理工作成绩突出的单位和人员，县人大常委会应当给予通报表扬或表彰。

“一府两院”对办理工作敷衍塞责、相互推诿，答复不落实又不说明原因，贻误工作造成损失，对代表进行刁难、无理指责或者打击报复的，由县人大常委会主任会议责成承办单位限期改正并报告处理结果；情节严重的，采取质询或特定问题调查委员会等方式进行调查处理，并责成有关机关依法追究承办单位负责人及其工作人员的行政或者刑事责任；驻梁单位对办理工作存在以上情况的，建议其上级主管部门或者有关机关追究承办单位负责人及其工作人员的相关责任。

乡（镇）人民代表大会代表议案和建议办理工作，可以参照本办法执行。

本办法自公布之日起施行。

梁山县人大常委会述职评议工作办法

（2004年6月16日梁山县十五届人大常委会第十一次会议通过）

第一条　为了加强和规范对梁山县人民代表大会选举和梁山县人民代表大会常务委员会（以下简称常委会）决定任命、任命的县人民政府、县人民法院、县人民检察院（以下简称“一府两院”）组成人员的监督，根据《中华人民共和国宪法》、《中华人民共和国地方各级人民代表大会和地方各级人民政府组织法》的有关规定，结合本县实际，制定本办法。

第二条　由县人民代表大会选举及县人大常委会决定任命、任命的县人民政府代县长、副县长；县人民政府序列办、局的主任、局长；县人民法院副院长、庭长、审判委员会委员；县人民检察院副检察长、检察委员会委员，每年应向县人大常委会述职，并接受评议。为了保证宪法和法律、行政法规在本行政区域内的遵守和执行，县人大常委会认为必要时，可以对中央、省、市驻梁单位和县人民政府序列外工作部门、经济主管部门及其他具有行政执法职能的部门和单位进行工作评议。

第三条　述职评议工作要严格操作程序，坚持依法办事、实事求是、客观公正、讲求实效的原则。

第四条　述职评议的内容：

（一）贯彻执行党的路线、方针、政策，实践“三个代表”重要思想情况；

（二）贯彻执行国家的法律、行政法规，依法决策、依法管理、依法行政、公正司法情况；

（三）贯彻执行县人民代表大会及其常委会的决议、决定和办理人大代表提出的议案、建议、批评和意见情况；

（四）履行岗位职责，落实县委中心工作，完成本部门的工作目标、本职工作任务和廉洁自律、勤政廉政情况；

（五）坚持民主集中制原则，坚持调查研究，科学决策，团结协作，带头实干、转变工作作风，密切联系群众等情况；

（六）县人大常委会或者主任会议认为需要评议的其他内容。

第五条　述职评议工作在县委的领导下进行，由县人大常委会组织实施。常委会述职评议办公室负责承办述职评议的具体工作。

第六条　述职评议一个月前，由县人大常委会办公室向述职人员发出书面通知，并由常委会组织召开动员会议，明确要求，以适当方式公告全县。

第七条　述职人员应当做到：

（一）由本人写出述职报告。述职报告应紧扣本人的思想、工作实际，既要肯定成绩，又要找出存在的问题，提出改进措施；

（二）在本部门及所属单位中听取领导班子成员干部和群众的意见；

（三）在常委会会议召开前 15 天将述职报告报县人大常委会述职评议办公室；

（四）在常委会会议上听取评议意见，并做好回答询问的准备。

第八条　述职评议工作组成若干考核组，分别由常委会负责同志带队，到述职人员所在机关及相关部门，采取走访、座谈、个别听取意见、民主测评等方式，了解述职人员的情况。考核组人员的组成采取回避原则，对述职人员和被评议的部门单位进行回避。

各考核组根据考核的实际情况起草调查报告，提交常委会主任会议研究同意后，印发常委会组成人员，作为评议的参考依据。

县人大常委会同时向县级领导干部、省、市、县人大代表发放评议意见表，开展问卷评议，评议意见分为优秀、称职、基本称职、不称职四个等次。

第九条　常委会会议述职评议程序：

（一）述职人员在常委会会议上述职。

（二）常委会组成人员分组评议述职人员的述职报告，必要时，也可以在全体会议上进行评议。

（三）各组在常委会会议上汇报评议情况。

（四）常委会组成人员按“优秀、称职、基本称职、不称职”四个等次进行无记名投票表决。

（五）评议标准和等次的确定。以优秀票 100 分、称职票 80 分、基本称职票 60 分、不称职票 40 分的计分方法，将被评议人员的评议结果进行汇总。常委会组成人员、县级领导干部、人大代表、本单位全体干部职工所评分数分别按 40%、30%、20%、10% 的比例进行折算，记入总分综合评定得分在 90-100 分者为优秀，80—89 分者为称职，60—79 分者为基本称职，60 分（不含 60 分）以下者为不称职。

第十条　常委会组成人员及其他参评人员对述职人员提出的意见、建议和表决结果，由县人大常委会述职评议办公室会同考核组对评议情况综合整理成初步评议意见，经常委会主任会议讨论通过后，作为常委会的正式评议意见进行反馈。

第十一条　评议等次结果向县委报告，向“一府两院”通报，向被评议部门和个人进行反馈，并将评议结果存入本人档案；中央、省、市驻梁单位的评议等次结果，书面报其上级主管部门，评议结果以适当方式向有关方面通报或向社会公布。

第十二条　述职人员对常委会会议评议中提出的意见、建议，应及时制定整改措施，认真整改。在接到反馈意见后一个月内将整改方案报县人大常委会，并印发常委会组成人员。县人大常委会及有关工作机构对整改情况进行跟踪监督。常委会主任会议可以根据需要听取述职人员关于整改情况的汇报。日常工作中，常委会对“一府两院”工作中存在的问题发出工作意见书，督促抓好整改。

第十三条　常委会会议听取和评议述职报告时，“一府两院”及有关部门负责人和述职人员所在部门领导干部应列席会议。述职评议可以与人大代表评议“一府两院”的工作相结合。

第十四条　获优秀者，县人大常委会建议县委作为评先树优、干部使用的重要依据。被评为不称职者，要写出检查报告，进行整改，半年后继续对其进行评议；整改不力、再次被评为不称职者，县人大常委会对其依法免职，并建议县委进行职务调整

第十五条　评议中央、省、市驻梁单位和县人民政府序列外工作部门、经济主管部门及其他具有行政执法职能的部门和单位的工作参照本办法执行，可分为“优秀、良好、一般、较差”四个等次。评议县人民政府代县长、副县长按照上级有关要求进行。

第十六条　述职评议中如发现被评议人员有重大违法违纪问题，交由执法执纪部门按有关规定调查处理。

第十七条　本办法由县人大常委会主任会议负责解释。

第十八条　本办法自通过之日起施行。

梁山县人大常委会
关于进一步加强代表小组建设的意见

梁人发〔2012〕14号

为进一步加强全县各级人大代表小组建设，保证人大代表依法行使职权、履行义务，充分发挥代表在闭会期间的作用，增强代表小组活动实效，根据代表法及《山东省实施〈代表法〉办法》的规定，现对进一步加强人大代表小组建设提出如下意见。

一、充分认识加强代表小组建设的意义，高度重视代表小组建设

代表法第二十条规定：“代表在闭会期间的活动以集体活动为主，以代表小组活动为基本形式。”第二十一条规定：“县级以上的各级人民代表大会代表，在本级或者下级人民代表大会常务委员会协助下，可以按照便于组织和开展活动的原则组成代表小组。”代表小组是代表在闭会期间履行代表职责、执行代表职务的重要组织形式，是代表工作的基础。建立代表小组和开展代表活动，可以进一步发挥代表作用，密切代表同人民群众的联系、代表同人大及其常委会的联系；也有利于代表之间加强学习交流，集思广益，优势互补，充分研究和讨论问题，更好地反映人民群众的意见和要求，共同研究提出高质量的代表议案或者建议、批评和意见。代表小组建设是衡量代表工作优劣的重要尺度，是影响代表作用发挥的关键环节，更是提升代表小组整体水平的核心

内容。代表小组建设好了，代表闭会期间的活动就有了组织保证，人大代表工作就有了抓手。

各乡镇人大、街道人大工作室要把代表小组建设这一基础性工作摆在代表工作的突出位置，把加强代表小组建设作为人大工作重要议事内容和工作目标，牢固树立“关键在认识，根本在建设，生机在活动”的理念，坚持不懈地用心谋划，规范运作，抓出实效。要认真解决活动场所、活动计划、活动制度、活动档案等问题，选好代表小组召集人，为代表更好地参加活动奠定坚实基础。

二、科学合理划分代表小组，明确专人为代表小组服务

本着便于组织、便于开展活动、便于代表履行职责的原则，立足实际，因地制宜，合理编组。注重第一次当选的代表与连选连任的代表搭配，担任领导职务的代表与基层人大代表交叉，便于互相学习，取长补短，共同进步，提高代表小组的整体素质。每位代表应按照编组积极参加小组活动。各乡镇人大、街道人大工作室要明确专人负责这项工作，为代表小组建立场所、档案提供帮助，为代表小组制定制度、计划当好参谋和助手，为代表联系选民、收集意见、执行职务创造条件和环境。要加强对代表小组活动的指导，加强与各代表小组召集人的联系，通过组织代表学习，开展视察、调研、评议、采取集中与分散相结合等多种形式，切实提高活动的实效，同时对代表小组活动的典型经验，要及时加以总结和推广。

三、规范代表小组活动内容，创新代表小组活动方式

根据代表法及省实施办法的规定，结合我县代表小组活动的实践，代表小组活动的主要内容是：

1、组织代表学习、宣传、贯彻宪法、地方组织法、代表法等法律法规和党的路线、方针、政策，以及各级人大及其常委会的决议、决定，协助本级人民政府推进工作；

2、组织代表开展视察活动和调查研究，了解各项法律法规的贯彻实施情况，写出视察和调查报告，向有关人大常委会或其他国家机关提出改进工作的建议、批评和意见；

3、把代表小组活动与大会期间的工作紧密结合起来，根据各级人大常委会的有关决定和部署，组织代表参加会前集中视察、年中专题调研等活动，为审议各项报告和提出议案、建议作准备；

4、组织代表开展联系选民活动，听取人民群众的意见和建议，向人大常委会和有关国家机关反映；

5、总结交流开展代表小组活动的经验和体会，积极创新代表小组活动，不断提高代表活动质量；

6、继续组织代表开展“六个一带头”主题实践活动（学习一部法律，带头遵纪守法；联系一方百姓，带头为民排忧解难；引进一个项目，带头贴近中心抓招商；闯一条致富路，带头富民奔小康；提一条好建议，带头为加快发展献良策；化解一项社会矛盾，带头维护社会稳定），充分发挥代表的模范带头作用，为经济社会平稳较快发展做出积极贡献。

代表小组活动要注重“四个结合”：一是“走出去”与“请进来”相结合。一方面各代表小组深入农村、企事业单位、社区进行调研和视察，广泛听取群众呼声、征求百姓意见，传达上级精神、宣传法律法规，认真探寻解决问题之策、提出合理化建议；另一方面，通过设置“人大代表接待点”“代表联系信箱”，开展“接待日”等活动，敞开代表小组的大门，让人民群众充分反映意愿和要求，及时向有关部门提出建设性的意见和建议。二是集体活动与分散活动相结合。以集体活动为主，分散活动为辅。对于列入代表小组活动计划的内容和重要议题，由代表小组召集人组织小组全体成员开展活动。代表个人也要发挥联系群众密切的特点，深入基层，深入群众，开展调

查研究，了解社情民意，及时向小组召集人汇报，提出好的意见、建议。三是代表小组自身活动与开展交流相结合。各代表小组除按照要求有计划地开展各项活动外，还要加强横向交流，提倡同级代表小组之间通过跨区域视察、调查、观摩、交流经验等形式，相互学习，取长补短；加强上下交流，驻梁山的省、市、县、乡四级代表小组通过多种形式保持经常联系，传递信息，交流情况。四是代表持证视察和调研相结合。代表个人从专业和行业的角度，结合群众关注的热点、难点问题，持证开展视察和调研活动。但必须报请代表小组召集人批准，并由县人大常委会有关部门提供条件和帮助，以便写出高质量的建议，视察调研过程中不直接处理问题。

四、明确代表小组召集人职责，增强召集人的责任感

代表小组召集人是代表小组的组织者、联系者、带头者，处于重要的地位，发挥着关键性的作用。召集人的主要职责是：

1、围绕党委中心工作和市、县人大常委会工作要点，在征求代表意见的基础上，负责起草本小组年度活动计划，组织落实本小组的各项活动制度，做好活动记录，认真总结开展活动的经验，并按要求向本级人大常委会汇报小组开展活动的情况，接受指导；

2、组织代表开展学习宣传宪法、法律法规和人大通过的决议、决定，以及党的路线、方针、政策，努力提高代表的履职能力和水平；

3、组织代表进行视察、调查，了解宪法、法律法规和人大决议决定的贯彻落实情况，以及国民经济、社会发展计划执行情况等，提出议案和建议；

4、组织代表开展联系选民或选举单位等活动，收集整理群众的意见和要求，对迫切需要解决的重大问题，开展调查研究，及时向有关国家机关反映，促进问题的解决；

5、加强与其他代表小组的联系和交流，相互学习经验，促进代表小组整体水平的提高；同时，加强与市、县人大常委会的联系，活动前向常委会及其办事机构介绍活动时间和内容，活动后及时反映活动情况和提出的建议、批评和意见。

要加强对召集人的培训，使其增强责任意识，热心代表工作，乐于为代表服务，不断提高召集人的政治素质、议政能力和组织开展活动的本领，自觉组织好代表小组的活动。每次活动之前，召集人要提前 3 天将活动的有关事项通知代表，做好各项准备，确保活动效果。

五、建立代表小组活动保障机制，切实提高活动实效

为有效地组织代表开展闭会期间的活动，必须切实加强代表小组基础设施建设，建立代表小组活动保障机制。代表小组要以有活动场所、有活动计划、有活动制度、有活动档案的“四有”建设为基础，不断丰富创新代表小组建设的内容，逐步实现代表小组活动的制度化、规范化。各代表小组都要设立活动室，配备必要的办公设备，订阅有关的学习资料，为代表营造便于学习、讨论、接待群众的活动场所。要健全完善小组活动制度，全面规范代表小组活动，使代表履行职责有章可循（主要制度附后）。要认真制定代表年度活动计划，每年年初根据省、市、县人大常委会的指导意见，结合当地党委中心工作和人大常委会的工作要点，制定小组年度活动计划，并及时通报给代表，使代表准时参加小组活动、合理安排日常工作。每个代表小组每年集体活动应安排不少于 4 次。要建立代表小组活动档案，小组活动和每位代表的履职情况都详细进行记录（记录样表附后）。要进一步拓宽与群众联系的渠道，市以上代表小组和有条件的其他小组，要通过设立代表小组网站、代表电子信箱、公开电话、征求意见箱等多种形式，为群众反映情况提供方便，更广泛地听取意见，更好地履行代表职责。要建立起稳步投入的保障机制。将代表活动经费列入财政预算，严格按上级要求标准拨付。要不断改

善代表小组活动场所的环境和条件，为代表小组开展活动提供可靠的物质保障。

要努力提高代表小组活动的效果。每次活动要选好主题，围绕法律法规的贯彻实施，围绕党委的中心工作和人大常委会工作的重点，围绕经济社会发展中的重要问题，围绕群众关心关注的热点难点问题，有针对性地开展活动，摸清情况，提出切实可行的建议，为当地的经济社会发展建言献策。要在增加议案和建议数量的基础上提高质量，尽量撰写出数量多、质量高的议案、建议和调研报告。对重大问题要进行跟踪视察、检查，督促有关部门抓紧落实。要提高代表在推进经济社会发展中的贡献率，鼓励代表在自主创新、节能降耗和招商引资、发展民营经济中发挥更大的作用，做推动经济社会又好又快发展的主力军。要大力为民办实事，始终将情为民所系、权为民所用、利为民所谋贯彻在代表小组活动中，体现在顺民意、解民忧、通民情、安民心的实效上，切实维护人民群众的根本利益。

附：代表小组活动制度

代表小组活动制度

一、学习制度

代表小组每次开展活动时，都要先组织代表进行学习。学习内容要与视察、调研等活动内容结合起来，进一步熟悉有关法律法规和政策，增强活动的针对性和实效性。

二、视察、调研制度

要围绕经济和社会发展的一些重要问题和群众关注的热点问题，每年至少进行2至3次视察或调研活动。小组进行视察、调研活动，要制定好活动方案，突出主题，深入实际，了解实情，写出视察或调研报告，提出议案和建议，协助政府推行工作。小组可根据代表的提议，就某一专题进行视察或调研。代表个人也可以根据实际情况进行持证视察调研，视察调研结束后，要向小组召集人汇报。

三、联系选举单位和群众制度

小组及代表要经常保持与选举单位的联系，定期向本级人大常委会和选举单位报告开展活动的情况，代表要根据要求向选举单位或选区选民报告履行职责的情况，自觉接受监督。要密切联系群众，小组每年组织1至2次联系人民群众活动，通过召开座谈会、走访社区和农村等多种方式，了解群众最关心的热点问题，听取群众的意见，及时反映群众的要求。

四、请假制度

小组全体代表都要积极参加小组组织的各项活动，自觉履行代表职责。确有特殊情况不能参加活动的，要提前向小组召集人说明情况，书面请假。每位代表每年请假最多不能超过2次。

五、活动记录制度

代表小组要建立《小组活动情况记录簿》、《代表参加活动出勤情况记录簿》、《代表提出议案建议情况记录簿》等，由代表小组召集人或小组指定专人负责填写。

梁山县人大常委会
对决议决定审议意见落实跟踪督办的
实 施 办 法

（2014年12月31日梁山县十七届人大常委会第二十五次会议通过）

第一条 为保证县人大常委会所作决议、决定的执行和审议意见等文件的落实，提高办理质量，加强对县政府、县法院、县检察院（以下简称“一府两院”）工作的监督，根据《中华人民共和国地方各级人民代表大会和地方各级人民政府组织法》（以下简称《地方组织法》）、《中华人民共和国地方各级人民代表大会常务委员会监督法》（以下简称《监督法》）等有关法律的规定，结合本县实际，制定本办法。

第二条 本办法适用于县人大常委会对本行政区域内重大事项所作出的决议、决定的执行和县人大常委会听取“一府两院”专项工作报告后提出的审议意见的办理。

第三条 县人大常委会决议、决定、审议意见等作出或通过后，应在七日内以正式文件印发“一府两院”及相关部门和单位。

第四条“一府两院”及相关部门和单位在接到决议、决定、审议意见等文件后应及时研究，认真办理。办理结果一般应在收到文件之日起两个月内，以书面形式报告县人大常委会；有特定期限要求的，应当在要求的期限内报告办理结果；不能如期报告的，应在规定的最后期限前将原因书面告知县人大常委会。

第五条 办理机关报告办理结果的主要内容应当包括决议、决定的执行情况，审议意见的采纳情况、落实措施和取得的效果；对没有采纳或暂缓办理的，应当说明原因并提出意见。

第六条 县人大常委会有关工作机构，应当按照职责分工加强与办理机关的联系，掌握决议、决定执行情况和审议意见的办理进度，了解执行或办理过程中遇到的问题，并及时向主任会议报告。

第七条 主任会议认为必要时，可听取办理机关的办理情况汇报，提出督办意见；对内容重要、办理难度较大的问题，可以采取组织代表视察、检查等方式进行跟踪督办。

第八条 对办理情况的报告，主任会议可提交县人大常委会进行审议，必要时可进行满意度表决。表决票分满意、基本满意、不满意三个档次，实行无记名投票，票决结果由会议主持人当场公布。

第九条 票决结果不满意票超过总票数三分之一的，责成承办单位对决议、决定或审议意见重新进行研究处理，并在两个月内再次向县人大常委会会议报告，重新接受票决。

第十条 重新办理的结果仍定为不满意等次的，县人大常委会可以向办理机关提出询问或依法提出质询案。对问题突出、影响恶劣、拒不整改的，县人大常委会可根据《地方组织法》、《监督法》授予的职权，依法对责任人采取相应的措施。

第十一条 县人大常委会办公室应当适时将督办情况报送县委，书面告知县人大常委会组成人员，并向有关人大代表通报，必要时向社会公布。涉及垂直工作机构的督办情况向其上级主管部门通报。

第十二条 县人大常委会组织代表专题视察、执法检查等提出的意见，以及主任会议讨论有关重要事项提出的意见，需交有关单位办理的，可参照本办法处理。

第十三条 本办法由县人大常委会办公室负责解释。

第十四条 本办法自通过之日起施行。

梁山县人大常委会
关于对重点事项实行督察督办的实施办法

（2014年12月31日梁山县十七届人大常委会第二十五次会议通过）

为充分发挥县人大常委会的监督职能作用，加强对县政府及有关部门、县法院、县检察院重点事项的监督，提高督察督办工作质量，根据《中华人民共和国各级人民代表大会常务委员会监督法》等法律的规定，制定本实施办法。

第一条 县人大常委会督察督办的重点事项，

根据以下内容确定：

（一）县委安排的重点工作；

（二）县人大及其常委会确定的重要事项；

（三）上级人大及其常委会交办的有关事项或领导重要批示；

（四）事关人民群众切身利益的热点难点问题；

（五）人大代表反映的突出问题。

第二条 督察督办的工作原则：坚持依法办事、实事求是、突出重点、讲求实效。

第三条 督察督办的具体事项由县人大常委会主任会议确定。县人大常委会分管副主任牵头负责，办公室负责协调、服务工作，责任委室负责具体实施；必要时，主任会议指定有关委（室）协助。

第四条 县人大常委会开展督察督办工作的主要形式：

（一）听取汇报。常委会主任会议可采取听取承办单位负责人汇报的方式，进行督察督办；必要时，主任会议提请召开人大常委会会议，听取专项工作报告，并进行满意度测评。

（二）专题视察。常委会主任会议对某一督察督办事项，可组织县人大代表或县人大常委会组成人员进行视察或检查，实地察看办理情况。

（三）专题询问。对事关全县发展稳定大局、关乎群众切身利益、社会普遍关注的问题，主任会议可提请召开常委会会议开展专题询问。

（四）成立督察督办小组。主任会议可根据重点事项的具体情况，成立专门的督察督办小组，实施跟踪督办。

第五条 督察督办工作要求：

（一）凡列入县人大常委会督察督办的事项，由办公室根据督察督办事项的内容和反馈的时限要求，及时向有关机关或部门发出《梁山县人大常委会督察督办通知》。

（二）相关承办单位在接到县人大常委会下发的督察督办通知后，应以高度负责的态度，对有关事项进行认真自查，积极配合常委会的督察督办工作，并加大承办事项的推进力度。

（三）督察督办小组或有关责任委室要及时跟踪了解督察事项的办理情况，定期向县人大常委会主任会议汇报。

（四）承办单位要按时限要求，完成所承担的工作任务，并按时形成书面报告，经单位领导审核并加盖印章后，向县人大常委会报告。报告的主要内容为：工作进展情况、取得的效果或未完成承办事项的原因及下步打算等。

第六条 承办单位对县人大常委会督察督办事项有疑义的，应及时以书面形式向县人大常委会提出并说明理由。经主任会议研究，事由成立的，终止督察督办。

第七条 承办单位对督察事项不予办理或办理不力的，应作下列处理：

（一）督促办理；

（二）责成作出书面说明；

（三）给予通报批评；

（四）建议有管理权限的机关对有关责任人员给予组织处理；

（五）情节严重的，报请县委同意后，启动法定程序，依法追究责任人的责任。

第八条 对县人大代表在闭会期间提出的建议、批评和意见，人大代表和人民群众来信来访，分别依照县人大相关规定执行。

第九条 本办法由县人大常委会办公室负责解释。

第十条 本办法自通过之日起施行。

梁山县人大常委会
组织视察调研和执法检查活动实施办法

（2014 年 12 月 31 日梁山县十七届人大常委会第二十五次会议通过）

第一条　为规范县人大常委会视察、调研、执法检查工作，进一步提高监督实效，根据《中华人民共和国地方各级人民代表大会和地方各级人民政府组织法》、《中华人民共和国各级人民代表大会常务委员会监督法》等有关法律规定，结合我县实际，制定本办法。

第二条　视察、调研、执法检查坚持“少而精、重实效”的原则，选择若干议题组织开展。同时，配合做好上级人大常委会安排的视察、调研、执法检查工作。县人大常委会每年的视察、调研、执法检查根据下列内容确定：

（一）县委部署的年度中心工作；

（二）全县经济社会发展中的重大问题；

（三）涉及群众切身利益、社会普遍关注的重大问题；

（四）县人民代表大会确定的各项重点工作；

（五）有关法律法规在本辖区的贯彻实施情况；

（六）县人大代表对“一府两院”工作提出的建议、批评和意见中反映的突出问题；

（七）县人大常委会组成人员联系代表、代表联系选民活动中反映的突出问题。

对特定部门单位的专题视察、执法检查，除法定事项、重点工作外，原则上两年内不重复安排。

第三条　人大视察、调研、执法检查以强化监督、促进工作为目的，不直接处理具体问题。

第四条　每年初，根据县委确定的年度中心工作，在充分征求县人大常委会组成人员和基层人大代表意见的基础上，由县人大常委会各委室草拟本年度视察、调研、执法检查工作计划，经主任会议讨论后提请县人大常委会会议审议通过，印发县人大常委会组成人员、县人民政府及其有关部门、县人民法院、县人民检察院。

在实施过程中，常委会主任会议可进行适当调整。

第五条　县政府及有关部门、县法院、县检察院对县人大常委会组织的视察、调研、执法检查要认真对待，主动配合县人大常委会有关委室制定视察、调研、执法检查工作方案，并按要求进行自查，在组织视察、调研、执法检查前将自查报告书面报送县人大常委会有关委室。

第六条　视察、调研、执法检查活动按照轻车简从、务实高效的原则，由常委会领导、部分人大常委及有关人大代表参加。具体活动由县人大常委会分管领导牵头，相关委室组织实施，力求减少干扰，讲求实效。办公室应按有关规定，提前通知参加人员；参加人员应根据活动内容做好准备，提高活动实效。

第七条　视察、调研、执法检查注重深入一线和基层，掌握第一手资料，切忌走过场、搞形式主义。

第八条　视察、调研、执法检查活动应严格遵守有关纪律要求，严禁收受被视察单位赠送的礼品和土特产等；确需安排就餐的应严格按规定执行。

第九条　视察、调研、执法检查结束后，县人大常委会有关委室写出视察、调研、执法检查报告，按程序审签后，以简报或其他形式印发。

第十条　县人大常委会形成的调研报告、视察简报由相关委室负责跟踪督查，并及时向主任会议报告。

第十一条　本办法由县人大常委会办公室负责解释。

第十二条　本办法自通过之日起施行。

梁山县人大常委会开展专题询问和质询工作试行办法

（2015年10月28日梁山县十七届人大常委会第三十一次会议通过）

第一章 总则

第一条 为保障县人民代表大会常务委员会（以下简称县人大常委会）组成人员依法行使询问和质询职权，根据《中华人民共和国地方各级人民代表大会和地方各级人民政府组织法》和《中华人民共和国各级人民代表大会常务委员会监督法》等法律的有关规定，参照省、市人大常委会的相关工作办法，结合本县实际，制定本办法。

第二条 询问和质询是宪法和法律赋予人大常委会组成人员的一项重要权利，是人大常委会行使监督职权的一种重要形式。

第三条 专题询问和质询工作应坚持实事求是、客观公正、民主公开、依法办事的原则。

第二章 专题询问

第四条 县人大常委会在举行会议或闭会期间，组织常委会组成人员对县人民政府及其部门、县人民法院、县人民检察院以及中央、省、市驻梁垂直管理部门相关工作进行询问。

第五条 县人大常委会组成人员认为县人民政府及其部门、县人民法院、县人民检察院以及中央、省、市驻梁垂直管理部门有下列情形之一的，可以提出专题询问建议：

（一）实施宪法、法律、行政法规和地方性法规方面的问题；

（二）贯彻国家方针、政策方面的问题；

（三）执行上级和本级人民代表大会及其常委会决议、决定方面的问题；

（四）人民群众反映强烈、迫切需要解决的重大事项或有关问题；

（五）对经济运行、社会管理、民主民生等方面的热点难点督促整改的问题；

（六）其他需要提出询问的问题。

县人大常委会相关工作机构对专题询问议题建议进行汇总，交县人大常委会主任会议确定专题询问议题。

第六条 开展专题询问可成立工作小组。工作小组由常委会主任或副主任担任组长，常委会有关组成人员及工作机构负责人为成员。工作小组负责拟订专题询问工作方案，提请主任会议研究同意后组织实施。

专题询问工作实施方案包括：询问的目的、询问的议题、询问人和被询问人建议名单、时间、地点、会议议程、主持人、参加（列席）人员、旁听人员和新闻报道等内容。

专题询问方案确定后，常委会办事机构应及时通知被询问单位，落实专题询问的具体事项。

第七条 专题询问工作小组应充分了解被询问机关的准备情况。根据准备工作情况，适时组织召开专题询问协调会，落实专题询问的具体事项。

第八条 专题询问在县人大常委会全体会议上进行，也可视询问问题在常委会会议闭会期间安排专门会议进行。

专题询问由主持人、询问人、被询问人和列席人员参加。参加人员由县人大常委会主任会议决定。

主持人由县人大常委会主任或副主任担任。

询问人由县人大常委会组成人员组成。

被询问人指专题询问事项涉及的县人民政府及其部门、县人民法院、县人民检察院以及中央、省、市驻梁垂直管理部门，被询问机关应当由主要负责人到会听取意见，接受询问。

县人大代表，县人大常委会工作机构有关人员，县人民政府及其部门，县人民法院、县人民检察院相关工作人员，经县人大常委会主任会议同意可以列席。

根据工作需要，经县人大常委会主任会议决定可以邀请部分公民旁听专题询问。

第九条 被询问机关应当于县人大常委会举行会议的十日前将涉及专题询问的工作报告送交县人大常委会办公室。县人大常委会办公室应在县人大常委会举行会议的七日前送交县人大常委会组成人员。

第十条 专题询问采取现场面对面“一问一答”的方式进行。

县人大常委会组成人员每次提出询问，一般不超过三分钟。被询问机关的人员每次回答询问，一般不超过十分钟。一次专题询问活动，一般不超过两个小时。

第十一条 询问人提出问题应紧扣议题，突出重点，言简意赅，不讲套话。被询问人回答询问应全面详实，避免答非所问、照本宣科。在听取回答后，询问人及其他人员认为仍有不清楚或有必要再了解的问题，可以当场跟进提出询问，被询问人应予回答。

一个问题涉及多个部门的，应当以承担主要职责的部门为主答复，其他有关部门可以补充答复。

被询问人当场不能直接答复时，应当说明原因，在取得主持人同意后，可以在专题询问结束七个工作日内书面答复。

第十二条 根据询问情况，县人大常委会可就该专题询问进行满意度测评。常委会组成人员过半数对被询问机关的回答不满意的，县人大常委会主任会议可以决定被询问机关再作回答，或就所询问议题进行执法检查。必要时，县人大常委会可作出相应的决议、决定。

第十三条 专题询问结束七日内，县人大常委会办公室应将专题询问和审议的意见进行整理、归纳，以审议意见书的形式，交由被询问机关研究处理和整改。被询问机关应当在收到审议意见书后的两个月内，将研究处理和整改情况书面报县人大常委会。情况复杂需要延长期限的，应当经主任会议同意。

第十四条 县人大常委会可成立专项工作督查督办小组，对专题询问意见研究处理情况进行跟踪监督，对被询问机关在询问答复中提出的具体事项进行重点督办，直至有关事项得到解决。督办情况的报告由主任会议决定印发常委会组成人员。

被询问机关对专题询问意见落实不力、工作不到位的，县人大常委会可依法启动质询、特定问题调查等监督手段督促落实。

第三章 质询

第十五条 县人大常委会组成人员五人以上联名，可以向县人大常委会提出的对县人民政府及其部门、县人民法院、县人民检察院以及中央、省、市驻梁垂直管理部门的质询案。

第十六条 县人大常委会组成人员认为县人民政府及其部门、县人民法院、县人民检察院以及中央、省、市驻梁垂直管理部门有下列情形之一的，可以依法联名提出质询案：

（一）违反法律、法规的；

（二）与人民群众切身利益相关且受人民群众高度关注的热点、难点问题有条件解决而没有得到较好解决的，社会反映较为强烈，需要督促有关部门和单位进行整改的；

（三）不认真执行或者拒不执行上级和本级人民代表大会及其常委会决议、决定的；

（四）对执法检查、专项工作报告、专题调研、视察、接待群众来信来访以及代表建议办理中发现的问题，有关部门或单位重视不够，不及时进行整改，答复敷衍的；

（五）因决策严重失误，工作中有重大失职或渎职，给国家利益、人民群众生命财产、公共财产造成重大损失或恶劣影响的；

（六）其他需要对相关部门和单位提出质询的问题。

第十七条 下列事项不属于质询范围：

（一）属于常委会组成人员个人利益的问题；

（二）进入诉讼程序的具体案件。

第十八条 质询案应当以书面形式提出，一事一案，并写明质询对象、质询的问题和内容。一件质询案只能质询一个对象，如果质询的事项涉及两个或者两个以上的机关，应当对不同对象分别提质询案，或者对承担主要职责的机关提质询案。

第十九条 质询案由县人大常委会办公室和相关工作机构提请主任会议决定，必要时要在质询前对质询事项进行调查，并向主任会议提供书面调查报告。

县人大常委会主任会议听取相关工作机构的质询事项的专题调查报告，研究召开质询会议的有关事项，并根据调查报告拟出质询提纲。

第二十条 质询提纲于质询会议举行十日前告知被质询机关。被质询机关要积极配合，按照质询提纲的要求，及时认真地做好答复的各项准备工作。

第二十一条 主任会议决定进行质询后，委托相关工作机构制定具体实施方案。实施方案内容应包括：

（一）质询的主体；

（二）质询的对象；

（三）质询的问题及内容；

（四）质询的方式；

（五）质询的时间；

（六）质询的场所等。

第二十二条 常委会质询会议上，被质询机关主要负责人应到会答复。提质询案的常委会组成人员应参加会议，并可以就答复中不够明确的问题作进一步提问，发表意见。

第二十三条 常委会组成人员在县人大常委会质询会议上，采取一问一答的形式进行质询。质询人所提问题要紧扣质询议题，重点突出，具有针对性；被质询机关主要负责人回答问题要认真负责、实事求是，提出改进工作的思路和对策要符合法律要求和工作实际，并明确整改时限。当场不能回答的，说明原因后，可在会后以书面形式答复质询人，并报送县人大常委会有关工作机构。被质询人答非所问或发言冗长的，主持人可当场叫停，确实有需要说明的情况，会后可以提供书面说明。

第二十四条 在县人大常委会会议或质询会议上现场对被质询机关答复情况进行满意度测评。常委会组成人员过半数对被质询机关的答复不满意的，主任会议可要求被质询机关再次答复，对再次答复仍不满意的，由主任会议根据提质询案的常委会组成人员的意见和被质询机关答复的情况，提交县人大常委会会议就所质询的事项组织特定问题调查委员会进行调查，必要时可以就质询事项做出决议、决定。

第二十五条 常委会组成人员提出的质询案中涉及待处理的具体事项，主任会议可以交由县人大常委会有关工作机构督办，督办结果由督办机构向下次常委会会议报告。被质询机关应当将处理结果书面答复提质询案的常委会组成人员，并报送督办机构。

第二十六条 质询案在主任会议决定交被质询机关答复前，提质询案的常委会组成人员书面要求撤回质询案的，经主任会议同意，该质询案即予撤销。

提质询案的常委会组成人员要求撤回质询案的，应当本人签名。未签名的提案人人数仍符合提质询案法定人数的，该质询案仍然有效。

第四章 附则

第二十七条 询问人、质询人要求提供相关材料的，被询问、质询机关应当按时如实提供。

专题询问和质询的问题、要求提供的材料，如涉及国家秘密的，被询问、质询机关可以不予回答或不予提供，但应当作出说明。

第二十八条 专题询问及答复情况、质询案及质询案的答复情况，一般应当向社会公布，并整理存档以备查。

第二十九条 本办法自通过之日起施行。

梁山县人民代表大会常务委员会议事规则

（2012 年 6 月 27 日梁山县十七届人大常委会第四次会议通过
2016 年 2 月 26 日第三十六次会议修订）

第一章　总则

第一条　为保障梁山县人民代表大会常务委员会（以下简称常委会）依法行使职权，根据《中华人民共和国宪法》、《中华人民共和国地方各级人民代表大会和地方各级人民政府组织法》和《中华人民共和国各级人民代表大会常务委员会监督法》等有关法律、法规的规定，结合本县实际，制定本规则。

第二条　坚持以邓小平理论和“三个代表”重要思想为指导，深入贯彻落实科学发展观，坚持党的领导、人民当家作主、依法治国有机统一，坚持和完善人民代表大会制度，紧紧围绕全县工作大局，依法履行职责，创造性地开展工作，充分发挥地方国家权力机关的作用，真正把党委的意图通过法定程序变为群众的自觉行动，形成团结奋进、加快发展的强大动力。

第三条　维护宪法、法律的尊严，维护国家和人民的根本利益，贯彻县人民代表大会决议，体现全县人民的意志，接受全县人民的监督。

第四条　实行集体领导与个人分工负责相结合，维护班子团结，支持各成员在职责范围内独立负责地开展工作，并自觉接受监督。常委会举行会议、审议决定问题，应当充分发扬民主，集体行使职权，任何个人或少数人无权作出决定。

第五条　坚持以人为本、执政为民。经常深入基层、深入代表、深入群众，健全联系群众、联系代表、服务基层的长效机制，始终把人民群众利益放在第一位，把实现好、维护好、发展好最广大人民的根本利益作为一切工作的出发点和落脚点，做到权为民所用、情为民所系、利为民所谋。

第二章　议事范围

第六条　本行政区域内的下列事项由常委会依法审议、决定：

（一）全县遵守和执行宪法、法律、行政法规、地方性法规、上级人民代表大会及其常委会决议和县人民代表大会决议的事项；

（二）决定县人民代表大会代表的选举事项，指导本县乡（镇）人民代表大会代表的选举工作；

（三）县人民代表大会会议的筹备工作；

（四）全县经济建设、政治建设、文化建设、社会建设和生态文明建设等方面的重大事项；

（五）全县国民经济和社会发展五年规划的调整和年度计划、预算的部分变更；

（六）听取和审议县人民政府、县人民法院、县人民检察院的工作报告；

（七）评议县人民政府、县人民法院、县人民检察院的专项工作；

（八）联系各级人大代表的事项，人民群众对县级国家机关及其工作人员的控告、申诉、意见；

（九）撤销乡（镇）人大不适当的决议和县人民政府不适当的决定、命令等方面的议案；

（十）人事任免事项和撤职案，补选市人民代表大会出缺的代表和罢免个别代表；

（十一）授予或撤销地方荣誉称号；

（十二）其他需由常委会审议决定的重大事项。

第三章　会议的召开

第七条　常委会会议每两个月至少举行一次，特殊需要时，可以临时召集会议。常委会会议由主任召集并主持。

第八条　常委会举行会议的日期由主任会议决定；会议议程和日程草案，由主任会议根据常委会工作计划和实际情况拟定，提请常委会全体会议通过。

第九条 在常委会举行会议的七日前，常委会工作机构应向常委会组成人员和有关地方国家机关发出会议通知。临时召集的会议，临时通知。

第十条 常委会举行会议时，常委会组成人员应当按时出席会议。出席会议情况，定期公布。

常委会会议必须由常委会全体组成人员过半数出席方可举行。

常委会组成人员在常委会举行会议前，应当根据会议建议议题，认真做好准备。

第十一条 常委会举行会议时，县人民政府、县人民法院、县人民检察院负责人列席会议。

常委会各工作机构负责人，县政府有关部门主要负责人列席会议。

根据会议内容，各乡镇人大主席、街道人大工作室主任或乡镇人大副主席、街道人大工作室副主任列席会议。必要时，可以邀请有关的省、市、县人大代表列席会议；公民旁听会议，依照有关规定程序办理。

第十二条 常委会组成人员不得无故缺席会议，因病或其他特殊原因不能出席会议的，应向常委会主任请假。列席人员因故不能参加会议的，应向常委会主任或办公室主任请假。

第十三条 对常委会会议应当进行宣传报道，必要时由新闻发言人对外发布。

第十四条 常委会举行会议时，可以召开全体会议，也可以召开分组会议。

第四章 议案的提出和审议

第十五条 主任会议可以提出属于常委会职权范围内的议案。

县人民政府、县人民法院、县人民检察院，可以向常委会提出属于常委会职权范围内的议案，由主任会议决定提请常委会会议审议，或者先交常委会有关工作机构审议、提出报告，再提请常委会会议审议。

常委会组成人员三人以上联名，可以提出属于常委会职权范围内的议案，由主任会议决定是否提请常委会会议审议；不提请常委会会议审议的，应当向提议案人作出说明。

主任会议根据工作需要，可以委托常委会的工作机构拟定议案草案，并向常委会会议作出说明。

第十六条 主任会议、县人民政府、县人民法院、县人民检察院，可以向常委会提出属于常委会职权范围内的人事任免议案和撤职案。

对人事任免案，依照《梁山县人大常委会人事任免办法》规定的程序办理。

常委会五分之一以上的组成人员书面联名，可以向常委会提出属于常委会职权范围内的撤职案，由主任会议决定是否提请常委会会议审议；或者由主任会议提议，经全体会议决定，组织调查委员会，由以后的常委会会议根据调查委员会的报告审议决定。

撤职案应当写明撤职的对象和理由，并提供有关的材料。撤职案在提请表决前，被提出撤职的人员有权在常委会会议上提出申辩意见，或者书面提出申辩意见，由主任会议决定印发常委会会议。

罢免个别市人大代表，依照《中华人民共和国全国人民代表大会和地方各级人民代表大会选举法》规定的程序办理。

第十七条 提请常委会审议的议案，应当在会议举行十日前，送交常委会工作机构。议案的提出，应当以书面形式，写明议题、理由和解决方案。

第十八条 对列入常委会议程的议案，提议案单位、提议案人应当提供有关的资料。

第十九条 常委会全体会议听取议案或者关于议案的说明后，可由全体会议或分组会议进行审议。

提出议案的单位负责人、提议案人可以在常委会全体会议、分组会议上对议案作补充说明。

第二十条 列入常委会会议议程的议案，如

果在审议中发现有重大问题需要研究，可以经主任会议决定暂不交付常委会全体会议表决。主任会议的决定应当向全体会议作以说明。

第二十一条　列入常委会会议议程的议案，在交付表决前，提议案单位或者提议案人要求撤回的，经主任会议同意，对该议案的审议即行终止。

第二十二条　主任会议或者五分之一以上的常委会组成人员书面联名，可以向常委会提议组织特定问题调查委员会，由主任会议决定提请常委会会议审议，或者先交常委会有关工作机构审议、提出报告，再提请常委会会议审议。

调查委员会由主任委员、副主任委员和委员组成，由主任会议在常委会组成人员和县人大代表中提名，提请常委会会议审议通过。调查委员会可以聘请有关专家参加调查工作。

调查委员会应当向常委会提出调查报告。常委会会议根据报告，可以作出相应的决议、决定。

第五章　听取和审议工作报告

第二十三条　常委会会议听取和审议县人民政府、县人民法院、县人民检察院的专项工作报告。审查和批准决算，听取和审议国民经济和社会发展计划执行情况报告、预算执行情况报告、审计工作报告。听取和审议常委会执法检查组提出的执法检查报告。听取其他报告。

第二十四条　县人民政府应当在每年六月至九月期间，将上一年度的本级决算草案提请常委会审查和批准，向常委会报告本年度上一阶段国民经济和社会发展计划、预算的执行情况。

第二十五条　县人民政府向常委会会议报告工作时，由县长或分管副县长作报告，也可以委托有关部门的主要负责人作报告。县人民政府向常委会所作的工作报告，应经县人民政府常务会议讨论同意。

县人民法院、县人民检察院向常委会报告工作时，应当由院长、检察长作报告；如果院长、检察长因故不能作报告，可以委托副院长、副检察长作报告。县人民法院、县人民检察院向常委会所作的工作报告，应经院长办公会议、检察长办公会议讨论同意。

常委会的工作，由常委会分管副主任或者受主任会议委托的有关机构主要负责人向常委会报告。

第二十六条　常委会应当对工作报告作出决议、决定或者提出审议意见。常委会作出的决议、决定或审议意见，应在常委会会议闭会一周内，以常委会正式文件印发“一府两院”和有关部门及各乡镇人大主席团、街道人大工作室，报送县委和市人大常委会。县人民政府、县人民法院、县人民检察院应当将研究处理审议意见的情况送交常委会有关工作机构征求意见后，于两个月内向常委会提出书面报告。对常委会作出的决议、决定，县人民政府、县人民法院、县人民检察院应当在规定的期限内，将执行情况向常委会报告。常委会对决议、决定或审议意见的落实情况开展跟踪监督，必要时进行票决。

第二十七条　听取和审议县人民政府、县人民法院、县人民检察院工作报告时，可进行满意度测评，测评结果当场宣布。县人大有关工作机构应跟踪督查有关问题的整改和工作措施的落实。

第二十八条　常委会可以通过听取和审议专项工作报告、专题视察、组织执法检查等形式，对本行政区域内依法行使行政管理职能的垂直管理部门遵守执行法律法规的情况和工作情况依法实施监督。垂直管理部门遵守执行法律法规的情况和工作情况，常委会可以适时向其上级主管部门通报。

第六章　询问和质询

第二十九条　常委会会议审议议案和有关报告时，县人民政府、县人民法院、县人民检察院应当派有关负责人到会，听取意见，回答询问。

第三十条　在常委会会议期间，常委会组成人员可以书面提出对县人民政府及其部门和县人民法院、县人民检察院的质询案。

开展询问和质询，要按照《梁山县人大常委会开展专题询问和质询工作试行办法》的规定，依法按程序进行。

第七章 发言和表决

第三十一条 常委会组成人员在会议上的发言和表决不受法律追究，任何机关和个人不得责难。

列席会议人员有发言权，没有表决权。旁听人员没有发言权和表决权，可以提出书面建议。

第三十二条 常委会组成人员在全体会议或分组会议上的发言，应事先拟定提纲，力求简明扼要，一般不超过十五分钟。如果事先提出要求，经会议主持人同意，可以适当延长发言时间。

列席会议人员在不影响常委会组成人员发言的情况下，可以在常委会全体会议或分组会议上发表简要的意见。

第三十三条 表决议案由常委会全体组成人员的过半数通过。

表决结果由会议主持人当场宣布。

第三十四条 人事任免案一般逐人表决，根据情况也可以合并表决。

第三十五条 常委会会议表决，采用无记名投票、按表决器或者其他方式。

第三十六条 常委会会议依法任命的地方国家机关工作人员，由常委会颁发任命书，任命书由常委会主任署名。被任命人员应按照《全国人民代表大会常务委员会关于实行宪法宣誓制度的决定》和《山东省实施宪法宣誓制度办法》的要求，向宪法宣誓。

第三十七条 常委会会议听取专项工作报告、计划执行情况报告、预算执行情况报告、审计工作报告、执法检查报告及审议意见，县人民政府、县人民法院、县人民检察院对审议意见的研究处理情况或者执行决议情况的报告，向县人民代表大会代表通报。

第三十八条 常委会依法对县人民政府制定的规范性文件、发布的决定、命令和乡（镇）人大作出的决议、决定等，进行备案审查。

第八章 附则

第三十九条 本规则自通过之日起施行。

梁山县人民代表大会常务委员会组成人员守则

（2012 年 6 月 27 日梁山县十七届人大常委会第四次会议通过
2016 年 2 月 26 日第三十六次会议修订）

第一条 为了加强县人民代表大会常务委员会（以下简称常委会）自身建设，使常委会组成人员更好地履行职责，根据《济宁市人民代表大会常务委员会组成人员守则》和《梁山县人民代表大会常务委员会议事规则》，制定本守则。

第二条 本守则所称常委会组成人员，是指常委会的主任、副主任和委员。

第三条 常委会组成人员必须维护国家和人民的根本利益和共同意志，坚持人民代表大会制度，致力于社会主义民主和法制建设，模范地遵守宪法和法律法规，全心全意为人民服务，自觉接受县人大代表和人民群众的监督。

第四条 自觉服从党的领导，坚持民主集中制和集体行使职权的原则。

第五条 努力学习中国特色社会主义理论体系，深入贯彻落实科学发展观，带头解放思想，转变作风，勤奋工作。熟悉宪法和法律法规，熟悉人大工作的有关程序，掌握行使职权所必备的知识。

第六条 切实履行宪法、法律赋予的职责，严格按照法律规定办事，认真做好常委会交办的工作。

第七条　必须按时参加常委会会议。因病或其他特殊原因，不能出席常委会全体会议的，应提前向常委会第一副主任请假。

每次会议出席情况由常委会工作机构印发常委会组成人员；每年年终将当年常委会组成人员出席会议的情况统计汇总，采取适当的方式通报。

第八条　常委会组成人员的活动应服从常委会工作需要，未经批准，每年无故缺席常委会会议一次，给予通报；缺席两次，责成其写出书面检查；缺席三次以上，建议其向常委会提出辞呈。

第九条　认真做好有关会议内容的审议准备，在常委会会议上就审议的议题积极发表意见、建言献策，以高度的责任感参加对各项议案的表决。

提出议案应遵守《梁山县人民代表大会常务委员会议事规则》和其他有关规定。

第十条　驻会的常委会组成人员，应严格遵守机关的工作规则和制度。

第十一条　经常深入基层，广泛接触、密切联系各级人大代表和人民群众，听取并反映他们的意见和要求。

第十二条　强化调查研究的基本功，熟知和掌握各项监督的方式方法，按规定参加常委会组织的视察、专题调研和执法检查等活动。视察时，不直接处理问题。

第十三条　坚持求真务实，保持清正廉洁，严守国家机密。

第十四条　本守则自通过之日起施行。

梁山县人大常委会关于对专项工作进行满意度测评的试行办法

（2013 年 8 月 28 日梁山县十七届人大常委会第十三次会议通过
2016 年 2 月 26 日第三十六次会议修订）

第一条　为规范县人大常委会（以下简称常委会）关于专项工作的满意度测评工作，促进县政府、县法院、县检察院依法行政、公正司法，根据《中华人民共和国各级人民代表大会常务委员会监督法》、《济宁市人大常委会关于对专项工作进行满意度测评的试行办法》（济人发〔2012〕17 号）和《梁山县人民代表大会常务委员会议事规则》有关规定，结合工作实际，制定本办法。

第二条　本办法适用于常委会组成人员在常委会全体会议上对县政府、县法院、县检察院专项工作进行满意度测评。

第三条　列入常委会会议审议的“一府两院”各专项工作，全部进行满意度测评。必要时，主任会议可以决定增加满意度测评工作项目。

第四条　县政府提请常委会会议进行满意度测评的各专项工作报告，须经县政府常务会议或县长审定后，由分管副县长报告，主管部门单位主要负责人应列席。县法院、县检察院提请常委会会议进行满意度测评的专项工作报告，须经院长办公会议或检察长办公会议讨论同意，由法院院长、检察长报告。分管副县长、法院院长、检察长不能到会报告工作的，经常委会主任同意后，方可更换报告人。

第五条　常委会在进行满意度测评前可组织相关组成人员和人大代表对拟测评的报告内容进行执法检查或者视察调查，充分了解工作开展情况。

常委会可以安排参加执法检查或视察调研的代表列席常委会会议。

第六条　常委会组成人员在进行满意度测评时应当坚持实事求是、客观公正的原则。

第七条　满意度测评的内容包括以下几个方面：

（一）专项工作的实效及社会效果如何；

（二）专项工作中存在的问题是否找准；

（三）拟采取的措施和做法是否可行；

（四）其他需要测评的内容。

第八条　满意度测评采取无记名投票表决的方式。

第九条　满意度测评分为“满意”、“基本满意”、“不满意”三个等次。“满意”票三分之二（含三分之二）以上的定为“满意”等次；“满意票”、“基本满意票”合计三分之二（含三分之二）以上的定为“基本满意”等次；“满意票”、“基本满意票”合计达不到三分之二的定为“不满意”等次。测评结果当场公布。定为“不满意”等次的，报告机关应限期整改，一般在两个月内向常委会会议报告整改情况。需要延期报告整改情况的，由常委会主任会议决定。

常委会全体会议对整改情况报告进行满意度测评。“满意”票、“基本满意”票合计达不到三分之二的，常委会主任会议可以决定依法采取专题询问、质询或者特定问题调查等方式进行跟踪监督。对问题突出而又整改不力的，常委会可根据《地方组织法》、《监督法》授予的职权，依法对责任人采取相应的措施。

第十条　常委会办公室应当于会议结束后的七日内将满意度测评结果连同审议意见报送县委，向“一府两院”及有关部门通报，向有关人大代表通报，必要时向社会公布。涉及垂直工作机构的测评结果向其上级主管部门通报。

第十一条　本办法自通过之日起施行。

梁山县人民代表大会常务委员会人事任免办法

（1998 年 9 月 29 日梁山县十四届人大常委会第七次会议通过
2017 年 6 月 3 日梁山县十八届人大常委会第三次会议第一次修订）

第一章 总　则

第一条　为了保障梁山县人民代表大会常务委员会（以下简称常务委员会）依法行使任免权，规范任免程序，根据《中华人民共和国地方各级人民代表大会和地方各级人民政府组织法》、《中华人民共和国各级人民代表大会常务委员会监督法》、《中华人民共和国人民法院组织法》、《中华人民共和国人民检察院组织法》等法律、法规的有关规定，结合我县实际，制定本办法。

第二条　常务委员会行使任免权，应坚持党管干部、充分发扬民主和严格依法办事的原则。

第三条　本办法适用于常务委员会任免、决定任免、接受辞职、撤销职务等事项。

第二章 任免范围

第四条　在县人民代表大会闭会期间，常务委员会主任因为健康情况不能工作或者缺位时，由常务委员会在副主任中推选一人代理主任职务，直到主任恢复健康或者县人民代表大会选出新的主任为止。

第五条　在县人民代表大会闭会期间，根据主任会议的提名，任免县人民代表大会专门委员会的个别副主任委员和部分委员。专门委员会组成人员的人选，应当在县人民代表大会代表中提名。

第六条　根据主任会议的提名，通过常务委员会代表资格审查委员会主任委员、副主任委员和委员。代表资格审查委员会组成人员的人选，应当在常务委员会组成人员中提名。

第七条　根据主任会议的提名，通过常务委员会特定问题的调查委员会主任委员、副主任委员和委员。调查委员会组成人员应当是常务委员会组成人员和其他代表。

第八条　根据主任会议的提名，任命县、乡、镇选举委员会组成人员。

第九条　在县人民代表大会闭会期间，受理常务委员会和专门委员会组成人员提出的辞职请求，并决定是否接受辞职。决定接受辞职后，报县人民代表大会备案。

县人民代表大会常务委员会和专门委员会组成人员调离或者迁出本行政区域的，其常务委员会、专门委员会组成人员的职务随代表资格的终止而相应终止，由常务委员会予以公告。

第十条　根据主任会议的提名，任免常务委员会工作机构主任、副主任。

第十一条　在县人民代表大会闭会期间，县长因故不能担任职务时，根据主任会议的提名，从县人民政府副县长中决定代理县长的人选。

第十二条　在县人民代表大会闭会期间，根据县长的提名，决定县人民政府副县长的个别任免。

第十三条　根据县长的提名，决定县人民政府主任、局长的任免。

第十四条　在县人民代表大会闭会期间，受理县人民政府县长、副县长提出的辞职请求，并决定是否接受辞职。常务委员会决定接受辞职后，报县人民代表大会备案。

第十五条　在县人民代表大会闭会期间，根据县长或主任会议的提请，决定撤销个别副县长的职务；决定撤销县人民政府主任、局长的职务。

第十六条　在县人民代表大会闭会期间，县人民法院院长因故不能担任职务时，根据主任会议的提名，从县人民法院副院长中决定代理院长的人选。

第十七条　根据县人民法院院长的提名，任免县人民法院副院长、庭长、副庭长、审判委员会委员、审判员。

人民陪审员的任免按照有关规定办理。

第十八条　在县人民代表大会闭会期间，受理县人民法院院长提出的辞职请求，并决定是否接受辞职。常务委员会决定接受辞职后，报县人民代表大会备案。

第十九条　在县人民代表大会闭会期间，根据主任会议的提请，决定撤销县人民法院院长的职务。由县人民法院报请济宁市中级人民法院报经济宁市人大常委会批准。

第二十条　根据县人民法院院长或主任会议的提请，决定撤销县人民法院副院长、庭长、副庭长、审判委员会委员、审判员的职务。

第二十一条　在县人民代表大会闭会期间，县人民检察院检察长因故不能担任职务时，根据主任会议的提名，从县人民检察院副检察长中决定代理检察长人选。常务委员会决定后，由县人民检察院、常务委员会分别报济宁市人民检察院、济宁市人大常委会备案。

第二十二条　根据县人民检察院检察长的提名，任免县人民检察院副检察长、检察委员会委员、检察员。

第二十三条　在县人民代表大会闭会期间，受理县人民检察院检察长提出的辞职请求，并决定是否接受辞职。决定接受辞职后，由县人民检察院报请济宁市人民检察院检察长报经济宁市人大常委会批准，并报县人民代表大会备案。

第二十四条　根据县人民检察院检察长或主任会议的提请，决定撤销县人民检察院副检察长、检察委员会委员、检察员的职务。

第三章　任免程序

第二十五条　凡拟提请常务委员会任命的人选，有关机关应当对其进行全面考察。送达常务委员会的考察材料应当如实反映被提请任命人员的基本情况，客观、准确地反映被提请任命人员的德、能、勤、绩、廉和法制观念，以及民主推荐、民主测评和任前公示等方面的具体情况。

凡不具备法律、法规等规定的任职资格的，不得提请常务委员会任命其担任相应的职务。

第二十六条　凡提请常务委员会审议的人事任免案，提请机关应于常务委员会会议召开十日前提出。任职的要报送拟任职人员的基本情况、简历、主要表现、不足和任职理由等方面的材料。初任法官、检察官还应写明参加国家统一司法考试及本院业务考核情况；转任或晋升职务的法官、检察官也应写明参加本院业务考核情况。免职的应附免职人员的基本情况、免职理由等内容。

常务委员会人事代表工作委员会负责对提请送达的人事任免材料进行初审。如果发现被提请任免人员的材料不清楚或送达的材料不符合要求，应要求有关机关作进一步了解并补送有关材料。

提请撤销职务的，应附撤职人员的基本情况、撤职理由等内容，并提供有关材料。

逾期提出的人事任免案或未按要求报送有关材料，常务委员会会议不予审议。

第二十七条　提请常务委员会任免的县人民政府组成人员，县人民法院副院长、庭长、副庭长、审判委员会委员、审判员，县人民检察院副检察长、检察委员会委员、检察员人选，在常务委员会会议审议前，应由党委组织部门向常务委员会主任会议介绍被提名人的有关情况。

第二十八条　在县人民代表大会闭会期间，请求辞职的人员，由本人以书面形式向常务委员会提出辞职请求。

第二十九条　提请常务委员会任命的县人民政府组成人员，县人民法院副院长、庭长、副庭长、审判委员会委员、审判员，县人民检察院副检察长、检察委员会委员、检察员，在任命前，应参加由常务委员会组织的法律知识考试。因特殊情况不能参加考试的，由主任会议批准。对未经批准不参加考试或考试不及格者暂缓任命，经补考及格后再进行审议，补考仍不及格者，一年内不得再提请常务委员会任命同一职务。

第三十条　常务委员会对提请任命的县人民法院庭长、副庭长、审判员和县人民检察院检察员实行任前审查制度。常务委员会人事代表工作委员会会同法制工作室对拟提请任命人员进行任前审查。主要审查任职资格、条件、提名程序和民主测评情况。

第三十一条　提请的人事任免议案、撤销职务议案、辞职请求，由主任会议决定是否列入常务委员会会议议程。如果对有关情况需要进一步了解，提出议案的机关负责人应到会进行说明或者提供补充材料。否则，可以暂缓提交常务委员会会议审议或表决。

第三十二条　常务委员会会议审议人事任免议案时，提请机关应当派员到会介绍被提名人选的情况，说明任免理由，并负责解答常务委员会组成人员提出的有关问题。

第三十三条　被提请任命的县人民政府组成人员，县人民法院副院长、审判委员会委员，县人民检察院副检察长、检察委员会委员，应到会作供职发言。

第三十四条　常务委员会会议通过人事任免议案时，凡应由常务委员会任命的常务委员会工作机构主任、副主任、“一府两院”人员，采用电子表决方式或无记名投票方式进行表决；对提请罢免或撤销职务的，采用电子表决方式或无记名投票方式进行表决；对免职、接受辞职请求及其他人员的任命，采用电子表决方式或举手的方式进行表决。

常务委员会组成人员对人事任免案可以表示赞成，可以表示反对，也可以弃权。表决结果，以全体组成人员的过半数通过，由会议主持人当场宣布。

表决前，提请机关要求撤回的，应当写出书面报告并说明理由，经主任会议同意，并向常务委员会报告，对该议案的审议即行终止。

第三十五条　经常务委员会任免、撤销职务的人员，均以正式文件通知提请机关，并由常务委员会对外公布。

在常务委员会会议未通过前，不得对外公布，不得到职或离职。

经常务委员会决定接受有关人员辞职请求后，以正式文件通知请求辞职的本人及其机关。

需报请上级机关批准、备案和下达批复的，由提请机关按照有关规定办理。

任职、离职的时间，以常务委员会会议通过的时间为准。其中，须报市人民代表大会常务委员会批准任免的人员职务，以市人民代表大会常务委员会批准时间为准。

第三十六条　经常务委员会任命和决定任命的常务委员会工作机构主任、副主任；县人民政府主任、局长；县人民法院副院长、庭长、副庭长、审判委员会委员、审判员；县人民检察院副检察长、检察委员会委员、检察员，由常务委员会主任签发任命书。任命书由常务委员会主任署名。

第三十七条　常务委员会任命和决定任命的常务委员会工作机构主任、副主任；县人民政府主任、局长；县人民法院副院长、审判委员会委员；县人民检察院副检察长、检察委员会委员，由常务委员会主任在常务委员会会议上颁发任命书。

常务委员会任命的其他人员，由常务委员会委托提请机关代发任命书。

第三十八条　表决通过后，应当进行宪法宣誓。具体宣誓程序参照《全国人民代表大会常务委员会关于实行宪法宣誓制度的决定》、《山东省实施宪法宣誓制度办法》和《济宁市人民代表大会及其常务委员会宪法宣誓仪式组织实施细则》进行。

第三十九条　县人民代表大会按法定时间换届，县人民政府组成人员的任期同时届满。

新的一届县人民政府领导人员依法选举产生后，应当在两个月内提请常务委员会任命县人民政府主任、局长。未被重新提请决定任命的县人民政府组成人员，其职务自行终止，不再办理免职手续。

第四十条　经常务委员会任命的常务委员会机关、县人民法院、县人民检察院，如果换届后原任职务没有变动，不再重新办理任命手续。

第四十一条　经常务委员会任命的人员，如果受到纪律处分及在任职期间亡故的，由提请机关报常务委员会备案。

第四十二条　经常务委员会任命的人员，工作调动或离职、退休，须按本办法办理免职手续。

第四十三条　机关撤销、合并或变更名称时，经常务委员会任命的人员，其原任职务由提请机关注销，报常务委员会备案。

合并或变更名称后的新机构，需由常务委员会任命的人员，按本办法有关规定办理。

第四章　附　则

第四十四条　本办法自通过之日起施行。

梁山县人民代表大会常务委员会预算审查监督办法

（2017 年 6 月 3 日梁山县十八届人大常委会第三次会议通过）

第一章 总　则

第一条　为了加强对政府预算、决算的审查监督，规范预算、决算行为，建立健全全面规范、公开透明的预算制度，保障经济社会健康发展，根据《中华人民共和国各级人民代表大会常务委员会监督法》《中华人民共和国预算法》《中华人民共和国审计法》《山东省人民代表大会常务委员会关于加强预算决算审查监督的决定》《济宁市人民代表大会常务委员会预算审查监督办法》等法律、法规，结合本县实际，制定本办法。

第二条　政府的全部收入和支出都应当纳入预算。

政府应当按照全口径预算管理的要求，建立包括一般公共预算、政府性基金预算、国有资本经营预算、社会保险基金预算在内的全口径预算体系，财政专户资金、地方政府债务等政府收支相应纳入预算管理。

第三条　一般公共预算是对以税收为主体的财政收入，安排用于保障和改善民生、推动经济社会发展、维护国家安全、维持国家机构正常运转等方面的收支预算。

一般公共预算收入应当包括地方本级收入、上级税收返还和转移支付、下级上解收入和其他收入。一般公共预算支出应当包括地方本级支出、对上级上解支出、对下级税收返还、转移支付和其他支出。

第四条 政府性基金预算是对依照法律、行政法规的规定在一定期限内向特定对象征收、收取或者以其他方式筹集的资金，专项用于特定公共事业发展的收支预算。

预算收入应当包括本级收入、上级补助收入、下级上解收入。预算支出应当包括本级支出、对上级上解支出、对下级补助支出。

第五条 国有资本经营预算是对国有资本收益作出支出安排的收支预算。

预算收入应当包括利润收入、股利、股息收入、国有产权转让收入、清算收入、其他收入。预算支出应当包括资本性支出、费用性支出、调入一般公共预算支出和其他支出。

第六条 社会保险基金预算是对社会保险缴款、一般公共预算安排和其他方式筹集的资金，专项用于社会保险的收支预算。

预算收入应当包括社会保险费收入、利息收入、政府补贴收入、转移收入、上级补助收入、下级上解收入和其他收入。预算支出应当包括社会保险费待遇支出、上解上级支出、补助下级支出、转移支出和其他支出。

第七条 县政府应当加大政府性基金预算、国有资本经营预算与一般公共预算的统筹力度，建立将政府性基金预算中应当统筹使用的资金列入一般公共预算的机制，加大国有资本经营预算资金调入一般公共预算的力度。加强社会保险基金预算管理，做好基金结余的保值增值，在精算平衡的基础上实现社会保险基金预算的可持续运行。

第八条 县级地方财政专户按法律、行政法规和国务院规定设立，财政专户资金支配权属于县政府财政部门，未经县政府财政部门同意，其他任何部门、单位和个人无权冻结、动用财政专户资金。

县级地方财政专户资金，应当纳入全口径预算管理，接受县人大及其常委会监督。

第九条 地方政府债务应当纳入同级预算管理。

县政府应当严格按照国务院批准的政府存量债务，锁定政府一般债务、专项债务余额。经国务院批准的政府存量债务余额只减不增，除正常清偿外，债务数据不得调整。县政府要将锁定后的政府存量债务情况及时向县人民代表大会常务委员会（以下简称县人大常委会）报告，并按照预算公开有关要求及时向社会公开。

加快建立规范的地方政府举债融资机制，县政府依照上级政府下达的限额举借、转借的债务，列入县级预算调整方案，报县人大常委会批准。举借、转借的债务应当有偿还计划和稳定的偿还资金来源，只能用于公益性资本支出和适度归还存量债务，不得用于经常性支出。

县人大常委会应当根据国家和省、市的有关法律法规，加强对县本级地方政府债务的监督。

第十条 县人民代表大会审查县总预算草案和县总预算执行情况的报告；批准县本级预算和县本级预算执行情况的报告；改变或者撤销县人大常委会关于预算、决算的不适当的决议；撤销县政府关于预算、决算的不适当的决定和命令。

县人大常委会监督县总预算和县本级预算的执行；审查和批准县本级预算调整方案；审查和批准县本级决算；撤销县政府和下一级人民代表大会关于预算、决算的不适当的决定、命令和决议。

第十一条 县人大常委会对本级预算草案初步方案及上一年预算执行情况、县本级预算调整初步方案和县本级决算草案进行初步审查。

县人民代表大会常务委员会预算审查工作委员会（以下简称县人大常委会预算工委）承担审查预算草案初步方案、预算调整初步方案、决算草案和监督预算执行等方面的具体工作。

县人大各专门委员会按照县人大常委会主任会议的要求，具体实施对相关部门预算、决算草案的预先审查。

第十二条　县政府编制县本级预算、决算草案；向县人民代表大会作关于县总预算草案的报告；将下一级政府报送备案的预算汇总后报县人大常委会备案；组织县总预算的执行；决定县本级预算预备费的动用；编制县本级预算调整方案；监督县本级各部门、派出机构和下级政府的预算执行；改变或者撤销县本级各部门、派出机构和下级人民政府关于预算、决算的不适当的决定、命令；向县人民代表大会、县人大常委会报告县总预算的执行情况；向县人大常委会报告县本级预算的调整方案、决算草案。

县政府财政部门具体编制县本级预算、决算草案；审核县本级部门和派出机构预算、决算草案；具体组织县总预算的执行；提出县本级预算预备费动用方案；具体编制县本级预算的调整方案；定期向县政府和上一级政府财政部门报告县总预算的执行情况。

各部门、各单位编制本部门和单位预算、决算草案；组织和监督本部门、单位预算的执行；定期向县政府财政部门报告预算的执行情况。

第十三条　梁山县经济开发区管理委员会、梁山街道、水泊街道等县政府派出机构，应当纳入县本级预算、决算管理，自觉接受县人大及其常委会的监督。

梁山县经济开发区管理委员会、梁山街道、水泊街道等县政府派出机构编制本管理委员会（街道）的预算、决算草案；组织和监督本管理委员会（街道）的预算的执行；定期向县政府财政部门报告预算的执行情况。

第十四条　县政府及各部门、各单位、各派出机构应当按照政府收支分类科目编制预算、决算草案，细化预算、决算编制。

第十五条　县人大常委会开展预算审查监督工作时，可以听取和审议政府专项工作报告、组织执法检查和视察、审查规范性文件、开展专题审议和询问，必要时，可以就预算相关问题进行质询和组织特定问题调查。

县政府及各部门、各单位、各派出机构对县人大常委会的预算审查监督，应当如实报告，并提供必要资料。

第十六条　县人大常委会组成人员在审议预算相关报告和审计工作报告时形成的审议意见，交由县政府研究处理。

县政府及各部门、各单位、各派出机构应当执行县人大及其常委会有关预决算的决议、决定，落实县人大及其常委会关于预决算的审议意见。对决议、决定的执行情况和审议意见研究处理情况，县政府应当按照有关规定，在规定的时间内向县人大常委会提出书面报告。

县人大常委会可以听取和审议县政府及各部门、各单位、各派出机构关于预决算审议意见办理落实情况的报告，并对办理情况进行表决，表决结果向县人大代表通报并向社会公开。

第十七条　经县人民代表大会批准的县本级预算，非经法定程序，不得调整。县政府及各部门、各单位、各派出机构的支出必须以批准的预算为依据，未列入预算的不得支出。

第十八条　县政府财政部门应当在县人民代表大会或者县人大常委会审查批准预算、预算调整、决算、预算执行情况后二十日内，向社会公开县总预算、决算和县本级预算、预算调整、决算及预算执行情况；各部门、各单位、各派出机构应当在县政府财政部门批复部门预算、决算后二十日内，向社会公开本部门、单位和派出机构的预算、决算；涉及国家秘密的不予公开。

第二章　预算的审查与批准

第十九条　县政府应当提前编制预算草案。预算编制做到量入为出、收支平衡、不列赤字，符合法律、法规和国家财政政策。预算收入的编制应当与经济社会发展水平相适应，预算支出的编制应当统筹兼顾、确保重点，贯彻勤俭节约的原则。

第二十条　各部门、各单位、各派出机构的

预算草案应当按照综合预算编制，反映其全部收支情况。

第二十一条 县政府提请县人民代表大会审查和批准预算草案时，应当提交下列材料：

（一）关于上一年总预算执行情况和本年度总预算草案的报告；

（二）预算编制的依据及说明；

（三）预算总收支情况表；

（四）一般公共预算报表；

（五）政府性基金预算报表；

（六）国有资本经营预算报表；

（七）社会保险基金预算报表；

（八）部门预算报表；

（九）梁山县经济开发区管理委员会、梁山街道、水泊街道等县政府派出机构上一年预算执行情况和本年度预算草案及预算报表；

（十）农业、教育、科技、文化、卫生、环保、社会保障等重点支出安排情况；

（十一）当年拟安排的预算在 300 万元（含 300 万元）以上的政府投资项目报表；

（十二）县人大及其常委会要求提交的其他材料。

上述（一）至（十二）项所列报告报表的具体格式、内容要求，由县政府财政部门提出，报送县人大常委会预算工委审核。

第二十二条 报送县人民代表大会审查和批准的预算草案及报表应当细化。县本级一般公共预算支出，按其功能分类应当编列到项；按其经济性质分类，基本支出应当编列到款；重点支出及重大投资项目预算应当逐项单独编列，并做具体说明。县本级政府性基金预算、国有资本经营预算、社会保险基金预算支出，按其功能分类应当编列到项。

第二十三条 县人民代表大会对预算草案和上年预算执行情况的报告，重点审查下列内容：

（一）上一年预算执行情况是否符合县人民代表大会预算决议的要求；

（二）预算安排是否符合预算法及有关法律、法规的规定，是否符合国民经济和社会发展的方针政策；

（三）预算收入和预算支出编制是否完整、细化、规范；

（四）重大民生和基本公共服务方面的支出是否得到保障，重点支出、重大投资项目和重点部门的预算安排是否适当；

（五）对下级政府的转移性支出预算是否规范、适当；

（六）预算安排举借的债务是否合理、合法，是否有偿还计划和稳定的偿还资金来源；

（七）为实现预算提出的措施是否切实可行；

（八）与预算有关重要事项的说明是否清晰；

（九）其他与预算有关的重要事项。

第二十四条 预算草案编制期间，县政府财政部门应当及时向县人大常委会和县人大常委会预算工委汇报编制情况，征求对预算编制的意见。

第二十五条 县人大常委会预算工委应当会同县人大各专门委员会提前介入，共同对预算草案编制情况进行前期调研，并结合前期调研情况召开专门会议，征求县人大常委会组成人员、县人大代表和社会各界对预算编制的意见建议，交由县政府相关部门研究处理。

县人大常委会预算工委专门会议形成的意见建议以及县政府相关部门的研究处理情况应当提交县人大常委会，作为县人大常委会对预算草案初步方案进行初步审查的参考。

第二十六条 县政府财政部门应当在每年县人民代表大会会议举行的三十日前，向县人大常委会预算工委送交本办法第二十一条规定的预算草案初步方案进行预先审查，之后提交县人大常委会进行初步审查。

第二十七条 县人大常委会预算工委收到预算草案初步方案的十日内，应当会同县人大各专门委员会、县人大代表对预算草案进行预先审查。

县人大常委会预算工委组织预先审查时，可

以选择重点预算部门、重点项目资金进行专项审查。

预先审查结束后，县人大常委会预算工委应当将预先审查的意见向县人大常委会提交预算分析报告，并印发县人大代表。

第二十八条 县人大常委会应当在收到预算草案初步方案的七日内，召开全体会议，对预算草案进行初步审查。初步审查的重点由平衡状态，向支出预算和政策拓展，并提出初步审查意见。

县政府财政部门应当在收到初步审查意见五日内，将处理情况向县 人大常委会反馈。

县人大常委会提出的初步审查意见以及县政府财政部门反馈的处理情况报告，应当印发县人大代表。

第二十九条 县人大常委会预算工委对预算草案初步方案研究提出意见、县人大常委会对预算草案初步方案进行初步审查时，应当邀请县人大代表参加。

第三十条 县政府在县人民代表大会举行会议时，向大会作关于本级总预算草案和总预算执行情况的报告。

预算报告内容应当符合本办法第二十一条的规定，包括：落实县人民代表大会关于预算决议的情况，上一年预算执行情况，当年预算安排的原则、依据和收支因素，完成预算的政策措施、工作重点以及与预算有关重要事项的说明等。

第三十一条 县人大常委会应当向县人民代表大会主席团提出关于总预算草案和总预算执行情况的审查结果报告。审查结果报告应当包括下列内容：

（一）对上一年预算执行和落实县人民代表大会预算决议的情况作出评价；

（二）对本年度预算草案的合法性、可行性做出评价；

（三）对县人民代表大会批准预算草案和预算报告提出建议；

（四）对执行年度预算、改进预算管理、提高预算绩效、加强预算监督等提出意见。

县人民代表大会换届时，应当成立大会预算审查委员会，并由预算审查委员会向大会主席团提出关于总预算草案和总预算执行情况的审查结果报告。

第三十二条 预算经县人民代表大会批准后，县政府财政部门应当自批准之日起二十日内向各部门、各派出机构批复预算。各部门、各派出机构应当在接到县政府财政部门批复的本部门预算后十五日内向所属各单位批复预算。

对下级政府的一般性转移支付和专项转移支付，应当分别在县人民代表大会批准预算后的三十日和六十日内正式下达。

县政府财政部门应当将批复各部门、各派出机构的预算和批复下级政府的转移支付预算，抄送县人大财经委和县人大常委会预算工委。

第三十三条 县政府应当及时汇总下级政府报送的预算，并报县人大常委会备案。

县人大常委会对县政府备案的汇总预算，应当进行备案审查。

第三章 预算执行的监督

第三十四条 县政府应当严格按照县人民代表大会批准的预算执行，切实提高预算收支的及时性、均衡性和有效性。

未经法定程序批准，不得调整预算。

第三十五条 预算年度开始后，县本级预算草案在县人民代表大会批准前，可以安排下列支出：

（一）上一年度结转支出；

（二）参照上一年同期的预算支出数额安排必须支付的本年度部门基本支出、项目支出，以及对下级政府的转移性支出；

（三）法律规定必须履行支付义务的支出，以及用于自然灾害等突发事件处理的支出。

上述安排支出的情况，应当在预算草案的报告中作出说明。

第三十六条 政府的全部收入应当上缴国家

金库或财政专户，任何部门、单位和个人不得截留、占用、挪用或者拖欠。

预算收入各征收部门及预算单位应当严格执行预算，严禁有税不收或收过头税，严禁虚收空转；严禁超预算或者无预算安排支出，严禁虚列支出、转移或者套取预算资金；严格控制各部门、各单位的机关运行经费和楼堂馆所等基本建设支出。

第三十七条 县国库应当按照财政体制规定，及时准确办理预算收入的收纳、划分、留解、退付和预算支出的拨付。

县国库库款的支配权属于县政府财政部门。县政府应当加强对本级国库的管理和监督，合理调节国库资金余额，建立财政暂付款、暂存款定期清理机制，严格控制财政暂付款、暂存款规模。

县国库应当定期对国库资金的运行情况进行分析，分析报告抄送县人大常委会预算工委。

第三十八条 财政转移支付应当规范、公正、公开，以一般性转移支付为主，以推进地区间基本公共服务均等化为主要目标。

建立一般性转移支付正常增长机制，增加一般性转移支付的规模和比例。清理、整合、规范专项转移支付项目，逐步取消竞争性领域专项资金和地方资金配套。新设立专项转移支付项目，应当符合法律、法规和行政规章规定。

县政府应当将对下级政府的转移支付预计数提前告知下级政府，应当将上级政府提前下达的转移支付预计数编入本级预算。

县政府接受增加专项转移支付的有关情况应当向县人大常委会报告。

第三十九条 县本级预算应当建立跨年度预算平衡机制。

一般公共预算执行中如出现超收，只能用于化解政府债务或补充预算稳定调节基金；如出现短收，通过调入预算稳定调节基金或其他预算资金、削减支出实现平衡。如采取上述措施后仍不能实现平衡，县政府通过申请上级政府临时救助实现平衡，并在下一年度预算中归还。

政府性基金预算和国有资本经营预算如出现超收，结转下年安排；如出现短收，通过削减支出实现平衡。

社保基金预算按照有关法律、法规执行。

第四十条 县政府及各部门、各单位、各派出机构应当对预算支出情况开展绩效评价，实现预算绩效管理与预算编制、执行、监督有机结合，并将预算绩效评价结果，作为预算安排、评价预算执行情况的重要依据，实行预算绩效奖惩制度。

第四十一条 县政府应当严格控制政府债务规模，规范举债行为。确需举债的，严格按照预算法等法律法规规定的程序进行。除依照上级政府下达的限额举借、转借的债务外，不得以任何方式举借债务。

除法律另有规定外，县政府及其所属部门不得为任何单位和个人的债务以任何方式提供担保。

县政府应当建立债务风险评估和预警机制、应急处置机制以及责任追究制度。

县政府财政部门对本级及下级政府债务实施监督，审计部门应当定期对本级及下级政府债务进行审计。

县政府债务管理情况以及政府审计部门对地方政府债务的审计情况，应当向县人大常委会报告。

第四十二条 县政府应当结合预算安排，加强对行政事业资产的管理和配置，提高政府资产的使用效益。

县政府财政部门应当适时按年度编制以权责发生制为基础的政府综合财务报告，全面反映政府整体财务状况、运行情况和财政中长期可持续性。条件成熟时，向县人大常委会报告，并逐步建立政府综合财务报告公开机制。

预算执行中的特定事项，按照国务院规定实行权责发生制的有关情况，应当向县人大常委会报告。

第四十三条 县政府应当在每年的六月至九月期间，向县人大常委会报告预算执行情况。

预算执行情况报告应当包括本年度上一阶段各类预算收支执行情况、民生等重点支出资金拨付和使用情况、财政管理监督工作情况、县人大及其常委会有关预算的决议执行情况和审议意见落实情况、预算执行中的突出问题及对策措施等内容。

第四十四条 县人大常委会应当通过听取和审议本年度上一阶段预算执行情况报告及其他有关专项工作报告、执法检查、询问、质询、特定问题调查等方式加强对县本级预算执行情况的监督。重点监督下列内容：

（一）各类预算的收支平衡情况；

（二）各类预算收入的依法征缴情况；

（三）涉及民生等重点支出的资金拨付、使用和绩效情况；

（四）执行《党政机关厉行节约反对浪费条例》等相关规定情况；

（五）转移支付及专项资金拨付、使用和绩效情况；

（六）政府债务管理情况；

（七）部门预算执行情况；

（八）重点专项资金绩效评价情况；

（九）财政管理监督工作情况；

（十）县人大及其常委会有关预算的决议执行情况和审议意见的落实情况；

（十一）法律、法规规定的其他事项。

第四十五条 县人大及其常委会举行会议期间，县人大代表或者常委会组成人员依照法律规定程序就预算、决算中的有关问题提出询问或者质询，县政府或财政部门必须及时给予答复。

必要时，县人大常委会可以对预算执行情况作出决议，对部门预算执行情况进行表决，并向社会公布。

第四十六条 县人大常委会有关财政方面的审议意见交由县政府研究处理。县政府在收到审议意见六个月之内，应当向县人大常委会书面报告研究处理情况。

第四十七条 县人大常委会预算工委应当对县政府报送的有关财政方面的审议意见研究处理情况的书面报告进行审核，提出审核意见。

必要时，县人大常委会可以对县政府报送的有关财政方面的审议意见研究处理情况的书面报告进行表决，并向社会公布表决结果。

第四十八条 县人大常委会预算工委负责预算执行日常监督，应当定期对预算执行情况进行调研，监督预算执行。

必要时，可以按照县人大常委会主任会议的要求，组织县人大各专门委员会、县人大常委会组成人员、县人大代表对预算执行情况进行专项检查。

第四十九条 建立和完善县人大常委会与县政府之间有效的预算信息共享制度，对县级预算执行、重大支出项目及各部门预算，进行经常性审查监督。

县政府及有关部门应当按照县人大常委会的要求，及时报送经济、财政、金融、审计、税务、统计、国资、社保等有关资料和数据信息。

建立县人大常委会预算工委与县财政、审计等部门的信息联网系统，县政府及财政、审计等相关部门应当为该系统的正常运行提供有关信息和服务。

第四章　预算调整的审查和批准

第五十条 在县本级预算执行过程中出现下列情况之一的，应当进行预算调整：

（一）需要增加或者减少预算总支出的；

（二）需要调入预算稳定调节基金以及其他新增财力增加支出的；

（三）需要调减预算安排的农业、教育、科技、文化、卫生、环保、社会保障等重大民生和基本公共服务方面等重点支出数额的；

（四）需要增加举借债务数额的；

（五）应当进行预算调整的其他事项。

第五十一条 县政府对于必须进行的预算调整，应当编制预算调整方案。预算调整方案应当说明预算调整的理由、项目、数额和保证调整预算执行的措施，同时，应当报告该年度上一阶段预算执行情况。

第五十二条 县政府财政部门应当在县人大常委会举行会议的三十日前，向县人大常委会预算工委提交预算调整初步方案进行预先审查，之后提交县人大常委会进行初步审查。

第五十三条 县人大常委会预算工委收到预算调整初步方案的十日内，应当会同县人大各专门委员会对预算调整初步方案进行预先审查。

县人大常委会应当在收到预算调整初步方案的七日内，召开全体会议，对预算调整初步方案进行初步审查。

县人大常委会预算工委应当对预算调整初步方案的真实性、合理性、可行性和超收收入使用安排进行重点审查。

第五十四条 县政府应当在县人大常委会举行会议的十日前，将预算调整的议案或报告、预算调整方案草案及其他有关资料和说明提交县人大常委会审查和批准。未经批准，不得调整预算。

第五十五条 经批准的预算调整方案，县政府应当严格执行。未经法定程序，县政府不得作出预算调整的决定。

第五章 决算的审查和批准

第五十六条 预算年度终了后，县政府应当提请县人大常委会审查和批准县本级决算草案，并同时提交本办法第二十一条所列的预算材料相应的决算材料及有关综合财务报告报表。

决算草案应当与预算相对应，按照预算数、调整预算数、决算数分别列出，一般公共预算支出应当按其功能分类编列到项，按其经济性质分类编列到款。

第五十七条 县人大常委会对县本级决算草案，重点审查以下内容：

（一）预算收入情况；

（二）重点支出、重大投资项目资金的使用及绩效情况；

（三）结转资金使用情况；

（四）资金结余情况；

（五）县本级预算调整及执行情况；

（六）预算稳定调节基金的安排、使用和结余情况；

（七）县本级预备费使用情况；

（八）县本级预算周转资金的规模和使用情况；

（九）超收收入的安排和使用情况；

（十）部门预算执行情况；

（十一）派出机构预算执行情况；

（十二）财政转移支付的安排和使用情况；

（十三）经批准举借债务的规模、结构、使用、偿还等情况；

（十四）县人民代表大会批准的预算决议的执行情况；

（十五）其他与决算有关的重要情况。

第五十八条 县人大常委会预算工委应当会同县人大各专门委员会、县人大代表，共同对决算情况进行调研。

县人大常委会预算工委根据县人大常委会的工作安排，可以选择部分部门决算、派出机构决算进行审查监督。

县人大常委会预算工委应当综合调研形成意见建议，作为县人大常委会对决算草案进行审查的参考。

第五十九条 县政府财政部门应当在县人大常委会举行会议的三十日前，将县本级决算草案的初步方案及本办法第五十七条规定的材料送交县人大财经委和县人大常委会预算工委。

县审计部门应当在县人大常委会举行会议的三十日前，将县本级预算执行和其他财政收支的审计工作报告送交县人大财经委和县人大常委会预算工委。

第六十条 县人大常委会预算工委收到决算

草案十日内，应当组织县人民代表大会各相关委员会、常委会组成人员、县人大代表对决算草案进行预先审查。必要时，可以对部分预算部门和重点项目资金进行专项审查或者对资金绩效评价情况进行检查。

预先审查结束后，县人大常委会预算工委应当将预先审查的意见向县人大常委会报告。

第六十一条 县人大常委会审查决算草案时，应当同时听取县审计部门关于上一年度预算执行和其他财政收支情况的审计情况汇报。

第六十二条 县政府应当在县人大常委会会议举行的十日前，向县人大常委会提交县本级决算草案和关于县本级决算草案的报告，同时提交对县本级预算执行和其他财政收支情况的审计工作报告。

第六十三条 县人大常委会审查县本级决算草案时，应当听取县政府关于决算的报告和审计工作报告、县人大常委会预算工委关于决算草案的审查报告。

县政府及有关部门应当列席会议，并对县人大常委会组成人员提出的询问给予说明或者答复。

必要时，县人大常委会可以就政府投资的重大项目建设、重大民生政策落实情况等决算中的重大事项进行专项监督、组织专题询问、质询或者依法进行特定问题调查，并根据调查结果作出决议。

第六十四条 县本级决算经县人大常委会批准后，县政府财政部门应当自批准之日起二十日内向各部门、各派出机构批复决算。各部门、各派出机构应当在接到县政府财政部门批复的本部门决算后十五日内向所属单位批复决算。

县政府应当将下一级政府报送备案的决算汇总后，报县人大常委会备案。

第六章 预算审计的监督

第六十五条 县政府应当加强对预算全过程的审计工作，支持审计部门依法开展预算审计监督。

第六十六条 县审计部门应当根据县人民代表大会批准的预算，依法、客观公正、实事求是地对各类预算执行情况和其他财政收支情况进行审计，对重大项目进行专项审计，对重大政策落实情况进行审计调查。

第六十七条 县审计部门在制定年度预算执行审计计划时，应当征求县人大财经委和县人大常委会预算工委的意见；在审计计划确定后，报县人大常委会备案。

第六十八条 县审计部门应当加强部门预算执行情况审计和专项资金绩效审计。对专项资金绩效审计情况，应当作为审计工作报告的附件，一并提交县人大常委会审议。

第六十九条 县人大常委会可以要求县政府安排审计部门就预算执行中的重大问题、重点项目资金以及部分部门预算执行情况进行专项审计或者审计调查，并报告审计结果或者审计调查结果。审计结果或者审计调查结果可以在审计工作报告中一并反映，也可以单独向县人大常委会报告。

县人大常委会应当对审计报告提出审议意见，必要时，可以进行询问、质询和对重大问题展开调查，并作出决议、决定。

第七十条 被审计部门和单位，应当严格执行审计决定，对审计报告提出的问题，县政府应当责成有关部门限时纠正、处理。

县人大财经委和县人大常委会预算工委应当及时督促审计查出问题的单位的整改情况。

第七十一条 县政府应在县人大常委会有关决议规定的期限或交办有关审议意见后的六个月内，将审计查出问题的整改情况或者执行决议的情况向县人大常委会报告。

因特殊情况不能在规定时间内提出报告的，应征得县人大常委会主任会议同意。

第七十二条 县人大常委会听取审议审计查出问题整改情况报告时，审计查出问题的单位主要负责人应当列席会议，听取意见，回答询问。必要时，县人大常委会对审计查出问题的整改情况进行满意度测评。

第七十三条 拒不报告、不如实报告、整改不力或在监督过程中发现重大问题的，县人大常委会按照《中华人民共和国各级人民代表大会常务委员会监督法》《中华人民共和国预算法》等法律法规规定的监督方式进行监督，追究责任；或责成县政府、建议上级主管部门依法追究相关责任人的责任。

第七章 附 则

第七十四条 本办法自通过之日起施行。

梁山县人大常委会规范性文件备案审查办法

（2018 年 4 月 28 日梁山县十八届人大常委会第十一次会议通过）

第一条 为了加强规范性文件的备案审查工作，维护国家法制统一，根据《中华人民共和国各级人民代表大会常务委员会监督法》《山东省各级人民代表大会常务委员会规范性文件备案审查规定》《济宁市人民代表大会常务委员会规范性文件备案审查办法》等法律法规的规定，结合本县实际，制定本办法。

第二条 梁山县人民代表大会常务委员会进行规范性文件备案审查，适用本办法。

第三条 规范性文件备案审查工作坚持有件必备、有备必审、有错必纠的原则，做到报备规范、统一受理、分工负责。

第四条 本办法所称规范性文件，是指本行政区域内有关国家机关依照法定权限和程序制定，涉及公民、法人和其他组织的权利义务，具有普遍约束力并可以反复适用的文件。

第五条 下列规范性文件，应当报送县人民代表大会常务委员会备案：

（一）县人民政府发布的决定、命令以及其他规范性文件；

（二）乡镇人民代表大会作出的具有普遍约束力的决议、决定；

（三）依法应当报送备案的其他规范性文件。

第六条 规范性文件应当自公布之日起二十日内报送备案。

报送规范性文件备案，应当提交备案报告、规范性文件文本、说明等有关文件和制定依据，装订成册，一式十五份，并同时报送电子文本。

每年 1 月 31 日前，报送机关应当将上一年度制定的规范性文件目录报送备查。

第七条 县人民代表大会常务委员会法制工作室是县人民代表大会常务委员会备案审查工作机构（以下简称备案审查工作机构），负责报送备案的规范性文件的接收、登记、分送和存档等相关具体工作。

县人民代表大会专门委员会、常务委员会工作机构按照职责分工，承担相关规范性文件的审查工作。

备案审查工作机构对报送备案的规范性文件应当提出分送建议，报经县人民代表大会常务委员会主任签批后，由备案审查工作机构分送到县人民代表大会相关专门委员会、常务委员会相关工作机构进行审查。

第八条 备案审查工作机构应当通过衔接联动等工作机制，加强与有关国家机关及县人民代表大会专门委员会、常务委员会工作机构的信息交流共享和工作协作，解决备案审查工作中的问题。

第九条 县人民代表大会常务委员会应当通过现代信息技术对规范性文件的报备、登记、审查等进行信息化管理，提高规范性文件备案审查的质量和效率。

第十条 县人民代表大会常务委员会对规范性文件主要审查是否存在下列情形：

（一）同法律、法规相抵触；

（二）同上级或者县人民代表大会及其常务委员会的有关决议、决定相抵触；

（三）超越法定权限，减损公民、法人和其他组织的权利，或者增加其义务；

（四）违反法定程序制定规范性文件；

（五）其他不适当的情形。

第十一条　县人民政府、县监察委员会、县人民法院、县人民检察院、乡镇人民代表大会认为县人民代表大会常务委员会接受备案的其他国家机关制定的规范性文件有本办法第十条所列情形之一，向县人民代表大会常务委员会书面提出审查要求的，备案审查工作机构收到审查要求后，应当及时登记，提出办理建议，依据本办法第七条的规定，分送县人民代表大会相关专门委员会、常务委员会相关工作机构进行审查。

公民、法人和其他组织认为备案的规范性文件有本办法第十条所列情形之一，向县人民代表大会常务委员会书面提出审查建议的，由备案审查工作机构接收、登记后，对审查建议进行研究，提出办理意见，必要时可以分送县人民代表大会相关专门委员会、常务委员会有关工作机构进行审查。

第十二条　国家机关、社会团体、企业事业单位和其他组织以及公民书面提出审查要求或者审查建议，应当写明要求或者建议审查的规范性文件名称、审查的事项和理由。

对不属于县人民代表大会常务委员会备案审查的规范性文件，备案审查工作机构应当告知提出审查要求或者审查建议的组织或者公民向有权进行备案审查的机关提出。

第十三条　县人民代表大会相关专门委员会和常务委员会相关工作机构可以对备案的规范性文件进行主动审查，认为规范性文件有本办法第十条所列情形之一的，依照本办法的有关程序处理。

第十四条　县人民代表大会相关专门委员会、常务委员会相关工作机构在审查、研究规范性文件工作中，应当与制定机关沟通情况，可以通过召开联合审查会议、论证会、听证会等方式，广泛听取制定机关、专家学者和社会各界的意见；必要时，可以要求制定机关说明情况或者提交补充材料。

第十五条　县人民代表大会相关专门委员会、常务委员会相关工作机构应当自接收到规范性文件备案报告或者自收到对规范性文件的审查要求、审查建议之日起三个月内审查、研究完毕。

经过审查、研究，认为规范性文件存在本办法第十条所列情形之一的，应当向制定机关提出审查意见、研究意见。

第十六条　规范性文件制定机关应当自收到审查意见或者研究意见之日起三十日内提出是否修改或者废止该规范性文件的意见，并书面告知备案审查工作机构。备案审查工作机构及时将制定机关的处理意见向人民代表大会相关专门委员会或常务委员会相关机构反馈。

需要修改或者废止的规范性文件，制定机关应当自书面告知备案审查工作机构之日起三十日内修改或者废止。对规范性文件进行修改的，制定机关应当将修改后的规范性文件重新公布，并按照本办法报送备案。

规范性文件制定机关按照审查意见或者研究意见对规范性文件进行修改或者废止的，审查终止。

第十七条　规范性文件制定机关收到规范性文件审查意见或者研究意见后，在规定时间内对规范性文件不予修改或者废止的，县人民代表大会相关专门委员会应当提出撤销该规范性文件的议案，由常务委员会主任会议决定提请常务委员会会议审议；常务委员会相关工作机构应当提出撤销该规范性文件的建议，报经常务委员会主任会议研究，常务委员会主任会议认为必要时提出撤销该规范性文件的议案，提请常务委员会会议审议。

常务委员会会议审议撤销规范性文件的议案时，制定机关应当派人到会听取意见，回答询问。

县人民代表大会常务委员会依照法律、法规以及县人民代表大会常务委员会议事规则规定的程序，对撤销规范性文件的议案进行审议并作出决定。

第十八条　规范性文件审查工作结束后十五日内，县人民代表大会相关专门委员会、常务委员会相关工作机构应当按照本办法要求，将审查、研究情况向提出审查要求或者审查建议的国家机关或者社会团体、企业事业单位和其他组织以及公民反馈，并可以通过新闻媒体、网络平台等向社会公开。

第十九条　规范性文件制定机关未按照规定期限报送规范性文件备案，或者报送的文件材料不齐全的，备案审查工作机构应当通知其限期报送或者补充报送；逾期仍不报送的，备案审查工作机构给予通报，情节严重的，县人民代表大会常务委员会主任会议可以要求其作出说明，或者建议有关机关对责任人员依法给予处分。

第二十条　备案审查工作机构应当在规范性文件审查工作结束后，及时将备案审查材料统一存档。

第二十一条　本办法自通过起施行。

关于进一步加强乡镇街区人大工作的指导意见

（2018 年 4 月 28 日梁山县第十八届人大常委会第十六次主任会议通过）

为了切实加强对乡镇、街区人大工作的指导，更好地发挥基层权力机关作用，现就进一步做好乡镇、街区人大工作提出如下指导意见：

一、总体目标

以习近平新时代中国特色社会主义思想和党的十九大、十九届一中、二中、三中全会精神为指导，紧紧围绕县委十四届四次全会和县十八届人大二次会议提出的目标任务，全面提升乡镇、街区人大工作的制度化、规范化、法治化水平 ，推动基层人大工作依法、有序、规范、高效开展，不断开创全县人大工作新局面。

二、工作内容

（一）紧紧围绕法定职权，认真履行监督职责

1、依法开好乡镇人代会。乡镇人民代表大会会议一般每年举行 2 次（年初和年中各举行 1 次）。没有选举事项时，会期不少于 1 天，保证人大代表有充足的时间审议各项报告、议案。有选举事项时，应当按照有关法律和规定增加会期。要着力提高人代会质量，每年选择 2 至 3 件事关改革发展稳定全局的重大问题、人民群众普遍关注的热点难点问题，有重点有计划地安排代表听取和审议乡镇人民政府专项工作报告，提出意见建议，交有关部门办理，并跟踪督办。定期听取乡镇人民政府财政预算执行情况报告，对预算安排的合法性、完整性、可行性、重点支出和重大投资项目是否适当等进行重点审查。通过会前组织代表对政府工作开展视察、进行调研、印发相关资料等方式，引导代表认真审议各项报告、积极提出意见建议。

2、认真召开主席团会议。主席团会议一般每季度举行次，由乡镇人大主席主持。每年年初主席团围绕本级党委中心工作、政府重点工作和人民群众普遍关注的热点难点问题确定监督议题，制定主席团年度工作要点。主席团年度工作要点和监督计划要广泛征求代表和群众的意见，经主席团会议审议通过后报乡镇党委和县人大常委会，并下发至各代表小组和乡镇相关部门。

3、着力督办代表建议。各乡镇人大要进一步健全代表意见、建议交办、督办机制，把认真办理代表意见建议作为支持代表依法履职、充分发挥代表作用的关键环节，切实解决重答复、轻

落实的问题。对于一些事关经济社会发展大局和人民群众切身利益的重要建议，人大负责人要牵头重点督办；对于往年未办理完结的建议，要继续做好跟踪督办，切实提高建议办结率和代表满意率。要探索建立代表意见建议办理公开机制和考核机制，充分激发和调动政府部门办理代表意见建议的责任心和积极性。

（二）认真做好代表工作，激发代表履职活力

1、认真组织代表培训。今年要对基层县乡人大代表进行两次培训。上半年，各乡镇、街区人大要认真组织代表学习贯彻落实好《习近平总书记在第十三届全国人民代表大会第一次会议上的讲话》，深入学习宣传和贯彻宪法，普及宪法知识，弘扬宪法精神，使全体代表成为宪法的忠实崇尚者、自觉遵守者、坚定捍卫者。下半年，要重点加强人大业务知识代表履职程序和方法等方面的培训。通过培训，不断提高代表理论水平和业务素质，增强对热点难点问题的分析研判能力，全面提高代表履职水平。

2、加强活动阵地建设。要积极为代表创造更好的履职平台，进一步拓展数量，提升质量。按照“面”“片”“点”规划的要求，本着便于代表集中、方便代表活动的原则，每个 乡镇（街区）要建设一个标准化、综合性的人大代表活动阵地，一般应设在乡镇（街区）办公所在地。按照格式规范、醒目大方的要求，统一标牌，名称统一为“XX乡镇（街区）人大代表活动中心”，具体要达到：有办公设备（办公座椅、会议桌椅、档案橱、电话、电脑、相关报刊书籍等）有规章制度、有代表信息公开栏、有档案资料、有管理人员等。在代表较为集中的村（社区），可就近建设规范化、便民化的人大代表活动站，名称统一为“XX乡镇（街区）XX人大代表小组”，有必要的办公设施、规章制度和档案资料等，用于开展代表活动，接待选民群众。各乡镇（街区）要在服务大厅设立“代表便民服务岗”，也可在群众生产生活较为集中的社区和村级组织活动场所设立“代表便民服务岗”，推广“代表进站轮流接访”，积极搭建代表与选民沟通的桥梁，广泛征集选民对各方面工作的意见和建议。

3、积极开展小组活动。按照县人大常委会年度工作要点，结合工作实际，制定年度活动计划，每季度活动应不少于次，一年不少于四次。围绕教育、医疗、社会保障、文化旅游、环境保护、农产品质量、农村环境整治、城市建设与管理、产业转型升级和乡村振兴等问题，有针对性地确定活动主题。每次活动要有明确的时间、内容、形式和措施，制定具体的活动方案，并提前通知到各位代表。活动中，各位代表要用心进行学习、视察调研，积极建言献策，认真填写《代表履行职责登记簿》。活动结束后，根据了解的实际情况，认真分析，及时汇总，写出高质量的视察报告或活动总结

4、深入开展“双联”活动。10月份，集中开展常委会组成人员联系代表、代表联系群众的“双联”活动。组成人员要积极联系代表，在活动月期间，参加一次代表小组活动，听取代表、选民对县人大常委会、“一府两院”和县监察委员会工作的意见和建议；基层人大代表要走访10名以上的选区选民，密切联系群众，积极反映选民的呼声和要求。创新代表建议收集、处理、反馈机制。基层人大代表的主要意见建议反馈给代表小组或乡镇、街区人大，并对意见建议进行研究梳理，将重要社情民意书面报县人大常委会人代工委，由县人大常委会人代工委报送有关领导，反馈给“一府两院”和县监察委员会进行处理。

5、创新开展主题活动。从5月份起，组织各级人大代表认真开展以“提一条促进经济发展的建议、反映一个群众关注的热点问题、办一件群众受益的好事实事”为内容的“三个一”主题活动。各级人大代表要认真参加人民代表大会，依法履行职责，积极建言献策，每年至少提出一件高质量的议案或建议、批评和意见。要深入基

层、深入群众，倾听民声、汇集民意，每年至少反映一个群众关注的突出问题，督促政府及有关部门切实解决。要紧紧围绕建设“经济强县、美丽梁山”的奋斗目标，立足本职，积极作为，至少做一件利民为民的好事实事，争做建功立业的模范。

（三）切实加强自身建设，不断提升工作水平

1、加强制度建设。要按照中央、省、市、县关于加强县乡人大工作和建设的意见，适应新时代新发展的要求，切实抓好乡镇人大、主席团以及街区人大工委各项制度建设，不断推进人大工作的制度化、规范化和法治化。

2、加强沟通联系。各乡镇、街区人大要主动向县人大常委会报告工作，在组织有关活动时，邀请县人大常委会有关领导和县人大代表参加。工作中遇到重要问题和适用法律不明确时可与县人大常委会有关工委联系，及时征求意见，争取指导和支持。县人大常委会将对乡镇、街区人大工作开展情况适时进行检查指导。

3、加强宣传工作。要进一步加强对人民代表大会制度的宣传，认真总结代表联系群众、履行职责、发挥作用的优秀经验，及时宣传代表先进事迹。探索开设人大网页、代表微信群，加强基层人大与代表、群众的交流互动，增强人大工作透明度。积极向“梁山人大”网站和微信公众号报送工作信息和宣传材料。

三、组织领导

1、加强指导。县人大常委会成立5个工作指导组，全面负责督促指导各乡镇、街区人大工作，研究有关重要问题各乡镇、街区要主动争取本级党委支持，成立工作班子，加强沟通联系，工作中的重要问题要及时向本级党委和县人大常委会请示报告。

2、健全制度。实行常委会领导和委室负责人分工联系乡镇、街区人大工作制度，定期指导和调度各乡镇、街区人大工作开展情况，重要问题提请县人大常委会主任会议研究处理。

3、注重实效。各乡镇、街区人大要按照各项工作的规范性要求，结合实际进一步细化分解任务，突出特色，做到标准高、措施实、质量优、成效好，形成鲜明工作特色。

梁山县人大常委会
预算审查监督专家咨询委员会管理暂行办法

（2018年4月28日梁山县第十八届人大常委会第十一次会议通过）

第一条　为进一步加强和改进县人大常委会财政预算审查监督工作，充分发挥专家学者在财政预算审查监督工作中的咨询作用，根据《中华人民共和国预算法》《中共中央办公厅〈关于人大预算审查监督重点向支出预算和政策拓展的指导意见〉的通知》和《梁山县人大常委会预算审查监督办法》，县人大常委会决定设立预算审查监督专家咨询委员会，特制定本暂行办法。

第二条　预算审查监督专家咨询委员会委员的资格认定、产生和确定，以及预算审查监督专家咨询委员会的管理、工作开展等适用本办法。

第三条　预算审查监督专家咨询委员会设委员为7—15人，实行动态管理，采用聘任制，由县人大常委会根据工作需要确定聘请人数，聘期与县人大常委会每届相同。期满后县人大常委会决定续聘的，商请专家同意后可续聘。如到期未续聘即作自动解聘。必要时，可以按程序补聘、增聘专家委员会委员。

第四条　预算审查监督专家咨询委员会委员应当具备下列条件：

（一）坚持习近平新时代中国特色社会主义理论，贯彻执行党的路线、方针和政策，模范遵

守宪法和法律；

（二）具有财政、税务、审计、财务（会计）、金融、统计、工程等专业本科以上学历，并在本县机关事业单位、企业、社会团体从事经济、工程或法律工作 5 年以上工作经历，或具备经济管理类、工程类中级以上专业技术职称，熟悉相关行业的发展情况和动态；

（三）坚持原则，秉公办事，作风正派，廉洁自律，热爱预算审查事业，热心为预算审查监督工作服务；

（四）身体健康，能胜任参与预算审查咨询工作。

第五条　预算审查监督专家咨询委员会委员的产生和确定：

（一）采取单位推荐、个人自荐、定向遴选等多种方式，单位推荐的，应征得被推荐人同意。个人自荐的，应征得所在单位同意后，如实向县人大常委会提供基本信息、专业背景、工作履历等方面的材料。定向遴选的，由县人大常委会预算工委提出推荐名单，并征得被推荐人所在单位及本人同意；

（二）预算工委依照本办法规定，对被推荐人的资料进行初核，拟定初步人选名单，报请县人大常委会主任会议通过；

（三）县人大常委会主任会议通过后，向专家咨询委员会委员颁发聘书；

（四）增补专家咨询委员会委员的方式参照上述规定执行。

符合上述条件的同届县人大代表优先。

第六条　预算审查监督专家咨询委员会委员受县人大常委会邀请，参与以下工作，并提出意见和建议：

（一）参与国民经济计划、财政、税务、审计、金融等方面规范性文件的调研和论证；

（二）参与财政预算、决算及部门预决算审查工作；

（三）参与县本级预算执行情况的监督检查工作；

（四）参与县本级预算调整的审查监督工作；

（五）参与财政、税务、审计、金融等方面法律法规执行情况的检查调研；

（六）参与财政改革发展有关工作的调查研究；

（七）参与预算审查监督相关的其他工作。

预算审查监督专家咨询委员会委员对预算审查提出的意见和建议作为县人大常委会预算工委初审工作的参考依据。

第七条　预算审查监督专家咨询委员会委员根据县人大常委会的工作安排，在履行职责时享有以下权利：

（一）参加县人大常委会组织的相关学习培训；

（二）查阅与预算审查监督、财税规范性文件相关的文件资料；

（三）在预决算、预算调整和预算执行审查期间，要求有关部门解答或澄清预算审查监督中的疑问；

（四）针对预算审查监督工作所发表的意见和建议，不受责任追究；

（五）对专家咨询委员会的管理提出意见和建议；

（六）非公职专家咨询委员会委员可获得适当的工作报酬。

第八条　预算审查监督专家咨询委员会委员应当履行以下义务：

（一）遵守预算审查监督工作安排，在县人大常委会统一组织下参与预算审查监督工作；

（二）对预算、决算审查提出意见和建议，与相关单位存在利害关系的，应主动申请回避；

（三）严守工作纪律，未经县人大常委会同意，不得向外界透露预算审查监督工作情况。对工作中涉及的业务资料、会议内容等负有保密义务；

（四）恪守职业操守，不得利用咨询专家的

身份从事商业性营利活动；

（五）及时向县人大常委会预算工委告知个人工作单位、联系方式、职称、学历等信息变化情况。如因个人原因无法履行职责的，应当主动提请解聘。

第九条　县人大常委会预算审查工作委员会具体负责专家咨询委员会的日常管理工作，具体职责是：

（一）负责审核被推荐人的资料，拟定专家人选，提出审核意见报常委会分管领导和主任会议；

（二）保持与专家的日常联系，根据情况变化及时提出充实或调整专家的建议；

（三）定期召开专家咨询委员会全体或部分委员座谈会，通报工作信息，听取专家委员会的意见和建议；

（四）邀请专家咨询委员会委员参与预决算审查监督及调研活动；

（五）建立健全专家咨询委员会委员信息档案，并按保密规定负责对档案资料进行管理；

（六）办理领导交办的有关专家咨询工作方面的其他事宜。

第十条　预算审查监督专家咨询委员会工作经费列入县本级财政预算，纳入县人大常委会办公室部门预算管理。

第十一条　县人大常委会根据工作需要，可借用上级人大常委会预算审查专家委员会的委员参与本县人大常委会的预算决算审查工作，其职责、权利、义务与本级人大常委会聘请的专家委员会委员相同。

本暂行办法自通过之日起执行，由县人大常委会办公室负责解释。

关于 2018 年度工作评议的实施方案

（2018 年 8 月 1 日县十八届人大常委会第十九次主任会议通过）

根据宪法、地方组织法和监督法的有关规定，按照县人大常委会 2018 年工作要点安排，并报请县委同意，决定对部分县政府部门和驻梁垂直管理单位进行工作评议。现制订如下实施方案：

一、指导思想

以习近平新时代中国特色社会主义思想为指导，以宪法、法律法规为依据，紧紧围绕全县中心工作，坚持党的领导、依法监督、公平公正、促进工作的原则，深入调查研究，认真组织评议，督促被评议单位进一步增强法治意识、改进工作作风、提高工作效率、提升服务质量，为建设“经济强县、美丽梁山”作出积极贡献。

二、评议主体和对象

（一）评议主体：县人大常委会组成人员、部分县级以上人大代表（共约 100 名）；

（二）评议对象：

部分县政府部门和驻梁垂直管理单位。

三、评议内容

（一）贯彻执行宪法及法律法规和国家方针政策的情况；

（二）贯彻执行县人大及其常委会决议、决定，接受县人大及其常委会监督和办理人大代表议案及建议、批评和意见等情况；

（三）履行工作职责和工作作风、工作成效等方面情况；

（四）解决社会普遍关注和人民群众反映强烈的热点难点问题等情况；

（五）完成县重点项目（工作）和县人代会确定的目标任务等情况；

（六）县人大常委会主任会议认为需要评议的其他事项。

四、评议步骤

（一）准备阶段（8 月）

1、成立机构。根据评议对象分别设立 5 个工作评议组，由县人大常委会组成人员和部分县级以上人大代表组成，常委会主任或副主任任组长，常委会有关工作机构负责人任副组长。

2、宣传发动。县人大常委会召开工作评议动员会，安排部署评议工作。被评议单位成立迎评工作小组，结合评议内容和各自实际，制定具体实施方案，召开本单位迎评动员会，认真组织实施。对工作评议组成员进行有关法律法规和业务知识的培训。

（二）调查阶段（9 月至 10 月上旬）

1、自查自评。被评议单位根据评议工作方案的要求，开展自查自评，撰写自查报告。

2、评议调查。工作评议组根据评议内容，深入被评议单位、乡镇、街区和服务对象等，采取听取汇报、约见询问、走访座谈、查阅资料、问卷调查、视察检查等形式，对被评议单位的工作进行评议调查，广泛听取意见。

3、意见反馈。工作评议组及时向被评议单位反馈在调查走访中收集到的和社会各界反映的意见和建议，被评议单位认真研究工作评议组反馈的意见和建议，并在工作报告中作出回应。

4、撰写报告。各工作评议组根据调查的情况，形成评议报告。

（三）评议阶段（10 月中下旬）

1、进行初审（10 月中旬）。召开县人大常委会主任会议，对被评议单位工作报告及工作评议组的评议报告进行初审，提出意见建议，并及时反馈给被评议单位和工作评议组。被评议单位、工作评议组根据主任会议的意见建议，分别对工作报告、评议报告进行修改完善。

2、集中评议（10 月下旬）。召开县人大常委会专题会议进行评议。会议的主要内容为：

（1）被评议单位主要负责人报告工作；

（2）工作评议组报告评议调查情况；

（3）常委会组成人员进行评议发言、询问，被评议单位全体领导班子成员到会听取意见、回答询问或作出说明；

（4）常委会组成人员、列席会议的人大代表以无记名投票的方式，对被评议单位的工作进行满意度测评。

投票结束后，参照《梁山县人大常委会关于对专项工作进行满意度测评的试行办法》的有关规定，对被评议单位确定“满意”“基本满意”“不满意”等次，按照满意票多少对县政府部门和驻梁垂直管理单位分别排出名次，当场公布评议结果。测评结果为不满意的单位，列为下一年度评议对象继续评议。

（四）整改阶段（11 月）

1、反馈评议意见。常委会组成人员对被评议单位提出的意见建议，由各工作评议组及时归纳整理，经主任会议审定后形成常委会评议意见，以常委会文件形式交由被评议单位研究处理；评议工作涉及到上级垂直管理单位的，应将评议意见抄送上级主管部门。

2、落实整改措施。被评议单位根据评议意见，逐条落实整改措施，撰写整改报告。整改报告在县人大常委会会议结束后的 1 个月内，报告县人大常委会主任会议。

3、跟踪督查整改。各工作评议组负责对被评议单位整改落实情况进行跟踪监督，定期检查，了解情况，督促落实。

五、结果运用

评议结果向县委报告，向县政府和垂直管理单位的上级主管部门通报，向被评议单位反馈。同时，采取适当方式向县人代会通报，通过媒体向社会公布。

六、评议要求

（一）高度重视。开展工作评议是新形势下人大工作的创新实践，是县人大常委会依法履行监督职责的重要形式，是支持和促进被评议单位开展工作的有效手段。被评议单位要从讲政治的高度，充分认识开展工作评议的重要意义，把接受评议作为听取人民群众意见、接受人民群众监督的有效途径，作为改进工作、加强自身建设、树立良好形象的重要举措，积极主动迎评，自觉接受评议。

（二）精心组织。要进一步丰富评议内容，创新评议形式，把开展工作评议与被评议单位工作实际相结合、与省市县委开展的“大学习、大调研、大改进”等重大活动相结合。县人大常委会各工作评议组要按照县人大常委会工作评议实施方案的要求，研究制定本组调研方案，报县人大常委会主任会议批准，确定调研重点，做出本组活动安排，精心组织，确保工作评议取得实效。

（三）注重实效。工作评议组要采取多种形式，深入调查研究，广泛收集群众意见，对被评议单位工作中存在的问题，要实事求是、客观公正地作出评价，提出意见建议，并督促抓好整改。参评代表应坚持原则，认真履职，实事求是地进行评议，确保通过评议，评出精气神，评出正能量。被评议单位对评议意见要认真研究，制定切实可行的整改措施，逐条逐项抓好落实。

（四）严肃纪律。要严格落实中央“八项规定”和省市县委相关要求，自觉遵守党的政治纪律、组织纪律、工作纪律和廉政纪律。被评议单位和个人不允许向参评代表打招呼、做工作，若有违反，直接确定为“不满意”档次。

梁山县人大常委会关于梁山县人民政府向梁山县人大常委会报告国有资产管理情况暂行办法

（2018年12月30日梁山县十八届人大常委会第二十次会议通过）

第一章　总　则

第一条　为深入贯彻党的十九大精神，认真落实党的十八届三中全会关于加强人大国有资产监督职能的部署要求，加强国有资产管理监督规范化、制度化，推进国有资产管理公开透明，提升国有资产管理公信力，使国有资产更好服务发展、造福人民。根据《中华人民共和国宪法》《中华人民共和国各级人民代表大会常务委员会监督法》《中华人民共和国企业国有资产法》等有关法律法规，以《中共中央关于建立国务院向全国人大常委会报告国有资产管理情况制度的意见》《中共山东省委办公厅关于建立政府向本级人大常委会报告国有资产管理情况制度的通知》《济宁市人大常委会办公室关于认真做好人大国有资产监督工作的通知》《中共梁山县委办公室关于建立县政府向县人大常委会报告国有资产管理情况制度的通知》为遵循，结合我县实际，制定本办法。

第二条　本办法适用于梁山县人民政府及其授权的国有资产监督管理部门、机构（以下简称国有资产监督管理部门）向县人民代表大会常务委员会（以下简称县人大常委会）报告国有资产管理情况工作，以及县人大常委会对县人民政府及其国有资产监督管理部门的监督工作。

县人民代表大会财政经济专门委员会（以下简称县人大财经委）、县人大常委会预算审查工作委员会在县人大常委会的领导下，负责县人民政府及其国有资产管理监管部门报告国有资产管理情况工作的具体事宜。

第三条　本办法所称国有资产是指由县人民政府代表国家履行出资人职责和管理监督职责的县内、外和境外全部国有资产。包括企业国有资产、行政事业单位国有资产和资源性国有资产。

企业国有资产，是指国家对企业各种形式的出资所形成的权益。国家出资企业，包括国有独资企业、国有独资公司，以及国有资本控股公司、国有资本参股公司。

行政事业单位国有资产，是指由行政事业

单位占有、使用的，依法确认为国家所有，能以货币计量的各种经济资源。

资源性国有资产，是指在人们现有的知识、科技水平条件下，对某种资源的开发，能带来一定经济价值的国有资源。包括法律规定国家所有的土地、矿藏、海域、水流、森林、山岭、草原、荒地、滩涂等自然资源和无线电频谱资源等。

第四条　本办法所称综合报告是指全面反映各类国有资产基本情况的报告；本办法所称专项报告是指分别反映企业国有资产、行政事业性国有资产、国有自然资源等国有资产管理情况。各类国有资产报告要汇总反映全县情况。

第二章　政府报告制度

第五条　国有资产管理情况的年度报告采取综合报告和专项报告相结合的方式。向县人大常委会报告国有资产管理情况时，一并报送国有资产管理情况报表。

第六条　县人民政府向县人大常委会报告上年度国有资产管理情况（应包含梁山经济开发区、梁山工业园的国有资产管理情况并分别单独列示）的时间应早于市人民政府向市人大常委会报告的时间。

第七条　在每届县人大常委会任期内，届末年份县政府向县人大常委会提交书面综合报告并口头报告；其他年份在提交书面综合报告的同时就 1 个专项情况进行口头报告。

第八条　县政府要采取有力措施，按照全口径、全覆盖、高标准、高质量的要求，切实做好报告工作。要依法明确和规范国有资产报告范围、标准，及时、准确掌握国有资产基本情况，将各级、各类境内外国有资产全部纳入报告范围。

第九条　县政府要加强统计、会计等基础性工作，推进建立标准规范、统一完整的财务管理和会计核算体系。

第十条　县人民政府向县人大常委会报告上年度国有资产管理情况，主要内容包括：

（一）贯彻落实相关法律法规及县人大常委会关于国有资产管理监督有关决议、决定及意见建议情况；

（二）全县及县级分类统计的年末国有资产总量、结构、变动、收益等基本情况；

（三）改革和完善国有资产管理体制情况；

（四）履行出资人和监管职责情况；

（五）加强和改进国有资产管理的具体措施和效果情况；

（六）推进国有企业改革情况；

（七）国有资本收益收缴制度和国有资本经营预算执行情况；

（八）各类国有资产按规定进入公共资源交易平台进行交易情况；

（九）国有资产的审计及查出问题整改情况；

（十）监督和查处国有资产管理中的违法违纪情况；

（十一）国有资产管理工作中存在的困难和问题，进一步加强和改进国有资产管理的工作措施；

（十二）其他应该报告的国有资产管理事项。

第十一条　县人民政府应当根据县人大常委会的要求，就某类国有资产监督管理情况，或者国有资产管理某一方面重要工作情况向县人大常委会作专项工作报告。

第十二条　国有资产监督管理部门应当于每季度末之后二十日内，根据各类国有资产性质和管理目标，向县人大常委会预算审查工作委员会报送上一季度国有资产管理经营情况。

第十三条　县人民政府提交县人大常委会会议审议的年度工作报告或专项工作报告，应当由起草部门在常委会会议召开的二十日前送交县人大常委会预算审查工作委员会征求意见。县人民政府对工作报告修改后，在县人大常委会举行会议的十日前送交县人大常委会。

第十四条　经县人民政府批准的关系国有资产出资人权益变动，涉及国家出资企业合并、分立、改制、上市，以及解散、申请破产等重大事项及国有资产交易情况，在县人民政府批准后的二十个工作日内，由县国有资产监督管理部门负责向县人大常委会报告情况。

第十五条　县人民政府制定的国有资产管理和国有企业改革方面的重要政策文件，应当在文件生效之后二十日内报送县人大常委会。

第十六条　县人民政府应加强对国有资产的审计监督，有关审计结果向县人大常委会作专项报告，或者在县人民政府每年向县人大常委会作上一年度县本级预算执行和其他财政收支情况的审计工作报告中，一并报告。审计发现突出问题整改情况，在审计问题整改报告中一并报告或作专项整改报告。

第十七条　县人民政府及其国有资产监管部门、行政事业单位应当适时向社会公布国有资产状况等国有资产信息和国有资产监督管理工作，接受社会公众的监督。

县人民政府向县人大常委会所作的关于国有资产管理情况的年度工作报告和专项工作报告，由县人民政府在县人大常委会会议结束后二十日内向社会公开。

第十八条　县人民政府应当对全县国有资产进行统计、分类，明确各类国有资产监管责任主体，建立健全各类国有资产报告制度，根据本办法要求，明确各项报告报送的责任部门或牵头部门，加强与县人大常委会沟通，建立协调机制。

第三章　人大监督制度

第十九条 县人大常委会对县人民政府及其国有资产监管部门进行监督的主要内容：

（一）党中央、国务院有关国有资产管理的重大方针、政策贯彻落实情况，省、市、县委关于国有资产管理方面的决策和部署执行情况；

（二）国有资产管理相关法律、法规的贯彻落实情况；

（三）县人大常委会关于国有资产管理监督的有关决议、决定及意见建议贯彻落实情况；

（四）县人民政府对国有资产管理的授权情况，县国有资产监管部门履行国有资产监管职能情况；

（五）国有资产管理制度的建立与执行情况；

（六）国有资产变动及推进国有企业改革情况，国有资本结构和国有资本布局调整优化情况；

（七）国有资产保值增值、处置及运营和收益分配情况；

（八）国有资本服务全县战略目标、提供公共服务等情况；

（九）国有资产审计等监督工作中发现的突出问题整改落实情况。

第二十条　县人大常委会监督国有资产管理工作的方式：

（一）组织县人大常委会组成人员、人大代表进行视察；

（二）听取审议年度工作报告和专项工作报告；

（三）组织执法检查；

（四）组织专题询问和质询；

（五）组织对特定问题的调查；

（六）依法作出决议、决定；

（七）开展工作评议或满意度测评；

（八）法律法规规定的其他方式。

第二十一条　县人大常委会在开展国有资产监督工作时，应当采取多种方式，广泛听取人大代表和有关专家智库关于国有资产管理工作的意见建议。

第二十二条　在县人大常委会的领导下，县人大财经委和县人大常委会预算审查工作委员会可以利用第三方评估机构，对国有资产管理情况开展绩效评价。

第二十三条　县人大常委会对发现的国有资产管理中存在的重大问题，可以要求县政府审计机关对相关单位开展专项审计，并将审计结果报告县人大常委会。

县政府审计机关在日常审计工作中，要将各单位各部门国有资产管理的情况作为一项内容予以关注。

第二十四条　加强国有资产管理信息系统联网建设，充分利用人大预算联网监督平台，实现国有资产管理数据联网。在数据联通的基础上，加强国有资产统计分析，逐步实现预警分析功能，实现国有资产管理实时监督。

第二十五条　县人大常委会和县政府按照法律规定，认真做好信息公开工作。

第四章　附　则

第二十六条　实行企业化管理并执行企业会计制度的事业单位的国有资产，按照企业国有资产分类监管。

第二十七条　行政事业单位控制（或经营）的文物文化资产国家储备资产、公共基础设施、保障性住房等国有资产，按有关规定暂归入行政事业单位国有资产统计。

第二十八条　企业国有资产、行政事业单位国有资产以货币价值统计、计量为主，自然资源资产、无线电频谱、文物文化资产、国家储备资产、公共基础设施等，在目前条件下不宜以货币价值计量的国有资产，可以以实物量进行统计、计量。

第二十九条　在国有资产管理监督工作中，对涉及国家安全和保密的国有资产管理情况和信息，要按照国家有关保密制度的规定，做好保密工作，防止失密和泄密。

第三十条　本办法自通过之日起施行。

梁山县人大常委会
关于预算审查前听取县人大代表和
社会各界建议的若干规定

（2018 年 12 月 30 日梁山县十八届人大常委会第二十次会议通过）

第一条　为保障县人大代表依法履行预算审查监督权，促进政府预算编制工作全面规范、公开透明，根据《中华人民共和国预算法》《中华人民共和国全国人民代表大会和地方各级人民代表大会代表法》和《梁山县人民代表大会常务委员会预算审查监督办法》，就建立预算审查前听取县人大代表和社会各界建议的机制，制定本规定。

第二条　县政府及其财政部门应当按照法律法规和中央、省、市、县委的部署要求，及时对下年度全县及县级预算草案编制工作作出部署安排；县级预算单位应当按照县政府及其财政部门的要求，编制部门预算草案。县政府及其财政部门关于编制下一年度预算草案的文件材料，应当抄送县人大财政经济委员会（以下简称“县人大财经委”）和县人大常委会预算审查工作委员会（以下简称“县人大常委会预算工委”）。

第三条　县政府财政部门在编制预算和组织预算执行过程中，应当坚持全面规范、公开透明的原则，及时向县人大财经委和县人大常委会预算工委通报情况，并采取多种形式听取县人大代表和社会各界的建议。

第四条　县人大财经委和县人大常委会人事代表工作委员会（以下简称“县人大常委会人代工委”）、县人大常委会预算工委应当通过必要的制度安排，保障县人大代表对县级预算编制、预算执行工作的知情权、建议权和监督权。

第五条　建立县人大代表预算审查监督联络员（以下简称“预算监督联络员”）制度。预算监督联络员由各代表团推选三名至五名县人大代表担任，在县人民代表大会闭会期间有权利和义务就县级预算编制、预算执行工作开展调查研究、听取收集本代表团其他代表以及社会各界的建议，并以书面形式送县人大常委会预算工委转县政府有关部门研究办理。县人大常委会、县政府有关部门以及各代表团应当为预算监督联络员提供工作便利和支持。代表大会期间，预算监督联络员负责与预算审查有关的工作联络和情况反馈。

第六条　建立县人大常委会预算审查专家委员会（以下简称“预审委”），委员由县人大常委会聘任本县知名经济、财税、法律专家学者以及有关知名社会人士担任。受聘委员应当根据自己专长，就全县的经济形势、财政政策、县级预算安排、预算执行等方面，向县人大常委会、有关专门委员会和县人大代表提供专业咨询服务。

第七条　县人大财经委、县人大常委会预算工委应当组织预算监督联络员、预审委委员对本年度全县预算执行情况和下年度预算编制工作进行调研，就县级预算编制、支出政策和重大资金安排提出建议。

第八条　县政府财政部门应当建立与县人大代表和社会各界交流的平台，及时向县人大代表提供预算编制、预算执行和财政政策等资料信息。通过召开由预算监督联络员、预审委委员参加的座谈会、情况通报会等形式，多渠道听取县人大代表和社会各界对本级预算编制、预算执行的建议。

第九条　县政府财政、人社、国土、审计、统计、国资、税务部门和中国人民银行梁山县支行应按要求及时向人大预算联网平台推送预算执行、税收和地方国库资金运行等情况；县人大常委会预算工委应当按季度向预算监督联络员、预审委委员通报预算执行、税收征管和国库收支情况。

第十条　县政府审计部门应当采取一定形式，向县人大代表通报本年度对县级预算执行和其他财政收支的审计情况及审计查出问题的整改情况。

第十一条　县人大财经委、县人大常委会预算工委在对预算报告、预算草案进行审查时，应当邀请预算监督联络员、预审委委员参加，充分听取他们的建议。

第十二条　经县人大常委会主任会议通过后，县人大财经委、县人大常委会预算工委可组织预算监督联络员、预审委委员对全县财政、税务、审计、国库工作情况以及财税改革情况，进行视察和检查。

第十三条　县人民代表大会会议期间预算批准前，县人大代表可以就县级预算编制、预算执行中的一些重大热点、难点问题提出询问，县政府有关部门应当及时予以答复。各代表团在审议预算报告和预算草案时，县政府财政部门应当到会听取代表意见，回答代表询问。

第十四条　县人民代表大会闭会期间，县人大常委会人代工委对县人大代表就预算编制、预算执行工作的建议、批评和意见，应当及时转交县人大常委会预算工委按有关规定办理。

第十五条　县政府财政部门对县人大常委会预算工委转交的县人大代表关于预算的建议、批评和意见应当认真研究办理。办理意见应当书面向代表反馈，并抄送县人大财经委和县人大常委会人代工委、县人大常委会预算工委。

第十六条　县政府财政部门应当通过媒体向社会公开预算信息，公布征求意见渠道，广泛宣传普及财政预算知识，提升社会公众的预算意识。

第十七条　县人大常委会预算工委和县政府财政、税务部门应当在县人民代表大会召开前编写有关预算方面的参考材料，印送县人大代表参阅。

第十八条　县人大常委会人代工委应当把人大预算审查监督知识列入县人大代表学习培训内容，县人大代表一届任期内，至少接受一次预算审查监督知识培训。

第十九条　县人大财经委、县人大常委会预算工委应加强与预算监督联络员、预审委委员的联系，定期召开座谈会，通报工作信息，邀请参与预算审查监督方面的工作，听取有关意见建议，组织参加预算审查监督知识的学习和培训。

第二十条　县人大常委会预算工委具体负责预算审查前听取县人大代表和社会各界建议活动的组织、协调和服务工作。

第二十一条　开展预算审查前听取县人大代表和社会各界建议的情况，县人大财经委、县人大常委会预算工委应当向县人大常委会会议书面报告，并抄送县政府及财税部门。

第二十二条　本规定自通过之日起施行。

梁山县人大常委会
关于改进审计工作情况及审计查出问题整改
情况向县人大常委会报告机制的规定

（2018年12月30日梁山县十八届人大常委会第二十次会议通过）

第一条　为进一步加大对审计查出问题整改工作的监督力度，根据《中华人民共和国预算法》《中华人民共和国各级人民代表大会常务委员会监督法》《中华人民共和国审计法》《中共山东省委办公厅转发〈中共山东省人大常委会党组关于改进审计工作情况及审计查出突出问题整改情况向省人大常委会报告机制有关意见的请示〉的通知》，结合我县实际，制定以下规定。

第二条　县政府应当在每年6月份向县人大常委会提出县级预算执行和其他财政收支（含专项审计事项）的审计工作报告。报告内容应当符合有关法律法规的规定，全面、客观、真实地反映审计查出的问题。其中审计发现的主要问题除在正文部分报告外，应当列出清单作为报告的附件，一并交县人大常委会会议审议。

县人大常委会在听取和审查县级财政决算草案及其报告的同时，听取和审议审计工作报告，并结合审查县级决算草案及其报告情况，对审计工作报告作出决议或审议意见。

第三条　县政府应当落实县人大常委会关于审计工作报告的决议或审议意见，对审计整改工作县政府常务会议要专题研究部署，建立审计整改联动机制和整改检查跟踪机制，将整改工作纳入政府督查督办事项范围，强化行政问责，部署和督促检查审计查出问题的整改和处理工作。

第四条　县审计机关应依法加强对被审计单位查出问题整改情况的检查督促，健全整改检查跟踪机制，建立整改工作台账，定期进行督促调度，并及时将有关情况向县人大财政经济委员会和县人大常委会预算工作委员会报告。

第五条　被审计单位作为整改主体，其主要负责人是整改第一责任人，应按照县人大常委会关于审计工作报告的决议或审议意见以及审计机关作出的审计结论，明确责任，制定措施，进行整改，并在规定期限内向审计机关书面报告整改方案和整改结果。

第六条 县政府应在县人大常委会相关决议规定的期限或交办相关审议意见后的 6 个月内，将审计查出问题的整改情况向县人大常委会报告。

县政府及县审计机关应当在县人大常委会听取审计工作报告、审计整改报告的 30 日前，将审计报告稿送县人大常委会预算工作委员会征求意见，15 日前将审计报告送县人大财政经济委员会进行初步审查。县人大财政经济委员会、县人大常委会预算工作委员会在对报告进行初步审查或提出意见时，可以根据工作需要调阅有关原始审计资料、审计报告，核实有关情况，审计机关、财政、税务和有关被审计单位应当予以配合。

因特殊情况不能在规定时间内提出报告的，须征得县人大常委会主任会议同意。

第七条 县人大常委会听取审议审计查出问题整改情况报告时，县级财税管理、部门预算执行以及专项资金审计涉及的有关部门单位和审计机关有关负责人应当到会听取意见，回答询问；对不能当场答复或者当场不能全面答复的询问，应当说明情况，并在会议结束后 7 日内向县人大常委会作出书面答复。经县人大常委会主任会议决定，县人大常委会可以就审计查出问题整改情况开展专题询问。

第八条 县人大常委会听取和审议审计查出问题整改情况报告后，对审计查出问题的处理和整改情况不符合要求的，可以责成县政府及其有关部门限期进行纠正，并再次向县人大常委会报告。

第九条 审计查出问题整改情况的报告应当与审计工作报告揭示的问题和提出的建议相对应，包括下列内容：

（一）县人大常委会有关决议和审议意见的落实情况；

（二）审计查出问题的整改情况和已经形成结论的相关责任人的处理情况；

（三）尚未整改的问题、原因以及拟采取的整改措施和整改时限；

（四）结合整改工作制定和完善的制度；

（五）县人大常委会要求报告的其他内容，并附报审计查出突出问题整改情况汇总清单。

重点被审计部门单位的整改结果应作为报告附件提交县人大常委会审议。

县审计机关移送有关主管部门、纪检监察、司法等机关涉嫌违纪、违法的案件线索查处情况，应当写入审计查出问题整改情况报告中。

第十条 县人大常委会依法对下列审计查出问题的整改情况进行监督：

（一）县级预算执行和其他财政收支审计；

（二）政府投资项目审计；

（三）其他财务收支审计；

（四）县人大常委会任免的政府组成部门主要负责人的经济责任审计；

（五）县人大常委会要求县政府办理的审计事项；

（六）县人大常委会认为需要进行监督的其他审计事项。

第十一条 县人大常委会根据需要，采取下列方式对审计查出问题的整改落实情况进行监督：

（一）听取和审议关于县级预算执行和其他财政收支审计查出问题整改情况的报告，以及其他事项审计查出问题整改情况的报告；

（二）组织开展专项视察、检查或调查；

（三）询问、质询、组织特定问题调查；

（四）其他监督方式。

县人大常委会在审议审计整改报告时，应当把督促审计查出突出问题整改工作同监督县级预算、部门预算执行、提高预算绩效、维护财经秩序结合起来，对审计查出问题比较突出的单位整改情况的报告，进行重点审议。根据需要，县人大常委会可以就审计查出问题整改情况开展专题询问。

第十二条　根据工作需要，县人大常委会必要时可以对审计查出问题整改情况报告进行满意度测评，测评结果当场公布。“满意票”、“基本满意票”合计达不到三分之二的定为“不满意”等次的，报告机关应限期整改，一般在两个月内再向县人大常委会会议报告整改情况；需要延期报告整改情况的，由县人大常委会主任会议决定。对定为“不满意”等次的，县人大常委会主任会议可以决定依法采取专题询问、质询或特定问题调查等方式跟踪监督。

第十三条　县人大常委会应当把审计结果，作为审查批准县级决算草案、预算调整方案的重要依据；把审计查出问题的整改纳入由县人大常委会任免的政府组成部门主要负责人的履职内容和对县“一府一委两院”有关人员任免和监督的内容。

对拒不报告、不如实报告、整改不力或在监督过程中发现重大问题的，县人大常委会按照《中华人民共和国各级人民代表大会常务委员会监督法》规定的监督方式，追究责任；或责成县政府、建议上级主管部门依法追究相关责任人的责任。

第十四条　县人大常委会听取和审议的审计工作报告、审计整改报告以及有关决议或者审议意见，除涉及国家秘密和被审计单位工作秘密的内容外，县人大及其常委会、县政府有关部门应当及时向社会公布。同时，积极做好新闻宣传工作，努力营造加强人大监督、推进审计查出问题整改、规范预算管理、严格依法理财的良好舆论氛围。

第十五条　本规定自通过之日起施行。

梁山县人大常委会
关于常委会会议审议意见落实情况加强跟踪监督的办法

（2019年6月21日梁山县十八届人大常委会第二十三次会议通过）

第一条　为了进一步增强人大监督实效，推进县人民政府、县监察委员会、县人民法院、县人民检察院（以下简称“一府一委两院”）落实县人大常委会会议审议意见（以下简称审议意见），根据地方组织法、监督法等有关规定，结合工作实际，制定本办法。

第二条　审议意见是在县人大常委会会议期间，常委会组成人员在听取和审议“一府一委两院”工作报告时提出的，经汇总整理后形成的书面综合意见，是常委会组成人员集体意志的集中体现，是县人大常委会实施监督的一种重要方式，对于推进“一府一委两院”的工作，促进依法行政、依法监察、公正司法，更好地开展工作，具有重要意义。

第三条　常委会会议审议中提出的意见和建议，由常委会相关工委负责整理，形成常委会审议意见。审议意见要坚持问题导向，立足于解决视察调研中发现的问题，坚持小切口、具体化、可操作的原则，防止空洞无物、大而化之、不切实际，提出针对性、可行性、操作性强的意见建议。

第四条　审议意见形成后，及时向县委书记专题会议进行汇报，并在常委会会议闭会一周内，以常委会正式文件印发“一府一委两院”。严格落实责任制，责任单位为“一府一委两院”。责任人为县人民政府办公室相关主任或牵头部门主要负责人，县监察委员会、县人民法院、县人民检察院分管负责人具体负责落实工作。

第五条　“一府一委两院”在两个月内，向县人大常委会提交审议意见的研究处理情况的书面报告。在办理期满前 10 个工作日，承办部门要将研究处理情况反馈县人大有关专门委员会或常委会工作机构，征求意见。审议意见研究处理情况的报告经主任会议同意后，书面印发常委会会议。

第六条　审议意见的研究处理情况的报告自印发常委会会议之日起，六个月内责任单位完成整改。有特殊情况的说明原因限期整改。

第七条　整改期间，由县人大常委会分管副主任牵头，有关专门委员会、县人大常委会有关工作机构具体负责跟踪督办；必要时，可以组织常委会组成人员、专门委员会委员、代表小组、人大代表、专家和学者，采取“四不两直”的方式，进行暗访抽查、现场视察、专题调研或专项询问质询，推动整改落实。

第八条　县人大有关专门委员会及常委会工作机构对审议意见整改情况开展评估，向主任会议提出跟踪监督结果的报告，提出建议。对审议意见整改不到位的，主任会议可以根据县人大相关专门委员会的建议，确定作为常委会会议听取审议的议题。

第九条　对列入常委会会议议题的审议意见整改情况的报告进行满意度测评。测评分为满意、基本满意、不满意三个等次。不满意票超过常委会组成人员半数的，县人大常委会可启动质询、特定问题调查等方式开展监督。审议意见整改情况的报告，通过一定形式向县人大代表通报，并向社会公布。

第十条　县人大常委会组织开展的工作评议、专题视察和执法检查等形成的意见，以及主任会议讨论有关重要事项提出的意见，需交“一府一委两院”研究处理的，可参照本办法执行。

第十一条　本办法自通过之日起施行。

梁山县人大常委会
2019 年度工作评议实施方案

（2019 年 6 月 21 日梁山县十八届人大常委会第二十三次会议通过）

根据宪法、地方组织法和监督法的有关规定，按照县人大常委会 2019 年工作要点安排，并报请县委同意，决定对 10 个县政府部门，3 个驻梁垂直管理单位，县法院 1 个法庭，县检察院 1 个检察部进行工作评议。现制订如下实施方案：

一、指导思想

以习近平新时代中国特色社会主义思想为指导，以宪法、监督法等法律法规为依据，坚持党的领导、依法监督、促进工作的原则，紧紧围绕县委十四届六次全会确定的目标任务，深入调查研究，广泛听取意见，认真组织评议，督促被评议单位改进工作作风、提升工作水平，为加快建设“经济强县、美丽梁山”作出积极贡献。

二、评议主体和对象

（一）评议主体：县人大常委会组成人员、部分县级以上人大代表（共约 120 名）；

（二）评议对象（共 15 个）：

1、县政府部门（10 个）：县政府办公室、县工业和信息化局、县教育和体育局、县民政局、县人力资源和社会保障局、县交通运输局、县卫生健康局、县审计局、县公共资源交易服务中心、县住房保障事务服务中心。

2、驻梁垂直管理单位（3 个）：县供电公司、中国移动公司梁山县分公司、中国联通公司梁山县分公司。

3、县法院法庭（1 个）：民事审判二庭。

4、县检察院检察部（1个）：第一检察部。

三、评议内容

（一）贯彻执行党的路线方针政策和宪法、法律法规的情况；

（二）推进落实县委重大决策部署、县政府重点工作、上级布置的重要任务和本年度工作计划完成情况；

（三）贯彻执行县人大及其常委会决议、决定，自觉接受县人大及其常委会监督，研究处理审议意见，办理人大代表议案建议等情况；

（四）认真推进“放管服”改革，优化政务服务，简化办事程序，为企业和群众提供优质高效服务等情况；

（五）依法履行职责，严格公正执法，推动经济发展，维护社会稳定，回应百姓期盼等情况；

（六）县人大常委会主任会议认为需要评议的其他事项。

四、评议步骤

（一）准备动员阶段（6月至7月）

1、成立机构。根据评议对象分别设立5个工作评议组，由县人大常委会组成人员和部分县级以上人大代表组成，常委会主任、副主任任组长，常委会有关委室负责人任副组长。

2、宣传发动。县人大常委会召开工作评议动员会，安排部署评议工作。被评议单位成立迎评工作小组，召开评议动员会，提报工作职责和工作报告。县人大常委会将被评议单位工作职责和工作报告印发代表。

（二）调查反馈阶段（8月至9月）

1、评议调查。(1)组织基层代表进行深入调查。8月10日前，各乡镇、街区人大召开各代表小组组长会议，传达全县工作评议动员会议精神，学习有关法律法规，部署评议工作。8月25日前，各代表小组组织代表深入村居、企业、群众，坚持问题导向，围绕评议内容，积极走访选民，充分汇集民意，全面了解被评议单位工作情况，提出意见建议。8月30日前，各代表小组召开座谈会并汇总整理意见建议，及时上报乡（镇、街区）人大。(2)工作评议组开展专题调研。9月5日前，工作评议组根据评议内容，深入乡镇、街区和服务对象等单位，采取听取汇报、走访座谈、问卷调查、视察检查等形式，对被评议单位的工作进行评议调查，广泛听取各级人大代表、镇村干部、企业负责人、群众代表等方面提出的问题和意见。9月20日前，各工作评议组将意见建议进行分单位汇总整理，形成书面材料，提请主任会议审议。(3)被评议单位主动听取意见建议。被评议单位要通过电话、深入基层调研、局（院）长信箱、行风热线等方式，广泛征求基层群众和服务对象的意见建议。

2、意见反馈。9月下旬，召开县人大常委会主任会议，审议各工作评议组意见建议汇总的情况。9月底前，工作评议组向被评议单位反馈在调查走访中收集到的和社会各界反映的意见和建议。集中反馈后收到的意见建议，县人大常委会随时转交被评议单位。

（三）自查整改阶段（10月）

1、落实整改措施。被评议单位要认真对待反馈的意见建议，不推诿、不应付，即知即改、立行立改、边查边改，建立自查台账清单，逐条分解到主管领导、责任科室和责任人，落实整改责任，着力解决存在的问题，不断提高工作水平。根据整改情况和年度工作计划落实情况，10月30日前，形成整改报告提报县人大常委会。

2、跟踪督查整改。各工作评议组按照“四不两直”的工作要求，采取随机抽查、实地查看等方式，对被评议单位整改落实情况进行跟踪监督，了解情况，督促落实。

（四）集中评议阶段（11月）

1、进行审查（11月上旬）。召开县人大常委会主任会议，对被评议单位整改报告进行审查，提出意见建议，并及时反馈给被评议单位。被评议单位根据主任会议的意见建议，对整改报告进行修改完善，常委会会议召开前7日送达各自对应的工作评议组。

2、集中评议（11月中旬）。召开县人大常委会专题会议进行评议。会议的主要内容为：

（1）被评议单位主要负责人报告工作；

（2）常委会组成人员、列席会议的人大代表以无记名投票的方式，对被评议单位的工作进行满意度测评。

投票结束后，参照《梁山县人大常委会关于对专项工作进行满意度测评的试行办法》的有关规定，对被评议单位确定“满意”“基本满意”“不满意”等次，按照满意票多少对县政府部门和驻梁垂直管理单位、县法院和县检察院内设机构分别排出名次，当场公布评议结果。测评结果为不满意的单位，列为下一年度评议对象继续评议。

（五）完善提高阶段（11月下旬）

被评议单位根据评议结果和代表提出的意见建议，认真分析，查找原因，进一步完善措施，继续抓好整改，确保提出的意见建议整改到位，不断提高自身的工作能力和水平。

五、结果运用

评议结果向县委报告，向县政府和驻梁垂直管理单位的上级主管部门、县法院、县检察院通报，向被评议单位反馈。同时，采取适当方式向县人代会通报，通过媒体向社会公布。

六、评议要求

（一）高度重视。开展工作评议是县人大常委会依法履行监督职责的重要形式，是支持和促进被评议单位开展工作的有效手段。被评议单位要从讲政治的高度，充分认识开展工作评议的重要意义，把接受评议作为听取群众意见、接受群众监督的有效途径，作为改进工作、加强自身建设、树立良好形象的重要举措，积极主动迎评，自觉接受评议。

（二）精心组织。县人大常委会各工作评议组要按照县人大常委会工作评议实施方案的要求，把握工作重点，做出本组活动安排，认真组织实施。各被评议单位要把开展工作评议与本单位工作实际相结合，按照各个评议阶段的要求，分解任务，细化内容，精心组织，推动工作评议顺利开展。

（三）注重实效。工作评议组和各乡镇、街区人大要采取多种形式，深入调查研究，广泛听取群众意见，对被评议单位工作中存在的问题，要客观公正地作出评价，提出意见建议。参评代表应认真履职，实事求是地进行评议，确保通过评议，评出精气神，评出正能量。被评议单位对评议意见要认真分析研究，制定切实可行的措施，逐条逐项抓好落实。

（四）严肃纪律。要严格落实中央“八项规定”和省市县委相关要求，自觉遵守党的政治纪律、组织纪律、工作纪律和廉政纪律。被评议单位和个人不允许向参评代表打招呼、做工作，若有违反，直接确定为“不满意”档次。

梁山县人大常委会
关于梁山县国家机关工作人员任前法律知识考试试行办法

（2019年11月26日县十八届人大常委会第二十七次会议通过）

第一条　为依法行使宪法和法律赋予县人民代表大会常务委员会（以下简称县人大常委会）的任免权，增强国家机关工作人员的法律意识，不断提高其依法行政、公正司法的能力，为县人大常委会审议人事任免事项提供参考依据，根据《梁山县人民代表大会常务委员会人事任免办法》（梁人发〔2017〕21号）的规定，制定本办法。

第二条　凡提请梁山县人大常务委员会决定任命和任命的国家机关工作人员，任前应参加县人大常委会组织的任前法律知识考试。

第三条　成立法律知识考试领导小组，负责考试事项，研究考试方案，组织实施考试。法律知识考试领导小组组长由县人大常委会主任担任，副组长由常委会分管法制工作室工作的副主任担任，成员由常委会办公室主任、法制工作室主任、研究室主任担任。法律知识考试领导小组下设办公室。办公室设在法制工作室，办公室主任由法制工作室主任兼任。

第四条　任前法律知识考试的内容和范围分为公共法律知识和履职必备相关法律知识。

（一）公共法律知识包括：

《中华人民共和国宪法》《中华人民共和国立法法》《中华人民共和国全国人民代表大会和地方各级人民代表大会选举法》《中华人民共和国地方各级人民代表大会和地方各级人民政府组织法》《中华人民共和国全国人民代表大会和地方各级人民代表大会代表法》《中华人民共和国各级人民代表大会常务委员会监督法》《中华人民共和国公务员法》以及有关法学基础理论。

（二）履职相关法律知识包括：

《中华人民共和国行政许可法》《中华人民共和国行政处罚法》《中华人民共和国行政复议法》《中华人民共和国行政诉讼法》《中华人民共和国强制法》《中华人民共和国国家赔偿法》《中华人民共和国法官法》《中华人民共和国检察官法》《中华人民共和国监察法》《中华人民共和国仲裁法》以及拟任职务必知的法律知识等。

第五条　法律知识考试的时间、地点、范围等有关事项由县人大办公室在考试前3个工作日通知提请机关和有关人员。

第六条　考试采用笔试形式，命题、评卷工作委托第三方考试机构组织实施，答卷时限120分钟；考试成绩以百分制计分，60分（含60分）以上为合格。

第七条　法律知识考试的考场、监考等工作由人大办公室和法制工作室共同组织实施。

第八条　参加考试人员一律不得缺考，确因其他特殊情况不能按时参加考试，须由提请机关书面向县人大常委会请假，经批准后，另行安排补考。缺考或考试不合格者可以补考一次，补考不合格的，暂缓任命，并且在一年内不得再向县人大常委会提请任命。

第九条　考试领导小组办公室书面向主任会议报告考试成绩，经主任会议确认，被提请任命人员考试合格者，提请县人大常委会审议任命。

第十条　本办法自通过之日起施行。

梁山县人大常委会
关于在全县人大代表中深入开展“双联”
活动的意见

（2020年5月11日梁山县十八届人大常委会第三十五次主任会议通过）

为贯彻落实济宁市人大常委会的决策部署，

充分发挥人大代表在联系群众、了解民情、反映民意、解决问题、推动发展中的积极作用，进一步提升代表履职成效，根据市人大常委会《关于开展代表倾听民声、解疑释惑、助力化解风险工作的意见》和《关于做好人大代表联系扶贫工作村工作的通知》要求，制定本意见。

一、指导思想

以习近平新时代中国特色社会主义思想为指导，认真贯彻落实《中共山东省委关于做好新时代人大工作的意见》（鲁发〔2019〕16 号）和市委《贯彻落实<中共山东省委关于做好新时代人大工作的意见>任务分工》（济办发〔2019〕20 号）要求，围绕扎实做好“六稳”工作、全面落实“六保”任务，组织引导全县各级人大代表深入基层、联系群众、收集民情、反映民意，帮助解决脱贫攻坚、生态环保、乡村振兴、义务教育等实际问题，破解发展难题，助力防范化解各类风险，为推进全县经济社会高质量发展作出积极贡献。

二、活动主体

驻梁全国、省、市人大代表和县、乡（镇）人大代表。

三、活动内容

（一）开展“千名代表联万家”活动。驻梁全国、省人大代表每人联系 1 个扶贫工作重点村和 10 户贫困户，市、县人大代表每人联系 1 个扶贫工作重点村（发展相对薄弱村）和 10 户贫困户，乡级人大代表在原选区每人联系 10 户贫困户。驻梁全国、省人大代表和县直市、县人大代表与扶贫工作村、贫困户的联系，由县人大常委会负责。各乡镇人大、街道人大工委结合本地实际，确定驻本地的市、县、乡人大代表联系的扶贫工作村、贫困户。5 月 20 日前，按照要求确定代表联系对象，汇总上报县人大常委会人代工委。

（二）搭建代表联系人民群众的平台。一是搭建工作平台。各乡镇人大、街道人大工委应按照“有场地、有制度、有计划、有活动、有记录、有实效”的要求，在乡镇、街道驻地建设完善一处高标准的“人大代表活动中心”，在此基础上，应进一步向社区、村居、企业延伸，按照“六有”标准，各乡镇、街道再建设 3—4 处“人大代表联络站”，为代表联系人民群众搭建工作平台。“人大代表联络站”应明确召集人和联络员，实行标准化建设、规范化管理，使联络站真正成为代表联系群众的平台和“窗口”。二是搭建网络平台。建设代表履职服务网络平台和履职通 APP，进一步完善人大网站和代表微信群，充分利用互联网等新兴媒体，为代表联系群众提供便捷的信息化服务。

（三）建立代表信息公示制度。采取设立“人大代表公示栏”、向群众发放“人大代表联系卡”等方式，将本选区人大代表的姓名、性别、单位、职务、联系方式等基本情况向社会公布，便于群众联系代表、反映情况。也可采用 QQ、微信等群众便利的方式加强与群众的联系。

（四）开展代表“双联”活动。一是常委会组成人员集中联系代表。每位县人大常委会组成人员分别直接联系 5—6 名基层县人大代表，每季度围绕一个主题，按照“小切口、具体化、可操作”的要求，由县人大常委会领导带队，与委员一起赴乡镇、街道集中联系代表，通过召开代表座谈会或到代表所在单位直接见面等形式，面对面沟通交流，听取意见建议。二是代表定期走访群众。每位人大代表每季度至少参加一次集中走访联系活动，深入村居，以灵活多样的形式了解、掌握所联系贫困户和扶贫工作重点村的意见、建议，力所能及地帮助他们理路子、增收入、改善生产生活条件。每年为联系户反映或解决 1-2 个实际问题，及时为所联系的村协调解决发展中遇到的困难。三是代表定期接待群众。建立代表公开接待日制度，每月 15 日（遇节假日、双休日相应顺延）为全县各级代表统一公开接待日。以乡镇（街道人大工委）人大和县直代表联络站为单位，组织本辖区的代表集中听取群众意见建议。并以适当有效的方式，提前 2 天公开接待的时间、地点，明确人大代表参加接待日的日程安排。每位代表每年在“人大代表活动中心”或“人大代表联络站”接待选民不少于 2 次，听取“选民说事”，当好党的路线方针政策的“宣传员”、群众利益的“代言人”。

（五）组织代表报告履职情况。人大代表要主动接受选民或原选举单位的监督，今明两年至少向选民或原选举单位报告1次履职情况。县人大常委会、各乡镇（街道人大工委）人大要分别制定代表述职方案，从5月开始，有计划地组织人大代表向选民或选举单位报告履职情况。县、乡两级代表的述职分选区进行，由乡镇（街道人大工委）人大具体组织实施，主要采取召开选民代表会议的形式，听取代表述职报告，对代表履职情况进行民主评议，提出意见和建议。

四、有关要求

开展“双联”活动是一项系统工程，各乡镇（街道人大工委）人大要高度重视，把这项工作作为落实省委、市委人大工作会议精神，推动人大工作创新发展的重要举措，认真履职，精心组织，务求实效。

（一）完善组织架构，形成整体工作合力。为切实加强对这项工作的组织领导，县人大常委会成立领导小组，做好组织协调、调度指导、督促检查等工作。各乡镇（街道人大工委）人大也要制定实施方案，成立工作机构，做好本辖区的组织实施、协调联络和服务保障等工作。各级代表要强化责任意识，学习掌握党和国家方针政策、法律法规及相关工作情况，积极参与并做好这项工作。

（二）发挥平台作用，协助代表履职尽责。要进一步深化“双联”活动的开展，及时向代表通报经济社会发展和民主法治建设情况，邀请代表列席县人大常委会会议、召开列席代表座谈会、组织代表参加专题调研和执法检查等活动，让代表广泛知情知政。适时组织代表对重大项目、重大工程进行视察，帮助代表直观全面了解全县经济社会发展情况。

（三）认真办理建议，提高建议办理质量。对代表提出的建议，每季度汇总上报一次，实行分级梳理、分级转办。驻梁全国、省、市人大代表和县人大代表提出的建议，由县人大常委会人代工委交办。乡级人大代表提出的建议，由乡(镇)人大主席团交办。健全政府答询机制，每季度由县、乡（镇）人大组织同级政府分管领导、主承办单位负责人，对重要建议办理情况进行答询，切实解决群众的问题，确保办理质量。

（四）加强履职管理，激发代表履职热情。实行代表履职登记制度，建立活动考勤簿、活动情况记录簿、接待群众和为民办事登记簿。健全并填写好代表履职档案，细化量化代表联系选民、接待群众、提出建议、为民办事等内容。相关情况每季度以适当方式向有关方面通报，向社会公布，并将作为考核评价和换届时继续提名的依据。强化正向激励，在新闻媒体开设专版、专栏，推出并宣传一批群众认可的代表典型和先进事迹，激发代表的履职积极性、主动性。

梁山县人大常委会
2020年度对县政府部门和驻梁垂直管理单位进行工作评议的实施方案

（2020年5月13日梁山县十八届人大常委会第三十二次会议通过）

根据宪法、地方组织法和监督法的有关规定，按照县人大常委会2020年工作要点安排，并报请县委同意，决定对11个县政府部门、4个驻梁垂直管理单位进行工作评议。现制订如下实施方案：

一、指导思想

以习近平新时代中国特色社会主义思想为指导，以宪法、监督法等法律法规为依据，坚持党的领导、依法监督、促进工作的原则，紧紧围绕县委十四届八次全会确定的目标任务，深入调查研究，广泛听取意见，认真组织评议，督促被评议单位改进工作作风、提升工作水平，为加快建设“经济强县、美丽梁山”作出积极贡献。

二、评议主体和对象

（一）评议主体：县人大常委会组成人员、部分县级以上人大代表（共约120名）；

（二）评议对象（共15个）：

1、县政府部门（11个）：县公安局、县财政局、县商务局、县文化和旅游局、县应急管理局、县行政审批服务局、县行政执法局、县统计局、县医疗保障局、县金融工作发展促进中心、县农业机械现代化发展促进中心。

2、驻梁垂直管理单位（4个）：工商银行梁山支行、邮政储蓄银行梁山支行、梁山农村商业银行、济宁银行。

三、评议内容

（一）贯彻执行党的路线方针政策和宪法、法律法规的情况；

（二）推进落实县委重大决策部署、县政府重点工作、上级布置的重要任务和本年度工作计划完成情况；

（三）贯彻执行县人大及其常委会决议、决定，自觉接受县人大及其常委会监督，研究处理审议意见，办理人大代表议案建议等情况；

（四）认真推进“放管服”改革，优化政务服务，简化办事程序，为企业和群众提供优质高效服务等情况；

（五）依法履行职责，严格公正执法，推动经济发展，维护社会稳定，回应百姓期盼等情况；

（六）县人大常委会主任会议认为需要评议的其他事项。

四、评议步骤

（一）准备动员阶段（5月至6月）

1、成立机构。根据评议对象分别设立6个工作评议组，由县人大常委会组成人员和部分县级以上人大代表组成，常委会领导任组长，常委会有关委室负责人任副组长。

2、宣传发动。县人大常委会召开工作评议动员会，安排部署评议工作。被评议单位成立迎评工作小组，召开评议动员会，提报工作职责和工作报告。县人大常委会将被评议单位工作职责和工作报告印发代表。

（二）调查反馈阶段（7月至8月）

1、评议调查。（1）组织基层代表进行深入调查。7月10日前，各乡镇人大、街道人大工委召开各代表小组组长会议，传达全县工作评议动员会议精神，学习有关法律法规，部署评议工作。7月25日前，各代表小组组织代表深入村居、企业、群众，坚持问题导向，围绕评议内容，积极走访选民，充分汇集民意，全面了解被评议单位工作情况，提出意见建议。7月30日前，各代表小组召开座谈会并汇总整理意见建议，及时上报乡（镇）人大、街道人大工委。（2）工作评议组开展专题调研。8月5日前，工作评议组根据评议内容，深入乡镇、街道和服务对象等单位，采取听取汇报、走访座谈、问卷调查、视察检查等形式，对被评议单位的工作进行评议调查，广泛听取各级人大代表、乡村干部、企业负责人、群众代表等方面提出的问题和意见。8月20日前，各工作评议组将意见建议进行分单位汇总整理，形成书面材料，提请主任会议审议。（3）被评议单位主动听取意见建议。被评议单位要通过电话、深入基层调研、局（主任、行长）长信箱、行风热线等方式，广泛征求基层群众和服务对象的意见建议。

2、意见反馈。8月下旬，召开县人大常委会主任会议，审议各工作评议组意见建议汇总的情况。8月底前，工作评议组向被评议单位反馈在调查走访中收集到的和社会各界反映的意见和建议。集中反馈后收到的意见建议，县人大常委会随时转交被评议单位。

（三）自查整改阶段（9月）

1、落实整改措施。被评议单位要认真对待反馈的意见建议，不推诿、不应付，即知即改、立行立改、边查边改，建立自查台账清单，逐条分解到主管领导、责任科室和责任人，落实整改责任，着力解决存在的问题，不断提高工作水平。根据整改情况和年度工作计划落实情况，9月20日前，形成整改报告上报县人大常委会。

2、跟踪督查整改。各工作评议组按照“四不两直”的工作要求，采取随机抽查、实地查看等方式，对被评议单位整改落实情况进行跟踪监督，了解情况，督促落实。

（四）集中评议阶段（10月）

1、进行审查（10月中旬）。召开县人大常委会主任会议，对被评议单位整改报告进行审查，提出意见建议，并及时反馈给被评议单位。被评议单位根据主任会议的意见建议，对整改报告进行修改完善，于常委会会议召开前7日送达各自联系的工作评议组。

2、集中评议（10月下旬）。召开县人大常委会专题会议进行评议。会议的主要内容为：

（1）被评议单位主要负责人报告工作；

（2）常委会组成人员、列席会议的人大代表以无记名投票的方式，对被评议单位的工作进行满意度测评。

投票结束后，参照《梁山县人大常委会关于对专项工作进行满意度测评的试行办法》的有关规定，对被评议单位确定“满意”“基本满意”“不满意”等次，按照满意票多少对县政府部门和驻梁垂直管理单位排出名次，当场公布评议结果。测评结果为不满意的单位，列为下一年度评议对象继续评议。

（五）完善提高阶段（11月至12月）

被评议单位根据评议结果和代表提出的意见建议，认真分析，查找原因，进一步完善措施，继续抓好整改，确保提出的意见建议整改到位，不断提高自身的工作能力和水平。

五、结果运用

评议结果向县委报告，向县政府和驻梁垂直管理单位的上级主管部门通报，向被评议单位反馈。同时，采取适当方式向县人代会通报，通过媒体向社会公布。

六、评议要求

（一）高度重视。开展工作评议是县人大常委会依法履行监督职责的重要形式，是支持和促进被评议单位开展工作的有效手段。被评议单位要从讲政治的高度，充分认识开展工作评议的重要意义，把接受评议作为听取群众意见、接受群众监督的有效途径，作为改进工作、加强自身建设、树立良好形象的重要举措，积极主动迎评，自觉接受评议。

（二）精心组织。县人大常委会各工作评议组要按照县人大常委会工作评议实施方案的要求，把握工作重点，做出本组活动安排，认真组织实施。各被评议单位要把开展工作评议与本单位工作实际相结合，按照各个评议阶段的要求，分解任务，细化内容，精心组织，推动工作评议顺利开展。

（三）注重实效。工作评议组和各乡镇人大、街道人大工委要采取多种形式，深入调查研究，广泛听取群众意见，对被评议单位工作中存在的问题，要客观公正地作出评价，提出意见建议。参评代表应认真履职，实事求是地进行评议，确保通过评议，评出精气神，评出正能量。被评议单位对评议意见要认真分析研究，制定切实可行的措施，逐条逐项抓好落实。

（四）严肃纪律。要严格落实中央“八项规定”和省市县委关于廉洁自律的相关要求，自觉遵守党的政治纪律、组织纪律、工作纪律和廉政纪律。被评议单位和个人不允许向参评代表打招呼、做工作，若有违反，直接确定为“不满意”档次。

梁山县人大常委会机关
“三重一大”事项集体决策制度

（2020 年 6 月 1 日）

第一章　总则

第一条　为深入贯彻习近平新时代中国特色社会主义思想和党的十九届四中全会精神，进一步严格执行民主集中制，健全完善“重大事项决策、重要人事任免、重要项目安排、大额资金使用必须经集体讨论作出决定”的制度，防止决策失误和违规违纪问题发生，强化对权力的监督制约，结合人大机关实际，制定本制度。

第二条　“三重一大”事项决策应当遵循以下原则：

（一）坚持会议集体决策。按照“集体领导、民主集中、个别酝酿、会议决定”的要求，除突发事件或紧急情况外，凡涉及“三重一大”事项，必须由机关党组班子以会议形式集体讨论决策。

（二）坚持集体领导和个人分工负责相结合。充分发挥机关党组的核心保障作用，正确处理民主和集中的关系，充分发挥集体领导作用，实行班子成员分工负责制，保证权力正确行使。

（三）坚持科学民主依法决策。遵循党的路线方针政策和党的纪律，遵循国家法律法规，坚持科学发展观和民主集中制，注重调查研究，尊重和反映客观规律，广泛听取意见，优化决策流程，完善议事规则，提高决策的质量和水平。超越法定职权或违反法定程序作出的决策无效。

第二章　重大事项的范围和内容

第三条　重大事项：

（一）贯彻落实党的路线方针政策、党和国家重要法律法规；

（二）执行中央和省、市、县委的重大决策、重要会议、重要指示精神、重要工作部署的意见及措施；

（三）事关机关全局和改革发展稳定的重大事项；

（四）涉及机关的中长期发展规划、年度计划、重点工作安排、重要工作方案等事项；

（五）涉及机关干部群众切身利益及有关民生的重大问题；

（六）涉及机关内部机构设置和人员编制调整；

（七）机关领导班子建设、党组织建设、党风廉政建设、精神文明建设和思想政治工作中的重大问题；

（八）重大人身伤亡、责任事故、突发事件的处理；

（九）其他需要集体决策的重大决策事项。

第四条　重要人事任免：

（一）按照干部管理权限和规定程序，讨论决定干部选拔任用、交流轮岗等，包括机关干部的任免、调动，后备干部的选拔推荐；

（二）机关领导班子工作分工；

（三）机关干部的考核、奖励表彰、问责处分等各类奖惩事项；

（四）县级以上各类先进集体、先进事迹和先进个人的推荐申报；

（五）其他需要集体决策的重要人事任免事项。

第五条　重大项目安排：

（一）年度财政预算的编制及执行情况；

（二）重大工作项目、重大修缮工程、大宗办公物资及设备采购的计划、组织和实施；

（三）机关重大资产处置；

（四）涉及办公场所搬迁，办公用房装修、维修等项目；

（五）组织开展大型活动资金的安排意见；

（六）其他需要集体决策的重大项目。

第六条　大额资金使用：

（一）预算内大额资金的使用，大额政府采购，预算外资金的申请与使用；

（二）金额超过 1 万元的非经常性支出，1 万元以下按有关规定支出；

（三）大额固定资产的购置、调拨、处置等；

（四）非经常性项目专项资金的安排和使用；

（五）经济责任审计结果及有关问题整改方案；

（六）其他需要集体决策的大额资金使用情况。

第三章　决策程序

第七条　除遇重大突发事件和紧急情况外，“三重一大”事项应当由机关党组以会议形式集体讨论决定，不得以传阅、会签、个别征求意见、现场办公会等形式代替集体决策。

第八条　主要包括酝酿准备、集体决策、决策实施三个阶段。

（一）酝酿准备阶段：

1、充分征求意见。决策“三重一大”事项，前期应进行广泛深入的调查研究，充分听取各方面意见。对于与人民群众利益密切相关的事项，应通过一定渠道公示，广泛征求意见。对有关干部的选拔任用，要严格执行《党政领导干部选拔任用工作条例》，对确定的考察对象，应事先征求纪检监察机关意见；

2、适当进行酝酿。决策“三重一大”事项前，机关党组成员可通过适当形式进行酝酿，但不得作出决定或影响集体决策；内容涉及多个工作部门的，应事先做好沟通协调，未协调或经协调仍存在较大分歧的，一般不提交机关党组会议讨论；

3、按照程序提议。提请机关党组会议决策的“三重一大”事项，需经分管领导同意后，提前报机关党组书记确定。除遇重大突发事件和紧急情况外，不得临时动议；

4、做好相关准备。议题的有关材料应在机关党组会议召开前提前 1-3 天书面送达各党组成员，并保证其有足够时间了解相关情况；

5、注意保密工作。事关涉密内容的事项，在未作出决策前，酝酿时应注意保密，防止跑风漏气。

（二）集体决策阶段：

1、保证出席人数。召开“三重一大”事项决策会议，必须有三分之二以上党组成员出席，方能召开有关会议，并严格按照预定的议题和议程进行。党组成员因故不能参加会议时，应在会前履行请假程序；

2、需要回避的，有关领导成员应当自觉回避；

3、充分发表意见。讨论“三重一大”事项时，应安排分管领导或相关工作部门负责人介绍、说明情况，并留出足够时间进行讨论。对决策事项，党组成员应逐个表达同意、不同意或者缓议的意见，并说明理由；因故未到会的党组成员可以以书面形式表达意见，书面意见不计入表决票数。机关党组书记或主持会议的其他负责人，要严格执行末位表态发言制度，不能事先对讨论的事项确定基调，必须在听取党组成员或其他参会人员的意见后，汇总讨论情况，发表意见；

4、逐项作出决策。对多个“三重一大”事项，会议应逐一表决。对“三重一大”事项，必须经应到会成员半数以上同意，方可形成决定；

发现有重大问题尚不清楚的，应暂缓决策，分歧较大的，可书面请求上级组织裁决；讨论干部任免时，应当按有关规定进行表决；

5、如实做好记录。研究室负责做好会议记录，详细记载具体讨论事项、党组成员的讨论意见以及决策形成的结果等。每次召开审议“三重一大”事项的会议，必须做到文件材料齐全归档，主要包括：议题事项、会议通知、提请讨论议题的相关附件材料、会议原始记录等。因重大突发事件和紧急情况未经集体研究作出决策的，党组书记事后应及时向党组成员通报，并形成书面记录；

6、组织列席旁听。机关党组决策“三重一大”事项，可视情况组织相关工作部门人员列席会议。列席人员可就议题发表意见，但不参与表决。

（三）决策实施阶段：

1、分工组织落实。经机关党组领导班子决策的“三重一大”事项，应由党组成员按职责分工组织实施；遇有分工和职责交叉的，应明确一名党组成员牵头。执行情况应及时向机关党组会议报告；

2、严格执行决策。个人对决策有不同意见的可以保留，也可按组织程序向上级党组织反映，但在未作出新的决策前，应当坚决执行，不得公开发表同集体决策的相反的意见，不得在行动上违背集体决策。因实际情况变化导致“三重一大”事项集体决策确需变更的，应当按程序提请机关党组会议重新进行决策；

3、加强督查反馈。机关党组成员按照职责，分工负责“三重一大”事项决策执行情况的跟踪督查，及时了解情况，发现问题，及时向机关党组班子及主要负责人报告，以便适时调整和完善决策。

第四章　监督检查

第九条　机关党组对落实“三重一大”事项集体决策工作负总责。机关党组成员要严格按照党风廉政建设责任制的要求，认真履行“一岗双责”，加强对“三重一大”事项的决策、执行情况的督促检查，将其作为领导班子执行党风廉政建设责任制的重要内容；

第十条　对“三重一大”事项的决策、执行情况，除涉及国家安全、公共安全、经济安全和其他须保密的事项外，应当作为党务公开的重要内容，在相应范围内公开，接受社会监督，不断规范决策行为；

第十一条　机关党组成员应当将贯彻落实“三重一大”事项集体决策制度情况列入民主生活会和述职述廉的重要内容，不断提高领导班子解决自身问题的能力；

第五章　责任追究

第十二条　凡属下列情况，应当追究相应责任：

（一）不履行或不正确履行“三重一大”制度决策程序，不执行或擅自改变集体决定的；

（二）未经集体讨论决定而个人决策的；

（三）未向机关党组会议提供真实情况而造成错误决定的责任人；

（四）执行决策后发现可能造成损失，能够挽回而不采取措施纠正的；

（五）其他因违反本实施细则而造成失误的。

第十三条　责任追究主要依据本人职责范围，明确集体责任、个人责任或直接领导、主要领导责任。责任追究按照干部管理权限和法律、法规的规定执行。

第十四条　责任追究的方式：

（一）责令作出检查、诫勉谈话、通报批评或者向上级组织部门建议，给予调离岗位、责令辞职、免职、降职等处理；

（二）应当追究党纪政纪责任的，依照《中国共产党纪律处分条例》《行政机关公务员处分条例》等有关规定，向上级纪检监察机关建议，给予相应的党纪政纪处分；

（三）涉嫌违法犯罪的，按照国家有关法律规定处理。

梁山县人大常委会机关公务员平时考核实施办法

（2020年6月28日）

第一章　总　则

第一条　为贯彻落实习近平总书记关于干部考核要把功夫下在平时的重要要求，建立日常考核、分类考核、近距离考核的知事识人体系，进一步规范人大常委会机关公务员平时考核工作，全面客观准确评价公务员德才表现和工作实绩，激励公务员不忘初心、牢记使命、担当作为、干事创业，根据《公务员法》《公务员考核规定（试行）》《公务员平时考核办法（试行）》和《梁山县公务员平时考核实施办法（试行）》等有关法律法规，结合县人大常委会机关实际，制定本办法。第二条。

第二条　本办法所称公务员平时考核是指县人大常委会机关按照干部管理权限，对非领导成员公务员日常工作和一贯表现所进行的了解、核实和评价。对领导成员公务员考核另有规定的，从其规定。

第三条　公务员平时考核坚持党管干部原则，坚持把政治标准放在首位，坚持严管和厚爱结合、激励和约束并重，坚持客观公正、精准科学，坚持注重实绩、奖惩分明，坚持分级分类、简便易行。

第二章　组织领导

第四条　公务员平时考核由县人大常委会机关办公室组织实施，作为加强公务员日常管理的重要抓手。机关党组承担考核工作主体工作责任、要建立平时考核工作档案，将相关资料整理归档，作为了解公务员一贯表现的重要依据。

机关党组牵头制定平时考核工作方案，科学设置考核指标，提出等次评定标准，组织实施考核评价，审核反馈考核结果，对考核工作进行督促检查，及时掌握平时考核开展情况。平时考核工作方案报同级公务员主管部门备案后实施。

第三章　内容指标

第五条　除公务员平时考核围绕本单位（部门）中心工作，以公务员的岗位职责和所承担的工作任务为依据，及时了解公务员在德、能、勤、绩、廉等方面的日常表现，重点考核深入学习贯彻习近平新时代中国特色社会主义思想、遵守政治纪律和政治规矩、践行党的群众路线、完成日常工作任务和阶段工作目标的情况，以及承担急难险重任务、处理复杂问题、应对重大考验的表现等。

第六条　考核指标应体现政治性、导向性、实效性。加强对党中央决策部署和省市县人大工作贯彻落实情况的考核，推动各委室任务目标分解落实到每名公务员，并根据工作实际需要和临时性任务实行动态管理，精简优化指标数量、层级，做到可落实、可衡量、可比较。

第七条　各委室要结合管理方式、职能职责和工作任务，区分不同类别、层级和岗位公务员特点，分级分类设置考核指标和指标权重，建立符合不同类别、不同层次和不同岗位特点的平时考核评价体系。

考核指标由共性指标和个性指标构成。共性指标主要包括政治素质、职业道德、工作作风、廉洁自律以及出勤情况等。个性指标主要包括完成工作数量、质量、效率以及成效和业务能力等。

注重制定量化指标，加强对公务员完成工

作的数量和质量的考核，可采取百分制量化赋分的方式确定。个性指标考核占比一般不低于50%。不应简单将有没有合账记录、工作笔记等作为工作是否落实的唯一标准，不应简单以留痕多少评判工作好坏，防止过度留痕。

第四章　程序方法

第八条　平时考核按照“谁了解谁评价，一级考核一级”的原则开展，一般情况下，各委室工作人员的考核，其本人的考核由其主管领导负责。单位人数较少的，可由主要领导或其授权的有关领导负责。

平时考核周期原则上一个季度为一个周期。一般可采取月小结、季评鉴、年总结的方式，按照下列程序进行：

（一）确定目标。公务员根据县人大常委会机关和所在内设机构的年度及阶段目标任务，结合岗位职责，制定周期性工作计划，经主管领导审定后，确定为个人阶段目标，纳入平时考核个性指标。

（二）工作记实和小结。公务员可采取写实式、条目式等方式进行工作记实，及时记录总结平时工作情况，每月要对工作计划完成情况进行简要小结。按照“谁管理谁认定”的原则，由上一级直接领导对公务员月小结进行审核认定，对符合规定情形的实绩记入公务员实绩档案。在考核周期末，公务员对照委室要求、职责任务或考核指标，如实将本人工作情况以书面或口头汇报形式报主管领导。

公务员实绩档案主要内容包括公务员履职尽责和承担急难险重任务、处理复杂问题、应对重大考验时的表现；获得奖励表彰、受党纪政务处分等情况。

（三）审核评鉴。主管领导结合对公务员工作小结或实绩档案的审核情况，提出考核结果等次建议，由县人大常委会机关主要领导审定，也可由领导班子研究审定。

审核评鉴应对照考核标准，结合日常了解、群众评价以及服务对象意见等情况，吸收运用绩效管理等成果，根据需要听取纪检监察机关意见，注重看公务员担当作为表现情况，综合研判，实事求是确定考核结果。

对直接面向群众的窗口单位和服务部门的公务员，可以在一定范围内开展服务对象评议。

（四）结果反馈。有关领导采取个别谈话、工作通报、会议讲评等方式，及时向公务员本人反馈考核结果，肯定成绩、指出不足，提出改进要求，听取本人意见。

公务员对本人考核结果有异议的，可以向机关党组反映。自接到反映后，机关党组应按照客观公正、公开透明的原则对考核结果进行复核，并在5个工作日内予以答复。

（五）汇总上报。县人大常委会机关在每考核周期末汇总公务员平时考核结果，每年底形成工作总结，报同级公务员主管部门。

第九条　对加强公务员平时考核与日常管理的统筹融合。将平时考核工作程序与县人大常委会及其内设机构的计划总结、工作创会、定期调度、监测评估等绩效管理手段相结合，与“三会一课”、谈心谈话等组织生活制度相结合，切实减轻公务员负担，防止搞形式、走过场。

第十条　平时考核结果分为好、较好、一般和较差4个等次。采取百分制量化赋分方式确定平时考核等次的，一般评定为好等次的不低于85分，评定为较好等次的不低于75分，评定为一般等次的不低于60分，得分未达到60分的评定为较差等次。

好等次公务员人数原则上掌握在参加平时考核的公务员总人数的40%以内。对评定为好等次的公务员，应当在本单位范围内进行公示，公示期不少于3个工作日。

第十一条　公务员在承担急难险重任务、处理复杂问题、应对重大考验时，表现突出、有显著成绩和贡献的，当期平时考核结果可以直接确定为好等次。公务员在重大关头、关键时刻不服从组织安排，或者推诿扯皮、敷衍塞责造成不良后果的，当期平时考核结果可以直接确定为较差等次。

第五章　结果运用

第十二条　强化平时考核结果运用，坚持考用结合，将考核结果与选拔任用、培养教育、管理监督、激励约束等结合起来，鼓励先进、鞭策落后，营造见贤思齐、比学赶超的良好氛围。

对平时考核结果为好等次的公务员，以适当方式及时予以表扬，可以按照有关规定给予物质奖励。对平时考核一贯表现优秀的公务员，在选拔任用、职务职级晋升、评先奖优等方面优先考虑。对平时考核中发现的工作表现突出，有显著成绩和贡献，或者有其他突出事迹的公务员，以适当方式及时予以表扬；符合及时奖励标准的，可由县人大常委会机关向同级公务员主管部门申报，按规定程序给予及时奖励。

对平时考核结果为一般等次的公务员，及时谈话提醒；对平时考核结果为较差等次的公务员，及时批评教育，必要时进行诫勉；对存在违纪违法问题的，按照有关纪律和法律法规处理。县人大常委会机关根据具体情形，帮助引导公务员查找分析原因，制定整改措施，激发自我完善的内生动力，并采取灵活多样的形式开展针对性教育培养，为公务员改进提高创造条件，提升其履职尽责能力。

第十三条　平时考核结果与年度考核结果挂钩。公务员年度考核确定为优秀等次的，应当从当年平时考核结果好等次较多且无一般、较差等次的公务员中产生。当年平时考核结果均为好等次的，年度考核可以在规定比例内优先确定为优秀等次。

当年平时考核结果一般、较差等次累计次数超过一半的，年度考核原则上应当确定为基本称职或者不称职等次。当年平时考核结果均为较差等次的，年度考核可以直接确定为不称职等次。

平时考核结果记入公务员年度考核登记表。对年度考核为优秀等次的公务员进行公示时，应当公示其当年平时考核结果等次。

第十四条　依据平时考核结果加强公务员教育培养，按照“缺什么补什么”的原则，对公务员进行调学调训、安排实践锻炼，补齐素质能力短板，把平时考核发现的问题作为优化内部职能和人员配置的重要参考，完善工作机制，提高工作效能。

第六章　相关事宜

第十五条　公务员应按照规定参加平时考核，对无正当理由不参加的，或者在考核过程中有弄虚作假等行为的，视情况给予批评教育、责令检查；经教育后拒不改正的，当年年度考核确定为不称职等次。

第十六条　调任或者转任的公务员、军队转业到机关的公务员，由现工作单位进行平时考核。公务员援派或者挂职期间，由接收单位进行平时考核。派出参加学习培训、抽调参加专项工作 3 个月以上的公务员，其平时考核由培训机构主管部门、专项工作主管部门进行平时考核。

第十七条　新录用的公务员在试用期内；病、事假累计时间超过当期平时考核周期一半；受记过、记大过、降级、撤职处分的期间，参加考核，不确定等次。

涉嫌违法违纪被立案调查尚未结案的，参加考核，不确定等次；结案后，不给予处分或者给予警告处分的，可以补定等次；受警告处分当年的平时考核，不得确定为好等次。受其他党纪政纪处分的公务员平时考核参照年度考核相关规定处理。

第十八条　严格考核工作纪律。严肃查处徇私舞弊、打击报复等行为。对于不按照规定组织开展平时考核、造成不良影响的，依规依纪作出处理。

梁山县人大常委会
关于开展员额法官、员额检察官履职评议
工作的实施方案

（2020年6月30日梁山县十八届人大常委会第三十三次会议通过）

根据《中华人民共和国各级人民代表大会常务委员会监督法》等相关法律规定，按照县人大常委会2020年监督工作计划安排，决定对已纳入员额制的梁山县人民法院部分法官和梁山县人民检察院部分检察官（以下简称“两官”）进行履职评议，特制定本实施方案。

一、指导思想

开展员额法官、员额检察官履职评议是学习贯彻习近平总书记全面依法治国新理念、新思想的实践创新，是宪法和法律赋予人大监督职责的重要任务，是回应人民呼声，促进司法公正的必然要求。通过首次对实施司法责任制以来员额制法官、检察官履职情况的评议，进一步加强和规范司法行为，进一步推动司法队伍正规化、专业化、职业化建设，进一步维护司法公正和提高司法公信，进一步加强县人大及其常委会司法监督工作力度，让人民群众在每一个司法案件中都感受到公平正义，为深入推进法治梁山建设提供有力的司法保障。

二、评议主体和对象

（一）评议主体：县人大常委会组成人员

（二）评议对象（共16名）

本次评议对象16名，其中法官10名（含法院班子成员2名，不含正职），检察官6名（含检察院班子成员1名，不含正职），采用随机抽取方式确定评议对象。

三、评议内容

主要评议“两官”2018年以来的履职情况，具体包括：

（一）政治和业务学习情况。党的十九大以来政治理论学习情况，应知应会的法学知识学习和业务研究情况。

（二）遵守职业道德情况。维护、遵守宪法和法律情况，遵守政治纪律情况，恪守职业道德情况。

（三）办理案件工作情况。入额以来主办案件数量及质量，坚持实体公正和程序公正情况，正确适用法律和准确适用裁量权情况，严格办案时限和阳光司法情况，司法能力水平和奖惩等情况。

（四）自觉接受监督情况。自觉接受县人大及其常委会的监督情况，办理人大代表的意见、建议，落实县人大常委会转办、交办的涉法涉诉信访案件等。

（五）廉洁自律情况。中央八项规定精神和廉政制度执行情况，有无徇私枉法行为，有无违反《法官法》、《检察官法》等相关规定的情形。

四、评议方法步骤

履职评议工作分为准备动员、调研走访、审议评议、整改落实四个阶段。

（一）准备动员阶段（5月至6月）

1、制定实施方案。制定《梁山县人大常委会关于开展员额法官、员额检察官履职评议工作的实施方案》（草案），提请县人大常委会主任会议研究，常委会通过后公布实施。

2、召开评议工作动员会。集中部署“两官”履职评议工作，法检两院采用随机抽取的方式确定评议对象。

3、公布评议对象名单。通过人大网站、人大公众号等方式向社会公开评议对象名单，通过人大邮箱及监督电话，接受社会监督。

4、评议对象开展自查。评议对象针对评议内容有关要求认真开展自查，撰写2018年以来

的履职报告（履职基本情况、存在问题和努力方向，字数 3000 字左右，加盖单位公章）。于动员会后 15 日之内向县人大“两官”评议工作办公室提交个人自查报告。

（二）调研走访阶段（7 月至 8 月）

1、征集意见。评议工作调研组采取单位测评、个别座谈、定向走访、书面函询、旁听被评议法官庭审、调取案卷质量评查记录等方式，向县纪委监委、县委政法委、县人民法院、县人民检察院、县公安局、县司法局、人民陪审员、人民监督员、律师等了解评议对象的情况，征求对评议对象的意见建议。

2、问卷调查。由人代工委牵头，各乡镇人大、街道人大工委组织代表小组开展活动，参与被评议“两官”履职情况的调研，倾听基层群众的意见建议，对评议对象进行满意度调查问卷。

3、绩效评价。法检两院分别结合司法责任制绩效评价相关要求，重点就评议对象入额以来的办案数量、办案质量、办案效果和奖惩等办案绩效情况组织考核评价。同时，就评议对象的现实表现和业务能力等情况逐个作出书面评价，于 9 月上旬报送县人大“两官”评议工作办公室。

（三）审议评议阶段（9 月至 10 月）

1、汇总情况，形成报告。9 月，评议工作办公室汇总调研综合情况，及时起草履职评议调查报告提请主任会议讨论研究。

2、常委会评议票决。10 月中下旬，县人大常委会召开会议，听取和审议开展“两官”履职评议工作情况报告，听取和审议被评议法官、检察官的履职情况报告，对履职情况进行评议。根据县人大常委会《关于对专项工作进行满意度测评的试行办 法》第九条的规定，按照满意、基本满意、不满意三个等次进行满意度测评，并当场公布评议结果。

3、书面反馈评议意见。县人大常委会将评议意见及社会各界提出的工作意见建议书面反馈评议对象，并向法检两院通报意见建议书。

（四）整改落实阶段（11 月）

1、评议对象对县人大常委会提出的评议意见和社会各界提出的工作意见建议，认真抓好整改落实，并将整改落实情况在 12 月底之前书面报县人大常委会法制工作室，由法制工作室向主任会议报告。

2、测评结果为“不满意”的评议对象，要制定切实可行的整改措施，认真整改。半年内，县人大常委会听取整改落实报告，再次进行满意度测评，如再次测评结果仍为“不满意”的人员，按照法定程序办理

五、组织领导

（一）设立“两官”履职评议工作办公室。在县人大常委会领导下具体负责组织实施评议工作，办公室设在法制工作室。

（二）设立由监察和司法委员会、人大办公室、人代工委等单位有关工作人员组成的调研组。负责对法检两院及相关县直部门的调研。

（三）由人代工委牵头，乡镇人大、街道人大工委负责组织代表参与对被评议“两官”履职情况的调研。县人大常委会将分 6 个指导组，分别由主任、副主任带队到所联系的乡镇（街）人大（工委）进行指导。

六、工作要求

（一）精心组织，认真实施。评议工作办公室要在县人大常委会的领导下，依法严格程序，切实做好各项工作，评议工作中的重点环节、重要问题要及时向县人大常委会主任会议报告，必要时提请县人大常委会会议研究决定。县法院、县检察院要把履职评议工作作为推进公正司法、加强队伍建设的一件大事来抓，高度重视、积极配合，按照履职评议实施方案的要求，精心组织、周密部署，认真做好各个阶段的相关工作，确保评议工作顺利进行。

（二）端正态度，积极配合。评议对象要切实提高思想认识，端正态度，正确对待评议工作，认真撰写履职报告，做好自查和整改工作，妥善

处理好评议工作与日常工作的关系，做到两不误、双促进。

（三）客观公正，务求实效。参加评议的人员要切实增强责任意识和法律意识，严格以事实为依据、以法律为准绳，既要肯定评议对象的工作成绩，又要客观准确、直截了当地指出评议对象存在的问题，并有针对性地提出改进工作的意见和建议，使履职评议工作做到客观、公正，确保履职评议工作依法有序进行。同时，对于评议过程中反映出来的共性问题要切实督促整改，扎实推进司法规范化建设，推动我县司法工作再上新台阶。

梁山县人大常委会
关于无固定收入的县人大代表履职补贴的有关规定

（2020年6月 18日）

为支持和保障无固定工资收入的人大代表依法执行代表职务，根据《中华人民共和国全国人民代表大会和地方各级人民代表大会代表法》和《山东省实施〈中华人民共和国全国人民代表大会和地方各级人民代表大会代表法〉办法》，借鉴周边县市区做法，结合我县实际，制定本规定。

一、发放范围

无固定工资收入的县人大代表，出席县人民代表大会会议、列席县人大常委会会议、参加由县人大常委会和县人大有关专门委员会组织的视察、调研、执法检查活动，产生的误餐费、交通费，根据实际情况给予适当补贴。

无固定工资收入的县人大代表，主要指农（居）民代表、非国有企业代表和城镇个体劳动者代表等类型。

二、补贴标准

根据我县城乡劳动力收入水平、物价指数和代表实际收入状况，参照《梁山县机关事业单位差旅费暂行管理办法》的有关规定，误餐补助、交通补助每人每天各50元。活动统一安排就餐的，不再报销误餐补助。

三、工作要求

（一）由县人大常委会人事代表工作委员会牵头，办公室及有关委室配合，负责无固定工资收入的县人大代表出席会议、参加闭会期间的活动等情况的履职补贴的发放。

（二）无固定工资收入的县人大代表出席县人民代表大会会议的补助，由各乡镇（街道）代表团、县直代表团负责统计补助对象名单，报大会组织组审核后，提交大会秘书处，经秘书长签批，大会行政后勤组发放。

（三）无固定工资收入的县人大代表参加县人大常委会组织的闭会期间的活动，由具体组织活动的工作机构统计补助对象名单，填写《梁山县人民代表大会代表履职补贴结算表》人事代表工作委员会审核，经办公室主任签批，财务人员负责履行报账程序，将审核后的履职补贴每月向代表发放一次。

（四）县人大常委会办公室负责向无固定工资收入的县人大代表本人核实履职补贴发放到位情况。

四、经费来源

从县财政列入预算的代表活动经费中列支。

五、其他事项

（一）按照本规定不予发放履职补贴的县人大代表，出席县人民代表大会会议、列席县人大常委会会议、参加由县人大常委会和县人大有关专门委员会组织的视察、调研、执法检查活动，其所在单位按正常出勤对待，享受所在单位的工资和其他待遇。

（二）本规定自通过之日起施行。

二、县委书记大会讲话

梁山县第九届人民代表大会第一次会议开幕词

（1981年1月9日）

中共梁山县委副书记 王笃信

各位代表：

梁山县第九届人民代表大会第一次会议，现在开幕了。

我们这次代表大会，是按照《中华人民共和国地方各级人民代表大会和地方各级风民政府组织法》《中华人民共和国全国人民代表大会和地方各级民代表大会选举法》召开的，全体代表都是由选民直接选出的。这届代表大会共选出代表360人。县革委顾问作为特邀代表出席了会议。参加梁山县第一届政治协商会议的全体委员和县直机关部委、办、局的部分负责人列席了今天的会议。

我们这次会议，是在全县人民认真贯彻执行党的政治路线、思想路线、组织路线，贯彻全国五届人大三次会议和省五届人大三次会议精神，各条战线都取得很大成绩的大好形势下召开的。会议的主要任务是，听取并审议县革命委员会的工作报告，审查批准全县1980年国民经济计划执行情况和1981年国民经济安排意见，审查批准全县1979年财政决算、1980年财政预算和执行情况、1981年财政概算，审议县人民法院和县人民检察院的工作报告；选举县人民代表大会常务委员会主任、副主任、委员，选举县人民政府县长、副县长，选举县人民法院院长、县人民检察院检察长。这次会议对于团结全县人民同心同德，加速我县四化建设步伐；对于搞好政权建设，巩固发展安定团结的政治局面，都具有重要意义。

各位代表！1978年5月，我们曾召开了梁山县第八届人民代表大会。自那次会议以来，我县人民在党中央制定的正确路线、方针、政策的指引下，在县委的统一领导下，同心协力，发愤图强，兢兢业业地开展各项工作，全县政治、经济形势发生了重大的变化。政治上，我们进一步肃清了左倾路线的流毒和影响，认真落实党的各项政策，加强社会主义的民主和法制，初步奠定了安定团结、生动活泼的政治局面。经济上，我们贯彻落实国民经济调整、改革、整顿、提高的方针，调动了干部和群众的积极性，工农业生产有了较快的发展，财贸战线购销两旺，市场活跃，群众生活普遍有所改善。科学、技术、文教、卫生等各项事业也出现了崭新的面貌。当然，在大好形势下，我们还要看到前进中的困难和问题。现在，我们工作上还存在着这样那样的缺点和失误，在我们前进的道路上也会有这样那样的困难和问题。我们衷心希望代表们解放思想，畅所欲言，对我县各项工作中存在的问题和缺点，提出批评和建议，认真总结经验教训，发扬成绩，克服缺点，把我们的事业办好。

各位代表！我们这次代表大会任务繁重，意义深远。我相信；大家一定能够严肃认真地履行人民代表的权利，反映人民的意愿，代表群众的呼声，认真地参加各项议题的讨论和审议，专心致志、聚精会神地把这次会议开好，最后预祝大会圆满成功！

梁山县第十届人民代表大会第一次会议开幕词

(1984 年 5 月 14 日)

中共梁山县委书记 樊思宝

各位代表：

梁山县第十届人民代表大会第一次会议，现在隆重开幕了！这是全县人民政治生活中的一件大事。让我们共同祝贺这次代表大会的胜利召开！

出席这次代表大会的，是本届人民代表大会的全体代表。出席县二届政协会议的全体委员和县政府委、办、局的负责同志，列席了这次会议。

我们这次代表大会，将要听取和审议魏昌启代理县长所作的梁山县人民政府工作报告；审查、批准梁山县 1984 年国民经济和社会发展计划；审查、批准梁山县 1983 年财政决算和 1984 年财政预算；听取、审议樊兆玙副主任所作的梁山县第九届人民代表大会常务委员会工作报告；听取、审议宋声武代理院长所作的梁山县人民法院工作报告、姜守新代理检察长所作的梁山县人民检察院工作报告。选举梁山县第十届人民代表大会常务委员会主任、副主任、委员；选举梁山县人民政府县长、副县长；选举梁山县人民法院院长、梁山县人民检察院检察长。这是全体代表一致通过的议程，也是我们这次大会的主要任务。

自从上届县人民代表大会以来，全县人民在党的十一届三中全会和十二大路线、方针的指引下，经过艰苦努力，各项事业都发生了重大变化，党和国家的政策深入人心，各个领域的改革取得显著成效。安定团结的政治局面得到巩固和发展；工农业生产持续稳步增长，农村的商品生产发展很快，人民生活不断提高；“五讲四美三热爱”活动广泛开展，新的社会风尚大大发扬。我县的政治和经济形势确实一年比一年好。我们坚信，通过召开这次人民代表大会，必将促进我县形势发展得更快更好，全县人民一定会更加团结一致，振奋精神，艰苦奋斗，大胆改革，用“两个文明”建设的优异成绩，迎接伟大的中华人民共和国成立三十五周年！

各位代表，县人民代表大会是地方国家权力机关，它的成员是全县人民信任爱戴的代表。我相信，全体代表一定能够肩负人民的重托，以国家主人翁的态度，依法履行职责，共商全县四化建设大计，完成这次大会的各项任务，把我们的会议开成团结的大会，胜利的大会，开创新局面的动员大会。

预祝大会圆满成功！

在纪念地方人大设立常委会 30 周年座谈会暨书法绘画摄影展上的讲话

中共梁山县委书记、县人大常委会主任 商建设

(2009 年 12 月 31 日)

尊敬的各位老领导，同志们、朋友们：

为纪念地方人大设立常委会 30 周年，今天我们在这里举办纪念地方人大设立常委会 30 周年座谈会暨书法绘画摄影展。首先，我谨代表县委、县人大常委会及县几大班子，对这次书法绘画摄影展的开幕，表示热烈的祝贺！向历届县人大常委会老领导、老同志，表示诚挚的问候和崇高的敬意！向各位来宾、参展的艺术爱好者，表示热烈的欢迎和衷心的感谢！

大家知道，30 年前，五届全国人大二次会议，

决定县级以上地方各级人大设立常委会，这是我国政治体制、政权建设的一项重大改革，是我国人民代表大会制度的重要发展和完善，从此，人大建设和人大工作翻开了崭新的一页，进入了一个新的历史时期。根据上级安排，1980年，我县开始筹备设立常委会事宜。1981年1月，在县九届人大一次会议上，首次选举产生了梁山县人民代表大会的常设机构——梁山县第九届常委会。

梁山县人大常委会设立近30年来，在县委的坚强领导下，认真贯彻党的十一届三中全会以来的路线方针政策，紧紧围绕全县工作大局，紧密结合梁山实际，积极履行宪法和法律赋予的各项职责，在全县经济、政治和社会生活中发挥着越来越重要的作用，为加强全县社会主义民主法制建设，推动科学发展，促进社会和谐，加快经济社会进步发挥了重要作用 。

实践充分表明，地方人大设立常委会，是新时期推进民主政治建设的一件大事，是健全地方政权体制的重大举措，是人民代表大会制度的重大完善和发展。同时也给我们带来了深刻启示：一是坚持党的领导是做好人大工作的根本保证。只有始终把坚持党的领导、人民当家作主和依法治国有机统一起来，才能更好地发挥人民代表大会制度的优越性，保证人大工作正确的政治方向。二是围绕中心服务大局是做好人大工作的关键所在。人大工作涉及经济社会发展的各个方面，只有牢牢把握发展第一要务，自觉服从服务于全县工作大局，才能与经济社会发展相适应，才能更具针对性和实效性。三是维护群众根本利益是做好人大工作的本质要求。只有尊重人民主体地位，高度关注和切实改善民生，认真解决事关群众切身利益的突出问题，才能获得人民群众的衷心拥护和爱戴。四是充分发挥代表作用是做好人大工作的重要基础。人大代表是人民代表大会的主体，只有保障代表依法履职、充分发挥代表作用，人大工作才能保持旺盛的生命力。五是与时俱进开拓进取是做好人大工作的不竭动力。坚持和完善人民代表大会制度是一个开放的实践过程，只有始终保持解放思想、锐意进取的精神状态，勇于探索和实践创造，才能不断提高履职能力和水平，担负起民主法制建设的新任务。这几个方面，必须作为做好新形势下人大工作的重要指导原则长期坚持，并随着新的实践不断丰富发展。在今后的工作中定要深化对人民代表大会制度的认识，增强做好人大工作的责任感和使命感；一定要依法履行宪法和法律赋予的神圣职责，更好地服务于科学发展跨越发展这个大局；一定要充分发挥人大代表的积极作用，保持和人民群众的血肉联系；一定要大力加强自身建设，不断提高依法履职的能力和水平。与其同时，要进一步加强和改善党的领导，确保人大工作的正确方向，更好地发挥县人大及其常委会的积极作用，奋力推进梁山科学发展跨越发展。

各位老领导、老同志，同志们，这次“纪念地方人大设立常委会30周年书法绘画摄影展”，共展出各级人大代表、人大工作者书法绘画摄影作品90余幅。这次展出的作品，通过不同的艺术表现形式和风格，热情讴歌了地方人大常委会设立30年来全县人大工作和民主法制建设取得的伟大成就，倾情展现了全县各级人大代表和人大工作者良好的精神风貌，表达了全县人民构建和谐梁山的美好愿望和坚定信心，构筑了一道亮丽的艺术风景线。希望通过这次展览，激励更多的书画摄影艺术家积极参与和投身梁山文化建设，努力促进全县书画摄影艺术的普及、提高，推动全县文化事业的发展繁荣，推动全县民主法制建设和人大工作，不断开创人大工作新局面。希望全县人大代表、人大工作者以庆祝地方人大设立常委会30周年为新的起点，以更加饱满的精神状态、更加扎实的工作作风，再接再厉，勇创佳绩，为促进全县经济社会平稳较快发展，做出新的更大的贡献。

适应新常态 力求新作为 奋力开创工业强县文化名城生态和谐家园新局面

——在梁山县十七届人大四次会议闭幕时的讲话

（2015 年 1 月 17 日）

中共梁山县委书记、县人大常委会主任 田卫东

各位代表，同志们：

梁山县十七届人民代表大会第四次会议，经过全体代表的共同努力，圆满完成了各项议程，就要胜利闭幕了。几天来，各位代表肩负着全县 76 万人民的重托，以饱满的政治热情和强烈的使命感，议大事、谋发展，建真言、献实策，充分展示了团结奋进、昂扬向上的精神风貌。会上提出的各项意见建议，凝结着全体代表共谋发展的真知灼见；会议通过的各项决议决定，饱含着全县人民团结拼搏的满腔热情；会议确定的各项目标任务，展现了我们开创美好未来的坚定信心。大会还依法补选了县人大常委会委员。会议开得很成功，是一次民主和谐、团结奋进的大会，也是一次求真务实、催人奋进的大会，对于团结动员全县干部群众适应新常态、实现新作为，必将产生重要而积极的推动作用。在此，我代表中共梁山县委，对新当选的十七届人大常委会委员，表示热烈祝贺！对为大会付出辛勤劳动的全体代表和同志们，表示衷心感谢！

过去一年的发展成果来之不易，令人振奋。2014 年每一个可观的数字背后，凝聚着广大干部群众的辛勤奉献、拼搏实干；每一块国家和省级奖牌，闪耀着全县上下不甘落后、勇于争先的进取精神；群众满意度的每一次攀升，展示的是广大群众对党委政府和广大干部的期待和支持。过去的一年，的确是显效年、提升年、也是突破年、实干年，各大班子团结一致，砥砺奋进；分管牵头领导身先士卒，带头实干；部门乡镇不辞辛苦，埋头奉献；特别是广大基层一线干部默默付出，任劳任怨，值得我们为之点赞！好的成果，需要我们倍加珍惜；好的形势，值得我们倍加维护。实践再次证明，只要我们咬定发展目标不动摇，坚持科学发展不懈怠，做到干事创业不停滞，就没有迈不过的坎，就没有过不去的河，就能够不断开辟事业发展新境界。

面对取得的成就，我们有理由自豪，但没有任何理由自满。必须清醒看到，梁山的经济总量还不大、产业层次还不高，竞争实力还不强，特别是人均水平还比较低、发展任务还非常重。归结起来，发展不够是我们最大的实际，加快发展是我们最大的大局。不管客观形势如何变化，富民强县的目标不能变；不管政策环境如何变化，居弱图强的信念不能变；不管客观条件如何变化，后发赶超的追求不能变。我们务必凝心聚力抓发展、求突破，尽快做大总量、提高均量、提升质量，争取早日实现“工业强县、文化名城、生态和谐家园的奋斗目标”。

2015年已经到来。新的一年充满机遇和挑战，也充满希望和困难。“新常态”是现阶段经济社会发展的大逻辑，经历过没经历过的困难都会存在，预见到没预见到的问题都可能出现。做好这一年的工作十分关键，关系到能不能巩固扩大已取得的发展成果，关系到我们这一届党委政府五年任期目标能否实现。必须再鼓精气神，再求新作为。为此，我们要重点把握“稳中求进、好中求快”的总基调，突出“提质增效，结构升级，多元动力，改革给力”四大动力，坚持做到调速不减势，换挡不减压，努力实现弯道超车。要充分看到有利条件。经过多年积累，发展的支撑条件越来越好。对全县发展我们有三个基本判断：

第一个判断是，增长速度有条件保持中高速。财政收入 10 亿元是个坎，县域经济发展的规律是，跃过 10 亿元是一个新平台，聚集能力明显增强，有条件保持较快的发展速度。第二个判断是，城镇化进入加速期、显效期。大规模集中性基础设施建设期之后，必将进入价值回报期，城镇化将成为发展的重要引擎。第三个判断是，全民创业将成为持续的动力。这是我们的巨大优势、巨大潜力，也是我们下步发展的重要增长点。特别要看到，新起点我们面临的“四大难得机遇”：一是中央和省市陆续出台一系列改革措施，释放的改革红利越来越多，我们面临政策调整机遇；二是习总书记视察济宁一周年之际，中央、省市财政对文化产业、文化项目集中扶持，我县与港中旅合作进入实质化，建设国际旅游目的地的目标一步步接近实现；三是济宁生态保护与建设示范区进入国家层面支持，国家发改委等 11 部委将在规划、投入、科技等方面给予倾斜和支持，梁山生态条件优越，黄河、运河两河交汇，森林资源丰富，生态建设上我们能占得先机；四是晋豫鲁铁路年底通车，铁水联运项目顺利实施，滨河大道 2015 年通车，范平高速明年将开工建设，我们面临重大基础设施带动机遇。机遇不会自然变成现实，收获需要付出辛勤耕耘。正是在这样的历史“节点”上，全县经济工作会议和这次“两会”，确定了今年的目标任务和工作重点。现在，大政方针已定、目标任务已定、发展重点已定，要把决策变成实践、把思路变成行动、把蓝图变为现实，关键就是铺下身子狠抓落实，勇于担当力求突破，在新常态下实现新作为。

实现新作为，必须牢牢把握发展是最大大局。要以更大力度突破“工业经济、项目建设、文化旅游、现代农业、生态建设”五大领域。“两会”闭幕后，我们要把大会确定的每项指标、每项任务、每件具体事情，细化量化、分解到部门乡镇，确保每项工作有牵头领导、有责任部门和乡镇、有具体责任人，做到千斤重担有人挑，人人肩上有担子。要逐级立军令状，层层签责任书，形成“层层分责、人人担责、步步推进、项项落实”的责任体系。各乡镇、部门要增强争先意识、创优意识，发扬“见先进就比，见奖牌就争，见红旗就扛”的精神，多打几个漂亮仗，早拿下几个“山头”。谁干的好、有贡献，县委就旗帜鲜明地嘉奖；谁耽误事、拖后腿，就严肃认真地处罚。各级要增强攻坚克难的勇气，积极稳妥地深化各项改革，敢啃硬骨头，敢攻城拔寨。要扎实推进政府机构改革、行政审批制度改革、财政体制改革、金融改革、企业和农业领域改革，以深化行政审批制度改革、转变政府职能为着力点，激发发展活力。要以破解土地、融资瓶颈为突破口，推动县域经济发展。特别要以更大力度抓企业家队伍、人才队伍、创业创新平台，激活各类要素，增创新常态下经济社会发展新优势。

实现新作为，必须牢记改善民生是最大责任。我们一切的工作，归根到底都是为了让全县人民群众生活得更加幸福。要坚持民生优先。群众利益无小事，群众满意是导向。有些事情做好了，也不值得炫耀；有些事情没做好，群众不满意，要有愧疚之心，决不能反过来埋怨群众、开脱自己。特别是向人民承诺的事情，要不含水分地坚决兑现。今年的民生“十件实事”，要逐项细化落实，好事多办，实事快办，群众新要求能办随时办。要关注困难群体。满腔热忱地关心城乡困难群众的生产生活。认真落实“民生十二月”任务要求，各有关部门要月月问民生、月月保民生、月月见实效。要扎实做好“困难家庭临时救助工作”，多些雪中送炭，少些锦上添花，多做暖人心、得民心的工作，尽最大努力解决好困难群众看病就医、子女上学、住房等实际困难，让他们感受到党和政府的温暖。教育、卫生、社保，工青妇等群团组织，要用其心、尽其力、善其行，让更多的特殊人群生活一天天好起来，让群众一天比一天更顺心。要共建社会和谐。政治安定、社会稳定是改革创新的前提和保障，安居乐业、安宁祥和是人民群众的愿望。我们一定要居安思危、警钟长鸣，深入持久地推进“平安梁山”建设，加强和创新社会管理，强化社会治安，提高群众安全感。要深入开展“四德”工程和文明创建活动，弘扬传统美德，倡导大义精神，树立新风正气，让“孝德、仁德、诚德、爱德”成为每个家庭的尊崇，让“忠义、道义、信义、情义”根植于每个人的内心，在全社会彰显道德的力量、向善的价值、文明的风尚。

实现新作为，必须牢记狠抓落实是最大能力。实干才能富民、实干才会强县。实现这次大会确定的目标任务，关键在实干，关键在干部，关键在落实。要持续深入转变工作作风。转变作风，转的是思想境界、转的是精神状态、转的是工作方法，关键是转到求真务实上来、转到实干苦干上来，用实干打开梁山机遇之窗、闯出发展之路。各级干部，要勇于担当抓落实。以“为官有为”为本，以“为官不为”为耻，以“为官善为”为荣，做到为官必为、为官敢为、为官有为。前不久，习总书记在与全国县委书记培训班学员座谈时指出，“有多大担当才能干多大事业，尽多大责任才会有多大成就；不能只想当官不想干事，只想揽权不想担责，只想出彩不想出力”。这应当成为每位党员干部的座右铭。每一名干部、每一位同志，都要始终秉持夙夜在公的使命感、寝食难安的责任感、慢进则退的危机感。始终保持担当的精神，始终做到事业为先、责任为重、落实为要。做到困难矛盾面前敢于作为，大事难事面前敢于担当，坚定不移向着既定目标前进。要领导带头抓落实。从县委常委和县级领导干部成员做起，都来当“一线指挥”、做“工地干部”，都要更多地“用身影指挥人”、用两条腿带动人。科级中层干部要发挥承上启下的中坚作用，对上主动承接任务、担当责任，对下以身示范、干在前面。各级领导干部都要叫响“向我看、跟我干”，带头弘扬“五加二、白加黑”精神，既“身”入一线、更“心”在一线，既研究部署如何干、更亲自带领大家干，真正沉到项目现场，做到项目一个个推进，难题一个个解决，环节一个个突破。要立足本职抓落实。无论在机关工作的干部，还是在镇村工作的干部，都要珍惜岗位，珍惜干事的平台，做到“在其位、谋其政，司其职、尽其责”，意气风发、满腔热情干好本职工作。正如习近平总书记所说，“不能干一年、两年、三年还是涛声依旧，不能一个地方、一个单位发展面貌没有变化，每年都是重复昨天的故事”，而要以逢山开路、遇水架桥的开拓勇气，抓铁有痕、踏石留印的顽强作风，全力抓落实、用心干工作。干部有普通的身份，没有普通的岗位，每个岗位都能创业，每个职务都能奉献，普通干部要立足于创造不普通的业绩，自觉把本职岗位作为发挥聪明才智、实现自身价值的舞台，时刻以组织托付提示自己、以岗位职责要求自己，潜心谋事、踏实干事、努力成事，始终做到尽职尽责、尽心尽力，始终做到无愧于岗位、无愧于组织、无愧于百姓。要健全机制抓落实。进一步完善指挥体系、督导考核体制、重点工作公开交办制度、责任落实机制，建立更加科学合理的干部政绩评价体系和考核监督办法，充分发挥其规范、激励、引导、约束作用，更好调动和保护各级求真务实抓落实、干事创业谋发展的积极性，真正让发展变化大、工作实绩突出的干部受重用、得提拔，让落实没招数、突破没有办法的干部腾地方、让位子，进一步树立起“注重基层、注重实干、注重公认”的鲜明导向。

各位代表、同志们，人民代表大会制度是我国的根本政治制度，我们要自觉把这一制度坚持好、完善好、落实好。县乡党委对人大工作要重视、关心、支持，为人大常委会依法履职创造良好条件。人大代表根植于基层、来自于群众，担负着代表全县人民行使国家权力机关职责的重大使命。人大代表不仅是荣誉，更是责任，一定要时刻牢记重托，履行代表责任，在推进梁山发展中发挥更大的作用。在此，我代表县委和县人大常委会提点希望：希望全县274名人大代表发挥好“主人翁”作用。要认真学习，深刻领会，把会议精神及时、准确、有效地传达到社会各个方面，使大会提出的目标任务成为全县上下的共同追求、共同行动。要主动深入群众、深入基层，倾听呼声，了解民情，体察民意，积极向县委、县政府反映群众所思、所想、所盼。密切关注事关人民群众切身利益和群众反映强烈的热点难点问题，及时帮助他们解决生产之难、生活之苦、发展之忧。要做法制梁山的践行者，做遵纪守法的示范者，做公平正义的倡导者，带动更多的人学法、守法、尊法、用法，形成依法办事的氛围。希望全县42名从事工商业和企业家代表，大家作为企业家、成功人士，要以梁山工业振兴为己任，树立“二次创业、敢创大业、不断创业”的信念，做创业的带动者，带动更多的人创业致富；做创新的引领者，不断进行技术创新、产品创新、管理创新，为工业发展创造更多的创新成果。希望全县108名农村代表，以饱满热情投身新农村建设，身体力行推进现代农业发展。要带动更多的农民群众寻找致富门路，积极培育专业村、专业户、专业经营组织，让周围更多的群众收入一年年提高，腰包一天天鼓起来。特别是83名村支书（主任）代表，要牢记“带群众创业，建整洁家园，帮群众解难，守自身廉洁”四项承诺。要积极致力于美丽乡村建设，新的一年村内村外多种树，硬化街巷通到户，晚上路灯亮起来，文化广场能歌舞。特别要主动联系村上的困难户，多帮一下村上有困难的群众，让全村的人都能生活的平安开心，以自己的努力在群众中树立起好的形象。希望全县22名从事教育、卫生、文化等民生工作的代表，用真情实意做好本职工作，把党和政府的民生政策送到千家万户，带着感情为群众服务，在为民利民、服务一方百姓、促一方和谐上发挥最大作用。聚众智可定良策，合众力必兴伟业。县委相信，全体代表一定会不辱使命、不负重托，为全县经济社会发展做出更大贡献！

各位代表、同志们，宏伟的目标激励着我们，神圣的使命召唤着我们。让我们紧密团结在以习近平同志为总书记的党中央周围，以强烈的事业心和责任感，凝心聚力，开拓创新，扎实工作，为建设“工业强县、文化名城、生态和谐家园”而努力奋斗！

在梁山县十八届人大五次会议闭幕会上的讲话

（2021年2月6日）

中共梁山县委书记 贾治阜

各位代表、同志们：

梁山县第十八届人民代表大会第五次会议，在全体代表和与会同志的共同努力下，圆满完成了各项议程，就要胜利闭幕了。这次大会开得很成功，是一次高举旗帜、凝聚人心、团结鼓劲的大会，是一次发扬民主、求真务实、催人奋进的大会，必将激励全县广大干部群众，以更加坚定的信心、更加昂扬的斗志，向着“十四五”奋斗目标阔步前进。

由于年龄原因，也为了让年富力强的同志走上更重要的岗位，王才利、崔根博两位领导同志向组织主动申请，提出不再担任县人大常委会副主任，包括县委常委、办公室主任李士兵同志，县政协副主席梁开平同志，均主动申请不再担任现职，表现出了一个共产党人的高风亮节和退让贤路的宽广胸怀。他们在任期间，勤勉敬业、扎实工作，为推动梁山发展和人大事业倾注了大量心血、作出了重要贡献。我提议，让我们以热烈的掌声，向他们表示衷心的感谢和崇高的敬意！

这次会议选举曹景全、司开阳两位同志为县

人大常委会副主任，李文凯同志为县监察委员会主任；张振涛、赵伟、耿树民、梁学玉四位同志为县人大常委会委员。让我们以热烈的掌声，向新当选的同志表示祝贺！

站上新起点，回望刚刚走过的“十三五”，这是全县上下顶风破浪、攻坚克难的五年，也是梁山发展成果丰硕、令人自豪的五年。

这五年，我们坚持以习近平新时代中国特色社会主义思想为指导，在学习贯彻新思想中解放思想，在创造性落实中笃定前行，破除了一大批制约高质量发展的突出短板，解决了一大批群众关心关切的难点问题，办成了一大批对梁山发展具有长远支撑作用的大事实事。通过五年的扎实奋斗，梁山的综合实力变强了，群众的日子更富了，梁山的颜值更美了，全县上下的精气神更足了。我们用“干就干成、干就干好、干就一流”的过硬成果，正一步一个脚印把“美丽幸福新梁山”的美好蓝图变为现实图景。特别是刚刚过去的2020年，我们遭遇了极不寻常的困难挑战，进行了极为艰苦的努力奋斗，创造了极为不易的发展成绩，奋力打赢了疫情防控、复工复产、脱贫攻坚三场硬仗，经济在结构优化、转型升级的基础上跨上了新的台阶，财政收入超过20亿元，创成全国卫生城、全省文明县，充分展现了梁山发展的韧劲和干部群众的担当。更令人振奋的是，群众满意度测评得分再创新高，位列全市第五。没有比让老百姓满意再令我们高兴的事了。这也充分说明，五年来，我们走的路子是对头的，我们坚持的原则是正确的，我们办的事，群众是拥护的、赞成的。

发展源于戮力同心，成就来自共同奋斗。梁山“十三五”发展能够画上圆满的句号，最根本的在于以习近平同志为核心的党中央的坚强领导，在于省市委的亲切关怀、大力支持，在于全县上下务实苦干、拼搏奋斗，更离不开广大人大代表的努力奋斗、倾力奉献。一年来，县人大常委会紧紧围绕全县中心工作，认真履行宪法和法律赋予的各项职能，在服务发展大局、京九高铁争取、旅游事业发展、促进民生改善、深化依法治县、推动代表履职等方面主动作为、担当有为，各项工作均取得了新进展。“一线人大”干在一线、督在一线、议在一线，为梁山各项事业进步作出了重要贡献。每一个奋斗的身影，都值得我们铭记。我代表县委，向全体人大代表和人大工作者，向全县广大干部群众表示衷心的感谢和崇高的敬意！

历史已经翻开新的一页。今年是“十四五”开局之年，是中国共产党建党100周年，也是实现县第十四次党代会目标任务的决胜之年。县委十四届十次全会，全面贯彻中央五中全会决策部署，向全县发出了持续推进“经济强县，美丽梁山”建设，以奋勇争先的勇气、敢于超越的担当，奋力开启建设“美丽幸福新梁山”的“十四五”新征程的号召。这又将是一个艰苦艰巨艰辛的奋斗过程。我们要深入学习贯彻党的十九大和十九届二中、三中、四中、五中全会精神，以习近平新时代中国特色社会主义伟大思想为指引，坚持稳中求进、高质量发展的总基调，坚持创新引领，坚持“六大目标定位”，坚定不移走“工业立县、产业富县、科技兴县、质量强县”之路，把已经取得的成就当作事业新的起跑线，坚决扛起新使命，携手奋进新征程，在闯关夺隘中拼出一片新天地，在团结奋斗中闯出发展新辉煌。

五年看头年，关键要看起步年。今年的目标任务已经确定，现在的关键在于落实。作为新时代的人大代表，要把大会的精神带回去，在各自岗位上团结带领人民群众苦干实干，用奋斗对这个伟大时代作出最好的回答。

世界上一切事业的成功，都源自奋斗。奋斗是共产党人的本色。习近平总书记指出，“幸福都是奋斗出来的”“新时代是奋斗者的时代”。全县人民的幸福生活要靠奋斗，变中求稳、稳中求进要靠奋斗，稳中求进、高质量发展要靠奋斗，建设“美丽幸福新梁山”更要靠奋斗。现在要做的就是奋斗、奋斗、再奋斗，要让奋斗成为新时代梁山发展最动人的乐章、最澎湃的旋律。

奋斗，就必须高举旗帜、坚守信念，沿着以习近平同志为核心的党中央指引的方向奋勇前进。旗帜就是方向、信念就是力量、核心就是我们奋斗的主心骨。中国特色社会主义事业是人类历史上最辉煌的事业，党的十八大以来，以习近平同志为核心的党中央以巨大的政治智慧和勇气，推动党和国家事业发生历史性变革、取得历史性成就，中国特色社会主义进入新时代。梁山大地上的发展成就，就是这一伟大事业的生动篇章。我们要始终高举习近平新时代中国社会主义思想伟大旗帜，对标新思想，不断解放思想、统一思想，结合梁山实际深入贯彻新思想、落实新思想。我们要树牢“四个意识”，坚定“四个自信”，践行“两个维护”，在习近平总书记的掌舵领航下，迎着风浪，开足马力，扬帆远航。我们坚信，没有比头颅更高的风浪，没有比信仰更稳的“压舱石”，在我们航程的前方，是更加美好的未来。

奋斗，就必须咬定目标、坚定信心，矢志不渝走在发展的前列。目标一经确定，就要排除万难去实现；承诺一旦作出，就要全力以赴去兑现。这次大会确定的目标，凝聚着全县人民对美好生活的向往期待，饱含着梁山人民的热切期望，承载着我们高质量发展的现实要求。我们要坚持稳中求进、高质量发展的工作总基调，咬定目标、扭住大事、抓住关键，以“进”的信心实现变中求稳、以“稳”的定力推动结构优化，经济发展、民生改善、社会进步，一切工作都要把“稳”作为前提和基础，把“进”作为追求和导向，把发展的每一步迈得更加坚实有力。我们坚信，宏伟的目标激发奋斗的勇气，奋斗的勇气焕发不竭的动力，只要我们朝着目标奋力奔跑，就一定能走在前列、不负时代，不负韶华，不负人民的期待。

奋斗，就必须直面问题、真抓实干，不断把握和创造梁山发展的新机遇。前进的道路总是充满困难和问题，克服困难、解决问题的过程就是创造机遇、走向成功的过程。我们要迎着困难而上，不回避、不推诿、不摇摆、不停步，做到“泰山压顶不弯腰”；我们要破解问题前进，逢山开路、遇水搭桥，真抓实干、从容应对，做到“不破楼兰终不还”；我们要在解决问题中发现机遇、用好机遇、赢得更大机遇，迎来发展的“柳暗花明又一村”。我们坚信，所有的机遇都是为奋斗者准备的，所有大事业都是从解决具体问题入手，所有的成功都是在真抓实干中造就，我们的态度和行动就是对新时代新机遇的生动诠释和最有力的注解。

奋斗，就必须把握规律、登高望远，创造性地开展工作。奋斗从来不是盲目的、机械的、低层次重复的。越是在深刻的变化变局中，我们越是要提高站位，透过纷繁复杂的事物表象，把握发展的内在规律，不为指标波动所慌乱、不为短期变化所干扰、不为困难增多所畏惧、不为外部议论所困惑。我们要登方位之高、望未来之远，在守住稳定、环保、安全、廉洁“四条底线”的前提下，创造一切条件，让越来越多的“不可能”变成可能，让越来越多的创新妙想有实践的空间，让越来越多的实践探索得到鼓励和包容。我们坚信，梁山忠义大地上蕴藏着无限的创造潜力，任何事情，只要符合党的要求、符合人民意志、符合客观规律，只要我们认识清、把握准、谋划好，就一定能干得最好、干出一个又一个发展奇迹。

奋斗，就必须众志成城、团结一心，凝聚起最广泛的智慧和力量。人民是历史的创造者，梁山的美好未来要靠千千万万的双手去开创。86 万梁山人民，就是我们奋斗的力量所在、优势所在、底气所在。我们要更加自觉地践行以人民为中心的发展思想，始终站稳群众立场，真心实意解决民生关切，千方百计改善人民生活；更加自觉地发挥人民群众的主体作用，紧紧依靠人民群众推动改革发展，和群众一起苦、一起干、一起流汗；更加自觉地尊重人民群众的首创精神，让田间地头、工厂车间处处迸发出创新创造的火花，处处结出创品牌的硕果。我们坚信，每一份力量汇聚起来，每个人的光辉融入时代的发展，梁山的星空就会群星闪耀、灿烂夺目。

奋斗，就必须自我革命、自我超越，永远焕发生机勃勃的活力。勇于自我革命，是中国共产党人最鲜明的品格和最大的优势，是中国革命事业和社会主义建设不断取得胜利的重要法宝。我们要始终保持清醒的头脑，从党的根本宗旨和国家的性质去检视自己的工作，不掩饰缺点、不文过饰非，为人民的利益坚持好的、改正错的。要始终坚持全面从严治党，坚决与一切错误思想作斗争，坚决与一切不正之风作斗争，坚决与一切腐败现象作斗争，努力实现干部清正、政府清廉、政治清明。要始终坚持党的领导，加强和改进人大工作，保证人民当家作主，更好发挥中国特色社会主义政治制度的优越性。我们坚信，最非凡的成功不是超越别人，而是战胜自己；最可贵的坚持不是久经磨难，而是永葆初心。有了这样的保障，我们的政治生态一定会更加清朗，我们的事业也一定会无往而不胜。

春天已经来了，到了播种希望的时候。让我们立即行动起来，动手干起来。一万年太久，必须只争朝夕。我们要高举习近平新时代中国特色社会主义思想伟大旗帜，以时不我待的劲头，以舍我其谁的担当，奋斗拼搏新时代、奋发有为竞风流，用扎实过硬的发展成果，向建党 100 周年献礼！

三、县人大常委会工作报告

梁山县人民代表大会常务委员会工作报告

1982 年 2 月 24 日在梁山县第九届人民代表大会第二次会议上

梁山县人民代表大会常务委员会主任　王笃信

各位代表：

现在，我受县人民代表大会常务委员会的委托，向大会报告县九届人大一次会议以来常务委员会的工作。

县人大常务委员会是在去年元月第九届人大第一次会议上选举产生的。建立地方各级人大常委会，是为了扩大人民民主，加强和健全社会主义法制，保证和便于人民管理国家大事，同时进一步发挥地方的积极性，适应四化建设和经济体制改革的需要。根据《中华人民共和国地方各级人民代表大会和地方各级人民政府组织法》第 27 条和第 28 条的规定，县人大常委会的任务和职权主要有三条：第一，讨论、决定本行政区域的政治、经济、文化、教育、卫生、民政、民族工作的重大事项；第二，决定人事任免事项；第三，依法监督本级人民政府和人民法院、人民检察院的工作，联系本级人民代表大会代表，受理人民群众对上述国家机关及其工作人员的申诉和意见。一年来，县人大常委会根据《宪法》和法律赋予的职权和任务，按照全县人民的意愿，在县委领导下，围绕着贯彻执行党中央提出的在经济上实行进一步调整，在政治上实现进一步安定的方针，在监督政府、法院和检察院的工作，讨论决定本县一些重大事项，联系代表，处理代表提案以及人事任免等方面，取得了一定的成绩。现就几项主要工作分别向大会作汇报。

一、对我县重大事项的讨论和决定

1、批准了我县国民经济计划和财政预算部

分变更。在 1981 年 5 月 26 日至 28 日召开的人大常委会第三次会议上，听取了县人民政府副县长韩同成同志所作的关于 1981 年国民经济计划和财政预算部分变更情况的报告，会议认为我县 1981 年国民经济计划安排落实的各项指标和措施，比较积极踏实，经过努力是可以全面完成和超额完成的。同时，会议还就工业调整、企业整顿、基本建设、教育经费和各项投资的安排等问题，提出了一些补充意见。会议通过审议讨论，批准了这个报告并作出了决议。会议号召全县广大干部群众，坚决贯彻党的十一届三中全会以来的路线、方针、政策，实事求是，扎扎实实，同心同德，团结一致，积极努力，做好各方面的工作，全面完成和超额完成我县 1981 年的国民经济计划。

2、整顿社会治安。在县人大常委会第二次、第三次和第五次会议上，分别听取了县公安局、人民检察院和人民法院关于我县社会治安情况的报告，并就这项工作进行了认真的讨论。会议认为，自从贯彻全国人大常委会第十九次会议通过的三个法律性文件和全国五大城市治安座谈会议精神以来，我县政法机关在县委和县政府的领导下，坚决贯彻执行中央有关指示，加强了社会治安的整顿，取得了很大成效，侦破了一批要案、大案，大张旗鼓地公判处理了一批严重危害社会治安的犯罪分子，震慑了犯罪，教育鼓舞了群众。会议要求公安司法部门，在党委的统一领导下，继续深入进行法制宣传，提高广大群众的法制观念，加强治安的基础工作，搞好“综合治理”，有力地打击刑事犯罪活动，为尽快实现我县社会治安情况的根本好转而努力。

3、开展爱国卫生运动，去年 5 月，胡耀邦同志来山东视察工作时指出：要把建设社会主义精神文明当作一个具有战略意义的大事来抓，开展“五讲”、“四美”先从城市搞起，从清洁卫生上突破，要建立清洁卫生日等。根据胡耀邦同志的指示精神，为了更好地开展爱国卫生运动，县政府在人大常委会第三次会议上提议：把每月二十五日定为我县清洁卫生日；在人大常委会第五次会议上提议：从一九八二年元月份开始，在驻县城国家机关和厂矿企事业单位中向有固定工资收入的干部和职工以及其他人员征收卫生费。会议经过审议，批准了这两项提议。同时县人大常委会根据群众的意见和要求，于 1981 年 7、8 月份，督促政府及有关部门对饮食、冷饮等服务行业多次进行了卫生大检查，对不符合卫生要求的限期加以改进，逾期不改进的责令其停业整顿，对个别情节严重的进行了罚款。从而促进了食品卫生的改善，减少了传染病的发生，保障了人民的健康，受到了广大干部群众的欢迎。

4、加强了对政府、法院、检察院的监督。县人大常委会多次派人到公、检、法机关召开座谈会，还深入社队进行调查，收集社队干部、群众对于法制宣传，国家机关及其工作人员执法情况的意见、建议。在调查和座谈中了解发现的问题，分别提交有关部门研究处理，推动了工作的开展。同时对物价问题也进行了多次检查。

二、关于社级选举工作

逐步建设高度民主的社会主义政治制度，是社会主义革命的根本任务之一。按照《选举法》和《组织法》的规定，社级实行直接选举，建立公社管理委员会，这是我国选举制度和政权建设的一项重大改革，是改进和完善我国人民代表大会这个根本政治制度的重大措施。充分发扬民主，严格依法办事，是搞好选举工作的关键。这对于健全民主集中制，调动广大人民群众的社会主义积极性，发展安定团结的政治局面，进一步贯彻调整、改革、整顿、提高的方针，加速我县四化建设具有极其重要的意义。

我县社级选举工作，是 1980 年 11 月在县委领导下同县级选举同时部署，先县后社进行的。至 1981 年元月份，80% 的公社投票选举代表结束，20% 的公社大部分选区已经选出了代表，少数选区已确定了正式代表候选人，并有 5 个公社召开了人代会。后来，接地区指示，选举工作中止。去年10月底又遵照省、地选举工作会议精神，依照前段进行的情况，重新做了部署，到12月中旬，圆满结束。

这次选举，是我县政权建设中的一件大事，县人大常委会直接领导了这一工作。在人大常委会第五次会议上专门讨论了选举工作。由于各级党政领导的重视以及广大干部群众的积极努力，这次社级选举工作取得了一定的成绩。通过选举，不仅选出了群众信任的人民代表，而且选出了一个团结战斗的领导班子，加强了政权建设，充分体现了我们国家一切权力属于人民的根本原则。对于密切党和政府同人民的联系，健全民主集中制，建设社会主义现代化强国，都将产生良好作用。同时，广大群众普遍受到了一次社会主义民主与法制的教育，提高了人民当家作主的思想认识，广大干部受到了一次群众性的考核，促进了工作作风的转变，干群关系有所改善，从而发展了我县安定团结的政治局面，推动了工农业生产和各项工作的开展。

这届社级选举，总的情况是好的。但在选举过程中也出现了一些问题。一是对选举工作认识不足，对于社会主义民主与法制的宣传不够广泛；二是检查督促不够，工作抓得不紧，解决具体问题不及时；三是缺乏经验，选区划分过小。致使个别选区发生了一些违反选举法的事情，选出的代表代表性不够广泛，这些问题在下届选举工作中应引以为戒。

三、对人民代表的联系

密切与人民代表的联系，听取和反映人民群众的呼声，是《中华人民共和国地方各级人民代表大会和地方各级人民政府组织法》所规定的人大常委会的一项重要职责，是县人大常委会了解情况，联系实际，倾听群众意见和要求的主要途径，也是接受群众监督、决定重大问题的基础。为此，县人大常委会特制定了《关于加强与人民代表联系的暂行办法》，根据暂行办法的要求，全县20处公社、县直4个系统和地区驻梁单位都分别召开了代表座谈会，并对代表进行了编组。全县共建代表联系组25个，代表小组64个，选出代表联系组正副组长48人，代表小组正副组长87人，每个联系组和小组，根据自己的实际情况，制定了学习制度，工作制度，以便随时了解群众的意见和要求，提出解决问题的建议。

当在建立各级代表组织的同时，县人大常委会的同志参加了县直各系统和地区驻梁单位的代表座谈会，还分别到各公社登门走访了部分县人大代表，并进行了座谈。代表们就农业生产责任制、社会治安、文教卫生、计划生育、民政事务、农田建设、城镇建设等项工作反映了很多情况和意见。我们把联系的情况，整理成文，编写了《代表联系》，以简报形式不定期印发，供领导和有关部门参考，现已印发了7期。政府有关部门对代表们反映的情况、意见和建议都比较重视，问题基本上得到处理和解决，代表和广大群众对此比较满意。

为了使代表联系组和代表了解县人大常委会的工作情况，及时把县人大常委会每次会议所通过的决议、决定和批准的任免事项等，发给各代表联系组，以便于互通情况，进行学习。

一年来，县人大常委会还接待了部分代表和群众的来信、来访，对于代表和人民群众来信来访所反映的一些问题，分别不同情况进行了处理，有的派人直接到有关单位帮助解决，有的及时转交有关单位研究办理。通过处理来信来访，加强了与代表和群众的联系。

四、代表提案的处理

检查督促处理代表提案，是县人大常委会联系代表监督政府的一项重要工作。在第一次代表大会期间，共收到代表提案472件，其中农业、林业、水利方面的提案103件，工业、交通、基本建设方面的提案38件，财政、粮食、贸易方面的提案51件，科学、教育、文化、卫生方面的提案70件，农业生产责任制方面的提案47件，其他方面的提案48件。这些提案经大会提案审查委员会审查交政府及有关部门处理。认真负责地处理代表提案，对于恢复我们党的优良传统，密切政府同人民群众的关系，提高政府的威信；发扬社会主义民主，保证和激发群众的主人翁精神和社会主义积极性具有重大意义。这不仅体现了对人民代表权利的尊重，体现了人民代表的监督作用，而且也是改进和推动各项工作的重要措施。为了办理代表提案，县人大常委会分工一名副主任负责抓这项工作。许多单位的主要负责同志亲自主持研究办理。到1981年12月中旬，472件提案全部处理完毕，并已分别答复了提案人。基本上做到了件件有着落，事事有结果，具体处理结果有以下五种情况：

（一）对有条件解决的问题，抓紧解决。如关于赵堌堆、信楼、王府集三处公社要求架设广播线路一案，我们将提案批交广播局办理，广播局立即呈请县政府研究，决定拨款3.1万元，按时架通了线路，使这三处公社的社员群众及时收听到了县广播节目。

（二）对一个提案牵扯几个单位的，建议政府召集有关部门研究解决。如县人民医院关于住院病人粮食供应标准的提案，由财委、卫生局、粮食局共同研究，把住院病人的吃粮供应标准，提高为供应细粮90%、大米10%，医院的同志和住院病人都很满意。

（三）属于经常性工作，有关部门采取了相应的措施。如加强政治思想工作，抓好社会主义精神文明的建设，对青少年的教育，干部转变作风，反对买卖婚姻，计划生育的宣传，纠正不正之风等问题，有关部门都进行了认真的研究，采取了措施。

（四）对于有些应该解决而又无力解决的问题，如沿梁济运河一些大队要求修建生产桥或维修渡船的提案，县政府已向上级写了报告，要求帮助解决。

（五）对有些无法解决的问题，如县城周围占地较多的生产队要求安排劳动就业一案，有关部门根据上级政策规定，作了说明。

五、关于人事任免

按照《地方组织法》的规定任免干部，也是县人大常委会的一项重要职责。一年来，县人大常委会根据县人民政府、县人民法院和县人民检察院的提请，决定任命了县人民政府的委、办、局主任和局长，县人民法院的副院长、庭长、副庭长、审判员和审判委员会委员，县人民检察院的副检察长、检察员和检察委员会委员，并免去了部分工作人员的职务。

各位代表：

过去一年，县人大常委会虽然做了一些工作，但同《地方组织法》规定的职权、任务和人民群众的要求相比，还有很大差距。为了更好地履行人大常委会的职责，特提出以下几项工作任务和要求。

一、依靠党的领导，是做好各项工作的根本保证。一年来，人大常委会的工作成绩，都是依靠党的领导所取得的。我们经常向县委汇报作情况，县委非常重视，多次进行讨论，这对做好人大常委会的工作是很大的支持和推动。今后我们要在县委领导下，认真贯彻执行党的十届三中全会以来的路线、方针和政策，坚持四项基本原则，同党中央在政治上保持一致，巩固人民民主专政，发展社会主义民主，健全社会主义法制，努力把人大常委会的工作做得更好。

二、坚持认真学习，是做好各项工作的重要关键。认真学习马列主义、毛泽东思想，才能使我们的工作始终保持正确的方向和清醒的头脑。认真学习党的路线、方针、政策、法律和法令，才能正确地履行人大常委会的职责。当前，要着重学习好陈云同志的重要讲话《要讲真理，不要讲面子》和赵紫阳总理在全国五届人大四次会议上的政府工作报告。陈云同志的这个讲话生动地、深刻地阐述了怎样用历史唯物主义的观点对待功劳和错误，告诫全党同志特别是各级领导干部，要勇敢地拿起批评和自我批评的武器，不断清除自己身上的政治灰尘，增强党内外团结，卓有成效地领导各方面的工作，赵紫阳总理在政府工作报告中提出了今后经济建设的十条方针，这十条方针，正确地总结了建国 32 年来特别是近 3 年来的经济建设经验，是党的十一届三中全会以来实行的调整、改革、整顿、提高方针的具体体现，是马克思列宁主义毛泽东思想同我国经济建设的新情况、新实践相结合的产物，是我国今后相当长时期的经济工作的纲领。在学习过程中，要紧密联系人大常委会的实际和自己的工作、思想，认真总结经验教训，振奋革命精神，研究新问题，学会新本领，艰苦奋斗，积极工作，努力完成《地方组织法》所赋予我们的任务。

三、讨论、决定本县的重大事项，履行监督职责。要认真地听取和审议县人民政府、法院和检察院的工作报告，作出相应的决议，解决广大人民群众普遍关心的，关系经济建设和精神文明建设的重大问题；要认真监督政府、法院和检察院的工作是否符合宪法、法律、法令，是否正确执行党和国家的方针、政策；要认真检查国家工作人员的执法情况，严格依法办事，维护法律的严肃性，对违法乱纪行为，要进行检查并依法严肃处理。

四、联系代表，倾听人民群众的呼声。这是人大常委会讨论、决定重大事项的基础。为了更好地贯彻党的三中全会以来的路线、方针、政策，要不断地听取代表和人民群众的意见、要求。我们要认真总结联系代表工作的经验教训，进一步加强同人民代表和广大人民群众的联系，并要认真检查代表提案的处理情况，做好代表和人民群众的来信来访工作。

五、加强调查研究，围绕法律规定的任务和职权，根据群众的迫切要求组织视察，这是掌握情况，决定本县重大问题，履行职责的前提和重要方式。今后随着人大常委会办事机构的进一步健全，我们要深入群众，进行各种形式的经常的调查研究，切实组织好委员和代表的视察，更好地发挥人大常委会的作用。

六、做好人事任免工作，对于县政府、法院和检察院提请任免的人员，都要认真审定。根据《地方组织法》的规定，人事任免这是人大常委会的一项重要职责，对于报请任免的人员，主要靠报请单位的审查，但是如果发现其中有的人有问题或不适当，就可以不通过。同时，还可以依法行使罢免或者撤消职务的权力，将那些违法乱纪或者不称职的人员随时罢免或撤换。这样就可以在保证国家机关人员的政治纯洁和工作胜任上，从国家制度方面多一层保障，以确保国家工作人员能忠诚地代表广大人民群众的利益，做人民的公仆，全心全意地为人民服务。

各位代表：县级人大常委会的工作是一件新的工作，我们是在摸索中前进的。今后，我们要以批评和自我批评的精神，不断总结经验，吸取教训，依照法律规定的职权范围，积极履行职责，把人大常委会的工作做好。

以上报告，请各位代表审议。

梁山县第九届人民代表大会常务委员会工作报告

1984 年 5 月 16 日在梁山县第十届人民代表大会第一次会议上

梁山县人民代表大会常务委员会副主任　樊兆玙

各位代表：

我受梁山县第九届人民代表大会常务委员会的委托，向大会报告常务委员会的工作。

1981 年 1 月，梁山县第九届人民代表大会第一次会议，选举产生了梁山县第九届人民代表大会常务委员会。三年来，在党的三中全会路线、方针、政策的指引下，在县委的直接领导和县人民代表的积极支持下，县人大常委会遵循《宪法》

和《地方组织法》赋予的职权，认真贯彻了大会作出的各项决议，围绕继续搞好我县国民经济的调整，加快改革的步伐，发展社会主义民主，健全社会主义法制，推动“两个文明”的建设，实现财政经济状况和社会风气的根本好转，开创社会主义现代化建设的新局面，进行了大量的工作，发挥了地方国家权力机关的职能作用。

一、听取县人民政府和县人民法院、县人民检察院的工作报告，审议决定本县的重大事项

讨论决定我县的政治、经济、文化、教育等工作的重大事项，是人大常委会的一项重要职责。三年来，县人大常委会共举行23次会议，讨论重要议题48项，通过了16个决议、决定，听取和审议了县人民政府27项专题报告，县人民法院4次工作报告，县人民检察院4次工作报告，并且作出了相应的决议、决定。

常务委员会围绕全县“两个文明”建设和各个时期的重要任务，以及人民群众关心的重要问题选定议题，听取政府、法院、检察院的工作报告，并作出相应的决议、决定。这样，既能推动有关部门的工作，又能起到动员全县人民的作用。为了深入持久地开展“五讲四美三热爱”活动，搞好精神文明的建设，县人大常委会第三、第八、第十五和第十九次会议，分别听取了县人民政府关于卫生工作和文化工作中清除精神污染的情况汇报，作出了“每月25日”为全县清洁卫生日”的决定，通过了关于深入开展“五讲四美三热爱”活动，关于进一步搞好城镇环境清洁卫生和城区排污计划的两个决议。决议要求各条战线，要加强社会主义精神文明建设，加强爱国主义、集体主义、社会主义、共产主义的教育，广泛深入地开展“五讲四美三热爱”活动，使越来越多的社会成员成为有思想、有道德、有文化、守纪律的劳动者。决议号召全县人民积极行动起来，为彻底改变我县城乡环境卫生面貌，建设文明、清洁、优美的城镇和安静、舒适的生活、工作环境而努力。按照决议要求，人民政府组织城建、卫生、工商、交通、环保等有关部门，认真实施城区排污计划，整顿市容，整顿农贸市场和交通秩序。另外，还根据群众的意见，一方面检查决议贯彻落实情况，一方面督促政府有关部门，加强对饮食、食品行业的管理，取缔不符合卫生要求的清凉饮料的生产和销售，从而初步改变了城镇卫生面貌，减少了传染病的发生，增进了人民的健康。

整顿社会治安，是全县人民的迫切要求，也是建设精神文明的一个重要方面。在人大常委会第二、三、五、十一、十七、十九等次会议上，分别听取了公安局、司法局、法院、检察院的工作报告，并就这项工作进行了认真地讨论。会议认为，我县公安、司法机关依法严惩严重危害社会治安的犯罪分子，狠狠打击了犯罪分子的嚣张气焰，教育、挽救了一批失足青少年，正气得到了发扬，社会风气和社会治安有了明显好转。会议要求公安、司法机关进一步贯彻执行中共中央、国务院和全国人大常委会作出的关于打击刑事犯罪活动的《决定》，抓住社会治安的薄弱环节，继续深挖隐藏较深、作恶多端的罪犯；坚决依法惩处传播黄色淫秽书画、录音、录像制品犯罪活动。通过讨论，会议做出了《关于依法从重从快打击现行犯罪活动，争取社会治安进一步好转的决议》，号召全县人民为实现我县社会治安状况的根本好转而努力。

在人大常委会第十九次会议上，崔绪照县长代表县人民政府向会议作了关于《梁山县人民政府关于土地、宅基地管理的规定》起草情况的说明。土地、宅基地关系到千家万户农民的切身利益，是农民群众关心的一件大事。实行农业生产责任制以来，由于缺乏统一的规划和管理，土地、宅基地的使用相当混乱。会议认为，为加强统一的规划和统一管理，节约土地，制止乱占滥用耕地，县人民政府制定《关于土地、宅基地管理的规定》是非常及时，完全必要的。会议做出了关于原则批准《梁山县人民政府关于土地、宅基地管理的规定》的决议。

另外，人大常委会还听取了县人民政府关于教育、国民经济计划、财政预决算、抗洪救灾、民政、物价等方面工作的汇报，并作出了相应的决议。

二、开展专题调查研究和视察活动，监督和支持政府工作

根据《宪法》和《地方组织法》的规定，开展专题调查研究和视察活动，监督和支持县人民政府的工作，保证《宪法》的实施和人民代表大会各项决议的贯彻执行，是县人大常委会发挥地方国家权力机关作用的一个重要方面。

为了促进全县“两个文明”建设，改变某些部门或某些环节上不适应四化建设要求的状况，县人大常委会先后多次组织有关部门的干部，就教育、卫生、建房、土地等方面的问题，进行了调查研究，对一些新情况新问题作了研究探讨，提出了许多建设性的意见和建议。如1982年期间，先后对大路口公社和徐集公社的中小学教育状况进行了调查研究，写出了《调查报告》，并作出了《关于加强教育工作的决议》。县人民政府遵照中共中央、国务院的有关指示，按照《决议》的要求，动员和组织各方面的力量，扎扎实实地解决校舍、经费等问题。全县发动群众共筹集资金350多万元，新建校舍3500多间，添置课桌凳子3300多套，使我县教育面貌有了初步改观。实践证明，抓住迫切需要解决的问题，组织专门力量进行调查研究，根据有关法律和政策，提出解决问题的办法是可行的。这样，既是对政府工作的监督，又是对政府工作的支持，这是人大常委会行使监督权的一种好形式。

有计划地组织委员和代表开展视察活动，也是监督政府工作的有效方法。三年来，县人大常委会先后组织大、中、小型的视察活动共6次，参加视察的县人大代表和常务委员有124人次。分别视察了本县农业生产责任制、教育、民政、卫生、市场管理、物价、城建、环保、治安等方面的工作。这些视察活动都是围绕着全县每个时期的中心任务、人民群众普遍关心的生产和生活中的突出问题，以及各项重大决议的贯彻执行情况进行的。今年2月，县人大常委会举行了第二十次会议，主要听取县人民政府关于民政工作的汇报，会议围绕如何优待烈属、军属、革命残废军人和复员退伍军人这个议题，组织视察了韩垓公社优抚工作的开展情况。经过深入实际了解到农村实行生产责任制后优抚工作出现的新问题，据此，会议作出了《关于进一步做好优抚工作的决议》，从而使优抚政策进一步落实，调动了优抚对象四化建设的积极性。

在开展“五讲四美”文明礼貌月活动中，我县城区的排水和排污问题十分突出。主要是由于排水沟不畅通，一遇大雨，污水漫流，蚊蝇孳生，群众意见很大。1982年4月和1983年4月，两次组织委员和代表对此进行视察，作出了关于城区排污的决议，并派人及时了解排污工程的施工进度和决议的落实情况，促进了城区卫生状况的改善。通过这一系列的视察活动，督促政府及有关部门改进工作，使有法律效力的决议更符合实际情况，使常务委员会的工作更有成效。

三、深入学习，广泛宣传《宪法》和各项法律，继续加强法制建设

发展社会主义民主，建设社会主义现代化事业，都需要有健全的社会主义法制来保证。三年来，县人大常委会根据人民的意愿和要求，继续加强法制建设，积极维护了《中华人民共和国宪法》和各项法律的尊严。

修改《中华人民共和国宪法》，是全国人民政治生活中的一件大事。1982年4月，《宪法修改草案》交付全民讨论后，县人大常委会立即举行会议进行讨论，并向全县人民发出通知，要求在全县范围内广泛深入地进行学习、讨论。我县人民在学习讨论中，提出了许多修改意见和建议，由常务委员会办公室整理汇总上报，比较重要的有6条，其中有一条被宪法修改委员会采纳了。这次全民讨论，也是一次大规模的群众性的法制

教育，使广大群众提高了遵纪守法的自觉性，对党、对社会主义祖国更加热爱了，对党的三中全会以来的路线、方针、政策理解得更深了，在四项基本原则指引下，为把我国建设成为社会主义现代化强国的信心更足了。

新宪法经五届全国人大五次会议通过正式公布施行以后，县人大常委会及时发出了学习、宣传新宪法的通知。为了方便学习，订购了《宪法》单行本，及时发给每位代表，常务委员会在向县九届人大三次会议所作的工作报告中，把学习、宣传和贯彻执行新宪法作为本届任期内的一项重要任务。通过学习、宣传、贯彻新宪法，使全县人民进一步树立了法制观念，增强了知法守法的自觉性，提高了同一切违法乱纪行为作斗争的积极性。同时，也使全体人民懂得了宪法和法律赋予每个公民的权利和义务，提高了对宪法在国家中的地位和作用的认识，自觉地维护宪法的尊严，保障宪法的实施。

四、依照法律规定，认真做好县、乡两级换届选举工作。

根据《宪法》、《地方组织法》和全国人大常委会及省人大常委会的有关规定，从 1984 年 2 月以来，县人大常委会领导主持了本级人民代表大会和乡级人民代表大会的换届选举工作。这次选举，是实施《选举法》以来的第二次选举，也是改社建乡后的第一次选举，新选举法的实施，是实行人民民主的一项重要措施，认真实行新选举法，对于普遍提高人民群众的法制观念，对于健全民主集中制，加强各级政权建设，发展安定团结的政治局面，加速社会主义现代化建设都具有深远的历史意义和重大的现实意义。

为了搞好这次选举，于 1984 年 2 月 16 日举行第二十次常务委员会会议，专门讨论换届选举工作，会议通过讨论，决定任命了县和各乡、镇选举委员会组成人员，审议通过了梁山县县、乡两级选举工作方案，作出了关于县、乡人民代表大会选举问题的决定，这就从法律上保证了县、乡两级换届选举工作的顺利进行。

这次选举工作，是按照培训干部、宣传群众、划分选区、选民登记、提名推荐代表候选人、投票选举代表和召开人民代表大会等分步进行的。为了节省人力、财力和时间，使县、乡两级的选举结合起来，采取先合后分，先乡、镇后县的办法进行。今年 3 月下旬，32 个乡、镇已分别召开了人民代表大会，选举产生了乡、镇人民政府的乡、镇长和副乡、镇长。到 4 月上旬，县、乡两级直接选举工作已经全部完成。

这次换届选举工作，时间紧迫，任务繁重，要求严格，县人大常委会自始至终地领导了这次选举。同时，通过选举人民代表，对广大群众进行了一次生动而具体的社会主义民主和法制教育。在直接选举中，广大选民通过自己提名，民主协商，直接投票，差额选举，进一步提高了对人民代表大会制度和社会主义民主制度的认识，增强了当家作主的责任感。

五、加强同县人大代表和人民群众的联系

密切与人民代表的联系，充分发挥代表的作用，是《地方组织法》规定的人大常委会的一项重要职责，是人大常委会了解情况、联系实际、倾听群众意见和要求的主要途径，也是接受群众监督、决定重大问题等项工作的基础。三年来，在加强与代表和群众的联系方面，主要做了以下几项工作：

一是举行代表座谈会。县人大常委会每年都以代表联络组为单位举行代表座谈会和走访代表，听取他们对政府工作的意见和要求，并通过《代表联系》及时反映给政府和有关部门，推动了政府工作的开展。这是在县人民代表大会闭会期间，代表参与管理国家大事，共商全县大计的好形式。

二是认真处理代表提案。从县九届人大一次会议到县九届人大三次会议，共收到代表提案 775 件，其中，一次会议期间收到提案 472 件，二次会议期间收到提案 211 件，三次会议期间收到提案92件。这些提案，经大会提案审查委员会审定，分别交由县政府、法院和检察院办理。大会闭会以后，对有关人民群众迫切要求解决、经过努力而有可能解决的一些重要提案，督促并会同政府有关部门认真办理，妥善解决。同时，县人大常委会办公室加强同县人民政府办公室的联系，督促有关部门抓紧处理代表提案，基本上做到了“事事有交待，件件有答复”。人大代表在会议期间提出提案、意见和建议，是行使民主权利，反映人民群众的要求，参与管理政府工作的一种重要形式，认真处理代表提案、意见和建议，既有利于改进和推动政府工作，也有利于密切政府与人民群众的关系，对于恢复我们党的优良传统，发扬社会主义民主，保护和激发人民群众的社会主义积极性，都具有重要意义。

三是认真负责地做好人民群众来信来访工作。对于来信来访提出的问题，有的由人大常委会办公室直接办理。有的组织专门工作组进行认真调查处理，有的则转交有关部门办理。同时，还本着严肃认真、实事求是的态度，进行督促并检查办理结果，及时答复来信来访人。通过处理人民来信来访，维护了当事人正当的合法的权益，加强了同人民群众的联系，密切了同人民群众的关系。

六、依法任免国家机关工作人员

做好人事任免工作，是县人大常委会对“一府两院”实行监督的一种重要形式。根据《地方组织法》的规定任免国家机关工作人员，也是县人大常委会的一项重要职责。按照“革命化、年轻化、知识化，专业化”的要求，配备任免好国家工作人员，是关系到机构改革成果能否巩固，党的路线、方针、政策能否得以正确贯彻，社会主义现代化建设事业能否顺利进行的大问题。为了适应人事任免工作需要，县人大常委会根据《地方组织法》《人民法院组织法》和《人民检察院组织法》的规定，按照《山东省人大常委会人事任免暂行办法》中规定的原则、范围、程序、方法等，对县府和“两院”报请或建议县人大常委会任免的人员，主要依靠报请或建议单位审查考核，如果发现需要任免的人员中有不适当的，就提出意见由提请和建议单位复审；或者暂缓通过或不予通过。根据上述原则和要求，县人大常委会三年来先后任命和决定任命157名国家工作人员。其中包括：县人民政府代理县长、副县长，各委、办、局主任和局长；县人民法院代理院长、副院长、庭长、副庭长、审判员和审判委员会委员；县人民检察院代理检察长、副检察长、检察员和检察委员会委员。根据全国人大常委会的决定精神，对直接任命的国家机关工作人员颁发了任命书。通过这项工作，进一步体现了国家权力机关任命工作人员的严肃性。同时，也使被任命的工作人员，增强了接受人民群众监督的自觉性和全心全意为人民服务的责任感。

七、加强常务委员会自身建设，努力改进常务委员会的工作

县人大常委会是地方国家权力机关，又是工作机关。要履行好党和人民赋予的职权，必须加强人大常委会的自身建设。

县九届人大常委会建立后，由于多数成员是新当选的，对人大工作比较生疏。为了提高大家对人大常委会性质、地位和作用的认识，明确任务和职责，组织委员们认真学习了彭真委员长关于人大常委会工作的几次讲话，学习《邓小平文选》及党的十一届三中全会以来的路线、方针、政策，加深了对党的十一届三中全会以来中央关于加强社会主义民主和法制，建设高度民主的社会主义政治制度精神的理解。通过学习，使一些同志改变了对人大工作存在的某些不正确的看法。认识到设立地方各级人大常委会，是我国地方政权建设上实行的一项重大改革，也是发展社会主义民主、健全社会主义法制的需要。大家感到，宪法和地方组织法赋予县人大常务委员会相当大的职权，表示一定要本着对人民负责的精神，依照宪法和法律规定，积极探索，努力开创常务

委员会工作的新局面。决心认真行使好宪法赋予的决定权、监督权和人事任免权，逐步把县人民代表大会及其常务委员会建设成为有权威的人民权力机关。

县九届人大常委会第二次会议根据宪法和地方组织法的有关规定，参照兄弟县的经验，结合我县的具体情况和实际需要，制定了《梁山县人大常委会关于工作制度的暂行规定》和《梁山县人大常委会关于加强与人民代表联系的暂行办法》两个文件，逐步使常务委员会的工作制度化。

常务委员会在日常工作中，重视依法办事，不断改进工作作风和工作方法。树立良好的工作作风，是完成政治任务的保证。人大常委会是一个体现人民意志、代表人民利益的权力机关，它无论是制订地方法规也好，还是审议决定本行政区域内的重大事项也好，都事关重大，牵动全局。因此，必须注意深入实际，调查研究，听取人民群众和有关部门意见，密切与政府的联系。

县人大常委实行了集体负责制，凡涉及全县根本的、长远的、重大的问题，都由人大常委会集体行使职权、集体审议和决定问题，力求使作出的决议和决定符合国家法律和客观实际。

三年来，县人大常委会在县委的直接领导和人大代表的积极支持下，做了许多工作，取得了一定成绩；但用《宪法》和《地方组织法》赋予县人大常委会的职权来衡量，我们的工作还有不少差距。特别是在实行法律监督和制订地方性法规，加强调查研究以及发挥代表作用等方面还有不足之处，有待于进一步研究、改进。

各位代表：

1984年，是进一步贯彻中国共产党第十二次全国代表大会精神，加快开创社会主义现代化建设新局面步伐的一年，是实施新宪法继续为实现国家的长治久安而奋斗的一年，也是政治、经济各条战线进行全面改革的重要一年。县第九届人民代表大会及其常务委员会，就是在这样重要的时刻换届的。县第九届人民代表大会常务委员会已经完成了自己的历史任务，在本次会议上，即将选举产生梁山县第十届人民代表大会常务委员会，新的一届县人大常务委员会肩负着光荣而繁重的任务。祝愿新的常务委员会，在党的十二大和六届全国人大一次会议精神的指引下，遵循《中华人民共和国宪法》和《地方组织法》所规定的职责任务，为全面开创社会主义现代化建设的新局面，卓有成效地发挥地方国家权利机关的职能作用而努力！

梁山县第十届人民代表大会常务委员会工作报告

1987年3月20日在梁山县第十一届人民代表大会第一次会议上

梁山县人民代表大会常务委员会主任　崔绪照

各位代表：

我受梁山县第十届人民代表大会常务委员会的委托，向大会报告县十届人民代表大会常务委员会的工作。

1984年5月，梁山县第十届人民代表大会第一次会议选举产生了梁山县第十届人民代表大会常务委员会。三年来，在党的十二大精神鼓舞下，在县委的直接领导和人民代表的积极支持下，县人大常委会遵循《宪法》和《地方组织法》赋予的职权，认真贯彻了大会作出的各项决议，在坚持四项基本原则，反对资产阶级自由化，继续搞好我县的经济体制改革，监督法律在我县的实施，发扬社会主义民主，健全社会主义法制，推动“两个文明”建设中，做了大量的工作，积极发挥了地方国家权力机关的职能作用。

一、深入开展普法教育，加强法律监督。

维护宪法和法律的尊严，保证宪法和法律在我县的贯彻实施，是县人大常委会的重要任务。

根据中共中央〔1984〕8 号文件精神和关于“在全体公民中基本普及法律常识”的要求，县人大常委会非常重视，始终把开展社会主义法制宣传教育，列入重要议事日程，作为一项经常性的工作来抓。为在我县公民中普及法律常识，县十届人大常委会第十次会议，专门听取审议了县司法局关于全县法制宣传情况和在五年内普及法律常识规划的汇报，并作出了《关于加强法制宣传、普及法律常识的决议》。在执行决议中，县人大常委会政策法律科同县委宣传部、县妇联、县普法办公室和县司法局等单位，齐抓共管，采取切实可行的有效措施，推动普法活动深入发展。首先在 1986 年春节前后，集中时间培训了法制宣传教育骨干，组织全县一百多名法制宣传干部，认真学习了《宪法》《刑法》和《婚姻法》等十二个法律、条例，使这些同志在普法宣传中发挥了作用，有力地推动了普法教育的开展。再是举办了法律讲座。组织有关部门分别编写法律宣讲材料，由县人大常委会、县政府、县法院、县检察院的负责人，分别主讲了《宪法》《经济合同法》《婚姻法》《刑法》等。三是购置和编印学习材料。先后编印了学习《宪法》等法律问答 40 题和学习法律思考题解答。翻印了学习法律的辅导材料，购置了法规选编。为了促进在职干部的法律学习，不断提高法制观念，增强依法办事的自觉性，我县还举办了在职干部普法学习班。为了检查学习效果，在学习过程中，县人大常委会对县人大及其常委会选举或任命的国家机关工作人员，进行了法律常识考试，取得了人均 96 分的好成绩。四是进行检查指导。为促进普法工作深入发展，县人大常委会还对全县的普法工作进行了检查，指导和促进了普法学习的深入发展。所有这些，都为普及法律常识，增强干部、群众的法制观念，起到了积极的作用。

在加强法律监督上，三年来，主要是从以下几个方面进行的：一是检查《宪法》和法律的实施情况；二是受理人民群众对国家机关工作人员的申诉和意见；三是检查国家机关的执法情况和存在的问题；四是检查人民代表大会和它的常委会决议、决定的贯彻执行情况。三年来，县人大常委会除多次听取有关单位的工作汇报外，还查阅分析了一些重大典型案例。受理了人民群众对国家机关工作人员的申诉和意见 20 多起，及时交有关部门进行处理。对一些不符合法律规定的案件，及时进行了纠正。

为了解决好敢于监督和自觉接受监督的问题，县人大常委会于 1984 年 11 月举行了县十届人大常委会第四次会议，邀请县委、县政府、县政协、县法院、县检察院和县政府各委、办、局的负责同志以及区、乡、镇长列席了会议。会上，认真学习了中共中央〔1984〕8 号、9 号文件和彭真同志两次重要讲话。通过学习讨论，认识到“要从依靠政策办事，逐步过渡到不仅依靠政策，还要依法办事”。进一步明确了党的政策和国家法律的联系及区别，明确了县政府、县法院、县检察院同县人大的关系，较好地解决了人大常委会敢于监督和“一府两院”自觉接受监督的问题。

二、听取县政府、县法院、县检察院的工作报告，审议决定全县重大事项。

讨论、决定我县的政治、经济、文化、教育等工作的重大事项，是人大常委会的一项重要职责。县人大常委会认真坚持了每两个月至少召开一次人大常委会会议的制度，三年来，共举行会议 21 次，听取和审议县政府、县法院和县检察院工作汇报 69 项，并针对不同情况分别提出了建议和意见，对于重大事项，共作出了 7 项决议和决定，有效地监督和支持了县政府、县法院、县检察院的工作，进一步促进了全县“两个文明”的建设，巩固和发展了安定、团结的大好局面。为确保每次例会的质量，更好地审议、决定全县的重大事项，县人大常委会在会前首先选好议题，作好准备，并组织有关人员，围绕议题搞好调查和视察活动。会议期间注意发挥委员的作用，让他们充分发表意见，不断提高议政水平。会后，注意检查督促，抓好落实。

为了贯彻落实中央、国务院《关于制止向农民乱派款、乱收费的通知》精神和省、地有关规定，制止乱摊派，减轻农民负担，调动和保护农民发展生产的积极性，县人大常委会在第十三次例会前，组织人员对部分乡、村农民负担情况进行了调查。在此基础上，人大常委会第十三次会议，听取了县政府有关农民负担情况的汇报，并逐条审议了《梁山县人民政府关于实行农民负担大包干若干规定（草案）》，在审议这个（草案）的过程中，委员们充分发表了意见，作了一些补充和修改，会议作出了决议。要求县政府进一步调查研究，广泛征求意见，作进一步修改后，再提交十届人大三次会议审议。在县十届人大三次会议上，经过代表们充分酝酿，审议批准了这个《规定》。为把《规定》落到实处，县十届人大常委会第十六次会议，再次听取了县政府关于落实《规定》情况和措施的汇报。会后，县人大常委会又先后到乡、村了解执行《规定》的情况，对发现的问题，及时向县政府提出了建议，保证了《规定》的贯彻实施。但是，去年下半年以来，由于在大包干以外各村队又集资兴办了一些事业，有的超过了农民的实际负担能力，这应当引起我们的注意。

为了进一步抓好严厉打击刑事犯罪和严重经济犯罪活动的斗争，巩固和发展我县安定、团结的大好局面，县十届人大常委会听取和审议了县法院、县检察院、县公安局和县司法局的工作汇报。认为，我县公、检、法、司机关在贯彻执行党的方针政策和国家的法律、法令，开展侦破、检察、审判和普及法律常识，调解民事纠纷等方面做了不少工作，收到了较好的效果，使我县人心安定，经济繁荣，委员们对此表示满意，同时提出要求，希望政法机关为实现我县社会治安的进一步好转继续努力工作。

为了继续搞好农业结构调整，加强农田水利基本建设，深化农业改革，县十届人大常委会第十八次会议听取审议了县农牧局和县水利局的工作汇报。会议对近几年农业生产大好形势予以充分肯定，并指出，由于水利工程长期管理不善，普遍老化，需要抓紧修复改造，积极兴办水利事业；农业生产结构和作物布局还不尽合理，要进一步改革调整，搞好技术服务。

三年来，在人大常委例会上，还听取和审议了财政、民政、教育、卫生、城建、维护妇女儿童合法权益等方面的重大事项。在这些例会上，针对汇报的内容，委员们畅所欲言，各抒已见，既肯定成绩，又指出不足，并提出合理化建议，有力地促进了“一府两院”的工作。

按照《地方组织法》的规定，认真决定了人事任免。自县十届人大常委会第一次会议以来，共决定任免了国家机关工作人员 162 名，其中包括县人大常委会工作人员 17 名，县政府工作人员 53 名，县法院工作人员 54 名，县检察院工作人员 38 名。在决定人事任免中，县人大常委会本着对党对人民高度负责的精神，既尊重县委的建议和政府的提请，又严格按照法律程序和干部“四化”标准，认真进行审议，作出任免决定。对于提名任免的个别不适当的人选，或暂缓通过，或不予通过，并及时提出意见，待进一步核查后再作决定。对直接任命的 129 名国家机关工作人员，县人大常委会还为他们颁发了《任命书》。在十届人大常委会第二十次会议上，对人事任免工作进行了改革。由过去举手表决改为委员无记名投票表决，由过去只发《任命书》，改为直接与被任命人员谈话，当面交待任务发给《任命书》。这样，既加强了我县的政权建设，又使被任命的国家机关工作人员增强了接受人民群众监督的自觉性和全心全意为人民服务的责任感。

三、组织调查和视察，督促、帮助“一府两院”推动工作。

为了有效地行使法律赋予人大常委会的职权，不断提高议政水平，三年来县人大常委会有计划、有目的、有组织地进行了 19 次专题调查研究和视察活动，并分别向县委写出了有情况、有分析、有建议的《调查报告》，普遍受到县委重视，有的《报告》，县委、地委还相继进行了批转。通过这些活动，不仅为县人大常委会更好的行使了决定权、监督权和任免权，而且帮助、支持了“一府两院”推动工作。调查研究和视察活动，主要是围绕以下几个方面进行的：一是围绕党的中心工作进行调查。党的十一届三中全会后，农民发展商品生产的积极性空前高涨，粮棉生产连年获得丰收，继而出现“卖粮难”、“卖棉难”。为了切实解决这个问题，县人大常委会先后走访了县粮食局、县联社，并调查了十一个乡（镇）。从中发现，我县出现“两难”的主要原因，一是某些收购单位领导的思想与新形势的发展不相适应；二是储存粮棉的仓容量与近几年商品粮棉的增长不相适应；三是收购办法、服务质量与人民群众的要求不相适应。县人大常委会把调查中发现的问题及时向县政府提出，县政府非常重视，组织有关部门研究了改进措施，使“两难”问题有了缓和。

二是围绕宪法和法律的贯彻实施进行调查。为保证《经济合同法》在我县的贯彻实施，县人大常委会组织人员，先后到县工商局、县法院和县公证处等单位进行了调查。在调查中，发现在签订和执行经济合同中存在一些问题。如韩垓工厂的承包问题，虽然签订了承包合同，但后来发现合同上面的款物不符，双方发生争执，致使合同不能履行。针对《经济合同法》执行中存在的问题，县人大常委会同县政府，及时召开了全县经济合同管理会议，县人大常委会负责同志辅导学习了《经济合同法》，并提出今后的贯彻意见。有关部门加强了对经济合同的管理和对经济案件的审判、仲裁工作，有力地推动了《经济合同法》在我县的正确贯彻实施。

三是围绕人大常委会例会议题和群众反映强烈、迫切要求解决的问题进行调查。近年来，部分人大代表和县城一些单位，普遍反映县城建筑、运输市场管理混乱，要求尽快整顿。1986年8月，县十届人大常委会第十七次会议议题之一，就是听取县政府有关部门关于建筑运输市场管理情况的汇报。为了倾听群众呼声，解决问题，会前，县人大常委会组成专门班子，进行了深入调查。从调查的情况看，确有极少数人以搞活经济为幌子，钻改革的空子，干扰机关企事业单位正常工作秩序，扰乱了社会治安，危害了国家、集体和群众的利益，运建市场到了非整顿不可的地步。根据调查的情况，县人大常委会及时向县委写了有情况、有分析、有建议的《调查报告》，县委对此很重视，进行了专门研究，采取了有力措施，成立了解决“四难”办公室，对县城运建市场进行了认真整顿，使我县运建市场出现了好的秩序。目前，县政有关部门正制订运建市场管理实施细则。

四是组织视察。三年来，县人大常委会积极组织代表进行了视察活动。1984年6月份，在召开的县十届人大常委会第二次会议期间，根据会议的议题，组织委员和“一府两院”有关部门负责人，视察了县城的环境卫生和食品卫生。代表们在肯定成绩的同时，对进一步搞好县城的环境卫生和食品卫生提出了建议。会后，县政府立即召开有关部门会议，研究了贯彻落实的具体措施。经过努力，使我县城镇的环境卫生面貌和食品卫生工作发生了很大的变化。1985年3月中旬，县十届人大常委会第七次会议期间，在听取县教育局关于我县教育工作情况的汇报后，组织县直的部分人大代表，视察了县直八处中小学，并向县委写了视察报告。会后，县政府及时召开教育局、建委、梁山镇等有关部门的负责人会议，就视察中发现的问题，研究了改进措施，经过积极工作，长期难以解决的师范附小、北关小学和一中的排水等问题，得到了妥善解决。

四、加强代表联系，发挥代表作用。

密切同代表的联系，充分发挥代表的作用，是做好人大常委会工作的基础，三年来，县人大常委会在和人民代表的联系方面作了大量工作，主要是：

1、建立代表联络组织。为了切实加强同代表的联系，县人大常委会在1984年5月换届选举后，于同年7、8月份，集中力量在全县所有乡镇和县直各系统，建立了县人民代表联络小组28个，并制订了活动内容和制度，确定每季度至少组织一次代表活动，学习党的方针政策和国家法律法令，反映人民群众的意见要求，三年来收到了较好的效果。

2、采取多种形式，密切同代表的联系。县人大常委会主要通过专用信封通信、印发文件和材料，组织代表参加调查和视察，开座谈会，走访代表等形式，密切了同代表的联系，为了让县委、县人大、县政府、县政协领导成员中的县人民代表当面听取人民群众的意见和要求，接受人民的监督，搞好全县的工作，县人大常委会于1984年12月份，分别以乡镇为单位召开了县人民代表座谈会，县委书记、县人大常委会主任、县长、县政协主席、县法院院长，县检察院检察长及县政府所属部门的负责人共41名同志，分别参加或列席了座谈会。座谈会上，代表们对我县的工作既肯定成绩，又提出了合理化建议。会后，县人大常委会向县委写了报告，并及时将代表意见转交县政府有关部门，使问题得到答复。在走访代表方面，县人大常委会建立了驻会主任、委员分片包干负责制，定期或不定期地走访代表，当面听取代表意见。如1986年春节期间集中走访县直人大代表时，有的反映老干部的政治生活待遇落实的不够好，县人大常委会非常重视，组织人员进行调查了解，写出了书面报告，县委转发了这个报告，并制订下发了进一步做好老干部工作的意见，深受老干部的欢迎。

3、尊重代表民主权利，认真办理代表议案和建议、批评、意见。自县十届人大一次会议以来，共收到代表议案46件，代表建议、批评和意见374件，共409件，为了办理好这些议案和建议，县人大常委会明确一名副主任靠上抓，代表联络科具体催办。除人大常委会直接处理外，及时转交县政府有关部门办理。截止1986年9月底，已基本办理完毕，并答复了代表。县十届人大一次会议代表提出的“减轻县城交通压力，修建环城公路”的议案，县政府认真作了研究，并下发了关于修建环城公路的文件，成立了公路建设指挥部，迅速组织力量付诸实施，现已完成路基土方和桥涵修建任务，计划今年7月中旬全部完工通车，广大代表和群众对此非常满意。再如代表提出的“将韩岗医院扩建为梁山县第二医院”的议案，县政府也及时作了研究，并将办理结果答复了代表。总之，在办理议案过程中，做到能办的事情积极去办；对某些条件所限一时难以办到的，也都制订了规划和措施，积极创造条件，争取早日解决；对那些按政策规定不能办的事情，也都作好解释工作。做到了件件有落实，事事有答复。

4、受理代表和群众来信来访。三年来，县人大常委会进一步加强了人民代表和群众的来信来访工作。建立健全了接待代表来信来访制度，做到来信来访有登记，转办、催办有手续。对一些重大来信来访，由县人大常委会主任或副主任亲自接待处理。为了做好这项工作，1986年以来建立了人大主任轮流值日制度，定于每月的古历初五、十五、二十五为接待代表活动日。三年来共接待受理人民代表和群众来信来访156件次，对代表和群众反映的问题及时作了处理。如：梁山棉纺厂县人大代表来信反映，该厂卫生所从梁山药材公司购进的葡萄糖注射液质量低劣，使用后出现输液反应，要求停止出售。县人大常委会经过调查后，认为所反映情况属实，经与有关单位联系，将不合格的药品退回原生产单位。由于及时进行了处理，防止了危害人民健康的低劣药品继续扩散，受到该厂人大代表和职工的称赞，充分发挥了代表的监督作用。

五、加强自身建设，不断改进工作

为了担负起人大工作重任，适应工作需要，县人大常委会不断从思想上、工作上，组织上加强自身建设。

首先，抓好政治和业务学习。三年来，县人大常委会认真坚持了学习制度，组织大家学习了党的十二大以来的路线、方针、政策，中共中央〔1984〕8号、9号文件，全国人大会议精神，彭真委员长几次重要讲话等。通过学习，使人大常委会机关工作人员充分认识人大工作的重要性，增强了作好人大工作的紧迫感和责任心。同时，还反复学习了《宪法》《地方组织法》和《选举法》等法规，使大家熟悉法律知识，不断增强法制观念，从思想上逐步由过去单纯依靠政策办事，转变到既依靠政策又依靠法律办事上来。

其次，县人大常委会进一步完善了工作制度。为了较好地发挥各职能机构的作用，提高工作质量和办事效率，在总结经验教训的基础上每年都讨论、制订人大常委会工作要点。尤其是进入1986年以来，工作上进行了四个方面的改进：一是改进例会开法，作到会前早定议题，搞好调查，充分作好准备；会中坚持民主集中制原则，提高议政水平；会后作到有检查落实。二是改进监督，做到既敢于监督又善于监督，原则问题不回避，日常工作不干预，依法进行监督。三是改进调查和视察方法，做到目的明确，有的放矢，积极主动，有根有据。四是改进联系代表制度，做到形式灵活，内容丰富，解决问题。

其三，健全和加强了办事机构，配齐了各科、室正副职，并充实了工作人员。为了抓好各科、室工作，县人大常委会正副主任有明确分工，并落实了岗位责任制。

六、依照法律规定，领导县、乡两级换届选举工作。

根据《宪法》《地方组织法》和全国人大常委会及省人大常委会的有关规定，从1986年11月下旬以来，县人大常委会领导主持了本级人民代表大会和乡级人民代表大会的换届选举工作。在整个工作过程中，县人大常委会切实加强了领导。在县十届人大常委会第十九次会议上，作出了关于县、乡两级换届选举工作的决定，任命了县、乡两级选举委员会，研究安排了县、乡人民代表大会换届选举工作意见，并及时召开会议作了布署。整个换届选举工作是按照培训骨干、宣传发动、划分选区、选民登记、提名推荐代表候选人、投票选举代表和召开人民代表大会等步骤进行的，经过努力，今年3月6日，全县共选出人民代表270名，乡人民代表1461名。本月下旬，乡镇将分别召开人民代表大会，选举产生乡、镇人民政府的乡、镇长和副乡、镇长。到3月底，县、乡两级换届选举工作将全部结束。

总之，三年来县人大常委会在县委的领导和人民代表的积极支持下，做了大量工作，取得了一定成绩。但是，按照《宪法》和《地方组织法》赋予人大常委会的职权来衡量，与党和人民的要求还有不少差距，特别在加强民主与法制建设，保证宪法和法律正确贯彻实施，对违法的监督等方面做得还不够，在农民负担定向限额方面还存在不少问题，有待于进一步研究和改进。

各位代表，1987年，是进一步贯彻党的十二届六中全会精神，坚持四项基本原则，坚持改革、开放、搞活的方针，加快建设具有中国特色的社会主义，实现国家长治久安，艰苦奋斗大展宏图的一年。县第十届人民代表大会常务委员会在完成历史使命后，在本次会议上，即将选举产生梁山县第十一届人民代表大会常务委员会，新的一届常务委员会在新年伊始和今后的征程中，肩负着光荣而繁重的任务。祝愿新的常务委员会，遵循《宪法》和《地方组织法》所赋予的权利，卓有成效地发挥地方国家权力机关的职能作用，在反对资产阶级自由化的斗争中站在前列，在改革中开拓前进，为建设文明、繁荣的新梁山，做出新贡献，以崭新的面貌迎接党的十三大和六届全国人大五次会议的胜利召开。

以上报告，请予审议。

梁山县第十一届人民代表大会常务委员会工作报告

1990年3月8日在梁山县第十二届人民代表大会第一次会议上

梁山县人大常委会主任 崔绪照

各位代表：

我受县十一届人民代表大会常务委员会的委托，向大会报告工作，请审议。

三年来，县十一届人大常委会在县委的领导和上级人大常委会的指导下，在全体代表和全县人民的监督和支持下，紧紧围绕“一个中心，两个基本点”，坚持把保证宪法和法律的贯彻执行作为首要职责，把决定全县重大事项、监督“一府两院”工作、依法任免干部作为工作重点，把密切联系人民代表，充分发挥代表参政议政作用作为重要任务，较好地履行了宪法和法律赋予的职权，进一步发挥了地方国家权力机关的作用。

一、重视普法教育、加强法律监督、保证宪法和法律的实施

地方组织法规定，地方各级人大常委会“在本行政区域内，保证宪法、法律、行政法规和上级人民代表大会及其常务委员会决议的遵守和执行”。换届以来，为了增强全县公民的法制观念，树立法律意识，提依法办事的自觉性，保证宪法和法律得到正确的实施，县人大常委会进一步重视和参与了普法工作。

全国人大常委会作出《关于加强法制教育维护安定团结的决定》后，我们除了及时组织委员，邀请全国和省人大代表学习外，在常委会第二次会议上，还作出了学习贯彻全国人大常委会《决定》的决议。要求全县各行各业在学习贯彻《决定》中，进一步抓好以宪法为核心的“十法一例”的普法宣传教育，加强社会主义民主和法制建设，巩固和发展安定团结的政治局面。根据县人大常委会决议的要求，县政府和县法院、县检察院，都研究制订了普法工作规划，提出了具体要求，加强了组织领导，卓有成效地开展了普法工作。县级领导干部始终坚持了每月15日、30日的学习制度。为了促进全县的普法工作，县人大常委会第四次会议，认真听取了司法局关于全县普法工作情况的汇报，既肯定了工作成绩，指出了存在问题，又提出了改进的意见。主任、副主任和机关工作人员，经常深入农村、学校、工厂、县直部门和单位调查了解普法情况，进行以案释法，宣传推广普法先进经验。此外，还利用翻印和购买法规选编、刊登普法学习材料，举办广播电视法律讲座、开展普法“宣传月”活动等形式，向广大干部和群众，大力宣传法律知识，进行社会主义民主和法制教育。在普法宣传教育中，我们始终坚持了“城里求深入，农村抓普及”的指导思想。为了抓好农村普法这个大头，县人大常委会主任、副主任和专职委员，确立了普法联系点，主动参与农村的普法工作。1988年和1989年还积极组织力量，集中时间，开展了两次农村普法大检查。去年11月份，还采用闭卷和开卷的方式，对乡镇机关、行政村和乡镇所属单位的领导干部，分别进行了法律常识的测验，有效地推动了农村普法工作的深入发展。三年来，由于各级党委和政府进一步重视和加强了对普法工作的领导，全县的普法工作取得了可喜的成绩。1987年被省命名为“全民普法先进县”，1988年和1989年在菏泽地区都名列前茅。通过普法宣传教育，广大干部和群众，不论是在法制观念上，还是在依法办事自觉性上，普遍有了很大提高。涌现了一大批依法治乡、治村、治厂、治校的先进集体和个人，有41250户被评为遵纪守法光荣之家，为保证宪法和法律的实施，奠定了坚实的社会基础。

为了保证宪法和法律的实施，县人大常委会进一步加强了对宪法、法律遵守和执行情况的监

督。在实行法律监督方面，主要采取了以下措施：一是，把听取有关执法情况的汇报，列入常委会议的主要议题。换届以来，县人大常委会议，先后听取和审议了“一府两院”及有关部门关于《经济合同法》《义务教育法》《食品卫生法》等17部法律、法规贯彻执行情况的汇报，并分别提出了法律监督的意见，有力地促进了这些法律、法规的正确实施。二是，把遵守和执行宪法和法律的情况，列入调查视察的主要内容。根据形势发展的需要，先后组织委员和有关人员，调查视察了《土地管理法》《企业法》《价格管理条例》《经济合同法》《计量法》《森林法》《国务院关于化肥、农药、农膜实行专营的决定》等法律、法规的执行情况。事后，写出了调查报告，向县委作了汇报，并印成材料发给有关单位和部门，进一步促进了有关法律法规在我县的贯彻实施。三是，开展全县执法大检查。为了检查以宪法为核心的“十法一例”和国务院最近下达的有关治理整顿方面的一些规定，以及与本行业、本部门、本单位联系密切的有关法律、法规的遵守和执行情况，解决有法不依、执法不严、违法不究的问题，县人大常委会第十一次会议，作出了开展全县执法大检查的决定并研究制定了实施方案。县人大常委会党组，还主动报请县委批转了关于开展全县执法大检查的报告。县政府、县法院、县检察院都作出了具体布署，提出了所属单位的检查重点。在执法大检查中，县人大常委会多次召开各种类型的会议，认真进行了广泛的宣传发动，不断研究解决在执法检查中出现的新情况、新问题。始终坚持了执法检查与教育相结合，上级检查与基层自查相结合，执法检查与边整边改相结合，并注意把检查的重点，放在各级领导机关和领导干部、执法单位和执法人员上。这次全县执法大检查，从1988年11月开始，至1989年5月结束，历时六个月，时间之长，范围之广，收获之大，在我县还是第一次。通过开展全县执法大检查，广大干部和群众，普遍受到了深刻的法制教育；基本摸清了一些主要法律、法规，在我县的贯彻实施情况；同时也发现了一些有法不依、执法不严、违法不究的问题。对查出的32起严重违宪违法案件，均依法作了严肃处理，维护了宪法和法律的尊严。四是，认真受理人民群众对国家机关及其工作人员的申诉和意见。凡是人民群众对国家机关工作人员的申诉意见的来信来访，县人大常委会都做到了热情接待、认真受理。对于涉及到事实不清、定性不当的案件，均召开了有关会议，逐一进行了研究，并责成有关部门依法作了纠正。对于涉及到国家机关工作人员贪污、受贿、侵犯他人权利等违法案件，除了及时转交“一府两院”处理外，在必要时还派人员进行调查，提出了依法处理的建议。

二、决定全县重大事项、监督“一府两院”工作、促进改革和建设的发展

讨论、决定本区域内的重大事项，监督本级政府和法院、检察院的工作，是法律赋予地方各级人大常委会的重要职权。换届以来，县人大常委会通过听取工作汇报、组织视察、倾听代表和人民群众的反映以及处理代表批评、建议、意见等工作，开展了对全县政治、经济、文化、教育、卫生、民政等方面重大事项的审议和决定，实施了对“一府两院”的工作监督。三年来，共召开常委会议23次，听取“一府两院”及有关部门的专题工作报告48项，作出决定、决议12项，进行工作视察14次，有力地保证和促进了全县政治、经济和其他各项事业的发展。

搞好经济建设，是当前各项工作的中心。为了振兴梁山、发展经济，我们在第六次、七次、十二次、十九次、二十一次常委会议上，先后分别听取了财政局关于预算执行和变更情况的汇报，计划委员会关于年度国民经济和社会发展计划执行情况的汇报。每次审议，会议都提出了建议和意见。县人大常委会第十二次和二十一次会议，还作出了批准我县1989年财政预算变更的决议。县政府及有关部门，认真贯彻落实常委会

议的意见和决议精神，不断加强了财政管理，狠抓了国民经济和社会发展计划的落实。从而保证了县财政的收支平衡，促进了国民经济和各项事业的发展。农业基础稳，各业都前进。为了大力发展我县农业，县人大常委会曾在三次例会上，认真听取和审议了有关部门关于农业方面的工作汇报。在第三次常委会议上，听取、审议了土地管理办公室关于土地管理情况的汇报，会前还组织委员视察了6个乡、镇和厂、队。会议认为，近几年来，我县城乡非农业建设乱占滥用耕地的现象比较严重，影响了农业的发展。同时也指出，保护耕地资源是我国的基本国策，是发展农业的前提条件，必须加强对土地的管理，坚决制止乱占滥用耕地。对此，县政府十分重视，及时责成有关部门，认真修改和完善了征用土地的审批办法，明确了审批纪律，依法处理了一批乱占滥用耕地的单位和个人，使全县乱占滥用耕地的现象有所收敛。在第八次常委会议上，分别听取、审议了粮食局、县联社、农机服务公司关于粮油合同定“三挂钩”政策落实情况的汇报，对于促进农村经济政策的落实、调动农民的生产积极性，都产生了积极的影响。在第十七次常委会议上，还听取、审议了水利局关于农田水利基本建设和农牧局关于农业生产情况的汇报。会议期间，委员们还察看了农田水利设施和农作物的生长状况。在审议工作汇报和进行视察中，委员们都指出了我县在防旱排涝、农业增产措施上存在的薄弱环节，并要求各级政府和有关部门，大搞农田水利基求建设，抓好农业技术服务和农用生产资料的供应。对这些批评、意见和建议，县政府十分重视，及时召开有关会议进行研究，制订了措施，狠抓了落实，使全县农业生产有了进一步的发展。

改革和开放，是振兴中华的唯一出路。为了深化改革、建设梁山，县人大常委会第七次会议，听取了劳动局关于我县劳动制度改革、外事侨务办公室关于我县外事侨务工作情况的汇报，在第十次会议上，听取了经委关于企业实行承包经营责任制、乡镇企业局关于乡镇企业改革、商业局关于实施《全民所有制工业企业承包经营责任制暂行条例》情况的汇报。在审议上述工作汇报中，委员们各抒己见，提出了许多建设性的意见。县政府和有关部门，不断加强改革中的配套管理，注意把竞争机制注入招工就业、企业承包中去，新上一批技改项目，使全县工业、商业和乡镇企业有了新的发展，进一步提高了经济效益和社会效益。

随着改革开放和经济建设的发展，抓好治理整顿工作，是摆在我国当前的一项重要任务。根据党的十三届三中、四中、五中全会精神和国务院关于治理整顿的一系列规定的要求，为加快我县治理整顿工作的步伐，县人大常委会第五次、十一次、十二次、十九次会议，分别听取了县政府及有关部门关于物价管理、市场管理、财政管理、审计工作、计量工作以及清理在建项目、清理整顿公司、清理整顿文化市场工作等情况的汇报。审议中，委员们对照党中央和国务院关于治理整顿的指示和规定，紧密联系我县治理整顿工作的实际，提出了建议和意见。县政府及有关部门，认真进行了物价、税收、财务大检查，开展了“扫黄”工作，清理和整顿了一批行政性公司，停建或压缩了一批基建项目，为稳定市场，制止涨价风、抢购风，维护经济秩序，净化社会环境，做出了积极的贡献。

进行经济建设和改革开放，必须有一个安定的环境。为了巩固和发展我县安定团结的大好形势，在县人大常委会第四次会议上，听取了县法院关于实施《民法通则》、检察院关于打击经济犯罪和刑事犯罪、公安局关于执行《治安管理处罚条例》、司法局关于律师公证制度建立与执行情况的汇报。审议中，会议指出，在目前我国处于深化改革、治理整顿的新形势下，任何单位和个人，决不能违反宪法和法律，决不能破坏正常的生产秩序、工作秩序、学习秩序和生活秩序。

对于那些趁改革之际，严重破坏经济秩序、严重危害社会治安、触及刑律的各种犯罪分子，必须依法制裁和严厉打击。我县公、检、法、司机关，按照会议的要求，进一步加强了检察工作、审判工作、治安工作、律师和公证工作，为维护社会环境的稳定，不断做出了新的成绩。

廉洁从政，反贪惩腐，是当前国家机关一项至关重要的工作。根据中央书记处关于廉政建设的九点意见，为贯彻县委廉洁从政“十项规定”，县人大常委会第十三次会议，作出了《关于国家机关及其工作人员为政清廉的决定》。要求全县国家机关及其工作人员切实做到文明、高效、廉洁，同一切腐败行为作坚决的斗争。“一府两院”为贯彻上级指示和县人大常委会《决定》精神，都研究制定了勤政廉洁的意见，建立了廉洁从政、惩治腐败领导小组，狠抓了国家机关及其工作人员的廉政建设。最高人民法院、最高人民检察院《关于贪污、受贿、投机倒把等犯罪分子必须在限期内坦白的通告》和国家监察部《关于有贪污贿赂行为的国家机关工作人员必须在限期内主动交待问题的通告》发布后，在县委的领导下，“一府两院”强化宣传，大造声势，敦促了犯罪分主动投案自首；增设举报电话、举报信箱，安排专门力量昼夜值班，随时接受了知情人的举报和犯罪分子的投案、自首；召开宽严政策大会，从宽或从严处理了一批人犯或犯罪分子，使全县反贪污、反贿赂，反腐败的斗争，有了重大进展。为了进一步贯彻落实“两高一部”的通告精神，取得反贪惩腐斗争的更大成绩，县人大常委会第二十次会议，听取了县法院、县检察院、县监察局关于惩治腐败、打击严重经济犯罪活动情况的汇报。在审议汇报中，会议要求县审判机关、检察机关和监察局，一定严肃执法，秉公办案，相互配合，协同作战，进一步完善和健全举报制度，同贪污、受贿、腐败现象进行坚决的斗争，从重从快打击严重经济犯罪分子，为深化改革、搞好治理整顿、加强廉政建设，不断做出新贡献。经过多方面的积极努力，我县在惩治腐败、廉洁勤政方面，取得了明显效果。

三、密切联系人民代表、拓宽代表议政渠道、充分发挥代表的作用

人民代表担负着参政议政、管理国家事务的重要使命。作为人民代表大会常设机关的人大常委会，必须与代表保持密切的联系，认真倾听和尊重代表的意见和要求，注意发挥代表的作用。换届以来，县人大常委会在这方面，主要做了以下几项工作：

（一）建立代表组织，开展代表活动。我县第十一届人民代表大会代表共有 272 名，分布在全县各条战线上。为了便于代表的会外活动，使代表在改革开放和经济建设中更好地发挥作用，我们在换届选举后，立即集中力量、集中时间，及时地抓了代表联络组织的建立工作。按照就近和便于活动的原则，将全县代表划了 27 个小组。代表小组建立时，请代表们民主推选了正副组长，帮助制定了活动计划和活动内容。三年来，各代表小组认真坚持了开展代表活动制度，组织代表学习了党的方针政策和国家的法律法令，开展了工作视察和调查研究活动，进行了征集和反映人民群众的意见和要求等项工作。代表活动的开展，不断提高代表参政议政的素质，调动了代表管理国家事务的积极性。三年来，广大代表除依法行使职权外，在平时还积极带头贯彻党和国家的政策和法令，模范执行上级和本级人大及其常委会的决定、决议，密切联系选民并及时反映他们的呼声，在经济建设和改革开放等项工作中，做出了积极贡献。广大代表为了以实际行动向国家交售好粮、好棉，不仅处处模范带头，而且有的发出了倡议，有的进行了视察，还有的设立了“监督台”，为粮棉收购工作的顺利进行，发挥了很好的作用。

（二）多种形式联系代表，广开代表参政议

政渠道。一是，实行责任制，登门走访代表。换届选举后，县人大常委会建立了主任、副主任、专职委员走访代表分片包干责任制，对全县人大代表普遍进行了走访。通过走访，县人大常委会密切了同代表的联系，了解到了人民群众的呼声。走访中，代表普遍反映，近几年来犯罪分子活动猖獗，危害了人民群众生命和财产的安全，迫切要求加强治安管理，维护社会秩序。我们将代表的意见和要求，及时转交了“一府两院”及有关部门处理。为了搞好社会治安，严厉打击那些严重危害社会治安的犯罪分子，县政府帮助城乡建立了治安联防队，并逐步建立起村级联防队，做好群防群治工作。县法院、县检察院和县公安局，协同作战，密切配合，集中时间开展了“严打”专项斗争。经过综合治理，使全县社会治安状况，不断有了好转。二是，走下去请上来，召开代表座谈会。1987 年底，我们组织和邀请了 58 名“一府两院”部分领导干部和县政府有关部门的负责同志，分别参加或列席了以各乡镇为单位召开的县代表座谈会。1988 年，我们曾三次把代表请上来，同“一府两院”的领导和政府有关部门的负责人，一起进行座谈。为开好座谈会，县人大常委会都事先让代表广泛征求选民的意见和要求，民主推选参加座谈会的代表。在进行座谈中，代表们充分发表了意见，积极参政议政。代表在座谈中，先后提出了企业承包、为政清廉、物价管理、社会治安、农资供应等 68 个方面的问题。“一府两院”领导和有关部门的负责同志，都当面作了热情而又诚恳的答复。能马上办到的，在场拍了板；需创条件解决的，当时表明了积极态度；限于种种原因难以解决的，也作了耐心解释；对工作中的失误，还主动作了自我批评。座谈和对话后，县政府将那些对代表态度不诚恳，解答问题不认真，没提出解决问题措施的政府工作人员，还通知他们到代表中去，重新征求意见，商定解决问题的办法，直至问题得到解决为止。通过开展代表座谈会，不仅发挥了代表管理地方国家事务的作用，同时也密切了领导干部和人民群众的关系，增强了“一府两院”工作的透明度，推动了全县的各项工作。如有的代表在座谈时提出，环城公路在通车后，由于没有设置路标，多次发生人身伤亡事故，危及了人民群众生命财产的安全。县政府及有关部门十分重视代表的反映意见，及时设置了路标，加强了车辆管理，基本杜绝了环城公路车辆肇事现象，确保了人民生命和财产安全。三是，与代表进行通讯，邀请代表列席有关会议。三年来，我们利用邮寄学习文件、《会刊》、《工作通讯》以及代表建议、意见专用纸、专用信封等方法，与代表保持经常的通讯联系。这样做，既能使代表及时地知道了党的方针、政策和国家的法律、法令及上级精神，又能使代表及时地将人民群众的意见和要求反映给县人大常委会。县人大常委会为了进一步加强与代表的联系，听取代表的意见，更好地管理地方国家事务，换届以来还坚持了让乡镇人大工作处负责同志，轮流列席县人大常委会议。在必要时，还邀请全国人大代表、省人大代表和部分县人大代表，列席了人大常委会。

（三）尊重代表民主权利，认真办理代表议案和批评、意见、建议。自县十一届人大一次会议以来，共收到代表议案 13 件，代表批评、意见和建议 548 件。为了办理好代表议案和批评、意见、建议，我们在历次人民代表大会闭幕后，都及时召开了主任会议，进行专门研究，并明确一名副主任靠上抓，让代表组织科负责登记、整理、转交、催办。为了检查和督促县政府及有关单位办理好代表议案和批评、意见、建议，我们在第四次、九次、十七次常委会议上，分别听取了县政府关于办理县十一届人大一次、二次、三次会议代表议案和建议情况的汇报。委员们在审议中，对“一府两院”及其所属部门的办理工作表示满意，并对解决问题的速度、质量等方面的问题，提出了一些意见。从而，加快了办理速度，提高了办理质量，截至去年7月，所有代表议案和批评、意见、建议办理完毕，并做到了“件件有落实，事事有答复”。如，为了办理好、落实好代表关于改善教学条件、提高教学质量、发展教育事业的议案，县人大常委会第九次会议，听取和审议了教育局关于实施《义务教育法》情况的汇报，并组织委员视察了梁山一中和师范附小，会议要求全社会都动员起来，关心教育、支持教育。在第十五次常委会议上，听取了县政府关于赴东营、潍坊参观校改情况和我县国办中小学校改意见的汇报，建议县政府参照外地经验，广泛征求意见，尽快制订出我县国办中小学校改的实施方案。县政府将国办中小学校改实施方案制订出来后，我们在第十六次常委会议上，又进行了认真的审议，并作出了《关于搞好国办学校校改工作的决议》。会议决定，多方集资，广开渠道，年计划筹集千万元，新上一批国办学校校改项目，要求全县的教育事业有一个新的发展。此外，还进一步加强了代表和群众来信来访工作，坚持做到了“来信来访有登记，转交催办有手续”。对于涉及到重大问题的，主任或副主任都亲自接待和处理，必要时还召开主任会议，集体研究处理意见。由于对代表的来信来访接待时热情，办理时认真，答复时负责，越来越多的代表和群众到县人大常委会来反映问题。三年来，共接待来信来访424件次，均作了妥善处理。

（四）设立乡镇人大工作处，指导乡镇人大工作。根据菏泽地委意见，经县委同意，我们在去年初，帮助各乡镇将原来的人大工作联络办公室，改设为人大工作处，配备了主任；并下设办公室，配上了工作人员。在县人大常委会第十五次会议上，还通过了《关于乡镇人民代表大会工作暂行办法》，使乡镇人大工作有了进一步加强。为提高乡镇人大工作处同志的政治素质和业务能力，促进乡镇人大工作的开展，我们召开了全县人大工作人员培训会议。组织大家学习了宪法、地方组织法等有关法律，学习了外地乡镇人大工作的经验，让梁山镇、杨营乡、韩垓乡、大路口乡等乡镇，介绍了开展人大工作的情况，还参观学习了梁山镇人大办公现场和工作经验。会议期间，我们还请省人大副主任卢洪同志和原副主任张竹生同志到会作了重要讲话。通过培训，使乡镇人大工作处的同志，进一步提高了认识，明确了人民代表大会的性质、地位和作用，增强了做好乡镇人大工作的信心和决心。他们在工作中，大胆探索，不断创新，在较短的时间内，就建立了一系列的工作制度，积极主动地开展了工作，从而使乡镇人大工作不断出现新局面。

四、依法任免干部、领导换届选举、加强地方政权的建设

依法任免国家机关工作人员，是宪法和地方组织法赋予人大常委会的一项重要职权。换届以来，县人大常委会认真履行职权，依法任命了县政府代理县长2人、副县长4人，任命县人大、县政府、县法院、县检察院工作人员129人，免去职务的24人。为了做好依法任免干部，使我县国家机关工作人员的管理工作走向法律化、民主化，县人大常委会第二次会议，通过了《梁山县人大常委会关于干部任免工作的意见》。在《意见》中，对任免范围、法定程序等方面的问题，都作了严格的规定。在任免工作中，为了让委员充分行使民主权利，由过去的举手表决，改为无记名投票表决。对任命的干部，除了颁发《任命书》以外，还要求县政府组成人员和县法院、县检察院的领导人，写出任期奋斗目标和施政措施，县人大常委会予以全文印发，作为以后听取他们的述职报告、评议其政绩的依据。这种做法，省人大《工作通讯》和《中国法制报》，还相继进行了转发和报道。

地方各级人民代表大会，是本行政区域内

的权力机关。地方各级人大代表，是受本行政区域选民或代表的委托，参加权力机关，行使管理地方国家事务职权的使者。自1987年换届选举后，由于种种原因，本届县人大代表出现了变动。鉴于这种情况，为了及时补选和增选代表，加强我县权力机关的建设，县人大常委会第十三次会议，作出了关于补选2名、增选2名县十一届人大代表的决定。在第十四次常委会议上，听取了县代表资格审查委员会关于增选代表的代表资格审查的报告。经审议，会议确认增选的代表资格有效。根据工作需要，在县第十一届人民代表大会第二次会议上，还依法增选了一名县人大常委会副主任。通过补选和增选代表，进一步加强了我县权力机关的建设。

主持和领导县、乡两级人大的换届选举工作，是宪法和法律赋予县人大常委会的一项重要职权。为了搞好1990年县乡两级人大的换届选举，我们在去年11月15日第二十次常委会议上，作出了决定，任命了县、乡两级选举委员会成员，通过了实施方案。会议要求，这次县乡两级人大换届选举，必须以党的十三届四中、五中全会精神，以宪法、选举法和地方组织法为依据，充分发扬民主，严格依法办事，切实保障选民行使民主选举权利，努力选出政治素质好，议政能力强，热心为群众服务的县乡两级人大代表，选出能坚持四项基本原则、坚持改革开放、德才兼备、廉洁奉公、全心全意为人民服务的县乡两级政权班子。在实施换届选举工作中，县人大常委会始终抓了宣传发动，强调依法办事，不断加强了组织领导。几个月来，经过各方面的努力，县、乡两级人大代表，已在今年2月25日全部选出。共选出县级代表320人，乡级代表1522人。通过今年的换届选举，我县各级政权的建设将会进一步加强。

五、加强自身建设、不断改进工作、努力提高议政水平

宪法和地方组织法规定，地方各级人大常委会在本级人民代表大会闭会期间，由它来代表人民行使管理国家事务的权力。换届以来，为了适应新形势，开创新局面，充分发挥地方国家权力机关的职能作用，县人大常委会十分重视和不断加强自身建设。

在思想建设方面。我们针对换届后常委会新委员较多的特点，进一为加强了对党的方针政策和国家法律法令的学习。重点学习了党的路线、方针、政策及全国人大和省人大各项决议、决定，学习了江泽民同志在庆祝建国四十周年大会上的讲话，学习了宪法、地方组织法、选举法等有关法律、法规。通过学习，委员们不断加深了对“一个中心，两个基本点”的理解，加深了对发展社会主义民主、健全社会主义法制重要性的认识，明确了人大常委会的性质、地位和作用。从而使大家进一步增强了在新形势下做好人大工作的决心和信心，提高了参政议政和管理国家事务的能力，为依法行使好职权奠定了良好的思想基础。

在组织建设方面。为了健全县人大常委会的办事机构，加强人大工作的建设，根据地方组织法规定和上级的指示精神，在第四次常委会议上，将原来的“一室三科”，调整为“一室四科”，即办公室、法制科、财经科、文教科、代表组织科；在第十二次常委会议上，还决定增设了县人大常委会农业科。三年来，逐渐配齐了各科室的正副科长、主任，使办事机构的力量进一步有了加强。为了抓好各科室的工作，主任、副主任和驻会委员都有明确分工，并制订了各科室的职责范围，落实了工作人员岗位责任制。

在制度建设方面。除了常委会议、主任会议、办公会议，分别组织委员、主任、各科室负责人学习政治、业务知识外，机关工作人员还持之以恒地坚持了学习日的制度，并注意做到了

集体组织学习和个人自学相结合。为了交流情况，学习外地人大的先进经验，先后同全国近40个市、县人大常委会建立了通讯联系。去年还被晋冀鲁豫边区县级人大工作研讨会吸收为会员县。五月份和九月份，分别在河北邯郸和山西沁源研讨会上，作了发言。为了完善和健全工作制度，借鉴外地人大工作的经验，依照宪法和法律的有关规定，先后制订并提请常委会议通过了《梁山县人大常委会几项工作制度》《关于干部任免工作的意见》《关于联系代表工作的意见》《关于办理代表议案和建议的决定》《关于视察和调查研究工作的意见》《关于对县人民政府、县人民法院、县人民检察院实施工作和法律监督的意见》《关于讨论决定重大事项的意见》等。这些制度的建立，使县人大常委会工作逐步走上了规范化、制度化和民主化。

在作风建设方面。换届以来，我们重点加强了调查研究工作。紧紧围绕党的中心工作、宪法和法律的执行情况以及人民群众普遍关心和迫切要求解决的问题，先后调查了棉花抢购、食品卫生和环境卫生、乡镇企业、农资供应、企业承包、果园承包、农业结构调整等方面的问题，并进行了28次调查，写出了14篇调查报告。为了改进工作，履行好宪法和法律赋予的职权，我们十分注重服务于党的工作中心，积极支持“一府两院”开展工作，同时还注意不包揽行政机关、审判机关、检察机关的工作，以便使人大常委会集中精力，做好全县重大事项的审议决定，监督“一府两院”的工作，依法任免国家机关工作人员工作。为了转变机关作风，做好为政清廉工作，我们在召开县人大常委会议、代表座谈会和其它会议时，坚持按规定标准安排生活，从不搞大吃大喝。

总之，三年以来，我们在县委的领导和代表的支持下，做了一些工作，取得了一定的成绩。但是，按照宪法和人民的要求和期望，还有不少的差距。主要是，对宪法和法律的学习还不够深入；对如何开展工作监督、法律监督、尤其是实行跟踪监督还缺乏经验；对人大工作如何服务于经济建设这个中心，还有待于进一步探索和改进；对人民代表的联系和在发挥代表作用上，还有待于进一步加强；在人大机关的建设方面，还需要进一步转变思想作风、改善工作方法。以上这些，都需要在今后的工作中，不断研究、探讨，逐步加以解决。

各位代表，根据宪法和地方组织法的规定，本届县人大常委会已完成了历史使命，并在这次大会上即将选举产生县十二届人大常委会。借此机会，我代表县十一届人大常委会，向给予我们热情鼓励、亲切关怀、大力支持的人民代表和全县人民，表示最衷心的感谢！并祝愿新的一届县人大常委会，在治理整顿、深化改革的新形势下，依法履行职权，卓有成效地发挥地方国家权力机关的作用，为建设梁山、振兴梁山，做出更大的贡献。

梁山县第十二届人民代表大会常务委员会工作报告

1993 年 2 月 10 日在梁山县第十三届人民代表大会第一次会议上

梁山县人大常委会主任 穆衍峰

各位代表：

我受县第十二届人民代表大会常务委员会的委托，向大会报告换届以来，重点是 1992 年以来的工作，请审议。

三年来，县人大常委会在县委的领导和上级人大常委会的指导下，在全体人大代表和全县人民的监督支持下，以党的基本路线和各项方针政策为指针，紧紧围绕改革开放和经济建设这个中心，紧紧抓住坚持和完善人民代表大会制度这个重点，认真履行宪法和法律赋予的各项职权，全面贯彻执行县十二届人民代表大会的决议和决定，做了大量工作。换届以来，共举行了 22 次会议，听取审议了“一府两院”的 48 项汇报，作出了 27 项决议和决定，提出了 26 项审议意见，依法任免了 100 名国家机关工作人员，组织进行了 96 次较大规模的视察调查活动，写出报告 89 篇。1991 年以来，还组织代表开展了民主评议活动，狠抓整改，进一步强化了职能作用。所有这些工作，为在新形势下进一步加社会主义民主与法制建设，坚持和完善人民代表大会制度，推动全县的改革开放和经济建设的发展，都起到了积极的促进作用 。

一、加强法制教育和法律监督，积极推进社会主义法制建设

三年来，县人大常委会狠抓了社会主义法制教育工作和对宪法法律贯彻实施情况的监督和检查，积极促进依法治理，较好地保障了宪法和法律在我县的贯彻执行。

本届人大换届后的第一年，是“一五”普法教育最后一年。县人大常委会积极参与了普法教育的领导工作。并通过听取汇报、组织视察和法律知识测验等形式，对“一五”普法进行了认真地检查验收，进一步促进了全民法律知识的普及，保证了“一五”普法任务较好的完成。根据中共中央、国务院《关于在公民中开展第二个五年法制宣传教育》的通知精神，县人大常委会及时审议通过了《关于在全县公民中开展法制宣传教育的第二个五年规划》和《一九九一年法制宣传教育工作实施方案》，作出了《关于深入开展第二个五年法制宣传教育的决议》。要求全县在“二五”普法工作中，以学习宪法为核心，以学习专业法为重点，坚持理论联系实际，学用结合的原则，把普法工作的成果落到实处；坚持依法办事，依法行政，依法治理，促进全县经济建设的发展。在“二五”普法规划实施过程中，人大常委会通过开展宪法和重要法律颁布纪念活动、法律辅导讲座等行之有效的方式，进行广泛宣传。对于新颁布的重要法律，县人大常委会利用作决议或决定、印发学习材料、广播电视讲话、举办学习班等方式，深入进行宣传教育活动。去年四月，《代表法》颁布实施后，人大常委会及时作出了《关于学习贯彻〈代表法〉决定》。常委会主任、副主任就代表法颁布实施的重大意义、代表的地位、权利和职责等，发表了五次电视讲话。全县广大干部群众认真学习执行代表法，各级代表依照代表法的规定，积极履行自已的取责，在改革开放和经济建设中发挥了积极作用。县人大常委会还注重抓了“二五”普法的监督检查，经常组织机关工作人员，深入到农村、工厂、机关、学校等单位，检查了解“二五”普法工作开展情况，突出抓了领导干部普法学习的监督检查。先后两次对县政府所属单位和法院、检察院的负责人，进行法律知识闭卷测验，通报成绩，有力地促进了领导干部带头学法用法。在普法教育的基础上，

县人大常委会及时批准了县政府提出的《梁山县依法治理总体规划》，作出了依法治县的决议。全县各级、各部门，按照“依法治县总体规划”，结合自己的实际，制订了依法管理实施方案和具体措施，加快了依法治理的步伐，出现了一批依法治厂、依法治校、依法治村的先进典型，使全县整体工作逐步走向了依法治理的轨道。

保证法律法规在本行政区域内的贯彻实施，是宪法赋予地方人大常委会的一项重要职权。因此，县人大常委会狠抓了重要法律法规贯彻执行情况的监督检查，把听取“一府两院”有关法律法规贯彻执行情况的汇报，列入常委会会议的重要议程。三年来，共听取审议了“一府两院”关于贯彻实施《义务教育法》《行政诉讼法》等14项法律、法规情况的汇报。1992年以来，常委会把《企业法》《森林法》《村民委员会组织法（试行）》、国务院、山东省关于农民负担的“两个条例”等法律法规的贯彻实施情况，作为监督检查的重点。1992年5月，常委会第十五次会议，听取审议了县政府贯彻执行国务院、山东省于农民负担的“两个条例”情况的汇报。针对近几年来，对农民富裕程度估计过高，办事操之过急，种种摊派、收费、集资、罚款名目繁多，挫伤了农民生产积极性的问题，作出了关于认真贯彻“两个条例”，切实减轻农民负担的决议。县、乡政府按照决议要求，做了大量工作，取得了一定成绩，但农民负担过重的问题仍需下大气力，才能彻底加以解决。去年11月，县人大常委会听取审议了县政府关于《村民委员会组织法（试行）》贯彻执行情况的汇报，并有针对性地提出了审议意见，进一步促进了村民委员会组织法的贯彻实施，较好地发挥了村民委员会自我管理、自我教育、自我服务的功能，增强了村级组织的凝聚力，使我县村级组织建设和管理工作，开始向法律化、规范化、民主化的目标迈进。

百年大计，教育为本。为全面贯彻落实《义务教育法》，本届人大常委会先后两次听取审议了县政府关于贯彻实施义务教育法情况的汇报，提出了进一步加强义务教育法的宣传，增强依法治教观念和科教兴梁意识等项审议意见，作出了《在全县各乡镇实施义务教育的决议》，促进了我县教育事业的发展。

县人大常委会把对司法机关的执法检查，作为法律监督的一项重要内容，每年组织一次较大范围的执法检查。在对司法机关的执法检查中，既对司法机关严格执法，秉公办案，严厉打击犯罪，稳定社会秩序的功绩给予了充分肯定，又对发现的执法不严，违法不纠等问题，进行了认真的监督。县人大常委会多次听取县政府及职能部门关于社会治安工作情况的汇报，支持司法机关各司其职，相互配合，依法快侦、快审、快结，严厉打击各种犯罪活动。司法机关大力开展了打击拐卖妇女儿童和其他犯罪活动的专项斗争，查处了一批拐卖妇女儿童的违法案件，抓获惩处了一批违法犯罪分子。为稳定社会，发展经济提供了一个良好的外部环境。

做好信访工作是地方权力机关密切与人民群众联系、加强法律监督的重要渠道。人大常委会不断加强这方面的工作。进一步建立完善了信访工作制度，改进了信访案件的办理程序和方法，使信访工作日趋制度化、规范化。三年来，共受理人民群众来信来访和上级人大常委会转来的信访案件553件。对这些案件，区别不同情况，都认真进行了办理。对于一般信访案件，由信访室转交有关部门办理，并听取了办理情况的汇报；对重大信访案件由主任、副主任亲自接待，主任会议研究，提出办理意见，责成有关单位办理；对于需要不同部门共同办理的复杂案件，由常委会牵头组织协调有关部门，通力合作，共同解决；对于一些来访群众提出的要求，法律政策规定不能解决的，尽量做耐心细致的思想工作。这样既维护了宪法和法律的尊严，又保障了人民群众的合法权益，密切了党和国家机关同人民群众的关系。

二、加强工作监督，紧紧围绕经济建设审议决定全县重大事项

集中精力抓好经济建设，是全党的中心任务，也是广大人民群众的迫切愿望和要求。三年来，县人大常委会紧紧围绕经济建设这个中心，审议决定了一些重大事项。有效地监督和支持了“一府两院”的工作，促进了全县改革开放和经济建设的发展。

农业是整个国民经济发展的基础，农业稳定发展，各业繁荣昌盛。县人大常委会坚持把促进农业的发展，作为工作监督的重要任务。为促进农村经济的发展，县人大常委会于1990年底召开的第五次会议上，听取审议了县政府关于农业工作情况的汇报。针对农业生产结构安排不够合理，农业基础建设还比较薄弱，农科技术还不够普及等问题，提出了切实加强对农业的领导，进一步完善农村双层经营机制，合理调整农村产业结构，把多种经营和乡镇企业放在重要位置来抓，切实加强农业基础建设，建立高产优质高效农业的意见。几年来，县政府狠抓了农业基础建设，引导农民逐步改变不合理的农业生产结构，加大了科技兴农措施，使我县的农业经济以较快速度发展。1992年1月在人大常委会第十三次会议上，还听取审议了县政府关于《山东省农作物种子管理条例》贯彻实施情况的汇报，要求县政府及其职能部门力争用二到三年的时间，使农作物实现良种化。为促进我县粮棉生产的发展，县人大常委会还从种植、管理到收购，对县政府及有关部门的工作，进行了全方位的支持和监督。并指导各乡镇人大主席团，在粮棉收购站设立人大代表监督台，有效地维护了国家和人民的利益。特别是去年年初，邓小平同志南巡发表了重要谈话，使我国的改革开放和经济建设进入了一个新的阶段。在这种新的形势下，县人大常委会更加自觉地围绕经济建设这个中心开展工作。工业生产在我县经济建设中处于支柱地位，为了促进我县工业生产持续、稳定、协调地发展，县人大常委会抓住深化企业改革这个关键，切实加强了监督和支持。如去年五月，在深入调查研究的基础上，听取审议了县政府关于贯彻实施《全民所有制工业企业法》情况的汇报，作出了关于全面贯彻实施《企业法》的决议。要求县、乡政府及其职能部门全面认真地贯彻《企业法》和国务院关于《全民所有制工业企业转换经营机制条例》，进一步落实企业自主权，切实转变政府职能，加强宏观调控，积极为企业提供服务。使企业尽快适应市场的要求，成为自主经营、自负盈亏、自我发展、自我约束的商品生产和经营单位，努力提高企业经济效益，促进了企业经营机制的转变和经济效益的提高。去年九月，在常委会第十八次会议上，听取审议了县政府关于全县商业企业“四放开”工作情况的汇报，针对存在的问题，提出了进一步学习邓小平同志南巡谈话，解放思想，更新观念，加快商业企业“四放开”改革步伐的审议意见。通过上述工作，对我县工商企业全面推行承包经营责任制，转换经营机制，提高经济效益，产生了较大的促进作用。

科学技术是第一生产力。振兴经济首先要振兴科技。县人大常委会会议认真听取审议了县政府关于科技工作情况的汇报。指出，我县不论在科学技术研究和开发，还是在科技成果的推广应用上，都存在很大差距。在目前全县经济面临加速发展，效益急待提高的情况下，尤其要提高广大干部群众的科技意识，同时要注重科学技术的研究和应用。根据审议意见，县政府及有关部门，进一步加强了科技工作，在完善科技体系、开展科技研究、推广应用科技成果等方面，都有了新的进展。

全县国民经济和社会发展计划以及财政预算，是全县经济发展的“总盘子”，计划和预算的有效贯彻执行，是宏观经济管理的重要方式。三年来，县人大常委会狠抓了对全县经济发展宏观管理的监督工作，每年第三季度，都听取审议县政府关于国民经济和社会发展计划，以及财政

预决算执行情况的汇报。会议根据全县经济发展状况和财政收支情况，提出切合实际的审议意见。督促各级政府及有关职能部门，从发展经济入手，积极培植财源，加强税收征管，大力组织财政收入，努力实现人代会批准的国民经济和社会发展计划。通过县政府及有关部门的努力，实现了每次人代会通过的国民经济和社会发展计划，保障了全县经济和社会各项事业的顺利发展。

另外，在不定期举行的主任会议上，还听取了有关部门39项工作汇报。为提高主任会议审议质量和效果，根据人大常委会工作要点和每一阶段的具体情况，将主任会议议题及早通知有关单位。在会议期间既听取有关单位的汇报，又帮助他们分析问题，找出原因，有针对性地提出意见和建议，并以“主任会议建议转达”的形式，交有关单位贯彻执行。要求将落实情况报送人大常委会机关。通过跟踪监督，使主任会议作为常委会行使职权的一种有效补充，收到良好效果，促进了各项工作的开展。

为了使各级干部更快更好地适应改革开放和经济建设的新形势，根据地方组织法的规定，人大常委会认真履行了人事任免权。三年来，共任免100名国家机关工作人员。其中，决定任命的79名，免去职务的18名，撤销职务的3名。在行使任免权的过程中，始终坚持党管干部和权力机关依法任免一致性的原则，充分发扬民主，严格任免程序，较好地履行了法律赋予的人事任免权。为加强权力机关任免干部的严肃性和对被任命干部的监督，常委会坚持举行颁发任命书仪式，坚持干部年终述职制度。增强了被任命干部接受监督的自觉性和为人民服务的责任感，促进了干部思想作风建设和工作的开展。

三、加强代表联系和民主评议工作，推进社会主义民主政治建设

做好人大代表工作，加强同乡镇人大主席团的联系，充分发挥人大代表参政议政的作用，尊重和支持人大代表依法行使代表人民当家作主的民主权力，既是县人大常委会的一项重要职责，又是坚持和完善人民代表大会制度的一个重要内容。三年来，常委会进一步强化了这些方面的工作，并有了新的突破。

一是，密切了与代表的联系，加强了对乡镇人大主席团的指导，认真总结推广了代表会外活动的先进经验。人大常委会通过编印学习材料和机关刊物，认真组织学习，激发代表参政议政意识，提高了议政水平。通过召开代表座谈会，接待走访代表，征求办理代表意见和建议，从思想上和工作上，密切与代表的关系。为进一步做好代表工作，县人大常委会于1991年11月，首次召开了全县代表工作经验交流会。乡镇人大主席团和市、县人大代表，分别介绍了认真履行职责、积极参政议政的先进事迹和丰富的工作经验。乡镇党委和政府，介绍了党委积极支持人大代表开展工作，政府自觉接受人大代表监督方面的经验和体会。通过这次会议，交流推广了代表工作的先进经验，对如何密切地方权力机关与代表、代表与选民的联系，以及各级政府及其职能部门如何接受人大监督方面的问题，进行了有益的研究和探讨。从而加强了代表工作，推动了整个人大工作的深入开展。人大常委会还通过坚持邀请乡镇人大主席团常务主席列席县人大常委会会议，派员参加乡镇人大主席团开展的活动，帮助乡镇人大主席团建立完善各项制度等方式，密切了同他们的联系，加强了工作指导。

二是，切实加强了对代表议案和建议、批评、意见办理工作的监督，有效地保证了代表依法参与国家事务的民主权力落到实处。本届三次人民代表大会，代表们代表全县人民的利益，积极履行自己的职权，提出了议案和大量的建议批评、意见，这些议案和建议，涉及全县一些重大事项和广大人民群众普遍关心的问题。常委会按照《关于办理代表议案和建议的意见》，采取听取有关部门汇报、视察办理情况等措施，突出抓了议案、建议办理质量的监督和检查，使议案和建议的办

理工作真正得到了落实。在县第十二届人民代表大会第二次会议上，通过了刘九旭等代表提出的关于“南湖综合治理”议案。县政府及有关部门，经过认真研究反复勘察论证，制定了综合治理南湖地区的三年规划。在具体实施过程中，人大常委会通过听取汇报、南湖综合治理现场实地检查等方式，支持督促县政府及有关部门，加快对此议案的办理和实施。到目前，经过县政府及各方面的努力，南湖综合治理议案的办理实施工作进展顺利。现已投资 550.37 万元，其中县投资 136.9 万元。完成水利工程 662 项，动用土石 494 万方。其中开挖疏浚沟渠 302 条，长 485.6 公里；修建建筑物 253 座；新打机井 107 眼，使南湖区 10 万亩低洼易涝农田得到初步治理。根据“南湖综合治理规划”，此项议案将于今年年底办理实施完毕。对县十二届人代会第三次会议通过的薛凡瑞等代表提出的“加强县城规划与管理”、和邓在生等代表提出的“认真搞好县第三中学校改”两项议案。人大常委会主任会议先后多次听取有关部门办理情况的汇报，并对“关于加强县城规划与管理”的议案办理情况进行了视察。通过县政府及城建等部门的共同努力，拓宽了水泊中路南段和人民北路。同时加强了县城布局的管理，使整个县城规划日趋合理。关于加强三中校改议案，县政府及有关部门多渠道筹集资金，积极组织实施，3070 平方米的办公教学大楼已于去年年底交付使用，教学设备，师生住宿条件也得到了进一步改善。对人代会期间，代表提出的建议、批评、意见，常委会以对人大代表、对人民群众高度负责的精神，加强了对有关部门办理工作的监督检查。并通过向提出建议、批评、意见的代表寄发征询意见表，请代表对办理情况进行评议。对于代表不满意的，责成有关部门重新办理和答复，真正使代表的建议、批评、意见，件件有答复，事事有着落。

三是，大力开展代表评议工作，进一步推动民主政治建设。为强化地方国家权力机关的职能，拓宽民主监督渠道，增强监督效果，充分发挥人大代表参政议政作用，促进政府及职能部门的工作，进一步做好新形势下的人大工作。县人大常委会在县委的领导和支持下，指导各乡镇人大主席团于 1991 年、1992 年连续两次组织县、乡两级人大代表，对驻乡镇的派出所、工商所、税务所等十几个双管“单位”的工作进行了评议。并且狠抓了评后整改工作的监督检查。使乡镇代表评议工作，取得了较好的成效。

为进一步拓宽民主监督渠道，县人大常委会在总结乡镇评议工作的基础上，于去年七、八两个月，组织县人大代表，邀请省、市驻我县的部分代表，共 164 名，对县政府所属 19 个重要职能部门的工作，进行严肃认真的评议。为搞好这次评议活动，人大常委会做了充分的准备工作。首先由两位副主任带领机关人员，到胶东等地学习了评议工作经验，然后结合我县的实际，制定了评议实施方案。根据“实施方案”，人大常委会组织参评代表，广泛走访选民，在短短的十几天内走访选民 5600 多人次，征求意见 1625 条，在深入调查研究的基础上，对县政府 19 个职能部门的工作，进行了认真评议，评出了良好单位、一般单位和不信任单位，并对不信任单位给予了黄牌警告。

评议是手段，促进工作是目的。代表评议工作结束后，县人大常委会狠抓了整改工作。及时召开会议，要求被评议单位根据代表提出的批评、意见和建议，制订整改方案，以对人大代表高度负责的精神，采取有力措施认真进行整改。这次代表评议活动，取得了成功，收到了较好的效果：一是进一步拓宽了社会主义民主渠道。社会主义的实质是人民当家作主。实践证明，人民代表代表人民当家作主的权力仅仅局限于一年一度的人代会是不够的，管理地方国家事务还要靠人大代表平时经常性的参政议政活动来实现。常委会组织的代表评议活动，通过人大代表使人民群众的意见得到反映，好的建议得到采纳，群众反映强烈的问题，在很大程度上得到解决和处裡。为人民代表在人代会以外依法行使当家作主的权力，开辟了一条新途径。二是强化了地方权力机关的群体监督职能。在评议中，把常委会的监督和人民代表、人民群众的监督结合起来，把人代会会内监督与会外监督结合起来，强化了地方权力机关的监督职能，提高了监督效果，使人大整个监督工作向更深的层次迈进了一步。三是增强了被评单位的公仆意识，促进了他们的工作。在评议中，代表们既充分肯定被评单位的成绩，又实事求是地指出存在的问题，提出中肯的批评和建议，使被评单位的领导受到了较大触动和深刻的教育，很快研究制订了整改方案和具体措施，并认真进行了整改。几个月来，在转变工作作风、勤政廉政和法纪建设等方面，都收到了较明显的效果。四是密切了政府及职能部门同人民群众的关系。五是提高了人民代表参政议政的积极性。总之，通过组织代表评议这一实践活动，探索出了切实可行的民主监督形式，有力地促进了政府机关的工作，有效地推动了我县社会主义民主政治建设。

四、加强地方政权建设，领导和主持县、乡两级人大换届选举工作

按照宪法和地方组织法的规定，今年我县县乡两级人大都要进行换届选举。自去年十月份以来，县人大常委会就集中精力、集中时间，领导和主持了县、乡两级人大的换届选举工作。在常委会第十九次会议上，作出了《关于县、乡两级人民代表大会换届选举的决定》，任命了县、乡两级选举委员会组成人员，通过了县选举委员会《关于县、乡两级人大换届选举工作安排意见》和《关于人大换届选举工作具体实施方案》。要求这次换届选举工作，要以党的“十四大”精神为指导，以宪法、地方组织法、选举法为依据，充分发扬民主，严格依法办事，切实保障选民的民主选举权利。通过换届选举，进一步坚持和完善人民代表大会制度，加强地方政权建设，推进我县社会主义民主与法制的进程。

为切实搞好这次换届选举工作，人大常委会加强了对全县整个换届选举工作的组织和领导。特别在换届选举的一些重要阶段和关键性的环节上，通过召开不同形式的会议，编印宣传辅导材料，组织有关人员深入各选区检查等方式，进行具体指导。在划分选区、选民登记阶段，人大常委会几次召开县、乡选举委员会成员和有关人员会议，依照法律规定提出具体要求，保证了全县县乡选区的合理划分和选民登记的顺利进行。在提名推荐代表候选人阶段，通过专题培训、印发辅导材料、发表电视讲话等形式，宣传提名推荐代表候选人的意义和方法步骤。并根据以往换届不重视利用选民联名推荐候选人的情况，要求各级选举委员会充分发扬民主，放手发动选民，积极参加提名推代表候选人活动。激发了选民参加换届选举的积极性。在酝酿协商确定正式代表候选人阶段，县人大常委会一再强调，严格按照法定程序进行，决不能怕麻烦，简化程序。常委会还特别加强了换届选举的宣传教育工作，制定了换届选举宣传教育工作意见，并利用广播电视讲话、印发宣传材料、张贴标语等形式，广泛深入地宣传换届选举的重大意义。几个月来，经过各方面的努力，县、乡两级人大代表的选举工作于今年一月上旬圆满结束。共选出县人大代表 280 名，乡级代表 1445 名。通过这次换届选举，不仅选出了全县人民信赖的县、乡两级人大代表，而且使全县人民受到一次生动、具体的社会主义民主与法制教育，进一步提高了对人民代表大会制度的认识，增强了当家作主的责任感。

五、加强常委会自身建设，努力提高议政决策水平

加强人大常委会的自身建设，不断提高议政决策水平，是坚持和完善人民代表大会制度的客观要求。换届以来，为更好地适应改革开放的新形势，服务于经济建设这个中心，县人大常委会十分重视和不断加强了这方面的工作。

在思想建设方面，我们针对换届后常委会新成员较多的特点，进一步加强了党的方针政策和国家法律法规的学习。特别加强了对党的“十四大”文件的学习。通过学习，使常委会组成人员加深了对坚持党的基本路线，发展社会主义民主，健全社会主义法制重要性的认识，增强了在新形势下，做好人大工作的信心和决心，提高了参政议政和管理国家事务的能力，为常委会依法行使职权奠定了良好的思想基础。

在组织制度建设方面，为加强人大常委会的职能作用，根据形势发展和上级文件精神，调整、增设、加强了常委会的工作职能部门。常委会第二次会议，将原来的“一室五科”，改设为“二室四委”，常委会第四次会议又决定设立了信访接待工作室，配备了工作人员。为进一步加强常委会制度建设，县人大常委会第一次会议，重新修订完善了县人大常委会关于讨论决定重大事项、干部任免工作，对县“一府两院”实施法律和工作监督、办理代表议案建议、联系代表、视察和调查研究工作等七项工作制度。同时，在常委会会议审议方法和程序上，进行了有益的探索，改以前大组审议为分组审议、联组发言，使与会人员有了更多的审议发言机会，提高了会议民主程度和审议质量。使常委会的工作更趋规范化、制度化和民主化。另外，还注重抓了常委会工作机构的制度建设，明确了各委室的职责，落实了岗位责任制，从而，使整个机关工作依法井然而行。

在工作作风建设方面，县人大常委会大兴调查研究之风。三年来紧紧围绕党的中心工作、常委会会议议题，以及广大人民群众普遍关心的问题，带领组织机关人员，进行不同形式的调查研究工作。仅专题调查就进行了 70 余项，写出调查报告 63 篇。这样，不仅掌握了本行政区域内的实际情况，而且使人大常委会作出的决议和决定，提出的意见和建议，更具有科学性、可行性和针对性。

在人大工作宣传和研究方面，常委会除通过编印《会刊》《主任会议建议转达》《人大工作通讯》机关内部刊物，宣传人大工作外，还利用广播电视讲话等形式，将常委会的决议和决定以及重大活动公开报导，增强了人大工作的透明度，密切了同人民群众的联系。人大常委会还在机关内部，成立了人大工作宣传报导、理论研究小组，更加活跃了宣传研究工作。几年来，常委会积极参加了晋冀鲁豫边区县级人大工作研讨会，并于 1991 年，成功地承办了晋冀鲁豫边区县级人大工作研讨会第八次会议。去年 11 月又参加了济宁市人大工作理论研究会第一次研讨会，我县人大常委会提供的论文，获得二等奖。通过以上各方面的工作，加强了常委会的自身建设，提高了议政决策水平。

中国共产党是我国社会主义事业的领导核心。坚持党的领导，是一项不可动摇的基本原则。县人大常委会正确处理执行党的政策与贯彻实施国家法律的关系，正确处理坚持党的领导与发挥国家权力机关作用的关系，积极维护党的执政地位，自觉接受党的领导。在工作安排上，坚持做到同县委的重大部署保持一致，并通过作决议、决定等形式，把党的主张变为广大人民群众的具体行动。同时，人大常委会还坚持了向县委请示报告制度。凡举行重大活动，事前都向党委报告，征得党委的领导和支持。几年来，县委对人大常委会的工作非常重视，列入了重要日程，切实加强了领导。

总之，三年来，本届人大常委会围绕经济建设这个中心，在社会主义法制教育、法律监督和工作监督、民主政治建设、坚持和完善人民代表大会制度等方面，做了大量工作，取得了一定成绩，较好地履行了宪法和法律赋予的职责。但是，距宪法、法律的要求和人民的期望，还有很大差距。在法制建设方面，存在着对法律法规学习宣传不够的情况；在法律监督和工作监督方面，对某些法律法规的贯彻执行情况，仍有监督不力，时效较差的现象；在人大代表工作中，虽做了积极努力，但这方面的工作仍是常委会工作的薄弱环节。另外，就人大常委会如何紧紧围绕经济建设这个中心开展工作，充分发挥职能作用等问题，还有待于进一步探索和改进。以上这些，都需要在今后的工作中逐步加以解决。

各位代表，根据宪法和地方组织法的规定，本次大会将要选举产生县十三届人大常委会，本届人大常委会的使命即将结束。在这里，我代表县十二届人大常委会，向给予我们亲切关怀、大力支持的人大代表和全县人民，表示衷心地感谢！并祝愿新的一届人大常委会，在党的“十四大”精神指引下，紧紧围绕经济建设这个中心，努力开展工作，为梁山各项事业的发展，做出更大的贡献。

梁山县第十三届人民代表大会常务委员会工作报告

1998年1月13日在梁山县第十四届人民代表大会第一次会议上

梁山县人大常委会主任 高太平

各位代表：

我受县第十三届人民代表大会常务委员会的委托，向大会报告换届以来常委会的工作，请予审议。

过去的五年，是全县人民沿着建设有中国特色社会主义道路胜利前进，各项事业取得新成就的五年。县十三届人大常委会在县委的领导和上级人大常委会的指导下，在全体人大代表和全县人民的监督、支持下，坚持以邓小平理论和党的基本路线为指导，按照“抓住机遇、深化改革、扩大开放、促进发展、保持稳定”的基本方针，围绕坚持和完善人民代表大会制度这个重点，把加强社会主义民主和法制建设作为根本任务，认真履行宪法和法律赋予的职责，积极推进社会主义市场经济体制的建立和完善，促进国民经济持续、快速、健康发展和社会全面进步，各方面工作都取得了新的进展。换届以来，县人大常委会共举行了36次会议，听取审议了“一府两院”的78项汇报，提出了54项审议意见，作出了22项决议和决定，依法任免了285名国家机关工作人员；召开了45次主任会议，提出了30项意见和建议；开展了5次较大规模的执法检查和代表评议活动。通过这些工作，较好地发挥了地方国家权力机关的作用，为推动我县改革开放和现代化建设事业的顺利进行作出了积极贡献。

一、努力强化法律监督，保证宪法和法律的贯彻实施

对“一府两院”实施法律监督，保证宪法和法律、法规在本行政区域内的遵守和执行，是宪法赋予地方人大常委会的重要职权。县人大常委会认真执行全国人大常委会《关于加强对法律实施情况检查监督的若干规定》，始终坚持把法律监督放在重要位置，强化监督力度，增强监督实效。五年来，共听取审议了“一府两院”关于贯彻实施《经济合同法》《产品质量法》《消费者权益保护法》《行政诉讼法》《农业法》和关于农民负担的两个《条例》等32项法律、法规情况的汇报，并提出了相应的审议意见。主任会议还听取了《土地管理法》《妇女权益保障法》《山东省计划生育条例》等28项法律、法规贯彻实施情况的汇报，及时印发了“主任会议建议转达”。

农民负担是人民群众十分关心的“热点”问题。对此，常委会给予了高度重视，多次开展视察和调查，先后四次听取审议了县政府贯彻执行国务院和山东省关于农民负担的两个《条例》情况的汇报。为全面深入地贯彻落实两个《条例》和中共中央、国务院《关于切实做好减轻农民负担工作的决定》，在1997年6月举行的第三十次

常委会会议上，重点听取了县政府关于减轻农民负担工作情况的汇报。针对减负工作存在的问题，提出了切实可行的意见，要求县政府及有关部门加强对两个《条例》和中央《决定》的学习和宣传，进一步提高对减负工作重要性的认识，坚持依法办事，严格控制农民负担总量，建立健全监督管理机制，把农民负担管理工作纳入法制化、规范化、制度化的轨道。同时，建议对减轻农民负担工作实行“一票否决”奖惩责任制并健全考核办法。县、乡政府认真贯彻执行《条例》和《决定》，加大了减轻农民负担的工作力度，使全县农民负担总量有所下降，基本控制在《条例》规定的范围之内。但仍还存在着“加码”、“超量”的现象，对此不应掉以轻心。同时，常委会还把治理“三乱”作为监督工作的重要内容，督促县政府明令废止了18件有关收费集资的文件，取消了农村治安联防费、农村宅基地有偿使用费等24项收费集资项目，促进了农村经济秩序的好转和社会的稳定。

百年大计，教育为本。实施科教兴梁战略，必须坚持教育优先发展的方针。本届人大常委会先后听取审议了县政府关于《教师法》和《教育法》贯彻实施情况的汇报，提出要进一步增强尊师重教、依法治教的观念，加大教育投入，改善办学条件，加强师资管理，提高教育水平。县政府及主管部门认真落实常委会的审议意见，广泛动员全县人民关心支持教育事业，师资力量不断加强，学校管理日趋规范，教育设施逐渐完善，教学质量不断提高。

对司法机关和行政执法部门的执法状况进行监督检查，是法律监督的一项重要内容。县人大常委会将执法大检查、执法责任制、个案监督、代表评议、部门负责人述职有机结合，进一步加大了执法监督力度。1993年下半年，常委会在调查研究的基础上，制定了全县执法大检查实施方案，在全县范围内开展了执法大检查。大检查采取先自查、互查，后抽查的方法，坚持检查与整改相结合、与法制教育相结合、与依法治理相结合的原则，取得了明显成效。既教育了广大干部群众，又摸清了全县执法情况，还查处了些有法不依、执法不严、违法不究的问题，并建立健全了严格的执法制度，推动了执法检查活动的健康发展。为促进国家行政机关、司法机关及其工作人员进一步增强法律意识和法制观念，明确执法责任，提高执法水平，常委会第十次会议审议通过了《关于在全县国家机关和部门中实行执法责任制的决定》，提出了具体的实施意见。结合我县实际，将与地方政治、经济和社会生活密切相关的现行263项法律、法规分门别类，分解落实到61个执法主体组织实施，大大提高了职能部门的执法水平，使全县执法活动进一步规范化、制度化，执法监督工作也步入了一个新阶段。县人大常委会在全市率先推行执法责任制的举措，得到市人大的肯定，先后两次在全市普法和依法治理工作会议上作为典型经验予以推广。目前，第二批与执法责任制相关的法律、法规也已分解、明确，即将公布执行。同时，还进一步完善了个案监督制度，通过对具体案件的重点督办，既解决了群众反映的“热点”、“难点”问题，又促进了司法机关执法水平和办案效率的不断提高。在下步工作中，拟将推出错案责任追究制度和发出法律监督书制度，以更好地监督司法机关的执法活动，确保其严格依法办案，维护法津的严肃性。作为完善人民代表大会制度的重要措施，人大代表评议“一府两院”的工作，是新形势下地方人大创造的一种新的监督形式。1994年底，常委会组织50名人大代表，对县法院、检察院和公安局、司法局的工作进行评议。在认真学习法律、法规的基础上，代表们通过召开座谈会、走访选民征求意见等形式，认真依法履行职责，本着对党的事业高度负责的精神，既充分肯定被评议单位的工作成绩，又指出工作中的失误和不足，并提出了许多改进工作的建议和意见。常委会根据代表的评议，及时向法、检机关和公安、司法部门提出了整改意见。法、检机关和公安、司法部门分别制定了各自的整改措施，积极进行整改。通过评议、整改，增强了司法机关领导班子和干警队伍的素质，提高了执法水平。常委会在每年年终还要求各执法主体写出述职报告，并有重点地听取部分执法部门主要负责同志直接述职，组织各级部分人大代表开展评议，充分利用述职、评议相结合的有效监督形式，形成联动监督网络进而强化执法责任制，促进和改善了我县的执法活动。

搞好对全体公民的法律知识普及教育，开展依法治理活动，是建设社会主义法制的基础，常委会重视并积极参与了这项工作。常委会第二十次会议听取审议了县政府关于“二五”普法工作情况的汇报，肯定了我县“二五”普法规划和依法治县第一个五年规划所取得的成绩，对我县普法和依法治理工作走在全市前列表示满意。在此基础上，常委会第二十六次会议听取并审议了县政府关于在全县实施第三个五年法制宣传教育规划和依法治县第二个五年规划的报告，作出了《关于在全县实施第三个五年法制宣传教育规划和依法治县第二个五年规划的决议》。目前，“三五”普法和依法治理工作正在全县广泛展开。

常委会把接待和办理人民群众的来信来访，作为联系群众、了解社情民意、反映群众意见和要求、加强法律监督的重要渠道，进一步完善了信访工作制度，健全了信访工作网络，使信访工作日趋规范化、制度化。五年来，共收到群众来信 896 件，接待来访 758 件 5966 人次。通过办理信访，督促有关部门解决一些群众亟待解决的问题，消除和化解了社会矛盾，密切了国家机关同人民群众的关系。县人大常委会被评为全省人大信访工作先进单位。

二、切实加强工作监督，促进经济和各项事业全面发展

五年来，县人大常委会认真审议决定我县经济建设和改革开放中的重大事项，切实加强对政府和“两院”工作的监督，促进了改革、发展和稳定。

国民经济和社会发展计划及财政预算执行情况事关经济和社会发展的全局。为确保全面完成每次人代会批准的计划和预算，每年第三季度，常委会都听取审议县政府关于国民经济和社会发展计划及财政预算执行情况的汇报。在常委会第八次、第二十次和第三十五次会议上，还分别听取审议了县政府关于年度财政收支预算部分变更的汇报，作出了批准财政预算变更的决定。审议中，委员们指出了我县工业经济整体素质不高、产品结构不够合理、经济运行质量较差、财政收支矛盾较大等问题，建议县政府全面提高经济效益，突出抓好企业的改革、管理和扭亏增盈工作，依法搞好税收征管，确保年度收支平衡，从而保障了全县经济和各项社会事业的发展。

工业生产在我县经济建设中处于主导地位。为促进我县工业企业的发展，县人大常委会抓住深化企业改革这个关键，切实加强了监督和支持。常委会多次组织委员深入全县国有工业企业进行调查，并在第三次、第十次、第二十五次常委会会议上，先后分别听取审议了县政府关于贯彻执行《工业企业转换经营机制条例》情况的汇报、关于工业企业产权制度改革和生产情况的汇报、关于县属工业企业运行情况的汇报。委员们对国有企业改革非常关注，对如何解决国有企业面临的困难及存在的深层次矛盾提出了一些很好的意见和建议。1997 年 10 月，常委会第三十二次会议听取审议了县政府关于“213”规模工程实施情况的汇报。在肯定成绩的同时，会议也指出了在“213”工程实施过程中存在的问题，建议县政府要进一步解放思想，增强项目意识和服务意识，狠抓竣工项目的达产增效工作，努力提高企业经济效益，促进我县工业经济的良性发展。

农业是国民经济的基础，加强农业是国民经济发展的首要问题。县人大常委会坚持把促进农业的发展，作为工作监督的重要任务，常抓不懈。常委会在 1993 年 3 月召开的第二次会议上，听

取审议了县政府关于发展高产、优质、高效农业情况的汇报，在1996年5月召开的第二十三次会议上，听取审议了县政府关于湖区涝洼地综合开发改造情况的汇报，并在1994年5月召开的第十次和1997年10月召开的第三十二次会议上，先后两次听取审议了县政府关于《农业法》和《农业技术推广法》贯彻执行情况的汇报。主任会议也多次听取县政府关于农业生产情况的汇报及贯彻实施《种子管理条例》和《山东省农业机械管理条例》情况的汇报。针对农村产业结构不够合理，基础设施建设比较薄弱，科技含量不高，农业科技装备比较落后的问题，提出了坚定不移地树立农业基础地位和市场农业的观念，优化农村产业结构，改良农作物品种，加强农业基础设施建设，加大科技和物质投入，推广农业机械化，强化农村社会化服务功能，发展高产、优质、高效农业的意见。为此，县政府紧紧围绕实现"小康"这个总目标，在全县全面实施农民"211"致富工程，深化了农业改革，积极调整了农村产业结构，加大了科技和资金投入，狠抓了农村社会化服务体系建设，促进了农业经济的发展。近几年，我县连续遭受自然灾害。对此，常委会的领导同志多次带领机关工作人员深入灾区，察看灾情，组织抗灾自救，并参与领导了救灾工作、黄河滩区迁建工作。在常委会第五次会议上，安排了抗灾自救的议题，听取审议了县政府有关情况的汇报，作出了《依靠广大人民群众开展抗灾自救工作的决议》。同时，加大对水利工作的监督，提出了"引黄补源、以井保丰、旱涝并防"的工作思路，大力加强农田水利基本建设，从根本上解决旱涝灾害问题，确保粮食稳产高产，实现了农业连年丰收。

科学技术是第一生产力，振兴经济首先要振兴科技。常委会坚持经济建设和社会发展依靠科学技术、科学技术面向经济建设和社会发展的基本方针，为保障科学技术优先发展的战略地位，加强了对科技工作的监督。常委会第二十二次会议听取审议了县政府关于《科技进步法》和《山东省科技进步条例》贯彻执行情况的汇报，在第二十四次会议上通过了《关于梁山县"科教兴梁"战略纲要和梁山县"九五"至2010年科技事业发展规划的决议》，并于1997年11月召开主任会议听取审议了县政府关于《决议》贯彻执行情况的汇报，提出要端正科技工作指导思想，提高科技首位意识，积极落实科技经费，健全和完善科技推广服务体系，加速科技成果向生产力转化。根据常委会的审议意见和主任会议建议，县政府及有关部门认真贯彻《决议》精神，实施科技项目带动战略，加速科技与经济的有机结合，既推动了科技进步，又促进了经济发展。

三、进一步密切同人民代表的联系，充分发挥其主体作用

人大代表是国家权力机关的主体，充分发挥代表的作用是做好常委会工作的基础。基于这一认识，常委会进一步加强了同代表的联系，积极为代表依法履行职权创造条件，提供服务，不断拓宽代表参政履政的渠道。

常委会重视抓好联系代表的基础工作。为开展好代表活动，充分发挥代表作用，常委会从实际出发，本着"就近组织、方便活动、条块结合、以块为主"的原则，将全县1774名省、市、县、乡四级代表划分为108个活动小组，民主推选了正、副组长。在此基础上，进一步完善了常委会正、副主任、委员联系人大代表，人大代表联系选民，以及学习、视察、调查等制度。根据乡镇改革后的新情况，在县委支持下，进一步健全了乡镇人大工作机构，保证了乡镇人大工作的正常运转。同时，指导和帮助各乡镇健全了代表活动服务网络，修订完善了联系代表的各项制度，并对各乡镇人大主席和秘书进行了培训，有效地促进了乡镇人大工作的开展。

在人代会闭会期间，组织好代表活动，为代表参政履政提供良好服务，是人大常委会的重要职责。常委会把为代表服务列入重要议事日程，

渗透到各项日常工作之中，并不断拓宽了与代表联系、为代表服务的渠道。为使代表更好地了解和掌握法律、法规、政策以及人大和“一府两院”的工作情况，常委会为每位县人大代表订阅了《人民权利报》，为各乡镇人大主席团订阅了《山东人大工作》和《人大工作文摘》，并及时将县人大常委会《会刊》和《人大工作通讯》分送代表，以便于代表更好地发挥参政履政的作用。继续邀请乡镇人大主席列席人大常委会会议，并注意听取和吸收他们的意见和建议，加强了与乡镇人大之间的联系。

开展视察调查是人代会闭会期间代表活动的重要形式，也是代表联系人民群众，了解实际情况，反映人民群众意见和要求的主要方法，同时还是强化监督的一个重要渠道。常委会重视并加强了这方面的工作。五年来，先后 9 次组织 107 名人大代表参加了不同层次、不同形式的视察调查活动。在视察调查中，从有利于发挥代表在两个文明建设中的作用出发，进行了有益的改革与探索。在内容上，突出了对经济法律、法规贯彻执行情况和经济建设中的重大问题的视察调查。在组织形式上，坚持了“三个为主”，即：坚持围绕经济建设中的重大问题，进行有计划、有针对性的视察调查为主；坚持以乡镇或代表小组为单位的小型视察调查为主；坚持以解决一两个实际问题的专题视察调查为主。在注重实效上，对于代表视察中发现的问题，及时责成有关部门办理，并限期听取办理情况的汇报。通过视察，代表认真倾听人民群众的呼声，了解了我县社会和经济发展的现状和问题，既促进了“一府两院”的工作，又有助于代表在大会上审议各项议案，更好地行使人民赋予的权力。

代表在代表大会上提出议案和建议，是代表行使管理国家事务权力的重要形式，它有利于国家机关接受人民监督，改进工作。常委会尊重和保障代表的权利，认真办理代表提出的议案和建议。县十三届一次会议以来，共收到代表议案 109 件，建议、批评和意见 335 件，涉及全县一些重大事项和广大人民群众普遍关心的问题。为办理好代表议案和建议，常委会按照《关于办理代表议案和建议的意见》，在历次人民代表大会闭幕后，都及时召开主任会议，进行专门研究，认真登记、整理、转交、催办。每年第二季度，常委会都听取县政府关于代表议案和建议办理情况的汇报，并通过视察办理情况等措施，突出抓好议案和建议办理质量的监督和检查，使每次人代会上提出的代表议案和建议在当年五月底前即办理完毕，得到落实。县十三届人大五次会议通过了改善企业外部环境、减轻企业负担的议案。县政府及有关部门对此高度重视，列入了重要议事日程，成立了议案办理工作领导小组，狠抓了议案办理工作的落实。在具体办理过程中，县政府及有关部门加大了对有关文件的宣传力度，认真清理、审核对企业的收费项目，进一步完善了“准许收费证”制度，严厉查处无偿占用企业人、财、物及借工作之便到企业吃、拿、卡、要的行为，并对无偿接用企业水、电及到企业强装、强卸、强争工程的现象进行了清理整顿。同时，对重点企业实行重点保护，维护了企业的合法权益。通过办理这一议案，使企业的外部环境得到明显改善，企业负担也有所减轻，保障了企业的正常生产经营。

四、认真搞好换届选举和人事任免工作，加强地方政权建设

根据《宪法》和《地方组织法》的规定，今年我县县级人大要进行换届选举。自去年 11 月份以来，县人大常委会认真履行宪法和法律赋予的职权，主持了县级人大的换届选举工作。在常委会第三十三次会议上，作出了《关于县级人民代表大会换届选举的决定》，通过了县人大常委会《关于全县人大换届选举工作安排意见》和县选举委员会《关于县级人民代表大会换届选举工作的实施方案》。会议要求，这次换届选举要以邓小平理论和党的十五大精神为指导，以《宪法》、

《地方组织法》和《选举法》为依据，充分发扬民主，严格依法办事，切实保障选民的民主选举权利，更好地坚持和完善人民代表大会制度，加强地方政权建设，推进我县社会主义民主与法制建设进程。

为切实搞好这次换届选举，常委会加强了全县整个换届选举工作的组织，特别是在换届选举的一些重要阶段和关键环节上，通过召开不同形式的会议、辅导培训、组织有关人员深入选区督导等形式，进行具体指导。不论是在划分选区、选民登记阶段，还是提名推荐代表候选人、选举代表阶段，常委会都依照法律规定提出具体要求，严格依照法定程序开展工作。常委会还特别加强了换届选举的宣传教育工作，制定了《关于换届选举宣传工作安排意见》，并利用发表广播电视讲话、印发宣传材料、张贴标语等形式，广泛深入地宣传换届选举的重大意义，激发了选民参加换届选举的积极性，保证了换届选举工作的顺利进行。两个月来，经过各方面的共同努力，县级人大代表的选举工作于去年年底顺利结束，共选出县人大代表 257 名。通过这次换届选举，不仅选出了全县人民信赖的县级人大代表，而且使全县人民受到一次生动具体的社会主义民主与法制教育，进一步提高了对人民代表大会制度的认识，增强了当家作主的责任感。

指导乡镇人大换届选举，是县级人大常委会的重要职责。1995 年底至 1996 年初，乡镇人大进行了首次单独换届选举。为此，县人大常委会作出了《关于乡镇人大换届选举的决定》，任命了乡镇选举委员会成员，研究安排了乡镇人大换届选举工作意见，并及时召开会议作出部署。在乡镇人大换届选举期间，常委会负责同志和有关部门的同志深入基层，进行巡回检查指导，对检查中发现的问题，及时帮助处理和解决，圆满完成了乡镇人大换届选举工作任务，使乡镇政权领导班子得到了加强。

依照法律规定任免地方国家机关工作人员，是地方人大常委会代表人民行使管理职权的重要体现，也是加强地方政权建设的一项重要内容。常委会坚持干部“四化”标准和德才兼备的原则，依法履行了任免职权。换届以来，根据党组织的推荐和“一府两院”的提请，先后任命县政府组成人员 75 人，县人大常委会机关部门负责人 13 人，县法院审判人员 76 人，县检察院检察人员 29 人，免去县政府 40 名组成人员、县人大常委会机关 17 名部门负责人和“两院”35 名工作人员的职务。在行使任免权过程中，常委会认真听取有关部门对拟任人选的情况介绍，并要求拟任干部到会表态发言，使常委会成员对其有比较全面的了解，做到知人、知面、知情。在此基础上，本着对党、对人民高度负责的精神，既尊重县委的建议和政府的提请，又严格依照法定程序和拟任干部的德、能、勤、绩表现，认真进行审议，然后作出任免决定。为促进被任命干部廉洁勤政、依法行政，常委会加强了对被任命干部任职情况的监督，坚持召开会议向被任命干部颁发任命书制度，并要求被任命的干部在任职三个月内，向常委会提交任期目标报告，年底报送书面述职报告。常委会还通过听取有关部门的工作汇报、组织视察和调查等形式，对被任命干部任期目标的落实及廉洁勤政情况进行监督检查。这样，既加强了我县的政权建设，又使被任命的国家机关工作人员增强了接受人民群众监督的自觉性，牢固树立公仆意识，全心全意为人民服务。

五、不断加强常委会自身建设，努力适应形势发展的需要

随着社会主义市场经济的发展和民主法制建设的进步，地方人大及其常委会担负的任务越来越繁重。为适应形势发展的需要，开创人大工作的新局面，充分发挥地方国家权力机关的职能作用，常委会十分重视和不断加强了自身建设。

在思想建设方面，常委会认真坚持多年形成的政治学习制度，重点学习邓小平理论、党的十四大以来的会议精神以及中央领导同志关于进

一步完善人民代表大会制度、加强社会主义民主和法制建设的重要论述。党的十五大的胜利召开，是我们党和国家政治生活中的一件大事。常委会组成人员和机关工作人员认真学习十五大报告，深刻领会其精神实质，使大家的思想进一步解放，抓住机遇、加快发展的意识进一步增强，服从和服务于经济建设的观念进一步提高。

在组织建设方面，常委会把全体组成人员和机关工作人员的团结作为搞好工作的关键，要求大家遇事从大局出发，同心同德，团结奋进。定期召开民主生活会和主任会议，按照《党章》、《准则》和中央关于加强反腐败斗争、推进党风廉政建设的要求，进行对照检查，认真开展批评与自我批评，并进一步完善党组议事规则，较好地坚持了民主集中制和重大问题集体讨论决定的原则。同时，注意把培养、交流干部作为加强组织建设的重要环节来抓，增强了机关活力，推进了机关工作。五年来，先后有 19 名同志得到提拔重用，其中 9 人交流到党委或“一府两院”有关部门的重要岗位任职，10 名同志内部提拔为副科级以上干部。

在作风建设方面，常委会一方面重点学习宪法和其他重要法律、法规，并在学习中探索新形势下开展人大工作的思路和方法，提高常委会组成人员和机关工作人员的法律知识水平和工作能力。另一方面，大兴调查研究之风，经常深入基层，深入实际，掌握第一手资料。五年来，共开展专题调查 73 项，写出调查报告 66 篇。这样，不仅提高了理论调研水平，还为开好“三会”提供了可靠依据，保证了会议质量。

在人大工作的宣传和理论研究方面，常委会除通过印《会刊》、《人大工作通讯》等机关内部刊物，宣传人大工作外，还利用新闻媒介，将常委会的决议和决定以及重大活动公开报道，增强了人大工作的透明度，密切了同人民群众的联系。几年来，常委会还积极参加了晋冀鲁豫边区县级人大工作研讨会，并于 1996 年 10 月成功地承办了第十八次会议。在济宁市人大工作理论研究会历次会议上，我县人大常委会提供的论文也多次获奖。

坚持依靠党的领导，是一项不可动摇的基本原则。县人大常委会正确处理执行党的政策与贯彻实施国家法律的关系和坚持党的领导与发挥国家权力机关作用的关系，积极维护党的执政地位，自觉接受党的领导。在工作安排上，坚持做到同县委的重大部署保持一致，并通过决议、决定等形式，把党的主张变成广大人民群众的具体行动。同时，还坚持了向县委请示报告制度，凡举行重大活动，事先都向党委报告，征得党委的领导和支持。县委对人大常委会的工作非常重视，列入了重要议事日程，切实加强了领导。

回顾过去的五年，本届人大常委会做了大量工作，取得了较为显著的成绩，这是在中共梁山县委领导下，全体代表共同努力，全县人民和各方面大力支持的结果。同时，我们也清醒地认识到，我们的工作距宪法、法律的要求和人民的期望仍有一定差距，主要是：监督力度不够，目前一些地方和部门仍存在有法不知道、知道不执行、执行不严格的现象，群众反映的一些“热点”、“难点”问题还没有及时得到解决；对人大常委会所作决议、决定贯彻执行情况跟踪检查抓得不够紧，有的落实得不够好；代表活动开展得不够经常，有些代表的作用发挥得不够充分；人大制度宣传工作还比较薄弱，缺乏应有的广度和深度；常委会自身建设还有待于进一步加强。所有这些，都需要在今后的工作中认真加以研究和改进。

各位代表，根据《宪法》和《地方组织法》的规定，本次大会将要选举产生县十四届人大常委会，本届人大常委会的使命即将结束。在这里，我代表县十三届人大常委会，向给予我们热情鼓励、亲切关怀和大力支持的人大代表和全县人民，表示衷心的感谢！祝愿新的一届人大常委会，在党的十五大精神指引下，在抓住机遇、加快发展的新形势下，继续围绕改革、发展、稳定的大局，依法履行职权，卓有成效地开展工作，为促进梁山经济的全面振兴和各项事业的健康发展，作出新的更大的贡献！

在新春佳节即将来临之际，我代表县人大常委会，祝全体代表和全县人民春节愉快，阖家幸福。

梁山县人民代表大会常务委员会工作报告

2003年1月19日在梁山县第十五届人民代表大会第一次会议上

梁山县人大常委会主任　高太平

各位代表：

我受县第十四届人民代表大会常务委员会的委托，向大会报告常委会五年来的工作，请予审议，并请列席会议的同志提出意见。

本届人大常委会任期的五年，是我国顺利实现第二步战略目标、继续沿着中国特色社会主义道路胜利前进的五年，也是我县改革开放不断深入、经济建设和社会发展取得重大成就的五年。县人大常委会在中共梁山县委领导下，坚持以邓小平理论和“三个代表”重要思想为指导，深入贯彻党的十五大、十六大精神和依法治国基本方略，紧紧围绕全县改革开放和现代化建设的奋斗目标，认真履行宪法和法律赋予的职责，与时俱进，开拓创新，为坚持和完善人民代表大会制度，加强社会主义民主与法制建设，促进全县经济发展、政治稳定和社会进步，作出了积极贡献。

一、加强社会主义法制建设，法律监督迈出新步伐

地方国家权力机关在依法治国基本方略的实施中发挥着主导作用。常委会始终坚持把法律监督放在重要位置，突出监督重点，加大监督力度，注重监督实效，促进了法制建设，加快了依法治县进程。

立足保障法律法规实施加强法律监督。听取执法情况汇报，开展执法检查，是人大常委会对“一府两院”进行法律监督的重要手段。五年来，常委会先后对《水法》、《土地管理法》、《公路法》、《建筑法》、《公司法》、《大气污染防治法》、《银行法》、《刑事诉讼法》、《产品质量法》、《人口与计划生育法》等45部法律法规的贯彻执行情况进行了监督检查，并在听取汇报、进行审议的基础上，作出了相应的决议或提出了具体的审议意见。为提高审议质量，常委会均事先组织人员对这些法律法规的贯彻执行情况进行视察、调查，写出调查报告，供常委会会议审议参考，增强了审议的主动性和针对性。通过视察、调查和会前学习有关法律法规及会议审议，对执法中存在的问题提出建议、批评和意见，促使有关部门增强法制观念，不断改进工作。为使会议决议和审议意见真正落到实处，常委会制定了《审议意见督办试行办法》，要求承办单位于下次常委会会议上报告落实情况，并跟踪督促检查，提高了监督质量和效果，确保了法律法规在我县的正确贯彻实施。此外，常委会还配合上级人大对34部法律法规的贯彻执行情况进行了执法检查或立法调研，提出了有价值的意见和建议，为有关法律法规的修正和补充提供了依据。

立足提高全民法律意识加强法律监督。深化法制宣传教育是依法治县的基础。五年来，常委会通过视察、调查、检查、听取汇报等多种形式，积极推进法制宣传教育工作，督促“三五”普法教育和依法治县第二个五年规划的实施和总结验收，审议批准“四五”普法规划和2001-2005年依法治县规划，并作出决议，要求县政府和有关方面切实加强领导，认真组织实施。常委会坚持把深化完善执法责任制作为依法治县的关键环节，要求全县国家机关将执法责任落实到执法岗位和执法人员，理顺执法关系，提高执法水平。

积极督促建立行业执法过错责任追究制，力求做到严格执法，违法必究。同时，通过法制宣传日上街宣传、发表电视讲话、带头参加普法学习与考试等形式，促进了全民学法用法活动的开展。

立足创造良好法治环境加强法律监督。司法公正，治安良好，既是法治社会的客观要求，也是人民群众的普遍愿望。长期以来，常委会把遏制司法腐败、维护司法公正作为监督重点，先后听取审议了县法院关于行政审判、民事审判、执行工作、破产案件审理情况的汇报，县检察院关于执法监督、违法办案责任追究、查办贪污贿赂、渎职侵权检察工作情况的汇报，县公安局关于严打整治、打霸除恶、打击“两抢”等工作情况的汇报，督促司法机关健全监督机制，强化队伍建设，严格公正司法，提高办案效率，杜绝司法腐败，以出色的工作实绩创造良好的社会环境。为进一步加强司法监督，常委会先后制定了《关于建立司法报告制度的若干规定》和《对司法机关实施个案监督的暂行办法》，促进了司法公正。司法机关坚持严打不放松，促进了社会治安状况的明显好转，为人民群众安居乐业和现代化建设顺利进行提供了良好的司法保障。

立足维护社会稳定加强法律监督。人大信访工作是反映社情民意的窗口，也是常委会实施法律监督的重要渠道。常委会高度重视信访工作，切实加强领导，坚持主任、副主任接访和阅批来信制度，并按照分级负责、归口办理的原则，进一步完善督促办理程序。五年来，共接待人民来访 845 起 5748 人次，处理人民来信 614 件次，都认真负责地进行了转办和交办，有些案件还进行跟踪督查，加强个案监督，有效地化解了矛盾，维护了稳定，保护了公民和法人的合法权益。

二、讨论决定全县重大事项，工作监督取得新成效

讨论决定重大事项是法律赋予人大常委会的重要职权。常委会紧紧抓住发展这个执政兴国的第一要务，坚持抓重点、议大事、求实效的原则，五年间共听取审议“一府两院”工作汇报 82 项，依法作出决议、决定 23 项，提出审议意见 57 项，促进了全县经济和社会事业的全面发展。

围绕确保宏观经济正常运行加强工作监督。计划和预算关系全县发展的大局。常委会十分重视做好这方面的监督工作，每年两次听取关于计划和预算的报告，提出意见，作出决议，要求县政府科学规划和制定经济与社会发展目标，合理确定财政收支预算，积极发挥计划和预算指导及调控功能。根据审计法的规定，支持审计部门依法开展对同级财政的审计，坚持先听取审计报告后批准财政决算，运用审计手段加大对财政预决算的监督力度。为正确执行预算法，强化预算的分配和监督职能，常委会制定了《关于加强预算管理监督的试行办法》，实现了对财政预决算的审查及对财政预算执行情况的监督由程序性向实质性发展，使预算管理逐步走上程序化、法制化、规范化轨道。五年来，我县计划和财政预算执行情况良好，为经济和社会各项事业的发展提供了可靠保证。

围绕深化改革和扩大开放加强工作监督。改革开放是强县之路。常委会从创新体制入手，多次听取县政府关于企业产权制度改革、县属工业企业运行、城市经济等工作汇报，督促县政府积极应对入世挑战，加大经济结构调整力度，坚持“三改一加强”，加快企业改革改制步伐，强化企业内部管理，狠抓发展机制创新，建立现代企业制度，提高经济效益和运行质量，促进了改革和发展。对于发展民营经济，常委会围绕县委提出的实施“五全”战略、落实“四再”要求、坚持“四化”方向的思路，先后听取了县政府关于民营经济发展情况和民营经济提升规模与档次情况的汇报，要求县政府制定优惠政策，改善投资环境，改革招商引资方式，加快经济园区建设，完善措施，搞好服务，努力培植新的经济增长点，使我县初步形成了以挂车、纺织、制药、养殖为龙头的一大批规模型民营企业。为改善投资环境，常

委会听取审议了县政府关于行政审批制度改革工作情况的汇报，促进了政府工作提速，并查处了一些执法人员服务意识差、办事效率低、吃拿卡要和乱收费、乱罚款等问题。常委会通过对打假、维权和市场管理工作的监督，逐步营造了诚实信用、竞争有序、公平合理的市场经济秩序。通过对旅游、城市规划和市容环境卫生工作的监督，改善了我县对外开放的硬环境。

围绕解决“三农”问题加强工作监督。促进农业发展、农民增收和农村稳定是全面建设小康社会的重大任务。常委会关注农村，关心农民，支持农业，在加强对农业法、农业技术推广法、森林法、渔业法等涉农法律法规的执法检查，增强全社会农业法律意识，促进依法兴农的同时，把巩固和加强农业基础地位，调整农业和农村经济结构，推进产业化经营，增加农民收入作为监督工作的重点，进行多方面的深入调查，每年都专题审议县政府关于农业和农村经济发展情况的工作汇报，督促政府把发展规模型、效益型、品牌型、加工型、创汇型农业作为调整目标，着力实施畜牧兴县战略，大力发展小尾寒羊、鲁西黄牛、高产奶牛饲养业，努力实现特色农业的新突破，有效推动了全县农业和农村经济结构的战略性调整，促进了农业增效和农民增收。常委会十分重视农村社会治安状况，每年在听取审议全县社会治安工作情况汇报时都专门作出强调，督促县政府及公安部门认真开展反盗窃等专项斗争，对重点部位进行集中整治，强化了农村社会治安。常委会还先后听取审议了关于村委会换届、土地延包、农村财务管理、基金会清理整顿等工作情况的汇报，提出了意见和建议，维护了农村社会稳定。

围绕维护群众根本利益加强工作监督。维护人民群众根本利益是实践“三个代表”重要思想的具体体现。常委会坚持为民办实事，认真抓好对群众关心的热点、难点问题的监督。常委会每年都对农民负担条例的落实情况进行检查，听取汇报，提出建议，督促县政府加强领导，建立责任制，切实减轻农民负担，并对农村税费改革工作进行调查和审议，使农民负担得到有效减轻。常委会先后对社会保障和实施再就业工程、残疾人保障等工作展开调查，听取汇报，针对存在的问题，督促县政府进一步健全完善社会保障体系，努力扩大再就业渠道，大力推进最低生活保障制度，广泛开展多种形式的社会救助活动，使弱势群体的生活得到改善，合法权益受到保护。常委会还先后通过了《梁山县城市管理暂行办法》和《梁山县农村宅基地管理暂行规定》，并就加强药品监督管理工作作出决议，较好地解决了群众关注的焦点问题。

围绕促进社会各项事业协调发展加强工作监督。各项事业协调发展是社会进步的重要标志。常委会坚持两个文明一起抓，始终把推动科教兴县战略的实施作为促进社会事业发展的重要措施，通过经常性的监督，要求县政府加强领导，优先发展科技和教育，加速科技推广和成果转化，促进与经济的紧密结合，发展了先进生产力。按照教育法的要求，督促县政府更新教育观念，加大教育改革力度，发展成人教育，推进素质教育，鼓励社会办学，防止师资力量流失，促进了科教兴县。为发展先进文化，常委会对档案、广播电视管理及文化等项工作进行视察检查，繁荣了文化市场。常委会还对卫生、体育、计划生育、宗教等方面工作进行调查，听取汇报，提出建议，促进了全县各项事业的协调发展。

三、发挥人大代表主体作用，代表工作实现新突破

发挥人大代表管理国家和社会事务的作用是做好工作的基础。常委会根据代表法规定和代表的主体地位，确立了服从和服务于全县工作大局开展代表活动的指导思想，在实践中不断探索代表工作的新路子，进一步提高了代表活动质量。

不断拓宽与代表联系、为代表服务的渠道。常委会进一步完善了联系代表制度，经常组织人

员深入基层和各联系点，走访代表，了解情况，沟通信息。坚持向代表通报重大情况，适时提出代表活动内容。定期或不定期地听取代表对国家机关工作的意见和建议，帮助代表解决在执行公务中遇到的困难和问题。积极支持执法部门聘请人大代表为执法执纪监督员，较好地发挥了人大代表在纠正行业不正之风、维护执法公正中的作用。认真落实代表经费，为代表订阅了《人民权利报》和《中国人大》、《山东人大工作》、《济宁人大工作》等刊物，并采取集中培训、以会代训等形式，组织代表学习党的路线、方针、政策和国家法律、法规，为代表更好地知情知政、参政履政提供了条件。注重加强对代表地位和事迹的宣传，在全社会形成了尊重和支持代表依法履行职责的氛围。

进一步提高代表活动的实效性。常委会采取多种形式，组织代表对关系我县改革开放、经济建设和社会发展的重大事项及人民群众普遍关心的问题，进行调查研究和专题视察，广泛听取代表们的意见和建议，使代表活动经常化、制度化。五年来，共组织代表会前视察和专题视察 51 次，内容涉及国民经济和社会发展计划的执行以及市容环境卫生、企业产权制度改革、高科技农业示范园区和重点项目建设、述职评议等方面，充分反映了人民群众的意见和要求。特别是“五全”战略实施以来，为大力发展民营经济，常委会组织代表对民营经济发展环境多次进行调查，开展了为民营经济发展提建议、办实事活动，并以调动代表投身发展民营经济的积极性为主旨，作出了《关于在人大代表中开展“争做发展民营经济带头人”活动的决定》，号召和鼓励人大代表在发展民营经济的大潮中建功立业，进一步激发了人大代表发展民营经济的热情，人大代表中涌现出一大批发展民营经济的先进人物，成为我县发展民营经济的生力军。常委会对此进行了总结并表彰奖励，依法授予贡献突出的 19 名人大代表“梁山县富民模范”荣誉称号。

认真抓好代表议案和建议的督办及落实。常委会尊重和保障代表的权利，对县十四届人大历次会议期间代表就政府和“两院”工作提出的 320 件议案、建议、批评和意见，均及时转交有关部门进行办理和落实。为督办好代表议案和建议，常委会每年都于人代会后召开交办会议，对办理工作提出明确要求，并定期听取政府关于代表议案和建议办理情况的汇报。对一些办理难度较大的议案和建议，通过召开协调会、现场办公、组织代表视察等方式，进行重点督办。五年来，代表提出的黄河滩区迁建、整修改建金城路、加强梁山风景区建设及林木管护、修通并整修梁靳公路等议案均已得到较好的办理，其他议案和建议也件件有答复，得到较好落实，而且办理质量逐年提高，保障代表依法行使职权。

四、发展社会主义民主政治，政权建设开创新局面

建设社会主义政治文明是地方人大及其常委会为实现全面建设小康社会宏伟目标而努力的方向。常委会坚持党的领导、人民当家作主和依法治国相统一，以巩固和发展民主团结、生动活泼、安定和谐的政治局面为己任，进一步加强了基层民主政治建设和政权建设。

依法行使人事任免职权。常委会进一步完善人事任免制度，制定了《人事任免办法》，形成了合法、规范、民主的任免程序。五年来，共依法任免国家机关工作人员 256 人次，其中任免常委会机关工作人员 23 人次，任免县政府组成人员 98 人次，任免“两院”工作人员 135 人次。在行使任免权过程中，常委会既坚持党管干部和民主选任干部相结合的原则，又坚持严格依法办事，较好地把对国家机关工作人员的依法任免和依法监督有机结合起来。对被任命干部，坚持任前进行法律知识考试，向常委会会议作供职报告，任后颁发任命书，年终提交述职报告。为促进国家机关工作人员依法行政、廉洁勤政，促进经济发展环境的进一步优化，常委会对部分行政执法

机关主要负责人进行了述职评议，增强了国家机关工作人员的法制意识、人大意识和公仆意识，提高了政府工作的透明度。

进一步密切同乡镇人大的联系。常委会十分注重加强基层人大工作，采取多种形式密切与乡镇人大的联系。坚持邀请乡镇人大主席列席常委会会议，注意征求和听取其意见和建议。常委会开展的一些重要活动，经常采取县、乡人大联动的方式进行。适时召开座谈会或组织参加乡镇人大主席培训班，总结和交流人大工作经验，充实和丰富乡镇人大工作知识，提高了乡镇人大工作水平。常委会负责同志到乡镇调查研究，注意总结乡镇人大工作经验，并加以推广，促进了全县人大工作的开展。各乡镇人大围绕大局，立足实际，依法履行职权，在加强两个文明建设中发挥了重要作用。

切实加强对乡镇和村级换届工作的指导。1999年春和2002年初，全县乡镇人大先后进行了两次换届选举。对这两次换届选举，常委会都加强指导，制定意见，建立机构，明确方法步骤，并召开会议进行动员部署。换届选举期间，常委会负责同志和工作部门的同志多次深入基层，进行巡回检查指导，对发现的问题，及时帮助处理和解决，确保了乡镇人大换届选举工作的顺利进行，选出了人民群众比较满意的乡镇人大代表和政权领导班子，为开创全县工作新局面提供了强有力的政治和组织保证。常委会还两次对全县村民委员会换届选举工作进行指导，选出了群众信得过的村委会成员，促进了民主选举、民主决策、民主管理和民主监督，实现了村民的自我管理、自我教育和自我服务，规范和提高了村务公开水平。

认真搞好县级人大换届选举。根据宪法和地方组织法的规定，今年我县县级人大进行换届选举。常委会对此高度重视，多次专题研究，及时向县委汇报，作出了《关于县第十五届人民代表大会换届选举的决定》，通过了选举工作安排意见，制定了选举工作实施方案，依法任命了县选举委员会组成人员，专门召开动员大会传达上级有关精神，部署换届选举工作，并分阶段数次对各乡镇选举工作指导组和县直各选区选举工作小组成员及工作人员进行了换届选举工作辅导培训。常委会负责同志分组联系各选举单位，加强工作指导，适时召开选举委员会会议，调度工作情况，研究解决遇到的实际问题。整个换届选举工作始终坚持在党委的统一领导下，充分发扬民主，严格依法。不论是在划分选区、选民登记阶段，还是提名和确定代表候选人、投票选举代表阶段，常委会都依照法律规定提出具体要求，严格按照法定程序开展工作。1月8日，选举产生县第十五届人民代表大会代表258名，整个选举过程健康、有序、合法、有效。新一届代表的知识结构、年龄结构更趋合理，整体素质明显提高，体现了人大代表的先进性、代表性和广泛性，为开好本次大会奠定了良好基础。

五、狠抓人大常委会自身建设，整体素质有了新提高

提高人大常委会的整体素质是做好人大工作的重要保证。常委会适应新形势的发展和新任务的要求，从抓创新入手，大力加强自身建设，不断提高工作水平，强化了国家权力机关的职能。

进一步加强了政治和业务学习。常委会始终把加强理论和业务学习放在突出位置，认真学习邓小平理论、江泽民“三个代表”重要思想和党的十五大、十六大精神，学习依法治国、建设社会主义法治国家的基本方略及宪法和法律法规，学习市场经济、现代科技和WTO知识，提高了理论素养和政策水平，增强了依法办事和实际工作能力。认真开展“三讲”和“三个代表”集中学习教育活动，提高了廉洁自律意识，增强了做好本职工作的责任感。整体素质的提高，为有效履行法定职权奠定了坚实基础。

进一步加强了作风和制度建设。常委会认真贯彻民主集中制和集体行使职权的原则，坚持深

入基层，深入实际，深入群众，开展调查研究，广泛听取人大代表和人民群众的意见和要求，尊重事实，正视问题，在发现和指出问题的同时，积极督促解决问题。五年来，共形成各类调查报78篇。常委会坚持从提高工作实效出发，不断补充、完善各项制度，先后修订了常委会议事规则、会议制度、民主生活制度、监督工作制度、任免工作制度，并注重发挥办事机构的作用，进一步明确工作职责，完善了机关工作守则及工作联系制度，加强了内部协调和与“一府两院”的联系，提高了工作质量和办事效率。

进一步加强了宣传和理论研究。常委会根据执法检查、视察调查、会议审议等活动和代表履行职责情况，通过广播、电视、报刊以及自办的《人大工作通讯》等媒介，加大了宣传报道力度，及时让社会各界了解人大工作动态，加深了人民群众对人大性质、地位和作用的认识。适应形势发展的需要，常委会注重开展理论研究，积极探索做好新时期人大工作的途径和方法。五年来，先后举办了三次理论研讨会，参加了晋冀鲁豫边区县级人大工作研讨会第二十至二十七次会议，并成功主办了第二十八次会议。人大理论研究工作的活跃，推动了人大工作实践。

各位代表，过去的五年，是县人大常委会及全体代表同心协力开拓进取的五年，是县人大常委会强化监督、求真务实、继续前进的五年。五年来的工作实践使我们深深体会到：

坚持和依靠党的领导，是做好人大工作的根本保证。党是中国特色社会主义事业的领导核心。常委会始终把人大工作置于党的领导之下，认真贯彻落实县委决议和决定，重大事项及时请示、汇报，主动争取县委的领导和支持，并注重运用法定程序把党的主张变为全县人民的共同意志，确保了各项工作富有成效。

坚持把发展作为第一要务，是做好人大工作的基本要求。发展是硬道理。常委会在加快发展的实践中，坚持立足大局抓重点，围绕中心议大事，主动参与事关全县大局的重要活动，积极服从和服务于改革开放和现代化建设，从而能够在时代的大潮中激流勇进，有所作为。

坚持依法行使职权，是做好人大工作的关键环节。法治是现代化建设强有力的保障。常委会坚持行使职权依靠法，开展工作遵循法，促进了依法行政和司法公正，维护了社会公平和正义。正确处理监督与支持的关系，使二者和谐统一，促进了“一府两院”的工作。

坚持依靠代表和群众，是做好人大工作的力量源泉。人民是国家的主人。常委会十分珍惜人民给予的权力，坚持一切依靠群众，一切为了群众，深怀爱民之心，恪守为民之责，善谋富民之策，多办利民之事，维护了人民群众的根本利益。

坚持民主集中制，是做好人大工作的重要原则。民主集中制是科学的决策机制。常委会注重议事决策的民主性和科学性，按照民主集中制原则，充分发挥整体功能，坚持集体讨论决定重大问题，保证了所作决议、决定的正确性。

坚持与时俱进，是做好人大工作的活力所在。与时俱进是保持先进性的客观要求。常委会坚持理论创新、制度创新，以奋发有为的精神状态，创造性地开展工作，找准履行职责的新路子、新方式，正确处理执法与求实的关系，积极解决前进中的新情况、新问题，推动各项工作再上新水平，体现了社会发展的时代特征。

回顾过去的五年，常委会积极履行法定职权，各项工作都取得了新的进展，但离宪法和法律的要求，与党和人民的期望相比，还有一定的差距和不足，主要是：监督工作还缺乏应有的力度，有些监督措施未能得到很好落实，监督效果不够明显；代表作用尚未充分发挥出来，组织代表依法履行职责不够经常，内容不够丰富；自身建设还存在些薄弱环节。这些问题，需要在今后的工作中采取积极措施，努力加以解决。

各位代表，县十四届人大常委会已经完成了自己的历史使命，在此，我代表县十四届人大常委会，向五年来关心、支持我们工作的人大代表和全县人民，表示衷心的感谢！根据宪法和地方组织法的规定，本次大会将选举产生县十五届人大常委会。我们坚信，新一届人大常委会将继续高举邓小平理论伟大旗帜，全面贯彻“三个代表”重要思想，紧紧围绕党的十六大提出的全面建设小康社会，加快推进社会主义现代化，开创中国特色社会主义事业新局面的宏伟目标，继往开来，与时俱进，认真履行宪法和法律赋予的职权，以新的姿态、新的作风和新的作为，把各项工作做得更加出色，更加富有成效。让我们以党的十六大精神为指导，紧密团结在以胡锦涛同志为总书记的党中央周围，在中共梁山县委领导下，万众一心，奋发图强，为加快我县的改革开放和现代化建设步伐，全面建设小康社会努力奋斗！

梁山县人民代表大会常务委员会工作报告

2007年12月13日在梁山县第十六届人民代表大会第一次会议上

梁山县人大常委会第一副主任　刘振诺

各位代表：

我受商建设主任的委托，代表县第十五届人民代表大会常务委员会，向大会报告常委会五年来的工作，请予审议，并请列席会议的同志提出意见。

梁山县十五届人大常委会任期的五年，是人大历史上很不寻常的五年：2004年，全国各界隆重集会，纪念人民代表大会制度成立50周年，胡锦涛总书记发表重要讲话；2005年5月，中共中央转发全国人大常委会党组《关于进一步发挥全国人大代表作用，加强全国人大常委会制度建设的若干意见》；2006年8月，十届全国人大常委会第二十三次会议通过了《中华人民共和国各级人民代表大会常务委员会监督法》；党的十七大报告提出了“支持人民代表大会依法履行职能”、“保障人大代表依法行使职权”“加强人大常委会制度建设”的要求，为进一步坚持和完善人民代表大会制度，做好各级人大及其常委会的工作指明了方向。县人大常委会在县委的坚强领导下，以党的十六大、十七大精神为指导，深入学习贯彻胡锦涛总书记重要讲话、中共中央9号文件和十七大报告精神，坚持以邓小平理论和“三个代表”重要思想为指导，紧紧围绕落实科学发展观与构建和谐社会两大主题，认真履行宪法和法律赋予的职责，圆满完成了各项工作任务，为坚持和完善人民代表大会制度，加强社会主义民主法制建设，推动全县经济和社会事业又好又快发展做出了不懈努力。

一、围绕中心谋发展，进一步加强工作监督

常委会紧紧围绕发展主题，牢固树立和落实科学发展观，按照围绕中心、突出重点、讲求实效的思路，坚持“好”与“快”的辩证统一，不断加强工作监督，及时作出决议决定，提出意见建议，促进了我县经济社会事业全面发展。

（一）突出对经济发展重点的监督。按照县委抓好“发展民营、壮大工贸、调整农业、开发旅游、提升城建”五大任务的要求，常委会先后听取了县政府关于民营经济发展、招商引资、重点项目建设等情况的汇报，督促县政府制定优惠政策，改善投资环境，改革招商引资方式，加快经济园区建设，完善措施，搞好服务，努力培植新的经济增长点，使我县初步形成了以机械制造、纺织服装、医药化工、电子电器、农副产品加工为龙头的一大批规模型民营企业，常委会心系“三农”，把发展现代农业、提高农业效益、增加农民收入作为建设社会主义新农村的重大任务，始终予以高度关注。通过听取农业产业结构调整、农民增收、林业、畜牧、水利建设等情况的汇报，把巩固和加强农业基础地位，调整农业和农村经济结构，推进产业化经营，增加农民收入作为监督工作的重点，督促县政府把发展规模型、效益型、品牌型、加工型、创汇型农业作为调整目标，努力实现特色农业的新突破，有效推动了社会主义新农村建设，推动了全县农业和农村经济结构的战略性调整，促进了农业增效和农民增收。

（二）加强对经济运行质量的监督。常委会坚持把国民经济计划和财政执行情况作为工作监督的重点，坚持每年两次听取关于计划和预算的报告，提出意见，作出决议，要求县政府科学规划和制定经济与社会发展目标，合理确定财政收支预算，积极发挥计划和预算的指导及调控功能。根据审计法的规定，支持审计部门依法开展对同级财政的审计，坚持先听取审计报告后批准财政决算，运用审计手段加大对财政预决算的监督力度，使预算管理走上程序化、法制化、规范化的轨道。五年来我县计划和财政预算执行情况良好，为经济和社会各项事业的发展提供了可靠保证。

（三）着力对城市规划、风景区管理建设的监督。为加强对城市规划和建设工作的监督，常委会从我县长远发展出发，对新一轮城市规划的修编始终予以高度重视。2005 年，常委会听取审议了县政府关于城市规划工作情况的汇报，提出要认真贯彻《城市规划法》，树立超前意识和科学理念，切实做好城市规划编制工作，严格规划建设与管理，重点突出特色和亮点建设，进一步提升城市建设总体水平。根据常委会的意见，县政府坚持从实际出发，立足于完善城市功能，带动经济建设和社会发展，建设现代化城市，方便人民生产生活的原则，重点在山、水、绿上做文章，凸显水浒文化特色，进行了新一轮城市总体规划的修编工作。2006 年，常委会认真审议了《梁山县城市总体规划》，同意报市政府审批，同时要求加大对规划的宣传力度，增强全民的城市规划意识和法制观念，依法严格实施规划，充分发挥其控制和指导作用，不断提高城市规划管理水平，使我县城市建设呈现出新的面貌，市民居住和休闲娱乐环境有了较大改善。

为将旅游业培植成主导产业，常委会不断加大对旅游业的监督支持力度。2005 年，针对梁山风景区在合作开发过程中出现的问题，在县委的正确领导及人大的监督支持下，县政府本着既不影响投资环境、又要维护我县整体利益的原则，采取断然措施，收回了景区经营权。常委会在对景区进行视察调研的基础上，召开主任会议，听取县政府关于搞好景区开发建设工作情况汇报，强调要统一思想，进一步加强景区的规划编制完善与管理，坚持合理开发与有效保护并重，招商引资与依法行政有机结合，治理景区环境污染，确保景区开发建设和旅游资源利用的有序进行。县政府及旅游主管部门根据景区发展状况因地制宜，科学论证，进一步修订完善了景区总体规划，关停了县水泥厂，景区管理与建设呈现出崭新的面貌。

（四）强化对社会事业发展状况的监督。以促进全县各项事业和谐发展为出发点，常委会积极开展对人民群众普遍关心的重点、热点、难点问题的监督，先后听取了县政府科技、教育、卫生等社会事业工作的汇报，督促县政府加强领导，优先发展科技和教育，加大教育改革力度，发展成人教育，推进素质教育，鼓励社会办学，防止师资力量流失，免除了农村教育学杂费，对贫困学生落实了减免补助政策，实现了全县中小学教师工资县级统筹，促进了科教兴县。为发展先进文化，常委会对文化市场、广播电视管理等项工作进行了视察检查，繁荣净化了文化市场。为解决农民就医难、看病贵问题，常委会视察了新型农村合作医疗工作的开展情况，促进了我县农村合作医疗工作的制度化、规范化。为解决群众的行路难问题，组织人大代表视察了公路建设和“村村通油路”工作，加快了工程施工进度，为统筹城乡协调发展提供了有力的交通保障。为切实解决人民群众生产生活中的实际困难和问题，组织人大代表对县政府“一池三改”工程、村村通自来水工程、困难群体再就业援助工程、乡镇敬老院建设等十件实事的办理情况进行了视察，促进了县政府为民办好实事工作的落实。

二、贴近民生促和谐，努力强化法律监督

宪法和法律法规在本区域内的正确贯彻实施，是依法治县的基础。常委会积极开展执法检查，切实强化司法监督，认真办理群众来信来访，不断促进“一府两院”依法行政，公正司法。

（一）严格执法检查。常委会先后对税收征管法、行政许可法、产品质量法等38部法律法规的贯彻执行情况进行了监督检查，并在听取汇报、进行审议的基础上，作出了相应的决议或提出了具体的审议意见。通过视察、调查和会议审议，对执法中存在的问题提出建议、批评和意见，促使有关部门增强法制观念，不断改进工作。

（二）强化司法监督。常委会通过视察、调查、执法检查、听取汇报等多种形式，积极推进法制宣传教育工作，督促“四五”普法教育和依法治县第三个五年规划的实施和总结验收，审议批准了“五五”普法规划和2006-2010年依法治县规划，并作出决议，督促县政府和有关部门切实加强领导，认真组织实施。同时，通过法制宣传日上街宣传、发表电视讲话、带头参加普法学习与考试等形式，促进了全民学法用法活动的开展。

常委会先后听取审议了县法院关于刑事审判、行政审判、法院工作、司法为民措施落实、执行工作等方面的情况汇报，县检察院关于民行检察、法律监督、预防和查办职务犯罪等工作情况的汇报，县公安局关于基础设施建设、平安梁山、社会治安等工作情况的汇报，督促司法机关健全监督机制，强化队伍建设，严格公正司法，提高办案效率，杜绝司法腐败，以出色的工作实绩创造良好的社会环境。

（三）督办信访案件。人大信访工作是常委会了解社情民意、实施法律监督的重要渠道。常委会进一步加强了对信访工作的领导，完善了分类登记、转交办理、督办回访程序，五年来，共接待人民来访929起5889人次，处理人民来信614件次，都认真负责地进行了转办和交办，处结率都在98%以上，有些案件还进行跟踪督查，加强个案监督；有效地化解了矛盾，维护了稳定，保护了公民和法人的合法权益。

三、干部任免抓关键，严格加强人事监督

常委会认真行使任免权，五年来，共依法任免国家机关工作人员271名，并采取行之有效的措施，加大对任命的监督力度，增强他们的法制意识、大局意识和公仆意识，使被命干部竭诚尽智、履职为民的责任感和自觉性有了明显提高

（一）依法行使人事任免权。常委会进一步完善人事任免制度，形成了合法、规范、民主的任免程序。凡提交人大会任命的干部在任命前必须参加由常委会组织的法律考试，考试不合格的不提交常委会任命。考试合格的拟任在常委会会议上作供职报告，供职报告通过后，常委会才予以表决，增强了相关领导干部和执法人员的责任意识和接受人大监督的意识。

（二）深入开展述职评议。述职和工作评议，是促进职能部门和国家机关转变工作作风，提高工作效率的重大举措。在深入调查走访，掌握详实情况的基础上，常委会组织代表先后三次对62名“一府两院”工作人员，52个部门和单位进行了工作评议。评议时，讲成绩实事求是，谈不足客观公正，提建议中肯可行。评议后，跟踪问效，督促整改，使评议工作收到了良好效果。

四、固本强根激活力，切实加强代表工作

代表工作是人大及其常委会工作的基础。五年来，常委会认真贯彻执行《代表法》，积极落实中央9号文件精神，紧密联系服务代表，认真办理代表建议，为代表知情知政、更好地发挥代表作用创造了有利条件。

（一）紧密联系服务代表。常委会不断拓宽与代表联系、为代表服务的渠道，进一步完善了联系代表制度，经常组织深入基层和各联系点，

走访代表，了解情况，沟通信息。坚持向代表通报重大情况，适时提出代表活动内容。定期或不定期地听取代表对国家机关工作人员的意见和建议，帮助代表解决在执行职务中遇到的困难和问题。协助各级代表建立了91个代表小组，帮助其完善活动制度，制定活动计划。积极支持执法部门聘请人大代表为执法执纪监督员，较好地发挥了人大代表在纠正行业不正之风、维护执法公正中的作用。认真落实代表经费，为代表订阅了《人民权利报》和《中国人大》、《山东人大工作》、《济宁人大工作》等刊物，并采取集中培训、以会代训等形式，组织代表学习党的路线、方针、政策和国家法律、法规，为代表更好地知情知政、参政议政提供了条件。

（二）积极开展代表活动。五年来，常委会共组织代表会前视察和专题视察43次，内容涉及国民经济和社会发展计划的执行以及企业改制、重点项目建设、述职评议等方面，充分反映了人民群众的意见和要求。特别是号召和鼓励人大代表在发展民营经济的大潮中建功立业，进一步激发了人大代表参与经济建设的积极性。自换届以来，常委会依法授予贡献突出的42名人大代表“梁山县富民模范”荣誉称号。

（三）认真办理代表建议。常委会对县十五届人大历次会议期间代表就政府和“两院”工作提出的248件议案、建议、批评和意见，均及时转交有关部门进行办理和落实。为督办好代表议案和建议，常委会每年都于人代会后召开交办会议，对办理工作提出明确要求，并定期听取政府关于代表议案和建议办理情况的汇报。对一些办理难度较大的议案和建议，通过召开协调会、现场办公会、组织代表视察等方式，进行重点督办。2005年，为提升城市品位、改善城区居民生活环境，常委会把建设凤山公园列入了议案。为确保议案的落实，常委会坚持督办不放松，专门成立了议案办理委员会，多次召开会议，认真听取县政府的工作汇报，根据工程进展情况有针对性地提出意见和建议，督促加快工程建设进度，从而使凤山公园一期工程于2006年上半年顺利完工，为广大城区居民提供了良好的休闲娱乐场所。五年来，代表对办理建议、批评和意见的满意率在98%以上。

（四）密切同乡镇人大的联系。常委会十分注重加强基层人大工作，采取多种形式密切与乡镇人大的联系。坚持邀请乡镇人大主席列席常委会会议，注意征求和听取其意见和建议。经常采取县、乡人大联动的方式开展活动。适时召开座谈会或组织乡镇人大主席培训班，总结和交流人大工作经验，提高了乡镇人大工作水平。常委会负责同志到乡镇调查研究，注意总结推广乡镇人大工作经验，促进了全县人大工作的开展。

五、提升能力上水平，大力加强自身建设

紧紧围绕“政治坚定、业务精通、务实高效、清正廉洁”的要求，不断加强自身建设，常委会组成人员履职的能力和水平有了进一步提高。

（一）加强理论学习。常委会十分注重组成人员的政治素质和履职能力，把学习、培训和调研作为一项制度化的基本工作常抓不懈。组织常委会组成人员和机关干部重点学习了中央9号文件、《宪法》、《监督法》、《地方组织法》、《代表法》，党的十六大、十七大报告。为了进一步提高会议审议质量和依法监督水平，常委会建立了会前学法机制，五年来共举办了23期法制讲座。通过学习，干部队伍综合素质得到了提升，进一步明确了人大的性质、地位和作用，增强了围绕中心，服务大局，努力开创人大工作新局面的自觉性和坚定性，为全面做好人大工作打下了坚实的基础。

（二）健全完善制度。常委会始终把制度建设作为一项重要工作来抓。以中央9号文件精神和《监督法》为指导，重新修订了《常委会议事规则》、《常委会组成守则》、《人事任免办法》、《组织代表评议办法》等制度，促进了常委会各项工作的制度化、规范化。常委会组成人员自觉深入学习常委会各项制度，不断提高人大工作水平。同时，狠抓各项工作制度的贯彻执行，准确把握人大工作规律，巩固制度建设成果，不断推动制度创新，有力推动了人大常委会的各项工作。2006年以来，根据工作需要，常委会先后增设了老干部科、研究室和城环委，为人大工作的开展创造了有利的条件。

（三）转变工作作风。面对新形势、新任务，树立良好的工作作风势在必行。通过开展先进性教育、学习十六大、十七大报告等活动，常委会树立了“三种”新的工作作风。一是树立了带着问题搞调研的作风。围绕全县改革、发展、稳定的重大问题和人民群众普遍关心关注的热点难点问题，坚持深入基层、深入实际，开展了大量的调查研究，进一步提高了常委会决策的民主化和科学化水平，丰富了人大的工作内容。二是树立了带着感情做工作的作风。按照立党为公、执政为民的要求，密切联系群众，紧紧依靠群众，带着深厚的感情去做人民群众的工作、去做代表的工作。常委会坚持领导亲自阅信、接访等制度，认真接待人民来访，处理人民来信，为群众解决了大量热点难点问题，维护了稳定，促进了和谐，密切了与人民群众的联系。三是树立了带着责任抓落实的作风。常委会要求在每次人大常委会议和主任会议之后，县政府及有关部门必须在下次常委会召开10日前交办办理结果，在下次常委会上进行书面汇报。常委会制定了《审议意见督办试行办法》，针对审议的主要问题，开展了“回头看”活动，在听汇报的同时，又到所在单位或有关部门进行调查了解，对做得不实或不到位的进行督办，有力地促进了整改措施的落实。

（四）提高宣传水平。紧紧围绕坚持和完善人民代表大会制度这一主题，把常委会依法履行职权的亮点和人大代表的先进事迹及时提供给新闻单位。五年来，有百余篇稿件在省、市报刊上发表，先后受到省、市人大常委会的表彰。

（五）服务中心工作。常委会自觉把工作置于党的领导之下，认真贯彻县委的决策和部署，积极完成县委交办的各项任务。常委会领导经常深入到各自包保联系的重点工程、重点企业，积极为企业出谋划策，协调解决工程项目进展中遇到的困难和问题，极大地促进了我县重点工程项目的建设。切实做好招商引资及后进村和困难群众的转化帮扶工作，协助乡镇、村抓好“文明生态村”创建。同时，还派出工作组驻点包村，具体参与新农村建设的指导和帮扶工作，按照新农村建设标准帮助所包村庄解决了一些实际问题。

（六）加强横向交流。常委会加强了与周边县、区人大的横向联系，组织参加了全国部分风景名胜区和晋冀鲁豫边区县级人大工作研讨会，从中汲取了许多宝贵的工作经验。同时利用难得的机会，主动向外界宣传和推介梁山，对提升梁山的知名度、美誉度发挥了积极的作用。

六、严把关口强素质，认真搞好换届选举

根据宪法和地方组织法的规定，今年我县县级人大进行了换届选举。常委会对此高度重视，多次专题研究，及时向县委汇报，作出了《关于县第十六届人民代表大会换届选举的决定》，通过了选举工作安排意见，制定了选举工作实施方案，依法任命了县选举委员会组成，专门召开动员大会传达上级有关精神，部署换届选举工作，并分阶段数次对各选区工作进行了换届选举工作辅导培训。常委会负责同志分组联系各选举单位，加强工作指导，适时召开选举委员会会议，调度工作情况，研究解决遇到的实际问题。整个换届选举工作始终坚持在党委的统一领导下，充分发扬民主，严格依法办事。不论在划分选区、选民登记阶段，还是提名和确定代表候选人、投票选举代表阶段，常委会都依照法律规定提出具体要求，严把代表候选人素质关，严格按照法律程序开展工作。11月26日，选举产生了县第十六届人民代表大会代表256名，整个选举过程健康、有序、合法、有效，新一届代表的知识结构、年龄结构更趋合理，整体素质明显提高，体现了人大代表的先进性、代表性和广泛性，为开好本次大会奠定了良好基础。同时，常委会积极组织领导乡镇开展乡级人大换届选举工作，定期培训乡镇选举工作人员，针对发现的问题及时提出指导性的建议和意见。通过扎实有效的工作，选举产生了 986 名乡级人大代表。

县十五届人大常委会的五年是在历届人大常委会工作的基础上，积极探索、锐意创新，坚持和完善人民代表大会制度取得较大成绩的五年；是发扬民主、健全法制，民主法制建设进展较快的五年；是体察民情、集中民智，代表作用发挥较好的五年；是围绕中心、服务大局，在现代化建设中作用越来越明显的五年。

回顾过去五年的工作，我们深深体会到，要做好新时期的人大工作，必须坚持党对人大工作的领导。常委会始终把坚持党的领导放在首位，切实摆正党的领导与依法行使职权的关系严格按照党委意图开展工作，确保了人大工作正确的政治方向。坚持围绕县委的中心工作依法行使职权，重要工作和重大事项及时向县委请示报告，对县委做出的重大决策和重要决定，常委会认真贯彻执行，通过法定程序变为人民意志，成为广大人民群众的自觉行动。必须用科学发展观指导人大工作。把以人为本的科学发展理念融入到依法监督、重大事项决定和选举任免等职权的行使中。人大及其常委会要始终把维护好、发展好、实现好最广大人民群众的根本利益作为工作的出发点和落脚点，坚持群众路线，深入了解民情，广泛集中民智，切实反映民意，关注民生，维护民权，发展民主。必须树立客观公正的依法监督意识。人大及其常委会的监督，既是权力又是责任，必须严格依法进行，做到既不失职，又不越权。处理好在监督中支持、在支持中监督的关系，做到全心全意支持，认认真真监督。在具体监督活动中，要树立依法、公正、公平的监督意识，认真履行职责，积极开拓创新，不断提高监督实效。必须在构建社会主义和谐社会中发挥积极作用。建设社会主义和谐社会，民主法制是保障。人大及其常委会的重要职责是促进民主法制建设。构建社会主义和谐社会的目标和人大及其常委会所担负的职责是一致的。人大及其常委会的性质、地位和作用也决定了它是构建社会主义和谐社会的重要力量。必须充分发挥人大代表的主体作用。常委会开展的每一项工作，取得的每点成绩，都是与全体代表积极参与、认真履职分不开的。只有全体代表积极依法履行职责，充分发挥主体作用、监督作用桥梁纽带作用和模范带头作用，人大及其常委会的各项工作才能生动活泼、扎实有效。必须坚持民主集中制，集体讨论决定重大事项。在工作中，人大常委会始终坚持好、把握好这一基本原则，确保常委会的工作决策正确、监督有效，避免和减少失误，归根结底，就是要把坚持党的领导、人民当家作主和依法治国有机统一起来，并贯穿于发展社会主义民主政治、坚持和完善人民代表大会制度、全面落实科学发展观、努力构建社会主义和谐社会的全过程。

各位代表，依法治国方略的确立，全面落实科学发展观及构建社会主义和谐社会的新任务、新目标，给人大工作赋予了新的内容，提出了新的要求。县人大常委会适应新形势，与时代同前进，与人民共命运，依法履行职责，认真开展工作，为我县经济社会协调发展和民主法制建设做出了积极贡献。这些成绩的取得，是中共梁山县委坚强领导的结果，是常委会全体组成人员共同努力的结果，是各位代表积极参与和全县人民热情支持的结果。同时，县政府、县政协、县纪委、县武装部、县法院、县检察院和各乡镇党委、人大、政府对常委会的工作给予了积极配合和支持。在此，我代表县十五届人大常委会向各位代表、向全县人民、向所有支持人大及其常委会工作的社会各界表示衷心的感谢！

在肯定成绩的同时，我们也清醒地看到，人大工作与宪法和法律赋予的职责还有一定的差距，主要是监督机制还需进一步完善，重大事项决定权的行使需要进一步增强，联系代表发挥代表作用还有待于进一步提高。这些问题都需要在今后的工作中认真加以解决。

各位代表，县十五届人大常委会已任期届满，县十六届人大常委会即将产生。新一届人大常委会正处在实现全面建设小康社会目标，构建和谐社会，建设经济强县的关键时期。做好今后五年的工作，意义十分重大。今后五年，县人大常委会总的指导思想是：高举中国特色社会主义伟大旗帜，以邓小平理论和“三个代表”重要思想为指导，深入贯彻科学发展观和党的十七大精神，全面落实县委十二次代表大会决定，以宪法、选举法、地方组织法为依据，按照监督法的要求，紧紧围绕全县中心工作和广大人民群众关注的热点难点问题，认真履行宪法法律赋予的各项职责，进一步坚持和完善人民代表大会制度，加强地方政权建设，推进民主法制进程，巩固和发展安定团结的政治局面，努力促进全县社会主义物质文明、社会文明、政治文明和精神文明的协调发展。根据这一总体思路，常委会将重点做好以下工作：

一、加强代表工作，充分发挥代表作用。要认真贯彻落实中央和省、市、县委关于加强代表工作的文件精神，进一步发挥人大代表联系党和人民群众的桥梁和纽带作用，积极拓展代表知情知政渠道，支持代表依法履行职责和行使权力，努力为代表依法履职创造条件，搞好服务。坚持和完善常委会组成人员联系代表制度，继续邀请代表列席常委会会议和常委会组织的各项活动，加强代表在闭会期间的视察、评议等各项活动的组织指导，增强代表活动实效。认真办理代表议案和建议批评意见，加强督办协调力度，不断提高办理质量和代表的满意率。

二、全面履行监督职能，促进“一府两院”依法行政，公正司法。《监督法》已在今年1月1日实施。要严格按照监督法的要求，紧紧围绕关系改革发展稳定大局和群众切身利益，社会普遍关注的问题，认真开展各项工作。要继续听取和审议县政府关于计划和财政工作情况汇报。要认真开展执法检查，不断推进“五五”普法和依法治县进程，促进各项法律法规在本县区域内的有效实施。同时，要充分运用工作评议、干部述职和视察调研等方法，围绕全县经济发展、社会稳定和人民普遍关注的热点问题开展监督，促进经济社会的全面协调发展。

三、进一步加强常委会自身建设，努力提高依法履职水平和能力。要始终把加强学习放在突出位置，按照建设学习型人大机关的要求，深入学习贯彻“三个代表”重要思想和党的十七大报告以及路线方针政策，学习法律和人大业务知识。要始终坚持正确的政治方向，重大事项及时向党委请示汇报。要围绕梁山大局，认真搞好调查研究。要深入基层、深入群众，了解民情，反映民意，自觉做到察民意、虑民计、为民生、谋民利。要加强常委会机关建设，带着感情、责任、追求，努力干事、创业、为民。

各位代表，千川汇海阔，风正好扬帆！新形势、新任务对人大工作提出了新的更高的要求。让我们高举中国特色社会主义伟大旗帜，在县委的正确领导下，紧紧依靠全县人民，振奋精神，扎实工作，与时俱进，开拓创新，为实现全县经济社会又好又快发展，建设富裕文明和谐的新梁山做出更大的贡献！

梁山县人民代表大会常务委员会工作报告

2012年1月8日在梁山县第十七届人民代表大会第一次会议上

梁山县人大常委会第一副主任　蒋衍涛

各位代表：

我受县人大常委会的委托，代表县第十六届

人民代表大会常务委员会，向大会报告工作，请予审议，并请列席会议的同志提出意见。

换届以来的主要工作

县十六届人大一次会议以来，县人大常委会在中共梁山县委的坚强领导下，坚持以邓小平理论和“三个代表”重要思想为指导，深入学习实践科学发展观，认真贯彻落实党的十七大和十七届历次全会精神，紧紧围绕全县改革、发展和稳定大局，依靠广大代表和人民群众的支持，认真履行宪法和法律赋予的职责，开拓创新，扎实工作，为推进全县民主法治建设，促进经济社会平稳较快发展发挥了重要作用。

一、强化中心意识，与党委同向

党的领导是人民当家作主和依法治国的根本保证，常委会积极主动地贯彻县委决策部署，坚持把实现县委意志落实到人大各项工作实践中。

紧紧依靠党的领导。常委会自觉把人大工作置于县委领导之下，严格执行重大事项和重要活动请示报告制度，重要工作经县委同意后再进入法定程序；人大工作中遇到的新情况和新问题，主动向县委汇报，积极争取县委支持；正确处理坚持党的领导、充分发扬民主和依法办事的关系，带头贯彻党的路线方针政策，确保党的领导贯穿于人大依法履职全过程，充分体现对党负责、对人民负责和对法律负责的一致性。

坚决贯彻党委决策，常委会从党和人民的根本利益出发，认真领会党委意图，建立跟踪问效机制，把县委确定的重点工程、重大项目、重要事项和群众高度关注的问题列入常委会工作日程。深入乡镇、企业和基层单位，通过专题视察、走访座谈，召开评议会议等形式，发现问题，提出整改意见；督促被评议部门转变作风，改进工作，增强服务意识，提高服务水平。坚决贯彻落实好县委重大决策部署，特别是始终坚持党管干部与依法任免相统一的原则，严格任前法律考试、任中供职、任后监督，认真依法做好人事任免工作。换届以来，共依法任免国家机关工作人员469人次，所有任命全部实现了组织意图，与党委始终保持了高度一致。

全力服务中心工作。为促发展、保稳定，常委会紧紧围绕全县中心工作，经常深入到建设一线搞调研、提建议、抓督查。如去年按照县委的要求，积极参与了全县抗旱保苗、城乡环境综合整治、招商引资和“三重”工作，依法开展了对村“两委”换届选举的监督指导工作。在组织代表视察城乡环境综合整治工作时，给所视察的乡镇、街道打分排名，促进了全县城乡环境的改善。常委会把招商引资工作列入了重要议事日程，每年都超额完成县委下达的任务。在“三重”工作中，常委会各位副主任担任所在指挥部的正副指挥长、政委，亲自参与全县的“三重”工作，为推动全县经济社会发展做出了积极贡献。认真做好县委安排的驻村帮扶工作，2010年和2011年，常委会办公室会同县地税局，积极协调70多万元资金，为大路口乡徐桥村新修了200多米的水泥路，为沙窝李村新打机井8眼、安装路灯17盏，扎扎实实为帮扶村做了一些实事、好事，得到村民的普遍赞扬。

二、突出监督重点，与“一府两院”同行

常委会始终坚持“梁山发展我发展、我与梁山共兴衰”的理念，认真贯彻实施《监督法》，坚持在支持中监督，在监督中体现支持，把党委重大决策、“一府两院”着力推进的事项作为工作重点，综合运用听取审议专项工作报告、开展执法监督检查等形式，实施工作监督和法律监督，有力地促进了“一府两院”的工作。

突出重点工作，认真审议专项工作报告。换届以来，常委会坚持维护核心、突出重心，努力找准人大工作的立足点、结合点和着力点，紧扣县委决策部署制定工作要点、安排年度任务，积极推进中心工作的落实。抓住经济发展的牛鼻子，连年听取县政府关于招商引资和“三重”工作情况的报告，要求县政府进一步加大招商引资力度，制定优惠政策，改善投资环境，强化措施，搞好服务，努力培植新的经济增长点。同时，对旅游、城市基础设施建设和市容环境卫生工作进行专题视察，督促改善我县对外开放的硬环境，促进了我县城市建设和旅游产业的发展。在听取县政府节能减排、水污染防治和环境保护工作报告时，要求县政府从科学发展、可持续发展的战略高度看待节能减排工作，一手抓经济建设，一手抓节能减排、水污染防治，增强了群众的环保意识，提高了经济发展质量和效益。在听取县政府科技工作报告时，提出县政府要进一步加大科技事业的投入，积极营造吸引科技人才的环境，努力提升企业的科技创新能力。在听取县政府关于土地市场建设、土地执法整改工作报告时，要求县政府在严格节约保护土地、提高土地使用效率的同时，还要正确处理好企业发展与用地紧张的矛盾，千方百计争取建设用地指标，努力解决企业用地难问题。

紧扣中心任务，促进经济快速发展。常委会注重选取经济社会发展中的关键区域、关键环节，加大监督力度，务求监督实效。每年定期听取和审议县政府国民经济和社会发展计划执行情况的报告，财政预算执行情况的报告，财政收支情况的审计报告；对县政府财税工作情况进行视察调研，提出意见，作出决议。要求县政府科学制定经济与社会发展目标，合理确定财政收支预算，积极发挥计划和预算的指导及调控功能。换届以来，我县计划和财政预算执行情况良好，为经济和社会各项事业的发展提供了可靠保证。2009年和2010年，常委会先后5次作出决议，同意县政府授权部分国有企业向银行贷款，在一定程度上缓解了全县经济发展中资金困难的压力。

完善决策机制，依法决定重大事项。常委会遵循抓大事、干实事、有作为的原则，围绕贯彻落实县委决策部署，认真审议决定涉及全县改革发展稳定大局的重大事项，依法作出批准梁山县“十二五”规划、生态县建设规划、城市总体规划、旅游产业发展总体规划、“六五”普法和依法治县规划等决议决定，并督促“一府两院”认真抓好贯彻落实。为确保城市总体规划和旅游产业发展总体规划的贯彻实施，常委会组成人员对这两个规划的启动情况进行了视察调研，针对存在的问题提出了有价值的建议，为我县城市建设和旅游业的发展，起到了积极的促进作用。

开展执法检查，确保法律贯彻实施。换届以来，常委会重点对事关群众切身利益，社会公众普遍关注的《食品安全法》《就业促进法》等14部法律法规的贯彻执行情况，进行了监督检查；并在听取汇报、进行审议的基础上，提出了具体的审议意见，作出了相应的决议。通过执法检查、视察调研和会议审议，提出了有价值的建议、批评和意见，提高了执法人员依法行政的水平，有效地促进了有关法律法规的贯彻实施。

重视法治建设，促进社会和谐稳定。以推动平安梁山建设为着力点，积极参与普法和依法治理工作的组织领导，深入开展“法治梁山”创建活动，督促各级各有关部门深化平安创建工作，维护社会稳定。结合“五五”普法验收开展视察调研，做出了《关于在全县公民中深入开展第六个五年法制宣传教育的决议》提出要客观总结全县“五五”普法经验，深入开展“六五”普法活动，切实把依法治理工作推向深入。加强司法监督，听取审议了县法院关于民商事审判、服务经济发展、深入推进三项重点工作、刑事审判等工作情况的报告，听取审议了县检察院关于反贪污贿赂、诉讼监督、反渎职侵权、民行检察等工作情况的报告，听取审议了县公安局关于社会治安、治安防控网络建设、城区交通秩序整治等工作情况的报告，督促司法机关健全监督机制，强化队伍建设，严格公正司法，杜绝司法腐败，提高办案效率，以出色的工作实绩创造良好的社会环境。司法机关按照提出的意见建议，认真制定落实意见和改进措施，队伍建设得到了进一步加强，有力促进了公正司法。

三、高度关注民生，与人民同心

常委会坚持履职为民的宗旨，始终把保障改善民生作为监督工作的重点，围绕事关人民群众切身利益的问题开展监督，积极推进社会事业发展，确保人民群众共享改革发展的成果。

通过关注民生彰显人大工作重点。换届以来，常委会先后听取了县政府疾病控制、卫生及新农合、医疗保险等工作情况的报告，要求县政府切实把确保人民群众的生命安全、身体健康始终放在政治高度、首要位置，制定切实可行的措施，严密注视疫病多发季节，严防疫情的发生。就业是民生之本。常委会每年都听取县政府的就业工作情况报告，要求县政府进一步拓宽就业渠道，努力增加就业岗位，突出解决好大中专毕业生、城镇退伍士兵、困难群体的就业再就业问题。常委会每年都把县政府十件实事的办理情况列入常委会会议议题，不仅听取县政府关于十件实事办理情况的报告，还实地察看十件实事的办理进展情况，督促县政府加快办事进度，确保十件实事的圆满完成。常委会十分关注困难群众的住房问题，多次听取县政府关于经济适用房、农村住房建设与危房改造工作情况报告，要求县政府高度重视城乡困难群众、弱势群体的住房问题，切实解决他们的实际困难。常委会高度关注“三农”问题，换届以来先后听取了县政府关于集体林权制度改革，农业水费收缴管理使用，抗旱及农田水利基础设施建设，黄河标准化堤防工程建设，农村土地承包使用权流转，新型农村社区建设，以及水产、畜牧、农业产业化等工作情况的报告，把巩固和加强农业基础地位，调整农业和农村经济结构，推进产业化经营，增加农民收入作为监督工作的重点，督促县政府把发展规模型、效益型、品牌型、加工型、创汇型农业作为调整目标，努力实现特色农业的新突破，有效推动了全县农业和农村经济结构的战略性调整，促进了农业增效和农民增收。近年来，常委会还听取了县政府关于体育、文化、广播电视村村通、教育、城乡环境卫生综合整治等群众普遍关心、关注的工作情况报告，提出了审议意见，推动了各项社会事业的健康发展。

通过解决信访问题体现人民尊严。常委会牢固树立“人民信访无小事”的工作理念，把温家宝总理“要让人民生活得更加幸福更有尊严”的重要讲话贯穿于人大信访工作全过程，坚持“主任接待日”制度，实行“首接负责制”，凡是到人大机关上访的群众，无论找到哪位工作人员，都努力做到一张笑脸相迎，一把椅子请坐，一杯热茶相送，一腔热情倾听，一心一意办理，避免出现疏漏和差错。在坚持依法接访，做好说理解释和耐心疏导的基础上，把人民群众反映强烈的热点难点问题作为重点进行督办，及时化解影响稳定的各类上访事件。换届以来，常委会共接待人民来访 4328 人次，处理人民来信 699 件次，认真负责地进行了转办和交办，有些案件还进行跟踪督查，有效地化解了矛盾，维护了稳定，保护了人民群众特别是弱势群体的合法权益。

四、充分发挥代表作用，与代表同力

人大代表是人民代表大会的主体，代表工作是人大工作的基础。常委会不断总结经验，创新工作方式，努力为代表密切联系群众和依法履职创造条件，搞好服务，切实提高代表活动实效，使人大工作更有基础，更具亮点。

强化代表小组建设，夯实代表活动基础。人大工作靠代表，代表活动靠小组。常委会高度重视代表小组建设，作出了《关于进一步加强代表小组建设的意见》，制定了《人大代表小组建设和活动内容评分标准》。多次召开代表小组建设及代表培训工作会议、代表小组建设观摩会议，发挥示范带动作用。常委会领导班子成员分包联系乡镇，靠上做工作，集中时间、集中精力落实乡镇人大和代表小组建设工作，使我县的代表小组建设工作走在了全市前列。十六届期间，全县按照有活动场所、有活动制度、有活动计划、有活动档案“四有”标准，建成规范化省人大代表小组 1 个，市人大代表小组 4 个，县人大代表小组28个，乡镇人大代表小组80个，为代表活动搭建了坚实的平台。

强化代表培训学习，提高代表履职水平。针对换届后新当选代表较多的实际，对全体代表进行了培训。常委会为代表购买了《选举法导读与释义》、《人大代表工作手册》，订阅了《人民权利报》、《山东人大工作》，印发了《如何审议“一府两院”及人大常委会工作报告》的学习材料，供代表学习参考。每年人代会前，专门安排时间对代表进行集中培训，为代表审议好报告、做好选举、开好大会，不断提高代表素质，起到了一定的作用。各代表小组也在闭会期间，组织代表开展了学习培训活动。通过学习培训，大大提高了代表依法履职的能力。

强化“双联”制度，拓宽交流沟通渠道。常委会制定了《县人大常委会组成人员联系人大代表的意见》和《县人大代表联系选民的意见》，坚持组成人员联系代表、代表联系选民的“双联”制度。每年12月份，常委会组成人员利用会前集中视察活动机会，深入基层对县人大代表进行走访。常委会还制定了《关于代表述职工作的实施方案》，组织代表开展了向选民述职活动。为做好述职工作，先后在韩垓镇、拳铺镇召开了代表向选民述职现场观摩会，以点带面，然后全面铺开，取得了比较理想的效果。通过组织代表向选民述职活动，进一步密切人大代表与选民的联系，大大提高了代表依法履职的积极性。

强化“双优”评选，激发代表活力。为激励代表依法履职，常委会制定了《关于评选优秀县人大代表和先进县人大代表小组的意见》，对全县代表小组建设及开展活动、代表履职情况，进行了检查评比。换届以来，共评选出优秀县人大代表54名，先进县人大代表小组14个，并进行了表彰奖励，进一步激发了代表活动的热情。

强化代表活动主题，丰富代表活动内容。为不断提升我县代表工作水平，切实保障代表依法执行职务，充分发挥代表作用，常委会制定了《关于加强代表工作充分发挥代表作用的意见》，《关于在全县各级人大代表中开展“六个一带头”活动的通知》，先后在各级代表中开展了“学习苏北、促跨越发展做贡献”、“六个一带头”等活动。在常委会的组织号召下，全县各级人大代表积极行动起来，纷纷争做党的政策的宣传者、群众利益的代表者、跨越发展的实践者。在每年我县缴税前108名排行榜中，各级人大代表占了一多半。同时，积极发动各级人大代表开展为四川汶川地震、青海玉树地震灾区捐款献爱心活动，体现了代表与灾区人民群众心连心的深厚情谊。组织部分代表旁听了县法院的庭审工作情况，加强了司法监督。组织各级人大代表开展了会前集中视察活动，为代表在大会期间提出更多、更好、更高水平的建议和议案，提供了有益的启示和参考。

强化“三访两见面”议案建议办理程序，提高人民满意度。即办前初访，电话沟通，深入了解代表意图；办中走访，主动向代表求计问策；办后回访，进一步征求代表对办理结果的意见。在整个办理过程中，至少两次与代表见面。对代表不满意的答复，要求承办单位重新研究办理，再次答复，直到代表满意为止。为加大议案、建议办理力度，常委会每年都听取审议县政府关于代表议案、建议、批评和意见办理情况的报告，督促县政府出台了《人大代表建议办理工作考核办法》，对代表建议办理工作情况实行量化考核；针对答复落实的主要问题，开展“回头看”活动，使代表建议件件有答复、事事有回音。同时对议案和重点建议实行跟踪督导，确保了议案和重点建议的顺利办理。换届以来，代表提出的302件建议，已全部办理并答复代表，代表满意率为98%。

强化组织领导，认真搞好换届选举工作。2011年，常委会认真贯彻中央、省、市、县委和上级人大关于换届选举工作的指示精神，坚持党的领导、充分发扬民主和严格依法办事的有机统一，按照中央关于代表结构比例“两升一降”的规定，精心组织并圆满完成了县乡人大代表换届选举工作。2011 年 10 月县乡人大代表换届选举工作启动后，人大机关全力以赴，精心操作，在建立组织、制定方案、培训骨干、宣传发动、选区划分、选民登记、推荐确定代表候选人、组织投票选举等方面做了大量深入细致、卓有成效的工作，确保了人大代表换届选举工作的顺利进行。2011 年 12 月 16 日，县乡两级人大代表的换届选举工作圆满结束，共选出县级人大代表 273 名、乡级人大代表 862 名，代表结构更加合理，代表素质明显提高。

五、切实加强自身建设，与时代同步

常委会适应新形势、新任务的要求，以发展的观念，创新的思维，务实的作风，创造性地进行人大工作的实践与探索，促进人大工作不断进步。

重视思想作风建设，提升整体素质。近年来，常委会制定了“建学习型机关、做学习型干部”实施意见，实行了常委会会前集体学法制度，有针对性地组织学习中央和省市县委一系列指示精神及有关法律法规，提高了常委会组成人员和机关工作人员法律政策水平，增强了依法办事的自觉性。常委会建立了“双月开例会、单月搞活动”工作机制，“例会”审议决定大事，突出监督主题，“活动”围绕现实的突出问题，督促重点工作的开展。围绕全县中心工作、群众关注的热点难点问题开展专题调研，形成了 30 多篇调研报告，为县委决策和常委会议事提供了许多具有较高价值的意见和建议。人大机关严格执行党风廉政建设责任制，切实增强廉洁从政、依法履职的自觉性。

注重工作创新，增强履职能力。常委会积极探索做好新形势下人大工作的新途径，进一步提高决策的民主化和科学化水平，努力改进工作方式和方法。视察调研活动精简高效、轻车简从，使工作更加富有成效。部分调研视察改变以往由被视察调研单位定路线、定视察调研对象方式，由人大确定视察调研方式和内容。有时采取事先与被视察单位不打招呼，自定线路，带着议题直接去调研视察，以便在调研视察中更能贴近实际、接近群众，力求了解真实情况，更加有效地督促有关单位改进工作，提高办事效率。

加强机关建设，提高服务水平。加强机关制度建设。重新修定了《机关内务管理规定》等制度，规范机关运作，努力提高机关的服务和保障能力。认真做好代表服务工作。为代表订阅了《山东人大工作》、《人民权利报》等报刊，定期给代表寄送有关资料，积极帮助代表建言献策、参政议政，熟悉有关情况。重视人大老干部工作。为人大老干部订阅了报刊，利用老人节等节日，多次组织人大老干部开展相关活动，极大地丰富了人大老干部的晚年生活，调动了人大老干部发挥余热的积极性。

拓宽宣传空间，提升人大影响力。充分发挥各级新闻媒体作用，深入宣传人民代表大会制度、民主法制建设和人大工作。在县电视台开辟了“代表风采”栏目，录制了《不负人民重托 -- 梁山县人大常委会工作巡礼》专题片，创作了《农家风波》等 3 部戏曲节目，举办了《欢聚一堂》等 5 场文艺晚会和 2 次书法绘画摄影展览，生动形象地宣传了人大代表和人大工作。积极参加国家、省、市人大组织的各项活动，在省、市书法、摄影作品评比和好新闻、优秀调研论文评选中均获得好成绩，每年都有几十篇稿件被国家、省市报刊、网站采用，县人大常委会连年被评为全省、全市人大宣传工作先进单位。

各位代表，县十六届人大常委会所取得的成绩，是县委正确领导的结果，是在历届人大常委会打下坚实的基础上，全体代表团结奋斗、共同努力的结果，是社会各界和全县人民大力支持的结果。在此，我代表县十六届人大常委会表示崇高的敬意和衷心的感谢！

各位代表，人大工作的实践使我们深刻体会到：强化党的领导是做好人大工作的根本原则；加强理论和法律学习是做好人大工作的前提；紧紧依靠代表和群众是做好人大工作的基础；依法办事是做好人大工作的关键；创新工作思路是做好人大工作的不竭动力。只有把人大工作自觉融入发展大局，与党委、与全县的工作合拍、合力，才能彰显人大工作的地位和作用，才能更好地促进地方经济发展和社会的全面进步。

在肯定成绩的同时，我们也清醒地认识到，常委会的工作还存在一定差距，主要表现在：对如何做好新形势下的人大工作研究探索不够；工作监督和法律监督的实效性有待进一步增强；代表在闭会期间的作用需要进一步发挥；人大机关的工作还有待进一步加强。对于存在的问题，常委会将采取切实措施，认真加以解决。

今后五年工作的建议

刚刚闭幕的县第十三次党代会，深入分析国际国内形势，确定了今后五年经济社会发展的宏伟目标和战略举措。新的征程、新的任务，对人大工作提出了新的更高要求。新一届人大常委会将在中共梁山县委的领导下，以邓小平理论和“三个代表”重要思想为指导，深入学习实践科学发展观，认真贯彻落实县十三次党代会精神，坚持党的领导、人民当家作主和依法治国的有机统一，紧紧围绕全县工作大局，依法履行各项职责，为推进全县经济社会科学发展跨越发展，实现建设工业强县、文化名城、生态和谐家园奋斗目标做出积极贡献。

在服务大局上要有新境界。坚持党的领导是做好人大工作的根本保证。围绕学习贯彻十七届六中全会精神，深化对推进文化改革发展重要性和紧迫性的认识，按照全县文化改革发展目标任务要求，发挥好人大的作用，推进梁山水浒文化旅游产业、出版产业的跨越发展。围绕贯彻落实中央经济工作会议精神，在调结构、惠民生、抓改革、促和谐等方面履行好人大的职能，促进县域经济社会又好又快发展。围绕学习贯彻县第十三次党代会精神，按照县委提出的战略目标和工作重点，及时开展有效监督，积极把县委的主张和决策实现好、落实好，把县委的意图变成全县人民群众的自觉行动。

在推进民主法治建设上要有新进展。全面建设小康社会、实现“十二五”规划提出的经济社会发展目标，需要有力的法治保障。要积极发挥人大职能作用，稳步推进社会主义民主法治建设，依法维护人民当家作主权力。要紧紧围绕经济发展和社会进步的大局，以及法律法规实施中的突出问题，每年选择部分重要的法律法规，对实施情况开展执法检查。要深入学习宣传宪法和法律，开展好“六五”普法教育，进一步增强公民的法律意识和社会主义民主法治观念。要通过依法有效行使各项职权，促进“一府两院”依法行政、公正司法、文明执法，推进依法治县，维护社会公平正义。

在推进社会稳定和谐上要有新举措。社会和谐稳定是改革发展的重要前提。要始终把重视民生、保护民利、维护民权作为人大工作践行科学发展观的着力点，通过依法履行人大职权，督促解决好人民群众最关心、最直接、最现实的利益问题。充分发挥人大与人民群众联系密切的优势，围绕维护人民群众合法权益，切实保障人民群众的知情权、参与权、表达权、监督权，努力使人大成为表达平衡、调整社会利益，促进社会和谐的重要平台。认真受理人民群众来信来访和申诉控告，引导群众合理合法表达诉求，促进社会和谐稳定，

在依法履职上要有新作为。在决定重大事项上，要坚持法定性全局性和科学性相统一，围绕事关全县经济社会又好又快发展的重大问题依法行使职权，及时作出决议、决定，最广泛地动员和组织人民依法管理地方国家和社会事务、管理经济和文化事业。在监督工作上，要遵循《监督法》和有关法律规定，围绕建设“工业强县、文化名城、生态和诸家园”的发展定位，紧扣县委确定的工作重点，听取专项工作汇报，开展执法检查，

组织视察调查，不断提高监督的针对性和实效性。在人事任免上，要坚持党管干部原则，逐步探索对选任干部实施有效监督的方式，增强他们的法制意识、大局意识和公仆意识，努力提高被任命人员竭诚尽职、履职为民的责任感和自觉性。

在发挥代表作用上要有新突破。充分发挥代表作用是人大工作的坚实基础和活力所在。要认真贯彻落实中央有关文件精神，深入实施《代表法》，努力探索做好新时期代表工作的新途径、新方法，保障代表依法履行职务。建立组织制度，搭建活动平台，强化保障措施，指导开展活动，充分发挥代表作用。认真总结代表履职经验，探索建立代表履职考核机制，大力表彰宣传先进，推动代表工作扎实有效的开展。督促代表议案建议办理工作，落实相关责任制，确保办理效果，努力提高代表的满意率。

各位代表，十六届人大常委会已经完成了历史使命，新一届人大常委会即将选举产生。我们坚信，在中共梁山县委的坚强领导下，新一届人大常委会一定能肩负起人民的重托，凝聚各位代表和全县人民的智慧和力量，认真履行法律赋予的神圣职责，激发全县上下热爱梁山、发展梁山、建设梁山的热情，万众一心、群策群力，为推进全县民主法制建设，加快梁山科学发展跨越发展做出新的更大的贡献！

梁山县人民代表大会常务委员会工作报告

——2017 年 1 月 24 日在梁山县第十八届人民代表大会第一次会议上

梁山县人大常委会副主任　林宪良

各位代表：

我受县人大常委会主任蒋衍涛同志的委托，代表县十七届人大常委会向大会报告工作，请予审议，并请列席会议的同志提出意见。

过去五年的工作回顾

县十七届人大常委会任期的五年，是我县经济社会持续健康发展取得显著成就的五年，也是我县民主法治建设全面推进取得重大进步的五年。五年来，县人大常委会在中共梁山县委的正确领导下，以习近平总书记系列重要讲话为指导，深入贯彻党的十八大和十八届三中、四中、五中、六中全会精神，紧紧围绕全县大局，牢记使命、不忘初心，依法履职、扎实工作，有效发挥了地方国家权力机关的职能作用，为推动经济发展，促进社会和谐，加强民主法治建设作出了积极贡献。

一、坚持党的领导，始终致力于推动县委决策落实

常委会始终坚持在县委领导下科学谋划人大工作，依法有效行使各项职权，着力推进县委决策部署的落实。

强化政治意识，紧紧依靠党的领导。常委会把党的领导贯彻于人大工作的各方面、全过程，始终保持鲜明的政治态度和坚定的政治立场，自觉在思想上、政治上、行动上与县委保持高度一致。围绕落实中央和省市委关于加强和改进人大工作的意见，常委会及时向县委提出建议，得到了县委的大力支持。县委召开了全县人大工作会议，相继出台了《进一步加强和改进人大工作的意见》《加强县乡人大工作和建设的实施意见》，就加强和改进党对人大工作的领导、支持保障人大依法行使职权、充分发挥代表作用、加强人大及其常委会自身建设等方面提出明确要求。县十七届人民代表大会设立了法制、财政经济、教科文卫、城建环保、农业农村等五个专门委员会，常委会设立了预算审查工作委员会，乡镇人大主席、街道人大工委主任实行了专职配备，这些重

要举措为加强和改进全县人大工作提供了重要保障。

落实县委决策，主动服务中心工作。常委会始终坚持与县委思想同心、目标同向、工作同步，牢固树立“一日无为、三日不安”的责任意识，不断更新思想观念，发挥自身优势，主动融入全县工作大局。在做好人大日常工作的同时，常委会各位主任按照县委统一分工，积极参与年度重点工作线的工作，以一线状态、一线标准，走在前列、干在实处，为全县经济社会的发展作出了积极贡献。正确处理党委决策权与人大决定权的关系，紧紧抓住事关全县发展稳定的重大事项，适时通过法定程序作出决议决定。五年来，对计划执行、城市建设、依法治县、旅游开发、项目融资等重大事项作出决议决定 26 项，将县委的主张和重大决策通过法定程序转化为全县上下的共同意志，并通过对决议决定执行情况的跟踪监督，确保各项决策部署有序推进、落实到位。

完善任免机制，依法开展人事任免。坚持党管干部与人大依法任免有机统一，严格任前法律知识考试、任中供职报告、任后颁发任命书和向社会公告等程序，全面落实宪法宣誓制度，增强了被任命人员的法治意识、责任意识和公仆意识。五年来，常委会依法任免国家机关工作人员 258 人次，其中常委会工作人员 42 人次、政府组成人员 81 人次、法院审判人员 96 人次、检察院检察人员 39 人次，保障了地方国家机关的高效运转。

认真履行职责，圆满完成换届任务。县乡人大换届工作是全县政治生活中的一件大事，也是推进民主法治建设的重要实践。常委会严格落实中央和省市县委关于换届选举的部署要求，在县委的领导下，坚持党的领导、充分发扬民主、严格依法办事的有机统一，在建立组织、制定方案、培训骨干、选区划分、选民登记、推荐确定代表候选人、组织投票选举等各个阶段和各个环节，科学谋划、精心组织，严格操作、加强指导，确保了整个换届选举工作依法有序进行。通过选举委员会全体成员、各乡镇街道部门扎实有效的工作和全县 56 万选民的共同努力，选举产生了 272 名县人大代表和 866 名乡镇人大代表。新一届人大代表结构更为合理，整体素质有了新的提高，为我县基层民主政治建设，顺利完成县乡两级领导班子换届，打下了坚实的基础。

二、坚持服务大局，始终致力于促进经济社会发展

常委会着眼全县发展大局，明确切入点，找准结合点，全力助推县域经济科学发展、跨越发展。

强化预算监督，力促经济持续健康发展。审查监督政府预算是宪法和法律赋予人大及其常委会的重要职责。常委会认真贯彻落实新修订的预算法，强化政府全口径预算决算的审查监督，坚持每年听取和审议政府预算执行、财政决算、审计查出问题整改等情况报告，及时作出审议意见。县政府认真落实人大意见，加强经济运行调度，强化税收征缴，严格预算管理，提升了公共财政的保障能力，提高了财政资金的使用效益，促进了全县经济的持续健康发展。

突出重点产业，助力工业创新转型发展。常委会密切关注我县支柱产业的发展。听取审议了县政府经济转型升级工作情况的报告，要求县政府坚持“工业立县、产业富县、科技兴县、质量强县”的发展路径，抓好政策对接，突出创新驱动，优化产业结构，完善体制机制，推动了专用汽车、教育出版、食品加工、纺织服装等主导产业的转型发展、创新发展。值得一提的是，为巩固扩大 2014 年初专用汽车产业专项整治成果，常委会将专用车产业转型升级工作列入年度工作要点，组织专题视察组深入公告、转产、关停 3 个类别 12 家企业实地调研，认真听取审议工作报告，提出保持严厉打击非法非标生产高压态势，加大新产品研发力度，搞好对外合作，创优梁山品牌的建议，并针对非公告企业转产、闲置土地

利用、社会稳定维护等方面提出要求。县政府严厉打击非法非标生产行为，推进产品创造、技术创新、品牌创优，我县被国家工信部批准为“全国产业集群”区域品牌建设试点区，被国家质检总局批准为全国产业质量提升示范区，被国家科技部命名为“国家火炬特色产业基地”。

重视三农工作，助推农业综合高效发展。农业是国民经济的基础，“三农”问题始终是常委会关注的重点。几年来，重点围绕林业生产、粮食市场管理、农田水利建设、农村土地确权登记颁证、渔业产业结构调整、现代特色畜牧业发展、高标准基本农田和库区移民项目建设等听取专项报告、开展专题视察，要求县政府认真落实各项强农惠农政策，加大投入力度，壮大龙头企业，激发农村发展活力，努力改善农村基础设施和农民生产生活条件，为实现农业更强、农村更美、农民更富的“三农”工作目标奠定了坚实的基础。

关注旅游开发，推动文化旅游融合发展。梁山因水浒名扬海内外，“天道水浒·忠义梁山”是我县最为响亮的城市名片。常委会高度重视水浒文化旅游开发，多次开展专题视察、执法检查活动，提出要做好弘扬水浒文化与搞好旅游开发相结合的文章，加快推进项目建设，完善旅游配套设施，加大宣传营销力度，提高旅游整体经济效益的建议。县政府以打造忠义文化示范区为目标，坚持“山水城一体建设、城市景区同步开发”的思路，高点定位，高标建设，广泛推介，多元融资，强力推进旅游开发，加速旅游产业发展，提升了梁山城市形象，促进了经济社会发展。

服务城镇建设，促进城乡统筹协调发展。城镇化是实现现代化的必由之路，也是梁山发展的潜力所在。常委会高度关注城镇化进程，坚持每年将城镇建设工作列入年度工作要点，采取多种监督形式，加强对新城区、小城镇、新型农村社区、“美丽乡村”建设等工作的监督，为城乡建设建言，为统筹发展助力。重点关注新城开发，连续四年组织视察活动，深入项目一线实地调研，提出坚定发展信心，加快项目建设，创新投融资机制，强化项目监管等建议。县政府加强组织领导，强化工作措施，加快建设进度，体育馆、梁山会堂、运河小区等一批公共服务、房产开发项目投入使用，城市功能日臻完善，城市面貌明显改观。新城区的开发建设，提升了梁山的形象，提振了发展的信心，为全县经济社会发展注入了新的活力。

三、坚持以人为本，始终致力于保障民生持续改善

群众利益无小事，一枝一叶总关情。常委会坚持对人民负责、为人民办事、让人民满意的工作理念，努力做到民有所呼、我有所应，民有所盼、我有所为。

关注惠民实事，增进梁山百姓福祉。常委会连续五年对县政府为民办实事项目进行专题视察，严格对照年初任务目标，逐项进行检查，指出存在的问题，督促县政府及有关部门强化工作措施，加快工程进度，严格质量监管，切实把实事做实、好事办好。县政府强化组织领导，创新工作举措，公共自行车、基本药物制度、保障性住房建设、城乡环卫一体化等一大批惠民工程相继实施。针对代表和群众反映强烈的城区供水水垢较多、供暖温度不达标、城区交通拥堵、小区物业管理不规范等问题，常委会及时开展监督活动，督促相关问题及时妥善解决，提升了群众的满意度，增强了百姓的获得感。

重视社会事业，保障群众合法权益。“百年大计、教育为本”。常委会持续聚焦教育事业发展，多次对农村教师队伍、校园周边环境整治、中小学基础设施建设等情况进行视察调研。听取审议了县政府关于义务教育均衡化发展情况的报告，提出加大投入力度，科学规划学校布局，加强教师队伍建设等建议。县政府把发展教育事业作为重中之重的工作，优先保障教育经费，加大教师招考力度，启动了县一中、实验中学新校区建设，加快了教育均衡化发展步伐。常委会还对棚户区改造、公共卫生服务、食品安全监管、劳动就业

保障、城乡低保体系建设、社会保险基金管理等群众关心、社会关注的工作开展视察调研，助推了相关工作的开展。

致力环境保护，营造生态宜居环境。建设生态梁山、共建和谐家园，是全县人民群众的热切期盼。常委会综合运用听取工作报告、开展专题视察、进行执法检查、组织代表调研等监督手段，持续加大对生态梁山建设、环境保护法贯彻实施、城乡环境综合整治等工作的监督力度，助力环境保护，助推生态建设，天蓝、地绿、水清、气爽正逐渐成为梁山人民生活的常态。特别是，常委会积极探索创新监督形式，首次运用专题询问这一刚性监督手段，助推了全县重点工程龟山河、西环城河综合治理的顺利实施。通过开展专题询问，提高了人大和政府工作的公开度，增强了应询部门的责任感，营造了全社会关心支持生态建设的浓厚氛围。

四、坚持依法治县，始终致力于推进法治梁山建设

常委会认真贯彻依法治国基本方略，切实担负起宪法和法律赋予的职责，不断加强和改进法律监督工作，支持和督促“一府两院”依法行政、公正司法，全力推进法治梁山建设。

探索创新监督形式，增强监督实效。严格落实县委全面推进依法治县的实施意见，不断创新监督形式，完善监督机制，形成了以审议报告、专题视察、执法检查等常规监督方式为主，工作评议、专项工作满意度测评、重点事项督察督办等有效监督方式为辅，专题询问、质询等法定监督手段为补充的监督体系，增强了监督实效，促进了工作落实。注重加强制度建设，建立了一整套科学规范、高效务实的监督机制，为依法开展监督提供了制度保障。

深入开展执法检查，推进依法治县。执法检查是人大监督的法定形式和重要途径。五年来，常委会对消防法、工会法、安全生产法、产品质量法、妇女儿童权益保护法、山东省知识产权促进条例等20余部法律法规的实施情况开展了执法检查。执法过程中，常委会抓住法律法规实施中的突出问题和薄弱环节，研究提出解决问题、完善制度的意见建议，督促和推动有关法律法规的有效实施。县政府高度重视常委会提出的建议，研究制定整改措施，解决了一批实际问题，加快了法治政府建设。

切实加强司法监督，促进公平正义。常委会把促进司法公正、维护公平正义作为监督工作的重要内容，坚持每年把法检“两院”专项工作列入常委会议题，认真组织会前视察和会议审议。五年来，常委会听取审议了县法院执行工作、行政审判、民商事审判、人民陪审员运作、基层法庭规范化建设，县检察院反贪、控申检察、监所检察、反渎职侵权、派驻检查室等工作情况的报告，支持“两院”依法独立公正行使审判权和检察权，要求“两院”加强司法队伍建设，提高执法公信力，更好地维护社会公平正义，服务全县经济社会发展大局。法检“两院”认真总结经验，查找不足，强化工作措施，提升工作水平，各项工作均取得优异成绩。

认真做好信访工作，力促和谐稳定。坚持把办理人民群众来信来访作为畅通民意、了解民情、化解民怨的重要途径。制定了信访工作制度，坚持常委会领导定期接待群众来访和阅批群众来信，加强与有关部门的统筹协调，积极探索协调联动、跟踪督办的工作机制，确保了案件办理质量。五年来，共受理群众来信和市人大常委会批转的信件124件，接待群众来访820人次，全部及时进行了交办、转办和督办，为维护社会稳定、构建和谐梁山发挥了积极作用。

五、坚持主体地位，始终致力于提升代表工作水平

人大代表是人民代表大会的主体。常委会始终把密切联系代表、发挥代表作用作为重要基础工作，支持和保障代表依法履行职责，努力增强代表工作实效。

强化服务保障，提高代表履职能力。切实加强代表学习培训，共举办专题培训班3次，培训代表470余人次，邀请省市人大常委会领导，为代表解读有关法律，讲解人大业务知识，让代表正确把握履职方式方法，全面提高综合素质和履职能力。扩大代表对常委会工作的参与，邀请代表列席常委会会议，参加专题视察、执法检查活动。组织代表开展年中调研和会前视察，对全县农村环境综合整治、“美丽乡村”建设等工作进行专题调研，扩大了代表的知情权、参与权。落实代表活动经费，坚持为代表订阅《人民权利报》《山东人大工作》等刊物，着力为代表履职创造良好条件。

强化活动开展，发挥代表主体作用。2013年组织开展了以建言献策、建功立业为主题的“双建”活动，2014年延伸为常委会组成人员联系代表、代表联系选民的“双建双联”活动，2015年又拓展为代表评议部门、选民评议代表的“双建双联双评”活动。活动开展以来，县人大常委会组成人员与165名基层县人大代表建立了经常性联系，各级人大代表建言献策580余条，组织人大代表对10个政府部门和垂直单位进行工作评议，有效激发了代表履职热情。认真做好代表述职工作，制定出台了《关于开展人大代表述职评议工作的意见》，常委会领导分别带队，到乡镇、街道开展代表述职观摩活动，督促工作开展。各乡镇、街道对述职活动周密部署、严格实施，认真做到代表有述职报告，选民有现场评议，代表有个人表态，最后有书面测评，增强了代表接受选民监督、依法履行职责的自觉性。

强化建议督办，激发代表履职热情。常委会把提高代表建议办理质量作为尊重代表权力、推动“一府两院”工作的一件大事来抓。不断规范代表议案建议办理程序，修订了代表议案建议处理办法，对大会议案进行跟踪督办，对重点建议实行主任分组督办，并对议案建议办理工作进行“回头看”，切实提高办结率和满意率。五年来，代表紧紧围绕改革发展稳定大局和人民群众普遍关心的热点难点问题，提出议案、建议、批评和意见390件，其中7件被列为大会议案。“一府两院”及各承办部门高度重视代表议案建议办理工作，所有建议均按要求办理并答复代表，一批关系经济发展、民生改善、和谐稳定的问题得到有效解决。

强化联系指导，推进基层人大工作。坚持常委会领导指导乡镇、街道人大工作制度，邀请乡镇、街道人大负责人列席常委会会议，研究下发了《关于依法筹备召开乡镇人代会的通知》，会同组织部门召开了乡镇人大工作座谈会，指导开好乡镇人代会，推进基层人大工作制度化、规范化。各乡镇、街道按照常委会的工作安排，围绕经济发展、社会治理、民生改善、新农村建设等重大问题，组织开展视察调研活动，为促进经济社会发展、加强基层民主政治建设发挥了重要作用。

六、坚持与时俱进，始终致力于提高依法履职能力

常委会把自身建设摆在重要位置，坚持在学习中把握正确方向，在实践中提高履职能力，不断增强工作实效。

加强思想政治建设。常委会始终把思想政治建设放在首位，深入学习党的十八大和十八届三中、四中、五中、六中全会精神，学习习近平总书记系列重要讲话，深刻领会精神实质，切实把学习引向深入、推向持久、见到实效。认真开展党的群众路线教育实践活动、“三严三实”专题教育、“两学一做”学习教育，增强政治意识、大局意识、核心意识、看齐意识，坚定中国特色社会主义道路自信、理论自信、制度自信、文化自信，确保人大工作正确政治方向。

加强干部作风建设。坚持民主集中制原则，召开常委会会议和主任会议，都充分发扬民主，做到各抒己见、畅所欲言。坚持实事求是、客观公正，对常委会每一项议题，都提前组织视察调

研组深入基层、深入实际，广泛听取各方面的意见建议，为审议提供依据。认真贯彻落实党风廉政建设责任制和领导干部廉政准则，严格落实中央“八项规定”，积极开展调查研究，持续改进会风文风。结合驻村联户、精准扶贫等工作，密切与群众联系，听取群众诉求，了解社情民意，积极帮助解决实际困难。

加强机关效能建设。坚持总结、借鉴、完善、创新的原则，制定修订议事决策、视察检查、人事任免、代表工作等规章制度16项，确保了人大工作依法操作、规范实施、高效运行。切实加强对外宣传工作，开通了梁山人大信息网，强化对常委会重大活动、代表履职先进事迹和乡镇人大工作的宣传，常委会连年被省、市人大评为宣传工作先进单位。倾心做好老干部工作，为老干部学习、活动提供必要的服务保障。扎实做好机关党的建设、行政管理、后勤保障等工作，人大机关呈现出团结和谐、务实高效、风清气正的良好氛围。

各位代表！县十七届人大常委会在五年任期内，对党负责、为民尽责，依法履职、辛勤工作，圆满完成了党和人民交给的光荣任务，胜利完成了时代赋予的历史使命。我们深深体会到，过去五年常委会所取得的成绩，是中共梁山县委正确领导、高度重视的结果，是常委会组成人员和全体人大代表勤奋工作、共同努力的结果，是“一府两院”密切配合、主动接受监督的结果，是社会各界和全县人民高度信任、大力支持的结果。在此，我谨代表县十七届人大常委会，向所有关心、支持人大工作的同志们、朋友们，表示衷心的感谢和崇高的敬意！

各位代表！五年艰辛历程，五年欣喜回望，使我们深刻地体会到：

必须牢固树立政治意识，自觉坚持党的领导。五年来，我们始终坚持党的领导、人民当家作主、依法治国有机统一，毫不动摇地坚持县委的领导，坚决贯彻落实县委的决策部署。实践证明，只有自觉坚持党的领导，牢牢把握正确的政治方向，人大工作才会有坚强的政治保证，才能不断发展、富有成效。

必须牢固树立大局意识，全力助推经济发展。五年来，我们坚持把人大工作放在全县大局中来谋划，努力实现与县委决策的高度融合，与政府工作的紧密结合，与梁山发展的同频共振。实践证明，只有把发展作为第一要务，做到在监督中支持发展，在支持中服务发展，人大工作才能充分发挥优势，才能更具生机活力。

必须牢固树立民本意识，促进民生持续改善。五年来，我们始终把维护群众利益作为第一责任，把群众满意作为第一追求，了解民情，反映民意，把群众最关心、最关注的热点难点作为人大监督的重点，使发展成果更好地普惠人民群众。实践证明，只有坚持人民利益至上，努力为人民群众督大事、解难事、办实事，人大工作才会有广泛的群众基础，才能保持旺盛的生命力。

必须牢固树立法制意识，坚持做到依法履职。五年来，我们严格遵循宪法和法律的规定，坚持民主集中制原则，充分发扬民主，通过会议形式集体决策，依法行使监督、决定重大事项、人事任免等职权，有力促进了“一府两院”依法行政、公正司法。实践证明，只有严格依法按程序履行职权，人大工作才会规范有序，才能有效开展。

必须牢固树立主体意识，充分发挥代表作用。五年来，我们不断加强和改进代表工作，组织代表广泛开展调研、视察、执法检查等活动，为代表依法履职提供有效服务。全体代表牢记重托，认真履职，为促进全县经济社会发展做了大量工作，发挥了积极作用。实践证明，只有充分发挥代表主体作用，人大工作才会有声有色，才能在推进民主政治建设中发挥出更积极的作用。

必须牢固树立创新意识，紧跟时代前进步伐。五年来，我们在坚持依法按程序开展工作的前提下，注重解放思想、转变观念、与时俱进，积极探索加强和改进监督工作、代表工作的新方式、新方法，使人大工作更具特色、更有实效。实践证明，只有注重创新，人大工作才会与时俱进，才能在基层实践中充分彰显人大制度的优越性。

在总结本届工作成绩的同时，我们也清醒地看到，常委会工作离宪法和法律的要求，离人大代表和人民群众的期望还存在着一定的差距，主要体现在：监督的刚性、力度和实效有待进一步增强；讨论决定重大事项的工作机制有待进一步健全；代表联系群众的渠道、发挥代表作用的途径有待进一步拓展；常委会的自身建设仍需进一步增强、履职能力仍需进一步提高。这些都需要在今后的工作中加以改进和解决。

对今后人大工作的建议

各位代表，未来五年，是我县加快科学发展、实现跨越崛起、全面建成小康社会的关键时期。刚刚闭幕的县第十四次党代会，深入分析形势，确定了今后五年经济社会发展的宏伟目标和战略举措。目标鼓舞人心，责任催人奋进。新形势、新任务，对人大工作提出了新的更高的要求。现在，新一届县人民代表大会已经组成，新一届县人民代表大会常务委员会也即将选举产生。我们坚信，在县委的正确领导和全县人民的大力支持下，县十八届人大及其常委会必将担负起历史和人民赋予的光荣使命，把智慧和力量凝聚落实到县第十四次党代会各项任务上来，以良好的精神风貌，务实的工作作风，依法履行各项职责，不断开创人大工作新局面，为梁山各项事业的发展做出新贡献。这里我们提出几点建议：

一、围绕工作大局，在推动科学发展、助推跨越崛起中主动作为。围绕中心、服务大局，依法行使决定、监督、任免等职权，促进县委重大决策部署的贯彻落实和人民群众普遍愿望的实现。围绕加快转变经济发展方式、保障和改善民生、加强和创新社会管理、推进生态文明建设等议题，深入开展调查研究，积极建言献策，为县委、县政府决策提供参谋。主动参与县委中心工作，自觉服务全县工作大局，凝聚各方力量，共同推动发展。

二、强化监督职能，在推进依法行政、促进公正司法中履职尽责。全面贯彻监督法和省市人大监督工作办法，突出监督重点，改进监督方式，加强对法律法规实施情况的监督，加强对政府工作的监督，加强对司法体制改革的监督，加强对全口径预算决算的审查监督，加强对规范性文件的备案审查，促进依法行政、公正司法。坚持党管干部和人大依法任免相统一的原则，行使好人事任免权，为经济社会发展提供可靠的组织保障和人才保障。

三、密切联系代表，在保障代表权利、支持代表履职中提升水平。全面落实中共中央《关于加强和改进人大代表、政协委员有关工作的通知》，搞好代表学习培训，加强代表小组建设，扎实开展各项活动，支持和保障代表依法履职行权。健全代表议案建议督办机制，规范办理程序，强化跟踪督办，不断提升办理工作质量。加强代表履职监督，激发代表履职活力，探索建立代表履职激励机制和依法退出机制。

四、加强自身建设，在提升履职能力、提高工作效率中激发活力。主动适应新形势新任务的要求，进一步加强政治理论和业务知识的学习，不断提升依法履职、服务发展的本领。继续完善常委会工作制度，保证常委会会议和活动规范有序进行。加强作风建设，密切联系群众，改进调查研究，树立为民务实清廉的良好形象。重视人大理论研究和宣传工作，加强对乡镇、街道人大的联系和指导，不断提升全县人大工作的整体水平。

各位代表！历史赋予我们的使命光荣艰巨，人民对我们的期待殷切厚重。梁山未来五年的宏伟蓝图已经绘就，我们相信，在县委的坚强领导下，有各位代表的共同努力，有全县人民的大力支持，新一届人大及其常委会一定能履行好宪法和法律赋予的神圣职责，锐意进取、开拓创新，不负人民重托，谱写出人大工作的新篇章，为加快建设经济强县、美丽梁山作出新的更大的贡献！

梁山县人民代表大会常务委员会工作报告

——2018 年 1 月 10 日在梁山县第十八届人民代表大会第二次会议上

梁山县人大常委会主任　秦延信

各位代表：

我代表县人大常委会，向大会报告工作，请予审议，并请列席会议的同志提出意见。

过去一年的主要工作

2017 年是县十八届人大常委会履职的开局之年。一年来，常委会以习近平新时代中国特色社会主义思想为指引，深入学习贯彻党的十九大精神，在中共梁山县委的坚强领导下，紧紧围绕全县工作大局，全面履行宪法法律赋予的各项职权，不忘初心、牢记使命，依法履职、积极作为，圆满完成了县十八届人大一次会议确定的目标任务，实现了本届常委会工作的良好开局，为全县经济社会发展和民主法治建设作出了积极贡献。

一、围绕大局，主动作为，着力推动县委决策落实

常委会坚持党的领导、人民当家作主、依法治国的有机统一，在县委领导下科学谋划人大工作，依法行使各项职权，全力推动县委决策部署的落实。

始终坚持党的领导。常委会旗帜鲜明讲政治，牢固树立“四个意识”，不断增强“四个自信”，政治上、思想上、行动上始终与习近平同志为核心的党中央保持高度一致。坚持把党的领导贯穿于人大工作的全过程，充分发挥地方国家权力机关的职能作用，及时将县委决策部署通过法定程序转化为全县人民的共同意志。坚持民主集中制原则，充分发扬民主，严格依法办事，重大事项、重要活动及时请示报告，县委精神及时贯彻落实。围绕全县发展大局，制定常委会年度工作要点，确保实现与县委决策的高度融合，与政府工作的紧密结合，与梁山发展的同频共振。

围绕大局依法履职。常委会找准服务大局的结合点、加强监督的切入点、推动经济社会发展的着力点，制定监督计划，依法开展监督，听取审议专项工作报告 12 个，开展视察调研、执法检查 16 次，作出审议意见 11 项，开展满意度测评 17 次。依法行使决定权，围绕改革发展稳定中的重大事项，集体讨论并作出决议决定 13 项，批准新一中、文化中心、森林公园、城乡供水一体化、棚户区改造回迁安置等 9 个重大项目，助推了全县重点工程的实施。坚持党管干部和人大依法任免相统一，修订任免办法，规范任免程序，通过任前法律知识考试、现场供职报告、民主审议票决、颁发任命书和组织宪法宣誓，增强了被任命人员的法律意识、人大意识和公仆意识。一年来，共任免国家机关工作人员 75 人次，圆满实现组织意图。

积极参与中心工作。常委会树立“一线人大”导向，发挥“一线人大”作为，各位主任牵头负责或参与了招商引资、大项目建设、水浒文化旅游、精准扶贫等 17 条重点工作线，坚持深入一线，率先垂范，全力推动各项重点工作的开展。围绕全县“三个一”目标任务，主动参与招商引资工作，5 位主任全年外出招商、争取项目近百次，引进欧泰科技、龙腾梁轴、至德新材料等 7 个亿元项目，协助冠龙化工、紫荆光电、鲁汾酒厂、康海新材料等 16 个亿元项目落地园区。全力争取京九高铁途经梁山并设站，深入推进旅游发展“三年行动计划”，积极与广东长鹿集团洽谈对接，力促休闲度假旅游项目落户梁山。策划引进了投资 20.8 亿元的铁水联运项目，铁路专用线和物流中心已竣工投产，港口航道工程开工建设。积

极服务镇村建设和现代农业发展，主动参与涂料、轴承、家居等产业园指挥部的工作，助推园区建设和项目落地。扎实做好党的十九大、省党代会等重大会议期间的安保维稳工作，包死靠牢乡镇，协助化解信访积案，维护大局和谐稳定。

二、把握重点，强化监督，着力推进经济社会发展

常委会紧扣发展第一要务，坚持监督与支持并重、寓支持于监督之中，全力助推经济社会发展。

审查计划预算，推动经济健康运行。密切关注全县经济发展运行情况，听取审议县政府上半年国民经济和社会发展计划执行情况报告，提出要加强经济形势的分析研判，强化经济运行调度，推进新旧动能转换，加快重大项目建设，扶持重点企业发展，培植壮大财源税源，全力以赴促发展、惠民生、保稳定。深化全口径预算审查监督，制定预算审查监督办法，听取审议预算执行情况报告，审查批准财政决算和预算调整方案，将政府一般公共预算、政府性基金预算、国有资本经营预算和社会保险基金预算全部提交人代会审查，实现了预决算监督的全覆盖。听取审议审计工作报告和审计查出问题整改情况的报告，督促完善预算管理机制，提高财政资金使用绩效。

关注实体经济，促进产业转型升级。把产业发展作为监督重点，听取审议专项报告，围绕专用汽车、教育出版、生物食品、纺织服装等重点产业，多次组织视察调研，就抢抓政策机遇，实施创新驱动，加大招商引资力度，营造良好发展环境等方面提出意见。支持县政府深入实施工业创新发展“十大行动”，加快新旧动能转换，推动产业提档升级、转型发展，实现了发展质量的提升。高度重视园区建设，深入经济开发区、梁山工业园、玻璃产业园、涂料产业园进行实地调研，督促县政府加快“三区六园”基础设施建设，提高承载能力，激发发展活力。组织代表对华宇、金榜苑、通亚重工等重点企业进行视察，鼓励企业瞄准高端化、高质化、高新化的发展方向，加快转型升级。对金融支持地方发展工作进行专题视察，要求金融机构准确把握全县经济发展的良好态势，搞好银企对接，增强银企信任，加大支持力度，积极服务梁山发展大局。

强化法律监督，推进依法治县进程。顺应人民群众对司法公正的期盼，听取审议县法院执行工作情况的报告，提出要进一步完善执行机制，创新执行形式，强化协调配合，努力破解“执行难”，保障群众合法权益，维护社会公平正义。支持检察机关依法独立行使检察权，专题调研侦查监督工作，视察“检察大数据平台”，提出建立健全联动衔接机制，加大对重点领域、重要部门的监督力度，进一步提升监督质效等建议，推动侦查监督工作深入开展。对《道路交通安全法》贯彻实施情况进行执法检查，针对执法检查中发现的问题，提出要强化宣传教育，加大执法力度，严厉打击交通违法行为，有效维护道路交通秩序，保障人民群众生命安全。坚持常委会领导定期接访制度，落实跟踪督办机制，解决群众合法诉求，全年共受理群众来信来访 87 件次，接待群众来访 146 人次，为化解社会矛盾、促进和谐稳定发挥了积极作用。

三、倾听民声，反映民意，着力促进民生持续改善

常委会坚持以人民为中心的思想，把监督的视野更多地向民生领域拓展，更大力度督促民生问题的解决，让发展成果更多地惠及人民群众。

聚焦民生热点，依法实施专题询问。常委会积极运用专题询问这一刚性监督方式，对群众反映的热点难点问题进行重点监督。顺应群众对出行更加方便，环境更加优美，生活更加舒心的美好期盼，实施了对城区环境卫生工作的专题询问。4 名副主任及 9 名委员围绕“门前三包”、垃圾清运、小区物业管理、城区扬尘治理、公厕建设管理、城区道路积水等与百姓生活息息相关的民生问题，向分管副县长及有关部门主要负责人进行面对面询问。被询问人直面问题，查找不足，

分析原因，作出承诺。通过一问一答，问出了深度和关键，答出了责任和动力，回应了人民群众的普遍关切，凝聚了全县上下创建卫生城市、文明城市的信心和决心。县政府及有关部门认真履行承诺，对城区环境卫生实行网格化、精细化管理，使城市形象得到提升，人居环境明显改善。为保障人民群众舌尖上的安全，针对农村食品监管、畜禽产品质量、生产源头管理、食品检验检测、学校食品安全、餐厨废弃物管理等8个方面存在的问题，再次进行专题询问，督促县政府落实监管职责，解决突出问题，建立长效机制，促进了食品安全县的创建。县电视台对两次专题询问全程录音录像，并以专题节目的形式向全县播放，提高了人大和政府工作的公开度，增强了应询单位做好工作的责任感，取得了良好的社会效果。

关注惠民实事，增进全县百姓福祉。为民办“十件实事”是县政府向全县人民作出的郑重承诺，代表关心、社会关注。常委会高度重视，听取审议了办理情况的报告，对照年初任务目标，对10大类、33个小项的民生项目逐一进行检查，深入文化中心、森林公园、惠馨苑棚户区安置、老城区基础设施提升改造等项目建设工地，详细了解工程建设进度，提出要加快项目建设，加强质量监管，打造优质工程、精品工程。支持县政府全面推进棚户区改造，加快人民北路、水泊大街等道路的提档升级，增强了城市的配套功能。督促加快健身步道、镇镇通燃气、城乡供水一体化、黄河滩区脱贫迁建、县医院妇产儿科大楼等重点民生工程的建设进度，力争项目早建成、群众早受益。

回应群众关切，助力社会事业发展。听取审议医疗卫生服务工作情况的报告，提出要进一步完善卫生投入机制，加强公共卫生服务体系建设，提高医疗服务能力，促进全县公共医疗卫生事业的健康发展，不断满足人民群众的卫生健康需求。重视解决教育大班额工作，深入新一中、新二中、曲师大附中等7处在建学校进行实地视察，提出要把学校规划与城市规划结合起来，科学长远考虑学校承载能力，合理配备教育资源，努力办人民满意教育。高度关注城乡教育均衡发展，针对农村教师短缺、年龄老化等问题，提出要进一步强化政府保障职责，充实农村教师力量，配齐教育教学设备，提高了全县教育均衡化水平。围绕创建全国绿化模范县，深入全县6个乡镇、12个造林绿化现场进行集中视察，督促加快绿色梁山、生态梁山建设。

四、优化服务，搭建平台，着力发挥代表主体作用

常委会突出代表主体地位，改进工作方式，完善服务机制，确保代表作用得到充分发挥。

强化学习培训，提升代表履职水平。针对换届后初任代表较多的实际，举办了人大代表专题培训班，邀请省人大专家讲授《代表法》《地方组织法》《预算法》等法律法规以及人大业务知识，组织代表参加上级人大常委会的培训活动，让代表正确把握履职方式方法，全面提高综合素质和履职能力。扩大代表对常委会、专门委员会工作的深度参与，全年共邀请代表列席常委会会议106人次，参加视察调研、执法检查128人次，保障了代表的知情权、参与权。

拓展履职平台，丰富代表活动内容。严格落实“双联”制度，开展“集中走访代表月”活动，常委会组成人员采取个别走访、召开座谈会、开展代表小组活动等形式，加强与代表的联系，认真听取意见建议，共联系市县乡代表670余人次，收集意见建议380余条。按照硬件建设规范化、软件建设科学化、代表活动常态化、阵地管理责任化的“四化”标准，建立90个代表小组，使代表闭会期间组织活动有阵地、联系群众有渠道、服务群众有窗口、执行职务有平台。

加大督办力度，激发代表履职热情。实行主任现场督办议案制度，对加快小城镇发展、农村移风易俗2件大会议案进行分组督办。通过实地察看、听取汇报，详细了解办理进度，有针对性地提出意见建议。县政府高度重视，加快小城镇

规划编制，扎实开展城镇“一条街”整治，深入推进美丽乡村建设；通过强化宣传教育、建立红白理事会等措施，“丧事简办”已成新风，“高价彩礼”有效遏制。对重点建议实行分管副主任领衔督办，相关专门委员会、机关委室靠上督办，年底对办理情况开展“回头看”，推动建议办理由“满意率”向“落实率”转变，村村通自来水、城乡环卫一体化、梁山至济宁开通城际公交等一批群众关注的问题得到有效解决，进一步激发了代表为民代言、参与管理国家事务的热情。

五、求真务实，开拓创新，着力提高依法履职能力

积极适应新形势新要求，大力加强常委会和机关建设，不断提高依法履职和服务保障能力，以自身建设的内在动力，推动人大工作创新发展。

强化理论武装，提高履职能力。坚持把思想政治建设摆在首位，深入学习贯彻党的十九大精神，自觉以习近平新时代中国特色社会主义思想武装头脑、指导实践、推动工作。充分发挥县人大常委会党组的作用，严格党内政治生活，认真落实“三会一课”、民主生活会和领导干部双重组织生活制度。健全完善常委会和人大机关学习制度，不断提高把握大局、依法办事、审议决策的能力。组织县乡人大干部到中国政法大学进行专题培训，组织相关委室到浙江温岭、河南新郑、江苏新沂等地学习预算审查、专题询问、重大事项决定的先进经验，开阔眼界、拉高标杆、提高水平。

完善工作机制，增强工作实效。加强制度建设，修订完善常委会议事规则、组成人员守则等 9 项规章制度，使人大各项工作定位更加准确、目标更加清晰、推进更加有力。注重审议实效，实行分组讨论，让与会人员敞开思想、各抒己见，切实保障常委会组成人员和人大代表的民主权利。改进视察方式，围绕产业发展、PPP 项目建设等事关全局的重点工作，组织开展了 8 次全体组成人员参加的大型视察，广泛凝聚发展共识。创新评议方式，对“十件实事”、食品安全、城区环境卫生等涉及部门多的工作，对各有关单位进行单独测评，测出了压力动力，促进了工作落实。加强跟踪督办，加大对审议意见的督办力度，责成各工作机构对口督办，建立办理台账，逐条逐项销号，增强了监督实效。

加强自身建设，树立良好形象。以推进“两学一做”学习教育常态化制度化为总抓手，深入开展“解放思想大讨论”“遵规守纪大教育”“干部作风大提升”主题活动，加强作风建设，严格机关管理，树立了纪律严明、务实高效的人大机关形象。重视人大宣传工作，及时更新网站内容，开通微信公众号，全年在市级以上媒体发稿 60 余篇，被省市人大评为宣传工作先进单位。认真做好老干部工作，为老干部学习、活动提供必要的服务保障。加强与乡镇街区人大的联系，指导各乡镇规范开好人代会和主席团例会，督导乡镇街区人大开展好视察、调研等代表活动，推动基层人大工作扎实有效开展。

各位代表，过去一年取得的成绩，是县委正确领导的结果，是全体人大代表、常委会组成人员共同努力的结果，是“一府两院”密切配合的结果。在此，我代表县人大常委会表示衷心的感谢！

在肯定成绩的同时，我们也清醒地认识到，常委会的工作还存在一些不足，主要是：监督方式需进一步探索创新；重大事项决定权的行使有待进一步完善；代表主体作用的发挥还有较大提升空间；常委会的履职能力仍需进一步提高等。对于这些问题，我们将采取有力措施，认真加以解决。

今年的主要工作任务

2018 年是全面贯彻落实党的十九大精神的开局之年，是加快建设美丽幸福新梁山的关键一年。常委会工作的总体要求是：坚持以习近平新时代中国特色社会主义思想为指引，深入贯彻落实党的十九大精神，在中共梁山县委的坚强领导下，紧紧围绕县十四届四次全委会确定的目标任

务，认真行使法定职权，充分发挥职能作用，不断开创人大工作新局面，为推进依法治县进程、促进经济社会发展作出新的贡献。

一、坚持党的领导，在服务发展大局上展现新作为。深入学习贯彻党的十九大精神，深刻领会习近平新时代中国特色社会主义思想的丰富内涵，提高政治站位，树牢“四个意识”，把党的领导贯穿于依法履职全过程，确保人大工作正确政治方向。深刻认识社会主要矛盾和经济发展阶段的重大变化，充分发挥人大作为权力机关、监督机关、代表机关、民意机关的优势，自觉围绕大局定位，主动围绕大局谋划，积极围绕大局作为，助力现代经济体系建设，助推“十大攻坚行动”开展，全力推动县委决策部署的落实。

二、增强履职实效，在行使法定职权上谋求新突破。依法行使重大事项决定权，围绕县委重大决策部署和人民群众普遍关心的重大问题，通过法定程序，适时作出决议决定。牢固树立新发展理念，加强国民经济和社会发展计划执行情况的监督，促进经济持续健康发展和社会和谐稳定。加强对经济运行工作的监督，支持县政府加快实施新旧动能转换，推动经济发展的质量变革、效率变革、动力变革。关注重点产业发展，听取专用汽车、水浒文化旅游发展情况的报告，推动产业升级、转型发展。加快预算联网监督体系建设，加强对全口径预算决算的审查监督，提高财政资金使用绩效。组织代表对“一府两院”进行工作评议，促进依法行政、公正司法。加快法治梁山建设，听取法检“两院”专项工作报告，对“七五”普法开展情况进行视察，对《城乡规划法》《产品质量法》的贯彻实施情况开展执法检查。重视民生改善，加强对教育、就业、医疗卫生、社会保障、脱贫攻坚等民生工作的监督，不断满足人民日益增长的美好生活需要。灵活运用听取审议专项工作报告、集中视察、执法检查、专题询问、工作评议等方式，加大监督力度，增强监督实效。依法按程序做好人事任免工作，确保组织意图顺利实现。

三、尊重主体地位，在发挥代表作用上见到新成效。加强代表的学习培训，举办专题培训班，着力提高代表依法履职的能力和水平。健全代表列席常委会会议和参与人大工作机制，密切代表与群众的联系，探索进一步加强“双联”工作的途径和方式，充分反映群众意愿，及时掌握热点问题。加强代表活动阵地建设，充实完善人大代表活动场所。创新闭会期间的代表活动，开展以“提一条促进经济发展的建议、反映一个群众关注的热点问题、办一件群众受益的好事实事”为内容的“三个一”主题活动，充分发挥代表在各条战线上的引领示范作用。制定代表履职评估办法，落实代表履职登记制度，开展代表向选民述职活动，使代表履职意识更强烈、履职态度更端正、履职成效更明显。规范议案处理和建议办理程序，围绕议案办理开展专题询问，全面提高办理质量和水平，进一步激发代表为民代言的热情。

四、提升素质能力，在加强自身建设上树立新形象。扎实开展“不忘初心、牢记使命”主题教育，深入贯彻落实中央八项规定实施细则精神，密切联系人民群众，发扬求真务实作风，不断强化廉政教育，树立为民务实清廉的良好形象。开展“同业对标、学习武进”活动，组织人大干部外出学习培训，不断提高依法履职、服务发展的本领。自觉接受上级人大的指导，社会各界的监督。加强各专门委员会建设，充分发挥专门委员会的职能作用。抓好机关管理，强化队伍建设，提高工作效率，增强机关活力。重视人大对外交流和宣传工作，加强对乡镇街区人大工作指导，不断提高整体工作水平，推动全县人大工作在新的起点上创新发展。

各位代表，梁山发展充满希望，人大职责神圣庄严，人大代表肩负重任。让我们更加紧密团结在以习近平同志为核心的党中央周围，在中共梁山县委的坚强领导下，同心同德、砥砺奋进，勤勉履职、创新作为，共同谱写新时代梁山发展的新篇章，为建设“经济强县、美丽梁山”而努力奋斗！

梁山县人民代表大会常务委员会工作报告

——2019年10月17日在梁山县第十八届人民代表大会第三次会议上

梁山县人大常委会主任　秦延信

各位代表：

现在，我代表县人大常委会，向大会报告工作，请予审议，并请列席会议的同志提出意见。

2018年工作回顾

2018年，县人大常委会坚持以习近平新时代中国特色社会主义思想为指导，深入学习贯彻党的十九大和十九届二中、三中全会精神，在县委的正确领导下，全面履行宪法法律赋予的各项职责，全年共召开常委会会议11次，听取审议“一府两院”专项工作报告22项，开展专题视察、执法检查18次，圆满完成了县十八届人大二次会议确定的目标任务，有效发挥了地方国家权力机关的职能作用，有力促进了全县民主法治建设和经济社会发展。

一、提高政治站位，政治统领贯穿始终

县人大常委会始终把政治建设放在首位，坚持党的领导、人民当家作主、依法治国有机统一，增强政治定力，强化政治担当，不折不扣落实党中央和省市县委决策部署。

把牢人大工作正确政治方向。常委会坚持把学习贯彻习近平新时代中国特色社会主义思想作为首要政治任务，提高理论素养，坚定理想信念，强化政治能力和责任担当。牢固树立“四个意识”，不断增强“四个自信”，坚决做到“两个维护”，始终在政治立场、政治方向、政治原则、政治道路上同党中央保持高度一致。自觉坚持县委对人大工作的领导，坚持常委会党组向县委请示报告制度，把党的领导贯穿于人大依法履职、开展工作的全过程和各方面。

依法推进县委决策部署落实。常委会紧紧围绕县委确定的目标任务，科学安排人大的监督、决定、任免等工作。坚持正确监督、有效监督，综合运用听取审议专项报告、专题视察、执法检查、工作评议、专题询问、满意度测评、议案建议督办等多种监督形式，督促“一府两院”依法行政、公正司法，确保县委各项决策部署贯彻落实。围绕全县改革发展稳定中的重大事项，依法行使决定权，作出决议决定5项。规范人事任免工作，任免国家机关工作人员18人次。

主动参与服务全县中心工作。常委会牢固树立全局观念，班子成员融入大局、主动作为，积极投身经济社会发展的主战场。全力争取京九高铁途经梁山并设站工作，目前过境设站已成定局，梁山人的高铁梦即将实现。积极助推铁水联运项目建设，主动参与招商引资工作，协助引进国强集团、兴恒丰纺织等亿元项目。积极参与国家卫生城市、国家文明城市创建工作，扎实做好重大会议、重要节日期间的安保维稳工作，为全县经济社会发展贡献力量。

二、强化大局意识，履行职权有力有效

常委会围绕经济社会发展中的全局性、关键性问题，把依法监督与支持促进有机结合，全力助推经济社会高质量发展。

加强对经济工作的监督。密切关注经济运行，听取审议计划执行情况的报告，召开发改、财政、税务等部门参加的经济运行座谈会，提出要深化贯彻落实供给侧结构性改革，提高双招双引实效，加大对民营经济、重大项目的支持力度等建议，提升经济发展的质量和效益。助力新旧动能转换，深入梁轴轴承、经典印务、通亚汽车、前能生物等15个重点项目开展视察调研，提出加快实施技术创新，破解资源要素制约，强化人才智力支撑等建议，推动产业转型升级、发展动力转换。重视旅游产业发展，开展专题视察活动，提出加快编制完善旅游发展规划，加大重大旅游项目招引力度，加强景区基础设施建设，优化旅游发展环境等建议，促进水浒旅游产业发展。

加强对预算工作的监督。高度关注财政资金使用效益，强化预算执行监督，听取审议预算执行报告，审查批准县级财政决算、预算调整方案，严格全口径预算审查，推动财政资金规范、有效使用。推进人大预算审查监督重点向支出预算和政策拓展，推动建立“花钱必问效、无效必问责”的绩效管理机制。建立预算审查前听取人大代表和社会各界意见建议机制，推动预算安排更加符合政策要求和我县实际。支持审计部门依法监督，制定《关于改进审计工作情况及审计查出问题整改情况向人大常委会报告机制的规定》，听取审计工作报告、审计查出问题整改情况的报告，持续跟踪48个问题的整改落实情况，督促有关部门整改到位，提高了财政资金使用绩效。

加强对民生工作的监督。民心所望，人大所向。常委会坚持以人民为中心的思想，密切关注热点问题，积极回应群众关切。跟踪督办十件实事，督促县政府加大投入力度，全力全速推进，如期完成了智慧城市工程、乡镇教师周转房、农村危桥改造、食药品电子监管等一批惠民工程。关心教育事业发展，听取审议全县教育工作情况的报告，提出科学规划学校布局，鼓励社会资本投资办学，加快推进新一中、新二中和4处城区小学建设，完善农村教育基础设施，促进了城乡教育的均衡发展。重视群众文化生活，深入了解镇村文化广场建设，实地察看文化中心“七馆”建设进度，要求进一步加大投入力度，完善文化基础设施，积极开展形式多样的文化活动，丰富群众精神文化生活。2018年，常委会还对城乡绿化、库区移民工程、棚户区回迁安置等群众关心、社会关注的工作进行了视察调研，提高了人民群众的生活质量和幸福指数。

加强对法治工作的监督。注重法律监督，开展《产品质量法》《城乡规划法》执法检查，查找存在问题，提出意见建议，促使有关部门增强法制观念，不断改进工作，有力促进了相关法律法规的贯彻实施。加强司法监督，专题视察县法院家事审判工作，提出要深化审判方式改革，不断满足人民群众对家事审判工作的新需求。对民事行政检察工作进行专题视察，提出要创新工作理念，依法履行公益诉讼起诉人职责，更好地维护国家和社会公共利益。深化备案审查，制定《规范性文件备案审查办法》，对县政府报备的7件规范性文件进行严格审查，切实做到有件必备、有备必审、有错必纠。

三、创新监督方式，监督实效明显增强

创新是人大工作永葆生机活力的动力和源泉。常委会主动适应新形势，坚持以改革创新为抓手，不断创新监督形式、拓宽监督领域、增强监督效果。

积极推行部门评议。工作评议是人大依法监督的一种重要形式。常委会坚持依法有据、问题导向、促进工作的原则，经过动员、调研、评议、整改等阶段，历时6个月，顺利完成了首批对发改、住建、税务等15个政府部门、驻梁单位的工作评议。为提高评议实效，常委会组织5个评议工作组，采取多种形式广泛征求意见建议，全面掌握被评议部门工作情况，共收集问题和建议4370条次，梳理汇总意见建议91条、问题95个。集中评议会议上，15个被评议单位现场报告工作，回应代表提出的意见建议；100名省市县人大代表认真审议，当场投票评议，现场公布结果，有8个单位被评为满意等次，7个单位被评为基本满意等次。通过工作评议，传递了群众的关切和期盼，评出了部门的压力和动力，形成了推动发展的强大合力。

加快预算联网监督。开展预算联网监督，是提高财政预算管理水平，建立全面规范、公开透明预算制度的重要举措。按照全国和省、市人大要求，投资60万元高标准建设了预算联网监督中心，实现了与财政部门的横向联通，预算联网监督中心具有预决算审查分析、预算执行监督、重点项目跟踪、政府债务和国有资产监管等9项功能，可实时监控预算资金安排、拨付和使用情况。利用“互联网+”和大数据技术开展预算监督，实现了监督关口的前移，形成了事前审查批准、事中监督提醒、事后监督追责的全程监督模式，创新了人大预算监督方式，在推进预算公开、强化预算约束、提高财政资金使用绩效等方面发挥了重要作用。

持续实施专题询问。城乡公交一体化是全县人民群众多年的期盼，是县委着力要解决的一项民生工程。县人大常委会积极回应，运用专题询问，实施重点监督。通过开展集中视察调研，拟定了10个专题询问题目。各位副主任和委员围绕票价高、乘坐不方便、服务质量差、财政资金保障等群众关心关注的问题，面对面向县政府及交运等部门负责同志展开询问，询问开诚布公、严肃认真、直指问题；被询问人不避矛盾、正视问题、实事求是的进行了回答，并郑重承诺限期办完。县政府认真研究推进措施，仅用一个月时间就如期兑现承诺，实现了上车一元钱、线路全覆盖、老年人免费乘车的目标，人民群众多年来对出行的美好向往变为现实。

四、改进代表工作，主体作用更为彰显

常委会充分尊重代表主体地位，不断加强和改进代表工作，全力支持和保障代表依法履职。

着力提升代表履职能力。邀请全国人大培训中心、省人大常委会的4位领导和专家，举办了两次人大代表培训班，培训代表500余人次，通过解读监督法、预算法等法律，讲解人大业务知识，传授代表履职经验，提高了代表的综合素质和履职能力。拓宽代表知情知政渠道，邀请代表列席常委会会议320余人次，参加专题视察、执法检查活动260余人次，使代表的履职能力在实践中不断提升。

着力提升代表履职活力。高标准打造14个乡镇“代表活动中心”，完善提升90个市、县、乡代表小组建设，使代表开展活动有阵地、联系群众有渠道、执行职务有平台。深化“双联”工作，开展“集中走访月”活动，常委会组成人员联系代表180余人次，代表联系选民1200余人次，收集意见建议1550余条。建立代表履职评价机制，评选表彰45名优秀县人大代表和8个先进代表小组，激发了代表的责任担当和履职热情。

着力提升建议办理质量。常委会始终将代表满意、群众认可作为办好议案建议的第一标准，在开展集中视察、现场督办的基础上，首次将议案建议办理列为人大常委会议题，针对11个议案和重点建议，分别听取县政府和牵头部门办理情况的报告，并进行满意度测评，推动议案建议办理由“办复率”向“满意率”转变，城区治堵治乱治脏、园区基础设施建设、农村污染源综合治理等一批群众期盼度高、受益面广的议案建议得到有效办理。

着力提升基层人大水平。制订《关于进一步加强乡镇街区人大工作的指导意见》，指导乡镇规范开好人代会和主席团例会，乡镇人大职权得到依法行使。邀请乡镇街区人大负责人列席常委会会议，全年列席135人次；召开乡镇人大工作座谈会，交流工作，推广经验，有效促进了县乡人大工作联动和工作水平的提高。各乡镇街区人大围绕项目建设、民生改善、乡村振兴等议题，广泛组织代表开展视察调研活动，为促进镇域经济社会发展发挥了重要作用。

五、加强自身建设，履职能力持续提升

常委会积极适应新时期对人大工作的新要求，全面加强自身建设，着力提高依法履职的能力和水平。

切实加强思想政治建设。扎实推进“两学一做”学习教育常态化制度化，自觉以习近平新时代中国特色社会主义思想武装头脑、指导实践、推动工作。坚决贯彻全面从严治党，严格落实“三会一课”、民主生活会和领导干部双重组织生活制度。健全完善常委会和机关学习制度，持续开展“同业对标、学习武进”活动，组织常委会委员、县乡人大干部赴全国先进单位深圳罗湖区开展专题培训，人大干部的政治素质和行动自觉不断增强，依法履职和服务大局的能力进一步提升。

切实加强纪律作风建设。严格落实中央八项规定实施细则和省市县委实施办法，扎实开展“大学习、大调研、大改进”活动，围绕全县重点工作和群众反映的热点难点问题，深入基层、深入实际，广泛开展调查研究，全面掌握社情民意，持续改进工作作风。坚持“一岗双责”，落实党风廉政建设责任制和党员领导干部廉洁从政若干准则，从严从实抓好干部监督管理，树立了忠诚干净担当的良好形象。

切实加强机关效能建设。修订预算监督、备案审查、机关管理等 16 项工作制度，确保人大工作依法操作、规范实施、高效运行。按照“说了算、定了干、按期完”的要求，提高执行能力，狠抓工作落实。牢牢把握正确舆论导向，强化对外宣传，讲好人大故事，传播人大声音，常委会被省、市人大评为宣传工作先进单位。扎实做好机关管理、工会建设、老干部服务等工作，人大机关呈现出团结、务实、高效的精神风貌。

今年以来的主要工作

2019 年是新中国成立 70 周年，是全面建成小康社会决胜阶段的关键之年，也是完成县第十四次党代会目标任务的重要一年。今年以来，县人大常委会坚持以习近平新时代中国特色社会主义思想为指导，在县委的正确领导下，紧紧围绕年度目标任务，忠实履行宪法和法律赋予的各项职责，充分发挥各级人大代表的作用，全力助推全县经济社会高质量发展和社会主义民主法治建设。截至目前，已召开常委会会议 6 次，听取审议专项工作报告 8 项，作出决议、决定和审议意见 12 项，开展视察、调研、执法检查 17 次，任免国家机关工作人员 7 人次，较好地完成了预定的各项工作任务。

一、强化政治意识，在推动决策落实上主动作为。扎实开展“不忘初心，牢记使命”主题教育，深入学习贯彻习近平新时代中国特色社会主义思想，以高度的政治自觉践行“两个维护”。严格遵守党的政治纪律和政治规矩，坚持民主集中制原则，充分发扬民主，严格依法办事。紧扣全县发展大局谋划和推进人大工作，实现了与县委决策的高度融合，与政府工作的紧密结合。在“双招双引”、水浒文化旅游、大项目建设、乡村振兴、交通基础设施建设等中心工作中，勇于担当，积极作为，全力推动“十大攻坚”行动的开展。

二、突出监督重点，在服务发展大局上履职尽责。围绕推动高质量发展，加强对经济运行的监督，听取审议了县政府税务工作、营商环境等工作情况的报告，促进了经济持续健康发展。充分发挥预算联网监督系统作用，健全了预算信息互联互通共享机制，对县政府预决算进行了全口径审查监督。围绕践行以人民为中心的思想，对养老体系建设、美丽乡村和乡村振兴示范片区建设实施重点监督，不断满足人民群众对美好生活的需要。围绕建设生态梁山，对“水韵梁山”“绿满梁山”工作开展情况进行了专题视察，助力环境保护，助推生态建设。围绕推进依法治县，听取审议了县政府“七五”普法工作情况的报告，配合省市人大，开展了对大气污染防治“一法两条例”、安全生产“一法一条例”的执法检查，对县法院营造法制化营商环境、县检察院公诉工作进行专题视察，促进了相关工作的开展。围绕增强监督实效，启动了对政府部门和法检两院庭室的工作评议。

三、尊重主体地位，在发挥代表作用上创新举措。坚持把“双联”工作作为密切联系群众、激发代表履职活力的基础性工作，实行了常委会组成人员“季度双联”工作模式，通过走访、座谈等方式，认真听取人大代表的意见建议。健全完善代表阵地建设，高标准打造15个代表联络站示范点，为代表联系群众、履行职务、发挥作用提供平台。广泛邀请代表参加专题视察、执法检查活动，为代表知情明政、参与决策创造条件。各乡镇街区人大通过开展“代表集中活动月”“议题式接待”等方式，丰富代表小组活动，提高了闭会期间的代表活动质量。

四、提升能力素质，在加强自身建设上常抓不懈。严格落实常委会党组和机关学习制度，深入学习习近平新时代中国特色社会主义思想，认真学习法律法规和人大业务知识，提高了常委会组成人员和机关干部的理论水平和履职能力。加强机关作风建设，深入开展干部作风“十类问题”专项整治，持之以恒纠“四风”、转作风、树新风。重视人大宣传和理论研究，启动了《梁山人大志》的编撰工作。以创建省级文明单位为抓手，加强机关思想道德、文化、制度和环境建设，在单位内部形成了“知荣辱、讲正气、树新风、促和谐”的文明风尚。

各位代表，常委会工作取得的成绩，是县委正确领导的结果，是全体代表、县人大常委会及各专门委员会委员共同努力的结果，是“一府两院”积极配合、自觉接受监督的结果，是历届老领导关心支持的结果，是县政协、社会各界大力支持和全县人民充分信任的结果。在此，我代表县人大常委会表示衷心的感谢！

新的历史时期，县人大常委会的工作还有不足之处，主要是：对宪法法律的贯彻实施监督力度不够，法定监督手段综合运用还不充分，议案建议和审议意见办理质量有待提高，常委会的履职能力仍需进一步提升，人大机关建设还需加强等。对此，我们将认真听取各方意见，切实加以改进。

扎实做好第四季度的各项工作

第四季度，县人大常委会对照年度工作计划，抓重点、赶进度，依法履行职责，提高执行能力，确保各项工作任务完成。深入开展主题教育。积极开展“不忘初心、牢记使命”主题教育，牢牢把握守初心、担使命，找差距、抓落实的总要求，把学习教育、调查研究、检视问题、整改落实贯穿全过程，努力将主题教育成果转化为推进人大工作创新发展的强大动力。充分发挥人大监督作用。按照年度工作要点安排，听取审议县政府国民经济和社会发展、预算执行、国有资产管理等方面的报告，助推全县经济社会高质量发展；加大对十件实事、医疗卫生、就业工作、供水供暖、群众体育等民生事业的监督力度，积极回应群众呼声，努力增进百姓福祉。把开展工作评议与“双联”活动结合起来，引导常委会委员积极走访代表、代表密切联系选民，广泛征求基层群众对被评议部门的意见建议，查找存在问题，提高评议实效。全力助推“十大攻坚”。扎实做好京九高铁前期工作，为明年正式动工做好准备。加快推进重点旅游项目建设，主动参与招商引资、项目建设、乡村振兴、园区建设等攻坚行动，担当作为、狠抓落实，助推全县年度目标任务完成。

各位代表，我们肩负着宪法法律赋予的神圣职责，肩负着全县人民的期望和重托。让我们在中共梁山县委的坚强领导下，紧紧团结和依靠全县人民，不忘初心、牢记使命，依法履职、创新作为，为加快建设美丽幸福新梁山作出新的贡献。

梁山县人民代表大会常务委员会工作报告

——2020年1月16日在梁山县十八届人民代表大会第四次会议上

梁山县人大常委会主任　秦延信

各位代表：

我代表县人大常委会，向大会报告工作，请予审议，并请列席会议的同志提出意见。

过去一年的主要工作

2019年，县人大常委会始终坚持以习近平新时代中国特色社会主义思想为指导，深入学习贯彻党的十九大和十九届二中、三中、四中全会精神，紧紧围绕县委十四届六次全会决策部署，准确把握新时代人大工作新定位，全面履行宪法和法律赋予的职责，勇于担当、积极作为，全年召开常委会9次，听取审议专项工作报告15项，实施满意度测评22次，开展视察调研、执法检查18次，圆满完成了年初预定的目标任务，为全县经济社会发展和民主法治建设作出了积极贡献。

一、坚持党的领导，思想行动同心同向

党的领导是中国特色社会主义最本质的特征，是坚持和完善人民代表大会制度的根本保证。常委会把党的领导贯穿于依法履职的全过程，落实到人大工作的各方面。

提高政治站位。始终把党的政治建设摆在首位，坚持以习近平新时代中国特色社会主义思想统领人大工作，增强“四个意识”，坚定“四个自信”，坚决做到“两个维护”。高度重视党的意识形态工作，强化责任落实，将意识形态工作融入日常工作，充分发挥思想引领、舆论宣传、精神激励的重要作用。坚决维护县委总揽全局、协调各方的领导地位，坚持重大问题、重大事项请示报告制度，定期向县委汇报人大工作，确保在思想上同心、政治上同向、行动上同步。

强化理论武装。深入学习贯彻习近平新时代中国特色社会主义思想和党的十九大、十九届四中全会精神，扎实开展“不忘初心、牢记使命”主题教育，深刻领会习近平总书记关于坚持和完善人民代表大会制度的重要思想，充分认识人民代表大会制度作为我国根本政治制度的巨大优势，充分认识中国特色社会主义国家制度法律制度的突出优势，进一步坚定了走中国特色社会主义发展道路的信心和决心，进一步增强了坚持和完善人民代表大会制度的责任感和使命感。

贯彻县委决策。紧紧围绕县委中心任务谋划推进人大工作，将工业经济、营商环境、生态建设、乡村振兴等列为人大监督重点，助推工作开展，推动决策落实。坚持党管干部与人大任免有机统一，任免国家机关工作人员85人次。依法行使重大事项决定权，作出预算执行、财政决算、项目建设等决议决定6项；认真落实县委《关于实施民生实事项目人大代表票决制工作的意见》，完善操作办法，细化票决程序，推动科学决策、民主决策。主动参与京九高铁建设、水浒文化旅游、“双招双引”、项目建设、乡村振兴等重点工作，全力推动“十大攻坚”行动深入开展。

二、增强监督实效，服务发展主动作为

常委会积极探索和创新监督方式，坚持“抓重点、盯热点、求实效”的工作思路，全力助推经济社会高质量发展。

聚焦经济运行，推动计划预算执行。密切关注全县经济运行情况，听取审议2019年1-10月份计划执行情况的报告，提出要加强经济形势研判，强化经济运行调度，加快专用汽车产业转型升级，扶持重点企业做大做强，培植壮大财源税源，全力以赴促发展、惠民生、保稳定。听取审议2019年1-10月份预算执行情况的报告，审查批准2018年财政决算和2019年预算调整方案。发挥预算联网平台作用，对预算编制、执行、调整、公开及决算开展全过程、全口径监督，着力构建“民主预算、透明预算、绩效预算”监督体系。听取审议审计工作报告，持续跟踪45个审计查出问题的整改落实情况，督促有关部门完善管理机制，加强问题整改，提高财政资金使用绩效。落实全国和省市县四级人大联动机制，强化国有资产管理监督，首次听取县政府国有资产管理情况的报告，就加强制度建设、资产优化配置和保值增值提出意见建议，推动我县国有资产提质增效。

聚焦重点项目，助力新旧动能转换。把产业项目作为监督重点，深入铁水联运、经典印务、神力刹车、万事达专用车等11个重点项目开展视察调研，提出加快技术创新、破解要素制约、强化人才支撑等建议。听取审议县政府税务工作情况的报告，提出要严格落实减税降费政策，切实减轻企业负担，激发企业发展活力，助力实体经济发展。重视产业园区建设，采取市县联动监督方式，深入经济开发区、梁山工业园、食品工业园和玻璃、涂料、轴承等专业园区实地调研，督促加快完善“三区六园”基础设施，充分发挥工业园“三个中心”、开发区创新创业中心平台作用，提高科技创新能力，激发发展活力。关注营商环境改善，深入县为民服务中心、4个乡镇服务大厅了解情况，督促加快推进“一次办好”改革，优化服务流程，提高办事效率，激发市场主体活力。

聚焦三农工作，促进乡村振兴实施。深入韩垓木耳产业园、韩岗韭菜种植基地、馆驿鲁西黄牛养殖基地实地调研，提出完善农业产业发展规划、培育龙头企业和专业合作组织、加强农产品质量监管、规范土地流转、重视品牌建设等12条建议；县政府及有关部门高度重视，加强标准化生产基地建设，拉长农业产业链条，增强龙头企业辐射带动能力，农业产业化经营水平逐步提高。关注美丽乡村示范片区建设，组织市县人大代表深入梁山街道林庄、中王、大路口贾堌堆等美丽乡村开展实地调研，提出要完善发展规划，加大资金投入，搞好分类指导，发展壮大村集体经济，助推我县农村经济社会的发展。

聚焦依法治县，推进法治梁山建设。注重普法教育，听取审议了县政府“七五”普法工作情况的报告，深入乡镇、村居、企业和学校，实地调研普法工作开展情况，提出要落实好“七五”法治宣传教育规划，加大宣传教育力度，提高全民法治意识。重视法律监督，对安全生产法贯彻实施情况开展执法检查，督促有关部门树牢安全发展理念，抓好工业生产、道路交通、建筑工程、小区消防等重点领域隐患排查，加大执法监管力度，确保全县生产安全。加强司法监督，对县法院营造法治化营商环境工作开展了专项视察，督促县法院增强司法服务意识，发挥审判职能作用，加大执行工作力度，为经济发展营造良好的法治环境。专题视察检务公开工作，督促检察机关更新工作理念，拓宽公开渠道，增强检察工作透明度。落实信访制度，常委会班子成员带头包案、定期接访，及时转办督办群众来信来访45件，化解信访案件26件，为促进社会和谐稳定发挥了积极作用。

三、回应百姓关切，保障民生用心用力

常委会坚持以人民为中心的发展思想，把群众关注的热点、难点、焦点问题作为监督重点，努力做到民有所呼、我有所应，民有所盼、我有所为。

紧盯热点，增进梁山百姓福祉。为民办“十件实事”是县政府向全县作出的郑重承诺，代表关心、社会关注、群众期盼。常委会对此高度重视，对10类、19项民生项目逐一检查，针对进展不平衡等问题提出意见，督促有关部门落实责任、强力推进，确保全面完成。关心养老事业，对全县养老服务体系建设情况开展专题视察，提出加强规划引领，改善养老设施，提升服务质量等建议。专题调研就业创业工作，提出要进一步加大培训力度，拓宽就业创业渠道，完善服务平台功能，努力实现更加充分、更高质量的就业创业。

紧盯难点，促进公共事业发展。“百年大计、教育为本”。常委会持续聚焦教育事业发展，组织6个调研组，围绕群众关心关注的问题开展专题调研，听取审议了县政府教育工作情况的报告，提出要把学校规划与城市规划结合起来，科学考虑学校布局，要加强农村教师队伍建设，改进学生营养餐政策等意见建议。听取审议了基层医疗卫生服务工作情况的报告，督促加大医疗保障力度， 加强公共医疗服务体系建设，健全技术人员培养机制，提高基层医疗服务能力，促进公共医疗卫生事业健康发展。

紧盯焦点，营造生态宜居环境。建设生态梁山、共建和谐家园，是全县人民的热切期盼。常委会认真落实省市县人大“三级联动”要求，对大气污染防治“一法两条例”、水污染防治“一法一条例”实施情况开展执法检查，采取“四不两直”方式，深入重点河道、工业企业、建筑工地、项目现场开展视察，督促有关部门树立绿色发展理念，完善环保基础设施，搞好环境综合执法，提升生态环境质量，打赢污染防治攻坚战。对“绿满梁山”“水韵梁山”开展专题视察，督促搞好镇村、城区、廊道绿化，加快实施重点水利项目，全面构筑县域生态体系，为“经济强县、美丽梁山”建设提供坚实生态保障。

四、突出主体地位，代表工作彰显特色

常委会立足“代表机关”定位，健全工作机制，搭建活动平台，丰富活动内容，全力支持和保障人大代表依法履行职责。

优化服务保障，搭建代表履职平台。把“双联”作为密切联系群众、激发代表活力的基础性工作，实行“季度双联”工作模式，常委会组成人员通过调研走访、座谈交流等方式，认真听取人大代表的意见建议，共收集经济发展、民生改善、社会治理等方面的意见建议860条。广泛邀请代表列席常委会会议，参加专题视察、执法检查等活动，全年邀请省市县代表580人次，为代表知情明政、参与决策创造条件。加强代表阵地建设，新建28个代表联络站，为代表联系群众、履行职务、发挥作用提供了平台。健全代表履职保障机制，全年拨付代表活动经费33万元，为代表依法履职提供了坚实保障。

深化评议工作，激发代表履职热情。坚持把评议工作贯穿常委会全年工作始终，准确把握评议的目标指向、重点内容、基本方式，加强县乡联动，强化指导督导，精心组织实施。广大代表积极投身评议工作，深入走访选民，广泛汇集民意。5个评议工作组共梳理汇总问题86个、意见建议96条。被评议部门单位自觉接受监督，积极作出回应，认真查纠整改，解决了一批民生热点难点问题。评议会议上，109名省市县人大代表当场投票测评，现场公布结果，有10个单位被评为满意等次，有5个单位被评为基本满意等次。通过工作评议，增强了人大监督实效，传递了群众的呼声和期盼，达到了解决问题、促进工作、群众受益的目的。

加大督办力度，提高建议办理质量。办理代表意见建议是国家机关的法定职责，也是尊重代表主体地位的重要体现。三次人代会闭幕后，及时召开人大、政府分管领导和承办单位主要负责人参加的交办会议，对101件代表建议进行集中交办，明确办结时限，提出办理要求。人大主任会议对代表议案跟踪督办，分管主任对重点意见建议领衔督办，人大各工委对代表意见建议对口督办，建立台账，逐项销号。截至目前，33件建议已经解决，56件建议正在解决，得到解决或正在解决的占88.1%，一批百姓关注的转院转诊难、公共自行车网点少、金堤西河治理等热点问题得到有效解决。

夯实工作基础，提升基层人大水平。加强工作指导，制订《关于加强乡镇街区人大工作的指导意见》，实行常委会组成人员分片指导乡镇街区人大工作制度，各位主任、委员深入乡镇街区，从工作程序、阵地建设、活动开展、职责履行等方面进行指导，推进基层人大工作深入开展。坚持乡镇街区人大负责人列席常委会制度，全年列席180人次。激发基层活力，鼓励镇街开展多种形式的代表活动，基层人大作用进一步发挥，拳铺、马营、韩垓等乡镇，围绕农村教育、医疗卫生、营商环境等议题，组织代表深入调研，提出意见建议，解决了一批社会关注的热点问题；韩岗、黑虎庙等乡镇，鼓励人大代表当先锋、作表率，充分发挥示范引领作用，推动了精准扶贫、乡村振兴、移风易俗工作的深入开展；梁山街道、水泊街道，积极组织代表对产业项目、民生保障、城市建设等工作进行视察调研，助推了经济社会的快速发展。

五、牢记初心使命，自身建设与时俱进

常委会把自身建设摆在重要位置，坚持在学习中把握正确方向，在实践中提高履职能力，自身建设不断加强。

持续提升履职能力。坚持理论中心组学习和机关集体学习制度，深入学习贯彻习近平总书记关于坚持和完善人民代表大会制度的重要思想，学习党的十九届四中全会和省市人大工作会议精神，学习宪法法律和人大业务知识，着力提升工作能力和履职水平。坚持把调查研究贯穿依法履职全过程，对“一府两院”提请审议的议题，组织专委会进行前期调研，深入一线、掌握实情，使常委会开展监督、作出决议更加贴近民心、反映民意、符合实际。一年来，围绕教育工作、“七五”普法、安全生产、工作评议等议题，撰写调研报告27篇。

切实加强组织建设。常委会党组不断强化政治担当，自觉履行党建工作责任制、党风廉政建设责任制，积极开展党内政治生活。高度重视专委会建设，及时补充25名专委会组成人员，为6个专委会依法履职、发挥作用打下了坚实基础。加强机构建设，增设社会建设工作室。健全完善工作制度，修订常委会及机关规章制度9项，制定了《国家机关工作人员任前法律知识考试试行办法》《常委会组成人员分工联系代表的意见》，使人大各项工作定位更加准确、目标更加清晰、推进更加有力。

不断强化机关管理。加强机关作风建设，深入开展干部作风“十类问题”专项整治，持之以恒纠“四风”、转作风、树新风。按照“说了算、定了干、按期完”的要求，提高执行能力，狠抓工作落实，营造了干就干好、干就一流的良好氛围。重视人大宣传和理论研究，组织编撰《梁山人大志》，充分发挥人大网站、微信公众号的阵地作用，讲好人大故事，传播人大声音，常委会被省、市人大评为宣传工作先进单位。加强思想道德、文化和环境建设，重视机关工会、妇联等群团组织建设，倾心做好老干部服务工作，人大机关呈现出务实高效的精神风貌。

各位代表，一年来，我们高举旗帜、与时俱进，全面落实习近平总书记关于坚持和完善人民代表大会制度的重要思想，对做好新时代人大工作有了更准确的把握；一年来，我们深入实际、心系人民，注重强化代表的履职服务，广大代表的主体作用得到了进一步发挥；一年来，我们紧贴中心、服务大局，求真务实、规范创新，人大各项工作取得了新的成效。成绩的取得，是县委正确领导、大力支持的结果，是常委会组成人员、各乡镇街区人大和全体人大代表勤奋工作、依法履职的结果，是“一府两院”积极配合、自觉接受监督的结果，是县政协、社会各界热忱支持的结果。在此，我代表县人大常委会表示衷心的感谢！

回顾一年来的工作，我们也清醒地认识到，常委会的工作还存在一些问题和不足。主要表现在：监督的力度和实效有待进一步增强；讨论决定重大事项的工作机制有待进一步健全；代表联系群众的渠道、发挥代表作用的途径有待进一步拓展；常委会和机关自身建设仍需进一步加强、履职能力仍需进一步提高等。对此，我们将认真听取各方意见，不断加以改进。

今年的主要工作任务

2020年是全面建成小康社会和“十三五”规划的收官之年，是实现县第十四次党代会确定目标的关键之年。县人大常委会将高举习近平新时代中国特色社会主义思想伟大旗帜，深入贯彻落实习近平总书记关于坚持和完善人民代表大会制度重要思想，紧扣县委十四届八次全会决策部署，紧扣经济社会高质量发展，紧扣人民群众重大关切，始终坚持政治机关定位，充分发挥权力机关作用，牢记初心使命，强化责任担当，依法履职尽责，为加快推进“经济强县、美丽梁山”建设贡献人大力量。

一、坚持党的领导，在落实决策部署上体现人大担当。以习近平新时代中国特色社会主义思想为指导，把党的领导贯穿于人大工作全过程，牢固树立“四个意识”，坚定“四个自信”，做到“两个维护”。认真贯彻落实省、市委人大工作会议精神，协助县委开好人大工作会议，扎实推进我县新时代人大工作创新发展。健全讨论决定重大事项制度，进一步明确重大事项决定的原则，细化界定重大事项范围，规范决议决定办理程序，切实维护人大依法行使重大事项决定权的严肃性和权威性。进一步规范任免程序，强化干部任后监督。主动参与县委中心工作，围绕全县重点任务、重大项目、重要事项，勇于担当，积极作为，全力推动县委决策部署的落实。

二、聚焦发展大局，在增强监督实效上彰显人大作为。围绕推动经济高质量发展，加强对经济运行的监督，听取审议国民经济和社会发展计划、重点项目建设等工作情况的报告，对专用汽车产业、教育服务产业和文化旅游产业进行专题视察。围绕打赢“三大攻坚战”，对防范化解重大风险、精准脱贫、污染防治进行重点监督。围绕充分发挥预算联网监督系统作用，建立健全预算信息互联互通共享机制，加强对政府全口径预决算的审查和监督；听取审议决算报告、预算执行情况报告和财政收支审计工作报告，推进预算监督重点向支出预算和政策拓展。围绕落实民生实事项目，按照“群众提、县委审、代表定、政府办、人大评”的模式，对民生实事项目的推进情况进行全程监督、跟踪问效，并在明年的代表大会上组织代表进行满意度测评，确保民生实事项目落地见效、惠及百姓。围绕提升依法治县水平，对县政府平安梁山建设、县法院现代化诉讼服务体系建设、县检察院刑事执行检察工作进行专题视察，对《银行业监督管理法》《山东省物业管理条例》等法律法规进行执法检查，助推法治梁山建设。围绕社会关注、群众反应强烈的事项开展专题询问，继续开展对政府部门的工作评议，全面实施对员额法官、检察官的履职评议。

三、发挥代表作用，在依法履职尽责上贡献人大力量。提高代表履职能力，按照经常化、小班化、专题化的原则，采取集中学习与观摩考察、举办乡镇培训班、外出学习考察等形式，加强对各级代表的履职培训，不断提高依法履职的能力和水平。激发代表履职动力，建设人大代表履职网络平台和“履职通APP手机客户端”，出台代表履职评价办法，健全代表履职登记、积分考核、向选民述职、公开联系方式等激励约束机制。丰富代表活动形式，深入开展“双建双联双评”、“千名代表连万家”主题实践活动，激发代表履职热情。拓宽知情知政渠道，组织代表开展视察调研、执法检查，旁听法院庭审、观摩招标采购等活动，充分保障代表的知情权、参与权。搭建代表履职平台，完善提升代表活动中心，推动联络站建设全覆盖。加强议案建议督办，健全完善代表建议“办前与代表会商、办中与代表沟通、办后向代表反馈”三见面的办理工作机制，探索开展代表建议办理第三方评估，全面提高代表议案建议办理质量；坚持向书记专题会议汇报审议意见制度，加大跟踪督办力度，合力推动问题解决。

四、突出使命担当，在加强自身建设上激发

人大活力。突出思想政治建设，巩固“不忘初心、牢记使命”主题教育成果，落实全面从严治党主体责任。重视履职能力建设，组织常委会组成人员、县乡人大干部开展专题培训，提高做好人大工作的本领。加强纪律作风建设，严格执行中央八项规定和省市县委实施办法，集中整治形式主义、官僚主义，深化作风建设，弘扬新风正气。完善机关工作制度，进一步提高执行能力，提升工作效能，促进人大工作依法有序运转。重视专委会建设，进一步理顺6个专委会的工作职责，充分发挥人才和专业优势，广泛开展视察、调研、执法检查活动，切实增强监督工作的针对性和实效性。提升人大工作信息化水平，按照省市人大要求，完成县人大常委会和人民代表大会电子表决系统建设。做好人大宣传工作，发挥各类媒体平台作用，拓展宣传广度和深度，讲好新时代人大故事，让国家根本政治制度深入人心、彰显优势。加强县乡人大联动，鼓励支持基层人大创新实践，增强人大工作整体合力。

各位代表，人大使命光荣而艰巨，人民重托殷切而厚重。让我们以习近平新时代中国特色社会主义思想为指导，更加紧密地团结在以习近平同志为核心的党中央周围，在中共梁山县委的正确领导下，不忘初心、牢记使命，全面担负起宪法法律赋予的各项职责，为全面建成小康社会、建设美丽幸福新梁山作出新的贡献！

梁山县人民代表大会常务委员会工作报告

——2021年2月5日在梁山县第十八届人民代表大会第五次会议上

梁山县人大常委会主任 秦延信

各位代表：

我代表县人大常委会，向大会报告工作，请予审议，并请列席会议的同志提出意见。

过去一年的主要工作

2020年是我县经济社会发展砥砺奋进、突破赶超，取得显著成效的一年，也是人大工作与时俱进、助力攻坚，取得重要进展的一年。一年来，县人大常委会在县委的坚强领导下，深入学习贯彻习近平新时代中国特色社会主义思想，全面落实党的十九大和十九届二中、三中、四中、五中全会精神，始终坚持党的领导、人民当家作主、依法治国有机统一，以干在一线的担当、履职为民的情怀、创新实干的作风，团结依靠广大代表，扎实履行法定职责，共召开常委会会议10次，听取审议“一府两院”专项工作报告26次，实施满意度测评9次，开展专题调研、视察、执法检查28次，专题询问1次，作出决议、决定和审议意见23项，配合省市人大开展视察、执法检查3次，圆满完成了年初确定的各项目标任务。

一、强化政治担当，推动县委决策落实见效

县人大常委会旗帜鲜明讲政治，突出党的政治建设，自觉服务大局，保证中央和省市县委决策部署落到实处。

始终坚持党的领导。常委会坚持把党的领导贯穿于人大工作全过程、各方面，自觉在思想上政治上行动上同以习近平同志为核心的党中央保持高度一致。切实维护县委“总揽全局、协调各方”的领导核心地位，坚持重大问题、重要事项及时向县委请示报告制度，准确把握党委决策与人大决定的关系，依法行使重大事项决定权与人事任免权，全年作出重大事项决议决定4项，任免国家机关工作人员65人次，确保了党的主张通过法定程序上升为全县人民的共同意志。健全完善了常委会党组各项制度，定期召开党组会议，讨论解决工作中遇到的重大问题，切实发挥了党组在人大工作中把方向、管大局、保落实的领导作用。

聚力打赢抗疫战争。年初面对突如其来的新

冠肺炎疫情，常委会深入贯彻习近平总书记关于疫情防控工作的重要指示精神，全面落实中央和省市县委部署，采取多种形式宣传疫情防控措施，以战时状态主动开展工作。为统筹推进疫情防控和复工复产，各位主任深入乡镇街道一线，入村庄、进社区、下企业，及时协调解决各类问题，督促“六稳、六保”政策落实。20余名人大机关干部下沉文昌阁社区，顶风冒雪、日夜坚守，确保了人民群众的健康安全。广大代表充分发挥自身优势，参与联防联控，带头复工复产，疫情期间累计捐款捐物2710余万元，消毒酒精25.4吨，口罩6.8万个，为全县疫情防控工作做出了积极贡献。

坚持服务中心工作。各位主任主动做好牵头包保的文化旅游、“双招双引”、交通基础设施建设、乡村振兴等工作，坚持到一线摸实情、解难题，保障重大工程项目顺利推进。锲而不舍跟进京九高铁过境梁山设站工作，在县委的坚强领导下，历时五年，想尽千方百计、历经千曲百折、历尽千辛万苦，岁月不负奋斗者，于2020年11月18日，国家发改委对京九高铁过境梁山设站作出正式批复，至此，京九高铁争取工作圆满结束，实现了梁山人的“高铁梦”。助推铁水联运项目建设，多次进京到省沟通协调，三次列入省级重点项目，铁路专用线、物流中心、港口航道工程全面竣工，梁山即将实现通江达海。常委会机关按照县委部署安排，积极参与脱贫攻坚、文明城市创建、人居环境整治、驻村帮扶等工作，圆满完成了县委交付的工作任务。

二、强化监督实效，助推经济社会健康发展

常委会认真贯彻新发展理念，探索和创新监督方式，充分发挥监督职能，全力助推经济社会健康发展。

推动经济运行稳中提质。常委会听取审议县政府关于“十三五”规划实施情况的报告，审查“十四五”规划和2035年远景目标纲要（草案），支持和促进政府打好“十三五”规划收官战，做好“十四五”规划编制工作。密切关注全县经济运行情况，听取审议2020年国民经济和社会发展计划执行情况的报告，认为面对新冠疫情的冲击，全县经济能够逆势上扬，主要经济指标稳中有增，成绩来之不易，建议县政府统筹推进疫情防控和经济社会发展，扎实做好“六稳”工作、全面落实“六保”任务，精准施策，努力完成年度目标任务。深入园区对专用汽车、教育服务等重点产业进行视察，提出完善产业规划、扩大主导产业规模，以科技和人才为支撑，推动产业转型升级。听取产学研合作情况汇报，支持县政府推进产学研深度合作，提升平台承载力，力促科技成果转化。开展国有资产管理情况专题调研，要求财政部门严格按照《企业国有资产监督管理暂行条例》，进一步摸清“家底”，完善监管机制，提高国有资产使用效益，确保国有资产保值增值。加强对金融部门的监督，围绕金融扶持中小企业发展进行专题调研，促进了金融部门服务方式的改善，推动了金融惠企政策落地。

加强预决算审查监督。常委会坚持预算法定原则，审查批准2019年财政决算报告、2020年财政预算调整方案，听取审议2020年上半年财政预算执行情况的报告，围绕财政落实“六保”任务，对减税降费政策落实、政府债务、抗疫特别国债资金等重点事项进行监督，要求财政部门规范收支行为，加强绩效管理，积极争取上级资金支持，严格控制债务风险，逐步实现了人大预算审查监督重点向支出预算和政策拓展。听取审议审计工作和审计查出问题整改情况的报告，加大对审计查出问题整改情况的监督力度，促进人大预算审查监督与审计监督形成监督合力。充分发挥预算联网平台作用，采取总体监督与典型监督相结合、线上监督与线下调研相结合，进一步增强了预算审查监督的针对性和实效性。预算联网审查监督工作走在了全市前列。

促进乡村振兴战略实施。围绕农村产业振兴，深入韩岗韭菜种植基地、菱花畜牧、宏源食品等进行视察，提出要加大政策扶持力度，培育龙头企业，延伸产业链条，着力推进现代农业发展。围绕促进城乡协调发展，对小城镇建设工作进行专题调研，要求乡镇街道突出规划引领，注重产业支撑，做大镇域经济，增强发展活力。围绕黄河滩区迁建工作，组织市县人大代表深入黄河生态防护林、滩区优质高产农业示范区、家居产业园、黄河新苑进行视察，建议依托滩区优势，整合各类资源，培育特色产业，加快滩区迁建进程，实现滩区群众的“安居梦”。

推进法治梁山建设。面对新冠疫情对我县传染病防治体系的冲击，对《传染病防治法》实施情况开展执法检查，实地察看徐集中心卫生院、县疾控中心、县人民医院和部分村居卫生室，听取审议县政府关于贯彻实施《传染病防治法》工作情况的汇报，提出要加强基层公共卫生服务体系建设，加大《传染病防治法》宣传力度，加强对学校、托幼机构等重点区域的防控措施，切实保障人民群众身体健康。对《食品安全法》实施情况开展执法检查，支持县政府实施专项整治，加大惩戒力度，确保人民群众舌尖上的安全。围绕创建“最安全县域”，开展平安梁山建设视察活动，督促公安、司法部门完善工作机制，夯实基层基础，提升社会治理水平，努力建设更高水平的平安梁山。视察法院现代化诉讼服务体系建设，督促县法院推动诉讼服务中心转型升级，深化“分调裁审”机制改革，提高诉讼服务水平。听取审议检察院刑事执行检察工作专项报告，督促县检察院完善工作机制，突出检察重点，提升刑事执行检察监督效能。落实信访制度，各位主任带头包案、定期接访，及时转办督办群众来信来访56件，化解信访案件19件，为促进社会和谐稳定发挥了积极作用。

三、强化为民职责，力促发展成果惠及人民

常委会把解决群众关注的热点、难点问题作为使命担当，改善民生、维护民利，推动改革发展成果惠及全县人民。

聚焦为民办实事项目，增进百姓福祉。为民办实事项目是县政府向全县人民做出的郑重承诺，也是促进社会和谐、提高群众满意度的现实需要。常委会高度重视，全年对10件民生实事项目进行了三次专题视察，几位主任带队深入项目现场，调研民生实事项目进展情况，听取县政府为民办实事项目完成情况的汇报，督促县政府相关部门要加快项目实施进度，严把工程质量，将民生实事项目建成民心工程、精品工程。县政府及有关部门主动补短板、破瓶颈，倒排工期，挂图作战，集中人力物力，全力全速推进，确保了民生实事项目建设顺利实施。

紧盯物业管理突出问题，实施专题询问。物业管理关系千家万户，关乎群众切身利益。常委会把物业管理作为监督工作的重点，实施专题询问。常委会组成人员深入全县8个社区走访调研，汇总意见建议60余条。在深入调研的基础上，确定了服务收费、老旧小区改造、放养犬只、消防安全等10个方面的问题，对县政府及8个相关部门进行询问。常委会组成人员、人大代表争相发问，直指问题、直击难题，问出了物业管理的堵点、痛点，应询部门直面问题，诚恳作答。通过一问一答、面对面沟通交流，答出了责任与承诺，更答出了真挚的为民情怀。会后，县政府及有关部门认真研究落实委员和代表提出的意见建议，开展了物业管理专项整治行动，加强了对物业的监管，群众关注的物业乱收费、消防安全等突出问题得到有效治理，人民群众对物业管理满意度逐步提升。

紧扣社会热点难点，积极回应群众关切。常委会始终把教育、城市管理、安全生产等社会热点问题作为监督重点，持之以恒督导检查，不断提升群众幸福指数。听取审议县政府关于普惠性学前教育发展情况的报告，推动县政府加大教育投入，统筹布局学前教育网点，加快构建覆盖城乡、布局合理的普惠性学前教育公共服务体系。关注全县教育事业发展，深入一中、曲师梁山附中等学校进行实地视察，提出优化学校布局，提升教学质量，鼓励社会资金投资办学，解决高中入学难问题，促进全县教育均衡发展。力推“四好农村路”建设，听取审议县政府关于“四好农村路”建设情况的报告并进行满意度测评，提出要把握工作重点，优化路网结构，注重道路养护，使“四好农村路”成为乡村振兴的幸福路。视察城市管理工作，推动政府加快智慧社区建设，创新社区治理模式，提高城市管理水平。为预防和减少突发安全事故的发生，对全县应急管理工作进行视察，建议相关部门强化安全生产宣传教育，加强应急队伍建设，增加物资储备，提升应急救援能力，为人民群众的生命财产安全保驾护航。

瞄准生态环保短板，助力美丽家园建设。建设生态梁山、共建美丽家园，是全县人民的期盼。通过采取市县联动的方式，对水污染防治“一法一条例”实施情况开展执法检查，助推县政府落实好河长制，扎实做好生活污水、工业废水和其他污染源治理。听取审议城乡供水一体化工作情况的报告，建议相关部门要完善供水管理体制机制，加快施工进度，确保人民群众喝上干净的自来水。听取“水韵梁山”工作情况的报告，推进《“水韵梁山”建设三年行动计划》加快实施。对“绿满梁山”开展专题视察，提出要搞好乡镇、城区、廊道绿化，加快实施重点绿化项目，全面构筑县域生态体系，确保实现“天蓝、水清、岸绿、景美”的生态目标。

四、强化服务保障，助力代表更好发挥作用

常委会坚持和尊重代表主体地位，搭建活动平台，丰富活动内容，全力支持代表依法履行职责。

抓平台，夯实代表履职基础。进一步完善了代表联系群众履职阵地，在乡镇街道新增“人大代表联络站”15处，在社区、村居建设“人大代表联络点”100余处，使之成为人大代表和人民群众沟通交流的“直通车”。开发了“人大代表履职服务平台”APP，平台涉及人大动态、代表履职、议案建议等八大功能，代表通过平台可以在线查看议案建议办理情况，并进行评价反馈。目前，线上交办意见建议67条，办结52条，切实提升了代表履职效能。

抓服务，提高代表活动实效。常委会把提高代表履职能力摆在突出位置，举办基层人大代表履职学习班，230余名代表参加培训，举办浙江大学人大干部业务提升培训班，45名县乡人大干部和部分常委会组成人员参加培训，系统学习了地方组织法、选举法、代表法和民法典等法律法规，实地学习了杭州市余杭区仓前街道人大代表中心联络站先进经验，提升了人大干部和代表的履职水平。邀请代表列席县人大常委会、参加专题视察、执法检查等活动，全年邀请省市县代表460余人次，为代表知情明政、参与决策创造了条件。组织代表参与法院庭审旁听和政府招投标活动，对庭审和招投标情况提出意见。开展“代表倾听民声，解疑释惑，助力化解风险”工作，共开展代表公开接待日活动8次，1000余名代表深入基层，围绕脱贫攻坚、教育医疗、人居环境整治等问题收集意见建议480余条，架起了代表联系群众的“连心桥”。建立代表激励机制，评选出优秀代表47名，先进代表小组14个，优秀代表建议10件，激发了代表履职热情。

抓督办，提升议案建议办理质量。强力推进议案建议办理，人大四次会议闭幕后，对102件代表议案建议进行了集中交办，明确了办结时限，提出了办理要求。严格落实议案建议分级督办机制，常委会主任会议对《关于推进移风易俗改革，取消火化相关费用的议案》重点督办，分管主任对《关于规范小区物业管理的建议》等10件重点建议牵头督办，各专门委员会对91件一般建议跟踪督办；大力推行议案建议办理“三见面”制度，各承办部门在办理前、办理中和办结后与代表见面，对存在的问题面对面沟通交流，有效提升了议案建议办理的满意度。全年常委会对议案建议办理情况进行了三次视察并进行了满意度测评。县政府高度重视议案建议办理工作，压实工作责任，强化协作配合，提高了代表议案建议办理实效。目前，县十八届人大四次会议期间提出的102件代表议案建议已全部办理完毕，办复率100%，满意率83.4%，10个承办单位被评为“议案建议承办先进单位”。

五、强化自身建设，促进依法履职能力提升

常委会主动适应新形势、新要求，切实加强常委会及机关自身建设，着力打造让党放心、让人民满意的“工作机关”、“代表机关”。

加强政治建设。始终把政治建设摆在首位，把学思践悟习近平新时代中国特色社会主义思想作为首要政治任务，制定了常委会机关学习制度，每周五下午组织机关干部集中学习，通过党组理论中心组学习研讨和机关干部集中学习，增强了维护核心的思想自觉和行动自觉。全面落实党风廉政建设责任制，认真落实中央八项规定精神，展现了人大机关良好形象。高度重视意识形态工作，狠抓意识形态领域工作任务落实，牢牢把握人大党组对意识形态工作的领导权和主动权。加强人大理论研究，讲好人大故事，5篇经验性文章在《山东人大工作》《齐鲁周刊》《济宁人大工作》发表，县人大常委会被评为省人大宣传工作先进单位。

加强作风建设。深入贯彻中央关于持续解决困扰基层形式主义问题的部署要求，开展集中治理，力戒形式主义。大力弘扬“说了算、定了干、按时完”的工作作风，全面提升机关干部的执行力。大兴调查研究之风，深入一线开展调研，形成调研报告28篇。贯彻落实全市深化作风建设推进会议精神，开展了纪律作风整顿、矛盾纠纷排查、为民服务提升活动，形成了担当作为、为民服务的良好风气。

加强机关建设。以创建文明城市为契机，带动机关精神文明建设和各项工作再上新水平。加强干部队伍建设，充实机关干部，彻底解决了“一人委室”问题。重视老干部工作，组织老干部参观全县重点项目、重点工作，为梁山发展建言献策。修订完善常委会专题询问办法、视察调研办法等一系列制度，促进了常委会和机关工作的制度化、规范化。加强机关党建，积极争创“五星级”支部。推进人大志编纂工作，目前梁山人大志已形成初稿，将于2021年上半年出版发行，向县人大常委会成立40周年献礼。

各位代表，过去一年常委会工作取得的成绩，得益于县委的正确领导，得益于常委会组成人员、全体代表和各乡镇人大的共同努力，得益于“一府一委两院”的积极配合，得益于县政协和社会各界的大力支持，得益于历届老领导、老同志的关心指导。在此，我代表县人大常委会，表示衷心的感谢！

回顾过去一年的工作，我们清醒地认识到，对照人民群众期盼，对照宪法法律赋予的职责，常委会的工作还存在一定差距：监督实效有待进一步提高；履职能力有待进一步提升；代表主体作用有待进一步发挥；常委会和机关自身建设有待进一步加强等。对此，我们将采取有效措施，认真加以改进。

今年的主要工作任务

2021年是建党100周年、是实施“十四五”规划的开局之年。县人大常委会将坚持以习近平新时代中国特色社会主义思想为指导，全面落实党的十九大和十九届二中、三中、四中、五中全会精神，准确把握新发展阶段，深入贯彻新发展理念，围绕全县重大决策部署和中心工作，聚焦经济社会高质量发展，聚焦增进百姓福祉，坚持守正创新，依法履行职责，主动担当作为，更好发挥作用，为加快推进“经济强县、美丽梁山”建设贡献人大力量。

一、坚持党的领导，在强化政治站位上彰显新境界

常委会将深入贯彻习近平关于坚持和完善人民代表大会制度的重要思想，坚持党的领导、人民当家作主、依法治国有机统一，增强“四个意识”，坚定“四个自信”，做到“两个维护”，确保人大

工作正确政治方向。深刻理解把握“新发展阶段、新发展理念、新发展格局”的丰富内涵，加强人大对“一府一委两院”的监督，推进治理体系和治理能力现代化，保障人民依法通过各种途径和形式管理经济文化事业、管理社会事务。围绕县委重大决策部署适时作出决议决定，确保党的主张通过法定程序成为全县人民的共同意志。

二、务求监督实效，在强化依法履职上彰显新业绩

加强经济工作监督。围绕工业经济、“双招双引”、文化旅游、乡村振兴、城市建设等重点领域，开展调研视察，听取审议国民经济和社会发展计划执行情况的报告，推进经济高质量发展。加强预算审查监督。继续推动预算联网监督工作提升，为开展预算审查监督提供数据支持。加强依法行政监督。对“放管服”改革进行视察，促进县政府提高行政审批效率，持续落实规范性文件备案审查制度。市县联动开展对政府部门、驻梁单位的工作评议，实施对员额法官、员额检察官工作评议，督促“一府两院”依法行使职权。加强司法监督。对预算法和审计法开展市县联动执法检查；对法院刑事审判工作进行监督，促进县法院加快以审判为中心的刑事诉讼制度改革，对检察院控告和申诉工作进行监督，提高检察院控告申诉工作水平。加强民生事业监督。围绕教育、养老、医疗、生态等工作开展专项视察，适时对民生热点问题开展专题询问，提升人民群众获得感、幸福感。

三、紧扣服务保障，在发挥代表作用上彰显新活力

加强代表学习培训。集中举办两期县乡人大代表学习培训班，采取精细化、小规模的培训方式，对县乡人大代表分片进行培训，丰富学习内容，开展交流研讨，提升代表履职能力。深化“双联系”活动。依托人大代表联络站点，积极开展常委会组成人员联系代表，代表联系选民系列活动，充分发挥人大代表的桥梁纽带作用。继续邀请代表列席常委会议、参加专题视察、执法检查等活动，加大代表参与常委会工作的密度。监督代表议案建议办理。落实议案建议办理“三见面”、“四个公开”（即议案建议内容、承办单位、督办过程、办理时间公开）制度，打造问题收集、转办交办、办理回复、跟踪检查工作闭环，年底对议案建议落实情况进行满意度测评，提高议案建议办理的满意率。

四、规范程序标准，在指导换届选举中彰显新气象

人大换届选举是全县人民政治生活中的一件大事，也是人大常委会履行政治责任的一项重大任务。2021 年是换届选举年，常委会将认真贯彻习近平总书记关于做好换届选举工作的重要指示精神，认真落实换届选举方案，依法做好选区划分、选民登记、投票选举等工作，严格代表候选人身份认定，优化代表结构，切实把好代表“入口关”。加强对县乡人大换届选举工作的指导，确保换届选举工作依法有序、合法有效。

五、顺应时代要求，在强化自身建设上彰显新作为

全面学习贯彻党的十九届五中全会精神，立足人大“两个机关”定位，强化自身建设。以政治建设为统领，进一步落实全面从严治党主体责任，提升机关党建工作水平。以法治思维为路径，加强宪法法律的学习，增强运用法治思维和法治方式推进工作的能力。以作风建设为抓手，全面贯彻落实中央八项规定精神，打造忠诚干净担当的干部队伍。加强对乡镇人大工作的指导，注重县乡人大工作整体推进、同步发展。

各位代表，奋斗百年路，启航新征程。让我们紧密团结在以习近平同志为核心的党中央周围，在中共梁山县委的坚强领导下，忠实履行宪法和法律赋予的职责，担当新使命，展现新作为，全面开启梁山现代化建设新征程，为加快建设“经济强县，美丽幸福新梁山”不懈奋斗，以优异成绩向建党 100 周年献礼！

重大历史事件

首次基层民主普选

1953年2月11日，中央人民政府委员会第二十二次会议通过《中华人民共和国全国人民代表大会和地方各级人民代表大会选举法》；3月1日，毛泽东主席以中央人民政府命令，公布选举法实施。1953年4月2日，中央选举委员会发出《关于基层选举工作的指示》和《关于选民资格若干问题的解答》，拉开新中国第一次人民代表选举的序幕。从1953年7月到1954年5月，在全国范围内开展基层人民代表大会代表选举，是中国历史上第一次规模巨大的普选。此次普选既是一场大规模的民主运动，又是人民政治生活中具有历史意义的伟大事件。

为完成此一伟大历史任务，梁山县严格遵照选举法的各项规定，认真执行省、专具体指示精神，结合全县各种工作的实际情况，在中共梁山县委领导下，建立选举委员会及办事机构，同时，全县抽调在职干部110人（其中，县级干部3人，区级干部53人，一般干部54人），另外抽调不脱产副乡级干部166人，技术人员332人。分批开展全县基层普选工作。首先在部分乡镇开展试点，普选试点工作与中心工作的串插进行，经过3个月时间，试点工作结束。在试点基础上，认真总结试点经验教训，运用试点好的方法，将全县普选分为三批完成，第一批35个乡，于1953年11月10日开始，至12月10日先后结束；第二批35个乡，于1953年11月25日开始，至12月20日左右结束；第三批85个乡，于1953年12月25号开始至1954年1月底结束，达到既搞好生产、又完成普选的目的。

为顺利推进基层普选工作，梁山县按照省和专属统一部署，首先进行人口调整登记工作。先划定选区，每个选区设一个人口调查登记站和一个选民资格审查小组，在同一个地方办公。先办理人口调查登记，然后办理选民登记。谁有选举权，谁没有选举权，审查小组当面认定。全县共原有154个乡，2个镇，共原有户数116908户，共人口513059人，内有男255901人，女257158人，普选登记后共有乡166、镇7个。现有户数109120户，有常住人口497173人，男251083人，女246090人。机关学校户308户，3964人，男6462人，女502人，共在外人口33456人，男24255人，女9201人，比前增加乡两个，户减少17788户，人口比前减少15886人，其减少原因是因梁山县因系常年重灾区，外出人口较多，有不少已在外确定常住人口，因此人中、户数都有变化。全县共有选民294811人（其中，女选民146924人），参加选举者225252人（其中，女选民参选者110193人），占总选民数的76.4%;另外，无选举权者867人(其中,被剥夺选举权者238人，精神病患者629人)。

在确定选民的基础上，接着讨论代表候选人，赞成哪个，不赞成哪个，为什么赞成，为什么不赞成，让人民群众充分表达意见，有效地激发了选民参加选举的积极性。共选举基层人民代表4970人，其中女代表982人，少数民族代表2人。选举基层干部2047人，内有老乡干连任当选者1228人，占原有乡干71.9%，同时产生健全了基层人民政府、人大委员会以及生产委员会、民政委员会、调解委员会、武装委员会、文教卫生委员会、治水委员会、人民治安委员会。

通过选举，人民群众的政治觉悟得到进一步提高。在普选工作开始时，那些祖祖辈辈只知道种地的农民不知道“啥叫普选？”“啥叫选民资格？”更不知道人民代表大会“是干啥的？”为了解决群众的疑惑，最大限度地动员选民参加选举，全县抽调的干部采取多种形式进行宣传，讲解选举法规定，使其明白：凡年满十八周岁之中华人民共和国公民，不分民族、性别、职业、社会出身、宗教信仰、教育程度、财产状况和居住期限，均有选举权和被选举权；所有男女选民都在平等的基础上参加选举，每一选民只有一个投票权。酝酿候选人、张榜公示之后，等到选举日，开选民大会，大会主持人念候选人的名字，同意的举手，不同意的不举手，这样就把乡人大代表选出来了，被选上的村民高兴的不得了。因此，此次基层民主普选，对于饱受压迫的中国农民来说，意义非同寻常，标志着我们国家在实现民主政治方面迈出了重要一步，极大地激发了人民群众当家作主、管理国家的热情。

县级代表直接选举

1953年2月11日，中央人民政府委员会第二十二次会议通过《中华人民共和国全国人民代表大会和地方各级人民代表大会选举法》规定，在乡、镇等基层政权单位实行直接选举，在县以上则实行间接选举。1979年7月1日，五届全国人大二次会议通过新的《中华人民共和国全国人民代表大会和地方各级人民代表大会选举法》，改革和完善国家选举制度，其中最重大的变化是直接选举范围扩大到县一级，县、人民公社、镇的人民代表大会的代表，均由选民直接选出。1980年2月12日，五届全国人大常委会十三次会议通过《关于县级直接选举工作问题的决定》，并设立全国县级直接选举工作办公室。

梁山县县级代表直接选举工作从1980年10月开始，至12月底结束。由于县级直接选举是个新问题，没有经验，加之一部分人对直接选举不大关心，认为选举还是领导说了算。据此，中共梁山县委专门召开两天的选举工作会议，组织学习新的《选举法》、《组织法》和《山东省县、社两级人民代表大会选举暂行实施细则》，宣传贯彻县、社两级直接举的基本做法及工作措施。通过会议动员，县直有关部门和各公社加深了对县级直接选举的认识。与会同志认识到，实行县、社直接选举，建立县级人大常委会、人民政府和人民公社管理委员会，是国家选举制度和地方政权建设的重大改革，是改进和完善人民代表大会根本政治制度的重大措施，对加强社会主义民主与法制、健全主集中制，调动广大人民群众的社会主义积极性，监督政府机关真正按照人民的意志和要求办事，鞭策国家工作人员忠实地为人民服务，发展安定团结的政治局面，巩固无产阶级专政，加速四个现代化建设，将起着重要作用。同时，在选举过程中，各级干部受到了一次群众性的评议，也成为一次民意测验，对于克服官僚主义和一切不良作风，密切党和政府同人民群众的联系，提高党在人民中的威望，具有十分重要的意义。

为确保县、社直接选举工作的顺利进行，梁山县建立健全分别由县、社两级党委书记、革委主任为主的县、社两级选举委员会，主持本级人民代表大会的选举。同时抽调专门人员，组成办公室，负责选举日常具体工作，包括制订选举工作计划、拟定代表大会名额（县级代表 360 、各公社代表名额一般为40—80人）、划分选区、组织选民登记和代表选举。在选举开始时，首先培训选举工作干部，使其明确选举方法步骤；大张旗鼓地开展宣传活动，使广大干部群众认识选举的意义和重要性、新选举法和旧选举法的不同、选举权和被选举权的界定、当选代表的条件、选举的程序等。然后根据先合后分、先县后社、统筹兼顾的原则，按照预先划分的县级选举选区，先提名选举县级代表；再划分公社级选举的选区，补充选民登记，提名选举公社级代表。在提名推荐代表候选人的过程中，坚持群众路线，由选民推荐候选人，详细介绍候选人的事迹，坚持几上几下，反复酝酿协商，按照大多数选民的意见确定候选人，采用差额和无记名投票的办法选举代表。投票选举是整个选举的一个重要环节，是选民履行自己民主权力的实际行动，直接关系到选举工作的成败。为此，县级直接选举安排2天时间，各选区根据选民居住状况，确定设立投票站的个数及位置，并制作投票箱及流动票箱，在选举日（全县选举日定为1980年12月18日）开始统一投票选举，召开选举大会，由选举委员会的代表或所委派的人主持会议并讲话，各投票站投票结束后，选举结果及相关情况报县选举委员会，经县选举委员会按照选举法认定有效后，以选区为单位向全体选民张榜公布当选代表，并颁发代表证书。此次县级代表直接选举，全县划分选区158个，其中公社选区120个，县直选区38个，全县总人口676375人，登记选民392153人，参加选举375506人，占登记选民数的95.8%。选出县级人民代表大会代表360人，其中，工人代表28人，占代表总数的7.8 %；农民代表218人，占代表总数的60.5 %；人民解放军代表1人，占0.3 %；干部代表78人，占21.7%；科技、文教、卫生界代表28人，占 7.8%;财贸战线代表7人，占1.9%。代表中，中共党员250人，占代表总数的69.4 %;非党群众110人，占30.6%。 全县共选出妇女代表74人，占代表总数的20.6%；青年代表68人，占18.9 %;少叙民族代表3人，占代表总数0.8%。

县、社两级代表选出后，分别召开代表会。为开好县、社人民代表大会，首先组建大会主席团，主持本级人民代表大会的召开，听取政府等有关工作报告，选举领导班子。县人民代表大会常务委员会成员、县政府主要成员、县法院院长、县检察院检察长的人选和公社管理委员会候选人，由本级人民代表大会主席团或者代表联合提名，经过几上几下的反复协商，按照大多数代表的意见和差额选举的原则，确定正式候选人名单；县、社领导班子候选人按照差额上报，审批依最后投票选举结果为准。另外，为选好县、社领导班子，在召开代表大会之前，代表和党政领导采取多种形式，广泛听取和征求群众对候选人的意见。广大选民通过亲耳听，亲眼看，亲身实践，体会到自己是国家的主人，因而，十分珍惜自己的民主权利，积极踊跃参加选举活动，真正行使了当家作主的民主权利，选出了满意的人民代表和县级领导班子。县级直接选举工作的深远意义，正是加强了党对民主政治建设的绝对领导，发扬了文化大革命中充分体现民主的群众运动，使国家选举制度由直接选举代替间接选举，为社会主义民主政治建设打下了良好的基础。

县人大常委会建立

梁山县人大常委会设立，迄今已40年。老“人大”们回忆起40年前设立县人大常委会台前幕后的故事，仍是那么记忆犹新，那么心情激动。从他们清晰的记忆里，让当代人知道，县级以上地方各级人大设立常委会，是件了不起的大事情。

1954年宪法规定，地方各级人民委员会（后改为人民政府）是地方各级人民代表大会的执行机关，同时也行使人民代表大会常务机关的职权。1978年宪法规定，设立革命委员会，其职权相当于原人民委员会。1979年6月18日至7月1日，五届全国人大二次会议通过《关于修正中华人民共和国宪法若干规定的决议》《中华人民共和国全国人民代表大会和地方各级人民代表大会选举法》《地方各级人民代表大会和地方各级人民政府组织法》，规定县级以上地方各级人民代表大会设立常务委员会。上述法规的颁布，除了改革和完善国家选举制度、实行县级直接选举外，就是坚持和完善人民代表大会制度，县级以上地方人民代表大会设立常务委员会，以便于开展经常性工作，进一步发挥地方人大作用。同时把革命委员会恢复为县人民政府，作为行政机关；并恢复法院、检察院，使其依法独立行使职权，不受行政机关干涉。

据此，梁山县同全国各地一样，开始筹备建立县人大常委会。从1980年10月起，在圆满完成首次县级代表直接选举的基础上，梁山县第九届人民代表大会第一次会议于1981年1月9—13日在县委礼堂召开，出席会议代表360人。为做好大会选举工作，会议设立59人的大会主席团和18人的主席团常务主席及秘书长等机构，并组织代表认真学习地方人民代表大会和地方人民政府组织法、选举法。同时，根据党中央新时期的组织路线，遵照德、才兼备的干部标准，采取分组酝酿协商提名推荐候选人，并由大会主席团审定正式候选人。1月10日，大会主席团通过选举办法，确定全部选举分3次进行：首先选举梁山县人大常委会主任、梁山县人民政府县长、梁山县人民法院院长、梁山县人民检察院检察长，再选举梁山县人大常委会副主任、梁山县人民政府副县长，最后选举梁山县人大常委会委员，均实行差额选举，并规定县人大常委会组成人员只限在代表中选举产生。1月12日和13日上午，大会差额投票选举梁山县人大常委会主任、副主任、委员，梁山县人民政府县长、副县长，梁山县人民法院院长和梁山县人民检察院检察长，并由大会主席团提名、经大会代表举手通过大会设总监票人1人、监票人9人。经梁山县第九届人民代表大会第一次会议选举，梁山县人大常委会正式产生，会议选举王笃信为县人大常委会主任，樊兆玙、李绪明、孟凡才、石增磬（女）为副主任，马心备、王继彬、尹道金、田均福、刘绪光、宋兰峰、李进民、李传厚、张思信、张青山、者汝为、杨念成、贺继良、高作松为委员（按姓氏笔画为序）；经菏泽地委批准，由中共梁山县委发文公布。自此，梁山县人大常委会正式建立。会议同时选举产生梁山县人民政府，崔绪照为县长，韩同成、王占甲、郭文斌、张作田为副县长；选举张繁仁为县人民法院院长，林同球为县人民检察院检察长；经菏泽地委批准，由中共梁山县委发文公布。

县人大常委会作为权力机关和工作机关，其主要职权为立法权、重大事项决定权、人事任免权、监督权。随着梁山县人大常委会的建立，大大加强了对县人民政府及法院、检察院的管理和监督，大大加强了人民行使管理国家的权利。自县人大常委会建立迄今40年来，在县人民代表大会闭会期间，县人大常委会讨论、决定本县政治、经济、文化工作的重大事项，决定任免县政府组成人员、审判人员、检察人员，发挥代表作用并经常保持同人民群众的联系，按期召开人民代表大会会议，主持人民代表大会代表的选举，为发展社会主义民主、加强和健全社会主义法制、推进全县经济和社会发展作出了巨大贡献。

梁山移民纪实

由于自然灾害、修建东平湖水库和有组织地支援祖国边疆建设等原因，梁山县从1950年至1960年，共迁出移民74513户、350673人。其中迁往外省外县的57144户、271408人；迁往县内其他乡镇的68652户、77475人。这些移民大体可以分为救灾移民（10426户、43553人）、支边移民（22605户、108273人）和修建水库移民（41482户198847人）。

救灾移民 1949年，梁山县内黄河、运河堤决口，县内大部分地区变为汪洋，可耕地急剧减少。为解决群众长远之计，1950年2月，国家分配给梁山县救灾移民任务2万人。与此同时，农业部和民政部召开有接收安置任务的黑龙江等省移民工作会议，安排接收工作。根据上级有关指示精神，县委、县政府联合组成移民委员会，开展救灾移民工作。在救灾移民过程中，梁山县移民委员会具体负责移民的宣传教育和组织工作。平原省和东北人民政府分别在泰安、济南、山海关、沈阳、长春等地设立接待站，负责灾民途中饮食、交通等，并派干部和医生跟随灾民一起上路服务。1950年3月，4700名移民安置在黑龙江省的尚志、方正、五常、汤原4县，1100名安置在黑龙江省的安庆、克山、依安3县。为了扶持移民安家生产，东北当地政府人除具体解决移民土地外，给每户贷发5个月的粮食1250斤和安家费、盖房费（折合粮食1000斤），每两户贷发种子600斤和耕马一匹，每12户贷发大车一辆、犁子一副和东北币300万元。至5月下旬，移民安置完毕并开始春耕生产。当年迁出灾民4169户、14674人。其中，迁往黑龙江省从事农垦生产的1491户、6367人，从事林业生产的1063户；前往河南省沁阳县从事农业生产的247户、1048人；迁往菏泽、曹县、定陶县从事农业生产的1368户、6196人。此次救灾移民，是新中国成立后梁山县首次移民行动。1955年，梁山县又接受了3万人的救灾移民任务，是年5月从黄河滩区、东平湖区、内涝灾区、蓄洪区生活困难户中迁出6257户、28869人，主要迁往黑龙江、吉林两省。

支边移民 1955年，为彻底摆脱灾区落后的生产条件，尽快改善灾民生活环境，国家把单纯的社会救灾移民改为动员青壮年支援边疆移民。同年，全县有99户410人迁往黑龙江逊克县，参加农业垦荒生产。1956年，又迁移1370人，其中16至25岁的809人，26至40岁的410人，41至45岁的151人。县委、县政府派干部医务人员将移民护送到黑龙江的萝北、通河、木兰等县帮助其安家落户，重建新村。每处居民新村约二三百户，每村为一个高级农业生产合作社，每人划给土地3垧（每垧15市亩），安家、生产所需费用，均由国家贷款解决。支边人员在原籍的家属，由政府给予适当照顾。是年，县发放移民家属救济款1.4万元，847户、3678人受到救济。1957年，有计划地迁送垦荒队员及家属93户319人，赴黑龙江与家人团聚。1958年，支边移民改为整户迁移，至1960年，全县共迁出21136户，106493人，均迁往黑龙江省。梁山移民经过数十年的共同生产生活，顺利融入当地社会，为当地的社会主义建设事业作出重要贡献。后有部分移民迁回原籍，党和政府均作了妥善安置，实现安居乐业。

修建水库移民 东平湖位于山东省东平、平阴、梁山、汶上四县境内，是山东省第二大淡水湖，古时称蓼儿洼、大野泽、巨野泽、梁山泊、安山湖等，到清朝咸丰年间才定名为东平湖。历史上，东平湖曾是黄河和汶河的自然滞洪区。1958年8月，经国务院批准，东平湖滞洪区开始改建为东平湖水库，水库总面积632平方公里，设计最高蓄水位46米，总库容40亿立方米，为常年蓄水运用，工程占用区内的群众须全部搬迁。1959年秋天，为落实治理黄河的“两项决定”，国务院组织山东省和黑龙江省人民政府共同研究，将山东省梁山、东平、平阴等县境内建水库移民的41482户、198847人，一次性移居黑龙江，由黑龙江省人民政府负责安置。至1960年7月蓄水以前，共迁出村庄527个，57405户、278332人（梁山、东平、平阴、汶上等县）。梁山县在库区内共有64万余亩土地，416个自然村，41482户，198847人。为了妥善安置库区群众，1959年9月，梁山县成立移民委员会，县长杨峰任主任，县委副书记滕世栋，农业合作部部长李继勋任副主任，下设办公室。各公社亦成立移民安置领导小组。1959年，梁山移民去向提前得到安置，其中3万人直接移居伊春林区，由伊春负责安置，黑龙江省为此拨出移民安置专款。至1960年7月库区蓄水前，库区群众被安置到外省外县的25582户、121372人。其中迁至黑龙江省17380户、86576人；迁至河南、河北、新疆等省区及本省东平、平阴、汶上、曹县、巨野、郓城、鄄城、垦利、广饶等县8202户、34796人；安置在本县库区外各公社及库区内山区15900户、77475人。当时，由于外迁移民在安置地并未全部稳固定居，特别是迁往东北的，由于气候、生活均不习惯，又加思念故土，自1961年初起，即有部分外迁移民开始返湖，故又在本省按外迁标准开始进行二次安置。1963年，经国务院同意，水库修建二级湖堤，分级运用，有洪蓄洪、无洪生产。其后，水库运用机遇减少，外迁移民陆续返湖。1963年起，各相关地、县相继成立专管机构，有计划、有步骤地安置移民。至1973年，共安置返库移民130466人，另有山坡定居54556人，计185022人。

移民历史影响 在梁山移民史中，修建东平湖水库移民影响较大，是新中国成立以来规模最大、时间集中、路途较远的一次移民，被称为一次新版的“闯关东”。2001年，据迁往伊春林区的梁山移民、原伊春市史志办副主任宋益和回忆说："当年，我们村的移民，以最便宜的价格变卖了自己家的农具，打好最简易的行装，上至七八十岁的老人，下至吃奶的娃娃，男女老少随着出村的移民队伍，眼含热泪乘上了开往济南或济宁方向的汽车。当离开自己祖祖辈辈生活的地方的时候，尤其是那些上了岁数的人，复杂心情更是难以言表，一方面，他们对自己可爱的家乡无限留恋，另一方面，又对即将建立的东北新家怀有美好憧憬"。1959 年中秋节前，梁山 3 万移民每人手里拿着政府发放的 60 元搬迁费，携带简单行李，分别从济南、济宁乘上闷罐"专列"，经过 4 天 4 夜的长途旅行，到达伊春国营林区。据当时梁山移民、原伊春市百货大楼营业员商传芝回忆当时的情景说："到伊春下车后，有的老妈妈都哭了，当时林区没有一条像样的马路，移民们没有一座称心的房子，对冬季零下 40 摄氏度的寒冷气候也不能完全适应，所吃的蔬菜也只有冻白菜或者是些干菜，主食则是高粱米、玉米面，白面、大米很少"。梁山移民到林区后，他们克服困难，靠手工作业，搭建起"木刻楞"简易住房 25000 平方米。冬季在"木刻楞"里烧起从来没有烧过的大铁炉子。在这种艰苦的生活条件下，承担起繁重的木材生产任务。梁山移民、原伊春市友好林业局副局长徐衍会说：林业作业的艰难困苦并没有使梁山人退却，当时有一句叫响的口号：献完青春献终身，献完终身献子孙！3 万梁山移民与 20 万伊春林区开发初期的大军，一道投入到建设国有林区的历史洪流中。1959 年梁山移民到伊春国营林区参加开发建设，就蕴含着一种可贵的精神。梁山移民、原伊春市红星林业局党委书记、黑龙江省劳动模范唐家军说："3 万梁山移民所做出的贡献，已成为伊春为国家做出贡献中的重要组成部分。这段移民史，让当年的'老梁山'难以忘记，让第二代、第三代的'新梁山'永存心间。"同时，梁山人民没有忘记那些移民梁山老乡，2001 年 9 月，时任梁山县委书记韩军率梁山县党政代表团 40 余人，带着家乡 72 万父老乡亲的深情厚意，赴黑龙江看望慰问梁山老乡。使梁山移民与自己家乡联系更加密切起来。

当年梁山移民历史，经过风风雨雨的洗礼，铸就出一种梁山移民精神：义字当先、广纳百川、勤奋努力的顾全大局精神，不畏艰难、敢为人先、坚韧奋斗的创业精神，忠诚守信、任劳任怨、亲睦和谐的无私奉献精神，务实拼搏、开拓进取、积极向上的创新精神。

东平湖行政区划

1985 年 12 月 10 日，山东省政府在济南南郊宾馆召开会议，省长李昌安、副省长马连礼、卢洪出席会议，泰安市政府、菏泽行署领导及东平、梁山两县县委书记、县长参加会议。会议决定，梁山县东北部的 7 个乡 1 个镇和所辖的东平湖水域划归东平县，并要求两县就一系列相关问题尽快达成协议。12 月 19 日，梁山县人民政府县长魏昌启在梁山县十届人大常委会第十二次会议上，向县人大常委会作《关于调整东平湖行政区划情况的报告》，县人大常委会作出《关于县政府调整东平湖行政区划报告的意见》。12 月 20 日，梁山县人民政府《关于东平湖区划问题的请示》通过菏泽地区行署以文件形式呈送山东省人民政府。12 月 23 日，山东省政府以鲁政发〔1985〕138 号文发布《关于梁山县与东平县调整行政区划的批复》，确定将原属于梁山县的银山镇、斑鸠店乡、豆山乡、昆山乡、司里山乡的全部和戴庙乡、大安山、商老庄乡的 55 个村庄（含乡驻地）划归东平县管辖，东平湖（老湖，即东平湖水库一级湖区）由东平县统一管理。1986 年 1 月 1 日起，梁山县东北部的 7 个乡 1 个镇和所辖的东平湖水域归属东平县管辖。东平湖区划前，梁山县面积 1335 平方公里，划出面积（含东平湖水域）371 平方公里；总人口 72 万人，划出人口 15 万多人；区划后梁山县面积 964 平方公里，总人口 57 万。

梁山县人大常委会关于县政府调整东平湖行

政区划报告的意见（1985 年 12 月 19 日梁山县第十届人民代表大会常务委员会第十二次会议通过）

1985 年 12 月 19 日，梁山县第十届人民代表大会常务委员会第十二次会议，听取并审议县长魏昌启代表县政府所作《关于调整东平湖行政区划情况的报告》。会议认为，调整东平湖行政区划，有利于东平湖湖区资源的开发利用，有利于东平湖统一营理，有利于防汛绕一指挥，有利于安定团结。会议同意县政府关于调整东平平湖行致区划的报告。

附：梁山县人民政府县长魏昌启 1985 年 12 月 19 日在梁山县十届人大常委会第十二次会议上关于调整东平湖行政区划情况的报告

各位委员：

我代县政府，向会议报告东平湖行政区划调整的情况。

为改变东平湖三县（梁山、东平、平阴）分管、渔政管理混乱的局面，1985 年 12 月 11 日，梁山县和东平县具的县委、县政府负责同志，本有利于东平湖区资源开发利用，有利于东平湖统一管理，有利于防汛的统一指挥，有利于安定团结的原则，发挥互谅互让、团结友好的精神，达成了调东平湖区行政区划的协议。待省府批准后，便可着手交接，自 1986 年年初，梁山县划出的区域便由东平县正式接管。

根据调整东平湖区行政区域的协议，我们梁山县划给东平县的区域，涉及两个区的八个乡镇。其中，有银山区的六个乡、镇（含驻地），包括银山镇、豆山乡、班鸠店乡、崑山乡、司里乡的全部和代庙乡的代庙、孟垓、宋圈、刘圈、小刘、鹅刘、郭那里、小徐、小赵、段那里、师集、前张庄、后张庄、扬岱、董那里、南杨庄、南庄、陪庄、三里庄、魏庄、芦里、五里堡、孙庄、于庄、张垓、十里堡、林辛、小聂、辛那里、谭那里、小李、小王、大赵 33 个行政村；有小安山区的两个乡（不含区驻地），包括大安山乡的全部和商老庄乡李桥、张文远、庞那里、董辛庄、商老庄、董庙、小吴、商楼、刘立，刘万庄、义和庄、李庄、秦楼、官场、王庄、袁庄、丁沙、孙庄、巩庄、井庄、潭坑涯、田庄、赵庄 24 个行政村。

划出的区城，总面积为 55.62 万亩。其中，耕地面积 214792 亩，老湖区水面 17.1 万亩。山岭占地 3.85 万亩。其他 13.29 万亩；该区域内有 165 个行政村，211 个自然村。33641 户，152294 人其中农业人口 149316 人（内有渔民 2063 户，9270 人）。非农业人口 2978 人；设在划出区域内的主要企业单位，有基层供销社 5 处，供销综合点 10 处，粮所 5 处，粮站 7 处，农行所属营业所 5 处，信用社 7 处，储蓄所 4 处，食品站 5 处，国营林场 1 处（腊山林场），变电所 1 处，三类物资管理站 1 处，小学 146 所，初级中学（包括乡办中学和联中）37 所。高级中学一所，有乡、镇办生产性企业 18 处等。

原属我县管理在划出区域内工作的，有在职干部 979，离休干部 66 人，退休干部 119 人；有中小学数师 1418 人。其中，公办教师 483 人，民办教师 819 人，代课教师 47 人，离休教师 36 人，退休教师 33 人；有职工 1180。其中，全民所有制固定工 457 人，全民合同制工人 29 人，全民合同工 60 人，集体所有制固定工 195 人，集体合同工 133 人，退休工人 243 人；有退职部、职工享受固定补贴的 131 人，干部职工遗属事受定量补助的 170 人，享受烈属抚恤的 116 人，享受残废军人抚恤的 104 人，享受复员军人定补的 125 人。

属菏泽地区驻梁单位的干部职工（含退休，离休），在划出区域内的有 132 人。其中，干部 31 人，工人 101 人；事受定补的 12 人。另外，尚有外地转往划出区域内定居的离休干部 12 人，其遗属享受补助的 2 人。

以上人口、土地、部门、财产等，将由我县按照规定，对口转交给东平县接管。调整东平湖行政区划后，为保证二级湖区内的灌溉水源，县政府计划将改变该区域的供水渠系，新建一些必要的水利设施，按照有利于行政管理、方便群众生产和生活的原则，县政府对代庙乡、商老庄乡未划出的村庄，拟归属临近乡镇领导；对距现有乡镇远的部分村庄。县政府也计划对县内区划加以适当调整。

以上报告，请审议。

重点工程专记

京港台高铁梁山设站传记

京九高铁，又名京港台高铁，北起北京市，南至香港九龙，是国家规划“八纵八横”高速铁路网的重要一纵，由京雄商、商合杭、合安、安九、昌九、昌赣、赣深、深港段及其连接线构成。为使京九高铁京雄商段途经梁山并设站，梁山县委、县政府高度重视，列入梁山头号重点工程，成立梁山县京九高铁规划建设领导小组，并明确京九高铁过境设站争取工作由时任县委常委、常务副县长秦延信和时任县政协副主席崔根博牵头负责。同时，抽调精干力量，组成工作专班，150 多次进京上卫、跑省去市，充分表达梁山人民设站的强烈愿望和诉求，并蹲住北京、天津、郑州，竭尽所能，全力争取。2020 年 11 月 18 日，《新建北京至雄安新区至商丘高速铁路雄安新区至商丘段可行性研究报告》，终获国家发改委批复，批复线路途经济宁梁山并设梁山站。至此，历经 5 年艰辛争取、经过三落三起、跌宕起伏的高铁设站争取工作尘埃落定，标志着 85 万梁山人民的高铁梦想，在千曲百折的争取中，在千辛万苦的努力中，在千趟万里的奔波中终于实现。

京九高铁规划阶段，京九高铁不经济宁梁山。2016 年国家发改委印发了经国务院批准的《中长期铁路网规划》（发改基础〔2016〕1536 号），规划期为 2016-2025 年，远期展望到 2030 年。规划中明确提出了“构筑‘八纵八横’高速铁路主通道”的方案，其中建设京港台高铁是国家规划“八纵八横”高速铁路网的重要一纵，主要线路是：北京～衡水～菏泽～商丘～阜阳～合肥（黄冈）～九江～南昌～赣州～深圳～香港（九龙），该方案将绕过梁山县。河南省为构建郑州“米”字型交通大格局，省委、省政府主要领导亲自出面，积极同国家有关部委、铁路总公司协调对接，2016 年 3 月 3 日国家铁路总公司和河南省签署铁路建设会谈备忘录，京港台高铁作为河南郑州“米”字型高铁的重要一环，从聊城、濮阳至菏泽，走西线，该方案将绕过山东省济宁市梁山县，使梁山县永久错失打通国家重要铁路干线的机遇。

设计招标到预可研阶段，京九高铁途经济宁

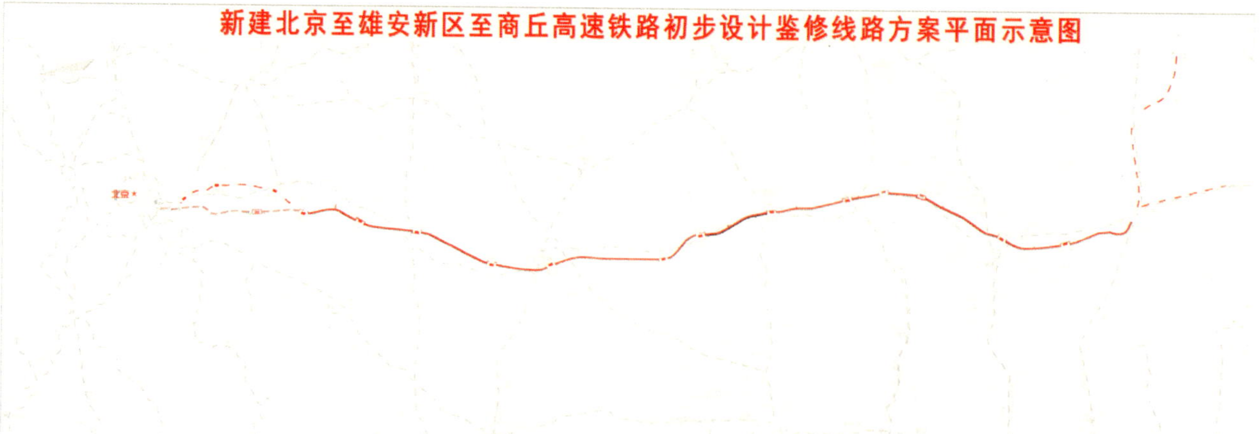

京港台高铁雄商段线路图

梁山并设济宁梁山站。2015年获悉国家计划实施京九高铁工程的消息，梁山县委、县政府高度重视。2015年10月29日，县委、县政府成立了梁山县京九高铁规划建设领导小组，县委书记贾治阜、代县长侯典峰任组长，县委常委、常务副县长秦延信、县政协副主席崔根博任副组长，政府办、发改局、财政局、国土资源局、交运局、机关事务局等部门主要负责人任成员，并在县发改局设立领导小组办公室，由司开阳、高文宝、朱洪伟、孙德宝、商茹等有关负责人常驻领导小组办公室。梁山县京九高铁规划建设领导小组积极作为，发扬苦干实干、攻坚克难的作风，想尽千方百计和参加投标的铁一院、铁二院、铁三院、铁四院、铁五院、中铁咨询六家全国知名铁路设计院取得联系，同每家设计院有关领导及设计人员对接、汇报，积极争取他们对京九高铁过境济宁梁山并设站的支持，六家设计院都对该线路途经梁山并设站给与了大力支持，最终由铁三院中标承担该线路设计工作。2016年9月8日至9日，铁总、设计院组织有关领导专家实地现场勘察，并在聊城召开了预可研审查会议。铁三院提出的4个比选方案线路都经过梁山并设济宁梁山站。2017年4月13日至16日，铁总组织有关专家、沿线省市县领导在天津召开京九铁路霸商段可行性研究评审会议，提出聊城至菏泽段三个比选方案。经过激烈论证评估，最后推荐方案为：东线方案经聊城西站、阳谷东站、济宁梁山站、郓城站至菏泽东站。

可研审查阶段，因黄河桥位及站间距问题，专家对设梁山站由三个方案增设到六个方案。在天津召开的京九铁路霸商段可行性研究评审会议后，可行性研究报告及评审意见报铁总鉴定中心审查，由于梁山高铁站距离上游阳谷东站约 40 公里，距离下游郓城站约27公里，与高铁要求站间距之间50-60 公里的标准不相符，铁总鉴定中心部分专家建议取消梁山站。另外因黄河梁山段桥位比较密集，部分专家建议京九高铁跨河大桥和范台梁高速并桥建设，这将使京九高铁绕过梁山县，我县高铁设站争取工作处于十分不利的局面。

可研鉴修阶段，由六个方案改为三个方案，其中两个方案途经梁山并设站。面对可研审查阶段出现的困境，高铁建设领导小组发扬咬定青山不放松，立根原在破岩中的精神，一个问题一个问题解决，一个方案一个方案有序推出，一个节点一个节点扎实推进，从高铁建设遵循科学合理原则的重要性，走线设站寻求最佳平衡点的合理性，惠及民生与服务国家战略兼顾的原则性等方面。分工协作，以坚忍不拔的毅力，锲而不舍的精神，持续多次到铁路总公司计统部、鉴定中心对接协调，表达梁山人民的设站诉求。同时积极和铁三院、黄委、山东省市有关领导汇报协调，争取上级的支持。2017年4月24日至26日，山东省常务副省长李群、省发改委主任、济南铁路局局长及济宁市市长傅明先带领梁山县县委书记贾治阜、县人大常委会主任秦延信、副主任崔根博等到北京铁路总公司汇报工作，取得专家的支持和理解。最终上报评审会议的可研鉴修报告由六个方案改为三个方案，其中两个方案途经梁山并设站。

可研鉴修审查阶段，京九高铁途经梁山，取消济宁梁山站。2017年8月5日至8日，国家铁总在北京召开京九高铁雄安至商丘段鉴修改可行性研究报告评审会议，由于外省地方政府极力要求过境并设站，最终形成的专家推荐意见是坚持线路沿既有京九铁路东侧设计，途经山东聊城、济宁、菏泽三市，设立临清东、聊城西、阳谷台前、郓城、菏泽东、曹县西等6站，取消了济宁梁山站，该方案将使梁山再无设站可能，济宁市也将失去在京雄商高铁的唯一通道。梁山设站工作再次陷入低谷。

可研修改稿上报国家发改委阶段，增设济宁梁山站。可研鉴修会议推荐方案为东线方案，途经济宁梁山但不设站。面对中国铁路总公司这一意见，梁山县京九高铁规划建设领导小组在县委的直接领导和济宁市委、市政府的大力支持下，发扬胜不骄，败不馁，敢担当，善作为，锲而不舍，克难攻坚，继续向铁总汇报京九高铁线路在梁山设站是走向最优、投资成本最省、综合效益最好、政治社会效益最大，为最优方案。2018 年 3 月 12 日，在十三届全国人大一次会议上，全国人大代表、梁山县人大常委会委员、华宇集团董事长胡桂花领衔并联名 141 名代表，提出“关于设立京九高铁济宁梁山站的建议”议案。2018 年 3 月 14 日，中共山东省委副书记、省长龚正、常务副省长李群，在十三届全国人大一次会议山东代表团下榻的酒店召开由省发改委、济南铁路局主要负责人和济宁、聊城、菏泽三市市长参加的会议，专题研究雄商高铁山东段线路走向及设站问题，从全省的角度考虑问题，兼顾相邻省市的利益，建议铁总设立济宁梁山站。市委书记傅明先运筹帷幄，亲力亲为，多次带领梁山京九高铁指挥部人员到北京、天津、济南协调争取。经过省市县持续努力，2018 年 7 月 3 日至 4 日，铁总在北京召开新建京港台高速铁路雄安至商丘段可研修改稿评审会，增设济宁梁山站，取消阳谷站。2018 年 10 月 7 日，中国铁路总公司以铁总人复字〔2018〕103 号答复议案：“拟考虑在济宁梁山设站”。2019 年 1 月 17 日至 19 日，受国家发改委委托，由铁四院、国家铁路总局组织专家对新建京雄商高速铁路进行可研评估和行业评审。最终形成的专家推荐意见聊城至菏泽段途经济宁梁山并设站。2019 年 6 月 8 日至 13 日，国家铁总鉴定中心在北京召开新建北京至雄安至商丘高速铁路初步设计审查会，与会专家及参会人员对京雄商高铁初步设计进行审查。该设计方案按照沿既有京九铁路东侧设计，途经济宁梁山并设站。

2020 年 11 月 18 日，中华人民共和国国家发展和改革委员会《关于新建北京至雄安新区至商丘高速铁路雄安新区至商丘段可行性研究报告的批复》正式发布，批复京九高铁线路途经济宁市梁山县并设梁山站，与既有京九铁路梁山站并站设置，至此，京九高铁梁山站争取工作圆满成功。

京港台高铁梁山站的争取成功，得益于省委省政府、市委市政府的大力支持和帮助。省委、省政府高度重视过境济宁并设梁山站的争取工作，省政府两次行文（〔2016〕140 号、〔2017〕60 号）给铁总去函，李群常务副省长亲赴铁总汇报争取。济宁市委书记傅明先多次带领指挥部工作专班人员进京、赴省、到津汇报争取，于永生、周凤文、柳景武等市领导也多次带领指挥部工作专班人员到有关部门协调争取。市政府先后 10 余次向铁总、黄委、设计院、省政府行文发函，表达诉求；得益于在外梁山人的桑梓情怀，他们心系家乡，时刻关心、支持、助力参与家乡经济发展建设，积极为京九高铁在梁山设站建言献策，热情相助，多方奔走，对接争取，无私奉献自己的力量；得益于中共梁山县委的坚强领导，在争取设站严峻

京港台高铁梁山站

挑战中保持战略定力，千磨万击还坚劲，任尔东西南北风，团结带领工作专班人员锲而不舍、迎难而上 ；得益于京九高铁规划建设领导小组全体工作人员坚持不懈的努力，五年来，高铁指挥部负责同志带领工作小组人员，勇于担当、善于做为、克难攻坚，无私奉献。说尽千言万语，想尽千方百计，历经千辛万苦，走遍“千山万水”、行程近10万公里，克服重重困难，终于实现了梁山人的“高铁梦”。五年征程砥砺奋进，浓墨重彩谱写华章，一切为了人民，一切为了梁山，梁山人民将铭记在心，永载史册。

梁山港建设纪实

梁山港即梁山铁水联运项目，位于梁山县城以北3公里处寿张集镇境内，地处梁济运河西岸，距瓦日铁路通道直线距离1.8公里，紧邻董梁高速梁山北出入口和G220、G342国道。梁山港总投资30亿元，包括铁路专用线、物流中心、港口作业区、航道疏浚等项工程。

梁山县是瓦日铁路进入山东省第一站，在梁山县境内与京杭大运河形成唯一交汇点，使梁山成为晋、陕、蒙煤炭通过“铁水联运”运往“长三角”地区的理想转运地。在瓦日铁路和南水北调东线工程开工建设初期，为抓住这次难得历史机遇，2011年6月，梁山县政府常务副县长贾治阜安排县发改局策划铁水联运项目，随后发改局开展深入细致的调研论证工作，先后赴黄委、省黄河局、东平湖管理局、省市南水北调局、航运局、发改委、环保局、济南铁路局、晋豫鲁铁路通道公司等汇报沟通，在济南召开专家咨询会，广泛征求意见。2011年11月16日，梁山县政府与香港易高环保资源投资有限公司签订协议，合作建设梁山铁水联运项目。2011年12月2日，县发改局以项目办公室为投资主体，从县国有资产投资有限公司借资100万元，注册成立梁山易高贸易有限公司，法人代表孙德宝，对梁山港区、进港航道、铁路专用线、物流中心及梁济运河17.1公里中水库搬迁、水质论证开展前期可行性研究。

2013年12月5日，委托铁三院编制的铁路专用线接轨方案，获济南铁路局初审通过；2014年4月25日，铁路专用线可行性研究报告获济南铁路局审查通过；2013年6月7日，委托山东省交通规划设计院编制的梁山港区进港航道工程可行性研究报告、委托青岛中诚国际工程勘察设计公司编制的梁山港寿张集作业区工程可行性研究报告获山东省交通厅港航局审查通过；委托山东省环科院、山东省水利勘测设计院等对梁济运河北延复航、17.1公里中水库搬迁及水质论证也分别形成研究报告。2014年1月27日，山东京杭铁水联运物流中心建设项目获济宁市发改委立项批复。

2014年6月20日，梁山县政府与济宁矿业集团签订合作协议，共同建设梁山铁水联运项目。济宁矿业集团收购梁山易高贸易有限公

梁山港

司增资扩股后80%的股权，梁山县发改局项目办保留20%的股权，梁山县政府出函委托县政协副主席崔根博出任合资公司董事，县发改局服务业办主任孙德宝出任监事。2014年12月23日，公司更名为济宁矿业集团物流有限公司，注册资本由500万元增加到1.65亿元。

2015年3月30日，铁水联运物流中心项目被列入2015年山东省重点建设项目；2016年12月，梁济运河北延复航工程被列入交通部“十三五规划”，获国家无偿补助资金2.539亿元；2017年3月，铁水联运梁济运河北延复航工程被列入2017年山东省重点建设项目。2017年4月13日，一列从山西出发承载54节车厢3654吨煤炭的火车驶入济矿物流园区，标志着梁山铁水联运项目9.198公里铁路专用线正式通车，90万吨储配煤基地投产运营，具备了公铁联运能力。

2017年5月12日，铁水联运物流中心建设项目收益债券获国家发改委批复，核准额度15亿元，并于2018年6月5日发行完毕。2017年11月16日，铁水联运物流中心被列为山东省煤炭应急储备基地。2019年3月14日，中共济宁市委书记、市人大常委会主任傅明先到水利部向蒋旭光副部长汇报梁山铁水联运项目梁济运河北延复航工程有关问题，市委副秘书长、研究室主任樊庆显、济宁能源集团总经理张广宇、县人大常委会副主任崔根博陪同。2019年12月26日，世界500强企业陕西煤化工集团与济宁能源集团签订合作协议，济矿物流有限公司注册资本由1.65亿元增加至8亿元，陕煤集团出资2.1亿元持股15%，济宁能源集团持股65.37%，梁山县顺通交通投资公司持股持股12.75%，国开发展基金持股6.875%。2020年2月，山东京杭多式联运物流项目列入2020年山东省重大建设项目名单。

2020年10月9日，水利部行文批复同意对南水北调东线一期工程邓楼节制闸进行改建。历经5年艰苦努力，拆除邓楼节制闸，恢复梁济运河北延通航，实现梁山通江达海的航运梦，终获水利部批准。2021年1月22日，济宁矿业集团物流有限公司更名为济宁港航梁山港有限公司（简称梁山港），隶属于济宁港航发展集团。2021年4月9日，梁山港正式启用通航。

记

梁山县人民代表大会及其常务委员会的设立和发展，在梁山县发展史上占有极为重要的历史地位。从 1949 年 11 月梁山县召开第一届各界人民代表会议起，特别是 1954 年建立人民代表大会制度后 67 年的风雨历程，见证了梁山县人民代表大会制度不断完善发展的过程；1981 年设立梁山县人民代表大会常务委员会后，积累了更为丰富的地方人大民主政治建设的历史经验。为记述总结梁山县人大发展历程和经验，弥补梁山县未有一部人大志的缺憾，县第十八届人大常委会决定编纂《梁山县人大志》，以鉴古知今、惠泽后人。

2019 年 3 月，县人大常委会启动《梁山县人大志》的编纂工作，成立以县人大常委会主任秦延信为主任的编纂委员会，领导人大志编纂工作，研究决定重大事项，选定聘请编纂人员，拟定志书编纂方案，通览审定全部志稿。该志上限自 1949 年 11 月梁山县第一届各界人民代表会议起，下限至 2021 年 1 月梁山县第十八届人民代表大会第五次会议止。《梁山县人大志》以志为主体，包括各界人民代表会议、人民代表选举、人民代表大会、人大常设机构、主要会议、决定决议、人事任免、监督工作、视察调研、议案建议、代表工作、乡镇人大，计 12 章、66 节，前置图片、概述、大事记，后设人物、附录，137.6 万字。经查阅档案文献、收集整理资料、撰写编纂初稿、反复修改、征求意见、专家评审等诸多环节，并报经《梁山县人大志》编纂委员会审定，2021 年 2 月本志始得付梓。

在《梁山县人大志》的编纂过程中，编纂人员历经寒暑，历尽艰辛，查阅数百卷档案、数万份资料，编纂百余万文字及图表。《梁山县人大志》在成书过程中还得到在县人大工作过的老领导、老同志的关心和指导，得到县档案局（馆）等单位的大力支持，在此一并致谢。

《梁山县人大志》编纂是一项十分浩繁精细的系统工程，由于所涉时间跨度大、收录范围广、行政区划及机构设置变化多、档案资料不全等原因，尽管我们在资料搜集、核实和文字整理方面做了很大努力，但因客观条件制约和编者水平所限，加之编纂时间仓促，从内容到形式或均有不妥之处，遗漏甚至谬误亦在所难免，恳请各位领导、专家学者、人大同仁和社会各界人士批评指正。

梁山县人大常委会副主任 崔根博

2021 年 2 月 1 日